国家司法考试

真题真练

5 年卷

2012年卷

名师课堂 组编

北京理工大学出版社
BEIJING INSTITUTE OF TECHNOLOGY PRESS

版权专有　侵权必究

图书在版编目（CIP）数据

国家司法考试真题真练/名师课堂组编．—北京：北京理工大学出版社，2017.3
ISBN 978-7-5682-3783-3

Ⅰ.①国…　Ⅱ.①名…　Ⅲ.①法律工作者-资格考试-中国-习题集　Ⅳ.①D92-44

中国版本图书馆 CIP 数据核字（2017）第 044617 号

出版发行 / 北京理工大学出版社有限责任公司
社　　址 / 北京市海淀区中关村南大街 5 号
邮　　编 / 100081
电　　话 / （010）68914775（总编室）
　　　　　（010）82562903（教材售后服务热线）
　　　　　（010）68948351（其他图书服务热线）
网　　址 / http：//www.bitpress.com.cn
经　　销 / 全国各地新华书店
印　　刷 / 北京玥实印刷有限公司
开　　本 / 787 毫米 × 1092 毫米　1/16
印　　张 / 60.5　　　　　　　　　　　　　　　　　　责任编辑 / 张慧峰
字　　数 / 1419 千字　　　　　　　　　　　　　　　　文案编辑 / 张慧峰
版　　次 / 2017 年 3 月第 1 版　2017 年 3 月第 1 次印刷　责任校对 / 周瑞红
定　　价 / 128.00 元（全五册）　　　　　　　　　　　　责任印制 / 王美丽

图书出现印装质量问题，请拨打售后服务热线，本社负责调换

使用说明

历年真题的重要性虽然大家都明白，然而如何才能物尽其用，却见仁见智。我们以为：历年真题最有效的使用方式是"做"，而非简单地"看"，机械地"记"！！历史是一面镜子，做历年真题就是做最好模拟题，做历年真题就是做未来考题。

为了使广大考生更好地使用本书，特作如下说明：

一、逐年编排，真题测演

为了能使广大考生"整体性""全局性"分析自己的失分因素，培养考场应试技巧，避免盲人摸象般感悟真题，特保持试题原貌，逐年编排、分册装订。同时，为帮助考生应对设题陷阱、举一反三、悟透真题，在每一年度试卷后辅以每道试题的【答案】和【解析】，深入剖析试题考点背后所涉及的法律规则和法理，使考生不仅"知其然"，而且"知其所以然"。

二、一线名师，权威解读

为保证试题答案与解析的时效性、权威性，特聘请司考界一线中青年教师负责撰写。按照学科撰写分工，分别是（依试卷所考科目为序）：理论法（白斌老师）、商经法（郄鹏恩老师）、三国法（王斌老师）、刑法（章澎老师）、刑事诉讼法（左宁老师）、行政法与行政诉讼法（李佳老师）、民法（岳业鹏老师）、民事诉讼法与仲裁法（戴鹏老师）。他们不辞辛苦，认真负责的态度令人钦佩感动，在此致以深深感谢！

三、旧题新解，与时俱进

本书对于理论性试题一律以司法考试所持最新立场（司法部组编三卷本）给予解答，对于法律应用性试题一律依据最新法律文件给予解答（包括2017年新增或修订的《中华人民共和国民法总则》等20余件）。对于因时效修正的"司法部公布答案"，给予注明。

法律职业者的准入考试即将迎来第三次华丽转身，成为"国家统一法律职业资格考试"，愿同学们搭上司考的最后一班车，成功到达彼岸。预祝您考试成功！

2017年3月

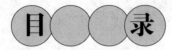

2012 年国家司法考试（试卷一） ·· 1
2012 年国家司法考试（试卷二） ·· 22
2012 年国家司法考试（试卷三） ·· 42
2012 年国家司法考试（试卷四） ·· 63
2012 年国家司法考试（试卷一）解析 ·· 68
2012 年国家司法考试（试卷二）解析 ·· 93
2012 年国家司法考试（试卷三）解析 ·· 127
2012 年国家司法考试（试卷四）解析 ·· 162

2012年国家司法考试（试卷一）

一、单项选择题。每题所设选项中只有一个正确答案，错选或不选均不得分。本部分含1～50题，每题1分，共50分。

1. 社会主义法治理念是以社会主义为本质属性的系统化的法治意识形态。关于社会主义法治理念的意识形态属性，下列哪一说法不能成立？（　　）

   A. 是新中国成立以来长期遵循的指导思想

   B. 是马克思主义法律思想中国化进程中的重大突破

   C. 为中国走独特的社会主义法治道路创造了理论前提

   D. 是建立于我国社会发展阶段的正确判断

2. 依法治国方略的实施是一项浩瀚庞大、复杂而艰巨的系统工程，要全面发挥各种社会规范的调整作用，综合协调地运用多元化的手段和方法实现对国家的治理和管理。关于依法治国理念的基本要求，下列哪一说法是不准确的？（　　）

   A. 在指导思想上，要坚持党的领导、人民当家作主和依法治国三者有机统一

   B. 在评价尺度上，要坚持法律效果与政治效果、社会效果有机统一

   C. 在法的作用上，要构建党委调解、行政调解、司法调解三位一体纠纷解决机制

   D. 在法的成效上，要实现依法治国与以德治国的结合与统一

3. 某培训机构招聘教师时按星座设定招聘条件，称："处女座、天蝎座不要，摩羯座、天秤座、双鱼座优先。"据招聘单位解释，因处女座和天蝎座的员工个性强势，容易跳槽，故不愿招聘，并认为按星座招录虽涉嫌就业歧视，但目前法律没有明文禁止。对此，应聘者向劳动监察部门投诉。劳动监察部门的下列哪一做法符合社会主义法治理念要求？（　　）

   A. 将《劳动法》"劳动者就业，不因民族、种族、性别、宗教信仰不同而受歧视"的规定直接适用于本案，形成判例，弥补法律漏洞

   B. 根据《劳动法》的平等就业原则，对招聘单位进行法治教育，促使其改变歧视性做法

   C. 应聘者投诉缺乏法律根据，可对其批评教育或不予答复

   D. 通知招聘方和应聘方参加听证，依据国外相关法律规定或案例，对招聘机构的行为作出行政处罚决定

4. 关于公平正义，下列哪一说法是正确的？（　　）

   A. 人类一切法律都维护公平正义

   B. 不同的时代秉持相同的正义观

C. 公平正义是一个特定的历史范畴

D. 严格执法等于实现了公平正义

5. 作为创新社会管理的方式之一，社区网格化管理是根据各社区实际居住户数、区域面积大小、管理难度等情况，将社区划分数个网格区域，把党建、维稳、综治、民政、劳动和社会保障、计划生育、信访等社会管理工作落实到网格，形成了"网中有格、格中定人、人负其责、专群结合、各方联动、无缝覆盖"的工作格局，以此建立社情民意收集反馈机制和社会矛盾多元调解机制。关于充分运用法律手段创新社会管理，下列哪一说法是不准确的？（ ）

A. 社会管理创新主要针对社会管理领域的重点人群、重点区域和重点行业

B. 大调解格局是一种社会矛盾多元调解机制

C. 社会管理创新要求建立以法律手段为主体，多种手段协调配合的管理和控制体系

D. 社区网格与村民委员会、居民委员会的法律地位一样，属于基层群众性自治组织

6. 改革开放以来，我国司法机关始终围绕党的中心工作积极开展司法审判活动，特别是近年来，各级司法机关自觉服务于"保增长、保民生、保稳定"的工作大局，成效显著。关于法治服务于大局，下列哪一说法是不准确的？（ ）

A. 服务大局是从我国社会主义法治建设实践中得出的结论

B. 服务大局是法治服务于党和国家的中心任务和大政方针

C. 服务大局是把法律作为解决转型时期社会矛盾的唯一手段

D. 服务大局体现了社会主义法治的政治属性及重要使命

7. 某地公安、检察机关通过传统媒体和新兴网络平台"微博"、短信和QQ，提醒"微信"用户尤其是女性用户提高警惕，切勿轻信陌生"微友"，以免遭受不必要的伤害。关于执法机关的上述做法，下列哪一说法是准确的？（ ）

A. 执法机关通过网络对妇女和网民的合法权益给予特殊保护，目的在于保证社会成员均衡发展

B. 执法机关利用网络平台自觉接受社会监督，切实减轻了群众负担

C. 执法机关采取利民措施，寓管理于主动服务之中，体现了执法为民的理念

D. 执法机关从实际出发，主要是为了引导群众理性表达自己的社会主张和利益诉求

8. 党对法治工作的领导体现为思想领导、政治领导和组织领导。下列哪一说法是不正确的？（ ）

A. 党中央将"忠诚、为民、公正、廉洁"作为政法干警的核心价值观

B. 党的地方组织决定相关层级司法机关的案件处理

C. 司法机关要按照党中央关于和谐社会的总体要求，落实宽严相济的刑事政策

D. 党对国家法治事业的发展作出总体战略部署并推动决策实施

9. 卡尔·马克思说："在民主的国家里，法律就是国王；在专制的国家里，国王就是法律。"关于马克思这段话的理解，下列哪一选项是错误的？（ ）

A. 从性质上看，有民主的法律，也有专制的法律

B. 在实行民主的国家，君主或者国王不可以参与立法

C. 在实行专制的国家，国王的意志可以上升为法律

D. 实行民主的国家，也是实行法律至上原则的国家

10. 《中华人民共和国民法通则》第6条规定："民事活动必须遵守法律，法律没有规定的，应当遵守国家政策。"从法官裁判的角度看，下列哪一说法符合条文规定的内容？（　　）

A. 条文涉及法的渊源

B. 条文规定了法与政策的一般关系

C. 条文直接规定了裁判规则

D. 条文规定了法律关系

11. 2003年7月，年过七旬的王某过世，之前立下一份"打油诗"遗嘱："本人已年过七旬，一旦病危莫抢救；人老病死本常事，古今无人寿长久；老伴子女莫悲愁，安乐停药助我休；不搞哀悼不奏乐，免得干扰邻和友；遗体器官若能用，解剖赠送我原求；病体器官无处要，育树肥花环境秀；我的一半财产权，交由老伴可拥有；上述遗愿能实现，我在地下乐悠悠。"

对于王某遗嘱中"我的一半财产权"所涉及的住房，指的是"整个房子的一半"，还是"属于父亲份额的一半"，家人之间有不同的理解。儿子认为，父亲所述应理解为母亲应该继承属于父亲那部分房产的一半，而不是整个房产的一半。王某老伴坚持认为，这套房子是其与丈夫的共同财产，自己应拥有整个房产（包括属于丈夫的另一半房产）。关于该案，下列哪一说法是正确的？（　　）

A. 王某老伴与子女间的争议在于他们均享有正式的法律解释权

B. 王某老伴与子女对遗嘱的理解属于主观目的解释

C. 王某遗嘱符合意思表示真实、合法的要求

D. 遗嘱中的"我的一半财产权"首先应当进行历史解释

12. 中学生小张课间打篮球时被同学小黄撞断锁骨，小张诉请中学和小黄赔偿1.4万余元。法院审理后认为，虽然两被告对原告受伤均没有过错，不应承担赔偿责任，但原告毕竟为小黄所撞伤，该校的不当行为也是伤害事故发生的诱因，且原告花费1.3万余元治疗后尚未完全康复，依据公平原则，法院酌定被告各补偿3000元。关于本案，下列哪一判断是正确的？（　　）

A. 法院对被告实施了法律制裁

B. 法院对被告采取了不诉免责和协议免责的措施

C. 法院做出对被告有利的判决，在于对案件事实与规范间关系进行了证成

D. 被告承担法律责任主要不是因为行为与损害间存在因果关系

13. 张老太介绍其孙与马先生之女相识，经张老太之手曾给付女方"认大小"钱10100元，

后双方分手。张老太作为媒人,去马家商量退还"认大小"钱时发生争执。因张老太犯病,马先生将其送医,并垫付医疗费1251.43元。后张老太以马家未返还"认大小"钱为由,拒绝偿付医药费。马先生以不当得利为由诉至法院。法院考虑此次纠纷起因及张老太疾病的诱因,判决张老太返还马先生医疗费1000元。关于本案,下列哪一理解是正确的?( )

A. 我国男女双方订婚前由男方付"认大小"钱是通行的习惯法

B. 张老太犯病直接构成与马先生之医药费返还法律关系的法律事实

C. 法院判决时将保护当事人的自由和效益原则作为主要的判断标准

D. 本案的争议焦点不在于事实确认而在于法律认定

14. 某商场促销活动时宣称:"凡购买100元商品均送80元购物券。对因促销活动产生的纠纷,本商场有最终解释权。"刘女士在该商场购买了1000元商品,返回800元购物券。刘女士持券买鞋时,被告知鞋类商品2天前已退出促销活动,必须现金购买。刘女士遂找商场理论,协商未果便将商场告上法庭。关于本案,下列哪一认识是正确的?( )

A. 从法律的角度看,"本商场有最终解释权"是一种学理解释权的宣称

B. 本案的争议表明,需要以公平正义去解释合同填补漏洞

C. 当事人对合同进行解释,等同于对合同享有法定的解释权

D. 商场的做法符合"权利和义务相一致"的原则

15. 苏某和熊某毗邻而居。熊某在其居住楼顶为50只鸽子搭建了一座鸽舍。苏某以养鸽行为严重影响居住环境为由,将熊某诉至法院,要求熊某拆除鸽棚,赔礼道歉。法院判定原告诉求不成立。关于本案,下列哪一判断是错误的?( )

A. 本案涉及的是安居权与养鸽权之间的冲突

B. 从案情看,苏某的安居权属于宪法所规定的文化生活权利

C. 从判决看,解决权利冲突首先看一个人在行使权利的同时是否造成对他人权利的实际侵害

D. 本案表明,权利的行使与义务的承担相关联

16. 宋承唐律,仍实行唐制"七出""三不去"的离婚制度,但在离婚或改嫁方面也有变通。下列哪一选项不属于变通规定?( )

A. "夫外出三年不归,六年不通问"的,准妻改嫁或离婚

B. "妻擅走者徒三年,因而改嫁者流三千里,妾各减一等"

C. 夫亡,妻"若改适(嫁),其见在部曲、奴婢、田宅不得费用"

D. 凡"夫亡而妻在",立继从妻

17. 《折狱龟鉴》载一案例:张泳尚书镇蜀日,因出过委巷,闻人哭,惧而不哀,遂使讯之。云:"夫暴卒。"乃付吏穷治。吏往熟视,略不见其要害。而妻教吏搜顶发,当有验。乃往视之,果有大钉陷其脑中。吏喜,辄矜妻能,悉以告泳。泳使呼出,厚加赏方,问所

知之由，并令鞫其事，盖尝害夫，亦用此谋。发棺视尸，其钉尚在，遂与哭妇俱刑于市。关于本案，张泳运用了下列哪一断案方法？（　　）

A. 《春秋》决狱

B. "听讼""断狱"

C. "据状断之"

D. 九卿会审

18. 关于中国古代法律历史地位的表述，下列哪一选项是正确的？（　　）

A. 《法经》是中国历史上第一部比较系统的成文法典

B. 《北魏律》在中国古代法律史上起着承前启后的作用

C. 《宋刑统》是中国历史上第一部刊印颁行的仅含刑事内容的法典

D. 《大明会典》以《元典章》为渊源，为《大清会典》所承继

19. 18至20世纪，英、美、法、德等国在宪法和法律中，分别对公民选举权作出规定，其中影响深远的是一些国家在法律上确立了男女平等权利。分析西方法律制度，下列哪一情形可以成立？（　　）

A. 1791年，法国某地区身无分文流浪汉以"特别公民"身份当选为国民议会代表

B. 1932年，英国某地区一女店主参加了该区下院议员选举的投票

C. 1936年，德国某些地区仍有少量共产党人当选为联邦议会议员

D. 1975年，美国某地区一女职员要求根据国会参众两院通过的修正案取得男女平等权利

20. 依法治国是我国宪法确定的治国方略，是社会主义法治理念的核心内容。关于依法治国，下列哪一选项是不正确的？（　　）

A. 构建和完善中国特色社会主义法律体系是依法治国的必要前提

B. 依法行政在很大程度上决定依法治国的水平和成效

C. 高效、公正、权威的司法对于依法治国具有举足轻重的意义

D. 确立公民的"法律中心主义"意识是依法治国的根本条件

21. 根据宪法分类理论，下列哪一选项是正确的？（　　）

A. 成文宪法也叫文书宪法，只有一个书面文件

B. 1215年的《自由大宪章》是英国宪法的组成部分

C. 1830年法国宪法是钦定宪法

D. 柔性宪法也具有最高法律效力

22. 关于宪法实施，下列哪一选项是不正确的？（　　）

A. 宪法的遵守是宪法实施最基本的形式

B. 制度保障是宪法实施的主要方式

C. 宪法解释是宪法实施的一种方式

D. 宪法适用是宪法实施的重要途径

23. 关于宪法与文化制度的关系，下列哪一选项是不正确的？（ ）

   A. 宪法规定的文化制度是基本文化制度

   B. 《魏玛宪法》第一次比较全面系统规定了文化制度

   C. 宪法规定的公民文化教育权利是文化制度的重要内容

   D. 保护知识产权是我国宪法规定的基本文化权利

24. 关于各少数民族人大代表的选举，下列哪一选项是不正确的？（ ）

   A. 有少数民族聚居的地方，每一聚居的少数民族都应有代表参加当地的人民代表大会

   B. 散居少数民族应选代表，每一代表所代表的人口数可少于当地人民代表大会每一代表所代表的人口数

   C. 聚居境内同一少数民族的总人口占境内总人口数30%以上的，每一代表所代表的人口数应相当于当地人民代表大会每一代表所代表的人口数

   D. 实行区域自治人口特少的自治县，每一代表所代表的人口数可以少于当地人民代表大会每一代表所代表的人口数的1/2

25. 根据省政府制定的地方规章，省质监部门对生产销售不合格产品的某公司予以行政处罚。被处罚人认为，该省政府规章违反《产品质量法》规定，不能作为处罚依据，遂向法院起诉，请求撤销该行政处罚。关于对该省政府规章是否违法的认定及其处理，下列哪一选项是正确的？（ ）

   A. 由审理案件的法院进行审查并宣告其是否有效

   B. 由该省人大审查是否违法并作出是否改变或者撤销的决定

   C. 由国务院将其提交全国人大常委会进行审查并作出是否撤销的决定

   D. 由该省人大常委会审查其是否违法并作出是否撤销的决定

26. 根据《村民委员会组织法》的规定，下列哪一选项是正确的？（ ）

   A. 村民委员会每届任期3年，村民委员会成员连续任职不得超过2届

   B. 罢免村民委员会成员，须经投票的村民过半数通过

   C. 村民委员会选举由乡镇政府主持

   D. 村民委员会成员丧失行为能力的，其职务自行终止

27. 某县"大队长酒楼"自创品牌后声名渐隆，妇孺皆知。同县的"牛记酒楼"经暗访发现，"大队长酒楼"的经营特色是，服务员统一着上世纪60年代服装，播放该年代歌曲，店堂装修、菜名等也具有时代印记。"牛记酒楼"遂改名为"老社长酒楼"，服装、歌曲、装修、菜名等一应照搬。根据《反不正当竞争法》的规定，"牛记酒楼"的行为属于下列哪一种行为？（ ）

   A. 正当的竞争行为

   B. 侵犯商业秘密行为

   C. 混淆行为

D. 虚假宣传行为

28. 赵某从某商场购买了某厂生产的高压锅，烹饪时邻居钱某到其厨房聊天，高压锅爆炸致2人受伤。下列哪一选项是错误的？（ ）

A. 钱某不得依据《消费者权益保护法》请求赔偿

B. 如高压锅被认定为缺陷产品，赵某可向该厂也可向该商场请求赔偿

C. 如高压锅未被认定为缺陷产品则该厂不承担赔偿责任

D. 如该商场证明目前科技水平尚不能发现缺陷存在则不承担赔偿责任

29. 根据《银行业监督管理法》，国务院银行业监督管理机构有权对银行业金融机构的信用危机依法进行处置。关于处置规则，下列哪一说法是错误的？（ ）

A. 该信用危机必须已经发生

B. 该信用危机必须达到严重影响存款人和其他客户合法权益的程度

C. 国务院银行业监督管理机构可以依法对该银行业金融机构实行接管

D. 国务院银行业监督管理机构也可以促成其机构重组

30. 根据税收征收管理法规，关于税务登记，下列哪一说法是错误的？（ ）

A. 从事生产、经营的纳税人，应在领取营业执照后，在规定时间内办理税务登记，领取税务登记证件

B. 从事生产、经营的纳税人在银行开立账户，应出具税务登记证件，其账号应当向税务机关报告

C. 纳税人税务登记内容发生变化，不需到工商行政管理机关或其他机关办理变更登记的，可不向原税务登记机关申报办理变更税务登记

D. 从事生产、经营的纳税人外出经营，在同一地累计超过180天的，应在营业地办理税务登记手续

31. 某河流拟建的水电站涉及水土保持，并可能造成重大环境影响。根据《环境影响评价法》，下列哪一选项是合法的？（ ）

A. 建设单位应编制环境影响报告表，对环境影响进行分析或专项评价

B. 其环境影响评价文件还须有经水行政主管部门审查同意的水土保持方案

C. 由于该河流的流域开发利用规划已进行了环境影响评价，水电站属于该规划所包含的具体建设项目，可不再进行环境影响评价

D. 建设单位可委托负责审批部门下属的环境技术研究所为水电站的环境影响评价提供技术服务

32. 甲、乙、丙3国均为《维也纳外交关系公约》缔约国。甲国汤姆长期旅居乙国，结识甲国驻乙国大使馆参赞杰克，2人在乙国与丙国汉斯发生争执并互殴，汉斯被打成重伤。后杰克将汤姆秘匿于使馆休息室。关于事件的处理，下列哪一选项是正确的？（ ）

A. 杰克的行为已超出职务范围，乙国可对其进行逮捕

B. 该使馆休息室并非使馆工作专用部分，乙国警察有权进入逮捕汤姆

C. 如该案件在乙国涉及刑事诉讼,杰克无作证义务

D. 因该案发生在乙国,丙国法院无权对此进行管辖

33. 甲、乙是联合国会员国。甲作出了接受联合国国际法院强制管辖的声明,乙未作出接受联合国国际法院强制管辖的声明。甲、乙也是《联合国海洋法公约》的当事国,现对相邻海域中某岛屿归属产生争议。关于该争议的处理,下列哪一选项是不符合国际法的?(   )

A. 甲、乙可达成协议将争议提交联合国国际法院

B. 甲、乙可自愿选择将争议提交联合国国际法院或国际海洋法庭

C. 甲可单方将争议提交联合国国际法院

D. 甲、乙可自行协商解决争议

34. 甲、乙国发生战争,丙国发表声明表示恪守战时中立义务。对此,下列哪一做法不符合战争法?(   )

A. 甲、乙战争开始后,除条约另有规定外,两国间的商务条约停止效力

B. 甲、乙不得对其境内敌国人民的私产予以没收

C. 甲、乙交战期间,丙可与其任一方保持正常外交和商务关系

D. 甲、乙交战期间,丙同意甲通过自己的领土过境运输军用装备

35. 甲国公民琼斯的经常居住地在乙国,其在中国居留期间,因合同纠纷在中国法院参与民事诉讼。关于琼斯的民事能力的法律适用,下列哪一选项是正确的?(   )

A. 民事权利能力适用甲国法

B. 民事权利能力适用中国法

C. 民事行为能力应重叠适用甲国法和中国法

D. 依照乙国法琼斯为无民事行为能力,依照中国法为有民事行为能力的,其民事行为能力适用中国法

36. 某甲国公民经常居住地在甲国,在中国收养了长期居住于北京的中国儿童,并将其带回甲国生活。根据中国关于收养关系法律适用的规定,下列哪一选项是正确的?(   )

A. 收养的条件和手续应同时符合甲国法和中国法

B. 收养的条件和手续符合中国法即可

C. 收养效力纠纷诉至中国法院的,应适用中国法

D. 收养关系解除的纠纷诉至中国法院的,应适用甲国法

37. 居住于我国台湾地区的当事人张某在大陆某法院参与民事诉讼。关于该案,下列哪一选项是不正确的?(   )

A. 张某与大陆当事人有同等诉讼权利和义务

B. 确定应适用台湾地区"民事法律"的,受案的法院予以适用

C. 如张某在大陆,民事诉讼文书可以直接送达

D. 如张某在台湾地区地址明确,可以邮寄送达,但必须在送达回证上签收

38. 某外国公民阮某因合同纠纷在中国法院起诉中国公民张某。关于该民事诉讼,下列哪一选项是正确的?( )

A. 阮某可以委托本国律师以非律师身份担任诉讼代理人

B. 受阮某委托,某该国驻华使馆官员可以以个人名义担任诉讼代理人,并在诉讼中享有外交特权和豁免权

C. 阮某和张某可用明示方式选择与争议有实际联系的地点的法院管辖

D. 中国法院和外国法院对该案都有管辖权的,如张某向外国法院起诉,阮某向中国法院起诉,中国法院不能受理

39. 当事人欲将某外国法院作出的民事判决申请中国法院承认和执行。根据中国法律,下列哪一选项是错误的?( )

A. 该判决应向中国有管辖权的法院申请承认和执行

B. 该判决应是外国法院作出的发生法律效力的判决

C. 承认和执行该判决的请求须由该外国法院向中国法院提出,不能由当事人向中国法院提出

D. 如该判决违反中国的公共利益,中国法院不予承认和执行

40. 《服务贸易总协定》规定了服务贸易的方式,下列哪一选项不属于协定规定的服务贸易?( )

A. 中国某运动员应聘到美国担任体育教练

B. 中国某旅行公司组团到泰国旅游

C. 加拿大某银行在中国设立分支机构

D. 中国政府援助非洲某国一笔资金

41. 部分中国企业向商务部提出反倾销调查申请,要求对原产于某国的某化工原材料进口产品进行相关调查。经查,商务部终局裁定确定倾销成立,决定征收反倾销税。根据我国相关法律规定,下列哪一说法是正确的?( )

A. 构成倾销的前提是进口产品对我国化工原材料产业造成了实质损害,或者产生实质损害威胁

B. 对不同出口经营者应该征收同一标准的反倾销税税额

C. 征收反倾销税,由国务院关税税则委员会做出决定,商务部予以执行

D. 与反倾销调查有关的对外磋商、通知和争端事宜由外交部负责

42. 甲、乙均为世界贸易组织成员国。乙称甲关于影像制品的进口管制违反国民待遇原则,为此向世界贸易组织提出申诉,并经专家组和上诉机构审理。对此,下列哪一选项是正确的?( )

A. 甲、乙磋商阶段达成的谅解协议,可被用于后续争端解决审理

B. 专家组可对未在申请书中指明的诉求予以审查

C. 上诉机构可将案件发回专家组重审

D. 上诉案件由上诉机构7名成员中的3人组成上诉庭审理

43. 甲、乙均为《解决国家和他国公民间投资争端公约》缔约国。甲国A公司拟将与乙的争端提交根据该公约成立的解决国际投资争端中心。对此，下列哪一选项是不正确的？（　　）

A. 该中心可根据A公司的单方申请对该争端行使管辖权

B. 该中心对该争端行使管辖权，须以A公司和乙书面同意为条件

C. 如乙没有特别规定，该中心对争端享有管辖权不以用尽当地救济为条件

D. 该中心对该争端行使管辖权后，可依争端双方同意的法律规则作出裁决

44. 关于中国与世界贸易组织的相关表述，下列哪一选项是不正确的？（　　）

A. 世界贸易组织成员包括加入世界贸易组织的各国政府和单独关税区政府，中国香港、澳门和台湾是世界贸易组织的成员

B. 《政府采购协议》属于世界贸易组织法律体系中诸边贸易协议，该协议对于中国在内的所有成员均有约束力

C. 《中国加入世界贸易组织议定书》中特别规定了针对中国产品的特定产品的过渡性保障措施机制

D. 《关于争端解决规则与程序的谅解》在世界贸易组织框架下建立了统一的多边贸易争端解决机制

45. 关于司法、司法制度的特征和内容，下列哪一表述不能成立？（　　）

A. 中国特色社会主义司法制度包括司法规范体系、司法组织体系、司法制度体系、司法人员管理体系

B. 法院已成为现代社会最主要的纠纷解决主体，表明司法的被动性特点已逐渐被普遍性特点所替代

C. 解决纠纷是司法的主要功能，它构成司法制度产生的基础、决定运作的主要内容和直接任务，也是其他功能发挥的先决条件

D. "分权学说"作为西方国家一项宪法原则，进入实践层面后，司法的概念逐步呈现技术性、程序性特征

46. 关于法律职业道德的理解，下列哪一说法不能成立？（　　）

A. 法律职业道德与其他职业道德相比，具有更强的公平正义象征和社会感召作用

B. 法律职业道德与一般社会道德相比，具有更强的约束性

C. 法律职业道德的内容多以纪律规范形式体现，具有更强的操作性

D. 法律职业道德通过严格程序实现，具有更强的外在强制性

47. 法官、检察官、律师等法律职业主管机关就3个职业在诉讼活动中的相互关系，出台了一系列规定。下列哪一说法是正确的？（　　）

A. 这些规定的目的是加强职业纪律约束，促进维护司法公正

B. 这些规定具有弥补履行职责上地位不平等，利于发挥各自作用的意义

C. 这些规定允许必要时适度突破职权限制、提高司法效率

D. 这些规定主要强调配合，不涉及互相制约关系的内容

48. 根据《法官法》及《人民法院工作人员处分条例》对法官奖惩的有关规定，下列哪一选项不能成立？（　　）

A. 高法官在审判中既严格程序，又为群众行使权利提供便利；既秉公执法，又考虑情理，案结事了成绩显著。法院给予其嘉奖奖励

B. 黄法官就民间借贷提出司法建议被采纳，对当地政府完善金融管理、改善服务秩序发挥了显著作用。法院给予其记功奖励

C. 许法官违反规定会见案件当事人及代理人，此事被对方当事人上网披露，造成不良影响。法院给予其撤职处分

D. 孙法官顺带某同学（律师）参与本院法官聚会，半年后该同学为承揽案件向聚会时认识的某法官行贿。法院领导严告孙法官今后注意

49. 关于检察官的行为，下列哪一观点是正确的？（　　）

A. 房检察官在同乡聚会时向许法官打听其在办案件审理情况，并让其估计判处结果。根据我国国情，房检察官的行为可以被理解

B. 关检察长以暂停工作要挟江检察官放弃个人意见，按照陈科长的判断处理某案。关检察长的行为与依法独立行使检察权的要求相一致

C. 容检察官在本地香蕉滞销，蕉农面临重大损失时，多方奔走将10万斤香蕉销往外地，为蕉农挽回了损失，本人获辛苦费5000元。容检察官没有违反有关经商办企业、违法违规营利活动的规定

D. 成检察官从检察院离任5年后，以律师身份担任各类案件的诉讼代理人或者辩护人，受到当事人及其家属的一致肯定。成检察官的行为符合《检察官法》的有关规定

50. 下列哪一选项属于违反律师或公证有关制度及执业规范规定的情形？（　　）

A. 刘律师受当事人甲委托为其追索1万元欠款，因该事项与另一委托事项时间冲突，经甲同意后另交本所律师办理，但未告其支出增加

B. 李律师承办当事人乙的继承纠纷案，表示乙依法可以继承2间房屋，并作为代理意见提交法庭，未被采纳，乙仅分得万元存款

C. 林公证员对丙以贵重金饰用于抵押的事项，办理了抵押登记

D. 王公证员对丁代理他人申办合同和公司章程公证的事项，出具了公证书

二、多项选择题。每题所设选项中至少有两个正确答案，少选、错选或不选均不得分。本部分含51～85题，每题2分，共70分。

51. "社会的发展是法产生的社会根源。社会的发展，文明的进步，需要新的社会规范来解决社会资源有限与人的欲求无限之间的矛盾，解决社会冲突，分配社会资源，维持社会秩序。适应这种社会结构和社会需要，国家和法这一新的社会组织和社会规范就出现

了。"关于这段话的理解，下列哪些选项是正确的？（　　）

  A. 社会不是以法律为基础，相反，法律应以社会为基础

  B. 法律的起源与社会发展的进程相一致

  C. 马克思主义的法律观认为，法律产生的根本原因在于社会资源有限与人的欲求无限之间的矛盾

  D. 解决社会冲突，分配社会资源，维持社会秩序属于法的规范作用

52. 《中华人民共和国刑法》第8条规定："外国人在中华人民共和国领域外对中华人民共和国国家或者公民犯罪，而按本法规定的最低刑为三年以上有期徒刑的，可以适用本法，但是按照犯罪地的法律不受处罚的除外。"关于该条文，下列哪些判断是正确的？（　　）

  A. 规定的是法的溯及力　　　　B. 规定的是法对人的效力

  C. 体现的是保护主义原则　　　D. 体现的是属人主义原则

53. 张某与王某于2000年3月登记结婚，次年生一女小丽。2004年12月张某去世，小丽随王某生活。王某不允许小丽与祖父母见面，小丽祖父母向法院起诉，要求行使探望权。法官在审理中认为，我国《婚姻法》虽没有直接规定隔代亲属的探望权利，但正确行使隔代探望权有利于儿童健康成长，故依据《民法通则》第7条有关"民事活动应当尊重社会公德"的规定，判决小丽祖父母可以行使隔代探望权。关于此案，下列哪些说法是正确的？（　　）

  A. 我国《婚姻法》和《民法通则》均属同一法律部门的规范性文件，均是"基本法律"

  B. "民事活动应当尊重社会公德"的规定属于命令性规则

  C. 法官对判决理由的证成是一种外部证成

  D. 法官的判决考虑到法的安定性和合目的性要求

54. 下列有关"国法"的理解，哪些是不正确的？（　　）

  A. "国法"是国家法的另一种说法

  B. "国法"仅指国家立法机关创制的法律

  C. 只有"国法"才有强制性

  D. 无论自然法学派，还是实证主义法学派，都可能把"国法"看作实在法

55. 杨某与刘某存有积怨，后刘某服毒自杀。杨某因患风湿病全身疼痛，怀疑是刘某阴魂纠缠，遂先后3次到刘某墓地掘坟撬棺，挑出刘某头骨，并将头骨和棺材板移埋于自家责任田。事发后，检察院对杨某提起公诉。一审法院根据《中华人民共和国刑法》第302条的规定，认定杨某的行为构成侮辱尸体罪。杨某不服，认为坟内刘某已成白骨并非尸体，随后上诉。杨某对"尸体"的解释，属于下列哪些解释？（　　）

  A. 任意解释

  B. 比较解释

  C. 文义解释

D. 法定解释

56. 秦汉时期的刑罚主要包括笞刑、徒刑、流放刑、肉刑、死刑、羞辱刑等，下列哪些选项属于徒刑？（　　）

   A. 候　　　　　　B. 隶臣妾　　　　　C. 弃市　　　　　　D. 鬼薪白粲

57. 清乾隆年间，甲在京城天安门附近打伤乙被判笞刑，甲不服判决，要求复审。关于案件的复审，下列哪些选项是正确的？（　　）

   A. 应由九卿、詹事、科道及军机大臣、内阁大学士等重要官员会同审理
   B. 应在霜降后10日举行
   C. 应由大理寺官员会同各道御史及刑部承办司会同审理
   D. 应在小满后10日至立秋前1日举行

58. ①美国《独立宣言》与《美国联邦宪法》给予了人权充分保障
   ②法国《人权宣言》明确宣布"人们生来并且始终是自由的，并在权利上是平等的"，该宣言成为此后多部法国宪法的序言
   ③日本《明治宪法》对公民自由权作出充分规定，促进了日本现代民主政体的建立
   ④德国《魏玛宪法》扩大了人权范围，将"社会权"纳入到宪法保护范围

   关于各国"人权与宪法"问题的说法，下列哪些选项不成立？（　　）

   A. ①②　　　　　B. ③④　　　　　C. ①③　　　　　D. ②④

59. 关于如何根据社会主义法治理念完善我国宪法的权力制约原则，下列哪些选项是正确的？（　　）

   A. 从法律上构建起权力制约监督体系与机制
   B. 从制度上为各种监督的实施提供条件和保障
   C. 完善权力配置，恰当地建构各种权力关系
   D. 限制和缩小国家权力范围，扩大公民权利

60. 根据《宪法》的规定，下列哪些选项是正确的？（　　）

   A. 社会主义的公共财产神圣不可侵犯
   B. 社会主义的公共财产包括国家的和集体的财产
   C. 国家可以对公民的私有财产实行无偿征收或征用
   D. 土地的使用权可以依照法律的规定转让

61. 根据我国宪法规定，关于公民住宅不受侵犯，下列哪些选项是正确的？（　　）

   A. 该规定要求国家保障每个公民获得住宅的权利
   B. 《治安管理处罚法》第40条规定，非法侵入他人住宅的，视情节给予不同时日的行政拘留和罚款。该条规定体现了宪法保障住宅不受侵犯的精神
   C. 《刑事诉讼法》第69条规定，被取保候审的犯罪嫌疑人、被告人未经执行机关批准不得离开所居住的市、县。该条规定是对《宪法》规定的公民住宅不受侵犯的合理限制

D. 住宅自由不是绝对的，公安机关、检察机关为了收集犯罪证据、查获犯罪嫌疑人，严格依法对公民住宅进行搜查并不违宪

62. 根据《宪法》的规定，关于公民纳税义务，下列哪些选项是正确的？（   ）

　　A. 国家在确定公民纳税义务时，要保证税制科学合理和税收负担公平

　　B. 要坚持税收法定原则，税收基本制度实行法律保留

　　C. 纳税义务直接涉及公民个人财产权，宪法纳税义务具有防止国家权力侵犯其财产权的属性

　　D. 履行纳税义务是公民享有其他权利的前提条件

63. 根据《宪法》和法律的规定，下列哪些选项是不正确的？（   ）

　　A. 生命权是我国宪法明确规定的公民基本权利

　　B. 监督权包括批评建议权、控告检举权和申诉权

　　C. 《宪法》第43条第1款规定，中华人民共和国公民有休息的权利

　　D. 受教育既是公民的权利也是公民的义务

64. 下列哪些选项属于不正当竞争行为？（   ）

　　A. 甲灯具厂捏造乙灯具厂偷工减料的事实，私下告诉乙厂的几家重要客户

　　B. 甲公司发布高薪招聘广告，乙公司数名高管集体辞职前往应聘，甲公司予以聘用

　　C. 甲电器厂产品具有严重瑕疵，媒体误报道为乙电器厂产品，甲厂未主动澄清

　　D. 甲厂使用与乙厂知名商品近似的名称、包装和装潢，消费者经仔细辨别方可区别二者差异

65. D市S县发生重大食品安全事故。根据《食品安全法》的规定，关于有关部门采取的措施，下列哪些选项是正确的？（   ）

　　A. 接收病人的S县医院立即向S县卫生局报告

　　B. 接到报告的S县卫生局及时向S县政府和D市卫生局报告

　　C. S县卫生局立即成立食品安全事故处置指挥部

　　D. S县卫生局在必要时可直接向卫生部报告事故及其处理信息

66. 根据《商业银行法》，关于商业银行分支机构，下列哪些说法是错误的？（   ）

　　A. 在中国境内应当按行政区划设立

　　B. 经地方政府批准即可设立

　　C. 分支机构不具有法人资格

　　D. 拨付各分支机构营运资金额的总和，不得超过总行资本金总额的70%

67. 根据《商业银行法》，关于商业银行的设立和变更，下列哪些说法是正确的？（   ）

　　A. 国务院银行业监督管理机构可以根据审慎监管的要求，在法定标准的基础上提高商业银行设立的注册资本最低限额

　　B. 商业银行的组织形式、组织机构适用《公司法》

　　C. 商业银行的分立、合并不适用《公司法》

D. 任何单位和个人购买商业银行股份总额5%以上的，应事先经国务院银行业监督管理机构批准

68. 以下4人的月工资、薪金所得，应分别适用下列何种税率？（　）

A. 张某所得5000元，适用3%的税率

B. 王某所得8000元，适用20%的税率

C. 李某所得20000元，适用25%的税率

D. 赵某所得85000元，适用45%的税率

69. 根据税收征收管理法规，关于从事生产、经营的纳税人账簿，下列哪些说法是正确的？（　）

A. 纳税人生产、经营规模小又确无建账能力的，可聘请经税务机关认可的财会人员代为建账和办理账务

B. 纳税人使用计算机记账的，应在使用前将会计电算化系统的会计核算软件、使用说明书及有关资料报送主管税务机关备案

C. 纳税人会计制度健全，能够通过计算机正确、完整计算其收入和所得情况的，其计算机输出的完整的书面会计记录，可视同会计账簿

D. 纳税人的账簿、记账凭证、报表、完税凭证、发票、出口凭证以及其他有关涉税资料，除另有规定外，应当保存10年

70. 关于基本养老保险的个人账户，下列哪些选项是正确的？（　）

A. 职工个人缴纳的基本养老保险费全部记入个人账户

B. 用人单位缴纳的基本养老保险费按规定比例记入个人账户

C. 个人死亡的，个人账户余额可以继承

D. 个人账户不得提前支取

71. 李某因追索工资与所在公司发生争议，遂向律师咨询。该律师提供的下列哪些意见是合法的？（　）

A. 解决该争议既可与公司协商，也可申请调解，还可直接申请仲裁

B. 应向劳动者工资关系所在地的劳动争议仲裁委提出仲裁请求

C. 如追索工资的金额未超过当地月最低工资标准12个月金额，则仲裁裁决为终局裁决，用人单位不得再起诉

D. 即使追索工资的金额未超过当地月最低工资标准12个月金额，只要李某对仲裁裁决不服，仍可向法院起诉

72. 农户甲外出打工，将自己房屋及宅基地使用权一并转让给同村农户乙，5年后甲返回该村。关于甲返村后的住宅问题，下列哪些说法是错误的？（　）

A. 由于甲无一技之长，在外找不到工作，只能返乡务农。政府应再批给甲一处宅基地建房

B. 根据"一户一宅"的原则，甲作为本村村民应拥有自己的住房。政府应再批给甲

一处宅基地建房

C. 由于农村土地具有保障功能，宅基地不得买卖，甲、乙之间的转让合同无效。乙应返还房屋及宅基地使用权

D. 由于与乙的转让合同未经有关政府批准，转让合同无效。乙应返还房屋及宅基地使用权

73. 甲化工厂和乙造纸厂排放污水，造成某村农作物减产。当地环境主管部门检测认定，甲排污中的有机物超标3倍，是农作物减产的原因，乙排污未超标，但其中的悬浮物仍对农作物减产有一定影响。关于甲、乙厂应承担的法律责任，下列哪些选项是正确的？（ ）

A. 甲厂应对该村损失承担赔偿责任

B. 乙厂应对该村损失承担赔偿责任

C. 环境主管部门有权追究甲厂的行政责任

D. 环境主管部门有权追究乙厂的行政责任

74. 中国参与某项民商事司法协助多边条约的谈判并签署了该条约，下列哪些表述是正确的？（ ）

A. 中国签署该条约后有义务批准该条约

B. 该条约须由全国人大常委会决定批准

C. 对该条约规定禁止保留的条款，中国在批准时不得保留

D. 如该条约获得批准，对于该条约与国内法有不同规定的部分，在中国国内可以直接适用，但中国声明保留的条款除外

75. 外国公民雅力克持旅游签证来到中国，我国公安机关查验证件时发现，其在签证已经过期的情况下，涂改证照，居留中国并临时工作。关于雅力克的出入境和居留，下列哪些表述符合中国法律规定？（ ）

A. 在雅力克旅游签证有效期内，其前往不对外国人开放的地区旅行，不再需要向当地公安机关申请旅行证件

B. 对雅力克的行为县级以上公安机关可拘留审查

C. 对雅力克的行为县级以上公安机关可依法予以处罚

D. 如雅力克持涂改的出境证件出境，中国边防检查机关有权阻止其出境

76. 甲国公民彼得，在中国境内杀害一中国公民和一乙国在华留学生，被中国警方控制。乙国以彼得杀害本国公民为由，向中国申请引渡，中国和乙国间无引渡条约。关于引渡事项，下列哪些选项是正确的？（ ）

A. 中国对乙国无引渡义务

B. 乙国的引渡请求应通过外交途径联系，联系机关为外交部

C. 应由中国最高法院对乙国的引渡请求进行审查，并作出裁定

D. 在收到引渡请求时，中国司法机关正在对引渡所指的犯罪进行刑事诉讼，故应当拒绝引渡

77. 甲国公民玛丽与中国公民王某经常居住地均在中国，2人在乙国结婚。关于双方婚姻关系的法律适用，下列哪些选项是正确的？（ ）

　　A. 结婚手续只能适用中国法

　　B. 结婚手续符合甲国法、中国法和乙国法中的任何一个，即为有效

　　C. 结婚条件应适用乙国法

　　D. 结婚条件应适用中国法

78. 中国A公司与甲国B公司签订货物买卖合同，约定合同争议提交中国C仲裁委员会仲裁，仲裁地在中国，但对仲裁条款应适用的法律未作约定。后因货物质量问题双方发生纠纷，中国A公司依仲裁条款向C仲裁委提起仲裁，但B公司主张仲裁条款无效。根据我国相关法律规定，关于本案仲裁条款的效力审查问题，下列哪些判断是正确的？（ ）

　　A. 对本案仲裁条款的效力，C仲裁委无权认定，只有中国法院有权审查

　　B. 对本案仲裁条款的效力，如A公司请求C仲裁委作出决定，B公司请求中国法院作出裁定的，由中国法院裁定

　　C. 对本案仲裁条款效力的审查，应适用中国法

　　D. 对本案仲裁条款效力的审查，应适用甲国法

79. 甲国公民A与乙国公民B的经常居住地均在中国，双方就在丙国境内发生的侵权纠纷在中国法院提起诉讼。关于该案的法律适用，下列哪些选项是正确的？（ ）

　　A. 如侵权行为发生后双方达成口头协议，就纠纷的法律适用做出了选择，应适用协议选择的法律

　　B. 如侵权行为发生后双方达成书面协议，就纠纷的法律适用做出了选择，应适用协议选择的法律

　　C. 如侵权行为发生后双方未选择纠纷适用的法律，应适用丙国法

　　D. 如侵权行为发生后双方未选择纠纷适用的法律，应适用中国法

80. 甲公司的营业所在甲国，乙公司的营业所在中国，甲国和中国均为《联合国国际货物销售合同公约》的当事国。甲公司将一批货物卖给乙公司，该批货物通过海运运输。货物运输途中，乙公司将货物转卖给了中国丙公司。根据该公约，下列哪些选项是正确的？（ ）

　　A. 甲公司出售的货物，必须是第三方依中国知识产权不能主张任何权利的货物

　　B. 甲公司出售的货物，必须是第三方依中国或者甲国知识产权均不能主张任何权利的货物

　　C. 乙公司转售的货物，自双方合同成立时风险转移

　　D. 乙公司转售的货物，自乙公司向丙公司交付时风险转移

81. 根据《最高人民法院关于审理信用证纠纷案件若干问题的规定》，中国法院认定存在信用证欺诈的，应当裁定中止支付或者判决终止支付信用证项下款项，但存在除外情

形。关于除外情形，下列哪些表述是正确的？（　　）

A. 开证行的指定人、授权人已按照开证行的指令善意地进行了付款

B. 开证行或者其指定人、授权人已对信用证项下票据善意地作出了承兑

C. 保兑行善意地履行了付款义务

D. 议付行善意地进行了议付

82. 李伍为惯常居所地在甲国的公民，满成为惯常居所地在乙国的公民。甲国不是《保护文学艺术作品伯尔尼公约》缔约国，乙国和中国是该公约的缔约国。关于作品在中国的国民待遇，下列哪些选项是正确的？（　　）

A. 李伍的文章在乙国首次发表，其作品在中国享有国民待遇

B. 李伍的文章无论发表与否，其作品在中国享有国民待遇

C. 满成的文章无论在任何国家首次发表，其作品在中国享有国民待遇

D. 满成的文章无论发表与否，其作品在中国享有国民待遇

83. 法院领导在本院初任法官任职仪式上，就落实法官职业道德准则中的"文明司法"和践行执法为民理念的"理性文明执法"提出要求。下列哪些选项属于"文明执法"范围？（　　）

A. 提高素质和修养，遵守执法程序，注重执法艺术

B. 仪容整洁、举止得当、言行文明

C. 杜绝与法官职业形象不相称的行为

D. 严守办案时限，禁止拖延办案

84. 某非法吸收公众存款刑事案件，因涉及人数众多，影响面广，当地领导私下曾有"必须重判"的说法。①主审李法官听此说法即向院长汇报。②开庭时，李法官对律师提出的非法证据排除的请求不予理睬。③李法官对刘检察官当庭反驳律师无罪辩护意见、严斥该律师立场有问题的做法不予制止。④李法官几次打断律师用方言发言，让其慢速并重复。⑤律师对法庭上述做法提出异议，遭拒后当即退庭抗议。⑥刘检察官大声对律师说："你太不成熟，本地没你的饭吃了。"⑦律师担心报复，向当事人提出解除委托关系。⑧李法官、刘检察官应邀参加该律师所在律所的十周年所庆，该律师向李、刘赠送礼品。关于法律职业人员的不当行为，下列哪些选项是正确的？（　　）

A. ①④⑤　　　B. ②③④　　　C. ②⑥⑦　　　D. ③⑦⑧

85. 下列哪些选项属于《刑事诉讼法》新增或加强律师诉讼权利的规定？（　　）

A. 辩护律师在侦查期间可以申请变更强制措施；向侦查机关了解犯罪嫌疑人涉嫌的罪名和案件有关情况，提出意见

B. 辩护律师可以同在押的犯罪嫌疑人会见和通信

C. 辩护律师会见犯罪嫌疑人、被告人时不被监听

D. 律师作为辩护人涉嫌干扰司法机关诉讼活动犯罪的，应当及时通知所在的律师事务所或所属的律师协会

三、不定项选择题。每题所设选项中至少有一个正确答案，少选、错选或不选均不得分。本部分含 86～100 题，每题 2 分，共 30 分。

（一）

1995 年颁布的《保险法》第 91 条规定："保险公司的设立、变更、解散和清算事项，本法未作规定的，适用公司法和其他有关法律、行政法规的规定。"2009 年修订的《保险法》第 94 条规定："保险公司，除本法另有规定外，适用《中华人民共和国公司法》的规定。"请回答第 86~88 题。

86. 根据法的渊源的知识，关于《保险法》上述二条规定之间的关系，下列理解正确的是：（ ）

A. "前法"与"后法"之间的关系
B. "一般法"与"特别法"之间的关系
C. "上位法"与"下位法"之间的关系
D. 法的正式渊源与法的非正式渊源之间的关系

87. 关于二条文规定的内容，下列理解正确的是：（ ）

A. 均属委任性规则
B. 均属任意性规则
C. 均属准用性规则
D. 均属禁止性规则

88. 根据法的渊源及其效力原则，下列理解正确的是：（ ）

A. 相对于《公司法》规定而言，《保险法》对保险公司所作规定属于"特别法"
B. 《保险法》对保险公司的规定不同于《公司法》的，优先适用《保险法》
C. 《保险法》对保险公司没有规定的，适用《公司法》
D. 根据 2009 年修订的《保险法》第 94 条的规定，对于保险公司的设立、变更、解散和清算事项，《保险法》没有规定的，可以优先适用其他有关法律、行政法规的规定

（二）

维护国家主权和领土完整，维护国家统一是我国宪法的重要内容，体现在《宪法》和法律一系列规定中。

请回答第 89~91 题。

89. 关于我国宪法对领土的效力，下列表述正确的是：（ ）

A. 领土包括一个国家的陆地、河流、湖泊、内海、领海以及它们的底床、底土和上空（领空）
B. 领土是国家的构成要素之一，是国家行使主权的空间，也是国家行使主权的对象
C. 《宪法》在国土所有领域的适用上无任何差异
D. 《宪法》的空间效力及于国土全部领域，是由主权的唯一性和不可分割性决定的

90. 关于我国的国家结构形式，下列选项正确的是？（ ）

A. 我国实行单一制国家结构形式

B. 维护宪法权威和法制统一是国家的基本国策
C. 在全国范围内实行统一的政治、经济、社会制度
D. 中华人民共和国是一个统一的国际法主体

91. 关于我国的行政区域划分，下列说法不成立的是？（   ）
    A. 是国家主权的体现
    B. 属于国家内政
    C. 任何国家不得干涉
    D. 只能由《宪法》授权机关进行

（三）

甲房地产公司与乙国有工业公司签订《合作协议》，在乙公司原有的仓库用地上开发商品房。双方约定，共同成立"玫园置业有限公司"（以下简称"玫园公司"）。甲公司投入开发资金，乙公司负责将该土地上原有的划拨土地使用权转变为出让土地使用权，然后将出让土地使用权作为出资投入玫园公司。

玫园公司与丙劳务派遣公司签订协议，由其派遣王某到玫园公司担任保洁员。不久，甲、乙产生纠纷，经营停顿。玫园公司以签订派遣协议时所依据的客观情况发生重大变化为由，将王某退回丙公司，丙公司遂以此为由解除王某的劳动合同。

请回答第92~96题。

92. 关于该土地使用权由划拨转为出让，下列说法正确的是：（   ）
    A. 将划拨土地使用权转为出让土地使用权后再行转让属于土地投机，为法律所禁止
    B. 乙公司应当先将划拨土地使用权转让给玫园公司，然后由后者向政府申请办理土地使用权出让合同
    C. 该土地使用权由划拨转为出让，应当报有批准权的政府审批，经批准后方可办理土地使用权出让手续
    D. 如乙公司取得该地块的出让土地使用权，则只能自己进行开发，不能与他人合作开发

93. 关于甲、乙双方签订的《合作协议》的性质，下列选项正确的是：（   ）
    A. 房地产开发合同
    B. 房地产转让合同
    C. 土地使用权转让合同
    D. 国有资产合作经营合同

94. 开发期间，由于政府实施商品房限购政策，甲公司因其已开发项目滞销而陷于财务困境，致玫园公司经营陷于停顿，甲乙双方发生纠纷，乙公司主张合同无效。下列理由依法不能成立的是：（   ）
    A. 该合同为乙公司前任经理所签订，现该经理已被撤换
    B. 签订合同时，该土地还是划拨土地使用权
    C. 根据《合作协议》，乙公司仅享有玫园公司40%的股份，现在因该地段新建地铁导致地价上涨，乙公司所占股份偏低，属于国有资产流失
    D. 乙公司无房地产开发资格，无权参与房地产开发

95. 根据《劳动合同法》，王某的用人单位是？（　）

A. 甲公司　　　B. 乙企业　　　C. 丙公司　　　D. 玫园公司

96. 关于王某劳动关系解除问题，下列选项正确的是？（　）

A. 玫园公司有权将王某退回丙公司

B. 丙公司有权解除与王某的劳动合同

C. 王某有权要求丙公司继续履行劳动合同

D. 王某如不愿回到丙公司，有权要求其支付赔偿金

（四）

甲国A公司向乙国B公司出口一批货物，双方约定适用2010年《国际贸易术语解释通则》中CIF术语。该批货物由丙国C公司"乐安"号商船承运，运输途中船舶搁浅，为起浮抛弃了部分货物。船舶起浮后继续航行中又因恶劣天气，部分货物被海浪打入海中。到目的港后发现还有部分货物因固有缺陷而损失。

请回答第97~100题。

97. "乐安"号运送该货物的航行路线要经过丁国的领海和毗连区。根据《联合国海洋法公约》，下列选项正确的是：（　）

A. "乐安"号可不经批准穿行丁国领海，并在其间停泊转运货物

B. "乐安"号在丁国毗连区走私货物，丁国海上执法船可行使紧追权

C. "乐安"号在丁国毗连区走私货物，丁国海上执法机关可出动飞机行使紧追权

D. 丁国海上执法机关对"乐安"号的紧追权在其进入公海时立即终止

98. A公司与B公司就该批货物在中国境内的商标权产生争议，双方诉至中国某法院。关于该商标权有关争议的法律适用，下列选项正确的是：（　）

A. 归属争议应适用中国法　　　B. 归属争议应适用甲国法

C. 转让争议应适用甲国法　　　D. 转让争议当事人可以协议选择法律

99. 关于CIF贸易术语的适用，下列选项正确的是：（　）

A. 货物的风险在装运港完成交货时由A公司转移给B公司

B. 货物的风险在装运港越过船舷时由A公司转移给B公司

C. 应由A公司负责海运运输

D. 应由A公司购买货物海运保险

100. 该批货物投保了平安险，关于运输中的相关损失的认定及赔偿，依《海牙规则》，下列选项正确的是：（　）

A. 为起浮抛弃货物造成的损失属于共同海损

B. 因恶劣天气部分货物被打入海中的损失属于单独海损

C. 保险人应赔偿共同海损和因恶劣天气造成的单独海损

D. 承运人对因固有缺陷损失的货物免责，保险人应承担赔偿责任

2012年国家司法考试（试卷二）

一、单项选择题。每题所设选项中只有一个正确答案，错选或不选均不得分。本部分含1～50题，每题1分，共50分。

1. 老板甲春节前转移资产，拒不支付农民工工资。劳动部门下达责令支付通知书后，甲故意失踪。公安机关接到报警后，立即抽调警力，迅速将甲抓获。在侦查期间，甲主动支付了所欠工资。起诉后，法院根据《刑法修正案（八）》拒不支付劳动报酬罪认定甲的行为，甲表示认罪。关于此案，下列哪一说法是错误的？（ ）

 A. 《刑法修正案（八）》增设拒不支付劳动报酬罪，体现了立法服务大局、保护民生的理念

 B. 公安机关积极破案解决社会问题，发挥了保障民生的作用

 C. 依据《刑法修正案（八）》对欠薪案的审理，体现了惩教并举，引导公民守法、社会向善的作用

 D. 甲已支付所欠工资，可不再追究甲的刑事责任，以利于实现良好的社会效果

2. 甲与乙女恋爱。乙因甲伤残提出分手，甲不同意，拉住乙不许离开，遭乙痛骂拒绝。甲绝望大喊："我得不到你，别人也休想"，连捅十几刀，致乙当场惨死。甲逃跑数日后，投案自首，有悔罪表现。关于本案的死刑适用，下列哪一说法符合法律实施中的公平正义理念？（ ）

 A. 根据《刑法》规定，当甲的杀人行为被评价为"罪行极其严重"时，可判处甲死刑

 B. 从维护《刑法》权威考虑，无论甲是否存在从轻情节，均应判处甲死刑

 C. 甲轻率杀人，为严防效尤，即使甲自首悔罪，也应判处死刑立即执行

 D. 应当充分考虑并尊重网民呼声，以此决定是否判处甲死刑立即执行

3. 关于罪刑法定原则有以下观点：

①罪刑法定只约束立法者，不约束司法者

②罪刑法定只约束法官，不约束侦查人员

③罪刑法定只禁止类推适用刑法，不禁止适用习惯法

④罪刑法定只禁止不利于被告人的事后法，不禁止有利于被告人的事后法

下列哪一选项是正确的？（ ）

 A. 第①句正确，第②③④句错误

 B. 第①②句正确，第③④句错误

 C. 第④句正确，第①②③句错误

 D. 第①③句正确，第②④句错误

4. 下列哪一选项构成不作为犯罪？（ ）

A. 甲到湖中游泳，见武某也在游泳。武某突然腿抽筋，向唯一在场的甲呼救。甲未予理睬，武某溺亡

B. 乙女拒绝周某求爱，周某说"如不答应，我就跳河自杀"。乙明知周某可能跳河，仍不同意。周某跳河后，乙未呼救，周某溺亡

C. 丙与贺某到水库游泳。丙为显示泳技，将不善游泳的贺某拉到深水区教其游泳。贺某忽然沉没，丙有点害怕，忙游上岸，贺某溺亡

D. 丁邀秦某到风景区漂流，在漂流筏转弯时，秦某的安全带突然松开致其摔落河中。丁未下河救人，秦某溺亡

5. 下列哪一行为构成故意犯罪？（ ）

A. 他人欲跳楼自杀，围观者大喊"怎么还不跳"，他人跳楼而亡

B. 司机急于回家，行驶时闯红灯，把马路上的行人撞死

C. 误将熟睡的孪生妻妹当成妻子，与其发生性关系

D. 作客的朋友在家中吸毒，主人装作没看见

6. 甲与素不相识的崔某发生口角，推了他肩部一下，踢了他屁股一脚。崔某忽觉胸部不适继而倒地，在医院就医时死亡。经鉴定，崔某因患冠状粥样硬化性心脏病，致急性心力衰竭死亡。关于本案，下列哪一选项是正确的？（ ）

A. 甲成立故意伤害罪，属于故意伤害致人死亡

B. 甲的行为既不能认定为故意犯罪，也不能认定为意外事件

C. 甲的行为与崔某死亡结果之间有因果关系，这是客观事实

D. 甲主观上对崔某死亡具有预见可能性，成立过失致人死亡罪

7. 关于正当防卫的论述，下列哪一选项是正确的？（ ）

A. 甲将罪犯顾某扭送派出所途中，在汽车后座上死死摁住激烈反抗的顾某头部，到派出所时发现其已窒息死亡。甲成立正当防卫

B. 乙发现齐某驾驶摩托车抢劫财物即驾车追赶，两车并行时齐某的摩托车撞到护栏，弹回与乙车碰撞后侧翻，齐某死亡。乙不成立正当防卫

C. 丙发现邻居刘某（女）正在家中卖淫，即将刘家价值6000元的防盗门砸坏，阻止其卖淫。丙成立正当防卫

D. 丁开枪将正在偷越国（边）境的何某打成重伤。丁成立正当防卫

8. 甲欲杀乙，将乙打倒在地，掐住脖子致乙深度昏迷。30分钟后，甲发现乙未死，便举刀刺乙，第一刀刺中乙腹，第二刀扎在乙的皮带上，刺第三刀时刀柄折断。甲长叹"你命太大，整不死你，我服气了"，遂将乙送医，乙得以保命。经查，第一刀已致乙重伤。关于甲犯罪形态的认定，下列哪一选项是正确的？（ ）

A. 故意杀人罪的未遂犯

B. 故意杀人罪的中止犯

C. 故意伤害罪的既遂犯

D. 故意杀人罪的不能犯

9. 甲（15周岁）求乙（16周岁）为其抢夺作接应，乙同意。某夜，甲抢夺被害人的手提包（内有1万元现金），将包扔给乙，然后吸引被害人跑开。乙害怕坐牢，将包扔在草丛中，独自离去。关于本案，下列哪一选项是错误的？（　　）

A. 甲不满16周岁，不构成抢夺罪

B. 甲与乙构成抢夺罪的共犯

C. 乙不构成抢夺罪的间接正犯

D. 乙成立抢夺罪的中止犯

10. 关于共同犯罪的论述，下列哪一选项是正确的？（　　）

A. 甲为劫财将陶某打成重伤，陶某拼死反抗。张某路过，帮甲掏出陶某随身财物。2人构成共犯，均须对陶某的重伤结果负责

B. 乙明知黄某非法种植毒品原植物，仍按黄某要求为其收取毒品原植物的种子。2人构成非法种植毒品原植物罪的共犯

C. 丙明知李某低价销售的汽车系盗窃所得，仍向李某购买该汽车。2人之间存在共犯关系

D. 丁系国家机关负责人，召集领导层开会，决定以单位名义将国有资产私分给全体职工。丁和职工之间存在共犯关系

11. 《刑法》第49条规定：＿＿＿的时候不满18周岁的人和＿＿＿＿的时候怀孕的妇女，不适用死刑。＿＿＿＿的时候已满75周岁的人，不适用死刑，但＿＿＿＿的除外。下列哪一选项与题干空格内容相匹配？（　　）

A. 犯罪——审判——犯罪——故意犯罪致人死亡

B. 审判——审判——犯罪——故意犯罪致人死亡

C. 审判——审判——审判——以特别残忍手段致人死亡

D. 犯罪——审判——审判——以特别残忍手段致人死亡

12. 甲因走私武器被判处15年有期徒刑，剥夺政治权利5年；因组织他人偷越国境被判处14年有期徒刑，并处没收财产5万元，剥夺政治权利3年；因骗取出口退税被判处10年有期徒刑，并处罚金20万元。关于数罪并罚，下列哪一选项符合《刑法》规定？（　　）

A. 决定判处甲有期徒刑35年，没收财产25万元，剥夺政治权利8年

B. 决定判处甲有期徒刑20年，罚金25万元，剥夺政治权利8年

C. 决定判处甲有期徒刑25年，没收财产5万元，罚金20万元，剥夺政治权利6年

D. 决定判处甲有期徒刑23年，没收财产5万元，罚金20万元，剥夺政治权利8年

13. 犯罪分子没有法定减轻处罚情节，但根据案件特殊情况，经＿＿＿＿核准，可在法定刑以下判处刑罚；被判处无期徒刑的犯人，如有特殊情况，经＿＿＿＿核准，实际执行未

达13年的，可以假释；在死刑缓期执行期间，如故意犯罪，查证属实，由____核准，执行死刑；犯罪已经经过20年，如果认为必须追诉的，须报____核准。

下列哪一选项与题干空格内容相匹配？（　　）

A. 最高人民法院—最高人民法院—最高人民法院—最高人民法院

B. 最高人民法院—最高人民检察院—最高人民法院—最高人民法院

C. 最高人民法院—最高人民检察院—最高人民法院—最高人民检察院

D. 最高人民法院—最高人民法院—最高人民法院—最高人民检察院

14. 甲系海关工作人员，被派往某国考察。甲担心自己放纵走私被查处，拒不归国。为获得庇护，甲向某国难民署提供我国从未对外公布且影响我国经济安全的海关数据。关于本案，下列哪一选项是错误的？（　　）

A. 甲构成叛逃罪

B. 甲构成为境外非法提供国家秘密、情报罪

C. 对甲不应数罪并罚

D. 即使《刑法》分则对叛逃罪未规定剥夺政治权利，也应对甲附加剥夺1年以上5年以下政治权利

15. 下列哪一行为成立以危险方法危害公共安全罪？（　　）

A. 甲驾车在公路转弯处高速行驶，撞翻相向行驶车辆，致2人死亡

B. 乙驾驶越野车在道路上横冲直撞，撞翻数辆他人所驾汽车，致2人死亡

C. 丙醉酒后驾车，刚开出10米就撞死2人

D. 丁在繁华路段飙车，2名老妇受到惊吓致心脏病发作死亡

16. 下列哪一行为不应以故意伤害罪论处？（　　）

A. 监狱监管人员吊打被监管人，致其骨折

B. 非法拘禁被害人，大力反扭被害人胳膊，致其胳膊折断

C. 经本人同意，摘取17周岁少年的肾脏1只，支付少年5万元补偿费

D. 黑社会成员因违反帮规，在其同意之下，被截断1截小指头

17. 关于侵犯人身权利罪的论述，下列哪一选项是错误的？（　　）

A. 强行与卖淫幼女发生性关系，事后给幼女500元的，构成强奸罪

B. 使用暴力强迫单位职工以外的其他人员在采石场劳动的，构成强迫劳动罪

C. 雇用16周岁未成年人从事高空、井下作业的，构成雇用童工从事危重劳动罪

D. 收留流浪儿童后，因儿童不听话将其出卖的，构成拐卖儿童罪

18. 不计数额，下列哪一选项构成侵占罪？（　　）

A. 甲是个体干洗店老板，洗衣时发现衣袋内有钱，将钱藏匿

B. 乙受公司委托外出收取货款，隐匿收取的部分货款

C. 丙下飞机时发现乘客钱包掉在座位底下，捡起钱包离去

D. 丁是宾馆前台服务员，客人将礼品存于前台让朋友自取。丁见久无人取，私吞礼品

19. 甲路过偏僻路段，看到其友乙强奸丙的犯罪事实。甲的下列哪一行为构成包庇罪？（ ）

   A. 用手机向乙通报公安机关抓捕乙的消息

   B. 对侦查人员的询问沉默不语

   C. 对侦查人员声称乙、丙系恋人，因乙另有新欢遭丙报案诬陷

   D. 经法院通知，无正当理由，拒绝出庭作证

20. 甲恳求国有公司财务主管乙，从单位挪用10万元供他炒股，并将一块名表送给乙。乙做假账将10万元交与甲，甲表示尽快归还。20日后，乙用个人财产归还单位10万元。关于本案，下列哪一选项是错误的？（ ）

   A. 甲、乙勾结私自动用公款，构成挪用公款罪的共犯

   B. 乙虽20日后主动归还10万元，甲、乙仍属于挪用公款罪既遂

   C. 乙非法收受名表，构成受贿罪

   D. 对乙不能以挪用公款罪与受贿罪进行数罪并罚

21. 下列哪一行为应以玩忽职守罪论处？（ ）

   A. 法官执行判决时严重不负责任，因未履行法定执行职责，致当事人利益遭受重大损失

   B. 检察官讯问犯罪嫌疑人甲，甲要求上厕所，因检察官违规打开械具后未跟随，致甲在厕所翻窗逃跑

   C. 值班警察与女友电话聊天时接到杀人报警，又闲聊10分钟后才赶往现场，因延迟出警，致被害人被杀、歹徒逃走

   D. 市政府基建负责人因听信朋友介绍，未经审查便与对方签订建楼合同，致被骗300万元

22. 关于《刑事诉讼法》"尊重和保障人权，保护公民的人身权利、财产权利、民主权利和其他权利"的规定，下列哪一选项是正确的？（ ）

   A. 体现了以人为本、保障和维护公民基本权利和自由的理念

   B. 体现了犯罪嫌疑人、被告人权利至上的理念

   C. 体现了实体公正与程序公正并重的理念

   D. 体现了公正优先、兼顾效率的理念

23. 甲发现自家优质甜瓜常被人夜里偷走，怀疑乙所为。某夜，甲带上荧光恐怖面具，在乙偷瓜时突然怪叫，乙受到惊吓精神失常。甲后悔不已，主动承担乙的治疗费用。公安机关以涉嫌过失致人重伤将甲拘留，乙父母向公安机关表示已谅解甲，希望不追究甲的责任。在公安机关主持下，乙父母与甲签订和解协议，公安机关将案件移送检察院并提出从宽处理建议。下列社会主义法治理念和刑事诉讼理念的概括，哪一选项与本案处理相一致？（ ）

   A. 既要充分发挥司法功能，又要构建多元化的矛盾纠纷化解机制

B. 既要坚持法律面前人人平等，又要考虑对特殊群体区别对待

C. 既要追求公平正义，又要兼顾诉讼效率

D. 既要高度重视程序的约束作用，又不应忽略实体公正

24. 关于诉讼代理人参加刑事诉讼，下列哪一说法是正确的？（　　）

A. 诉讼代理人的权限依据法律规定而设定

B. 除非法律有明文规定，诉讼代理人也享有被代理人享有的诉讼权利

C. 诉讼代理人应当承担被代理人依法负有的义务

D. 诉讼代理人的职责是帮助被代理人行使诉讼权利

25. 关于辩护律师在刑事诉讼中享有的权利和承担的义务，下列哪一说法是正确的？（　　）

A. 在侦查期间可以向犯罪嫌疑人核实证据

B. 会见在押的犯罪嫌疑人、被告人，可以了解案件有关情况

C. 收集到的有利于犯罪嫌疑人的证据，均应及时告知公安机关、检察院

D. 在执业活动中知悉犯罪嫌疑人、被告人曾经实施犯罪的，应及时告知司法机关

26. 检察院审查批准逮捕时，遇有下列哪一情形依法应当讯问犯罪嫌疑人？（　　）

A. 辩护律师提出要求的

B. 犯罪嫌疑人要求向检察人员当面陈述的

C. 犯罪嫌疑人要求会见律师的

D. 共同犯罪的

27. 关于辨认程序不符合有关规定，经补正或者作出合理解释后，辨认笔录可以作为证据使用的情形，下列哪一选项是正确的？（　　）

A. 辨认前使辨认人见到辨认对象的

B. 供辨认的对象数量不符合规定的

C. 案卷中只有辨认笔录，没有被辨认对象的照片、录像等资料，无法获悉辨认的真实情况的

D. 辨认活动没有个别进行的

28. 下列哪一选项表明我国基本确立了自白任意性规则？（　　）

A. 侦查人员在讯问犯罪嫌疑人的时候，可以对讯问过程进行录音或者录像

B. 不得强迫任何人证实自己有罪

C. 逮捕后应当立即将被逮捕人送交看守所羁押

D. 不得以连续拘传的方式变相拘禁犯罪嫌疑人、被告人

29. 甲涉嫌黑社会性质组织犯罪，10月5日上午10时被刑事拘留。下列哪一处置是违法的？（　　）

A. 甲于当月6日上午10时前被送至看守所羁押

B. 甲涉嫌黑社会性质组织犯罪，因考虑通知家属有碍进一步侦查，决定暂不通知

C. 甲在当月6日被送至看守所之前，公安机关对其进行了讯问

D. 讯问后，发现甲依法需要逮捕，当月8日提请检察院审批

30. 关于附带民事诉讼案件诉讼程序中的保全措施，下列哪一说法是正确的？（   ）

A. 法院应当采取保全措施

B. 附带民事诉讼原告人和检察院都可以申请法院采取保全措施

C. 采取保全措施，不受《民事诉讼法》规定的限制

D. 财产保全的范围不限于犯罪嫌疑人、被告人的财产或与本案有关的财产

31. 下列哪一选项属于刑事诉讼中适用中止审理的情形？（   ）

A. 由于申请回避而不能进行审判的

B. 需要重新鉴定的

C. 被告人患有严重疾病，长时间无法出庭的

D. 检察人员发现提起公诉的案件需要补充侦查，提出建议的

32. 下列哪一情形不得适用简易程序？（   ）

A. 未成年人案件　　　　　　B. 共同犯罪案件

C. 有重大社会影响的案件　　D. 被告人没有辩护人的案件

33. 关于死刑复核程序，下列哪一选项是正确的？（   ）

A. 最高法院复核死刑案件，可以不讯问被告人

B. 最高法院复核死刑案件，应当听取辩护律师的意见

C. 在复核死刑案件过程中，最高检察院应当向最高法院提出意见

D. 最高法院应当将死刑复核结果通报最高检察院

34. 关于审判监督程序，下列哪一选项是正确的？（   ）

A. 对于原判决事实不清楚或者证据不足的，应当指令下级法院再审

B. 上级法院指令下级法院再审的，应当指令原审法院以外的下级法院审理；由原审法院审理更为适宜的，也可以指令原审法院审理

C. 不论是否属于由检察院提起抗诉的再审案件，逮捕由检察院决定

D. 法院按照审判监督程序审判的案件，应当决定中止原判决、裁定的执行

35. 下列哪一选项是2012年《刑事诉讼法修正案》新增加的规定内容？（   ）

A. 怀孕或者正在哺乳自己婴儿的妇女可以暂予监外执行

B. 监狱、看守所提出暂予监外执行的书面意见的，应当将书面意见的副本抄送检察院

C. 决定或者批准暂予监外执行的机关应当将暂予监外执行决定抄送检察院

D. 检察院认为暂予监外执行不当的，应当在法定期间内将书面意见送交决定或者批准暂予监外执行的机关

36. 关于附条件不起诉，下列哪一说法是错误的？（   ）

A. 只适用于未成年人案件

B. 应当征得公安机关、被害人的同意

C. 未成年犯罪嫌疑人及其法定代理人对附条件不起诉有异议的应当起诉

D. 有悔罪表现时，才可以附条件不起诉

37. 对于适用当事人和解的公诉案件诉讼程序而达成和解协议的案件，下列哪一做法是错误的？（　）

A. 公安机关可以撤销案件

B. 检察院可以向法院提出从宽处罚的建议

C. 对于犯罪情节轻微，不需要判处刑罚的，检察院可以不起诉

D. 法院可以依法对被告人从宽处罚

38. 关于犯罪嫌疑人、被告人逃匿、死亡案件违法所得的没收程序，下列哪一说法是正确的？（　）

A. 贪污贿赂犯罪案件的犯罪嫌疑人潜逃，通缉1年后不能到案的，依照《刑法》规定应当追缴其违法所得及其他涉案财产的，公安机关可以向法院提出没收违法所得的申请

B. 在A选项所列情形下，检察院可以向法院提出没收违法所得的申请

C. 没收违法所得及其他涉案财产的申请，由犯罪地的基层法院组成合议庭进行审理

D. 没收违法所得案件审理中，在逃犯罪嫌疑人被抓获的，法院应当中止审理

39. 关于侦查程序中的辩护权保障和情况告知，下列哪一选项是正确的？（　）

A. 辩护律师提出要求的，侦查机关可以听取辩护律师的意见，并记录在案

B. 辩护律师提出书面意见的，可以附卷

C. 侦查终结移送审查起诉时，将案件移送情况告知犯罪嫌疑人或者其辩护律师

D. 侦查终结移送审查起诉时，将案件移送情况告知犯罪嫌疑人及其辩护律师

40. 关于补强证据，下列哪一说法是正确的？（　）

A. 应当具有证据能力　　　　　　B. 可以和被补强证据来源相同

C. 对整个待证事实有证明作用　　D. 应当是物证或者书证

41. 法院在审理案件过程中发现被告人可能有立功情节，而起诉书和移送的证据材料中没有此种材料，下列哪一处理是正确的？（　）

A. 将全部案卷材料退回提起公诉的检察院

B. 建议提起公诉的检察院补充侦查

C. 建议公安机关补充侦查

D. 宣布休庭，进行庭外调查

42. 关于证人证言的收集程序和方式存在瑕疵，经补正或者作出合理解释后，可以作为证据使用的情形，下列哪一选项是正确的？（　）

A. 询问证人时没有个别进行的

B. 询问笔录反映出在同一时间内，同一询问人员询问不同证人的

C. 询问聋哑人时应当提供翻译而未提供的

D. 没有经证人核对确认并签名（盖章）、捺指印的

43. 关于公务员录用的做法，下列哪一选项是正确的？（ ）

   A. 县公安局经市公安局批准，简化程序录用一名特殊职位的公务员

   B. 区财政局录用一名曾被开除过公职但业务和能力优秀的人为公务员

   C. 市环保局以新录用的公务员李某试用期满不合格为由，决定取消录用

   D. 国务院卫生行政部门规定公务员录用体检项目和标准，报中央公务员主管部门备案

44. 根据行政法规规定，县级以上地方各级政府机构编制管理机关应当评估行政机构和编制的执行情况。关于此评估，下列哪一说法是正确的？（ ）

   A. 评估应当定期进行

   B. 评估具体办法由国务院制定

   C. 评估结果是调整机构编制的直接依据

   D. 评估同样适用于国务院行政机构和编制的调整

45. 起草部门将一部重要的行政法规送审稿报送国务院审查。该送审稿向社会公布，征求意见，应报经下列哪一机关同意？（ ）

   A. 起草部门　　　　　　　　　B. 国务院办公厅

   C. 国务院法制办　　　　　　　D. 国务院

46. 经王某请求，国家专利复审机构宣告授予李某的专利权无效，并于 2011 年 5 月 20 日向李某送达决定书。6 月 10 日李某因交通意外死亡。李某妻子不服决定，向法院提起行政诉讼。下列哪一说法是正确的？（ ）

   A. 李某妻子应以李某代理人身份起诉

   B. 法院应当通知王某作为第三人参加诉讼

   C. 本案原告的起诉期限为 60 日

   D. 本案原告应先申请行政复议再起诉

47. 经传唤调查，某区公安分局以散布谣言，谎报险情为由，决定对孙某处以 10 日行政拘留，并处 500 元罚款。下列哪一选项是正确的？（ ）

   A. 传唤孙某时，某区公安分局应当将传唤的原因和依据告知孙某

   B. 传唤后对孙某的询问查证时间不得超过 48 小时

   C. 孙某对处罚决定不服申请行政复议，应向市公安局申请

   D. 如孙某对处罚决定不服直接起诉的，应暂缓执行行政拘留的处罚决定

48. 某市质监局发现一公司生产劣质产品，查封了公司的生产厂房和设备，之后决定没收全部劣质产品、罚款 10 万元。该公司逾期不缴纳罚款。下列哪一选项是错误的？（ ）

   A. 实施查封时应制作现场笔录

   B. 对公司的处罚不能适用简易程序

   C. 对公司逾期缴纳罚款，质监局可以每日按罚款数额的 3% 加处罚款

   D. 质监局可以通知该公司的开户银行划拨其存款

49. 国务院某部对一企业作出罚款 50 万元的处罚。该企业不服，向该部申请行政

复议。下列哪一说法是正确的？（　　）

A. 在行政复议中，不应对罚款决定的适当性进行审查

B. 企业委托代理人参加行政复议的，可以口头委托

C. 如在复议过程中企业撤回复议的，即不得再以同一事实和理由提出复议申请

D. 如企业对复议决定不服向国务院申请裁决，企业对国务院的裁决不服向法院起诉的，法院不予受理

50. 县公安局以李某涉嫌盗窃为由将其刑事拘留，并经县检察院批准逮捕。县法院判处李某有期徒刑5年。李某上诉，市中级法院改判李某无罪。李某向赔偿义务机关申请国家赔偿。下列哪一说法是正确的？（　　）

A. 县检察院为赔偿义务机关

B. 李某申请国家赔偿前应先申请确认刑事拘留和逮捕行为违法

C. 李某请求国家赔偿的时效自羁押行为被确认为违法之日起计算

D. 赔偿义务机关可以与李某就赔偿方式进行协商

二、多项选择题。每题所设选项中至少有两个正确答案，少选、错选或不选均不得分。本部分含51～85题，每题2分，共70分。

51. 《刑法》第246条规定："以暴力或者其他方法公然侮辱他人或者捏造事实诽谤他人，情节严重的，处三年以下有期徒刑、拘役、管制或者剥夺政治权利。"关于本条的理解，下列哪些选项是正确的？（　　）

A. "以暴力或者其他方法"属于客观的构成要件要素

B. "他人"属于记述的构成要件要素

C. "侮辱""诽谤"属于规范的构成要件要素

D. "三年以下有期徒刑、拘役、管制或者剥夺政治权利"属于相对确定的法定刑

52. 下列哪些案件不构成过失犯罪？（　　）

A. 老师因学生不守课堂纪律，将其赶出教室，学生跳楼自杀

B. 汽车修理工恶作剧，将高压气泵塞入同事肛门充气，致其肠道、内脏严重破损

C. 路人见义勇为追赶小偷，小偷跳河游往对岸，路人见状离去，小偷突然抽筋溺毙

D. 邻居看见6楼儿童马上要从阳台摔下，遂伸手去接，因未能接牢，儿童摔成重伤

53. 因乙移情别恋，甲将硫酸倒入水杯带到学校欲报复乙。课间，甲、乙激烈争吵，甲欲以硫酸泼乙，但情急之下未能拧开杯盖，后甲因追乙离开教室。丙到教室，误将甲的水杯当作自己的杯子，拧开杯盖时硫酸淋洒一身，灼成重伤。关于本案，下列哪些选项是错误的？（　　）

A. 甲未能拧开杯盖，其行为属于不可罚的不能犯

B. 对丙的重伤，甲构成过失致人重伤罪

C. 甲的行为和丙的重伤之间没有因果关系

D. 甲对丙的重伤没有故意、过失，不需要承担刑事责任

54. 关于犯罪停止形态的论述，下列哪些选项是正确的？（ ）

A. 甲（总经理）召开公司会议，商定逃税。甲指使财务人员黄某将1笔500万元的收入在申报时予以隐瞒，但后来黄某又向税务机关如实申报，缴纳应缴税款。单位属于犯罪未遂，黄某属于犯罪中止

B. 乙抢夺邹某现金20万元，后发现全部是假币。乙构成抢夺罪既遂

C. 丙以出卖为目的，偷盗婴儿后，惧怕承担刑事责任，又将婴儿送回原处。丙构成拐卖儿童罪既遂，不构成犯罪中止

D. 丁对仇人胡某连开数枪均未打中，胡某受惊心脏病突发死亡。丁成立故意杀人罪既遂

55. 下列哪些选项中的双方行为人构成共同犯罪？（ ）

A. 甲见卖淫秽影碟的小贩可怜，给小贩1000元，买下200张淫秽影碟

B. 乙明知赵某已结婚，仍与其领取结婚证

C. 丙送给国家工作人员10万元钱，托其将儿子录用为公务员

D. 丁帮助组织卖淫的王某招募、运送卖淫女

56. 关于禁止令，下列哪些选项是错误的？（ ）

A. 甲因盗掘古墓葬罪被判刑7年，在执行5年后被假释，法院裁定假释时，可对甲宣告禁止令

B. 乙犯合同诈骗罪被判处缓刑，因附带民事赔偿义务尚未履行，法院可在禁止令中禁止其进入高档饭店消费

C. 丙因在公共厕所猥亵儿童被判处缓刑，法院可同时宣告禁止其进入公共厕所

D. 丁被判处管制，同时被禁止接触同案犯，禁止令的期限应从管制执行完毕之日起计算

57. 下列哪些选项不构成立功？（ ）

A. 甲是唯一知晓同案犯裴某手机号的人，其主动供述裴某手机号，侦查机关据此采用技术侦查手段将裴某抓获

B. 乙因购买境外人士赵某的海洛因被抓获后，按司法机关要求向赵某发短信"报平安"，并表示还要购买毒品，赵某因此未离境，等待乙时被抓获

C. 丙被抓获后，通过律师转告其父想办法协助司法机关抓捕同案犯，丙父最终找到同案犯藏匿地点，协助侦查机关将其抓获

D. 丁被抓获后，向侦查机关提供同案犯的体貌特征，同案犯由此被抓获

58. 警察甲为讨好妻弟乙，将公务用枪私自送乙把玩，丙乘乙在人前炫耀枪支时，偷取枪支送交派出所，揭发乙持枪的犯罪事实。关于本案，下列哪些选项是正确的？（ ）

A. 甲私自出借枪支，构成非法出借枪支罪

B. 乙非法持有枪支，构成非法持有枪支罪

C. 丙构成盗窃枪支罪

D. 丙揭发乙持枪的犯罪事实，构成刑法上的立功

59. 甲、乙等人佯装乘客登上长途车。甲用枪控制司机，令司机将车开到偏僻路段；乙等人用刀控制乘客，命乘客交出随身财物。一乘客反抗，被乙捅成重伤。财物到手下车时，甲打死司机。关于本案，下列哪些选项是正确的？（　）

A. 甲等人劫持汽车，构成劫持汽车罪

B. 甲等人构成抢劫罪，属于在公共交通工具上抢劫

C. 乙重伤乘客，无须以故意伤害罪另行追究刑事责任

D. 甲开枪打死司机，需以故意杀人罪另行追究刑事责任

60. 关于刑讯逼供罪的认定，下列哪些选项是错误的？（　）

A. 甲系机关保卫处长，采用多日不让小偷睡觉的方式，迫其承认偷盗事实。甲构成刑讯逼供罪

B. 乙系教师，受聘为法院人民陪审员，因庭审时被告人刘某气焰嚣张，乙气愤不过，一拳致其轻伤。乙不构成刑讯逼供罪

C. 丙系检察官，为逼取口供殴打犯罪嫌疑人郭某，致其重伤。对丙应以刑讯逼供罪论处

D. 丁系警察，讯问时佯装要实施酷刑，犯罪嫌疑人因害怕承认犯罪事实。丁构成刑讯逼供罪

61. ①纳税人逃税，经税务机关依法下达追缴通知后，补缴应纳税款，缴纳滞纳金，已受行政处罚的，一律不予追究刑事责任

②纳税人逃避追缴欠税，经税务机关依法下达追缴通知后，补缴应纳税款，缴纳滞纳金，已受行政处罚的，应减轻或者免除处罚

③纳税人以暴力方法拒不缴纳税款，后主动补缴应纳税款，缴纳滞纳金，已受行政处罚的，不予追究刑事责任

④扣缴义务人逃税，经税务机关依法下达追缴通知后，补缴应纳税款，缴纳滞纳金，已受行政处罚的，不予追究刑事责任

关于上述观点的正误判断，下列哪些选项是错误的？（　）

A. 第①句正确，第②③④句错误

B. 第①②句正确，第③④句错误

C. 第①③句正确，第②④句错误

D. 第①②③句正确，第④句错误

62. 关于毒品犯罪的论述，下列哪些选项是错误的？（　）

A. 非法买卖制毒物品的，无论数量多少，都应追究刑事责任

B. 缉毒警察掩护、包庇走私毒品的犯罪分子的，构成放纵走私罪

C. 强行给他人注射毒品，使人形成毒瘾的，应以故意伤害罪论处

D. 窝藏毒品犯罪所得的财物的，属于窝藏毒赃罪与掩饰、隐瞒犯罪所得罪的法条竞合，

应以窝藏毒赃罪定罪处刑

63. 国家工作人员甲与民办小学教师乙是夫妻。甲、乙支出明显超过合法收入，差额达300万元。甲、乙拒绝说明财产来源。一审中，甲交代300万元系受贿所得，经查证属实。关于本案，下列哪些选项是正确的？（　）

   A. 甲构成受贿罪
   B. 甲不构成巨额财产来源不明罪
   C. 乙不构成巨额财产来源不明罪
   D. 乙构成掩饰、隐瞒犯罪所得罪

64. 关于刑事诉讼的秩序价值的表述，下列哪些选项是正确的？（　）

   A. 通过惩罚犯罪维护社会秩序
   B. 追究犯罪的活动必须是有序的
   C. 刑事司法权的行使，必须受到刑事程序的规范
   D. 效率越高，越有利于秩序的实现

65. 二审法院发现一审法院的审理违反《刑事诉讼法》关于公开审判、回避等规定的，应当裁定撤销原判、发回原审法院重新审判。关于该规定，下列哪些说法是正确的？（　）

   A. 体现了分工负责、互相配合、互相制约的原则
   B. 体现了严格遵守法定程序原则的要求
   C. 表明违反法定程序严重的，应当承担相应法律后果
   D. 表明程序公正具有独立的价值

66. 关于拘传，下列哪些说法是正确的？（　）

   A. 对在现场发现的犯罪嫌疑人，经出示工作证件可以口头拘传，并在笔录中注明
   B. 拘传持续的时间不得超过12小时
   C. 案情特别重大、复杂，需要采取拘留、逮捕措施的，拘传持续的时间不得超过24小时
   D. 对于被拘传的犯罪嫌疑人，可以连续讯问24小时

67. 关于非法证据的排除，下列哪些说法是正确的？（　）

   A. 非法证据排除的程序，可以根据当事人等申请而启动，也可以由法庭依职权启动
   B. 申请排除以非法方法收集的证据的，应当提供相关线索或者材料
   C. 检察院应当对证据收集的合法性加以证明
   D. 只有确认存在《刑事诉讼法》第54条规定的以非法方法收集证据情形时，才可以对有关证据应当予以排除

68. 在符合逮捕条件时，对下列哪些人员可以适用监视居住措施？（　）

   A. 甲患有严重疾病、生活不能自理
   B. 乙正在哺乳自己婴儿

C. 丙系生活不能自理的人的唯一扶养人

D. 丁系聋哑人

69. 审理一起团伙犯罪案时，因涉及多个罪名和多名被告人、被害人，审判长为保障庭审秩序，提高效率，在法庭调查前告知控辩双方注意事项。下列哪些做法是错误的？（ ）

A. 公诉人和被告人仅就刑事部分进行辩论，被害人和被告人仅就附带民事部分进行辩论

B. 控辩双方仅在法庭辩论环节就证据的合法性、相关性问题进行辩论

C. 控辩双方可就证据问题、事实问题、程序问题以及法律适用问题进行辩论

D. 为保证控方和每名辩护人都有发言时间，控方和辩方发表辩论意见时间不超过30分钟

70. 关于对法庭审理中违反法庭秩序的人员可采取的措施，下列哪些选项是正确的？（ ）

A. 警告制止
B. 强行带出法庭
C. 只能在1000元以下处以罚款
D. 只能在10日以下处以拘留

71. 关于技术侦查，下列哪些说法是正确的？（ ）

A. 适用于严重危害社会的犯罪案件

B. 必须在立案后实施

C. 公安机关和检察院都有权决定并实施

D. 获得的材料需要经过转化才能在法庭上使用

72. 关于证人出庭作证，下列哪些说法是正确的？（ ）

A. 需要出庭作证的警察就其执行职务时目击的犯罪情况出庭作证，适用证人作证的规定

B. 警察就其非执行职务时目击的犯罪情况出庭作证，不适用证人作证的规定

C. 对了解案件情况的人，确有必要时，可以强制到庭作证

D. 证人没有正当理由拒绝出庭作证的，只有情节严重，才可以处以拘留，且拘留不可以超过10日

73. 《刑事诉讼法》规定，审判的时候被告人不满18周岁的案件，不公开审理。但是，经未成年被告人及其法定代理人同意，未成年被告人所在学校和未成年人保护组织可以派代表到场。关于该规定的理解，下列哪些说法是错误的？（ ）

A. 该规定意味着经未成年被告人及其法定代理人同意，可以公开审理

B. 未成年被告人所在学校和未成年人保护组织派代表到场是公开审理的特殊形式

C. 未成年被告人所在学校和未成年人保护组织经同意派代表到场是为了维护未成年被告人合法权益和对其进行教育

D. 未成年被告人所在学校和未成年人保护组织经同意派代表到场与审判的时候被告

人不满18周岁的案件不公开审理并不矛盾

74. 关于犯罪记录封存的适用条件，下列哪些选项是正确的？（　　）

A. 犯罪的时候不满18周岁　　B. 被判处5年有期徒刑以下刑罚

C. 初次犯罪　　D. 没有受过其他处罚

75. 关于可以适用当事人和解的公诉案件诉讼程序的案件范围，下列哪些选项是正确的？（　　）

A. 交通肇事罪　　B. 暴力干涉婚姻自由罪

C. 过失致人死亡罪　　D. 刑讯逼供罪

76. 执法为民是社会主义法治的本质要求，行政机关和公务员在行政执法中应当自觉践行。下列哪些做法直接体现了执法为民理念？（　　）

A. 行政机关将行政许可申请书格式文本的费用由2元降为1元

B. 行政机关安排工作人员主动为前来办事的人员提供咨询

C. 工商局要求所属机构提高办事效率，将原20工作日办结事项减至15工作日办结

D. 某区设立办事大厅，要求相关执法部门进驻并设立办事窗口

77. 程序正当是行政法的基本原则。下列哪些选项是程序正当要求的体现？（　　）

A. 实施行政管理活动，注意听取公民、法人或其他组织的意见

B. 对因违法行政给当事人造成的损失主动进行赔偿

C. 严格在法律授权的范围内实施行政管理活动

D. 行政执法中要求与其管理事项有利害关系的公务员回避

78. 合理行政是依法行政的基本要求之一。下列哪些做法体现了合理行政的要求？（　　）

A. 行政机关在作出重要决定时充分听取公众的意见

B. 行政机关要平等对待行政管理相对人

C. 行政机关行使裁量权所采取的措施符合法律目的

D. 非因法定事由并经法定程序，行政机关不得撤销已生效的行政决定

79. 甲县宋某到乙县访亲，因醉酒被乙县公安局扣留24小时。宋某认为乙县公安局的行为违法，提起行政诉讼。下列哪些说法是正确的？（　　）

A. 扣留宋某的行为为行政处罚

B. 甲县法院对此案有管辖权

C. 乙县法院对此案有管辖权

D. 宋某的亲戚为本案的第三人

80. 某工商局以涉嫌非法销售汽车为由扣押某公司5辆汽车。下列哪些说法是错误的？（　　）

A. 工商局可以委托城管执法局实施扣押

B. 工商局扣押汽车的最长期限为90日

C. 对扣押车辆，工商局可以委托第三人保管

D. 对扣押车辆进行检测的费用，由某公司承担

81. 田某认为区人社局记载有关他的社会保障信息有误，要求更正，该局拒绝。田某向法院起诉。下列哪些说法是正确的？（ ）

A. 田某应先申请行政复议再向法院起诉

B. 区人社局应对拒绝更正的理由进行举证和说明

C. 田某应提供区人社局记载有关他的社会保障信息有误的事实根据

D. 法院应判决区人社局在一定期限内更正

82. 村民甲带领乙、丙等人，与造纸厂协商污染赔偿问题。因对提出的赔偿方案不满，甲、乙、丙等人阻止生产，将工人李某打伤。公安局接该厂厂长举报，经调查后决定对甲拘留15日、乙拘留5日，对其他人未作处罚。甲向法院提起行政诉讼，法院受理。下列哪些人员不能成为本案的第三人？（ ）

A. 丙　　　　B. 乙　　　　C. 李某　　　　D. 造纸厂厂长

83. 区公安分局以涉嫌故意伤害罪为由将方某刑事拘留，区检察院批准对方某的逮捕。区法院判处方某有期徒刑3年，方某上诉。市中级法院以事实不清为由发回区法院重审。区法院重审后，判决方某无罪。判决生效后，方某请求国家赔偿。下列哪些说法是错误的？（ ）

A. 区检察院和区法院为共同赔偿义务机关

B. 区公安分局为赔偿义务机关

C. 方某应当先向区法院提出赔偿请求

D. 如区检察院在审查起诉阶段决定撤销案件，方某请求国家赔偿的，区检察院为赔偿义务机关

84. 规划局认定一公司所建房屋违反规划，向该公司发出《拆除所建房屋通知》，要求公司在15日内拆除房屋。到期后，该公司未拆除所建房屋，该局发出《关于限期拆除所建房屋的通知》，要求公司在10日内自动拆除，否则将依法强制执行。下列哪些说法是正确的？（ ）

A. 《拆除所建房屋通知》与《关于限期拆除所建房屋的通知》性质不同

B. 《关于限期拆除所建房屋的通知》系行政处罚

C. 公司可以对《拆除所建房屋通知》提起行政诉讼

D. 在作出《拆除所建房屋通知》时，规划局可以适用简易程序

85. 法院应当受理下列哪些对政府信息公开行为提起的诉讼？（ ）

A. 黄某要求市政府提供公开发行的2010年市政府公报，遭拒绝后向法院起诉

B. 某公司认为工商局向李某公开的政府信息侵犯其商业秘密向法院起诉

C. 村民申请乡政府公开财政收支信息，因乡政府拒绝公开向法院起诉

D. 甲市居民高某向乙市政府申请公开该市副市长的兼职情况，乙市政府以其不具有

申请人资格为由拒绝公开，高某向法院起诉

三、不定项选择题。每题所设选项中至少有一个正确答案，多选、少选、错选或不选均不得分。本部分含 86～100 题，每题 2 分，共 30 分。

（一）

甲在国外旅游，见有人兜售高仿真人民币，用 1 万元换取 10 万元假币，将假币夹在书中寄回国内。（事实一）

赵氏调味品公司欲设加盟店，销售具有注册商标的赵氏调味品，派员工赵某物色合作者。甲知道自己不符加盟条件，仍找到赵某送其 2 万元真币和 10 万元假币，请其帮忙加盟事宜。赵某与甲签订开设加盟店的合作协议。（事实二）

甲加盟后，明知伪劣的"一滴香"调味品含有害非法添加剂，但因该产品畅销，便在"一滴香"上贴上赵氏调味品的注册商标私自出卖，前后共卖出 5 万多元"一滴香"。（事实三）

张某到加盟店欲批发 1 万元调味品，见甲态度不好表示不买了。甲对张某拳打脚踢，并说"涨价 2000 元，不付款休想走"。张某无奈付款 1.2 万元买下调味品。（事实四）

甲以银行定期存款 4 倍的高息放贷，很快赚了钱。随后，四处散发宣传单，声称为加盟店筹资，承诺 3 个月后还款并支付银行定期存款 2 倍的利息。甲从社会上筹得资金 1000 万，高利贷出，赚取息差。（事实五）

甲资金链断裂无法归还借款，但仍继续扩大宣传，又吸纳社会资金 2000 万，以后期借款归还前期借款。后因亏空巨大，甲将余款 500 万元交给其子，跳楼自杀。（事实六）

请回答第 86～91 题。

86. 关于事实一的分析，下列选项正确的是：（　）

A. 用 1 万元真币换取 10 万元假币，构成购买假币罪

B. 扣除甲的成本 1 万元，甲购买假币的数额为 9 万元

C. 在境外购买人民币假币，危害我国货币管理制度，应适用保护管辖原则审理本案

D. 将假币寄回国内，属于走私假币，构成走私假币罪

87. 关于事实二的定性，下列选项正确的是：（　）

A. 甲将 2 万元真币送给赵某，构成行贿罪

B. 甲将 10 万假币冒充真币送给赵某，不构成诈骗罪

C. 赵某收受甲的财物，构成非国家工作人员受贿罪

D. 赵某被甲欺骗而订立合同，构成签订合同失职被骗罪

88. 关于事实三的定性，下列选项正确的是：（　）

A. 在"一滴香"上擅自贴上赵氏调味品注册商标，构成假冒注册商标罪

B. 因"一滴香"含有害人体的添加剂，甲构成销售有毒、有害食品罪

C. 卖出 5 万多元"一滴香"，甲触犯销售伪劣产品罪

D. 对假冒注册商标行为与出售"一滴香"行为，应数罪并罚

89. 关于事实四甲的定性，下列选项正确的是：（   ）

   A. 应以抢劫罪论处

   B. 应以寻衅滋事罪论处

   C. 应以敲诈勒索罪论处

   D. 应以强迫交易罪论处

90. 关于事实五的定性，下列选项正确的是：（   ）

   A. 以同期银行定期存款4倍的高息放贷，构成非法经营罪

   B. 甲虽然虚构事实吸纳巨额资金，但不构成诈骗罪

   C. 甲非法吸纳资金，构成非法吸收公众存款罪

   D. 对甲应以非法经营罪和非法吸收公众存款罪进行数罪并罚

91. 关于事实六的定性，下列选项正确的是：（   ）

   A. 甲以非法占有为目的，非法吸纳资金，构成集资诈骗罪

   B. 甲集资诈骗的数额为2000万元

   C. 根据《刑法》规定，集资诈骗数额特别巨大的，可判处死刑

   D. 甲已死亡，导致刑罚消灭，法院对余款500万元不能进行追缴

（二）

92. 关于讯问犯罪嫌疑人的地点，下列选项正确的是：（   ）

   A. 对不需要逮捕、拘留的犯罪嫌疑人，可以传唤到犯罪嫌疑人所在市、县的公安局进行讯问

   B. 对不需要逮捕、拘留的犯罪嫌疑人，可以传唤到犯罪嫌疑人所在市、县的公司内进行讯问

   C. 对于已经被逮捕羁押的犯罪嫌疑人，应当在看守所内进行讯问

   D. 犯罪现场发现的犯罪嫌疑人，可以当场口头传唤，但须出示工作证并在讯问笔录中注明

93. 关于询问被害人，下列选项正确的是：（   ）

   A. 侦查人员可以在现场进行询问

   B. 侦查人员可以在指定的地点进行询问

   C. 侦查人员可以通知被害人到侦查机关接受询问

   D. 询问笔录应当交被害人核对，如记载有遗漏或者差错，被害人可以提出补充或者改正

94. 关于查封、扣押措施，下列选项正确的是：（   ）

   A. 查封、扣押犯罪嫌疑人与案件有关的各种财物、文件只能在勘验、搜查中实施

   B. 根据侦查犯罪的需要，可以依照规定扣押犯罪嫌疑人的存款、汇款、债券、股票、基金份额等财产

C. 侦查人员认为需要扣押犯罪嫌疑人的邮件、电报的时候，可通知邮电机关将有关的邮件、电报检交扣押

D. 对于查封、扣押的财物、文件、邮件、电报，经查明确实与案件无关的，应当在3日以内解除查封、扣押，予以退还

（三）

犯罪嫌疑人刘某涉嫌故意杀人被公安机关立案侦查。在侦查过程中，侦查人员发现刘某行为异常。经鉴定，刘某属于依法不负刑事责任的精神病人，需要对其实施强制医疗。

请回答第95~96题。

95. 关于有权启动强制医疗程序的主体，下列选项正确的是：（ ）

A. 公安机关

B. 检察院

C. 法院

D. 刘某的监护人、法定代理人以及受害人

96. 犯罪嫌疑人刘某涉嫌故意杀人被公安机关立案侦查。在侦查过程中，侦查人员发现刘某行为异常。经鉴定，刘某属于依法不负刑事责任的精神病人，需要对其实施强制医疗，法院审理刘某强制医疗一案，下列做法不符合法律规定的是：（ ）

A. 由审判员和人民陪审员共3人组成合议庭

B. 鉴于刘某自愿放弃委托诉讼代理人，法院只通知了刘某的法定代理人到场

C. 法院认为刘某符合强制医疗的条件，依法对刘某作出强制医疗的裁定

D. 本案受害人不服法院对刘某强制医疗裁定，可申请检察院依法提起抗诉

（四）

某药厂以本厂过期药品作为主原料，更改生产日期和批号生产出售。甲市乙县药监局以该厂违反《药品管理法》第49条第1款关于违法生产药品规定，决定没收药品并处罚款20万元。药厂不服向县政府申请复议，县政府依《药品管理法》第49条第3款关于生产劣药行为的规定，决定维持处罚决定。药厂起诉。

请回答第97~98题。

97. 关于本案的被告和管辖，下列说法正确的有：（ ）

A. 被告为乙县药监局，由乙县法院管辖

B. 被告为乙县药监局，甲市中级法院对此案有管辖权

C. 被告为乙县政府，乙县法院对此案有管辖权

D. 被告为乙县政府，由甲市中级法院管辖

98. 关于本案的举证与审理裁判，下列说法正确的有：（ ）

A. 法院应对被诉行政行为和药厂的行为是否合法一并审理和裁判

B. 药厂提供的证明被诉行政行为违法的证据不成立的，不能免除被告对被诉行政行

为合法性的举证责任

C. 如在本案庭审过程中,药厂要求证人出庭作证的,法院不予准许

D. 法院对本案的裁判,应当以证据证明的案件事实为依据

99. 某交通局在检查中发现张某所驾驶货车无道路运输证,遂扣留了张某驾驶证和车载货物,要求张某缴纳罚款1万元。张某拒绝缴纳,交通局将车载货物拍卖抵缴罚款。下列说法正确的有:( )

A. 扣留驾驶证的行为为行政强制措施

B. 扣留车载货物的行为为行政强制措施

C. 拍卖车载货物的行为为行政强制措施

D. 拍卖车载货物的行为为行政强制执行

100. 廖某在监狱服刑,因监狱管理人员放纵被同室服刑人员殴打,致一条腿伤残。廖某经6个月治疗,部分丧失劳动能力,申请国家赔偿。下列属于国家赔偿范围的有:( )

A. 医疗费

B. 残疾生活辅助具费

C. 残疾赔偿金

D. 廖某扶养的无劳动能力人的生活费

2012年国家司法考试（试卷三）

一、单项选择题。每题所设选项中只有一个正确答案，错选或不选均不得分。本部分含1～50题，每题1分，共50分。

1. 张某从银行贷得80万元用于购买房屋，并以该房屋设定了抵押。在借款期间房屋被洪水冲毁。张某尽管生活艰难，仍想方设法还清了银行贷款。对此，周围多有议论。根据社会主义法治理念和民法有关规定，下列哪一观点可以成立？（　　）

　　A. 甲认为，房屋被洪水冲毁属于不可抗力，张某无须履行还款义务。坚持还贷是多此一举

　　B. 乙认为，张某已不具备还贷能力，无须履行还款义务。坚持还贷是为难自己

　　C. 丙认为，张某对房屋的毁损没有过错，且此情况不止一家，银行应将贷款作坏账处理。坚持还贷是一厢情愿

　　D. 丁认为，张某与银行的贷款合同并未因房屋被冲毁而消灭。坚持还贷是严守合约、诚实信用

2. 关于法人，下列哪一表述是正确的？（　　）

　　A. 社团法人均属营利法人

　　B. 基金会法人均属公益法人

　　C. 社团法人均属公益法人

　　D. 民办非企业单位法人均属营利法人

3. 下列哪一情形构成重大误解，属于可变更、可撤销的民事行为？（　　）

　　A. 甲立下遗嘱，误将乙的字画分配给继承人

　　B. 甲装修房屋，误以为乙的地砖为自家所有，并予以使用

　　C. 甲入住乙宾馆，误以为乙宾馆提供的茶叶是无偿的，并予以使用

　　D. 甲要购买电动车，误以为精神病人乙是完全民事行为能力人，并与之签订买卖合同

4. 甲与同学打赌，故意将一台旧电脑遗留在某出租车上，看是否有人送还。与此同时，甲通过电台广播悬赏，称捡到电脑并归还者，付给奖金500元。该出租汽车司机乙很快将该电脑送回，主张奖金时遭拒。下列哪一表述是正确的？（　　）

　　A. 甲的悬赏属于要约

　　B. 甲的悬赏属于单方允诺

　　C. 乙归还电脑的行为是承诺

　　D. 乙送还电脑是义务，不能获得奖金

5. 关于诉讼时效，下列哪一选项是正确的？（　　）

A. 甲借乙 5 万元，向乙出具借条，约定 1 周之内归还。乙债权的诉讼时效期间从借条出具日起计算

B. 甲对乙享有 10 万元货款债权，丙是连带保证人，甲对丙主张权利，会导致 10 万元货款债权诉讼时效中断

C. 甲向银行借款 100 万元，乙提供价值 80 万元房产作抵押，银行实现对乙的抵押权后，会导致剩余的 20 万元主债务诉讼时效中断

D. 甲为乙欠银行的 50 万元债务提供一般保证。甲不知 50 万元主债务诉讼时效期间届满，放弃先诉抗辩权，承担保证责任后不得向乙追偿

6. 甲、乙、丙、丁共有 1 套房屋，各占 1/4，对共有房屋的管理没有进行约定。甲、乙、丙未经丁同意，以全体共有人的名义将该房屋出租给戊。关于甲、乙、丙上述行为对丁的效力的依据，下列哪一表述是正确的？（　）

A. 有效，出租属于对共有物的管理，各共有人都有管理的权利

B. 有效，对共有物的处分应当经占共有份额 2/3 以上的共有人的同意，出租行为较处分为轻，当然可以为之

C. 无效，对共有物的出租属于处分，应当经全体共有人的同意

D. 有效，出租是以利用的方法增加物的收益，可以视为改良行为，经占共有份额 2/3 以上的共有人的同意即可

7. 甲对乙享有 10 万元的债权，甲将该债权向丙出质，借款 5 万元。下列哪一表述是错误的？（　）

A. 将债权出质的事实通知乙不是债权质权生效的要件

B. 如未将债权出质的事实通知乙，丙即不得向乙主张权利

C. 如将债权出质的事实通知了乙，即使乙向甲履行了债务，乙不得对丙主张债已消灭

D. 乙在得到债权出质的通知后，向甲还款 3 万元，因还有 7 万元的债权额作为担保，乙的部分履行行为对丙有效

8. 甲、乙是邻居。乙出国 2 年，甲将乙的停车位占为己用。期间，甲将该停车位出租给丙，租期 1 年。期满后丙表示不再续租，但仍继续使用该停车位。下列哪一表述是错误的？（　）

A. 甲将乙的停车位占为己用，甲属于恶意、无权占有人

B. 丙的租期届满前，甲不能对丙主张占有返还请求权

C. 乙可请求甲返还原物。在甲为间接占有人时，可以对甲请求让与其对丙的占有返还请求权

D. 无论丙是善意或恶意的占有人，乙都可以对其行使占有返还请求权

9. 甲将其 1 辆汽车出卖给乙，约定价款 30 万元。乙先付了 20 万元，余款在 6 个月内分期支付。在分期付款期间，甲先将汽车交付给乙，但明确约定付清全款后甲才将汽车的所有权移转给乙。嗣后，甲又将该汽车以 20 万元的价格卖给不知情的丙，并以指示交

付的方式完成交付。下列哪一表述是正确的？（ ）

  A. 在乙分期付款期间，汽车已经交付给乙，乙即取得汽车的所有权

  B. 在乙分期付款期间，汽车虽然已经交付给乙，但甲保留了汽车的所有权，故乙不能取得汽车的所有权

  C. 丙对甲、乙之间的交易不知情，可以依据善意取得制度取得汽车所有权

  D. 丙不能依甲的指示交付取得汽车所有权

  10. 甲公司未取得商铺预售许可证，便与李某签订了《商铺认购书》，约定李某支付认购金即可取得商铺优先认购权，商铺正式认购时甲公司应优先通知李某选购。双方还约定了认购面积和房价，但对楼号、房型未作约定。李某依约支付了认购金。甲公司取得预售许可后，未通知李某前来认购，将商铺售罄。关于《商铺认购书》，下列哪一表述是正确的？（ ）

  A. 无效，因甲公司未取得预售许可证即对外销售

  B. 不成立，因合同内容不完整

  C. 甲公司未履行通知义务，构成根本违约

  D. 甲公司须承担继续履行的违约责任

  11. 甲与乙教育培训机构就课外辅导达成协议，约定甲交费5万元，乙保证甲在接受乙的辅导后，高考分数能达到二本线。若未达到该目标，全额退费。结果甲高考成绩仅达去年二本线，与今年高考二本线尚差20分。关于乙的承诺，下列哪一表述是正确的？（ ）

  A. 属于无效格式条款

  B. 因显失公平而可变更

  C. 因情势变更而可变更

  D. 虽违背教育规律但属有效

  12. 甲公司对乙公司负有交付葡萄酒的合同义务。丙公司和乙公司约定，由丙公司代甲公司履行，甲公司对此全不知情。下列哪一表述是正确的？（ ）

  A. 虽然甲公司不知情，丙公司的履行仍然有法律效力

  B. 因甲公司不知情，故丙公司代为履行后对甲公司不得追偿代为履行的必要费用

  C. 虽然甲公司不知情，但如丙公司履行有瑕疵的，甲公司需就此对乙公司承担违约责任

  D. 虽然甲公司不知情，但如丙公司履行有瑕疵从而承担违约责任的，丙公司可就该违约赔偿金向甲公司追偿

  13. 甲将其对乙享有的10万元货款债权转让给丙，丙再转让给丁，乙均不知情。乙将债务转让给戊，得到了甲的同意。丁要求乙履行债务，乙以其不知情为由抗辩。下列哪一表述是正确的？（ ）

  A. 甲将债权转让给丙的行为无效

B. 丙将债权转让给丁的行为无效
C. 乙将债务转让给戊的行为无效
D. 如乙清偿10万元债务，则享有对戊的求偿权

14. 乙在甲提存机构办好提存手续并通知债权人丙后，将2台专业相机、2台天文望远镜交甲提存。后乙另行向丙履行了提存之债，要求取回提存物。但甲机构工作人员在检修自来水管道时因操作不当引起大水，致乙交存的物品严重毁损。下列哪一选项是错误的？（　　）

A. 甲机构构成违约行为
B. 甲机构应承担赔偿责任
C. 乙有权主张赔偿财产损失
D. 丙有权主张赔偿财产损失

15. 甲公司在2011年6月1日欠乙公司货款500万元，届期无力清偿。2010年12月1日，甲公司向丙公司赠送一套价值50万元的机器设备。2011年3月1日，甲公司向丁基金会捐赠50万元现金。2011年12月1日，甲公司向戊希望学校捐赠价值100万元的电脑。甲公司的3项赠与行为均尚未履行。下列哪一选项是正确的？（　　）

A. 乙公司有权撤销甲公司对丙公司的赠与
B. 乙公司有权撤销甲公司对丁基金会的捐赠
C. 乙公司有权撤销甲公司对戊学校的捐赠
D. 甲公司有权撤销对戊学校的捐赠

16. 甲公司与乙公司签订一份专利实施许可合同，约定乙公司在专利有效期限内独占实施甲公司的专利技术，并特别约定乙公司不得擅自改进该专利技术。后乙公司根据消费者的反馈意见，在未经甲公司许可的情形下对专利技术做了改进，并对改进技术采取了保密措施。下列哪一说法是正确的？（　　）

A. 甲公司有权自己实施该专利技术
B. 甲公司无权要求分享改进技术
C. 乙公司改进技术侵犯了甲公司的专利权
D. 乙公司改进技术属于违约行为

17. 某出版社出版了一本学术论文集，专门收集国内学者公开发表的关于如何认定和处理侵犯知识产权行为的有关论文或论文摘要。该论文集收录的论文受我国著作权法保护，其内容选择和编排具有独创性。下列哪一说法是正确的？（　　）

A. 被选编入论文集的论文已经发表，故出版社不需征得论文著作权人的同意
B. 该论文集属于学术著作，具有公益性，故出版社不需向论文著作权人支付报酬
C. 他人复制该论文集只需征得出版社同意并支付报酬
D. 如出版社未经论文著作权人同意而将有关论文收录，出版社对该论文集仍享有著作权

18. 下列哪一选项不属于侵犯专利权的行为？（　　）

　　A. 甲公司与专利权人签订独占实施许可合同后，许可其子公司乙公司实施该专利技术

　　B. 获得强制许可实施权的甲公司许可他人实施该专利技术

　　C. 甲公司销售不知道是侵犯他人专利的产品并能证明该产品来源合法

　　D. 为提供行政审批所需要的信息，甲公司未经专利权人的同意而制造其专利药品

19. 如外国企业在我国申请注册商标，下列哪一说法是正确的？（　　）

　　A. 应当委托在我国依法成立的律师事务所代理

　　B. 所属国必须已加入《保护工业产权巴黎公约》

　　C. 所属国必须已加入世界贸易组织

　　D. 如所属国商标注册主管机关曾驳回了其商标注册申请，该申请在我国仍有可能获准注册

20. 甲将某物出售于乙，乙转售于丙，甲应乙的要求，将该物直接交付于丙。下列哪一说法是错误的？（　　）

　　A. 如仅甲、乙间买卖合同无效，则甲有权向乙主张不当得利返还请求权

　　B. 如仅乙、丙间买卖合同无效，则乙有权向丙主张不当得利返还请求权

　　C. 如甲、乙间以及乙、丙间买卖合同均无效，甲无权向丙主张不当得利返还请求权

　　D. 如甲、乙间以及乙、丙间买卖合同均无效，甲有权向乙、乙有权向丙主张不当得利返还请求权

21. 甲聘请乙负责照看小孩，丙聘请丁做家务。甲和丙为邻居，乙和丁为好友。一日，甲突生急病昏迷不醒，乙联系不上甲的亲属，急将甲送往医院，并将甲的小孩委托给丁临时照看。丁疏于照看，致甲的小孩在玩耍中受伤。下列哪一说法是正确的？（　　）

　　A. 乙将甲送往医院的行为属于无因管理

　　B. 丁照看小孩的行为属于无因管理，不构成侵权行为

　　C. 丙应当承担甲小孩的医疗费

　　D. 乙和丁对甲小孩的医疗费承担连带责任

22. 甲在乙寺院出家修行，立下遗嘱，将下列财产分配给女儿丙：乙寺院出资购买并登记在甲名下的房产；甲以僧人身份注册的微博账号；甲撰写《金刚经解说》的发表权；甲的个人存款。甲死后，在遗产分割上乙寺院与丙之间发生争议。下列哪一说法是正确的？（　　）

　　A. 房产虽然登记在甲名下，但甲并非事实上所有权人，其房产应归寺院所有

　　B. 甲以僧人身份注册的微博账号，目的是为推广佛法理念，其微博账号应归寺院所有

　　C. 甲撰写的《金刚经解说》属于职务作品，为保护寺院的利益，其发表权应归寺院所有

　　D. 甲既已出家，四大皆空，个人存款应属寺院财产，为维护宗教事业发展，其个人

存款应归寺院所有

23. 甲与乙结婚多年后，乙患重大疾病需要医治，甲保管夫妻共同财产但拒绝向乙提供治疗费，致乙疾病得不到及时治疗而恶化。下列哪一说法是错误的？（ ）

A. 乙在婚姻关系存续期间，有权起诉请求分割夫妻共同财产

B. 乙有权提出离婚诉讼并请求甲损害赔偿

C. 乙在离婚诉讼中有权请求多分夫妻共同财产

D. 乙有权请求公安机关依照《治安管理处罚法》对甲予以行政处罚

24. 甲与保姆乙约定：甲生前由乙照料，死后遗产全部归乙。乙一直细心照料甲。后甲女儿丙回国，与乙一起照料甲，半年后甲去世。丙认为自己是第一顺序继承人，且尽了义务，主张甲、乙约定无效。下列哪一表述是正确的？（ ）

A. 遗赠扶养协议有效

B. 协议部分无效，丙可以继承甲的一半遗产

C. 协议无效，应按法定继承处理

D. 协议有效，应按遗嘱继承处理

25. 甲、乙、丙成立一家科贸有限公司，约定公司注册资本100万元，甲、乙、丙各按20%、30%、50%的比例出资。甲、乙缴足了出资，丙仅实缴30万元。公司章程对于红利分配没有特别约定。当年年底公司进行分红。下列哪一说法是正确的？（ ）

A. 丙只能按30%的比例分红

B. 应按实缴注册资本80万元，由甲、乙、丙按各自的实际出资比例分红

C. 由于丙违反出资义务，其他股东可通过决议取消其当年分红资格

D. 丙有权按50%的比例分红，但应当承担未足额出资的违约责任

26. 甲、乙、丙拟共出资50万元设立一有限公司。公司成立后，在其设置的股东名册中记载了甲、乙、丙3人的姓名与出资额等事项，但在办理公司登记时遗漏了丙，使得公司登记的文件中股东只有甲、乙2人。下列哪一说法是正确的？（ ）

A. 丙不能取得股东资格

B. 丙取得股东资格，但不能参与当年的分红

C. 丙取得股东资格，但不能对抗第三人

D. 丙不能取得股东资格，但可以参与当年的分红

27. 郑贺为甲有限公司的经理，利用职务之便为其妻吴悠经营的乙公司谋取本来属于甲公司的商业机会，致甲公司损失50万元。甲公司小股东付冰欲通过诉讼维护公司利益。关于付冰的做法，下列哪一选项是正确的？（ ）

A. 必须先书面请求甲公司董事会对郑贺提起诉讼

B. 必须先书面请求甲公司监事会对郑贺提起诉讼

C. 只有在董事会拒绝起诉情况下，才能请求监事会对郑贺提起诉讼

D. 只有在其股权达到1%时，才能请求甲公司有关部门对郑贺提起诉讼

28. 2012年5月，东湖有限公司股东申请法院对公司进行司法清算，法院为其指定相关人员组成清算组。关于该清算组成员，下列哪一选项是错误的？（ ）

    A. 公司债权人唐某   B. 公司董事长程某

    C. 公司财务总监钱某   D. 公司聘请的某律师事务所

29. 为开拓市场需要，个人独资企业主曾水决定在某市设立一个分支机构，委托朋友霍火为分支机构负责人。关于霍火的权利和义务，下列哪一表述是正确的？（ ）

    A. 应承担该分支机构的民事责任

    B. 可以从事与企业总部相竞争的业务

    C. 可以将自己的货物直接出卖给分支机构

    D. 经曾水同意可以分支机构财产为其弟提供抵押担保

30. 某公司经营不善，现进行破产清算。关于本案的诉讼费用，下列哪一说法是错误的？（ ）

    A. 在破产申请人未预先交纳诉讼费用时，法院应裁定不予受理破产申请

    B. 该诉讼费用可由债务人财产随时清偿

    C. 债务人财产不足时，诉讼费用应先于共益费用受清偿

    D. 债务人财产不足以清偿诉讼费用等破产费用的，破产管理人应提请法院终结破产程序

31. 在某公司破产案件中，债权人会议经出席会议的有表决权的债权人过半数通过，并且其所代表的债权额占无财产担保债权总额的60%，就若干事项形成决议。该决议所涉下列哪一事项不符合《破产法》的规定？（ ）

    A. 选举8名债权人代表与1名职工代表组成债权人委员会

    B. 通过债务人财产的管理方案

    C. 申请法院更换管理人

    D. 通过和解协议

32. 关于票据丧失时的法律救济方式，下列哪一说法是错误的？（ ）

    A. 通知票据付款人挂失止付

    B. 申请法院公示催告

    C. 向法院提起诉讼

    D. 不经挂失止付不能申请公示催告或者提起诉讼

33. 甲向某保险公司投保人寿保险，指定其秘书乙为受益人。保险期间内，甲、乙因交通事故意外身亡，且不能确定死亡时间的先后。该起交通事故由事故责任人丙承担全部责任。现甲的继承人和乙的继承人均要求保险公司支付保险金。下列哪一选项是正确的？（ ）

    A. 保险金应全部交给甲的继承人

B. 保险金应全部交给乙的继承人
C. 保险金应由甲和乙的继承人平均分配
D. 某保险公司承担保险责任后有权向丙追偿

34. 为扩大生产规模，筹集公司发展所需资金，鄂神股份有限公司拟发行总值为1亿元的股票。下列哪一说法符合《证券法》的规定？（ ）

A. 根据需要可向特定对象公开发行股票
B. 董事会决定后即可径自发行
C. 可采取溢价发行方式
D. 不必将股票发行情况上报证券监管机构备案

35. 村民甲、乙因相邻关系发生纠纷，甲诉至法院，要求判决乙准许其从乙承包的土地上通过。审理中，法院主动了解和分析甲通过乙土地的合理性，听取其他村民的意见，并请村委会主任做双方工作，最终促成双方同意调解。调解时邀请了村中有声望的老人及当事人的共同朋友参加，双方互相让步达成协议，恢复和睦关系。关于法院的做法，下列哪一说法是正确的？（ ）

A. 法院突破审判程序，违反了依法裁判原则
B. 他人参与调解，影响当事人意思表达，违反了辩论原则
C. 双方让步放弃诉求和权益，违反了处分原则
D. 体现了司法运用法律手段，发挥调解功能，能动履职的要求

36. 唐某作为技术人员参与了甲公司一项新产品研发，并与该公司签订了为期2年的服务与保密合同。合同履行1年后，唐某被甲公司的竞争对手乙公司高薪挖走，负责开发类似的产品。甲公司起诉至法院，要求唐某承担违约责任并保守其原知晓的产品秘密。关于该案的审判，下列哪一说法是正确的？（ ）

A. 只有在唐某与甲公司共同提出申请不公开审理此案的情况下，法院才可以不公开审理
B. 根据法律的规定，该案不应当公开审理，但应当公开宣判
C. 法院可以根据当事人的申请不公开审理此案，但应当公开宣判
D. 法院应当公开审理此案并公开宣判

37. 甲路过乙家门口，被乙叠放在门口的砖头砸伤，甲起诉要求乙赔偿。关于本案的证明责任分配，下列哪一说法是错误的？（ ）

A. 乙叠放砖头倒塌的事实，由原告甲承担证明责任
B. 甲受损害的事实，由原告甲承担证明责任
C. 甲所受损害是由于乙叠放砖头倒塌砸伤的事实，由原告甲承担证明责任
D. 乙有主观过错的事实，由原告甲承担证明责任

38. 关于《民事诉讼法》规定的期间制度，下列哪一选项是正确的？（ ）

A. 法定期间都属于绝对不可变期间

B. 涉外案件的审理不受案件审结期限的限制

C. 当事人从外地到法院参加诉讼的在途期间不包括在期间内

D. 当事人有正当理由耽误了期间，法院应当依职权为其延展期间

39. 甲诉乙损害赔偿一案，双方在诉讼中达成和解协议。关于本案，下列哪一说法是正确的？（　）

A. 当事人无权向法院申请撤诉

B. 因当事人已达成和解协议，法院应当裁定终结诉讼程序

C. 当事人可以申请法院依和解协议内容制作调解书

D. 当事人可以申请法院依和解协议内容制作判决书

40. 关于民事案件的开庭审理，下列哪一选项是正确的？（　）

A. 开庭时由书记员核对当事人身份和宣布案由

B. 法院收集的证据是否需要进行质证，由法院决定

C. 合议庭评议实行少数服从多数，形成不了多数意见时，以审判长意见为准

D. 法院定期宣判的，法院应当在宣判后立即将判决书发给当事人

41. 甲公司诉乙公司货款纠纷一案，A市B区法院在审理中查明甲公司的权利主张已超过诉讼时效（乙公司并未提出时效抗辩），遂判决驳回甲公司的诉讼请求。判决作出后上诉期间届满之前，B区法院发现其依职权适用诉讼时效规则是错误的。关于本案的处理，下列哪一说法是正确的？（　）

A. 因判决尚未发生效力，B区法院可以将判决书予以收回，重新作出新的判决

B. B区法院可以将判决书予以收回，恢复庭审并向当事人释明时效问题，视具体情况重新作出判决

C. B区法院可以作出裁定，纠正原判决中的错误

D. 如上诉期间届满当事人未上诉的，B区法院可以决定再审，纠正原判决中的错误

42. 经审理，一审法院判决被告王某支付原告刘某欠款本息共计22万元，王某不服提起上诉。二审中，双方当事人达成和解协议，约定：王某在3个月内向刘某分期偿付20万元，刘某放弃利息请求。案件经王某申请撤回上诉而终结。约定的期限届满后，王某只支付了15万元。刘某欲寻求法律救济。下列哪一说法是正确的？（　）

A. 只能向一审法院重新起诉

B. 只能向一审法院申请执行一审判决

C. 可向一审法院申请执行和解协议

D. 可向二审法院提出上诉

43. 关于民事诉讼二审程序的表述，下列哪一选项是错误的？（　）

A. 二审案件的审理，遇有二审程序没有规定的情形，应当适用一审普通程序的相关规定

B. 二审案件的审理，以开庭审理为原则

C. 二审案件调解的结果变更了一审判决内容的,应当在调解书中写明"撤销原判"

D. 二审案件的审理,应当由法官组成的合议庭进行审理

44. 关于《民事诉讼法》规定的特别程序的表述,下列哪一选项是正确的?( )

A. 适用特别程序审理的案件都是非讼案件

B. 起诉人或申请人与案件都有直接的利害关系

C. 适用特别程序审理的案件都是一审终审

D. 陪审员通常不参加适用特别程序案件的审理

45. 2010年7月,甲公司不服A市B区法院对其与乙公司买卖合同纠纷的判决,上诉至A市中级法院,A市中级法院经审理维持原判决。2011年3月,甲公司与丙公司合并为丁公司。之后,丁公司法律顾问在复查原甲公司的相关材料时,发现上述案件具备申请再审的法定事由。关于该案件的再审,下列哪一说法是正确的?( )

A. 应由甲公司向法院申请再审

B. 应由甲公司与丙公司共同向法院申请再审

C. 应由丁公司向法院申请再审

D. 应由丁公司以案外人身份向法院申请再审

46. 甲公司因票据遗失向法院申请公示催告。在公示催告期间届满的第3天,乙向法院申报权利。下列哪一说法是正确的?( )

A. 因公示催告期间已经届满,法院应当驳回乙的权利申报

B. 法院应当开庭,就失票的权属进行调查,组织当事人进行辩论

C. 法院应当对乙的申报进行形式审查,并通知甲到场查验票据

D. 法院应当审查乙迟延申报权利是否具有正当事由,并分别情况作出处理

47. 关于民事诉讼的裁定,下列哪一选项是正确的?( )

A. 裁定可以适用于不予受理、管辖权异议和驳回诉讼请求

B. 当事人有正当理由没有到庭的,法院应当裁定延期审理

C. 裁定的拘束力通常只及于当事人、诉讼参与人和审判人员

D. 当事人不服一审法院作出的裁定,可以向上一级法院提出上诉

48. 武当公司与洪湖公司签订了一份钢材购销合同,同时约定,因合同效力或合同的履行发生纠纷提交A仲裁委员会或B仲裁委员会仲裁解决。合同签订后,洪湖公司以本公司具体承办人超越权限签订合同为由,主张合同无效。关于本案,下列哪一说法是正确的?( )

A. 因当事人约定了2个仲裁委员会,仲裁协议当然无效

B. 因洪湖公司承办人员超越权限签订合同导致合同无效,仲裁协议当然无效

C. 洪湖公司如向法院起诉,法院应当受理

D. 洪湖公司如向法院起诉,法院应当裁定不予受理

49. 某仲裁委员会在开庭审理甲公司与乙公司合同纠纷一案时,乙公司对仲裁庭中的

一名仲裁员提出了回避申请。经审查后，该仲裁员依法应予回避，仲裁委员会重新确定了仲裁员。关于仲裁程序如何进行，下列哪一选项是正确的？（　　）

　　A. 已进行的仲裁程序应当重新进行

　　B. 已进行的仲裁程序有效，仲裁程序应当继续进行

　　C. 当事人请求已进行的仲裁程序重新进行的，仲裁程序应当重新进行

　　D. 已进行的仲裁程序是否重新进行，仲裁庭有权决定

　　50. 甲公司因与乙公司的合同纠纷向某仲裁委员会申请仲裁，甲公司的仲裁请求得到仲裁庭的支持。裁决作出后，乙公司向法院申请撤销仲裁裁决。法院在审查过程中，甲公司向法院申请强制执行仲裁裁决。关于本案，下列哪一说法是正确的？（　　）

　　A. 法院对撤销仲裁裁决申请的审查，不影响法院对该裁决的强制执行

　　B. 法院不应当受理甲公司的执行申请

　　C. 法院应当受理甲公司的执行申请，同时应当告知乙公司向法院申请裁定不予执行仲裁裁决

　　D. 法院应当受理甲公司的执行申请，受理后应当裁定中止执行

　　二、多项选择题。每题所设选项中至少有两个正确答案，多选、少选、错选或不选均不得分。本部分含51～85题，每题2分，共70分。

　　51. 根据公平正义理念的内涵，关于《物权法》第42条就"征收集体土地和单位、个人房屋及其他不动产"所作的规定，下列哪些说法可以成立？（　　）

　　A. 有公共利益的需要，方可进行征收，实现国家、集体和个人利益的统一

　　B. 征收须依照法定权限和程序进行，保证程序公正

　　C. 对失地农民须全面补偿，对失房市民可予拆迁补偿，合理考虑不同诉求

　　D. 明确保障住宅被征收人的居住条件，保护正当利益和民生

　　52. 下列哪些情形属于无效合同？（　　）

　　A. 甲医院以国产假肢冒充进口假肢，高价卖给乙

　　B. 甲、乙双方为了在办理房屋过户登记时避税，将实际成交价为100万元的房屋买卖合同价格写为60万元

　　C. 有妇之夫甲委托未婚女乙代孕，约定事成后甲补偿乙50万元

　　D. 甲父患癌症急需用钱，乙趁机以低价收购甲收藏的1幅名画，甲无奈与乙签订了买卖合同

　　53. 下列哪些情形属于代理？（　　）

　　A. 甲请乙从国外代购1套名牌饮具，乙自己要买2套，故乙共买3套一并结账

　　B. 甲请乙代购茶叶，乙将甲写好茶叶名称的纸条交给销售员，告知其是为自己朋友买茶叶

　　C. 甲律师接受法院指定担任被告人乙的辩护人

　　D. 甲介绍歌星乙参加某演唱会，并与主办方签订了三方协议

54. 甲委托乙采购一批电脑，乙受丙诱骗高价采购了一批劣质手机。丙一直以销售劣质手机为业，甲对此知情。关于手机买卖合同，下列哪些表述是正确的？（ ）

　　A. 甲有权追认

　　B. 甲有权撤销

　　C. 乙有权以甲的名义撤销

　　D. 丙有权撤销

55. 甲公司向乙银行借款100万元，丙、丁以各自房产分别向乙银行设定抵押，戊、己分别向乙银行出具承担全部责任的担保函，承担保证责任。下列哪些表述是正确的？（ ）

　　A. 乙银行可以就丙或者丁的房产行使抵押权

　　B. 丙承担担保责任后，可向甲公司追偿，也可要求丁清偿其应承担的份额

　　C. 乙银行可以要求戊或者己承担全部保证责任

　　D. 戊承担保证责任后，可向甲公司追偿，也可要求己清偿其应承担的份额

56. 甲将1套房屋出卖给乙，已经移转占有，没有办理房屋所有权移转登记。现甲死亡，该房屋由其子丙继承。丙在继承房屋后又将该房屋出卖给丁，并办理了房屋所有权移转登记。下列哪些表述是正确的？（ ）

　　A. 乙虽然没有取得房屋所有权，但是基于甲的意思取得占有，乙为有权占有

　　B. 乙可以对甲的继承人丙主张有权占有

　　C. 在丁取得房屋所有权后，乙可以以占有正当权利来源对丁主张有权占有

　　D. 在丁取得房屋所有权后，丁可以基于其所有权请求乙返还房屋

57. 甲以自有房屋向乙银行抵押借款，办理了抵押登记。丙因甲欠钱不还，强行进入该房屋居住。借款到期后，甲无力偿还债务。该房屋由于丙的非法居住，难以拍卖，甲急于行使对丙的返还请求权。乙银行可以行使下列哪些权利？（ ）

　　A. 请求甲行使对丙的返还请求权，防止抵押财产价值的减少

　　B. 请求甲将对丙的返还请求权转让给自己

　　C. 可以代位行使对丙的返还请求权

　　D. 可以依据抵押权直接对丙行使返还请求权

58. 丙找甲借自行车，甲的自行车与乙的很相像，均放于楼下车棚。丙错认乙车为甲车，遂把乙车骑走。甲告知丙骑错车，丙未理睬。某日，丙骑车购物，将车放在商店楼下，因墙体倒塌将车砸坏。下列哪些表述是正确的？（ ）

　　A. 丙错认乙车为甲车而占有，属于无权占有人

　　B. 甲告知丙骑错车前，丙修车的必要费用，乙应当偿还

　　C. 无论丙是否知道骑错车，乙均有权对其行使占有返还请求权

　　D. 对于乙车的毁损，丙应当承担赔偿责任

59. 甲公司对乙公司享有5万元债权，乙公司对丙公司享有10万元债权。如甲公司

对丙公司提起代位权诉讼，则针对甲公司，丙公司的下列哪些主张具有法律依据？（　　）

A. 有权主张乙公司对甲公司的抗辩

B. 有权主张丙公司对乙公司的抗辩

C. 有权主张代位权行使中对甲公司的抗辩

D. 有权要求法院追加乙公司为共同被告

60. 甲公司与乙公司签订商品房包销合同，约定甲公司将其开发的 10 套房屋交由乙公司包销。甲公司将其中 1 套房屋卖给丙，丙向甲公司支付了首付款 20 万元。后因国家出台房地产调控政策，丙不具备购房资格，甲公司与丙之间的房屋买卖合同不能继续履行。下列哪些表述是正确的？（　　）

A. 甲公司将房屋出卖给丙的行为属于无权处分

B. 乙公司有权请求甲公司承担违约责任

C. 丙有权请求解除合同

D. 甲公司只需将 20 万元本金返还给丙

61. 甲公司与乙公司签订建设工程施工合同，将工程发包给乙公司施工，约定乙公司垫资 1000 万元，未约定垫资利息。甲公司、乙公司经备案的中标合同中工程造价为 1 亿元，但双方私下约定的工程造价为 8000 万元，均未约定工程价款的支付时间。7 月 1 日，乙公司将经竣工验收合格的建设工程实际交付给甲公司，甲公司一直拖欠工程款。关于乙公司，下列哪些表述是正确的？（　　）

A. 1000 万元垫资应按工程欠款处理

B. 有权要求甲公司支付 1000 万元垫资自 7 月 1 日起的利息

C. 有权要求甲公司支付 1 亿元

D. 有权要求甲公司支付 1 亿元自 7 月 1 日起的利息

62. 王某创作歌曲《唱来唱去》，张某经王某许可后演唱该歌曲并由花园公司合法制作成录音制品后发行。下列哪些未经权利人许可的行为属于侵权行为？（　　）

A. 甲航空公司购买该正版录音制品后在飞机上播放供乘客欣赏

B. 乙公司购买该正版录音制品后进行出租

C. 丙学生购买正版的录音制品后用于个人欣赏

D. 丁学生购买正版录音制品试听后将其上传到网络上传播

63. 居住在 A 国的我国公民甲创作一部英文小说，乙经许可将该小说翻译成中文小说，丙经许可将该翻译的中文小说改编成电影文学剧本，并向丁杂志社投稿。下列哪些说法是错误的？（　　）

A. 甲的小说必须在我国或 A 国发表才能受我国著作权法保护

B. 乙翻译的小说和丙改编的电影文学剧本均属于演绎作品

C. 丙只需征得乙的同意并向其支付报酬

D. 丁杂志社如要使用丙的作品还应当分别征得甲、乙的同意，但只需向丙支付报酬

64. 工程师王某在甲公司的职责是研发电脑鼠标。下列哪些说法是错误的？（ ）

　　A. 王某利用业余时间研发的新鼠标的专利申请权属于甲公司

　　B. 如王某没有利用甲公司物质技术条件研发出新鼠标，其专利申请权属于王某

　　C. 王某主要利用了单位物质技术条件研发出新型手机，其专利申请权属于王某

　　D. 如王某辞职后到乙公司研发出新鼠标，其专利申请权均属于乙公司

65. 甲公司将其生产的白酒独创性地取名为"逍遥乐"，并在该酒的包装、装潢和广告中突出宣传酒名，致"逍遥乐"被消费者熟知，声誉良好。乙公司知道甲公司没有注册"逍遥乐"后，将其作为自己所产白酒的商标使用并抢先注册。该商标注册申请经商标局初步审定并公告。下列哪些说法是错误的？（ ）

　　A. 甲公司有权在异议期内向商标局提出异议，反对核准乙公司的注册申请

　　B. 如"逍遥乐"被核准注册，甲公司有权主张先用权

　　C. 如"逍遥乐"被核准注册，甲公司有权向商标局请求撤销该商标

　　D. 甲公司有权向法院起诉请求乙公司停止使用并赔偿损失

66. 甲育有二子乙和丙。甲生前立下遗嘱，其个人所有的房屋死后由乙继承。乙与丁结婚，并有一女戊。乙因病先于甲死亡后，丁接替乙赡养甲。丙未婚。甲死亡后遗有房屋和现金。下列哪些表述是正确的？（ ）

　　A. 戊可代位继承　　　　　　　　B. 戊、丁无权继承现金

　　C. 丙、丁为第一顺序继承人　　　D. 丙无权继承房屋

67. 小偷甲在某商场窃得乙的钱包后逃跑，乙发现后急追。甲逃跑中撞上欲借用商场厕所的丙，因商场地板湿滑，丙摔成重伤。下列哪些说法是错误的？（ ）

　　A. 小偷甲应当赔偿丙的损失

　　B. 商场须对丙的损失承担补充赔偿责任

　　C. 乙应适当补偿丙的损失

　　D. 甲和商场对丙的损失承担连带责任

68. 方圆公司与富春机械厂均为国有企业，合资设立富圆公司，出资比例为30%与70%。关于富圆公司董事会的组成，下列哪些说法是正确的？（ ）

　　A. 董事会成员中应当有公司职工代表

　　B. 董事张某任期内辞职，在新选出董事就任前，张某仍应履行董事职责

　　C. 富圆公司董事长可由小股东方圆公司派人担任

　　D. 方圆公司和富春机械厂可通过公司章程约定不按出资比例分红

69. 下列有关一人公司的哪些表述是正确的？（ ）

　　A. 国有企业不能设立一人公司

　　B. 一人公司发生人格或财产混同时，股东应当对公司债务承担连带责任

　　C. 一人公司的注册资本必须一次足额缴纳

　　D. 一个法人只能设立一个一人公司

70. 甲公司依据买卖合同，在买受人乙公司尚未付清全部货款的情况下，将货物发运给乙公司。乙公司尚未收到该批货物时，向法院提出破产申请，且法院已裁定受理。对此，下列哪些选项是正确的？（　　）

　　A. 乙公司已经取得该批货物的所有权

　　B. 甲公司可以取回在运货物

　　C. 乙公司破产管理人在支付全部价款情况下，可以请求甲公司交付货物

　　D. 货物运到后，甲公司对乙公司的价款债权构成破产债权

71. 中南公司不能清偿到期债务，债权人天一公司向法院提出对其进行破产清算的申请，但中南公司以其账面资产大于负债为由表示异议。天一公司遂提出各种事由，以证明中南公司属于明显缺乏清偿能力的情形。下列哪些选项符合法律规定的关于债务人明显缺乏清偿能力、无法清偿债务的情形？（　　）

　　A. 因房地产市场萎缩，构成中南公司核心资产的房地产无法变现

　　B. 中南公司陷入管理混乱，法定代表人已潜至海外

　　C. 天一公司已申请法院强制执行中南公司财产，仍无法获得清偿

　　D. 中南公司已出售房屋质量纠纷多，市场信誉差

72. 周橘、郑桃、吴柚设立一家普通合伙企业，从事服装贸易经营。郑桃因炒股欠下王椰巨额债务。下列哪些表述是正确的？（　　）

　　A. 王椰可以郑桃从合伙企业中分取的利益来受偿

　　B. 郑桃不必经其他人同意，即可将其合伙财产份额直接抵偿给王椰

　　C. 王椰可申请强制执行郑桃的合伙财产份额

　　D. 对郑桃的合伙财产份额的强制执行，周橘和吴柚享有优先购买权

73. 华新基金管理公司是信泰证券投资基金（信泰基金）的基金管理人。华新公司的下列哪些行为是不符合法律规定的？（　　）

　　A. 从事证券投资时，将信泰基金的财产独立于自己固有的财产

　　B. 以信泰基金的财产为公司大股东鑫鑫公司提供担保

　　C. 就其管理的信泰基金与其他基金的财产，规定不同的基金收益条款

　　D. 向信泰基金份额持有人承诺年收益率不低于12%

74. 甲公司签发一张汇票给乙，票面记载金额为10万元，乙取得汇票后背书转让给丙，丙取得该汇票后又背书转让给丁，但将汇票的记载金额由10万元变更造为20万元。之后，丁又将汇票最终背书转让给戊。其中，乙的背书签章已不能辨别是在记载金额变造之前，还是在变造之后。下列哪些选项是正确的？（　　）

　　A. 甲应对戊承担10万元的票据责任

　　B. 乙应对戊承担20万元的票据责任

　　C. 丙应对戊承担20万元的票据责任

　　D. 丁应对戊承担10万元的票据责任

75. 甲参加乙旅行社组织的沙漠一日游，乙旅行社为此向红星保险公司购买了旅行社责任保险。丙客运公司受乙旅行社之托，将甲运送至沙漠，丙公司为此向白云保险公司购买了承运人责任保险。丙公司在运送过程中发生交通事故，致甲死亡，丙公司负事故全责。甲的继承人为丁。在通常情形下，下列哪些表述是正确的？（　）

　　A. 乙旅行社有权要求红星保险公司直接对丁支付保险金

　　B. 丙公司有权要求白云保险公司直接对丁支付保险金

　　C. 丁有权直接要求红星保险公司支付保险金

　　D. 丁有权直接要求白云保险公司支付保险金

76. 关于船舶担保物权及针对船舶的请求权的表述，下列哪些选项是正确的？（　）

　　A. 海难救助的救助款项给付请求，先于在船舶营运中发生的人身伤亡赔偿请求而受偿

　　B. 船舶在营运中因侵权行为产生的财产赔偿请求，先于船舶吨税、引航费等的缴付请求而受偿

　　C. 因保存、拍卖船舶和分配船舶价款产生的费用，应从船舶拍卖所得价款中先行拨付

　　D. 船舶优先权先于船舶留置权与船舶抵押权受偿

77. 下列哪些选项是1991年颁布实行的《民事诉讼法》（2007年修正）未作规定的制度？（　）

　　A. 公益诉讼制度　　　　　　　　B. 恶意诉讼规制制度

　　C. 检察监督中的抗诉制度　　　　D. 诉讼保全制度中的行为保全制度

78. 根据《民事诉讼法》和司法解释的相关规定，关于级别管辖，下列哪些表述是正确的？（　）

　　A. 级别管辖不适用管辖权异议制度

　　B. 案件被移送管辖有可能是因为受诉法院违反了级别管辖的规定而发生的

　　C. 管辖权转移制度是对级别管辖制度的变通和个别的调整

　　D. 当事人可以通过协议变更案件的级别管辖

79. 关于起诉和受理的表述，说法正确的？（　）

　　A. 法院裁定驳回起诉的，原告再次起诉符合条件的，法院应予受理

　　B. 法院按撤诉处理的，当事人以同诉讼请求再次起诉的，法院应当受理

　　C. 判决不准离婚的案件，当事人没有新事实和新理由再次起诉的，法院一律不予受理

　　D. 当事人超过诉讼时效起诉的，法院应当受理

80. 关于反诉，下列哪些表述是正确的？（　）

　　A. 反诉应当向受理本诉的法院提出，且该法院对反诉所涉及的案件也享有管辖权

　　B. 反诉中的诉讼请求是独立的，它不会因为本诉的撤销而撤销

　　C. 反诉如果成立，将产生本诉的诉讼请求被依法驳回的法律后果

　　D. 本诉与反诉的当事人具有同一性，因此，当事人在本诉与反诉中诉讼地位是相同的

81. 关于当事人能力与当事人适格的概念，下列哪些表述是正确的？（　）

A. 当事人能力又称当事人诉讼权利能力，当事人适格又称正当当事人

B. 有当事人能力的人一定是适格当事人

C. 适格当事人一定具有当事人能力

D. 当事人能力与当事人适格均由法律明确加以规定

82. 关于财产保全和先予执行，下列哪些选项是正确的？（　　）

A. 二者的裁定都可以根据当事人的申请或法院依职权作出

B. 二者适用的案件范围相同

C. 当事人提出财产保全或先予执行的申请时，法院可以责令其提供担保，当事人拒绝提供担保的，驳回申请

D. 对财产保全和先予执行的裁定，当事人不可以上诉，但可以申请复议一次

83. 关于法院依职权调查事项的范围，下列哪些选项是正确的？（　　）

A. 本院是否享有对起诉至本院案件的管辖权

B. 委托诉讼代理人的代理权限范围

C. 当事人是否具有诉讼权利能力

D. 合议庭成员是否存在回避的法定事由

84. 下列哪些是1991年颁布实行的《民事诉讼法》（2007修正）规定的诉讼案件的审理程序？（　　）

A. 普通程序　　　　　　　　B. 二审程序

C. 认定财产无主案件审理程序　　D. 小额诉讼程序

85. 关于法院与仲裁庭在审理案件有关权限的比较，下列哪些选项是正确的？（　　）

A. 在一定情况下，法院可以依职权收集证据，仲裁庭也可以自行收集证据

B. 对专门性问题需要鉴定的，法院可以指定鉴定部门鉴定，仲裁庭也可以指定鉴定部门鉴定

C. 当事人在诉讼中或仲裁中达成和解协议的，法院可以根据当事人的申请制作判决书，仲裁庭也可以根据当事人的申请制作裁决书

D. 当事人协议不愿写明争议事实和判（裁）决理由的，法院可以在判决书中不予写明，仲裁庭也可以在裁决书中不予写明

三、不定项选择题。每题所设选项中至少有一个正确答案，多选、少选、错选或不选均不得分。本部分含86～100题，每题2分，共30分。

（一）

甲公司将1台挖掘机出租给乙公司，为担保乙公司依约支付租金，丙公司担任保证人，丁公司以机器设备设置抵押。乙公司欠付10万元租金时，经甲公司、丙公司和丁公司口头同意，将6万元租金债务转让给戊公司。之后，乙公司为现金周转将挖掘机分别以45

万元和50万元的价格先后出卖给丙公司和丁公司，丙公司和丁公司均已付款，但乙公司没有依约交付挖掘机。

因乙公司一直未向甲公司支付租金，甲公司便将挖掘机以48万元的价格出卖给王某，约定由乙公司直接将挖掘机交付给王某，王某首期付款20万元，尾款28万元待收到挖掘机后支付。此事，甲公司通知了乙公司。

王某未及取得挖掘机便死亡。王某临终立遗嘱，其遗产由其子大王和小王继承，遗嘱还指定小王为遗嘱执行人。因大王一直在外地工作，同意王某遗产由小王保管，没有进行遗产分割。在此期间，小王将挖掘机出卖给方某，没有征得大王的同意。

请回答第86~91题。

86. 关于乙公司与丙公司、丁公司签订挖掘机买卖合同的效力，下列表述错误的是：（　　）

   A. 乙公司可以主张其与丙公司的买卖合同无效
   B. 丙公司可以主张其与乙公司的买卖合同无效
   C. 乙公司可以主张其与丁公司的买卖合同无效
   D. 丁公司可以主张其与乙公司的买卖合同无效

87. 在乙公司将6万元租金债务转让给戊公司之前，关于丙公司和丁公司的担保责任，甲公司下列做法正确的是：（　　）

   A. 可以要求丙公司承担保证责任
   B. 可以要求丁公司承担抵押担保责任
   C. 须先要求丙公司承担保证责任，后要求丁公司承担抵押担保责任
   D. 须先要求丁公司承担抵押担保责任，后要求丙公司承担保证责任

88. 在乙公司将6万元租金债务转让给戊公司之后，关于丙公司和丁公司的担保责任，下列表述正确的是：（　　）

   A. 丙公司仅需对乙公司剩余租金债务承担担保责任
   B. 丁公司仅需对乙公司剩余租金债务承担担保责任
   C. 丙公司仍应承担全部担保责任
   D. 丁公司仍应承担全部担保责任

89. 甲公司与王某签订买卖合同之后，王某死亡之前，关于挖掘机所有权人，下列选项正确的是：（　　）

   A. 甲公司　　　　　　　　B. 丙公司
   C. 丁公司　　　　　　　　D. 王某

90. 王某死后，关于甲公司与王某的买卖合同，下列表述错误的是：（　　）

   A. 甲公司有权解除该买卖合同
   B. 大王和小王有权解除该买卖合同
   C. 大王和小王对该买卖合同原王某承担的债务负连带责任

D. 大王和小王对该买卖合同原王某承担的债务按其继承份额负按份责任

91. 关于小王将挖掘机卖给方某的行为，下列表述正确的是：（ ）

A. 小王尚未取得对挖掘机的占有，不得将其出卖给方某

B. 小王出卖挖掘机应当取得大王的同意

C. 大王对小王出卖挖掘机的行为可以追认

D. 小王是王某遗嘱的执行人，出卖挖掘机不需要大王的同意

（二）

高才、李一、曾平各出资 40 万元，拟设立"鄂汉食品有限公司"。高才手头只有 30 万元的现金，就让朋友艾瑟为其垫付 10 万元，并许诺一旦公司成立，就将该 10 万元从公司中抽回偿还给艾瑟。而李一与其妻闻菲正在闹离婚，为避免可能的纠纷，遂与其弟李三商定，由李三出面与高、曾设立公司，但出资与相应的投资权益均归李一。公司于 2012 年 5 月成立，在公司登记机关登记的股东为高才、李三、曾平，高才为董事长兼法定代表人，曾平为总经理。

请回答第 92~94 题。

92. 公司成立后，高才以公司名义，与艾瑟签订一份买卖合同，约定公司向艾瑟购买 10 万元的食材。合同订立后第 2 天，高才就指示公司财务转账付款，而实际上艾瑟从未经营过食材，也未打算履行该合同。对此，下列表述正确的是：（ ）

A. 高才与艾瑟间垫付出资的约定，属于抽逃出资行为，应为无效

B. 该食材买卖合同属于恶意串通行为，应为无效

C. 高才通过该食材买卖合同而转移 10 万元的行为构成抽逃出资行为

D. 在公司不能偿还债务时，公司债权人可以在 10 万元的本息范围内，要求高才承担补充赔偿责任

93. 关于李一与李三的约定以及股东资格，下列表述正确的是：（ ）

A. 二人间的约定有效

B. 对公司来说，李三具有股东资格

C. 在与李一的离婚诉讼中，闻菲可以要求分割李一实际享有的股权

D. 李一可以实际履行出资义务为由，要求公司变更自己为股东

94. 2012 年 7 月，李三买房缺钱，遂在征得其他股东同意后将其名下的公司股权以 42 万元的价格，出卖给王二，并在公司登记机关办理了变更登记等手续。下列表述正确的是：（ ）

A. 李三的股权转让行为属于无权处分行为

B. 李三与王二之间的股权买卖合同为有效合同

C. 王二可以取得该股权

D. 就因股权转让所导致的李一投资权益损失，李一可以要求李三承担赔偿责任

（三）

2009年2月，家住甲市A区的赵刚向家住甲市B区的李强借了5000元，言明2010年2月之前偿还。到期后赵刚一直没有还钱。

2010年3月，李强找到赵刚家追讨该债务，发生争吵。赵刚因所牵宠物狗易受惊，遂对李强说："你不要大声喊，狗会咬你。"李强不理，仍然叫骂，并指着狗叫喊。该狗受惊，扑向李强并将其咬伤。李强治伤花费6000元。

李强起诉要求赵刚返还欠款5000元、支付医药费6000元，并向法院提交了赵刚书写的借条、其向赵刚转账5000元的银行转账凭证、本人病历、医院的诊断书（复印件）、医院处方（复印件）、发票等。

赵刚称，其向李强借款是事实，但在2010年1月卖给李强一块玉石，价值5000元，说好用玉石货款清偿借款。当时李强表示同意，并称之后会把借条还给赵刚，但其一直未还该借条。

赵刚还称，李强故意激怒狗，被狗咬伤的责任应由李强自己承担。对此，赵刚提交了邻居孙某出具的书面证词，该证词描述了李强当时骂人和骂狗的情形。

赵刚认为，李强提交的诊断书、医院处方均为复印件，没有证明力。

请回答第95~100题。

95. 关于李强与赵刚之间欠款的诉讼管辖，下列选项正确的是：（　）

A. 甲市A区法院

B. 甲市B区法院

C. 甲市中级法院

D. 应当专属甲市A区法院

96. 关于李强要求赵刚支付医药费的诉讼管辖，下列选项正确的是：（　）

A. 甲市A区法院

B. 甲市B区法院

C. 甲市中级法院

D. 应当专属甲市A区法院

97. 关于法院对李强提出的返还欠款5000元和支付医药费6000元的诉讼审理，下列选项正确的是：（　）

A. 可以分别审理，分别作出判决

B. 可以合并审理，一起作出判决

C. 可以合并审理，分别作出判决

D. 必须分别审理，分别作出判决

98. 关于赵刚向李强借款5000元的证据证明问题，下列选项正确的是：（　）

A. 李强提出的借条是本证

B. 李强提出的其向赵刚转账5000元的银行转账凭证是直接证据

C. 赵刚承认借款事实属于自认

D. 赵刚所言已用卖玉石的款项偿还借款属于反证

99. 关于本案李强被狗咬伤的证据证明问题，下列选项正确的是：（ ）

A. 赵刚的证人提出的书面证词属于书证

B. 李强提交的诊断书、医院处方为复印件，肯定无证明力

C. 李强是因为挑逗赵刚的狗而被狗咬伤的事实的证明责任由赵刚承担

D. 李强受损害与被赵刚的狗咬伤之间具有因果关系的证明责任由李强承担

100. 关于赵刚"用玉石货款清偿借款"的辩称，下列选项正确的是：（ ）

A. 将该辩称作为赵刚偿还借款的反驳意见来审查，审查的结果可以作为判决的根据

B. 赵刚应当以反诉的形式提出请求，法院可以与本诉合并进行审理

C. 赵刚必须另行起诉，否则法院不予处理

D. 赵刚既可以反诉的形式提出，也可另行起诉

2012 年国家司法考试（试卷四）

二、（本题 22 分）

案情：镇长黄某负责某重点工程项目占地前期的拆迁和评估工作。黄某和村民李某勾结，由李某出面向某村租赁可能被占用的荒山 20 亩植树，以骗取补偿款。但村主任不同意出租荒山。黄某打电话给村主任施压，并安排李某给村主任送去 1 万元现金后，村主任才同意签订租赁合同。李某出资 1 万元购买小树苗 5000 棵，雇人种在荒山上。

副县长赵某带队前来开展拆迁、评估工作的验收。李某给赵某的父亲（原县民政局局长，已退休）送去 1 万元现金，请其帮忙说话。赵某得知父亲收钱后答应关照李某，令人将邻近山坡的树苗都算到李某名下。

后李某获得补偿款 50 万元，分给黄某 30 万元。黄某认为自己应分得 40 万元，二人发生争执，李某无奈又给黄某 10 万元。

李某非常恼火，回家与妻子陈某诉说。陈某说："这种人太贪心，咱可把钱偷回来。"李某深夜到黄家伺机作案，但未能发现机会，便将黄某的汽车玻璃（价值 1 万元）砸坏。

黄某认定是李某作案，决意报复李某，深夜对其租赁的山坡放火（李某住在山坡上）。

树苗刚起火时，被路过的村民邢某发现。邢某明知法律规定发现火情时，任何人都有报警的义务，但因与李某素有矛盾，便悄然离去。

大火烧毁山坡上的全部树苗，烧伤了李某，并延烧至村民范某家。范某被火势惊醒逃至屋外，想起卧室有 5000 元现金，即返身取钱，被烧断的房梁砸死。

问题：

1. 对村主任收受黄某、李某现金 1 万元一节，应如何定罪？为什么？
2. 对赵某父亲收受 1 万元一节，对赵某父亲及赵某应如何定罪？为什么？
3. 对黄某、李某取得补偿款的行为，应如何定性？二人的犯罪数额应如何认定？
4. 对陈某让李某盗窃及汽车玻璃被砸坏一节，对二人应如何定罪？为什么？
5. 村民邢某是否构成不作为的放火罪？为什么？
6. 如认定黄某放火与范某被砸死之间存在因果关系，可能有哪些理由？如否定黄某放火与范某被砸死之间存在因果关系，可能有哪些理由？（两问均须作答）

三、（本题 22 分）

案情：信用卡在现代社会的运用越来越广泛。设甲为信用卡的持卡人，乙为发出信用卡的银行，丙为接受银行信用卡消费的百货公司。甲可以凭信用卡到丙处持卡消费，但应于下个月的 15 日前将其消费的款项支付给乙；丙应当接受甲的持卡消费，并于每月的 20 日请求乙支付甲消费的款项，丙不得请求甲支付其消费的款项。

2012年3月，甲消费了5万元，无力向乙还款。甲与乙达成协议，约定3个月内还款，甲将其1间铺面房抵押给乙，并作了抵押登记。应乙的要求，甲为抵押的铺面房向丁保险公司投了火灾险，并将其对保险公司的保险赔偿请求权转让给了己。

2012年4月，甲与张某签订借款意向书，约定甲以铺面房再作抵押向张某借款5万元，用于向乙还款。后因甲未办理抵押登记，张某拒绝提供借款。

2012年7月，因甲与邻居戊有矛盾，戊放火烧毁了甲的铺面房。在保险公司理赔期间，己的债权人庚向法院申请冻结了保险赔偿请求权。

问题：

1. 2012年3月之前，甲与乙之间存在什么法律关系？乙与丙之间存在什么法律关系？甲与丙之间存在什么法律关系？
2. 丙有权请求乙支付甲消费的款项但不得请求甲支付其消费的款项，其法律含义是什么？乙可否以甲不支付其消费的款项为理由，拒绝向丙付款？为什么？
3. 如甲不向乙支付其消费的款项，乙可以主张什么权利？如乙不向丙支付甲消费的款项，丙可以主张什么权利？
4. 如丙拒绝接受甲持卡消费，应由谁主张权利？可以主张什么权利？为什么？
5. 张某拒绝向甲提供借款是否构成违约？为什么？
6. 甲的抵押铺面房被烧毁之后，届期无力还款，乙可以主张什么权利？
7. 甲将保险赔偿请求权转让给己，己的债权人庚向法院申请冻结该保险赔偿请求权，对乙的抵押权有什么影响？为什么？

四、（本题18分）

案情：2009年1月，甲、乙、丙、丁、戊共同投资设立鑫荣新材料有限公司（以下简称鑫荣公司），从事保温隔热高新建材的研发与生产。该公司注册资本2000万元，各股东认缴的出资比例分别为44%、32%、13%、6%、5%。其中，丙将其对大都房地产开发有限公司所持股权折价成260万元作为出资方式，经验资后办理了股权转让手续。甲任鑫荣公司董事长与法定代表人，乙任公司总经理。

鑫荣公司成立后业绩不佳，股东之间的分歧日益加剧。当年12月18日，该公司召开股东会，在乙的策动下，乙、丙、丁、戊一致同意，限制甲对外签约合同金额在100万元以下，如超出100万元，甲须事先取得股东会同意。甲拒绝在决议上签字。此后公司再也没有召开股东会。

2010年12月，甲认为产品研发要想取得实质进展，必须引进隆泰公司的一项新技术。甲未与其他股东商量，即以鑫荣公司法定代表人的身份，与隆泰公司签订了金额为200万元的技术转让合同。

2011年5月，乙为资助其女赴美留学，向朋友张三借款50万元，以其对鑫荣公司的股权作为担保，并办理了股权质权登记手续。

2011年9月，大都房地产公司资金链断裂，难以继续支撑，不得不向法院提出破产申请。经审查,该公司尚有资产3000万元,但负债已高达3亿元,各股东包括丙的股权价值几乎为零。

2012年1月,鉴于鑫荣公司经营状况不佳及大股东与管理层间的矛盾,小股东丁与戊欲退出公司,以避免更大损失。

问题:
1. 2009年12月18日股东大会决议的效力如何?为什么?
2. 甲以鑫荣公司名义与隆泰公司签订的技术转让合同效力如何?为什么?
3. 乙为张三设定的股权质押效力如何?为什么?
4. 大都房地产公司陷入破产,丙是否仍然对鑫荣公司享有股权?为什么?
5. 丁与戊可以通过何种途径保护自己的权益?

五、(本题20分)

案情:居住在甲市A区的王某驾车以60公里时速在甲市B区行驶,突遇居住在甲市C区的刘某骑自行车横穿马路,王某紧急刹车,刘某在车前倒地受伤。刘某被送往甲市B区医院治疗,疗效一般,留有一定后遗症。之后,双方就王某开车是否撞倒刘某,以及相关赔偿事宜发生争执,无法达成协议。

刘某诉至法院,主张自己被王某开车撞伤,要求赔偿。刘某提交的证据包括:甲市B区交警大队的交通事故处理认定书(该认定书没有对刘某倒地受伤是否为王某开车所致作出认定)、医院的诊断书(复印件)、处方(复印件)、药费和住院费的发票等。王某提交了自己在事故现场用数码摄像机拍摄的车与刘某倒地后状态的视频资料。图像显示,刘某倒地位置与王某车距离1米左右。王某以该证据证明其车没有撞倒刘某。

一审中,双方争执焦点为:刘某倒地受伤是否为王某驾车撞倒所致;刘某所留后遗症是否因医疗措施不当所致。

法院审理后,无法确定王某的车是否撞倒刘某。一审法院认为,王某的车是否撞倒刘某无法确定,但即使王某的车没有撞倒刘某,由于王某车型较大、车速较快、刹车突然、刹车声音刺耳等原因,足以使刘某受到惊吓而从自行车上摔倒受伤。因此,王某应当对刘某受伤承担相应责任。同时,刘某因违反交通规则,对其受伤也应当承担相应责任。据此,法院判决:王某对刘某的经济损失承担50%的赔偿责任。关于刘某受伤后留下后遗症问题,一审法院没有作出说明。

王某不服一审判决,提起上诉。二审法院审理后认为,综合各种证据,认定王某的车撞倒刘某,致其受伤。同时,二审法院认为,一审法院关于双方当事人就事故的经济责任分担符合法律原则和规定。故此,二审法院驳回王某上诉,维持原判。

问题:
1. 对刘某提起的损害赔偿诉讼,哪个(些)法院有管辖权?为什么?
2. 本案所列当事人提供的证据,属于法律规定中的哪种证据?属于理论上的哪类证据?

3. 根据民事诉讼法学（包括证据法学）相关原理，一审法院判决是否存在问题？为什么？

4. 根据《民事诉讼法》有关规定，二审法院判决是否存在问题？为什么？

六、（本题22分）

案情：1997年11月，某省政府所在地的市政府决定征收含有某村集体土地在内的地块作为旅游区用地，并划定征用土地的四至界线范围。2007年，市国土局将其中一地块与甲公司签订《国有土地使用权出让合同》。2008年12月16日，甲公司获得市政府发放的第1号《国有土地使用权证》。2009年3月28日，甲公司将此地块转让给乙公司，市政府向乙公司发放第2号《国有土地使用权证》。之后，乙公司申请在此地块上动工建设。2010年9月15日，市政府张贴公告，要求在该土地范围内使用土地的单位和个人，限期自行清理农作物和附着物设施，否则强制清理。2010年11月，某村得知市政府给乙公司颁发第2号《国有土地使用权证》后，认为此证涉及的部分土地仍属该村集体所有，向省政府申请复议要求撤销该土地使用权证。省政府维持后，某村向法院起诉。法院通知甲公司与乙公司作为第三人参加诉讼。

在诉讼过程中，市政府组织有关部门强制拆除了征地范围内的附着物设施。某村为收集证据材料，向市国土局申请公开1997年征收时划定的四至界线范围等相关资料，市国土局以涉及商业秘密为由拒绝提供。

问题：

1. 市政府共实施了多少个具体行政行为？哪些属于行政诉讼受案范围？

2. 如何确定本案的被告、级别管辖、起诉期限？请分别说明理由。

3. 甲公司能否提出诉讼主张？如乙公司经合法传唤无正当理由不到庭，法院如何处理？

4. 如法院经审理发现市政府发放第1号《国有土地使用权证》的行为明显缺乏事实根据，应如何处理？

5. 市政府强制拆除征地范围内的附着物设施应当遵循的主要法定程序和执行原则是什么？

6. 如某村对市国土局拒绝公开相关资料的决定不服，向法院起诉，法院应采用何种方式审理？如法院经审理认为市国土局应当公开相关资料，应如何判决？

七、（本题28分）

专家观点：刑事诉讼法既有保障刑法实施的工具价值，又具有独立价值。

在刑事诉讼中，以刑讯逼供等非法方法收集证据，不仅违反法定程序，侵犯人权，而且往往导致证据虚假，发生冤错案件。为此，《刑事诉讼法》及有关部门的解释或规定，完善了非法证据排除规则，发挥了刑事诉讼法的应有功效。

案情：花园小区发生一起入室抢劫杀人案，犯罪现场破坏严重，未发现有价值的痕迹物证。经查，李某有重大犯罪嫌疑，其曾因抢劫被判有期徒刑12年，刚刚刑满释放，案发时小区保安见李某出入小区。李某被东湖市公安局立案侦查并被逮捕羁押。审讯期间，在保安的指认下，李某不得不承认其在小区他处入室盗窃3000元，后经查证属实。但李某拒不承认抢劫杀人行为。审讯人员将李某提到公安局办案基地对其实施了捆绑、吊打、电击等行为，3天3夜不许吃饭，不许睡觉，只给少许水喝，并威胁不坦白交代抢劫杀人罪行、认罪态度不好法院会判死刑。最终，李某按审讯人员的意思交代了抢劫杀人的事实。在此期间，侦查人员还对李某的住处进行了搜查，提取扣押了李某鞋子等物品，当场未出示搜查证。

案件经东湖市检察院审查起诉后，向东湖市中级法院提起公诉。庭审中，应李某辩护人的申请，法庭启动了排除非法证据程序。

问题：

1. 本案哪些行为收集的证据属于非法证据？哪些非法证据应当予以排除？
2. 本案负有排除非法证据义务的机关有哪些？
3. 针对检察院的指控，东湖市中级法院应当如何判决本案？
4. 结合本案，简要说明刑事诉讼法对保障刑法实施的价值。
5. 结合本案，简述非法证据排除规则的完善过程，阐明非法证据排除规则的诉讼价值。

答题要求：

1. 根据法律、司法解释规定及刑事诉讼法理知识作答；
2. 无本人观点或论述，照抄材料原文不得分；
3. 观点明确，逻辑清晰，说理充分，文字通畅；
4. 请按提问顺序逐一作答，总字数不得少于800字。

2012年国家司法考试（试卷一）解析

一、单项选择题。

1. 【答案】A

【解析】A项：说法错误，当选。以胡锦涛同志为总书记的中央领导集体，以科学发展观为统领，从建设社会主义法治国家全局的高度，认真总结我国法治实践，充分借鉴人类法治文明优秀成果，提出了"社会主义法治理念"这一崭新概念，确立了我国社会主义法治建设的指导思想。社会主义法治理念是从社会主义法治建设开始后才遵循的指导思想，而不是新中国成立后开始坚持的。

BCD项：说法正确，不当选。社会主义法治理念的提出是马克思主义法律思想中国化进程中的重大突破（第四个阶段），是建立于我国社会发展阶段（社会主义初级阶段）的正确判断，为中国走独特的社会主义法治道路（坚持我国国体和政体的法治道路）创造了理论前提。

2. 【答案】C

【解析】坚持党的领导、人民当家作主、依法治国三者有机统一，是社会主义法治理念的本质属性。社会主义法治理念要求在法治实践中坚定不移地把党的领导、人民当家作主和依法治国密切结合、有机统一。A项正确。法治机关及其工作人员要善于运用党的路线、方针、政策去指导法治的具体运用，把法律的实施和适用与党的路线、方针、政策的贯彻和落实结合起来，实现法律效果与政治效果、社会效果的高度统一。B项正确。要全面发挥各种社会规范的调整作用，综合协调地运用多元化的手段和方式来实现对国家的治理和管理；要坚持依法治国与以德治国的有机统一。D项正确。要充分发挥依法治国方略在全面推进社会主义建设事业中的重大作用就需要充分运用法律手段，不断创新社会管理。要在深刻把握社会运行的规律和特征的基础上，探索用法律手段强化社会管理的方式和方法，特别是针对社会管理领域中的重点人群、重点活动、重点区域以及重点行业，建立以法律手段为主体、多种手段协调与配合的管理和控制体系，构建人民调解、行政调解、司法调解三位一体的解决社会纠纷的大调解格局和体系。因此，C项错误明显。

3. 【答案】B

【解析】题干中的培训机构的招聘行为存在歧视，违背《劳动法》中的平等就业原则。因此，C项错误。劳动监察部门属于行政机关，没有审判权，因此谈不上"判例"，A项错误明显。我国劳动监察部门不可能直接依据国外的法律法规和案例对招聘机构做出行政处罚决定。D项违背法律渊源的相关知识，错误。B项符合题目要求。

4. 【答案】C

【解析】公平正义是一个历史性范畴。不同社会条件下，公平正义的实际内容及其实现方式和手段具有重大差异，人类社会不存在普适于一切国度、完全相同一致的公平正义的标准。社会主义法治理念中的公平正义，既借鉴了人类社会在追求公平正义实践中所形成的某些共同经验，把"法律面前人人平等"等反映公平正义精神的内容确定为社会主义法治的重要原则，同时又从我国经济、政治、文化以及社会发展的客观要求与实际状况出发，对公平正义的含义作出自己的理解和诠释，体现了人类文明、理性与中国国情的高度统一，体现了个体特殊利益与社会整体利益的高度统一，体现了社会价值追求过程中理想与现实的高度统一。因此，C项是正确的，B项错误。如果人类的一切法律都维护公平正义，那么就不会有恶法了。A项错误明显。我国的法律反映了公平正义的主要方面，但不是全部，因此还有继续发展和完善的空间。在此背景下，对既有法律的严格执行并不能说明就是实现了公平正义。因此，在执法过程中，既要遵循法律规定，也要参考其他社会规范，同时考虑人民群众的普遍性情感和接受程度。D项错误。

5. 【答案】D

【解析】依法治国方略要求我们充分运用法律手段，不断创新社会管理。要在深刻把握社会运行的规律和特征的基础上，探索用法律手段强化社会管理的方式和方法，特别是针对社会管理领域中的重点人群、重点活动、重点区域以及重点行业，建立起以法律手段为主体、多种手段协调与配合的管理和控制体系，构建人民调解、行政调解、司法调解三位一体的解决社会纠纷的大调解格局和体系。因此，ABC三项正确。

6. 【答案】C

【解析】服务大局的核心内容，就是要求社会主义法治的各项事业都必须紧紧围绕党和国家的中心任务和大政方针开展，社会主义法治的各项工作都必须服从和服务于党和国家的根本利益以及社会发展的总体要求，社会主义法治的各种具体实践活动都必须充分考虑和高度重视对社会发展和社会运行全局的影响。我国社会主义法治理念明确地把追求执政党和国家根本利益的实现，服从和服务于我国经济、政治、文化和社会发展的全局工作，确立为社会主义法治的重要使命。因此，ABD项正确，C项错误。本题为选非题，C项当选。

7. 【答案】C

【解析】执法机关通过网络对妇女和网民的合法权益给予特殊保护，显然目的与保证社会成员均衡发展无关。A项错误。题干本身与社会监督无关，未提及减轻群众负担的信息，也没有涉及引导群众理性表达自己的社会主张和利益诉求的信息。BD两项错误。C项最为切题，其核心关键词是"服务"。

8. 【答案】B

【解析】社会主义法治理念中的党的领导，就是指党通过路线、方针和政策的实施与贯彻，依靠各级党组织作用的正确发挥，把握我国法治事业发展的根本方向，决定我国法治事业的战略部署，推动我国法治事业的总体进程，协调我国法治事业中的重要关系，指导我国法治实践活动的具体开展。党的领导在社会主义法治事业中主要是思想领导、组织领导和政治领导，而不是具体案件的领导。党对法治事业的领导，同样需要在宪法和法律规定的范围内进行。各级党组织在具体实施领导工作的过程中，必须切实维护宪法和法律的权威，不得超越宪法和法律规定的权限；必须充分尊重司法机关依法独立行使司法权，不得违反法律的规定而插手法治机关正常的法治实践活动，更不应替代法治机关处理具体的法律事务；必须严格地遵循宪法和法律的相关规定，在法律框架下处理和解决各种复杂的社会问题，不能以牺牲基本的法律原则或损害法律的应有权威为代价而求得问题的表面或暂时解决。因此很明显，B项错误。

9. 【答案】B

【解析】马克思的这段话表明，在民主国家和专制国家里，法律的地位是不同的：前者实行法律至上原则，即法治原则；后者实行人治原则。因此，ACD三项正确。而在民主国家里，只要存在君主或国王，他们也可以参与立法，但其权力却不像在专制国家中那般毫无限制。因此，B项错误。

10. 【答案】A

【解析】题目中的条款涉及法官进行法律推理时应当以何者作为大前提的问题，此即法律渊源的问题。A项正确。该条仅仅点出了去何处寻找推理之大前提，却没有具体指出如何裁判的问题，因此没有直接规定裁判规则。C项错误。BD两项均不合题意。

11. 【答案】C

【解析】法定解释，又称为正式解释、有权解释，乃是由特定的国家机关、官员或其他有解释权的人对法律作出的具有法律拘束力的解释。本案中各方均不享有正式的法律解释权，因此各解释方案均属于非正式解释。A项错误。主观目的解释，又称为立法者目的解释，是指根据参与立法的人的意志或立法资料揭示某个法律规定的含义，将对某个法律规定的解释建立在参与立法者的意志或立法资料的基础之上。本案中仅涉及私人的遗嘱，与立法者无关，因此不属于主观目的解释，B项错误。各种法律解释方法之间应当确立一个位阶关系，对于遗嘱，首先应当进行的是文义解释，而非历史解释。D项错误。王某在去世之前立下的遗嘱，乃是根据自己的真实意思作出的符合法律规定的意思表示，故此C项正确。

12. 【答案】C

【解析】法律制裁是指由特定国家机关对违法者依其法律责任而实施的强制性惩罚措施，具有惩罚性。本案中，法院经审理后认为被告不存在违法、违约的行为，不构成侵权，最终基于公平原则，酌定被告各承担3000元的补偿费。因为是补偿，而非赔偿，不具有惩罚性，故不属于法律制裁。选项A错误。

不诉免责是指如果受害人或有关当事人不向法院起诉要求追究行为人的法律责任，行为人的法律责任就实际上被免除。本案中，受害人已经向法院起诉了，并不存在不诉免责的情况。协议免责是指受害人与加害人在法律允许的范围内协商一致，不追究加害人的责任。本案中，受害人也没有与加害人达成同意免责的协议，即也不存在协议免责的情况。选项B错误。

法律人在适用法律的过程中，无论是依据一定的法律解释方法所获得的法律规范即大前提，还是根据法律所确定的案件事实即小前提，都是向法律决定提供的支持程度不同的理由。在这个意义上，法律适用过程即为一个法律证成的过程。本案中，法院依据公平原则作出了有利于被告的判决，正是在法律适用过程中对案件事实与规范间进行证成的结果。选项C正确。

法律责任是指行为人由于违法行为、违约行为或者由于法律规定而应承受的某种不利的法律后果。本案中，被告小黄的行为与原告小张的损害之间存在因果关系。题干中明示，法院提供的判决理由是："但原告毕竟为小黄所撞伤，该校的不当行为也是伤害事故发生的诱因，且原告花费1.3万余元治疗后尚未完全康复，依据公平原则，判决被告向原告各补偿3000元"。可见，法院判决被告承担法律责任的理由主要有两个：一个是公平原则；另一个就是"原告毕竟为小黄所撞伤，该校的不当行为也是伤害事故发生的诱因"，即被告的行为与损害之间存在因果关系。D项说法错误。

13. 【答案】D

【解析】习惯之所以能够成为法的非正式渊源，是因为它是特定共同体的人们在长久的生产生活实践中自然而然形成的，是该共同体的人们事实上的共同情感和要求的体现，也是他们共同理想的体现。其经国家权威机关正式认可之后，会上升为习惯法。在本案中，男女双方订婚前"认大小"钱的做法仅是特定地区的一种习惯，既没有通行，也没有获得立法机关的认可，故不是习惯法。选项A错误。法律事实，是指法律规范所规定的、能够引起法律关系产生、变更和消灭的客观情况或现象。本题中，仅仅有张老太犯病这一客观情况并不能直接引起马先生之医药费返还的法律关系，直接构成该法律关系之法律事实的应当是马先生将其送往医院并为其垫付医药费的情况。选项B错误。本题中，法官综合考虑了导致行为人损害的多种因素，

进行了责任的合理分配，很明显是基于公平原则，而非自由和效益原则。选项C错误。法院考虑到此次纠纷的起因是马先生先行垫付了张老太的医药费，以及张老太是因为索要"认大小"钱时发生争执而犯病才导致后来构成的不当得利，才做了上述判决。本案事实非常清楚，争议的焦点在于法律对该事实如何评价。因此，选项D正确。

14. 【答案】B

【解析】法律解释包括法定解释和学理解释，法定解释又可以分为立法、司法和行政三种解释。由学者或其他个人及组织对法律规定所做的不具有法律拘束力的解释，称为学理解释或无权解释。可见，学理解释是一种解释活动，并非一种行使权力的活动。本题设定的情景与法律解释无关，更谈不上学理解释权，所以A项表述不妥。当事人对于格式合同进行解释，显然不能等同于对合同享有法定解释权。C项不正确。本案的争议围绕该商场促销活动的相关条款展开，刘女士受相关宣传误导，购买了1000元商品，并获得了返还的购物券，但商场主张该购物券已然不能用于买鞋。这表明，在解释相关条款时，需要以公平正义去填补漏洞。B项正确。商场的做法明显不妥当，违背了"权利和义务相一致"的原则。D项错误。

15. 【答案】B

【解析】苏某和熊某毗邻而居。熊某在其居住楼顶为50只鸽子搭建了一座鸽舍。苏某认为养鸽行为严重影响居住环境。本案的确涉及养鸽权与安居权之间的冲突，A正确。从案情来看，苏某的安居权属于社会权利、环境权利，属于普通权利，不属于宪法所规定的基本权利，也谈不上文化

生活权利。B项错误。从本案最终判决来看，解决权利冲突首先要看一个人在行使权利的同时是否造成对他人权利的实际侵害。C项正确。权利总是与义务人的义务相关联，离开了义务，权利就不能得到保障。D项正确。

16. 【答案】D

【解析】ABC三项均属于变通规定。D项中的"夫亡而妻在"，立继从妻的规定，属于继承制度，不能归入离婚或改嫁范围。D项错误。

17. 【答案】C

【解析】张泳并没有根据《春秋》断案，题干中也没有强调审断案件时应重视行为人在案情中的主观动机。因此，A项错误。"听讼""断狱"是西周时期审理民事案件和刑事案件的不同称谓，并非断案方法。B项错误。九卿会审是明代著名的会审制度，本案中，只有张泳一人审案，故D项错误。唐宋律中规定，对于那些人赃并获的，经拷讯仍拒不认罪的，也可"据状断之"。本案中，张泳是在广泛搜集证据，并根据证据定罪，因此属于"据状断之"，故C项正确。

18. 【答案】A

【解析】《法经》是中国历史上第一部比较系统的成文法典，是战国时期魏文侯的相李悝制定的。故A项正确。在中国法律史上起着承前启后作用的是《北齐律》，而非《北魏律》。B项错误。《宋刑统》是一部统合性、综合性的法典，是中国历史上首次刊印颁行的版本，可见并非仅含有刑法内容。C项错误。《大明会典》基本仿照《唐六典》，以六部官制为纲，分述其执掌和事例。从其内容、性质和作用来看，其属于行政法典。D项错误。

19. 【答案】B

【解析】法国1791年宪法以《人权宣言》为序言，正文由前言和8篇组成。其基本内容是：①以孟德斯鸠的君主立宪和分权思想为指导，宣布法国为君主立宪国，实行三权分立。立法权由选举产生的一院制的国民议会行使，它是最高权力机关。行政权由国王行使，他是行政最高首脑、海陆军最高首长。司法权由选举产生的法官行使。②确认资产阶级的各项权利。宣布取消封建贵族爵位和特权，废除等级制、卖官和官职世袭制，规定了若干公民的自由和权利，肯定了私有财产的神圣不可侵犯。③把公民划分为"积极公民"和"消极公民"。④继续维护法国殖民统治。因此，1791年法国并没有所谓的"特别公民"一说，A项错误。

两次世界大战后，英国的国际地位发生了很大变化，与此相适应，法律制度也产生了深刻的变化：立法程序简化，委托立法大增；选举制进一步完善，基本确立了普遍、秘密、平等、公正的选举制度；社会立法和科技立法活动加强；欧盟法成为英国法的重要渊源。因此，1932年，英国某地区一女店主参加了该区下院议员选举的投票，这是可能的，B项正确。

在德国，1933年，纳粹党头目希特勒出任总理，开始了法西斯独裁统治。希特勒颁布了一系列法律、法令，将国家政治生活全面纳入战时轨道。在宪政方面，颁布了《消除人民和国家痛苦法》《保护德意志人民紧急条例》《禁止组织新党法》《德国改造法》等一系列法西斯法令，废除了资产阶级议会民主制和联邦制，维护希特勒个人独裁和纳粹一党专政。因此，1936年，德国某些地区仍有少量共产党人当选为联邦议会议员，这是不可能的，C项错误。

宪法修正案是美国宪法规定的唯一正式改变宪法的形式。其中影响最大的是关于公民权利的宪法前10条修正案（即"权利法案"）、南北战争后关于废除奴隶制并承认黑人选举权的修正案、20世纪以来关于扩大选举权、男女享受平等权利的修正案。但是平等权利修正案于1975年获得国会参众两院过后，却因在规定时间内未获得3/4以上州的通过成为废案。因此，D项表述是不可能的。

20. 【答案】D

【解析】ABC三项分别强调了构建和完善中国特色社会主义法律体系、依法行政、高效公正权威的司法的重要性，均正确。

21. 【答案】B

【解析】成文宪法是指具有统一法典形式的宪法，但并不意味着只有一个书面文件。比如法国1875年宪法，就是由《参议院组织法》《政权组织法》和《国家政权机关相互关系法》三个宪法性文件组成。因此，A项错误。英国是典型的不成文宪法国家。英国宪法的主体由各个不同历史时期颁布的宪法性文件构成，包括1215年的《自由大宪章》，1628年的《权利请愿书》，1679年的《人身保护法》，1689年的《权利法案》，1701年的《王位继承法》，1911年的《国会法》，1918年的《国民参政法》，1928年的《男女选举平等法》，1969年的《人民代表法》，等等。可见，B项正确。钦定宪法是指由君主或以君主的名义制定和颁布的宪法。协定宪法指由君主与国民或者国民的代表机关协商制定的宪法。协定宪法往往是阶级妥协的产物。当新兴资产阶级尚无足够力量推翻君主统治，而封建君主又不能实行绝对专制统治时，协定宪法也就成为必然。如1215年英国的《自由大宪章》就是英王约翰在贵族、教士、骑士和城市市民的强大压力下签署的；法国1830年宪法就是在1830年革命中，国会同国王路易·菲利浦共同颁布的，等等。因此，C项错误。柔性宪法是指制定、修改的机关和程序与一般法律相同的宪法。在柔性宪法国家中，由于宪法和法律由同一机关根据同样的程序制定或者修改，因而它们的法律效力和权威并无差异。实行不成文宪法的国家往往也是柔性宪法的国家，英国即其典型。因此，D项错误。

22. 【答案】B

【解析】宪法实施是宪法规范在实际生活中的贯彻落实，主要包括宪法的执行、适用和遵守。而在执行、适用和遵守的过程中均离不开解释。所以，ACD三项表述正确。

23. 【答案】D

【解析】宪法规定一国最基本的政治、经济、文化制度，因此，宪法规定的文化制度当然是基本文化制度。A项正确。1919年德国《魏玛宪法》不仅详尽地规定公民的文化权利，而且还明确地规定了国家的基本文化政策。这部宪法第一次比较全面系统地规定了文化制度，后为许多资本主义国家宪法所效仿。因此，B项正确。文化制度范围广泛，既包括公民文化权利的规定，也包括国家文化政策的规定。C项正确。我国宪法没有规定知识产权，因此D项错误。

24. 【答案】D

【解析】根据《选举法》第18条第3款,"实行区域自治的民族人口特少的自治县,只有经省、自治区的人民代表大会常务委员会决定,才可以少于二分之一。"因此,D项表述不够严密,当选。

25. 【答案】D

【解析】我国法院无权对政府的规章进行审查,并宣告其无效。因此,A项错误。地方人大一般只有权改变或者撤销它的常委会制定的和批准的不适当的地方性法规。因此,B项错误。而对于省政府制定的不适当的规章,一般而言,应当由本级人大常委会撤销,或者由上级政府来改变或撤销。对于省政府的规章,国务院作为上级行政机关,有权直接改变或撤销,没必要将其提交全国人大常委会审查。因此,C项错误。D项正确,对于地方政府的规章,本级人大常委会有权审查。并作出是否撤销的决定。

26. 【答案】D

【解析】村委会每届任期三年,但村委会成员可以连选连任。A项错误。村委会的选举和罢免均采双过半制,B项错误。村委会的选举工作由村民选举委员会主持,C项错误。村民委员会成员丧失行为能力或者被判处刑罚的,其职务自行终止。D项正确。

27. 【答案】C

【解析】混淆行为是指经营者在市场经营活动中,以种种不实手段对自己的商品或服务作虚假表示、说明或承诺,或利用他人的智力劳动成果推销自己的商品或服务,使用户或消费者产生误解,扰乱市场秩序、损害同业竞争者的利益或消费者利益的行为。

《反不正当竞争法》第5条:"经营者不得采用下列不正当手段从事市场交易,损害竞争对手:(一)假冒他人的注册商标;(二)擅自使用知名商品特有的名称、包装、装潢,或者使用与知名商品近似的名称、包装、装潢,造成和他人的知名商品相混淆,使购买者误认为是该知名商品;(三)擅自使用他人的企业名称或者姓名,引人误认为是他人的商品;(四)在商品上伪造或者冒用认证标志、名优标志等质量标志,伪造产地,对商品质量作引人误解的虚假表示。"

"牛记酒楼"的行为是典型的第二种方式,属于混淆行为。所以C项正确,A项错误。

另外,商业秘密是指不为公众所知悉、能为权利人带来经济利益、具有实用性并经权利人采取保密措施的技术信息和经营信息。"大队长酒楼"的经营特色不属商业秘密,"牛记酒楼"的行为不构成侵犯商业秘密。B项不选。

《反不正当竞争法》第9条:"经营者不得利用广告或者其他方法,对商品的质量、制作成分、性能、用途、生产者、有效期限、产地等作引人误解的虚假宣传"。虚假宣传是经营者对其产品或服务的不实介绍。"牛记酒楼"的行为不是虚假宣传。故不选D项。

28. 【答案】D

【解析】《消费者权益保护法》第2条:"消费者为生活消费需要购买、使用商品或者接受服务,其权益受本法保护;本法未作规定的,受其他有关法律、法规保护。"本题中的钱某不是本法所规定的消费者,故不适用《消费者权益保护法》。

从这个角度说，A项说法正确，这也是本题的考点所在。但是《消费者权益保护法》第40条第2款："消费者或者其他受害人因商品缺陷造成人身、财产损害的，可以向销售者要求赔偿，也可以向生产者要求赔偿。属于生产者责任的，销售者赔偿后，有权向生产者追偿。属于销售者责任的，生产者赔偿后，有权向销售者追偿。"也规定了缺陷商品造成损害时"其他受害人"的索赔权。所以全面来看，A项表述有瑕疵，但基于本题目作为单选题，应选择最符合题意者。

《产品质量法》第43条："因产品存在缺陷造成人身、他人财产损害的，受害人可以向产品的生产者要求赔偿，也可以向产品的销售者要求赔偿。属于产品的生产者的责任，产品的销售者赔偿的，产品的销售者有权向产品的生产者追偿。属于产品的销售者的责任，产品的生产者赔偿的，产品的生产者有权向产品的销售者追偿。"据此，赵某可向该厂也可向该商场请求赔偿，B项正确。

《产品质量法》第41条："因产品存在缺陷造成人身、缺陷产品以外的其他财产（以下简称他人财产）损害的，生产者应当承担赔偿责任。生产者能够证明有下列情形之一的，不承担赔偿责任：（一）未将产品投入流通的；（二）产品投入流通时，引起损害的缺陷尚不存在的；（三）将产品投入流通时的科学技术水平尚不能发现缺陷的存在的。"C项内容属于生产者的免责事由，由于缺陷不存在，该厂可免责。故C项正确。

《产品质量法》第42条："由于销售者的过错使产品存在缺陷，造成人身、他人财产损害的，销售者应当承担赔偿责任。销售者不能指明缺陷产品的生产者也不能指明缺陷产品的供货者的，销售者应当承担赔偿责任。"因此，销售者对产品承担过错责任（过错推定责任），除非证明无过错才可免责。D项不是销售者商场的免责事由。故D项错误。

29.【答案】A

【解析】《银行业监督管理法》第38条："银行业金融机构已经或者可能发生信用危机，严重影响存款人和其他客户合法权益的，国务院银行业监督管理机构可以依法对该银行业金融机构实行接管或者促成机构重组，接管和机构重组依照有关法律和国务院的规定执行。"据此，BCD项正确，A项的信用危机可以是已经或者可能发生，故错误。

30.【答案】C

【解析】《税收征收管理法实施细则》第12条："从事生产、经营的纳税人应当自领取营业执照之日起30日内，向生产、经营地或者纳税义务发生地的主管税务机关申报办理税务登记，如实填写税务登记表，并按照税务机关的要求提供有关证件、资料。"所以，A项正确。

《税收征收管理法实施细则》第17条："从事生产、经营的纳税人应当自开立基本存款账户或者其他存款账户之日起15日内，向主管税务机关书面报告其全部账号；发生变化的，应当自变化之日起15日内，向主管税务机关书面报告。"第18条："除按照规定不需要发给税务登记证件的外，纳税人办理下列事项时，必须持税务登记证件：（一）开立银行账户…"所以，B项正确。

《税收征收管理法实施细则》第14条第2款:"纳税人税务登记内容发生变化,不需要到工商行政管理机关或者其他机关办理变更登记的,应当自发生变化之日起30日内,持有关证件向原税务登记机关申报办理变更税务登记。"所以,C项错误。

D项正确。《税收征收管理法实施细则》第21条第2款:"从事生产、经营的纳税人外出经营,在同一地累计超过180天的,应当在营业地办理税务登记手续。"

31. 【答案】B

【解析】《环境影响评价法》第16条:"国家根据建设项目对环境的影响程度,对建设项目的环境影响评价实行分类管理。建设单位应当按照下列规定组织编制环境影响报告书、环境影响报告表或者填报环境影响登记表(以下统称环境影响评价文件):(一)可能造成重大环境影响的,应当编制环境影响报告书,对产生的环境影响进行全面评价;(二)可能造成轻度环境影响的,应当编制环境影响报告表,对产生的环境影响进行分析或者专项评价;(三)对环境影响很小、不需要进行环境影响评价的,应当填报环境影响登记表。"

根据题意,某河流拟建的水电站可能造成重大环境影响,属于第(一)项而非第(二)的规定,A选项错误。

第17条第2款:"涉及水土保持的建设项目,还必须有经水行政主管部门审查同意的水土保持方案。"故B项正确。

第18条第3款:"已经进行了环境影响评价的规划所包含的具体建设项目,其环境影响评价内容建设单位可以简化。"C选项中是"不再进行环境影响评价",故C项错误。

第19第3款:"为建设项目环境影响评价提供技术服务的机构,不得与负责审批建设项目环境影响评价文件的环境保护行政主管部门或者其他有关审批部门存在任何利益关系。"而D项中的环境技术研究所是负责审批部门的下属单位,存在利益关系。故D项错。

综上,本题只有B项正确。

32. 【答案】C

【解析】外交人员的人身绝对不得侵犯,除非为了正当防卫或者是防止或制止犯罪行为的发生,本题不属于例外性情况,故A项错误。

使馆馆舍(包括使馆的工作区、休息区和馆长的私人官邸)非经馆长许可,接受国人员不得进入,故B项错误。

外交人员完全免除作证义务,故C项正确。

本案被害人是丙国人,因此丙国有权行使保护性管辖权,D项错误。

33. 【答案】C

【解析】国际法院管辖权以争端双方的同意为条件,选项A符合国际法,选项C不符合国际法;国际争端除了采用法院解决方式,还可以采用协商等政治性解决途径,选项D符合国际法。

根据《联合国海洋法公约》第ⅩⅤ部分"争端的解决"第298条第1款(A)项:"……任何争端如果必要涉及同时审议与大陆或岛屿陆地领土的主权或其他权利有关的任何尚未解决的争端,则不应提交这一程序(即国际海洋法法庭审理)",国际海洋法法庭对本题所涉的岛屿主权(归属)争端是没有管辖权的,B选项错误。

34. 【答案】D

【解析】根据战争法规则，战争一旦开始，除非另有约定，交战国之间的一般政治和经济条约停止效力（亦可称为暂停执行），选项A符合国际法。

战争开始，交战国对于其境内的敌国人民的财产可予以限制，但不得没收，选项B符合国际法。

战时中立国的基本义务是不作为、防止和容忍，选项C属于中立国的权利，符合国际法；

战时中立国的基本义务是不作为、防止和容忍，"不作为"要求中立国不得直接或间接参与战争，包括为交战国提供资金或武器支持等，选项D违反了中立国的不作为和防止义务，不符合国际法。

本题为"哪一做法不符合战争法"，答案为D项。

35. 【答案】D

【解析】根据《法律适用法》第11条，的规定自然人的民事权利能力，适用经常居所地法律，琼斯的经常居所地在乙国，故AB项错误。

《法律适用法》第12条规定："自然人的民事行为能力，适用经常居所地法律。自然人从事民事活动，依照经常居所地法律为无民事行为能力，依照行为地法律为有民事行为能力的，适用行为地法律，但涉及婚姻家庭、继承的除外。"琼斯的民事行为能力原则上应适用乙国法，其行为地在中国，因此若依照乙国法琼斯为无民事行为能力的，其民事行为能力适用中国法，故C项错误，D项正确。

36. 【答案】A

【解析】收养的条件和手续，适用收养人和被收养人经常居所地法律，选项A正确，选项B错误。

收养的效力，适用收养时收养人经常居所地法律，本案应为甲国法，选项C错误。

收养关系的解除，适用收养时被收养人经常居所地法律或者法院地法律，本案应适用中国法，选项D错误。

37. 【答案】D

【解析】台湾地区当事人在人民法院参与民事诉讼，与大陆当事人有同等的诉讼权利和义务，其合法权益受法律平等保护，选项A正确。

人民法院审理涉台民商事案件，应当适用法律和司法解释的有关规定。根据法律和司法解释中选择适用法律的规则，确定适用台湾地区"民事法律"的，人民法院应当予以适用，选项B正确。

内地法院有权直接向在内地的当事人送达司法文书，选项C正确。

邮寄途径适用于涉台文书送达，但受送达人未在送达回证上签收而在邮件回执上签收的，视为送达，故D项"必须在送达回证上签收"的说法错误。

本题让选错，答案为D项。

38. 【答案】A

【解析】涉外民事诉讼的当事人，可以委托本国律师以非律师身份担任诉讼代理人，选项A正确。

外国当事人还可以委托其本国驻华使领馆官员以个人名义担任诉讼代理人，但在诉讼中不享有特权与豁免权，选项B错误。

涉外合同纠纷当事人可以协议选择与纠纷有实际联系地点的法院管辖，但必须采用书面形式，书面并不等于明示，故C项错误。

根据《民诉法解释》第 533 条关于涉外民商事案件管辖权平行诉讼的规定，外国法院对某一涉外民商事案件有管辖权，也并不排斥我国法院依据我国法律对同一案件行使管辖权，故 D 项错误。

39. 【答案】C

【解析】根据《民事诉讼法》第 281 条的规定，外国法院作出的发生效力的判决、裁决，需要我国法院承认和执行的，应当向我国有管辖权的中级人民法院申请承认和执行，选项 A 表述正确。

外国法院判决被承认和执行的条件之一是已经发生法律效力，选项 B 表述正确。

外国法院判决承认和执行的请求可以由作出判决的外国法院提出，也可以由当事人提出，故 C 项表述错误。

外国法院判决被承认与执行的条件之一是不违反中华人民共和国法律的基本原则或者国家主权、安全、社会公共利益，故选项 D 表述正确。

本题让选错，答案为 C 项。

40. 【答案】D

【解析】本题 A 项属于《服务贸易总协定》所称自然人存在，B 项属于境外消费，C 项属于商业存在，均属于国际服务贸易。选项 D 属于一国政府对另一国政府的资金援助，不是服务贸易的范畴。

41. 【答案】A

【解析】损害是反倾销措施适用的条件，而反倾销措施中的损害是指倾销对已经建立的国内产业造成实质损害或者产生实质损害威胁，或者对建立国内产业造成实质阻碍。本题 A 项表述虽然不严谨，但在本题四个选项中为最优，当选。

首先，反倾销税的纳税人为进口经营者而非出口经营者；其次，反倾销税应当根据不同的倾销幅度分别确定。针对不同进口经营者征收的反倾销税率，由于其各自的倾销幅度是不同的，反倾销税率自然也会不同，故选项 B 错误。

反倾销的调查机关是商务部，征税机关是海关，故选项 C 错误。

我国反倾销的调查机关是商务部，自然与反倾销有关的对外磋商、通知和争端解决事宜也由商务部负责，故选项 D 错误。

42. 【答案】D

【解析】磋商若达成谅解协议，双方承担保密的义务，这种保密也针对后续的专家小组和上诉机构，故磋商达成的谅解协议当然就不能用于后续争端审查的对象，选项 A 错误。

根据 WTO 争端解决中坚持的司法经济原则，对争端方没有提出的主张，专家组不能作出裁定，即使相关专家提出了这样的主张，选项 B 错误。

上诉机构可以推翻、修改或撤销专家组的调查结果和结论，但无权将案件发回专家组重审，选项 C 错误。

上诉机构是常设机构，上诉案件由上诉机构 7 名成员中的 3 人组成上诉庭审理，选项 D 正确。

43. 【答案】A

【解析】国际投资争端中心管辖需以争端双方出具同意中心管辖的书面文件为条件，本题 A 项错误，B 项正确。

除非另有声明，提交"中心"仲裁应视为双方同意排除其他任何救济方法，但是东道国可以要求投资者用尽当地的各种行政或司法的救济手段，作为其同意提交"中心"仲裁的条件，选项 C 正确。

依公约第42条的规定，中心仲裁庭应依争端双方同意的法律规则对争端作出裁决。如果争端双方没有对应适用的法律规则达成协议，则仲裁庭应适用作为争端一方的缔约国的国内法以及可适用的国际法规则。此外，仲裁庭在争端双方同意时可以根据公平和善意原则对争端作出裁决，选项D正确。

44. 【答案】B

【解析】世界贸易组织的成员包括各国政府和单独关税区政府，中国的香港、澳门、台湾都是以单独关税区的身份加入的WTO，选项A正确。

《政府采购协议》属于诸边贸易协定，其只适用于特别表示接受其约束的世界贸易组织成员，中国没有接受诸边协议，选项B错误。

《中国入世议定书》中，特别规定了针对中国产品的特定产品的过渡性保障措施机制，该机制为期12年。这一机制专对中国产品实施，并且实施条件低于一般保障措施的要求，C项正确。

世界贸易组织的争端解决机制是统一的，成员间因WTO任何协议产生的争端都统一适用该争端解决机制，选项D正确。

本题让选错，答案为B项。

45. 【答案】B

【解析】ACD三项没有问题。被动性是司法的根本属性之一，法律适用活动的惯常机制是"不告不理"，司法程序的启动离不开权利人或特定机构的提请或诉求，但司法者从来都不能主动发动一个诉讼，因为这与司法权的性质相悖，这在现代社会会更加强化，不会被替代。B项表述错误。

46. 【答案】D

【解析】与法律的外在强制性不同，道德主要用于自律，是对自己内心的约束。在实践中，只有选择合适的内化途径和适当的内化方法才能够使法律职业者将法律职业道德融进法律职业精神中。所以，法律职业道德的实现，既包括外在监督，也包括法律职业者的自律，后者并非通过严格程序来实现，而且不具有强制性。选项D的说法不能成立。

47. 【答案】A

【解析】法官、检察官和律师按照法律规定分别履行着各自的职责，这些规定不是用来弥补履行职责上的地位不平等，相反其地位是平等的，三者各司其职，相互协助，各自发挥各自的作用。选项B错误。法官、检察官和律师的职责范围均是由法律规定的，这些规定不允许公检法部门肆意违背法律，突破职权限制，而是要求其恪尽职守，不渎职、不越权。选项C错误。作为监督法院的检察机关，其职责正是履行监督法官和律师行为的责任，这是一种典型的制约关系。选项D错误。

48. 【答案】C

【解析】违反规定会见案件当事人及其辩护人、代理人、请托人的，给予警告处分；造成不良后果的，给予记过或者记大过处分。本题中，许法官已经造成了不良影响，依法应被给予记过或者记大过处分，而不是撤职。故选项C不能成立。

49. 【答案】D

【解析】检察官从人民检察院离任后二年内，不得以律师身份担任诉讼代理人或者辩护人。检察官从人民检察院离任后，不得担任原任职检察院办理案件的诉讼代理人或者辩护人。检察官的配偶、子女不得担任该检察官所任职检察院办理案件的诉讼代理人或者辩护人。可见，离任5年后以律师身份担任诉讼代理人和辩护人的行为，符合职业道德要求。D选项正确。

50. 【答案】A

【解析】依据《律师执业行为规范》第90条的规定，非经委托人的同意，律师不能因为转委托而增加委托人的经济负担。故据此可知，刘律师未告知支出增加的行为违反了该规定。选项A违反规定。

二、多项选择题。

51. 【答案】AB

【解析】马克思主义法律观认为，法是随着生产力的发展、社会经济的发展、私有制和阶级的产生、国家的出现而产生的，经历了一个长期的渐进的过程。因此C项错误。法的作用分为规范作用和社会作用，规范作用是针对单个人的，社会作用是针对整体的社会。因此，解决社会冲突，分配社会资源，维持社会秩序属于法的社会作用。D项错误。法律的性质与功能决定于社会，而且法律变迁与社会发展的进程基本一致。AB两项表述正确。

52. 【答案】BC

【解析】法的效力包括对人的效力、空间效力、时间效力。法对人的效力，指法律对谁有效力，适用于哪些人。法的空间效力，是指法在哪些地域有效力，适用于哪些地区。法的时间效力，指法何时生效、何时终止效力以及法对其生效以前的事件和行为有无溯及力。题目中的条文针对的是"外国人在中华人民共和国领域外对中华人民共和国国家或者公民犯罪"，很明显乃是为了保护我国国家和公民的利益，只要侵害了我国利益，即便是外国人，或

者身在国外，也适用我国法律，属于对人效力中的保护主义。BC两项入选。A项的溯及力属于时间效力问题，D项中的属人主义涉及对本国公民的法律适用，与题干要求不符。

53. 【答案】ACD

【解析】《婚姻法》和《民法通则》均属于民法部门法的规范性文件，由全国人大制定，因此属于基本法律。选项A正确。"民事活动应当尊重社会公德"的规定仅仅是提供某种价值指引，没有具体设定权利义务，比较笼统抽象，因此属于法律原则，而非法律规则，自然也就谈不上命令性规则。选项B错误。法律证成可以分为内部证成和外部证成。法律决定必须按照一定的推理规则从相关前提中逻辑地推导出来，属于内部证成；而对法律决定所依赖的前提的证成，属于外部证成。故本案中，法官对判决理由的证成属于对法律决定所依赖的前提的证成，属于外部证成。选项C正确。法的安定性强调的是法在形式上的稳定性和可预测性，合目的性强调的是法在实质内容上的正当性或合理性。法律人适用法律的最直接的目标就是要获得一个合理的法律决定，故法官如此判决正是考虑到法的安定性和合目的性的要求。选项D正确。

54. 【答案】ABC

【解析】国法在外延上包括：（1）国家专门机关（立法机关）制定的"法"（成文法）；（2）法院或法官在判决中创制的规则（判例法）；（3）国家通过一定方式认可的习惯法（不成文法）；（4）其他执行国法职能的法（如教会法）。

由以上可见，国法不等于国家法，如"教

会法"不是国家法，A项错误；国法不等于国家立法机关创制的法律，还包括判例法、习惯法等，B项错误。

任何社会规范都有强制性，国法的强制性在于这是一种"国家强制性"。C项错误。

所谓实在法，简单而言，是对实际存在的法律的总称，之所以提出实在法的概念，是因为西方认为实在法并不是法的全部内容，在实在法之外对应着其他客观或主观因素，例如，自然法学派认为实在法之外还有"自然法"，并且认为这种实在法之外的"自然法"才是法学的研究对象。实证主义法学派则认为，实在法才是法学的研究对象。D项正确。

55. 【答案】AC

【解析】法定解释乃是由特定的国家机关、官员或其他有解释权的人对法律作出的具有法律拘束力的解释。任意解释，又称为学理解释，乃是由学者或其他个人及组织对法律规定所做的不具有法律拘束力的解释。本题中，杨某认为坟内刘某已成为白骨并非尸体，他对"尸体"的解释明显不是法定解释，而是任意解释。A项正确，排除D项。比较解释是利用外国的立法例和判例学说对某个法律规定进行解释，本题中并未涉及外国，所以B项错误。根据题干，杨某的解释乃是根据日常的、一般的或法律的语言使用方式清晰地描述制定法的某个条款、某个术语的内涵和外延，因此属于文义解释。C项入选。

56. 【答案】ABD

【解析】徒刑属于在剥夺人身自由的同时强制其服劳役的刑罚。在秦代，徒刑包括城旦舂、鬼薪白粲、吏臣妾、司寇和候等。ABD三项正确。弃市属于死刑，不符合题意。

57. 【答案】CD

【解析】热审是对发生在京师的笞杖刑案件进行重审的制度，于每年小满后10日至立秋前1日，由大理寺官员会同各道御史及刑部承办司会同审理，快速决放在监笞杖刑案犯。题干中的信息说明本题适用热审。因此，选CD两项。A项属于秋审，B项属于朝审。

58. 【答案】ABC

【解析】《独立宣言》的主要内容在于宣告美国的独立，并没有过多地涉及人权内容。《美国联邦宪法》正文中并没有涉及人权的内容，其对人权的保障最早是通过1791年批准生效的十条修正案来实现的。因此，①表述错误。

法国《人权宣言》宣布人权是"天赋的"，是"神圣不可侵犯的"。宣言第1条明确指出人们生来并且始终是自由的，在权利上是平等的。第2条规定："一切政治结合的目的都在于保护人的天赋和不可侵犯的权利；这些权利是：自由、财产、安全和反抗压迫。"《人权宣言》不仅奠定了法国宪政制度的基础，而且是多部法国宪法的序言。因此，②的表述正确。

1889年《大日本帝国宪法》（后通称"明治宪法"）是基于君主主权思想制定的一部"钦定"宪法；其深受德国宪法的影响，有46个条文抄自普鲁士宪法，仅有3条为日本所独创；其带有"大纲目"性质，对一些问题没有作出明确规定；其对公民自由权利的规定，不仅范围狭窄，而且随时可加以限制。因此，谈不上充分规定。③表述错误。

1919年，战败的德国进入魏玛共和国时期。由于政体的变化和社会化思潮的影响,德国加快了民主政治的进程;在沿用原有法律的同时,颁布了大量的"社会化"法律,如调整社会经济的法律和保障劳工利益的法律,使德国成为经济立法和劳工立法的先导。《魏玛宪法》将国家的作用由传统的政治领域扩展到经济社会文化领域,规定了"社会权",要求国家积极作为。因此,④表述正确。

59. 【答案】ABC

【解析】根据社会主义法治理念完善我国宪法的权力制约原则,首要的就是要根据依法治国来完善宪法中的权力制约原则,从法律上构建起权力制约监督体系与机制是完善宪法的权力制约原则的题中应有之义。A项正确。完善宪法的权力制约原则离不开一定的制度环境,特别是各种监督制度。只有从制度上为各种监督的实施提高条件和相应的保障,才能使监督发挥其应有的作用。B项正确。国家机关之间的权力配置以及权力机关之间的相互关系问题,涉及政权组织形式和国家结构形式两个方面。完善宪法的权力制约原则,就是要完善好纵向和横向的权力配置及相互关系,使其运行能够法治化。C项正确。区别于将国家定位为"夜警国家"的近代宪法,现代宪法特别强调国家的作用不仅仅应当局限于政治领域,而应扩展到经济、社会、文化领域,要求国家积极作为。因此,D项错误。

60. 【答案】ABD

【解析】根据现行宪法第12条、第6条第1款、第10条第4款的规定,ABD三项正确。C项表述不符合我国宪法第13条第3款的规定,即国家为了公共利益的需要,可以依照法律规定对公民的私有财产实行征收或者征用并给予补偿。

61. 【答案】BD

【解析】住宅不受侵犯属于消极受益权,重在强调"不受侵犯",即在没有法律的许可或者户主等居住者的同意的情况下,任何机关、团体或者个人都不能以各种形式如随意进入、查封、搜查等"侵犯"公民的住宅。A项错在将其理解为一种积极受益权。《治安管理处罚法》依据《宪法》制定,其第40条相应地也体现了宪法住宅不受侵犯的精神。B项正确。C项中的取保候审与住宅不受侵犯没有关系,可以排除。D项正确,住宅自由可以依法限制。

62. 【答案】ABC

【解析】纳税义务具有双重性:一方面,纳税是国家财政的主要来源,具有形成国家财力的属性,也是国家进行宏观调控的重要经济杠杆;另一方面,纳税义务具有防止国家权力侵犯其财产权的属性。与纳税义务相对的是国家的课税权。依法纳税是保护公民财产权的重要保证。因此,C项正确。国家在确定公民纳税义务时,要保证税制的科学合理和税收负担的公平,既要保证国家财政需要,又要使纳税人有实际的承受能力。A项正确。《立法法》规定,"税收的基本制度只能制定法律。"据此,B项正确。《宪法》并没有规定履行义务是公民享有其他权利的前提条件。所以,D项错误。

63. 【答案】AC

【解析】我国《宪法》并未明文规定生命权,A项错误。我国《宪法》规定,"劳动者有休息权",可见,《宪法》休息权的主体并非全体公民。C项错误。

64. 【答案】AD

【解析】A项：说法正确，当选；C项：说法错误，不当选。本题考查诋毁商誉行为、混淆行为。本题A和C项考点均为"诋毁商誉行为"。法律对诋毁商业信誉行为的规定是，"经营者不得捏造、散布虚伪事实，损害竞争对手的商业信誉、商品声誉"。诋毁商誉要求主观心态为故意。法条的用语"捏造、散布"，即说明行为人主观是故意，过失不构成"诋毁"。本题A项，"甲灯具厂捏造乙灯具厂偷工减料"，属于故意；而C项，"媒体误报道为乙电器厂产品"，并非故意，甲厂虽未主动澄清，但难以推定甲厂是故意。

B项：说法错误，不当选。甲公司发布高薪招聘广告，乙公司数名高管集体辞职前往应聘，甲公司予以聘用，B项属于正当的聘用雇员行为，不构成不正当竞争。

D项：说法正确，当选，D项为混淆行为，又称"欺骗性交易行为"或"假冒行为"，它是指经营者在其经营活动中以虚假不实的方式或手段来推销自己的商品或服务，损害其他经营者及消费者利益的行为。具体表现形式有：假冒他人的注册商标、山寨行为、擅自使用他人的企业名称或者姓名、伪造、冒用质量标志和产地等。本题考查"擅自使用知名商品特有的名称、包装、装潢，或者使用与知名商品近似的名称、包装、装潢，造成和他人的知名商品相混淆，使购买者误认为是该知名商品的"，虽然消费者经仔细辨别方可区别二者差异，但消费者很多都不能、不知仔细辨别，仍可使消费者产生混淆。

65.【答案】AB（司法部公布答案为ABD）

【解析】A项：说法正确，当选。《食品安全法》（2015年4月24日修订）第103条第1款规定："发生食品安全事故的单位应当立即采取措施，防止事故扩大。事故单位和接收病人进行治疗的单位应当及时向事故发生地县级人民政府食品药品监督管理、卫生行政部门报告。"据此，接收病人的S县医院应当及时向事故发生地S县卫生局报告。

B项：说法正确，当选。《食品安全法》第103条第3款规定："发生食品安全事故，接到报告的县级人民政府食品药品监督管理部门应当按照应急预案的规定向本级人民政府和上级人民政府食品药品监督管理部门报告。县级人民政府和上级人民政府食品药品监督管理部门应当按照应急预案的规定上报。"据此，县级卫生行政部门应当按照规定向本级人民政府和上级人民政府卫生行政部门报告。

C项：说法错误，不当选。《食品安全法》第105条第1款规定："县级以上人民政府食品药品监督管理部门接到食品安全事故的报告后，应当立即会同同级卫生行政、质量监督、农业行政等部门进行调查处理，并采取下列措施，防止或者减轻社会危害：（一）开展应急救援工作，组织救治因食品安全事故导致人身伤害的人员；（二）封存可能导致食品安全事故的食品及其原料，并立即进行检验；对确认属于被污染的食品及其原料，责令食品生产经营者依照本法第六十三条的规定召回或者停止经营；（三）封存被污染的食品相关产品，并责令进行清洗消毒；（四）做好信息发布工作，依法对食品安全事故及其处理情况进行发布，并对可能产生的危害加以解释、说明。"第2款规定："发生食品安全事故需要启动应急预案的,县级以上人民政府应当立即成立事故处置指挥机构,启动应急预案,依照前款和应急预案的规定进行处置。"据此,修订后的《食品安全法》将处置食品安全事故的职权赋予县级以上人民政府食品药品监督管理部门会同相关部门进行调查处理并采取措施,当食品安全事故需要启动应急预案的,则由县级以上人民政府成立事故处置指挥机构进行处置。题干表述为重大食品安全事故,属于"应启动应急预案"情形,处置食品安全事故的机构由县级以上人民政府牵头成立。

D项:说法错误,不当选。《食品安全法》第103条第3款的规定:"发生食品安全事故,接到报告的县级人民政府食品药品监督管理部门应当按照应急预案的规定向本级人民政府和上级人民政府食品药品监督管理部门报告。县级人民政府和上级人民政府食品药品监督管理部门应当按照应急预案的规定上报。"第4款规定:"任何单位和个人不得对食品安全事故隐瞒、谎报、缓报,不得隐匿、伪造、毁灭有关证据。"据此,修订后《食品安全法》将食品安全事故及处置信息报告制度设置为依照应急预案进行,未再规定"必要时,可以直接向国务院卫生行政部门报告"。

66. 【答案】ABD

【解析】《商业银行法》第19条:"商业银行根据业务需要可以在中华人民共和国境内外设立分支机构。设立分支机构必须经国务院银行业监督管理机构审查批准。在中华人民共和国境内的分支机构,不按行政区划设立。商业银行在中华人民共和国境内设立分支机构,应当按照规定拨付与其经营规模相适应的营运资金额。拨付各分支机构营运资金额的总和,不得超过总行资本金总额的百分之六十。"据此,ABD项错误。

第22条:"商业银行对其分支机构实行全行统一核算,统一调度资金,分级管理的财务制度。商业银行分支机构不具有法人资格,在总行授权范围内依法开展业务,其民事责任由总行承担。"C项正确。

67. 【答案】ABD

【解析】《商业银行法》第13条第2款:"国务院银行业监督管理机构根据审慎监管的要求可以调整注册资本最低限额,但不得少于前款规定的限额。"由此,注册资本最低限额不得少于法定限额,可以高于法定限额。故A项"在法定标准的基础上提高"说法正确。

第17条第1款:"商业银行的组织形式、组织机构适用《中华人民共和国公司法》的规定。"所以B项正确。

第25条:"商业银行的分立、合并,适用《中华人民共和国公司法》的规定。商业银行的分立、合并,应当经国务院银行业监督管理机构审查批准。"所以C项错误。

第28条:"任何单位和个人购买商业银行股份总额百分之五以上的,应当事先经国务院银行业监督管理机构批准。"所以D项正确。

68. 【答案】ACD

【解析】本题考查个人所得税(工资薪金的)超额累进税率。我国工资、薪金所得,自2011年9月1日起调整后,也就是现在实行7级超额累进个人所得税税率表,另外,要注意费用扣除标准为3500元。即个人所得税的工资、薪金所得,适用超额累进税率，税率3%至45%，每月收入额减除3500元后的余额为应纳税所得额。本题中，四个选项的工资薪金所得，均要减去3500元。A项张某：5000-3500=1500(元)，适用3%的税率。B项王某：8000-3500=4500(元)，适用10%的税率；所以A项正确，B项错误。同理，CD两项正确。

69. 【答案】BCD（司法部公布答案为ABCD）

【解析】《税收征收管理法实施细则》第23条规定："生产、经营规模小又确无建账能力的纳税人，可以聘请经批准从事会计代理记账业务的专业机构或者财会人员代为建账和办理账务。"此条是2013年进行的修正，根据最新的法条内容，A项不正确。

《税收征收管理法实施细则》第24条第2款规定："纳税人使用计算机记账的，应当在使用前将会计电算化系统的会计核算软件、使用说明书及有关资料报送主管税务机关备案。"B项正确。

《税收征收管理法实施细则》第26条第1款规定："纳税人、扣缴义务人会计制度健全，能够通过计算机正确、完整计算其收入和所得或者代扣代缴、代收代缴税款情况的，其计算机输出的完整的书面会计记录，可视同会计账簿。"C项正确。

《税收征收管理法实施细则》第29条第2款规定："账簿、记账凭证、报表、完税凭证、发票、出口凭证以及其他有关涉税资料应当保存10年；但是，法律、行政法规另有规定的除外。"D项正确。

70. 【答案】ACD

【解析】《社会保险法》第12条："用人单位应当按照国家规定的本单位职工工资总额的比例缴纳基本养老保险费，记入基本养老保险统筹基金。职工应当按照国家规定的本人工资的比例缴纳基本养老保险费，记入个人账户。……"据此，A项正确，B项错误；

第14条："个人账户不得提前支取，记账利率不得低于银行定期存款利率，免征利息税。个人死亡的，个人账户余额可以继承。"所以CD两项正确。

71. 【答案】ACD

【解析】《劳动法》第77条："用人单位与劳动者发生劳动争议，当事人可以依法申请调解、仲裁、提起诉讼，也可以协商解决。"据此，A项正确。（另外，还可参考《劳动争议调解仲裁法》第4、5条；《劳动争议处理条例》第6条）

《企业劳动争议处理条例》第18条："发生劳动争议的企业与职工不在同一个仲裁委员会管辖地区的，由职工当事人工资关系所在地的仲裁委员会处理。"题中并未说明李某与公司是否在同一仲裁委员管辖地区。据此，B项错误。

《劳动合同法司法解释三》第47条："下列劳动争议，除本法另有规定的外，仲裁裁决为终局裁决，裁决书自作出之日起发生法律效力：（一）追索劳动报酬、工伤医疗费、经济补偿或者赔偿金，不超过当地月最低工资标准十二个月金额的争议；（二）因执行国家的劳动标准在工作时间、休息休假、社会保险等方面发生的争议。"

第48条："劳动者对本法第四十七条规定的仲裁裁决不服的，可以自收到仲裁裁决书之日起十五日内向人民法院提起诉讼。"本条体现了对劳动者的倾斜保护。

据上述法条的规定，工资金额未超过当地月最低工资标准12个月金额，仲裁裁决为终局裁决，用人单位不得再起诉，但劳动者对仲裁裁决不服的，可以向人民法院提起诉讼。CD两项的说法正确。

72.【答案】ABCD

【解析】《土地管理法》第62条："农村村民一户只能拥有一处宅基地，其宅基地的面积不得超过省、自治区、直辖市规定的标准。农村村民住宅用地，经乡（镇）人民政府审核，由县级人民政府批准；其中，涉及占用农用地的，依照本法第四十四条的规定办理审批手续。农村村民出卖、出租住房后，再申请宅基地的，不予批准。"本题中，甲已将宅基地转让他人，政府不再批甲宅基地。因此，AB两项的说法错误。

另外，根据《土地管理法》的规定，农村村民宅基地的所有权属于村民集体所有，村民只有使用权，没有所有权，禁止擅自买卖或非法转让。但因买卖、继承、赠与房屋而发生宅基地使用权转移的，买房户、继承人、被赠与人是本集体经济组织成员的，可依法办理宅基地用地手续。因此宅基地买卖，主要限制的是卖方不得再申请宅基；对于买方而言，如果是同村村民，可以取得房屋所有权，并可依法办理宅基地用地手续。转让合同并不当然无效。由此，CD两项的说法错误。

73.【答案】ABC

【解析】《环境保护法》第64条："因污染环境和破坏生态造成损害的，应当依照《中华人民共和国侵权责任法》的有关规定承担侵权责任。"

《侵权责任法》第65条："因污染环境造成损害的，污染者应当承担侵权责任。"

所以，环境民事侵权实行"无过错"严格责任的归责原则，即使乙厂并未超标排污，但只要其行为对损害后果"有一定影响"即成为其也要承担责任的基础，所以甲、乙两厂对受害人的损失均应承担民事的赔偿责任，AB两项正确。

《环境保护法》第60条："企业事业单位和其他生产经营者超过污染物排放标准或者超过重点污染物排放总量控制指标排放污染物的，县级以上人民政府环境保护主管部门可以责令其采取限制生产、停产整治等措施；情节严重的，报经有批准权的人民政府批准，责令停业、关闭。"所以环境行政责任的追究以"行为违法"为前提，本题目中，甲厂有行为违法，应该承担行政责任，乙厂并没有"行为违法"，不应承担行政责任，所以C项正确，D项错误。

综上，本题的答案为ABC三项。

74.【答案】BCD

【解析】签署和批准条约均为国家权利而非国家义务，A项错误。

关于条约的批准，《中华人民共和国缔结条约程序法》第7条第1款规定："条约和重要协定的批准由全国人民代表大会常务委员会决定。"B项正确。

如果条约禁止保留，缔约国不得提出保留，C项正确。

民商事条约原则上在中国具有直接并优先适用的效力，但知识产权条约中应当转化或已经转化的除外。本题为"民商事司法协助多边条约"，不属于知识产权条约，因此在我国可以直接适用，但中国声明保留的条款除外，D项正确。

75.【答案】BCD

【解析】外国人在中国境内的停留、居留、旅游、工作等事项都由县级以上地方人民政府公安机关及其出入境管理机构负责管理。因此，若雅力克在其旅游签证有效期内，要前往不对外国人开放的地区旅行，必须经当地公安机关批准，选项A错误。

本案雅力克旅游签证过期还在中国居留，并且其持旅游签证没有在中国工作的权利，雅力克的行为构成非法居留和非法工作，对此县级以上公安机关有权审查并依法处罚，选项BC正确。

边防检查的职能属于边检机关，如雅力克持涂改的出境证件出境，中国边防检查机关当然有权阻止其出境，选项D正确。

76. 【答案】AB

【解析】引渡是国家权利而非国家义务，除非有引渡条约的约束，选项A正确。

外交部是引渡的联系机关，选项B正确。

根据《引渡法》第16条第2款的规定，引渡对外决策机构是最高法指定的高院裁定，最高法复核，选项C错误。

根据我国《引渡法》的规定，刑事诉讼程序对引渡的影响是：①在收到引渡请求时，我国司法机关对于引渡请求所指的犯罪已经作出生效判决，或者已经终止刑事诉讼程序的，应当拒绝引渡；②我国对于引渡请求所指的犯罪具有刑事管辖权，并且对被请求引渡人正在进行刑事诉讼或者准备提起刑事诉讼的，可以拒绝引渡。D项"正在……应当"的判断错误。

77. 【答案】BD

【解析】《法律适用法》第22条明确规定："结婚手续，符合婚姻缔结地法律、一方当事人经常居所地法律或者国籍国法律的，均为有效。"本案甲国和中国为当事双方国籍国，中国为当事双方共同经常居所地国，乙国为婚姻缔结地，结婚手续符合甲国法、中国法和乙国法中的任何一个，即为有效，故选项A错误，选项B正确。

《法律适用法》第21条规定："结婚条件，适用当事人共同经常居所地法律；没有共同经常居所地的，适用共同国籍国法律；没有共同国籍，在一方当事人经常居所地或者国籍国缔结婚姻的，适用婚姻缔结地法律。"题干表明中国为结婚时当事双方共同经常居所地，因此结婚条件应适用中国法，故选项C错误。D正确。

78. 【答案】BC

【解析】根据《仲裁法》第20条的规定，仲裁委员会和人民法院都有权认定仲裁协议的效力，个案中取决于当事双方向哪个机构提出请求，故A项错误。

但是，若当事一方请求仲裁委员会作出决定，另一方请求人民法院作出裁定的，应当由人民法院裁定，选项B正确。

《法律适用法》第18条规定："当事人可以协议选择仲裁协议适用的法律。当事人没有选择的，适用仲裁机构所在地法律或者仲裁地法律"，本题中当事双方对仲裁条款应适用的法律未作约定，但选择的仲裁机构所在地和仲裁地均为中国，对仲裁条款效力的审查应适用中国法，选项C正确，选项D错误。

79. 【答案】ABD

【解析】侵权行为发生后，当事人协议选择适用法律的，按照其协议，该协议采用口头还是书面方式不限，选项AB正确。

如果侵权行为发生后，当事人未达成法律适用意思自治，但当事人有共同经常居所地的，适用共同经常居所地法律。本题题干表明中国为原被告的共同经常居所地，选项C错误，选项D正确。

80. 【答案】AC

【解析】《1980年公约》第42条要求卖方承担知识产权担保义务仅及于两个地方：买方营业地或合同预期的转售或使用地，不包括卖方营业地，故选项A正确，选项B错误。

《公约》第68条明确运输途中销售的货物，其风险原则上自双方订立合同时转移，选项C正确，选项D错误。

81. 【答案】ABCD

【解析】根据最高人民法院《关于审理信用证纠纷案件若干问题的规定》第10条，信用证止付令颁发的条件之一是信用证下任何关联银行均没有善意的付款或承兑，因此选项ABCD均正确。

82. 【答案】ACD

【解析】根据《伯尔尼公约》有权享有国民待遇的包括：（1）公约成员国国民和在成员国有惯常居所的非成员国国民，其作品无论是否出版（发表），均应在一切成员国中享有国民待遇。乙国和中国都是公约缔约国，满城惯常居所在乙国，无论其文章是否发表，都在中国享有国民待遇，故选项CD正确。

（2）非公约成员国国民，其作品只要是在任何一个成员国出版（发表），或者在一个成员国和非成员国同时出版（发表），也应在一切成员国中享有国民待遇。甲国不是公约缔约国，李伍的惯常居所在甲国，其作品在乙国（公约成员国）首次发表，在中国享有国民待遇，故选项A正确，选项B错误。

83. 【答案】ABC

【解析】"严格遵守法定办案时限，提高审判执行效率，及时化解纠纷，注重节约司法资源，杜绝玩忽职守、拖延办案等行为。"属于公正司法的范畴，不属于文明司法。其他各项均入选。

84. 【答案】CD

【解析】这种类型的题目，做对的关键在于寻找题眼。题目问哪些属于不当行为，因此考生只需要找出肯定是正确的行为即可。④中，李法官几次打断律师用方言发言，让其慢速并重复，这并非是对律师不尊重，反而是为了让其发表的代理意见更有效，因此属于正当行为。据此，选项AB中均有④，不当选。

85. 【答案】ACD

【解析】辩护律师在侦查期间申请变更强制措施是加强律师在辩护过程中的权利，这样更有利于保护当事人的权利。根据《刑事诉讼法》第36条的规定："辩护律师在侦查期间可以为犯罪嫌疑人提供法律帮助，代理申诉、控告；向侦查机关了解犯罪嫌疑人涉嫌的罪名和案件有关情况，提出意见。"可见，A项说法正确。

B项中，辩护律师可以同在押的犯罪嫌疑人会见和通信的权利是《刑事诉讼法》修正前的规定，不符合本题要求，不当选。

根据《刑事诉讼法》第37条第3款的规定："辩护律师会见在押的犯罪嫌疑人、被告人，可以了解有关案件情况，提供法律咨询等；自案件移送审查起诉之日起，可以向犯罪嫌疑人、被告人核实有关证据。辩护律师会见犯罪嫌疑人、被告人时不被监听。"故C项的说法是正确的，当选。

根据《刑事诉讼法》第42条的规定："辩护人或者其他任何人，不得帮助犯罪嫌人、被告人隐匿、毁灭、伪造证据或者串供，不得威胁、引诱证人作伪证以及进行其他干扰司法机关诉讼活动的行为。违反前款规定的，应当依法追究法律责任，辩护人涉嫌犯罪的，应当由办理辩护人所承办案件的侦查机关以外的侦查机关办理。辩护人是律师的，应当及时通知其所在的律师事务所或者所属的律师协会。"在D项中，律师的通知义务是《刑事诉讼法》新增的规定。故D项当选。

三、不定项选择题。

86.【答案】A

【解析】1995年颁布的《保险法》和2009年修订的《保险法》之间的关系为"前法"和"后法"之间的关系。因此，A项符合题目要求。

87.【答案】C

【解析】按照规则内容的确定性程度不同，可以把法律规则分为确定性规则、委任性规则和准用性规则。所谓准用性规则，是指内容本身没有规定人们具体的行为模式，而是可以援引或参照其他相应内容规定的规则。题目中的两个条文规定的内容均属于准用性规则。C项当选。

88.【答案】ABC

【解析】D项理解存在问题。2009年修订的《保险法》第94条明确指出："保险公司，除本法另有规定外，适用《中华人民共和国公司法》的规定。"因此，对于保险公司的设立、变更、解散和清算事项，《保险法》没有规定的，应当适用《公司法》的规定；有规定的，基于特别法优于一般法的原理，优先适用《保险法》的规定。其他各项正确。

89.【答案】ABD

【解析】领土包括一个国家的陆地、河流、湖泊、内海、领海以及它们的底床、底土和上空（领空），是主权国管辖的国家全部疆域。A项正确。领土是国家的构成要素之一，是国家行使主权的空间，也是国家行使主权的对象。B项正确。任何一个主权国家的宪法的空间效力都及于国土的所有领域，这是由主权的唯一性和不可分割性决定的，也是由宪法的根本法地位决定的。D项正确。宪法是一个整体，具有一种主权意义上的不可分割性。由于宪法本身的综合性和价值多元性，宪法在不同领域的适用上是有差异的。例如，在不同的经济形态之间、在普通行政区和民族自治地方之间当然有区别，但这种区别绝不是说宪法在某些区域有效力而有些区域没有效力。宪法是一个整体，任何组成部分上的特殊性并不意味着对这个整体的否定，宪法作为整体的效力是及于中华人民共和国的所有领域的。因此，C项错误。

90.【答案】ABD

【解析】单一制是我国的国家结构形式，我国只有一套以宪法为基础的法律体系，只有一套中央国家机关体系，各级各类地方都是中央政府领导下的地方行政区域，公民具有统一的国籍，等等。但是由于历史渊源，我国在港、澳设立特别行政区，特别行政区实行不同于普通地方的政治、经济制度，保留资本主义制度和生活方式50年不变。因此，C项错误。

91.【答案】D

【解析】我国现行宪法规定了行政区划问题，但有关的法律法规也对此进行了规定，如《国务院关于行政区划管理的规定》等。D项说法太过绝对，错误。

92.【答案】C

【解析】《城市房地产管理法》第28条："依法取得的土地使用权，可以依照本法和有关法律、行政法规的规定，作价入股，合资、合作开发经营房地产。"所以AD项错误；

第40条："以划拨方式取得土地使用权的，转让房地产时，应当按照国务院规定，报有批准权的人民政府审批。有批准权的人民政府准予转让的，应当由受让方办理土地使用权出让手续，并依照国家有关规定缴纳土地使用权出让金。

以划拨方式取得土地使用权的，转让房地产报批时，有批准权的人民政府按照国务院规定决定可以不办理土地使用权出让手续的，转让方应当按照国务院规定将转让房地产所获收益中的土地收益上缴国家或者作其他处理。"所以B项错误，C项正确。

93.【答案】A

【解析】《城市房地产管理法》第2条："房地产开发，是指在依据本法取得国有土地使用权的土地上进行基础设施、房屋建设的行为。"

第37条："房地产转让，是指房地产权利人通过买卖、赠与或者其他合法方式将其房地产转移给他人的行为。"

《城镇国有土地使用权出让和转让暂行条例》第19条第1款："土地使用权转让是指土地使用者将土地使用权转移的行为，包括出售、交换和赠与。"所以本题中甲、乙之间的《合作协议》属于房地产开发合同。

94.【答案】ABCD

【解析】《民法通则》第43条："企业法人对它的法定代表人和其他工作人员的经营活动，承担民事责任。"甲、乙之间的房地产开发合同是甲和乙两公司的行为，乙公司前任经理所签订是代表乙公司的行为，所以经理撤换不影响合同的效力。故A项错误。

结合上一题的解析，划拨土地也可以作价入股、合资、合作开发房地产，B项错误。

只要签订《合作协议》时，乙公司享有的土地使用权作价合理，就不存在国有资产流失的问题。协议签订后，由于其他原因导致地价上涨或下降都属于正常的商业风险，乙公司不能主张国有资产流失。C项错误。

乙公司和甲公司合作成立一家新公司从事房地产的开发，只要新公司具有相应的资格即可，甲、乙两公司作为股东，不要求具有房地产开发资格，D项错误。

95.【答案】C

【解析】《劳动合同法》第58条："劳务派遣单位是本法所称用人单位，应当履行用人单位对劳动者的义务。劳务派遣单位与被派遣劳动者订立的劳动合同，除应当载明本法第十七条规定的事项外，还应当载明被派遣劳动者的用工单位以及派遣期限、工作岗位等情况。

劳务派遣单位应当与被派遣劳动者订立二年以上的固定期限劳动合同，按月支付劳动报酬；被派遣劳动者在无工作期间，劳务派遣单位应当按照所在地人民政府规定的最低工资标准，向其按月支付报酬。"

第59条："劳务派遣单位派遣劳动者应当与接受以劳务派遣形式用工的单位（以下称用工单位）订立劳务派遣协议。劳务派遣协议应当约定派遣岗位和人员数量、派遣期限、劳动报酬和社会保险费的数额与支付方式以及违反协议的责任。

用工单位应当根据工作岗位的实际需要与劳务派遣单位确定派遣期限，不得将连续用工期限分割订立数个短期劳务派遣协议。"

根据如上第58、59条的规定，理解劳务派遣的三方关系：（1）劳务派遣单位与被派遣劳动者是劳动关系，应当订立劳动合同。其中，劳务派遣单位是"用人单位"，应当履行用人单位对劳动者的义务。（2）劳务派遣单位与接受以劳务派遣形式用工的单位（称为用工单位）订立劳务派遣协议。二者之间是劳务关系，受《劳动合同法》的调整。（3）"用工单位"和"劳动者"之间虽然没有劳动合同关系，但是劳动者要服从"用工单位"的管理。因此，本题王某的用人单位是其劳务派遣单位丙公司。C正确。

96.【答案】CD

【解析】《劳动合同法》第65条第2款："被派遣劳动者有本法第三十九条和第四十条第一项、第二项规定情形的，用工单位可以将劳动者退回劳务派遣单位，劳务派遣单位依照本法有关规定，可以与劳动者解除劳动合同。"

第39条："劳动者有下列情形之一的，用人单位可以解除劳动合同：（一）在试用期间被证明不符合录用条件的；（二）严重违反用人单位的规章制度的；（三）严重失职，营私舞弊，给用人单位造成重大损害的；（四）劳动者同时与其他用人单位建立劳动关系，对完成本单位的工作任务造成严重影响，或者经用人单位提出，拒不改正的；（五）因本法第二十六条第一款第一项规定的情形致使劳动合同无效

的；（六）被依法追究刑事责任的。"根据题意，王某没有此处规定的情形，用工单位玫园公司无权将王某退回丙公司。故A选项错误。

第40条："有下列情形之一的，用人单位提前三十日以书面形式通知劳动者本人或者额外支付劳动者一个月工资后，可以解除劳动合同：（一）劳动者患病或者非因工负伤，在规定的医疗期满后不能从事原工作，也不能从事由用人单位另行安排的工作的；（二）劳动者不能胜任工作，经过培训或者调整工作岗位，仍不能胜任工作的……"王某没有此处规定的情形，用人单位丙公司无权解除与王某的劳动合同。故B选项错误。

第48条："用人单位违反本法规定解除或者终止劳动合同，劳动者要求继续履行劳动合同的，用人单位应当继续履行；劳动者不要求继续履行劳动合同或者劳动合同已经不能继续履行的，用人单位应当依照本法第八十七条规定支付赔偿金。"据此，结合题意选项CD正确。

97.【答案】BC

【解析】"安乐"号为商船，在《海洋法公约》其他缔约国领海享有无害通过权，但无害通过要求连续不停迅速通过，如要下锚停泊均需沿岸国许可，选项A错误。

《海洋法公约》规定沿海国可在毗连区为防止和惩治在其领土或领海内违反其海关、财政、移民或卫生等法律和规章的行为实施管制权，"乐安"号若从事走私活动，违反了沿海国有关海关的法律法规，沿海国有权管辖，选项B正确。

若"乐安号"在丁国毗连区从事走私活动，丁国有管辖权，自然也就能从该区域

行使紧追权,紧追的主体包括军用或政府公务船舶或飞机,选项C正确。

当被追逐的船舶进入其本国或第三国领海时,紧追应当终止,而紧追至公海是紧追权的基本含义,故选项D错误。

98. 【答案】AD

【解析】《法律适用法》第48条规定:"知识产权的归属和内容,适用被请求保护地法律。"本案商标权的被请求保护地在中国,选项A正确,选项B错误;第49条明确规定:"当事人可以协议选择知识产权转让和许可使用适用的法律。当事人没有选择的,适用本法对合同的有关规定。"选项C错误,选项D正确。

99. 【答案】ACD

【解析】《2010年国际贸易术语解释通则》改变了《2000年通则》关于FOB、CIF和CFR三个术语以越过船舷为风险转移的规定,而代之以将货物装运上船,选项A正确,选项B错误。

CIF术语下,货物运输和保险均由卖方负责安排,CD项正确。

100. 【答案】AB

【解析】共同海损,是指在同一海上航程中,船舶、货物和其他财产遭遇共同危险,为了共同安全,有意地、合理地采取措施所直接造成的特殊牺牲、支付的特殊费用,本题为起浮抛弃的货物符合共同海损的特点,A项正确。

不属于共同海损的货物部分损失即为单独海损,因恶劣天气被打入海中的货物不满足共同共同海损"有意"的要件,属于单独海损,B项正确。

平安险保险公司赔偿共同海损,但对自然灾害导致的单独海损不赔,选项C错误。

对货物的固有缺陷,承运人无过失可免责,同时也构成保险除外责任,保险公司也不应赔偿,选项D错误。

2012年国家司法考试（试卷二）解析

一、单项选择题。

1. 【答案】D

【解析】根据司法解释的规定，拒不支付劳动者的劳动报酬，尚未造成严重后果，在刑事立案前支付劳动者的劳动报酬，并依法承担相应赔偿责任的，可以认定为情节显著轻微危害不大，不认为是犯罪；在提起公诉前支付劳动者的劳动报酬，并依法承担相应赔偿责任的，可以减轻或者免除刑事处罚；在一审宣判前支付劳动者的劳动报酬，并依法承担相应赔偿责任的，可以从轻处罚。据此，本案甲的行为已经构成犯罪，其在侦查期间支付所欠工资属于立案后、提起公诉前支付劳动报酬，在承担刑事责任的前提下，可以减轻或免除处罚。选项D选项错误，不能不追究甲的刑事责任。选项A正确，刑法的目的是保护法益，拖欠工资如果严重侵犯了农民工的财产权益，刑法当然有必要介入。这种介入体现了服务大局、保护民生的社会主义法治理念。选项B正确，公安机关积极破案，使侦查权介入农民工讨薪活动中，对保障弱势群体合法权益具有重要作用。选项C正确，立法者根据农民工维权需要，对拒不支付劳动报酬罪规定了一系列刑罚解除事由和刑罚排除事由。如果行为人切实履行支付薪酬的义务，那么其人身危险性就会相应变低，可以从轻、减轻或免除处罚。由于刑法所指的"拒不支付劳动报酬"是一种持续犯，一旦行为人履行义务，合法权益就得到了实现，之前存在的"拒不支付劳动报酬"行为实际上就缺乏法益侵害性，不应成立犯罪。上述内容无疑能够发挥行为规制机能，促使行为人积极履行支付薪酬的义务，进而实现良好的社会效果，避免刑罚的滥用，体现出宽严相济的刑事政策。

2. 【答案】A

【解析】选项A正确，根据案情，甲的杀人动机、起因、方法等均符合罪行极其严重的要求，如果综合考虑其他要素，能够评价为甲的杀人行为整体属于极其严重的犯罪，可以对其判处死刑。选项B错误，刑法具有补充性或谦抑性，不能通过死刑来维护刑法的权威，违反罪刑相适应原则滥用死刑，反而有损刑法权威。选项C错误，根据刑罚的并合主义，不能出于一般预防目的针对犯罪人加重其刑，这一做法违反罪刑相适应原则，也违反了人不能作为手段的法治基本原理。选项D错误，网民意见未经民主程序处理，具有不明确性和变易性，因而不能将其等同于民意。死刑虽然需要考虑民意，但必须在法律框架内裁量和执行，不能直接受制于民意或网民意见。

3. 【答案】C

【解析】①②错误，因为罪刑法定原则是法治精神在刑法领域的具体体现，制刑权、求刑权、量刑权和行刑权均应受制于刑法。在此意义上，侦查权和立法权当然要遵循罪刑法定原则。③错误，罪刑法定原则禁止类推适用，是指禁止对成文刑法进行类推适用，不指涉习惯法。但习惯法原本就不属于刑法渊源，当然也不能类推适用。根据罪刑法定原则的成文法主义，刑法渊源有且仅有成文刑法。成文刑法是立法机关通过民主立法程序制定的具有文字表现形式的法律，具有明确性、稳定性和普遍性。习惯法则不能形诸文字，缺乏明确性，具有变易性和地方性，内容极不确定，时间效力亦不明确。如果将习惯法纳入刑法，很容易造成法官的恣意裁判，违背了民主主义和人权主义的要求。例如，教师和父母具有惩戒权，这是某些地方习惯法所承认的正当化事由。但是，这种惩戒权容易被滥用，也不符合现代社会的一般观念，不应成为被告人开脱罪责的理由。④正确，守法者只能遵守行为时存在的法，而不可能遵守未来的法，要求守法者遵守事后法，实际上是要求公民遵守他们不可能认知的法，必然导致无所适从，也严重影响现行法的安定性。为了保障行为的预测可能性，避免侵犯公民的行为自由，应当禁止事后法。但是，如果绝对禁止事后法，有可能妨碍改良苛政。依此，事后法如为苛政改良之后的轻法，那么仍然允许溯及既往，即不禁止有利于被告人的事后法。

4. 【答案】C

【解析】选项A错误，武某抽筋与甲毫无关系，甲不负有作为义务，尽管当时只有甲能救助（保护法益的高度依赖性），也不会因此成立不作为犯。保护法益的高度依赖性在判断不作为犯的等价性要件时有意义，但是等价性的判断是以首先满足作为义务为前提的。选项B错误，拒绝求爱不属于制造法禁止危险的前行为，乙因此不负有作为义务。周某跳河应自我答责。

选项C正确，丙为了显示泳技，将不善游泳的贺某拉到深水区教其游泳，该行为使被害人处于法禁止的危险之中，属于危险前行为，产生作为义务。丙能作为而不作为，并因此导致贺某死亡，成立不作为犯。选项D错误，秦某是成年人，丁带其漂流，不会因此承担危险前行为产生的作为义务。在漂流过程中，秦某的安全带突然松开并因此落水，这一危险与丁无关，丁不救助不成立不作为犯。

5. 【答案】D

【解析】选项A错误，首先，按照故意杀人罪既遂犯构成要件检视案件（放弃实行行为性的概念），围观者实施了言语刺激的行为，客观上也发生了死亡结果，但围观者行为与死亡结果之间却不存在因果关系（言语刺激行为未制造法禁止的危险，或者，即便认为该行为制造了法禁止的危险，但围观者的行为与死亡结果之间也介入了被害人自己的非理性行为，因此死亡结果不能归责于围观者的行为，而应归责于被害人自己），因而未实现构成要件。其次，按照故意杀人罪未遂犯检视，围观者虽然具有希望发生危害结果的内心意思，但是围观者的言语刺激行为未制造足以致人死亡的现实危险（自杀者已经产生自杀决意，因此不成立教唆自杀；言语刺激行为并不能对自杀行为产生实质意义上的促进作用，因而也不成立帮助自杀）。据此，围观者的行为不成立任何犯罪。选项B错误，闯红灯属于故意违反交通法规的行为，但行为人对自己的行为产生死亡结果不具有容忍态度，仅成立过失犯。值得注意的是，对于引起日常生活中的被允许风险的行为，只能评价为过失犯的行为，而非故意犯的行为。在这种场合，从客观要件上即可否定故意犯的成立。选项C错误，甲未认识到违背被害人意志，因此对强奸行为缺乏认识，不成立故意犯。选项D正确，明知道他人在自己家中吸毒，仍不加制止，至少成立间接故意，因而可以成立容留他人吸毒罪。

6. 【答案】C

【解析】被害人的死因是心脏病，甲事先对此一无所知，其客观上实施的仅是轻微的殴打行为，并不能评价为伤害行为，但却诱发了被害人的心脏病导致死亡。在构成要件符合性层面，甲行为的打击力度不符合伤害行为要求，但符合过失致人死亡行为的要求，同时，从因果关系看，因心脏病而死的结果与甲行为具有直接关联，且不存在介入因素，可以肯定甲行为与死亡结果之间具有因果关系。至此，甲行为符合过失致人死亡罪的客观要件。在违法性层面，甲没有违法阻却事由。在责任层面，甲对诱发心脏病致人死亡完全无认识，不成立故意。同时，甲也不具有预见的可能性，因此也不存在过失。所以，最终甲的行为不构成任何犯罪。据此，选项ABD错误，选项C正确，显然因果关系具有客观性，不以甲的主观认识为转移。

7. 【答案】B

【解析】选项A错误，甲对罪犯实施扭送属于法令行为。该行为实施之时，不法侵害已经结束，顾某的挣扎未侵害任何合法权益，据此甲的行为不可能成立正当防卫。为了制止顾某挣扎，甲实施了足以致人死亡的暴力行为，该行为显然超过了扭送所需要的程度，且造成了悬殊的结果，故甲也不成立正当法令行为。选项B正确，

乙对不法侵害人实施追击行为，属于公民实施扭送行为的一部分，属于合法行为。之后，两者并行时，被害人自己驾车撞到护栏，然后又撞到乙，侧翻死亡。乙的追击行为与死亡结果之间具有条件意义上的因果关系，但是因果关系发展过程中介入了被害人自己撞到护栏的行为，并因此撞击乙和自己侧翻，最终导致死亡。这些介入因素具有异常性，且是死亡的主要原因，乙的追击行为本身不可能致人死亡。据此，被害人自己的行为中断了乙行为与死亡结果之间的因果关系。故乙的行为本身不具有非法性，同时也未造成死亡结果，不满足任何犯罪的构成要件。既然如此，也不需要在违法性层面检视正当防卫的问题。此外，乙的摩托车与被害人的摩托车碰撞造成侧翻，是外在强力所致，乙在此处并不存在刑法意义上的行为，不能将之称为乙的防卫行为。选项C错误，行为人在家中卖淫虽然具有不法性，但是并非紧迫的不法侵害，不能进行正当防卫。丙可以通过报警等其他手段有效保护社会法益。选项D错误，偷越国（边）境行为侵害的是超个人法益。对超个人法益通常不能轻易进行防卫，否则与正当防卫的目的冲突（正当防卫的目的是为了公民保护个人法益，而不是让公民为了保护超个人法益而陷入危险的境地，甚至参与公益的战争。保护超个人法益首先和主要是公权力的责任，一般公民不得参与）。当他人偷越国（边）境具有紧迫性时，公民可以对其防卫，但是为了保护微小的超个人法益（偷越一次国边境并非重大法益）而造成重伤结果，显然明显超过必要限度，属于防卫过当。

8. 【答案】A

【解析】甲欲杀死乙，采取不同手段连续着手实施了数次杀害行为，但是仍未造成死亡结果。尽管客观上甲仍然有机会杀死乙，但是乙在主观上却认为被害人命太大，根本杀不死，因此放弃。自动性的判断应该以行为人的主观认识作为判断的材料来源，既然甲主观上认为乙不可能被杀死，那么不管其原因多么不合乎理性，也不妨碍该主观想象成为自动性的判断材料。在理性第三人看来，由于被害人是不可能被杀死的人，所以任何一种杀人方法都不可能得逞，因此足以使一般人放弃继续犯罪。甲放弃犯罪的，应认为犯罪着手以后出于意志以外原因被迫放弃犯罪，成立犯罪未遂。

9. 【答案】D

【解析】在不法层面，甲和乙具有共同的意思与行为。根据行为共同说，成立共犯。但在责任层面，甲对抢夺罪不具有刑事责任能力，乙对该罪却具有刑事责任能力。因此，甲不构成抢夺罪，乙构成抢夺罪。根据犯罪共同说，甲、乙不构成共同犯罪。此外，甲与乙配合，已经取得财物，成立抢夺罪的既遂。乙将财物丢弃在草丛中，是取得财物以后的丢弃行为，不成立中止犯。最后，相对于甲，乙虽然年满16周岁，但是在认识上没有优越性，不能认为乙通过支配甲实现了构成要件，因此，乙不成立抢夺罪的间接正犯。

10. 【答案】B

【解析】选项A错误，在张某参与犯罪之前，甲已经将被害人打成重伤，该结果系甲一人造成的，应由甲一人担责。张某帮甲掏出被害人的财物（抢劫罪的目的行为）时，由于被害人还在反抗，甲仍然在实施压制反抗的行为，因此，可以说，甲与张某在压制被害人反抗从而取得财物的行为上具有共同的行为意思，且客观上也实施了相互配合的共同行为，具有共犯关系。至于共同行为涉及的罪名，当然是抢劫罪，因此两人构成抢劫罪的共犯。尽管如此，张某也只是对参与犯罪之后的抢劫行为承担责任，而不包括取财行为之前甲的行为及其后果。注意，即便被害人已经失去反抗能力，张某帮助取财，该行为也具有抢劫性质，与甲构成抢劫罪的共犯。之所以如此，是因为张某在当时已经了解真相，其取财行为只是进一步实现甲制造的抢劫罪的法益侵害危险，因而具有抢劫行为的共同性，构成抢劫罪而非单纯的盗窃罪。选项B正确，乙明知黄某意图种植毒品原植物，仍然为其收取种子。这说明乙与黄某在种植毒品原植物上具有共同的行为意思，也实施了共同的行为，成立共犯。共同行为所涉及的罪名是种植毒品原植物罪。选项C错误，丙明知李某销售的汽车系赃物，但仍购买该车。李某的行为构成盗窃罪，但不构成掩饰隐瞒犯罪所得罪，因为财产犯罪的行为人出卖赃物在刑法上不具有期待可能性，因此，虽然客观上具有掩饰隐瞒犯罪所得罪的不法，但主观上不具有责任，不成立犯罪。丙明知李某在销赃，却仍然购买，两人在买卖赃物上具有共同的行为意思和对向行为（共同行为的一种类型），具有共犯关系。该共同行为所涉及的罪名是掩饰隐瞒犯罪所得罪，同时丙并非财产犯罪行为人本人，其实施购买赃物的行为具有刑法上的期待可能性（可以期待行为人实施合法行为），因而成立掩饰隐瞒犯罪所得罪。综上，丙与李某虽然具有共犯关系，但李某因不具有责任而不成立犯罪，丙具有责任，成立掩饰隐瞒犯罪所得罪。选项D错误，根据《刑法》第396条的规定，国家机关、国有公司、企业、事业单位、人民团体，违反国家规定，以单位名义将国有资产集体私分给个人，数额较大的，对其直接负责的主管人员和其他直接责任人员，处三年以下有期徒刑或者拘役，并处或者单处罚金；数额巨大的，处三年以上七年以下有期徒刑，并处罚金。据此，本案构成单位犯罪，丁与领导层成员均需承担刑事责任。职工未参与领导层决策，只是单纯收受财物，与丁或其他领导层成员之间不存在共同行为。因此，丁与职工之间不存在共犯关系。

11. 【答案】D

【解析】ABC项：说法错误，不当选；D项：说法正确，当选。《刑法》第49条规定："犯罪的时候不满十八周岁的人和审判的时候怀孕的妇女，不适用死刑。审判的时候已满七十五周岁的人，不适用死刑，但以特别残忍手段致人死亡的除外。"据此，D项与题干相匹配。

12. 【答案】D

【解析】选项AC均错误，根据《刑法修正案（八）》的规定，甲的刑期总和在35年以上的，决定执行刑期最高不能超过25年（不包括本数在内）。35年和25年均超过25年。B错误，根据《刑法》第69条第2款的规定，数罪中有判处附加刑的，附加刑仍须执行，其中附加刑种类相同的，合并执行，种类不同的，分别执行。罚金刑与没收财产属于不同种类的附加刑，必须分别执行，而不能合并为25万罚金。D正确，该结果符合刑法的规定。

13. 【答案】D

【解析】《刑法》第48条第2款规定："死刑除依法由最高人民法院判决的以外，都应当报请最高人民法院核准。死刑缓期执行的，可以由高级人民法院判决或者核准。"《刑法》第50条第1款第3段规定："（判处死刑缓期执行的，在死刑缓期执行期间，）如果故意犯罪，查证属实的，由最高人民法院核准，执行死刑。"《刑法》第63条第2款规定："犯罪分子虽然不具有本法规定的减轻处罚情节，但是根据案件的特殊情况，经最高人民法院核准，也可以在法定刑以下判处刑罚。"《刑法》第81条第1款规定："被判处有期徒刑的犯罪分子，执行原判刑期二分之一以上，被判处无期徒刑的犯罪分子，实际执行十三年以上，如果认真遵守监规，接受教育改造，确有悔改表现，没有再犯罪的危险的，可以假释。如果有特殊情况，经最高人民法院核准，可以不受上述刑期的限制。"《刑法》第89条第4项规定："犯罪经过下列期限不再追诉：……（四）法定最高刑为无期徒刑、死刑的，经过二十年。如果二十年以后认为必须追诉的，须报请最高人民检察院核准。"综上，D项匹配，当选。

14. 【答案】C

【解析】甲系国家工作人员，在履行公务期间，叛逃境外，成立叛逃罪。之后，甲明知难民署为境外机构，却仍然提供涉及国家安全的情报，成立为境外非法提供国家秘密、情报罪。上述行为各自独立，侵害不同法益，应数罪并罚。正是因为数罪并罚，甲即便不能因叛逃罪被剥夺政治权利，也会因为境外非法提供国家秘密、情报罪被剥夺政治权利。只有C选项错误，其余选项均正确。

15. 【答案】B

【解析】选项A错误，根据交通法规，转弯处必须减速行驶，甲违反该法规高速行驶，造成事故，应成立交通肇事罪。该行为的危险性不及放火、爆炸、决水、投放危险物质等行为。选项B正确，驾驶机动车横冲直撞，撞翻数辆汽车，该行为显然超过了交通肇事行为的危险性，与放火、爆炸、决水、投放危险物质等行为具有相当性。选项C错误，丙酒后驾车，成立交通肇事罪。选项D错误，飙车行为的危险性与交通肇事行为大致相当，仅构成危险驾驶罪。

16. 【答案】D

【解析】选项A中监管人员虐待被监管人员，使用暴力致人伤害的，应认定为故意伤害罪。选项B中非法拘禁且使用暴力致人伤害的，应认定为故意伤害罪。选项C中未经本人同意摘取其器官的，构成故意伤害罪。选项D中截断小指属于轻伤，被害人有权处分，其承诺有效，阻却故意伤害罪成立。

17. 【答案】C

【解析】选项A正确，与幼女发生性关系，无论幼女是否自愿，均成立强奸罪。选项B正确，强迫劳动的对象是一般人，不限于本单位职工。选项C错误，童工是指未满16周岁的未成年人。选项D正确，单纯卖出儿童的行为即构成拐卖儿童罪，不要求先买进儿童。

18. 【答案】A

【解析】选项A正确，衣服空袋内的现金并非封缄起来的内容物，当顾客将衣服交给甲时，实际上授权甲可以对衣服进行事实上的支配，故现金已经转移给甲占有。甲据为己有的行为成立侵占罪。选项B错误，乙受委托收取货款，如委托授权范围未设定独立的处分权限，货款应当由单位占有，乙仅是占有辅助人。乙将部分货款隐匿，属于利用职务便利窃取财物，成立职务侵占罪。如委托授权范围设立了独立的处分权限，货款由甲占有，甲利用职务便利侵吞，同样成立职务侵占罪。选项C错误，掉在飞机座位上的钱包属于乘务人员排他管理的范围，拾取该钱包，成立盗窃罪。选项D错误，丁负责管理客人存放在前台的财物，由于前台服务人员缺乏独立的处分权限，仅是宾馆对财物占有的辅助人，因此财物由宾馆占有。丁利用职务之便取得财物，属于窃取本单位财物，应成立职务侵占罪。

19. 【答案】C

【解析】选项A错误，该行为只是提供信息以便犯罪人逃逸，不属于提供隐藏处所、财物，帮助其逃匿。选项B错误，沉默不语不等于作假证明包庇。选项C正确，声称被害人与行为人之间存在矛盾而诬告陷害，属于作假证明包庇。D错误，拒绝出庭作证，不属于作假证明包庇。

20. 【答案】D

【解析】甲为一般主体，其教唆国有单位工作人员乙利用职务便利，做假账挪用公款10万元用于炒股。营利型挪用公款无须时间要求，仅有数额要求，甲与乙构成挪用公款罪的共犯。由于已经挪用，该行为成立既遂。甲送乙名表的行为不能被涵摄到挪用公款行为中进行概括的评价，因为该行为侵犯了新的法益——职务行为的不可收买性，应单独评价为受贿罪。挪用行为与受贿行为属于两个不同的行为，侵犯两个不同的法益，应数罪并罚。据此，选项ABC正确，选项D错误。

21.【答案】C

【解析】选项A错误，行为人行为构成执行判决、裁定失职罪。选项B错误，行为人行为构成失职致使在押人员脱逃罪。选项C正确，行为人行为属于不履行职责行为，成立玩忽职守罪。选项D错误，行为人行为构成国家机关工作人员签订、履行合同失职被骗罪。选项ABD均属于特殊的玩忽职守行为，与一般意义上的玩忽职守罪成立法条竞合，在保证罪刑相适应的前提下，按照特殊法条处理。

22.【答案】A

【解析】《刑事诉讼法》第2条规定："中华人民共和国刑事诉讼法的任务，是保证准确、及时地查明犯罪事实，正确应用法律，惩罚犯罪分子，保障无罪的人不受刑事追究，教育公民自觉遵守法律，积极同犯罪行为作斗争，维护社会主义法制，尊重和保障人权，保护公民的人身权利、财产权利、民主权利和其他权利，保障社会主义建设事业的顺利进行。"

《刑事诉讼法》中引入人权条款对于在刑事诉讼活动中切实保障人权的意义重大。

A项，保障人权体现了以人为本、人权至上的精神，利于保障和维护公民基本权利和自由，A项正确。

B项，在刑事诉讼活动中，犯罪嫌疑人、被告人处于被追诉的地位，合法权益容易受到公权机关的侵犯，因此应当得到重点保障。但是，参与到刑事诉讼活动中诉讼参与人并非只有犯罪嫌疑人、被告人，还有证人、鉴定人等等，他们的人权也有可能会被侵犯，也应当得到保障。因此，《刑事诉讼法》中的人权是一种普遍主体的人权，只要是在刑事诉讼活动中出现的诉讼参与人及其他参加人（如旁听人员、见证人等），他们的人权都应当得到平等的保护。故，B项中说犯罪嫌疑人、被告人人权至上过于绝对和片面，错误。

CD项，尊重和保障人权没有体现出实体公正与程序公正并重的意思，C项错误。尊重和保障人权也没有体现出公正优先、兼顾效率的精神，D项错误。需要注意的是，CD选项是真题中惯用的命题陷阱，即似是而非、所答非所问。如果孤立地看C项和D项，实体公正与程序公正并重，公正优先、兼顾效率的表述是正确的。但是，这与尊重和保障人权没有直接联系。举一浅譬："请问下列哪些人是人？A．黑人是人；B．黄种人是人；C．白种人是人；D．西瓜是甜的。"显然，ABC项当选，也显然，西瓜是甜的，但却与问题不搭界，故而不选。

综上所述，本题选A项。

23.【答案】A

【解析】刑事和解是指在刑事诉讼过程中，通过调停人或其他组织使被害人与犯罪嫌疑人、被告人直接沟通、共同协商，双方达成民事赔偿和解协议后，司法机关根据案件的具体情况对犯罪嫌疑人、被告人不再追究刑事责任或从轻减轻刑事责任的诉讼活动。

在自诉案件中，自诉人与被告人可以和解。在公诉案件中，《刑事诉讼法》第5编第2章第277至279条对刑事和解的公诉案件诉讼程序进行了专门规定。和解的目的在于化解社会矛盾，修复被破坏的社会关系，保障被害人及犯罪嫌疑人、被告人的合法权益。这是诉讼途径之外的另一种解决社会矛盾的纠纷化解机制。

A项，公诉案件的和解程序属于特别程序，不需要经过公诉、审判程序，属于正式的诉讼程序之外的一种矛盾纠纷化解机制，A项正确。

B项，刑事诉讼中的特殊人群一般指的是未成年人、精神病人、怀孕或者哺乳的妇女等，本案中没有涉及特殊群体，B项错误。

C项，和解没有直接体现出公正和效率的关系，C项错误。

D项，和解没有直接体现出实体和程序的关系，D项错误。

综上所述，本题答案为A。

24. 【答案】D

【解析】诉讼代理人是基于被代理人的委托而代表被代理人参与刑事诉讼的人。根据《刑事诉讼法》第106条第5款的规定，"诉讼代理人"是指公诉案件的被害人及其法定代理人或者近亲属、自诉案件的自诉人及其法定代理人委托代为参加诉讼的人和附带民事诉讼的当事人及其法定代理人委托代为参加诉讼的人。法定代理人是由法律规定的对被代理人负有专门保护义务并代其进行诉讼的人。根据《刑事诉讼法》第106条第3项的规定，"法定代理人"是指被代理人的父母、养父母、监护人和负有保护责任的机关、团体的代表。

诉讼代理人与法定代理人的区别：

区别	法定代理人	诉讼代理人
1.根据不同	法律规定	委托协议
2.权限不同	原则上全权代理（不能代陈述等）	权利限于委托协议的约定
3.效力不同	可以违背被代理人意志	不可以违背被代理人意志

本题中，A项，诉讼代理人的权限依据"委托协议"设定，法定代理人的权限才是依据"法律规定"设定，A项错误。

B项，既然诉讼代理人的权限依据"委托协议"设定，诉讼代理人不可以享有被代理人没有委托的诉讼权利，B项错误。

C项，诉讼代理人只是基于委托关系运用自己的法律技能保障被代理人的合法权益，不承担被代理人依法负有的义务，C项错误。

D项，诉讼代理人的职责是运用自己的法律技能帮助被代理人行使诉讼权利，D项正确。

综上所述，本题答案为D项。

25. 【答案】B

【解析】AB项，根据《刑事诉讼法》第37条第4款的规定，辩护律师会见在押的犯罪嫌疑人、被告人，可以了解案件有关情况，提供法律咨询等；自案件移送审查起诉之日起，可以向犯罪嫌疑人、被告人核实有关证据。辩护律师会见犯罪嫌疑人、被告人时不被监听。可见，律师自移送审查起诉之日起才能向犯罪嫌疑人核实证据，A项错误，B项正确。

C项，根据《刑事诉讼法》第40条的规定，辩护人收集的有关犯罪嫌疑人不在犯罪现场、未达到刑事责任年龄、属于依法不负刑事责任的精神病人的证据，应当及时告知公安机关、人民检察院。可见，律师有义务及时告知公安机关、检察院的事由仅限于犯罪嫌疑人"不在场""不够大"和"不正常"三种情况，并不是所有有利于犯罪嫌疑人的证据都应当及时告知公安机关、检察院，C项错误。

D项，根据《刑事诉讼法》第46条的

规定，辩护律师对在执业活动中知悉的委托人的有关情况和信息，有权予以保密。但是，辩护律师在执业活动中知悉委托人或者其他人准备或者正在实施危害国家安全、公共安全以及严重危害他人人身安全的犯罪的，应当及时告知司法机关。可见，针对"危害国家安全、公共安全以及严重危害他人人身安全的犯罪"，只有当行为处于"准备或者正在"的状态，律师才有义务揭发检举。因此，对于在执业活动中知悉犯罪嫌疑人、被告人"曾经"实施的犯罪行为，辩护律师没有揭发检举的义务。D项错误。

综上所述，本题答案为B项。

26. 【答案】B

【解析】根据《高检规则》第305条第1款的规定，侦查监督部门办理审查逮捕案件，可以讯问犯罪嫌疑人；有下列情形之一的，应当讯问犯罪嫌疑人：（一）对是否符合逮捕条件有疑问的；（二）犯罪嫌疑人要求向检察人员当面陈述的；（三）侦查活动可能有重大违法行为的；（四）案情重大疑难复杂的；（五）犯罪嫌疑人系未成年人的；（六）犯罪嫌疑人是盲、聋、哑人或者是尚未完全丧失辨认或者控制自己行为能力的精神病人的。

可见，根据该条（二），犯罪嫌疑人要求向检察人员当面陈述的，依法应当讯问犯罪嫌疑人，B项正确。ACD项所列均不是上述法条规定的检察院应当讯问犯罪嫌疑人的情形，ACD项错误。

综上所述，本题答案为B项。

27. 【答案】C

【解析】根据《高法解释》第90条的规定，对辨认笔录应当着重审查辨认的过程、方法，以及辨认笔录的制作是否符合有关规定。

辨认笔录具有下列情形之一的，不得作为定案的根据：（一）辨认不是在侦查人员主持下进行的；（二）辨认前使辨认人见到辨认对象的；（三）辨认活动没有个别进行的；（四）辨认对象没有混杂在具有类似特征的其他对象中，或者供辨认的对象数量不符合规定的；（五）辨认中给辨认人明显暗示或者明显有指认嫌疑的；（六）违反有关规定、不能确定辨认笔录真实性的其他情形。

可见，A项属于上述（二），错误。B项属于上述（四），错误。D项属于上述（三），错误。

C项的表述有些不够精确。一方面，C项的情形不属于《高法解释》第90条规定的"案卷中只有辨认笔录，没有被辨认对象的照片、录像等资料"属于瑕疵，应当允许补正或者作出合理解释。C项正确。但另一方面，根据上述（六），"只有辨认笔录，没有被辨认对象的照片、录像等资料"即为"违反有关规定"，无法"确定辨认笔录真实性"即无法确认"辨认的真实情况"，从这个角度看，C项错误。可是，如果C项错误，本题将无正确答案。是故，本题C项表达上有点问题，但严格根据法条表述的话，还是选择C项较为妥当。

综上所述，本题应当选C项。

28. 【答案】B

【解析】自白任意规则，又称非任意自白排除规则，是指犯罪嫌疑人、被告人所作的任何供述都应当是出于自愿而非被强迫作出的，被强迫作出的自白不能作为定案根据的规则。实际上就是我国《刑事诉讼法》第50条中确立的"不被强迫自证其罪"。

我国《刑事诉讼法》第50条,《高法解释》第61条和《高检规则》第265条均规定了非法言词证据的排除规则,指出严禁刑讯逼供和以威胁、引诱、欺骗以及其他非法方法收集证据,不得强迫任何人证实自己有罪。可见,我国已经基本确立了自白任意规则。

综上,本题应当选B项。此外,A项说的是侦查程序中讯问时录音录像,C项说的是逮捕后立即送押,D项说的是禁止连续拘传。这些都可以视为保障自白任意性的手段,但不能直接表明我国确立了自白任意性规则。

29. 【答案】B

【解析】AB项,《刑事诉讼法》第83条第2款规定,拘留后,应当立即将被拘留人送看守所羁押,至迟不得超过24小时。除无法通知或者涉嫌危害国家安全犯罪、恐怖活动犯罪通知可能有碍侦查的情形以外,应当在拘留后24小时以内,通知被拘留人的家属。有碍侦查的情形消失以后,应当立即通知被拘留人的家属。

可见,对于甲的拘留至迟不得超过24小时,同时,"黑社会性质组织犯罪"不属于排除通知的事由,所以A项正确,B项错误。

C项,根据《刑事诉讼法》第84条的规定,公安机关对被拘留的人,应当在拘留后的24小时以内进行讯问。在发现不应当拘留的时候,必须立即释放,发给释放证明。

可见,公安机关在送看前对其进行讯问是合法的,C项正确。

D项,根据《刑事诉讼法》第89条第1款的规定,公安机关对被拘留的人,认为需要逮捕的,应当在拘留后的3日以内,提请人民检察院审查批准。在特殊情况下,提请审查批准的时间可以延长1日至4日。

可见,甲10月5日被拘留,10月8日被提请批捕,不违反上述规定,D项正确。

综上所述,本题选B项。

30. 【答案】B

【解析】根据《刑事诉讼法》第100条的规定,人民法院在必要的时候,可以采取保全措施,查封、扣押或者冻结被告人的财产。附带民事诉讼原告人或者人民检察院可以申请人民法院采取保全措施。人民法院采取保全措施,适用民事诉讼法的有关规定。

本题A项,附带民事诉讼中,法院是"可以"而非"应当"采取保全措施,A项错误。

B项,附带民事诉讼原告人和检察院都有权申请法院采取保全措施,B项正确。

C项,根据《刑事诉讼法》第100条的规定,保全措施适用民事诉讼法的有关规定,C项错误。

D项,《刑事诉讼法》第100条还规定,人民法院在必要的时候,可以采取保全措施,查封、扣押或者冻结被告人的财产。附带民事诉讼原告人或者人民检察院可以申请人民法院采取保全措施。根据《民事诉讼法》第102条的规定,保全限于请求的范围,或者与本案有关的财物。

可见,根据《刑事诉讼法》的规定,财产保全限于被告人的财产。法院可以采取查封、扣押、冻结手段,这些手段的实施需要遵守《民事诉讼法》的相关规定。《民事诉讼法》规定保全的财产应与本案有关。

故，D项错误。

综上所述，本题选B项。

31.【答案】C

【解析】根据《刑事诉讼法》第200条第1款的规定，在审判过程中，有下列情形之一，致使案件在较长时间内无法继续审理的，可以中止审理：（一）被告人患有严重疾病，无法出庭的；（二）被告人脱逃的；（三）自诉人患有严重疾病，无法出庭，未委托诉讼代理人出庭的；（四）由于不能抗拒的原因。

根据《刑事诉讼法》第198条的规定，在法庭审判过程中，遇有下列情形之一，影响审判进行的，可以延期审理：（一）需要通知新的证人到庭，调取新的物证，重新鉴定或者勘验的；（二）检察人员发现提起公诉的案件需要补充侦查，提出建议的；（三）由于申请回避而不能进行审判的。

考生除需要掌握上述法条外，还应当了解：延期审理使用"决定"，并多为诉讼程序自身的原因导致，且一般可以预见到下次开庭的时间。而中止审理使用"裁定"，并多为不可控制的诉讼之外的原因造成，且一般无法预见到下次开庭的时间。

ABD项，回避、鉴定、补充侦查都是诉讼程序本身的问题，适用延期审理决定。ABD项错误。

C项，疾病不是诉讼程序自身原因，而是无法控制的诉讼程序之外的原因，适用中止审理裁定。C项正确。

综上所述，本题答案为C。

32.【答案】C

【解析】根据《刑事诉讼法》第209条的规定，有下列情形之一的，不适用简易程序：（一）被告人是盲、聋、哑人，或者是尚未完全丧失辨认或者控制自己行为能力的精神病人的；（二）有重大社会影响的；（三）共同犯罪案件中部分被告人不认罪或者对适用简易程序有异议的；（四）其他不宜适用简易程序审理的。

显然，C项正确，ABD项错误。

综上所述，本题答案为C项。

33.【答案】D

【解析】根据《刑事诉讼法》第240条的规定，最高人民法院复核死刑案件，应当讯问被告人，辩护律师提出要求的，应当听取辩护律师的意见。在复核死刑案件过程中，最高人民检察院可以向最高人民法院提出意见。最高人民法院应当将死刑复核结果通报最高人民检察院。

A项，最高人民法院复核死刑案件"应当"讯问被告人，A项错误。

B项，辩护律师提出要求的，才"应当"听取辩护律师的意见，B项错误。

C项，最高人民检察院"可以"向最高人民法院提出意见，C项错误。

D项，符合法律规定，D项正确。

综上所述，本题答案为D项。

34.【答案】B

【解析】A项，根据《刑事诉讼法》第243条第4款的规定，人民检察院抗诉的案件，接受抗诉的人民法院应当组成合议庭重新审理，对于原判决事实不清楚或者证据不足的，可以指令下级人民法院再审。

可见，对于原判决事实不清楚或者证据不足的，上级法院既可以提审也可以指令再审，A项错误。

B项，根据《刑事诉讼法》第244条的规定，上级人民法院指令下级人民法院再审的，应当指令原审人民法院以外的下级人民法院审理；由原审人民法院审理更为适宜的，也可以指令原审人民法院审理。可见，B项正确。

CD项，根据《刑事诉讼法》第246条的规定，人民法院决定再审的案件，需要对被告人采取强制措施的，由人民法院依法决定；人民检察院提出抗诉的再审案件，需要对被告人采取强制措施的，由人民检察院依法决定。人民法院按照审判监督程序审判的案件，可以决定中止原判决、裁定的执行。

可知，强制措施应当由启动再审的主体来决定，只有检察院抗诉的，强制措施才由检察院决定，C项错误。同时，人民法院"可以"中止原判决、裁定的执行，不是"应当"，D项错误。

综上所述，本题答案为B项。

35. 【答案】B

【解析】根据《刑事诉讼法》第255条的规定，监狱、看守所提出暂予监外执行的书面意见的，应当将书面意见的副本抄送人民检察院。人民检察院可以向决定或者批准机关提出书面意见。

该条是新增加的内容，B项正确。ACD项不是新增内容。

需要考生注意一下A项，1996年《刑事诉讼法》中规定了对于被判处拘役或者有期徒刑的罪犯，如果是怀孕或者哺乳状态，可以暂予监外执行。现行《刑事诉讼法》对此没有进行改动，但增加了另外一种情形，《刑事诉讼法》第254条第2款规定，对被判处无期徒刑的罪犯，如果是怀孕或者哺乳状态的，可以暂予监外执行。简言之，对于怀孕或者哺乳的妇女罪犯，被判处拘役、有期、无期都可以暂予监外执行。

综上所述，本题答案为B项。

36. 【答案】B

【解析】ABD项，根据《刑事诉讼法》第271条第1款的规定，对于未成年人涉嫌刑法分则第四章、第五章、第六章规定的犯罪，可能判处一年有期徒刑以下刑罚，符合起诉条件，但有悔罪表现的，人民检察院可以作出附条件不起诉的决定。人民检察院在作出附条件不起诉的决定以前，应当听取公安机关、被害人的意见。

可见，A项，附条件不起诉只适用于未成年案件，A项正确。

B项，人民检察院作出附条件不起诉决定前，应当"听取"而非"听从"公安机关、被害人的意见，无须征得其同意，B项错误。

D项，有悔罪表现是附条件不起诉的条件之一，D项正确。

C项，根据《刑事诉讼法》第271条第3款的规定，未成年犯罪嫌疑人及其法定代理人对人民检察院决定附条件不起诉有异议的，人民检察院应当作出起诉的决定。

可见，未成年犯罪嫌疑人及其法定代理人对附条件不起诉有异议的，应当起诉。C项正确。

综上所述，本题答案为B项。

37. 【答案】A

【解析】根据《刑事诉讼法》第279条的规定，对于达成和解协议的案件，公安机关可以向人民检察院提出从宽处理的建议。人民检察院可以向人民法院提出从宽处罚的建议；对于犯罪情节轻微，不需要判处刑罚的，可以作出不起诉的决定。人民法院可以依法对被告人从宽处罚。

可见，检察院只有在审查起诉阶段，

当事人和解后才可以酌定不起诉。公安机关在侦查阶段以及法院在审判阶段，当事人和解后，公安机关和法院都不能作出撤销案件的决定或者裁定终止审理、宣告无罪，公安机关只能向检察院提出从宽处理的建议，法院只能对被告人从宽处罚。故，BCD项正确，A项错误。

综上所述，本题答案为A项。

38. 【答案】B

【解析】AB项，根据《刑事诉讼法》第280条第1款的规定，对于贪污贿赂犯罪、恐怖活动犯罪等重大犯罪案件，犯罪嫌疑人、被告人逃匿，在通缉一年后不能到案，或者犯罪嫌疑人、被告人死亡，依照刑法规定应当追缴其违法所得及其他涉案财产的，人民检察院可以向人民法院提出没收违法所得的申请。

可见，检察院可以向法院提出没收违法所得的申请，公安机关不能直接向法院提出没收违法所得的申请，故，A项错误，B项正确。

C项，根据《刑事诉讼法》第281条第1款的规定，没收违法所得的申请，由犯罪地或者犯罪嫌疑人、被告人居住地的中级人民法院组成合议庭进行审理。

可见，不能由犯罪地的基层法院审理，C项错误。

D项，根据《刑事诉讼法》第283条第1款的规定，在审理过程中，在逃的犯罪嫌疑人、被告人自动投案或者被抓获的，人民法院应当终止审理。

可见，在逃犯罪嫌疑人被抓获的，不是"中止"审理，D项错误。

综上所述，本题答案为B项。

39. 【答案】D

【解析】AB项，根据《刑事诉讼法》第159条的规定，在案件侦查终结前，辩护律师提出要求的，侦查机关应当听取辩护律师的意见，并记录在案。辩护律师提出书面意见的，应当附卷。

可见，辩护律师提出要求的，侦查机关"应当"而非"可以"听取辩护律师的意见，A项错误。对于辩护律师提出的书面意见"应当"而非"可以"附卷，B项错误。

CD项，根据《刑事诉讼法》第160条的规定，公安机关侦查终结的案件，应当做到犯罪事实清楚，证据确实、充分，并且写出起诉意见书，连同案卷材料、证据一并移送同级人民检察院审查决定；同时将案件移送情况告知犯罪嫌疑人及其辩护律师。

可见，侦查终结移送审查起诉时，应当将案件移送情况告知犯罪嫌疑人"及其"辩护律师。"或者"错误。因此，D项正确，C项错误。

综上所述，故本题答案为D项。

40. 【答案】A

【解析】A项，补强证据自身如果都没有证据能力，何谈对其他证据进行补强。A项正确。

B项，补强证据如果没有独立来源将不能起到补强作用。譬如，甲第一次供述称盗窃一万元，第二次供述称盗窃二万元，第三次供述称盗窃一万五千元。这三次供述根本无法相互补强。除非出现了被害人声称自己丢了一万元，被害人陈述即可对甲第一次供述进行补强。B项错误。

C项，补强证据的作用在于对孤证（主要是供述）进行补充或者强化证明力，不一定需要对整个待证事实有证明作用，C项错误。

D项，补强证据只要不和被补强的证据是同一来源或者派生关系即可，至于是什么证据种类则没有限制。D项错误。

另外请同学们注意一下，被补强的证据必须是犯罪嫌疑人、被告人供述、证人证言、被害人陈述等言辞证据，补强的证据则种类不限。意思是，如果用一项物证去补强一项书证是不适用补强证据规则的。

综上所述，本题答案为A项。

41.【答案】无（司法部公布答案为B）

【解析】本题是2012年的考题，当时现行2013年《高法解释》还未出台，该题涉及的法律依据是1998年《高法解释》第159条的规定。按照该规定："合议庭在案件审理过程中，发现被告人可能有自首、立功等法定量刑情节，而起诉和移送的证据材料中没有这方面的证据材料的，应当建议人民检察院补充侦查"。可见，本题选B项是正确的。但是现行《高法解释》有了不同规定。

根据现行《高法解释》第226条的规定，审判期间，合议庭发现被告人可能有自首、坦白、立功等法定量刑情节，而人民检察院移送的案卷中没有相关证据材料的，应当通知人民检察院移送。审判期间，被告人提出新的立功线索的，人民法院可以建议人民检察院补充侦查。

可见，对于被告人有立功量刑情节，而起诉书和移送的证据材料遗漏的，法院有两种发现途径，并且处理方式不同。第一种途径及处理：合议庭自行发现检察院遗漏了立功等量刑情节，应当通知检察院补充移送。第二种途径及处理：合议庭根据被告人的提出发现检察院遗漏立功情节，可以建议检察院补充侦查。

可见，本题中，法院是自行发现检察院的遗漏，正确做法是"应当建议检察院补充移送"。故本题没有正确答案。

42.【答案】B

【解析】根据《高法解释》第76条的规定，证人证言具有下列情形之一的，不得作为定案的根据：（一）询问证人没有个别进行的；（二）书面证言没有经证人核对确认的；（三）询问聋、哑人，应当提供通晓聋、哑手势的人员而未提供的；（四）询问不通晓当地通用语言、文字的证人，应当提供翻译人员而未提供的。

根据《高法解释》第77条的规定，证人证言的收集程序、方式有下列瑕疵，经补正或者作出合理解释的，可以采用；不能补正或者作出合理解释的，不得作为定案的根据：（一）询问笔录没有填写询问人、记录人、法定代理人姓名以及询问的起止时间、地点的；（二）询问地点不符合规定的；（三）询问笔录没有记录告知证人有关作证的权利义务和法律责任的；（四）询问笔录反映出在同一时段，同一询问人员询问不同证人的。

《高法解释》第76条规定证人了证言不得作为定案根据的情形，只要证人证言存在该条中的程序违法情形，证人证言绝对不能作为定案根据，也不存在补救措施。《高法解释》第77条规定了证人证言瑕疵的情形。瑕疵，顾名思义，小毛小病。如果一项证据仅仅出现瑕疵，一般允许侦查人员通过补正或者作出合理解释的方式使该证据具备可采性。当然，如果不能补正或者作出合理解释，该证据将不得作为定案根据。

本题中，ACD项属于不得作为定案根据的情形。B项属于瑕疵证据，补正或者作出合理解释后，仍然可采。故B项正确，ACD项错误。

综上所述，本题答案为B项。

43. 【答案】C

【解析】录用特殊职位的公务员，采用简化程序或者采用其他测评办法，属于具体的公务员管理事项，应当经由公务员管理体系予以解决，而不应由用人单位的上一级主管部门批准。依据《公务员法》第31条的规定，录用特殊职位的公务员，经省级以上公务员主管部门批准，可以简化程序或者采用其他测评办法。据此可知，录用特殊职位的公务员，如果需要简化程序或者采用其他测评办法，则应当经省级以上公务员主管部门批准，而非经用人单位的上一级主管部门批准。A项错误。

依据《公务员法》第24条的规定，下列人员不得录用为公务员：（一）曾因犯罪受过刑事处罚的；（二）曾被开除公职的；（三）有法律规定不得录用为公务员的其他情形。因此，凡是曾被开除公职的人员，即使其业务和能力再优秀，也一律不得再录用为公务员。B项错误。

依据《公务员法》第32条的规定，新录用的公务员试用期为一年。试用期满合格的，予以任职；不合格的，取消录用。选项C正确。

依据《公务员法》第29条第2款的规定，体检的项目和标准根据职位要求确定。具体办法由中央公务员主管部门会同国务院卫生行政部门规定。据此可知，有关体检项目和标准的具体办法应当由中央公务员主管部门会同国务院卫生行政部门共同规定。选项D错误。

44. 【答案】A

【解析】本题考查的是关于地方各级政府行政编制的评估问题。由于考生对于编制评估一般较为陌生，因此本题的难度较大。然而本题涉及的只是一个具体法条。依据《地方各级人民政府机构设置和编制管理条例》第24条的规定，县级以上各级人民政府机构编制管理机关应当定期评估机构和编制的执行情况，并将评估结果作为调整机构编制的参考依据。评估的具体办法，由国务院机构编制管理机关制定。据此可知，A项正确，BC项错误。

《地方各级人民政府机构设置和编制管理条例》关于机构编制评估的规定，自然只适用于地方各级人民政府，不可能适用于国务院机构编制管理问题。《国务院行政机构设置和编制管理条例》也并未对机构编制评估问题作出规定。D项错误。

45. 【答案】D

【解析】《行政法规制定程序条例》第19条第2款规定："重要的行政法规送审稿，经报国务院同意，向社会公布，征求意见。" ABC项错误，D项正确。

46. 【答案】B

【解析】依据《行政诉讼法》第25条第2款的规定，有权提起诉讼的公民死亡，其近亲属可以提起诉讼。可见，本案中李某妻子可以自己的名义起诉。A项错误。

依据《专利法》第46条第2款的规定，对专利复审委员会宣告专利权无效或者维持专利权的决定不服的，可以自收到通知之日起三个月内向人民法院起诉。人民法院应当通知无效宣告请求程序的对方当事人作为第三人参加诉讼。根据《行政诉讼法》第46条第1款的规定，公民、法人或者其他组织直接向人民法院提起诉讼的，应当自知道或者应当知道作出行政行为之日起六个月内提出。法律另有规定的除外。B项正确，CD项错误。

47. 【答案】A

【解析】为了保护被处罚人的合法权益，应当告知当事人传唤的原因和依据，以便当事人及时寻求法律救济。依据《治安管理处罚法》第82条第2款的规定，公安机关应当将传唤的原因和依据告知被传唤人。A项正确。

依据《治安管理处罚法》第83条第1款的规定，对违反治安管理行为人，公安机关传唤后应当及时询问查证，询问查证的时间不得超过八小时；情况复杂，依照本法规定可能适用行政拘留处罚的，询问查证的时间不得超过二十四小时。B项错误。

依据《行政复议法》第15条第1款第（二）项的规定，对政府工作部门依法设立的派出机构依照法律、法规或者规章规定，以自己的名义作出的具体行政行为不服的，向设立该派出机构的部门或者该部门的本级地方人民政府申请行政复议。由此可知，孙某既可以向市公安局申请复议，也可以向区政府申请复议。C项错误。

依据《治安管理处罚法》第107条的规定，被处罚人不服行政拘留处罚决定，申请行政复议、提起行政诉讼的，可以向公安机关提出暂缓执行行政拘留的申请。公安机关认为暂缓执行行政拘留不致发生社会危险的，由被处罚人或者其近亲属提出符合治安管理处罚法第108条规定条件的担保人，或者按每日行政拘留二百元的标准交纳保证金，行政拘留的处罚决定暂缓执行。由此可知，申请行政复议与提起行政诉讼都不是导致行政拘留决定暂缓执行

的充分条件，还需要同时符合其他相应的条件才可以。选项D错误。

48. 【答案】D

【解析】制作现场笔录是行政机关实施行政强制措施应当履行的一项法定程序，行政强制法对于行政强制措施的一般程序作了集中规定。依据《行政强制法》第18条第7项的规定，行政机关实施行政强制措施应当制作现场笔录。而查封则属于一种典型的行政强制措施，因此无疑应当制作现场笔录。A项说法正确。

依据《行政处罚法》第33条的规定，违法事实确凿并有法定依据，对公民处以五十元以下、对法人或者其他组织处以一千元以下罚款或者警告的行政处罚的，可以当场作出行政处罚决定。B项说法正确。

依据《行政处罚法》第51条的规定，当事人逾期不履行行政处罚决定的，作出行政处罚决定的行政机关可以采取下列措施：（一）到期不缴纳罚款的，每日按罚款数额的百分之三加处罚款；（二）根据法律规定，将查封、扣押的财物拍卖或者将冻结的存款划拨抵缴罚款；（三）申请人民法院强制执行。C项说法正确。

依据《行政强制法》第47条的规定，划拨存款、汇款应当由法律规定的行政机关决定，并书面通知金融机构。金融机构接到行政机关依法作出划拨存款、汇款的决定后，应当立即划拨。法律规定以外的行政机关或者组织要求划拨当事人存款、汇款的，金融机构应当拒绝。D项说法错误。

49. 【答案】D

【解析】与行政诉讼一般只能进行合法性审查不同，行政复议机关除了审查具体行政行为的合法性以外，还可以对其合理

性即适当性进行审查。这一点也构成了行政复议与行政诉讼的重大区别。A项错误。

依据《行政复议法实施条例》第10条的规定，申请人、第三人委托代理人的，应当向行政复议机构提交授权委托书。公民在特殊情况下无法书面委托的，可以口头委托。由此可知，只有公民可以口头委托，企业则不能口头委托。B项错误。

依据《行政复议法实施条例》第38条第2款的规定，申请人撤回行政复议申请的，不得再以同一事实和理由提出行政复议申请。但是，申请人能够证明撤回行政复议申请违背其真实意思表示的除外。据此可知，申请人如果能够证明撤回行政复议申请违背其真实意思表示的，依然可以再次申请行政复议。C项错误。

依据《行政复议法》第14条的规定，对国务院部门或者省、自治区、直辖市人民政府的具体行政行为不服的，向作出该具体行政行为的国务院部门或者省、自治区、直辖市人民政府申请行政复议。对行政复议决定不服的，可以向人民法院提起行政诉讼，也可以向国务院申请裁决，国务院依照本法的规定作出最终裁决。据此可知，国务院裁决是终局裁决，当事人即使不服裁决，也不得向人民法院起诉。D项正确。

50. 【答案】D

【解析】本题主要考查刑事赔偿的程序问题。

依据《国家赔偿法》第21条第4款的规定，二审改判无罪，以及二审发回重审后作无罪处理的，作出一审有罪判决的人民法院为赔偿义务机关。据此可知，应当是县法院为赔偿义务机关。A项错误。

"申请国家赔偿前应先申请确认行为违法"是旧《国家赔偿法》规定的程序，新修正的《国家赔偿法》已经取消了这一程序。B项错误。

依据《国家赔偿法》第39条第1款的规定，赔偿请求人请求国家赔偿的时效为两年，自其知道或者应当知道国家机关及其工作人员行使职权时的行为侵犯其人身权、财产权之日起计算，但被羁押等限制人身自由期间不计算在内。C项错误。

依据《国家赔偿法》第23条第1款规定，赔偿义务机关作出赔偿决定，应当充分听取赔偿请求人的意见，并可以与赔偿请求人就赔偿方式、赔偿项目和赔偿数额依照本法第四章的规定进行协商。D项正确。

二、多项选择题。

51. 【答案】ABCD

【解析】选项A正确，以暴力或者其他方法属于客观存在的行为，属于客观的构成要件要素。选项B正确，他人不需要进行规范评价，通过感官认知便可以确定。选项C正确，"侮辱""诽谤"需要根据社会一般人的价值观进行判断，属于规范的构成要件要素。选项D正确，我国刑法对法定刑绝大多数采取相对确定的法定刑，该选项中的刑种和刑期是相对确定的。

52. ABCD

【解析】选项A正确，教师因学生违纪而将其赶出教室，该行为并不能制造法禁止的日常危险，不具有过失犯的客观行为。退一步说，即便该行为制造了日常危险，但是在因果关系发展过程中介入了学生自己不理性的自杀行为，该因素不仅异常而且发挥主要致死作用，因此足以中断因果关系。因此，即便存在危害行为，其与危害结果之间也不存在因果关系。所以，仅成立过失犯的未遂，不具有刑事可罚性。选项B正确，修理工的恶作剧，只能说明其不希望危害结果发生，但不能说明其坚决反对危害结果发生。作为熟悉高压设备的维修人员，当然能认识到气体充入人体会形成对人体健康的现实危险。其明知具体危险存在，却仍然实施该行为，且未采取任何预防措施，将避免危害结果寄希望于偶然，存在明显的侥幸心理。据此，修理工对危害结果应该具有间接故意。注意，此处不能认定为过于自信的过失，因为题干中看不出修理工对于避免危害结果有自信的根据或措施。选项C正确，见义勇为的行为人实施扭送行为导致小偷自己跳入河中溺水身亡，该行为不构成犯罪。首先，其本身不具有非法性，公民实施扭送只要没有超过法定界限便未制造法禁止的危险。本案中，行为人只是追击小偷，并未实施暴力、胁迫等严重危害人身权利的行为，该行为本身不足以致人死亡。其次，该行为与死亡结果之间介入了被害人自己的跳河行为和抽筋溺水现象。该介入因素与见义勇为人的追击行为之间不具有类型化关联，具有异常性。溺水身亡现象与追击行为更没有类型化关联，也具有异常性。这两个介入因素之间倒是有着类型化关联，且对死亡结果的发生发挥了主要作用，应当中断见义勇为行为与死亡结果之间的因果关系。据此，见义勇为行为不能满足过失犯的构成要件。此外，即便上述行为满足过失犯的构成要件，但在违法性层面，行为人因为实施的是合法的扭送行为，且符合扭送成立要件，能够阻却不法，因而也不成立过失犯。选项D正确，邻居看到孩子从6楼落下，面临直接现实的死亡危险，其伸手去接的行为降低了危险，仅造成重伤结果。邻居的行为是单纯降低风险的行为，未制造法禁止的危险，不具有刑法意义上的危害行为，不可能成立过失犯。从紧急避险角度分析也能排除过失犯的成立。邻居的行为是造成重伤结果的直接原因，符合过失致人重伤罪的构成要件，但是邻居实施该行为是为了避免孩子死亡，符合紧急避险的要求，阻却不法，不成立犯罪。

53.【答案】ACD

【解析】本案可以分三个行为阶段分析。在第一阶段，乙移情别恋，甲将硫酸倒入水杯带到学校欲报复乙。该行为属于故意伤害罪的预备行为，单纯将作案工具带到学校不能产生法益侵害的现实危险，不能评价为着手。甲、乙激烈争吵，甲欲以硫酸泼乙，但情急之下未能拧开杯盖，后甲因追乙离开教室。在这一行为阶段，由于甲、乙距离很近，甲一旦拧开瓶盖，在近距离内很容易在极短时间用硫酸泼到乙，因此虽然拧瓶盖不是直接能够导致危害结果的行为，但已经使乙直接面临现实危险，应评价为着手。因客观原因，甲没能拧开瓶盖，应成立故意伤害罪的未遂犯。在甲离开后，丙进入教室，误将硫酸杯子打开并泼洒到自己造成重伤。在这一行为阶段，甲属于危险物的持有人，负有消除法益侵害危险的作为义务，但为了追乙而没有履行作为义务。在现场遗留的硫酸被丙误用而造成丙的重伤。应该说，甲的不作为与丙的重伤结果之间具有因果关系。因为，如果甲作为就能避免重伤结果，甲的不作为与重伤结果之间具有条件意义上的因果关系。同时，甲的不作为制造了重伤的现实危险。在因果关系发展过程中，介入了丙自己误用的行为。该介入因素虽然是重伤的直接原因，但是却与甲的不作为具有类型化关联（遗留危险物品通常容易被现场不知情的人误用），不具有异常性，因此不能中断甲与重伤结果之间的因果关系。据此，甲的不作为成立过失致人重伤罪。第一阶段是第二阶段的进一步发展，应按照实行行为吸收预备行为的吸收犯原理，整体认定为针对乙的故意伤害罪未遂。第三阶段是针对丙的过失致人重伤罪。前后两阶段行为独立，侵犯不同法益，应数罪并罚。因此，选项ACD错误，选项B正确。

54. 【答案】ABCD

【解析】选项A正确，逃税罪是结果犯，要求出现税收的实际损失。本案中，甲指使黄某隐瞒收入，黄某先实施了隐瞒行为，但是在法定期间内又向税务机关如实申报，并未造成税收的实际损失，因此避免了危害结果的发生。同时，该行为完全出于黄某意志以内原因，具有自动性，成立犯罪中止。对甲来说，黄某并非其支配的直接正犯，黄某自己中止犯罪使犯罪出现终局性状态，对于甲来说无疑属于意志以外的原因，甲应成立犯罪未遂。选项B正确，乙已经抢到了财物，应该成立犯罪既遂。至于乙抢到的仅是假币，没有实现原本计划，这对犯罪成立既遂没有影响。因为，假币在刑法上也属于值得刑法保护的财物，就满足抢夺罪的构成要件而言，假币与真币具有等价性。选项C正确，以出卖为目的偷盗婴儿，应认定为拐卖儿童罪。该罪是侵犯人身权利的犯罪，既然丙已经偷到了婴儿，就应成立犯罪既遂。至于事后的返还行为，仅成立酌定的从宽情节。选项D正确，丁连开数枪，无疑已经着手犯罪，

制造了现实的死亡危险。该行为与死亡结果（突发心脏病而死）之间无疑具有因果关系，当然满足了故意杀人罪的构成要件，应成立犯罪既遂。至于死亡原因并非枪伤，而是枪声诱发的心脏病，这一死亡具体原因的差别并不影响因果关系的成立和构成要件的实现。

55. 【答案】BCD

【解析】选项A错误，销售淫秽物品与购买淫秽物品具有对向关系，双方行为人具有共同的行为意思和共同行为，具有共犯关系。所涉及的罪名是贩卖淫秽物品牟利罪。但是刑法仅处罚贩卖一方，并不处罚收买一方，如果通过共犯理论认定收买行为构成贩卖淫秽物品牟利罪显然超越了法条文字所可能具有的含义范围，违反了罪刑法定原则。因此，本案虽然存在共犯关系，但不存在共同涉及的罪名，不成立共同犯罪。选项B正确，乙明知对方为已有婚姻关系的状态，却与之结婚，造成了一个人同时具有两个以上的婚姻关系，成立重婚行为。赵某明知自己已经结婚，却仍然与乙结婚，使自己同时具有两个以上婚姻关系，也成立重婚行为。两人在结婚行为上具有共同的行为意思，并且实施了对向行为，具有共犯关系。对向行为涉及的罪名是重婚罪，两人均成立该罪，据此，乙与赵某成立重婚罪的共同犯罪。选项C正确，丙作为行贿人，与作为国家工作人员的受贿人之间具有对向关系，两人对实现权钱交易具有共同的行为意思，且客观上行贿行为与受贿行为也构成了共同行为，因此丙与国家工作人员之间具有共犯关系。丙为了谋取不正当利益（违反程序录用公务员）向国家工作人员行贿10万元，该行

为构成行贿罪。国家工作人员收受贿赂，构成受贿罪。两罪之间虽然不具有重合关系，但在对向犯的场合，即便罪名不同，也构成共同犯罪，只是罪名不同。选项D正确，丁的行为既构成《刑法》第358条第3款规定的协助组织卖淫罪的正犯，同时，该行为对组织卖淫行为具有帮助作用，成立组织卖淫罪的帮助犯。丁只有一行为，且侵犯同一法益，应按照法条竞合处理，从一重罪处断。在理论上，无论丁最终认定为何罪，其与组织卖淫者之间就实现卖淫具有共同的行为意思，也相互配合实施了共同行为，具有共犯关系。

56. 【答案】ACD

【解析】A项：说法错误，当选。根据《刑法》第38条第2款、第72条第2款以及《关于对判处管制、宣告缓刑的犯罪分子适用禁止令有关问题的规定（试行）》第1条的规定，禁止令只适用于管制犯和缓刑犯，对假释犯不能适用禁止令。所以，法院裁定假释时，对甲可以宣告禁止令的说法错误。

B项：说法正确，不当选。禁止令的内容是禁止犯罪分子在执行期间从事特定活动，进入特定区域、场所，接触特定的人。《关于对判处管制、宣告缓刑的犯罪分子适用禁止令有关问题的规定（试行）》第3条规定："人民法院可以根据犯罪情况，禁止判处管制、宣告缓刑的犯罪分子在管制执行期间、缓刑考验期限内从事以下一项或者几项活动：……（四）附带民事赔偿义务未履行完毕，违法所得未追缴、退赔到位，或者罚金尚未足额缴纳的，禁止从事高消费活动；……"因此，针对合同诈骗的犯罪分子，其附带民事赔偿义务尚未履行的，完全可以禁止其进入高档饭店或者奢侈品消费点消费。

C项：说法错误，当选。人民法院可以根据犯罪情况，禁止判处管制、宣告缓刑的犯罪分子在管制执行期间、缓刑考验期限内进入一类或者几类区域、场所，但是禁止令的内容不能限制犯罪人的正常生活。所以，丙虽然在公共厕所猥亵儿童，但不能因此禁止其进入公共厕所。

D项：说法错误，当选。《关于对判处管制、宣告缓刑的犯罪分子适用禁止令有关问题的规定（试行）》第6条第3款规定："禁止令的执行期限，从管制、缓刑执行之日起计算。"所以，判处管制同时宣告禁止令的，应当从管制执行之日起计算禁止令的时间，而非从管制执行完毕之日起计算。

57. 【答案】ACD

【解析】选项AD错误，根据最高人民法院《关于处理自首和立功具体应用法律若干问题的解释》的规定，协助司法机关抓捕其他犯罪嫌疑人（包括同案犯），应当认定为有立功表现。但是，犯罪分子提供同案犯姓名、住址、体貌特征等基本情况，或者提供犯罪前、犯罪中掌握、使用的同案犯联络方式、藏匿地址，司法机关据此抓捕同案犯的，不能认定为协助司法机关抓捕同案犯。据此，甲的行为不构成立功。选项B正确，根据司法解释的规定，按照司法机关的安排，以打电话、发信息等方式将其他犯罪嫌疑人（包括同案犯）约至指定地点的，成立协助抓捕型立功。据此，乙的行为是立功。选项C错误，立功必须是犯罪分子本人实施的行为。为使犯罪分子得到从轻处理，犯罪分子的亲友直接向有关机关揭发他人犯罪行为，提供侦破其他案件的重要线索，或者协助司法机关抓捕其他犯罪嫌疑人的，不应当认定为犯罪分子的立功表现。据此，丙父协助司法机关抓捕同案犯，而非丙协助，故丙不构成立功。

58. 【答案】AB

【解析】选项A正确，甲依法配备公务用枪，非法将枪支借给乙，构成非法出借枪支罪。选项B正确，乙无持枪资格，仍然明知故犯，成立非法持有枪支罪。选项C错误，丙窃取枪支只是为了交给公安机关，并没有非法据为己有的目的，因此丙不具有盗窃枪支罪的故意，不成立盗窃枪支罪。选项D错误，丙窃取枪支上交公安机关，不构成任何犯罪。立功以行为人已经犯罪为前提，丙不构成犯罪，自然也无所谓立功。

59. 【答案】ABCD

【解析】甲暴力威胁控制汽车，符合劫持汽车罪。长途汽车属于公共交通工具，在其上抢劫，成立抢劫罪的结果加重犯。乙重伤乘客，属于抢劫致人重伤，成立抢劫罪的结果加重犯，不需要单独定罪处罚。甲打死司机是在抢劫既遂之后，因此需要另案处理，成立单独的故意杀人罪。

60. 【答案】ACD

【解析】选项A错误，不让睡觉属于变相肉刑，但甲仅为保卫处长，不是国家司法机关工作人员。选项B正确，乙作为人民陪审员殴打被害人属于肉刑，但并非为了逼取口供，因此不构成刑讯逼供罪。选项C错误，丙是司法人员，同时客观上也实施了肉刑逼供，但造成重伤时，应按照故意伤害罪从重处罚。选项D错误，丁是司法人员，其佯装实施酷刑，并不能满足肉刑或变相肉刑的要求，不成立刑讯逼供罪。

61. 【答案】ABCD

【解析】经税务机关依法下达追缴通知后，补缴应纳税款，缴纳滞纳金，已受行政处罚的，不予追究刑事责任；但是，五年内因逃避缴纳税款受过刑事处罚或者被税务机关给予二次以上行政处罚的除外。据此，④正确，而①②错误。补缴的法律效果不是减轻或免除处罚或者一律不追究刑事责任。③错误，纳税人以暴力方法拒不缴纳税款，即便事后主动补缴应纳税款也要追究刑事责任，即抗税罪不具有刑法排除事由。ABCD均错误。

62. 【答案】ABC

【解析】选项A错误，根据《刑法》第347条的规定，针对毒品的犯罪，无论数量多少都应追究刑事责任的限于走私、贩卖、运输和制造毒品的行为，不包括非法买卖制毒物品的行为。选项B错误，《刑法》专门规定了包庇毒品犯罪分子罪，因此不构成一般法意义上的放纵走私罪；对于缉毒人员或其他国家机关工作人员实施掩护、包庇走私、贩卖、运输、制造毒品犯罪分子的，以包庇毒品犯罪分子罪从重处罚。选项C错误，《刑法》专门规定了强迫他人吸毒罪，强迫他人吸毒造成被害人伤亡的，属于强迫吸毒罪与故意伤害罪或故意杀人罪的想象竞合犯，从一重罪论处。本案造成的后果只是使被害人产生毒瘾，故仅构成强迫他人吸毒罪。选项D正确，《关于审理洗钱等刑事案件具体应用法律若干问题的解释》第3条规定："明知是犯罪所得及其产生的收益而予以掩饰、隐瞒，构成《刑法》第三百一十二条规定的犯罪，同时又构成《刑法》第一百九十一条或者第三百四十九条规定的犯罪的，依照处罚较重的规定定罪处罚。"可见，行为人同时构成掩饰、隐瞒犯罪所得、犯罪所得收益罪，洗钱罪，窝赃毒品、毒赃罪的，依照处罚较重的规定定罪处罚。在侵犯法益具有同一性时，应按照法条竞合处理；在侵犯法益不具有同一性时，按想象竞合犯处理。无论哪种情形，窝藏毒赃罪均属于较重的一罪。

63.【答案】ABC

【解析】选项A正确，甲是国家工作人员，其受贿300万，成立受贿罪。选项B正确，巨额财产来源不明罪是指法院以生效判决形式定罪之前一直拒绝说明来源的行为，甲在一审时说明了来源，因此不构成该罪。选项C正确，巨额财产来源不明罪属于真正的身份犯，只有国家工作人员才可能构成该罪。选项D错误，掩饰、隐瞒犯罪所得罪的实行行为是"窝藏、转移、收购、代为销售或者以其他方法掩饰、隐瞒"，单纯拒绝说明来源的行为与上述行为类型不具有相当性，不能评价为掩饰、隐瞒犯罪所得的行为，因而不构成该罪。

64.【答案】ABC

【解析】刑事诉讼价值是指刑事诉讼立法及其实施对国家、社会及其一般成员具有的效用和意义。刑事诉讼价值主要包括：秩序、公正、效益等。

秩序价值：（1）通过惩治犯罪，维护社会秩序。（2）惩治犯罪活动的本身应当是有序的。（3）应当严格依刑事程序法办事。简单地说，即社会秩序、本身有序和法定程序。

公正价值：是诸价值的核心。包括实体公正和程序公正。

效益价值：注意效益与效率的区别，刑事诉讼效益既包括效率，还包括刑事诉讼对推动社会经济发展方面的效益。

三大价值之间的关系：三者相互依存，相互作用。片面地只追求三大价值中的任一价值都会造成诉讼不公和冤狱。

三大价值是通过刑事诉讼法的制定和实施来实现的，只要严格执行刑事诉讼法，就可以实现秩序、公正和效益，这就是刑诉法自身的独立价值，不需要依赖于刑法而实现。同时，刑诉法也具有保障刑法正确实施的功能，这是刑诉法的工具价值。

本题考查三大价值中的秩序价值。其中，ABC项内容体现了法定程序。ABC项正确。

D项，并非效率越高就会越有秩序，相反，效率过高可能会使秩序乱套，D项错误。

综上所述，本题答案为ABC项。

65.【答案】BCD

【解析】正义在司法领域可以被区分为实体正义和程序正义，严格按照刑法的定罪标准、量刑幅度对被告人定罪处罚体现的是实体正义，严格按照刑诉法的诉讼程序解决被告人的刑事责任体现的是程序正义。实体正义与程序正义缺一不可。

对于刑法而言，刑诉法具有工具价值。意思是指，刑法条款中的内容需要通过刑诉法中的程序一步一步变成现实，刑诉法可以成为刑法的工具为其提供程序服务。但是，刑诉法并非仅仅只能成为工具，刑诉法还有自身独特的、独立的价值，即程序正义。程序正义不依赖于实体正义而存在，但如果离开了程序正义，仅有的实体正义也无法实现最终的正义。

为了保障程序正义，应当确立违反法定程序的惩戒后果，对于违反法定诉讼程序严重的行为，应当对实施该违法行为的人员进行惩罚，同时宣告违法的诉讼行为无效，即程序性制裁。

在我国，长期存在"重实体、轻程序，重刑法、轻刑诉，重打击、轻保护"的做法，因此，在司法实践中，应当更加重视刑诉法、更加强调程序正义。

本题中，A项，"分工负责、互相配合、互相制约"原则体现的是公、检、法三机关在侦查、起诉和审判时应当遵守的相互关系，而非指上下级法院之间的监督制约关系。故而错误。

B项，二审法院发现一审法院的审理违反法定诉讼程序，裁定撤销原判、发回原审法院重新审判的做法要求严格遵守法定程序。B正确。

C项，一审法院的审理违反《刑事诉讼法》关于公开审判、回避等规定属于严重地违反法定程序，应当承担相应法律后果，即被发回重审。C项正确。

D项，违反了公开审判等程序，不一定会影响对被告人定罪量刑的准确性，但程序具有独立价值，只要违反了程序，不论实体是否正确，都需要承担程序性制裁的后果。D项正确。

综上所述，本题选BCD项。

66. 【答案】BC

【解析】根据《刑事诉讼法》第117条的规定，对不需要逮捕、拘留的犯罪嫌疑人，可以传唤到犯罪嫌疑人所在市、县内的指定地点或者到他的住处进行讯问，但是应当出示人民检察院或者公安机关的证明文件。对在现场发现的犯罪嫌疑人，经出示工作证件，可以口头传唤，但应当在讯问笔录中注明。传唤、拘传持续的时间不得超过12小时；案情特别重大、复杂，需要采取拘留、逮捕措施的，传唤、拘传持续的时间不得超过24小时。不得以连续传唤、拘传的形式变相拘禁犯罪嫌疑人。传唤、拘传犯罪嫌疑人，应当保证犯罪嫌疑人的饮食和必要的休息时间。

本题中，A项，对在现场发现的犯罪嫌疑人，经出示工作证件，可以口头"传唤"而非"拘传"，拘传不可以口头，必须持有拘传证或者拘传票。A项错误。

BC项，传唤、拘传持续的时间不得超过12小时，需要采取拘留、逮捕措施的，传唤、拘传持续的时间不得超过24小时，BC项正确。

D项，对于拘传的犯罪嫌疑人，应当保证饮食和必要的休息时间，不得连续讯问24小时，连续审讯24小时属于变相的刑讯逼供，D项错误。

综上所述，本题选BC项。

需要注意的是，本题B项容易引发歧义。BC项连续看当然是正确的，但单独分析B项时，会发现"拘传持续的时间不得超过12小时"表述得过于片面，因为还可以延长至24小时。对于这种题目，历年真题的官方答案告诉我们，对类似于"……，但是……的除外"或者"……，（如果）……就……"逻辑的法条，虽然"但是"或者"（如果）"之后的半句话改变或者延伸了前半句话的意思，但真题中如果只出现了前半句，应当认为是正确的。

67. 【答案】ABC

【解析】AB项，根据《刑事诉讼法》第56条的规定，法庭审理过程中，审判人员认为可能存在本法第54条规定的以非法方法收集证据情形的，应当对证据收集的合法性进行法庭调查。这属于法院依职权启动非法证据的调查程序。《刑事诉讼法》第56条还规定，当事人及其辩护人、诉讼代理人有权申请人民法院对以非法方法收集的证据依法予以排除。申请排除以非法方法收集的证据的，应当提供相关线索或者材料。这属于法院根据申请启动非法证据的调查程序。可见，A项正确。此外，如果是依申请启动排除非法证据程序的，需要申请人提供相关线索或者材料，B项正确。

C项，根据《刑事诉讼法》第57条第1款的规定，在对证据收集的合法性进行法庭调查的过程中，人民检察院应当对证据收集的合法性加以证明。可见，检察院应当对证据收集的合法性加以证明，C项正确。

D项，根据《刑事诉讼法》第58条的规定，对于经过法庭审理，确认或者不能排除存在本法第54条规定的以非法方法收集证据情形的，对有关证据应当予以排除。可见，排除非法证据的证明标准有两个：（一）确认存在本法第54条规定的以非法方法收集证据情形；（二）不能排除存在本法第54条规定的以非法方法收集证据情形。"不能排除"的标准比"确认"的标准略低一些，目的是为了尽可能地排除非法证据，保障被告人合法权益。故，D项说"只有确认"，这一标准太片面了，错误。

综上所述，本题答案为ABC项。

68. 【答案】ABC

【解析】根据《刑事诉讼法》第72条第1款的规定，人民法院、人民检察院和公安机关对符合逮捕条件，有下列情形之一的犯罪嫌疑人、被告人，可以监视居住：（一）患有严重疾病、生活不能自理的；（二）怀孕或者正在哺乳自己婴儿的妇女；（三）系生活不能自理的人的唯一扶养人；（四）因为案件的特殊情况或者办理案件的需要，采取监视居住措施更为适宜的；（五）羁押期限届满，案件尚未办结，需要采取监视居住措施的。

本题中，A项，属于上述（一），正确。B项，属于上述（二），正确。C项，属于上述（三），正确。D项，聋哑人不属于上述情形，D项错误。

综上所述，本题答案为ABC项。

69. 【答案】ABD

【解析】A项，一般而言，公诉人和被告人仅就刑事部分进行辩论。但是，当检察机关代表公共利益对附带民事诉讼被告人提起附带民事诉讼时，也可以就附带民事诉讼部分进行辩论。此外，被害人和被告人通常会就刑事部分进行辩论，对附带民事诉讼部分进行辩论的通常是附带民事诉讼的原告和附带民事诉讼被告。故，A项错误。

B项，庭审程序可以分为开庭、法庭调查、法庭辩论、被告人最后陈述、评议和宣判几个步骤。法庭辩论阶段是控辩双方进行辩论的核心阶段，但在法庭调查阶段，对于一方的举证，另一方有权进行质疑和辩论。简单说，法庭调查阶段也会出现一定程度的辩论。故，B项错误。

C项，控辩双方辩论的范围没有严格限制，可以包含事实、证据、法律、程序等多个方面，C项正确。

D项，为了查明案件事实，法院一般不会打断控辩双方的辩论，应当让控辩双方畅所欲言，法官居中听取并作出判断。法律中没有发言不超过30分钟的规定。D项错误。

综上所述，本题答案为ABD项。

70. 【答案】ABC

【解析】根据《刑事诉讼法》第194条第1款的规定，在法庭审判过程中，如果诉讼参与人或者旁听人员违反法庭秩序，审判长应当警告制止。对不听制止的，可以强行带出法庭；情节严重的，处以1000元以下的罚款或者15日以下的拘留。罚款、拘留必须经院长批准。被处罚人对罚款、拘留的决定不服的，可以向上一级人民法院申请复议。复议期间不停止执行。

可见，ABC项都是对违反法庭秩序的不同程度的处理方式，正确。D项错在只能在10日以下处以拘留，应当是"15日"，D项错误。

综上所述，答案为ABC项。需要注意，本题出得不够严谨，因为C项"只能在1000元以下处以罚款"给人以只能处以罚款而不能处以司法拘留的错觉。考生无须纠结，只要把握题目背后的考点即可。

71. 【答案】AB

【解析】AC项，根据《刑事诉讼法》第148条的规定，对于危害国家安全犯罪、恐怖活动犯罪、黑社会性质的组织犯罪、重大毒品犯罪或者其他严重危害社会的犯罪案件，根据侦查犯罪的需要，经过严格的批准手续，可以采取技术侦查措施。对于重大的贪污、贿赂犯罪案件以及利用职权实施的严重侵犯公民人身权利的重大犯罪案件，根据侦查犯罪的需要，经过严格的批准手续，可以采取技术侦查措施，按照规定交有关机关执行。追捕被通缉或者批准、决定逮捕的在逃的犯罪嫌疑人、被告人，经过批准，可以采取追捕所必需的技术侦查措施。

可以得出以下结论：

对于"其他严重危害社会的犯罪案件"，也可以采取技术侦查措施，A项正确。

技术侦查措施属于侦查措施，根据上述法条，技术侦查必须在"公安机关在立案后""人民检察院在立案后"方可实施，B项正确。

C项错误，检察院可以采取技术侦查措施，但需要"按照规定交有关机关执行"。故，检察院有权决定但不能实施技术侦查措施。

D项，根据《刑事诉讼法》第152条的规定，依照本节规定采取侦查措施收集的材料在刑事诉讼中可以作为证据使用。可见，通过技术侦查措施收集的材料在刑事诉讼中可以作为证据使用，无须转化，D项错误。

综上所述，本题答案为AB项。

72. 【答案】AD

【解析】AB项，根据《刑事诉讼法》第187条的规定，公诉人、当事人或者辩护人、诉讼代理人对证人证言有异议，且该证人证言对案件定罪量刑有重大影响，人民法院认为证人有必要出庭作证的，证人应当出庭作证。人民警察就其执行职务时目击的犯罪情况作为证人出庭作证，适用前款规定。公诉人、当事人或者辩护人、诉讼代理人对鉴定意见有异议，人民法院认为鉴定人有必要出庭的，鉴定人应当出庭作证。经人民法院通知，鉴定人拒不出庭作证的，鉴定意见不得作为定案的根据。

可见，警察就其执行职务时目击的犯罪情况出庭作证，适用证人作证的规定，A项正确。通过A项可以推知，人民警察就其非执行职务时目击的犯罪情况出庭作证的，更加应当适用证人作证的规定，B项错误。

CD项，根据《刑事诉讼法》第188条

的规定，经人民法院通知，证人没有正当理由不出庭作证的，人民法院可以强制其到庭，但是被告人的配偶、父母、子女除外。证人没有正当理由拒绝出庭或者出庭后拒绝作证的，予以训诫，情节严重的，经院长批准，处以10日以下的拘留。被处罚人对拘留决定不服的，可以向上一级人民法院申请复议。复议期间不停止执行。

可见，经人民法院通知，证人没有正当理由不出庭作证的，人民法院可以强制其到庭，法院并非对任何证人都可以强制到庭，C项错误。证人没有正当理由拒绝出庭或者出庭后拒绝作证，情节严重的，可以处以10日以下的拘留，D项正确。

综上所述，本题答案为AD项。

73. 【答案】AB

【解析】根据《刑事诉讼法》第274条的规定，审判的时候被告人不满十八周岁的案件，不公开审理。但是，经未成年被告人及其法定代理人同意，未成年被告人所在学校和未成年人保护组织可以派代表到场。

A项，审判的时候被告人不满十八周岁的案件，一律不公开审理。即使未成年被告人及其法定代理人同意公开审理也不允许公开审理。A项错误。

BC项，未成年被告人所在学校和未成年人保护组织经同意派代表到场是为了维护未成年被告人合法权益和对其进行教育，而非公开审理的特殊形式。B项错误，C项正确。

D项，不公开审理指的是庭审不能面向社会、新闻媒体、舆论进行公开，未成年被告人所在学校和未成年人保护组织派代表到场是为了保护未成年被告人，不是为了将案件向社会公开，与不公开审理并不矛盾，D项正确。

综上所述，本题答案为AB项。

74. 【答案】AB

【解析】根据《刑事诉讼法》第275条的规定，犯罪的时候不满18周岁，被判处5年有期徒刑以下刑罚的，应当对相关犯罪记录予以封存。

显然，AB项正确，CD项错误。

综上所述，本题答案为AB项。

75. 【答案】AC

【解析】根据《刑事诉讼法》第277条的规定，下列公诉案件，犯罪嫌疑人、被告人真诚悔罪，通过向被害人赔偿损失、赔礼道歉等方式获得被害人谅解，被害人自愿和解的，双方当事人可以和解：（一）因民间纠纷引起，涉嫌刑法分则第四章（侵犯公民人身权利、民主权利罪）、第五章（侵犯财产罪）规定的犯罪案件，可能判处3年有期徒刑以下刑罚的；（二）除渎职犯罪以外的可能判处7年有期徒刑以下刑罚的过失犯罪案件。犯罪嫌疑人、被告人在5年以内曾经故意犯罪的，不适用本章规定的程序。

A项，根据《刑法》的相关规定，交通肇事罪属于过失犯罪，可以处3年以下有期徒刑或者拘役，如果交通运输肇事后逃逸或者有其他特别恶劣情节的，处3年以上7年以下有期徒刑。可见，交通肇事罪可以适用当事人和解程序，A项正确。

B项，暴力干涉婚姻自由案件属于自诉案件的第一类：告诉才处理的案件，自诉案件可以和解，但却不适用特别程序中专门针对公诉案件的和解程序，B项错误。

C项，根据《刑法》的相关规定，过失致人死亡的，处7年以下有期徒刑。可见，过失致人死亡罪可以适用当事人和解程序，C项正确。

D项,刑讯逼供罪属于故意犯罪,同时,刑讯逼供主要指侦查人员对犯罪嫌疑人、被告人实施的非法取证行为,不是因民间纠纷引起的,不适用当事人和解程序,D项错误。

综上所述,本题选AC项。

76.【答案】BCD

【解析】根据《行政许可法》第58条第2款的规定,行政机关提供行政许可申请书格式文本,不得收费。故选项A表述错误,不选。根据《行政许可法》第30条第2款的规定,申请人要求行政机关对公示内容予以说明、解释的,行政机关应当说明、解释,提供准确、可靠的信息。故选项B表述正确,应选。《行政许可法》第42条规定,除可以当场作出行政许可决定的外,行政机关应当自受理行政许可申请之日起二十日内作出行政许可决定。二十日内不能作出决定的,经本行政机关负责人批准,可以延长十日,并应当将延长期限的理由告知申请人。但是,法律、法规另有规定的,依照其规定。故选项C表述正确,应选。根据《行政许可法》第26条的规定,行政许可需要行政机关内设的多个机构办理的,该行政机关应当确定一个机构统一受理行政许可申请,统一送达行政许可决定。故选项D表述正确,应选。

77.【答案】AD

【解析】公众参与原则是指行政机关如果制定重要规则,或者作出重要的行政决定,尤其是作出对公众不利的行政决定,则应当充分听取他们的意见。公众参与原则是程序正当原则的一项基本要求。因此,A项中提到的实施行政管理活动,注意听取公民、法人或其他组织的意见,正是公众参与原则的要求和体现,是正确的。

权责统一原则,是指行政机关实施行政管理,应当实现权力与责任相统一,既要拥有相应权力,保证行政效能,实现政令有效,又要承担相应责任。权责统一原则具体包括以下两个方面:一是行政效能原则。行政机关实施行政管理,应当由法律、法规赋予相应执法手段,保证政令有效。二是行政责任原则。行政机关实施行政管理,若违法或者不当行使职权,则应依法承担相应的法律责任。因此,对因违法行政给当事人造成的损失主动进行赔偿,并非程序正当原则的内容,而是权责统一原则中行政责任原则的体现。B项错误。

所谓合法行政原则,是指行政机关应当依照法律的规定实施行政管理,受到法律的拘束,不得与法律相抵触。具体而言,合法行政原则主要包括以下两个方面:一是行政机关必须遵守现行有效的法律;二是行政机关应当依照法律授权活动。如无相关法律授权,不得作出影响行政相对人合法权益或者增加其义务的行为。因此,严格在法律授权的范围内实施行政管理活动乃是合法行政原则的体现,而非程序正当原则的体现。C项错误。

程序正当原则,是指行政机关实施行政管理,应当遵循正当程序,推进公开行政,实现公众参与,充分保障行政相对人的各项权利能够有效行使。具体包含以下三个原则:一是行政公开原则;二是公众参与原则;三是回避原则。回避原则要求行政机关工作人员在行政管理过程中,与行政相对人存在利害关系的,应当依法回避。因此,行政执法中要求与其管理事项有利害关系的公务员回避,正是程序正当原则中回避原则的体现。D项正确。

78. 【答案】BC

【解析】程序正当原则中的公众参与原则要求行政机关应当"充分听取公众的意见",而不是合理行政原则对行政机关的要求。选项A错误。

合理行政原则的首要要求便是公平公正原则。这就要求行政机关在行政管理过程中应当平等对待行政相对人,不仅地位应当中立,而且应当一视同仁、不偏私、不歧视。选项B正确。

比例原则也是合理行政原则的基本要求,也就是要求行政机关在行使行政裁量权时应当确保行使裁量权所采取的措施符合法律目的和基本精神。选项C正确。

诚实守信原则中的保护公民信赖利益原则,是指非因法定事由并经法定程序,行政机关不得撤销或者变更已经生效的行政决定。如果确因国家利益、公共利益或者其他法定事由需要撤销或者变更的,也应当严格依法进行,并对行政相对人因此受到的相应财产损失予以补偿。选项D体现了诚实守信原则中的保护公民信赖利益原则,而非合理行政原则。选项D错误。

79. 【答案】BC

【解析】对醉酒的人进行扣留,是为了避免对本人以及他人的安全构成威胁,属于行政强制措施,而不是对违法行为人的制裁与惩戒,不是行政处罚。A项错误。

依据《行政诉讼法》第19条的规定,对限制人身自由的行政强制措施不服提起的诉讼,由被告所在地或者原告所在地人民法院管辖。而依据《最高人民法院关于执行〈中华人民共和国行政诉讼法〉若干问题的解释》第9条第1款的规定,《行政诉讼法》规定的"原告所在地",包括原告的户籍所在地、经常居住地和被限制人身自由地。本案中的甲县为宋某的户籍所在地,乙县则为被告所在地、原告被限制人身自由地,这两地法院对此案均有管辖权。BC项正确。

依据《行政诉讼法》第29条第1款的规定,公民、法人或者其他组织同被诉行政行为有利害关系但没有提起诉讼,或者同案件处理结果有利害关系的,可以作为第三人申请参加诉讼,或者由人民法院通知参加诉讼。宋某的亲戚与被诉行政行为并无法律上的利害关系,不能成为本案第三人。D项错误。

80. 【答案】ABD

【解析】A项:说法错误,当选。《行政强制法》第17条第1款规定:"行政强制措施由法律、法规规定的行政机关在法定职权范围内实施。行政强制措施权不得委托。"

B项:说法错误,当选。《行政强制法》第25条第1款,第2款规定:"查封、扣押的期限不得超过三十日;情况复杂的,经行政机关负责人批准,可以延长,但是延长期限不得超过三十日。法律、行政法规另有规定的除外。延长查封、扣押的决定应当及时书面告知当事人,并说明理由。"经行政机关负责人批准,查封、扣押最长期限为60日而非90日。

C项:说法正确,不当选。《行政强制法》第26条规定:"对查封、扣押的场所、设施或者财物,行政机关应当妥善保管,不得使用或者损毁;造成损失的,应当承担赔偿责任。对查封的场所、设施或者财物,行政机关可以委托第三人保管,第三人不得损毁或者擅自转移、处置。因第三人的原因造成的损失,行政机关先行赔付后,有权向第三人追偿。因查封、扣押发生的保管费用由行政机关承担。"

D项：说法错误，当选。《行政强制法》第25条第3款规定："对物品需要进行检测、检验、检疫或者技术鉴定的，查封、扣押的期间不包括检测、检验、检疫或者技术鉴定的期间。检测、检验、检疫或者技术鉴定的期间应当明确，并书面告知当事人。检测、检验、检疫或者技术鉴定的费用由行政机关承担。"

81. 【答案】BC

【解析】复议前置的情形需要法律、法规专门作出规定。根据《政府信息公开条例》第33条第2款的规定，公民、法人或者其他组织认为行政机关在政府信息公开工作中的具体行政行为侵犯其合法权益的，可以依法申请行政复议或者提起行政诉讼。据此可知，《政府信息公开条例》并未规定行政复议前置。A项错误。

根据行政诉讼举证责任分配的一般规则，被告行政机关应当对其作出的行政行为负举证责任。根据《关于审理政府信息公开行政案件若干问题的规定》第5条第3款的规定，被告拒绝更正与原告相关的政府信息记录的，应当对拒绝的理由进行举证和说明。B项正确。

原告也应当对其诉讼请求的理由进行举证。根据《关于审理政府信息公开行政案件若干问题的规定》第5条第7款的规定，原告起诉被告拒绝更正政府信息记录的，应当提供其向被告提出过更正申请以及政府信息与其自身相关且记录不准确的事实根据。C项正确。

根据《关于审理政府信息公开行政案件若干问题的规定》第9条第4款的规定，被告依法应当更正而不更正与原告相关的政府信息记录的，人民法院应当判决被告在一定期限内更正。尚需被告调查、裁量的，判决其在一定期限内重新答复。被告无权更正的，判决其转送有权更正的行政机关处理。从本题所给的信息来看，无从判断区人社局所记载的有关信息是否有误，因此也就无从判断法院究竟应当如何判决。D项说法过于绝对，是错误的。

82. 【答案】AD

【解析】依据《行政诉讼法》第29条的规定，公民、法人或者其他组织同被诉行政行为有利害关系但没有提起诉讼，或者同案件处理结果有利害关系的，可以作为第三人申请参加诉讼，或者由人民法院通知参加诉讼。在行政处罚案件中，加害人不服处罚作为原告起诉，受害人则可以作为第三人参加诉讼。同理，如果受害人对处罚不服而以原告身份向法院起诉，加害人也可以第三人名义参加诉讼。AD项正确，BC项错误。

83. 【答案】AB

【解析】刑事司法赔偿义务机关的确定，采用彻底的"后置确定"原则，亦即由最后一个实施违法行为的机关一并履行国家赔偿义务。依据《国家赔偿法》第21条第4款的规定，二审改判无罪，以及二审发回重审后作无罪处理的，作出一审有罪判决的人民法院为赔偿义务机关。由此可知，本题的赔偿义务机关是区法院。AB项说法错误。

依据《国家赔偿法》第22条第2款的规定，赔偿请求人要求赔偿，应当先向赔偿义务机关提出。C项说法正确。

依据《国家赔偿法》第21条第3款的规定，对公民采取逮捕措施后决定撤销案件、不起诉或者判决宣告无罪的，作出逮捕决定的机关为赔偿义务机关。D项说法正确。

84.【答案】AC

【解析】《拆除所建房屋通知》是对该公司违法行为的制裁，并责令纠正的行为，属于行政处罚决定书。而《关于限期拆除所建房屋的通知》则是为了督促当事人自觉履行义务，属于行政强制执行中的催告书，两者性质不同。A项正确，B项错误。

依据《行政诉讼法》第12条的第1款第1项的规定，公民、法人或者其他组织对行政拘留、暂扣或者吊销许可证和执照、责令停产停业、没收违法所得、没收非法财物、罚款、警告等行政处罚不服提起诉讼的，人民法院应予受理。由于该通知书属于行政处罚决定书，行政相对人对该行政处罚决定不服的，当然可以提起行政诉讼。C项正确。

依据《行政处罚法》第33条的规定，违法事实确凿并有法定依据，对公民处以50元以下、对法人或者其他组织处以1000元以下罚款或者警告的行政处罚的，可以当场作出行政处罚决定。D项错误。

85.【答案】BCD

【解析】该题考查的是政府信息公开诉讼的受案范围问题，也是一个直接关系到申请人诉权保护的重要问题。依据《关于审理政府信息公开行政案件若干问题的规定》第2条的规定，公民、法人或者其他组织对下列行为不服提起行政诉讼的，人民法院不予受理：（一）因申请内容不明确，行政机关要求申请人作出更改、补充且对申请人权利义务不产生实际影响的告知行为；（二）要求行政机关提供政府公报、报纸、杂志、书籍等公开出版物，行政机关予以拒绝的；（三）要求行政机关为其制作、搜集政府信息，或者对若干政府信息进行汇总、分析、加工，行政机关予以拒绝的；（四）行政程序中的当事人、利害关系人以政府信息公开名义申请查阅案卷材料，行政机关告知其应当按照相关法律、法规的规定办理的。黄某要求市政府提供公开发行的2010年市政府公报，说明市政府已经通过政府公报形式公开了相关的政府信息。黄某以提供公报遭拒绝而向法院起诉，人民法院自然是不予受理的。A项错误。

依据《关于审理政府信息公开行政案件若干问题的规定》第1条的规定，公民、法人或者其他组织认为下列政府信息公开工作中的具体行政行为侵犯其合法权益，依法提起行政诉讼的，人民法院应当受理：（一）向行政机关申请获取政府信息，行政机关拒绝提供或者逾期不予答复的；（二）认为行政机关提供的政府信息不符合其在申请中要求的内容或者法律、法规规定的适当形式的；（三）认为行政机关主动公开或者依他人申请公开政府信息侵犯其商业秘密、个人隐私的；（四）认为行政机关提供的与其自身相关的政府信息记录不准确，要求该行政机关予以更正，该行政机关拒绝更正、逾期不予答复或者不予转送有权机关处理的；（五）认为行政机关在政府信息公开工作中的其他具体行政行为侵犯其合法权益的。公民、法人或者其他组织认为政府信息公开行政行为侵犯其合法权益造成损害的，可以一并或单独提起行政赔偿诉讼。BCD项正确。

三、不定项选择题。

86.【答案】AD

【解析】选项A正确，购买假币是指以真币及其衍生权利为对价交换假币，甲的行为符合该要求，成立购买假币罪。选项B错误，购买假币罪保护的法益是本国货币管理制度，并非财产法益，不可能根据收支情况折算涉案金额。本案购买假币的数额是10万。选项C错误，在境外购买假币侵犯的只有外国的货币管理制度，因此不能以保护原则为由行使管辖权。选项D正确，将假币跨越国（边）境邮寄，属于走私假币行为，成立走私假币罪。

87. 【答案】BC

【解析】甲将2万元真币送给赵某，构成对非国家工作人员行贿罪，A项错误，不选。甲将10万假币冒充真币送给赵某，不构成诈骗罪，B项正确，当选。赵某收受甲的财物，构成非国家工作人员受贿罪，C项正确，当选。赵某被甲欺骗而订立合同，赵某不属国有公司、企业、事业单位直接负责的主管人员，不构成签订合同失职被骗罪（构成本罪另外要求"致使国家利益重大损失"），D项错误，不选。

88. 【答案】ABC

【解析】在商品外包装上贴上他人注册商标，属于使用他人注册商标，甲未经允许实施的上述行为构成假冒注册商标罪。商品中含有对人体有害的非食品原料，成立销售有毒、有害食品罪。甲销售伪劣产品，销售金额达到5万元，成立销售伪劣产品罪。甲的上述行为具有整体性，即甲为了销售产品而假冒商标，可认为仅存在一行为，侵犯数法益，按照想象竞合犯处理，不能数罪并罚。

89. 【答案】D

【解析】甲具有商品经营者身份，其在经营过程中，因故向消费者张某实施暴力、胁迫行为，强迫其交付超过原批发价20%的货款，由于与合理价格相差不大，不属

于悬殊的价款，因此成立强迫交易罪。选项A错误，由于要价与合理价格之间的差价不悬殊，仍然存在交易的基础，不能否定处分行为的存在，故不成立抢劫罪。选项B错误，该行为主要侵犯市场秩序，与社会管理秩序无关，因此不成立寻衅滋事罪。选项C错误，甲有胁迫行为，但也存在交易基础，被害人没有遭受数额较大的经济损失，不能构成敲诈勒索罪。

90. 【答案】BC

【解析】甲虚构事实骗取了存款，但是甲具有归还意图，因此不构成诈骗罪。甲未经批准通过虚假项目向社会不特人宣传，承诺还本付息，获得大量存款，成立非法吸收公众存款罪。甲的行为当然属于违反特许规定经营金融业务的非法经营行为，成立非法经营罪。由于仅存在一个行为，侵犯同一种类法益（非法吸收公众存款罪的法益包含在非法经营罪保护法益之中），甲的行为应成立非法经营罪与非法吸收公众存款罪的法条竞合，按照较重的非法吸收公众存款罪处罚。据此，选项BC正确，选项AD错误。

91. 【答案】ABC

【解析】选项A正确，甲以后期款项归还前期借款，后亏空巨大，吸纳金额达2000万元，具有非法占有目的，成立集资诈骗罪。选项B正确，集资诈骗的数额应根据被害人损失的数额计算，而不是行为人最终剩余的数额。选项C正确，根据《刑法》第199条的规定，本罪最高可判死刑。选项D错误，甲虽然死亡，但500万元仍然是犯罪所得，可以追缴。

92. 【答案】ABCD

【解析】根据《刑事诉讼法》第117条

的规定,对不需要逮捕、拘留的犯罪嫌疑人,可以传唤到犯罪嫌疑人所在市、县内的指定地点或者到他的住处进行讯问,但是应当出示人民检察院或者公安机关的证明文件。对在现场发现的犯罪嫌疑人,经出示工作证件,可以口头传唤,但应当在讯问笔录中注明。

ABD项,对不需要逮捕、拘留的犯罪嫌疑人,可以传唤到犯罪嫌疑人所在市、县内的指定地点或者到他的住处进行讯问,因此,传唤犯罪嫌疑人至公安局、公司都是可以的,AB项正确。对在现场发现的犯罪嫌疑人,经出示工作证件,可以口头传唤,但应当在讯问笔录中注明,D项正确。

C项,根据《刑事诉讼法》第116条第2款的规定,犯罪嫌疑人被送交看守所羁押以后,侦查人员对其进行讯问,应当在看守所内进行。可见,C项正确。

综上所述,本题答案为ABCD项。

93.【答案】ACD

【解析】本题考查侦查行为中的询问被害人,需要注意,询问被害人与讯问证人的程序一样。

根据《刑事诉讼法》第122条第1款的规定,侦查人员询问证人,可以在现场进行,也可以到证人所在单位、住处或者证人提出的地点进行,在必要的时候,可以通知证人到人民检察院或者公安机关提供证言。在现场询问证人,应当出示工作证件,到证人所在单位、住处或者证人提出的地点询问证人,应当出示人民检察院或者公安机关的证明文件。

根据《刑事诉讼法》第125条的规定,询问被害人,适用询问证人的规定。

本题中,AB项,在现场和被害人提出的地点进行询问是正确的,A项正确,但是B项,应当是可以到被害人指定的地点询问而不能笼统地说到"指定的地点"询问,B项错误。

C项,"可以通知证人到人民检察院或者公安机关提供证言",故,C项正确。

D项,根据《刑事诉讼法》第120条的规定,讯问笔录应当交犯罪嫌疑人核对,对于没有阅读能力的,应当向他宣读。如果记载有遗漏或者差错,犯罪嫌疑人可以提出补充或者改正。犯罪嫌疑人承认笔录没有错误后,应当签名或者盖章。侦查人员也应当在笔录上签名。犯罪嫌疑人请求自行书写供述的,应当准许。必要的时候,侦查人员也可以要犯罪嫌疑人亲笔书写供词。

根据《刑事诉讼法》第124条的规定,本法第120条的规定,也适用于询问证人。

可见关于讯问笔录的规定可以适用于询问证人,而询问被害人,适用询问证人的规定。故,询问被害人可以适用讯问笔录的规定。即,询问笔录应当交被害人核对,如记载有遗漏或者差错,被害人可以提出补充或者改正,D项正确。

综上所述,本题选ACD项。

94.【答案】D

【解析】A项,根据《刑事诉讼法》第139条第1款的规定,在侦查活动中发现的可用以证明犯罪嫌疑人有罪或者无罪的各种财物、文件,应当查封、扣押;与案件无关的财物、文件,不得查封、扣押。

可见,查封、冻结是在"侦查活动中",并非只限于"勘验、搜查"时,A项错误。

B项,根据《刑事诉讼法》第142条第1款的规定,人民检察院、公安机关根据侦查犯罪的需要,可以依照规定查询、冻结犯罪嫌疑人的存款、汇款、债券、股票、基金份额等财产。有关单位和个人应当配合。

可见，针对"存款、汇款、债券、股票、基金份额等财产"应当适用查询、冻结措施，对物证、书证才适用查封、扣押措施，B项错误。

C项，根据《刑事诉讼法》第141条第1款的规定，侦查人员认为需要扣押犯罪嫌疑人的邮件、电报的时候，经公安机关或者人民检察院批准，即可通知邮电机关将有关的邮件、电报检交扣押。

可见，侦查人员需要"经公安机关或者人民检察院批准"，才可以实施扣押邮件、电报的行为，C项错误。

D项，根据《刑事诉讼法》第143条的规定，对查封、扣押的财物、文件、邮件、电报或者冻结的存款、汇款、债券、股票、基金份额等财产，经查明确实与案件无关的，应当在三日以内解除查封、扣押、冻结，予以退还。

可见，D项"3日"的表述正确。

综上所述，本题答案为D项。

95. 【答案】BC

【解析】根据《刑事诉讼法》第285条的规定，根据本章规定对精神病人强制医疗的，由人民法院决定。公安机关发现精神病人符合强制医疗条件的，应当写出强制医疗意见书，移送人民检察院。对于公安机关移送的或者在审查起诉过程中发现的精神病人符合强制医疗条件的，人民检察院应当向人民法院提出强制医疗的申请。人民法院在审理案件过程中发现被告人符合强制医疗条件的，可以作出强制医疗的决定。对实施暴力行为的精神病人，在人民法院决定强制医疗前，公安机关可以采取临时的保护性约束措施。

可见，有权启动精神病强制医疗程序的主体包括：检察院（申请法院启动）和法院（依职权启动）。故，本题应当选BC项。

96. 【答案】BCD

【解析】根据《刑事诉讼法》第286条的规定，人民法院受理强制医疗的申请后，应当组成合议庭进行审理。人民法院审理强制医疗案件，应当通知被申请人或者被告人的法定代理人到场。被申请人或者被告人没有委托诉讼代理人的，人民法院应当通知法律援助机构指派律师为其提供法律帮助。

A项，人民法院受理强制医疗的申请后，应当组成合议庭进行审理。可见，只要不是上诉、抗诉案件、死刑复核等案件，有合议庭就可能存在陪审员，所以A项正确。

B项，被申请人或者被告人没有委托诉讼代理人的，人民法院应当通知法律援助机构指派律师为其提供法律帮助，法院只通知了刘某的法定代理人到场的做法是错误的，B项错误。

C项，精神病强制医疗程序应当适用"决定"而不是"裁定"，C项错误。

D项，被害人不服，可以向上一级人民法院申请复议，而不是申请检察院抗诉，D项错误。

综上所述，本题答案为BCD项。

97. 【答案】无（司部法公布答案为D）

【解析】依据《行诉法适用解释》第6条第2款的规定，行政诉讼法第二十六条第二款规定的"复议机关改变原行政行为"，是指复议机关改变原行政行为的处理结果。由此可知，复议机关维持原行政行为处理结果，尽管改变了原行政行为所适用的规范依据且对定性产生了影响，也依然应当视为维持了原行政行为。依据《行政诉讼法》

第 26 条第 2 款的规定，经复议的案件，复议机关决定维持原行政行为的，作出原行政行为的行政机关和复议机关是共同被告；复议机关改变原行政行为的，复议机关是被告。由此可知，本案被告应为原机关与复议机关即乙县药监局与县政府。

依据《行诉法适用解释》第 8 条的规定，作出原行政行为的行政机关和复议机关为共同被告的，以作出原行政行为的行政机关确定案件的级别管辖。而依据《行政诉讼法》第 15 条的规定，（一）对国务院部门或者县级以上地方人民政府所作的行政行为提起诉讼的案件；（二）海关处理的案件；（三）本辖区内重大、复杂的案件；（四）其他法律规定由中级人民法院管辖的案件。据此可知，本案应由乙县法院管辖。ABCD 项错误。由于新法与司法解释的修改，导致本题已经无答案。

98. 【答案】BD

【解析】根据《行政诉讼法》第 6 条的规定，人民法院审理行政案件，对行政行为是否合法进行审查。据此可知，人民法院的审理对象是被诉行政行为，《行政诉讼法》并未要求人民法院须对原告行为的合法性一并予以审理和裁判。选项 A 错误。

药厂提供证据是其行使举证权利而非承担举证责任，因此其提供的证据不成立的，并不当然免除被告的举证责任。依据《行政诉讼法》第 37 条的规定，原告可以提供证明行政行为违法的证据。原告提供的证据不成立的，不免除被告的举证责任。选项 B 正确。

《最高人民法院关于行政诉讼证据若干问题的规定》第 43 条第 2 款规定："当事人在庭审过程中要求证人出庭作证的，法庭可以根据审理案件的具体情况，决定是否准许以及是否延期审理。选项 C 错误。

依据《最高人民法院关于行政诉讼证据若干问题的规定》第 53 条的规定，人民法院裁判行政案件，应当以证据证明的案件事实为依据。选项 D 正确。

99. 【答案】ABD

【解析】行政强制措施是指行政机关在行政管理过程中，为了制止违法行为、防止证据毁损、避免损害发生、控制危险扩大等情形，依法对公民的人身自由实施暂时性限制，或者对公民、法人或者其他组织的财务实施暂时性控制的行为。而行政强制执行则是指在行政法律关系中，行政相对人不履行行政决定中规定的义务时，行政机关或者由行政机关申请人民法院采取强制手段，依法强迫其履行义务，或者达到与履行义务相同状态的行为。两者区分的关键有两点：一是看是否属于临时性的行为，二是看是否有前提行政行为。按照这一判断标准，ABD 项属于行政强制措施，C 项则属于行政强制执行行为。

100. 【答案】ABC

【解析】依据《国家赔偿法》第 34 条第（二）项的规定，造成部分或者全部丧失劳动能力的，应当支付医疗费、护理费、残疾生活辅助具费、康复费等因残疾而增加的必要支出和继续治疗所需的费用，以及残疾赔偿金。残疾赔偿金根据丧失劳动能力的程度，按照国家规定的伤残等级确定，最高不超过国家上年度职工年平均工资的二十倍。造成全部丧失劳动能力的，对其扶养的无劳动能力的人，还应当支付生活费。据此可知，廖某是部分丧失劳动能力，不需要赔偿廖某扶养的无劳动能力人的生活费。ABC 项正确，D 项错误。

2012年国家司法考试（试卷三）解析

一、单项选择题。

1. 【答案】D

【解析】ABC项：说法错误，不当选；D项：说法正确，当选。《合同法》第109条规定："当事人一方未支付价款或者报酬的，对方可以要求其支付价款或者报酬。"此条规范的含义是：金钱债务不发生履行不能。债务人对债权人负有支付金钱债务的，除非债务人死亡没有遗产（或者债务人破产）或者金钱债务的诉讼时效期间经过，债权人均有权要求债务人履行该支付金钱的债务。《合同法》第117条规定："因不可抗力不能履行合同的，根据不可抗力的影响，部分或者全部免除责任，但法律另有规定的除外。当事人迟延履行后发生不可抗力的，不能免除责任。本法所称不可抗力，是指不能预见、不能避免并不能克服的客观情况。"能够冲毁商品房的洪水应认定为不可抗力。但是，该不可抗力对于张某与银行间的借款合同不产生影响。张某的行为发生三方面的法律关系：（1）张某与房地产开发企业之间的房屋买卖合同；（2）张某与银行间的借款合同；（3）张某与银行间的抵押关系。张某购买的房屋被洪水冲毁，仅与房屋买卖合同有关，而与张某与银行间的借款合同无关（当然，对房屋抵押权也会产生影响，此时，适用抵押权的物上代位性规则）。综上，张某对银行负有支付金钱的债务，张某虽生活困难，但金钱债务不发生履行不能，张某应继续向银行履行支付金钱的债务。

2. 【答案】B

【解析】本题考查法人的分类。社团法人，是以人的组合为成立基础的法人。基于法人设立的目的，社团法人又可分为公益法人、营利法人和中间法人。由此可见，社团法人并非都是营利法人，还可能属于公益法人或中间法人。故AC选项均错误。在我国，基金会法人并非社团法人，而是属于社会团体法人，均以公益为目的。故B选项正确。民办非企业法人，如民办学校、民办医院等，均属非营利法人，故D选项错误。综上所述，本题的正确为答案为B选项。

3. 【答案】C

【解析】本题考查可变更可撤销的民事行为的类型。《民通意见》第71条对重大误解作了规范性解释："行为人因为对行为的性质、对方当事人、标的物的品种、质量、规格和数量等的错误认识，使行为的后果与自己的意思相悖，并造成较大损失的，可以认定为重大误解。"A项中，对物的所有权人的认识错误，并非重大误解的范围，故错误。B项中，甲误取乙砖使用的行为为事实行为，不存在意思表示，即不存在是否构成重大误解的问题，B项错误。C项中，甲误认乙宾馆提供茶叶行为的性质为无偿赠与，使行为与意思相悖，构成重大误解，正确。D项中，甲对交易相对方是否具有完全民事行为能力存在误解，不属于重大误解规范范畴，故不选。但甲属于善意相对人，依照《合同法》规定在合同被追认之前有撤销权。综上所述，本题的正确答案为C项。

4.【答案】B

【解析】本题考查悬赏广告的法律性质。甲宣称给付拾得电脑者资金表示的内心真意虽为打赌，但因其故意隐藏内心真意并表达非真意的悬赏意思，属于真意保留。根据民法一般原理，该内心意思与外在表示不一致，并不影响意思表示的效力。通说认为，悬赏人发出悬赏意思表示，债权债务关系即予成立，属于典型的单方允诺，因此B选项正确。电脑拾得人乙有权要求给付资金。存在争议的是，悬赏在理论上究竟属于单方允诺还是合同仍有争议，而我国最高人民法院2009年公布的《合同法解释（二）》明确规定了悬赏广告，似有承认合同说之嫌，值得注意。在本题，可通过排除法进行作答，同时明确命题人是支持单方允诺说的。

5.【答案】C

【解析】本题综合考查诉讼时效制度的适用。（1）《民法通则》第137条规定："诉讼时效期间从知道或者应当知道权利被侵害时起计算。"《诉讼时效规定》第6条规定："未约定履行期限的合同，依照合同法第六十一条、第六十二条的规定，可以确定履行期限的，诉讼时效期间从履行期限届满之日起计算；不能确定履行期限的，诉讼时效期间从债权人要求债务人履行义务的宽限期届满之日起计算，但债务人在债权人第一次向其主张权利之时明确表示不履行义务的，诉讼时效期间从债务人明确表示不履行义务之日起计算。"因此，当事人约定履行期限的，诉讼时效自履行期限届满之日起计算。故A选项错误。（2）根据《担保法解释》第36条的规定，连带责任保证中，主债务诉讼时效中断，保证债务诉讼时效不中断。B项中，甲对乙享有10万元货款债权，丙是连带保证人，甲对丙主张权利，主债权诉讼时效并不中断。故B选项错误。（3）《诉讼时效规定》第11条规定："权利人对同一债权中的部分债权主张权利，诉讼时效中断的效力及于剩余债权，但权利人明确表示放弃剩余债权的情形除外。"C项中，甲向银行借款100万元，乙提供价值80万元的房产作抵押，银行实现对乙的抵押权即为对部分债权主张权利，诉讼时效中断的效力及于剩余的20万元，故该项正确，当选。（4）《诉讼时效规定》第21条规定："主债务诉讼时效期间届满，保证人享有主债务人的诉讼时效抗辩权。保证人未主张前述诉讼时效抗辩权，承担保证责任后向主债务人行使追偿权的，人民法院不予支持，但主债务人同意给付的情形除外。"由此可见，一般保证人放弃先诉抗辩权并不使保证人的追偿权归于消灭。同样，主债务人同意给付的，保证人仍有合法的受领权。故D选项错误。综上所述，本题的正确答案为C选项。

6.【答案】B

【解析】本题考查按份共有物的管理和处分规则。①《物权法》第96条规定："共有人按照约定管理共有的不动产或者动产；没有约定或者约定不明确的，各共有人都有管理的权利和义务。"此处所称"管理"的权利义务，主要指依照法律参与共同管理的权利和义务，而非各共有人单独进行任意管理，A选项错误。②《物权法》第97条规定："处分共有的不动产或者动产以及对共有的不动产或者动产作重大修缮的，应当经占份额三分之二以上的按份共有人或者全体共同共有人同意，但共有人之间另有约定的除外。"本题中，甲、乙、丙三人（共占3/4份额）以全体共有人的名义将该房屋出租给戊。由于占份额三分之二以上的按份共有人可作出处分共有物的决定，按照举重以明轻的原则，对处分更轻的行为当然亦能够作出。因此B选项正确，而C选项错误。③另外，根据民法一般原理，出租行为并非改良行为，故D选项说法错误。综上所述，本题正确答案为B选项。

7.【答案】D

【解析】本题考查债权质权的法律适用。（1）根据《物权法》第223条第（七）项的规定，应收账款可以设立质权，而债权作为应收账款的一种类型，当然得作为权利质权的标的。《物权法》第228条第1款规定："以应收账款出质的，当事人应当订立书面合同。质权自信贷征信机构办理出质登记时设立。"因此，将债权出质的事实通知乙不是债权质权生效的要件，选项A正确。（2）因对债权设定质权，同属于债权的处分，可以适用债权让与的相关规定。根据《合同法》第80条的规定，债权人转让权利的，应当通知债务人。未经通知，该转让对债务人不发生效力。参照该规定，若债权出质的事实未通知乙，则该质权原则上对乙不发生效力。对乙不发生效力，主要体现在两个方面：一是债务人乙向债权人甲清偿时，仍发生债务消灭的后果；二是丙不得直接向乙主张权利。故选项B正确。（3）如将债权出质的事实通知了乙，则乙不得向甲履行债务，否则

不得就该履行向质权人丙主张债已消灭，选项C正确。（4）因质权的不可分性，应以质押债权之全部担保丙的债权，乙得到设立质权通知后的部分履行，同样不得对抗质权人丙，选项D错误。综上所述，本题的正确答案为D项。

8.【答案】D

【解析】本题考查占有的类型及效力。①本题中，甲将乙的停车位占为己用，因欠缺占有的权源而为无权占有人，又明知非为己有仍占为己用并出租，为恶意占有人。故A选项说法正确。②丙依据租赁合同占有车位，为有权占有，乙不得对其行使占有返还请求权。故B选项说法正确。③《物权法》第34条规定："无权占有不动产或者动产的，权利人可以请求返还原物。"乙对停车位的占有被甲侵夺，虽甲已经将该车位出租于丙，但仍属无权的间接占有人。故乙可请求甲返还原物。④《物权法》第245条规定："占有的不动产或者动产被侵占的，占有人有权请求返还原物。"本题中，因丙是有权占有，并无善意、恶意之分，且其占有并非基于侵夺乙的占有，甲不能主张占有返还请求权。故D选项错误。⑤需要注意的是，因丙的占有本权为租赁债权，无权对抗所有权人，所有权人乙有权基于本权（即所有权）要求乙返还原物。在甲基于租赁合同而为间接占有人时，乙可以对甲请求让与其对丙的返还请求权。故C选项正确。综上所述，本题的正确答案为D项。

9.【答案】B

【解析】本题考查所有权保留买卖的法律适用。（1）《物权法》第23条规定："动产物权的设立和转让，自交付时发生效力，

但法律另有规定的除外。"由此可见，在"法律另有规定的"的情形下，动产即使交付亦可能不发生物权变动的效力。而《合同法》第134条的规定所有权保留买卖即为其典型。根据该规定："当事人可以在买卖合同中约定买受人未履行支付价款或者其他义务的，标的物的所有权属于出卖人。"本题中，甲虽依汽车买卖合同先将汽车交付给乙，但明确约定付清全款后甲才将汽车的所有权移转给乙，因此甲依然为汽车所有权人。故选项A错误，选项B正确。（2）《物权法》第106条规定："无处分权人将不动产或者动产转让给受让人的，所有权人有权追回；除法律另有规定外，符合下列情形的，受让人取得该不动产或者动产的所有权：……"由此可见，善意取得以"无权处分"为前提。本题中，因甲保留了汽车所有权，仍为所有权人，其再次将汽车出卖于丙属于有权处分，不符合善意取得制度的适用要件，故选项C错误。（3）《物权法》第26条规定："动产物权设立和转让前，第三人依法占有该动产的，负有交付义务的人可以通过转让请求第三人返还原物的权利代替交付。"动产物权的变动，既可以基于现实交付，也可以基于观念交付。其中，指示交付即为观念交付的重要形态。因此，丙可以依甲的指示交付取得汽车所有权，故选项D错误。综上所述，本题的正确答案为B项。

10. 【答案】C

【解析】《买卖合同司法解释》第2条规定："当事人签订认购书、订购书、预订书、意向书、备忘录等预约合同，约定在将来一定期限内订立买卖合同，一方不履行订立买卖合同的义务，对方请求其承担预约合同违约责任或者要求解除预约合同并主张损害赔偿的，人民法院应予支持"。《商铺认购书》属于预约合同，它与商品房预售合同不同，并不是必须取得预售许可，该合同有效。甲公司违反该预约合同，需要承担违约责任或者李某有权解除合同。A项错误，C项正确。

《合同法解释二》第1条规定："当事人对合同是否成立存在争议，人民法院能够确定当事人名称或者姓名、标的和数量的，一般应当认定合同成立。但法律另有规定或者当事人另有约定的除外"。该预约合同有当事人、标的和数量，包含了合同的主要内容，已经成立，其指向的标的系签订商品房预售合同的行为。B项错误。

《合同法》第110条规定："当事人一方不履行非金钱债务或者履行非金钱债务不符合约定的，对方可以要求履行，但有下列情形之一的除外：（一）法律上或者事实上不能履行；（二）债务的标的不适于强制履行或者履行费用过高；（三）债权人在合理期限内未要求履行。"该预约合同已经在法律上不能继续履行，D项错误。

11. 【答案】D

【解析】本题考查法律行为的效力认定。《合同法》第45条第1款规定："当事人对合同的效力可以约定附条件。附生效条件的合同，自条件成就时生效。附解除条件的合同，自条件成就时失效。"本案中，甲、乙订立的课程辅导合同属于附解除条件的合同，即乙高考未达到二本线时，合同失其效力，乙有权要求甲全额退款。尽管辅导机构保证高考过线的承诺是违背教育规律的，但双方当事人意思表示真实，且未违反法律强制性规定，不存在显失公平、情事变更以及无效情形，应当属于有效合同。故选 D 项。

12. 【答案】A

【解析】本题考查第三人代为清偿的法律效力。①代为清偿，指由债之关系以外的第三人，以为债务人清偿债务之意思而向债权人履行债务。本题中，甲公司对乙公司负有的交付葡萄酒的义务，不具有人身专属性，且当事人无相反约定，原则上得由第三人代为清偿。无论债务人是否知情并提出异议，债权人有权接受第三人的清偿而使债务人的债务归于消灭，因此选项 A 正确。②第三人代为清偿后，若使得债务人债务得以消灭，则第三人得依约定或不当得利及无因管理的规定向债务人追偿，包括代为履行的必要费用，选项 B 错误。③基于合同的相对性，因甲公司对丙公司的代为履行行为并不知情，因此丙公司履行中的瑕疵只能由其自行负责，不得要求甲公司承担违约责任。丙公司因履行有瑕疵而承担违约责任的，也不得就该违约赔偿金向甲公司追偿。故选项 CD 错误。因此，本题的正确答案为 A 项。

13. 【答案】D

【解析】本题综合考查债权让与和债务承担的规则。①根据《合同法》第 80 条的规定，债权人转让权利的，应当通知债务人。未经通知，该转让对债务人不发生效力。根据该规定，通知只是对债务人发生效力的要件，而即使未通知债务人，债权转让行为仍对债权人和受让人发生效力，并不因此而无效。故选项 AB 错误。②《合同法》第 84 条规定："债务人将合同的义务全部或者部分转移给第三人的，应当经债权人同意。"本题中，乙将债务转让给戊，得到了甲的同意。因乙未得到通知而对债权人的变更并不知情，因此征得原债权人同意发生债务承担的法律效力。故选项 C 错误。③因债务承担后乙脱离原债务关系，其代替戊清偿构成第三人代为清偿，得基于不当得利的规定对戊行使求偿权，D 项正确。综上所述，本题 D 选项当选。

14. 【答案】D

【解析】本题综合考查提存的效力。①《合同法》第 102 条规定："标的物提存后，除债权人下落不明的以外，债务人应当及时通知债权人或者债权人的继承人、监护人。"《提存公证规则》第 4 条规定："提存公证由债务履行地的公证处管辖。"第 19 条规定："公证处有保管提存标的物的权利和义务。公证处应当采取适当的方法妥善保管提存标的，以防毁损、变质或灭失。"因提存机构的过错导致提存物发生毁损的，应当承担赔偿责任。《侵权责任法》第 34 条规定："用人单位的工作人员因执行工作任务造成他人损害的，由用人单位承担侵权责任。"因此，甲机构工作人员在检修自来水管道时因操作不当引起大水，致乙交存的物品严重毁损时，甲机构构成违约行为，应当承担赔偿责任。因此 AB 项正确。②《合同法》第 103 条前段规定："标的物提存后，毁损、灭失的风险由债权人承担。"通常情形下，债权人应当承担提存物的风险，但特殊情形下债务人仍有权取回提存物。《提存公证规则》第 26 条规定："提存人可以凭人民法院生效的判决、裁定或提存之债已经清偿的公证证明取回提存物。"本题中，乙另行向丙履行了提存之债，有权要求取回提存物，并向提存机构主张赔偿财产损失。此时，丙无领取提存物的请求权,亦无权要求赔偿损失。因此 C 项正确,D 项错误。综上所述,本题的正确答案为 D 项。

15. 【答案】C

【解析】本题考查赠与合同的撤销。①《合同法》第 186 条规定:"赠与人在赠与财产的权利转移之前可以撤销赠与。具有救灾、扶贫等社会公益、道德义务性质的赠与合同或者经过公证的赠与合同,不适用前款规定。"本案中,甲公司先后成立了三个赠与合同。在赠与财产转移之前,甲公司可任意撤销对丙公司的赠与,但不能撤销具有社会公益性质的对丁基金会及戊学校的赠与,因此 D 项错误。②《合同法》第 74 条规定:"因债务人放弃其到期债权或者无偿转让财产,对债权人造成损害的,债权人可以请求人民法院撤销债务人的行为。债务人以明显不合理的低价转让财产,对债权人造成损害,并且受让人知道该情形的,债权人也可以请求人民法院撤销债务人的行为。"本题中,因甲无偿赠与财产的行为损害了债权人乙的利益,乙基于《合同法》第 74 条规定的债权人的撤销权撤销赠与。由于甲对丙、丁的赠与均发生在乙的债权产生之前,难以认定该赠与行为危害了乙的债权,不符合债权人撤销权的行使要件。故选项 A 和 B 错误。③相应的,甲对戊学校的赠与发生在债务清偿期届满之后,为无偿转让财产,无论受赠人戊学校是否知情,均符合债权人撤销权的行使要件,因此选项 C 正确。综上所述,本题的正确答案为 C 项。

16. 【答案】B

【解析】本题考查专利独占实施许可合同的效力及后续技术成果的归属与分享。

(1)《技术合同解释》第 25 条规定:"专利实施许可包括以下方式:(一)独占实施许可,是指让与人在约定许可实施专利的范围内,将该专利仅许可一个受让人实施,让与人依约定不得实施该专利……由此可见,独占实施许可中,只有被许可人可以使用该专利技术,即使专利权人亦无权实施。"因此 A 选项错误。(2)《合同法》第 329 条规定:"非法垄断技术、妨碍技术进步或者侵害他人技术成果的技术合同无效。"《技术合同解释》第 10 条规定:"《合同法》第 329 条所称的'非法垄断技术、妨碍技术进步'主要包括以下情形:(一)限制当事人一方在合同标的技术基础上进行新的研究开发或者限制其使用所改进的技术,或者双方交换改进技术的条件不对等,包括要求一方将其自行改进的技术无偿提供给对方、非互惠性转让给对方、无偿独占或者共享该改进技术的知识产权……"本题中,甲、乙双方签订的技术实施许可合同特别约定乙公司不得擅自改进该专利技术,属于"非法垄断技术、妨碍技术进步"的条款,应当认定无效。乙公司根据消费者的反馈意见,在未经甲公司许可的情形下对专利技术做了改进,既不构成违约,又不构成侵权。因此 CD 选项错误。(3)《合同法》第 354 条规定:"当事人可以按照互利的原则,在技术转让合同中约定实施专利、使用技术秘密后续改进的技术成果的分享办法。没有约定或者约定不明确,依照本法第六十一条的规定仍不能确定的,一方后续改进的技术成果,其他各方无权分享。"本题中,乙公司对专利技术做了改进,且未就实施专利、使用技术秘密后续改进的技术成果的分享办法进行约定，应当由乙公司享有改进的技术成果，甲公司无权分享。故B选项正确。

17.【答案】D

【解析】①《著作权法》第10条规定："著作权包括下列人身权和财产权：……（十六）汇编权，即将作品或者作品的片段通过选择或者编排，汇集成新作品的权利；"本题中，国内学者公开发表的关于如何认定和处理侵犯知识产权行为的有关论文或论文摘要，作者享有独立的著作权，有权决定是否将论文进行汇编，故出版社应当征得被选编论文著作权人的同意，并向其支付报酬。故AB选项错误。②《著作权法》第14条规定："汇编若干作品、作品的片段或者不构成作品的数据或者其他材料，对其内容的选择或者编排体现独创性的作品，为汇编作品，其著作权由汇编人享有，但行使著作权时，不得侵犯原作品的著作权。"因此，只要汇编作品具有独创性，即对汇编作品享有著作权。未经论文著作权人同意属于侵害原作者著作权（汇编权）的行为，应当承担侵权责任，但原则上不妨碍其对汇编作品的著作权。故D选项正确。③汇编作品上存在双重著作权，汇编人对汇编作品（出版的学术论文集）享有著作权，但其行使不得侵犯原作者的著作权。故他人复制该论文集既需征得汇编人即出版社同意，还要经过原著作权人即论文作者同意，并支付报酬。故C选项错误。综上所述，本题正确答案为D项。

18.【答案】D

【解析】①《专利法》第12条规定："任何单位或者个人实施他人专利的，应当与专利权人订立实施许可合同，向专利权人支付专利使用费。被许可人无权允许合同规定以外的任何单位或者个人实施该专利。"A选项中，甲公司与专利权人签订了独占实施许可合同，甲公司无权许可他人实施该专利技术，故甲公司构成专利侵权行为，不选。②《专利法》第56条规定："取得实施强制许可的单位或者个人不享有独占的实施权，并且无权允许他人实施。"故获得强制许可实施权的甲公司无权许可他人实施该专利技术，B选项错误。③《专利法》第70条规定："为生产经营目的的使用、许诺销售或者销售不知道是未经专利权人许可而制造并售出的专利侵权产品，能证明该产品合法来源的，不承担赔偿责任。"因此，甲公司销售不知道是侵犯他人专利的产品并能证明该产品来源合法的，仍然构成侵权，只是不承担赔偿责任。故C选项错误。④《专利法》第69条规定："有下列情形之一的，不视为侵犯专利权：……（五）为提供行政审批所需要的信息，制造、使用、进口专利药品或者专利医疗器械的，以及专门为其制造、进口专利药品或者专利医疗器械的。"故D选项中，为提供行政审批所需要的信息，甲公司未经专利权人的同意而制造其专利药品的，不构成侵犯专利权，当选。综上所述，本题的正确答案为D项。

19.【答案】D

【解析】①《商标法》第18条第2款规定："外国人或者外国企业在中国申请商标注册和办理其他商标事宜的，应当委托依法设立的商标代理机构办理。"由此可见，外国企业应当委托商标代理机构办理，而律师事务所并不当然具有商标代理资格，故A选项错误。②《商标法》第17条规定："外国人或者外国企业在中国申请商标注册的，应当按其所属国和中华人民共和国签订的协议或者共同参加的国际条约办理，或者按对等原则办理。"由此可见，外国企业所属国并非必须加入国际条约或组织。BC选项错误。③《商标法》第4条第1款规定："自然人、法人或者其他组织在生产经营活动中，对其商品或者服务需要取得商标专用权的，应当向商标局申请商标注册。"某商标是否符合商标注册的条件，需要根据我国《商标法》进行独立判断。商标符合外国注册条件的，不一定符合我国条件；商标不符合外国注册条件的，也有可能符合我国条件。故D选项正确。综上所述，本题的正确答案为D项。

20. 【答案】C

【解析】本题考查给付型不当得利的返还。本题中，甲虽直接将物交付于丙，但二人之间却不存在交付关系。交付关系实质分别发生于甲和乙、乙和丙之间。根据民法原理，给付型不当得利原则上发生于存在给付关系的当事人之间。因此，如仅甲、乙间买卖合同无效，则甲有权向乙主张不当得利返还请求权；仅乙、丙间买卖合同无效，则乙有权向丙主张不当得利返还请求权；如甲、乙间以及乙、丙间买卖合同均无效，甲有权向乙、乙有权向丙主张不当得利返还。因此ABD三项都是正确的。基于给付型不当得利的一般原理，如甲、乙间以及乙、丙间买卖合同均无效，因甲与丙之间并不存在给付关系，因此甲无权向丙主张不当得利返还请求权。但根据命题人的意思，我国不采用物权行为及其无因性理论，因甲、乙间以及乙、丙间买卖合同均无效，丙无法取得标的物所有权，构成无权占有。甲依然是所有权人，对丙享有所有物返还请求权以及占有不当得利返还请求权，得择一行使。故C选项错误。综上所述，本题的正确答案为C项。

21. 【答案】A

【解析】本题考查无因管理之债的效力。《民法通则》第93条规定："没有法定的或者约定的义务，为避免他人利益受损失进行管理或者服务的，有权要求受益人偿付由此而支付的必要费用。"（1）A项中，甲、乙虽订立合同，但乙受甲雇佣的合同义务为"照看小孩"，并无救助其他家庭成员的法定或约定义务，故其送甲至医院救治属于无因管理，A项正确。（2）B选项中，丁照看小孩的行为是基于甲的委托，负有合同上的约定义务，基于该转委托合同照看小孩并非无因管理。根据《合同法》第406条的规定，无偿的委托合同，因受托人的故意或者重大过失给委托人造成损失的，委托人可以要求赔偿损失。因该委托为无偿，丁只对故意和重大过失负责。在此情形下，丁无须承担赔偿责任。B选项错误。（3）《侵权责任法》第35条规定："个人之间形成劳务关系，提供劳务一方因劳务造成他人损害的，由接受劳务一方承担侵权责任。"本题中，丙和丁之间虽存在劳务关系，但丁的职责为做家务，并不包括照看他人的小孩。因照看小孩造成损害，并不属于"执行劳务"造成的损害，故不适用《侵权责任法》第35条的规定，C选项错误。（4）《合同法》第400条规定："受托人应当亲自处理委托事务。转委托未经同意的，受托人应当对转委托的第三人的行为承担责任，但在紧急情况下受托人为维护委托人的利益需要转委托的除外。"本题中，乙为了甲的利益，在紧急情况下将照看小孩的事务转托于好友丁，合情合理合法，并不存在过错，无须承担责任，故D选项错误。

综上所述，本题正确答案为A项。

22. 【答案】A

【解析】①《继承法》第3条规定："遗产是公民死亡时遗留的个人合法财产，包括：（一）公民的收入；（二）公民的房屋、储蓄和生活用品；（三）公民的林木、牲畜和家禽；（四）公民的文物、图书资料；（五）法律允许公民所有的生产资料；（六）公民的著作权、专利权中的财产权利；（七）公民的其他合法财产。"本题中，房产虽然登记在甲名下，但该房屋实际上由寺院出资购买，且未表明有赠与甲所有权的意思，因此房产的真正所有权人应当为寺院，并非甲死亡时遗留的个人合法财产。寺院有权提起物权确认之诉。故A选项正确。②微博账号为现代传媒高度发展社会背景下的新兴网络虚拟财产，属于"公民的其他合法财产"的范畴，应当作为甲的遗产由其继承人继承。故，选项C错误。③《著作权法》第16条规定："公民为完成法人或者其他组织工作任务所创作的作品是职务作品，除本条第二款的规定以外，著作权由作者享有，但法人或者其他组织有权在其业务范围内优先使用。作品完成两年内，未经单位同意，作者不得许可第三人以与单位使用的相同方式使用该作品。有下列情形之一的职务作品，作者享有署名权，著作权的其他权利由法人或者其他组织享有，法人或者其他组织可以给予作者奖励：（一）主要是利用法人或者其他组织的物质技术条件创作，并由法人或者其他组织承担责任的工程设计图、产品设计图、地图、计算机软件等职务作品；（二）

法律、行政法规规定或者合同约定著作权由法人或者其他组织享有的职务作品。"本题中，虽《金刚经解说》属于职务作品，但并不存在由法人或其他组织享有著作权的情形，该作品的著作权原则上仍由作者即甲所有。故选项C错误。④"出家"属于个人宗教行为，并不属于导致民事权利义务变动的法律事实，不会直接导致其个人存款归出家寺院所有。出家人即甲死亡后，其个人合法财产应当由其继承人继承。故D选项错误。综上所述，本题的正确答案为A项。

23. 【答案】C

【解析】本题综合考查夫妻扶养义务、夫妻共同财产以及离婚损害赔偿等多项制度。①《物权法》第99条规定："共有人约定不得分割共有的不动产或者动产，以维持共有关系的，应当按照约定，但共有人有重大理由需要分割的，可以请求分割；没有约定或者约定不明确的，按份共有人可以随时请求分割，共同共有人在共有的基础丧失或者有重大理由需要分割时可以请求分割。因分割对其他共有人造成损害的，应当给予赔偿。"《婚姻法解释（三）》第4条规定："婚姻关系存续期间，夫妻一方请求分割共同财产的，人民法院不予支持，但有下列重大理由且不损害债权人利益的除外：（一）一方有隐藏、转移、变卖、毁损、挥霍夫妻共同财产或者伪造夫妻共同债务等严重损害夫妻共同财产利益行为的；（二）一方负有法定扶养义务的人患重大疾病需要医治，另一方不同意支付相关医疗费用的。"本题中，甲与乙为夫妻关系，负有相互扶养的义务，而乙患重大疾病需要医治时，保管夫妻共同财产的甲拒绝向乙提供治疗费，致乙疾病得不到及时治疗而恶化，甲的行为构成遗弃，此时乙有权分割共同财产。故 A 项正确。②《婚姻法》第 32 条规定："男女一方要求离婚的，可由有关部门进行调解或直接向人民法院提出离婚诉讼。人民法院审理离婚案件，应当进行调解；如感情确已破裂，调解无效，应准予离婚。有下列情形之一，调解无效的，应准予离婚：（一）重婚或有配偶者与他人同居的；（二）实施家庭暴力或虐待、遗弃家庭成员的；……"根据《婚姻法》第 46 条的规定，虐待、遗弃家庭成员导致离婚的，无过错方有权请求损害赔偿。本题中，甲与乙为夫妻关系，乙患重大疾病需要医治时，甲拒绝向乙提供治疗费，构成遗弃，乙有权提出离婚诉讼并请求甲损害赔偿。故 B 项正确。③《婚姻法》第 47 条规定："离婚时，一方隐藏、转移、变卖、毁损夫妻共同财产，或伪造债务企图侵占另一方财产的，分割夫妻共同财产时，对隐藏、转移、变卖、毁损夫妻共同财产或伪造债务的一方，可以少分或不分。离婚后，另一方发现有上述行为的，可以向人民法院提起诉讼，请求再次分割夫妻共同财产。"本题中，甲虽保管夫妻共同财产且拒绝向乙提供治疗费，但并无上述隐匿或侵占共同财产的情形，乙在离婚诉讼中无权请求多分夫妻共同财产。故 C 选项错误，当选。④《婚姻法》第 43 条第 3 款规定："实施家庭暴力或虐待家庭成员，受害人提出请求的，公安机关应当依照治安管理处罚的法律规定予以行政处罚。"《治安管理处罚法》第 45 条规定："有下列行为之一的，处五日以下拘留或者警告：（一）虐待家庭成员，被虐待人要求处理的；（二）

遗弃没有独立生活能力的被扶养人的。"本题中，甲对乙构成遗弃，乙有权请求公安机关依照《治安管理处罚法》对甲予以行政处罚。故 D 选项正确。综上所述，本题的正确答案为 C 项。

24. 【答案】A

【解析】本题考查遗赠扶养协议的效力。《继承法》第 31 条规定："公民可以与扶养人签订遗赠扶养协议。按照协议，扶养人承担该公民生养死葬的义务，享有受遗赠的权利。公民可以与集体所有制组织签订遗赠扶养协议。按照协议，集体所有制组织承担该公民生养死葬的义务，享有受遗赠的权利。"本题中，甲与保姆乙签订的遗赠扶养协议，为双方当事人真实的意思表示，且不违反法律的禁止性规定，应当有效。《继承法》第 5 条规定："继承开始后，按照法定继承办理；有遗嘱的，按照遗嘱继承或者遗赠办理；有遗赠扶养协议的，按照协议办理。"由此可见，继承开始后，遗赠扶养协议具有优先适用的效力，涉及遗产不适用遗嘱继承或法定继承。故本题的正确答案为 A 项。

25. 【答案】B

【解析】《公司法》第 34 条规定："股东按照实缴的出资比例分取红利；公司新增资本时，股东有权优先按照实缴的出资比例认缴出资。但是，全体股东约定不按照出资比例分取红利或者不按照出资比例优先认缴出资的除外。"本题中，成立该有限公司，约定注册资本 100 万元，甲、乙、丙各按 20%、30%、50% 的比例出资，即三者认缴出资分别为 20、30、50 万元，但丙仅实缴 30 万元，差额 20 万元，所以该公司实缴注册资本为 80 万元，甲、乙、丙的实缴出资分别为20、30、30万元。没有约定的，应按实缴出资比例分红，B项正确；AD项错误。

股东违反出资义务，有出资不足的情况，按法律规定承担相应的责任，但不能因此取消其股东分红资格，所以C项错误。

26.【答案】C

【解析】《公司法》第32条规定："有限责任公司应当置备股东名册，记载下列事项：（一）股东的姓名或者名称及住所；（二）股东的出资额；（三）出资证明书编号。

记载于股东名册的股东，可以依股东名册主张行使股东权利。

公司应当将股东的姓名或者名称向公司登记机关登记；登记事项发生变更的，应当办理变更登记。未经登记或者变更登记的，不得对抗第三人。"

所以记载于股东名册的股东，可以依股东名册主张行使股东权利。本题丙在股东名册中有记载，所以丙取得股东资格，享有股东权（包括分红权）。ABD三项说法都错误。根据排除法，答案已经出来了。

股东名册与公司登记事项有冲突的时候，对内以股东名册为准，对外以公司登记为准，产生对抗第三人的效力，所以C项正确。

此外，注意区分出资证明书、股东名册、登记三者的效力：（1）出资证明书只有证明股东资格的效力；（2）股东名册具有证明股东身份变动的效力；（3）登记具有对抗第三人的效力，不论第三人是否知情。股东名册与登记机关登记有冲突的，对公司内部以股东名册为准，对外部第三人来讲，以公司登记为准。

27.【答案】B

【解析】《公司法》第151条规定："董事、高级管理人员有本法第一百四十九条规定的情形的，有限责任公司的股东、股份有限公司连续一百八十日以上单独或者合计持有公司百分之一以上股份的股东，可以书面请求监事会或者不设监事会的有限责任公司的监事向人民法院提起诉讼；监事有本法第一百四十九条规定的情形的，前述股东可以书面请求董事会或者不设董事会的有限责任公司的执行董事向人民法院提起诉讼。

监事会、不设监事会的有限责任公司的监事，或者董事会、执行董事收到前款规定的股东书面请求后拒绝提起诉讼，或者自收到请求之日起三十日内未提起诉讼，或者情况紧急、不立即提起诉讼将会使公司利益受到难以弥补的损害的，前款规定的股东有权为了公司的利益以自己的名义直接向人民法院提起诉讼。

他人侵犯公司合法权益，给公司造成损失的，本条第一款规定的股东可以依照前两款的规定向人民法院提起诉讼。"

股东代位诉讼需要走尽内部救济，且应当交叉管辖，董、高侵权找监事会，监事侵权找董事会，本题中，郑贺是公司经理，为高管侵权，应该找监事会起诉，所以B项正确；AC错误。

代位诉讼的原告，有限责任公司只要是股东即可，没有持股要求，股份公司要求单独或合计持股1%且持股180天以上，所以D项错误。

28.【答案】A

【解析】A项：说法错误，当选；BCD项：说法正确，不当选。《公司法解释（二）》第8条第2款规定："清算组成员可以从下列人员或者机构中产生：（一）公司股东、董事、监事、高级管理人员；（二）依法设立的律师事务所、会计师事务所、破产清算事务所等社会中介机构；（三）依法设立的律师事务所、会计师事务所、破产清算事务所等社会中介机构中具备相关专业知识并取得执业资格的人员。"A项不属于《公司法解释（二）》中规定的的清算组成员；BC项符合第(一)项的规定；D项符合第（二）项的规定。

29.【答案】D

【解析】《个人独资企业法》第14条第3款规定："分支机构的民事责任由设立该分支机构的个人独资企业承担。"霍火作为分支机构的被聘用的管理者，不应当承担分支机构的责任，A项表述错误。

第20条规定："投资人委托或者聘用的管理个人独资企业事务的人员不得有下列行为：…（五）擅自以企业财产提供担保；（六）未经投资人同意，从事与本企业相竞争的业务；（七）未经投资人同意，同本企业订立合同或者进行交易；…"受托人或被聘用人不是绝对不可以从事竞业和自我交易，关键前提是看投资人是否同意。如果投资人同意，则是可以的。由于B项的竞业行为、C项的自我交易均没有得到投资人的同意，所以是错误的。

D项属于正常的经营决策，霍火作为分支机构负责人，可以独立作出决策，正确。

30.【答案】A

【解析】《破产法司法解释一》第8条规定："相关当事人以申请人未预先交纳诉讼费用为由，对破产申请提出异议的，人民法院不予支持。"破产案件的诉讼费用，并不需要提前预交，A项错误。

《企业破产法》第41条规定："破产案件的诉讼费用属于破产费用。"第43条规定："破产费用和共益债务由债务人财产随时清偿。债务人财产不足以清偿所有破产费用和共益债务的，先行清偿破产费用。债务人财产不足以清偿所有破产费用或者共益债务的，按照比例清偿。债务人财产不足以清偿破产费用的，管理人应当提请人民法院终结破产程序。"归纳4点方便大家理解记忆：（1）破产费用和共益债务具有优先受偿性，不属于破产债权；（2）破产费用优先于共益债务；（3）债务人财产不足以完全清偿破产费用或共益债务的，内部按比例清偿；（4）债务人财产不能清偿破产费用的，终结破产程序。据此，BCD项都是正确的。

31.【答案】D

【解析】A项：说法正确，不当选。《企业破产法》第67条第1款规定："债权人会议可以决定设立债权人委员会。债权人委员会由债权人会议选任的债权人代表和一名债务人的职工代表或者工会代表组成。债权人委员会成员不得超过九人。"题中所述为9人，不违反《企业破产法》的规定。

B项：说法正确，不当选。《企业破产法》第61条规定："债权人会议行使下列职权：（一）核查债权；（二）申请人民法院更换管理人，审查管理人的费用和报酬；（三）监督管理人；（四）选任和更换债权人委员会成员；（五）决定继续或者停止债务人的营业；（六）通过重整计划；（七）通过和解协议；（八）通过债务人财产的管理方案；（九)通过破产财产的变价方案；（十）通过破产财产的分配方案；（十一）人民法院认为应当由债权人会议行使的其他职权。债权人会议应当对所议事项的决议作成会议记录。"B项属于第61条第（八）项之情形。

C项：说法正确，不当选。破产管理人在性质上是法定机构，由人民法院指定。债权人会议认为管理人不能依法、公正执行职务或者有其他不能胜任职务情形的，可以申请人民法院予以更换。

D项：说法错误，当选。《企业破产法》第97条规定："债权人会议通过和解协议的决议，由出席会议的有表决权的债权人过半数同意，并且其所代表的债权额占无财产担保债权总额的三分之二以上。"题中代表的债权额占无财产担保债权总额只有60%，不足三分之二。

32. 【答案】D

【解析】《票据法》第15条规定："票据丧失，失票人可以及时通知票据的付款人挂失止付，但是，未记载付款人或者无法确定付款人及其代理付款人的票据除外。收到挂失止付通知的付款人，应当暂停支付。失票人应当在通知挂失止付后三日内，也可以在票据丧失后，依法向人民法院申请公示催告，或者向人民法院提起诉讼。"因此，（1）票据权利的补救措施包括：挂失止付、公示催告和普通诉讼。（2）挂失止付并不是票据丧失后票据权利补救的必经程序，而只是一种暂行性的应急措施，失票人应当在通知挂失止付后3日内，依法向人民法院申请公示催告或者提起普通诉讼，也可以在票据丧失后直接向人民法院申请公示催告或者提起普通诉讼。所以ABC项均正确。D项错误。

33. 【答案】A

【解析】《保险法》第42条规定："被保险人死亡后，有下列情形之一的，保险金作为被保险人的遗产，由保险人依照《中华人民共和国继承法》的规定履行给付保险金的义务：（一）没有指定受益人，或者受益人指定不明无法确定的；（二）受益人先于被保险人死亡，没有其他受益人的；（三）受益人依法丧失受益权或者放弃受益权，没有其他受益人的。

受益人与被保险人在同一事件中死亡，且不能确定死亡先后顺序的，推定受益人死亡在先。"

所以题目中的受益人秘书被推定为先死；甲死亡后，其保险金作为甲的遗产由甲的继承人继承，A项正确，BC项错误。

《保险法》第46条规定："被保险人因第三者的行为而发生死亡、伤残或者疾病等保险事故的，保险人向被保险人或者受益人给付保险金后，不享有向第三者追偿的权利，但被保险人或者受益人仍有权向第三者请求赔偿。"据此，保险公司无权向第三人丙追偿。选项D错误。

请注意：保险代位求偿权只存在于财产保险合同中，人身保险合同中，保险人不享有代位求偿权。

34. 【答案】C

【解析】《证券法》第32条规定："向不特定对象发行的证券票面总值超过人民币五千万元的，应当由承销团承销。承销团应当由主承销和参与承销的证券公司组成。"

第10条规定："公开发行证券，必须符合法律、行政法规规定的条件，并依法报经国务院证券监督管理机构或者国务院授权的部门核准；未经依法核准，任何单位和个人不得公开发行证券。

有下列情形之一的,为公开发行:(一)向不特定对象发行证券的;(二)向特定对象发行证券累计超过二百人的;(三)法律、行政法规规定的其他发行行为。

非公开发行证券,不得采用广告、公开劝诱和变相公开方式。"

所以,公开发行应向不特定对象,或者特定对象200人以上。选项A错。

《公司法》第127条规定:"股票发行价格可以按票面金额,也可以超过票面金额,但不得低于票面金额。"所以股票发行价格可以平价,也可以溢价,但不得折价发行。选项C正确。

《证券法》第14条:"公司公开发行新股,应当向国务院证券监督管理机构报送募股申请和下列文件:(一)公司营业执照;(二)公司章程;(三)股东大会决议;(四)招股说明书;(五)财务会计报告;(六)代收股款银行的名称及地址;(七)承销机构名称及有关的协议。

依照本法规定聘请保荐人的,还应当报送保荐人出具的发行保荐书。"

第10条规定:"公开发行证券,必须符合法律、行政法规规定的条件,并依法报经国务院证券监督管理机构或者国务院授权的部门核准;未经依法核准,任何单位和个人不得公开发行证券。"

所以,公开发行新股,须经股东大会认可且依法报经国务院证券监督管理机构或者国务院授权的部门核准。由此,选项B错误。

第36条规定:"公开发行股票,代销、包销期限届满,发行人应当在规定的期限内将股票发行情况报国务院证券监督管理机构备案。"选项D错误。

故本题只有C项符合规定。

35. 【答案】D

【解析】这道题考查法治理念和调解,题目非常简单,不做过多解释。能动司法要求法院依法裁判,并充分运用调解手段,化解社会矛盾,做到"能调则调,当判则判,调判结合,案结事了",充分实现司法工作的政治效果、社会效果和法律效果的结合。

36. 【答案】C

【解析】从题目可以看出案件涉及商业秘密,涉及商业秘密的案件属于申请不公开,但是不管案件是否公开审理,宣判一律公开进行,所以本题C选项正确。注意公开审理的考点在于,公开审理制度是指法院审理案件,除法律特别规定之外,审判过程和结果向社会和群众公开,法律另有规定是指国家秘密、个人隐私和法律规定的其他案件法定不公开,商业秘密和离婚诉讼属于申请不公开;而不论案件是否公开审理,评议一律不公开进行,判决一律公开进行。

37. 【答案】D

【解析】本题考查侵权纠纷证明责任分配。根据《知识篇》中"一个原则,四个倒置"解决证明责任"三步走"的方法,首先,搁置物、悬挂物致人损害并非无过错责任原则,原则上应当由原告证明侵权责任构成四要件(行为、结果、因果关系和过错),被告证明免责事由;其次,对于搁置物、悬挂物致人损害案件存在倒置规定,即将过错倒置给被告证明。综上,应当由原告证明行为、结果、因果关系,被告证明免责事由和无过错。

A选项中的砖头倒塌属于侵权行为，应当由原告证明，表述正确；B选项中的所受损害属于结果，应当由原告证明，表述正确；C选项中的损害是否由于砖头倒塌所致属于因果关系，应当由原告证明，表述正确；D选项中的过错应当由被告证明，表述错误。

38.【答案】B

【解析】本题AC选项与2011年卷三41题相同，属于重复考查，表述错误；B选项正确，涉外民事诉讼的审理不受一审、二审审限的限制；D选项当事人有正当理由耽误期间，当事人可以在障碍消除后的十日内申请顺延期间，但是顺延期间需要经过当事人的申请，法院不能依职权进行。

39.【答案】C

【解析】诉讼中达成和解协议之后有两种结案方式，一是申请撤诉，二是申请根据和解协议制作调解书。在民事诉讼中达成调解或者和解协议的，不能根据和解协议制作判决书。

40.【答案】D

【解析】A选项中开庭时核对当事人身份和宣布案由应由审判长进行。B选项中法院收集的证据要分为依申请收集的和依职权收集的，其中依申请收集的证据视为申请方当事人提供的证据并进行质证，依职权收集的证据在庭审时出示，听取当事人的意见，就调查收集情况作出说明。这些都是法律的明文规定，不是由法院决定的。C选项合议庭评议时实行少数服从多数，但是形不成多数意见时不能按照审判长的意见作出，而是由合议庭提交院长决定是否提交审判委员会讨论决定，这点要和仲裁区别。D选项中法院定期宣判的，应当当庭发给判决书，同时记住另外一个相关知识点，当庭宣判的，应在10日内送达判决书。判决宣告离婚的，应当告知双方当事人在判决生效前不得另行结婚。同时，不论案件是否公开审理，宣判一律公开进行。

41.【答案】D

【解析】本题考查裁判文书错误的纠正。判决书已经做出，自然没有收回的道理，AB选项错误。关于裁判文书错误的纠正，首先如果是瑕疵，如文字错误、计算错误、笔误等可以通过裁定书补正；如果是实质内容的错误，则看当事人在上诉期内是否上诉，如果当事人上诉，则由一审法院将案件有错的情况报二审法院，由二审法院在二审中一并纠正；如当事人未上诉，则在判决生效后通过审判监督程序纠正。显然本案中一审判决书错误适用诉讼时效规定，不是笔误，属于实质性错误，不能裁定纠正，如果上诉期满当事人不上诉，应当在判决生效后启动审判监督程序处理，如果当事人上诉，一审法院可以提出原判决有误的意见，报送二审法院，由二审法院在二审判决中予以纠正。

42.【答案】B

【解析】解答本题的关键在于"撤回上诉"，撤回上诉的法律效果在于一审判决生效，所以当事人可以申请执行一审判决。基于一审判决生效这一效果分析其他三个选项，既然一审判决生效，本案已经有生效判决书，说明已经经过实体审理，根据一事不再理原则，当事人不能再次起诉，所以A选项错误。C选项中当事人之间的和解协议不具有强制执行力，不能执行。D选项中一审判决已经生效，自然不能上诉，因为上诉的对象只能是未生效的判决、裁定书。综上所述，B选项正确。

43. 【答案】C

【解析】一审普通程序是《民事诉讼法》规定最为完善的程序，在二审、再审以及特别程序中，没有做出特别规定的，都应当适用一审普通程序的规定，所以A选项正确。某年考题有一表述为"普通程序是一审案件的审理程序"是错误的。二审以开庭审理为原则，但如果合议庭经过阅卷和调查、询问当事人，对没有提出新的事实、证据或者理由，合议庭认为不需要开庭的，可以不开庭审理，所以B选项正确。调解书送达后，原判决视为撤销，即二审调解书有当然撤销一审判决的效力，而不用在调解书中写明撤销原判，所以C选项错误。二审案件的审理，应当由审判员组成合议庭，注意两点：一是二审必须组成合议庭审理，不能适用独任制，二是二审合议庭只能由审判员组成，人民陪审员不能参加二审合议庭，所以D选项正确。

44. 【答案】C

【解析】根据总结，特别程序一律一审终审，同时也不适用审判监督（再审）程序，所以C选项正确。同时特别程序由于不解决争议，所以不能适用辩论原则，不适用调解，人民陪审员不能参加合议庭，而D选项错在"通常"二字上，陪审员不是"通常"不能参加特别程序的审理，而是绝对不能参加。特别程序的起诉人不一定与案件有利害关系，如选民资格案件中选民本人起诉，当然有利害关系，但是如果选民之外的其他公民起诉，则与案件没有利害关系，再如申请认定财产无主的申请人也不一定跟案件有利害关系，所以B选项错误。本题难点在于A选项，此处的例外在选民资格案件不是非讼程序，因为诉讼程序和非讼程序的分类是针对民事案件而言，而选民资格案件涉及公民的政治权利，并非民事案件，所以既不是诉讼案件也不是非讼案件。

45. 【答案】C

【解析】本题完全是2011年卷三45题的再现，只不过将公司名字换成了甲、乙、丙而已，选择C选项。企业合并的，合并以后的法人承担其权利、义务，进行诉讼，此处考生可以发现司法考试中经常会出现原题再现的情形，所以提醒考生在复习过程中要充分利用历年真题。

46. 【答案】C

【解析】对权利申报只进行形式审查，通知申请人查验票据，裁定终结公示催告程序。虽然民诉法规定利害关系人可以在公示催告期间申报权利，但是根据司法解释的规定，在公示催告期间届满后，除判决作出前，权利人均可以申报权利；对权利人的申报不进行实质审查，公示催告程序不解决实体争议，不能辩论。

47. 【答案】C

【解析】本题利用排除法可以解决，A选项中注意细节，驳回诉讼请求用判决而不是裁定。B选项中延期审理用决定而不是裁定，考生可以看到延期审理应当用决定书这一细节考点已经多次予以考查。D选项只有不予受理、驳回起诉和管辖权异议裁定可以上诉，其他裁定不能上诉。

48. 【答案】C

【解析】本题中的仲裁协议约定了两个仲裁委员会，双方当事人能够协商选择一个仲裁机构仲裁，协商不成，仲裁协议无效，所以A选项的"当然无效"表述过于绝对。B选项考查仲裁条款效力独立性，仲裁条款效力独立于合同而存在，合同的无效、解除、撤销并不导致仲裁协议无效、解除和撤销，所以就算洪湖公司的承办人越权签订导致合同无效，也不影响仲裁条款的效力。仲裁协议约定两个仲裁机构仲裁，当事人没能一致选择一个仲裁机构的，仲裁协议无效，当事人之间不存在有效仲裁协议，向法院起诉的，法院应当受理，C选项正确，D选项错误。

49.【答案】D

【解析】仲裁员回避后，已经进行的仲裁程序是否重新进行由仲裁庭决定，当事人可以申请，所以答案为D选项。

50.【答案】D

【解析】一方申请执行仲裁裁决，一方申请撤销仲裁裁决，法院应当裁定中止执行。

二、多项选择题。

51.【答案】ABD

【解析】本题考查不动产的征收制度。根据《物权法》第42条的规定，为了公共利益的需要，依照法律规定的权限和程序可以征收集体所有的土地和单位、个人的房屋及其他不动产。征收集体所有的土地，应当依法足额支付土地补偿费、安置补助费、地上附着物和青苗的补偿费等费用，安排被征地农民的社会保障费用，保障被征地农民的生活，维护被征地农民的合法权益。

征收单位、个人的房屋及其他不动产，应当依法给予拆迁补偿，维护被征收人的合法权益；征收个人住宅的，还应当保障被征收人的居住条件。由此可见，征收须以为了公共利益为前提，是对个人物权的限制，以实现国家、集体和个人利益的统一。

A选项说法正确。为了避免公权力对私人财产的侵犯，征收必须"依照法律规定的权限和程序"，故B选项正确。征收个人住宅的，为合理保护并兼顾被征收人的合法权益，应保障被征收人的居住条件，故D选项正确。征收集体所有的土地，对失地农民应当依照法律规定进行补偿，而非"全面补偿"，C选项说法较为偏颇，不能当选。综上所述，本题的正确答案为ABD。

52.【答案】BC

【解析】本题考查无效合同的情形。根据《合同法》第52条的规定，有下列情形之一的，合同无效：（一）一方以欺诈、胁迫的手段订立合同，损害国家利益；（二）恶意串通，损害国家、集体或者第三人利益；（三）以合法形式掩盖非法目的；（四）损害社会公共利益；（五）违反法律、行政法规的强制性规定。本题A项中，甲以国产假肢冒充进口假肢，构成欺诈，属于可变更撤销的合同。B项中，甲、乙为避税所作60万成交的意思表示为虚假行为。所谓虚假行为，又称通谋虚假行为，指表意人所作出的需要受领的意思表示系与受领人通谋而虚假作出的，并以此共同对第三人实施欺骗。我国民法虽无明文规定，但依民法原理属于无效行为。但若隐藏行为符合有效条件的，可以认定有效。因此本选项存在不严谨之处，当事人之间达成的以100万为交易价额的买卖合同为隐藏行为，则属完全有效。C项中，借腹生子的代孕合同因违反社会公共利益而无效。D项中，乙利用甲的急迫需求，构成乘人之危，属于可变更撤销的合同。故选BC项。

53.【答案】ABC

【解析】本题考查代理的类型与成立。

所谓代理,指代理人在代理权限范围内,以本人(被代理人)名义向第三人所为意思表示或由第三人受意思表示,而对本人直接发生效力的行为。《民法通则》第63条第2款规定:"代理人在代理权限内,以被代理人的名义实施民事法律行为。被代理人对代理人的代理行为,承担民事责任。"A选项中,甲委托乙代购饮具,而乙以自己的名义进行购买,构成间接代理。B项中,甲委托乙代理购买茶叶,虽指定了名称,但乙对出卖人仍享有决定权,因此构成代理而非使者。C项中,甲接受法院指定为乙的诉讼代理人。因出庭参加诉讼属于公法上的行为,并非法律行为范畴。严格地讲,原则上不属于民法上的代理。但由于我国《民法通则》明确承认指定代理,且命题人观点为将诉讼代理与间接代理均纳入代理范畴,因此ABC项均当选。D项中,甲以自己名义提供订立合同的居间服务,并作为当事人而签订了三方协议,不构成代理。

从该真题可以看出,司法考试中如果要考查代理的范围,间接代理与诉讼代理都要选上。但内心必须清楚的是,命题人的该观点是不符合民法原理的。

54. 【答案】ABC

【解析】本题综合考查无权代理、欺诈与意思表示的撤销制度。(1)《合同法》第48条规定:"行为人没有代理权、超越代理权或者代理权终止后以被代理人名义订立的合同,未经被代理人追认,对被代理人不发生效力,由行为人承担责任。相对人可以催告被代理人在一个月内予以追认。被代理人未作表示的,视为拒绝追认。合同被追认之前,善意相对人有撤销的权利。撤销应当以通知的方式作出。"本案中,乙代理甲从事法律行为,由于其代理权限为购买电脑,而从事的法律行为为采购手机,超出代理权范围,属于无权代理。被代理人有权追认或拒绝追认该代理行为,A项正确。(2)《民通意见》第68条规定:"一方当事人故意告知对方虚假情况,或者故意隐瞒真实情况,诱使对方当事人作出错误意思表示的,可以认定为欺诈行为。"本题中,乙之所以作出购买的意思表示,系出于丙的欺诈。对被代理人甲而言,是否受欺诈应当依代理人乙的情形来判断。因此,受害人甲有权依据《合同法》第54条请求撤销合同,该撤销权得以由代理人乙为之,故选项BC正确。(3)同时,因欺诈订立的合同,仅受害方有撤销权,丙作为实施欺诈行为的一方无《合同法》第54条规定的撤销权。此外,若丙不知乙为无权代理人,则属于善意相对人,有权依据《合同法》第47条的规定在被代理人甲追认前通知撤销合同。但本题中的丙为恶意相对人,无权主张撤销。因此选项D错误。综上所述,本题的正确答案为ABC项。

55. 【答案】ABC

【解析】本题综合考查共同保证与共同抵押制度。(1)丙、丁以各自房产分别向乙银行设定抵押,构成共同抵押。《担保法解释》第75条第2款规定:"同一债权有两个以上抵押人的,当事人对其提供的抵押财产所担保的债权份额或者顺序没有约定或者约定不明的,抵押权人可以就其中任一或者各个财产行使抵押权。"因此,乙银行可以任意选择丙或者丁的房产行使抵押权,A项正确。(2)根据《担保法解释》第75条第3款的规定,共同抵押中,抵押人承担担保责任后,可以向债务人追偿，也可以要求其他抵押人清偿其应当承担的份额。故抵押人丙承担担保责任后，可向债务人甲公司追偿，也可向共同抵押人丁追偿，B项正确。（3）戊、己分别向债权人乙银行出具承担全部责任的担保函，构成共同保证。《担保法》第12条规定："同一债务有两个以上保证人的，保证人应当按照保证合同约定的保证份额，承担保证责任。没有约定保证份额的，保证人承担连带责任，债权人可以要求任何一个保证人承担全部保证责任，保证人都负有担保全部债权实现的义务。"由此可见，戊、己未约定保证份额，应当成立连带共同保证，乙银行可以要求戊或者己承担全部保证责任，C项正确。（4）根据《担保法解释》第20条第2款的规定，连带共同保证的保证人承担保证责任后，向债务人不能追偿的部分，由各连带保证人按其内部约定的比例分担。没有约定的，平均分担。由此可见，连带共同保证人的追偿权有顺序限制，应当先向债务人追偿，不足部分才能向其他保证人追偿，故D项错误。综上所述，本题的正确答案为ABC项。

56. 【答案】ABD（司法部公布答案为ABCD）

【解析】本题综合考查不动产物权变动及占有制度等。①《物权法》第9条第1款规定："不动产物权的设立、变更、转让和消灭，经依法登记，发生效力；未经登记，不发生效力，但法律另有规定的除外。"第14条规定："不动产物权的设立、变更、转让和消灭，依照法律规定应当登记的，自记载于不动产登记簿时发生效力。"本题中，甲将房屋出卖给乙，虽已经移转占有，但因未办理房屋所有权移转登记，

乙并未取得标的房屋的所有权。但乙基于房屋买卖合同受让该房屋的占有，属于自主、有权占有，得对甲的继承人主张。故AB选项说法正确，当选。②《物权法》第29条规定："因继承或者受遗赠取得物权的，自继承或者受遗赠开始时发生效力。"本题中，丙在继承房屋后又将该房屋出卖给丁，并办理了房屋所有权移转登记，所有权属于丁。③《物权法》第34条规定："无权占有不动产或者动产的，权利人可以请求返还原物。"本题中，虽乙的占有为有权占有，但其权源为与甲的买卖合同债权，仅具有相对性，不得对抗新的所有权人丁。丁得基于所有物返还请求权要求乙返还房屋。故C选项错误，而D选项正确。综上所述，本题的正确答案为ABD项。

57. 【答案】AB

【解析】本题综合考查抵押权的保全和代位权。（1）《物权法》第193条规定："抵押人的行为足以使抵押财产价值减少的，抵押权人有权要求抵押人停止其行为。抵押财产价值减少的，抵押权人有权要求恢复抵押财产的价值，或者提供与减少的价值相应的担保。抵押人不恢复抵押财产的价值也不提供担保的，抵押权人有权要求债务人提前清偿债务。"本题中，因第三人丙的非法居住，抵押人甲有权对丙行使返还原物的物权请求权。但由于抵押人甲的不作为使得乙银行的抵押权难以实现，抵押权人乙银行有权要求抵押人停止该行为，要求其行使对丙的返还请求权，以防止抵押财产价值的减少，故A选项正确。（2）《合同法解释（一）》第13条规定："所谓'债务人怠于行使其到期债权，对债权人造成损害的'，是指债务人不履行其对

债权人的到期债务，又不以诉讼方式或者仲裁方式向其债务人主张其享有的具有金钱给付内容的到期债权，致使债权人的到期债权未能实现。"由此可见，债权人得代位行使的只限于金钱债权，债务人的物权请求权、担保物权、形成权以及保存行为等不得代位行使。因此C选项错误。（3）《物权法》第34条规定："无权占有不动产或者动产，权利人可以请求返还原物。"本题中，抵押权人乙银行虽为物权人，但因抵押权不具有占有权能，无权要求无权占有人丙返还原物，故D选项错误。（4）由于甲对乙银行的欠款已届清偿期，乙银行有权就抵押房屋实现优先受偿权。抵押物被第三人非法占有的，抵押权人得请求甲将对丙的返还请求权转让给自己，以实现其抵押权。故B选项正确。综上所述，本题的正确答案为AB项。

58. 【答案】ABCD

【解析】本题考查占有的类型以及占有恢复中的权利义务。①本案中，丙错认乙车为甲车，并将其骑走，构成无权占有。故A选项说法正确。②《物权法》第243条规定："不动产或者动产被占有人占有的，权利人可以请求返还原物及其孳息，但应当支付善意占有人因维护该不动产或者动产支出的必要费用。"本题中，因丙不知误取乙车，在甲告知丙骑错车前，为善意占有。因修车支出的必要费用，有权要求乙偿还。故B选项说法正确。③《物权法》第245条规定："占有的不动产或者动产被侵占的，占有人有权请求返还原物。"本题中，丙错认乙车为甲车而骑走，构成对乙车的侵占，无论是否知道骑错车，均为无权占有人，所有权人乙有权行使占

有返还请求权。故C选项正确。④《物权法》第244条规定："占有的不动产或者动产毁损、灭失，该不动产或者动产的权利人请求赔偿的，占有人应当将因毁损、灭失取得的保险金、赔偿金或者补偿金等返还给权利人；权利人的损害未得到足够弥补的，恶意占有人还应当赔偿损失。"本题中，当甲告知丙误认其车后，丙即应知其为无权占有，构成恶意占有。此时，尽管墙体倒塌致乙车毁损并不可归责于丙，但依照《物权法》第244条的规定，丙仍应当承担赔偿责任。故D选项说法正确。综上所述，本题的正确答案为ABCD项。

59. 【答案】ABC

【解析】本题考查代位权的行使。①《合同法解释（一）》第18条规定："次债务人对债务人的抗辩，可以向债权人主张。债务人在代位权诉讼中对债权人提出的异议成立的，法院应当驳回代位权诉讼。"由此可见，次债务人在代位权诉讼中既可援引其对债务人的抗辩，也可援引债务人对债权人的抗辩，选项AB正确。②代位权诉讼的当事人分别为债权人与次债务人，次债务人丙当然可以主张代位权诉讼中产生的对债权人甲的抗辩，C选项正确。③根据《合同法解释（一）》第16条的规定，债权人以次债务人为被告向人民法院提起代位权诉讼，未将债务人列为第三人的，人民法院可以追加债务人为第三人，而非应当追加，因此D选项错误。综上所述，本题的正确答案为ABC项。

60. 【答案】BC

【解析】本题考查商品房包销合同以及商品房买卖合同的解除等知识点。（1）虽甲公司与乙公司签订商品房包销合同，但

甲公司仍为开发房屋的所有权人,其出卖房屋属于有权处分,故选项 A 错误。(2)《商品房买卖合同解释》第 21 条规定:"出卖人自行销售已经约定由包销人包销的房屋,包销人请求出卖人赔偿损失的,应予支持,但当事人另有约定的除外。"本题中,甲公司与乙公司签订商品房包销合同后,依然自行出售房屋于丙,构成违约,包销人乙公司有权请求其承担违约责任。选项 B 正确。(3)因国家出台房地产调控政策,丙不具备购房资格,其与甲公司之间的房屋买卖合同不能继续履行,属于《合同法》第 94 条第(一)项规定的"因不可抗力致使不能实现合同目的"情形,当事人有权请求解除合同,选项 C 正确。(4)因导致合同解除的事由不可归责于双方当事人,参照《商品房买卖合同解释》第 23 条后段的规定,"当事人请求解除合同后,出卖人应当将收受的购房款本金及其利息或者定金返还买受人。"选项 D 错误。综上所述,本题的正确答案为 BC 项。

61.【答案】ABCD

【解析】本题考查建设工程施工合同的法律适用。(1)《建设工程施工合同解释》第 6 条规定:"当事人对垫资和垫资利息有约定,承包人请求按照约定返还垫资及其利息的,应予支持,但是约定的利息计算标准高于中国人民银行发布的同期同类贷款利率的部分除外。当事人对垫资没有约定的,按照工程欠款处理。当事人对垫资利息没有约定,承包人请求支付利息的,不予支持。"本题中,当事人对垫资的性质和利息均未约定,按照工程欠款处理,且原则上不支付垫资利息。A 项正确。(2)《建设工程施工合同解释》第 17 条、第 18 条规

定:"当事人对欠付工程价款利息计付标准有约定的,按照约定处理;没有约定的,按照中国人民银行发布的同期同类贷款利率计息。利息从应付工程价款之日计付。当事人对付款时间没有约定或者约定不明的,下列时间视为应付款时间:①建设工程已实际交付的,为交付之日;②建设工程没有交付的,为提交竣工结算文件之日;③建设工程未交付,工程价款也未结算的,为当事人起诉之日。"本题中,当事人未约定工程价款的支付时间,且建设工程已交付,因此 7 月 1 日起,应当支付相应利息。B 项正确。(3)《建设工程施工合同解释》第 21 条规定:"当事人就同一建设工程另行订立的建设工程施工合同与经过备案的中标合同实质性内容不一致的,应当以备案的中标合同作为结算工程价款的根据。"本题中,甲公司、乙公司签订了"阴阳合同",经备案的中标合同中的工程造价为 1 亿元,而双方私下约定的工程造价为 8000 万元,应当按照备案合同价款(即 1 亿元)结算。C 项正确。(4)根据《建设工程施工合同解释》第 17 条、第 18 条的规定,乙公司有权要求甲公司支付 1 亿元自 7 月 1 日起的利息。D 项正确。综上所述,本题的正确答案为 ABCD 项。

62.【答案】ABD

【解析】①《著作权法》第 10 条规定:"著作权包括下列人身权和财产权:……(九)表演权,即公开表演作品,以及用各种手段公开播送作品的表演的权利;"本题中,甲航空公司未经著作权人王某许可,公开播送其作品,侵犯了王某的表演权。故 A 选项正确。另需要注意,表演者王某以及录音录像制作者花园公司均不享

147

有表演权。②《著作权法》第42条规定："录音录像制作者对其制作的录音录像制品，享有许可他人复制、发行、出租、通过信息网络向公众传播并获得报酬的权利；权利的保护期为五十年，截止于该制品首次制作完成后第五十年的12月31日。"本题中，乙公司购买该正版录音制品后未经许可进行出租的，侵犯了录音录像制作者的出租权。故B选项正确。另需要注意，词曲作者王某与表演者张某均不享有出租权。③《著作权法》第22条规定："在下列情况下使用作品，可以不经著作权人许可，不向其支付报酬，但应当指明作者姓名、作品名称，并且不得侵犯著作权人依照本法享有的其他权利：（一）为个人学习、研究或者欣赏，使用他人已经发表的作品；……"丙学生购买正版的录音制品后用于个人欣赏，属于著作权的合理使用，不构成侵权。故C选项错误。④《著作权法》第10条规定："著作权包括下列人身权和财产权：……（十二）信息网络传播权，即以有线或者无线方式向公众提供作品，使公众可以在其个人选定的时间和地点获得作品的权利；"第38条规定："表演者对其表演享有下列权利：……（六）许可他人通过信息网络向公众传播其表演，并获得报酬。"第42条规定："录音录像制作者对其制作的录音录像制品，享有许可他人复制、发行、出租、通过信息网络向公众传播并获得报酬的权利；权利的保护期为五十年，截止于该制品首次制作完成后第五十年的12月31日。"本题中，丁学生购买正版录音制品试听后将其上传到网络上传播，侵犯了著作权人王某、表演者张某以及录音录像制作者花园公司的信息网络传播权。故D选项正确。综上所述，本题的正确答案为ABD。

63. 【答案】ACD

【解析】①《著作权法》第2条第1款规定："中国公民、法人或者其他组织的作品，不论是否发表，依照本法享有著作权。"由此可见，只要是我国公民，无论是否在我国居住，作品创作完成时即取得著作权。本题中，甲为我国公民，虽居住在A国，仍在创作完成时即取得著作权，受我国《著作权法》的保护。A选项错误。②根据《著作权法》第12条的规定，改编、翻译、注释、整理已有作品而产生的作品，其著作权由改编、翻译、注释、整理人享有，但行使著作权时不得侵犯原作品的著作权。本题中，乙经许可将该小说翻译成中文小说，丙经许可将该翻译的中文小说改编成电影文学剧本，均属于在原作基础上再创作的"演绎作品"，故B选项正确。③演绎作品中包含两个以上的著作权，行使演绎著作权时不得侵犯原作品的著作权。故第三人若使用演绎作品，既要经演绎著作权人同意，还要经原作品著作权人同意，并支付报酬，因演绎作品系在原作品基础上进行的创作，包含了原作品的智力成果。本题中，丙使用翻译作品（演绎作品）时，既要征得演绎作者乙的同意，还要征得原作者甲的同意，均应当支付报酬。故C选项错误。④同理，丁若要使用丙的剧本（演绎作品），还需要征得翻译作品著作权人乙以及原作者甲的同意，且均应当支付报酬。故D选项错误。综上所述，本题的正确答案为ACD项。

64. 【答案】BCD

【解析】①《专利法》第6条第1款规定：

"执行本单位的任务或者主要是利用本单位的物质技术条件所完成的发明创造为职务发明创造。职务发明创造申请专利的权利属于该单位；申请被批准后，该单位为专利权人。"《专利法实施细则》第12条规定："专利法第六条所称执行本单位的任务所完成的职务发明创造，是指：（一）在本职工作中作出的发明创造；（二）履行本单位交付的本职工作之外的任务所作出的发明创造；（三）退休、调离原单位后或者劳动、人事关系终止后1年内作出的，与其在原单位承担的本职工作或者原单位分配的任务有关的发明创造。"②本题中，研发电脑鼠标是工程师王某的本职工作，故无论是在业务时间还是工作时间完成，均应当认定为职务发明创造，专利申请权属于该单位即甲公司。A选项说法正确。③研发电脑鼠标是工程师王某的本职工作，当然认定为职务发明创造，是否利用甲公司物质技术条件则非所问，故B选项错误。④研发新型手机并非王某的本职工作，但因研发工作主要利用了单位物质技术条件，同样属于职务发明创造，专利申请权应当归甲公司所有，故C选项错误。⑤王某从甲公司辞职后，如果一年内在乙公司研发新鼠标，仍属于原单位即甲公司的职务发明创造，专利申请权归甲公司所有，故D选项错误。综上所述，本题的正确答案为BCD项。

65.【答案】BCD
【解析】①《商标法》第15条第2款规定："就同一种商品或者类似商品申请注册的商标与他人在先使用的未注册商标相同或者近似，申请人与该他人具有前款规定以外的合同、业务往来关系或者其他关系而明知该他人商标存在，该他人提出异议的，不予注册。"《商标法》第32条规定："申请商标注册不得损害他人现有的在先权利，也不得以不正当手段抢先注册他人已经使用并有一定影响的商标。"第33条规定："对初步审定公告的商标，自公告之日起三个月内，在先权利人、利害关系人认为违反本法第十三条第二款和第三款、第十五条、第十六条第一款、第三十条、第三十一条、第三十二条规定的，或者任何人认为违反本法第十条、第十一条、第十二条规定的，可以向商标局提出异议。"本题中，乙公司将"逍遥乐"作为自己所产白酒的商标使用并抢先注册，在先使用人甲公司有权在异议期内向商标局提出异议，反对核准乙公司的注册申请，故A选项正确。②《商标法》第59条第3款规定："商标注册人申请商标注册前，他人已经在同一种商品或者类似商品上先于商标注册人使用与注册商标相同或者近似并有一定影响的商标的，注册商标专用权人无权禁止该使用人在原使用范围内继续使用该商标，但可以要求其附加适当区别标识。"由此可见，如"逍遥乐"被核准注册，甲公司有权主张先用权。故B选项正确。③《商标法》第45条第1款规定："已经注册的商标，违反本法第十三条第二款和第三款、第十五条、第十六条第一款、第三十条、第三十一条、第三十二条规定的，自商标注册之日起五年内，在先权利人或者利害关系人可以请求商标评审委员会宣告该注册商标无效。对恶意注册的，驰名商标所有人不受五年的时间限制。"本题中，因"逍遥乐"属于抢注他人先用的商标，即使被核准注册，利害关系人甲公司也有权向商标评审委员会请求宣告该注册商标无效，但并非向商标局申请撤销商标。故 C 选项错误。④甲公司虽使用"逍遥乐"商标，但未予注册，无法享有商标专用权。即使该商标被认定为未注册驰名商标，《商标纠纷解释》第 2 条规定："依据商标法第十三条第一款的规定，复制、模仿、翻译他人未在中国注册的驰名商标或其主要部分，在相同或者类似商品上作为商标使用，容易导致混淆的，应当承担停止侵害的民事法律责任。"故甲公司有权请求乙公司停止侵权，但无权请求赔偿损失。故 D 选项错误。综上所述，本题正确答案为 CD 项。

66. 【答案】AC

【解析】本题考查代位继承和遗嘱继承。①《继承法》第 5 条规定："继承开始后，按照法定继承办理；有遗嘱的，按照遗嘱继承或者遗赠办理；有遗赠扶养协议的，按照协议办理。"同时，根据《继承法》第 27 条的规定，遗嘱继承人、受遗赠人先于遗嘱人死亡的，遗产中的有关部分按照法定继承办理。本题中，甲死亡后虽立下遗嘱将其房屋由乙继承。但遗嘱继承人乙先于遗嘱人甲死亡，涉及的房屋应当适用法定继承。作为甲的儿子，丙为第一顺序继承人，有权继承该房屋。故 D 选项错误。②《继承法》第 12 条规定："丧偶儿媳对公、婆，丧偶女婿对岳父、岳母，尽了主要赡养义务的，作为第一顺序继承人。"本题中，丧偶儿媳丁虽非甲的子女，但尽了主要赡养义务，可以作为第一顺序人参与继承。因此，C 选项说法正确。③此外，《继承法》第 11 条规定："被继承人的子女先于被继承人死亡的，由被继承人的子女的晚辈直系血亲代位继承。代位继承人一般只

能继承他的父亲或者母亲有权继承的遗产份额。"本题中，戊作为乙的晚辈直系血亲，有权代位继承甲的遗产。因此 A 选项正确，而 B 选项错误。综上所述，本题的正确答案为 AC 项。

67. 【答案】CD

【解析】A 项：说法正确，不当选。《侵权责任法》第 6 条第 1 款规定："行为人因过错侵害他人民事权益，应当承担侵权责任。"本题中，甲对丙遭受的损害具有过错，构成过错侵权，甲应对丙承担侵权责任。

B 项：说法正确，不当选；D 项：说法错误，当选。《侵权责任法》第 37 条规定："宾馆、商场、银行、车站、娱乐场所等公共场所的管理人或者群众性活动的组织者，未尽到安全保障义务，造成他人损害的，应当承担侵权责任。因第三人的行为造成他人损害的，由第三人承担侵权责任；管理人或者组织者未尽到安全保障义务的，承担相应的补充责任。"据此，商场是公共场所的管理人，负有安全保障义务，借用商场厕所的丙亦属受安全保障义务保障的对象。现商场违反安全保障义务（地板湿滑），且因第三人（甲）的行为给丙造成损害，故丙遭受的损害应由甲承担，商场承担补充责任。

C 项：说法错误，当选。《侵权责任法》第 30 条规定："因正当防卫造成损害的，不承担责任。正当防卫超过必要的限度，造成不应有的损害的，正当防卫人应当承担适当的责任。"乙追赶甲的行为属于正当防卫，未超出必要限度，故乙的行为不构成侵权，乙无须承担侵权责任。同时，《侵权责任法》第 24 条规定："受害人和行为

人对损害的发生都没有过错的,可以根据实际情况,有双方分担损失。"适用公平责任的前提条件:(1)加害人和受害人对损害的发生均无过错,因此不构成过错侵权;(2)加害人的行为不属于法律明文规定的无过错侵权,因此不构成无过错侵权;(3)不责令加害人对受害人予以适当补偿显违公平原则。本题中,由于甲和商场因过错给丙造成损害,已然构成了过错侵权,就不再适用公平责任,乙无须对丙的损害适当补偿。

68.【答案】ACD

【解析】《公司法》第44条规定:"有限责任公司设董事会,其成员为三人至十三人;但是,本法第五十一条另有规定的除外。

两个以上的国有企业或者两个以上的其他国有投资主体投资设立的有限责任公司,其董事会成员中应当有公司职工代表;其他有限责任公司董事会成员中可以有公司职工代表。董事会中的职工代表由公司职工通过职工代表大会、职工大会或者其他形式民主选举产生。

董事会设董事长一人,可以设副董事长。董事长、副董事长的产生办法由公司章程规定。"由此,国有有限公司中有职工代表是法定的要求,选项A说法正确。

第45条规定:"董事任期由公司章程规定,但每届任期不得超过三年。董事任期届满,可以连选连任。董事任期届满未及时改选,或者董事在任期内辞职导致董事会成员低于法定人数的,在改选出的董事就任前,原董事仍应当依照法律、行政法规和公司章程的规定,履行董事职务。"B选项中的董事张某在任期内辞职,但只有因辞职导致董事会成员低于法定人数的,张某才需要在新选出董事就任前,仍应履行董事职责。否则不做延任的法定要求,故B项说法错误。

根据上述第44条第3款的内容,富圆公司作为有限公司,董事长由章程约定产出方式,可由股东派人担任,因此C项说法正确。

第34条规定:"股东按照实缴的出资比例分取红利;公司新增资本时,股东有权优先按照实缴的出资比例认缴出资。但是,全体股东约定不按照出资比例分取红利或者不按照出资比例优先认缴出资的除外。"由此,股东可约定不按出资比例分红,故D项说法正确。

69.【答案】B(司法部公布答案为BC)

【解析】《公司法》第57条规定:"一人有限责任公司,是指只有一个自然人股东或者一个法人股东的有限责任公司。"国有企业作为法人,可以设立一人公司。A项错误。

第63条规定:"一人有限责任公司的股东不能证明公司财产独立于股东自己的财产的,应当对公司债务承担连带责任。"B项正确。

新《公司法》取消了一人公司一次性足额缴纳出资的法定要求,所以C项错误。

第58条规定:"一个自然人只能投资设立一个一人有限责任公司。该一人有限责任公司不能投资设立新的一人有限责任公司。"对法人设立一人有限公司无此限制,所以D项错误。

70.【答案】BCD

【解析】《破产法》第39条规定:"人民法院受理破产申请时,出卖人已将买卖标的物向作为买受人的债务人发运,债务人尚未收到且未付清全部价款的,出卖人可以取回在运途中的标的物。但是,管理人可以支付全部价款,请求出卖人交付标的物。"结合题意,乙公司暂未取得该货物所有权,卖方甲公司可以行使取回权。乙公司如果支付全款,其管理人可请求交付货物。所以,A项错误,BC项正确。

第30条规定:"破产申请受理时属于债务人的全部财产,以及破产申请受理后至破产程序终结前债务人取得的财产,为债务人财产。"该批货物运到乙公司后,即属于破产申请受理后至破产程序终结前债务人乙公司取得的财产,乙公司欠甲公司的货款则构成甲公司对乙公司的破产债权。所以选项D正确。

71. 【答案】ABC

【解析】《破产法司法解释一》第4条规定:"债务人账面资产虽大于负债,但存在下列情形之一的,人民法院应当认定其明显缺乏清偿能力:(一)因资金严重不足或者财产不能变现等原因,无法清偿债务;(二)法定代表人下落不明且无其他人员负责管理财产,无法清偿债务;(三)经人民法院强制执行,无法清偿债务;(四)长期亏损且经营扭亏困难,无法清偿债务;(五)导致债务人丧失清偿能力的其他情形。"本题中A项属于(一),B项属于(二);C项属于(三);而D选项中的"出售房屋质量纠纷多,市场信誉差"并不能说明资产不足,缺乏清偿能力,不选。所以应选ABC项。

72. 【答案】ACD

【解析】《合伙企业法》第42条规定:"合伙人的自有财产不足清偿其与合伙企业无关的债务的,该合伙人可以其从合伙企业中分取的收益用于清偿;债权人也可以依法请求人民法院强制执行该合伙人在合伙企业中的财产份额用于清偿。"AC项表述正确。

第22条规定:"除合伙协议另有约定外,合伙人向合伙人以外的人转让其在合伙企业中的全部或者部分财产份额时,须经其他合伙人一致同意。

合伙人之间转让在合伙企业中的全部或者部分财产份额时,应当通知其他合伙人。"B项相当于郑桃将合伙份额对外转让给王椰,只不过王椰给付的对价是之前借给郑桃的欠款,所以需要取得其他合伙人的一致同意,B项错误。

第74条规定:"人民法院强制执行合伙人的财产份额时,应当通知全体合伙人,其他合伙人有优先购买权。"D项表述正确。

73. 【答案】BCD

【解析】《证券投资基金法》第21条规定:"公开募集基金的基金管理人及其董事、监事、高级管理人员和其他从业人员不得有下列行为:(一)将其固有财产或者他人财产混同于基金财产从事证券投资;(二)不公平地对待其管理的不同基金财产;(三)利用基金财产为基金份额持有人以外的第三人牟取利益;(四)向基金份额持有人违规承诺收益或者承担损失;(五)侵占、挪用基金财产;(六)泄露因职务便利获取的未公开信息、利用该信息从事或者明示、暗示他人从事相关的交易活动;(七)玩忽职守,不按照规定履行职责;(八)法律、行政法规和国务院证券监督管理机构规定禁止的其他行为。"

A项不违反规定,C项违反第(二)项

规定；B项违反第（三）项规定；D项违反第（四）项规定。

因此，本题BCD项所述行为均不符合法律规定，A项符合法律规定。应选BCD项。

74.【答案】AC

【解析】《票据法》第26条规定："出票人签发汇票后，即承担保证该汇票承兑和付款的责任。"甲是汇票的出票人，签发的票面金额为10万元，应对戊承担10万元的票据责任。所以A选项正确。

第37条规定："背书人以背书转让汇票后，即承担保证其后手所持汇票承兑和付款的责任。"

第14条规定："票据上其他记载事项被变造的，在变造之前签章的人，对原记载事项负责；在变造之后签章的人，对变造之后的记载事项负责；不能辨别是在票据被变造之前或者之后签章的，视同在变造之前签章。"

根据上述法条，本题中乙、丙、丁都是票据背书人，应对最后持票人承担责任。但乙的背书签章已不能辨别是在记载金额变造之前，还是在变造之后，视同在变造之前签章，应对原记载事项负责，即乙对戊承担10万元票据责任。故B项错误。丙变造票据金额，丁在变造之后转让，应对变造后的记载事项负责，即丙和丁应对戊承担20万元票据责任。所以C项正确，D项错误。

75.【答案】AB

【解析】《保险法》第65条规定："保险人对责任保险的被保险人给第三者造成的损害，可以依照法律的规定或者合同的约定，直接向该第三者赔偿保险金。

责任保险的被保险人给第三者造成损害，被保险人对第三者应负的赔偿责任确定的，根据被保险人的请求，保险人应当直接向该第三者赔偿保险金。被保险人怠于请求的，第三者有权就其应获赔偿部分直接向保险人请求赔偿保险金。

责任保险的被保险人给第三者造成损害，被保险人未向该第三者赔偿的，保险人不得向被保险人赔偿保险金。

责任保险是指以被保险人对第三者依法应负的赔偿责任为保险标的的保险。"

本题中，乙旅行社为甲向红星保险公司购买了责任险，甲在旅行途中死亡，乙旅行社对甲的继承人丁负有赔付的义务，所以乙旅行社可以要求红星保险公司直接对丁进行赔付。同理，丙公司有权要求白云公司直接对丁进行赔付。第三者责任险中，当被保险人怠于请求保险公司向第三人赔付时，第三人才可以直接向保险公司要求赔付，本题中并不存在这个前提，所以CD项错误。

76.【答案】ACD

【解析】《海商法》第22条规定："下列各项海事请求具有船舶优先权：（一）船长、船员和在船上工作的其他在编人员根据劳动法律、行政法规或者劳动合同所产生的工资、其他劳动报酬、船员遣返费用和社会保险费用的给付请求；（二）在船舶营运中发生的人身伤亡的赔偿请求；（三）船舶吨税、引航费、港务费和其他港口规费的缴付请求；（四）海难救助的救助款项的给付请求；（五）船舶在营运中因侵权行为产生的财产赔偿请求。……"

第23条规定："本法第二十二条第一款所列各项海事请求，依照顺序受偿。但是，第（四）项海事请求，后于第（一）项至第（三）

项发生的，应当先于第（一）项至第（三）项受偿。…"

据此，第（四）项海难救助先于前三项优先受偿，A项正确。

其他依照顺序受偿，所以（五）船舶在营运中因侵权行为产生的财产赔偿请求，应"后于"（三）船舶吨税、引航费等的缴付请求而受偿。B项错误。

第24条规定："因行使船舶优先权产生的诉讼费用，保存、拍卖船舶和分配船舶价款产生的费用，以及为海事请求人的共同利益而支付的其他费用，应当从船舶拍卖所得价款中先行拨付。"C选项正确。

第25条规定："船舶优先权先于船舶留置权受偿，船舶抵押权后于船舶留置权受偿。"简单归纳三者受偿顺序为：船舶优先权＞船舶留置权＞船舶抵押权。D选项正确。

因此，本题正确选项为 ACD 项。

77. 【答案】ABD

【解析】ABD项：符合题意，当选；C项：不符合题意，不当选。该题除了C项是2007年修正的《民事诉讼法》已规定的制度以外，AB项与D项中的制度均是尚未作规定的制度，而这三项制度恰恰是2012年修正的《民事诉讼法》增加的制度。

78. 【答案】BC

【解析】管辖权异议适用于地域管辖和级别管辖，只要当事人认为法院没有管辖权，都可以在提交答辩状期间提出管辖权异议，所以A选项表述错误。法院受理案件后，认为自己没有管辖权的，应将案件移送给有管辖权的法院以纠正错误立案，不论是级别管辖还是地域管辖错误，都需要通过移送管辖的方式纠正，B选项正确。

C选项正确，管辖权转移是对级别管辖制度的变通和调整，即受理案件的法院根据法律规定是对案件有管辖权的，但是基于案件的特殊情况，认为案件由上级或者下级法院审理更为适宜的，将案件转移给上级或者下级法院审理。D选项错误，协议管辖不得违背级别管辖和专属管辖的规定，所以当事人不能通过协议变更级别管辖，因为级别管辖和专属管辖是法律的强制性规定。此处注意两个概念的区分，移送管辖是法院错误立案后纠错的方式，把案件从没有管辖权的法院移送有管辖权的法院，而管辖权转移是上下级法院之间对级别管辖的一种变通，是为了照顾实践的需要，将案件从原本有管辖权的法院转移给原本无管辖权的上级或者下级法院。

79. 【答案】ABD

【解析】本题考查一事不再理制度。A选项驳回起诉的案件未经实体处理，原告再次起诉符合条件的，法院应予受理，表述正确。B选项，案件按撤诉处理，自然未经实体处理，当事人再次起诉，不受一事不再理的限制，法院应予受理，表述正确。C选项离婚诉讼中，判决不准离婚的，原告在六个月内没有新情况、新理由再次起诉的，法院不予受理。C选项中存在两个漏洞，其一，被告随时起诉不受限制；其二，就原告在六个月后可以起诉，法院应予受理，所以该选项的表述是错误的。D选项超过诉讼时效起诉，仍然符合起诉条件，法院应予受理，受理之后如被告主张时效抗辩，并查明无中止、中断事由，应当判决驳回诉讼请求，表述正确。

80. 【答案】AB

【解析】A项：说法正确，当选。由于

法院应合并审理本诉与反诉,因此,反诉应当向受理本诉的法院提出。B项:说法正确,当选。C项:说法错误,不当选。在民事诉讼中,即使被告提出反诉,法院合并审理本诉与反诉,但两者仍然是各自独立的诉。D项:说法错误,不当选。反诉与本诉的当事人具有特定性,并且当事人的诉讼地位会因被告提出反诉而发生互换,其诉讼地位是不同的。

81.【答案】AC

【解析】诉讼权利能力是指成为民事诉讼当事人,以自己的名义起诉、应诉的资格;自然人始于出生终于死亡具有诉讼权利能力,而法人和符合条件的其他组织始于成立终于终止具有诉讼权利能力。当事人适格是指在具有诉讼权利能力的基础上,作为本案的当事人起诉、应诉的资格,一般而言,本案所争议的实体法律关系的双方当事人是适格当事人,但确认之诉中对诉讼标的确认利益的人以及根据当事人的意思或法律规定,依法对他人民事法律关系或民事权利享有管理权的主体也是适格当事人。

可见,当事人适格以具有诉讼权利能力为前提,但具有诉讼权利能力的主体并不一定是适格当事人(如自然人张三具有诉讼权利能力,但对于王五与李四之间的债权债务纠纷而言,张三并非适格当事人)。诉讼权利能力由法律明文规定(自然人、法人和符合条件的其他组织),而当事人适格需要结合具体案件判断。

综上,A选项正确,B选项错误,C选项正确,D选项错误。

82.【答案】CD

【解析】诉讼中的财产保全可以依申请,也可以依职权,诉前财产保全只能依申请,不能依职权,先予执行只涉及当事人权利的保护,所以只能依申请,不能依职权,因此A选项错误。B选项二者适用范围明显不同,先予执行适用于:(1)追索赡养费、抚养费、抚育费、抚恤金、医疗费;(2)追索劳动报酬;(3)情况紧急需要先予执行。而保全适用于可能因当事人一方的行为或者其他原因使判决难以执行或造成当事人的其他损害。C选项中诉讼中的保全和先予执行都是可以责令提供担保,经责令当事人拒绝提供的,驳回申请,担保不是必需的,表述正确。D选项中对保全和先予执行的救济方式都是同级复议,表述正确。

83.【答案】ABCD

【解析】本题四个选项都有法律依据,但比较零散,不建议适用法条依据解答本题。结合法院调查取证这一知识点,我们可以知道法院可以主动依职权调查收集的证据包括:(一)涉及可能损害国家利益、社会公共利益的;(二)涉及身份关系的;(三)涉及公益诉讼的;(四)当事人有恶意串通损害他人合法权益可能的;(五)涉及依职权追加当事人、中止诉讼、终结诉讼、回避等程序性事项的。除此之外涉及当事人实体权利义务的事实则基于当事人的处分权、约束性辩论原则以及司法的被动性的要求,法院不应主动调查。本题中,ABCD四个选项均为程序性事实,不涉及当事人实体权利,法院可以依职权调查。

84.【答案】AB

【解析】本题出题背景是2012年8月31日通过了关于修改民事诉讼法修正案,通过"哪些程序是1991民诉(07修正案)所规定"这一问题考查考生对该修正内容是否有所了解，我们知道 D 选项的小额诉讼程序是 2012 修正案的内容，故而将其排除。当然本题还有一个重要的理论考点——诉讼程序。理论上，我们将民事程序区分为诉讼程序和非讼程序，诉讼程序是指解决民事权利义务纠纷的程序，包括一审、二审、再审；非讼程序指不解决民事权利义务纠纷的程序，包括特别程序（选民资格案件除外），督促程序和公示催告程序。选民资格案件由于涉及公民的政治权利，并非民事程序，所以既不是诉讼程序，也不是非讼程序。所以 C 选项中认定财产无主案件审理程序虽然是 1991 民诉法（07 修正案）所规定的程序，但其作为特别程序，并非诉讼程序，应予排除，故本题选择 AB 选项。

85. 【答案】AB

【解析】民事诉讼中，法院可以依据当事人的申请或者在法定条件下（国家、社会第三人利益，身份关系，程序性事实）依职权调查收集证据。《仲裁法》第 43 条规定："当事人应当对自己的主张提供证据，仲裁庭认为有必要收集的证据，可以自行收集"，所以仲裁庭在一定条件下，可以自行收集证据，A 选项正确。关于鉴定，诉讼中的当事人可以申请进行鉴定，法院也可以依职权启动鉴定。根据《仲裁法》第 44 条的规定，仲裁中仲裁庭有权启动对专门性问题的鉴定程序，鉴定机构既可由当事人约定，也可由仲裁庭指定，B 选项正确。诉讼中，当事人申请根据和解协议或者调解协议制作判决书的，人民法院不予支持（但无民事行为能力人的离婚案件以及涉外民事诉讼案件除外）；而仲裁中的当事人可以申请仲裁庭根据和解或者调解协议制作裁决书，这是诉讼与仲裁的一个重大区别，C 选项错误。关于裁判文书，诉讼中适用普通程序审理的，法院应当写明事实和理由，适用简易程序审理的，双方当事人一致同意后可以对判决的事实和理由部分进行适当简化，但不是不予写明；而仲裁中，充分尊重当事人的自由选择，当事人协议不愿写明裁决事实和理由的，裁决书中可以不予写明，所以 D 选项错误。

三、不定项选择题。

86. 【答案】ABCD

【解析】根据《最高人民法院关于审理买卖合同纠纷案件适用法律问题的解释》第 3 条第 1 款的规定，当事人一方以出卖人在缔约时对标的物没有所有权或者处分权为由主张合同无效的，人民法院不予支持。根据该规定，因无权处分订立的买卖合同，若无其他效力瑕疵（如无行为能力、意思表示不真实等），该买卖合同有效，当事人欠缺对标的物的处分权不影响买卖合同的效力。[1] 据此可知，乙公司和丙公司之间的挖掘机买卖合同以及乙公司和丁公司之间的挖掘机买卖合同均有效。因此，本题的正确答案为 ABCD 项。

87. 【答案】AB

【解析】根据《物权法》第 176 条规定，被担保的债权既有物的担保又有人的担保的，债务人不履行到期债务或者发生当事

---

[1] 我国对于无权处分合同的效力曾有争议。《合同法》第 51 条规定："无处分权的人处分他人财产，经权利人追认或者无处分权的人订立合同后取得处分权的，该合同有效。"《物权法》第 15 条确立了合同效力与物权效力区分的原则，该条规定："当事人之间订立有关设立、变更、转让和消灭不动产物权的合同，除法律另有规定或者合同另有约定外，自合同成立时生效；未办理物权登记的，不影响合同效力。"最高人民法院在《买卖合同解释》确立了新的权威意见：原则上有效。今后司法考试中要按照该观点作答。

人约定的实现担保物权的情形，债权人应当按照约定实现债权；没有约定或者约定不明确，债务人自己提供物的担保的，债权人应当先就该物的担保实现债权；第三人提供物的担保的，债权人可以就物的担保实现债权，也可以要求保证人承担保证责任。提供担保的第三人承担担保责任后，有权向债务人追偿。据此可知，因本题中担保物权为债务人以外的第三人提供，因此在乙公司将6万元租金债务转让给戊公司之前，债权人甲公司可以要求丙公司承担保证责任，也可以要求丁公司承担抵押担保责任，没有先后顺序的限制。综上所述，本题的正确答案为AB项。

88. 【答案】AB

【解析】根据《物权法》第175条的规定，第三人提供担保，未经其书面同意，债权人允许债务人转移全部或者部分债务的，担保人不再承担相应的担保责任。根据《担保法》第23条的规定，保证期间，债权人许可债务人转让债务的，应当取得保证人书面同意，保证人对未经其同意转让的债务，不再承担保证责任。上述规定主要是考虑到，在债务承担的场合，新的债务人的偿债能力可能不及原债务人，如坚持担保的从属性无疑增加了担保人的风险，应作排除责任的限制性解释。需要注意的是，如果由债务人提供担保，则应当坚持从属性和不可分性原则，担保人依然应当承担担保责任。本题中，乙公司将6万元租金债务转让给戊公司时，仅取得了保证人丙公司与抵押人丁公司的口头同意，未取得其书面同意，所以，对于转让给戊公司的6万元债务，丙公司、丁公司不再承担担保责任。综上所述，本题的正确答案为AB项。

89. 【答案】D

【解析】①《物权法》第23条规定："动产物权的设立和转让，自交付时发生效力，但法律另有规定的除外。"由此可见，动产物权变动采交付生效主义原则，这里的交付既包括现实交付，又包括观念交付，后者包括简易交付、指示交付与占有改定。《物权法》第26条规定了指示交付："动产物权设立和转让前，第三人依法占有该动产的，负有交付义务的人可以通过转让请求第三人返还原物的权利代替交付。"本案中，甲公司是挖掘机的所有权人，甲公司将该挖掘机出卖给王某，且与王某约定让与甲公司对乙公司的返还请求权以代现实交付，并通知了乙公司。因此，甲公司与王某已经以指示交付的方式完成了交付，所有权发生了转移，王某已经取得了挖掘机的所有权。选项D正确，而选项A错误。②根据《物权法》第106条的规定，无处分权人将不动产或者动产转让给受让人的，所有权人有权追回；除法律另有规定外，符合下列情形的，受让人取得该不动产或者动产的所有权：（一）受让人受让该不动产或者动产时是善意的；（二）以合理的价格转让；（三）转让的不动产或者动产依照法律规定应当登记的已经登记，不需要登记的已经交付给受让人。本题中，乙公司为现金周转将挖掘机分别以45万元和50万元的价格先后出卖给丙公司和丁公司，构成无权处分，虽丙公司和丁公司均已付款，但由于其作为租金债务的担保人，应当知道乙公司欠缺处分权，且没有依约交付挖掘机，因此丙公司与丁公司均不能基于善意取得制度取得该机器的所有权。故选项BC均不正确。综上所述，本题的正确答案为 D 项。

90. 【答案】ABD

【解析】①根据《继承法》第33条第1款的规定，继承遗产应当清偿被继承人依法应当缴纳的税款和债务，缴纳税款和清偿债务以他的遗产实际价值为限。超过遗产实际价值部分，继承人自愿偿还的不在此限。据此可知，被继承人订立合同后死亡的，被继承人订立的合同由其继承人法定承受。根据《物权法》第29条的规定，因继承或者受遗赠取得物权的，自继承或者受遗赠开始时发生效力。王某死亡时，大王和小王即取得挖掘机的所有权，属于共同共有。根据《物权法》第102条的规定，因共有的不动产或者动产产生的债权债务，在对外关系上，共有人享有连带债权、承担连带债务，但法律另有规定或者第三人知道共有人不具有连带债权债务关系的除外；在共有人内部关系上，除共有人另有约定外，按份共有人按照份额享有债权、承担债务，共同共有人共同享有债权、承担债务。偿还债务超过自己应当承担份额的按份共有人，有权向其他共有人追偿。本题中，大、小王共有的挖掘机产生的债务，二人应当承担连带责任。故 C 选项正确，而 D 选项错误。②根据《合同法》第94条的规定，有下列情形之一的，当事人可以解除合同：（一）因不可抗力致使不能实现合同目的；（二）在履行期限届满之前，当事人一方明确表示或者以自己的行为表明不履行主要债务；（三）当事人一方迟延履行主要债务，经催告后在合理期限内仍未履行；（四）当事人一方迟延履行债务或者有其他违约行为致使不能实现合同目的；（五）法律规定的其他情形。由此可见，一方当事人死亡，并非合同解除的情形，且本题中当事人并不存在该条规定的其他可解除合同的情形，合同中又未约定解除权，因此甲公司以及大、小王均无权解除合同。故选项 AB 说法错误。综上所述，本题的正确答案为 ABD 项。

91. 【答案】BC

【解析】①本题中，甲公司与王某订立买卖合同，约定由乙公司直接将挖掘机交付给王某，此时双方通过指示交付完成交付，王某取得间接占有人的地位，取得挖掘机的所有权。根据《物权法》第29条的规定，因继承或者受遗赠取得物权的，自继承或者受遗赠开始时发生效力。王某死亡时，大王和小王即取得挖掘机的所有权，同时承继王某的间接占有人地位，二人构成共同共有。因此，选项 A 错误。②根据《物权法》第97条的规定，处分共有的不动产或者动产以及对共有的不动产或者动产作重大修缮的，应当经占份额三分之二以上的按份共有人或者全体共同共有人同意，但共有人之间另有约定的除外。由于遗产分割前，大、小王对挖掘机构成共同共有，因此处分挖掘机必须经过全体共有人的同意，小王未经大王同意即处分该挖掘机，属于无权处分。根据《合同法》第51条的规定，无处分权的人处分他人财产，经权利人追认或者无处分权的人订立合同后取得处分权的，该合同有效。据此可知，大王对小王出卖挖掘机的行为可以追认。因此 BC 选项正确。③虽王某临终立遗嘱指定小王为遗嘱执行人，但遗嘱执行人的权利及作用在于执行相关事务，使遗嘱人的遗嘱得以完全实现，并不具有自由处分遗产的权利，故选项 D 说法错误。综上所述，本题的正确答案为 BC 项。

92. 【答案】BCD

【解析】《公司法司法解释三》取消了第三人垫资的法定约束，当事人筹备资金的方式更灵活，第三人垫资并不违法，更不能认定为抽逃出资，A 项错误。

该食材买卖合同中，艾瑟实际上从未经营过食材，也未打算履行该合同，只是通过虚假交易将出资转出，属于恶意串通损害公司利益的行为，根据合同法的规定，此行为无效。B 项正确。

《公司法司法解释三》第 12 条规定："公司成立后，公司、股东或者公司债权人以相关股东的行为符合下列情形之一且损害公司权益为由，请求认定该股东抽逃出资的，人民法院应予支持：（一）制作虚假财务会计报表虚增利润进行分配；（二）通过虚构债权债务关系将其出资转出；（三）利用关联交易将出资转出；（四）其他未经法定程序将出资抽回的行为。"高才通过该食材买卖合同而转移 10 万元的行为属于上述第（二）项，C 项正确。

《公司法解释（三）》第 14 条第 2 款规定："公司债权人请求抽逃出资的股东在抽逃出资本息范围内对公司债务不能清偿的部分承担补充赔偿责任、协助抽逃出资的其他股东、董事、高级管理人员或者实际控制人对此承担连带责任的，人民法院应予支持；抽逃出资的股东已经承担上述责任，其他债权人提出相同请求的，人民法院不予支持。"据此，D 项正确。

综上所述，本题的正确答案为 BCD 项。

93. 【答案】AB

【解析】《公司法司法解释三》第 24 条规定："有限责任公司的实际出资人与名义出资人订立合同，约定由实际出资人出资并享有投资权益，以名义出资人为名义股东，实际出资人与名义股东对该合同效力发生争议的，如无合同法第五十二条规定的情形，人民法院应当认定该合同有效。"所以 A 项正确。

李一与李二的约定有效，并且公司登记机关登记的股东有李三，李三是名义股东，具有股东资格。B 项正确。

李一只是享有投资收益分配请求权，并不是完全的股权享有人。即使假设李一享有股权，离婚对方要求分割股权，可以参照股东向股东以外的人转让出资的办法处理。依据《公司法》第 71 条的规定："股东向股东以外的人转让股权，应当经其他股东过半数同意。股东应就其股权转让事项书面通知其他股东征求同意，其他股东自接到书面通知之日起满三十日未答复的，视为同意转让。其他股东半数以上不同意转让的，不同意的股东应当购买该转让的股权；不购买的，视为同意转让。"必须具备以下条件：（1）召开股东会并必须经过全体股东过半数同意；（2）不同意转让的股东应当购买该转让的出资，如果不同意购买该转让的出资，视为同意转让；（3）作为受让人的夫妻一方必须具备公司章程中所规定的作为股东的条件。C 选项错误。

《公司法司法解释三》第 24 条规定："实际出资人未经公司其他股东半数以上同意，请求公司变更股东、签发出资证明书、记载于股东名册、记载于公司章程并办理公司登记机关登记的，人民法院不予支持。"所以 D 项错误。

94. 【答案】BCD

【解析】公司登记机关登记的股东有李

三，李三享有股东权，所以，股权转让属于有权处分的行为。A项表述错误。

《公司法》第71条规定："股东向股东以外的人转让股权，应当经其他股东过半数同意。股东应就其股权转让事项书面通知其他股东征求同意，其他股东自接到书面通知之日起满三十日未答复的，视为同意转让。其他股东半数以上不同意转让的，不同意的股东应当购买该转让的股权；不购买的，视为同意转让。"股东向股东以外的人转让股权，应当经其他股东过半数同意。李三将股权卖给王二，已征得其他股东同意，并且在登记机关办理了变更登记等手续，属于有效行为，王二可以取得该股权。所以，BC项表述正确。

《公司法司法解释三》第25条第2款规定："名义股东处分股权造成实际出资人损失，实际出资人请求名义股东承担赔偿责任的，人民法院应予支持。"所以D项表述正确。

95. 【答案】AB

【解析】本题考查合同纠纷的管辖权，由被告住所地和合同履行地法院管辖。李强与赵刚之间的欠款纠纷属于借款合同纠纷，被告赵刚住所地的人民法院有管辖权，A选项正确。同时，合同纠纷对履行地没有约定或者约定不明的，争议标的为给付货币的，接收货币一方为合同履行地，本案中李强起诉赵刚归还借款，李强为接收货币方，其住所地为合同履行地，即B区法院作为合同履行地，有管辖权。CD选项没有道理，本案级别管辖为基层法院，不是中院，借款纠纷不存在专属管辖的问题，专属管辖仅限于不动产纠纷、港口作业纠纷、遗产继承纠纷。

96. 【答案】A

【解析】李强起诉要求支付医疗费用属于侵权纠纷，根据《民事诉讼法》的规定，侵权纠纷由被告住所地或者侵权行为地法院管辖。A区为被告赵刚住所地，也是侵权行为发生地，有管辖权。级别管辖为基层法院，不存在专属管辖的问题。

97. 【答案】AC

【解析】本案中李强起诉赵刚返还借款5000元的诉讼标的是借款合同关系，而李强起诉赵刚支付医疗费6000元的诉讼标的是侵权法律关系，本案中有两个不同的诉讼标的，所以是两个独立的诉，可以分别审理，分别判决；同时，基于主体的一致性，为了实现诉讼效率，也可以进行合并审理，这是诉讼标的的合并。解答本题，关键需要分析出本案有两个不同的诉讼标的，所以是两个独立的诉。但是，很多真题解析认为本案是普通共同诉讼，虽然得出的结论是正确的，但是本题与共同诉讼无关，共同诉讼是一方当事人为两人以上，本案中双方当事人都只有一人，何来共同诉讼一说。

98. 【答案】AC

【解析】本题考查证据的相关问题，首先关于本证和反证的问题，需要判断该证据的待证事实是什么，对于该事实应当由谁承担证明责任，该证据由谁提出。关于借条，待证事实为借款关系存在，对该事实应当由原告承担证明责任，同时该借条是原告提出的，承担证明责任的人提供的证据，是本证；关于已经偿还的陈述，待证事实是合同是否履行，应当由主张履行的被告方承担证明责任，该陈述为承担证明责任的被告赵刚提出的，为本证。直接证据和间接证据的区分标准在于直接证据证明的内容是案件的全部或者主要待证事实，而间接证明只能证明案件的部分待证事实。转账凭证并不能证明借款的全部事实，因为李强向赵刚转账并不能说明两人之间存在的是借款法律关系，所以为间接证据。赵刚对借款事实的承认，属于自认，没有疑问。

99. 【答案】CD

【解析】A选项错误，书面证词仍然属于证人证言，书面形式只是该证据的表现形式而已，并不影响证据的分类，故进行证据种类的判断，只能看其原始形态，不能看其传来形态，如用视听资料形式记录未出庭的证人证言，虽然是视听资料形式，但其实质仍然是证人证言；如反映冰箱被损坏的照片，虽然是照片形式，但其仍然是用冰箱被损坏的状态证明案件事实，属于物证，照片只是该物证的一个表现形式或者传来形态而已。B选项错误，无法与原件核对的复印件、复制品证明力较弱，不能单独作为认定案件事实的依据，

而题中说复印件肯定无证明力的表述过于绝对；关于举证责任，本案为动物致人损害，为无过错责任原则，应当由原告对除过错外的其他侵权责任构成要件（行为、结果、因果关系）进行证明，被告对免责事由进行证明。结合本案，李强故意逗狗是免责事由，应当由被告证明，所以C选项正确。D选项中的因果关系应当由原告李强证明，正确。

100. 【答案】BD

【解析】本题是在考查反诉和反驳的区分，并且在本题中的区别很细微。反诉和反驳的区别在于反诉是一个独立的诉，可以不依赖本诉的存在而存在。本案中李强诉赵刚的主张是归还借款，其基于借款法律关系，而赵刚的主张是基于玉石供货合同主张玉石款。显然两个诉讼标的不同，构成两个独立的诉，所以为反诉。假使没有李强诉赵刚返还借款，赵刚仍可以起诉李强主张玉石价款，所以该主张独立于本诉存在，为反诉，不是反驳。既然是反诉，就可以合并审理，也可以另行起诉。

2012年国家司法考试（试卷四）解析

二、【参考答案】

1. 村主任构成受贿罪（1分）。理由：根据立法解释，村委会基层组织人员在协助人民政府从事行政管理工作时，以国家工作人员论。村主任依据《土地管理法》协助政府从事土地管理工作，其收受他人财物，为他人谋取利益，数额达到5000元以上，构成受贿罪（1分）。

2. 赵某父亲与赵某构成受贿的共犯（1分）；同时赵某父亲构成利用影响力受贿罪（1分），受贿罪与利用影响力受贿罪为想象竞合犯，从一重罪论处（1分）。理由：赵某为离职国家工作人员，其收受他人财物，利用其子为他人谋取不正当利益，构成利用影响力受贿罪。同时，赵某得知父亲收受财物并承诺关照，存在权钱交易，侵犯了国家职务行为不可收买性的法益，构成受贿罪，其父对赵某受贿具有教唆行为，构成共同犯罪，赵某的父亲属于想象竞合犯，择一重罪论处，不需数罪并罚（2分）。

3. 共同构成贪污罪（1分）；二人的犯罪数额均为50万元（2分）。

4. 对陈某以盗窃罪论处（1分），对李某以盗窃罪与故意毁坏财物罪并罚（1分），陈某与李某构成盗窃罪的共犯（1分），盗窃罪属于犯罪预备形态，可以比照既遂犯从轻、减轻或免除处罚（1分）。理由：陈某教唆李某实施盗窃行为，属于教唆犯，构成盗窃罪的共犯，由于意志以外的原因未能着手实行，属于犯罪预备行为。李某在实施盗窃的过程中，另起犯意故意毁坏他人财物，属于实行过限行为，陈某对此不知情，由李某单独负刑事责任（2分）。

5. 不构成不作为的放火罪（1分）。理由：《行政法》上规定的发现火情报警义务不构成《刑法》意义上不作为犯罪的义务来源（1分）。

6. 黄某放火与范某被砸死存在因果关系，理由：（1）黄某的放火行为对范某的死亡危险大；（2）介入因素范某反身取财行为不异常；（3）介入因素范某反身取财直接导致被砸死。综合以上三个标准，认定存在因果关系（2分）。

黄某放火与范某被砸死不存在因果关系，理由：（1）黄某的放火行为对范某的死亡危险小；（2）介入因素范某返身取财行为不异常；（3）介入因素范某返身取财直接导致被砸死；（4）介入因素范某返身取财不属于黄某可控范围内的事项。综合以上四个标准，认定不存在因果关系（2分）。

三、【参考答案】

1. （1）甲与乙之间的关系为信用卡合同，性质上为无名合同。根据该合同，甲在丙处消费，由乙支付价款，下个月15日前甲将消费款项支付给乙，类似于借款合同。（2）丙负有接受持卡人消费的义务，即丙受乙的委托向第三人（消费者）为给付，有与第三人订立合同的义务，这是一种类似于委托合同的关系，性质上为无名合同。（3）甲与丙之间为买卖合同关系，只是约定由第三人（即信用卡发卡行）支付价款。

【解析】根据《合同法》及其他法律是否有明确规定，合同分为有名合同与无名合同。《合同法》或其他法律没有明确规定的，统称为"无名合同"。信用卡法律关系涉及三方当事人，各依约定履行其义务。我国《合同法》及相关法律未明确规定此种合同类型，性质上属于无名合同。《合同法》第124条规定："本法分则或者其他法律没有明文规定的合同，适用本法总则的规定，并可以参照本法分则或者其他法律最相类似的规定。"本题中，甲与丙之间为买卖合同关系，可参照买卖合同的相关规定处理，例如标的物质量瑕疵担保义务、标的物风险负担等。甲、乙之间可参照借款合同的相关规定处理，例如逾期利息等。乙、丙之间可参照委托合同的相关规定处理。

2. 法律含义是甲对丙的付款债务由乙承担，且属于免责的债务承担。乙不能以甲不付款为理由拒绝向丙付款。因为甲与乙、乙与丙之间的债的关系是独立的，而且债务承担具有无因性。乙无权以其与甲的内部合同义务对抗丙。

【解析】（1）债务承担，是指基于债务人、债权人与第三人之间达成的协议，将合同的义务全部或者部分转移给第三人承担。债务承担协议可由原债权人、债务人与第三人共同签订；亦可由债权人与第三人签订；或者基于第三人的单方允诺而成立。债权人与第三人签订的债务转移合同，构成对债务人债务的免除，无须经过债务人同意。《合同法》第84条规定："债务人将合同的义务全部或者部分转移给第三人的，应当经债权人同意。"在信用卡法律关系中，发卡银行（第三人）与商家（债权人）订立合同，将持卡人（债务人）消费的应付价款债务转移于发卡银行承担。

（2）发卡银行（第三人）之所以承担持卡人的债务，主要是基于甲（消费者）、乙（发卡行）之间的内部合同，即甲于下个月的15日前将其消费款项支付给乙，此为乙（发卡行）债务承担的原因。该原因存在瑕疵的，不影响乙（发卡行）与丙（商家）之间的债务承担协议。换言之，基于合同的相对性，乙无权以其与甲的内部合同义务对抗丙。

3. （1）如果甲不向乙支付其消费的款项，乙可依甲、乙之间的还款关系要求甲支付其所消费的款项及利息（违约责任）。

（2）如果乙不向丙支付甲消费的款项，丙可依乙、丙之间的还款关系要求乙支付甲消费的款项及利息（违约责任）。

【解析】《合同法》第121条明确规定："当事人一方因第三人的原因造成违约的，应当向对方承担违约责任。当事人一方和第三人之间的纠纷，依照法律规定或者按照约定解决。"该条规定的即为违约责任的相对性，指债务人应当就债务的履行对债权人负责，即使未履行系第三人原因导致。本题中，根据甲、乙和乙、丙各自之间的合同关系，甲应于消费下个月的15日前将其消费款项支付给乙；丙于每月的20日请求乙支付甲消费的款项。如果甲不向乙支付其消费的款项，乙可依甲、乙之间的还款关系要求甲支付其所消费的款项及利息（违约责任），而无权向丙主张权利。如果乙不向丙支付甲所消费的款项，丙可依乙、丙之间的还款关系要求乙支付甲所消费的款项及利息（违约责任），但无权要求甲支付该费用。

4. 应当由乙主张权利。乙可以依据其

与丙之间的委托关系对丙主张不履行合同的违约责任。因为在乙与丙之间的丙负有接受符合条件的持卡人的消费，即丙受乙的委托向第三人（消费者）为给付，有与第三人订立合同的义务。基于合同的相对性，甲无权向丙主张权利。

【解析】根据《合同法》第64条的规定，当事人约定由债务人向第三人履行债务的，债务人未向第三人履行债务或者履行债务不符合约定，应当向债权人承担违约责任。本题中，根据乙（发卡行）、丙（商家）的合同关系，丙负有接受第三人（消费者）刷卡消费的义务。基于合同的相对性，若丙拒绝第三人（消费者）刷卡消费，则只能由债权人即乙（发卡行）向丙主张违约责任。

5. 张某不构成违约。因为自然人之间的借款合同，自贷款人提供借款时生效。张某未向甲提供借款，借款合同未生效。

【解析】《合同法》第197条规定："借款合同采用书面形式，但自然人之间借款另有约定的除外。"第210条规定："自然人之间的借款合同，自贷款人提供借款时生效。"由此可见，自然人之间的借款合同为非要式、实践性合同。本题中，虽甲与张某已经签订借款意向书，但由于贷款人张某尚未实际提供借款，借款合同尚未生效。张某拒绝向甲提供借款的，不构成违约。

6. 乙可以就甲对丁的保险赔偿金和甲对戊的损害赔偿金主张优先受偿权。

【解析】《物权法》第174条规定："担保期间，担保财产毁损、灭失或者被征收等，担保物权人可以就获得的保险金、赔偿金或者补偿金等优先受偿。被担保债权的履行期未届满的，也可以提存该保险金、赔偿金或者补偿金等。"由此可见，抵押权具有物上代位性。本题中，戊放火烧毁了甲的铺面房（乙的抵押权客体），对该抵押物毁损灭失可获得的代位物，包括保险公司的保险赔偿金、对戊的损害赔偿金，抵押权人乙有优先受偿权。

7. 没有影响。因为在甲的铺面房设定抵押后，甲将保险赔偿请求权转让给己，基于抵押权的追及效力，不影响抵押权的效力。己的债权人庚向法院申请冻结该保险赔偿请求权，基于抵押权的优先性，不影响抵押权的效力。

【解析】根据《物权法》第174条的规定，担保期间，担保财产毁损、灭失或者被征收等，担保物权人可以就获得的保险金、赔偿金或者补偿金等优先受偿。基于其物权属性，抵押权具有追及效力，甲将保险赔偿请求权转让给己，不影响乙的抵押权的效力，且相较于其他债务人仍有优先受偿权。《担保法解释》第55条规定："已经设定抵押的财产被采取查封、扣押等财产保全或者执行措施的，不影响抵押权的效力。"

四、【参考答案】

1. 该股东会决议有效。股东会有权就董事长的职权行使作出限制，且表决权过半数的股东已在决议上签字。

2. 合同有效。尽管公司对董事长的职权行使有限制，甲超越了限制，但根据《合同法》第50条的规定，亦即越权行为有效规则，公司对外签订的合同依然是有效的。

3. 股权质押有效，张三享有质权。因为已经按照规定办理了股权质押登记。

4. 丙仍然享有股权。因为丙已经办理了股权转让手续，且丙以其对大都房地产公司的股权出资时，大都房地产公司并未陷入破产,也不存在虚假出资。

5.丁、戊可以通过向其他股东或第三人转让股权的途径退出公司,或通过联合提起诉讼,请求法院强制解散公司的途径保护自己的权益。

五、【参考答案】

题干分析:

第一段提到了当事人的住所地和事故发生地,应该会涉及地域管辖的考点,本案为侵权纠纷,由被告住所地或者侵权行为发生地人民法院管辖。

第二段提到了一系列证据,有可能涉及证据的理论分类和法定分类方面的考点,尤其注意"王某以该证据证明其车没有撞倒刘某"的表述,对于王某的车是否撞倒刘某,应当由刘某承担证明责任,但是该证据是由(不承担证明责任的)王某提出,应该为反证。

第三段提到了争议焦点,那么在其后的诉讼中法院应当针对该争议焦点作出裁判,在其后的表述中,考生应当将法院裁判的内容与争议焦点进行对比,看是否存在遗漏或者超出争议焦点的情形。

第四段提到了法院审理后无法确定王某的车是否撞到刘某,应该怎么处理?应适用举证责任,认定王某的车没有撞倒刘某,一审法院认定王某应当承担责任的做法显然错误。同时一审法院认为:"即使王某没有撞倒刘某,但……足以……"的事实当事人并未主张,而法院直接作为了裁判的依据,显然违反了辩论原则。其后对于刘某受伤留下后遗症的问题,一审法院没有作出说明,而该问题是双方当事人的争议焦点,法院理应作出说明,所以,此处法院做法也存在错误。

第五段中,二审法院认定王某撞倒刘某,显然与一审法院认定的事实不同,属于一审法院认定事实错误,根据《民事诉讼法》规定,应当依法予以改判,而二审法院却维持原判,做法显然错误。

1.分析与思路:题目考查管辖,首先判断这是一个侵权纠纷,应当由侵权行为地或者被告住所地法院管辖,事故在甲市B区发生,此地为侵权行为地,被告王某住甲市A区。

本案应由甲市B区或者A区人民法院管辖。因为本案为侵权纠纷,由被告住所地或者侵权行为地法院管辖,B区为侵权行为地,A区为被告住所地。

2.分析与思路:本题考查证据的理论分类和法定分类。回答时应当注意全面性。

本案的证据包括原告提供的:甲市B区交警大队的交通事故处理认定书(该认定书没有对刘某倒地受伤是否为王某开车所致作出认定)、医院的诊断书(复印件)、处方(复印件)、药费和住院费的发票等。被告提供的:自己在事故现场用数码摄像机拍摄的车与刘某倒地后状态的视频资料。

(1)法定分类

交通事故处理认定书、医院的诊断书(复印件)、处方(复印件)、药费和住院费的发票等属于书证;摄像机拍摄的视频资料为视听资料。

(2)理论分类

交通事故认定书、药费和住院费发票以及视频资料是原件,属于原始证据;诊断书和处方为复印件,是传来证据。

以上所有证据只能证明部分案件事实,不能证明全部待证事实,为间接证据。

原告出具的所有证据的待证事实为侵权

行为或者侵权结果，该事实应当由原告承担证明责任，该证据是承担证明责任的原告提出的，为本证；而视频资料的待证事实是侵权行为不存在，对于侵权行为是否存在，应当由原告承担证明责任，而该证据是不承担证明责任的被告提出的，为反证。

当然，本题没有问"为什么"，所以上述内容中将分析过程略去即为答案。

3. 分析与思路：分析一审判决存在的问题，首先应当画出一审判决的所有内容，逐一总结后进行分析。案例第四自然段表述有三个事实：（1）一审法院无法确定王某开始是否撞倒刘某；（2）法院认为王某的车足以吓到刘某，故应承担责任；（3）关于后遗症问题未作说明。

关于事实（1）一审法院无法确定王某是否撞倒刘某，正确的做法是什么？事实不清、真伪不明，法院应当适用证明责任的规定认定案件事实，而法院没有这么做，显然是错误的。关于事实（2）法院认为王某的车足以吓到刘某，该事实当事人双方并未主张，（刘某仅仅主张王某是否撞倒自己），法院以当事人未主张的事实作为裁判依据，显然违反辩论原则。关于事实（3）后遗症问题是双方争议焦点，法院应当作出说明，而没有作出，是错误的。

（1）一审法院违反辩论原则，因为辩论原则要求当事人主张的事实才能作为法院裁判的依据，法院以当事人并未主张的王某吓到刘某的事实作为了裁判的依据，违反了辩论原则。

（2）在王某是否撞倒刘某这一事实处于真伪不明的状态时，法院没有适用证明责任的分配作出判决，该做法错误。因为当案件事实处于真伪不明的状态，法院应当适用证明责任，作出对承担证明责任一方当事人不利的推定，即推定王某并未撞倒刘某，侵权行为不存在。

（3）法院未对第二个争议焦点作出说明的做法是错误的。法院应当就双方当事人所有的争议焦点作出说明，而法院遗漏该焦点的做法错误。

4. 分析与思路：要分析二审法院的做法，先看案例中有关二审法院的表述，"二审法院审理后认为，综合各种证据，认定王某的车撞倒刘某，致其受伤。同时，二审法院认为，一审法院关于双方当事人就事故的经济责任分担符合法律原则和规定。故此，二审法院驳回王某上诉，维持原判。"可以看出二审法院认定的事实与一审法院截然不同，故属于一审法院认定事实错误，根据《民事诉讼法》的规定，应当依法改判（根据新民诉法应当依法改判，本题目原答案为依法改判或者发回重审，该答案是依据2007年民诉法的规定），而二审法院驳回上诉维持原判的做法显然错误，因为只能在一审法院认定事实清楚、证据确实充分、适用法律正确的情况下才能驳回上诉维持原判。

二审法院驳回上诉维持原判的做法错误，因为，二审法院认定的事实与一审法院认定的事实不同，二审法院应当依法改判，而不是驳回上诉，维持原判。

六、【参考答案】

1. 共有四个具体行政行为。

分别为：征收含有某村集体土地在内的地块的行为，向甲、乙两公司发放《国有土地使用权证》的行为，发布公告要求使用土地的单位和个人自行清理农作物和附着物设施的行为。这些具体行政行为均属于行政诉讼受案范围。

【解析】市政府的征地行为属于行政征收，是具体行政行为。向甲、乙公司分别发放国有土地使用权证的行为，对象是授权行政相对人权利的具体行政行为。发布公告要求使用土地的单位和个人自行清理农作物和附着物设施的行为的行为对象也是具体而明确的，且适用效力并非反复适用，故也属于具体行政行为。

判断是否属于行政诉讼的受案范围，主要还是看两个因素：一是看该行政行为是否属于具体行政行为；二是看是否被明确排除在行政诉讼的受案范围之外。这些行政行为均属于具体行政行为，且并未被排除在受案范围之外，因而均属于行政诉讼受案范围。

2.市政府和省政府为共同被告。根据《行政诉讼法》第26条第2款的规定，经复议的案件，复议机关决定维持原行政行为的，原机关为被告。复议机关改变原行为的，复议机关为被告。本案中，省政府维持了市政府的决定，故市政府为被告。

中级人民法院管辖。本案的被告为县级以上人民政府，根据《行政诉讼法》第15条的规定，应由中级法院管辖。

某村应当在收到省政府复议决定书之日起15日内向法院起诉。因为本案是经过复议起诉的，应适用复议后的起诉期限。同时，《土地管理法》等法律未对此种情形下的起诉期限作出特别规定，故应适用《行政诉讼法》第45条规定的一般起诉期限。

【解析】关于行政诉讼被告的确定问题。新修订的《行政诉讼法》第26条第2款规定，经复议的案件，复议机关决定维持原行政行为的，作出原行政行为的行政机关和复议机关是共同被告；复议机关改变原行政行为的，复议机关是被告。本题属于复议维持，因而应由原机关与复议机关作为共同被告。

关于级别管辖的确定。根据新《行政诉讼法》第15条的规定，中级人民法院管辖下列第一审行政案件：（一）对国务院部门或者县级以上地方人民政府所作的行政行为提起诉讼的案件；（二）海关处理的案件；（三）本辖区内重大、复杂的案件；（四）其他法律规定由中级人民法院管辖的案件。本案被告为市政府与省政府，故应当由中级法院管辖。

关于起诉期限的确定。依据《行政诉讼法》第45条的规定，公民、法人或者其他组织不服复议决定的，可以在收到复议决定书之日起十五日内向人民法院提起诉讼。复议机关逾期不作决定的，申请人可以在复议期满之日起十五日内向人民法院提起诉讼。法律另有规定的除外。而《土地管理法》等法律未对此种情形下的起诉期限作出特别规定，故应适用《行政诉讼法》第45条规定的一般起诉期限。

3.作为第三人，甲公司有权提出与本案有关的诉讼主张。乙公司经合法传唤无正当理由不到庭，不影响法院对案件的审理。

【解析】关于第三人的诉讼地位问题。根据《行诉法解释》第24条第2款的规定，第三人有权提出与本案有关的诉讼主张，对人民法院的一审判决不服，有权提起上诉。甲公司作为第三人，自然有权提出与本案有关的诉讼主张。

关于第三人不到庭的法律后果问题。根据《行诉法解释》第49条的规定，原告或者上诉人经合法传唤，无正当理由拒不到庭或者未经法庭许可中途退庭的,可以按撤诉处理。原告或者上诉人申请撤诉,人民法院裁定不予准许的,原告或者上诉人经合法传唤无正当理由拒不到庭,或者未经法庭许可而中途退庭的,人民法院可以缺席判决。第三人经合法传唤无正当理由拒不到庭,或者未经法庭许可中途退庭的,不影响案件的审理。故作为的乙公司第三人经合法传唤无正当理由拒不到庭,不影响案件的审理。

4.法院应不予认可。发放第1号《国有土地使用权证》的行为不属于本案的审理裁判对象,但构成本案被诉行政行为的基础性、关联性行政行为,根据《关于审理行政许可案件若干问题的规定》第7条的规定,法院对此行为不予认可。

【解析】发放第1号《国有土地使用权证》的行为不是行政许可行为,不属于本案的审理裁判对象,因而即使违法也不能判决撤销或者确认违法。然而该行为却构成了本案被诉行政行为的基础性、关联性行政行为,人民法院依然需要对之作出表态。根据《关于审理行政许可案件若干问题的规定》第7条的规定,法院对此行为不予认可。《最高人民法院关于审理行政许可案件若干问题的规定》第7条规定:"作为被诉行政许可行为基础的其他行政决定或者文书存在以下情形之一的,人民法院不予认可:(一)明显缺乏事实根据;(二)明显缺乏法律依据;(三)超越职权;(四)其他重大明显违法情形。"故人民法院应当对该行为不予认可。

5.按照《行政强制法》第四章的规定,市政府采取强制执行措施应当遵循事先催告当事人履行义务,当事人有权陈述申辩,行政机关应当充分听取当事人意见,书面决定强制执行并送达当事人,与当事人可达成执行协议;不得在夜间或法定节假日实施强制执行,不得对居民生活采取停水、停电、停热、停气等方式迫使当事人执行等程序和执行原则。

6.法院应当视情况采取适当的审理方式,以避免泄露涉及商业秘密的政府信息。法院应当撤销或部分撤销不予公开决定,并判决市国土局在一定期限公开。尚需市国土局调查、裁量的,判决其在一定的期限内重新答复。

【解析】与一般的行政案件的审理不同,政府信息公开案件的审理方式较为灵活,因为涉及的政府信息完全有可能的确涉及国家秘密、商业秘密或者个人隐私。故法院应当视情况采取适当的审理方式,以避免泄露涉及商业秘密的政府信息。

关于判决方式问题。根据《最高人民法院关于审理政府信息公开行政案件若干问题的规定》第9条第1款的规定,被告对依法应当公开的政府信息拒绝或者部分拒绝公开的,人民法院应当撤销或者部分撤销被诉不予公开决定,并判决被告在一定期限内公开。尚需被告调查、裁量的,判决其在一定期限内重新答复。故法院应当撤销或部分撤销不予公开决定,并判决市国土局在一定期限公开。尚需市国土局调查、裁量的,判决其在一定的期限内重新答复。

七、【参考答案】

1.(1)属于非法方法收集的证据是:①"审讯人员将李某提到公安局办案基地对其实施了捆绑、吊打、电击等行为,3天3夜不许吃饭,不许睡觉,只给少许水喝,并威胁不坦白交代抢劫杀人罪行、认罪态度不好法院会判死刑。最终，李某按审讯人员的意思交代了抢劫杀人的事实。"这是侦查人员通过刑讯逼供等非法方法获取的李某关于抢劫杀人事实的供述。②"侦查人员还对李某的住处进行了搜查，提取扣押了李某鞋子等物品，当场未出示搜查证"，侦查人员搜查扣押的李某的鞋子等物品，属于物证。（2）应当予以排除的非法证据：对于通过刑讯逼供手段获取的李某关于抢劫杀人的供述，应予以排除；对于通过非法搜查行为提取的李某的鞋子等物品，如果不能补正或者作出合理解释的，应当排除。

2. 根据《刑事诉讼法》的相关规定，本案中负有排除非法证据义务的机关包括东湖市公安局、东湖市检察院和东湖市中级法院。

3.（1）对于李某的盗窃罪，因为案件事实清楚，证据确实、充分，东湖市中级人民法院应当依法作出有罪判决。（2）对于李某的抢劫罪，东湖市中级人民法院应当通过法庭审理，在排除非法证据程序中将确认或者不能排除系以非法方法收集的证据予以排除，根据排除后的证据，依据《刑事诉讼法》第195条的规定，作出证据不足、指控的犯罪不能成立的无罪判决。

4.《刑事诉讼法》在保障刑法实施方面的价值有：第一，通过明确对刑事案件行使侦查权、起诉权、审判权的专门机关，为调查和明确案件事实、适用刑事实体法提供了组织上的保障。第二，《刑事诉讼法》通过明确行使侦查权、起诉权、审判权主体的权力与职责及诉讼参与人的权利与义务，为调查和明确案件事实及适用刑事实体法的活动提供了基本构架；同时，由于有明确的活动方式和程序，也为刑事实体法适用的有序性提供了保障。第三，

规定了收集证据的方法与运用证据的规则，既为获取证据、明确案件事实提供了手段，又为收集证据、运用证据提供了程序规范。第四，关于程序系统的设计，可以在相当程度上避免、减少案件实体上的误差。第五，针对不同案件或不同情况设计不同的具有针对性的程序，使得案件处理简繁有别，保证处理案件的效率。在本案中，《刑事诉讼法》通过规范证据的收集程序和运用规则，让行使侦查权、起诉权、审判权的专门机关排除刑讯逼供等非法方法收集的证据，准确、及时地查明犯罪事实，正确应用法律，惩罚犯罪分子，保障无罪的人不受刑事追究，避免冤假错案的发生。同时，在本案中，通过行使侦查权、起诉权、审判权的专门机关相互之间的制约和监督机制，保证了刑法的正确实施，保证了惩罚犯罪和保障人权目标的实现，以有效的程序机制保障了刑法的实现。

5.（1）非法证据排除规则，是指违反法定程序，以非法方法获取的证据，原则上不具有证据能力，不能为法庭采纳。既包括非法言词证据的排除，也包括非法实物证据的排除。

在我国，为保证证据收集的合法性，《刑事诉讼法》及相关司法解释对于证据的收集、固定、保全、审查判断、查证核实等，都规定了严格的程序。1996年《刑事诉讼法》第43条规定，严禁刑讯逼供和以威胁、引诱、欺骗以及其他非法方法收集证据。1998年《刑诉解释》第61条规定，严禁以非法的方法收集证据。凡经查证确实属于采用刑讯逼供或者威胁、引诱、欺骗等非法的方法取得的证人证言、被害人陈述、被告人供述，不能作为定案的根据。1999年最高

人民检察院的《人民检察院刑事诉讼规则》第265条也规定："以刑讯等非法手段收集的证人证言、被害人陈述、犯罪嫌疑人供述，不能作为指控犯罪的根据。"

2010年6月发布的《关于办理刑事案件排除非法证据若干问题的规定》和《关于办理死刑案件审查判断证据若干问题的规定》对我国的非法证据排除规则作了明确具体的规定。一方面，明确非法证据排除的范围。《关于办理刑事案件排除非法证据若干问题的规定》第1条规定："采用刑讯逼供等非法手段取得的犯罪嫌疑人、被告人供述和采用暴力、威胁等非法手段取得的证人证言、被害人陈述，属于非法言词证据。"第2条规定："经依法确认的非法言词证据，应当予以排除，不能作为定案的根据。"第14条规定："物证、书证的取得明显违反法律规定，可能影响公正审判的，应当予以补正或者作出合理解释，否则，该物证、书证不能作为定案的根据。"另一方面，明确了非法取得的被告人审判前供述的排除程序。

2012年修正后的《刑事诉讼法》吸收了《关于办理刑事案件排除非法证据若干问题的规定》的相关内容，在三个方面增加了非法证据排除规则的规定：第一，排除范围。即《刑事诉讼法》第54条的规定。第二，法庭调查，包括启动、证明、处理。即《刑事诉讼法》第56条、第57条、第58条的规定。第三，法律监督。即《刑事诉讼法》第55条的规定。

在本案中，排除刑讯逼供等非法方法收集的证据，是对2010年《关于办理刑事案件排除非法证据若干问题的规定》以及2012年《刑事诉讼法修正案》关于非法证据排除规则的有效贯彻和落实。

（2）非法证据排除规则的诉讼价值主要体现在以下三个方面：

第一，非法证据排除规则有利于保障犯罪嫌疑人、被告人的人权乃至每个公民的合法权益不受侵犯。非法证据排除规则对刑讯逼供等非法取证行为进行否定性评价，能够使非法取证一方承受不利的程序结果和实体结果，消除非法取证的心理动力，从而达到保障诉讼参与人各项权利、保障无辜的人不受追究的目的。在本案中，排除李某的供述等非法证据，有利于保障李某的人权，同时，警示司法人员在以后的执法中应充分保障诉讼参与人的合法权益。

第二，非法证据排除规则有利于保障程序公正，保障诉讼程序独立价值的实现。非法证据排除规则有助于督促公检法机关严格遵守《刑事诉讼法》的规定，通过程序性制裁来实现对程序公正的追求。在本案中，通过排除李某的供述等非法证据，彰显了程序的独立价值，维护了程序的公正性，是程序公正价值的重要体现。

第三，非法证据排除规则有利于规范司法行为，维护司法权威，彰显法治精神。司法行为是否合法、是否规范，是衡量司法文明程度和法治建设水平的重要标志，关系到司法权威的实现和确立。司法机关若非法取证、带头违法，就会严重损害司法机关形象，损害法律权威，对整个社会的法律信仰和法治精神也有着巨大的破坏。在本案中，排除李某的供述等非法证据，有利于抑制刑讯逼供等非法取证行为，督促司法机关及其工作人员树立惩罚与保护并重的司法理念，坚持规范理性文明执法，这对树立我国司法的权威具有重要意义。

国家司法考试

真题真练

5年卷

2013年卷

名师课堂　组编

北京理工大学出版社
BEIJING INSTITUTE OF TECHNOLOGY PRESS

版权专有 侵权必究

图书在版编目（CIP）数据

国家司法考试真题真练/名师课堂组编．—北京：北京理工大学出版社，2017.3
ISBN 978-7-5682-3783-3

Ⅰ.①国… Ⅱ.①名… Ⅲ.①法律工作者-资格考试-中国-习题集 Ⅳ.①D92-44

中国版本图书馆CIP数据核字（2017）第044617号

出版发行 / 北京理工大学出版社有限责任公司
社　　址 / 北京市海淀区中关村南大街5号
邮　　编 / 100081
电　　话 / （010）68914775（总编室）
　　　　　（010）82562903（教材售后服务热线）
　　　　　（010）68948351（其他图书服务热线）
网　　址 / http：//www.bitpress.com.cn
经　　销 / 全国各地新华书店
印　　刷 / 北京玥实印刷有限公司
开　　本 / 787毫米×1092毫米　1/16
印　　张 / 60.5　　　　　　　　　　　　　　　　　　责任编辑 / 张慧峰
字　　数 / 1419千字　　　　　　　　　　　　　　　　文案编辑 / 张慧峰
版　　次 / 2017年3月第1版　2017年3月第1次印刷　　责任校对 / 周瑞红
定　　价 / 128.00元（全五册）　　　　　　　　　　　责任印制 / 王美丽

图书出现印装质量问题，请拨打售后服务热线，本社负责调换

使用说明

历年真题的重要性虽然大家都明白，然而如何才能物尽其用，却见仁见智。我们以为：历年真题最有效的使用方式是"做"，而非简单地"看"，机械地"记"！！历史是一面镜子，做历年真题就是做最好模拟题，做历年真题就是做未来考题。

为了使广大考生更好地使用本书，特作如下说明：

一、逐年编排，真题测演

为了能使广大考生"整体性""全局性"分析自己的失分因素，培养考场应试技巧，避免盲人摸象般感悟真题，特保持试题原貌，逐年编排、分册装订。同时，为帮助考生应对设题陷阱、举一反三、悟透真题，在每一年度试卷后辅以每道试题的【答案】和【解析】，深入剖析试题考点背后所涉及的法律规则和法理，使考生不仅"知其然"，而且"知其所以然"。

二、一线名师，权威解读

为保证试题答案与解析的时效性、权威性，特聘请司考界一线中青年教师负责撰写。按照学科撰写分工，分别是（依试卷所考科目为序）：理论法（白斌老师）、商经法（郄鹏恩老师）、三国法（王斌老师）、刑法（章澎老师）、刑事诉讼法（左宁老师）、行政法与行政诉讼法（李佳老师）、民法（岳业鹏老师）、民事诉讼法与仲裁法（戴鹏老师）。他们不辞辛苦，认真负责的态度令人钦佩感动，在此致以深深感谢！

三、旧题新解，与时俱进

本书对于理论性试题一律以司法考试所持最新立场（司法部组编三卷本）给予解答，对于法律应用性试题一律依据最新法律文件给予解答（包括2017年新增或修订的《中华人民共和国民法总则》等20余件）。对于因时效修正的"司法部公布答案"，给予注明。

法律职业者的准入考试即将迎来第三次华丽转身，成为"国家统一法律职业资格考试"，愿同学们搭上司考的最后一班车，成功到达彼岸。预祝您考试成功！

2017年3月

目　　录

2013年国家司法考试（试卷一） ··· 1

2013年国家司法考试（试卷二） ··· 22

2013年国家司法考试（试卷三） ··· 43

2013年国家司法考试（试卷四） ··· 64

2013年国家司法考试（试卷一）解析 ·· 69

2013年国家司法考试（试卷二）解析 ·· 95

2013年国家司法考试（试卷三）解析 ·· 135

2013年国家司法考试（试卷四）解析 ·· 174

2013年国家司法考试（试卷一）

一、单项选择题。每题所设选项中只有一个正确答案，多选、错选或不选均不得分。本部分含1～50题，每题1分，共50分。

1. 依法治国是社会主义法治的核心内容。关于依法治国的理解，下列哪一选项是正确的？（　）

　　A. 只需建成完备的社会主义法律体系即可实现依法治国

　　B. 依法治国仅要求运用法律约束国家机关和官员的权力，而无须约束公民的权利和自由

　　C. 依法治国要求在解决社会问题时应将法律作为主要的、排他性的手段

　　D. 依法治国就是人民群众在党的领导下，依照宪法和法律的规定，通过各种途径和形式管理国家事务、经济文化事务、社会事务，保证国家各项工作都依法进行，逐步实现社会主义民主的制度化、法律化

2. 关于贯彻依法治国理念的基本要求，下列哪一说法是不正确的？（　）

　　A. 社会成员要知法、信法、守法、用法，这是依法治国方略实施的社会基础

　　B. 依法治国需要与我国不同发展阶段的主要实践结合起来

　　C. 实现依法治国的首要目的是运用法律手段加快解决公共卫生保障、文化教育、保障性住房等领域的现实问题

　　D. 依法治国要求领导干部善于运用法治思维和法治方式深化改革、推动发展、化解矛盾和维护稳定

3. 某市实行电视问政，市领导和政府部门负责人以电视台开设的专门栏目为平台，接受公众质询，以此"治庸问责"，推动政府积极解决市民关心的问题。对此，下列哪一说法是不正确的？（　）

　　A. 社会主义法治是"治权之治"，电视问政有利于强化人民群众对官员的监督

　　B. 电视问政体现了高效便民的原则

　　C. 电视问政是"治庸问责"的有效法律手段

　　D. 电视问政有助于引导市民规范有序地参与国家和社会事务管理

4. 下列哪一做法不符合执法为民的理念？（　）

　　A. 某市公安局为派出所民警制作"民警联系牌"，悬挂在社区居民楼入口处，以方便居民联系

　　B. 某省为及时化解社会矛盾，积极推进建立人民调解、行政调解、司法调解联动的多元化解矛盾纠纷机制

　　C. 某县政府通过中介机构以有偿方式提供政府信息

D. 某区法院为减少当事人的诉讼成本，推行"网上立案""社区开庭"等措施

5. 某市检察院运用电子设备双路监控，同步录音录像，监督检察官办案过程，推动理性文明执法。关于理性文明执法，下列哪一说法是不正确的？（ ）

A. 体现了以人为本的原则和精神

B. 有助于树立法治的权威

C. 有助于实现保障人权与打击犯罪的双重目标

D. 要求执法机关从有利于群众的实际利益出发，讲究执法方法。为此，可突破法律规则和程序的要求办案

6. 公平正义理念是社会主义法治的价值追求。下列哪一选项体现了公平正义理念？（ ）

A. 某市公安局对年纳税过亿的企业家的人身安全进行重点保护

B. 某法官审理一起医疗纠纷案件，主动到医院咨询相关的医学知识，调查纠纷的事实情况，确保案件及时审结

C. 某法院审理某官员受贿案件时，考虑到其在工作上有重大贡献，给予从轻处罚

D. 某县李法官因家具质量问题与县城商场争执并起诉商场，法院审理后认为无质量问题，判决李法官败诉

7. 服务大局是社会主义法治的重要使命。下列哪一做法符合服务大局的理念？（ ）

A. 某市规定只有本地企业生产的汽车才可申请出租车牌照

B. 某省工商局开展为本省旅游岛建设保驾护航的执法大检查活动

C. 某县环保局为避免工人失业，未关停污染企业

D. 某县法院拒绝受理外地居民起诉本地企业的案件

8. 关于党对法治事业的领导，下列哪一说法是不正确的？（ ）

A. 党的领导理念可以追溯到列宁关于无产阶级专政与社会主义法治的思想

B. 应将党所倡导的政治文明充分体现在对法治实践活动的领导之中

C. 党对法治事业的领导，集中体现在思想领导、政治领导和组织领导三个方面

D. 党对法治事业的组织领导，主要是指党在宏观上把握好法治发展和运行的方向，而不是通过组织建设对法治实践活动进行监督

9. 法律谚语："平等者之间不存在支配权。"关于这句话，下列哪一选项是正确的？（ ）

A. 平等的社会只存在平等主体的权利，不存在义务；不平等的社会只存在不平等的义务，不存在权利

B. 在古代法律中，支配权仅指财产上的权利

C. 平等的社会不承认绝对的人身依附关系，法律禁止一个人对另一个人的奴役

D. 从法理上讲，平等的主体之间不存在相互的支配，他们的自由也不受法律限制

10. 《婚姻法》第19条第1款规定："夫妻可以约定婚姻关系存续期间所得的财产以及婚前财产归各自所有、共同所有或部分各自所有、部分共同所有。约定应当采用书面形式。没有约定或约定不明确的，适用本法第十七条、第十八条的规定。"关于该条款规定的规则（或原则），下列哪一选项是正确的？（ ）

A. 任意性规则
B. 法律原则
C. 准用性规则
D. 禁止性规则

11. 韩某与刘某婚后购买住房一套，并签订协议："刘某应忠诚于韩某，如因其婚外情离婚，该住房归韩某所有。"后韩某以刘某与第三者的QQ聊天记录为证据，诉其违反忠诚协议。法官认为，该协议系双方自愿签订，不违反法律禁止性规定，故合法有效。经调解，两人离婚，住房归韩某。关于此案，下列哪一说法是不正确的？（ ）

A. 该协议仅具有道德上的约束力
B. 当事人的意思表示不能仅被看作是一种内心活动，而应首先被视为可能在法律上产生后果的行为
C. 法律禁止的行为或不禁止的行为，均可导致法律关系的产生
D. 法官对协议的解释符合"法伦理性的原则"

12. 赵某与陈女订婚，付其5000元彩礼，赵母另付其1000元"见面礼"。双方后因性格不合解除婚约，赵某诉请陈女返还该6000元费用。法官根据《婚姻法》和最高法院《关于适用〈婚姻法〉若干问题的解释（二）》的相关规定，认定该现金属彩礼范畴，按照习俗要求返还不违反法律规定，遂判决陈女返还。对此，下列哪一说法是正确的？（ ）

A. 法官所提及的"习俗"在我国可作为法的正式渊源
B. 在本案中，法官主要运用了归纳推理技术
C. 从法理上看，该判决不符合《婚姻法》第19条"夫妻可以约定婚姻关系存续期间所得的财产"之规定
D. 《婚姻法》和《关于适用<婚姻法>若干问题的解释（二）》均属于规范性法律文件

13. 李某在某餐馆就餐时，被邻桌互殴的陌生人误伤。李某认为，依据《消费者权益保护法》第7条第1款中"消费者在购买、使用商品和接受服务时享有人身、财产安全不受损害的权利"的规定，餐馆应负赔偿责任，据此起诉。法官结合该法第7条第2款中"消费者有权要求经营者提供的商品和服务，符合保障人身、财产安全的要求"的规定来解释第7条第1款，认为餐馆对商品和服务之外的因素导致伤害不应承担责任，遂判决李某败诉。对此，下列哪一说法是不正确的？（ ）

A. 李某的解释为非正式解释
B. 李某运用的是文义解释方法
C. 法官运用的是体系解释方法
D. 就不同解释方法之间的优先性而言，存在固定的位阶关系

14. 2012年，潘桂花、李大响老夫妇处置房产时，发现房产证产权人由潘桂花变成其子李能。原来，早在七年前李能就利用其母不识字骗其母签订合同，将房屋作价过户到自己名下。二老怒将李能诉至法院。法院查明，潘桂花因精神障碍，被鉴定为限制民事行为能力人。据此，法院认定该合同无效。对此，下列哪一说法是不正确的？（ ）

A. 李能的行为违反了物权的取得应当遵守法律、尊重公德、不损害他人合法权益的法律规定

B. 从法理上看，法院主要根据"法律家长主义"原则（即，法律对于当事人"不真实反映其意志的危险选择"应进行限制，使之免于自我伤害）对李能的意志行为进行判断，从而否定了他的做法

C. 潘桂花被鉴定为限制民事行为能力人是对法律关系主体构成资格的一种认定

D. 从诉讼"争点"理论看，本案争执的焦点不在李能是否利用其母不识字骗其母签订合同，而在于合同转让的效力如何认定

15. 范某参加单位委托某拓展训练中心组织的拔河赛时，由于比赛用绳断裂导致范某骨折致残。范某起诉该中心，认为事故主要是该中心未尽到注意义务引起，要求赔偿10万余元。法院认定，拔河人数过多导致事故的发生，范某本人也有过错，判决该中心按40%的比例承担责任，赔偿4万元。关于该案，下列哪一说法是正确的？（ ）

A. 范某对案件仅做了事实描述，未进行法律判断

B. "拔河人数过多导致了事故的发生"这一语句所表达的是一种裁判事实，可作为演绎推理的大前提

C. "该中心按40%的比例承担责任，赔偿4万元"是从逻辑前提中推导而来的

D. 法院主要根据法律责任的效益原则作出判决

16. 关于西周法制的表述，下列哪一选项是正确的？（ ）

A. 周初统治者为修补以往神权政治学说的缺陷，提出了"德主刑辅、明德慎罚"的政治法律主张

B. 《汉书·陈宠传》称西周时期的礼刑关系为"礼之所去，刑之所取，失礼则入刑，相为表里"

C. 西周的借贷契约称为"书约"，法律规定重要的借贷行为都须订立书面契约

D. 西周时期在宗法制度下已形成子女平均继承制

17. 清末修律时，修订法律大臣俞廉三在"奏进民律前三编草案折"中表示："此次编辑之旨，约分四端：（一）注重世界最普通之法则。（二）原本后出最精确之法理。（三）求最适于中国民情之法则。（四）期于改进上最有利益之法则。"关于清末修订民律的基本思路，下列哪一表述是最合适的？（ ）

A. 西学为体、中学为用　　B. 中学为体、西学为用

C. 坚持德治、排斥法治　　D. 抛弃传统、尽采西说

18. "名例律"作为中国古代律典的"总则"篇，经历了发展、变化的过程。下列哪

一表述是不正确的？（ ）

A.《法经》六篇中有"具法"篇，置于末尾，为关于定罪量刑中从轻从重法律原则的规定

B.《晋律》共20篇，在刑名律后增加了法例律，丰富了刑法总则的内容

C.《北齐律》共12篇，将刑名与法例律合并为名例律一篇，充实了刑法总则，并对其进行逐条逐句的疏议

D.《大清律例》的结构、体例、篇目与《大明律》基本相同，名例律置首，后为吏律、户律、礼律、兵律、刑律、工律

19. 中国历史上曾进行多次法制变革以适应社会的发展。关于这些法制变革的表述，下列哪一选项是错误的？（ ）

A. 秦国商鞅实施变法改革，全面贯彻法家"明法重刑"的主张，加大量刑幅度，对轻罪也施以重刑，以实现富国强兵目标

B. 西汉文帝为齐太仓令之女缇萦请求将自己没官为奴、替父赎罪的行为所动，下令废除肉刑

C. 唐代废除了宫刑制度，创设了鞭刑和杖刑，以宽减刑罚，缓解社会矛盾

D.《大清新刑律》抛弃了旧律诸法合体的编纂形式，采用了罪刑法定原则，规定刑罚分为主刑、从刑

20. 公平正义是社会主义法治的价值追求。关于我国宪法与公平正义的关系，下列哪一选项是不正确的？（ ）

A. 树立与强化宪法权威，必然要求坚定地守持和维护公平正义

B. 法律面前人人平等原则是公平正义在宪法中的重要体现

C. 宪法对妇女、老人、儿童等特殊主体权利的特别保护是实现公平正义的需要

D. 禁止一切差别是宪法和公平正义的要求

21. 根据《宪法》的规定，关于宪法文本的内容，下列哪一选项是正确的？（ ）

A.《宪法》明确规定了宪法与国际条约的关系

B.《宪法》明确规定了宪法的制定、修改制度

C. 作为《宪法》的《附则》《宪法修正案》是我国宪法的组成部分

D.《宪法》规定了居民委员会、村民委员会的性质和产生，两者同基层政权的相互关系由法律规定

22. 关于宪法规范，下列哪一说法是不正确的？（ ）

A. 具有最高法律效力

B. 在我国的表现形式主要有宪法典、宪法性法律、宪法惯例和宪法判例

C. 是国家制定或认可的、宪法主体参与国家和社会生活最基本社会关系的行为规范

D. 权利性规范与义务性规范相互结合为一体，是我国宪法规范的鲜明特色

23. 近代意义宪法产生以来，文化制度便是宪法的内容。关于两者的关系，下列哪一

选项是不正确的？（　　）

    A. 1787年美国宪法规定了公民广泛的文化权利和国家的文化政策

    B. 1919年德国魏玛宪法规定了公民的文化权利

    C. 我国现行宪法对文化制度的原则、内容等做了比较全面的规定

    D. 公民的文化教育权、国家机关的文化教育管理职权和文化政策，是宪法文化制度的主要内容

24. 根据《宪法》的规定，关于国家结构形式，下列哪一选项是正确的？（　　）

    A. 从中央与地方的关系上看，我国有民族区域自治和特别行政区两种地方制度

    B. 县、市、市辖区部分行政区域界线的变更由省、自治区、直辖市政府审批

    C. 经济特区是我国一种新的地方制度

    D. 行政区划纠纷或争议的解决是行政区划制度内容的组成部分

25. 关于《宪法》对人身自由的规定，下列哪一选项是不正确的？（　　）

    A. 禁止用任何方法对公民进行侮辱、诽谤和诬告陷害

    B. 生命权是《宪法》明确规定的公民基本权利，属于广义的人身自由权

    C. 禁止非法搜查公民身体

    D. 禁止非法搜查或非法侵入公民住宅

26. 根据《宪法》规定，关于全国人大的专门委员会，下列哪一选项是正确的？（　　）

    A. 各专门委员会在其职权范围内所作决议，具有全国人大及其常委会所作决定的效力

    B. 各专门委员会的主任委员、副主任委员由全国人大及其常委会任命

    C. 关于特定问题的调查委员会的任期与全国人大及其常委会的任期相同

    D. 全国人大及其常委会领导专门委员会的工作

27. 某品牌白酒市场份额较大且知名度较高，因销量急剧下滑，生产商召集经销商开会，令其不得低于限价进行销售，对违反者将扣除保证金、减少销售配额直至取消销售资格。关于该行为的性质，下列哪一判断是正确的？（　　）

    A. 维护品牌形象的正当行为　　　 B. 滥用市场支配地位的行为

    C. 价格同盟行为　　　 D. 纵向垄断协议行为

28. 红星超市发现其经营的"荷叶牌"速冻水饺不符合食品安全标准，拟采取的下列哪一措施是错误的？（　　）

    A. 立即停止经营该品牌水饺　　　 B. 通知该品牌水饺生产商和消费者

    C. 召回已销售的该品牌水饺　　　 D. 记录停止经营和通知情况

29. 根据现行银行贷款制度，关于商业银行贷款，下列哪一说法是正确的？（　　）

    A. 商业银行与借款人订立贷款合同，可采取口头、书面或其他形式

    B. 借款合同到期未偿还，经展期后到期仍未偿还的贷款，为呆账贷款

    C. 政府部门强令商业银行向市政建设项目发放贷款的，商业银行有权拒绝

    D. 商业银行对关系人提出的贷款申请，无论是信用贷款还是担保贷款，均应予拒绝

30. 某建设项目在市中心依法使用临时用地,并修建了临时建筑物,超过批准期限后仍未拆除。对此,下列哪一机关有权责令限期拆除?( )

A. 市环保行政主管部门　　　　B. 市土地行政主管部门

C. 市城乡规划行政主管部门　　D. 市建设行政主管部门

31. 某央企位于某省的一家工厂,因严重污染环境,被责令限期治理。该厂逾期仍未完成治理任务,被责令停业。关于对该厂污染治理的行政处理的权限,下列哪一说法是正确的?( )

A. 由所在市环保主管部门责令限期治理,省政府责令停业

B. 由省政府责令限期治理,国务院责令停业

C. 由省政府责令限期治理,省政府责令停业并报国务院批准

D. 由国家环保主管部门责令限期治理,国务院责令停业

32. 甲乙两国均为《维也纳领事关系公约》缔约国,阮某为甲国派驻乙国的领事官员。关于阮某的领事特权与豁免,下列哪一表述是正确的?( )

A. 如犯有严重罪行,乙国可将其羁押

B. 不受乙国的司法和行政管辖

C. 在乙国免除作证义务

D. 在乙国免除缴纳遗产税的义务

33. 甲国某航空公司国际航班在乙国领空被乙国某公民劫持,后乙国将该公民控制,并拒绝了甲国的引渡请求。两国均为1971年《关于制止危害民用航空安全的非法行为的公约》等三个国际民航安全公约缔约国。对此,下列哪一说法是正确的?( )

A. 劫持未发生在甲国领空,甲国对此没有管辖权

B. 乙国有义务将其引渡到甲国

C. 乙国可不引渡,但应由本国进行刑事审判

D. 本案属国际犯罪,国际刑事法院可对其行使管辖权

34. 关于联合国国际法院的表述,下列哪一选项是正确的?( )

A. 联合国常任理事国对国际法院法官的选举不具有否决权

B. 国际法院法官对涉及其国籍国的案件,不适用回避制度,即使其就任法官前曾参与该案件

C. 国际法院判决对案件当事国具有法律拘束力,构成国际法的渊源

D. 国际法院作出的咨询意见具有法律拘束力

35. 中国甲公司与德国乙公司进行一项商事交易,约定适用英国法律。后双方发生争议,甲公司在中国法院提起诉讼。关于该案的法律适用问题,下列哪一选项是错误的?( )

A. 如案件涉及食品安全问题,该问题应适用中国法

B. 如案件涉及外汇管制问题,该问题应适用中国法

C. 应直接适用的法律限于民事性质的实体法

D. 法院在确定应当直接适用的中国法律时，无须再通过冲突规范的指引

36. 根据《涉外民事关系法律适用法》和司法解释，关于外国法律的查明问题，下列哪一表述是正确的？（ ）

A. 行政机关无查明外国法律的义务

B. 查明过程中，法院应当听取各方当事人对应当适用的外国法律的内容及其理解与适用的意见

C. 无法通过中外法律专家提供的方式获得外国法律的，法院应认定为不能查明

D. 不能查明的，应视为相关当事人的诉讼请求无法律依据

37. 张某居住在深圳，2008年3月被深圳某公司劳务派遣到马来西亚工作，2010年6月回深圳，转而受雇于香港某公司，其间每周一到周五在香港上班，周五晚上回深圳与家人团聚。2012年1月，张某离职到北京治病，2013年6月回深圳，现居该地。依《涉外民事关系法律适用法》（不考虑该法生效日期的因素）和司法解释，关于张某经常居所地的认定，下列哪一表述是正确的？（ ）

A. 2010年5月，在马来西亚　　B. 2011年12月，在香港

C. 2013年4月，在北京　　　　D. 2008年3月至今，一直在深圳

38. 法国某公司依1958年联合国《承认与执行外国仲裁裁决公约》，请求中国法院承认与执行一项国际商会国际仲裁院的裁决。依据该公约及中国相关司法解释，下列哪一表述是正确的？（ ）

A. 法院应依职权主动审查该仲裁过程中是否存在仲裁程序与仲裁协议不符的情况

B. 该公约第5条规定的拒绝承认与执行外国仲裁裁决的理由是穷尽性的

C. 如该裁决内含有对仲裁协议范围以外事项的决定，法院应拒绝承认执行该裁决

D. 如该裁决所解决的争议属于侵权性质，法院应拒绝承认执行该裁决

39. 中国某法院审理一起涉外民事纠纷，需要向作为被告的外国某公司进行送达。根据《关于向国外送达民事或商事司法文书和司法外文书公约》（海牙《送达公约》）、中国法律和司法解释，关于该案件的涉外送达，法院的下列哪一做法是正确的？（ ）

A. 应首先按照海牙《送达公约》规定的方式进行送达

B. 不得对被告采用邮寄送达方式

C. 可通过中国驻被告所在国使领馆向被告进行送达

D. 可通过电子邮件方式向被告送达

40. 某国甲公司向中国乙公司出售一批设备，约定贸易术语为"FOB（Incoterms 2010）"，后设备运至中国。依《国际贸易术语解释通则》和《联合国国际货物销售合同公约》，下列哪一选项是正确的？（ ）

A. 甲公司负责签订货物运输合同并支付运费

B. 甲、乙公司的风险承担以货物在装运港越过船舷为界

C. 如该批设备因未按照同类货物通用方式包装造成损失，应由甲公司承担责任

D. 如该批设备侵犯了第三方在中国的专利权，甲公司对乙公司不承担责任

41. 2011年4月6日，张某在广交会上展示了其新发明的产品，4月15日，张某在中国就其产品申请发明专利（后获得批准）。6月8日，张某在向《巴黎公约》成员国甲国申请专利时，得知甲国公民已在6月6日向甲国就同样产品申请专利。下列哪一说法是正确的？（　　）

A. 如张某提出优先权申请并加以证明，其在甲国的申请日至少可以提前至2011年4月15日

B. 2011年4月6日这一时间点对张某在甲国以及《巴黎公约》其他成员国申请专利没有任何影响

C. 张某在中国申请专利已获得批准，甲国也应当批准他的专利申请

D. 甲国不得要求张某必须委派甲国本地代理人代为申请专利

42. 根据世界贸易组织《服务贸易总协定》，下列哪一选项是正确的？（　　）

A. 协定适用于成员方的政府服务采购

B. 中国公民接受国外某银行在中国分支机构的服务属于协定中的境外消费

C. 协定中的最惠国待遇只适用于服务产品而不适用于服务提供者

D. 协定中的国民待遇义务，仅限于列入承诺表的部门

43. 关于世界贸易组织争端解决机制的表述，下列哪一选项是不正确的？（　　）

A. 磋商是争端双方解决争议的必经程序

B. 上诉机构为世界贸易组织争端解决机制中的常设机构

C. 如败诉方不遵守争端解决机构的裁决，申诉方可自行采取中止减让或中止其他义务的措施

D. 申诉方在实施报复时，中止减让或中止其他义务的程度和范围应与其所受到损害相等

44. 根据《中华人民共和国保障措施条例》，下列哪一说法是不正确的？（　　）

A. 保障措施中"国内产业受到损害"，是指某种进口产品数量增加，并对生产同类产品或直接竞争产品的国内产业造成严重损害或严重损害威胁

B. 进口产品数量增加指进口数量的绝对增加或与国内生产相比的相对增加

C. 终裁决定确定不采取保障措施的，已征收的临时关税应当予以退还

D. 保障措施只应针对终裁决定作出后进口的产品实施

45. 关于法律职业道德，下列哪一表述是不正确的？（　　）

A. 基于法律和法律职业的特殊性，法律职业人员被要求承担更多的社会义务，具有高于其他职业的职业道德品行

B. 互相尊重、相互配合为法律职业道德的基本原则，这就要求检察官、律师尊重法官的领导地位，在法庭上听从法官的指挥

C. 选择合适的内化途径和适当的内化方法，才能使法律职业人员将法律职业道德规

范融进法律职业精神中

D. 法律职业道德教育的途径和方法，包括提高法律职业人员道德认识、陶冶法律职业人员道德情感、养成法律职业人员道德习惯等

46. 关于法官任免和法官行为，下列哪一说法是正确的？（　）

A. 唐某系某省高院副院长，其子系该省某县法院院长。对唐某父子应适用任职回避规定

B. 楼法官以交通肇事罪被判处有期徒刑一年、缓刑一年。对其无须免除法官职务

C. 白法官将多年办案体会整理为《典型案件法庭审理要点》，被所在中级法院推广到基层法院，收效显著。对其应予以奖励

D. 陆法官在判决书送达后，发现误将上诉期15日写成了15月，立即将判决收回，做出新判决书次日即交给当事人。其行为不违反法官职业规范规定

47. 检察官职业道德的主要内容概括为"忠诚、公正、清廉、文明"，下列哪一选项体现了"文明"的要求？（　）

A. 检察官不得散布有损国家声誉的言论

B. 检察院内部严格执行"案件查处由不同机构承办、互相制约"的制度

C. 检察官应当树立证据意识、程序意识，全面、客观依照程序收集证据

D. 检察官本人或亲属与他人发生矛盾，应当通过合法途径解决，不得以检察官身份寻求照顾

48. 下列哪一情形下律师不得与当事人建立或维持委托关系？（　）

A. 律师与委托当事人系多年好友

B. 接受民事诉讼一方当事人委托，同一律师事务所其他律师系该案件对方当事人的近亲属，但委托人知悉且同意

C. 同一律师事务所不同律师同时担任同一民事案件争议双方当事人代理人

D. 委托关系停止后二年，律师就同一法律业务接受与原委托人有利害关系的对方当事人委托

49. 盘叔系某山村农民，为人正派，热心公益，几十年来为村邻调解了许多纠纷，也无偿代理了不少案件，受到普遍肯定。下列哪一说法是正确的？（　）

A. 法官老林说盘叔是个"土法官"，为充分发挥作用，可临时聘请其以人民陪审员身份参与审判活动

B. 检察官小张说盘叔见多识广，检察院可以聘请其为检察监督员

C. 律师小李说盘叔扰乱了法律服务秩序，应该对其进行批评教育，并禁止其继续代理案件

D. 公证员老万说盘叔熟悉法律法规，有几十年处理纠纷经验，经考核合格，可以担任公证员

50. 根据《法律援助条例》等规定，下列关于法律援助的哪一说法是不能成立的？（　）

A. 在共同犯罪案件中，其他犯罪嫌疑人、被告人已委托辩护人的，本人及其近亲属可向法律援助机构提出法律援助申请，法律援助机构无须进行经济状况审查

B. 律师事务所拒绝法律援助机构的指派，不安排本所律师办理法律援助案件的，由司法行政部门给予警告，责令改正

C. 我国的法律援助实行部分无偿服务、部分为"缓交费"或"减费"形式有偿服务的制度

D. 检察院审查批准逮捕时，认为公安机关对犯罪嫌疑人应当通知辩护而没有通知的，应当通知公安机关予以纠正，公安机关应当将纠正情况通知检察院

二、多项选择题。每题所设选项中至少有两个正确答案，多选、少选、错选或不选均不得分。本部分含51～85题，每题2分，共70分。

51. "近现代法治的实质和精义在于控权，即对权力在形式和实质上的合法性的强调，包括权力制约权力、权利制约权力和法律的制约。法律的制约是一种权限、程序和责任的制约。"关于这段话的理解，下列哪些选项是正确的？（　　）

A. 法律既可以强化权力，也可以弱化权力

B. 近现代法治只控制公权，而不限制私权

C. 在法治国家，权力若不加限制，将失去在形式和实质上的合法性

D. 从法理学角度看，权力制约权力、权利制约权力实际上也应当是在法律范围内的制约和法律程序上的制约

52. 公元前399年，在古雅典城内，来自社会各阶层的501人组成的法庭审理了一起特别案件。被告人是著名哲学家苏格拉底，其因在公共场所喜好与人辩论、传授哲学而被以"不敬神"和"败坏青年"的罪名判处死刑。在监禁期间，探视友人欲帮其逃亡，但被拒绝。苏格拉底说，虽然判决不公正，但逃亡是毁坏法律，不能以错还错。最后，他服从判决，喝下毒药而亡。对此，下列哪些说法是正确的？（　　）

A. 人的良知、道德感与法律之间有时可能发生抵牾

B. 苏格拉底服从判决的决定表明，一个人可以被不公正地处罚，但不应放弃探究真理的权利

C. 就本案的事实看，苏格拉底承认判决是不公正的，但并未从哲学上明确得出"恶法非法"这一结论

D. 从本案的法官、苏格拉底和他的朋友各自的行为看，不同的人对于"正义"概念可能会有不同的理解

53. 一外国电影故事描写道：五名探险者受困山洞，水尽粮绝，五人中的摩尔提议抽签吃掉一人，救活他人，大家同意。在抽签前摩尔反悔，但其他四人仍执意抽签，恰好抽中摩尔并将其吃掉。获救后，四人被以杀人罪起诉并被判处绞刑。关于上述故事情节，下列哪些说法是不正确的？（　　）

A. 其他四人侵犯了摩尔的生命权

B. 按照功利主义"最大多数人之福祉"的思想，"一命换多命"是符合法理的

C. 五人之间不存在利益上的冲突

D. 从不同法学派的立场看，此案的判决存在"唯一正确的答案"

54. 《老年人权益保障法》第18条第1款规定："家庭成员应当关心老年人的精神需求，不得忽视、冷落老年人。"关于该条款，下列哪些说法是正确的？（　　）

A. 规定的是确定性规则，也是义务性规则

B. 是用"规范语句"表述的

C. 规定了否定式的法律后果

D. 规定了家庭成员对待老年人之行为的"应为模式"和"勿为模式"

55. 法是以国家强制力为后盾，通过法律程序保证实现的社会规范。关于法的这一特征，下列哪些说法是正确的？（　　）

A. 法律具有保证自己得以实现的力量

B. 法律具有程序性，这是区别于其他社会规范的重要特征

C. 按照马克思主义法学的观点，法律主要依靠国家暴力作为外在强制的力量

D. 自然力本质上属于法的强制力之组成部分

56. 《唐律疏议·贼盗》载"祖父母为人杀私和"疏："若杀祖父母、父母应偿死者，虽会赦，仍移乡避仇。以其与子孙为仇，故令移配。"下列哪些理解是正确的？（　　）

A. 杀害同乡人的祖父母、父母依律应处死刑者，若遇赦虽能免罪，但须移居外乡

B. 该条文规定的移乡避仇制体现了情法并列、相互避让的精神

C. 该条文将法律与社会生活相结合统一考虑，表现出唐律较为高超的立法技术

D. 该条文侧面反映了唐律"礼律合一"的特点，为法律确立了解决亲情与法律相冲突的特殊模式

57. 董仲舒解说"春秋决狱"："春秋之听狱也，必本其事而原其志；志邪者不待成，首恶者罪特重，本直者其论轻。"关于该解说之要旨和倡导，下列哪些表述是正确的？（　　）

A. 断案必须根据事实，要追究犯罪人的动机，动机邪恶者即使犯罪未遂也不免刑责

B. 在着重考察动机的同时，还要依据事实，分别首犯、从犯和已遂、未遂

C. 如犯罪人主观动机符合儒家"忠""孝"精神，即使行为构成社会危害，也不给予刑事处罚

D. 以《春秋》经义决狱为司法原则，对当时传统司法审判有积极意义，但某种程度上为司法擅断提供了依据

58. 关于外国法律制度，下列哪些表述是正确的？（　　）

A. 按照罗马私法，私诉是根据个人的申诉对有关私人利益案件的审理，这是保护私权的法律手段，相当于后世的民事诉讼

B. 直到1875年司法改革前，普通法院与衡平法院的并列一直是英国司法的显著特征

C. 在法国，判例从来不被作为正式法律渊源，对法院判决无拘束力

D. 从诉讼程序传统来看，大陆法系倾向于职权主义，法官在诉讼中起积极主动的作用

59. 依法治国是社会主义法治理念的核心内容。根据《宪法》的规定，关于实施依法治国的要求，下列哪些选项是不正确的？（ ）

A. 落实宪法规定的"中华人民共和国实行依法治国，建设社会主义法治国家"的原则

B. 建立和完善以宪法为统帅的中国特色社会主义法律体系

C. 建立以司法独立为基础的公正高效权威的司法体制

D. 充分运用法律手段，在社会政治经济管理中确立"法律中心主义"的观念

60. 根据《宪法》和法律的规定，关于选举程序，下列哪些选项是正确的？（ ）

A. 乡级人大接受代表辞职，须经本级人民代表大会过半数的代表通过

B. 经原选区选民30人以上联名，可以向县级的人民代表大会常务委员会书面提出罢免乡级人大代表的要求

C. 罢免县级人民代表大会代表，须经原选区三分之二以上的选民通过

D. 补选出缺的代表时，代表候选人的名额必须多于应选代表的名额

61. 根据《香港特别行政区基本法》和《澳门特别行政区基本法》的规定，下列哪些选项是正确的？（ ）

A. 对世界各国或各地区的人入境、逗留和离境，特别行政区政府可以实行入境管制

B. 特别行政区行政长官依照法定程序任免各级法院法官、任免检察官

C. 香港特别行政区立法会议员因行为不检或违反誓言而经出席会议的议员三分之二通过谴责，由立法会主席宣告其丧失立法会议员资格

D. 基本法的解释权属于全国人大常委会

62. 根据《宪法》，关于中国人民政治协商会议，下列哪些选项是正确的？（ ）

A. 中国人民政治协商会议是具有广泛代表性的统一战线组织

B. 中国人民政治协商会议是重要的国家机关

C. 中国共产党领导的多党合作和政治协商制度将长期存在和发展

D. 中国共产党领导的爱国统一战线将继续巩固和发展

63. 根据《宪法》和法律的规定，关于自治和自治权，下列哪些选项是正确的？（ ）

A. 特别行政区依照法律规定实行高度自治，享有行政管理权、立法权、独立的司法权和终审权

B. 民族区域自治地方的法院依法行使自治权

C. 民族乡依法享有一定的自治权

D. 村民委员会是基层群众性自治组织

64. 某县政府规定：施工现场不得搅拌混凝土，只能使用预拌的商品混凝土。2012年，县建材协会组织协调县内6家生产企业达成协议，各自按划分的区域销售商品混凝土。因

货少价高,一些施工单位要求县工商局处理这些企业的垄断行为。根据《反垄断法》,下列哪些选项是错误的?( )

A. 县政府的规定属于行政垄断行为

B. 县建材协会的行为违反了《反垄断法》

C. 县工商局有权对6家企业涉嫌垄断的行为进行调查和处理

D. 被调查企业承诺在反垄断执法机构认可的期限内采取具体措施消除该行为后果的,该机构可决定终止调查

65. 甲厂与工程师江某签订了保密协议。江某在劳动合同终止后应聘至同行业的乙厂,并帮助乙厂生产出与甲厂相同技术的发动机。甲厂认为保密义务理应包括竞业限制义务,江某不得到乙厂工作,乙厂和江某共同侵犯其商业秘密。关于此案,下列哪些选项是正确的?( )

A. 如保密协议只约定保密义务,未约定支付保密费,则保密义务无约束力

B. 如双方未明确约定江某负有竞业限制义务,则江某有权到乙厂工作

C. 如江某违反保密协议的要求,向乙厂披露甲厂的保密技术,则构成侵犯商业秘密

D. 如乙厂能证明其未利诱江某披露甲厂的保密技术,则不构成侵犯商业秘密

66. 孙某从某超市买回的跑步机在使用中出现故障并致其受伤。经查询得知,该型号跑步机数年前已被认定为不合格产品,超市从总经销商煌煌商贸公司依正规渠道进货。下列哪些选项是正确的?( )

A. 孙某有权向该跑步机生产商索赔

B. 孙某有权向煌煌商贸公司、超市索赔

C. 超市向孙某赔偿后,有权向该跑步机生产商索赔

D. 超市向孙某赔偿后,有权向煌煌商贸公司索赔

67. 某省发现有大米被镉污染的情况,立即部署各地成立联合执法组,彻查市场中的大米及米制品。对此,下列哪些说法是正确的?( )

A. 大米、米制品的质量安全管理须以《食品安全法》为依据

B. 应依照《食品安全法》有关规定公布大米、米制品安全有关信息

C. 县有关部门进入某米粉加工厂检查时,该厂不得以商业秘密为由予以拒绝

D. 虽已构成重大食品安全事故,但影响仅限于该省,可由省卫生行政部门公布有关食品安全信息

68. 某商业银行决定推出一批新型理财产品,但该业务品种在已获批准的业务范围之外。该银行在报批的同时要求下属各分行开展试销。对此,下列哪些选项是正确的?( )

A. 该业务品种应由中国银监会审批

B. 该业务品种应由中国人民银行审批

C. 因该业务品种在批准前即进行试销,有关部门有权对该银行进行处罚

D. 该业务品种在批准前进行的试销交易为效力待定的民事行为

69. 某商业银行违反审慎经营规则，造成资本和资产状况恶化，严重危及稳健运行，损害存款人和其他客户合法权益。对此，银行业监督管理机构对该银行依法可采取下列哪些措施？（ ）

A. 限制分配红利和其他收入
B. 限制工资总额
C. 责令调整高级管理人员
D. 责令减员增效

70. 甲公司欠税40万元，税务局要查封其相应价值产品。甲公司经理说："乙公司欠我公司60万元货款，贵局不如行使代位权直接去乙公司收取现金。"该局遂通知乙公司缴纳甲公司的欠税，乙公司不配合；该局责令其限期缴纳，乙公司逾期未缴纳；该局随即采取了税收强制执行措施。关于税务局的行为，下列哪些选项是错误的？（ ）

A. 只要甲公司欠税，乙公司又欠甲公司货款，该局就有权行使代位权
B. 如代位权成立，即使乙公司不配合，该局也有权直接向乙公司行使
C. 本案中，该局有权责令乙公司限期缴纳
D. 本案中，该局有权向乙公司采取税收强制执行措施

71. 甲公司与梁某签订劳动合同后，与乙公司签订劳务派遣协议，派梁某到乙公司做车间主任，派遣期3个月。2012年1月至2013年7月，双方已连续6次续签协议，梁某一直在乙公司工作。2013年6月，梁某因追索上一年加班费与乙公司发生争议，申请劳动仲裁。下列哪些选项是正确的？（ ）

A. 乙公司是在辅助性工作岗位上使用梁某，符合法律规定
B. 乙公司是在临时性工作岗位上使用梁某，符合法律规定
C. 梁某申请仲裁不受仲裁时效期间的限制
D. 梁某申请仲裁时应将甲公司和乙公司作为共同当事人

72. 甲公司以出让方式取得某地块50年土地使用权，用于建造写字楼。土地使用权满3年时，甲公司将该地块的使用权转让给乙公司，但将该地块上已建成的一幢楼房留作自用。对此，下列哪些选项是正确的？（ ）

A. 如该楼房已取得房屋所有权证，则甲公司可只转让整幅地块的使用权而不转让该楼房
B. 甲公司在土地使用权出让合同中载明的权利、义务应由乙公司整体承受
C. 乙公司若要改变原土地使用权出让合同约定的土地用途，取得原出让方的同意即可
D. 乙公司受让后，可以在其土地使用权的使用年限满46年之前申请续期

73. 因连降大雨，某厂设计流量较小的排污渠之污水溢出，流入张某承包的鱼塘，致鱼大量死亡。张某诉至法院，要求该厂赔偿。该厂提出的下列哪些抗辩事由是依法不能成立的？（ ）

A. 本市环保主管部门证明，我厂排污从未超过国家及地方排污标准
B. 天降大雨属于不可抗力，依法应予免责

C. 经有关机构鉴定，死鱼是全市最近大规模爆发的水生动物疫病所致

D. 张某鱼塘地势低洼，未对污水流入采取防范措施，其损失咎由自取

74. 根据《维也纳条约法公约》和《中华人民共和国缔结条约程序法》，关于中国缔约程序问题，下列哪些表述是正确的？（　　）

A. 中国外交部长参加条约谈判，无须出具全权证书

B. 中国谈判代表对某条约作出待核准的签署，即表明中国表示同意受条约约束

C. 有关引渡的条约由全国人大常委会决定批准，批准书由国家主席签署

D. 接受多边条约和协定，由国务院决定，接受书由外交部部长签署

75. 关于国际法基本原则，下列哪些选项是正确的？（　　）

A. 国际法基本原则具有强行法性质

B. 不得使用威胁或武力原则是指禁止除国家对侵略行为进行的自卫行动以外的一切武力的使用

C. 对于一国国内的民族分离主义活动，民族自决原则没有为其提供任何国际法根据

D. 和平解决国际争端原则是指国家间在发生争端时，各国都必须采取和平方式予以解决

76. 甲国公民杰克申请来中国旅游，关于其在中国出入境和居留期间的管理，下列哪些选项是正确的？（　　）

A. 如杰克患有严重精神障碍，中国签证机关不予签发其签证

B. 如杰克入境后可能危害中国国家安全和利益，中国出入境边防检查机关可不准许其入境

C. 杰克入境后，在旅馆以外的其他住所居住或者住宿的，应当在入住后 48 小时内由本人或者留宿人，向居住地的公安机关办理登记

D. 如杰克在中国境内有未了结的民事案件，法院决定不准出境的，中国出入境边防检查机关有权阻止其出境

77. 中国人李某（女）与甲国人金某（男）2011 年在乙国依照乙国法律登记结婚，婚后二人定居在北京。依《涉外民事关系法律适用法》，关于其夫妻关系的法律适用，下列哪些表述是正确的？（　　）

A. 婚后李某是否应改从其丈夫姓氏的问题，适用甲国法

B. 双方是否应当同居的问题，适用中国法

C. 婚姻对他们婚前财产的效力问题，适用乙国法

D. 婚姻存续期间双方取得的财产的处分问题，双方可选择适用甲国法

78. 甲国某航空公司在中国设有代表处，其一架飞机从中国境内出发，经停甲国后前往乙国，在乙国发生空难。关于乘客向航空公司索赔的诉讼管辖和法律适用，根据中国相关法律，下列哪些表述是正确的？（　　）

A. 中国法院对该纠纷具有管辖权

B. 中国法律并不限制乙国法院对该纠纷行使管辖
C. 即使甲国法院受理了该纠纷,中国法院仍有权就同一诉讼行使管辖权
D. 如中国法院受理该纠纷,应适用受害人本国法确定损害赔偿数额

79. 内地某中级法院审理一起涉及澳门特别行政区企业的商事案件,需委托澳门特别行政区法院进行司法协助。关于该司法协助事项,下列哪些表述是正确的?( )

A. 该案件司法文书送达的委托,应通过该中级法院所属高级法院转交澳门特别行政区终审法院
B. 澳门特别行政区终审法院有权要求该中级法院就其中文委托书提供葡萄牙语译本
C. 该中级法院可以请求澳门特别行政区法院协助调取与该案件有关的证据
D. 在受委托方法院执行委托调取证据时,该中级法院司法人员经过受委托方允许可以出席并直接向证人提问

80. 关于国际投资法相关条约,下列哪些表述是正确的?( )

A. 依《关于解决国家和他国国民之间投资争端公约》,投资争端应由双方书面同意提交给投资争端国际中心,当双方表示同意后,任何一方不得单方面撤销
B. 依《多边投资担保机构公约》,多边投资担保机构只对向发展中国家领土内的投资予以担保
C. 依《与贸易有关的投资措施协议》,要求企业购买或使用最低比例的当地产品属于协议禁止使用的措施
D. 依《与贸易有关的投资措施协议》,限制外国投资者投资国内公司的投资比例属于协议禁止使用的措施

81. 中国甲公司从国外购货,取得了代表货物的单据,其中提单上记载"凭指示"字样,交货地点为某国远东港,承运人为中国乙公司。当甲公司凭正本提单到远东港提货时,被乙公司告知货物已不在其手中。后甲公司在中国法院对乙公司提起索赔诉讼。乙公司在下列哪些情形下可免除交货责任?( )

A. 在甲公司提货前,货物已被同样持有正本提单的某公司提走
B. 乙公司按照提单托运人的要求返还了货物
C. 根据某国法律要求,货物交给了远东港管理当局
D. 货物超过法定期限无人向某国海关申报,被海关提取并变卖

82. 甲公司向乙公司出口一批货物,由丙公司承运,投保了中国人民保险公司的平安险。在装运港装卸时,一包货物落入海中。海运途中,因船长过失触礁造成货物部分损失。货物最后延迟到达目的港。依《海牙规则》及国际海洋运输保险实践,关于相关损失的赔偿,下列哪些选项是正确的?( )

A. 对装卸过程中的货物损失,保险人应承担赔偿责任
B. 对船长驾船过失导致的货物损失,保险人应承担赔偿责任
C. 对运输延迟造成的损失,保险人应承担赔偿责任

D. 对船长驾船过失导致的货物损失，承运人可以免责

83. 我国司法承担着实现公平正义的使命，据此，下列哪些说法能够成立？（　　）

A. 中国特色社会主义司法制度是我国实现公平正义的重要保障

B. 司法通过解决纠纷这一主要功能，维持社会秩序和正义

C. 没有司法效率，谈不上司法公正，公平正义也将难以实现，因此应当选择"公正优先，兼顾效率"的价值目标

D. 在符合法律基本原则的前提下，司法兼顾法理和情理更利于公平正义的实现

84. 法官的下列哪些做法体现了执法为民的要求？（　　）

A. 民庭段法官加班加点，春节前及时审结拖欠农民工工资案件

B. 刑庭范法官拒绝承办案件辩护律师的宴请

C. 立案庭刘法官将收案材料细化分类整理，方便群众查询

D. 执行庭肖法官多方调查被执行人财产，成功执行赡养费支付判决

85. 下列哪些行为违反了相关法律职业规范规定？（　　）

A. 某律师事务所明知李律师的伯父是甲市中院领导，仍指派其到该院代理诉讼

B. 检察官高某在办理一起盗车并杀害车内行动不便的老人案件时，发现网上民愤极大，即以公诉人身份跟帖向法院建议判处被告死刑立即执行

C. 在法庭上，公诉人车某发现李律师发微博，当庭予以训诫，审判长怀法官未表明态度

D. 公证员张某根据甲公司董事长申请，办理了公司章程公证，张某与该董事长系大学同学

三、不定项选择题。每题所设选项中至少有一个正确答案，多选、少选、错选或不选均不得分。本部分含86～100题，每题2分，共30分。

86. 关于适用法律过程中的内部证成，下列选项正确的是：（　　）

A. 内部证成是给一个法律决定提供充足理由的活动

B. 内部证成是按照一定的推理规则从相关前提中逻辑地推导出法律决定的过程

C. 内部证成是对法律决定所依赖的前提的证成

D. 内部证成和外部证成相互关联

87. 关于我国立法和法的渊源的表述，下列选项不正确的是：（　　）

A. 从法的正式渊源上看，"法律"仅指全国人大及其常委会制定的规范性文件

B. 公布后的所有法律、法规均以在《国务院公报》上刊登的文本为标准文本

C. 行政法规和地方性法规均可采取"条例""规定""办法"等名称

D. 所有法律议案（法律案）都须交由全国人大常委会审议、表决和通过

88. 关于实证主义法学和非实证主义法学，下列说法不正确的是：（　　）

A. 实证主义法学认为，在"实际上是怎样的法"与"应该是怎样的法"之间不存在概念上的必然联系

B. 非实证主义法学在定义法的概念时并不必然排除社会实效性要素和权威性制定要素

C. 所有的非实证主义法学都可以被看作是古典自然法学

D. 仅根据社会实效性要素，并不能将实证主义法学派、非实证主义法学派和其他法学派（比如社会法学派）在法定义上的观点区别开来

89. 根据《宪法》和法律的规定，关于立法权权限和立法程序，下列选项正确的是：（ ）

A. 全国人大常委会在人大闭会期间，可以对全国人大制定的法律进行部分补充和修改，但不得同该法律的基本原则相抵触

B. 全国人大通过的法律由全国人民代表大会主席团予以公布

C. 全国人大法律委员会审议法律案时，应邀请有关专门委员会的成员列席会议，发表意见

D. 列入全国人大常委会会议议程的法律案，除特殊情况外，应当在举行会议七日前将草案发给常委会组成人员

90. 根据《宪法》和法律的规定，关于国家机关组织和职权，下列选项正确的是：（ ）

A. 全国人民代表大会修改宪法、解释宪法、监督宪法的实施

B. 国务院依照法律规定决定省、自治区、直辖市的范围内部分地区进入紧急状态

C. 省、自治区、直辖市政府在必要的时候，经国务院批准，可以设立若干派出机构

D. 地方各级检察院对产生它的国家权力机关和上级检察院负责

91. 根据《宪法》和《监督法》的规定，关于各级人大常委会依法行使监督权，下列选项正确的是？（ ）

A. 各级人大常委会行使监督权的情况，应当向本级人大报告，接受监督

B. 全国人大常委会可以委托下级人大常委会对有关法律、法规在本行政区域内的实施情况进行检查

C. 质询案以书面答复的，由受质询的机关的负责人签署

D. 依法设立的特定问题调查委员会在调查过程中，可以不公布调查的情况和材料

（一）

2012年12月，某公司对县税务局确定的企业所得税的应纳税所得额、应纳税额及在12月30日前缴清税款的要求极为不满，决定撤离该县，且不缴纳税款。县税务局得知后，责令该公司在12月15日前纳税。当该公司有转移生产设备的明显迹象时，县税务局责成其提供纳税担保。

请回答第92～93题。

92. 该公司取得的下列收入中，属于《企业所得税法》规定的应纳税收入的是？（ ）

A. 财政拨款 B. 销售产品收入

C. 专利转让收入 D. 国债利息收入

93. 就该公司与税务局的纳税争议，下列说法正确的是？（ ）

A. 如该公司不提供纳税担保，经批准，税务局有权书面通知该公司开户银行从其存款中扣缴税款

B. 如该公司不提供纳税担保，经批准，税务局有权扣押、查封该公司价值相当于应纳税款的产品

C. 如该公司对应纳税额发生争议，应先依税务局的纳税决定缴纳税款，然后可申请行政复议，对复议决定不服的，可向法院起诉

D. 如该公司对税务局的税收保全措施不服，可申请行政复议，也可直接向法院起诉

（二）

某公司聘用首次就业的王某，口头约定劳动合同期限2年，试用期3个月，月工资1200元，试用期满后1500元。

2012年7月1日起，王某上班，不久即与同事李某确立恋爱关系。9月，由经理办公会讨论决定并征得工会主席同意，公司公布施行《工作纪律规定》，要求同事不得有恋爱或婚姻关系，否则一方必须离开公司。公司据此解除王某的劳动合同。

经查明，当地月最低工资标准为1000元，公司与王某一直未签订书面劳动合同，但为王某买了失业保险。

请回答第94—96题。

94. 关于双方约定的劳动合同内容，下列符合法律规定的说法是？（　）

A. 试用期超过法定期限

B. 试用期工资符合法律规定

C. 8月1日起，公司未与王某订立书面劳动合同，应每月付其两倍的工资

D. 8月1日起，如王某拒不与公司订立书面劳动合同，公司有权终止其劳动关系，且无须支付经济补偿

95. 关于该《工作纪律规定》，下列说法正确的是：（　）

A. 制定程序违法

B. 有关婚恋的规定违法

C. 依据该规定解除王某的劳动合同违法

D. 该公司执行该规定给王某造成损害的，应承担赔偿责任

96. 关于王某离开该公司后申请领取失业保险金的问题，下列说法正确的是：（　）

A. 王某及该公司累计缴纳失业保险费尚未满1年，无权领取失业保险金

B. 王某被解除劳动合同的原因与其能否领取失业保险金无关

C. 若王某依法能领取失业保险金，在此期间还想参加职工基本医疗保险，则其应缴纳的基本医疗保险费从失业保险基金中支付

D. 若王某选择跨统筹地区就业，可申请退还其个人缴纳的失业保险费

97. 甲国公民库克被甲国刑事追诉，现在中国居留，甲国向中国请求引渡库克，中国

和甲国间无引渡条约。关于引渡事项，下列选项正确的是：（　　）

A. 甲国引渡请求所指的行为依照中国法律和甲国法律均构成犯罪，是中国准予引渡的条件之一

B. 由于库克健康原因，根据人道主义原则不宜引渡，中国可以拒绝引渡

C. 根据中国法律，引渡请求所指的犯罪纯属军事犯罪的，中国应当拒绝引渡

D. 根据甲国法律，引渡请求所指的犯罪纯属军事犯罪的，中国应当拒绝引渡

98. 在涉外民事关系中，依《涉外民事关系法律适用法》和司法解释，关于当事人意思自治原则，下列表述中正确的是：（　　）

A. 当事人选择的法律应与所争议的民事关系有实际联系

B. 当事人仅可在具有合同性质的涉外民事关系中选择法律

C. 在一审法庭辩论终结前，当事人有权协议选择或变更选择适用的法律

D. 各方当事人援引相同国家的法律且未提出法律适用异议的，法院可以认定当事人已经就涉外民事关系适用的法律作出了选择

99. 甲公司从国外进口一批货物，根据《联合国国际货物销售合同公约》，关于货物检验和交货不符合同约定的问题，下列说法正确的是：（　　）

A. 甲公司有权依自己习惯的时间安排货物的检验

B. 如甲公司须再发运货物，没有合理机会在货到后加以检验，而卖方在订立合同时已知道再发运的安排，则检验可推迟到货物到达新目的地后进行

C. 甲公司在任何时间发现货物不符合同均可要求卖方赔偿

D. 货物不符合同情形在风险转移时已经存在，在风险转移后才显现的，卖方应当承担责任

100. 中国甲公司从某国乙公司进口一批货物，委托中国丙银行出具一份不可撤销信用证。乙公司发货后持单据向丙银行指定的丁银行请求付款，银行审单时发现单据上记载内容和信用证不完全一致。乙公司称甲公司接受此不符点，丙银行经与甲公司沟通，证实了该说法，即指示丁银行付款。后甲公司得知乙公司所发货物无价值，遂向有管辖权的中国法院申请中止支付信用证项下的款项。下列说法正确的是：（　　）

A. 甲公司已接受不符点，丙银行必须承担付款责任

B. 乙公司行为构成信用证欺诈

C. 即使丁银行已付款，法院仍应裁定丙银行中止支付

D. 丙银行发现单证存在不符点，有义务联系甲公司征询是否接受不符点

2013年国家司法考试（试卷二）

一、单项选择题。每题所设选项中只有一个正确答案，多选、错选或不选均不得分。本部分含1～50题，每题1分，共50分。

1. 甲给机场打电话谎称"3架飞机上有炸弹"，机场立即紧急疏散乘客，对飞机进行地毯式安检，3小时后才恢复正常航班秩序。关于本案，下列哪一选项是正确的？（　　）

A. 为维护社会稳定，无论甲的行为是否严重扰乱社会秩序，都应追究甲的刑事责任

B. 为防范危害航空安全行为的发生，保护人民群众，应以危害公共安全相关犯罪判处甲死刑

C. 从事实和法律出发，甲的行为符合编造、故意传播虚假恐怖信息罪的犯罪构成，应追究其刑事责任

D. 对于散布虚假信息，危及航空安全，造成国内国际重大影响的案件，可突破司法程序规定，以高效办案取信社会

2. 关于社会主义法治理念与罪刑法定原则的关系有以下观点：

①罪刑法定的思想基础是民主主义与尊重人权主义，具备社会主义法治理念的本质属性

②罪刑法定既约束司法者，也约束立法者，符合依法治国理念的基本要求

③罪刑法定的核心是限制国家机关权力，保障国民自由，与执法为民的理念相一致

④罪刑法定是依法治国理念在刑法领域的具体表现

关于上述观点的正误，下列哪一选项是正确的？（　　）

A. 第①句正确，第②③④句错误

B. 第①③句正确，第②④句错误

C. 第①②③句正确，第④句错误

D. 第①②③④句均正确

3. 关于刑法解释，下列哪一选项是错误的？（　　）

A. 学理解释中的类推解释结论，纳入司法解释后不属于类推解释

B. 将大型拖拉机解释为《刑法》第116条破坏交通工具罪的"汽车"，至少是扩大解释乃至是类推解释

C. 《刑法》分则有不少条文并列规定了"伪造"与"变造"，但不排除在其他一些条文中将"变造"解释为"伪造"的一种表现形式

D. 《刑法》第65条规定，不满18周岁的人不成立累犯；《刑法》第356条规定，因走私、贩卖、运输、制造、非法持有毒品罪被判过刑，又犯本节规定之罪的，从重处罚。根据当然解释的原理，对不满18周岁的人不适用《刑法》第356条

4. 《刑法修正案（八）》于2011年5月1日起施行。根据《刑法》第12条关于时间效力的规定，下列哪一选项是错误的？（　）

A. 2011年4月30日前犯罪，犯罪后自首又有重大立功表现的，适用修正前的刑法条文，应当减轻或者免除处罚

B. 2011年4月30日前拖欠劳动者报酬，2011年5月1日后以转移财产方式拒不支付劳动者报酬的，适用修正后的刑法条文

C. 2011年4月30日前组织出卖人体器官的，适用修正后的刑法条文

D. 2011年4月30日前扒窃财物数额未达到较大标准的，不得以盗窃罪论处

5. 甲女得知男友乙移情，怨恨中送其一双滚轴旱冰鞋，企盼其运动时摔伤。乙穿此鞋运动时，果真摔成重伤。关于本案的分析，下列哪一选项是正确的？（　）

A. 甲的行为属于作为的危害行为

B. 甲的行为与乙的重伤之间存在刑法上的因果关系

C. 甲具有伤害乙的故意，但不构成故意伤害罪

D. 甲的行为构成过失致人重伤罪

6. 2010年某日，甲到乙家，发现乙家徒四壁。见桌上一块玉坠，断定是不值钱的仿制品，甲便顺手拿走。后甲对丙谎称玉坠乃秦代文物，值5万元，丙以3万元买下。经鉴定乃清代玉坠，市值5000元。关于本案的分析，下列哪一选项是错误的？（　）

A. 甲断定玉坠为不值钱的仿制品具有一定根据，对"数额较大"没有认识，缺乏盗窃犯罪故意，不构成盗窃罪

B. 甲将所盗玉坠卖给丙，具有可罚性，不属于不可罚的事后行为

C. 不应追究甲盗窃玉坠的刑事责任，但应追究甲诈骗丙的刑事责任

D. 甲诈骗丙的诈骗数额为5万元，其中3万元既遂，2万元未遂

7. 甲对正在实施一般伤害的乙进行正当防卫，致乙重伤（仍在防卫限度之内）。乙已无侵害能力，求甲将其送往医院，但甲不理会而离去。乙因流血过多死亡。关于本案，下列哪一选项是正确的？（　）

A. 甲的不救助行为独立构成不作为的故意杀人罪

B. 甲的不救助行为独立构成不作为的过失致人死亡罪

C. 甲的行为属于防卫过当

D. 甲的行为仅成立正当防卫

8. 甲深夜进入小超市，持枪胁迫正在椅子上睡觉的店员乙交出现金，乙说"钱在收款机里，只有购买商品才能打开收款机"。甲掏出100元钱给乙说"给你，随便买什么"。乙打开收款机，交出所有现金，甲一把抓跑。事实上，乙给甲的现金只有88元，甲"亏了"12元。关于本案，下列哪一说法是正确的？（　）

A. 甲进入的虽是小超市，但乙已在椅子上睡觉，甲属于入户抢劫

B. 只要持枪抢劫，即使分文未取，也构成抢劫既遂

C. 对于持枪抢劫，不需要区分既遂与未遂，直接依照分则条文规定的法定刑量刑即可

D. 甲虽"亏了"12元，未能获利，但不属于因意志以外的原因未得逞，构成抢劫罪既遂

9. 《刑法》第29条第1款规定："教唆他人犯罪的，应当按照他在共同犯罪中所起的作用处罚。教唆不满十八周岁的人犯罪的，应当从重处罚。"对于本规定的理解，下列哪一选项是错误的？（　　）

A. 无论是被教唆人接受教唆实施了犯罪，还是二人以上共同故意教唆他人犯罪，都能适用该款前段的规定

B. 该款规定意味着教唆犯也可能是从犯

C. 唆使不满14周岁的人犯罪因而属于间接正犯的情形时，也应适用该款后段的规定

D. 该款中的"犯罪"并无限定，既包括一般犯罪，也包括特殊身份的犯罪，既包括故意犯罪，也包括过失犯罪

10. 关于罪数判断，下列哪一选项是正确的？（　　）

A. 冒充警察招摇撞骗，骗取他人财物的，适用特别法条以招摇撞骗罪论处

B. 冒充警察实施抢劫，同时构成抢劫罪与招摇撞骗罪，属于想象竞合犯，从一重罪论处

C. 冒充军人进行诈骗，同时构成诈骗罪与冒充军人招摇撞骗罪的，从一重罪论处

D. 冒充军人劫持航空器的，成立冒充军人招摇撞骗罪与劫持航空器罪，实行数罪并罚

11. 被宣告_____的犯罪分子，在_____考验期内犯新罪或者发现判决宣告以前还有其他罪没有判决的，应当撤销_____，对新犯的罪或者新发现的罪作出判决，把前罪和后罪所判处的刑罚，依照《刑法》第69条的规定，决定执行的刑罚。

关于_____的填充内容，下列哪一选项是正确的？（　　）

A. 均应填"假释"

B. 均应填"缓刑"

C. 既可均填"假释"，也可均填"缓刑"

D. 既不能均填"假释"，也不能均填"缓刑"

12. 甲在建筑工地开翻斗车。某夜，甲开车时未注意路况，当场将工友乙撞死、丙撞伤。甲背丙去医院，想到会坐牢，遂将丙弃至路沟后逃跑。丙不得救治而亡。关于本案，下列哪一选项是错误的？（　　）

A. 甲违反交通运输管理法规，因而发生重大事故，致人死伤，触犯交通肇事罪

B. 甲在作业中违反安全管理规定，发生重大伤亡事故，触犯重大责任事故罪

C. 甲不构成交通肇事罪与重大责任事故罪的想象竞合犯

D. 甲为逃避法律责任，将丙带离事故现场后遗弃，致丙不得救治而亡，还触犯故意杀人罪

13. 甲向乙借款50万元注册成立A公司，乙与甲约定在A公司取得营业执照的第二天，

乙的B公司向A公司借款50万元。A公司取得营业执照后，由甲经手将A公司50万元借给B公司。关于甲的行为性质，下列哪一选项是正确的？（　　）

A. 虚报注册资本罪　　　　　　　　B. 虚假出资罪

C. 抽逃出资罪　　　　　　　　　　D. 无罪

14. 关于货币犯罪，下列哪一选项是错误的？（　　）

A. 伪造货币罪中的"货币"，包括在国内流通的人民币、在国内可兑换的境外货币，以及正在流通的境外货币

B. 根据《刑法》规定，伪造货币并出售或者运输伪造的货币的，依照伪造货币罪从重处罚。据此，行为人伪造美元，并运输他人伪造的欧元的，应按伪造货币罪从重处罚

C. 将低额美元的纸币加工成高额英镑的纸币的，属于伪造货币

D. 对人民币真币加工处理，使100元面额变为50元面额的，属于变造货币

15. 甲、乙为朋友。乙出国前，将自己的借记卡（背面写有密码）交甲保管。后甲持卡购物，将卡中1.3万元用完。乙回国后发现卡里没钱，便问甲是否用过此卡，甲否认。关于甲的行为性质，下列哪一选项是正确的？（　　）

A. 侵占罪　　　　　　　　　　　　B. 信用卡诈骗罪

C. 诈骗罪　　　　　　　　　　　　D. 盗窃罪

16. 关于侮辱罪与诽谤罪的论述，下列哪一选项是正确的？（　　）

A. 为寻求刺激在车站扒光妇女衣服，引起他人围观的，触犯强制猥亵、侮辱妇女罪（现修正为强制猥亵、侮辱罪），未触犯侮辱罪

B. 为报复妇女，在大街上边打妇女边骂"狐狸精"，情节严重的，应以侮辱罪论处，不以诽谤罪论处

C. 捏造他人强奸妇女的犯罪事实，向公安局和媒体告发，意图使他人受刑事追究，情节严重的，触犯诬告陷害罪，未触犯诽谤罪

D. 侮辱罪、诽谤罪属于亲告罪，未经当事人告诉，一律不得追究被告人的刑事责任

17. 乙驾车带甲去海边游玩。到达后，乙欲游泳。甲骗乙说："我在车里休息，把车钥匙给我。"趁乙游泳，甲将该车开往外地卖给他人。甲构成何罪？（　　）

A. 侵占罪　　　　　　　　　　　　B. 盗窃罪

C. 诈骗罪　　　　　　　　　　　　D. 盗窃罪与诈骗罪的竞合

18. 医生甲退休后，擅自为人看病2年多。某日，甲为乙治疗，需注射青霉素。乙自述以前曾注射过青霉素，甲便未做皮试就给乙注射青霉素，乙因青霉素过敏而死亡。关于本案，下列哪一选项是正确的？（　　）

A. 以非法行医罪的结果加重犯论处

B. 以非法行医罪的基本犯论处

C. 以过失致人死亡罪论处

D. 以医疗事故罪论处

19. 甲公司竖立的广告牌被路边树枝遮挡，甲公司在未取得采伐许可的情况下，将遮挡广告牌的部分树枝砍掉，所砍树枝共计 6 立方米。关于本案，下列哪一选项是正确的？（　　）

    A. 盗伐林木包括砍伐树枝，甲公司的行为成立盗伐林木罪

    B. 盗伐林木罪是行为犯，不以破坏林木资源为要件，甲公司的行为成立盗伐林木罪

    C. 甲公司不以非法占有为目的，只成立滥伐林木罪

    D. 不能以盗伐林木罪判处甲公司罚金

20. 国有 A 公司总经理甲发现 A 公司将从 B 公司购进的货物转手卖给某公司时，A 公司即可赚取 300 万元。甲便让其妻乙注册成立 C 公司，并利用其特殊身份，让 B 公司与 A 公司解除合同后，再将货物卖给 C 公司。C 公司由此获得 300 万元利润。关于甲的行为定性，下列哪一选项是正确的？（　　）

    A. 贪污罪   B. 为亲友非法牟利罪

    C. 诈骗罪   D. 非法经营同类营业罪

21. 乙的孙子丙因涉嫌抢劫被刑拘。乙托甲设法使丙脱罪，并承诺事成后付其 10 万元。甲与公安局副局长丁早年认识，但多年未见面。甲托丁对丙作无罪处理，丁不同意，甲便以揭发隐私要挟，丁被迫按甲的要求处理案件。后甲收到乙 10 万元现金。关于本案，下列哪一选项是错误的？（　　）

    A. 对于"关系密切"应根据利用影响力受贿罪的实质进行解释，不能仅从形式上限定为亲朋好友

    B. 根据 A 选项的观点，"关系密切"包括具有制约关系的情形，甲构成利用影响力受贿罪

    C. 丁构成徇私枉法罪，甲构成徇私枉法罪的教唆犯

    D. 甲的行为同时触犯利用影响力受贿罪与徇私枉法罪，应从一重罪论处

22. 在刑事司法实践中坚持不偏不倚、不枉不纵、秉公执法原则，反映了我国刑事诉讼"惩罚犯罪与保障人权并重"的理论观点。如果有观点认为"司法机关注重发现案件真相的立足点是防止无辜者被错误定罪"，该观点属于下列哪一种学说？（　　）

    A. 正当程序主义   B. 形式真实发现主义

    C. 积极实体真实主义   D. 消极实体真实主义

23. 在刑事诉讼中，法官消极中立，通过当事人举证、辩论发现事实真相，并由当事人推动诉讼进程。这种诉讼构造属于下列哪一种类型？（　　）

    A. 职权主义   B. 当事人主义

    C. 纠问主义   D. 混合主义

24. 赵某因绑架罪被甲省 A 市中级法院判处死刑缓期两年执行，后交付甲省 B 市监狱执行。死刑缓期执行期间，赵某脱逃至乙省 C 市实施抢劫被抓获，C 市中级法院一审以抢劫罪判处无期徒刑。赵某不服判决，向乙省高级法院上诉。乙省高级法院二审维持一审

判决。此案最终经最高法院核准死刑立即执行。关于执行赵某死刑的法院，下列哪一选项是正确的？（ ）

A. A市中级法院　　　　　　　　B. B市中级法院
C. C市中级法院　　　　　　　　D. 乙省高级法院

25. 高某涉嫌抢劫犯罪，公安机关经二次补充侦查后将案件移送检察机关，检察机关审查发现高某可能还实施了另一起盗窃犯罪。检察机关关于此案的处理，下列哪一选项是正确的？（ ）

A. 再次退回公安机关补充侦查，并要求在一个月内补充侦查完毕
B. 要求公安机关收集并提供新发现的盗窃犯罪的证据材料
C. 对新发现的盗窃犯罪自行侦查，并要求公安机关提供协助
D. 将新发现的盗窃犯罪移送公安机关另行立案侦查，对已经查清的抢劫犯罪提起公诉

26. 关于我国人民陪审员制度与一些国家的陪审团制度存在的差异，下列哪一选项是正确的？（ ）

A. 人民陪审员制度目的在于协助法院完成审判任务，陪审团制度目的在于制约法官
B. 人民陪审员与法官行使相同职权，陪审团与法官存在职权分工
C. 人民陪审员在成年公民中随机选任，陪审团从有选民资格的人员中聘任
D. 是否适用人民陪审员制度取决于当事人的意愿，陪审团适用于所有案件

27. 检察院在查办国家机关工作人员刘某贪污贿赂案件中，发现刘某还涉嫌伙同其同事苏某利用职权实施非法拘禁犯罪。关于新发现的犯罪的处理，下列哪一选项是正确的？（ ）

A. 将刘某涉嫌的两个犯罪以及苏某涉嫌的犯罪并案处理，由检察院一并侦查
B. 将刘某涉嫌的两个犯罪并案移送公安机关处理
C. 将刘某和苏某涉嫌的非法拘禁犯罪移送公安机关处理
D. 将刘某涉嫌的两个犯罪以及苏某涉嫌的犯罪，移送公安机关一并侦查

28. 法院审理过程中，被告人赵某在最后陈述时，以审判长数次打断其发言为理由申请更换审判长。对于这一申请，下列哪一说法是正确的？（ ）

A. 赵某的申请理由不符合法律规定，法院院长应当驳回申请
B. 赵某在法庭调查前没有申请回避，法院院长应当驳回申请
C. 如法院作出驳回申请的决定，赵某可以在决定作出后五日内向上级法院提出上诉
D. 如法院作出驳回申请的决定，赵某可以向上级法院申请复议一次

29. 鲁某与洪某共同犯罪，洪某在逃。沈律师为鲁某担任辩护人。案件判决生效三年后，洪某被抓获并被起诉。关于沈律师可否担任洪某辩护人，下列哪一说法是正确的？（ ）

A. 沈律师不得担任洪某辩护人
B. 如果洪某系法律援助对象，沈律师可以担任洪某辩护人
C. 如果被告人洪某同意，沈律师可以担任洪某辩护人

D. 如果公诉人未提出异议，沈律师可以担任洪某辩护人

30. 在一起聚众斗殴案件发生时，证人甲乙丙丁四人在现场目睹事实经过，侦查人员对上述四名证人进行询问。关于询问证人的程序和方式，下列哪一选项是错误的？（　　）

A. 在现场立即询问证人甲

B. 传唤证人乙到公安机关提供证言

C. 到证人丙租住的房屋询问证人丙

D. 到证人丁提出的其工作单位附近的快餐厅询问证人丁

31. 关于取保候审的程序限制，下列哪一选项是正确的？（　　）

A. 保证金应当由决定机关统一收取，存入指定银行的专门账户

B. 对于可能判处徒刑以上刑罚的，不得采取取保候审措施

C. 对同一犯罪嫌疑人不得同时使用保证金担保和保证人担保两种方式

D. 对违反取保候审规定，需要予以逮捕的，不得对犯罪嫌疑人、被告人先行拘留

32. 王某被姜某打伤致残，在开庭审判前向法院提起附带民事诉讼，并提出财产保全的申请。法院对于该申请的处理，下列哪一选项是正确的？（　　）

A. 不予受理

B. 可以采取查封、扣押或者冻结被告人财产的措施

C. 只有在王某提供担保后，法院才予以财产保全

D. 移送财产所在地的法院采取保全措施

33. 关于刑期计算，下列哪一说法是不正确的？（　　）

A. 甲被判处拘役六个月，其被指定居所监视居住154天的期间折抵刑期154天

B. 乙通过贿赂手段被暂予监外执行，其在监外执行的267天不计入执行刑期

C. 丙在暂予监外执行期间脱逃，脱逃的78天不计入执行刑期

D. 丁被判处管制，其判决生效前被逮捕羁押208天的期间折抵刑期416天

34. 卢某坠楼身亡，公安机关排除他杀，不予立案。但卢某的父母坚称他杀可能性大，应当立案，请求检察院监督。检察院的下列哪一做法是正确的？（　　）

A. 要求公安机关说明不立案理由

B. 拒绝受理并向卢某的父母解释不立案原因

C. 认为符合立案条件的，可以立案并交由公安机关侦查

D. 认为公安机关不立案理由不能成立的，应当建议公安机关立案

35. 对侦查所实施的司法控制，包括对某些侦查行为进行事后审查。下列哪一选项是正确的？（　　）

A. 事后审查的对象主要包括逮捕、羁押、搜查等

B. 事后审查主要针对的是强行性侦查措施

C. 采取这类侦查行为不可以由侦查机关独立作出决定

D. 对于这类行为，公民认为侦查机关侵犯其合法权益的，可以寻求司法途径进行救济

36. 只要有足够证据证明犯罪嫌疑人构成犯罪，检察机关就必须提起公诉。关于这一制度的法理基础，下列哪一选项是正确的？（　）

A. 起诉便宜主义
B. 起诉法定主义
C. 公诉垄断主义
D. 私人诉追主义

37. 开庭审判过程中，一名陪审员离开法庭处理个人事务，辩护律师提出异议并要求休庭，审判长予以拒绝，四十分钟后陪审员返回法庭继续参与审理。陪审员长时间离开法庭的行为违背下列哪一审判原则？（　）

A. 职权主义原则
B. 证据裁判规则
C. 直接言词原则
D. 集中审理原则

38. 在法庭审判中，被告人翻供，否认犯罪，并当庭拒绝律师为其进行有罪辩护。合议庭对此问题的处理，下列哪一选项是正确的？（　）

A. 被告人有权拒绝辩护人辩护，合议庭应当准许
B. 辩护律师独立辩护，不受当事人意思表示的约束，合议庭不应当准许拒绝辩护
C. 属于应当提供法律援助的情形的，合议庭不应当准许拒绝辩护
D. 有多名被告人的案件，部分被告人拒绝辩护人辩护的，合议庭不应当准许

39. 检察院以抢夺罪向法院提起公诉，法院经审理后查明被告人构成抢劫罪。关于法院的做法，下列哪一选项是正确的？（　）

A. 应当建议检察院改变起诉罪名，不能直接以抢劫罪定罪
B. 可以直接以抢劫罪定罪，不必建议检察院改变起诉罪名
C. 只能判决无罪，检察院应以抢劫罪另行起诉
D. 应当驳回起诉，检察院应以抢劫罪另行起诉

40. 法院就被告人"钱某"盗窃案作出一审判决，判决生效后检察院发现"钱某"并不姓钱，于是在确认其真实身份后向法院提出其冒用他人身份，但该案认定事实和适用法律正确。关于法院对此案的处理，下列哪一选项是正确的？（　）

A. 可以建议检察院提出抗诉，通过审判监督程序加以改判
B. 可以自行启动审判监督程序加以改判
C. 可以撤销原判并建议检察机关重新起诉
D. 可以用裁定对判决书加以更正

41. 公安机关在案件侦查中，发现打砸多辆机动车的犯罪嫌疑人何某神情呆滞，精神恍惚。经鉴定，何某属于依法不负刑事责任的精神病人。关于公安机关对此案的处理，下列哪一选项是正确的？（　）

A. 写出强制医疗意见书，移送检察院向法院提出强制医疗申请
B. 撤销案件，将何某交付其亲属并要求其积极治疗
C. 移送强制医疗机构对何某进行诊断评估
D. 何某的亲属没有能力承担监护责任的，可以采取临时的保护性约束措施

42. 法院受理叶某涉嫌故意杀害郭某案后，发现其可能符合强制医疗条件。经鉴定，叶某属于依法不负刑事责任的精神病人，法院审理后判决宣告叶某不负刑事责任，同时作出对叶某强制医疗的决定。关于此案的救济程序，下列哪一选项是错误的？（　　）

　　A．对叶某强制医疗的决定，检察院可以提出纠正意见

　　B．叶某的法定代理人可以向上一级法院申请复议

　　C．叶某对强制医疗决定可以向上一级法院提出上诉

　　D．郭某的近亲属可以向上一级法院申请复议

43. 李某长期吸毒，多次自费戒毒均未成功。某公安局在一次检查中发现后，将李某送至强制隔离戒毒所进行强制隔离戒毒。强制隔离戒毒属于下列哪一性质的行为？（　　）

　　A．行政处罚　　　　　　　　　B．行政强制措施

　　C．行政强制执行　　　　　　　D．行政许可

44. 国家海洋局为国务院组成部门管理的国家局。关于国家海洋局，下列哪一说法是正确的？（　　）

　　A．有权制定规章

　　B．主管国务院的某项专门业务，具有独立的行政管理职能

　　C．该局的设立由国务院编制管理机关提出方案，报国务院决定

　　D．该局增设司级内设机构，由国务院编制管理机关审核批准

45. 田某为在校大学生，以从事研究为由向某工商局提出申请，要求公开该局2012年度作出的所有行政处罚决定书，该局拒绝公开。田某不服，向法院起诉。下列哪一说法是正确的？（　　）

　　A．因田某不具有申请人资格，拒绝公开合法

　　B．因行政处罚决定为重点公开的政府信息，拒绝公开违法

　　C．田某应先申请复议再向法院起诉

　　D．田某的起诉期限为3个月

46. 因关某以刻划方式损坏国家保护的文物，公安分局决定对其作出拘留10日，罚款500元的处罚。关某申请复议，并向该局提出申请、交纳保证金后，该局决定暂缓执行拘留决定。下列哪一说法是正确的？（　　）

　　A．关某的行为属于妨害公共安全的行为

　　B．公安分局应告知关某有权要求举行听证

　　C．复议机关只能是公安分局的上一级公安机关

　　D．如复议机关撤销对关某的处罚，公安分局应当及时将收取的保证金退还关某

47. 某公司向规划局交纳了一定费用后获得了该局发放的建设用地规划许可证。刘某的房屋紧邻该许可规划用地，刘某认为建筑工程完成后将遮挡其房屋采光，向法院起诉请求撤销该许可决定。下列哪一说法是正确的？（　　）

　　A．规划局发放许可证不得向某公司收取任何费用

B. 因刘某不是该许可的利害关系人，规划局审查和决定发放许可证无须听取其意见

C. 因刘某不是该许可的相对人，不具有原告资格

D. 因建筑工程尚未建设，刘某权益受侵犯不具有现实性，不具有原告资格

48. 关于部门规章的权限，下列哪一说法是正确的？（　）

A. 尚未制定法律、行政法规，对违反管理秩序的行为，可以设定暂扣许可证的行政处罚

B. 尚未制定法律、行政法规，且属于规章制定部门职权的，可以设定扣押财物的行政强制措施

C. 可以在上位法设定的行政许可事项范围内，对实施该许可作出具体规定

D. 可以设定除限制人身自由以外的行政处罚

49. 某法院以杜某逾期未履行偿债判决为由，先将其房屋查封，后裁定将房屋过户以抵债。杜某认为强制执行超过申请数额而申请国家赔偿，要求赔偿房屋过户损失30万元，查封造成屋内财产毁损和丢失5000元，误工损失2000元，以及精神损失费1万元。下列哪一事项属于国家赔偿范围？（　）

A. 2000元　　　　　　　　B. 5000元

C. 1万元　　　　　　　　D. 30万元

50. 甲市乙区政府决定征收某村集体土地100亩。该村50户村民不服，申请行政复议。下列哪一说法是错误的？（　）

A. 申请复议的期限为30日

B. 村民应推选1至5名代表参加复议

C. 甲市政府为复议机关

D. 如要求申请人补正申请材料，应在收到复议申请之日起5日内书面通知申请人

二、多项选择题。每题所设选项中至少有两个正确答案，多选、少选、错选或不选均不得分。本部分含51～85题，每题2分，共70分。

51. 关于不作为犯罪，下列哪些选项是正确的？（　）

A. 船工甲见乙落水，救其上船后发现其是仇人，又将其推到水中，致其溺亡。甲的行为成立不作为犯罪

B. 甲为县公安局长，妻子乙为县税务局副局长。乙在家收受贿赂时，甲知情却不予制止。甲的行为不属于不作为的帮助，不成立受贿罪共犯

C. 甲意外将6岁幼童撞入河中。甲欲施救，乙劝阻，甲便未救助，致幼童溺亡。因只有甲有救助义务，乙的行为不成立犯罪

D. 甲将弃婴乙抱回家中，抚养多日后感觉麻烦，便于夜间将乙放到某市场门口，期待次日晨被人抱走抚养，但乙被冻死。甲成立不作为犯罪

52. 关于因果关系的认定，下列哪些选项是正确的？（　）

A. 甲、乙无意思联络，同时分别向丙开枪，均未击中要害，因两个伤口同时出血，

丙失血过多死亡。甲、乙的行为与丙的死亡之间具有因果关系

B. 甲等多人深夜追杀乙,乙被迫跑到高速公路上时被汽车撞死。甲等多人的行为与乙的死亡之间具有因果关系

C. 甲将妇女乙强拉上车,在高速公路上欲猥亵乙,乙在挣扎中被甩出车外,后车躲闪不及将乙轧死。甲的行为与乙的死亡之间具有因果关系

D. 甲对乙的住宅放火,乙为救出婴儿冲入住宅被烧死。乙的死亡由其冒险行为造成,与甲的放火行为之间没有因果关系

53. 关于犯罪故意、过失与认识错误的认定,下列哪些选项是错误的?( )

A. 甲、乙是马戏团演员,甲表演飞刀精准,从未出错。某日甲表演时,乙突然移动身体位置,飞刀掷进乙胸部致其死亡。甲的行为属于意外事件

B. 甲、乙在路边争执,甲推乙一掌,致其被路过车辆轧死。甲的行为构成故意伤害(致死)罪

C. 甲见楼下没人,将家中一块木板扔下,不料砸死躲在楼下玩耍的小孩乙。甲的行为属于意外事件

D. 甲本欲用斧子砍死乙,事实上却拿了铁锤砸死乙。甲的错误属于方法错误,根据法定符合说,应认定为故意杀人既遂

54. 关于故意犯罪形态的认定,下列哪些选项是正确的?( )

A. 甲绑架幼女乙后,向其父勒索财物。乙父佯装不管乙安危,甲只好将乙送回。甲虽未能成功勒索财物,但仍成立绑架罪既遂

B. 甲抢夺乙价值1万元项链时,乙紧抓不放,甲只抢得半条项链。甲逃走60余米后,觉得半条项链无用而扔掉。甲的行为未得逞,成立抢夺罪未遂

C. 乙欲盗汽车,向甲借得盗车钥匙。乙盗车时发现该钥匙不管用,遂用其他工具盗得汽车。乙属于盗窃罪既遂,甲属于盗窃罪未遂

D. 甲在珠宝柜台偷拿一枚钻戒后迅速逃离,慌乱中在商场内摔倒。保安扶起甲后发现其盗窃行为并将其控制。甲未能离开商场,属于盗窃罪未遂

55. 关于共同犯罪,下列哪些选项是正确的?( )

A. 乙因妻丙外遇而决意杀之。甲对此不知晓,出于其他原因怂恿乙杀丙。后乙杀害丙。甲不构成故意杀人罪的教唆犯

B. 乙基于敲诈勒索的故意恐吓丙,在丙交付财物时,知情的甲中途加入帮乙取得财物。甲构成敲诈勒索罪的共犯

C. 乙、丙在五金店门前互殴,店员甲旁观。乙边打边掏钱向甲买一羊角锤。甲递锤时对乙说"你打伤人可与我无关"。乙用该锤将丙打成重伤。卖羊角锤是甲的正常经营行为,甲不构成故意伤害罪的共犯

D. 甲极力劝说丈夫乙(国家工作人员)接受丙的贿赂,乙坚决反对,甲自作主张接受该笔贿赂。甲构成受贿罪的间接正犯

56. 关于想象竞合犯的认定，下列哪些选项是错误的？（　　）

A. 甲向乙购买危险物质，商定4000元成交。甲先后将2000元现金和4克海洛因（折抵现金2000元）交乙后收货。甲的行为成立非法买卖危险物质罪与贩卖毒品罪的想象竞合犯，从一重罪论处

B. 甲女、乙男分手后，甲向乙索要青春补偿费未果，将其骗至别墅，让人看住乙。甲给乙母打电话，声称如不给30万元就准备收尸。甲成立非法拘禁罪和绑架罪的想象竞合犯，应以绑架罪论处

C. 甲为劫财在乙的茶水中投放2小时后起作用的麻醉药，随后离开乙家。2小时后甲回来，见乙不在（乙喝下该茶水后因事外出），便取走乙2万元现金。甲的行为成立抢劫罪与盗窃罪的想象竞合犯

D. 国家工作人员甲收受境外组织的3万美元后，将国家秘密非法提供给该组织。甲的行为成立受贿罪与为境外非法提供国家秘密罪的想象竞合犯

57. 关于减刑、假释的适用，下列哪些选项是错误的？（　　）

A. 对所有未被判处死刑的犯罪分子，如认真遵守监规，接受教育改造，确有悔改表现，或者有立功表现的，均可减刑

B. 无期徒刑减为有期徒刑的刑期，从裁定被执行之日起计算

C. 被宣告缓刑的犯罪分子，不符合"认真遵守监规，接受教育改造"的减刑要件，不能减刑

D. 在假释考验期限内犯新罪，假释考验期满后才发现的，不得撤销假释

58. 关于生产、销售伪劣商品罪，下列哪些选项是正确的？（　　）

A. 甲未经批准进口一批药品销售给医院。虽该药品质量合格，甲的行为仍构成销售假药罪

B. 甲大量使用禁用农药种植大豆。甲的行为属于"在生产的食品中掺入有毒、有害的非食品原料"，构成生产有毒、有害食品罪

C. 甲将纯净水掺入到工业酒精中，冒充白酒销售。甲的行为不属于"在生产、销售的食品中掺入有毒、有害的非食品原料"，不成立生产、销售有毒、有害食品罪

D. 甲利用"地沟油"大量生产"食用油"后销售。因不能查明"地沟油"的具体毒害成分，对甲的行为不能以生产、销售有毒、有害食品罪论处

59. 关于侵犯人身权利罪，下列哪些选项是错误的？（　　）

A. 医生甲征得乙（15周岁）同意，将其肾脏摘出后移植给乙的叔叔丙。甲的行为不成立故意伤害罪

B. 丈夫甲拒绝扶养因吸毒而缺乏生活能力的妻子乙，致乙死亡。因吸毒行为违法，乙的死亡只能由其本人负责，甲的行为不成立遗弃罪

C. 乙盗窃甲价值4000余元财物，甲向派出所报案被拒后，向县公安局告发乙抢劫价值4000余元财物。公安局立案后查明了乙的盗窃事实。对甲的行为不应以诬告陷害

罪论处

D. 成年妇女甲与13周岁男孩乙性交,因性交不属于猥亵行为,甲的行为不成立猥亵儿童罪

60. 甲潜入他人房间欲盗窃,忽见床上坐起一老妪,哀求其不要拿她的东西。甲不理睬而继续翻找,拿走一条银项链(价值400元)。关于本案的分析,下列哪些选项是正确的?(   )

A. 甲并未采取足以压制老妪反抗的方法取得财物,不构成抢劫罪

B. 如认为区分盗窃罪与抢夺罪的关键在于是秘密取得财物还是公然取得财物,则甲的行为属于抢夺行为;如甲作案时携带了凶器,则对甲应以抢劫罪论处

C. 如采取B选项的观点,因甲作案时未携带凶器,也未秘密窃取财物,又不符合抢夺罪"数额较大"的要件,无法以侵犯财产罪追究甲的刑事责任

D. 如认为盗窃行为并不限于秘密窃取,则甲的行为属于入户盗窃,可按盗窃罪追究甲的刑事责任

61. 关于诈骗罪的理解和认定,下列哪些选项是错误的?(   )

A. 甲曾借给好友乙1万元。乙还款时未要回借条。一年后,甲故意拿借条要乙还款。乙明知但碍于情面,又给甲1万元。甲虽获得1万元,但不能认定为诈骗既遂

B. 甲发现乙出国后其房屋无人居住,便伪造房产证,将该房租给丙住了一年,收取租金2万元。甲的行为构成诈骗罪

C. 甲请客(餐费1万元)后,发现未带钱,便向餐厅经理谎称送走客人后再付款。经理信以为真,甲趁机逃走。不管怎样理解处分意识,对甲的行为都应以诈骗罪论处

D. 乙花2万元向甲购买假币,后发现是一堆白纸。由于购买假币的行为是违法的,乙不是诈骗罪的受害人,甲不成立诈骗罪

62. 甲、乙两村因水源发生纠纷。甲村20名村民手持铁锹等农具,在两村交界处强行修建引水设施。乙村18名村民随即赶到,手持木棍、铁锹等与甲村村民互相谩骂、互扔石块,甲村3人被砸成重伤。因警察及时疏导,两村村民才逐渐散去。关于本案,下列哪些选项是正确的?(   )

A. 村民为争水源而斗殴,符合聚众斗殴罪的主观要件

B. 不分一般参加斗殴还是积极参加斗殴,甲、乙两村村民均触犯聚众斗殴罪

C. 因警察及时疏导,两村未发生持械斗殴,属于聚众斗殴未遂

D. 对扔石块将甲村3人砸成重伤的乙村村民,应以故意伤害罪论处

63. 关于受贿相关犯罪的认定,下列哪些选项是正确的?(   )

A. 甲知道城建局长张某吸毒,以提供海洛因为条件请其关照工程招标,张某同意。甲中标后,送给张某50克海洛因。张某构成受贿罪

B. 乙系人社局副局长,乙父让乙将不符合社保条件的几名亲戚纳入社保范围后,收受亲戚送来的3万元。乙父构成利用影响力受贿罪

C. 国企退休厂长王某（正处级）利用其影响，让现任厂长帮忙，在本厂推销保险产品后，王某收受保险公司3万元。王某不构成受贿罪

D. 法院院长告知某企业经理赵某"如给法院捐赠500万元办公经费，你们那个案件可以胜诉"。该企业胜诉后，给法院单位账户打入500万元。应认定法院构成单位受贿罪

64. 社会主义法治的公平正义，要通过法治的一系列基本原则加以体现。"未经法院依法判决，对任何人都不得确定有罪"是《刑诉法》确立的一项基本原则。关于这一原则，下列哪些说法是正确的？（　）

A. 明确了定罪权的专属性，法院以外任何机关、团体和个人都无权行使这一权力

B. 确定被告人有罪需要严格依照法定程序进行

C. 表明我国刑事诉讼法已经全面认同和确立无罪推定原则

D. 按照该规定，可以得出疑罪从无的结论

65. 周某采用向计算机植入木马程序的方法窃取齐某的网络游戏账号、密码等信息，将窃取到的相关数据存放在其租用的服务器中，并利用这些数据将齐某游戏账户内的金币、点券等虚拟商品放在第三方网络交易平台上进行售卖，获利5000元。下列哪些地区的法院对本案具有管辖权？（　）

A. 周某计算机所在地　　　　B. 齐某计算机所在地

C. 周某租用的服务器所在地　D. 经营该网络游戏的公司所在地

66. 法院审理郑某涉嫌滥用职权犯罪案件，在宣告判决前，检察院发现郑某和张某接受秦某巨款，涉嫌贿赂犯罪。对于新发现犯罪嫌疑人和遗漏罪行的处理，下列哪些做法是正确的？（　）

A. 法院可以主动将张某、秦某追加为被告人一并审理

B. 检察院可以补充起诉郑某、张某和秦某的贿赂犯罪

C. 检察院可以将张某、秦某追加为被告人，要求法院一并审理

D. 检察院应当撤回起诉，将三名犯罪嫌疑人以两个罪名重新起诉

67. 检察机关审查批准逮捕，下列哪些情形存在时应当讯问犯罪嫌疑人？（　）

A. 犯罪嫌疑人的供述前后反复且与其他证据矛盾

B. 犯罪嫌疑人要求向检察机关当面陈述

C. 侦查机关拘留犯罪嫌疑人36小时以后将其送交看守所羁押

D. 犯罪嫌疑人是聋哑人

68. 在法庭审理过程中，被告人屠某、沈某和证人朱某提出在侦查期间遭到非法取证，要求确认其审前供述或证言不具备证据能力。下列哪些情形下应当根据法律规定排除上述证据？（　）

A. 将屠某"大"字型吊铐在窗户的铁栏杆上，双脚离地

B. 对沈某进行引诱，说"讲了就可以回去"

C. 对沈某进行威胁，说"不讲就把你老婆一起抓进来"

D. 对朱某进行威胁,说"不配合我们的工作就把你关进来"

69. 在侦查过程中,下列哪些行为违反我国刑事诉讼法的规定?( )

A. 侦查人员拒绝律师讯问时在场的要求

B. 公安机关变更逮捕措施,没有通知原批准的检察院

C. 公安机关认为检察院不批准逮捕的决定有错误,提出复议前继续拘留犯罪嫌疑人

D. 侦查机关未告知犯罪嫌疑人家属指定居所监视居住的理由和处所

70. 被告人徐某为未成年人,法院书记员到其住处送达起诉书副本,徐某及其父母拒绝签收。关于该书记员处理这一问题的做法,下列哪些选项是正确的?( )

A. 邀请见证人到场

B. 在起诉书副本上注明拒收的事由和日期,该书记员和见证人签名或盖章

C. 采取拍照、录像等方式记录送达过程

D. 将起诉书副本留在徐某住处

71. 李某因琐事将邻居王某打成轻伤。案发后,李家积极赔偿,赔礼道歉,得到王家谅解。如检察院根据双方和解对李某作出不起诉决定,需要同时具备下列哪些条件?( )

A. 双方和解具有自愿性、合法性

B. 李某实施伤害的犯罪情节轻微,不需要判处刑罚

C. 李某五年以内未曾故意犯罪

D. 公安机关向检察院提出从宽处理的建议

72. 检察机关对未成年人童某涉嫌犯罪的案件进行审查后决定附条件不起诉。在考验期间,下列哪些情况下可以对童某撤销不起诉的决定、提起公诉?( )

A. 根据新的证据确认童某更改过年龄,在实施涉嫌犯罪行为时已满十八周岁的

B. 发现决定附条件不起诉以前还有其他犯罪需要追诉的

C. 违反考察机关有关附条件不起诉的监管规定,情节严重的

D. 违反治安管理规定,情节严重的

73. 下列哪些情形下,合议庭成员不承担责任?( )

A. 发现了新的无罪证据,合议庭作出的判决被改判的

B. 合议庭认为审前供述虽非自愿,但能够与其他证据相印证,因此予以采纳,该供述后来被上级法院排除后而改判的

C. 辩护方提出被告人不在犯罪现场的线索和证据材料,合议庭不予调查,作出有罪判决而被改判无罪的

D. 合议庭对某一事实的认定以生效的民事判决为依据,后来该民事判决被撤销,导致刑事判决发回重审的

74. 被告人刘某在案件审理期间死亡,法院作出终止审理的裁定。其亲属坚称刘某清白,要求法院作出无罪判决。对于本案的处理,下列哪些选项是正确的?( )

A. 应当裁定终止审理

B. 根据已查明的案件事实和认定的证据，能够确认无罪的，应当判决宣告刘某无罪
C. 根据刘某亲属要求，应当撤销终止审理的裁定，改判无罪
D. 根据刘某亲属要求，应当以审判监督程序重新审理该案

75. 张某因犯故意杀人罪和爆炸罪，一审均被判处死刑立即执行，张某未上诉，检察机关也未抗诉。最高法院经复核后认为，爆炸罪的死刑判决事实不清、证据不足，但故意杀人罪死刑判决认定事实和适用法律正确、量刑适当。关于此案的处理，下列哪些选项是错误的？（　　）

A. 对全案裁定核准死刑
B. 裁定核准故意杀人罪死刑判决，并对爆炸罪死刑判决予以改判
C. 裁定核准故意杀人罪死刑判决，并撤销爆炸罪的死刑判决，发回重审
D. 对全案裁定不予核准，并撤销原判，发回重审

76. 合法行政是行政法的重要原则。下列哪些做法违反了合法行政要求？（　　）

A. 某规章规定行政机关对行政许可事项进行监督时，不得妨碍被许可人正常的生产经营活动
B. 行政机关要求行政处罚听证申请人承担组织听证的费用
C. 行政机关将行政强制措施权委托给另一行政机关行使
D. 行政机关对行政许可事项进行监督时发现直接关系公共安全、人身健康的重要设备存在安全隐患，责令停止使用和立即改正

77. 权责一致是行政法的基本要求。下列哪些选项符合权责一致的要求？（　　）

A. 行政机关有权力必有责任
B. 行政机关作出决定时不得考虑不相关因素
C. 行政机关行使权力应当依法接受监督
D. 行政机关依法履行职责，法律、法规应赋予其相应的执法手段

78. 某县政府发布通知，对直接介绍外地企业到本县投资的单位和个人按照投资项目实际到位资金金额的千分之一奖励。经张某引荐，某外地企业到该县投资500万元，但县政府拒绝支付奖励金。县政府的行为不违反下列哪些原则或要求？（　　）

A. 比例原则　　　　　　　　B. 行政公开
C. 程序正当　　　　　　　　D. 权责一致

79. 孙某为某行政机关的聘任制公务员，双方签订聘任合同。下列哪些说法是正确的？（　　）

A. 对孙某的聘任须按照公务员考试录用程序进行公开招聘
B. 该机关应按照《公务员法》和聘任合同对孙某进行管理
C. 对孙某的工资可以按照国家规定实行协议工资
D. 如孙某与该机关因履行聘任合同发生争议，可以向人事争议仲裁委员会申请仲裁

80. 某工商分局接举报称肖某超范围经营，经现场调查取证初步认定举报属实，遂扣

押与其经营相关物品，制作扣押财物决定及财物清单。关于扣押程序，下列哪些说法是正确的？（　　）

A. 扣押时应当通知肖某到场

B. 扣押清单一式二份，由肖某和该工商分局分别保存

C. 对扣押物品发生的合理保管费用，由肖某承担

D. 该工商分局应当妥善保管扣押的物品

81. 2012年9月，某计划生育委员会以李某、周某二人于2010年7月违法超生第二胎，作出要求其缴纳社会抚养费12万元，逾期不缴纳每月加收千分之二滞纳金的决定。二人不服，向法院起诉。下列哪些说法是正确的？（　　）

A. 加处的滞纳金数额不得超出12万元

B. 本案为共同诉讼

C. 二人的违法行为发生在2010年7月，到2012年9月已超过《行政处罚法》规定的追究责任的期限，故决定违法

D. 法院不能作出允许少缴或免缴社会抚养费的变更判决

82. 一公司为股份制企业，认为行政机关作出的决定侵犯企业经营自主权，下列哪些主体有权以该公司的名义提起行政诉讼？（　　）

A. 股东
B. 股东大会
C. 股东代表大会
D. 董事会

83. 当事人对下列哪些事项既可以申请行政复议也可以提起行政诉讼？（　　）

A. 行政机关对民事纠纷的调解

B. 出入境边防检查机关对外国人采取的遣送出境措施

C. 是否征收反倾销税的决定

D. 税务机关作出的处罚决定

84. 某区规划局以一公司未经批准擅自搭建地面工棚为由，限期自行拆除。该公司逾期未拆除。根据规划局的请求，区政府组织人员将违法建筑拆除，并将拆下的钢板作为建筑垃圾运走。如该公司申请国家赔偿，下列哪些说法是正确的？（　　）

A. 可以向区规划局提出赔偿请求

B. 区政府为赔偿义务机关

C. 申请国家赔偿之前应先申请确认运走钢板的行为违法

D. 应当对自己的主张提供证据

85. 关于具体行政行为的合法性与效力，下列哪些说法是正确的？（　　）

A. 遵守法定程序是具体行政行为合法的必要条件

B. 无效行政行为可能有多种表现形式，无法完全列举

C. 因具体行政行为废止致使当事人的合法权益受到损失的，应给予赔偿

D. 申请行政复议会导致具体行政行为丧失拘束力

三、不定项选择题。每题所设选项中至少有一个正确答案，多选、少选、错选或不选均不得分。本部分含 86～100 题，每题 2 分，共 30 分。

（一）

甲于某晚 9 时驾驶货车在县城主干道超车时，逆行进入对向车道，撞上乙驾驶的小轿车，乙被卡在车内无法动弹，乙车内黄某当场死亡、胡某受重伤。后查明，乙无驾驶资格，事发时略有超速，且未采取有效制动措施。（事实一）

甲驾车逃逸。急救人员 5 分钟后赶到现场，胡某因伤势过重被送医院后死亡。（事实二）

交警对乙车进行切割，试图将乙救出。此时，醉酒后的丙（血液中的酒精含量为 152mg/100ml）与丁各自驾驶摩托车"飙车"经过此路段。（事实三）

丙发现乙车时紧急刹车，摩托车侧翻，猛烈撞向乙车左前门一侧，丙受重伤。20 分钟后，交警将乙抬出车时，发现其已死亡。现无法查明乙被丙撞击前是否已死亡，也无法查明乙被丙撞击前所受创伤是否为致命伤。（事实四）

丁离开现场后，找到无业人员王某，要其假冒飙车者去公安机关投案。（事实五）

王某虽无替丁顶罪的意思，但仍要丁给其 5 万元酬劳，否则不答应丁的要求，丁只好付钱。王某第二天用该款购买 100 克海洛因藏于家中，用于自吸。5 天后，丁被司法机关抓获。（事实六）

请回答第 86～91 题。

86. 关于事实一的分析，下列选项错误的是（ ）。

A. 甲违章驾驶，致黄某死亡、胡某重伤，构成交通肇事罪
B. 甲构成以危险方法危害公共安全罪和交通肇事罪的想象竞合犯
C. 甲对乙车内人员的死伤，具有概括故意
D. 乙违反交通运输管理法规，致同车人黄某当场死亡、胡某重伤，构成交通肇事罪

87. 关于事实二的分析，下列选项正确的是（ ）。

A. 胡某的死亡应归责于甲的肇事行为
B. 胡某的死亡应归责于甲的逃逸行为
C. 对甲应适用交通肇事"因逃逸致人死亡"的法定刑
D. 甲交通肇事后逃逸，如数日后向警方投案如实交代罪行的，成立自首

88. 关于事实三的定性，下列选项正确的是（ ）。

A. 丙、丁均触犯危险驾驶罪，属于共同犯罪
B. 丙构成以危险方法危害公共安全罪，丁构成危险驾驶罪
C. 丙、丁虽构成共同犯罪，但对丙结合事实四应按交通肇事罪定罪处罚，对丁应按危险驾驶罪定罪处罚
D. 丙、丁未能完成预定的飙车行为，但仍成立犯罪既遂

89. 关于事实四乙死亡的因果关系的判断，下列选项错误的是（ ）。

A. 甲的行为与乙死亡之间，存在因果关系

B. 丙的行为与乙死亡之间，存在因果关系

C. 处置现场的警察的行为与乙死亡之间，存在因果关系

D. 乙自身的过失行为与本人死亡之间，存在因果关系

90. 关于事实五的定性，下列选项错误的是（ ）。

A. 丁指使王某作伪证，构成妨害作证罪的教唆犯

B. 丁构成包庇罪的教唆犯

C. 丁的教唆行为属于教唆未遂，应以未遂犯追究刑事责任

D. 对丁的妨害作证行为与包庇行为应从一重罪处罚

91. 关于事实六的定性，下列选项错误的是：（ ）

A. 王某乘人之危索要财物，构成敲诈勒索罪

B. 丁基于不法原因给付5万，故王某不构成诈骗罪

C. 王某购买毒品数量大，为对方贩卖毒品起到了帮助作用，构成贩卖毒品罪的共犯

D. 王某将毒品藏于家中的行为，不构成窝藏毒品罪

（二）

迅辉制药股份公司主要生产健骨消痛丸，公司法定代表人陆某指令保管员韩某采用不登记入库、销售人员打白条领取产品的方法销售，逃避缴税65万元。迅辉公司及陆某以逃税罪被起诉到法院。

请回答第92～94题。

92. 可以作为迅辉公司单位犯罪的诉讼代表人的是：（ ）

A. 公司法定代表人陆某

B. 被单位委托的职工王某

C. 保管员韩某

D. 公司副经理李某

93. 迅辉制药股份公司主要生产健骨消痛丸，公司法定代表人陆某指令保管员韩某采用不登记入库、销售人员打白条领取产品的方法销售，逃避缴税65万元。迅辉公司及陆某以逃税罪被起诉到法院。对迅辉公司财产的处置，下列选项正确的是：（ ）

A. 涉及违法所得及其孳息，尚未被追缴的，法院应当追缴

B. 涉及违法所得及其孳息，尚未被查封、扣押、冻结的，法院应当查封、扣押、冻结

C. 为了保证判决的执行，对迅辉公司财产，法院应当先行查封、扣押、冻结

D. 如果迅辉公司能够提供担保，对其财产也可以不采取查封、扣押、冻结

94. 迅辉制药股份公司主要生产健骨消痛丸，公司法定代表人陆某指令保管员韩某采用不登记入库、销售人员打白条领取产品的方法销售，逃避缴税65万元。迅辉公司及陆某以逃税罪被起诉到法院。如迅辉公司在案件审理期间发生下列变故，法院的做法正确的

是：（ ）

A. 公司被撤销，不能免除单位和单位主管人员的刑事责任

B. 公司被注销，对单位不再追诉，对主管人员继续审理

C. 公司被合并，仍应将迅辉公司列为被告单位，并以其在新单位的财产范围承担责任

D. 公司被分立，应将分立后的单位列为被告单位，并以迅辉公司在新单位的财产范围承担责任

（三）

张一、李二、王三因口角与赵四发生斗殴，赵四因伤势过重死亡。其中张一系未成年人，王三情节轻微未被起诉，李二在一审开庭前意外死亡。

请回答第 95～96 题。

95. 本案依法负有民事赔偿责任的人是：（ ）

A. 张一、李二

B. 张一父母、李二父母

C. 张一父母、王三

D. 张一父母、李二父母、王三

96. 张一、李二、王三因口角与赵四发生斗殴，赵四因伤势过重死亡。其中张一系未成年人，王三情节轻微未被起诉，李二在一审开庭前意外死亡。在一审过程中，如果发生附带民事诉讼原、被告当事人不到庭情形，法院的下列做法正确的是：（ ）

A. 赵四父母经传唤，无正当理由不到庭，法庭应当择期审理

B. 赵四父母到庭后未经法庭许可中途退庭，法庭应当按撤诉处理

C. 王三经传唤，无正当理由不到庭，法庭应当采取强制手段强制其到庭

D. 李二父母未经法庭许可中途退庭，就附带民事诉讼部分，法庭应当缺席判决

（四）

市林业局接到关于孙某毁林采矿的举报，遂致函当地县政府，要求调查。县政府召开专题会议形成会议纪要：由县林业局、矿产资源管理局与安监局负责调查处理。经调查并与孙某沟通，三部门形成处理意见：要求孙某合法开采，如发现有毁林或安全事故，将依法查处。再次接到举报后，三部门共同发出责令孙某立即停止违法开采，对被破坏的生态进行整治的通知。

请回答第 97～98 题。

97. 责令孙某立即停止违法开采的性质是：（ ）

A. 行政处罚   B. 行政强制措施

C. 行政征收   D. 行政强制执行

98. 市林业局接到关于孙某毁林采矿的举报，遂致函当地县政府，要求调查。县政府召开专题会议形成会议纪要：由县林业局、矿产资源管理局与安监局负责调查处理。经调

查并与孙某沟通,三部门形成处理意见:要求孙某合法开采,如发现有毁林或安全事故,将依法查处。再次接到举报后,三部门共同发出责令孙某立即停止违法开采,对被破坏的生态进行整治的通知。就上述事件中的行为的属性及是否属于行政诉讼受案范围,下列说法正确的是:( )

A. 市林业局的致函不具有可诉性
B. 县政府的会议纪要具有可诉性
C. 三部门的处理意见是行政合同行为
D. 三部门的通知具有可诉性

99. 甲市某县公安局以李某涉嫌盗窃罪为由将其刑事拘留,经县检察院批准逮捕,县法院判处李某有期徒刑6年,李某上诉,甲市中级法院改判无罪。李某被释放后申请国家赔偿,赔偿义务机关拒绝赔偿,李某向甲市中级法院赔偿委员会申请作出赔偿决定。下列选项正确的是:( )

A. 赔偿义务机关拒绝赔偿的,应书面通知李某并说明不予赔偿的理由
B. 李某向甲市中级法院赔偿委员会申请作出赔偿决定前,应当先向甲市检察院申请复议
C. 对李某申请赔偿案件,甲市中级法院赔偿委员会可指定一名审判员审理和作出决定
D. 如甲市中级法院赔偿委员会作出赔偿决定,赔偿义务机关认为确有错误的,可以向该省高级法院赔偿委员会提出申诉

100. 村民甲、乙因自留地使用权发生争议,乡政府作出处理决定,认定使用权归属甲。乙不服向县政府申请复议,县政府以甲乙二人争议属于农村土地承包经营纠纷,乡政府无权作出处理决定为由,撤销乡政府的决定。甲不服向法院起诉。下列说法正确的是:( )

A. 县政府撤销乡政府决定的同时应当确定系争土地权属
B. 甲的代理人的授权委托书应当载明委托事项和具体权限
C. 本案被告为县政府
D. 乙与乡政府为本案的第三人

2013年国家司法考试（试卷三）

一、单项选择题。每题所设选项中只有一个正确答案，多选、错选或不选均不得分。本部分含1～50题，每题1分，共50分。

1. 兹有四个事例：①张某驾车违章发生交通事故致搭车的李某残疾；②唐某参加王某组织的自助登山活动因雪崩死亡；③吴某与人打赌举重物因用力过猛致残；④何某心情不好邀好友郑某喝酒，郑某畅饮后驾车撞树致死。根据公平正义的法治理念和民法有关规定，下列哪一观点可以成立？（　）

A. ①张某与李某未形成民事法律关系合意，如让张某承担赔偿责任，是惩善扬恶，显属不当

B. ②唐某应自担风险，如让王某承担赔偿责任，有违公平

C. ③吴某有完整意思能力，其自担损失，是非清楚

D. ④何某虽有召集但未劝酒，无须承担责任，方能兼顾法理与情理

2. 关于监护，下列哪一表述是正确的？（　）

A. 甲委托医院照料其患精神病的配偶乙，医院是委托监护人

B. 甲的幼子乙在寄宿制幼儿园期间，甲的监护职责全部转移给幼儿园

C. 甲丧夫后携幼子乙改嫁，乙的爷爷有权要求法院确定自己为乙的法定监护人

D. 市民甲、乙之子丙5周岁，甲乙离婚后对谁担任丙的监护人发生争议，丙住所地的居民委员会有权指定

3. 下列哪一情形下，甲对乙不构成胁迫？（　）

A. 甲说，如不出借1万元，则举报乙犯罪。乙照办，后查实乙构成犯罪

B. 甲说，如不将藏獒卖给甲，则举报乙犯罪。乙照办，后查实乙不构成犯罪

C. 甲说，如不购甲即将报废的汽车，将公开乙的个人隐私。乙照办

D. 甲说，如不赔偿乙撞伤甲的医疗费，则举报乙醉酒驾车。乙照办，甲取得医疗费和慰问金

4. 甲用伪造的乙公司公章，以乙公司名义与不知情的丙公司签订食用油买卖合同，以次充好，将劣质食用油卖给丙公司。合同没有约定仲裁条款。关于该合同，下列哪一表述是正确的？（　）

A. 如乙公司追认，则丙公司有权通知乙公司撤销

B. 如乙公司追认，则丙公司有权请求法院撤销

C. 无论乙公司是否追认，丙公司均有权通知乙公司撤销

D. 无论乙公司是否追认，丙公司均有权要求乙公司履行

5. 甲公司与乙银行签订借款合同，约定借款期限自2010年3月25日起至2011年3

月24日止。乙银行未向甲公司主张过债权，直至2013年4月15日，乙银行将该笔债权转让给丙公司并通知了甲公司。2013年5月16日，丁公司通过公开竞拍购买并接管了甲公司。下列哪一选项是正确的？（ ）

A. 因乙银行转让债权通知了甲公司，故甲公司不得对丙公司主张诉讼时效的抗辩

B. 甲公司债务的诉讼时效从2013年4月15日起中断

C. 丁公司债务的诉讼时效从2013年5月16日起中断

D. 丁公司有权向丙公司主张诉讼时效的抗辩

6. 甲、乙和丙于2012年3月签订了散伙协议，约定登记在丙名下的合伙房屋归甲、乙共有。后丙未履行协议。同年8月，法院判决丙办理该房屋过户手续，丙仍未办理。9月，丙死亡，丁为其唯一继承人。12月，丁将房屋赠给女友戊，并对赠与合同作了公证。下列哪一表述是正确的？（ ）

A. 2012年3月，甲、乙按份共有房屋

B. 2012年8月，甲、乙按份共有房屋

C. 2012年9月，丁为房屋所有人

D. 2012年12月，戊为房屋所有人

7. 甲公司为乙公司向银行贷款100万元提供保证，乙公司将其基于与丙公司签订的供货合同而对丙公司享有的100万元债权出质给甲公司作反担保。下列哪一表述是正确的？（ ）

A. 如乙公司依约向银行清偿了贷款，甲公司的债权质权仍未消灭

B. 如甲公司、乙公司将出质债权转让给丁公司但未通知丙公司，则丁公司可向丙公司主张该债权

C. 甲公司在设立债权质权时可与乙公司约定，如乙公司届期不清偿银行贷款，则出质债权归甲公司所有

D. 如乙公司将债权出质的事实通知了丙公司，则丙公司可向甲公司主张其基于供货合同而对乙公司享有的抗辩

8. 甲公司以其机器设备为乙公司设立了质权。10日后，丙公司向银行贷款100万元，甲公司将机器设备又抵押给银行，担保其中40万元贷款，但未办理抵押登记。同时，丙公司将自有房产抵押给银行，担保其余60万元贷款，办理了抵押登记。20日后，甲将机器设备再抵押给丁公司，办理了抵押登记。丙公司届期不能清偿银行贷款。下列哪一表述是正确的？（ ）

A. 如银行主张全部债权，应先拍卖房产实现抵押权

B. 如银行主张全部债权，可选择拍卖房产或者机器设备实现抵押权

C. 乙公司的质权优先于银行对机器设备的抵押权

D. 丁公司对机器设备的抵押权优先于乙公司的质权

9. 张某遗失的名表被李某拾得。1年后，李某将该表卖给了王某。再过1年，王某将

该表卖给了郑某。郑某将该表交给不知情的朱某维修,因郑某不付维修费与朱某发生争执,张某方知原委。下列哪一表述是正确的?( )

A. 张某可请求李某返还手表
B. 张某可请求王某返还手表
C. 张某可请求郑某返还手表
D. 张某可请求朱某返还手表

10. 甲与乙订立房屋租赁合同,约定租期5年。半年后,甲将该出租房屋出售给丙,但未通知乙。不久,乙以其房屋优先购买权受侵害为由,请求法院判决甲丙之间的房屋买卖合同无效。下列哪一表述是正确的?( )

A. 甲出售房屋无须通知乙
B. 丙有权根据善意取得规则取得房屋所有权
C. 甲侵害了乙的优先购买权,但甲丙之间的合同有效
D. 甲出售房屋应当征得乙的同意

11. 甲有件玉器,欲转让,与乙签订合同,约好10日后交货付款;第二天,丙见该玉器,愿以更高的价格购买,甲遂与丙签订合同,丙当即支付了80%的价款,约好3天后交货;第三天,甲又与丁订立合同,将该玉器卖给丁,并当场交付,但丁仅支付了30%的价款。后乙、丙均要求甲履行合同,诉至法院。下列哪一表述是正确的?( )

A. 应认定丁取得了玉器的所有权
B. 应支持丙要求甲交付玉器的请求
C. 应支持乙要求甲交付玉器的请求
D. 第一份合同有效,第二、三份合同均无效

12. 甲、乙与丙就交通事故在交管部门的主持下达成《调解协议书》,由甲、乙分别赔偿丙5万元,甲当即履行。乙赔了1万元,余下4万元给丙打了欠条。乙到期后未履行,丙多次催讨未果,遂持《调解协议书》与欠条向法院起诉。下列哪一表述是正确的?( )

A. 本案属侵权之债
B. 本案属合同之债
C. 如丙获得工伤补偿,乙可主张相应免责
D. 丙可要求甲继续赔偿4万元

13. 方某将一行李遗忘在出租车上,立即发布寻物启事,言明愿以2000元现金酬谢返还行李者。出租车司机李某发现该行李及获悉寻物启事后即与方某联系。现方某拒绝支付2000元给李某。下列哪一表述是正确的?( )

A. 方某享有所有物返还请求权,李某有义务返还该行李,故方某可不支付2000元酬金
B. 如果方某不支付2000元酬金,李某可行使留置权拒绝返还该行李
C. 如果方某未曾发布寻物启事,则其可不支付任何报酬或费用
D. 既然方某发布了寻物启事,则其必须支付酬金

14. 甲、乙签订一份买卖合同,约定违约方应向对方支付18万元违约金。后甲违约,

给乙造成损失15万元。下列哪一表述是正确的？（　　）

  A. 甲应向乙支付违约金18万元，不再支付其他费用或者赔偿损失

  B. 甲应向乙赔偿损失15万元，不再支付其他费用或者赔偿损失

  C. 甲应向乙赔偿损失15万元并支付违约金18万元，共计33万元

  D. 甲应向乙赔偿损失15万元及其利息

15. 李某用100元从甲商场购买一只电热壶，使用时因漏电致李某手臂灼伤，花去医药费500元。经查该电热壶是乙厂生产的。下列哪一表述是正确的？（　　）

  A. 李某可直接起诉乙厂要求其赔偿500元损失

  B. 根据合同相对性原理，李某只能要求甲商场赔偿500元损失

  C. 如李某起诉甲商场，则甲商场的赔偿范围以100元为限

  D. 李某只能要求甲商场更换电热壶，500元损失则只能要求乙厂承担

16. 甲公司向乙公司转让了一项技术秘密。技术转让合同履行完毕后，经查该技术秘密是甲公司通过不正当手段从丙公司获得的，但乙公司对此并不知情，且支付了合理对价。下列哪一表述是正确的？（　　）

  A. 技术转让合同有效，但甲公司应向丙公司承担侵权责任

  B. 技术转让合同无效，甲公司和乙公司应向丙公司承担连带责任

  C. 乙公司可在其取得时的范围内继续使用该技术秘密，但应向丙公司支付合理的使用费

  D. 乙公司有权要求甲公司返还其支付的对价，但不能要求甲公司赔偿其因此受到的损失

17. 甲的画作《梦》于1960年发表。1961年3月4日甲去世。甲的唯一继承人乙于2009年10月发现丙网站长期传播作品《梦》，且未署甲名。2012年9月1日，乙向法院起诉。下列哪一表述是正确的？（　　）

  A. 《梦》的创作和发表均产生于我国《著作权法》生效之前，不受该法保护

  B. 乙的起诉已超过诉讼时效，其胜诉权不受保护

  C. 乙无权要求丙网站停止实施侵害甲署名权的行为

  D. 乙无权要求丙网站停止实施侵害甲对该作品的信息网络传播权的行为

18. 甲公司开发了一种汽车节能环保技术，并依法获得了实用新型专利证书。乙公司拟与甲公司签订独占实施许可合同引进该技术，但在与甲公司协商谈判过程中，发现该技术在专利申请日前已经属于现有技术。乙公司的下列哪一做法不合法？（　　）

  A. 在该专利技术基础上继续开发新技术

  B. 诉请法院判决该专利无效

  C. 请求专利复审委员会宣告该专利无效

  D. 无偿使用该技术

19. 甲公司为其生产的啤酒申请注册了"冬雨之恋"商标，但在使用商标时没有

在商标标识上加注"注册商标"字样或注册标记。下列哪一行为未侵犯甲公司的商标权？（　　）

A. 乙公司误认为该商标属于未注册商标，故在自己生产的啤酒产品上也使用"冬雨之恋"商标

B. 丙公司不知某公司假冒"冬雨之恋"啤酒而予以运输

C. 丁饭店将购买的甲公司"冬雨之恋"啤酒倒入自制啤酒桶，自制"侠客"牌散装啤酒出售

D. 戊公司明知某企业生产假冒"冬雨之恋"啤酒而向其出租仓库

20. 下列哪一情形产生了不当得利之债？（　　）

A. 甲欠乙款超过诉讼时效后，甲向乙还款

B. 甲欠乙款，提前支付全部利息后又在借期届满前提前还款

C. 甲向乙支付因前晚打麻将输掉的2000元现金

D. 甲在乙银行的存款账户因银行电脑故障多出1万元

21. 下列哪一情形会引起无因管理之债？（　　）

A. 甲向乙借款，丙在明知诉讼时效已过后擅自代甲向乙还本付息

B. 甲在自家门口扫雪，顺便将邻居乙的小轿车上的积雪清扫干净

C. 甲与乙结婚后，乙生育一子丙，甲抚养丙5年后才得知丙是乙和丁所生

D. 甲拾得乙遗失的牛，寻找失主未果后牵回暂养。因地震致屋塌牛死，甲出卖牛皮、牛肉获价款若干

22. 甲用其拾得的乙的身份证在丙银行办理了信用卡，并恶意透支，致使乙的姓名被列入银行不良信用记录名单。经查，丙银行在办理发放信用卡之前，曾通过甲在该行留下的乙的电话（实为甲的电话）核实乙是否申请办理了信用卡。根据我国现行法律规定，下列哪一表述是正确的？（　　）

A. 甲侵犯了乙的姓名权　　　　　　B. 甲侵犯了乙的名誉权

C. 甲侵犯了乙的信用权　　　　　　D. 丙银行不应承担责任

23. 甲乙夫妻的下列哪一项婚后增值或所得，属于夫妻共同财产？（　　）

A. 甲婚前承包果园，婚后果树上结的果实

B. 乙婚前购买的1套房屋升值了50万元

C. 甲用婚前的10万元婚后投资股市，得利5万元

D. 乙婚前收藏的玉石升值了10万元

24. 甲与乙结婚，女儿丙三岁时，甲因医疗事故死亡，获得60万元赔款。甲生前留有遗书，载明其死亡后的全部财产由其母丁继承。经查，甲与乙婚后除共同购买了一套住房外，另有20万元存款。下列哪一说法是正确的？（　　）

A. 60万元赔款属于遗产

B. 甲的遗嘱未保留丙的遗产份额，遗嘱全部无效

C. 住房和存款的各一半属于遗产

D. 乙有权继承甲的遗产

25. 新余有限公司共有股东4人，股东刘某为公司执行董事。在公司章程无特别规定的情形下，刘某可以行使下列哪一职权？（ ）

A. 决定公司的投资计划

B. 否决其他股东对外转让股权行为的效力

C. 决定聘任公司经理

D. 决定公司的利润分配方案

26. 泰昌有限公司共有6个股东，公司成立两年后，决定增加注册资本500万元。下列哪一表述是正确的？（ ）

A. 股东会关于新增注册资本的决议，须经三分之二以上股东同意

B. 股东认缴的新增出资额可分期缴纳

C. 股东有权要求按照认缴出资比例来认缴新增注册资本的出资

D. 一股东未履行其新增注册资本出资义务时，公司董事长须承担连带责任

27. 关于股东或合伙人知情权的表述，下列哪一选项是正确的？（ ）

A. 有限公司股东有权查阅并复制公司会计账簿

B. 股份公司股东有权查阅并复制董事会会议记录

C. 有限公司股东可以知情权受到侵害为由提起解散公司之诉

D. 普通合伙人有权查阅合伙企业会计账簿等财务资料

28. 香根餐饮有限公司有股东甲、乙、丙三人，分别持股51%、14%与35%。经营数年后，公司又开设一家分店，由丙任其负责人。后因公司业绩不佳，甲召集股东会，决议将公司的分店转让。对该决议，丙不同意。下列哪一表述是正确的？（ ）

A. 丙可以该决议程序违法为由，主张撤销

B. 丙可以该决议损害其利益为由，提起解散公司之诉

C. 丙可以要求公司按照合理的价格收购其股权

D. 公司可以丙不履行股东义务为由，以股东会决议解除其股东资格

29. 甲公司于2012年12月申请破产。法院受理后查明：在2012年9月，因甲公司无法清偿欠乙公司100万元的货款，而甲公司董事长汪某却有150万元的出资未缴纳，乙公司要求汪某承担偿还责任，汪某随后确实支付给乙公司100万元。下列哪一表述是正确的？（ ）

A. 就汪某对乙公司的支付行为，管理人不得主张撤销

B. 汪某目前尚未缴纳的出资额应为150万元

C. 管理人有义务要求汪某履行出资义务

D. 汪某就其未履行的出资义务，可主张诉讼时效抗辩

30. 关于合伙企业与个人独资企业的表述，下列哪一选项是正确的？（ ）

A. 二者的投资人都只能是自然人

B. 二者的投资人都一律承担无限责任

C. 个人独资企业可申请变更登记为普通合伙企业

D. 合伙企业不能申请变更登记为个人独资企业

31. 甲未经乙同意而以乙的名义签发一张商业汇票，汇票上记载的付款人为丙银行。丁取得该汇票后将其背书转让给戊。下列哪一说法是正确的？（ ）

A. 乙可以无权代理为由拒绝承担该汇票上的责任

B. 丙银行可以该汇票是无权代理为由而拒绝付款

C. 丁对甲的无权代理行为不知情时，丁对戊不承担责任

D. 甲未在该汇票上签章，故甲不承担责任

32. 依据我国《证券法》的相关规定，关于证券发行的表述，下列哪一选项是正确的？（ ）

A. 所有证券必须公开发行，而不得采用非公开发行的方式

B. 发行人可通过证券承销方式发行，也可由发行人直接向投资者发行

C. 只有依法正式成立的股份公司才可发行股票

D. 国有独资公司均可申请发行公司债券

33. 依据我国《海商法》和《物权法》的相关规定，关于船舶物权的表述，下列哪一选项是正确的？（ ）

A. 甲的船舶撞坏乙的船舶，则乙就其损害赔偿对甲的船舶享有留置权

B. 甲以其船舶为乙设定抵押担保，则一经签订抵押合同，乙即享有抵押权

C. 以建造中的船舶设定抵押权的，抵押权仅在办理登记后才能产生效力

D. 同一船舶上设立数个抵押权时，其顺序以抵押合同签订的先后为准

34. 甲公司将其财产向乙保险公司投保。因甲公司要向银行申请贷款，乙公司依甲公司指示将保险单直接交给银行。下列哪一表述是正确的？（ ）

A. 因保险单未送达甲公司，保险合同不成立

B. 如保险单与投保单内容不一致，则应以投保单为准

C. 乙公司同意承保时，保险合同成立

D. 如甲公司未缴纳保险费，则保险合同不成立

35. 根据2012年修改的《民事诉讼法》，关于公益诉讼的表述，下列哪一选项是错误的？（ ）

A. 公益诉讼规则的设立，体现了依法治国的法治理念

B. 公益诉讼的起诉主体只限于法律授权的机关或团体

C. 公益诉讼规则的设立，有利于保障我国经济社会全面协调发展

D. 公益诉讼的提起必须以存在实际损害为前提

36. 执法为民是社会主义法治的本质要求，据此，法院和法官应在民事审判中遵守诉

讼程序，履行释明义务。下列哪一审判行为符合执法为民的要求？（ ）

　　A. 在李某诉赵某的欠款纠纷中，法官向赵某释明诉讼时效，建议赵某提出诉讼时效抗辩

　　B. 在张某追索赡养费的案件中，法官依职权作出先予执行裁定

　　C. 在杜某诉阎某的离婚案件中，法官向当事人释明可以同时提出离婚损害赔偿

　　D. 在罗某诉华兴公司房屋买卖合同纠纷中，法官主动走访现场，进行勘察，并据此支持了罗某的请求

　　37. 关于诉的分类的表述，下列哪一选项是正确的？（ ）

　　A. 孙某向法院申请确认其妻无民事行为能力，属于确认之诉

　　B. 周某向法院申请宣告自己与吴某的婚姻无效，属于变更之诉

　　C. 张某在与王某协议离婚后，又向法院起诉，主张离婚损害赔偿，属于给付之诉

　　D. 赵某代理女儿向法院诉请前妻将抚养费从每月1000元增加为2000元，属于给付之诉

　　38. 关于当事人能力和正当当事人的表述，下列哪一选项是正确的？（ ）

　　A. 一般而言，应以当事人是否对诉讼标的有确认利益，作为判断当事人适格与否的标准

　　B. 一般而言，诉讼标的的主体即是本案的正当当事人

　　C. 未成年人均不具有诉讼行为能力

　　D. 破产企业清算组对破产企业财产享有管理权，可以以该企业名义起诉或者应诉

　　39. 关于法院的送达行为，下列哪一选项是正确的？（ ）

　　A. 陈某以马某不具有选民资格向法院提起诉讼，由于马某拒不签收判决书，法院向其留置送达

　　B. 法院通过邮寄方式向葛某送达开庭传票，葛某未寄回送达回证，送达无效，应当重新送达

　　C. 法院在审理张某和赵某借款纠纷时，委托赵某所在学校代为送达起诉状副本和应诉通知

　　D. 经许某同意，法院用电子邮件方式向其送达证据保全裁定书

　　40. 大皮公司因买卖纠纷起诉小华公司，双方商定了25天的举证时限，法院认可。时限届满后，小华公司提出还有一份发货单没有提供，申请延长举证时限，被法院驳回。庭审时小华公司向法庭提交该发货单。尽管大皮公司反对，但法院在对小华公司予以罚款后仍对该证据进行质证。下列哪一诉讼行为不符合举证时限的相关规定？（ ）

　　A. 双方当事人协议确定举证时限

　　B. 双方确定了25天的举证时限

　　C. 小华公司在举证时限届满后申请延长举证时限

　　D. 法院不顾大皮公司反对，依然组织质证

41. 关于简易程序的简便性，下列哪一表述是不正确的？（ ）

A. 受理程序简便，可以当即受理，当即审理

B. 审判程序简便，可以不按法庭调查、法庭辩论的顺序进行

C. 庭审笔录简便，可以不记录诉讼权利义务的告知、原被告的诉辩意见等通常性程序内容

D. 裁判文书简便，可以简化裁判文书的事实认定或判决理由部分

42. 某市法院受理了中国人郭某与外国人珍妮的离婚诉讼，郭某委托黄律师作为代理人，授权委托书中仅写明代理范围为"全权代理"。关于委托代理的表述，下列哪一选项是正确的？（ ）

A. 郭某已经委托了代理人，可以不出庭参加诉讼

B. 法院可以向黄律师送达诉讼文书，其签收行为有效

C. 黄律师可以代为放弃诉讼请求

D. 如果珍妮要委托代理人代为诉讼，必须委托中国公民

43. 下列哪一选项中法院的审判行为，只能发生在开庭审理阶段？（ ）

A. 送达法律文书　　　　　　B. 组织当事人进行质证

C. 调解纠纷，促进当事人达成和解　　D. 追加必须参加诉讼的当事人

44. 何某因被田某打伤，向甲县法院提起人身损害赔偿之诉，法院予以受理。关于何某起诉行为将产生的法律后果，下列哪一选项是正确的？（ ）

A. 何某的诉讼时效中断　　　　B. 田某的答辩期开始起算

C. 甲县法院取得排他的管辖权　　D. 田某成为适格被告

45. 关于民事诉讼基本原则的表述，下列哪一选项是正确的？（ ）

A. 外国人在我国进行民事诉讼时，与中国人享有同等的诉讼权利义务，体现了当事人诉讼权利平等原则

B. 法院未根据当事人的自认进行事实认定，违背了处分原则

C. 当事人主张的法律关系与法院根据案件事实作出的认定不一致时，根据处分原则，当事人可以变更诉讼请求

D. 环保组织向法院提起公益诉讼，体现了支持起诉原则

46. 甲县吴某与乙县宝丰公司在丙县签订了甜橙的买卖合同，货到后发现甜橙开始腐烂，未达到合同约定的质量标准。吴某退货无果，拟向法院起诉，为了证明甜橙的损坏状况，向法院申请诉前证据保全。关于诉前保全，下列哪一表述是正确的？（ ）

A. 吴某可以向甲、乙、丙县法院申请诉前证据保全

B. 法院应当在收到申请15日内裁定是否保全

C. 法院在保全证据时，可以主动采取行为保全措施，减少吴某的损失

D. 如果法院采取了证据保全措施，可以免除吴某对甜橙损坏状况提供证据的责任

47. 关于涉外民事诉讼管辖的表述，下列哪一选项是正确的？（ ）

A. 凡是涉外诉讼与我国法院所在地存在一定实际联系的，我国法院都有管辖权，体现了诉讼与法院所在地实际联系原则

B. 当事人在不违反级别管辖和专属管辖的前提下，可以约定各类涉外民事案件的管辖法院，体现了尊重当事人原则

C. 中外合资经营企业与其他民事主体的合同纠纷，专属我国法院管辖，体现了维护国家主权原则

D. 重大的涉外案件由中级以上级别的法院管辖，体现了便于当事人诉讼原则

48. 甲对乙享有10万元到期债权，乙无力清偿，且怠于行使对丙的15万元债权，甲遂对丙提起代位权诉讼，法院依法追加乙为第三人。一审判决甲胜诉，丙应向甲给付10万元。乙、丙均提起上诉，乙请求法院判令丙向其支付剩余5万元债务，丙请求法院判令甲对乙的债权不成立。关于二审当事人地位的表述，下列哪一选项是正确的？（　　）

A. 丙是上诉人，甲是被上诉人

B. 乙、丙是上诉人，甲是被上诉人

C. 乙是上诉人，甲、丙是被上诉人

D. 丙是上诉人，甲、乙是被上诉人

49. 关于检察监督，下列哪一选项是正确的？（　　）

A. 甲县检察院认为乙县法院的生效判决适用法律错误，对其提出检察建议

B. 丙市检察院就合同纠纷向仲裁委员会提出检察建议，要求重新仲裁

C. 丁县检察院认为丁县法院某法官在制作除权判决时收受贿赂，向该法院提出检察建议

D. 戊县检察院认为戊县法院认定某公民为无民事行为能力人的判决存在程序错误，报请上级检察院提起抗诉

50. 甲公司诉乙公司专利侵权，乙公司是否侵权成为焦点。经法院委托，丙鉴定中心出具了鉴定意见书，认定侵权。乙公司提出异议，并申请某大学燕教授出庭说明专业意见。关于鉴定的说法，下列哪一选项是正确的？（　　）

A. 丙鉴定中心在鉴定过程中可以询问当事人

B. 丙鉴定中心应当派员出庭，但有正当理由不能出庭的除外

C. 如果燕教授出庭，其诉讼地位是鉴定人

D. 燕教授出庭费用由乙公司垫付，最终由败诉方承担

二、多项选择题。每题所设选项中至少有两个正确答案，多选、少选、错选或不选均不得分。本部分含51～85题，每题2分，共70分。

51. 甲以20万元从乙公司购得某小区地下停车位。乙公司经规划部门批准在该小区以200万元建设观光电梯。该梯入梯口占用了甲的停车位，乙公司同意为甲置换更好的车位。甲则要求拆除电梯，并赔偿损失。下列哪些表述是错误的？（　　）

A. 建电梯获得规划部门批准，符合小区业主利益，未侵犯甲的权利

B. 即使建电梯符合业主整体利益，也不能以损害个人权利为代价，故应将电梯拆除

C. 甲车位使用权固然应予保护，但置换车位更能兼顾个人利益与整体利益

D. 电梯建成后，小区尾房更加畅销，为平衡双方利益，乙公司应适当让利于甲

52. 下列哪些情形下，甲公司应承担民事责任？（　　）

A. 甲公司董事乙与丙公司签订保证合同，乙擅自在合同上加盖甲公司公章和法定代表人丁的印章

B. 甲公司与乙公司签订借款合同，甲公司未盖公章，但乙公司已付款，且该款用于甲公司项目建设

C. 甲公司法定代表人乙委托员工丙与丁签订合同，借用丁的存款单办理质押贷款用于经营

D. 甲公司与乙约定，乙向甲公司交纳保证金，甲公司为乙贷款购买设备提供担保。甲公司法定代表人丙以个人名义收取该保证金并转交甲公司出纳员入账

53. 甲、乙之间的下列哪些合同属于有效合同？（　　）

A. 甲与丙离婚期间，用夫妻共同存款向乙公司购买保险，指定自己为受益人

B. 甲将其宅基地抵押给同村外嫁他村的乙用于借款

C. 甲将房屋卖给精神病人乙，合同履行后房价上涨

D. 甲驾车将流浪精神病人撞死，因查找不到死者亲属，乙民政部门代其与甲达成赔偿协议

54. 甲为自己的车向乙公司投保第三者责任险，保险期间内甲车与丙车追尾，甲负全责。丙在事故后不断索赔未果，直至事故后第3年，甲同意赔款，甲友丁为此提供保证。再过1年，因甲、丁拒绝履行，丙要求乙公司承担保险责任。关于诉讼时效的抗辩，下列哪些表述是错误的？（　　）

A. 甲有权以侵权之债诉讼时效已过为由不向丙支付赔款

B. 丁有权以侵权之债诉讼时效已过为由不承担保证责任

C. 乙公司有权以侵权之债诉讼时效已过为由不承担保险责任

D. 乙公司有权以保险合同之债诉讼时效已过为由不承担保险责任

55. 叶某将自有房屋卖给沈某，在交房和过户之前，沈某擅自撬门装修施工，导致邻居赵某经常失眠。下列哪些表述是正确的？（　　）

A. 赵某有权要求叶某排除妨碍

B. 赵某有权要求沈某排除妨碍

C. 赵某请求排除妨碍不受诉讼时效的限制

D. 赵某可主张精神损害赔偿

56. 2013年2月，A地块使用权人甲公司与B地块使用权人乙公司约定，由乙公司在B地块上修路。同年4月，甲公司将A地块过户给丙公司，6月，乙公司将B地块过户给不知上述情形的丁公司。下列哪些表述是正确的？（　　）

A. 2013年2月，甲公司对乙公司的B地块享有地役权
B. 2013年4月，丙公司对乙公司的B地块享有地役权
C. 2013年6月，甲公司对丁公司的B地块享有地役权
D. 2013年6月，丙公司对丁公司的B地块享有地役权

57. 甲向乙借款，丙与乙约定以自有房屋担保该笔借款。丙仅将房本交给乙，未按约定办理抵押登记。借款到期后甲无力清偿，丙的房屋被法院另行查封。下列哪些表述是正确的？（　　）

A. 乙有权要求丙继续履行担保合同，办理房屋抵押登记
B. 乙有权要求丙以自身全部财产承担担保义务
C. 乙有权要求丙以房屋价值为限承担担保义务
D. 乙有权要求丙承担损害赔偿责任

58. 甲向乙借款，欲以轿车作担保。关于担保，下列哪些选项是正确的？（　　）

A. 甲可就该轿车设立质权
B. 甲可就该轿车设立抵押权
C. 就该轿车的质权自登记时设立
D. 就该轿车的抵押权自登记时设立

59. 债的法定移转指依法使债权债务由原债权债务人转移给新的债权债务人。下列哪些选项属于债的法定移转的情形？（　　）

A. 保险人对第三人的代位求偿权
B. 企业发生合并或者分立时对原债权债务的承担
C. 继承人在继承遗产范围内对被继承人生前债务的清偿
D. 根据买卖不破租赁规则，租赁物的受让人对原租赁合同的承受

60. 某律师事务所指派吴律师担任某案件的一、二审委托代理人。第一次开庭后，吴律师感觉案件复杂，本人和该事务所均难以胜任，建议不再继续代理。但该事务所坚持代理。一审判决委托人败诉。下列哪些表述是正确的？（　　）

A. 律师事务所有权单方解除委托合同，但须承担赔偿责任
B. 律师事务所在委托人一审败诉后不能单方解除合同
C. 即使一审胜诉，委托人也可解除委托合同，但须承担赔偿责任
D. 只有存在故意或者重大过失时，该律师事务所才对败诉承担赔偿责任

61. 甲、乙约定卖方甲负责将所卖货物运送至买方乙指定的仓库。甲如约交货，乙验收收货，但甲未将产品合格证和原产地证明文件交给乙。乙已经支付80%的货款。交货当晚，因山洪暴发，乙仓库内的货物全部毁损。下列哪些表述是正确的？（　　）

A. 乙应当支付剩余20%的货款
B. 甲未交付产品合格证与原产地证明，构成违约，但货物损失由乙承担
C. 乙有权要求解除合同，并要求甲返还已支付的80%货款

D. 甲有权要求乙支付剩余的20%货款，但应补交已经毁损的货物

62. 王琪琪在某网站中注册了昵称为"小玉儿"的博客账户，长期以"小玉儿"名义发博文。其中，署名"小玉儿"的《法内情》短文被该网站以写作水平不高为由删除；署名"小玉儿"的《法外情》短文被该网站添加了"作者：王琪琪"字样。关于该网站的行为，下列哪些表述是正确的？（　　）

A. 删除《法内情》的行为没有侵犯王琪琪的发表权
B. 删除《法内情》的行为没有侵犯王琪琪的信息网络传播权
C. 添加字样的行为侵犯了王琪琪的署名权
D. 添加字样的行为侵犯了王琪琪的保护作品完整权

63. 甲公司委托乙公司开发印刷排版系统软件，付费20万元，没有明确约定著作权的归属。后甲公司以高价向善意的丙公司出售了该软件的复制品。丙公司安装使用5年后，乙公司诉求丙公司停止使用并销毁该软件。下列哪些表述是正确的？（　　）

A. 该软件的著作权属于甲公司
B. 乙公司的起诉已超过诉讼时效
C. 丙公司可不承担赔偿责任
D. 丙公司应停止使用并销毁该软件

64. 范某的下列有关骨科病预防与治疗方面研究成果中，哪些可在我国申请专利？（　　）

A. 发现了导致骨癌的特殊遗传基因
B. 发明了一套帮助骨折病人尽快康复的理疗器械
C. 发明了如何精确诊断股骨头坏死的方法
D. 发明了一种高效治疗软骨病的中药制品

65. 甲公司生产"美多"牌薰衣草保健枕，"美多"为注册商标，薰衣草为该枕头的主要原料之一。其产品广告和包装上均突出宣传"薰衣草"，致使"薰衣草"保健枕被消费者熟知，其他厂商也推出"薰衣草"保健枕。后"薰衣草"被法院认定为驰名商标。下列哪些表述是正确的？（　　）

A. 甲公司可在一种商品上同时使用两件商标
B. 甲公司对"美多"享有商标专用权，对"薰衣草"不享有商标专用权
C. 法院对驰名商标的认定可写入判决主文
D. "薰衣草"叙述了该商品的主要原料，不能申请注册

66. 甲自书遗嘱将所有遗产全部留给长子乙，并明确次子丙不能继承。乙与丁婚后育有一女戊、一子己。后乙、丁遇车祸，死亡先后时间不能确定。甲悲痛成疾，不久去世。丁母健在。下列哪些表述是正确的？（　　）

A. 甲、戊、己有权继承乙的遗产
B. 丁母有权转继承乙的遗产

C. 戊、己、丁母有权继承丁的遗产
D. 丙有权继承、戊和己有权代位继承甲的遗产

67. 甲赴宴饮酒,遂由有驾照的乙代驾其车,乙违章撞伤丙。交管部门认定乙负全责。以下假定情形中对丙的赔偿责任,哪些表述是正确的?( )

A. 如乙是与甲一同赴宴的好友,乙不承担赔偿责任
B. 如乙是代驾公司派出的驾驶员,该公司应承担赔偿责任
C. 如乙是酒店雇佣的为饮酒客人提供代驾服务的驾驶员,乙不承担赔偿责任
D. 如乙是出租车公司驾驶员,公司明文禁止代驾,乙为获高额报酬而代驾,乙应承担赔偿责任

68. 甲、乙、丙设立一有限公司,制定了公司章程。下列哪些约定是合法的?( )

A. 甲、乙、丙不按照出资比例分配红利
B. 由董事会直接决定公司的对外投资事宜
C. 甲、乙、丙不按照出资比例行使表决权
D. 由董事会直接决定其他人经投资而成为公司股东

69. 华昌有限公司有8个股东,麻某为董事长。2013年5月,公司经股东会决议,决定变更为股份公司,由公司全体股东作为发起人,发起设立华昌股份公司。下列哪些选项是正确的?( )

A. 该股东会决议应由全体股东一致同意
B. 发起人所认购的股份,应在股份公司成立后两年内缴足
C. 变更后股份公司的董事长,当然由麻某担任
D. 变更后的股份公司在其企业名称中,可继续使用"华昌"字号

70. 李方为平昌公司董事长。债务人姜呈向平昌公司偿还40万元时,李方要其将该款打到自己指定的个人账户。随即李方又将该款借给刘黎,借期一年,年息12%。下列哪些表述是正确的?( )

A. 该40万元的所有权,应归属于平昌公司
B. 李方因其行为已不再具有担任董事长的资格
C. 在姜呈为善意时,其履行行为有效
D. 平昌公司可要求李方返还利息

71. 甲、乙、丙于2010年成立一家普通合伙企业,三人均享有合伙事务执行权。2013年3月1日,甲被法院宣告为无民事行为能力人。3月5日,丁因不知情找到甲商谈一笔生意,甲以合伙人身份与丁签订合同。下列哪些选项是错误的?( )

A. 因丁不知情,故该合同有效,对合伙企业具有约束力
B. 乙与丙可以甲丧失行为能力为由,一致决议将其除名
C. 乙与丙可以甲丧失行为能力为由,一致决议将其转为有限合伙人
D. 如甲因丧失行为能力而退伙,其退伙时间为其无行为能力判决的生效时间

72. 甲、乙、丙、丁以合伙企业形式开了一家餐馆。就该合伙企业事务的执行，下列哪些表述是正确的？（ ）

　　A. 如合伙协议未约定，则甲等四人均享有对外签约权

　　B. 甲等四人可决定任命丙为该企业的对外签约权人

　　C. 不享有合伙事务执行权的合伙人，以企业名义对外签订的合同一律无效

　　D. 不享有合伙事务执行权的合伙人，经其他合伙人一致同意，可担任企业的经营管理人

73. 2013年3月，债权人甲公司对债务人乙公司提出破产申请。下列哪些选项是正确的？（ ）

　　A. 甲公司应提交乙公司不能清偿到期债务的证据

　　B. 甲公司应提交乙公司资产不足以清偿全部债务的证据

　　C. 乙公司就甲公司的破产申请，在收到法院通知之日起七日内可向法院提出异议

　　D. 如乙公司对甲公司所负债务存在连带保证人，则其可以该保证人具有清偿能力为由，主张其不具备破产原因

74. 尚友有限公司因经营管理不善，决定依照《破产法》进行重整。关于重整计划草案，下列哪些选项是正确的？（ ）

　　A. 在尚友公司自行管理财产与营业事务时，由其自己制作重整计划草案

　　B. 债权人参加讨论重整计划草案的债权人会议时，应按法定的债权分类，分组对该草案进行表决

　　C. 出席会议的同一表决组的债权人过半数同意重整计划草案，即为该组通过重整计划草案

　　D. 三分之二以上表决组通过重整计划草案，重整计划即为通过

75. 关于汇票的表述，下列哪些选项是正确的？（ ）

　　A. 汇票可以质押，当持票人将汇票交付给债权人时质押生效

　　B. 如汇票上记载的付款人在承兑之前即已破产，出票人仍须承担付款责任

　　C. 汇票的出票人既可以是银行、公司，也可以是自然人

　　D. 如汇票上未记载出票日期，该汇票无效

76. 甲公司交纳保险费为其员工张某投保人身保险，投保单由保险公司业务员代为填写和签字。保险期间内，张某找到租用甲公司槽罐车的李某催要租金。李某与张某发生争执，张某打碎车窗玻璃，并挡在槽罐车前。李某怒将张某撞死。关于保险受益人针对保险公司的索赔理由的表述，下列哪些选项是正确的？（ ）

　　A. 投保单虽是保险公司业务员代为填写和签字，但甲公司交纳了保险费，因此保险合同成立

　　B. 张某的行为不构成犯罪，保险公司不得以此为由主张免责

　　C. 张某的行为属于合法的自助行为，保险公司应予理赔

D. 张某的死亡与张某的行为并无直接因果关系，保险公司应予理赔

77. 甲向大恒银行借款100万元，乙承担连带保证责任，甲到期未能归还借款，大恒银行向法院起诉甲、乙二人，要求其履行债务。关于诉的合并和共同诉讼的判断，下列哪些选项是正确的？（　　）

A. 本案属于诉的主体的合并
B. 本案属于诉的客体的合并
C. 本案属于必要共同诉讼
D. 本案属于普通共同诉讼

78. 下列哪些情况下，法院不应受理当事人的上诉请求？（　　）

A. 宋某和卢某借款纠纷一案，卢某终审败诉，宋某向区法院申请执行，卢某提出执行管辖异议，区法院裁定驳回卢某异议。卢某提起上诉

B. 曹某向市中院诉刘某侵犯其专利权，要求赔偿损失1元钱，中院驳回其请求。曹某提起上诉

C. 孙某将朱某打伤，经当地人民调解委员会调解达成协议，并申请法院进行了司法确认。后朱某反悔提起上诉

D. 尹某诉与林某离婚，法院审查中发现二人系禁婚的近亲属，遂判决二人婚姻无效。尹某提起上诉

79. 关于管辖制度的表述，下列哪些选项是不正确的？（　　）

A. 对下落不明或者宣告失踪的人提起的民事诉讼，均应由原告住所地法院管辖

B. 因共同海损或者其他海损事故请求损害赔偿提起的诉讼，被告住所地法院享有管辖权

C. 甲区法院受理某技术转让合同纠纷案后，发现自己没有级别管辖权，将案件移送至甲市中院审理，这属于管辖权的转移

D. 当事人可以书面约定纠纷的管辖法院，这属于选择管辖

80. 关于反诉，下列哪些表述是正确的？（　　）

A. 反诉的原告只能是本诉的被告
B. 反诉与本诉必须适用同一种诉讼程序
C. 反诉必须在答辩期届满前提出
D. 反诉与本诉之间须存在牵连关系，因此必须源于同一法律关系

81. 周某因合同纠纷起诉，甲省乙市的两级法院均驳回其诉讼请求。周某申请再审，但被驳回。周某又向检察院申请抗诉，检察院以原审主要证据系伪造为由提出抗诉，法院裁定再审。关于启动再审的表述，下列哪些说法是不正确的？（　　）

A. 周某只应向甲省高院申请再审
B. 检察院抗诉后，应当由接受抗诉的法院审查后，作出是否再审的裁定
C. 法院应当在裁定再审的同时，裁定撤销原判
D. 法院应当在裁定再审的同时，裁定中止执行

82. 韩某起诉翔鹭公司要求其依约交付电脑，并支付迟延履行违约金5万元。经县市

两级法院审理,韩某均胜诉。后翔鹭公司以原审适用法律错误为由申请再审,省高院裁定再审后,韩某变更诉讼请求为解除合同,支付迟延履行违约金10万元。再审法院最终维持原判。关于再审程序的表述,下列哪些选项是正确的?( )

A. 省高院可以亲自提审,提审应当适用二审程序

B. 省高院可以指令原审法院再审,原审法院再审时应当适用一审程序

C. 再审法院对韩某变更后的请求应当不予审查

D. 对于维持原判的再审裁判,韩某认为有错误的,可以向检察院申请抗诉

83. 甲区A公司将位于丙市价值5000万元的写字楼转让给乙区的B公司。后双方发生争议,经丁区人民调解委员会调解达成协议:B公司在1个月内支付购房款。双方又对该协议申请法院作出了司法确认裁定。关于本案及司法确认的表述,下列哪些选项是不正确的?( )

A. 应由丙市中级法院管辖

B. 可由乙区法院管辖

C. 应由一名审判员组成合议庭,开庭审理司法确认申请

D. 本案的调解协议和司法确认裁定,均具有既判力

84. 胡某向法院申请支付令,督促彗星公司缴纳房租。彗星公司收到后立即提出书面异议称,根据租赁合同,彗星公司的装修款可以抵销租金,因而自己并不拖欠租金。对于法院收到该异议后的做法,下列哪些选项是正确的?( )

A. 对双方进行调解,促进纠纷的解决

B. 终结督促程序

C. 将案件转为诉讼程序审理,但彗星公司不同意的除外

D. 将案件转为诉讼程序审理,但胡某不同意的除外

85. 高某诉张某合同纠纷案,终审高某败诉。高某向检察院反映,其在一审中提交了偷录双方谈判过程的录音带,其中有张某承认货物存在严重质量问题的陈述,足以推翻原判,但法院从未组织质证。对此,检察院提起抗诉。关于再审程序中证据的表述,下列哪些选项是正确的?( )

A. 再审质证应当由高某、张某和检察院共同进行

B. 该录音带属于电子数据,高某应当提交证据原件进行质证

C. 虽然该录音带系高某偷录,但仍可作为质证对象

D. 如再审法院认定该录音带涉及商业秘密,应当依职权决定不公开质证

三、不定项选择题。每题所设选项中至少有一个正确答案,多选、少选、错选或不选均不得分。本部分含86~100题,每题2分,共30分。

(一)

材料①:2012年2月,甲公司与其全资子公司乙公司签订了《协议一》,约定甲公司

将其建设用地使用权用于抵偿其欠乙公司的 2000 万元债务，并约定了仲裁条款。但甲公司未依约将该用地使用权过户到乙公司名下，而是将之抵押给不知情的银行以获贷款，办理了抵押登记。

材料②：同年 4 月，甲公司、丙公司与丁公司签订了《协议二》，约定甲公司欠丁公司的 5000 万元债务由丙公司承担，且甲公司法定代表人张某为该笔债务提供保证，但未约定保证方式和期间。曾为该 5000 万元负债提供房产抵押担保的李某对《协议二》并不知情。同年 5 月，丁公司债权到期。

材料③：同年 6 月，丙公司丧失偿债能力。丁公司查知乙公司作为丙公司的股东（非发起人），对丙公司出资不实，尚有 3000 万元未注入丙公司。同年 8 月，乙公司既不承担出资不实的赔偿责任，又怠于向甲公司主张权利。

材料④：同年 10 月，甲公司股东戊公司与己公司签订了《协议三》，约定戊公司将其对甲公司享有的 60% 股权低价转让给己公司，戊公司承担甲公司此前的所有负债。

请回答第 86~91 题。

86. 根据材料①，关于甲公司、乙公司与银行的法律关系，下列表述正确的是：（　）

　A. 甲公司欠乙公司 2000 万元债务没有消灭

　B. 甲公司抵押建设用地使用权的行为属于无权处分

　C. 银行因善意取得而享有抵押权

　D. 甲公司用建设用地使用权抵偿债务的行为属于代为清偿

87. 根据材料②，如丁公司主张债权，下列表述正确的是：（　）

　A. 丁公司有权向张某主张

　B. 丁公司有权向李某主张

　C. 丁公司有权向甲公司主张

　D. 丁公司有权向丙公司主张

88. 关于《协议二》中张某的保证期间和保证债务诉讼时效，下列表述正确的是：（　）

　A. 保证期间为 2012 年 5 月起 6 个月

　B. 保证期间为 2012 年 5 月起 2 年

　C. 保证债务诉讼时效从 2012 年 5 月起算

　D. 保证债务诉讼时效从 2012 年 11 月起算

89. 根据材料②和材料③，关于乙公司、丙公司与丁公司的法律关系，下列表述正确的是：（　）

　A. 乙公司应对丙公司对丁公司的债务承担无限责任

　B. 乙公司应对丙公司对丁公司的债务承担连带责任

　C. 乙公司应对丙公司对丁公司的债务承担全部责任

　D. 乙公司应对丙公司对丁公司的债务在未出资本息范围内承担补充责任

90. 根据材料①、材料②和材料③，如丁公司向甲公司提起3000万元代位权诉讼，甲公司认为丁公司不能提起代位权之诉的下列抗辩理由中不能成立的是：（　）

A. 甲公司对乙公司的债务是过户建设用地使用权，而非金钱债务

B. 《协议一》有仲裁条款

C. 乙公司多次发函给甲公司要求清偿债务

D. 《协议一》的2000万元数额低于乙公司出资不实的3000万元

91. 根据材料④，关于《协议三》中债务承担的法律效力，下列表述正确的是：（　）

A. 如未通知甲公司债权人，对甲公司债权人不发生效力

B. 如未经甲公司债权人同意，对甲公司债权人不发生效力

C. 因戊公司、己公司恶意串通而无效

D. 对戊公司、己公司有效

（二）

高崎、田一、丁福三人共同出资200万元，于2011年4月设立"高田丁科技投资中心（普通合伙）"，从事软件科技的开发与投资。其中高崎出资160万元，田、丁分别出资20万元，由高崎担任合伙事务执行人。

请回答第92～94题。

92. 2012年6月，丁福为向钟冉借钱，作为担保方式，而将自己的合伙财产份额出质给钟冉。下列说法正确的是：（　）

A. 就该出质行为，高、田二人均享有一票否决权

B. 该合伙财产份额质权，须经合伙协议记载与工商登记才能生效

C. 在丁福伪称已获高、田二人同意，而钟冉又是善意时，钟冉善意取得该质权

D. 在丁福未履行还款义务，如钟冉享有质权并主张以拍卖方式实现时，高、田二人享有优先购买权

93. 2013年2月，高崎为减少自己的风险，向田、丁二人提出转变为有限合伙人的要求。对此，下列说法正确的是：（　）

A. 须经田、丁二人的一致同意

B. 未经合伙企业登记机关登记，不得对抗第三人

C. 转变后，高崎可以出资最多为由，要求继续担任合伙事务执行人

D. 转变后，对于2013年2月以前的合伙企业债务，经各合伙人决议，高崎可不承担无限连带责任

94. 2013年5月，有限合伙人高崎将其一半合伙财产份额转让给贾骏。同年6月，高崎的债权人李耕向法院申请强制执行其另一半合伙财产份额。对此，下列选项正确的是：（　）

A. 高崎向贾骏转让合伙财产份额，不必经田、丁的同意

B. 就高崎向贾骏转让的合伙财产份额，田、丁可主张优先购买权
C. 李耕申请法院强制执行高崎的合伙财产份额，不必经田、丁的同意
D. 就李耕申请法院强制执行高崎的合伙财产份额，田、丁可主张优先购买权

（三）

兴源公司与郭某签订钢材买卖合同，并书面约定本合同一切争议由中国国际经济贸易仲裁委员会仲裁。兴源公司支付100万元预付款后，因郭某未履约依法解除了合同。郭某一直未将预付款返还，兴源公司遂提出返还货款的仲裁请求，仲裁庭适用简易程序审理，并作出裁决，支持该请求。

由于郭某拒不履行裁决，兴源公司申请执行。郭某无力归还100万元现金，但可以收藏的多幅字画提供执行担保。担保期满后郭某仍无力还款，法院在准备执行该批字画时，朱某向法院提出异议，主张自己才是这些字画的所有权人，郭某只是代为保管。

请回答第95～100题。

95. 关于仲裁协议的表述，下列选项正确的是：（　　）

A. 买卖合同虽已解除，但仲裁条款具有独立性，兴源公司可以据此申请仲裁
B. 兴源公司返还货款的请求是基于不当得利请求权，与买卖合同无关，不应据此申请仲裁
C. 仲裁协议未约定适用简易程序，仲裁庭不应适用简易程序审理
D. 双方选择的中国国际经济贸易仲裁委员会是涉外仲裁机构，本案不具有涉外因素，应当重新选择

96. 本案适用简易程序审理后，关于仲裁委员会和仲裁庭可以自行决定的事项，下列选项正确的是：（　　）

A. 指定某法院的王法官担任本案仲裁员
B. 由一名仲裁员组成仲裁庭独任审理
C. 依据当事人的材料和证据书面审理
D. 简化裁决书，未写明争议事实

97. 假设在执行过程中，郭某向法院提出异议，认为本案并非合同纠纷，不属于仲裁协议约定的纠纷范围。法院对该异议正确的处理方式是：（　　）

A. 裁定执行中止
B. 经过审理，裁定不予执行仲裁裁决的，同时裁定终结执行
C. 经过审理，可以通知仲裁委员会重新仲裁
D. 不予支持该异议

98. 针对本案中郭某拒不履行债务的行为，法院采取的正确的执行措施是：（　　）

A. 依职权决定限制郭某乘坐飞机
B. 要求郭某报告当前的财产情况

C. 强制郭某加倍支付迟延履行期间的债务利息
D. 根据郭某的申请，对拖欠郭某货款的金康公司发出履行通知

99. 如果法院批准了郭某的执行担保申请，驳回了朱某的异议，关于执行担保的效力和救济，下列选项正确的是：（　　）

A. 批准执行担保后，应当裁定终结执行
B. 担保期满后郭某仍无力偿债，法院根据兴源公司申请方可恢复执行
C. 恢复执行后，可以执行作为担保财产的字画
D. 恢复执行后，既可以执行字画，也可以执行郭某的其他财产

100. 关于朱某的异议和处理，下列选项正确的是：（　　）

A. 朱某应当以书面方式提出异议
B. 法院在审查异议期间，不停止执行活动，可以对字画采取保全措施和处分措施
C. 如果朱某对驳回异议的裁定不服，可以提出执行标的异议之诉
D. 如果朱某对驳回异议的裁定不服，可以申请再审

2013年国家司法考试（试卷四）

一、（本题20分）

材料一： 中共中央政治局2月23日下午就全面推进依法治国进行第四次集体学习。中共中央总书记习近平在主持学习时强调，我国形成了以宪法为统帅的中国特色社会主义法律体系，我们国家和社会生活各方面总体上实现了有法可依，这是我们取得的重大成就。实践是法律的基础，法律要随着实践发展而发展。要完善立法规划，突出立法重点，坚持立改废并举，提高立法科学化、民主化水平，提高法律的针对性、及时性、系统性。要完善立法工作机制和程序，扩大公众有序参与，充分听取各方面意见，使法律准确反映经济社会发展要求，更好协调利益关系，发挥立法的引领和推动作用。（摘自新华社北京2013年2月24日电）

材料二： 到2010年底，中国已制定现行有效法律236件、行政法规690多件、地方性法规8600多件，并全面完成对现行法律和行政法规、地方性法规的集中清理工作。一个立足中国国情和实际、适应改革开放和社会主义现代化建设需要、集中体现党和人民意志的，以宪法为统帅，以宪法相关法、民法商法等多个法律部门的法律为主干，由法律、行政法规、地方性法规等多个层次的法律规范构成的中国特色社会主义法律体系已经形成，法律体系内部总体做到科学和谐统一。国家经济建设、政治建设、文化建设、社会建设以及生态文明建设的各个方面实现了有法可依。（摘自2011年3月10日公布的《全国人民代表大会常务委员会工作报告》）

问题： 根据以上材料，结合依法治国理念的内涵，从科学立法与民主立法的角度谈谈构建和完善中国特色社会主义法律体系在实施依法治国方略中的意义和要求。

答题要求：

1. 观点正确，表述完整、准确；
2. 无观点或论述，照搬材料原文的不得分；
3. 总字数不得少于400字。

二、（本题22分）

案情： 甲与余某有一面之交，知其孤身一人。某日凌晨，甲携匕首到余家盗窃，物色一段时间后，未发现可盗财物。此时，熟睡中的余某偶然大动作翻身，且口中念念有词。甲怕被余某认出，用匕首刺死余某，仓皇逃离。（事实一）

逃跑中，因身上有血迹，甲被便衣警察程某盘查。程某上前拽住甲的衣领，试图将其带走。甲怀疑遇上劫匪，与程某扭打。甲的朋友乙开黑车经过此地，见状停车，和甲一起殴打程某。程某边退边说："你们不要乱来，我是警察。"甲对乙说："别听他的，假警察该打。"程某被打倒摔成轻伤。（事实二）

司机谢某见甲、乙打人后驾车逃离，对乙车紧追。甲让乙提高车速并走"蛇形"，以防谢某超车。汽车开出2公里后，乙慌乱中操作不当，车辆失控撞向路中间的水泥隔离墩。谢某刹车不及撞上乙车受重伤。赶来的警察将甲、乙抓获。（事实三）

在甲、乙被起诉后，甲父丙为使甲获得轻判，四处托人，得知丁的表兄刘某是法院刑庭庭长，遂托丁将15万元转交刘某。丁给刘某送15万元时，遭到刘某坚决拒绝。（事实四）

丁告知丙事情办不成，但仅退还丙5万元，其余10万元用于自己炒股。在甲被定罪判刑后，无论丙如何要求，丁均拒绝退还余款10万元。丙向法院自诉丁犯有侵占罪。（事实五）

问题：

1. 就事实一，对甲的行为应当如何定性？理由是什么？
2. 就事实二，对甲、乙的行为应当如何定性？理由是什么？
3. 就事实三，甲、乙是否应当对谢某重伤的结果负责？理由是什么？
4. 就事实四，丁是否构成介绍贿赂罪？是否构成行贿罪（共犯）？是否构成利用影响力受贿罪？理由分别是什么？
5. 就事实五，有人认为丁构成侵占罪，有人认为丁不构成侵占罪。你赞成哪一观点？具体理由是什么？

三、（本题22分）

案情：李某于2012年7月毕业后到某国有企业从事财务工作。因无钱买房，单位又不分房，在同学、朋友及亲戚家里四处借住，如何弄钱买一套住房成为他的心结。

2013年4月，单位有一笔80万元现金未来得及送银行，存放于单位保险柜，李某借职务之便侵吞了全部现金并伪造外人盗窃现场。李某用该款购买了一套公寓。

李某的反常行为被单位举报到检察机关，检察机关反贪技术侦查部门当即实施技术侦查措施，查明系李某作案并予以立案。在刑事拘留期间，李某供认了全部犯罪事实。鉴于本人最终认罪并将赃物全部追回，根据本案特殊情况和办案需要，检察机关决定对其采取指定居所监视居住。

2013年7月该案提起公诉。李某及其辩护律师向法院提出李某在拘留期间遭受了严重的刑讯逼供，要求排除非法证据。

问题：

1. 检察机关对李某贪污行为采取技术侦查措施，是否正确？为什么？
2. 根据修改后的《刑事诉讼法》，技术侦查措施在使用主体、案件范围和适用程序上有哪些特殊要求？
3. 检察机关对李某采取指定居所监视居住措施是否正确？为什么？
4. 法院处理李某及其辩护人申请排除非法证据的程序步骤是什么？

四、（本题22分）

案情：大学生李某要去A市某会计师事务所实习。此前，李某通过某租房网站租房，明确租房位置和有淋浴热水器两个条件。张某承租了王某一套二居室，租赁合同中有允许张某转租的条款。张某与李某联系，说明该房屋的位置及房屋里配有高端热水器。李某同意承租张某的房屋，并通过网上银行预付了租金。

李某入住后发现，房屋的位置不错，卫生间也较大，但热水器老旧不堪，不能正常使用，屋内也没有空调。另外，李某了解到张某已拖欠王某1个月的租金，王某已表示，依租赁合同的约定要解除与张某的租赁合同。

李某要求张某修理热水器，修了几次都无法使用。再找张某，张某避而不见。李某只能用冷水洗澡并因此感冒，花了一笔医疗费。无奈之下，李某去B公司购买了全新电热水器，B公司派其员工郝某去安装。在安装过程中，找不到登高用的梯子，李某将张某存放在储藏室的一只木箱搬进卫生间，供郝某安装时使用。安装后郝某因有急事未按要求试用便离开，走前向李某保证该热水器可以正常使用。李某仅将该木箱挪至墙边而未搬出卫生间。李某电话告知张某，热水器已买来装好，张某未置可否。

另外，因暑热难当，李某经张某同意，买了一部空调安装在卧室。

当晚，同学黄某来A市探访李某。黄某去卫生间洗澡，按新装的热水器上的提示刚打开热水器，该热水器的接口处迸裂，热水喷溅不止，黄某受到惊吓，摔倒在地受伤，经鉴定为一级伤残。另外，木箱内装的贵重衣物，也被热水器喷出的水流浸泡毁损。

问题：

1. 由于张某拖欠租金，王某要解除与张某的租赁合同，李某想继续租用该房屋，可以采取什么措施以抗辩王某的合同解除权？
2. 李某的医疗费应当由谁承担？为什么？
3. 李某是否可以更换热水器？李某更换热水器的费用应当由谁承担？为什么？
4. 李某购买空调的费用应当由谁承担？为什么？
5. 对于黄某的损失，李某、张某是否应当承担赔偿责任？为什么？
6. 对于黄某的损失，郝某、B公司是否应当承担赔偿责任？为什么？
7. 对于张某木箱内衣物浸泡受损，李某、B公司是否应当承担赔偿责任？为什么？

五、（本题18分）

案情： 2012年5月，兴平家装有限公司（下称兴平公司）与甲、乙、丙、丁四个自然人，共同出资设立大昌建材加工有限公司（下称大昌公司）。在大昌公司筹建阶段，兴平公司董事长马玮被指定为设立负责人，全面负责设立事务，马玮又委托甲协助处理公司设立事务。

2012年5月25日，甲以设立中公司的名义与戊签订房屋租赁合同，以戊的房屋作为大昌公司将来的登记住所。

2012年6月5日，大昌公司登记成立，马玮为公司董事长，甲任公司总经理。公司注册资本1000万元，其中，兴平公司以一栋厂房出资；甲的出资是一套设备（未经评估验资，甲申报其价值为150万元）与现金100万元。

2013年2月，在马玮知情的情况下，甲伪造丙、丁的签名，将丙、丁的全部股权转让至乙的名下，并办理了登记变更手续。乙随后于2013年5月，在马玮、甲均无异议的情况下，将登记在其名下的全部股权作价300万元，转让给不知情的吴耕，也办理了登记变更等手续。

现查明：第一，兴平公司所出资的厂房，其所有权原属于马玮父亲；2011年5月，马玮在其父去世后，以伪造遗嘱的方式取得所有权，并于同年8月，以该厂房投资设立兴平公司，马玮占股80%。而马父遗产的真正继承人，是马玮的弟弟马祎。第二，甲的100万元现金出资，系由其朋友满钺代垫，且在2012年6月10日，甲将该100万元自公司账户转到自己账户，随即按约还给满钺。第三，甲出资的设备，在2012年6月初，时值130万元；在2013年1月，时值80万元。

问题：
1. 甲以设立中公司的名义与戊签订的房屋租赁合同，其效力如何？为什么？
2. 在2013年1月，丙、丁能否主张甲设备出资的实际出资额仅为80万元，进而要求甲承担相应的补足出资责任？为什么？
3. 在甲不能补足其100万元现金出资时，满钺是否要承担相应的责任？为什么？
4. 马祎能否要求大昌公司返还厂房？为什么？
5. 乙能否取得丙、丁的股权？为什么？
6. 吴耕能否取得乙转让的全部股权？为什么？

六、（本题21分）

案情：《政府采购法》规定，对属于地方预算的政府采购项目，其集中采购目录由省、自治区、直辖市政府或其授权的机构确定并公布。张某在浏览某省财政厅网站时未发现该省政府集中采购项目目录，在通过各种方法均未获得该目录后，于2013年2月25日向省财政厅提出公开申请。财政厅答复，政府集中采购项目目录与张某的生产、生活和科研等特殊需要没有直接关系，拒绝公开。张某向省政府申请行政复议，要求认定省财政厅未主动公开目录违法，并责令其公开。省政府于4月10日受理，但在法定期限内未作出复议决定。张某不服，于6月18日以省政府为被告向法院提起诉讼。

问题：
1. 法院是否应当受理此案？为什么？
2. 财政厅拒绝公开政府集中采购项目目录的理由是否成立？为什么？
3. 省政府在受理此行政复议案件后应当如何处理才符合《行政复议法》和《政府信息公开条例》的规定？
4. 对于行政机关应当主动公开的信息未予公开的，应当如何监督？
5. 如果张某未向财政厅提出过公开申请，而以财政厅未主动公开政府集中采购项目目录的行为违法直接向法院提起诉讼，法院应当如何处理？

七、（本题25分）

案情：孙某与钱某合伙经营一家五金店，后因经营理念不合，孙某唆使赵龙、赵虎兄弟寻衅将钱某打伤,钱某花费医疗费2万元,营养费3000元,交通费2000元。钱某委托李律师向甲县法院起诉赵家兄弟,要求其赔偿经济损失2.5万元,精神损失5000元,并提供了医院诊断书、处方、出租车票、发票、目击者周某的书面证言等证据。甲县法院适用简易程序审理本案。二被告没有提供证据,庭审中承认将钱某打伤,但对赔偿金额提出异议。甲县法院最终支持了钱某的所有主张。

二被告不服,向乙市中院提起上诉,并向该法院承认,二人是受孙某唆使。钱某要求追加孙某为共同被告,赔偿损失,并要求退伙析产。乙市中院经过审查,认定孙某是必须参加诉讼的当事人,遂通知孙某参加调解。后各方达成调解协议,钱某放弃精神损害赔偿,孙某即时向钱某支付赔偿金1.5万元,赵家兄弟在7日内向钱某支付赔偿金1万元,孙某和钱某同意继续合伙经营。乙市中院制作调解书送达各方后结案。

问题:

1. 请结合本案,简要概括钱某的起诉状或法院的一审判决书的结构和内容。(起诉状或一审判决书择一作答;二者均答时,评判排列在先者)

2. 如果乙市中院调解无效,应当如何处理?

3. 如果甲县法院重审本案,应当在程序上注意哪些特殊事项?

4. 近年来,随着社会转型的深入,社会管理领域面临许多挑战,通过人民调解、行政调解、司法调解和民事诉讼等多种渠道化解社会矛盾纠纷成为社会治理的必然选择;同时,司法改革以满足人民群众的司法需求为根本出发点,让有理有据的人打得赢官司,让公平正义通过司法渠道得到彰显。请结合本案和社会发展情况,试述调解和审判在转型时期的关系。

答题要求:

1. 根据法律、司法解释规定及民事诉讼法理知识作答;

2. 观点明确,逻辑清晰,说理充分,文字通畅;

3. 请按提问顺序逐一作答,总字数不得少于600字。

2013年国家司法考试（试卷一）解析

一、单项选择题。

1. 【答案】D

【解析】依法治国方略的实施是一项浩瀚庞大、复杂而艰巨的系统工程，不仅需要坚持科学立法，构建和完善中国特色社会主义法律体系，还需要坚持严格执法，切实做到依法行政，同时也要求坚持公正司法，维护社会公平正义，坚持全民守法，形成守法光荣的良好氛围，最后还需要强化监督制约，构建权力制约监督体系与机制。因此，A项错误。我国宪法明确规定，一切国家机关和武装力量、各政党和各社会团体、各企业事业组织都必须遵守宪法和法律。各级领导干部要模范带头遵守法律；每一个社会成员在享有宪法和法律规定的权利的同时，必须自觉履行宪法和法律规定的义务，尤其是在享受自由和行使权利时，不得损害国家利益、社会利益以及其他社会主体的合法权利与自由。所以，B项错误。社会主义法治理念不认同"法律万能"的思维偏向，而是主张要全面发挥各种社会规范的调整作用，综合协调地运用多元化的手段和方式来实现对国家的治理和管理。因此，C项错误。

2. 【答案】C

【解析】社会成员知法、信法、守法、用法，是依法治国方略实施的社会基础。A项正确。要把依法治国方略的实施与我国不同发展阶段的主要实践结合起来，突出依法治国在不同发展阶段中的不同重点，发挥依法治国在不同时期的特殊功能和作用。B项正确。在当代中国，工作的重点乃是充分运用法律手段，保障我国经济的全面协调可持续发展。按照经济建设的总体布局以及经济发展的实际要求，在进一步完善社会主义市场经济基本规则的同时，发挥法律在科技进步、知识产权、自然资源和生态环境、农村发展、财政金融等经济发展的关键领域和关键环节中的调节、规制、保障和促进作用，切实维护经济的平稳较快发展。因此，C项错误明显。

3. 【答案】C

【解析】我国的法律监督体系包括国家法律监督体系和社会法律监督体系。国家机关的监督，包括国家权力机关、行政机关和司法机关的监督。我国宪法和有关法律明确规定了国家监督的权限和范围。这类监督都是依照一定的法定程序，以国家名义进行的，具有国家强制力和法的效力，是我国法律监督体系的核心。而社会监督，即非国家机关的监督，指由各政党、各社会组织和公民依照宪法和有关法律，对各种法律活动的合法性所进行的监督。由于这种监督具有广泛性和人民性，因此在我国的法律监督体系上具有重要的意义。根据社会监督的主体不同，可以将它分为以下几种：中国共产党的监督、社会组织的监督、公民的监督、法律职业群体的监督和新闻舆论的监督等。本题中的电视问政属于社会监督中的新闻舆论监督，明显不属于法律手段。而有效地"治庸问责"，还得靠国家法律监督体系。

4. 【答案】C

【解析】A、D两项中，减少当事人诉讼成本，方便警民联系，均体现了便民利民的理念，正确。B项构建人民调解、行政调解、司法调解的大调解格局，毫无疑问是正确的。执法机关、司法机关可以依据法律适当地收取一定的费用，但是某县政府通过中介机构以有偿方式提供政府信息，这很明显缺乏合法性和正当性。因此C项做法错误。

5. 【答案】D

【解析】自觉践行执法为民理念要求倡导和注重理性文明执法。理性文明执法是人民群众对于执法活动的强烈要求。执法机关及其工作人员要从有利于人民群众出发实施执法行为，冷静应对和处置各种矛盾和冲突，遵守执法程序，讲究执法方式，改善执法态度，注重执法艺术，始终做到仪容整洁、言行文明、举止得当、尊重他人，使各种执法活动真正为广大人民群众所充分理解和接受。可见，理性文明执法体现了以人为本的精神，有助于树立法治的权威，既要打击犯罪，又要保障人权。A、B、C三项正确。但是，理性文明执法也需要遵守执法程序，讲究执法方式，改善执法态度。因此，D项说法错误。

6. 【答案】D

【解析】A项中，公安机关利用公共资源为个别公民提供额外服务，C项违背了奖罚分明的原则，以上行为均属于不合理的

差别对待，违背了平等原则。B项体现了司法高效和执法为民原则。D项中，法院并未因原告是法官便格外偏袒，而是公正审判，判其败诉，所以符合公平正义的理念。因此，D项当选。

7. 【答案】B

【解析】我国社会中的大局是由地方与中央、部门与整体统一构成的，具有一定的层次性。必须明确：我国社会主义法治所服从和服务的大局，始终是党和国家大局，地方和部门大局只有在符合党和国家大局要求、不与党和国家大局发生冲突的前提下，才具有大局的意义，才能得到法治工作的尊重。要正确认识和处理地方和部门大局与党和国家大局之间的关系，坚定不移地坚持地方服从中央、局部服从全局的大局观念和大局原则，决不允许把地方或部门的利益要求凌驾于党和国家大局之上。对于那些借维护大局之名，追求地方或部门一己之利，既损害法律基本原则，又与党和国家大局要求相冲突的行为，应当予以明确抵制。A项、D项是典型的地方保护主义。C项的做法没有考虑到长远的大局，只看眼前。因此，B项当选。

8. 【答案】D

【解析】A项说法正确，当选。社会主义法治理念的五个组成部分及渊源均有理论源脉。其中，列宁关于无产阶级专政与社会主义法治的思想和关于执政党领导地位的思想是社会主义法治理念中党的领导理念的理论根据。

BC项说法正确，不当选。党的领导主要体现思想领导、政治领导、组织领导三个方面。党的领导就是要把党所倡导的"依

法治国，建设社会主义法治国家"等政治文明理念贯彻落实到党对法治实践活动的领导中来。

D项说法错误，当选。党对法治事业的组织领导，是实现党的思想领导和政治领导的必要方式和手段，也是我国社会主义法治体系的组织构造的重要特色。要加强法治机关党的组织建设，在法治机关中发挥党组织的领导核心作用、战斗堡垒作用和广大党员的先锋模范作用。

9. 【答案】C

【解析】诚如马克思所言："没有无义务的权利，也没有无权利的义务。"因此，权利和义务不可能孤立地存在和发展。A项错误。在古代社会，支配既有对财产的支配，也包括对人身的支配。因此，B项错误。各种价值都不是绝对的，都可以被限制，其限制由法律规定。特别是自由，法律保护人的自由，但自由也应受到法律的限制。因此，D项错误。

10. 【答案】A

【解析】该条款内容比较具体确定，属于法律规则。因此，B项错误。强行性规则是指内容规定具有强制性，不允许人们随便加以更改的法律规则。任意性规则是指规定在一定范围内，允许人们自行选择或协商确定为与不为、为的方式以及法律关系中的权利义务内容的法律规则。题干中的条款明确规定"夫妻双方可以约定"，说明属于授权性规则、任意性规则。D项错误、A项当选。系争条款的前半部分内容明确肯定，属于确定性规则；后半部分对于"没有约定或者约定不明确"的情况，法条本身没有规定人们具体的行为模式，

而是规定可以援引或参照其他相应内容规定，这是典型的准用性规则。因此，就整体条款而言，不宜认定为准用性规则。C项错误。

11. 【答案】A

【解析】双方协议意思表示真实，合法有效，因此不仅具有道德上的拘束力，也具有法律上的拘束力。A项当选。法律关系的形成、变更和消灭，需要具备一定的条件。其中最主要的条件有二：一是法律规范；二是法律事实。法律规范是法律关系形成、变更和消灭的法律依据，没有一定的法律规范就不会有相应的法律关系。所谓法律事实，就是法律规范所规定的、能够引起法律关系产生、变更和消灭的客观情况或现象。法律事实是一种客观存在的外在现象，而不是人们的一种心理现象或心理活动。以是否以人们的意志为转移作标准，可以将法律事实分为两类，即法律事件和法律行为。就法律行为而言，因为人们的意志有善意与恶意、合法与违法之分，故其行为也可以分为善意行为、合法行为与恶意行为、违法行为。善意行为、合法行为能够引起法律关系的形成、变更和消灭。例如，依法登记结婚的行为，导致婚姻关系的成立。同样，恶意行为、违法行为也能够引起法律关系的形成、变更和消灭。如犯罪行为产生刑事法律关系，也可能引起某些民事法律关系（损害赔偿、婚姻、继承等）的产生或变更。所以，BC两项正确。法伦理性原则，在我国民法中表现为平等、自愿、公平、诚实信用，公序良俗原则等。D项中法官的解释显然符合"法伦理性的原则"，故D项正确。

12. 【答案】D

【解析】正式渊源是指具有明定的法效力，并可直接作为法律推理的大前提之规范来源的资料。非正式渊源则不具有明定的法律效力，但具有法律说服力并能够构成法律推理的大前提的准则来源，包括正义标准、理性原则、政策、道德信念、风俗习惯、乡规民约、外国法、权威著作等。因此，A项错误。法官首先查明和确认案件事实，作为小前提；其次选择和确定与案件事实相符合的法律规范，作为大前提；最后从两个前提中推导出法律决定，这是典型的演绎推理。B项错误。法官根据《婚姻法》和最高法院《关于适用〈婚姻法〉若干问题的解释（二）》的相关规定，认定该现金属彩礼范畴，按照习俗要求返还不违反法律规定，遂判决陈女返还，有理有据，并不违反《婚姻法》规定，C项错误。规范性法文件是指针对不特定主体的、可以反复适用的、具有普遍拘束力的法律文件；非规范性文件是指不具有普遍约束力的判决书、裁定书、逮捕证、许可证、合同等文件，它们是适用法律的结果而不是法律本身。因此，D项正确。

13. 【答案】D

【解析】法律解释有正式解释和非正式解释之分。正式解释又称法定解释、有权解释，是指由特定的国家机关、官员或其他有解释权的人对法律作出的具有法律拘束力的解释。非正式解释又称为学理解释、无权解释，是指由学者或其他个人及组织对法律规定所作的不具有法律拘束力的解释，不被作为执行法律的依据。本案中，李某并非有权主体，而属于普通公民，因此A项正确。文义解释乃是按照日常的、一般的或法律的语言使用方式清晰地描述制定法的某个条款、某个术语的内涵和外延，其将解释的焦点集中到了语言之上。本案中，李某的解释关系的是相关条款的表面文义，因此B项正确。体系解释乃是将被解释的条文放在整部法律当中乃至整个法律体系当中，联系此条文和其他法条的相互关系来解释法律。本案中，法官结合了其他条款来解释系争条款，因此运用了体系解释方法，C项正确。在各种法律解释方法之间，除首先使用文义解释之外，其他解释方法一般无固定的优先关系。因此，D项当选。

14. 【答案】B

【解析】A项明显正确，因为李能以欺诈的手段，使对方在违背真实意思的情况下转让房产，因此违反了相关法律规定。法院判断的不是李能的意志行为，而是李能之母转让房产的行为是否有效，故而B项错误。公民和法人要能够成为法律关系的主体，享有权利和承担义务，就必须具有权利能力和行为能力，即具有法律关系主体构成的资格。因此，将潘桂花被鉴定为限制民事行为能力人，是对法律关系主体构成资格的一种认定，C项正确。在本题中，对于李能利用其母不识字骗其母签订合同这一事实问题是清楚、没有争议的；有争议的是在这种事实状况下，潘桂花转让房产的合同的效力如何。因此，D项正确。

15. 【答案】C

【解析】范某起诉该中心，认为事故主要是该中心未尽到注意义务所引起，要求赔偿10万余元。可见，范某对案件既做了事实描述，也进行了法律判断。A项错误。"拔河人数过多导致了事故的发生"这一语句所表达的是案件事实中的因果关系，确定的是演绎推理的小前提。B项错误。作为归责原则的效益原则是指在追究责任时，应当进行成本收益分析，讲求法律责任的效益。本案中，法院认定拔河人数过多导致事故的发生，但范某本人也有过错，故判决该中心按40%的比例承担责任，赔偿4万元。这很明显体现的是公正原则。故D项表述错误。

16. 【答案】B

【解析】西周初期统治者的基本政治观和治国方针是"以德配天，明德慎罚"。汉代中期以后，这一思想才被儒家发展成"德主刑辅、礼刑并用"的基本策略。所以A项错误。西周时期的买卖契约称为"质剂"，借贷契约称为"傅别"。C项错误。西周时期的继承制度是嫡长子继承制，主要是政治身份的继承，其次是土地、财产的继承。D项错误。

17. 【答案】B

【解析】俞廉三的奏章体现出修订民律的基本思路，仍然没有超出"中学为体、西学为用"的思想格局。B项当选。

18. 【答案】C

【解析】对法典进行逐条逐句的疏议的是《唐律疏议》。唐高宗在永徽三年下令召集律学通才和一些重要臣僚对《永徽律》进行逐条逐句的解释，继承汉晋以来，特别是晋代张斐、杜预注释律文的已有成果，历时1年，撰《律疏》30卷，与《永徽律》合编，后经高宗批准，将疏议分附于律文之后颁行。计分12篇，共30卷，称为《永徽律疏》。至元代后，人们以疏文皆以"议曰"二字始，故又称为《唐律疏议》。C项错误。其他各项均正确。

19. 【答案】C

【解析】北朝与南朝相继宣布废除，结束了使用宫刑的历史。北魏时期开始改革以往五刑制度，增加鞭刑与杖刑，后北齐、北周相继采用。若差别对待是具有正当理由，则不受禁止。因此C项错误。其他各项均无误。

20. 【答案】D

【解析】宪法禁止的是不合理的差别对待，而非一切差别。因此，D项错误。

21. 【答案】D

【解析】现行《宪法》没有明确规定了宪法与国际条约的关系，因此A项错误。现行《宪法》明确规定了宪法的修改制度，但没有规定宪法的制定制度。B项错误。我国宪法没有附则。C项错误。《宪法》第111条规定："城市和农村按居民居住地区设立的居民委员会或者村民委员会是基层群众性自治组织。居民委员会、村民委员会的主任、副主任和委员由居民选举。居民委员会、村民委员会同基层政权的相互关系由法律规定。"因此，D项正确。

22. 【答案】B

【解析】宪法规范是宪法最基本的要素和构成单位，是由国家制定或认可的、宪法主体参与国家和社会生活最基本社会关系的行为规范。C项正确。在整个法律体系中，宪法是基本法，其他法律都必须以民法为制定依据，因而宪法规范在国家法律体系中处于最高的地位。A项明显正确。宪法的渊源主要有宪法典、宪法性法律、宪法惯例、宪法判例、国际条约和国际惯例等。但我国没有宪法判例。因此，B项错误。在我国宪法中，存在一些权利性与义务性规范相互结合为一体的规定。如宪法规定"中华人民共和国公民有劳动的权利和义务；中华人民共和国公民有受教育的权利和义务。"在这类规范中，权利与义务互为一体，表现其特殊的调整方式。在宪法运行中，权利性规范与保障性规范是结合在一起的。特定的宪法规范既是对权利的保障，同时也是对特定国家行为的一种限制。D项正确。

23. 【答案】A

【解析】1787年《美国宪法》只规定了国家基本制度的内容，没有关于公民基本权利的规定。所以，A项错误明显。其他各项正确。

24. 【答案】D

【解析】从中央与地方的关系上看，除民族区域自治和特别行政区两种地方制度外，我国还有普通的省、县、乡行政区域。A项错误。县、市、市辖区部分行政区域界线的变更由国务院审批。因此，B项错误。根据不同区域所实行的不同地方制度，可将我国行政区划分为：普通行政区划、民族自治地方区划和特别行政区划三种。因此C项错误。从内容上看，行政区域划分制度包括行政区域划分的机关、原则、程序以及行政区域边界争议的处理等内容。因此D项正确。

25. 【答案】B

【解析】《宪法》没有明确规定生命权。B项错误。考生需要熟悉现行《宪法》规定了哪些基本权利，没有规定哪些基本权利。

26. 【答案】D

【解析】专门委员会是全国人大的辅助性的工作机构，在全国人大及其常委会的领导下，研究、审议、拟订有关议案。A项错误，D项正确。各委员会由主任1人、副主任和委员若干人组成；人选由主席团从代表中提名，大会通过；在全国人大闭会期间，常委会可以补充任命专门委员会的个别副主任委员和部分委员。B项错误。调查委员会属于临时委员会，无一定任期，调查任务一经完成，该委员会即予撤销。C项错误。

27. 【答案】D

【解析】《反垄断法》第14条："禁止经营者与交易相对人达成下列垄断协议：（一）固定向第三人转售商品的价格；（二）限定向第三人转售商品的最低价格；（三）国务院反垄断执法机构认定的其他垄断协议。"题目中生产商与相对人经销商限定向第三者转售商品的最低价格，属于纵向垄断协议。

28. 【答案】C

【解析】《食品安全法》第63条："国家建立食品召回制度。食品生产者发现其生产的食品不符合食品安全标准或者有证据证明可能危害人体健康的，应当立即停止生产，召回已经上市销售的食品，通知相关生产经营者和消费者，并记录召回和通知情况。

食品经营者发现其经营的食品有前款规定情形的，应当立即停止经营，通知相关生产经营者和消费者，并记录停止经营和通知情况。食品生产者认为应当召回的，应当立即召回。由于食品经营者的原因造成其经营的食品有前款规定情形的，食品经营者应当召回。

食品生产经营者应当对召回的食品采取无害化处理、销毁等措施，防止其再次流入市场。但是，对因标签、标志或者说明书不符合食品安全标准而被召回的食品，食品生产者在采取补救措施且能保证食品安全的情况下可以继续销售；销售时应当向消费者明示补救措施。

食品生产经营者应当将食品召回和处理情况向所在地县级人民政府食品药品监督管理部门报告；需要对召回的食品进行无害化处理、销毁的，应当提前报告时间、地点。食品药品监督管理部门认为必要的，可以实施现场监督。

食品生产经营者未依照本条规定召回或者停止经营的，县级以上人民政府食品药品监督管理部门可以责令其召回或者停止经营。"

所以召回是生产者的责任，销售者要承担召回义务的前提是产品问题由销售者的原因造成的，本题中并未体现出来红星水饺的质量问题与销售者有关，所以应该只有生产者承担召回义务。因此，选项C正确。

29.【答案】C

【解析】《商业银行法》第37条："商业银行贷款，应当与借款人订立书面合同。合同应当约定贷款种类、借款用途、金额、利率、还款期限、还款方式、违约责任和双方认为需要约定的其他事项。"A项的口头形式错误。

呆账是指已过偿付期限，经催讨尚不能收回，长期处于呆滞状态，有可能成为坏账的应收款项，B项只是预期贷款不是呆账

贷款，错误。

商业银行是独立的法人，自主经营自负盈亏，政府部分不能强行干预，C正确。

第40条："商业银行不得向关系人发放信用贷款；向关系人发放担保贷款的条件不得优于其他借款人同类贷款的条件。"D错。

30.【答案】C

【解析】《城乡规划法》第66条："建设单位或者个人有下列行为之一的，由所在地城市、县人民政府城乡规划主管部门责令限期拆除，可以并处临时建设工程造价一倍以下的罚款：（一）未经批准进行临时建设的；（二）未按照批准内容进行临时建设的；（三）临时建筑物、构筑物超过批准期限不拆除的。"因此，C为正确选项。

31.【答案】无（司法部公布答案为C）

【解析】本题考查限期治理制度，2014年修订的《环境保护法》未再规定限制治理制度，但环保单行法中仍然存在限期治理制度，如《水污染防治法》和《大气污染防治法》等。环保单行法中的限期治理措施仍然是可行有效的。

《环境保护法》将限期治理制度修改为第60条的规定："企业事业单位和其他生产经营者超过污染物排放标准或者超过重点污染物排放总量控制指标排放污染物的，县级以上人民政府环境保护主管部门可以责令其采取限制生产、停产整治等措施；情节严重的，报经有批准权的人民政府批准，责令停业、关闭。"同时结合环保单行法关于限期治理的规定，可以得出如此结论：（1）责令停业、关闭的权力，属于有批准

权的人民政府，环境保护主管部门无此权力。（2）限期治理的决定权限，属于环境保护主管部门（《水污染防治法》第74条）。（3）限期治理的级别管辖（《限期治理管理办法》第4条：国家重点监控企业的限期治理，由省级环保主管部门决定，报环保部备案；省重点监控企业的限期治理，由所在地设区的市级环保主管部门决定，报省级环保部门备案；其他排污单位的限期治理，由污染源所在地设区的市级或者县级环境保护行政主管部门决定。）至此，结合题干选项，无答案可选。鉴于限期治理制度未在《环境保护法》中规定，考生可不必复习，已经不具有命题可能性。

32. 【答案】A

【解析】根据《维也纳领事关系公约》，除非领事人员犯了严重罪行或为了执行有确定效力之司法判决，一般不得予以逮捕或羁押候审，选项A正确。

领事官员执行职务行为，不受接受国的司法和行政管辖，也无相关的作证义务，选项BC错误。

领馆人员免纳一切国家、区域或地方性的捐税，但间接税、遗产税不在此列，选项D错误。

33. 【答案】C

【解析】本案被劫持的是甲国航班，甲国对本案享有保护性管辖权，选项A错误。

"或引渡或起诉"是三国国际民航安全公约最主要的原则，但各国设有强制引渡的义务，国家可以根据引渡条约或国内法决定是否引渡；如果决定不引渡，则应在本国对嫌疑人进行起诉。选项B错误、C正确。

国际刑事法院是审理战争罪犯的国际常设法院，并不管辖劫机等普通刑事犯罪，选项D错误。

34. 【答案】A

【解析】国际法院的法官由联合国大会和安理会分别选举，均特别多数获任，安理会常任理事国对国际法官的选举不具有一票否决权，选项A正确。

国际法院法官对涉及其国籍国的案件，不适用回避制度，除非其就任法官前曾参与该案件，选项B错误。

国际法院的判例并非国际法渊源，选项C错误。

国际法院的咨询意见没有法律拘束力，选项D错误。

35. 【答案】C

【解析】根据《〈法律适用法〉司法解释（一）》第10条，"一保护两反三安全"的强制性规定属于直接适用的法，其中"三安全"包括食品或公共卫生安全、环境安全和外汇管制等金融安全的，选项AB说法正确。

应当直接适用的法律包括"一保护两反三安全"等的强制性规定，"一保护"指保护劳动者权益，"两反"指反垄断、反倾销，"三安全"包括食品或公共卫生安全、环境安全和外汇管制等金融安全的，很显然其范围不限于民事性质的实体法，故C项表述错误。

"直接适用的法"就是强化某些强制性规定在我国涉外民商事纠纷中有直接适用的效力，这些强制性规定的适用无须通过冲突规范的指引，故D项表述正确。

36. 【答案】B

【解析】《法律适用法》第10条第1

款规定，涉外民事关系适用的外国法律，由人民法院、仲裁机构或者行政机关查明。当事人选择适用外国法律的，应当提供该国法律。若是行政机关审理案件应当适用外国法，该外国法又并非因当事人的选择而被适用，审案的行政机关有义务查明该外国法，故 A 项错误。

根据《〈法律适用法〉司法解释（一）》第 18 条的规定，法院应当听取各方当事人对应当适用的外国法律的内容及其理解与适用的意见，当事人有异议的，法院还应承担审查认定的职责，选项 B 正确。

根据《〈法律适用法〉司法解释（一）》第 17 条的规定，法院必须在用尽当事人提供、条约途径、中外法律专家等各种可能合理途径仍不能获得外国法律的，才能认定为不能查明外国法律，故 C 项错误。

若不能查明外国法律或者该国法律没有规定，应当适用中国法律解决纠纷，而非视为相关当事人的诉讼请求无法律依据，选项 D 错误。

37．【答案】D

【解析】根据《〈法律适用法〉司法解释（一）》第 15 条的规定，自然人经常居所地确定的基本原则是已经连续居住 1 年以上且作为其生活中心，但就医、劳务派遣、公务等情形除外。本案张某 2008 年以后先后因劳务派遣、公务和就医离开深圳，均未形成其他经常居所地，因此应认定其经常居所地一直为深圳。选项 D 正确、ABC 错误。

38．【答案】B

【解析】根据 1958 年联合国《承认与执行外国仲裁裁决公约》（以下简称《公约》）以及我国相关司法解释，我国法院原则上无权主动审查外国仲裁裁决的效力，除非裁决内容明显违反了我国社会公共利益或者争议不具有可仲裁性，故 A 项错误。

无论是根据《公约》还是我国司法解释，拒绝承认与执行外国仲裁裁决的理由都是穷尽性的，目的是扩大对外国仲裁裁决的承认与执行，实现公约的目的，故 B 项正确。

根据《公约》第 5 条的规定，我国法院有权拒绝承认与执行"超裁"的仲裁裁决，但是，对于仲裁协议范围以内的事项的决定，如果可以和对于仲裁协议范围以外的事项的决定分开，那么仲裁裁决中这一部分的决定仍可予以承认和执行。故 C 项"如……含有……应拒绝"的说法过于绝对，选项 C 错误。

我国加入《公约》曾经做出了"商事保留声明"，声明我国仅对按照我国法律属于契约性和非契约性商事法律关系引起的争议所作出的仲裁裁决适用公约。其中的非契约性商事法律关系包括包含财产权益的侵权关系，故 D 项错误。

39．【答案】D

【解析】根据我国《民事诉讼法》第 267 条的规定，除公告送达作为兜底性送达方式外，其他送达途径没有时间的先后要求，选项 A 错误。

受送达人所在国的法律允许邮寄送达的，可以邮寄送达，选项 B 错误。

受送达人并非中国公民，不能采用驻外使领馆的送达途径，选项 C 错误。

如果能确认收悉，可以采用电子邮件、

传真等方式送达,选项 D 正确。

40. 【答案】C

【解析】因为该合同约定为"FOB (Incoterms 2010)",货物运输应由买方负责,选项 A 错误。

货物风险自装运港装运上船时转移,选项 B 错误。

根据《1980 年联合国国际货物销售合同公约》,用货物通用的方式包装是卖方的义务,选项 C 正确。

卖方应对买方承担买方营业地和合同预期的货物转售或使用地的知识产权担保义务,中国为本案中买方营业地,选项 D 错误。

41. 【答案】A

【解析】《巴黎公约》的"优先权原则"规定,在优先权期限提出的所有工业产权申请,都应以首次申请日作为优先权日,本案中的 2011 年 4 月 15 日为优先权日,选项 A 正确。

"临时性保护原则"要求缔约国应对在任何一个成员国内举办的或经官方承认的国际展览会上展出的商品中可以取得专利的发明、实用新型、外观设计和可以注册的商标给予临时保护。如果展品所有人在临时保护期内申请了专利或商标注册,则申请案的优先权日不再从第一次提交申请案时起算,而从展品公开展出之日起算。本案包含有新发明的产品公开展出之日为 2011 年 4 月 6 日,因此本案专利申请案的申请日还可提前到 4 月 6 日,故 B 项错误。

"独立性原则"规定关于外国人的专利申请或商标注册,应由各成员国根据本国法律作出决定,不应受原属国或其他任何国家就该申请作出的决定的影响,选项 C 错误。

"国民待遇原则"允许存在例外,各成员国在关于司法和行政程序、管辖以及选定送达地址或指定代理人的法律规定等方面,凡工业产权法有所要求的,可以明确地予以保留,选项 D 错误。

42. 【答案】D

【解析】政府采购由《政府采购协议》调整,不属于《服务贸易总协定》的适用范围,选项 A 错误。

国外银行在中国设立分支机构提供服务属于商业存在,选项 B 错误。

协定中的最惠国待遇适用于服务产品和服务提供者,选项 C 错误。

市场准入和国民待遇,受各成员承诺的限制,选项 D 正确。

43. 【答案】C

【解析】磋商是 WTO 争端解决的必经程序,选项 A 表述正确。

上诉机构为世界贸易组织争端解决机制中的常设机构,选项 B 表述正确。

若被裁定违反了有关协议的一方,没有在合理期限内履行裁决和建议,争端对方可以经争端解决机构授权交叉报复,对被诉方中止减让或中止其他义务,可见报复权利不是自动获得的,选项 C 表述错误。

中止减让或其他义务的水平和范围,应与受到的损害相当,选项 D 表述正确。

44. 【答案】D

【解析】《保障措施条例》第 2 条规定:"进口产品数量增加,并对生产同类产品或者直接竞争产品的国内产业造成严重损害或者严重损害威胁的,依照本条例的规定进行调查，采取保障措施。"可见保障措施中"国内产业受到损害"包括严重损害或严重损害威胁，选项A表述正确。

保障措施所称的"进口产品数量增加"，包括进口产品数量的绝对增加或者与国内生产相比的相对增加，选项B表述正确。

终裁决定确定不采取保障措施的，已征收的临时关税应当予以退还，选项C表述正确。

第22条规定："保障措施应当针对正在进口的产品实施，不区分产品来源国（地区）。"

45.【答案】B

【解析】在现代社会中，法律职业是一种高度专业化的职业。与一般社会道德相比，法律职业道德具有主体的特定性、职业的特殊性和更强的约束性等特征。所谓的更强的约束性，意味着法律职业人员一旦违反职业道德，将承担相应的责任。这自然也就要求法律职业人员承担更多的社会义务，要求他们具有高于其他职业的职业道德素养和品行。选项A说法正确。互相尊重、相互配合是法律职业道德的基本原则，法律职业人员一方面不应超越职权擅自干预和妨碍其他法律职业人员的正常办案，另一方面也要谦恭有礼，遵守有关的法庭礼仪。但检察官、律师和法官在法庭上不是领导与被领导的关系。法律职业人员在人格和依法履行职责上是平等的。互相尊重、互相配合并非要求检察官、律师在法庭上听从法官的指挥。因此，B项错误明显。在现代社会生活中，道德具有教育示范、调节规范以及潜移默化影响人们行为和意识的作用，只有通过选择合适

的内化途径和适当的外化方法，才能使法律职业人员将法律职业道德规范融进法律职业精神中。法律职业者作为内化的主体，应当有意识地将被动学习和主动学习结合起来。选项C说法正确。法律职业道德教育的途径和方法，主要包括提高法律职业人员道德认识、陶冶法律职业人员道德情感、锻炼法律职业人员道德意志、养成法律职业人员道德习惯等方面。选项D说法正确。

46.【答案】C

【解析】有夫妻关系、直系血亲关系、三代以内旁系血亲以及近姻亲关系的，不得同时担任上下相邻两级法院的院长、副院长。而省高院和县法院不属于上下相邻两级法院，因此A项错误。

《法官法》第10条规定："曾因犯罪受过刑事处罚的，或者曾被开除公职的人员，不得担任法官。"这里的犯罪既包括故意犯罪，也包括过失犯罪。这说明，人民法院工作人员被依法判处刑罚的，必须依法免除其职务。B项错误。

《法官法》第30条规定：法官具有下列表现之一的，应当给予奖励；……（2）总结审判实践经济成果突出，对审判工作有指导作用的；……故C项正确。

法官应当牢固树立程序意识，坚持实体公正与程序公正并重，严格按照法定程序执法办案，避免办案中的随意行为。而判决书中出现笔误，依法应当通过裁定书加以补正。因此，D项错误。

47.【答案】D

【解析】忠诚是我国社会主义制度下检察官职业道德的本质要求，也是检察官的

政治品格。检察官应当忠于国家、忠于人民、忠于党,忠于事实和法律,忠于检察事业。"检察官不得散布有损国家声誉的言论",而是要忠于国家,这是忠诚义务的表现。A项错误。

公正是司法工作的灵魂和最高价值追求,是检察官职业道德的核心内容。公正包括实体公正和程序公正两个方面。B项"检察院内部严格执行'案件查处由不同机构承办、互相制约'的制度",C项"检察官应当树立证据意识、程序意识,全面、客观依照程序收集证据",二者都体现了程序公正原则的要求。

检察官应文明办案,敢于监督,勇于纠错,做到执法理念文明、执法行为文明、执法作风文明,执法语言文明。D项中,检察官"应当通过合法途径解决,不得以检察官身份寻求照顾"体现了文明方面的要求。

48.【答案】C

【解析】律师与委托人或当事人的委托代理关系从形式上讲,是一种合同关系。办理委托事务的律师与委托人之间存在利害关系或利益冲突的,不得承办该业务并应主动提出回避。《律师执业行为规范》第50条规定了律师或律师事务所不得与当事人建立或维持委托关系的诸种情形,第51条规定了律师应告知委托人并主动提出回避,但委托人同意其代理或者继续承办的,律师不需要回避的情形。其中,根据第50条第5项的规定,C项当选。

49.【答案】B

【解析】符合担任人民陪审员条件的公民,可以由其所在单位或者户籍所在地的基层组织向基层人民法院推荐,或者本人提出申请,由基层人民法院会同同级人民政府司法行政机关进行审查,并由基层人民法院院长提出人民陪审员人选,提请同级人民代表大会常务委员会任命。人民陪审员的任期为五年。因此,A项中的"临时聘请"不合法,明显错误。

人民监督员制度是最高人民检察院为了确保职务犯罪侦查、起诉权的正确行使,根据有关法律结合实际制定的一种社会民主监督制度。省级以下人民检察院人民监督员由上一级人民检察院组织选任;有条件的省、自治区、直辖市,可以由省级人民检察院统一组织选任人民监督员。省级、地市级人民检察院可以商请机关、团体、企业事业单位和基层组织推荐人民监督员人选;公民个人可以向本人工作单位所在地或者住所地的人民检察院自荐报名。人民监督员每届任期五年,连续任职不得超过两届。B项正确。

我国《民事诉讼法》并未彻底取消公民代理,第58条第2款第3项规定:"当事人所在社区、单位以及有关社会团体推荐的公民,可以被委托为诉讼代理人。"可见,盘叔多年来"无偿代理了不少案件"本身是法律允许的,谈不上"扰乱了法律服务秩序",C项表述错误。

除国籍、年龄条件之外,担任公证员需要:(1)通过国家司法考试;(2)在公证机构实习2年以上或者具有3年以上其他法律职业经历并在公证机构实习1年以上,经考核合格。盘叔没有通过国家司法考试,不符合担任公证员的业务条件。因此D项错误。

50. 【答案】C

【解析】法律援助制度是指由国家设立专门机构，为经济困难或者特殊案件的当事人减免费用提供法律方面帮助的一项法律制度。根据《关于刑事诉讼法律援助工作的规定》第2条第2款的规定，有证据证明犯罪嫌疑人、被告人属于一级或者二级智力残疾的；共同犯罪案件中，其他犯罪嫌疑人、被告人已委托辩护人的；人民检察院抗诉的；案件具有重大社会影响的这四种情形，属于经济困难以外的其他原因，犯罪嫌疑人、被告人具有这四种情形申请法律援助的，法律援助机构无须进行经济状况审查。A项正确。

《法律援助条例》第27条规定："律师事务所拒绝法律援助机构的指派，不安排本所律师办理法律援助案件的，由司法行政部门给予警告、责令改正；情节严重的，给予1个月以上3个月以下停业整顿的处罚。"因此，B项说法正确。

《法律援助条例》第2条规定："符合本条例规定的公民，可以依照本条例获得法律咨询、代理、刑事辩护等无偿法律服务。"可见，我国的法律援助不像有些国家实行"缓交费"，也不是"减费"，而是完全无偿的，即"免费"。因此，C项不正确。

根据《关于刑事诉讼法律援助工作的规定》第16条的规定，人民检察院审查批准逮捕时，认为犯罪嫌疑人具有应当通知辩护的情形，公安机关未通知法律援助机构指派律师的，应当通知公安机关予以纠正，公安机关应当将纠正情况通知人民检察院。因此，D项正确。

二、多项选择题。

51. 【答案】ACD

【解析】在法理学中，各种价值、各种权利都不是绝对的，都可以被限制，其限制由法律规定。比如自由，法律保护人的自由，但自由也应受到法律的限制。不论是公权力，还是私权利，都要在法律规定的范围内行使和运作，所以B项错误。其他各项均符合法治的原理，入选。

52. 【答案】ABCD

【解析】本题考查对苏格拉底审判的理解。从道德评价的角度看，苏格拉底是善良的；但法律却认定其有罪，这直接说明道德与法律之间有时会发生冲突。A项正确。在审判中，苏格拉底宁死也不承认自己追求真理有什么错误，B项正确。苏格拉底承认判决不公正，但仍然拒绝逃亡，坦然接受死刑，理由是逃亡就是毁坏法律，说明其主张不正义的法律仍然是法律，C项正确。苏格拉底拒绝逃亡，探视他的友人主张其逃亡，双方都认为自己的做法是正义的，因此D项正确。

53. 【答案】CD

【解析】五人之间很明显在生命利益上发生了冲突，并最终以牺牲摩尔的生命利益为代价，维护了其他四人的生命。A项正确，C项错误。功利主义的基本立场是"最大多数人的最大幸福"，牺牲一个人，但能让更多的人活下来，这是符合功利主义的立场的。B项正确。不同法学派对此案件自然有不同的看法，他们之间不存在所谓的"唯一正解"。D项错误。

54. 【答案】ABD

【解析】确定性规则乃是和委任性规

则、准用性规则相对的,其内容本已明确肯定,无须再援引或参照其他规则来确定其内容。题目中的条款内容明确肯定,属于确定性规则。义务性规则乃是和授权性规则相对的,在内容上规定人们的法律义务,即有关人们应当作出或不作出某种行为。题目中的条款要求家庭成员"应当关心老年人的精神需求""不得忽视、冷落老年人",规定了家庭成员对待老年人之行为的应为模式和勿为模式,运用了道义助动词,因此属于以规范语句表达的义务性规则。ABD三项正确。但系争条款没有指明如果违反会产生何种法律后果,很明显省略了法律后果。因此C项错误。

55. 【答案】ABC

【解析】规范都具有保证自己实现的力量,没有保证手段的社会规范是不存在的,法律自然也不例外。A项正确。法律具有程序性,其制定和实施都必须遵守法律程序,法律职业者必须在程序范围内思考、处理和解决问题,这是法律区别于其他社会规范的重要特征。B项正确。法律强制是一种国家强制,是以军队、宪兵、警察、法官、监狱等国家暴力为后盾的强制,C项正确。法的强制属于国家强制,属于人类自觉地运用国家暴力加以强制,这区别于自然法则自发地运用自然力使自己获得实现。因此,D项错误。

56. 【答案】ABCD

【解析】A项属于对题干本身的理解、解释,正确。该条文规定的移乡避仇制非常鲜明地体现了唐律在依法处理的同时考虑到天理人情,考虑到受害人家属的情感需要,因此B项正确。这种做法既考虑到法律规范的要求,又考虑到实际社会生活,自然体现了唐律高超的立法技术。C项正确。该条文确立了解决亲情与法律相冲突的特殊模式,具有中国特色,也从侧面反映了唐律"礼律合一"的特点,D项正确。

57. 【答案】ABD

【解析】《春秋》决狱强调审断时应重视行为人在案情中的主观动机;在着重考察动机的同时,还要依据事实,分别首犯、从犯和已遂、未遂;实行"论心定罪"原则,如犯罪人主观动机符合儒家"忠""孝"精神,即使其行为构成社会危害,也可以减免刑事处罚。相反,犯罪人主观动机严重违背儒家倡导的精神,即使没有造成严重危害后果,也要认定犯罪给予严惩。客观上,春秋决狱对传统的司法和审判是一种积极的补充;但是,如果专以主观动机"心""志"的"善恶",判断有罪无罪或罪行轻重,在某种程度上为司法擅断提供了依据。C项说法错误。

58. 【答案】ABD

【解析】在罗马法中,公诉是对直接损害国家利益案件的审理;私诉是根据个人的申诉,对有关私人利益案件的审理。A项正确。直到1875年司法改革前,普通法与衡平法的并立一直是英国法的显著特征。B项正确。在诉讼程序传统上,大陆法系倾向于职权主义,法官在诉讼中起积极主动的作用。D项正确。就大陆法系而言,制定法为其主要法律渊源,除行政案件外,判例一般不被作为正式法律渊源,对法院审判无拘束力。在法国,二次世界大战之后,判例作用有所提高。C项太过绝对,错误。

59. 【答案】CD

【解析】我国的法院和检察院独立于行政机关、社会团体和个人，但要接受党的领导和人大的监督。因此C项不正确。社会主义法治理念不认同"法律万能"的思想偏向，社会主义法治理念要求实现法律手段与其他社会治理手段和方式的有机结合。这与西方资本主义法治理论中片面、绝对化的"法律中心主义"具有重要区别。因此D项错误。

60. AB

【解析】乡镇人大的代表可向本级人大书面辞职，乡级人大经代表的过半数通过。A正确。根据《选举法》第47条第1款的规定，B项正确。罢免直接选举的代表，须经原选区过半数选民通过。C项错误。补选出缺的代表，既可以差额选举，也可以等额选举。D项错误。

61. 【答案】ACD

【解析】所有法官都要根据当地法官和法律界及其他方面知名人士组成的独立委员会推荐，由行政长官任命。香港特区立法会还有权同意终审法院法官和高等法院首席法官的任免。澳门特区的检察长由澳门永久性居民中的中国公民担任，由行政长官提名，报中央人民政府任命；检察官经检察长提名，由行政长官任命。香港没有检察官。因此B项错误。

62. 【答案】ACD

【解析】政协是爱国统一战线的组织形式。从本质上讲，政协不是国家机关。但是，政协也不同于一般的人民团体，它同我国国家权力机关的活动有着极为密切的联系。因此，B项错误。

63. 【答案】AD

【解析】民族自治地方包括自治区、自治州和自治县（旗），不包括民族乡。因此C项错误。民族自治地方的自治机关是自治区、自治州和自治县的人民代表大会和人民政府，不包括法院和检察院。因此，B项错误。

64. 【答案】ACD

【解析】县政府的行为并没有涉及垄断的表现，所以A错。县建材协会的行为属于划分市场的垄断行为，B正确。《反垄断法》第38条："反垄断执法机构依法对涉嫌垄断行为进行调查。"反垄断执法机构应该为国务院的商务部、发改委、工商总局及在必要条件下三机构的省、自治区、直辖市的派出机构，县工商局并没有处理垄断行为的权限，C错。

第45条："对反垄断执法机构调查的涉嫌垄断行为，被调查的经营者承诺在反垄断执法机构认可的期限内采取具体措施消除该行为后果的，反垄断执法机构可以决定中止调查。中止调查的决定应当载明被调查的经营者承诺的具体内容。"所以D项情形应该是中止调查而非终止调查，D错误。

65. 【答案】BC

【解析】《劳动合同法》第23条："用人单位与劳动者可以在劳动合同中约定保守用人单位的商业秘密和与知识产权相关的保密事项。对负有保密义务的劳动者，用人单位可以在劳动合同或者保密协议中与劳动者约定竞业限制条款，并约定在解除或者终止劳动合同后，在竞业限制期限内按月给予劳动者经济补偿。劳动者违反竞业限制约定的，应当按照约定向用人单位支付违约金。"劳资双方约定保密义务并非一定要有保密费，也不是与竞业条款绑定的。因此，A错，B对。

《反不正当竞争法》第10条："经营者不得采用下列手段侵犯商业秘密：（一）以盗窃、利诱、胁迫或者其他不正当手段获取权利人的商业秘密；（二）披露、使用或者允许他人使用以前项手段获取的权利人的商业秘密；（三）违反约定或者违反权利人有关保守商业秘密的要求，披露、使用或者允许他人使用其所掌握的商业秘密。第三人明知或者应知前款所列违法行为，获取、使用或者披露他人的商业秘密，视为侵犯商业秘密。"所以C正确，第三人共同侵权，并不以"诱惑"为必要条件。因此，D错。

66. 【答案】ABCD

【解析】《消费者权益保护法》第40条："消费者在购买、使用商品时，其合法权益受到损害的，可以向销售者要求赔偿。销售者赔偿后，属于生产者的责任或者属于向销售者提供商品的其他销售者的责任的，销售者有权向生产者或者其他销售者追偿。

消费者或者其他受害人因商品缺陷造成人身、财产损害的，可以向销售者要求赔偿，也可以向生产者要求赔偿。属于生产者责任的，销售者赔偿后，有权向生产者追偿。属于销售者责任的，生产者赔偿后，有权向销售者追偿。

消费者在接受服务时，其合法权益受到损害的，可以向服务者要求赔偿。"

对于缺陷产品，A项跑步机的生产厂商有义务赔付。销售者超市、供货商煌煌公司都有义务对消费者赔付，B正确。销售者赔付后，有权向生产者和供货者追偿，C、D正确。

67. 【答案】BC（司法部公布答案为BCD）

【解析】根据《食品安全法》第2条："供食用的源于农业的初级产品（以下称食用农产品）的质量安全管理，遵守《中华人民共和国农产品质量安全法》的规定。但是，食用农产品的市场销售、有关质量安全标准的制定、有关安全信息的公布和本法对农业投入品作出规定的，应当遵守本法的规定。"所以，大米作为食用农产品，质量安全管理适用《农产品安全法》，但公布大米有关的食品安全信息，依照《食品安全法》。所以A错，B正确。

县有关部门有权对米粉加工厂现场检查，工厂应该配合，C正确。

第118条："国家建立统一的食品安全信息平台，实行食品安全信息统一公布制度。国家食品安全总体情况、食品安全风险警示信息、重大食品安全事故及其调查处理信息和国务院确定需要统一公布的其他信息由国务院食品药品监督管理部门统一公布。食品安全风险警示信息和重大食品安全事故及其调查处理信息的影响限于特定区域的，也可以由有关省、自治区、直辖市人民政府食品药品监督管理部门公布。未经授权不得发布上述信息。"所以根据新法，公布信息的机关为食品药品监督管理部门，限于特定区域影响的，为省一级食药监管部门公布，而非卫生行政部门。所以，D不正确。

2013年国家司法考试（试卷一）解析

68. 【答案】AC

【解析】《银行业监督管理法》第16条："国务院银行业监督管理机构依照法律、行政法规规定的条件和程序，审查批准银行业金融机构的设立、变更、终止以及业务范围。"题干中描述的情形为新增业务范围，属于银监会的监管范围。A正确，B错误。

第45条："银行业金融机构有下列情形之一，由国务院银行业监督管理机构责令改正，有违法所得的，没收违法所得，违法所得五十万元以上的，并处违法所得一倍以上五倍以下罚款；没有违法所得或者违法所得不足五十万元的，处五十万元以上二百万元以下罚款；情节特别严重或者逾期不改正的，可以责令停业整顿或者吊销其经营许可证；构成犯罪的，依法追究刑事责任：（一）未经批准设立分支机构的；（二）未经批准变更、终止的；（三）违反规定从事未经批准或者未备案的业务活动的；……"因此，C正确，D错误。

69. 【答案】AC

【解析】《银行业监督管理法》第37条："银行业金融机构违反审慎经营规则的，国务院银行业监督管理机构或者其省一级派出机构应当责令限期改正；逾期未改正的，或者其行为严重危及该银行业金融机构的稳健运行、损害存款人和其他客户合法权益的，经国务院银行业监督管理机构或者其省一级派出机构负责人批准，可以区别情形，采取下列措施：（一）责令暂停部分业务、停止批准开办新业务；（二）限制分配红利和其他收入；（三）限制资产转让；（四）责令控股股东转让股权或者限制有关股东的权利；（五）责令调整董事、高级管理人员或者限制其权利；（六）停止批准增设分支机构。"所以A、C正确。

70. 【答案】ABCD

【解析】《税收征收管理法》第50条："欠缴税款的纳税人因怠于行使到期债权，或者放弃到期债权，或者无偿转让财产，或者以明显不合理的低价转让财产而受让人知道该情形，对国家税收造成损害的，税务机关可以依照《合同法》第七十三条、第七十四条的规定行使代位权、撤销权。"所以税务局行使代位权的前提是纳税人怠于行使到期债权，所以A错误。

纳税人的债务人，并不是税务局的行政相对人，代位权行使的过程中，纳税人的债务人没有配合的义务，税务局更不能直接对纳税人的债务人采取任何保全或强制执行的措施，所以BCD错误。

71. 【答案】CD

【解析】在我国，劳务派遣用工只是补充形式，只能在临时性、辅助性或者替代性的工作岗位上实施。本题AB选项考查对劳务派遣用工"三性"的理解。

A项：说法错误，不当选。"辅助性工作岗位"，是指为主营业务岗位提供服务的非主营业务岗位。本题派梁某到乙公司做车间主任，这显然是主营业务。

B项：说法错误，不当选。"临时性工作岗位"，是指存续时间不超过6个月的岗位。这里的6个月是指"岗位的存续时间"不超过6个月，而不是指每6个月一签的劳动合同。

C项：说法正确，当选。《劳动争议调解仲裁法》第27条第4款规定："劳动关

85

系存续期间因拖欠劳动报酬发生争议的，劳动者申请仲裁不受本条第一款规定的仲裁时效期间的限制；但是，劳动关系终止的，应当自劳动关系终止之日起一年内提出。"劳动关系存续期间因拖欠劳动报酬发生争议的，劳动者申请仲裁不受1年的仲裁时效期间限制。

D项：说法正确，当选。《劳动争议调解仲裁法》第22条第2款规定："劳务派遣单位或者用工单位与劳动者发生劳动争议的，劳务派遣单位和用工单位为共同当事人。"

72. 【答案】BD

【解析】《房地产管理法》第31条："房地产转让、抵押时，房屋的所有权和该房屋占用范围内的土地使用权同时转让、抵押。"A错误。

第41条："房地产转让时，土地使用权出让合同载明的权利、义务随之转移。"B正确。

第43条："以出让方式取得土地使用权的，转让房地产后，受让人改变原土地使用权出让合同约定的土地用途的，必须取得原出让方和市、县人民政府城市规划行政主管部门的同意，签订土地使用权出让合同变更协议或者重新签订土地使用权出让合同，相应调整土地使用权出让金。"C错误。

第42条："以出让方式取得土地使用权的，转让房地产后，其土地使用权的使用年限为原土地使用权出让合同约定的使用年限减去原土地使用者已经使用年限后的剩余年限。"

第22条："土地使用权出让合同约定的使用年限届满，土地使用者需要继续使用土地的，应当至迟于届满前一年申请续期，除根据社会公共利益需要收回该幅土地的，应当予以批准。经批准准予续期的，应当重新签订土地使用权出让合同，依照规定支付土地使用权出让金。土地使用权出让合同约定的使用年限届满，土地使用者未申请续期或者虽申请续期但依照前款规定未获批准的，土地使用权由国家无偿收回。"D项正确。

73. 【答案】ABD

【解析】《环境保护法》第64条："因污染环境和破坏生态造成损害的，应当依照《中华人民共和国侵权责任法》的有关规定承担侵权责任。"《侵权责任法》第65条："因污染环境造成损害的，污染者应当承担侵权责任。"体现了环境侵权的"严格责任"属性，其责任的追究不以主观的过错和行为的违法性为前提，所以A项中"未超标排污"并不能成为行为人免除民事责任的抗辩理由。A项当选。

《侵权责任法》第29条："因不可抗力造成他人损害的，不承担责任。法律另有规定的，依照其规定。"《民法通则》第153条："不可抗力是指不能预见、不能避免且不能克服的客观情况"综上，"不可抗力"成为环境侵权的法定免责理由，但题目中的"天降大雨"并非成为"不能避免且不能克服"的客观情况，污水外溢还起因于"排水渠流量小"，所以不可认定为不可抗力而抗辩责任的承担，B项说法不成立，当选。

致害行为与损害结果之间存在因果关系，是环境民事责任的构成要件之一，C项中，死鱼原因被认定为疫病所致，则排污行为与损害结果之间排除了因果关系，可以因此免责，C项说法正确，不当选。

《侵权责任法》第26条："被侵权人对损害的发生也有过错的，可以减轻侵权人的责任。"第27条："损害是因受害人故意造成的，行为人不承担责任。"所以，受害人的过错可以减轻或免除行为人的责任承担。但此处的受害人的"过错"程度是破题的关键。《水污染防治法》第85条第3款："水污染损害是由受害人故意造成的，排污方不承担赔偿责任。水污染损害是由受害人重大过失造成的，可以减轻排污方的赔偿责任。"进一步明晰受害人的过错程度要达到"故意"或"重大过失"的程度。本题中，死鱼的主要起因于行为人排污渠流量小，天降大雨时未采取合理措施所致，并非受害人的"咎由自取"，所以D项说法不正确，当选。

本题为选非题，综上，当选答案为ABD。

74．【答案】ACD

【解析】根据《条约法公约》和我国《缔约程序法》，外交部部长属于无须出具全权证书的五种人员之一。选项A正确。

从国际法的角度讲，条约如何对缔约国产生拘束力取决于条约本身的规定，签署并非条约发生效力的唯一方式；从我国《缔约程序法》的角度讲，条约和重要协定须经全国人大常委会批准，其他协定须经国务院核准。故B项错误。

根据《缔约程序法》第7条的规定，条约必须经全国人大常委会批准，批准书由国家主席签署。选项C正确。

根据《缔约程序法》第12条的规定，多边条约和协定的接受，由国务院决定，接受书由外交部部长签署，选项D正确。

75．【答案】ACD

【解析】国际法基本原则具有强行法性质。因此，A项正确。

不得使用威胁或武力原则并不是禁止一切武力的使用，凡是符合《联合国宪章》和国际法规则的武力使用是被允许的，包括国家对侵略行为的自卫行动和联合国集体安全制度下的武力使用。因此，B项错误。

民族自决原则中独立权的范围，只严格适用于殖民统治下民族的独立。对于一国国内的民族分离活动，民族自决原则没有为其提供任何国际法依据。因此，C项正确。

和平解决国际争端原则是指国家间在发生争端时，各国应采取和平方式解决。因此，D项正确。

76．【答案】ABD

【解析】外国人若被强制出境未过年限、有危害公共安全的疾病、可能危害中国国家安全和利益、签证材料有问题等情形，中国签证机关不予签发其签证，选项A正确。

上述拒签的理由也构成拒绝外国人入境的理由，选项B正确。

外国人在旅馆以外的其他住所居住或者住宿的，应当在入住后24小时内由本人或者留宿人，向居住地的公安机关办理登记，选项C"48小时"的提法错误。

根据《出境入境管理法》第28条，外国人涉嫌刑事犯罪和涉及民事纠纷对出境的影响是不同的。若涉嫌刑事犯罪当然可被限制出境，但若"有未了结的民事案件"

必须是"人民法院决定不准出境的",方可限制其出境,选项D正确。

77. 【答案】BD

【解析】《法律适用法》第23条规定:"夫妻人身关系,适用共同经常居所地法律;没有共同经常居所地的,适用共同国籍国法律。"本题中双方当事人共同经常居所地为中国,其夫妻人身关系应适用中国法。选项A错误、B正确。

根据《法律适用法》第24条的规定,夫妻财产关系法律适用的第一顺序是允许有限制(一方当事人经常居所地法、国籍国法或主要财产所在地法)的意思自治,本案甲国为一方当事人的国籍国,夫妻财产关系协议选择甲国法为有效,故D项正确。若双方没有意思自治,应当适用第二顺序的共同经常居所地法,本题中双方当事人共同经常居所地为中国,若当事双方未达成有效的意思自治,其财产关系应适用中国法,故C项错误。

78. 【答案】ABC

【解析】根据《民事诉讼法》第265条的规定,本案属于对在中华人民共和国领域内没有住所的被告提起的合同纠纷,由于被告甲国某航空公司在中国设有代表处,代表机构住所地人民法院有权管辖。故A项正确。

根据《民诉法解释》第533条关于涉外民商事案件管辖权平行诉讼的规定,我国法院对某一涉外民商事案件有管辖权,并不排斥其他国家法院依据其本国法对同一案件行使管辖权;同样的,外国法院对某一涉外民商事案件有管辖权,也并不排斥我国法院依据我国法律对同一案件行使管辖权,故BC项正确。

若我国法院受理此案,合同纠纷的法律适用应首先尊重当事人的意思自治,没有意思自治则适用最密切联系原则确定准据法,选项D错误。

79. 【答案】ACD

【解析】内地和澳门相互委托送达司法文书和调取证据,均须通过各高级人民法院和澳门特别行政区终审法院进行。因此,A项正确。

涉澳送达文书或调取证据的委托书都应当以中文文本提出。所附司法文书及其他相关文件没有中文文本的,应当提供中文译本。B项错误。

本案中级法院作为委托方法院,当然有权请求(但无权直接请求)澳门特别行政区法院协助调取证据,域外或涉澳调取的证据都只能是用于已经或即将开始的司法程序的证据。故C项正确。

受委托方法院在执行委托调取证据时,根据委托方法院的请求,可以允许委托方法院派司法人员出席。必要时,经受委托方允许,委托方法院的司法人员可以向证人、鉴定人等发问。D项正确。

80. 【答案】ABC

【解析】争端双方的书面同意是投资争端国际中心行使管辖权的条件之一,而达成的同意将争端提交给中心的协议对双方都有约束力,任何一方不得单方面撤销。故A项正确。

多边投资担保机构承保的条件之一是投资东道国必须是发展中会员国。选项B正确。

要求企业购买或使用东道国产品或自任何东道国国内来源的产品属于《与贸易有

关的投资措施协议》禁止的"当地成分要求"。选项C正确。

限制投资比例与货物贸易无关，不属于《与贸易有关的投资措施协议》的调整范围，自然也就不属于该协议的禁止性投资措施。选项D错误。

81. 【答案】ACD

【解析】已有正本提单提货是承运人免除无正本提单法律责任的理由之一。故A项正确。

依据托运人的要求无正本提单交货免责只适用于签发记名提单的情形，本题为指示提单，该免责理由不成立。故B项错误。

承运人依照提单载明的卸货港所在地法律规定，必须将承运到港的货物交付给当地海关或者港口当局的，承运人可免除无单放货法律责任。故C项正确。

承运到港的货物超过法律规定期限无人向海关申报，被海关提取并依法变卖处理，或者法院依法裁定拍卖承运人留置的货物，承运人可免除无单放货法律责任。故D项正确。

82. 【答案】ABD

【解析】本案险别为平安险，AB项均属于意外事故致损，属于平安险的承保范围。AB选项正确。

运输延迟属于保险除外责任。选项C错误。

本案运输规则为《海牙规则》。承运人享有航行过失免责，选项D正确。

83. 【答案】ABCD

【解析】司法是解决纠纷、保证公平正义的最后一道防线，在我国，要想实现公平正义必然离不开司法制度。A项正确。

司法在社会生活中发挥着广泛的功能，其中解决纠纷是司法的主要功能。司法通过解决纠纷，既实现了正义，又维护了秩序。B项正确。司法公正与司法效率相伴相随、两位一体，司法公正本身就含有对司法效率的要求，没有效率，谈不上公正；不公正，效率也没有意义。公正优先、兼顾效率，这是我国司法的重要价值立场。C项正确。我国法律反映了社会公平正义的主要方面，但并不能覆盖社会公平正义的全部内容。因此，社会主义公平正义的实现，必须注重法理与情理的相互统一，用法理为情理提供正当性支持，以情理强化法理施行的社会效果。在不违背基本原则的情况下，如果能兼顾法理和情理，寻求相关利益的平衡和妥协，无疑更有助于实现实质性的公平正义。D项正确。

84. 【答案】ACD

【解析】B项体现的是法官的清正廉洁，体现了公平正义的要求。因此不当选。而选项A、C、D中法官的做法则体现了执法为民的理念。

85. 【答案】BC

【解析】法律禁止法官的配偶、子女担任该法官所任职单位办理案件的诉讼代理人或者辩护人。据此，A项的做法没有问题。公证员不得为本人及近亲属办理公证或者办理与本人及近亲属有利害关系的公证。D项中，公证员张某与该公司董事长仅是大学同学，且只是根据其申请办理公司章程公证，并无不妥。

检察官应依法独立行使检察权，独立于行政机关、企事业单位、社会团体、其他社会成员个人以及新闻媒体、公正舆论，不受任何外在的非法干预、不为人情所利用、不受社会舆论所干扰。B项中高某已然明显受到网络舆论的影响。根据《法官法》的规定，法官应充分保障当事人和其他诉讼参与人的诉讼权利，避免办案中的随意行为。C项中，公诉人训诫李律师，双方发生直接冲突，而审判长竟然不表明态度，不符合职业道德规范。

三、不定项选择题。

86. 【答案】ABD

【解析】法律适用的过程，无论是寻找大前提还是确定小前提，都是用来向法律决定提供支持程度不同的理由，所以，它也就是一个法律证成的过程。所谓"证成"，便是给一个决定提供充足理由的活动或过程。外部证成保障的是推理前提的合理性、正当性；内部证成保障的是推理规则的可靠性。可见，内部证成只保证结论从前提中逻辑地推导出来，但对前提的正当性没有保障；外部证成则保证内部证成的前提正当。据此，C项错误。其他ABD各项正确，入选。

87. 【答案】BD

【解析】正式渊源中的"法律"，乃是狭义的法律，即全国人大及其常委会制定的规范性文件。因此，A项正确。B项错误明显，法律当然不会以《国务院公报》上刊登的为准，而应以其制定机关的公报——《全国人大常委会公报》为准。行政法规和地方性法规均可采用"条例""规定""办法"等名称。故C项正确。基本法律由全国人大通过，非基本法律由全国人大常委会通过。因此，D项错误。

88. 【答案】C

【解析】围绕着法的概念的争论的中心问题是关于法与道德之间的关系。依据人们在定义法的概念时对法与道德的关系的不同主张，我们大致上可以区分出两种基本立场，即实证主义和非实证主义。所有的实证主义理论都主张，在定义法的概念时，没有道德因素被包括在内，即法和道德是分离的。具体来说，实证主义认为，在法与道德之间，在法律命令什么与正义要求什么之间，在"实际上是怎样的法"与"应该是怎样的法"之间，不存在概念上的必然联系。与此相反，所有的非实证主义理论都主张，在定义法的概念时，道德因素被包括在内，即法与道德是相互联结的。非实证主义者以内容的正确性作为法的概念的一个必要的定义要素，但其并不必然排除社会实效性要素和权威性制定要素。也就是说，非实证主义的法的概念中不仅以内容的正确性作为定义要素，同时可以包括社会实效性要素和权威性制定要素。如果以内容的正确性作为法的概念的唯一定义要素，则是传统的自然法理论；如果以内容的正确性与权威性制定或社会实效性要素同时作为法的概念的定义要素，其典型的代表则是超越自然法与法实证主义之争的所谓第三条道路的法学理论，例如阿列克西。因此，ABD正确。非实证主义包括传统自然法学和第三条道路的法学理论。C项忽略了第三条道路，因此错误。

89. 【答案】ACD（司法部公布答案为AD）

【解析】基本法律原则上由全国人大制定和修改。但在全国人大闭会期间，全国人大常委会有权对基本法律进行部分的补充和修改，但不得同该法律的基本原则相抵触。A项正确。不论是全国人大制定的基本法律，还是全国人大常委会制定的非基本法律，通过之后都应由国家主席发布主席令加以公布。B项错误。根据新修订的《立法法》的规定，有关的专门委员会审议法律案时，可以邀请其他专门委员会的成员列席会议，发表意见。但是，法律委员会审议法律案时，应当邀请有关的专门委员会的成员列席会议，发表意见。所以，C项正确。法律案列入全国人大常委会会议议程之后，除特殊情况外，应当在会议举行的七日前将法律草案发给常委会组成人员。D项正确。

90. 【答案】BD

【解析】解释宪法的职权归全国人大常委会。A项错误。省、自治区政府在必要的时候，经国务院批准，可以设立行政公署；直辖市无权设立。因此，C项错误。

91. 【答案】ACD

【解析】根据《监督法》第6条的规定，A项正确。根据该法第25条，"全国人大常委会和省级人大常委会根据需要，可以委托下一级人大常委会对有关法律、法规在本行政区域内的实施情况进行检查。"因此，B项错误。根据该法第38条，"质询案以口头答复的，由受质询机关的负责人到会答复；质询案以书面答复的，由受质询机关的负责人签署。"C项正确。根据该法第42条，D项正确。

92. 【答案】BC

【解析】《企业所得税法》第6条："企业以货币形式和非货币形式从各种来源取得的收入，为收入总额。包括：（一）销售货物收入；（二）提供劳务收入；（三）转让财产收入；（四）股息、红利等权益性投资收益；（五）利息收入；（六）租金收入；（七）特许权使用费收入；（八）接受捐赠收入；（九）其他收入。"第7条："收入总额中的下列收入为不征税收入：（一）财政拨款；（二）依法收取并纳入财政管理的行政事业性收费、政府性基金；（三）国务院规定的其他不征税收入。"第26条："企业的下列收入为免税收入：（一）国债利息收入；（二）符合条件的居民企业之间的股息、红利等权益性投资收益；（三）在中国境内设立机构、场所的非居民企业从居民企业取得与该机构、场所有实际联系的股息、红利等权益性投资收益；（四）符合条件的非营利组织的收入。"因此，A项属于不征税收入，D项属于免税收入。BC项为应纳税收入，为正确选项。

93. 【答案】BCD

【解析】《税收征收管理法》第38条："税务机关有根据认为从事生产、经营的纳税人有逃避纳税义务行为的，可以在规定的纳税期之前，责令限期缴纳应纳税款；在限期内发现纳税人有明显的转移、隐匿其应纳税的商品、货物以及其他财产或者应纳税的收入的迹象的，税务机关可以责成纳税人提供纳税担保。如果纳税人不能提供纳税担保，经县以上税务局（分局）局长批准，税务机关可以采取下列税收保全措施：（一）书面通知纳税人开户银行或者其他金融机构冻结纳税人的金额相当于应纳税款的存款；（二）扣押、查封纳税人的价值相当于应纳税款的商品、货物或者其他财产。纳税人在前款规定的限期内缴纳税款的，税务机关必须立即解除税收保全措施；限期期满仍未缴纳税款的，经县以上税务局（分局）局长批准，税务机关可以书面通知纳税人开户银行或者其他金融机构从其冻结的存款中扣缴税款，或者依法拍卖或者变卖所扣押、查封的商品、货物或者其他财产，以拍卖或者变卖所得抵缴税款。个人及其所扶养家属维持生活必需的住房和用品，不在税收保全措施的范围之内。"所以 A 项所述情形，应该采取保全措施，即冻结账户，而非强制执行措施的扣缴税款。因此，A 错误；B 正确。

第 88 条："纳税人、扣缴义务人、纳税担保人同税务机关在纳税上发生争议时，必须先依照税务机关的纳税决定缴纳或者解缴税款及滞纳金或者提供相应的担保，然后可以依法申请行政复议；对行政复议决定不服的，可以依法向人民法院起诉。当事人对税务机关的处罚决定、强制执行措施或者税收保全措施不服的，可以依法申请行政复议，也可以依法向人民法院起诉。"所以 CD 项正确。

94.【答案】ABC

【解析】《劳动合同法》第 19 条："劳动合同期限三个月以上不满一年的，试用期不得超过一个月；劳动合同期限一年以上不满三年的，试用期不得超过二个月；三年以上固定期限和无固定期限的劳动合同，试用期不得超过六个月。同一用人单位与同一劳动者只能约定一次试用期。以完成一定工作任务为期限的劳动合同或者劳动合同期限不满三个月的，不得约定试用期。试用期包含在劳动合同期限内。劳动合同仅约定试用期的，试用期不成立，

该期限为劳动合同期限。"两年期劳动合同，试用期最长不超过 2 个月，题中 3 个月试用期不合法。因此，A 正确。

《劳动合同法》第 20 条："劳动者在试用期的工资不得低于本单位相同岗位最低档工资或者劳动合同约定工资的百分之八十，并不得低于用人单位所在地的最低工资标准。"B 正确。

《劳动合同法实施条例》第 6 条："用人单位自用工之日起超过一个月不满一年未与劳动者订立书面劳动合同的，应当依照劳动合同法第八十二条的规定向劳动者每月支付两倍的工资，并与劳动者补订书面劳动合同；劳动者不与用人单位订立书面劳动合同的，用人单位应当书面通知劳动者终止劳动关系，并依照劳动合同法第四十七条的规定支付经济补偿。前款规定的用人单位向劳动者每月支付两倍工资的起算时间为用工之日起满一个月的次日，截止时间为补订书面劳动合同的前一日。"所以 C 正确。

《劳动合同法实施条例》第 5 条："自用工之日起一个月内，经用人单位书面通知后，劳动者不与用人单位订立书面劳动合同的，用人单位应当书面通知劳动者终止劳动关系，无须向劳动者支付经济补偿，但是应当依法向劳动者支付其实际工作时间的劳动报酬。"所以劳动者拒绝与用人单位签订书面劳动合同，时间在一个月内的，用人单位解除合同无须补偿；如果超过一个月了，用人单位已然有过错，虽然用人单位可解除合同，但需要给付经济补偿，所以 D 项表明，一个月后劳动者拒签合同而用人单位不给予补偿是错误的。

95. 【答案】ABCD

【解析】《劳动合同法》第4条规定："用人单位应当依法建立和完善劳动规章制度，保障劳动者享有劳动权利、履行劳动义务。用人单位在制定、修改或者决定有关劳动报酬、工作时间、休息休假、劳动安全卫生、保险福利、职工培训、劳动纪律以及劳动定额管理等直接涉及劳动者切身利益的规章制度或者重大事项时，应当经职工代表大会或者全体职工讨论，提出方案和意见，与工会或者职工代表平等协商确定。在规章制度和重大事项决定实施过程中，工会或者职工认为不适当的，有权向用人单位提出，通过协商予以修改完善。用人单位应当将直接涉及劳动者切身利益的规章制度和重大事项决定公示，或者告知劳动者。"

A项：说法正确，当选。劳动规章制度应当经全体职工讨论，提出方案和意见，与工会平等协商确定。《工作纪律规定》明显与《劳动合同法》相抵触。

B项：说法正确，当选。限制劳动者的婚姻自由属于违法条款。

C项：说法正确，当选。劳动规章制度明显违法，自始不发生效力，依照该规定解除劳动合同违法。

D项：说法正确，当选。如上所述解除劳动合同违法，公司应当承担因此给王某造成的损失。

96. 【答案】ABC

【解析】《劳动合同法》第45条："失业人员符合下列条件的，从失业保险基金中领取失业保险金：（一）失业前用人单位和本人已经缴纳失业保险费满一年的；（二）非因本人意愿中断就业的；（三）已经进行失业登记，并有求职要求的。"所以AB正确。

第48条："失业人员在领取失业保险金期间，参加职工基本医疗保险，享受基本医疗保险待遇。失业人员应当缴纳的基本医疗保险费从失业保险基金中支付，个人不缴纳基本医疗保险费。"因此，C正确。

第52条："职工跨统筹地区就业的，其失业保险关系随本人转移，缴费年限累计计算。"因此，D错误。

97. 【答案】ABCD

【解析】根据《引渡法》第7条的规定，引渡须符合"双重犯罪原则"，即被指控的行为在请求国和被请求国都构成犯罪。选项A正确。

根据《引渡法》第9条的规定，"可以"拒绝引渡的情形有两种：①我国对被请求引渡人正在进行刑事诉讼或者准备提起刑事诉讼的；②根据人道主义原则不宜引渡的。选项B正确。

根据《引渡法》第8条的规定，无论是根据中国法律还是根据请求国法律，引渡请求所指的犯罪纯属军事犯罪的，我国都"应当"拒绝引渡，选项CD正确。

98. 【答案】CD

【解析】《〈法律适用法〉司法解释（一）》，除非法律另有规定，否则法律适用中的意思自治可以突破实际联系原则的限制。选项A错误。

当事人在法律适用上的意思自治不限于合同领域，侵权、代理等民事关系在法律适用上都允许意思自治，选项B错误。

根据《〈法律适用法〉司法解释（一）》第8条，当事人法律适用意思自治的最晚时间是一审法庭辩论终结前。因此，选项 C 正确。

以行为方式达成意思自治必须满足两个条件：①各方当事人援引相同国家的法律；②且未提出法律适用异议的。因此，选项 D 正确。

99. 【答案】BD

【解析】根据《联合国国际货物销售合同公约》第 38 条的规定，买方必须在按情况实际可行的最短时间内检验货物或由他人检验货物，而不是依自己习惯的时间安排验货。故 A 项错误。

如卖方已知货物须转运，买方检验货物的时间可推迟到货物到达新目的地后进行。故 B 项正确。

根据《联合国国际货物销售合同公约》第 39 条，买方对货物不符合同，必须在发现或理应发现不符情形后一段合理时间内通知卖方。声明货物不符的最长时间为收货后 2 年，除非这一时限与合同规定的保证期限不符。选项 C "任何时间"的说法错误。

D 项情况说明此种不符并非风险所致，应由卖方承担责任。故 D 项正确。

100. 【答案】B

【解析】UCP600 明确规定，当开证行确定单证不符时，可以自行决定联系申请人放弃不符点，如果收到开证申请人放弃不符点的通知，则可以释放单据，而非"应当"联系、"应当"释放单据。因此，选项 AD 错误。

本案卖方所交货物无价值，属于典型的信用证欺诈情形之一。因此，选项 B 正确。

信用证下相关银行善意的付款或承兑属于信用证欺诈例外原则适用的除外情形。因此，选项 C 错误。

2013年国家司法考试（试卷二）解析

一、单项选择题。

1. 【答案】C

【解析】甲谎称"3架飞机上有炸弹"，迫使机场立即紧急疏散乘客，3小时后才恢复正常航班秩序，严重扰乱了社会秩序，符合编造、故意传播虚假恐怖信息罪的构成要件，成立犯罪。据此，选项C正确。选项A错误，犯罪成立与否的标准是犯罪成立条件，而不是"维护社会稳定"。以维稳作为入罪理由严重违反了罪刑法定原则。选项B错误，甲散布的是虚假信息，不存在真实的危害公共安全的可能性，因此不可能构成危害公共安全犯罪。选项C正确，定罪的标准是犯罪成立条件，定罪的根据是案件事实，即应以事实为根据，以法律为准绳。选项D错误，即便造成国际重大影响，也不能突破罪刑法定原则的基本要求。高效办案，须以维护法治为前提，否则只会破坏社会对司法机关的信赖。

2. 【答案】D

【解析】ABC项：说法错误，不当选；D项：说法正确，当选。第①句正确。社会主义法治理念的本质属性在于执法为民，执法为民在罪刑法定的思想基础中体现为凡是关系到国民基本重要思想的内容，都必须由国民来决定，且刑法要求体现尊重人权，以更好地保障国民的自由和人权。第②句正确。依法治国要求依法办事，依法办事的直接体现在于所有的适用法律环节，包括立法、司法、执行，都必须严格按照法律的规定进行。罪刑法定原则作为刑法的一项基本原则，贯穿刑法立法、司法和执行的整个过程，其基本精神、内容和理念不仅约束立法者，也约束着司法者和执行者。立法者、司法者遵守罪刑法定原则的要求体现了依法办事。第③句正确。法律首先是对国家机关、国家权力的一种限制和约束，罪刑法定原则首先限制的是司法机关的司法权。限制国家机关的权力是为了更好地保障国民的自由和人权，同时也体现出执法为民的社会主义法治理念的本质的属性。第④句正确。罪刑法定原则的基本含义是法无明文规定不为罪、法无明文规定不处罚，实际上是法治原则在刑法中的另一个表述，体现了依法治国的理念。

3. 【答案】A

【解析】选项A错误，类推解释属于解释本身的属性，无论其由谁作出，均不会改变自身属性。选项B正确，大型拖拉机在一般人看来区别于汽车，二者的主要功能存在明显差异。据此，大型拖拉机涉嫌超越汽车一词的可能含义，属于扩大解释甚至类推解释。选项C正确，分则特定条文将变造与伪造分开规定时，如伪造货币与变造货币，对该条文中的伪造或变造就应加以区分，不能合二为一。但是在诸如伪造增值税专用发票、车船票等规定中，仅规定了伪造，没规定变造。在这一场合，有必要将变造解释为伪造，这样既未超过用语可能的含义，也考虑了法益保护的需要。选项D正确，累犯本身重于一般的再犯，或者说，累犯原本就是较重的再犯，其成立条件和法律后果都区别于一般再犯，因而更为严格和严重。就此而言，既然未成年人不可以适用较重的累犯，按照形式逻辑和事物的本质，举重以明轻，当然也不适用再犯的规定。这里的再犯规定当然包括毒品犯罪的再犯。

4. 【答案】C

【解析】选项A正确，2011年4月30日前犯罪，犯罪后自首又有重大立功表现的，由于修正案八将"应当减轻或者免除处罚"删除，新法重于旧法，根据从旧兼从轻原则，当然适用修正前的刑法条文。选项B正确，2011年4月30日前拖欠劳动者报酬，当时并无拒不支付劳动报酬罪（《刑法修正案（八）》增设），无罪。但2011年5月1日后以转移财产方式拒不支付劳动者报酬的行为，属于新法生效以后新发生的拒不支付劳动报酬的行为，当然可以追究刑事责任。选项C错误，2011年4月30日前组织出卖人体器官的，当时并无组织出卖器官罪，该行为并不构成犯罪。2011年5月1日后《刑法修正案（八）》增设该罪名，但根据从旧兼从轻原则，不具有溯及力。选项D正确，2011年4月30日前扒窃财物数额未达到较大标准的，按照旧法并不成立犯罪。扒窃型盗窃罪由《刑法修正案（八）》增设，但根据从旧兼从轻原则，新法不具有溯及力。

5. 【答案】C

【解析】犯罪是有责的不法，如果行为不可能产生法益侵害，那么就不能称之为不法行为，也就谈不上犯罪。甲基于伤害的决意送给乙旱冰鞋，该行为在本案中无论如何也不可能产生法益侵害，不能说存在不法行为。另一方面，乙的伤害结果从归责角度，也应全部归责于乙自己的行为，甲送旱冰鞋的行为与伤害结果不存在归责关系。据此，甲的行为不构成犯罪。此外，甲想象自己的行为可能实现故意伤害罪构成要件，且持希望态度，应具有伤害故意。选项A错误，甲的行为不具有有害性（法益侵害性）。选项B错误，甲的行为与伤害结果没有因果关系，中间介入乙自己的行为中断了因果关系。选项D错误，即便甲存在过失，客观上也不存在任何不法行为，因此不可能成立过失犯。因此，选项C正确。

6. 【答案】D

【解析】选项A正确，尽管甲属于入室盗窃，对数额较大不做要求，但是需要存在窃取较大数额财物的可能性。与此相应，甲在主观上需要认识到盗窃数额可能较大，否则不能认定有盗窃故意。本案中，甲看到被害人乙家十分贫穷，不可能有价值不菲的玉器，所以认定玉坠不值钱，主观上不具有"可能数额较大"的认识。依此，5000元超过了甲的责任范围，不成立盗窃罪。选项BC均正确，甲的销赃行为并非单纯的销售赃物，存在恶意虚构事实的行为，并侵害了新的法益——丙的3万元损失，符合诈骗罪要件，成立诈骗罪。D错误，诈骗罪数额应该以被害人实际损失为准，甲诈骗造成丙实际损失3万元，诈骗数额为3万元。

7. 【答案】C

【解析】防卫过当的是指防卫行为造成明显超过必要限度的防卫结果的情形。甲为了制止一般伤害，实施防卫行为造成乙重伤（直接结果），之后由于其拒绝救助，重伤演变为死亡结果（间接结果）。应该说，甲的防卫行为造成的防卫结果是死亡，而不是重伤。之所以这样认为，是因为如果没有甲的防卫行为，乙便不会死亡，且甲的行为原本就足以致人死亡。在因果关系发展过程中，介入了甲拒绝救助的行为，该行为无论是否成立单独的不作为犯罪（遗弃罪），其都不具有异常性（一般认为，不法行为造成他人重伤与不加救助之间具有类型化关联。据此，正当行为造成重伤后不加救助则更具有通常性），且单纯不救助对死亡结果的作用小于前述致人重伤的行为，其实际上只发挥了实现防卫行为所制造的死亡危险的作用。可见，甲拒绝救助的行为不能中断甲防卫行为与死亡结果之间的因果关系，甲的防卫行为导致了死亡结果，而不是重伤结果。在此意义上，甲拒绝救助的行为并未进一步侵犯新的法益，而只是使防卫行为所制造的死亡危险得以现实化，即甲拒绝救助的遗弃行为成立不可罚的事后行为。综上，甲为了制止一般伤害，实施防卫行为造成他人死亡，明显超过必要限度，属于防卫过当，应构成过失致人死亡罪（防卫行为构成过失致人死亡罪，而不是不救助的行为构成过失致人死亡罪）。

8. 【答案】D

【解析】甲抢劫乙时，虽然乙在椅子上睡觉，但小超市并不会因此在客观上具有户的性质。户要求具有供家庭生活起居之用的相对隔离的空间，小超市并非隔离空间，仅仅在此休息不能成为户。抢劫罪是财产犯罪，未取得财产的，只能成立抢劫罪未遂。抢劫罪的结果加重犯需要区分基本犯既遂还是未遂，然后结合加重犯情节进行量刑，不能不加区分地直接适用结果加重犯的规定。当基本犯未遂，但却持枪抢劫的（加重情节满足），应以抢劫罪加重犯法定刑为基准，按照未遂犯量刑规则进行量刑。抢劫罪属于个别财产犯罪，不需要计算行为人在抢劫中支出的财物，只要其取得财物就构成抢劫罪的既遂。

9. 【答案】D

【解析】选项A正确，被教唆人接受教唆实施犯罪，教唆人与被教唆人构成共同犯罪，教唆犯应当按照在共同犯罪中的作用处罚；教唆人为两人以上共同教唆时，仍然构成共同犯罪，对于教唆犯自然也要按照在共同犯罪中的作用处罚。选项B正确，教唆犯应当按照他在共同犯罪中所起的作用处罚，这说明教唆行为未必一定发挥主要作用，因而也可能成立从犯。选项C正确，教唆不满14周岁的人犯罪当然符合"教唆不满十八周岁的人犯罪"的要求，即便成立间接正犯，也没有理由排除该条规定的适用。实际上，教唆未满14周岁的人犯罪，不法程度比教唆未成年人更高，因而适用该规定也完全符合刑法原理。注意，间接正犯与教唆犯并不是对立的关系，如果教唆行为形成了教唆人的优越认识，并且能够据此支配被教唆人实施犯罪的，当然成立间接正犯。不能认为教唆行为只可能成立教唆犯。应该说，在对共同犯罪的影响力程度上，间接正犯比教唆犯更高，已经达到支配程度，而教唆犯仅制造了犯意，未达到支配程度，两者实际上是层深的关系，并非对立的并列关系。选项D错误，根据刑法的规定，共犯仅限于故意犯罪,教唆他人实施过失犯罪并非不可能(教唆忘却犯不可能,但教唆过于自信过失犯罪是可能的),但不符合实定法规定。既然本题考查的是实定法的解释,那么就应否定教唆过失犯的情形。

10. 【答案】C

【解析】选项A错误,如果认为招摇撞骗罪与诈骗罪具有交叉关系,那么行为人的行为应成立法条竞合,在满足罪刑相适应原则的前提下,优先适用招摇撞骗罪。但是,如果该罪处罚明显低于诈骗罪,诈骗罪处罚更重,则还是要适用诈骗罪的规定,即重法优于轻法。如果认为招摇撞骗罪与诈骗罪保护的法益不同,那么两罪不可能成立法条竞合,而应按照想象竞合犯,从一重罪处断。选项B错误,冒充警察抢劫,虽然属于虚构事实的行为,但并不能使对方自愿处分财物,因此不构成招摇撞骗罪。该行为的实质是制造心理压力,以便压制对方反抗。《刑法》第263条将其规定为抢劫罪的加重情形,故应成立抢劫罪一罪。选项C正确,诈骗罪与冒充军人招摇撞骗罪保护的法益不尽相同,应认为存在两个法益,行为人冒充军人进行诈骗,应成立想象竞合犯,从一重罪处断。选项D错误,冒充军人劫持航空器的行为,虽然也具有虚构事实的性质,但并不会使被害人产生处分利益的效果,而仅是压制被害人反抗的手段,因此只能成立劫持航空器罪,不成立冒充军人招摇撞骗罪。

11. 【答案】B

【解析】考点是缓刑的撤销及其处理。《刑法》77条规定了具体的情形。不可填"假释"的原因,假释撤销后的数罪并罚,存在与已执行的刑期是否折抵的问题,所

以不适用《刑法》70、71条的规定。

12. 【答案】A

【解析】本案存在两个相互独立的行为。其一,甲在生产作业中未注意路况,当场撞死一人撞伤一人,构成重大责任事故罪。该行为虽然属于驾驶行为,但事发地点在工地,并非公共交通领域,因此不构成交通肇事罪。其二,甲在救助丙的过程中,将丙弃置路沟导致其死亡。该行为违反前行为(重大责任事故行为)产生的作为义务,甲非但有能力履行而不履行该义务,更将丙放置在难以让人发现的路沟内,应成立故意杀人罪(既有作为,又有不作为)。综上,甲应成立重大责任事故罪与故意杀人罪,由于两行为各自独立,侵犯不同法益,应数罪并罚。据此,A错误,BCD正确。

13. 【答案】D

【解析】甲向乙借款50万注册公司,由于出资行为合法,A公司取得的营业执照当然合法有效,至此不存在虚假出资或虚报注册资本行为。B公司向A公司借款50万合法有效,A公司转移了50万现金的占有,但获得了50万的债权,公司资产并未变化,不能认为存在抽逃行为。综上,客观上不存在虚报注册资本、虚假出资或抽逃出资的行为,不成立任何犯罪。

14. 【答案】B

【解析】选项A正确,货币只要具有流通性,便可作为货币犯罪的对象。国内流通的人民币和正在流通的境外货币,当然具有流通性;在国内可兑换的境外货币,因为可兑换,因此也具有流通性。选项B错误,伪造货币与出售、运输伪造的货币具有类型化关联,因此仅侵犯一个法益,故应按照伪造货币罪从重处罚。但是这里

所侵犯的法益必须具有同一性，美元和欧元不具有同一性，当然侵犯不同的法益，因而需要数罪并罚。选项C正确，变造货币中的真币基础是指同种真币，美元对英镑而言当然称不上真币基础，因此只能成立伪造货币罪。选项D正确，以真币为基础的加工当然属于变造行为。其面额减小并不意味着不会对真币产生冲击，因此仍然具有可罚性。

15. 【答案】B

【解析】甲未经乙同意使用其信用卡消费，符合冒用他人信用卡要求，成立信用卡诈骗罪。此外，甲保管信用卡仅限于卡本身的占有，不涉及金钱，信用卡本身价值低廉，且甲事后及时归还，不构成侵占罪。甲欺骗乙未使用信用卡，该行为旨在骗免金钱返还义务，成立对财产性利益的诈骗罪。但是，该罪发生在信用卡诈骗罪之后，因此未侵犯新的法益，仅起到掩盖信用卡诈骗行为的作用，成立不可罚的事后行为，不再单独定罪量刑。甲虽然违背乙的自然意志，将卡中的1.3万元用完，但在刷卡购物时，甲掌握其密码，具有处分地位与权限，其处分行为在法律上对乙仍然有效，即在法律上甲的行为并未违背乙的意志。据此，甲不成立盗窃罪。

16. 【答案】B

【解析】选项A错误，为了追求性刺激而扒光衣服，属于强制猥亵侮辱妇女的行为，但因为在车站公然实施，所以同时竞合了侮辱行为。选项B正确，单纯谩骂没有任何事实内容，只能成立侮辱行为。选项C捏造强奸事实，向公安局告发，成立诬告陷害罪，向媒体告发，则属于诽谤行为，当然触犯诽谤罪。选项D错误，侮辱诽谤行为如果严重危害社会秩序和国家利益，仍然能够作为公诉案件处理。

17. 【答案】B

【解析】本案甲的欺骗行为虽然使乙陷入错误认识，但乙交付甲钥匙并不具有处分意思，因此不成立诈骗罪。甲的取财行为是在乙不知情时控制财物并将其卖掉，符合盗窃罪构成要件。

18. 【答案】A

【解析】医生执业资格包括医师资格和执业许可，缺少任何一个都不具有行医资格。甲已经退休，其具有医师资格，但不具备执业资格，因此构成非法行医罪。非法行医致人死亡的，构成该罪的结果加重犯，无须再认定过失致人死亡罪。

19. 【答案】D

【解析】选项A错误，盗伐林木不排除砍伐树枝的行为，因为树枝属于林木的一部分。但是仅仅根据砍树枝，还不能得出盗伐林木罪的结论。选项B错误，盗伐林木要求数量较大，显然属于结果犯。即便该罪为行为犯，既然该罪属于破坏自然资源的犯罪，当然也要以破坏林木资源为要件。选项C错误，甲公司是为了让广告牌不被遮挡而砍伐树枝，不具有非法占有的目的。选项D正确，盗伐林木罪要求行为人主观上具有非法占有目的，而甲公司不满足这一要求，不成立盗伐林木罪。所以，不可能以盗伐林木罪处以任何刑罚，包括罚金。

20. 【答案】A

【解析】甲将本单位盈利业务交给妻子经营，显然成立为亲友非法牟利罪。但是，仅评价为该罪，忽略了甲对300万利润的支配事实，而仅看到该笔业务的盈利性。

甲的行为实际上是将本单位可期待的300万利润通过职务行为转移给了妻子，该行为完全符合贪污罪要求。具体说来，甲的行为与职务具有相关性。虽然甲让B公司解约，而不是直接命令自己所在的A公司解约，但是，如果甲不是作为总经理，B公司不可能解约，况且是否与业务单位解约也确实属于甲的职务范围，据此可以认为甲利用了职务之便。另一方面，300万可期待利润属于财产性利益，当然可以成立贪污的对象。甲利用职务便利将该利益转移给妻子，符合据为己有的要求，应成立贪污罪。甲的行为仅侵犯同一法益，应认定为法条竞合，贪污罪较重，且明显属于更为全面的评价，应认定为贪污罪。

21. 【答案】D

【解析】甲与丁虽然仅是早年认识，但由于掌握其隐私，对其具有实质意义上的影响力。甲通过该影响力教唆丁徇私枉法，逼迫其实施违法职务行为，成立利用影响力受贿罪。丁成立徇私枉法罪，甲为教唆犯。甲的受贿行为与教唆行为各自独立，侵犯不同法益，应数罪并罚。据此，选项A正确，关系密切与否应根据实际影响力判断，凡是对国家工作人员职务行为发挥切实影响力的，便应认定为关系密切人，而不必拘泥于亲友。选项B正确，制约关系能够发挥影响力，因此属于关系密切范围。选项C正确。选项D错误，甲应数罪并罚。

22. 【答案】D

【解析】关于刑事诉讼目的的理论分类，主要包括以下三种学说：

（1）犯罪控制模式与正当程序模式，犯罪控制模式价值体系的理论基点是：控制犯罪绝对为刑事诉讼程序最主要的机能，刑事程序运作的方式与取向，应循此"控制犯罪"之目标进行。该模式的基本价值理念是：刑事诉讼以惩罚犯罪的"效率"为目标与评价标准。一个能以有限的资源处理数量庞大的案件并提高逮捕与有罪判决率的刑事程序，才是符合犯罪控制模式的成功程序。与犯罪控制模式对立的是正当程序模式，该模式的理论基础是自然法的学说，认为人类拥有某些与生俱来的基本权利，如果统治者侵犯了这些权利，人民将不信任政府，并撤回授予统治者的权力。因此，该模式主张刑事诉讼目的不单是发现实体真实，更重要的是以公平与合乎正义的程序来保护被告人的人权。

（2）家庭模式。犯罪控制模式与正当程序模式的划分，受到了一些学者的批评。主要是认为该模式划分是基于"国家与个人间为敌对关系"，并以"整个刑事程序自始至终为一项战争"为出发点的。因此，两个对立模式实为一项"战争模式"或"争斗模式"。对此，有学者提出了刑事程序的第三种模式，即家庭模式。该模式以家庭中父母与子女关系为喻，强调国家与个人间的和谐关系，并以此为出发点，提出解决问题的途径。

（3）实体真实主义与正当程序主义。正当程序主义，正当程序的目的观认为，刑事诉讼目的在于维护正当程序。刑事诉讼是将真实设定为诉讼程序之外的客观实在，并谋求通过诉讼程序内的活动来接近它。刑事诉讼所追求的，是在所给定的程序范围内，竭尽人之所能，将以此认定的事实视作真实。实体真实主义，其可分为积极实体真实主义和消极实体真实主义。积极实体真实主义，是指凡是出现了犯罪，就应当毫无遗漏地加以发现、认定并予以处罚；为不使一个犯罪人逃脱，刑事程序以发现真相为要求。消极实体真实主义，是指将发现真实与保障无辜相联系的目的观，认为刑事诉讼目的在于发现实体真实，本身应包含力求避免处罚无罪者的意思，而不单纯是无遗漏地处罚任何一个犯罪者。

本题中，"司法机关注重发现案件真相的立足点是防止无辜者被错误定罪"所表达的意思是：（1）司法机关应当注重发现案件真相，正确地惩罚犯罪，准确地定罪量刑；（2）司法机关也应当力求保障无辜，不能对无罪者错误定罪。根据上述对刑事诉讼目的理论分类的介绍可以看出，这一表达体现了消极实体真实主义的思想。故D项正确，A、B、C项错误。

综上所述，本题选D。

23.【答案】B

【解析】在奴隶制后期和封建制前期，刑事诉讼活动中曾存在纠问主义与弹劾主义两种诉讼构造或者审判模式。

纠问主义的主要特点是：（1）审判官集侦查、控诉、审判职能于一身。（2）侦查和审判秘密进行。（3）被告人只是诉讼客体，没有诉讼权利。（4）被告人口供为最佳证据，刑讯逼供合法。

弹劾主义的基本特征是：（1）遵循"不告不理"原则。（2）案件由被害人起诉，法院受理。（3）当事人双方地位平等。法官不主动追究犯罪。（4）审判实行公开原则、言词辩论原则和陪审原则。

在现代社会，世界上主要有三种诉讼构造或者审判模式，职权主义、当事人主义和混合主义。

职权主义审判模式，又称审问式审判模式，是指法官在居于主导和控制地位，而限制控辩双方积极性的审判模式。职权主义审判模式有三个特征：（1）法官居于中心地位，主导法庭审理的进行。法官不仅仅是一个裁判者，而且是一个积极的事实调查者。为了查明案件事实，法官有权而且有责任积极地行使调查权和审判指挥权。法官的中心地位和主导作用主要表现在三个方面：①公诉机关向法院提起诉讼时向法院随案移送案件的卷宗材料，以便法官开庭前对案件事实有所了解和制定庭审计划；②可以主动询问证人、鉴定人，主动出示并核实证据；③案件的审理范围、审理方式、证人出庭、进程安排等均由法官决定。（2）控辩双方的积极性受到抑制，处于消极被动的地位。检察机关将案卷材料和证据移送给法院以后，检察官出庭支持公诉只是当庭陈述公诉主张，并不需要主动向辩方出击。控辩双方需要向诉讼参与人发问或出示某项证据，必须在法官讯问和示证结束之后，而且要先征得法官的同意。在整个事实与证据调查过程中，控辩双方都处在被动、辅助、补充的地位。（3）法官掌握程序控制权。在审判程序中，控辩双方不仅要遵守法律规则，也要服从法官的安排和指挥。庭审通常按法官事先制定的计划进行，而法官如果认为有必要，则又可临时改变事先确定的案件事实和证据的调查范围。而控方或辩方试图调取新的证据、提供新的证人出庭或重新勘验、鉴定等，都只能向法官提出申请，法官有权依法拒绝申请。

当事人主义审判模式，又称对抗制审判模式、抗辩式审判模式，是指法官（陪审团）居于中立且被动的裁判者地位，法庭审判的进行由控方的举证和辩方的反驳共同推动和控制的一种审判模式。当事人主义审判模式有三个基本特征：（1）法官消极中立。法官对于案件事实的调查持消极态度，即不主动查明案件事实。（2）控辩双方积极主动和平等对抗。（3）控辩双方共同控制法庭审理的进程。

混合主义审判模式，融合了当事人主义审判模式和职权主义审判模式的长处，既重视法官的审判指挥和裁决功能，又重视控辩双方的积极对抗。

请考生尤其重点掌握现代社会世界上主要的三种诉讼构造或者审判模式：当事人主义、职权主义、混合式。

本题中，"法官消极中立，通过当事人举证、辩论发现事实真相，并由当事人推动诉讼进程"应当属于当事人主义的特点。

综上所述，本题应当选 B。

24．【答案】B

【解析】《高法解释》第 417 条规定，最高人民法院的执行死刑命令，由高级人民法院交付第一审人民法院执行。第一审人民法院接到执行死刑命令后，应当在七日内执行。在死刑缓期执行期间故意犯罪，最高人民法院核准执行死刑的，由罪犯服刑地的中级人民法院执行。

本案中，赵某被判处死刑缓期执行，交付甲省 B 市监狱执行，死刑缓期执行期间犯抢劫罪，最高法院核准死刑立即执行，应交由 B 市中级法院执行。故 B 正确，ACD 错误。

综上所述，本题应当选 B。

25．【答案】D

【解析】《高检规则》第 384 条规定，人民检察院对已经退回侦查机关二次补充侦查的案件，在审查起诉中又发现新的犯罪事实的，应当移送侦查机关立案侦查；对已经查清的犯罪事实，应当依法提起公诉。

本题中，检察机关审查发现高某可能还实施了另一起盗窃犯罪，属于"发现新的犯罪事实"，应当移送侦查机关立案侦查，抢劫罪若已查清，应当依法提起公诉。因此，D 正确，ABC 错误。

综上所述，本题选 D。

26．【答案】B

【解析】人民陪审员是指从人民群众中产生的非专职的参加合议庭的审判人员。《刑诉法》第 13 条规定，人民法院审判案件，依照本法实行人民陪审员陪审的制度。各级人民法院审判第一审案件，均可吸收人民陪审员作为合议庭成员参与审判，人民陪审员在人民法院执行职务期间，同审判员有同等的权利义务。

从诉讼理论的角度分析，我国的陪审员与英美法系国家法庭中陪审团的成员是不一样的。

第一，制度不同。我国虽然称为陪审员，但实际属于"参审制度"，即由陪审员参加法庭审理，与法官共同裁决案件的制度。而在英美法系国家，尤其是在美国，法庭中的陪审团属于"陪审制度"。

第二，分工不同。陪审团中的陪审员虽然叫"陪审"，但具有实质的裁判权力，可以对被告人是否有罪进行裁决。法官虽然在法庭中央正襟危坐，但他实际上没有对被告人定罪的权力，只能在陪审团确定被告人罪名成立后对其进行量刑，即陪审团负责定罪，法官负责量刑。而我国的陪审员既负责定罪又负责量刑。

第三，作用不同。陪审团的目的在于制

约法官权力，剥夺法官滥用定罪权的可能性，将定罪权牢牢掌握在人民手中。而我国设置陪审员的目的在于与法官一同合作解决被告人的刑事责任问题，陪审员属于准法官。

第四，地位不同。陪审团中的陪审员虽然可以对被告人定罪，但在具体的法律适用和程序控制方面，陪审团需要听从法官的指挥。我国的陪审员不能担任审判长，但与法官的诉讼地位平等，无须听从法官的指挥。

第五，遴选机制不同。我国的陪审员需要满足年满23周岁、品性正派等条件。而陪审团中的陪审员的条件在英美法系国家各有不同，多从年龄、经验、专业、生活背景等方面进行限制。

第六，适用案件不同。在美国，90%以上的刑事案件是通过辩诉交易制度终结的，只有10%不到的案件进入正式审判程序，在进入正式审判程序的案件中也并非全都由陪审团审理。在我国，陪审员可以参加各级法院第一审刑事案件的审理，但具体个案审理中是否需要陪审员还需要考虑案件影响等诸多因素。

本题中，A项，人民陪审员制度目的不在于"协助"法院完成审判任务，而是和法官"共同"完成审判任务。A错误。

B项，人民陪审员与法官职权相同，陪审团与法官存在职权分工，陪审团负责定罪，法官负责量刑。B正确。

C项，人民陪审员不仅要求是成年公民，还必须是年满23周岁，此外还有一些其他条件。陪审团成员的选任也有很多细节的规定，不仅仅只要求有选民资格。故C错误。

D项，在我国，是否适用人民陪审员不一定取决于当事人意愿，还可能会考虑案件影响等其他因素。在美国，陪审团审理刑事案件仅占10%左右，并非所有案件。故D错误。

综上所述，本题选B。

27.【答案】A

【解析】本题的命题陷阱在于用《六机关规定》第1条来迷惑考生。《六机关规定》第1条规定，公安机关侦查刑事案件涉及人民检察院管辖的贪污贿赂案件时，应当将贪污贿赂案件移送人民检察院；人民检察院侦查贪污贿赂案件涉及公安机关管辖的刑事案件，应当将属于公安机关管辖的刑事案件移送公安机关。在上述情况中，如果涉嫌主罪属于公安机关管辖，由公安机关为主侦查，人民检察院予以配合；如果涉嫌主罪属于人民检察院管辖，由人民检察院为主侦查，公安机关予以配合。

本案中，表面上看起来，非法拘禁罪应当由公安机关立案侦查，贪污贿赂犯罪应当由检察院立案侦查，他们应当各管各的。但是，《高检规则》第8条规定，人民检察院立案侦查贪污贿赂犯罪、国家工作人员的渎职犯罪、国家机关工作人员利用职权实施的非法拘禁、刑讯逼供、报复陷害、非法搜查的侵犯公民人身权利的犯罪以及侵犯公民民主权利的犯罪案件。

可见，刘某犯贪污贿赂罪，应当由检察院负责侦查；刘某伙同其同事利用职权实施非法拘禁，同样属于检察院侦查的范围。故A项正确，应当将刘某涉嫌的两个犯罪以及苏某涉嫌的犯罪并案处理，由检察院一并侦查。B、C、D项错误。

综上所述，本题选A。

28.【答案】A

【解析】《刑诉法》28条规定，审判人员、检察人员、侦查人员有下列情形之一的，应当自行回避，当事人及其法定代理人也有权要求他们回避：（一）是本案的当事人或者是当事人的近亲属的；（二）本人或者他的近亲属和本案有利害关系的；（三）担任过本案的证人、鉴定人、辩护人、诉讼代理人的；（四）与本案当事人有其他关系，可能影响公正处理案件的。

《刑诉法》第29条规定，审判人员、检察人员、侦查人员不得接受当事人及其委托的人的请客送礼，不得违反规定会见当事人及其委托的人。审判人员、检察人员、侦查人员违反前款规定的，应当依法追究法律责任。当事人及其法定代理人有权要求他们回避。

本题中，赵某申请回避的理由是审判长打断其发言，不属于以上法定的回避理由。在我国的庭审中，法官负责指挥、推进庭审进程，各方诉讼参与主体都应当听从法官的指挥，法官打断当事人发言属于法官职权范围内的事，并无不妥。A正确。

29. 【答案】A

【解析】《六机关规定》第4条规定："……一名辩护人不得为两名以上的同案犯罪嫌疑人、被告人辩护，不得为两名以上的未同案处理但实施的犯罪存在关联的犯罪嫌疑人、被告人辩护。"

本题中，鲁某、洪某属于共同犯罪，属于同案犯。虽然洪某在逃并在鲁某案件判决三年后才归案，但这并不改变鲁某、洪某之间的同案犯关系。因此沈律师担任鲁某辩护人后不得再为洪某辩护。A正确，BCD错误。

此外，请考生扩展理解一下，为什么一名辩护人不得为两名以上的同案犯罪嫌疑人、被告人辩护，不得为两名以上的未同案处理但实施的犯罪存在关联的犯罪嫌疑人、被告人辩护？这是为了避免使律师陷入辩护立场上的"人格分裂"。譬如，甲乙共同盗窃，王律师同时为甲乙辩护，在法庭上就会出现以下匪夷所思的场景，当王律师为甲辩护时，会辩称甲是从犯，乙是主犯；为乙辩护时，又会转而辩称甲是主犯，乙是从犯。这种自相矛盾的辩护不仅不利于保护被告人合法权益，也容易让法官产生混乱和反感的情绪。

综上所述，本题选A。

30. 【答案】B

【解析】《刑诉法》第122条规定，侦查人员询问证人，可以在现场进行，也可以到证人所在单位、住处或者证人提出的地点进行，在必要的时候，可以通知证人到人民检察院或者公安机关提供证言。在现场询问证人，应当出示工作证件，到证人所在单位、住处或者证人提出的地点询问证人，应当出示人民检察院或者公安机关的证明文件。询问证人应当个别进行。

可见，A项，在现场询问证人甲符合上述法条的规定，A正确。

B项，请考生把握刑事诉讼中的传唤。传唤是指人民法院、人民检察院和公安机关使用传票通知犯罪嫌疑人、被告人等人在指定的时间自行到指定的地点接受讯问的制度。传唤和拘传的目的一样，都是要求犯罪嫌疑人、被告人在指定的时间到指定的地点接受讯问，但也有区别。首先，方式不同。传唤是让犯罪嫌疑人、被告人自动到案，而拘传则是对犯罪嫌疑人、被告人强制到案。其次，性质不同。传唤不是强制措施，但拘传是强制措施。再次，对象不同。传唤除了适用于犯罪嫌疑人、被告人，还可以适用于自诉人、被害人等当事人，但拘传只适用于犯罪嫌疑人、被告人。最后，是否需要证明不同。拘传必须持有拘传证或者拘传票方可执行，传唤则可以口头进行。可见，对证人只能是"通知"作证，而不能"传唤"作证。B错误。

C项，到丙租住的房屋询问证人属于证人的住处，C正确。

D项，证人丁所提出的工作单位的快餐厅属于证人提出的地点，D正确。

综上所述，本题选B。

31. 【答案】C

【解析】A项，《刑诉法》第70条规定，取保候审的决定机关应当综合考虑保证诉讼活动正常进行的需要，被取保候审人的社会危险性，案件的性质、情节，可能判处刑罚的轻重，被取保候审人的经济状况等情况，确定保证金的数额。提供保证金的人应当将保证金存入执行机关指定银行的专门账户。

《高法解释》第119条规定，对决定取保候审的被告人使用保证金保证的，应当依照《刑事诉讼法》第70条第1款的规定确定保证金的具体数额，并责令被告人或者为其提供保证金的单位、个人将保证金一次性存入公安机关指定银行的专门账户。

由此可见，A项，保证金是由提供保证金的单位、个人将保证金存入公安机关指定的银行专门账户，而不是由决定机关统一收取后再存入指定账户的。A错误。

B项，《刑诉法》第65条规定，人民法院、人民检察院和公安机关对有下列情形之一的犯罪嫌疑人、被告人，可以取保候审：（一）可能判处管制、拘役或者独立适用附加刑的；（二）可能判处有期徒刑以上刑罚，采取取保候审不致发生社会危险性的；（三）患有严重疾病、生活不能自理，怀孕或者正在哺乳自己婴儿的妇女，采取取保候审不致发生社会危险性的；（四）羁押期限届满，案件尚未办结，需要采取取保候审的。取保候审由公安机关执行。根据上述（二），对于判处有期徒刑的，采取取保候审不致发生社会危险性的是可以取保候审，故B错误。

C项，《高法解释》第116条规定，被告人具有《刑事诉讼法》第65条第1款规定情形之一的，人民法院可以决定取保候审。对被告人决定取保候审的，应当责令其提出保证人或者交纳保证金，不得同时使用保证人保证与保证金保证。可见，C正确。

D项，《刑诉法》第69条规定第4款规定，对违反取保候审规定，需要予以逮捕的，可以对犯罪嫌疑人、被告人先行拘留。故D错误。

综上所述，本题选C。

32. 【答案】B

【解析】A项，《刑诉法》第99条规定："被害人由于被告人的犯罪行为而遭受物质损失的，在刑事诉讼过程中，有权提起附带民事诉讼。被害人死亡或者丧失行为能力的，被害人的法定代理人、近亲属有权提起附带民事诉讼。如果是国家财产、集体财产遭受损失的，人民检察院在提起公诉的时候，可以提起附带民事诉讼。"《高法解释》第149条规定，被害人或者其法定代理人、近亲属提起附带民事诉讼的，人民法院应当在七日内决定是否立案。符合《刑事诉讼法》第99条以及本解释有关规定的,应当受理;不符合的,裁定不予受理。本题中,王某被姜某打伤,在开庭审判前向法院提起诉讼,属于在刑事诉讼过程中,符合《刑诉法》第 99 条的规定,法院应当受理。故 A 错误。

B 项,《刑诉法》第 100 条规定,人民法院在必要的时候,可以采取保全措施,查封、扣押或者冻结被告人的财产。附带民事诉讼原告人或者人民检察院可以申请人民法院采取保全措施。人民法院采取保全措施,适用民事诉讼法的有关规定。可见,法院对于申请,"可以采取查封、扣押或者冻结被告人财产的措施"B 正确。

C 项,《高法解释》第 152 条规定,人民法院对可能因被告人的行为或者其他原因,使附带民事判决难以执行的案件,根据附带民事诉讼原告人的申请,可以裁定采取保全措施,查封、扣押或者冻结被告人的财产;附带民事诉讼原告人未提出申请,必要时,人民法院也可以采取保全措施。有权提起附带民事诉讼的人因情况紧急,不立即申请保全将会使其合法权益受到难以弥补的损害的,可以在提起附带民事诉讼前,向被保全财产所在地、被申请人居住地或者对案件有管辖权的人民法院申请采取保全措施。申请人在人民法院受理刑事案件后十五日内未提起附带民事诉讼的,人民法院应当解除保全措施。人民法院采取保全措施,适用《民事诉讼法》第 100 条至第 1 百零五条的有关规定,但《民事诉讼法》第 101 条第 3 款的规定除外。可见,财产保全可以被区分为诉前财产保全和诉中财产保全。其中,诉中财产保全,法院是"可以"责令王某提供担保,并非只有王某提供担保后才予以财产保全。故 C

错误。

D 项,根据上述《高法解释》第 152 条的规定,被保全财产所在地、被申请人居住地和案件有管辖权的法院均有权采取保全措施,并非需要移交财产所在地法院。故 D 错误。

综上所述,本题选 B。

33. 【答案】A

【解析】A 项,《刑诉法》第 74 条规定,指定居所监视居住的期限应当折抵刑期。被判处管制的,监视居住一日折抵刑期一日;被判处拘役、有期徒刑的,监视居住二日折抵刑期一日。本题中,甲被判处拘役,因此其被指定居所监视居住的 154 天,2 日折抵 1 日,共可折抵拘役刑期 77 天。故 A 错误。

BC 项,《刑诉法》第 257 条第 2 款规定,不符合暂予监外执行条件的罪犯通过贿赂等非法手段被暂予监外执行的,在监外执行的期间不计入执行刑期。罪犯在暂予监外执行期间脱逃的,脱逃的期间不计入执行刑期。可见,乙暂予监外执行的 267 天以及丙脱逃的 78 天均不计入刑期。故 B、C 正确。

D 项,《刑法》第 41 条规定,管制的刑期,从判决执行之日起计算;判决执行以前先行羁押的,羁押一日折抵刑期二日。可见,丁被判处管制,其羁押的 208 天,一日折抵二日,共计折抵 416 天。D 正确。

综上所述,本题选 A。

34. 【答案】A

【解析】《刑诉法》第 111 条规定,人民检察院认为公安机关对应当立案侦查的案件而不立案侦查的,或者被害人认为公安机关对应当立案侦查的案件而不立案侦查，向人民检察院提出的，人民检察院应当要求公安机关说明不立案的理由。人民检察院认为公安机关不立案理由不能成立的，应当通知公安机关立案，公安机关接到通知后应当立案。AB项，根据上述规定，"被害人认为公安机关对应当立案侦查的案件而不立案侦查，向人民检察院提出的，人民检察院应当要求公安机关说明不立案的理由"。A正确，B错误。

CD项，人民检察院认为公安机关不立案理由不能成立的，应当通知公安机关立案。检察院不会直接立案，C项错误。通知和建议含义不同，通知较建议更加正式，通知的强制性大于建议。故D错误。

综上所述，本题选A。

35. 【答案】D

【解析】（一）强制性侦查措施与任意性侦查措施。根据侦查行为是否带有强制性、是否会侵犯犯罪嫌疑人的人身、财产权利，可以将侦查行为区分为强制性侦查措施和任意性侦查措施。强制性侦查措施主要包括强制措施、搜查、扣押、查封、冻结、技术侦查措施，等等。而任意性侦查措施包括勘验、检查、鉴定、询问，等等。如果不对强制性侦查措施进行控制和监督，司法实践中可能会出现两种问题：一是侦查手段的滥用；二是违法行为的存在和缺乏制裁。这些问题会对人权造成严重侵犯。

（二）事前监督与事后监督。此外，检察机关作为法律监督机关，依法行使法律监督职权。根据监督的时间不同，检察机关对侦查行为的监督可以被区分为事前监督和事后监督。

事前监督指的是，侦查机关无权自行决定适用侦查措施，需要事先报请检察院批准、决定后方可实施的制度。

事后监督指的是，侦查机关有权自行决定适用侦查措施，无须事先报请检察院批准、决定，检察院只在侦查措施实施后根据侦查机关的报备或者当事人的申诉对侦查措施进行审查的制度。

一般认为，对于强制性侦查措施，譬如逮捕，需要接受事前审查。而对于任意性侦查措施，只接受事后审查即可。

36. 【答案】B

【解析】人类社会最早的起诉方式是自诉。随着社会的发展，统治者意识到犯罪行为从根本上危害了国家和社会利益。国家开始设立专门的机构和官员来承担起诉职能，刑事公诉制度逐步形成。

现代公诉主要分为两种类型：一是刑事公诉独占主义，即刑事起诉权被国家垄断，排除被害人自诉；二是刑事公诉兼自诉，即较严重犯罪案件的起诉权由检察机关代表国家行使，少数轻微案件允许公民自诉。

对于符合起诉条件的刑事公诉案件是否必须向法院起诉，也有两种原则：一是起诉法定主义或称起诉合法主义，即只要被告人的行为符合法定起诉条件，公诉机关不享有自由裁量权，必须起诉，而不论具体情节；二是起诉便宜主义或称起诉合理主义，即被告人的行为在具备起诉条件时，是否起诉，由检察官根据被告人及其具体情况以及刑事政策等因素自由裁量。现代刑事诉讼普遍强调起诉法定主义与起诉便宜主义二元并存、相互补充的起诉原则。

我国实行公诉为主，自诉为辅的犯罪追诉机制。在起诉原则上，我国采用以起诉法定主义为主，兼采起诉便宜主义，检察官的裁量权受到严格限制。

本题中,"只要有足够证据证明犯罪嫌疑人构成犯罪,检察机关就必须提起公诉"属于起诉法定主义。B正确,ACD错误。

综上所述,本题选B。

37. 【答案】C

【解析】A项,职权主义原则是指法官在审判程序中居于主导和控制地位,控辩双方的发言需要服从法官指挥的审判原则。职权主义原则不是我国的审判原则,我国的审判原则有四个:(1)公开审理原则;(2)直接言词原则;(3)辩论原则;(4)集中审理原则。故A错误。

B项,证据裁判规则是指对于诉讼中案件事实的认定,只能依据有关的证据进行;没有证据,不得认定案件事实。"证据裁判"与"自由心证"是我国两大证据原则而非审判原则。B错误。

C项,陪审员离开法庭处理个人事务,该陪审员就无法直接参与审理,无法直接审查判断证据,无法直接询问控辩双方,显然违背的是直接言词原则。故C正确。

D项,根据前面真题的解析,集中审理原则强调"不换人、不换庭、不中断",本案中,陪审员离开法庭处理个人事务,合议庭没有换人,合议庭也没有整体换掉,庭审仍在继续没有中断,故没有违反集中审理原则。D错误。

综上所述,本题选C。

38. 【答案】A

【解析】《高法解释》第45条规定,被告人拒绝法律援助机构指派的律师为其辩护,坚持自己行使辩护权的,人民法院应当准许。属于应当提供法律援助的情形,被告人拒绝指派的律师为其辩护的,人民法院应当查明原因。理由正当的,应当准许,但被告人须另行委托辩护人;被告人未另行委托辩护人的,人民法院应当在三日内书面通知法律援助机构另行指派律师为其提供辩护。

《高法解释》第254条规定,被告人当庭拒绝辩护人辩护,要求另行委托辩护人或者指派律师的,合议庭应当准许。被告人拒绝辩护人辩护后,没有辩护人的,应当宣布休庭;仍有辩护人的,庭审可以继续进行。

有多名被告人的案件,部分被告人拒绝辩护人辩护后,没有辩护人的,根据案件情况,可以对该被告人另案处理,对其他被告人的庭审继续进行。

重新开庭后,被告人再次当庭拒绝辩护人辩护的,可以准许,但被告人不得再次另行委托辩护人或者要求另行指派律师,由其自行辩护。

被告人属于应当提供法律援助的情形,重新开庭后再次当庭拒绝辩护人辩护的,不予准许。

从上述法条可见,《高法解释》第45条规定,属于应当提供法律援助的情形,被告人拒绝指派的律师为其辩护的,人民法院应当查明原因。理由正当的,应当准许。而第254条规定,被告人当庭拒绝辩护人辩护,要求另行委托辩护人或者指派律师的,合议庭应当准许。因此,对于应当法律援助的被告人拒绝辩护,是否需要经过法院查明原因呢?笔者认为,需要看真题怎么出。如果真题问:"应当法律援助的被告人拒绝指派的律师为其辩护",则法院应当审查拒绝的原因。如果真题问:"应当法律援助的被告人当庭拒绝指派的律师为其辩护",则合议庭应当准许。

AC项，本题属于"当庭拒绝律师为其进行有罪辩护"，不论被告人是应当提供法律援助的被告人还是其他情况的被告人，合议庭应当准许。A正确，C错误。

B项，合议庭不能以辩护律师具有独立地位为由不予准许拒绝辩护的请求。B错误。

D项，根据《高法解释》第254条第2款的规定，有多名被告人的案件，部分被告人拒绝辩护人辩护后，没有辩护人的，根据案件情况，可以对该被告人另案处理，对其他被告人的庭审继续进行。可知，部分被告人拒绝辩护的，合议庭并非不能准许。故D错误。

综上所述，本题选A。

39.【答案】B

【解析】《高法解释》第241条规定："对第一审公诉案件，人民法院审理后，应当按照下列情形分别作出判决、裁定：（一）起诉指控的事实清楚，证据确实、充分，依据法律认定指控被告人的罪名成立的，应当作出有罪判决；（二）起诉指控的事实清楚，证据确实、充分，指控的罪名与审理认定的罪名不一致的，应当按照审理认定的罪名作出有罪判决；（三）案件事实清楚，证据确实、充分，依据法律认定被告人无罪的，应当判决宣告被告人无罪；（四）证据不足，不能认定被告人有罪的，应当以证据不足、指控的犯罪不能成立，判决宣告被告人无罪；（五）案件部分事实清楚，证据确实、充分的，应当作出有罪或者无罪的判决；对事实不清、证据不足部分，不予认定；（六）被告人因不满十六周岁，不予刑事处罚的，应当判决宣告被告人不负刑事责任；（七）被告人是精神病人，在不能辨认或者不能控制自己行为时造成危害结果，不予刑事处罚的，应当判决宣告被告人不负刑事责任；（八）犯罪已过追诉时效期限且不是必须追诉，或者经特赦令免除刑罚的，应当裁定终止审理；（九）被告人死亡的，应当裁定终止审理；根据已查明的案件事实和认定的证据，能够确认无罪的，应当判决宣告被告人无罪。

具有前款第二项规定情形的，人民法院应当在判决前听取控辩双方的意见，保障被告人、辩护人充分行使辩护权。必要时，可以重新开庭，组织控辩双方围绕被告人的行为构成何罪进行辩论"。

本题中，"检察院以抢夺罪向法院提起公诉，法院经审理后查明被告人构成抢劫罪"符合上述（二），法院应当按照审理认定的罪名直接定罪，故法院可以直接以抢劫罪定罪。B正确，ACD错误。

综上所述，本题选B。

40.【答案】D

【解析】《高法解释》第390条规定，原判决、裁定认定被告人姓名等身份信息有误，但认定事实和适用法律正确、量刑适当的，作出生效判决、裁定的人民法院可以通过裁定对有关信息予以更正。

本题中，钱某的身份信息错误，但是案件认定事实和适用法律正确，法院可以通过裁定对有关信息进行予以更正。故D正确，ABC错误。

综上所述，本题选D。

41.【答案】B

【解析】本题重点考查精神病强制医疗的条件，并非所有的精神病都可以适用强制医疗程序。

A项，《刑诉法》第285条规定，"根

109

据本章规定对精神病人强制医疗的，由人民法院决定。公安机关发现精神病人符合强制医疗条件的，应当写出强制医疗意见书，移送人民检察院。对于公安机关移送的或者在审查起诉过程中发现的精神病人符合强制医疗条件的，人民检察院应当向人民法院提出强制医疗的申请。人民法院在审理案件过程中发现被告人符合强制医疗条件的，可以作出强制医疗的决定。对实施暴力行为的精神病人，在人民法院决定强制医疗前，公安机关可以采取临时的保护性约束措施。"

可见，"公安机关发现精神病人符合强制医疗条件的，应当写出强制医疗意见书"。

《刑诉法》第284条的规定："实施暴力行为，危害公共安全或者严重危害公民人身安全，经法定程序鉴定依法不负刑事责任的精神病人，有继续危害社会可能的，可以予以强制医疗"。简言之，精神病人必须同时具备"暴力"行为、危害"公共、人身"安全、经过"鉴定"、有"继续"危害可能性，才可以启动精神病强制医疗程序。

本案中，犯罪嫌疑人何某神情呆滞，精神恍惚，打砸多辆机动车，经鉴定何某属于依法不负刑事责任的精神病人。可知，对何某适用精神病强制医疗程序仍欠缺"有继续危害可能性"条件，故公安机关不需要写出强制医疗意见书、移送人民检察院。A错误。

B项，《刑诉法》第15条规定，"有下列情形之一的，不追究刑事责任，已经追究的，应当撤销案件，或者不起诉，或者终止审理，或者宣告无罪：（一）情节显著轻微、危害不大，不认为是犯罪的；（二）犯罪已过追诉时效期限的；（三）经特赦令免除刑罚的；（四）依照刑法告诉才处理的犯罪，没有告诉或者撤回告诉的；（五）犯罪嫌疑人、被告人死亡的；（六）其他法律规定免予追究刑事责任的。"本题中，何某属于依法不负刑事责任的精神病人，属于上述（六），公安机关需要撤销案件。B正确。

C项，《刑诉法》285条的规定，"根据本章规定对精神病人强制医疗的，由人民法院决定。公安机关发现精神病人符合强制医疗条件的，应当写出强制医疗意见书，移送人民检察院。对于公安机关移送的或者在审查起诉过程中发现的精神病人符合强制医疗条件的，人民检察院应当向人民法院提出强制医疗的申请。人民法院在审理案件过程中发现被告人符合强制医疗条件的，可以作出强制医疗的决定。对实施暴力行为的精神病人，在人民法院决定强制医疗前，公安机关可以采取临时的保护性约束措施。"可见，公安机关发现精神病人符合强制医疗条件的，应当写出强制医疗意见书，移送人民检察院，而非"移送强制医疗机构对何某进行诊断评估"。C错误。

此外，对实施暴力行为的精神病人，在人民法院决定强制医疗前，公安机关可以采取临时的保护性约束措施。可见，采取临时性约束措施不以"何某的亲属没有能力承担监护责任"为条件。D错误。

综上所述，本题选B。

42.【答案】C

【解析】A项，《高法解释》第543条规定，人民检察院认为强制医疗决定或者解除强制医疗决定不当，在收到决定书后二十日内提出书面纠正意见的,人民法院应当另行组成合议庭审理,并在一个月内作出决定。可见,"检察院可以提出纠正意见"。A 正确。

BCD 项,《刑诉法》第 287 条规定,人民法院经审理,对于被申请人或者被告人符合强制医疗条件的,应当在一个月以内作出强制医疗的决定。被决定强制医疗的人、被害人及其法定代理人、近亲属对强制医疗决定不服的,可以向上一级人民法院申请复议。可见,BD 正确。对强制医疗决定不服只能通过复议的方式得到救济。C 错误。

综上所述,本题应当选 C。

43. 【答案】B

【解析】根据《行政强制法》的规定,行政强制包括行政强制措施和行政强制执行两类。

由于强制隔离戒毒之前并无其他前提性的行政决定,也属于临时性而非永久性的行为,因此属于行政强制措施而非行政强制执行行为。依据《行政强制法》第 9 条规定,行政强制措施的种类包括:(1)限制公民人身自由;(2)查封场所、设施或者财物;(3)扣押财物;(4)冻结存款、汇款;(5)其他行政强制措施。本案中的强制隔离戒毒行为即属于限制公民人身自由的行政强制措施。B 项正确,ACD 项错误。

44. 【答案】C

【解析】行政规章的制定主体是特定的,并不是所有的国务院行政机构均有权制定行政规章。其中,一般而言,只有国务院各部、各委员会、中国人民银行、审计署以及具有行政管理职能的直属机构才有权制定行政规章,而作为国土资源部主管的国家海洋局属于国务院组成部门管理的国家行政机构,尽管是行政主体,可以对外以自己的名义独立实施行政管理,独立承担相应的法律责任,但却无权制定行政规章。选项 A 错误。

国务院组成部门管理的国家行政机构与国务院直属机构主管的业务在法律上存在严格界定,并不相同。主管专门业务的应当是国务院直属机构,而非组成部门管理的行政机构。依据《国务院行政机构设置与编制管理条例》第 6 条第 4 款的规定,国务院直属机构主管国务院的某项专门业务,具有独立的行政管理职能。第 6 款规定,国务院组成部门管理的国家行政机构由国务院组成部门管理,主管特定业务,行使行政管理职权。据此可知,该局主管的是特定业务,而并不是某项专门业务,主管专门业务的应当是国务院直属机构。选项 B 错误。

作为组成部门管理的国务院行政机构而非组成部门,国家海洋局的设立、撤销、合并等,均无须到全国人大或者常委会决定,而只须到国务院决定即可。《国务院行政机构设置与编制管理条例》第 8 条规定,国务院直属机构、国务院办事机构和国务院组成部门管理的国家行政机构的设立、撤销或合并由国务院机构编制管理机关提出方案,报国务院决定。选项 C 正确。

国务院机构编制管理机关并无关于国务院机构设置事项的决定权。国务院行政机构的司级内设机构的增设、撤销或合并,应当经国务院机构编制管理机关审核方案,并报国务院批准。选项 D 错误。

45. 【答案】无(司法部公布答案为 D)

【解析】依据《政府信息公开条例》第

13条规定,除本条例第9条、第10条、第11条、第12条规定的行政机关主动公开的政府信息外,公民、法人或者其他组织还可以根据自身生产、生活、科研等特殊需要,向国务院部门、地方各级人民政府及县级以上地方人民政府部门申请获取相关政府信息。田某以从事研究为由向某工商局提出申请,是根据科研需要提出申请,因而具有申请人资格。A项错误。

依据《政府信息公开条例》第10条规定,县级以上各级人民政府及其部门应当依照本条例第九条的规定,在各自职责范围内确定主动公开的政府信息的具体内容,并重点公开下列政府信息:(一)行政法规、规章和规范性文件;(二)国民经济和社会发展规划、专项规划、区域规划及相关政策;(三)国民经济和社会发展统计信息;(四)财政预算、决算报告;(五)行政事业性收费的项目、依据、标准;(六)政府集中采购项目的目录、标准及实施情况;(七)行政许可的事项、依据、条件、数量、程序、期限以及申请行政许可需要提交的全部材料目录及办理情况;(八)重大建设项目的批准和实施情况;(九)扶贫、教育、医疗、社会保障、促进就业等方面的政策、措施及其实施情况;(十)突发公共事件的应急预案、预警信息及应对情况;(十一)环境保护、公共卫生、安全生产、食品药品、产品质量的监督检查情况。据此可知,本案中涉及的行政处罚决定的信息不属于政府重点公开的信息。B项错误。

依据《政府信息公开条例》第33条第2款规定,公民、法人或者其他组织认为行政机关在政府信息公开工作中的具体行政行为侵犯其合法权益的,可以依法申请行政复议或者提起行政诉讼。因此,本案不属于复议前置的情况。C项错误。

依据《行政诉讼法》第46条第1款规定,公民、法人或者其他组织直接向人民法院提起诉讼的,应当自知道或者应当知道作出行政行为之日起六个月内提出。法律另有规定的除外。因此,田某直接起诉的,起诉期限应当是6个月。D项错误。

本题需要说明的是,按照原行政诉讼法的规定,D项说法是正确的。但是行政诉讼法修正案对于起诉期限作了延长,改成了六个月。这也就导致了该题按照新法已经没有答案。

46.【答案】D

【解析】依据《治安管理处罚法》第63条第1款规定,有下列行为之一的,处警告或者二百元以下罚款;情节较重的,处五日以上十日以下拘留,并处二百元以上五百元以下罚款:(一)刻划、涂污或者以其他方式故意损坏国家保护的文物、名胜古迹的。据此可知,关某的行为不属于妨害公共安全的行为,而是属于妨害社会管理的行为。选项A错误。

为了保证被处罚人的合法权益,治安管理处罚法规定了听证制度,并明确规定了听证的适用范围。依据《治安管理处罚法》第98条规定,公安机关作出吊销许可证以及处二千元以上罚款的治安管理处罚决定前,应当告知违反治安管理行为人有权要求举行听证;违反治安管理行为人要求听证的,公安机关应当及时依法举行听证。据此可知,本案中公安机关对关某作出的拘留及罚款500元的处罚决定,并不属于听证范围。选项B错误。

依据《行政复议法》第 12 条第 1 款规定，对县级以上地方各级人民政府工作部门的具体行政行为不服的，由申请人选择，可以向该部门的本级人民政府申请行政复议，也可以上一级主管部门申请行政复议。据此可知，本案的复议机关既可以是公安分局的上一级主管部门即上一级公安机关，也可以是公安分局所在的本级人民政府。选项 C 错误。

依据《治安管理处罚法》第 111 条规定，行政拘留的处罚决定被撤销，或者行政拘留处罚开始执行的，公安机关收取的保证金应当及时退还交纳人。选项 D 正确。

47.【答案】A
【解析】为了防止行政机关凭借行政许可权谋利，行政许可法原则上禁止行政机关发放许可证可以收取费用。依据《行政许可法》第 58 条第 1 款规定，行政机关实施行政许可和对行政许可事项进行监督检查，不得收取任何费用。但是，法律、行政法规另有规定的，依照其规定。A 项正确。

依据《行政许可法》第 36 条规定，行政机关对行政许可申请进行审查时，发现行政许可事项直接关系他人重大利益的，应当告知该利害关系人。申请人、利害关系人有权进行陈述和申辩。行政机关应当听取申请人、利害关系人的意见。刘某的采光权被影响，因此属于被许可地块的相邻权人，因而也是该许可的利害关系人。规划局审查和决定发放许可证时应当听取其意见。B 项错误。

依据《行诉解释》第 13 条第（一）项规定，被诉的具体行政行为涉及公民、法人或者其他组织相邻权或公平竞争权的，公民、法人或者其他组织可以依法提起行政诉讼。

刘某是该行政许可的利害关系人，当然有权提起行政诉讼。C 项错误。

尽管该建筑工程尚未建设，但是一旦该行政许可得以实施，无疑将会给刘某的利益造成影响。因此，刘某具有原告资格，有权提起行政诉讼。D 项错误。

48.【答案】C
【解析】部门规章对行政处罚的创设问题的权限较为有限，只限于警告和一定数量的罚款的行政处罚。依据《行政处罚法》第 12 条第 2 款规定，尚未制定法律、行政法规的，前款规定的国务院部、委员会制定的规章对违反行政管理秩序的行为，可以设定警告或者一定数量罚款的行政处罚。罚款的限额由国务院规定。因此，部门规章无权设定暂扣许可证的行政处罚。AD 项错误。

基于对行政强制权的严格控制的考虑，立法对于规章的行政强制设定权予以了严格禁止。依据《行政强制法》第 10 条第 4 款规定，法律、法规以外的其他规范性文件不得设定行政强制措施。因此，部门规章无权设定行政强制措施。B 项错误。

行政规章不能设定行政许可，但可以对已经设定的行政许可事项作出某些细化规定。依据《行政许可法》第 16 条第 3 款规定，规章可以在上位法设定的行政许可事项范围内，对实施该行政许可作出具体规定。C 项正确。

49.【答案】B
【解析】依据《国家赔偿法》第 38 条规定，人民法院在民事诉讼、行政诉讼过程中，违法采取对妨害诉讼的强制措施、保全措施或者对判决、裁定及其他生效法律文书执行错误，造成损害的，赔偿请求人要求赔偿的程序,适用本法刑事赔偿程序的规定。第36条规定,侵犯公民、法人和其他组织的财产权造成损害的,按照下列规定处理:(一)处罚款、罚金、追缴、没收财产或者违法征收、征用财产的,返还财产;(二)查封、扣押、冻结财产的,解除对财产的查封、扣押、冻结,造成财产损坏或者灭失的,依照本条第三项、第四项的规定赔偿;(三)应当返还的财产损坏的,能够恢复原状的恢复原状,不能恢复原状的,按照损害程度给付相应的赔偿金;(四)应当返还的财产灭失的,给付相应的赔偿金;(五)财产已经拍卖或者变卖的,给付拍卖或者变卖所得的价款;变卖的价款明显低于财产价值的,应当支付相应的赔偿金;(六)吊销许可证和执照、责令停产停业的,赔偿停产停业期间必要的经常性费用开支;(七)返还执行的罚款或者罚金、追缴或者没收的金钱,解除冻结的存款或者汇款的,应当支付银行同期存款利息;(八)对财产权造成其他损害的,按照直接损失给予赔偿。因此,只有查封造成屋内财产毁损和丢失的5000元属于国家赔偿的范围。B项正确,ACD项错误。

50. 【答案】A

【解析】与行政诉讼相同的是,行政复议法同样规定了申请行政复议的期限问题,只不过具体期限并不相同。依据《行政复议法》第9条第1款规定,公民、法人或者其他组织认为具体行政行为侵犯其合法权益的,可以自知道该具体行政行为之日起六十日内提出行政复议申请;但是法律规定的申请期限超过六十日的除外。选项A错误。

依据《行政复议法实施条例》第8条规定,同一行政复议案件申请人超过5人的,推选1至5名代表参加行政复议。选项B正确。

依据《行政复议法》第13条第1款规定,对地方各级人民政府的具体行政行为不服的,向上一级地方人民政府申请行政复议。由此可知,区政府作为本案的被申请人,复议机关自然应为甲市政府。选项C正确。

依据《行政复议法实施条例》第29条规定,行政复议申请材料不齐全或者表述不清楚的,行政复议机构可以自收到该复议申请之日起5日内书面通知申请人补正。选项D正确。

二、多项选择题。

51. 【答案】BD

【解析】选项A错误,船工救人上船。乙因此属于无危险的状态,甲发现乙是仇人,又将其推下水,该行为显然破坏现状,制造了法禁止的危险,成立作为的故意杀人罪。选项B正确,甲是公安局长,打击贿赂犯罪不在其职权范围以内,其发现乙受贿,并不会因为自己的公安局长身份负有作为义务。甲乙之间基于法律规定或紧密的生活共同体具有相互扶助的义务,但该义务属于保护型作为义务,不是监督型义务,更不涉及监督对方不实施贿赂犯罪的义务。因此,甲不成立不作为的受贿罪共犯,乙成立受贿罪的单独正犯。选项C错误,甲意外将幼童撞伤,尽管甲主观上没有责任,但确实是因为甲的不法行为导致他人处于危险之中,甲基于危险前行为负有救助义务。甲能救助时,乙教唆其不救助,最终导致死亡结果,成立故意杀人罪的共犯。甲为正犯,乙为教唆犯。选项

D正确，甲将弃婴抱回家扶养，基于事实上承担而负有作为义务。其能扶养而不扶养，将孩子放在菜市场门口，结果导致孩子冻死，成立遗弃罪，构成不作为犯。

52.【答案】ABC

【解析】选项A正确，甲、乙的枪击行为均未击中要害，且两个伤口同时流血，最后导致丙失血死亡。就此而言，甲、乙行为发挥了相同的作用，彼此之间没有明显的优越性。据此，即便将甲、乙行为彼此视为介入要素，也不会彼此产生中断效果。考虑到甲行为或乙行为至少具有死亡的抽象危险（虽未击中要害，但造成血流不止），两者对死亡结果的发生均发挥了重要作用，与死亡结果之间均有刑法上的因果关系。本题从体系化检视角度解析如下：这里的危害结果是两个伤口同时流血导致的死亡结果。就该结果而言，如果没有甲或乙的行为，均不会出现这种样态的死亡结果。同时，甲或乙的行为引起的流血现象至少具有死亡的抽象危险（单独不能造成流血过多死亡就是抽象危险；单独便能造成流血过多死亡就是具体危险）。在因果关系发展过程中，介入了乙或甲的行为。该介入因素虽然具有异常性（不具有通谋关系的甲或乙故意犯罪与乙或甲的故意犯罪行为没有类型化关联），且在死亡结果发生中作用相当，故彼此均不能产生中断效果。选项B正确，如果没有甲等多人的追杀行为，乙就不会被迫进入高速公路，也就不会被撞死。据此，甲等多人的行为与死亡结果之间具有条件意义上的因果关系。同时，追杀行为本身能够形成紧迫的心理压力，导致被害人作出应激的避险行为。在因果关系发展过程中，介入

了乙自己进入高速公路以致被撞死的行为。该介入因素与甲等多人的行为具有类型化关联，即追杀行为会引起被追杀人慌不择路铤而走险，因此不具有异常性。虽然乙的行为对其死亡具有重要作用，但因为不具有异常性，不能中断甲等多人的行为与死亡结果之间的因果关系。选项C正确，如果没有甲的猥亵行为，被害人也不会因为挣扎而被甩出车外导致死亡。据此，甲的行为与死亡结果之间具有条件意义上的因果关系。同时，甲在高速路上的强制猥亵行为足以使被害人因挣扎而跌落在路上。在因果关系发展的过程中，介入了后车的撞击行为。该行为与甲的强制猥亵行为具有类型化关联，即强制猥亵伴随暴力和性攻击，足以使被害人在挣扎中跌落在高速路上，并使后车躲闪不及发生事故。虽然后车撞击行为对死亡结果发挥了直接作用，但是因为不具有异常性，因此不能中断甲的强制猥亵行为与死亡结果之间的因果关系。选项D错误，如果没有甲的放火行为，乙也不会为了救婴儿冒险进入火场。据此，甲的放火行为与死亡结果之间具有条件意义上的因果关系。同时，放火行为本身足以导致死亡结果发生。在因果关系发展过程中，介入了乙的冒险行为。该介入因素与甲行为具有类型化关联，即引起火灾后冒险进入火场抢救婴儿符合经验法则（一般人或者理性第三人均会如此）。虽然乙的冒险行为对死亡结果发挥了重要作用，但是因为不具有异常性，所以不能中断甲行为与死亡结果之间的因果关系。

53.【答案】BCD

【解析】选项A正确，甲、乙相互配合进行危险的飞刀表演。该表演具有一定

115

危险性，原本属于法禁止的危险，但甲属于专业演员，技术精准，从未出错，因此该表演仅产生日常危险，并非法律所禁止。甲在实施这一具备日常危险行为时，根据其与乙之间的配合习惯，合理信赖乙不会突然移动身体。但实际上，乙自己突然移动身体导致毙命。对此，甲在事前无法预见，也不应当预见。应该说，甲的行为仅产生法允许的日常危险，该危险之所以被现实化，完全是因为乙突然移动，死亡结果应归责于被害人自己的行为，而与甲的行为无关。从主观方面看，甲对死亡结果不应当预见，成立意外事件。B错误，甲推乙一掌，该行为导致乙被过路车轧死。在客观方面，甲的行为符合故意杀人罪、故意伤害罪（致死）或过失致人死亡罪的构成要件[1]。但是在主观方面，甲与乙因为争执而发生推搡，甲并不具有伤害或杀害乙的犯罪决意。应该说，甲没有认识到自己行为导致乙死亡的现实可能性，不成立故意。但是，根据当时情况，客观上具有预见到死亡结果的可能性，成立过失。甲的行为应认定为过失致人死亡罪。C错误，甲从楼上扔木板，该行为具有高度危险。在行为危险所及范围内，行为人均具有结果预见义务与结果回避义务。木板从高处坠落，所能砸到的区域，均属于行为人的注意范围之内，而不限于行为人从楼上目视所及的区域。应该说，对于孩子的死亡结果，甲虽然没有现实地认识到其可能性，但在客观上具有预见可能性。但是，甲没有到楼下仔细检查周遭区域而径自丢下木板，导致躲在暗处的孩子死亡，甲的行为没有充分履行注意义务，具有过失。D错误，甲应认定为故意杀人罪既遂，但是甲的行为不存在方法错误。方法错误不是泛指方法存在错误的所有情形，而是特指行为人因方法本身的误差，导致原本意图侵害此处的被害人，却侵害了彼处的被害人。本案中，甲虽然选择犯罪工具有错误，但是在使用犯罪工具实施杀人时，并不存在任何错误，意图杀害乙，也确实杀害了乙，显然不属于方法错误。

54.【答案】AC

【解析】选项A正确，绑架罪属于侵犯人身权利的犯罪，并非侵犯财产的犯罪。甲虽然没有勒索到财物，但是已经侵犯了乙的人身权利，应成立绑架罪既遂。选项B错误，价值一万元的项链，即便仅抢到一半，也达到数额较大的标准。同时，甲抢得半条项链后离开现场60米，应认为形成了稳定的占有，应成立抢劫罪既遂。甲将抢到的项链丢弃，属于事后处分财物的行为，不影响犯罪的成立。选项C正确，乙最终取得了财物，当然成立盗窃罪既遂。甲之所以成立盗窃罪未遂，是因为甲应乙的要求提供钥匙的行为与危险结果之间具有因果关系，但与实害结果之间不具有因果关系。详言之，如果甲不借钥匙，乙便不会去窃取汽车（乙的犯罪计划是用盗窃钥匙盗车）。甲在出借钥匙后，客观上促使乙着手实施犯罪（该行为满足了乙对于犯罪计划的要求，具有心理上的帮助作用）。相应的，帮助行为产生的抽象危险经过甲的着手行为被具体化为侵害法益的现实危

---

[1] 故意犯制造的危险均不属于日常危险，过失犯制造的危险属于日常危险。行为人利用日常危险实施故意犯罪的，不能认为仅仅制造了日常危险。据此，故意犯和过失犯的行为具有明显的区别，一个行为不可能既满足故意犯的行为要求，又满足过失犯的行为要求。这里之所以说符合上述三种犯罪的构成要件，是因为在确定行为人主观责任前，我们还无法认定甲的行为仅制造了日常危险，还是非日常危险。

险或危险结果。但由于钥匙失效这一意志以外的原因，该危险并未在实害结果中实现，而是停留在危险结果这一结果形态。在实害结果中实现的危险是乙后来用其他工具窃取汽车行为所产生的现实危险。甲出借的钥匙既然是无效的，那么对于乙继续实施犯罪既没有物理上的促进作用，也失去了心理上的促进作用，因此甲出借钥匙的行为与实害结果之间既没有物理上的因果关系，也没有心理上的因果关系，即甲出借钥匙的行为并没有满足盗窃罪既遂的构成要件（行为与结果之间没有因果关系，因此该行为未实现既遂犯的构成要件），只能认定为犯罪未遂。选项D错误，体积很小的财物，只要行为人拿在手中便极容易隐藏，考虑到被害人难以察觉并会因此彻底丧失占有，应认定行为人犯罪既遂。本案中，戒指是体积很小的财物，当甲取得戒指转身离开时，便已经成立犯罪既遂。尽管甲事后偶然被发现，并且未能离开商场，但从财产法益被侵犯的程度看，已经形成完满的侵害状态，成立盗窃罪既遂。

55. 【答案】AB

【解析】选项A正确，甲在教唆乙之前，乙已经产生犯意，因此甲的教唆行为与乙的着手行为及死亡结果之间不具有因果关系，不成立教唆犯。但甲的教唆行为具有强化乙的犯意的效果，对乙着手犯罪具有促进作用，成立故意杀人罪的帮助犯。选项B正确，恐吓行为属于持续性行为，在被害人丙交付财物时，知情的甲帮助乙取得财物，应该说此时两人在使被害人陷入恐惧并基于恐惧处分财产上具有共同的行为意思，客观上也实施了相互配合形成的共同行为，应成立敲诈勒索罪的共同犯罪。

注意，敲诈勒索罪属于财产犯罪，其禁止的不是恐吓行为，而是被害人基于恐惧处分财产的行为。依此，即便甲没有参与恐吓行为，而只是利用恐吓行为产生的恐惧心理实施犯罪，也完全符合敲诈勒索罪的构成要件。选项C错误，甲明知乙买羊角锤是为了伤害丙，尽管其主观上不希望自己卖锤子的行为与乙的打人行为产生关联，但客观上只要甲将羊角锤给乙，就不可避免地对乙的伤害行为产生促进作用。在此意义上，甲与乙在用羊角锤伤人上具有共同的行为意思（消极的希望），客观上也实施了帮助行为与实行行为相互配合的共同行为，成立共同犯罪。两人涉及的罪名均是故意伤害罪，因此在故意伤害罪范围内成立共同犯罪。乙为正犯，甲为帮助犯。选项D错误，间接正犯要求行为人具有优越的认识，能够通过直接正犯间接支配构成要件的实现。本案中，甲极力劝说丈夫受贿，但乙坚决反对，乙完全不受甲的支配，因此不可能构成受贿罪的间接正犯。就甲的教唆行为而言，由于乙未接受教唆，成立教唆犯的未遂。根据共犯的从属性原理，乙坚决反对受贿，既没有因为甲的教唆实施受贿预备行为，更没有实施受贿的实行行为，因此，甲的教唆行为不可能引起法益侵害，应当认为无罪（但根据司法考试教材观点，这种情形不适用共犯的从属性说，而是例外地适用共犯的独立性说。即甲的教唆行为本身就值得刑罚处罚，但考虑到不可能通过正犯造成危害结果，所以按照受贿罪从轻或减轻处罚）。就甲擅自收受贿赂而言，该行为成立利用影响力受贿罪。甲与乙完全没有共同的行为意思，不成立共犯。

56. 【答案】ABCD

【解析】选项A错误，甲先后将现金和毒品交付给危险物质的卖方。根据行为数理论，甲的举动应评价为两个行为（自然观察上的两行为）。前行为构成购买危险物质罪，后行为实际上是将毒品有偿转让，构成贩卖毒品罪（该行为同时符合有偿获得危险物质的要求，成立购买危险物质罪，因此成立想象竞合犯）。前后两行为各自独立，应数罪并罚。选项B错误，甲实施了绑架行为，仅侵犯了被害人乙及其亲属的法益（绑架罪的保护法益），不属于一行为侵犯数法益的情形，应成立法条竞合。绑架罪法条内在包含着非法拘禁罪的内容，具有包容关系。选项C错误，甲投毒行为属于抢劫罪的预备行为，但由于意志以外原因，甲着手抢劫时被害人不在现场，因此甲的抢劫罪已经出现了终局性状态，成立抢劫罪的犯罪预备。看到乙不在家，甲便改变犯意，实施了一个新的盗窃行为，且构成犯罪既遂。甲存在两个行为，触犯两个罪名，不成立想象竞合犯。选项D错误，根据行为数理论，从自然观察角度，甲实施了受贿行为和为境外非法提供国家秘密两个举动，且前行为不是后行为必要的组成部分，应认为是数行为。据此，甲应按照受贿罪和为境外非法提供国家秘密罪数罪并罚。

57. 【答案】ABCD

【解析】选项A错误，根据《刑法》第78条的规定，减刑适用于被判处管制、拘役、有期徒刑、无期徒刑的犯罪分子，而不包括独立适用附加刑的犯罪分子。"对所有未被判处死刑的犯罪分子"表述中包括了独立适用附加刑的犯罪分子，因而存在错误。选项B错误，根据《刑法》第80条规定，无期徒刑减为有期徒刑的刑期，从裁定减刑之日起计算，而非裁定被执行之日起计算。选项C错误，根据举重以明轻的当然解释方法，未被宣告缓刑的犯罪分子，符合"认真遵守监规，接受教育改造"的减刑要件，就可以减刑。那么，比之更轻的被宣告缓刑的犯罪分子，符合减刑条件的，当然可以减刑。选项D错误，根据《刑法》第86条规定，犯罪分子在假释考验期限内犯新罪，不管是否是在考验期内被发现，都应当撤销假释。

58. 【答案】AB

【解析】选项A正确，根据相关法规，缺少批准文号的药品按照假药处理。选项B正确，种植行为属于生产行为，而禁用农药属于有毒有害非食品原料，使用该农药，符合"掺入有毒、有害的非食品原料"的要求。选项C错误，纯净水虽然属于食品，但工业酒精属于有毒有害非食品原料，两者混合，当然符合"掺入有毒、有害的非食品原料"的要求。选项D错误，虽然不能确定地沟油的具体毒害成分，但不妨碍认定其为有毒有害非食品原料，因此完全满足生产销售有毒有害食品罪的构成要件。

59. 【答案】ABD

【解析】选项A错误，未满18岁的人不具有被害人承诺的辨认能力，摘取其器官构成故意伤害罪。选项B错误，遗弃是指对没有独立生活能力的人能扶养而拒绝扶养的行为，缺乏独立生活能力的人均可以成为本罪对象，至于其为何不具有独立生活能力，则在所不问。选项C正确，诬告陷害罪保护法益为人身权利和司法机关的正常秩序，乙原本就成立犯罪，公安机关无故拒绝立案，甲改口乙为抢劫，促使公安机关启动原本应该启动的侦查程序，并没有侵犯乙的人身权利和公安机关的正常活动。此外，诬告陷害罪要求行为人捏造犯罪事实意图使被害人受到刑事追诉，乙原本就是犯罪人，本来需要承担刑事责任，甲仅具有使原本需要承担刑事责任的人承担刑事责任，不符合诬告陷害罪的主观要求。选项D错误，猥亵行为与性交行为并不是对立的关系，两者具有相同的实质——即满足性欲。性交行为属于高度类型化的满足性欲的行为，而猥亵行为则通常泛指一切满足性欲的行为。据此，可以将与男童性交的行为评价为猥亵行为予以处罚。这里需要运用当然解释方法，不法程度较低的猥亵男童的行为成立犯罪，那么不法程度更高的性交行为当然也成立犯罪，将性交解释为猥亵属于猥亵的扩大解释，但也未超过用语可能的含义范围之外。

60.【答案】ABCD
【解析】甲未对老妪实施暴力、胁迫或其他方法，不成立抢劫罪。如果认为盗窃是秘密的，抢夺是公然的，那么本案不具有秘密性，便应认定为抢夺罪。携带凶器抢夺的，按刑法规定，应成立抢劫罪。抢夺未达数额较大，不构成犯罪。如果硬性要求盗窃必须具有秘密性，那么本案只能认为无罪。但是，即便甲秘密窃取400元也会成立犯罪（入户盗窃无数额较大的要求），现在抢夺了400元，反而不成立犯罪，这一结论不合理。为了得到合理结论，应当认为盗窃不限于秘密窃取。

61.【答案】BCD
【解析】选项A正确，诈骗罪既遂要求行为人基于错误认识处分财产给行为人，而本案中被害人并未被骗，而是碍于情面处分财产给行为人，不成立诈骗罪既遂。选项B错误，甲的行为表面上看属于盗用乙房产的行为，不动产不能成为盗窃的对象，因而不成立针对房产的盗窃罪。但从保护财产性利益角度，该行为应成立针对财产性利益的盗窃罪。甲伪造房产证，骗丙与之订立租赁合同，获得租金2万元。丙虽然因此处分了2万现金给甲，但同时获得了形式意义上的房屋租赁权。如乙随即出国返回，丙形式意义上的房屋租赁权无法对抗房产所有权，因而会遭受实际经济损失。但是本案并非如此，由于乙在租赁期内未返回，丙实际获得了与租金相对应的租赁利益，故丙未遭受经济损失。就此而言，甲的行为未给乙造成经济损失，不成立诈骗罪。选项C错误，经理让甲离开，既没有免除餐费的处分意思，也无处分行为，应成立盗窃罪。选项D错误，甲出售假币的行为虽然非法，但是诈骗罪的成立对手段非法与合法并无要求。只要以诈骗手段取得财物，即可构成诈骗罪。在民法上，购买者乙因不法给付而丧失财物的返还请求权，但该财物在交付之前仍然具有合法性，当然受到刑法保护。此外，即便该财物已经属于不法给付物，丙对其的占有也属于未经法定程序不得转移的占有，仍然受到刑法保护。

62.【答案】AD
【解析】A正确，为争夺水源而聚众斗殴，虽然动机所体现的主观恶性较低，但是不影响行为人对聚众斗殴行为不法性的认识，因此仍然具有犯罪故意。B错误，聚众斗殴罪仅处罚首要分子和积极参加者，一般参与者不处罚。C错误，本案涉案人员规模较大，造成严重社会影响，已然发生严重后果，成立聚众斗殴罪的既遂。D正确，根据刑法规定，聚众斗殴致人死伤的，转化为故意杀人罪或故意伤害罪。

63. 【答案】ABCD

【解析】选项A正确，贿赂是作为职务行为对价的财物或财产性利益。海洛因虽然属于违禁品，但是具有经济价值，属于财物范围。张收受该物，当然成立受贿罪。选项B正确，乙的父亲不具有国家工作人员身份，但是其与乙具有父子关系，能够在一定程度上影响乙的职务行为，其利用该影响力收受贿赂，成立利用影响力受贿罪。选项C正确，王某属于现任厂长关系密切的人，能够影响现任厂长职务行为，但王请托行为仅为推销保险，该行为并不属于职务行为范围，因而不可能形成权钱交易，不成立受贿罪。选项D正确，法院属于国家机关，其利用职务便利为涉案当事人谋取利益，成立单位受贿罪。

64. 【答案】AB

【解析】AB项，《刑诉法》第12条规定，未经人民法院依法判决，对任何人都不得确定有罪。该原则包括以下含义：（一）明确规定了确定被告人有罪的权力由人民法院统一行使，其他任何机关、团体和个人都无权行使。定罪权是刑事审判权的核心，人民法院作为我国唯一的审判机关，代表国家统一独立行使刑事审判权。（二）人民法院判决被告人有罪，必须严格依照法定程序，在保障被告人享有充分的辩护权的基础上，依法组成审判庭进行公正、公开的审理。故AB正确。

C项，《刑诉法》第12条被称为人民法院专属定罪权原则，其他任何机关、团体、个人都无此权力。该原则体现了无罪推定的精神，但并不意味着我国确立了无罪推定原则。因为在我国司法实践中，仍然存在一些有罪推定的做法。C错误。

D项，"疑罪从无"是人民法院在对被告人定罪时需要把握的司法原则，与"疑罪从无"相对的是"疑罪从有"或"疑罪从挂"，"疑罪从无"与人民法院享有排他的定罪权没有关系。我们可以说，从无罪推定原则可以推导出"疑罪从无"的精神或者理念，但说从人民法院专属定罪权原则可以得出"疑罪从无"的结论略显牵强。故D项错误。

65. 【答案】ABCD

【解析】《高法解释》第2条规定，犯罪地包括犯罪行为发生地和犯罪结果发生地。针对或者利用计算机网络实施的犯罪，犯罪地包括犯罪行为发生地的网站服务器所在地，网络接入地，网站建立者、管理者所在地，被侵害的计算机信息系统及其管理者所在地，被告人、被害人使用的计算机信息系统所在地，以及被害人财产遭受损失地。

A项，周某计算机所在地属于被告人使用的计算机信息系统所在地，A正确。

B项，齐某计算机所在地属于被害人使用的计算机信息系统所在地，B正确。

C项，周某租用的服务器所在地属于犯罪行为发生地的网站服务器所在地，C正确。

D项，经营该网络游戏的公司所在地属于网站建立者、管理者所在地，D正确。

综上所述，本题选ABCD。

66. 【答案】BC

【解析】A项，法院受制于不告不理原

则，不可以主动将张某、秦某追加为被告人一并审理，A错误。BCD项，《高检规则》第458条规定，在人民法院宣告判决前，人民检察院发现被告人的真实身份或者犯罪事实与起诉书中叙述的身份或者指控犯罪事实不符的，或者事实、证据没有变化，但罪名、适用法律与起诉书不一致的，可以变更起诉；发现遗漏的同案犯罪嫌疑人或者罪行可以一并起诉和审理的，可以追加、补充起诉。

本题中，检察院在判决宣告前发现郑某和张某涉嫌贿赂犯罪，属于发现遗漏的罪行、同案犯罪嫌疑人的情形，检察院可以追加、补充起诉。故B、C正确。D项，检察院无须撤回起诉，只需追加、补充起诉即可。D错误。

综上所述，本题选BC。

67.【答案】ABCD

【解析】《高检规则》305条第1款规定，侦查监督部门办理审查逮捕案件，可以讯问犯罪嫌疑人；有下列情形之一的，应当讯问犯罪嫌疑人：（一）对是否符合逮捕条件有疑问的；（二）犯罪嫌疑人要求向检察人员当面陈述的；（三）侦查活动可能有重大违法行为的；（四）案情重大疑难复杂的；（五）犯罪嫌疑人系未成年人的；（六）犯罪嫌疑人是盲、聋、哑人或者是尚未完全丧失辨认或者控制自己行为能力的精神病人的。

本题中，A项，"犯罪嫌疑人的供述前后反复且与其他证据矛盾"，这可能导致无法证明存在犯罪事实，进而不符合逮捕条件。该情形属于上述（一），正确。

B项，"犯罪嫌疑人要求向检察机关当面陈述"，属于上述（二），正确。

C项，《刑诉法》第83条规定，公安机关拘留人的时候，必须出示拘留证。拘留后，应当立即将被拘留人送看守所羁押，至迟不得超过二十四小时。除无法通知或者涉嫌危害国家安全犯罪、恐怖活动犯罪通知可能有碍侦查的情形以外，应当在拘留后二十四小时以内，通知被拘留人的家属。有碍侦查的情形消失以后，应当立即通知被拘留人的家属。"侦查机关拘留犯罪嫌疑人36小时后将其送交看守所羁押"，属于上述（三），C正确。

D项，"犯罪嫌疑人是聋哑人"，属于上述（六），正确。

综上所述，本题选ABCD。

68.【答案】AD

【解析】《刑诉法》第54条规定，采用刑讯逼供等非法方法收集的犯罪嫌疑人、被告人供述和采用暴力、威胁等非法方法收集的证人证言、被害人陈述，应当予以排除。收集物证、书证不符合法定程序，可能严重影响司法公正的，应当予以补正或者作出合理解释；不能补正或者作出合理解释的，对该证据应当予以排除。在侦查、审查起诉、审判时发现有应当排除的证据的，应当依法予以排除，不得作为起诉意见、起诉决定和判决的依据。

《高法解释》第95条规定，使用肉刑或者变相肉刑，或者采用其他使被告人在肉体上或者精神上遭受剧烈疼痛或者痛苦的方法，迫使被告人违背意愿供述的，应当认定为《刑事诉讼法》第54条规定的"刑讯逼供等非法方法。"

本题中，A项，将屠某"大"字吊铐在窗户的铁栏杆上，属于采用刑讯逼供方法取得的被告人供述，属于非法言词证据，应当排除。故 A 项正确。

B 项，侦查人员对沈某说"讲了就可以回去"，这属于引诱、欺骗。根据《高法解释》第 95 条规定关于刑讯逼供的定义，"刑讯逼供等"一般不包含威胁、引诱、欺骗。因为威胁、引诱、欺骗不属于肉刑或者变相肉刑，也不一定造成剧烈疼痛或者痛苦，因此，通过威胁、引诱、欺骗等方式获取犯罪嫌疑人、被告人供述的，不适用非法证据排除规则予以排除。B 项错误。此外，这并不是说威胁、引诱、欺骗属于合法的取证手段，从定性上来说，威胁、引诱、欺骗仍然属于非法取证方法，只不过考虑到侦查活动的实践需要，没有将通过该手段获取的口供纳入到非法证据排除规则的适用范围。

C 项，对沈某进行威胁，说"不讲就把你老婆一起抓进来"，不属于使用"肉刑或者变相肉刑"，也没有达到令人感到"剧烈疼痛或者痛苦"的程度，用这种方法获取的供述不会适用非法证据排除规则排除。C 错误。

D 项，朱某属于证人，对朱某进行威胁取得的证言，属于非法言词证据，《刑诉法》第 54 条规定应当排除。故 D 项正确。需要注意的是，对犯罪嫌疑人、被告人进行威胁获取的口供可能不会被排除，但对证人、被害人进行威胁获取的证人证言及被害人陈述一定会被排除。

综上所述，本题选 AD。

69.【答案】BC

【解析】A 项，《刑诉法》并未规定侦查机关在讯问犯罪嫌疑人的时候必须有律师在场。所以侦查人员拒绝律师讯问时在场的要求不违反我国刑事诉讼法的规定。故 A 不当选。

B 项，《刑诉法》第 94 条规定，人民法院、人民检察院和公安机关如果发现对犯罪嫌疑人、被告人采取强制措施不当的，应当及时撤销或者变更。公安机关释放被逮捕的人或者变更逮捕措施的，应当通知原批准的人民检察院。可见，公安机关变更逮捕措施没有通知原批准的检察院违反了《刑事诉讼法》的规定。B 当选。

C 项，《刑诉法》第 90 条规定，公安机关对人民检察院不批准逮捕的决定，认为有错误的时候，可以要求复议，但是必须将被拘留的人立即释放。如果意见不被接受，可以向上一级人民检察院提请复核。上级人民检察院应当立即复核，作出是否变更的决定，通知下级人民检察院和公安机关执行。可见，提出复议前继续拘留犯罪嫌疑人违反了刑事诉讼法的规定。C 当选。

D 项，《刑诉法》第 73 条规定，监视居住应当在犯罪嫌疑人、被告人的住处执行；无固定住处的，可以在指定的居所执行。对于涉嫌危害国家安全犯罪、恐怖活动犯罪、特别重大贿赂犯罪，在住处执行可能有碍侦查的，经上一级人民检察院或者公安机关批准，也可以在指定的居所执行。但是，不得在羁押场所、专门的办案场所执行。指定居所监视居住的，除无法通知的以外，应当在执行监视居住后二十四小时以内，通知被监视居住人的家属。被监视居住的犯罪嫌疑人、被告人委托辩护人，适用本法第 33 条的规定。人民检察院对指定居所监视居住的决定和执行是否合法实行监督。可见，指定居所监视居住的，在无法通知的情况下，可以不通知被监视居住人的家属。因此，D项中未告知犯罪嫌疑人指定居所监视居住的理由和住所不一定违反《刑事诉讼法》的规定。D不当选。

综上所述，本题选BC。

70. 【答案】ACD

【解析】ACD项，《高法解释》第167条规定，送达诉讼文书，应当由收件人签收。收件人不在的，可以由其成年家属或者所在单位负责收件的人员代收。收件人或者代收人在送达回证上签收的日期为送达日期。收件人或者代收人拒绝签收的，送达人可以邀请见证人到场，说明情况，在送达回证上注明拒收的事由和日期，由送达人、见证人签名或者盖章，将诉讼文书留在收件人、代收人的住处或者单位；也可以把诉讼文书留在受送达人的住处，并采用拍照、录像等方式记录送达过程，即视为送达。

可见，ACD项符合该条文规定，正确。B项，应当在"送达回证"上注明拒收的事由和日期，而非在"起诉书副本"上注明拒收的事由和日期。B错误。

综上所述，本题选ACD。

71. 【答案】ABC

【解析】A项，《刑诉法》第278条规定，双方当事人和解的，公安机关、人民检察院、人民法院应当听取当事人和其他有关人员的意见，对和解的自愿性、合法性进行审查，并主持制作和解协议书。可知，双方和解应具有自愿性、合法性。A正确。

BC项，《刑诉法》第277条规定，下列公诉案件，犯罪嫌疑人、被告人真诚悔罪，通过向被害人赔偿损失、赔礼道歉等方式获得被害人谅解，被害人自愿和解的，双方当事人可以和解：（一）因民间纠纷引起，涉嫌刑法分则第四章、第五章规定的犯罪案件，可能判处三年有期徒刑以下刑罚的；（二）除渎职犯罪以外的可能判处七年有期徒刑以下刑罚的过失犯罪案件。犯罪嫌疑人、被告人在五年以内曾经故意犯罪的，不适用本章规定的程序。

可见，"李某实施伤害的犯罪情节轻微，不需要判处刑罚"和"李某五年以内未曾故意犯罪"都是和解需要具备的条件。BC正确。

D项，《刑诉法》第279条规定，对于达成和解协议的案件，公安机关可以向人民检察院提出从宽处理的建议。人民检察院可以向人民法院提出从宽处罚的建议；对于犯罪情节轻微，不需要判处刑罚的，可以作出不起诉的决定。人民法院可以依法对被告人从宽处罚。可见，公安机关向检察院提出从宽处理的建议并不是检察院作出不起诉决定的必要条件，检察院对于犯罪情节轻微，不需要判处刑罚的，可以作出酌定不起诉的决定。D错误。

综上所述，本题选ABC。

72. 【答案】ABCD

【解析】《刑诉法》第273条规定："被附条件不起诉的未成年犯罪嫌疑人，在考验期内有下列情形之一的，人民检察院应当撤销附条件不起诉的决定，提起公诉：（一）实施新的犯罪或者发现决定附条件不起诉以前还有其他犯罪需要追诉的；（二）违反治安管理规定或者考察机关有关附条件不起诉的监督管理规定，情节严重的。

被附条件不起诉的未成年犯罪嫌疑人，在考验期内没有上述情形，考验期满的，人民检察院应当作出不起诉的决定"。

本题中，A项，童某更改过年龄，在犯

罪时已经年满18周岁，对童某不可以适用附条件不起诉，可以对童某撤销不起诉的决定、提起公诉。A正确。B项，属于上述（一），应当撤销不起诉的决定，提起公诉。B正确。CD项，属于上述（二），应当撤销不起诉的决定，提起公诉。CD正确。

综上所述，本题选ABCD。

73. 【答案】ABD

【解析】《最高人民法院关于进一步加强合议庭职责的若干规定》第10条规定："……合议庭审理案件有下列情形之一的，合议庭成员不承担责任：（一）因对法律理解和认识上的偏差而导致案件被改判或者发回重审的；（二）因对案件事实和证据认识上的偏差而导致案件被改判或者发回重审的；（三）因新的证据而导致案件被改判或者发回重审的；（四）因法律修订或者政策调整而导致案件被改判或者发回重审的；（五）因裁判所依据的其他法律文书被撤销或变更而导致案件被改判或者发回重审的；（六）其他依法履行审判职责不应当承担责任的情形。"

可见，A项，属于上述（三），合议庭成员不承担责任。A正确。B项，属于上述（二），合议庭成员不承担责任。B正确。D项，属于上述（五），合议庭成员不承担责任。D正确。C项，《人民法院审判人员违法审判责任追究办法（试行）》第2条规定，人民法院审判人员在审判、执行工作中，故意违反与审判工作有关的法律、法规，或者因过失违反与审判工作有关的法律、法规造成严重后果的，应当承担违法审判责任。

《人民法院审判人员违法审判责任追究办法（试行）》第9条规定，依职权应当对影响案件主要事实认定的证据进行鉴定、勘验、查询、核对，或者应当采取证据保全措施而故意不进行，导致裁判错误的。

可见，合议庭对于辩护人提出的线索和证据材料不予调查导致裁判错误，合议庭成员应当承担责任。C错误。

综上所述，本题选ABD。

74. 【答案】AB

【解析】AB项，根据《刑诉法》第15条的规定："有下列情形之一的，不追究刑事责任，已经追究的，应当撤销案件，或者不起诉，或者终止审理，或者宣告无罪：（一）情节显著轻微、危害不大，不认为是犯罪的；（二）犯罪已过追诉时效期限的；（三）经特赦令免除刑罚的；（四）依照刑法告诉才处理的犯罪，没有告诉或者撤回告诉的；（五）犯罪嫌疑人、被告人死亡的；（六）其他法律规定免予追究刑事责任的。"

可见，被告人刘某在案件审理期间死亡，法院应当作出终止审理的裁定，根据已查明的案件事实和认定的证据，能够确认无罪的，应当判决宣告被告人无罪。AB正确。

CD项，《刑诉法》第242条规定："当事人及其法定代理人、近亲属的申诉符合下列情形之一的，人民法院应当重新审判：（一）有新的证据证明原判决、裁定认定的事实确有错误，可能影响定罪量刑的；（二）据以定罪量刑的证据不确实、不充分、依法应当予以排除，或者证明案件事实的主要证据之间存在矛盾的；（三）原判决、裁定适用法律确有错误的；（四）违反法律规定的诉讼程序，可能影响公正审判的；（五）审判人员在审理该案件的时候，有贪污受贿，徇私舞弊，枉法裁判行为的。"

本题中，刘某亲属坚称刘某清白，属于申诉。申诉即申冤、喊冤，申诉只有符合上述法定条件时才能引起审判监督程序。故法院不可能根据其亲属的申诉马上"撤销终止审理的裁定，改判无罪""以审判监督程序重新审理该案"。CD错误。

综上所述，本题选AB。

75.　【答案】ABC

【解析】《高法解释》第350条规定，最高人民法院复核死刑案件，应当按照下列情形分别处理：（一）原判认定事实和适用法律正确、量刑适当、诉讼程序合法的，应当裁定核准；（二）原判认定的某一具体事实或者引用的法律条款等存在瑕疵，但判处被告人死刑并无不当的，可以在纠正后作出核准的判决、裁定；（三）原判事实不清、证据不足的，应当裁定不予核准，并撤销原判，发回重新审判；（四）复核期间出现新的影响定罪量刑的事实、证据的，应当裁定不予核准，并撤销原判，发回重新审判；（五）原判认定事实正确，但依法不应当判处死刑的，应当裁定不予核准，并撤销原判，发回重新审判；（六）原审违反法定诉讼程序，可能影响公正审判的，应当裁定不予核准，并撤销原判，发回重新审判。

《高法解释》第351条规定，对一人有两罪以上被判处死刑的数罪并罚案件，最高人民法院复核后，认为其中部分犯罪的死刑判决、裁定事实不清、证据不足的，应当对全案裁定不予核准，并撤销原判，发回重新审判；认为其中部分犯罪的死刑判决、裁定认定事实正确，但依法不应当判处死刑的，可以改判，并对其他应当判处死刑的犯罪作出核准死刑的判决。

《高法解释》第352条规定，对有两名以上被告人被判处死刑的案件，最高人民法院复核后，认为其中部分被告人的死刑判决、裁定事实不清、证据不足的，应当对全案裁定不予核准，并撤销原判，发回重新审判；认为其中部分被告人的死刑判决、裁定认定事实正确，但依法不应当判处死刑的，可以改判，并对其他应当判处死刑的被告人作出核准死刑的判决。

故本题正确做法是D项，错误做法为ABC项。

76.　【答案】BC

【解析】行政许可的被许可人一旦合法获得行政许可，即拥有依法生产经营的合法权益。行政机关不得干扰、妨害被许可人的正常生产经营活动以及侵犯被许可人的合法财产权利。依据《行政许可法》第63条的规定，行政机关实施监督检查，不得妨碍被许可人正常的生产经营活动，不得索取或者收受被许可人的财物，不得谋取其他利益。A项不违反这一规定，符合合法行政原则的要求。

所有的听证活动都是行政机关举证证明自己的行政行为合法的过程。同时也是为了打消当事人的顾虑，组织听证的费用应当由行政机关承担，而不应由当事人承担。《行政处罚法》第42条第1款明确规定，当事人不承担行政机关组织听证的费用。B项违反这一规定，不符合合法行政原则的要求。

为了从严控制行政强制措施的实施，立法对于行政强制措施的委托持明确的反对态度。《行政强制法》第17条第1款规定，行政强制措施由法律、法规规定的行政机关在法定职权范围内实施。行政强制措施权不得委托。C项违反这一规定,不符合合法行政原则的要求。

行政机关一旦发现存在安全隐患,有义务责令相关当事人采取纠正措施,以防止危险发生或者扩大。《行政许可法》第68条第2款规定,行政机关在监督检查时,发现直接关系公共安全、人身健康、生命财产安全的重要设备、设施存在安全隐患的,应当责令停止建造、安装和使用,并责令设计、建造、安装和使用单位立即改正。D项不违反这一规定,符合合法行政原则的要求。

由此可以看出,本题借助于从合法行政原则的角度对各个具体行政行为进行考查。因此,从表面上来看是考查基本原则,实际上还是考查各具体行政行为的知识点。

77.【答案】ACD

【解析】所谓权责统一原则,是指行政机关在实施行政管理的过程中,应当实现权力与责任相统一,既要拥有相应的行政权力,又要承担相应责任,亦即实现行政机关有权力必有责任。这就要求行政机关行使权力应当依法接受监督,以促进其依法履行职责。另外,权责统一原则中的"权",即是要求法律、法规应赋予行政机关以相应的执法手段,从而保证行政效能,实现政令有效。据此可知,A、C、D项正确。

合理行政原则中的考虑相关因素原则要求行政机关作出决定时只应考虑相关因素,而不得考虑不相关因素。因此,行政机关作出决定时不得考虑不相关因素并非权责统一原则的要求,而是合理行政原则的要求。因此,B项错误。

78.【答案】ABCD

【解析】诚实守信原则是指行政机关发布行政信息应当全面、准确、真实,对于已经作出的生效行政决定,行政机关应当信守承诺,以确保公民的信赖利益。如果非因法定事由并经法定程序,则不得撤销、变更已经生效的行政决定。如果确因国家利益、公共利益或者其他法定事由需要撤销或者变更的,也应当依法进行,并对行政相对人因此受到的相应财产损失予以补偿。

本题中县政府发布通知称"对直接介绍外地企业到本县投资的单位和个人按照投资项目实际到位资金金额的千分之一奖励",但后来对这一承诺又予以反悔,拒绝支付奖励金,属于出尔反尔、反复无常,侵犯了公众的信赖利益。因此,县政府的行为属于违反了诚实守信原则,而与比例原则、行政公开、程序正当原则与权责统一原则无关。ABCD项正确。

79.【答案】BCD

【解析】采用聘任制方式招录公务员,本来就是不同于普通公务员录用的一种较为灵活的方式。可以根据实际情况决定是否按照公务员考试录用程序进行公开招聘。也就是说,机关聘任公务员可以参照公务员考试录用的程序进行公开招聘,也可以从符合条件的人员中直接选聘,而不只是限于公开招聘一种。A项错误。

由于聘任制公务员本身就是公务员身份,因此无疑应当遵守《公务员法》的有关规定。另外,聘任制公务员是按照聘任合同招录的,当然也应当服从聘任合同的有关条款约定。故孙某所在的机关应当根据公务员法和聘任合同对所聘公务员孙某进行管理。B项正确。

聘任制公务员的工资形式也相当灵活,

实行协议工资制，具体办法由中央公务员主管部门规定。C项正确。

聘任制公务员与所在单位发生劳动争议的，纠纷解决方式也不同于普通公务员的纠纷解决方式，而是实行仲裁前置。聘任制公务员与所在机关之间因履行聘任合同发生争议的，可以自争议发生之日起六十日内向人事争议仲裁委员会申请仲裁。当事人对仲裁裁决不服的，可以自接到仲裁裁决书之日起十五日内向人民法院提起诉讼。仲裁裁决生效后，一方当事人不履行的，另一方当事人可以申请人民法院执行。也就是说，聘任合同发生争议的，可以先选择仲裁。对仲裁裁决不服的，还可以向人民法院起诉。D项正确。

80. 【答案】ABD

【解析】行政机关扣押时通知当事人到场，是为了便于当事人及时了解相关财产的扣押的情况，以保障当事人的合法权益。依据《行政强制法》第18条规定，行政机关实施行政强制措施应当遵守下列规定：（一）实施前须向行政机关负责人报告并经批准；（二）由两名以上行政执法人员实施；（三）出示执法身份证件；（四）通知当事人到场；（五）当场告知当事人采取行政强制措施的理由、依据以及当事人依法享有的权利、救济途径；（六）听取当事人的陈述和申辩；（七）制作现场笔录；（八）现场笔录由当事人和行政执法人员签名或者盖章，当事人拒绝的，在笔录中予以注明；（九）当事人不到场的，邀请见证人到场，由见证人和行政执法人员在现场笔录上签名或者盖章；（十）法律、法规规定的其他程序。A项正确。

扣押清单一式两份，由当事人和行政机关分别保存，也是为了保证扣押财产能够得到妥善保管。依据《行政强制法》第24条第2款规定，查封、扣押清单一式二份，由当事人和行政机关分别保存。B项正确。

为了防止行政机关利用行政强制权谋利，立法对于行政强制的费用问题予以严格规范。依据《行政强制法》第26条第3款规定，因查封、扣押发生的保管费用由行政机关承担。C项错误。

行政机关只是对当事人的财物暂时扣押，而非最终处分，当然有义务妥善保管。依据《行政强制法》第26条第1款规定，对查封、扣押的场所、设施或者财物，行政机关应当妥善保管，不得使用或者损毁。若造成损失的，还应当依法承担相应的赔偿责任。D项正确。

81. 【答案】ABD

【解析】A项：说法正确，当选。根据《行政强制法》第45条规定："行政机关依法作出金钱给付义务的行政决定，当事人逾期不履行的，行政机关可以依法加处罚款或者滞纳金。加处罚款或者滞纳金的标准应当告知当事人。加处罚款或者滞纳金的数额不得超出金钱给付义务的数额。"

B项：说法正确，当选。《行政诉讼法》第27条规定："当事人一方或双方为二人以上，因同一行政行为发生的行政案件，或者因同类行政行为发生的行政案件、人民法院认为可以合并审理并经当事人同意的，为共同诉讼。"据此可知，行政共同诉讼分为两类：（1）必要共同诉讼，构成条件有两个：其一，一方或双方为二人以上；其二，因同一行政行为发生的案件。（2）普通共同诉讼，构成条件有四个：其一，一方或双方为二人以上；其二，因同类行政行为发生的案件；其三，法院认为可以合并；其四，当事人同意。结合题干信息，某计委以李某、周某二人超生第二胎而征收社会抚养费，两人不服而诉，属于因同一行政行为发生的行政案件，是必要共同诉讼。

C项：说法错误，不当选。对于超生而缴纳社会抚养费，本身性质属于对于超生的夫妻占用社会资源较多而征收的一种行政性收费，本身不是行政处罚，因而不适用《行政处罚法》关于诉讼时效的规定。

D项：说法正确，当选。《行政诉讼法》第77条规定："行政处罚明显不当，或者其他行政行为涉及对款额的确定、认定确有错误的，人民法院可以判决变更。人民法院判决变更，不得加重原告的义务或者减损原告的权益。但利害关系人同为原告，且诉讼请求相反的除外。"据此，变更判决只能针对行政处罚案件或者其他行政行为涉及对款额的确定、认定确有错误的案件，本案并非此类案件。

82. 【答案】BCD

【解析】依据《行诉法解释》第18条规定，股份企业的股东大会、股东代表大会、董事会等认为行政机关作出的具体行政行为侵犯企业经营自主权的，可以企业名义提起诉讼。需要注意的是，股份制企业的股东大会、股东代表大会、董事会等均可以提起行政诉讼，但却只能以企业名义起诉讼。A项错误，BCD项正确。

83. 【答案】CD

【解析】依据《行政复议法》第8条第2款规定，对行政机关对民事纠纷作出的调解处理决定不服的，依法申请仲裁或者向人民法院提起民事诉讼。另外根据《行政诉讼法解释》第1条第2款规定，公民、法人或者其他组织对下列行为不服提起诉讼的，不属于人民法院行政诉讼的受案范围：（一）行政诉讼法第十二条（现为第十三条）规定的行为；（二）公安、国家安全等机关依照刑事诉讼法的明确授权实施的行为；（三）调解行为以及法律规定的仲裁行为；（四）不具有强制力的行政指导行为；（五）驳回当事人对行政行为提起申诉的重复处理行为；（六）对公民、法人或者其他组织权利义务不产生实际影响的行为。据此可知，行政调解既不属于行政复议的受案范围，也不属于行政诉讼的受案范围。A项错误。

依据《出入境管理法》第64条第1款规定，外国人对依照本法规定对其实施的继续盘问、拘留审查、限制活动范围、遣送出境措施不服的，可以依法申请行政复议，该行政复议决定为最终决定。B项错误。

依据《反倾销条例》第53条规定，对依照本条例第25条作出的终裁决定不服，对依照本条例第四章作出的是否征收反倾销税的决定以及追溯征收、退税、对新出口经营者征税的决定不服的，或者对依照本条例第五章作出的复审决定不服的，可以依法申请行政复议，也可以依法向人民法院提起诉讼。C项正确。

依据《税收征收管理法》第88条第2款规定，当事人对税务机关的处罚决定、强制执行措施或者税收保全措施不服的，可以依法申请行政复议，也可以依法向人民法院起诉。D项正确。

84. 【答案】BD

【解析】可以向谁提出国家赔偿请求，其实也就是确认赔偿义务机关的问题。依据《国家赔偿法》第7条第1款规定，行政机关及其工作人员行使行政职权侵犯公民、法人和其他组织的合法权益造成损害的，该行政机关为赔偿义务机关。据此可知，本案中，是区政府而非区规划局组织人员将违法建筑拆除，并将拆下的钢板作为建筑垃圾运走的，区政府是实施违法行为的行政机关，因此本案的赔偿义务机关应为区政府，而非区规划局。A项错误，B项正确。

依据《国家赔偿法》第2条第1款规定，国家机关和国家机关工作人员行使职权，有本法规定的侵犯公民、法人和其他组织合法权益的情形，造成损害的，受害人有依照本法取得国家赔偿的权利。由此可知，新的《国家赔偿法》已经修改了归责原则，不再局限于违法归责原则。新法已经取消了申请国家赔偿的违法确认程序，因此申请国家赔偿之前无须先申请确认运走钢板的行为违法。C项错误。

依据《国家赔偿法》第15条第1款规定，人民法院审理行政赔偿案件，赔偿请求人和赔偿义务机关对自己提出的主张，应当提供证据。D项正确。

85. 【答案】AB

【解析】具体行政行为要想获得合法性，当然应当遵守相应的法定程序。因此遵守法定程序无疑是具体行政行为合法的必要条件。A项正确。

正是因为违法的形式多种多样，无效具体行政行为因而也可以表现为许多具体情形，当然无法完全列举。B项正确。

行政行为的废止，并非由于行政机关存在过错，而是由于客观形势发生变化，为了公共利益的考虑而终止行政行为的效力。如果因废止具体行政行为给当事人造成损失的，国家应当给予当事人补偿而非赔偿。C项错误。

具体行政行为的拘束力，是指具体行政行为一经生效，行政机关与相对人都必须遵守，其他国家机关和社会成员必须予以尊重的效力。在具体行政行为失效之前，一直都有拘束力，并不因申请行政复议而丧失拘束力。D项错误。

三、不定项选择题。

86. 【答案】BCD

【解析】交通肇事人对肇事行为本身可能存在明确的认识，即肇事行为完全可能故意为之，但其对危害结果的发生并不具有故意，而仅具有过失。此外，逆向行驶属于违章行为，其危险性尚未达到与放火、爆炸、决水、投放危险物质一样难以预见和控制危害结果的程度，因此不能认定为危险方法。据此，选项A正确，甲违章逆行造成严重后果，对此负有重要责任，成立交通肇事罪。选项B错误，甲的行为仅成立交通肇事行为，达不到以危险方法危害公共安全的程度。选项C错误，甲对死亡结果缺乏具体明确的认识，仅具有过失，不成立概括的故意。选项D错误，乙无驾驶资格但仍驾驶，且略有超速，这些行为虽然违反交通法规，但均不会危及交通安全。乙未采取有效的制动措施，显然违章并且危及交通安全，符合交通肇事罪的行为要求。但是，乙对事故发生负有次要责任，根据司法解释，在造成一死一伤危害后果时承担主要或全部责任的才构成交通肇事罪。据此，乙不成立交通肇事罪。

87. 【答案】AD

【解析】认定逃逸致人死亡，客观上要求逃逸行为与死亡结果之间具有因果关系，主观上要求逃逸者对死亡结果具有预见可能性。本案中，医护人员及时赶到事故现场抢救，甲的逃逸行为并未妨碍伤者得到及时救治，胡某的死亡主要归因于伤势过重，即死亡结果应归责于甲逃逸之前的肇事行为。据此，A正确，B错误。胡某的死亡应归责于甲的肇事行为，事后发生的逃逸行为并未中断两者之间的因果关系。C错误，胡某死亡与逃逸无关，不符合因逃逸致人死亡的客观要求。D正确，交通肇事逃逸之后，在行为人未归案前，只要符合自首条件，当然成立自首。

88. 【答案】AD

【解析】丙丁醉酒驾驶机动车（摩托车），成立危险驾驶罪的共犯，选项A正确。丙违章驾驶摩托车撞到乙车左侧车门，该行为符合交通肇事罪的构成要件，其危险性尚未达到以其他危险方法危害公共安全罪的程度，况且后者是故意犯罪，而丙的行为仅存在过失。因此，丙不成立以危险方法危害公共安全罪，选项B错误。丙醉驾行为未对乙造成严重后果，仅造成自己重伤，不符合交通肇事罪关于结果的成立要求，因此不成立交通肇事罪，选项C错误。危险驾驶罪是危险犯，并不要求完成预定的飙车行为，其行为即为既遂，选项D正确。

89. 【答案】ABCD

【解析】因果关系的判断要求案件基本事实明确，如果存在事实不明，对因果历程缺乏基本证据支持，那么不能适用因果关系相关学说认定因果关系，而只能适用存疑时有利于被告原则作出推定。据此，对甲而言，由于无法查明乙被丙撞击前所受创伤是否为致命伤，所以甲第一次撞击只能认定为非致命伤；同时，由于无法查明乙被丙撞击前是否已死亡，因此只能认定乙被甲撞击后并未死亡。对丙而言，由于无法查明乙被丙撞击前所受创伤是否为致命伤，那就只能认定已经受到致命伤；同时，由于无法查明乙被丙撞击前是否已死亡，那就只能认定为已经死亡。在这一事实推定下，应认为乙的死因不明，现有证据既不能证明甲行为与死亡结果之间的关系，也不能证明丙行为与死亡结果之间的关系。在死因不明的情况下，只能作出对所有行为人的有利推定，因此也不能认定他们的行为与死亡结果之间具有因果关系。据此，选项A、B均错误。选项C错误，因为警察行为属于执行公务，且执行公务过程中未制造任何危险，不能称之为危害行为。所以，不可能成立刑法上的因果关系。选项D错误，乙的过失行为未侵害他人法益，同样不成立危害行为，因此谈不上刑法上的因果关系。

90. 【答案】ABCD

【解析】选项ABD错误，王某为让丁为自己顶罪，采取贿买手段，既符合妨害作证罪实行行为的要求，也符合包庇罪教唆犯的要求，但是由于王某是犯罪嫌疑人本人，其指使他人为自己做伪证包庇自己的行为，在法律上不具有期待可能性，因此缺乏刑法意义上的追责条件，不成立犯罪。选项C错误，无论王某是否接受了丁的教唆而产生包庇罪的犯罪决意，其客观上都没有着手实行包庇行为，因此未对任何法益造成威胁。根据共犯的从属性原理，丁的行为也未侵犯任何法益，不成立犯罪。

91. 【答案】ABC

【解析】选项A错误。丁为了逃避刑

事责任而找到王某顶罪，王某向其索要财物，否则不答应丁的请求。应该说，王某的索财行为不符合敲诈勒索所要求的以自己支配的恶害相通告，因为丁最终是否被追究责任，虽然与王某有关，但并不是由王某支配的，而是丁自己引起并无论如何也难以避免的。不能因为没有顶罪义务的第三人不顶罪，第三人就支配了这一恶害。所以，王某的行为不构成敲诈勒索罪。选项B错误，顶罪费用5万元在丁支付给王某之前属于合法占有的财物，当然可以成为诈骗罪的对象。当5万元支付之后，才存在不法原因给付的财物，丁因此丧失返还请求权。选项C错误，在贩卖毒品中，贩卖行为与购买行为具有对向关系，但是刑法仅处罚贩卖行为而不处罚单纯收买自吸的行为。单纯收买自吸的行为不构成犯罪。选项D正确，窝藏毒品罪要求为犯罪分子窝藏毒品，而不是为自己吸食而窝藏。王某是为了自己吸食才藏匿毒品，应构成非法持有毒品罪。

92. 【答案】B

【解析】《高法解释》第279条规定，被告单位的诉讼代表人，应当是法定代表人或者主要负责人；法定代表人或者主要负责人被指控为单位犯罪直接负责的主管人员或因客观原因无法出庭的，应当由被告单位委托其他负责人或者职工作为诉讼代表人。但是，有关人员被指控为单位犯罪的其他直接责任人员或者知道案件情况、负有作证义务的除外。

A项，陆某是单位犯罪的直接负责人，不能作为被告单位的诉讼代表人。A错误。

B项，在陆某不能作为被告单位的诉讼代表人时，被告单位可以委托职工王某为诉讼代表人。B正确。

C项，在陆某不能作为被告单位的诉讼代表人时，职工韩某要成为单位的诉讼代表人必须接受单位的委托。C错误。

D项，在陆某不能作为被告单位的诉讼代表人时，其他负责人李某要成为单位的诉讼代表人必须接受单位的委托。D错误。

综上所述，本题选B。

93. 【答案】ABD

【解析】AB项，《高法解释》第284条规定，被告单位的违法所得及其孳息，尚未被依法追缴或者查封、扣押、冻结的，人民法院应当决定追缴或者查封、扣押、冻结。可见，AB正确。

CD项，《高法解释》第285条规定，为保证判决的执行，人民法院可以先行查封、扣押、冻结被告单位的财产，或者由被告单位提出担保。可见，对迅辉公司财产，法院"可以"先行查封、扣押、冻结。C错误。如果迅辉公司能够提供担保，对其财产也可以不采取查封、扣押、冻结。D正确。

综上所述，本题选ABD。

94. 【答案】BC

【解析】AB项，《高法解释》第286条规定，审判期间，被告单位被撤销、注销、吊销营业执照或者宣告破产的，对单位犯罪直接负责的主管人员和其他直接责任人员应当继续审理。可见，公司被撤销、注销，对单位不再继续追诉。A错误，B正确。

CD项，《高法解释》第287条规定，审判期间，被告单位合并、分立的，应当将原单位列为被告单位，并注明合并、分立情况。对被告单位所判处的罚金以其在新单位的财产及收益为限。可见，公司被合并或者分立的,仍应将迅辉公司列为被告单位,但应以其在新单位的财产范围承担责任。C正确,D错误。

综上所述,本题选BC。

95.【答案】 D

【解析】《高法解释》第143条规定,附带民事诉讼中依法负有赔偿责任的人包括:(一)刑事被告人以及未被追究刑事责任的其他共同侵害人;(二)刑事被告人的监护人;(三)死刑罪犯的遗产继承人;(四)共同犯罪案件中,案件审结前死亡的被告人的遗产继承人;(五)对被害人的物质损失依法应当承担赔偿责任的其他单位和个人。附带民事诉讼被告人的亲友自愿代为赔偿的,应当准许。

本题中,A项,张一是刑事被告人,属于负有民事赔偿的责任人。但李二在案件审结前已经死亡,不能成为负有民事赔偿的责任人。A错误。

B项,张一的父母是"未成年被告人的监护人",属于负有民事赔偿的责任人。李二的父母是"共同犯罪案件中,案件审结前死亡的被告人的遗产继承人",属于负有民事赔偿的责任人。B正确。

C项,王三未被起诉,是"未被追究刑事责任的其他共同侵害人",属于负有民事赔偿的责任人。张一的父母是"未成年被告人的监护人",属于负有民事赔偿的责任人。C正确。

D项,融合了B和C中的主体,正确。

理论上,该题应当选BCD。但官方答案给的是D,可能是因为D项表述的最全面。考生不用过于纠结,掌握好题目背后的知识点即可。

综上所述,本题选D。

96.【答案】 B

【解析】《高法解释》第158条规定,附带民事诉讼原告人经传唤,无正当理由拒不到庭,或者未经法庭许可中途退庭的,应当按撤诉处理。刑事被告人以外的附带民事诉讼被告人经传唤,无正当理由拒不到庭,或者未经法庭许可中途退庭的,附带民事部分可以缺席判决。

AB项,赵四父母经传唤,无正当理由不到庭,法庭"应当按撤诉处理"而不是择期审理。A错误,B正确。CD项,王三经传唤,无正当理由不到庭,法庭"可以缺席判决",而不是采取强制手段强制其到庭。C错误。李二父母未经法庭许可中途退庭,就附带民事诉讼部分,法庭"可以"而非"应当"缺席判决。D错误。

综上所述,本题选B。

97.【答案】 B

【解析】本题考核行政处罚、行政强制措施、行政强制执行的区别。

所谓行政强制措施,是指行政机关在行政管理过程中,为制止违法行为、防止证据损毁、避免危害发生、控制危险扩大等情形,依法对公民的人身自由实施暂时性限制,或者对公民、法人或者其他组织的财物实施暂时性控制的行为。行政强制措施的最主要特征在于制止性与预防性,而不具有惩戒与制裁性的特点。而行政处罚则是针对公民、法人或者其他组织违反行政管理秩序的行为施加的制裁措施,主要目的还是在于其惩戒性特征。本题中责令孙某立即停止违法开采,属于制止违法行为的继续,防止危害后果扩大,而不是为了进行制裁和惩戒,因而属于行政强制措施,不属于行政处罚。B项正确,ACD项错误。

98. 【答案】AD

【解析】本题考核行政诉讼的受案范围。

市林业局的致函行为的致函对象是县政府，内容是要求对孙某毁林采矿的行为进行调查，未涉及对孙某采矿事务的处置，也就是并未直接涉及孙某的权利义务，不属于对孙某具有拘束力的行政行为，不具有可诉性。A项正确。

县政府的会议纪要属于行政机关的内部决议，用于记载和传达行政机关内部会议议定事项，只具有内部效力，没有对孙某的权利义务进行处置，不属于对孙某产生权利义务影响的行政行为，不具有可诉性。B项错误。

行政合同行为的双方当事人应当是行政主体和行政相对人，是行政管理的当事人双方就具体的行政管理事项经过协商达成意思表示一致的结果。三部门的处理意见不是行政合同行为。C项错误。

三部门的通知对孙某的权利义务产生了实际影响，且不属于行政诉讼的排除范围，故具有可诉性。D项正确。

99. 【答案】AD

【解析】为了保障赔偿请求人能够获得及时的法律救济，为寻求有效的法律救济提供书面依据，《国家赔偿法》规定了书面通知与说理义务。依据《国家赔偿法》第23条第3款规定，赔偿义务机关决定不予赔偿的，应当自作出决定之日起十日内书面通知赔偿请求人，并说明不予赔偿的理由。选项A正确。

人民法院作为赔偿义务机关，是不存在申请复议的程序问题的。依据《国家赔偿法》第24条第2款、第3款规定，赔偿请求人对赔偿的方式、项目、数额有异议的，或者赔偿义务机关作出不予赔偿决定的，赔偿请求人可以自赔偿义务机关作出赔偿或者不予赔偿决定之日起三十日内，向赔偿义务机关的上一级机关申请复议。赔偿义务机关是人民法院的，赔偿请求人可以依照本条规定向其上一级人民法院赔偿委员会申请作出赔偿决定。由于本案的赔偿义务机关是人民法院，不存在复议程序问题，赔偿请求人可以直接向其上一级人民法院赔偿委员会申请作出赔偿决定。选项B错误。

依据《国家赔偿法》第29条第1款、第2款规定，中级以上的人民法院设立赔偿委员会，由人民法院三名以上审判员组成，组成人员的人数应当为单数。赔偿委员会作赔偿决定，实行少数服从多数的原则。选项C错误。

尽管人民法院赔偿委员会作出的赔偿决定是生效的终局决定，然而立法还是给了当事人以寻求救济的途径。依据《国家赔偿法》第30条第1款，赔偿请求人或者赔偿义务机关对赔偿委员会作出的决定，认为确有错误的，可以向上一级人民法院赔偿委员会提出申诉。选项D正确。

100. 【答案】BC

【解析】无论是《行政复议法》，还是《行政复议法实施条例》，均未要求行政复议机关在作出复议决定时，须对引起争议的民事争议一并作出处理。认为县政府撤销乡政府决定的同时需要确定系争土地权属的说法没有法律依据。选项A错误。

既然需要委托代理人参加行政诉讼，当然首先需要明确代理人的代理权限问题。依据《行诉法解释》第25条规定，当事人委托诉讼代理人,应当向人民法院提交由委托人签名或者盖章的授权委托书。委托书应当载明委托事项和具体权限。公民在特殊情况下无法书面委托的,也可以口头委托。口头委托的,人民法院应当核实并记录在卷;被诉机关或者其他有义务协助的机关拒绝人民法院向被限制人身自由的公民核实的,视为委托成立。当事人解除或者变更委托的,应当书面报告人民法院,由人民法院通知其他当事人。选项B正确。

依据《行政诉讼法》第26条第2款规定,经复议的案件,复议机关决定维持原行政行为的,作出原行政行为的行政机关和复议机关是共同被告;复议机关改变原行政行为的,复议机关是被告。本案中复议机关改变了原行政行为,因此被告应为复议机关即县政府。选项C正确。

依据《行政诉讼法》第29条第1款规定,公民、法人或者其他组织同被诉行政行为有利害关系但没有提起诉讼,或者同案件处理结果有利害关系的,可以作为第三人申请参加诉讼,或者由人民法院通知参加诉讼。乙是本案的第三人,但是乡政府却并非本案的第三人。选项D错误。

2013年国家司法考试（试卷三）解析

一、单项选择题。

1. 【答案】B

【解析】A项：说法错误，不当选。A选项涉及好意施惠与侵权的关系。张某与李某间搭便车的约定是好意施惠关系，不成立合同关系。张某无须对李某承担违约损害赔偿责任。但是，好意施惠并不排除侵权之债的成立。在好意施惠关系中，若有符合构成要件的侵权发生时，仍可成立侵权之债。张某违章驾车发生交通事故致搭乘的李某残疾的行为构成侵权，张某应当对李某承担侵权责任。

B项：说法正确，当选。B选项考查不作为侵权。多数侵权行为系作为，但不作为亦可构成侵权。不作为侵权的构成要件有三：（1）行为人具有作为的义务，具有采取积极行为防范或者避免他人遭受损害的义务；（2）行为人能够履行该作为义务；（3）行为人的不作为与损害具有因果关系。须注意：若系过错侵权，还须不作为者对损害的发生具有过错。B选项中，唐某参加王某组织的自助登山活动，根据民法通说观点，唐某与王某形成"危险共同体关系"（刑法称为"紧密共同体关系"），基于该关系，王某对陷入险情（缺氧反应、受伤等）的唐某具有救助的作为义务。但本题并非如此。唐某在登山活动中遭遇雪崩，王某虽有救助的义务，但（在当时情形下）欠缺救助的能力，王某与唐某间不成立不作为侵权。

C项：说法错误，不当选。C选项考查过错侵权。虽然吴某对于自己遭受的损害也有过错（据此可减轻加害人的责任），但与吴某打赌的人对吴某遭受的损害也有过失，吴某有权请求与其打赌的人承担部分赔偿责任。须注意：C选项之重点在于过失的判断标准。判断过失采客观标准，即采用实然与应然相比对的方法。实然，即行为人的行为方式；应然，即社会可以对行为人合理期待的行为方式。如果实然达到或者超过应然标准，加害人无过失；如果实然低于应然标准，则行为人具有过错。

D项：说法错误，不当选。D选项也考不作为侵权。根据民法通说观点，何某的先前行为（与郑某推杯换盏）给其带来了作为的义务（防范喝醉的郑某因此遭受损害），何某违反该作为义务致郑某遭受损害，何某对于损害的发生也具有过错，故何某应当对郑某承担过错侵权赔偿责任。

2. 【答案】A

【解析】本题综合考查监护制度，涉及法定监护、指定监护及委托监护等多种情形。（1）根据《民法通则》第17条规定，无民事行为能力或者限制民事行为能力的精神病人，由配偶担任监护人。根据《民通意见》第22条规定："监护人可以将监护职责部分或者全部委托给他人。因被监护人的侵权行为需要承担民事责任的，应当由监护人承担，但另有约定的除外；被委托人确有过错的，负连带责任。"A项中，甲委托医院照料其患精神病的配偶乙，由医院履行监护职责，医院是委托监护人，故当选。（2）委托监护并不使得原监护人的职责全部转移。因此B项中，甲的幼子乙在寄宿制幼儿园期间，虽然幼儿园受委托履行监护义务，但并不使甲的监护职责全部转移给幼儿园，甲依然负监护人职责。故B错误。（3）《民法通则》第16条规定："未成年人的父母是未成年人的监护人（第1款）。未成年人的父母已经死亡或者没有监护能力的，由下列人员中有监护能力的人担任监护人：（一）祖父母、外祖父母；（二）兄、姐；（三）关系密切的其他亲属、朋友愿意承担监护责任，经未成年人的父、母的所在单位或者未成年人住所地的居民委员会、村民委员会同意的（第2款）。"在C项中，甲丧夫后仍为幼子乙的母亲，为其法定监护人。即使携子改嫁，其监护人地位并不受影响。乙的爷爷（祖父母）只有在被监护人父母均死亡或父母无监护能力的情形下，才有权要求法院确定自己为乙的法定监护人。故C错误。（4）《民通意见》第21条规定，夫妻离婚后，与子女共同生活的一方无权取消对方对该子女的监护权；但是，未与该子女共同生活的一方，对该子女有犯罪行为、虐待行为或者对该子女明显不利的，人民法院认为可以取消的除外。D项中，市民甲、乙之子丙5周岁，甲、乙离婚后双方均无权取消对方的监护权。即使未与被监护人一起生活，未经法定程度依然不失其监护人地位，亦不得拒绝履行监护职责。根据《民法通则》第16条规定，只有未成年人父母以外的人担任监护人存在争议，包括互相推诿或相互争抢监护人职责的，才由其住所地的居民委员会进行指定。因此，D选项错误。

综上所述，本题的正确答案为A。

3. 【答案】D

【解析】本题考查胁迫的认定。胁迫是传统民法中意思表示不自由的重要形态。根据我国《民通意见》第69条规定："以给公民及其亲友的生命健康、荣誉、名誉、财产等造成损害或者以给法人的荣誉、名誉、财产等造成损害为要挟，迫使对方作出违背真实的意思表示的，可以认定为胁迫行为。"胁迫与欺诈情形不同的是，表意人并未陷入任何错误。其构成要件主要包括：（1）存在故意胁迫行为，即以未来可能的危害相要挟。（2）胁迫行为与意思表示之间有因果关系，即表意人因胁迫产生恐惧而为意思表示。（3）胁迫具有不法性。胁迫之具不法性，主要包括三种情形：一为手段不法，即以不法行为要挟他人作出意思表示，即使为了达到合法目的也构成不法。二为目的不法，即为追求不法的结果而要挟他人作出意思表示。三为手段与目的的关联不法。若手段与目的本身均属合法，但二者的结合却可能构成不法。

实务中最为常见的为犯罪的检举，认定其是否构成胁迫的关键是要判断胁迫行为的合法性。理论上，如果不法行为的受害人以进行刑事指控要挟嫌疑人的唯一目的在于促使其弥补自己因该犯罪行为遭受的损害，则胁迫具有合法性。当检举胁迫旨在达到的目的与犯罪行为没有任何关系时，则该胁迫行为即具有不法性，即使当事人确实实施了违反法律的行为。

本题 A 选项中，乙虽构成犯罪，甲揭发犯罪的手段虽为合法，但与目的之间并无因果关系，构成胁迫。B 选项中，乙未犯罪，甲胁迫手段为不法，构成胁迫。C 选项中，甲揭发他人隐私的胁迫手段为不法，构成胁迫。D 选项中，甲举报醉酒驾车的犯罪行为旨在为了救济其在犯罪行为中受到的损害，手段、目的均为合法，且二者之间有因果关系，不构成胁迫。综上所述，本题的正确答案为 D。

4.【答案】B

【解析】本题综合考查无权代理及因欺诈订立合同的法律效力。本题中，甲未经乙的同意以其名义从事法律行为，构成无权代理。《合同法》第 48 条规定："行为人没有代理权、超越代理权或者代理权终止后以被代理人名义订立的合同，未经被代理人追认，对被代理人不发生效力，由行为人承担责任。相对人可以催告被代理人在一个月内予以追认。被代理人未作表示的，视为拒绝追认。合同被追认之前，善意相对人有撤销的权利。撤销应当以通知的方式作出。"同时，甲公司出卖食用油时以次充好，构成对丙公司的欺诈。《合同法》第 54 条第 2 款规定："一方以欺诈、胁迫的手段或者乘人之危，使对方在违背真实意思的情况下订立的合同，受损害方有权请求人民法院或者仲裁机构变更或者撤销。"由此可见，作为善意相对人与受欺诈方的丙公司，有两项撤销权，但二者存在不同：第一，作为善意相对人的撤销权必须在被代理人追认前行使；而受欺诈方的撤销权可在被代理人追认前或追认后行使。第二，善意相对人的撤销权以通知的方式即可行使，而受欺诈方的撤销权必须通过向人民法院提起诉讼或者申请仲裁来行使。

本题中，甲以乙公司名义与不知情的丙公司签订食用油买卖合同，属于无权代理，乙公司追认该合同前，善意相对人丙公司可通知撤销，但乙公司追认后，丙公司只得基于受欺诈通过诉讼撤销合同。故 A 选项错误，而 B 选项正确。同上分析，只有在乙公司未追认时，丙公司（作为善意相对人）才有权通知乙公司撤销。故 C 选项错误。在乙公司未追认时，该合同对被代理人乙公司未并无法律拘束力，因此丙公司无权要求乙公司履行；而在乙公司追认该合同后，且丙公司放弃行使撤销权时，才有权要求乙公司履行。故 D 选项错误。综上所述，本题的正确答案为 B。

5.【答案】D

【解析】本题综合考查诉讼时效、债权让与与债务承担等制度。根据《民法通则》第 135 条规定，向人民法院请求保护民事权利的诉讼时效期间为二年，法律另有规定的除外。《诉讼时效规定》第 6 条规定，可以确定履行期限的，诉讼时效期间从履行期限届满之日起计算。本题中，甲公司与乙银行签订借款合同，并约定了借款期限。因此，诉讼时效期间为 2011 年 3 月 25 日至 2013 年 3 月 24 日。乙银行在此期间未向债务人甲公司主张债权，诉讼时效期间经过。根据《诉讼时效规定》第 3 条规定，债务人乙银行取得了诉讼时效抗辩权。诉讼时效期间经过后，不再适用中断的相关规定。因此 B、C 选项错误。根据《合同法》第 82 条规定："债务人接到债权转让通知后，债务人对让与人的抗辩，可以向受让人主张。"因此，债务人甲公司有权对受让人丙公司主张诉讼时效的抗辩。选项 A 错误。丁公司通过公开竞买甲公司，依法律规定承担其债权债务。《合同法》第 85 条规定："债务人转移义务的，新债务人可以主张原债务人对债权人的抗辩。"由此，新的债务人丁公司有权向丙公司主张诉讼时效经过的抗辩。因此，D 选项正确。

6. 【答案】C

【解析】本题综合考查非因法律行为的物权变动。（1）《物权法》第 28 条规定："因人民法院、仲裁委员会的法律文书或者人民政府的征收决定等，导致物权设立、变更、转让或者消灭的，自法律文书或者人民政府的征收决定等生效时发生效力。"本题中，甲、乙和丙签订散伙协议约定登记在丙名下的合伙房屋归甲、乙共有。因丙未履行协议，所有权并未转移。2012 年 8 月，法院判决丙办理该房屋过户手续，性质上属于给付判决，而非形成判决。此时，甲、乙并不能基于该判决取得房屋所有权。丙依然是房屋的所有权人。故 A、B 选项说法错误。（2）《物权法》第 29 条规定："因继承或者受遗赠取得物权的，自继承或者受遗赠开始时发生效力。"2012 年 9 月丙死亡时，其唯一继承人丁即取得该房屋所有权。故 C 选项说法正确，当选。（3）12 月，丁虽将房屋赠给女友戊且对赠与合同作了公证，但未办理所有权过户手续，所有权并未发生变动。因此，D 选项说法错误。综上所述，本题的正确答案为 C。

7. 【答案】D

【解析】本题综合考查权利质权、债权让与以及担保的从属性。（1）《担保法》第 5 条规定："担保合同是主合同的从合同，主合同无效，担保合同无效。担保合同另有约定的，按照约定。担保合同被确认无效后，债务人、担保人、债权人有过错的，应当根据其过错各自承担相应的民事责任。"本题中，甲公司为银行对乙公司的 100 万债权提供保证；乙公司以其对丙公司的债权为甲公司设立质权作为反担保。由此，甲公司与银行的保证合同是银行与乙公司借款合同的从合同；而乙公司为甲公司设立的债权质权（反担保）为甲对银行对乙公司追偿权的从权利。基于担保的从属性，主债权消灭的，担保权亦将归于消灭。A 项中，乙公司依约向银行清偿了贷款，100 万元的还款债务消灭，甲对该债务的保证随之归于消灭，对该保证责任提供反担保的债权质权亦同时归于消灭。故选项 A 错误。（2）《合同法》第 80 条规定："债权人转让权利的，应当通知债务人。未经通知，该转让对债务人不发生效力。"故如果甲公司、乙公司将出质债权转让给丁公司但未通知债务人丙公司，则该转让对丙公司不发生效力，丁公司不得向丙公司主张该债权。选项 B 错误。（3）《物权法》第 211 条规定："质权人在债务履行期届满前，不得与出质人约定债务人不履行到期债务时质押财产归债权人所有。"第 229 条规定："权利质权除适用本节规定外，适用本章第一节动产质权的规定。"由此可见，权利质权同样禁止当事人订立流质条款。因此甲公司在设立债权质权时不得与乙公司约定，如乙公司届期不清偿银行贷款，则出质债权归甲公司所有。选项C错误。（4）《合同法》第82条规定："债务人接到债权转让通知后，债务人对让与人的抗辩，可以向受让人主张。"由于债权质权同样涉及债权的处分，可参照上述规定。因此，丙公司可向甲公司主张其基于供货合同而对乙公司享有的抗辩，D选项正确。综上所述，本题的正确答案为D。

8. 【答案】C
【解析】本题综合考查共同抵押以及担保物权的竞存。（1）《担保法解释》第75条第2款规定，同一债权有两个以上抵押人的，当事人对其提供的抵押财产所担保的债权份额或者顺序没有约定或者约定不明的，抵押权人可以就其中任一或者各个财产行使抵押权。本题中，银行对丙银行的债权有两个抵押权：一是丙银行自有房产抵押，担保60万元；二是甲的机器设备抵押，担保40万元。此时，债权人银行只得按照约定的抵押财产所担保的债权份额来行使抵押权。因此，A、B选项说法错误。（2）此外，甲公司先以其机器设备为乙公司设立质权，之后再将该机器设备抵押给银行与丁公司，质权因设立在先而优先于银行及丁公司的抵押权，因此，C选项说法正确，D选项说法错误。综上所述，本题的正确答案为C。

9. 【答案】D
【解析】本题考查遗失物的返还请求权。（1）《物权法》第107条规定："所有权人或者其他权利人有权追回遗失物。该遗失物通过转让被他人占有的，权利人有权向无处分权人请求损害赔偿，或者自知道或者应当知道受让人之日起二年内向受让人请求返还原物，但受让人通过拍卖或者向具有经营资格的经营者购得该遗失物的，权利人请求返还原物时应当支付受让人所付的费用。权利人向受让人支付所付费用后，有权向无处分权人追偿。"本题中，名表为张某的遗失物，拾得人及受让人原则上不得善意取得。虽该名表已经丢失两年，但《物权法》第107条规定的两年返还期限自知道或应当知道受让人时起算，因此，张某的原物返还请求权未受影响。（2）根据《物权法》第34条规定，无权占有不动产或者动产的，权利人可以请求返还原物。由此可见，行使原物返还请求权的相对人须为现时的无权占有人。因李某、王某已因处分行为而失其占有人地位，张某不得请求其返还。故A、B选项错误。（3）根据民法理论，得向其主张原物返还请求权的无权占有人，既包括直接占有人，也包括间接占有人。郑某将该表交给不知情的朱某维修，朱某为直接占有人。郑某虽丧失直接占有，但基于承揽合同仍有返还请求权，为间接占有人。因此，张某有权要求朱某返还。故C项错误，D选项正确。需要注意的是，不知情的朱某因善意取得留置权，可以对张某的返还请求权提出抗辩，但张某的实体请求权则不受影响。

10. 【答案】C
【解析】本题考查承租人的优先购买权及其保护。（1）《合同法》第230条规定："出租人出卖租赁房屋的，应当在出卖之前的合理期限内通知承租人，承租人享有以同等条件优先购买的权利。"本案中，甲与乙订立房屋租赁合同，承租人乙在同等条件下有优先购买承租房屋的权利。出租人出卖租赁房屋的,应当提前通知承租人乙,故选项A错误。(2)根据《城镇房屋租赁合同解释》第21条规定:"出租人出卖租赁房屋未在合理期限内通知承租人或者存在其他侵害承租人优先购买权情形,承租人请求出租人承担赔偿责任的,人民法院应予支持。但请求确认出租人与第三人签订的房屋买卖合同无效的,人民法院不予支持。"本题中,因甲未通知乙即将房屋出售于丙,侵害了乙的优先购买权。根据《城镇房屋租赁合同解释》规定,乙可以请求甲承担损害赔偿责任,但无权要求宣告甲丙之间有买卖合同无效。故选项C正确。(3)甲虽侵害乙的优先购买权,但仍对房屋有完全的处分权,无须征得乙同意,也并非无权处分,丙不符合善意取得的构成要件,因此选项B、D错误。综上所述,本题的正确答案为C。

11. 【答案】A

【解析】本题考查多重买卖的法律适用。(1)根据《合同法解释(二)》第15条规定:"出卖人就同一标的物订立多重买卖合同,合同均不具有《合同法》第五十二条规定的无效情形,买受人因不能按照合同约定取得标的物所有权,请求追究出卖人违约责任的,人民法院应予支持。"本题中,甲就某玉器先后与乙、丙、丁三人签订买卖合同,为多重买卖。因签订买卖合同时,甲尚拥有标的物所有权,为有权处分,且不存在合同无效的其他情形,三个买卖合同均为有效。因此,D错误。(2)根据《物权法》第23条规定:"动产物权的设立和转让,自交付时发生效力,但法律另有规定的除外。"本题中,由于甲已将玉器交付于丁,丁依法取得该玉器所有权。选项A正确。(3)《合同法》第110条规定:"当事人一方不履行非金钱债务或者履行非金钱债务不符合约定的,对方可以要求履行,但有下列情形之一的除外:(一)法律上或者事实上不能履行;……"本题中,因标的物所有权已经转移于丁,甲已不享有玉器的所有权,乙、丙请求交付玉器并转移所有权的请求因陷入"法律不能"而无法得到支持。故选项B、C均错误。综上所述,本题的正确答案为A。

12. 【答案】B

【解析】本题考查的是债之类型的判断。(1)本案中,甲、乙、丙三人基于意思自治就交通事故的损害赔偿达成协议《调解协议书》,并不违反法律的禁止性规定,属于完全有效的合同。因该合同产生的债之关系属于合同之债。B正确。(2)虽该调解协议因侵权行为而起,依法产生了侵权之债,但请求权人丙对该损害赔偿请求权有合法的处分权。《调解协议书》即为当事人处分其法定债权(其数额可能少于或多于法定之债)的体现,侵权之债因已经转化为合同之债而归于消灭。故A错误。(3)丙获得工伤补偿系基于其他法律关系,与乙是否承担责任并无关系。故C错误。(4)根据合同有效的《调解协议书》,甲、乙二人成立按份之债,甲因当即履行而使其债务归于消灭。基于债之相对性原理,丙不能再要求甲履行乙未履行的部分。故D选项错误。综上所述,本题的正确答案为B。

13. 【答案】D

【解析】本题综合考查拾得遗失物及悬

赏广告等制度。（1）《物权法》第109条规定："拾得遗失物，应当返还权利人。拾得人应当及时通知权利人领取，或者送交公安等有关部门。"第112条规定："权利人领取遗失物时，应当向拾得人或者有关部门支付保管遗失物等支出的必要费用。权利人悬赏寻找遗失物的，领取遗失物时应当按照承诺履行义务。"本题中，出租车司机李某拾得方某遗忘在出租车上的行李，负有返还该行李的义务。因方某发布了寻物启事，并言明愿以2000元现金酬谢返还行李者，属于悬赏寻找遗失物，拾得人返还遗失物时，方某应当履行悬赏义务。故A选项错误，D选项正确。（2）由于方某的悬赏报酬请求权系基于悬赏合同，而其归还遗失物的义务属于法定义务，二者并非基于同一法律关系产生，李某不得行使留置权。故B选项错误。（3）即使方某未发布悬赏广告，仍应当向拾得人李某支付保管遗失物等支出的必要费用。故C选项错误。综上所述，本题的正确答案为D。

14. 【答案】A

【解析】本题考查违约金责任的法律适用。（1）《合同法》第114条规定："当事人可以约定一方违约时应当根据违约情况向对方支付一定数额的违约金，也可以约定因违约产生的损失赔偿额的计算方法。约定的违约金低于造成的损失的，当事人可以请求人民法院或者仲裁机构予以增加；约定的违约金过分高于造成的损失的，当事人可以请求人民法院或者仲裁机构予以适当减少。"如果当事人违约，应当按照约定的违约金承担违约责任，排除了合同法关于违约损害赔偿的任意性规定，不再适用法定违约损害赔偿。故C错误。（2）为了维护合同当事人之间的合同正义，防止违约金条款成为一方压榨另一方的工具，《合同法》规定了约定的违约金"过分高于"实际损害时，当事人请求予以酌减的权利。根据《合同法解释（二）》第29条第2款规定："当事人约定的违约金超过造成损失的百分之三十的，一般可以认定为'过分高于造成的损失'。"由此可见，违约金数额高于实际损害时，当事人并非当然有权要求减少。本题中，双方当事人约定了18万元违约金，但对乙造成损失只有15万元，超出了20%，属于法律允许的范围。因此甲无权要求人民法院予以减少，应向乙支付违约金18万元，并不再支付其他费用或者赔偿损失。故A正确。

15. 【答案】A

【解析】本题考查产品责任的承担。（1）《合同法》第122条规定："因当事人一方的违约行为，侵害对方人身、财产权益的，受损害方有权选择依照本法要求其承担违约责任或者依照其他法律要求其承担侵权责任。"本题中，李某从甲商场购买的电热壶质量不合格，造成其损害的，构成违约责任与侵权责任的竞合。《合同法》第107条规定："当事人一方不履行合同义务或者履行合同义务不符合约定的，应当承担继续履行、采取补救措施或者赔偿损失等违约责任。"本题中，李某可要求甲商场承担补救措施及损害赔偿等违约责任。故D选项错误。（2）《合同法》第113条规定："当事人一方不履行合同义务或者履行合同义务不符合约定，给对方造成损失的,损失赔偿额应当相当于因违约所造成的损失,包括合同履行后可以获得的利益,但不得超过违反合同一方订立合同时预见到或者应当预见到的因违反合同可能造成的损失。"由此可见,李某基于买卖合同起诉甲商场的,赔偿范围不以合同价款(100元)为限。故选项C错误。(3)根据《侵权责任法》第43条规定:"因产品存在缺陷造成损害的,被侵权人可以向产品的生产者请求赔偿,也可以向产品的销售者请求赔偿。"本题中,电热壶因漏电缺陷致李某手臂灼伤,李某既可以要求销售者商场赔偿,也可以要求生产者即乙厂承担。由此可见,A选项正确,B选项错误。综上所述,本题的正确答案为A。

16. 【答案】C

【解析】本题考查技术合同的效力及法律适用。(1)《合同法》第329条规定:"非法垄断技术、妨碍技术进步或者侵害他人技术成果的技术合同无效。"本题中,甲公司向乙公司转让的技术秘密系甲公司通过不正当手段从丙公司获得的,侵害了丙公司的技术成果,因此该技术转让合同是无效的。故A项错误。(2)此外,根据《技术合同解释》第12条和《合同法》第329条的规定,侵害他人技术秘密的技术合同被确认无效后,除法律、行政法规另有规定的以外,善意取得该技术秘密的一方当事人可以在其取得时的范围内继续使用该技术秘密,但应当向权利人支付合理的使用费并承担保密义务。本题中,虽甲公司向乙公司转让技术秘密的合同因侵害他人技术成果而无效,但因乙公司对此并不知情,且支付了合理对价,属于善意取得该技术秘密,可在其取得时的范围内继续使用该技术秘密,但应向丙公司支付合理的使用费并承担保密义务。故C项正确。(3)根据《技术合同解释》第12条规定,当事人双方恶意串通或者一方知道或者应当知道另一方侵权仍与其订立或者履行合同的,属于共同侵权,侵权人应当承担连带赔偿责任和保密义务,因此取得技术秘密的当事人不得继续使用该技术秘密。因乙公司对侵害丙公司技术成果的情形并不知情,无须和甲公司共同承担连带责任。故B项错误。(4)根据《合同法》第58条规定,合同无效或者被撤销后,因该合同取得的财产,应当予以返还;不能返还或者没有必要返还的,应当折价补偿。有过错的一方应当赔偿对方因此所受到的损失,双方都有过错的,应当各自承担相应的责任。本题中,因甲公司过错导致合同无效,乙公司有权要求甲公司返还其支付的对价,且有权要求甲公司赔偿其因此受到的损失。故D选项错误。综上所述,本题正确答案为C。

17. 【答案】D

【解析】(1)《著作权法》第60条第1款规定:"本法规定的著作权人和出版者、表演者、录音录像制作者、广播电台、电视台的权利,在本法施行之日尚未超过本法规定的保护期的,依照本法予以保护。"由此可见,《著作权法》生效施行前(1991年6月1日),著作权人的作品没有超过保护期的,应当依照《著作权法》进行保护。故选项A错误。(2)《著作权法》第21条第1款规定:"公民的作品,其发表权、本法第十条第一款第（五）项至第（十七）项规定的权利的保护期为作者终生及其死亡后五十年，截止于作者死亡后第五十年的12月31日；如果是合作作品，截止于最后死亡的作者死亡后第五十年的12月31日。"本题中，甲于1961年3月4日去世，著作财产权和发表权保护期限截至2011年12月31日，而署名权、修改权及保护作品完整权不受保护期限的限制。本题中，2012年乙提起诉讼时，信息网络传播权已因保护期限届满而消灭，但署名权因不受保护期限的限制而仍然受到保护。故D选项正确。（3）所谓署名权，即表明作者身份，在作品上署名的权利。本题中，丙网站长期传播作品《梦》，且未署甲名，侵害了作者的署名权。（4）《著作权纠纷解释》第28条规定："侵犯著作权的诉讼时效为二年，自著作权人知道或者应当知道侵权行为之日起计算。权利人超过二年起诉的，如果侵权行为在起诉时仍在持续，在该著作权保护期内，人民法院应当判决被告停止侵权行为；侵权损害赔偿数额应当自权利人向人民法院起诉之日起向前推算二年计算。"本题中，甲侵犯署名权的行为已经经过二年，但侵权行为仍在继续，因此有权要求承担停止侵害、赔偿损失等侵权责任。故B选项错误。（5）《著作权法》第19条第1款规定："著作权属于公民的，公民死亡后，其本法第十条第一款第（五）项至第（十七）项规定的权利在本法规定的保护期内，依照《继承法》的规定转移。"《著作权法实施条例》第15条规定："作者死亡后，其著作权中的署名权、修改权和保护作品完整权由作者的继承人或者受遗赠人保护。著作权无人继承又无人受遗赠的，其署名权、修改权和保护作品完整权由著作权行政管理部门保护。"本题中，甲死亡后，其就作品《梦》享有的著作人身权和财产权均由其继承人乙行使。故C选项错误。综上所述，本题的正确答案为D。

18. **【答案】** B

【解析】（1）《专利法》第45条规定："自国务院专利行政部门公告授予专利权之日起，任何单位或者个人认为该专利权的授予不符合本法有关规定的，可以请求专利复审委员会宣告该专利权无效。"同法第22条规定："授予专利权的发明和实用新型，应当具备新颖性、创造性和实用性。新颖性，是指该发明或者实用新型不属于现有技术；……"本题中，甲公司获得专利的技术在专利申请日前已经属于现有技术，不符合授予专利的条件，故任何单位或者个人均可以请求专利复审委员会宣告该专利权无效。故C选项正确，而B选项错误。（2）《专利法》第47条第1款规定："宣告无效的专利权视为自始即不存在。"本题中，该技术宣告无效后，甲公司自始无专利权，任何人均得无偿使用该技术，或在该专利技术的基础上继续开发新技术。故A、D选项正确。综上所述，本题的正确答案为B。

19. **【答案】** B

【解析】（1）《商标法》第3条规定："经商标局核准注册的商标为注册商标，包括商品商标、服务商标和集体商标、证明商标；商标注册人享有商标专用权，受法律保护。"第9条规定："申请注册的商标，应当有显著特征，便于识别，并不得与他人在先取得的合法权利相冲突。商标注册人有权标明'注册商标'或者注册标记。"由此可见，在商品上标注"注册商标"是商标专用权人的权利而非义务，不影响其商标专用权受到法律保护。（2）《商标法》第57条规定："有下列行为之一的，均属侵犯注册商标专用权：（一）未经商标注册人的许可，在同一种商品上使用与其注册商标相同的商标的；（二）未经商标注册人的许可，在同一种商品上使用与其注册商标近似的商标，或者在类似商品上使用与其注册商标相同或者近似的商标，容易导致混淆的；（三）销售侵犯注册商标专用权的商品的；（四）伪造、擅自制造他人注册商标标识或者销售伪造、擅自制造的注册商标标识的；（五）未经商标注册人同意，更换其注册商标并将该更换商标的商品又投入市场的；（六）故意为侵犯他人商标专用权行为提供便利条件，帮助他人实施侵犯商标专用权行为的；（七）给他人的注册商标专用权造成其他损害的。"本题A选项中，乙公司误认为该商标属于未注册商标，而在自己生产的啤酒产品上使用"冬雨之恋"商标，属于《商标法》第57条第1项规定的情形，构成侵权，不当选。（3）《商标法实施条例》第75条规定："为侵犯他人商标专用权提供仓储、运输、邮寄、印制、隐匿、经营场所、网络商品交易平台等，属于《商标法》第五十七条第六项规定的提供便利条件。"B选项中，丙公司不知某公司假冒"冬雨之恋"啤酒而予以运输，欠缺主观上的故意，不构成侵权，当选。而D选项中，戊公司明知某企业生产假冒"冬雨之恋"啤酒而向其出租仓库，构成侵权，不当选。（4）C选项中，丁饭店将购买的甲公司"冬雨之恋"啤酒倒入自制啤酒桶自制"侠客"牌散装啤酒出售，属于第5项规定的反向假冒行为，构成侵权，故不当选。综上所述，本题的正确答案为B。

20. 【答案】D

【解析】（1）根据《民法通则》第138条规定，超过诉讼时效期间，当事人自愿履行的，不受诉讼时效限制。《民通意见》第171条规定："过了诉讼时效期间，义务人履行义务后，又以超过诉讼时效为由反悔的，不予支持。"据此可知，超过诉讼时效的债务性质上属于自然债务，虽无强制执行力，但债权人仍有合法的受领权，不构成不当得利，选项A不当选。（2）根据民法理论，虽符合给付型不当得利的构成要件，但法律特别规定排除受害人的不当得利返还请求权，主要包括以下情形：给付系履行道德上的义务；提前清偿债务；明知无债务而清偿；因不法原因而给付。B项属于提前清偿债务，C项属于因不法原因而给付，均不成立不当得利之债，均不当选。D项为典型的给付型不当得利，当选。

21. 【答案】D

【解析】本题考查无因管理之债的成立。成立无因管理之债，除满足无因管理的一般构成要件外，还需要满足无因管理适法化的条件，即管理事务利于本人且不违反本人明示或可推知之意思。（1）A项中，甲的债务已过诉讼时效，成为自然债务。丙的管理行为（明知诉讼时效已过的情形下擅自清偿）虽无法定或约定义务，但显然不利于本人甲，不成立无因管理之债，不当选。（2）B项中，甲为邻居清扫"轿车上"的积雪属于情谊行为，不属于民事法律关系的范畴，不成立无因管理之债。（3）C项中，甲抚养丙虽客观上为他人事务，但欠缺管理他人事务（为丁抚养小孩）的意思，不构成无因管理，更没有无因管理之债的产生。（4）D项中，甲拾得他人遗失之牛并暂养寻找失主，符合无因管理的构成要件。因不可归责于甲的事由导致牛死亡后，甲出卖行为有利于本人且并不违反其可推知的意思，成立无因管理之债。因此，本题的正确答案为D。

22.【答案】A

【解析】本题考查人格权的保护。（1）《民法通则》第99条第1款规定，公民享有姓名权，有权决定、使用和依照规定改变自己的姓名，禁止他人干涉、盗用、假冒。《民通意见》第141条规定，盗用、假冒他人姓名、名称造成损害的，应当认定为侵犯姓名权、名称权的行为。本题中，甲拾得乙的身份证后冒用乙的姓名在丙银行办理了信用卡并恶意透支，属于典型的假冒他人姓名的行为，构成了对乙姓名权的侵害。故选项A正确。（2）《民法通则》第101条规定，公民、法人享有名誉权，公民的人格尊严受法律保护，禁止用侮辱、诽谤等方式损害公民、法人的名誉。本题中，甲冒用乙的姓名办理信用卡后恶意透支，并不属于以侮辱、诽谤等方式损害公民、法人的名誉，不构成名誉权的侵害。故B选项错误。（3）我国民法未明确肯定信用权，理论上认为：信用权的侵害，指违反真实而主张或散布事实，足以危害他人信用，或对他人之营业或生计足以造成其他不利

益时，虽不知其非系真实，但应知者，对该他人仍应赔偿因此所生之损害。本题中，乙的姓名被列入银行不良信用记录名单，并非基于散布虚假事实，而是因为甲冒用乙的姓名所致，不构成对信用权的侵害。（4）《侵权责任法》第6条第1款规定，行为人因过错侵害他人民事权益，应当承担侵权责任。本题中，丙银行在办理发放信用卡之前，曾通过甲在该行留下的乙的电话（实为甲的电话）核实乙是否申请办理了信用卡，但就甲持他人身份证办理信用卡而未查明，存在过错，应当承担相应的责任，故D的说法错误。综上所述，本题的正确答案为A。

23.【答案】C

【解析】本题考查夫妻共同财产的认定。《婚姻法解释（二）》第11条第1项规定："一方以个人财产投资取得的收益"，属于"其他应当归共同所有的财产"。但《婚姻法解释（三）》第5条作出修正，个人财产收益中的"孳息和自然增值"属于个人财产。A项中，甲承包的果园为婚前财产，果树上结出的果实属于承包果园的孳息，应当属于甲的个人财产。故A项错误。B、D两项中，乙婚前购买的房屋与收藏的玉石均为其个人财产，其增值属于婚前财产的"自然增值"，应当属于乙的个人财产，均不当选。C项中，甲婚前的10万元婚后投资股市得利5万元，属于"一方以个人财产投资取得的收益"，属于"其他应当归共同所有的财产"。故C选项正确。综上所述，本题的正确答案为C。

24.【答案】C

【解析】本题考查遗产的范围及分割。

（1）《继承法》第3条规定："遗产是公民死亡时遗留的个人合法财产。"本题中，甲因医疗事故死亡获得的60万元赔款，属于近亲属依法应当获得的死亡赔偿，并不属于遗产的范围。故A选项错误。（2）《继承法》第19条规定："遗嘱应当对缺乏劳动能力又没有生活来源的继承人保留必要的遗产份额。"本题中，甲的女儿丙虽然仅三岁，但仍可由乙进行扶养，并非缺乏劳动能力又无生活来源的继承人。甲设立遗嘱将其全部遗产由其母丁继承，属于真实意思表示，且不违反禁止性规定，属于有效遗嘱。故B选项错误。（3）《继承法》第5条规定："继承开始后，按照法定继承办理；有遗嘱的，按照遗嘱继承或者遗赠办理；有遗赠扶养协议的，按照协议办理。"由此可见，甲的遗产全部适用遗嘱继承，乙无权继承甲的遗产。故D选项错误。（4）《继承法》第26条规定："夫妻在婚姻关系存续期间所得的共同所有的财产，除有约定的以外，如果分割遗产，应当先将共同所有的财产的一半分出为配偶所有，其余的为被继承人的遗产。"根据该规定，我国实行"先析产、后继承"的原则，甲遗留的住房和存款的各一半属于遗产，另一半属于其配偶乙的财产。故选项C正确。综上所述，本题的正确答案为C。

25.【答案】C

【解析】本题的关键是区分"股东会"与"董事会"的职权。

AD项：说法错误，不当选。《公司法》第37条规定："股东会行使下列职权：（一）决定公司的经营方针和投资计划；（二）选举和更换非由职工代表担任的董事、监事，决定有关董事、监事的报酬事项；（三）审议批准董事会的报告；（四）审议批准监事会或者监事的报告；（五）审议批准公司的年度财务预算方案、决算方案；（六）审议批准公司的利润分配方案和弥补亏损方案；（七）对公司增加或者减少注册资本作出决议；（八）对发行公司债券作出决议；（九）对公司合并、分立、解散、清算或者变更公司形式作出决议；（十）修改公司章程；（十一）公司章程规定的其他职权。对前款所列事项股东以书面形式一致表示同意的，可以不召开股东会会议，直接作出决定，并由全体股东在决定文件上签名、盖章。"A项属于（一）项的情形，D项属于（六）项的情形，都属于股东会的职权，执行董事无权决定。

B项：说法错误，不当选。《公司法》第71条规定："有限责任公司的股东之间可以相互转让其全部或者部分股权。股东向股东以外的人转让股权，应当经其他股东过半数同意。股东应就其股权转让事项书面通知其他股东征求同意，其他股东自接到书面通知之日起满三十日未答复的，视为同意转让。其他股东半数以上不同意转让的，不同意的股东应当购买该转让的股权；不购买的，视为同意转让。经股东同意转让的股权，在同等条件下，其他股东有优先购买权。两个以上股东主张行使优先购买权的，协商确定各自的购买比例；协商不成的，按照转让时各自的出资比例行使优先购买权。公司章程对股权转让另有规定的，从其规定。"股东有权将股份部分或全部对内、对外转让，对内转让的，通知其他股东即可；对外转让的，应当经其他股东过半数同意。执行董事无权决定股东的股权转让事宜。

C项：说法正确，当选。《公司法》第46条规定："董事会对股东会负责，行使下列职权：（一）召集股东会会议，并向股东会报告工作；（二）执行股东会的决议；（三）决定公司的经营计划和投资方案；（四）制订公司的年度财务预算方案、决算方案；（五）制订公司的利润分配方案和弥补亏损方案；（六）制订公司增加或者减少注册资本以及发行公司债券的方案；（七）制订公司合并、分立、解散或者变更公司形式的方案；（八）决定公司内部管理机构的设置；（九）决定聘任或者解聘公司经理及其报酬事项，并根据经理的提名决定聘任或者解聘公司副经理、财务负责人及其报酬事项；（十）制定公司的基本管理制度；（十一）公司章程规定的其他职权。"聘任公司经理属于执行董事的职权范围。

26.【答案】B

【解析】A项：说法错误，不当选。《公司法》第43条第2款规定："股东会会议作出修改公司章程、增加或者减少注册资本的决议，以及公司合并、分立、解散或者变更公司形式的决议，必须经代表三分之二以上表决权的股东通过。"新增注册资本的决议须代表三分之二以上表决权的股东通过，即"资本多数决"，题中表述为三分之二以上通过，为"人头多数决"。

B项：说法正确，当选。《公司法》第178条第1款规定："有限责任公司增加注册资本时，股东认缴新增资本的出资，依照本法设立有限责任公司缴纳出资的有关规定执行。"公司成立后的增资程序和设立公司时股东的出资程序相同。因此可以分期缴纳。

C项：说法错误，不当选。《公司法》第34条规定："股东按照实缴的出资比例分取红利；公司新增资本时，股东有权优先按照实缴的出资比例认缴出资。但是，全体股东约定不按照出资比例分取红利或者不按照出资比例优先认缴出资的除外。"红利分配如无全体股东约定，应当按实缴而非认缴出资比例分红。

D项：说法错误，不当选。《公司法解释（三）》第13条第4款："股东在公司增资时未履行或者未全面履行出资义务，依照本条第一款或者第二款提起诉讼的原告，请求未尽公司法第一百四十七条第一款规定的义务而使出资未缴足的董事、高级管理人员承担相应责任的，人民法院应予支持；董事、高级管理人员承担责任后，可以向被告股东追偿。"所以，本题中董事长承担连带责任的前提是"未尽公司法第一百四十七条第一款规定的义务而使出资未缴足"，也就是董事长有过错时，才承担连带责任。

27.【答案】D

【解析】A项：说法错误，不当选。《公司法》第33条第2款规定："股东可以要求查阅公司会计账簿。股东要求查阅公司会计账簿的，应当向公司提出书面请求，说明目的。公司有合理根据认为股东查阅会计账簿有不正当目的，可能损害公司合法利益的，可以拒绝提供查阅，并应当自股东提出书面请求之日起十五日内书面答复股东并说明理由。公司拒绝提供查阅的，股东可以请求人民法院要求公司提供查阅。"A选项错在"复制"，有限公司的股东只可以查阅公司会计账簿。

B项：说法错误，不当选。《公司法》第97条规定："股东有权查阅公司章程、股东名册、公司债券存根、股东大会会议记录、董事会会议决议、监事会会议决议、财务会计报告，对公司的经营提出建议或者质询。"B选项错在"复制"，股东仅可以查阅董事会会议记录。

C项：说法错误，不当选。《公司法解释（二）》第1条第2款规定："股东以知情权、利润分配请求权等权益受到损害，或者公司亏损、财产不足以偿还全部债务，以及公司被吊销企业法人营业执照未进行清算等为由，提起解散公司诉讼的，人民法院不予受理。"股东知情权受到损害，不是股东提起解散公司诉讼的法定事由。

D项：说法正确，当选。《合伙企业法》第28条第2款规定："合伙人为了解合伙企业的经营状况和财务状况，有权查阅合伙企业会计账簿等财务资料。"

28.【答案】C

【解析】A项：说法错误，不当选。《公司法》第22条规定："公司股东会或者股东大会、董事会的决议内容违反法律、行政法规的无效。股东会或者股东大会、董事会的会议召集程序、表决方式违反法律、行政法规或者公司章程，或者决议内容违反公司章程的，股东可以自决议作出之日起六十日内，请求人民法院撤销。股东依照前款规定提起诉讼的，人民法院可以应公司的请求，要求股东提供相应担保……"《公司法》第43条规定："股东会的议事方式和表决程序，除本法有规定的外，由公司章程规定。股东会会议作出修改公司章程、增加或者减少注册资本的决议，以及公司合并、分立、解散或者变更公司形式的决议，必须经代表三分之二以上表决权的股东通过。"转让分店属于公司经营意向问题，不属于《公司法》第43条中规定的特别表决事项，只需代表二分之一以上表决权的股东通过即可，丙无权主张撤销。

B项：说法错误，不当选。《公司法解释（二）》第1条第2款规定："股东以知情权、利润分配请求权等权益受到损害，或者公司亏损、财产不足以偿还全部债务，以及公司被吊销企业法人营业执照未进行清算等为由，提起解散公司诉讼的，人民法院不予受理。"股东认为决议损害股东利益，不是股东提起解散公司诉讼的法定事由。

C项：说法正确，当选。《公司法》第74条规定："有下列情形之一的，对股东会该项决议投反对票的股东可以请求公司按照合理的价格收购其股权：（一）公司连续5年不向股东分配利润，而公司该五年连续盈利，并且符合本法规定的分配利润条件的；（二）公司合并、分立、转让主要财产的；（三）公司章程规定的营业期限届满或者章程规定的其他解散事由出现，股东会会议通过决议修改章程使公司存续的。自股东会会议决议通过之日起60日内，股东与公司不能达成股权收购协议的，股东可以自股东会会议决议通过之日起90日内向人民法院提起诉讼。"转让分店属于公司转让主要财产的情形，丙有权请求公司以合理价格收购其股权。

D项：说法错误，不当选。股东履行出资义务，并记载于公司股东名册的，即获得股东资格，除法定事由，其他股东无权剥夺其股东资格。

29.【答案】C

【解析】A项：说法错误，不当选。《破产法》第32条规定："人民法院受理破产申请前六个月内，债务人有本法第二条第一款规定的情形，仍对个别债权人进行清偿的，管理人有权请求人民法院予以撤销。但是，个别清偿使债务人财产受益的除外。"甲公司2012年9月就已无法清偿债务，具备破产原因，汪某随后确实支付给乙公司100万元，构成个别清偿。2012年12月申请破产，管理人有权撤销此个别清偿行为。

B项：说法错误，不当选。汪某已经偿付了100万元债务，说明汪某已经将未足额缴纳的出资补足了100万元，此时汪某未缴出资为50万元，而非150万元。

C项：说法正确，当选。《破产法》第35条规定："人民法院受理破产申请后，债务人的出资人尚未完全履行出资义务的，管理人应当要求该出资人缴纳所认缴的出资，而不受出资期限的限制。"

D项：说法错误，不当选。根据《公司法解释（三）》第19条第1款规定："公司股东未履行或者未全面履行出资义务或者抽逃出资，公司或者其他股东请求其向公司全面履行出资义务或者返还出资，被告股东以诉讼时效为由进行抗辩的，人民法院不予支持。"股东的出资义务不受诉讼时效限制。

30.【答案】C

【解析】A项：说法错误，不当选。《合伙企业法》第2条第1款规定："本法所称合伙企业，是指自然人、法人和其他组织依照本法在中国境内设立的普通合伙企业和有限合伙企业。"合伙企业的投资人既可以是自然人，也可以是法人或其他组织。B项：说法错误，不当选。有限合伙企业中的有限合伙人对合伙企业承担有限责任。C项：说法正确，当选。D项：说法错误，不当选。关于个人独资企业与合伙企业的企业组织形式转换问题，现行法律并无禁止性规定。只要符合《合伙企业法》与《个人独资企业法》的设立要求，当然可以进行变更登记。

31.【答案】A

【解析】A项：说法正确，当选。《票据法》第5条第2款："没有代理权而以代理人名义在票据上签章的，应当由签章人承担票据责任；代理人超越代理权限的，应当就其超越权限的部分承担票据责任。"可知，本题甲未经乙同意而以乙的名义签发一张商业汇票，甲属于"没有代理权"，因此，应当由甲承担票据责任。乙是"被代理人"，乙无须承担票据责任。

B项：说法错误，不当选。根据票据的无因性，票据记载内容无瑕疵，且无法定事由抗辩持票人时，付款人见票应当按时足额付款。

C项：说法错误，不当选。《最高人民法院关于审理票据纠纷案件若干问题的规定》第66条规定："具有下列情形之一的票据，未经背书转让的，票据债务人不承担票据责任；已经背书转让的，票据无效不影响其他真实签章的效力：（一）出票人签章不真实的；（二）出票人为无民事行为能力人的；（三）出票人为限制民事行为能力人的。"题中票据已经背书转让，出票无效不影响其他真实签章的效力，丁取得票据后背书转让给戊，应当对戊承担责任。

D 项：说法错误，不当选。虽甲未在汇票上签章，不承担票据责任，但甲应当承担无权代理的责任。

32.【答案】D

【解析】A 项：说法错误，不当选。《证券法》第 10 条规定："公开发行证券，必须符合法律、行政法规规定的条件，并依法报经国务院证券监督管理机构或者国务院授权的部门核准；未经依法核准，任何单位和个人不得公开发行证券。有下列情形之一的，为公开发行：（一）向不特定对象发行证券；（二）向累计超过二百人的特定对象发行证券；（三）法律、行政法规规定的其他发行行为。非公开发行证券，不得采用广告、公开劝诱和变相公开方式。"证券发行有公开发行和不公开发行两种方式。

B 项：说法错误，不当选。《证券法》第 28 条规定："发行人向不特定对象公开发行的证券，法律、行政法规规定应当由证券公司承销的，发行人应同证券公司签订承销协议。证券承销业务采取代销或者包销方式。证券代销是指证券公司代发行人发售证券，在承销期结束时，将未售出的证券全部退还给发行人的承销方式。证券包销是指证券公司将发行人的证券按照协议全部购入或者在承销期结束时将售后剩余证券全部自行购入的承销方式。" B 项中"也可由发行人直接向投资者发行"

的说法不严密。

C 项：说法错误，不当选。因为股份有限公司可以募集设立，而设立阶段是在公司成立之前，并非"只有依法正式成立的股份公司才可发行股票"。

D 项：说法正确，当选。国有独资公司属于"有限公司"，而有限公司和股份公司均可以发行公司债券。

33.【答案】B

【解析】《海商法》中所称的船舶留置权，是指造船人、修船人在合同另一方未履行合同时，可以留置所占有的船舶，以保证造船费用或者修船费用得以偿还的权利。可见船舶碰撞关系中是没有留置权的。故 A 项错误。

船舶抵押权的设定,应当签订书面合同。设定船舶抵押权，应由船舶抵押权人和抵押人共同向船舶登记机关办理抵押权登记。未经登记的，不得对抗第三人。可见，抵押登记也是登记对抗主义，而非登记生效主义。抵押权的设定时间为抵押合同签订之时。故 B 项正确。

抵押登记属于登记对抗主义，而非登记生效主义。故 C 项错误。

同一船舶可以设置两个以上的抵押权，抵押权人的受偿顺序以登记顺序为准，而非以抵押合同签订的先后为准。故 D 项错误。

34.【答案】C

【解析】本题 ACD 三个选项均是考查保险合同成立的条件。《保险法》第 13 条规定："投保人提出保险要求，经保险人同意承保，保险合同成立。保险人应当及时向投保人签发保险单或者其他保险凭证。保险单或者其他保险凭证应当载明当事人双方约定的合同内容。当事人也可以约定采用其他书面形式载明合同内容。依法成立的保险合同，自成立时生效。投保人和保险人可以对合同的效力约定附条件或者附期限。"

A项：说法错误，不当选。保单为保险凭证，保单的交付与否不影响保险合同的成立。

B项：说法错误，不当选。《保险法解释（二）》第14条规定："保险合同中记载的内容不一致的，按照下列规则认定：（一）投保单与保险单或者其他保险凭证不一致的，以投保单为准。但不一致的情形系经保险人说明并经投保人同意的，以投保人签收的保险单或者其他保险凭证载明的内容为准；（二）非格式条款与格式条款不一致的，以非格式条款为准；（三）保险凭证记载的时间不同的，以形成时间在后的为准；（四）保险凭证存在手写和打印两种方式的，以双方签字、盖章的手写部分的内容为准。"所以，"以投保单为准"存在例外情况，并非一律应以投保单为准。

C项：说法正确，当选。投保人提出保险要求，经保险人同意承保，保险合同成立。

D项：说法错误，不当选。缴纳保费是约定在保险合同中被保险人的合同义务，是否缴纳保费不是合同成立的要件。

35. 【答案】D

【解析】《民诉法》第55条规定："对污染环境、侵害众多消费者合法权益等损害社会公共利益的行为，法律规定的机关和有关组织可以向人民法院提起诉讼。"此处并未要求造成实际损害，法律规定的机关和有关组织可以针对尚未造成实际损害，但给公众或者不特定的多数人造成潜在威胁的不法行为提起公益诉讼，要求停止侵权行为或者消除危险等。

36. 【答案】C

【解析】A选项中，根据司法解释，法官不能主动释明诉讼时效问题，所以表述错误。B选项中，先予执行只能依据当事人的申请做出，法院不能依职权裁定先予执行，因为先予执行的目的只涉及当事人的权利，并不涉及法院审判权的行使。C选项根据《婚姻法解释一》第30条的规定，人民法院受理离婚案件时，应当将《婚姻法》规定的有关当事人的有关权利义务书面告知当事人，法官释明法律是正确的。D选项中法官"走访现场，进行勘察，并据此支持的罗某的诉讼请求"实质的考点在于法官进行了主动调查取证。法院调查收集证据分为依申请和依职权调查收集，依申请调查收集的证据限于当事人因为客观原因无法自行调查收集的证据；法院可以依职权调查收集的证据限于如下几类：（一）涉及可能损害国家利益、社会公共利益的；（二）涉及身份关系的；（三）涉及公益诉讼的；（四）当事人有恶意串通损害他人合法权益可能的；（五）涉及依职权追加当事人、中止诉讼、终结诉讼、回避等程序性事项的。D选项中并不涉及以上五类情形，所以法官主动调查收集的行为是错误的。

37. 【答案】C

【解析】A选项虽有确认二字，但并非确认之诉，"诉"的分类是根据原告的诉讼请求对诉讼案件进行分类，所以前提一定要是诉讼案件，而本案确认公民无或限制民事行为能力是特别程序,并不是诉讼程序,当然谈不上诉的分类问题。B选项中确认自己与吴某的婚姻关系无效,是请求法院确认某种法律关系是否存在,为确认之诉,消极的确认之诉,表述错误。C选项原告的诉讼请求为损害赔偿,为给付之诉,给付的对象为财物。D选项中原告的诉讼请求是变更既存抚养关系中的内容(将抚养费由少变多),所以为变更之诉。

38.【答案】BD(司法部公布答案为B)

【解析】本题考查诉讼行为能力和适格当事人问题。第一,只有完全民事行为能力人具有诉讼行为能力,无或者限制民事行为能力人无诉讼行为能力。根据《民法通则》的规定,十八周岁以上的公民是成年人,具有完全民事行为能力,十六周岁以上不满十八周岁的公民,以自己的劳动收入为主要生活来源的,视为完全民事行为能力人。C选项说法过于绝对。第二,当事人适格问题。原则上,本案所争议的民事法律关系(即本案诉讼标的)的主体即为本案适格当事人。但在确认之诉中,对诉讼标的有确认利益的人,是确认之诉的适格当事人;根据当事人的意思或法律规定,依法对他人民事法律关系或民事权利享有管理权的人,如失踪人的财产代管人、遗产管理人、遗嘱执行人、股东代表诉讼中的股东、破产管理组织、清算组织、经作者授权的著作权集体管理组织、为保护死者名誉而起诉的死者的近亲属可以作为适格当事人。所以,A选项所述内容不是一般状态,B选项正确。根据新《民诉法解释》64条规定:法人解散的,依法清算并注销前,以法人为当事人;未经清算即被注销的,以该企业企业法人的股东、发起人、出资人为当事人。因此,D项正确。

39.【答案】A

【解析】本题A选项考查留置送达,留置送达的前提是受送达人拒收诉讼文书。B选项考查邮寄送达,邮寄送达中虽然要求受送达人在送达回证上签字后寄回,但是送达回证未寄回或者寄回送达回证上记载的签收日期与挂号信回执上记载的签收日期不一致的,应当以挂号信回执上记载的签收日期为送达日期,并不要求送达回证的寄回才视为送达。C选项考查委托送达,委托送达只能委托其他法院,转交送达只能转交监狱、军队和采取强制性教育措施的机关,不存在转交或者委托其他单位送达的情形。D选项考查新增的电子送达,应当注意如下考点:①电子送达必须经过受送达人同意,并采取能够确认其收悉的方式;②判决书、裁定书、调解书不适用电子送达。本题中的裁定书不适用电子送达。

40.【答案】C

【解析】本题考查举证期限问题。举证期限由法院指定或者当事人协商一致后经法院准许,法院确定的一审普通程序举证期限不得少于15天。A选项中当事人协议确定举证时限以及当事人确定25天举证时限的做法符合法律规定。C选项错在申请延长举证时限应当在举证时限内提出申请,而题目表述为举证期限届满后,自然不能申请延长。关于逾期举证的后果,新《民事诉讼法》改为了应当责令说明理由,拒不说明或者理由不成立的,可以不采纳该证据,或者采纳该证据后予以训诫、罚款,所以法院对小华公司罚款后组织证据质证的做法是正确的。

41. 【答案】C

【解析】关于简易程序，受理、送达、审理、裁判文书可以简化，从未提到庭审笔录可以简化的问题，庭审笔录应当如实记录庭审全过程，不得有所简化。故C选项为干扰选项。

42. 【答案】B

【解析】本题考查诉讼代理人问题，委托授权书载明"全权代理"，但无具体授权，视为一般授权。A选项中，虽然委托代理人后，当事人可以不再出庭，但是离婚诉讼有诉讼代理人的，本人除不能正确表达意思外，仍应当出庭，如因特殊原因不能出庭的，应当提出书面意见。B选项中，黄律师为一般授权，可以行使除承认、放弃、变更诉讼请求，和解，反诉和上诉之外的其他权利，故其可以代为签收法律文书。故B选项正确。一般授权的代理人不能代为放弃诉讼请求。所以，C选项错误。D选项中，涉外诉讼中有委托中国律师进行诉讼原则，也就是说只有中国律师可以以律师身份担任诉讼代理人，但并不阻碍外国公民以非律师身份担任诉讼代理人。因此，珍妮完全可以委托自己的近亲属（外国人）为诉讼代理人。

43. 【答案】B

【解析】质证只能发生在开庭审理阶段。其他的选项不仅仅发生于开庭审理阶段，如送达法律文书，可以发生在开庭前送达传票、应诉通知书；庭审结束后送达判决书等。根据新《民诉法》规定，在开庭前，适合调解的纠纷可以通过调解方式结案，所以调解也可以发生在开庭审理之前。追加当事人当然也可以发生在开庭之前。这道题目主要考查新《民事诉讼法》增加的先行调解。

44. 【答案】A

【解析】本题考查受理的法律后果。起诉说明原告已经向被告主张权利，在实体法上导致诉讼时效的中断，A选项正确。B选项中，被告的答辩期应当从被告收到起诉状副本之日起计算，并不从原告起诉时开始计算。C选项中，甲县法院不会因为受理案件而取得排他管辖权，即便法院受理后，发现本院没有管辖权的，也应当将案件移送有管辖权的法院。D选项被告适格是实体法上的判断，与法院是否受理案件无关，法院受理案件后，经过审理，认为被告不适格的，应当依法判决驳回原告的诉讼请求。

45. 【答案】C

【解析】A选项中，外国人在中国进行民事诉讼享有和中国当事人相同的诉讼权利和义务体现的是民事诉讼同等原则，与之对应的还有一个对等原则，即外国法院限制我国当事人权利，我国实行对等限制。而平等原则指在诉讼中当事人的诉讼权利和义务平等，包括相同或者相对应。D选项中支持起诉原则是指机关、社会团体、企事业单位对损害国家、集体或者个人民事权益的行为，可以支持受损害单位或者个人向人民法院起诉。其本质是由受损害的单位和个人以自己名义向法院起诉，而机关、社会团体、企事业单位给予受害单位和个人精神上、道德上、法律上、物质上的帮助；而公益诉讼是指对污染环境、侵害众多消费者合法权益的行为由法律规定的机关和组织以自己的名义起诉,二者存在本质区别。B、C选项涉及处分原则和辩论原则。B选项中,当事人自认的事实,法院没有作为裁判的依据,违反的是辩论原则（因为根据约束性辩论原则要求,只有当事人提出并加以主张的事实,法院才能予以认定;对双方当事人都没有争议的事实,法院应当予以认定,也即法院应当受当事人自认之事实的约束;法院对证据的调查,原则上仅限于当事人提出的证据,而不允许法院依职权主动调查证据[2]）。而C选项,当事人有权变更诉讼请求,涉及的是诉讼请求,体现的当然是处分原则。

46. 【答案】D

【解析】A选项考查诉前证据保全的管辖,依据《民事诉讼法》的规定,诉前证据保全可以向证据所在地、被申请人住所地或者对案件有管辖权的法院申请,结合本案,"货到后"三字可以看出甲县（买方吴某所在地）是证据所在地,乙县是被申请人宝丰公司的住所地,而丙县是合同签订地,不是证据所在地,也不是被申请人住所地,当然合同签订地对案件也没有管辖权,所以吴某可以向甲县和乙县申请诉前证据保全,但不能向丙县法院申请,所以,A选项错误。B选项中的诉前证据保全,法院应当在48小时内做出裁定,而此处的15日是错误的。C选项,此时尚未起诉,若采取行为保全措施则为诉前行为保全措施,诉前保全措施只能依申请而不能

---

[2] [日]兼子一、竹下守夫:《民事诉讼法》,白绿铉译,法律出版社1995年版,第71页;[日]谷口安平:《程序的正义与诉讼》,王亚新、刘荣军译,中国政法大学出版社1996年版,第107页。

依职权做出。因此,选项错误。D选项,证据保全后,该证据视为已经向法院提出,吴某对该事实提供证据的责任已经免除。

47. 【答案】A

【解析】A选项的表述是涉外民事诉讼的牵连管辖,体现的是诉讼与法院所在地实际联系原则。因此,A项正确。B选项考查协议管辖,根据修正后的《民诉法》,涉外民事诉讼和国内民事诉讼的协议管辖一致,只能适用于"合同或者其他财产权益纠纷",并非适用于各类民事案件。C选项中,涉外专属管辖仅仅适用于在中国履行的中外合资经营企业合同,中外合作经营企业合同以及中外合作勘探自然资源合同引发的纠纷,而C选项的表述实属偷换概念。D选项中重大涉外案件应由中级以上法院管辖,但此处的级别管辖是根据案件的性质、影响等作出的划分,与是否便于当事人诉讼无关。

48. 【答案】A

【解析】本案中可以简单地把法律关系梳理为:甲为原告,丙为被告,乙为无独三（从法院依法追加乙为第三人即可看出,因为有独三必须以起诉的方式参加诉讼,所以法院追加的第三人只能是无独三了）。一审判决丙向甲支付10万,即无独三乙不承担责任,故判决不承担责任的无独三无上诉权,不能成为上诉人。所以,B、C选项表述错误。关于被上诉人的判断,需要将一审判决和上诉请求做对比,一审判决丙向甲支付10万元,而丙的上诉请求是要求改判甲对乙的债权不成立。（注意:"甲对乙的债权不成立"实则是要求改判自己不向甲支付一审判决中确定的10万元。）

所以丙是对一审判决中自己向甲支付10万元这一权利义务关系不服，不涉及乙的权利义务，故应当以甲为被上诉人。

49.【答案】 C

【解析】 关于检察监督原则，A选项检察建议应当是地方各级人民检察院向自己的同级人民法院提出，并报上级人民检察院备案，甲县人民检察院只能向甲县人民法院提出检察建议，不能向乙县人民法院提出检察建议。B选项，根据仲裁法的规定，只能由人民法院通知仲裁庭重新仲裁，检察院无此权力。C选项，虽然人民检察院无权对公示催告程序的除权判决通过检察建议的方式启动再审（公示催告程序不适用审判监督制度），但是此处是检察院对于法官的违法行为进行监督，而并非启动再审，因此是正确的。D选项，认定公民无民事行为能力是特别程序，特别程序不适用再审制度，故不能报请上级检察院提起抗诉而启动再审。

50.【答案】 A

【解析】 本题考鉴定。鉴定人有权了解进行鉴定所需要的案件材料，在鉴定过程中可以询问当事人、证人。所以，A选项正确。关于鉴定人出庭，当事人对鉴定意见有异议或者人民法院认为鉴定人应当出庭的，鉴定人应当出庭，经法院通知，鉴定人拒绝出庭的，鉴定意见不得作为认定案件事实的依据，支付鉴定费用的当事人有权要求返还鉴定费用。据此，本案中乙公司提出异议，鉴定人应当出庭，拒不出庭的，鉴定意见不得作为认定案件事实的依据，此处并不需要考虑有无正当理由。B选项错误。C选项中，燕教授并不具有鉴定人的身份，其基于具有专门知识的人的身份出庭，不是鉴定人。D选项中，燕教授作为一方当事人所请的专业人士，其出庭费用应当由聘请一方当事人负担，此处命题老师是在用证人出庭作证费用的负担问题混淆大家。因此，表述错误。

二、多项选择题。

51.【答案】 ABD

【解析】（1）《建筑物区分所有权解释》第2条第1款规定："满足法律规定的条件时，建筑区划内房屋（包括整栋建筑物），以及车位、摊位等特定空间可认定为专有部分。"本题中，地下停车位属于甲的专有部分，享有所有权。（2）乙公司建设的观光电梯入梯口占用了甲的停车位，虽经规划部门批准，但不能免其侵权责任。故A的说法错误。（3）甲的权益受到侵害固然需要救济，但置换更好的车位即可实现，如将电梯强行拆除将造成资源的浪费，显然失其合理性。故B说法错误，而C选项正确。（4）乙公司建成电梯后虽然受益，但未因此使甲受损，二者并不成立不当得利，乙公司无须让利于甲。故D选项错误。综上所述，本题的正确答案为ABD。

52.【答案】 ABCD

【解析】 本题考查法人机关及其代表行为的责任承担。（1）《民法通则》第43条规定，企业法人对它的法定代表人和其他工作人员的经营活动，承担民事责任。选项A中，董事乙虽非法定代表人，但其利用职务便利擅自加盖甲公司公章和法定代表人丁的印章，构成表见代表，甲公司应当对该合同负责。A选项正确。（2）《合同法》第37条规定，采用合同书形式订立合同，在签字或者盖章之前，当事人一方已经履行主要义务，对方接受的，该合同成立。本题选项B中，甲公司与乙公司签订借款合同，甲公司虽未盖公章，但乙公司已付款且甲公司接受的，合同成立，甲公司应当承担责任。故B选项正确。（3）《民法通则》第63条第2款规定："代理人在代理权限内，以被代理人的名义实施民事法律行为。被代理人对代理人的代理行为，承担民事责任。"选项C中，甲公司法定代表人乙委托员工丙与丁签订合同，丙为有权代理，被代理人甲公司应当就该合同承担责任。故选项C正确。（4）《合同法》第50条规定："法人或者其他组织的法定代表人、负责人超越权限订立的合同，除相对人知道或者应当知道其超越权限的以外，该代表行为有效。"选项D中，甲公司与乙签订合同，虽甲公司法定代表人丙以个人名义收取保证金，但转交甲公司出纳员入账，甲公司应当承担责任。故D选项正确。综上所述，本题的正确答案为ABCD。

53.【答案】AD

【解析】本题考查有效合同的要件。《民法通则》第55条规定了民事法律行为的有效要件，主要包括：（一）行为人具有相应的民事行为能力；（二）意思表示真实；（三）不违反法律或者社会公共利益。（1）《婚姻法》第17条第2款规定："夫妻对共同所有的财产，有平等的处理权。"《婚姻法解释（一）》第17条进一步规定："《婚姻法》第十七条关于'夫或妻对夫妻共同所有的财产，有平等的处理权'的规定，应当理解为：（一）夫或妻在处理夫妻共同财产上的权利是平等的。因日常生活需要而处理夫妻共同财产的，任何一方均有

权决定。（二）夫或妻非因日常生活需要对夫妻共同财产做重要处理决定，夫妻双方应当平等协商，取得一致意见。他人有理由相信其为夫妻双方共同意思表示的，另一方不得以不同意或不知道为由对抗善意第三人。"A选项中，结合社会一般观念，甲用夫妻共同存款购买保险，并非"非因日常生活需要对夫妻共同财产做重要处理决定"，甲有权单独为之。甲与乙订立的保险合同意思表示真实合法，且未违反法律强制性规定，应属有效。选项A正确。（2）根据《物权法》规定，宅基地使用权属于禁止抵押的财产，甲设定抵押的行为因违反效力性强制性规定而无效。故选项B错误。（3）《合同法》第47条规定："限制民事行为能力人订立的合同，经法定代理人追认后，该合同有效，但纯获利益的合同或者与其年龄、智力、精神健康状况相适应而订立的合同，不必经法定代理人追认。"本题C选项中，因合同当事人乙欠缺相应的民事行为能力，房屋买卖合同可能为无效或效力待定合同。（4）《民法通则》第16条第4款规定："没有以上监护人的，由未成年人的父、母的所在单位或者未成年人住所地的居民委员会、村民委员会或者民政部门担任监护人。"由此可见，对于没有其他亲属的流浪精神病人，民政部门可以担任其监护人，并代理其从事法律行为。D选项中，甲乙双方意思表示真实，且未违反法律强制性规定，订立的赔偿协议是完全有效的。综上所述，本题的正确答案为AD。

54.【答案】ABCD

【解析】本题综合考查诉讼时效制度的

法律适用。（1）《民法通则》第135条规定："向人民法院请求保护民事权利的诉讼时效期间为二年，法律另有规定的除外。"第137条规定："诉讼时效期间从知道或者应当知道权利被侵害时起计算。但是，从权利被侵害之日起超过二十年的，人民法院不予保护。有特殊情况的，人民法院可以延长诉讼时效期间。"本题中，甲车与丙车发生追尾事故后，丙在事故后不断索赔，每次索赔均将导致诉讼时效的中断。尽管距离事故发生已经三年，但该侵权损害赔偿请求权并未经过诉讼时效。故A选项错误，当选。（2）丁为该侵权之债的保证人，因主债务诉讼时效期间并未经过，因此保证人丁不得援用主债务诉讼时效期间已经经过的抗辩。故B选项错误，当选。此外，因侵权之债诉讼时效并未经过，C选项亦不正确，当选。（3）《保险法》第26条规定："人寿保险以外的其他保险的被保险人或者受益人，向保险人请求赔偿或者给付保险金的诉讼时效期间为二年，自其知道或者应当知道保险事故发生之日起计算。"对于责任保险而言，所谓"保险事故发生之日"，指被保险人对第三人所负损害赔偿责任确定之日。本题中，甲同意赔款时，开始计算保险人赔偿责任的诉讼时效。丙要求乙公司承担保险责任时，刚刚过去一年，诉讼时效期间并未经过，因此乙公司无权以保险合同之债诉讼时效已过为由不承担保险责任。故D选项错误，当选。综上所述，本题的正确答案为ABCD。

55.【答案】ABC

【解析】本题综合考查物权请求权、相邻关系以及精神损害赔偿制度。（1）排除妨害请求权，指当物权的圆满状态受到侵占以外方式的妨害时，物权人对妨害人享有请求排除妨害，使自己的权利恢复圆满状态的权利。《物权法》第90条规定："不动产权利人不得违反国家规定弃置固体废物，排放大气污染物、水污染物、噪声、光、电磁波辐射等有害物质。"本题中，沈某擅自撬门装修施工，导致邻居赵某经常失眠，使其所有权受到妨害，邻居赵某有权要求沈某排除妨碍。故选项B说法正确。（2）排除妨害请求权的被请求人既包括实施妨害行为之人，也包括对该妨害的除去具有支配力的人。本题中，叶某将房屋卖给沈某，但未交房和过户，沈某擅自撬门装修的行为为无权占有，叶某依法享有占有返还请求权，对排除沈某妨害邻居的行为具有实际支配力。因此，赵某有权请求叶某排除妨害。故选项A说法正确。（3）根据民法理论通说，排除妨害请求权在性质上属于物权请求权，不适用诉讼时效。故C选项说法正确。（4）《侵权责任法》第22条规定："侵害他人人身权益，造成他人严重精神损害的，被侵权人可以请求精神损害赔偿。"虽赵某因沈某装修而经常失眠，但依社会一般观念并未构成"严重精神损害"，赵某无权主张精神损害赔偿。故D选项错误。综上所述，本题的正确答案为ABC。

56.【答案】AB

【解析】本题考查地役权的设立与效力。（1）《物权法》第158条规定："地役权自地役权合同生效时设立。当事人要求登记的，可以向登记机构申请地役权登记；未经登记，不得对抗善意第三人。"因此，2013年2月，甲公司与乙公司约定由乙公司在B地块上修路，地役权自合同生效时设立。但由于地役权未经登记,不得对抗善意第三人。A选项正确。(2)《物权法》第164条规定:"地役权不得单独转让。土地承包经营权、建设用地使用权等转让的,地役权一并转让,但合同另有约定的除外。"本题中,2013年4月,甲公司将A地块过户给丙公司,丙公司享有地役权。因乙公司对地役权的设立知情,丙公司可向其主张地役权。故B选项正确,而C选项错误。(3)乙公司将B地块过户给丁公司的,原则上丁公司应当继续负担该地役权,但因丁公司为善意第三人,甲公司、丙公司均不得以未登记的地役权向丁公司主张。故D选项错误。综上所述,本题正确答案为AB。

57. 【答案】CD

【解析】本题考查抵押权的设立与抵押合同的效力。(1)根据《物权法》第184条规定:"依法被查封、扣押、监管的财产,不得设立抵押。"《物权法》第187条规定:"建筑物和其他土地附着物抵押的,抵押权自登记时设立。"本题中,丙与乙虽约定以自有房屋设立抵押,且交付了房本,因未按约定办理抵押登记,抵押权未设立。(2)《物权法》第15条规定:"当事人之间订立有关设立、变更、转让和消灭不动产物权的合同,除法律另有规定或者合同另有约定外,自合同成立时生效;未办理物权登记的,不影响合同效力。"基于合同效力与物权变动的区分原则,虽抵押权因未办理抵押登记而未设立,但原则上抵押合同的效力不受影响。因借款到期时,丙的房屋被法院另行查封,不得再进行抵押登记,抵押合同的继续履行已经陷入法律上的履行不能,因此乙无权要求丙继续

履行担保合同办理房屋抵押登记。选项A错误。(3)基于双方有效成立的抵押合同,丙的真实意思为以房屋价值为限对乙的债务承担担保义务,而非以全部财产提供担保,因此乙有权要求丙以房屋价值为限承担担保义务,但对房屋并无优先受偿权,故B选项错误而C选项正确。(4)《合同法》第107条规定:"当事人一方不履行合同义务或者履行合同义务不符合约定的,应当承担继续履行、采取补救措施或者赔偿损失等违约责任。"本题中,丙因未履行抵押合同而对乙造成损失的,应当承担损害赔偿责任。选项D正确。综上所述,本题的正确答案为CD。

58. 【答案】AB

【解析】本题考查动产抵押权与动产质权的设立。(1)《物权法》第209条规定:"法律、行政法规禁止转让的动产不得出质。"第212条规定,质权自出质人交付质押财产时设立。本题中,汽车并非法律禁止转让的动产,当然得设定质权,并自汽车交付时设立。因此A选项正确,而C选项错误。(2)《物权法》第180条规定:"债务人或者第三人有权处分的交通运输工具可以抵押。"第188条规定:"以交通运输工具抵押的,抵押权自抵押合同生效时设立;未经登记,不得对抗善意第三人。"因此,汽车也可设立抵押权,并自抵押合同生效时设立。故B选项正确,而D选项错误。综上所述,本题的正确答案为AB。

59. 【答案】ABCD

【解析】本题考查债的法定移转。(1)根据《保险法》第60条第1款规定,因第三者对保险标的的损害而造成保险事故的,

保险人自向被保险人赔偿保险金之日起，在赔偿金额范围内代位行使被保险人对第三者请求赔偿的权利。被保险人对第三人的损害赔偿请求权，依法由保险人承受，故选项 A 正确。（2）《合同法》第 90 条规定："当事人订立合同后合并的，由合并后的法人或者其他组织行使合同权利，履行合同义务。当事人订立合同后分立的，除债权人和债务人另有约定的以外，由分立的法人或者其他组织对合同的权利和义务享有连带债权，承担连带债务。"企业发生合并或者分立时对原债权债务的承担属于债的法定移转。选项 B 正确。（3）《继承法》第 33 条规定："继承遗产应当清偿被继承人依法应当缴纳的税款和债务，缴纳税款和清偿债务以他的遗产实际价值为限。超过遗产实际价值部分，继承人自愿偿还的不在此限。"继承人在继承遗产范围内对被继承人生前债务的清偿，属于债的法定移转。选项 C 正确。（4）《合同法》第 229 条规定："租赁物在租赁期间发生所有权变动的，不影响租赁合同的效力。"租赁物的受让人依据法律规定直接承受原租赁合同的权利义务。选项 D 正确。综上所述，本题的正确答案为 ABCD。

60.【答案】AC

【解析】本题考查委托合同的解除权。（1）《合同法》第 410 条规定："委托人或者受托人可以随时解除委托合同。因解除合同给对方造成损失的，除不可归责于该当事人的事由以外，应当赔偿损失。"由此可见，委托合同的双方当事人原则上均享有合同的任意解除权，但须赔偿由此给对方造成的损失。本题中，某律师事务所与委托人成立委托合同，无论胜诉与否，均得解除合同。因此，A、C 项正确，B 项错误。（2）《合同法》第 406 条规定："有偿的委托合同，因受托人的过错给委托人造成损失的，委托人可以要求赔偿损失。无偿的委托合同，因受托人的故意或者重大过失给委托人造成损失的，委托人可以要求赔偿损失。受托人超越权限给委托人造成损失的，应当赔偿损失。"由此可见，律师事务所只有无偿提供委托服务时，才只对故意或者重大过失承担赔偿责任。故 D 错误。本题正确答案为 AC。

61.【答案】AB

【解析】本题考查买卖合同中标的物风险负担规则。（1）根据《合同法》第 142 条规定："标的物毁损、灭失的风险，在标的物交付之前由出卖人承担，交付之后由买受人承担，但法律另有规定或者当事人另有约定的除外。"本题中，甲、乙签订买卖合同，标的货物意外毁损灭失的风险自甲交货之日起转移于乙承担。尽管货物毁损灭失，但乙仍应当依照约定支付价款，甲无须再另行交付货物。因此选项 A 正确，D 错误。（2）《合同法》第 147 条规定："出卖人按照约定未交付有关标的物的单证和资料的，不影响标的物毁损、灭失风险的转移。"本题中，甲虽未将产品合格证和原产地证明文件交给乙，违反了合同的从给付义务，构成违约，但标的物风险已经转移由乙承担。因此 B 正确。（3）《最高人民法院关于审理买卖合同纠纷案件适用法律问题的解释》第 25 条规定："出卖人没有履行或者不当履行从给付义务，致使买受人不能实现合同目的，买受人主张解除合同的,人民法院应当根据《合同法》第九十四条第(四)项的规定,予以支持。"本题中,甲虽未交付产品合格证和原产地证明文件构成违约,但未致使买受人不能实现合同目的,甲交付的货物又无瑕疵,因此乙无权主张解除合同。C错误。综上所述,本题的正确答案为AB。

62. 【答案】ABC

【解析】(1)发表权,即决定作品是否公之于众的权利。"公之于众",是指著作权人自行或者经著作权人许可将作品向不特定的人公开,但不以公众知晓为构成条件。发表权为一次性权利,一旦行使即为用尽。本题中,王琪琪以"小玉儿"名义发博文《法内情》,该文已因公开而发表权获得行使。网站基于各种理由删除该短文不会侵犯发表权。故A选项正确。(2)信息网络传播权,即以有线或者无线方式向公众提供作品,使公众可以在其个人选定的时间和地点获得作品的权利。换言之,侵犯信息网络传播权体现为未经他人同意将他人作品上传网络,不包括删除网上作品的行为。故B选项正确。(3)署名权,即表明作者身份,在作品上署名的权利,包括决定是否在作品上署名;决定署名的方式;禁止他人假冒署名;署名顺序以及禁止未参加创作的人署名等。本题中,王琪琪发博文《法外情》时选择以博名"小玉儿"而非真实姓名署名,而被该网站添加了"作者:王琪琪"的真名字样,侵害了王琪琪选择以真名还是假名发表作品的署名权。故C选项正确。(4)保护作品完整权,指保护作品不受歪曲、篡改的权利。本题中,网站虽添加了作者真名,但并未改动作品的内容和表达,未侵犯王琪琪的保护作品完整权。故D选项错误。综上所述,本题的正确答案为ABC。

63. 【答案】CD

【解析】(1)《著作权法》第17条规定:"受委托创作的作品,著作权的归属由委托人和受托人通过合同约定。合同未作明确约定或者没有订立合同的,著作权属于受托人。"本题中,因双方未约定著作权归属,故应属于受托人乙公司。A选项错误。(2)《著作权纠纷解释》第28条规定:"侵犯著作权的诉讼时效为二年,自著作权人知道或者应当知道侵权行为之日起计算。权利人超过二年起诉的,如果侵权行为在起诉时仍在持续,在该著作权保护期内,人民法院应当判决被告停止侵权行为;侵权损害赔偿数额应当自权利人向人民法院起诉之日起向前推算二年计算。"本题中,著作权人请求停止侵害、消除影响的请求权不适用诉讼时效。故B选项错误。(3)《计算机软件保护条例》第30条规定:"软件的复制品持有人不知道也没有合理理由应当知道该软件是侵权复制品的,不承担赔偿责任;但是,应当停止使用、销毁该侵权复制品。如果停止使用并销毁该侵权复制品将给复制品使用人造成重大损失的,复制品使用人可以在向软件著作权人支付合理费用后继续使用。"本题中,丙公司虽购买了复制品,但主观上系善意,只需承担停止侵害、销毁侵权复制品的责任,而无须承担赔偿责任。故C选项正确,D选项正确。综上所述,本题的正确答案为C、D。

64. 【答案】BD

【解析】《专利法》第25条规定:"对

下列各项，不授予专利权：（一）科学发现；（二）智力活动的规则和方法；（三）疾病的诊断和治疗方法；（四）动物和植物品种；（五）用原子核变换方法获得的物质；（六）对平面印刷品的图案、色彩或者二者的结合作出的主要起标识作用的设计。对前款第（四）项所列产品的生产方法，可以依照本法规定授予专利权。"本题中，发现了导致骨癌的特殊遗传基因属于科学发现，不授予专利权。A选项错误。"如何精确诊断股骨头坏死的方法"，属于疾病的诊断和治疗方法，不授予专利权。C选项错误。而"帮助骨折病人尽快康复的理疗器械""高效治疗软骨病的中药制品"均属于对产品、方法或者其改进所提出的新的技术方案，可以成为专利权的客体。综上所述，本题正确答案为B、D。

65.【答案】AB

【解析】（1）法律并未禁止企业不能在同一种商品上使用两件商标，故甲公司可在一种商品上同时使用两件商标。故A选项正确，当选。（2）《商标法》第3条第1款规定："经商标局核准注册的商标为注册商标，包括商品商标、服务商标和集体商标、证明商标；商标注册人享有商标专用权，受法律保护。"本题中，"美多"为注册商标，依法享有商标专用权。而"薰衣草"虽被法院认定为驰名商标，但因未注册而不享有商标专用权。故B选项正确。（3）最高人民法院《关于审理涉及驰名商标保护的民事纠纷案件应用法律若干问题的解释》第13条规定："在涉及驰名商标保护的民事纠纷案件中，人民法院对于商标驰名的认定，仅作为案件事实和判决理由，不写入判决主文；以调解方式审结的，在调解书中对商标驰名的事实不予认定。"故选项C错误。（4）《商标法》第11条规定："下列标志不得作为商标注册：（一）仅有本商品的通用名称、图形、型号的；（二）仅直接表示商品的质量、主要原料、功能、用途、重量、数量及其他特点的；（三）其他缺乏显著特征的。前款所列标志经过使用取得显著特征，并便于识别的，可以作为商标注册。"本题中，"薰衣草"仅直接表示了该商品的主要原料，原则上不能申请注册，但经使用已经取得显著特征，并被消费者所熟知，可以申请注册。故D选项错误。综上所述，本题正确答案为A、B。

66.【答案】ACD

【解析】本题考查法定继承的法律适用。（1）《继承法》第10条规定："遗产按照下列顺序继承：第一顺序：配偶、子女、父母。第二顺序：兄弟姐妹、祖父母、外祖父母。继承开始后，由第一顺序继承人继承，第二顺序继承人不继承。没有第一顺序继承人继承的，由第二顺序继承人继承。"本题中，乙遇车祸死亡时，其父、子、女作为第一顺序继承人，有权继承乙的遗产。故A选项正确，当选。（2）丁死亡后，其母、子、女作为第一顺序继承人，有权继承丁的遗产。故C正确，当选。（3）《继承法意见》第2条规定："相互有继承关系的几个人在同一事件中死亡，如不能确定死亡先后时间的，推定没有继承人的人先死亡。死亡人各自都有继承人的，如几个死亡人辈分不同，推定长辈先死亡；几个死亡人辈分相同，推定同时死亡，彼此不发生继承，由他们各自的继承人分别继承。"本题中，乙、丁在同一车祸事故中死亡，死亡先后时间不能确定，因二人辈分相同，推定同时死亡，彼此不发生继承。因此，丁母无法转继承乙的遗产。故B错误，不当选。（4）根据《继承法》第27条的规定，遗嘱继承人、受遗赠人先于遗嘱人死亡的，遗产中的有关部分按照法定继承办理。丙作为甲的次子为第一顺序法定继承人，有权继承。此外，《继承法》第11条规定："被继承人的子女先于被继承人死亡的，由被继承人的子女的晚辈直系血亲代位继承。代位继承人一般只能继承他的父亲或者母亲有权继承的遗产份额。"甲之长子乙在被继承人甲死亡之前死亡，其晚辈直系血亲（子女）戊和己有权代位继承甲的遗产。故D选项正确，当选。综上所述，本题的正确答案为ACD。

67. 【答案】BC

【解析】本题考查道路交通事故责任的承担。（1）乙若为与甲一同赴宴的好友，代其驾车为情谊行为，但因重大过失发生交通事故造成他人损害的，应当依法承担侵权责任。A选项错误。《侵权责任法》第34条第1款规定："用人单位的工作人员因执行工作任务造成他人损害的，由用人单位承担侵权责任。"本题中，若乙是代驾公司派出的驾驶员、酒店雇佣的为饮酒客人提供代驾服务的驾驶员或出租车公司驾驶员，其违章发生事故造成损害的，均应当由用人单位（代驾公司、酒店以及出租车公司）承担责任，乙无须承担责任。故B、C正确。（2）需要注意的是，最高人民法院《人身损害赔偿解释》第9条第2款规定："前款所称'从事雇佣活动'，是指从事雇主授权或者指示范围内的生产经营活动或者其他劳务活动。雇员的行为超出授权范围，但其表现形式是履行职务或者与履行职务有内在联系的，应当认定为'从事雇佣活动'。"本题中，出租车公司虽明文禁止代驾，但乙为获高额报酬而代驾，外观表现仍属"执行工作任务"，应当由出租车公司承担责任。故D选项错误。综上所述，本题的正确答案为BC。

68. 【答案】ABC

【解析】A项：说法正确，当选。根据《公司法》第34条规定："股东按照实缴的出资比例分取红利；公司新增资本时，股东有权优先按照实缴的出资比例认缴出资。但是，全体股东约定不按照出资比例分取红利或者不按照出资比例优先认缴出资的除外。"可知，全体股东可以约定不按照出资比例分取红利。

B选项：说法正确，当选。《公司法》第46条规定："董事会对股东会负责，行使下列职权：（一）召集股东会会议，并向股东会报告工作；（二）执行股东会的决议；（三）决定公司的经营计划和投资方案；（四）制订公司的年度财务预算方案、决算方案；（五）制订公司的利润分配方案和弥补亏损方案；（六）制订公司增加或者减少注册资本以及发行公司债券的方案；（七）制订公司合并、分立、解散或者变更公司形式的方案；（八）决定公司内部管理机构的设置；（九）决定聘任或者解聘公司经理及其报酬事项，并根据经理的提名决定聘任或者解聘公司副经理、财务负责人及其报酬事项；（十）制定公司的基本管理制度；（十一）公司章程规定的其他职权。"

所以，投资方案可以由董事会决定。

C项：说法正确，当选。《公司法》第42条规定："股东会会议由股东按照出资比例行使表决权；但是，公司章程另有规定的除外。"有限公司强调意思自治，在股东会表决时，可以协商表决方式，章程没有约定时，才按照"资本多数决"的方式表决。

D项：说法错误，不当选。D项错在"董事会直接决定"。由于本题是有限公司，有限公司具有人合性。所以，他人要想成为该公司的股东，应当满足"其他股东过半数同意"。

69. 【答案】D（司法部公布答案为BD）

【解析】A项：说法错误，不当选。《公司法》第43条第2款规定："股东会会议作出修改公司章程、增加或者减少注册资本的决议，以及公司合并、分立、解散或者变更公司形式的决议，必须经代表三分之二以上表决权的股东通过。"变更公司形式经过代表三分之二以上表决权的股东通过即可。

B项：说法错误，不当选。2013年新修订的《公司法》取消了关于公司股东（发起人）应自公司成立之日起两年内缴足出资的规定。

C项：说法错误，不当选。《公司法》第109条第1款规定："董事会设董事长一人，可以设副董事长。董事长和副董事长由董事会以全体董事的过半数选举产生。"股份公司董事长是"选举产生"，而不是当然由原董事长担任。

D项：说法正确，当选。公司形式变更后需在公司名称中表明"股份有限"或"股份有限公司"，原字号"华昌"当然可继续使用。

70. 【答案】CD

【解析】《公司法》第148条规定："董事、高级管理人员不得有下列行为：（一）挪用公司资金；（二）将公司资金以其个人名义或者以其他个人名义开立账户存储；（三）违反公司章程的规定，未经股东会、股东大会或者董事会同意，将公司资金借贷给他人或者以公司财产为他人提供担保；（四）违反公司章程的规定或者未经股东会、股东大会同意，与本公司订立合同或者进行交易；（五）未经股东会或者股东大会同意，利用职务便利为自己或者他人谋取属于公司的商业机会，自营或者为他人经营与所任职公司同类的业务；（六）接受他人与公司交易的佣金归为己有；（七）擅自披露公司秘密；（八）违反对公司忠实义务的其他行为。董事、高级管理人员违反前款规定所得的收入应当归公司所有。"

A项：说法错误，不当选。40万元归属于公司这并无异议，但货币以其高度可替代性采取"占有即所有"原则，40万元的所有权此时为李方所有，公司仅享有要求其返还的权利。

B项：说法错误，不当选。题中李方虽实施了董事、高级管理人员的禁止行为，但并不当然的致使其丧失董事长资格。

C项：说法正确，当选。李方为平昌公司董事长，对外代表公司，如姜呈对此不知情，出于善意的偿还债务，其偿还债务行为有效。

D项：说法正确，当选。李方将该款借给刘黎，借期一年，年息12%。该利息为"董事、高级管理人员违反前款规定所得的收人"，应当收缴，归公司所有。

71.【答案】ABD

【解析】A项：说法错误，当选。《民法通则》第58条规定："下列民事行为无效：（一）无民事行为能力人实施的；（二）限制民事行为能力人依法不能独立实施的；（三）一方以欺诈、胁迫的手段或者乘人之危，使对方在违背真实意思的情况下所为的；（四）恶意串通，损害国家、集体或者第三人利益的；（五）违反法律或者社会公共利益的；（六）经济合同违反国家指令性计划的；（七）以合法形式掩盖非法目的的。无效的民事行为，从行为开始起就没有法律约束力。"无行为能力人实施的民事行为自始无效，无论对方是否知情、是否为善意。

B项：说法错误，当选。《合伙企业法》第49条第1、2款规定："合伙人有下列情形之一的，经其他合伙人一致同意，可以决议将其除名：（一）未履行出资义务；（二）因故意或者重大过失给合伙企业造成损失；（三）执行合伙事务时有不正当行为；（四）发生合伙协议约定的事由。对合伙人的除名决议应当书面通知被除名人。被除名人接到除名通知之日，除名生效，被除名人退伙。"合伙人丧失行为能力并不是除名退伙的条件。

C项：说法正确，不当选；D项：说法错误，当选。《合伙企业法》第48条第2、3款规定："合伙人被依法认定为无民事行为能力人或者限制民事行为能力人的，经其他合伙人一致同意，可以依法转为有限合伙人，普通合伙企业依法转为有限合伙企业。其他合伙人未能一致同意的，该无民事行为能力或者限制民事行为能力的合伙人退伙。退伙事由实际发生之日为退伙生效日。"

72.【答案】ABD

【解析】《合伙企业法》第26条规定："合伙人对执行合伙事务享有同等的权利。按照合伙协议的约定或者经全体合伙人决定，可以委托一个或者数个合伙人对外代表合伙企业，执行合伙事务。作为合伙人的法人、其他组织执行合伙事务的，由其委派的代表执行。"

A项：说法正确，当选。如合伙协议未约定，四名合伙人均有权执行合伙事务，当然的享有对外签约权。

B项：说法正确，当选。四人也可以委托一个或者数个合伙人对外代表合伙企业签约。

C项：说法错误，不当选。《合伙企业法》第37条规定："合伙企业对合伙人执行合伙事务以及对外代表合伙企业权利的限制，不得对抗善意第三人。"执行合伙协议的事务执行人仅为合伙内部约定，不得以此约定对抗善意第三人。

D项：说法正确，当选。《合伙企业法》第31条规定："除合伙协议另有约定外，合伙企业的下列事项应当经全体合伙人一致同意：（一）改变合伙企业的名称；（二）改变合伙企业的经营范围、主要经营场所的地点；（三）处分合伙企业的不动产；（四）转让或者处分合伙企业的知识产权和其他财产权利；（五）以合伙企业名义为他人提供担保；（六）聘任合伙人以外的人担任合伙企业的经营管理人员。"

73.【答案】AC

【解析】A项：说法正确，当选；B项：

说法错误，不当选。《企业破产法解释（一）》第6条第1款规定："债权人申请债务人破产的，应当提交债务人不能清偿到期债务的有关证据。债务人对债权人的申请未在法定期限内向人民法院提出异议，或者异议不成立的，人民法院应当依法裁定受理破产申请。"债权人甲公司只需要有乙公司"不能清偿到期债务"的证据即可申请乙公司破产，不需要也无法提交"乙公司资产不足以清偿全部债务的证据"。

C项：说法正确，当选。《企业破产法》第10条规定："债权人提出破产申请的，人民法院应当自收到申请之日起五日内通知债务人。债务人对申请有异议的，应当自收到人民法院的通知之日起七日内向人民法院提出。人民法院应当自异议期满之日起十日内裁定是否受理。除前款规定的情形外，人民法院应当自收到破产申请之日起十五日内裁定是否受理。有特殊情况需要延长前两款规定的裁定受理期限的，经上一级人民法院批准，可以延长十五日。"

D项：说法错误，不当选。《企业破产法解释（一）》第1条规定："债务人不能清偿到期债务并且具有下列情形之一的，人民法院应当认定其具备破产原因：（一）资产不足以清偿全部债务；（二）明显缺乏清偿能力。相关当事人以对债务人的债务负有连带责任的人未丧失清偿能力为由，主张债务人不具备破产原因的，人民法院应不予支持。"

74. 【答案】AB

【解析】A项：说法正确，当选。《企业破产法》第80条规定："债务人自行管理财产和营业事务的，由债务人制作重整计划草案。管理人负责管理财产和营业事务的，由管理人制作重整计划草案。"

B项：说法正确，当选。《企业破产法》第82条规定："下列各类债权的债权人参加讨论重整计划草案的债权人会议，依照下列债权分类，分组对重整计划草案进行表决：（一）对债务人的特定财产享有担保权的债权；（二）债务人所欠职工的工资和医疗、伤残补助、抚恤费用，所欠的应当划入职工个人账户的基本养老保险、基本医疗保险费用，以及法律、行政法规规定应当支付给职工的补偿金；（三）债务人所欠税款；（四）普通债权。人民法院在必要时可以决定在普通债权组中设小额债权组对重整计划草案进行表决。"

C项：说法错误，不当选。《企业破产法》第84条第2款规定："出席会议的同一表决组的债权人过半数同意重整计划草案，并且其所代表的债权额占该组债权总额的三分之二以上的，即为该组通过重整计划草案。"C选项错在"即为该组通过重整计划草案"，应该是"双重多数决"。

D项：说法错误，不当选。《企业破产法》第86条规定："各表决组均通过重整计划草案时，重整计划即为通过。自重整计划通过之日起十日内，债务人或者管理人应当向人民法院提出批准重整计划的申请。人民法院经审查认为符合本法规定的，应当自收到申请之日起三十日内裁定批准，终止重整程序，并予以公告。"D选项错在"重整计划即为通过"，重整计划草案需要各表决组均通过。

75. 【答案】BCD

【解析】A项：说法错误，不当选。《票

据法》第35条规定:"背书记载'委托收款'字样的,被背书人有权代背书人行使被委托的汇票权利。但是,被背书人不得再以背书转让汇票权利。汇票可以设定质押;质押时应当以背书记载'质押'字样。被背书人依法实现其质权时,可以行使汇票权利。"票据质押为要式行为,质押必须在票据上记载"质押"字样,单纯的交付于债权人,票据质押不生效。

B项:说法正确,当选。《票据法》第26条规定:"出票人签发汇票后,即承担保证该汇票承兑和付款的责任。出票人在汇票得不到承兑或者付款时,应当向持票人清偿本法第七十条、第七十一条规定的金额和费用。"题中所述付款人在承兑前已破产,出票人应当承担票据责任。

C项:说法正确,当选。《票据法》第19条规定:"汇票是出票人签发的,委托付款人在见票时或者在指定日期无条件支付确定的金额给收款人或者持票人的票据。汇票分为银行汇票和商业汇票。"汇票的出票人资格并无限制。

D项:说法正确,当选。《票据法》第22条规定:"汇票必须记载下列事项:(一)表明'汇票'的字样;(二)无条件支付的委托;(三)确定的金额;(四)付款人名称;(五)收款人名称;(六)出票日期;(七)出票人签章。汇票上未记载前款规定事项之一的,汇票无效。"汇票出票时所需记载的"绝对记载事项"缺失的,后果是票据无效。

76. 【答案】ABD

【解析】A项:说法正确,当选。《保险法解释(二)》第3条第1款规定:"投保人或者投保人的代理人订立保险合同时没有亲自签字或者盖章,而由保险人或者保险人的代理人代为签字或者盖章的,对投保人不生效。但投保人已经交纳保险费的,视为其对代签字或者盖章行为的追认。"

B项:说法正确,当选。《保险法》第45条规定:"因被保险人故意犯罪或者抗拒依法采取的刑事强制措施导致其伤残或者死亡的,保险人不承担给付保险金的责任。投保人已交足二年以上保险费的,保险人应当按照合同约定退还保险单的现金价值。"被保险人故意犯罪时,保险公司可以免责,但本题张某并非是故意犯罪,所以,保险公司应当给付。

C项:说法错误,不当选。自助行为是指权利人受到不法侵害之后,为保全或者恢复自己的权利,在情势紧迫而不能及时请求国家机关予以救助的情况下,依靠自己的力量,对他人的财产或自由施加扣押、拘束或其他相应措施的行为。题中张某索要租金的行为并不具有紧迫性,可以请求国家机关予以救济,不属于自助行为。

D项:说法正确,当选。在人身保险合同中,当被保险人死亡、伤残、疾病或者达到合同约定的年龄、期限等条件时,并且没有《保险法》规定的除外责任时,保险公司应当承担给付保险金的责任。本题中,只要张某不是故意犯罪,保险公司应当理赔。

77. 【答案】AC

【解析】甲、乙二人承担连带责任,银行起诉甲、乙二人是基于同一个借款法律关系,诉讼标的同一,应当属于必要共同诉讼;必要共同诉讼属于诉的主体的合并,即将两个被告人合并在一个案件中审理，而不是诉的客体的合并。试想，必要共同诉讼只有一个诉讼标的，即诉的客体，何来诉的客体合并一说，其只是因为诉讼标的同一，将两个不同的诉讼主体合并进行审理。

78. 【答案】ACD

【解析】本题考查上诉。

可以上诉的法律文书包括一审判决书，以及管辖权异议、不予受理、驳回起诉三个裁定书。A选项中，对执行管辖异议的裁定不服，不能上诉，只能要求复议。B选项中，中院做出了驳回诉讼请求的一审判决书，可以上诉，高院对其上诉应当受理。C选项中，确认调解协议效力属于特别程序，特别程序一审终审，对其裁定不服，不能上诉。D选项中，一审判决原则上可以上诉，但根据《婚姻法解释一》的规定，"有关婚姻效力的判决一经做出，即发生法律效力，不能上诉。"

79. 【答案】ABCD

【解析】根据司法解释的规定，对下落不明或者宣告失踪的人提起有关身份关系的诉讼，由原告住所地法院管辖，此处仅仅限于身份关系诉讼。A选项中去掉了该限制，以偏概全，错误。共同海损和海难救助案件被告住所地法院没有管辖权。B项表述错误。移送管辖是错误立案的纠错程序，可以发生在同级法院之间纠正地域管辖的错误，也可以发生在上下级法院之间纠正级别管辖的错误，而管辖权转移是在上下级法院之间对级别管辖进行一种变通，受理案件的法院对案件是有管辖权的，只是基于特殊原因，将管辖权在上下级法院之间做一个变通，C选项所述情形发生在上下级法院之间，选项表述为"发现自己没有级别管辖"显然属于错误立案后在上下级法院之间纠正，为移送管辖。D选项错误，当事人书面约定纠纷的管辖法院，属于协议管辖，而不是选择管辖。选择管辖指一个案件两个以上法院有管辖权，原告可以选择向一个法院起诉。

80. 【答案】AB

【解析】本题考查反诉。A选项，本、反诉的主体应当具有同一性，即由本诉的被告作为反诉原告，本诉原告作为反诉的被告。A选项，反诉的原告只能是本诉的被告表述是正确的。B选项中，本、反诉需要合并审理，当然要求本、反诉程序具有同一性，即本、反诉应当适用相同的诉讼程序，正确。C选项中，反诉应当在一审法庭辩论终结前提出，而选项中用答辩期间这一时间混淆。D选项中，本反诉之间应当具有牵连关系，基于同一法律关系可能产生牵连，基于不同法律关系也可能产生牵连，如原告起诉被告要求支付房屋租金，被告反诉原告，主张原告未尽合理修缮义务，房屋天花板掉落导致自己受伤。我们可以看到本诉基于房屋租赁合同关系，反诉基于侵权法律关系，二者并不相同，但依然产生牵连关系，构成反诉。故牵连关系并不要求基于同一法律关系，表述错误。

81. 【答案】ABC

【解析】本题综合考查了再审的启动和审理程序，当事人申请再审原则上应当向上一级法院申请，但是根据修正后的《民事诉讼法》，如果是双方当事人都是公民或者一方当事人人数众多的案件，也可以向原生效裁判做出法院申请，本题中只说了周某因为合同纠纷涉诉，并不排除存在对方也是公民或者对方人数众多的情形，所以 A 选项说法过于绝对。B 选项中检察院提出抗诉后，接受抗诉的法院应当在 30 日内做出裁定，可见接受抗诉的法院必须做出再审的裁定，不能对检察院的抗诉进行审查，也没有裁量权。所以，B 选项应入选。法院裁定再审后，说明原裁判可能确有错误，所以根据《民诉法》规定应当裁定中止执行，但追索赡养费、抚养费、抚育费、抚恤金、医疗费用、劳动报酬的案件，可以不中止执行。所以，D 选项表述正确，不应入选。按照审判监督程序决定再审或者提审的案件，由再审或者提审的法院在做出新的判决、裁定中确定是否撤销、改变或者维持原判决、裁定，可见只能在经过再审的重新审理后，做出新判决、裁定的时候裁定撤销原判，而法院裁定再审只是说明原判决、裁定可能确有错误，启动再审程序进行重新审理。而原判决是否确有错误？是撤销原判还是维持原判应当经过重新审理做出新的判决、裁定时明确。所以，C 选项错误，应入选。

82.　【答案】ACD

【解析】本题考查再审的重新审理程序，当事人申请再审的案件由中级以上人民法院审理，但当事人依法选择向基层法院申请再审的除外。最高人民法院、高院裁定再审的案件，由本院再审或者交由其他法院再审，也可以交由原审人民法院再审。可见，本案中可以由高院重新审理，也可以交由原审中院或者其他中院再审。关于再审适用的程序，原生效裁判是第一审人民法院做出的，按照一审程序重新审理；原生效裁判是第二审人民法院做出的，按照二审程序重新审理；如果是上级法院提审的，按照二审程序重新审理。可见如果高院提审，应当适用二审程序审理，高院指令原审法院再审，原审判决是第二审人民法院做出，应当适用二审程序审理。所以，A 选项正确，B 选项错误。C 选项考查再审的范围。再审的范围限于原审范围，当事人超出原审范围增加、变更诉讼请求的，不属于再审范围（即再审范围有限原则）。可见韩某超过原审范围变更的诉讼请求不属于再审的范围，再审法院可以不予审查。D 选项中向检察院申请检察建议或者抗诉的情形包括：（1）法院驳回当事人再审申请的；（2）法院逾期未对再审申请做出裁定的；（3）再审判决、裁定有明显错误的。本题属于韩某认为再审判决、裁定有明显错误，可以向检察院申请抗诉。

83.　【答案】ABCD

【解析】本题考查确认调解协议效力这一特别程序。

首先是管辖，确认调解协议效力应当由调解组织所在地基层法院管辖，所以本案应当由丁区人民法院管辖。A 选项中，级别管辖错误；B 选项中，地域管辖错误。特别程序的审理组织一般为独任审理，选民资格和重大复杂案件应当由审判员三人组成合议庭审理，而从无审判员一人组成合议庭。C 选项错误。司法确认裁定是人民法院做出的裁判具有既判力，而人民调解委员会组织制作的调解协议是没有既判力的，因为根据《人民调解法》规定，当事人达成调解协议后对方不履行或者反悔的，可以（就调解协议）向人民法院起诉，可见调解协议没有既判力。所以 D 选项错误。

84. 【答案】BD

【解析】本题考查督促程序。A 选项中，督促程序并不解决纠纷，不适用调解。A 选项错误。根据《民诉法》第 217 条的规定："人民法院收到债务人提出的书面异议后，经审查，异议成立，应当裁定终结督促程序，支付令自行失效。支付令失效的，转入诉讼程序，但申请支付令的一方当事人不同意提起诉讼的除外，"本题中申请人是胡某，所以，可见 B、D 选项正确，C 选项错误。

85. 【答案】CD

【解析】本题考查证据和证明。A 选项中质证的主体是当事人，检察院不是质证的主体；B 选项中录音带属于视听资料而不是电子数据，该选项错误；C 选项偷录并非是违反法律禁止性规定的取证方法，偷录的录音带可以作为证据使用，应当进行质证，可以作为质证对象；D 选项，涉及国家秘密、商业秘密、个人隐私的证据不得在公开开庭时质证，法院应当依职权决定不公开质证。

86. 【答案】A

【解析】（1）所谓代物清偿，指债权人受领他种给付以替代原定给付而使债之关系消灭。代物清偿的构成要件包括：①须有有效债权存在。②须债务人现实地以他种给付代替原定给付。③当事人就代物清偿达成合意。代物清偿性质上属于要物合同，除当事人达成合意外，还要求现实给付。本案中，甲公司虽与乙公司约定以建设用地使用权抵偿其 2000 万元债务，但并未现实将建设用地使用权过户给乙公司，债务并未因代物清偿而归于消灭。故

选项 A 正确。（2）虽甲公司与乙公司约定以建设用地使用权代偿债务，但并未办理变更登记手续，因此甲公司仍为建设用地使用权人，其将自己享有权利的建设用地使用权抵押给不知情的银行，而且办理了抵押登记，属于有权处分，而非无权处分。根据《物权法》第 106 条的规定，善意取得以无权处分为前提。因此，银行依据甲公司的合法处分行为获得抵押权，并非依据善意取得制度取得抵押权。故选项 B、C 错误。（3）所谓代为清偿，指由债之关系以外的第三人，以为债务人清偿债务之意思而向债权人履行债务。本题中，甲公司为 2000 万元债务的债务人，并非债之关系以外的第三人。甲公司以建设用地使用权抵偿债务，属于代物清偿，而非代为清偿。故选项 D 错误。综上所述，本题正确答案为 A。

87. 【答案】AD

【解析】（1）《担保法》第 19 条规定："当事人对保证方式没有约定或者约定不明确的，按照连带责任保证承担保证责任。"本题中，当事人签订的《协议二》约定由张某为该笔债务提供保证，因未约定保证方式和期间，应当认定为连带责任保证。《担保法》第 18 条第 2 款规定："连带责任保证的债务人在主合同规定的债务履行期届满没有履行债务的，债权人可以要求债务人履行债务，也可以要求保证人在其保证范围内承担保证责任。"据此可知，当丁公司债权到期时，其既可以找债务人承担责任，也可以直接找连带保证人张某承担保证责任。故选项 A 正确。（2）债务承担，指基于债务人、债权人与第三人之间达成的协议，将合同的义务全部或者部分地转

移给第三人承担。本题中,甲公司、丙公司与丁公司三方签订了《协议二》,约定甲公司欠丁公司的5000万元债务由丙公司承担,甲公司不再承担清偿义务,故丁公司只能向新的债务人丙公司主张债务,而不能向甲公司主张。故选项C错误,选项D正确。(3)根据《物权法》第175条规定:"第三人提供担保,未经其书面同意,债权人允许债务人转移全部或者部分债务的,担保人不再承担相应的担保责任。"本案中,甲公司、丙公司与丁公司三方签订《协议二》转让债务时,并未经为该5000万元债务提供房产抵押担保的李某书面同意,因此李某不再承担担保责任。故选项B错误。综上所述,本题的正确答案为AD。

88. 【答案】A

【解析】(1)《担保法》第19条规定:"当事人对保证方式没有约定或者约定不明确的,按照连带责任保证承担保证责任。"本题中,当事人未约定保证方式和期间,张某应当认定为连带责任保证人。《担保法》第26条第1款规定:"连带责任保证的保证人与债权人未约定保证期间的,债权人有权自主债务履行期届满之日起六个月内要求保证人承担保证责任。"本题中,2012年5月,丁公司债权到期。因此,张某的保证期间为2012年5月起6个月。故选项A正确,选项B错误。(2)《担保法解释》第34条第2款规定:"连带责任保证的债权人在保证期间届满前要求保证人承担保证责任的,从债权人要求保证人承担保证责任之日起,开始计算保证合同的诉讼时效。"因此,选项C、D均错误。综上所述,本题的正确答案为A。

89. 【答案】D

【解析】《公司法解释(三)》第13条规定:"股东未履行或者未全面履行出资义务,公司或者其他股东请求其向公司依法全面履行出资义务的,人民法院应予支持。公司债权人请求未履行或者未全面履行出资义务的股东在未出资本息范围内对公司债务不能清偿的部分承担补充赔偿责任的,人民法院应予支持;未履行或者未全面履行出资义务的股东已经承担上述责任,其他债权人提出相同请求的,人民法院不予支持。"本题中,丙公司丧失偿债能力,其股东乙公司未全面履行出资义务,尚有3000万元未实际出资,乙公司应在未出资本息范围内对丁公司的债权承担补充责任。故选项ABC均不正确,选项D正确。

90. 【答案】ABCD

【解析】(1)《合同法》第73条规定:"因债务人怠于行使其到期债权,对债权人造成损害的,债权人可以向人民法院请求以自己的名义代位行使债务人的债权,但该债权专属于债务人自身的除外。代位权的行使范围以债权人的债权为限。债权人行使代位权的必要费用,由债务人负担。"本题中,甲公司虽与乙公司虽达成了以建设用地使用权抵偿其欠2000万元债务的协议,但因未现实将建设用地使用权过户给乙公司而不构成代物清偿,乙公司的金钱债权并未消灭。故选项A不能作为对抗丁公司代位权的理由,当选。(2)因代位权本身旨在突破合同的相对性,且须以诉讼方式行使,因此即使债务人与次债务人内部有仲裁条款的约定,但次债务人不得以该仲裁条款对抗债权人。故选项B不能作为对抗丁公司代位权的理由，当选。（3）《合同法解释（一）》第13条规定，所谓"债务人怠于行使其到期债权，对债权人造成损害的"，是指债务人不履行其对债权人的到期债务，又不以诉讼方式或者仲裁方式向其债务人主张其享有的具有金钱给付内容的到期债权，致使债权人的到期债权未能实现。次债务人不认为债务人有怠于行使其到期债权情况的，应当承担举证责任。本题中，乙公司虽多次发函给甲公司要求清偿债务，仍不能妨碍代位权行使要件的成立，故C选项当选。（4）根据《合同法》规定，代位权的行使范围以债权人的债权为限。《合同法解释（一）》第21条规定，在代位权诉讼中，债权人行使代位权的请求数额超过债务人所负债务额或者超过次债务人对债务人所负债务额的，对超出部分人民法院不予支持。虽《协议一》的2000万元数额低于乙公司出资不实的3000万元，但不妨碍丁公司在2000万元范围内行使代位权。故选项D当选。综上所述，本题的正确答案为ABCD。

91. 【答案】BD

【解析】《合同法》第84条规定："债务人将合同的义务全部或者部分转移给第三人的，应当经债权人同意。"本题中，戊公司与己公司签订了《协议三》，约定戊公司承担甲公司此前的所有负债，如未经甲公司债权人同意，则对债权人不发生法律效力。但该协议为当事人真实意思表示，且未违反法律法规的禁止性规定，属于完全有效的合同，对戊公司、己公司有拘束力。故BD选项正确，而A选项错误。此外，根据题目给定的信息，戊公司、己公司并不存在恶意串通的情形，C选项不正确。综上所述，本题的正确答案为BD。

92. 【答案】AD

【解析】A项：说法正确，当选。《合伙企业法》第25条规定："合伙人以其在合伙企业中的财产份额出质的，须经其他合伙人一致同意；未经其他合伙人一致同意，其行为无效，由此给善意第三人造成损失的，由行为人依法承担赔偿责任。"合伙人以其在合伙企业中的财产份额出质的，须经其他合伙人一致同意。

B项：说法错误，不当选。合伙企业财产份额出质为"权利质权"，对于权利质权，一般规定为质权自工商行政管理部门办理出质登记时设立。所以，B选项无须"经合伙协议记载"生效。

C项：说法错误，不当选。根据《合伙企业法》第25条的规定，合伙企业具有很强的人合性，所以，未经合伙人一致同意的财产出质行为，善意相对人钟冉不能善意取得该质权。

D项：说法正确，当选。《合伙企业法》第23条规定："合伙人向合伙人以外的人转让其在合伙企业中的财产份额的，在同等条件下，其他合伙人有优先购买权；但是，合伙协议另有约定的除外。"合伙企业为保证其人合性，规定了合伙人的优先购买权，无论是拍卖抑或法院强制执行合伙企业份额，其他合伙人皆具有优先购买权。

93. 【答案】AB

【解析】A项：说法正确，当选。《合伙企业法》第82条规定："除合伙协议另有约定外，普通合伙人转变为有限合伙人，或者有限合伙人转变为普通合伙人，应当经全体合伙人一致同意。"

B项：说法正确，当选。《合伙企业法》第13条规定："合伙企业登记事项发生变更的，执行合伙事务的合伙人应当自作出变更决定或者发生变更事由之日起十五日内，向企业登记机关申请办理变更登记。"普通合伙人转变为有限合伙人的，应当向企业登记机关变更登记。未经登记，不得对抗善意第三人。

C项：说法错误，不当选。《合伙企业法》第68条第1款规定："有限合伙人不执行合伙事务，不得对外代表有限合伙企业。"高崎转变为有限合伙人后，不得再担任合伙事务执行人。

D项：说法错误，不当选。《合伙企业法》第84条规定："普通合伙人转变为有限合伙人的，对其作为普通合伙人期间合伙企业发生的债务承担无限连带责任。"高崎于2013年2月之前仍为普通合伙人，所以，对企业债务要承担无限连带责任。

94. 【答案】ACD

【解析】A项：说法正确，当选；B项：说法错误，不当选。《合伙企业法》第73条规定："有限合伙人可以按照合伙协议的约定向合伙人以外的人转让其在有限合伙企业中的财产份额，但应提前三十日通知其他合伙人。"有限合伙人属于合伙企业中"资合性"比例较大的一种合伙人，有限合伙人转让其在有限合伙企业中的财产份额，无须经其他合伙人一致同意，其他合伙人也无优先购买权。

CD项：说法正确，当选。《合伙企业法》第74条规定："有限合伙人的自有财产不足清偿其与合伙企业无关的债务的，该合伙人可以以其从有限合伙企业中分取的收益用于清偿；债权人也可以依法请求人民法院强制执行该合伙人在有限合伙企业中的财产份额用于清偿。人民法院强制执行有限合伙人的财产份额时，应当通知全体合伙人。在同等条件下，其他合伙人有优先购买权。"

95. 【答案】A

【解析】本题考查仲裁。A选项中，涉及仲裁条款效力的独立性，仲裁条款效力独立存在，不因合同的变更、解除、终止、无效而受影响。本案中合同解除，但仲裁条款依然有效，兴源公司可以依据原仲裁协议申请仲裁，所以B选项错误。C选项中，仲裁庭适用简易程序独任仲裁还是适用普通程序合议仲裁应当由当事人约定，当事人在指定期间内没有约定的，由仲裁委主任指定，所以是否适用简易程序不需要在仲裁协议中约定。C选项错误。D选项中，仲裁委员会对案件的管辖来源于当事人仲裁协议的约定，与仲裁委员会是否涉外、仲裁事项是否涉外无关。

96. 【答案】BC

【解析】本题考查仲裁程序。A选项中有两处错误，一是法院的在职法官不得担任仲裁员；二是仲裁员的产生应当由当事人选择，而不能直接由仲裁委直接指定。A选项错误。根据《中国国际经济贸易仲裁委员会仲裁规则》确定的简易程序，仲裁委员会和仲裁庭有权自行决定由一名仲裁员组成独任仲裁庭进行仲裁。所以B选项正确。关于审理方式，《中国国际经济贸易仲裁委员会仲裁规则》第54条规定，仲裁庭可以按照其认为适当的方式审理案件，可以决定只依据当事人提交的书面材料和证据进行书面审理，也可以决定开庭审理。所以C选项是正确的。关于仲裁裁决书，应当写明仲裁请求、争议事实、裁决理由、裁决结果、仲裁费用的负担、裁决的时间和地点，当事人协议不写明争议事实和裁决理由的，可以不写明。所以不写明争议事实需要当事人协议，仲裁庭不能自行决定。

97. 【答案】D

【解析】其实本题考查对仲裁协议的异议时间。根据《仲裁法》规定，当事人对仲裁协议效力有异议的，应当在首次开庭前提出。如果当事人在仲裁庭首次开庭前没有对仲裁协议效力提出异议，而后向法院申请确认仲裁协议效力，法院不予受理，在仲裁裁决作出后，以此向法院提出撤销或者不予执行仲裁裁决的，不予支持。本案中，郭某没有在首次开庭前对仲裁协议效力提出异议，而在仲裁裁决作出后以仲裁协议效力为由申请不予执行仲裁裁决，法院不予支持。

98. 【答案】ABCD

【解析】本题考查执行措施。A选项为限制被执行人高消费，是正确的。B选项是财产报告，被执行人未按照执行通知履行生效法律文书确定的义务，应当报告当前及收到执行通知之日起前一年的财产状况，正确。C选项中，为加倍支付迟延履行期间的债务利息，被执行人未按照执行通知履行生效法律文书规定的给付义务，应当加倍支付迟延履行期间债务利息；未履行其他义务的，应当支付迟延履行金。D选项考查的是代位申请执行。在被执行人不能清偿债务，但是对第三人享有到期债权，

经申请人或者被执行人申请，可向次债务人发出履行通知。D选项正确。需要注意的是向次债务人发出履行通知需要经过申请人或被执行人的申请。

99. 【答案】CD

【解析】本题考查执行担保。执行担保的后果是暂缓执行，而非终结执行，所以A选项错误。担保期限届满后，债务人仍不履行义务的，法院可以依直接执行担保财产或者裁定执行担保人的财产。所以B选项错误，法院可以职权决定而不用申请，C、D选项正确。

100. 【答案】AC

【解析】本题考查案外人对执行标的的异议。本案中朱某向法院提出异议，对执行标的物主张权利，属于案外人对执行标的的异议，根据《民事诉讼法》的规定，案外人对执行标的的异议应当以书面方式提出，所以A选项是正确的。在法院对案外人的执行标的异议审查期间，可以对财产采取查封、扣押、冻结等保全措施，但不能处分，因为此时该标的物有可能是案外人的，如果处分可能造成难以弥补的损害。所以B选项错误。案外人对执行标的异议的裁定不服的救济方式有两种，如果认为原判决裁定错误的，依照审判监督程序处理；如果与原判决、裁定无关，可以提起案外人异议之诉。本案中，判决内容为100万现金，执行标的物为字画，属于与原判决、裁定无关的情形，案外人可以提起案外人异议之诉救济。所以C项正确，D项错误。

2013年国家司法考试（试卷四）解析

一、【参考答案】

1. 依法治国是我们党顺应时代潮流，把握历史机遇，在我国社会发展的关键时刻，在治国理政方略上作出的重大抉择，实现了我党治国理政的重大转变和历史性飞跃。

2. 依法治国方略的实施是一项浩瀚庞大、复杂而艰巨的系统工程，它包含着我国社会运行的制度、体制、机制、方式以及意识和观念等多方面的重要变化，更汇聚着全党、全国乃至整个中华民族的共同智慧与努力。

3. 依法治国方略的实施，要求构建和完善中国特色社会主义法律体系。构建和完善中国特色社会主义法律体系是依法治国方略实施的必要前提。故此，以宪法为统帅，以宪法相关法、民法商法等多个法律部门的法律为主干，由法律、行政法规、地方性法规等多个层次的法律规范构成的中国特色社会主义法律体系之形成，为依法治国方略的实施提供了坚实的基础。

4. 如习近平总书记指出，实践是法律的基础，法律要随着实践发展而发展。在新的历史条件下，中国特色社会主义法律体系仍然需要不断完善。这就要求根据我国经济社会发展出现的新领域、新情况、新特点，坚持科学立法、民主立法，在保持法制统一的前提下，科学地进行立法预测、立法规划，继续完善立法程序和方式，不断提高立法质量，及时制定、修改、完善各项法律制度，使立法更加充分反映广大人民的意志，更加适合我国的具体国情。

二、【参考答案】

1. 甲携带凶器盗窃、入户盗窃，应当成立盗窃罪。如暴力行为不是作为压制财物占有人反抗的手段而使用的，只能视情况单独定罪。在盗窃过程中，为窝藏赃物、抗拒抓捕、毁灭罪证而使用暴力的，才能定抢劫罪。甲并非出于上述目的，因而不应认定为抢劫罪。在本案中，被害人并未发现罪犯的盗窃行为，并未反抗；甲也未在杀害被害人后再取得财物，故对甲的行为应以盗窃罪和故意杀人罪并罚，不能对甲定抢劫罪。

2. 甲、乙的行为系假想防卫。假想防卫视情况成立过失犯罪或意外事件。在本案中，甲、乙在程某明确告知是警察的情况下，仍然对被害人使用暴力，主观上有过失。但是，过失行为只有在造成重伤结果的场合，才构成犯罪。甲、乙仅造成轻伤结果，因此，对于事实二，甲、乙均无罪。

3. 在被告人高速驾车走蛇形和被害人重伤之间，介入被害人的过失行为（如对车速的控制不当等）。谢某的重伤与甲乙的行为之间，仅有条件关系，从规范判断的角度看，是谢某自己驾驶的汽车对乙车追尾所造成，该结果不应当由甲、乙负责。

4. （1）丁没有在丙和法官刘某之间牵线搭桥，没有促成行贿受贿事实的介绍行为，不构成介绍贿赂罪。（2）丁接受丙的委托，帮助丙实施行贿行为，构成行贿罪（未遂）共犯。（3）丁客观上并未索取或者收受他人财物，主观上并无收受财物的意思，不构成利用影响力受贿罪。

5. （1）构成。理由：①丁将代为保管的他人财物非法占为己有，数额较大，拒不退还，完全符合侵占罪的犯罪构成。②无论丙对10万元是否具有返还请求权，10万元都不属于丁的财物，因此该财物属于"他人财物"。③虽然《民法》不保护非法的委托关系，但《刑法》的目的不是确认财产的所有权，而是打击侵犯财产的犯罪行为，如果不处罚侵占代为保管的非法财物的行为，将可能使大批侵占赃款、赃物的行为无罪化，这并不合适。（2）不构成。理由：①10万元为贿赂款，丙没有返还请求权，该财物已经不属于丙，因此，丁没有侵占"他人财物"。②该财产在丁的实际控制下，不能认为其已经属于国家财产，故该财产不属于代为保管的"他人财物"。据此，不能认为丁虽未侵占丙的财物但侵占了国家财产。③如认定为侵占罪，会得出《民法》上丙没有返还请求权，但《刑法》上认为其有返还请求权的结论，《刑法》和《民法》对相同问题会得出不同结论，法秩序的统一性会受到破坏。

三、【参考答案】

1. 不正确。理由：（1）技术侦查措施只能在立案后采取。（2）采取技术侦查措施必须履行严格的批准手续。（3）检察机关不能实施技术侦查措施，必须交有关机关执行。

【解析】本题考查技术侦查适用的阶段、主体和程序。

《刑事诉讼法》第148条第2款规定："人民检察院在立案后，对于重大的贪污、贿赂犯罪案件以及利用职权实施的严重侵犯公民人身权利的重大犯罪案件，根据侦查犯罪的需要，经过严格的批准手续，可以采取技术侦查措施，按照规定交有关机关执行。"《高检规则》第173条规定："在初查过程中，可以采取询问、查询、勘验、检查、鉴定、调取证据材料等不限制初查对象人身、财产权利的措施。不得对初查对象采取强制措施，不得查封、扣押、冻结初查对象的财产，不得采取技术侦查措施。"因此，检察机关对李某贪污行为采取技术侦查措施，不正确。在本案中，检察机关反贪技术侦查部门在接到举报之后的初查阶段就实施技术侦查措施，是不正确的，技术侦查措施只能在立案后采取。另外，采取技术侦查措施必须履行严格的批准手续。最后，检察机关不能实施技术侦查措施，必须交有关机关执行。

2. （1）技术侦查措施的使用主体只能是公安机关和国家安全机关。（2）适用范围：公安机关在立案后，对于危害国家安全犯罪、恐怖活动犯罪、黑社会性质的组织犯罪、重大毒品犯罪或者其他严重危害社会的犯罪案件可以采取技术侦查措施；检察机关在立案后，对于重大的贪污、贿赂犯罪案件以及利用职权实施的严重侵犯公民人身权利的重大犯罪案件，可以采取技术侦查措施；追捕被通缉或者批准、决定逮捕的在逃的犯罪嫌疑人、被告人，可以采取必要的技术侦查措施。（3）适用程序上，技术侦查措施由公安机关、国家安全机关、人民检察院决定，由公安机关、国家安全机关执行；采取技术侦查措施，必须经过严格的批准手续；有关机关必须严格按照批准的措施种类、适用对象和期限执行。

【解析】本题考查技术侦查的使用主体、案件范围和适用程序。

《刑事诉讼法》第148条规定："公安机关在立案后，对于危害国家安全犯罪、恐怖活动犯罪、黑社会性质的组织犯罪、重大毒品犯罪或者其他严重危害社会的犯罪案件，根据侦查犯罪的需要，经过严格的批准手续，可以采取技术侦查措施。人民检察院在立案后，对于重大的贪污、贿赂犯罪案件以及利用职权实施的严重侵犯公民人身权利的重大犯罪案件，根据侦查犯罪的需要，经过严格的批准手续，可以采取技术侦查措施，按照规定交有关机关执行。追捕被通缉或者批准、决定逮捕的在逃的犯罪嫌疑人、被告人，经过批准，可以采取追捕所必需的技术侦查措施。"《刑事诉讼法》第150条第1款规定："采取技术侦查措施，必须严格按照批准的措施种类、适用对象和期限执行。"由此可见，技术侦查措施的使用主体只能是公安机关和国家安全机关。技术侦查适用的范围是：公安机关在立案后，对于危害国家安全犯罪、恐怖活动犯罪、黑社会性质的组织犯罪、重大毒品犯罪或者其他严重危害社会的犯罪案件可以采取技术侦查措施；检察机关在立案后，对于重大的贪污、贿赂犯罪案件以及利用职权实施的严重侵犯公民人身权利的重大犯罪案件，可以采取技术侦查措施；追捕被通缉或者批准、决定逮捕的在逃的犯罪嫌疑人、被告人，可以采取必要的技术侦查措施。在适用程序上，技术侦查措施由公安机关、国家安全机关、人民检察院决定，由公安机关、国家安全机关执行。采取技术侦查措施，必须经过严格的批准手续；有关机关必须严格按照批准的措施种类、适用对象和期限执行。

3.正确。符合逮捕条件，因为案件的特殊情况或者办理案件的需要，办案机关可以采取监视居住措施。指定居所监视居住适用于无固定住处的，以及涉嫌危害国家安全罪等三类案件，本案李某虽然不符合三类案件，但他没有固定住处，符合指定居所监视居住的规定。

【解析】本题考查指定居所监视居住。

《刑事诉讼法》第72条第1款规定："人民法院、人民检察院和公安机关对符合逮捕条件，有下列情形之一的犯罪嫌疑人、被告人，可以监视居住：（一）患有严重疾病、生活不能自理的；（二）怀孕或者正在哺乳自己婴儿的妇女；（三）系生活不能自理的人的唯一扶养人；（四）因为案件的特殊情况或者办理案件的需要，采取监视居住措施更为适宜的；（五）羁押期限届满，案件尚未办结，需要采取监视居住措施的。"《刑事诉讼法》第73条第1款规定："监视居住应当在犯罪嫌疑人、被告人的住处执行；无固定住处的，可以在指定的居所执行。对于涉嫌危害国家安全犯罪、恐怖活动犯罪、特别重大贿赂犯罪，在住处执行可能有碍侦查的，经上一级人民检察院或者公安机关批准，也可以在指定的居所执行。但是，不得在羁押场所、专门的办案场所执行。"在本案中，检察机关对李某采取指定居所监视居住措施是正确的。符合逮捕条件，因为案件的特殊情况或者办理案件的需要，办案机关可以采取监视居住措施。指定居所监视居住适用于无固定住处的,以及涉嫌危害国家安全罪等三类案件,本案李某虽然不符合三类案件,但他没有固定住处,符合指定居所监视居住的规定。

4.(1)人民法院应当在开庭前及时将申请书及相关线索、材料的复制件送交人民检察院。(2)人民法院经审查,对证据收集的合法性有疑问的,应当召开庭前会议就非法证据排除等问题了解情况,听取意见。人民检察院可以通过出示有关证据材料等方式,对证据收集的合法性加以说明。(3)庭审对非法证据的调查,可以在当事人及辩护人提出排除非法证据的申请后进行,也可以在法庭调查结束前一并进行。(4)调查程序主要是由公诉人出示、宣读、播放有关证据材料,提请法庭通知有关侦查人员或者其他有关人员出庭说明情况,证明证据收集的合法性。(5)人民法院对证据收集的合法性进行调查后,应当将调查结论告知公诉人、当事人和辩护人、诉讼代理人。

【解析】本题考查非法证据排除的程序。

《刑事诉讼法》第56条规定:"法庭审理过程中,审判人员认为可能存在本法第五十四条规定的以非法方法收集证据情形的,应当对证据收集的合法性进行法庭调查。当事人及其辩护人、诉讼代理人有权申请人民法院对以非法方法收集的证据依法予以排除。申请排除以非法方法收集的证据的,应当提供相关线索或者材料。"《刑事诉讼法》第57条规定:"在对证据收集的合法性进行法庭调查的过程中,人民检察院应当对证据收集的合法性加以证明。

现有证据材料不能证明证据收集的合法性的,人民检察院可以提请人民法院通知有关侦查人员或者其他人员出庭说明情况;人民法院可以通知有关侦查人员或者其他人员出庭说明情况。有关侦查人员或者其他人员也可以要求出庭说明情况。经人民法院通知,有关人员应当出庭。"《刑事诉讼法》第58条规定:"对于经过法庭审理,确认或者不能排除存在本法第五十四条规定的以非法方法收集证据情形的,对有关证据应当予以排除。"《刑诉解释》第98条规定:"开庭审理前,当事人及其辩护人、诉讼代理人申请人民法院排除非法证据的,人民法院应当在开庭前及时将申请书或者申请笔录及相关线索、材料的复制件送交人民检察院。"《刑诉解释》第99条规定:"开庭审理前,当事人及其辩护人、诉讼代理人申请排除非法证据,人民法院经审查,对证据收集的合法性有疑问的,应当依照《刑事诉讼法》第一百八十二条第二款的规定召开庭前会议,就非法证据排除等问题了解情况,听取意见。人民检察院可以通过出示有关证据材料等方式,对证据收集的合法性加以说明。"《刑诉解释》第100条第2款规定:"对证据收集合法性的调查,根据具体情况,可以在当事人及其辩护人、诉讼代理人提出排除非法证据的申请后进行,也可以在法庭调查结束前一并进行。"《刑诉解释》第101条第1款规定:"法庭决定对证据收集的合法性进行调查的,可以由公诉人通过出示、宣读讯问笔录或者其他证据,有针对性地播放讯问过程的录音录像,提请法庭通知有关侦查人员或者其他人员出庭说明情况等方式,证明证据收集的合法性。"《刑诉解释》第102条第2款规定："人民法院对证据收集的合法性进行调查后，应当将调查结论告知公诉人、当事人和辩护人、诉讼代理人。"

四、【参考答案】

1. 李某（次承租人）可以请求代张某（承租人）支付其欠付王某（出租人）的租金和违约金，以抗辩王某的合同解除权。

【解析】《城镇房屋租赁合同解释》第17条规定，"因承租人拖欠租金，出租人请求解除合同时，次承租人请求代承租人支付欠付的租金和违约金以抗辩出租人合同解除权的，人民法院应予支持。但转租合同无效的除外。次承租人代为支付的租金和违约金超出其应付的租金数额，可以折抵租金或者向承租人追偿。"因为出租人解除权的行使将影响次承租人占有使用收益租赁物的权益，属于有利害关系的第三人其请求代为清偿，债权人原则上无权拒绝。次承租人代为清偿租金和违约金后，有权向承租人追偿，需要注意的是，次承租人的代为清偿请求权仅存在于合法转租的情形。

2. 由张某（出租人）承担。因为张某（出租人）有提供热水（热水器）的义务，张某违反该义务，致李某损失，应由张某承担赔偿责任。

【解析】（1）《合同法》第107条规定，"当事人一方不履行合同义务或者履行合同义务不符合约定的，应当承担继续履行、采取补救措施或者赔偿损失等违约责任。"本题中，张某与李某的租赁合同约定，该房屋里配有高端热水器。但实际上热水器老旧不堪，不能正常使用，屋内也没有空调，出租人履行合同义务不符合约定，应当承担违约责任。（2）《合同法》第113条规定，"当事人一方不履行合同义务或者履行合同义务不符合约定，给对方造成损失的，损失赔偿额应当相当于因违约所造成的损失，包括合同履行后可以获得的利益，但不得超过违反合同一方订立合同时预见到或者应当预见到的因违反合同可能造成的损失。"因出租房屋没有热水器，承租人李某只能用冷水洗澡，导致感冒并支出医疗费用，有权就该损失向出租人张某请求赔偿。（3）《买卖合同解释》第30条规定了过失相抵规则。根据该规定，买卖合同当事人一方违约造成对方损失，对方对损失的发生也有过错，违约方主张扣减相应的损失赔偿额的，人民法院应予支持。《合同法》第174条明确规定："法律对其他有偿合同有规定的，依照其规定；没有规定的，参照买卖合同的有关规定。"由此可见，租赁合同中亦有过失相抵规则的适用。因李某本身对违约损害的发生也具有过错，应当适当减轻出租人的赔偿责任。

3. 可以。更换热水器的费用由张某承担。因为张某（出租人）作为出租人应当按照约定将租赁物交付承租人、应当履行租赁物的维修义务。同时，张某有保持租赁物符合约定用途的义务。

【解析】《合同法》第216条规定："出租人应当按照约定将租赁物交付承租人，并在租赁期间保持租赁物符合约定的用途。"《合同法》第221条规定："承租人在租赁物需要维修时可以要求出租人在合理期限内维修。出租人未履行维修义务的，承租人可以自行维修，维修费用由出租人负担。因维修租赁物影响承租人使用的，应当相应减少租金或者延长租期。"

据此，因张某不履行租赁物的维修义务，李某自行维修后，有权请求张某承担维修费用。

4. 由李某承担。因为李某（承租人）经张某（出租人）同意装饰装修，但未就费用负担作特别约定，故承租人不得请求出租人补偿费用。

【解析】《合同法》第223条规定："承租人经出租人同意，可以对租赁物进行改善或者增设他物。承租人未经出租人同意，对租赁物进行改善或者增设他物的，出租人可以要求承租人恢复原状或者赔偿损失。"《城镇房屋租赁合同解释》第10条规定，承租人经出租人同意装饰装修，租赁期间届满时，除当事人另有约定外，未形成附合的装饰装修物，可由承租人拆除。因拆除造成房屋毁损的，承租人应当恢复原状。本题中，李某（承租人）经张某（出租人）同意装饰装修，因空调的安装不会发生附合问题，租赁期满后仍由承租人拆除，故对由此支出的费用未明确约定的，该费用由承租人自行负担。

5. 否（李某或张某均不应当承担赔偿责任）。（1）因为李某与黄某之间并无合同，李某不需承担违约损害赔偿责任；对于黄某的损失，李某亦无过错，不需承担侵权责任。故李某不应承担赔偿责任。（2）张某与黄某之间并无合同，张某不需要承担违约损害赔偿责任；对于黄某的损失，张某并无过错，不需承担侵权责任。故张某不应承担赔偿责任。

【解析】《侵权责任法》第6条第1款规定："行为人因过错侵害他人民事权益，应当承担侵权责任。"根据该规定，除法律另有特别规定外，行为人只对因其过错造成的损害承担侵权损害赔偿责任。本题中，对于黄某的损失，李某、张某均无过错，无须承担赔偿责任。此外，张某、李某二人与黄某均无合同关系，亦不承担违约责任。

6. 郝某不应当承担赔偿责任。B公司应当承担赔偿责任。因为郝某是B公司的工作人员，执行B公司的工作任务，故不需承担侵权责任。因热水器是缺陷产品，因缺陷产品造成损害，被侵权人（黄某）既可向产品的生产者请求赔偿，也可向产品的销售者请求赔偿。故B公司需承担侵权责任。

【解析】（1）《侵权责任法》第43条第1款规定："因产品存在缺陷造成损害的，被侵权人可以向产品的生产者请求赔偿，也可以向产品的销售者请求赔偿。"所谓的产品缺陷，是指产品存在危及人身、他人财产安全的不合理的危险；产品有保障人体健康和人身、财产安全的国家标准、行业标准的，指不符合该标准。产品缺陷主要包括设计缺陷、制造缺陷、警示缺陷和跟踪观察缺陷等类型。本题中，热水器接口处迸裂，热水喷溅不止，说明其存在不合理的危险，被侵权人黄某有权要求产品的销售者即B公司承担赔偿责任。（2）《侵权责任法》第34条第1款规定："用人单位的工作人员因执行工作任务造成他人损害的，由用人单位承担侵权责任。"本题中，郝某系执行工作任务而致人损害，应由用人单位即B公司承担无过错的赔偿责任，因此黄某无权要求郝某赔偿。

7. 李某不应承担赔偿责任，B公司应承担赔偿责任。因为李某对衣物受损并无过错。缺陷产品的侵权责任，由生产者或销售者承担，故B公司应对张某衣物受损承担侵权责任。

【解析】（1）《侵权责任法》第43条第1款规定："因产品存在缺陷造成损害的，被侵权人可以向产品的生产者请求赔偿，也可以向产品的销售者请求赔偿。"本题中，因热水器的缺陷，导致张某木箱内衣物浸泡受损，热水器的销售者B公司应当承担赔偿责任。（2）《侵权责任法》第6条第1款规定："行为人因过错侵害他人民事权益，应当承担侵权责任。"根据该规定，除法律另有特别规定外，行为人只对因其过错造成的损害承担侵权损害赔偿责任。本题中，虽然是李某将张某存放在储藏室的一只木箱搬进卫生间，但该行为并无过错，且与该木箱受损之间欠缺相当因果关系，因此无须承担赔偿责任。

五、【参考答案】

1. 有效，设立中的公司可以实施法律行为。

【解析】《公司法解释（三）》第3条第1款规定："发起人以设立中公司名义对外签订合同，公司成立后合同相对人请求公司承担合同责任的，人民法院应予支持。"设立中的公司作为其他组织，具有一定的行为能力，可以以自己名义签订合同。

2. 不可以。确定甲是否已履行出资义务，应以设备交付并移转所有权至公司时为准，故应以2012年6月初之130万元，作为确定甲承担相应的补足出资责任的标准。

【解析】《公司法司法解释三》第9条规定："出资人以非货币财产出资，未依法评估作价，公司、其他股东或者公司债权人请求认定出资人未履行出资义务的，人民法院应当委托具有合法资格的评估机构对该财产评估作价。评估确定的价额显著低于公司章程所定价额的，人民法院应当认定出资人未依法全面履行出资义务。"第15条规定："出资人以符合法定条件的非货币财产出资后，因市场变化或者其他客观因素导致出资财产贬值，公司、其他股东或者公司债权人请求该出资人承担补足出资责任的，人民法院不予支持。但是，当事人另有约定的除外。"本题中，甲以未经评估的设备出资，应当对其进行合理评估。在2012年6月初，公司成立之时，该套设备的价值为130万元，后来因为市场贬值而在2013年1月评估为80万元，该套设备的合理价值应当以公司成立之时的130万元为准。所以，甲应当在出资不实的20万的额度内承担补缴出资的责任。

3. 满铖不需要承担相应的责任。因为满铖与甲之间只有借款合同，满铖与大昌公司并无法定关系，且新的《公司法司法解释三》已经将"第三人为股东垫资设立公司"，第三人的责任删除了，如果股东出现出资问题，由股东自行承担责任，不会连带第三人。

【解析】《公司法司法解释三》已经将"第三人为股东垫资设立公司"，第三人的责任删除了，如果股东出现出资问题，由股东自行承担责任，不会连带第三人。

4. 可以。首先，因继承无效，马玮不能因继承取得厂房所有权，而其将厂房投资设立兴平公司，因马玮是兴平公司的董事长，其主观恶意视为所代表公司的恶意，因此也不能使兴平公司取得厂房所有权；其次，兴平公司将该厂房再投资于大昌公司时，马玮又是大昌公司的设立负责人与成立后的公司董事长，同样不能使大昌公司取得所有权。因此所有权仍应归属于马祎，可以向大昌公司请求返还。

【解析】《继承法》第22条第3款："伪造的遗嘱无效。"所以，马玮因为遗嘱继承而获得其父遗留的厂房，该厂房被马玮无权占有，马玮显然不能获得该厂房的所有权。

《物权法》第106条："无处分权人将不动产或者动产转让给受让人的，所有权人有权追回；除法律另有规定外，符合下列情形的，受让人取得该不动产或者动产的所有权：（一）受让人受让该不动产或者动产时是善意的；（二）以合理的价格转让；（三）转让的不动产或者动产依照法律规定应当登记的已经登记，不需要登记的已经交付给受让人。

受让人依照前款规定取得不动产或者动产的所有权的，原所有权人有权向无处分权人请求赔偿损失。

当事人善意取得其他物权的，参照前两款规定。"

马玮不享有房屋的所有权，马玮将厂房出资给兴平公司属于无权处分，因为兴平公司知情（其董事长为马玮），不能对该出资构成善意取得。同理，兴平公司将该厂房出资给大昌公司属于无权处分，因为大昌公司知情（其董事长为马玮），不构成善意取得。最终，马祎是厂房的所有权人，而大昌公司是厂房的无权占有人，马祎有权要求大昌公司返还厂房。

5. 不能。乙与丙、丁间根本就不存在股权转让行为，丙、丁的签字系由甲伪造，且乙在主观上不可能是善意，故不存在善意取得的构成。

【解析】《公司法》第71条规定："有限责任公司的股东之间可以相互转让其全部或者部分股权。

股东向股东以外的人转让股权，应当经其他股东过半数同意。股东应就其股权转让事项书面通知其他股东征求同意，其他股东自接到书面通知之日起满三十日未答复的，视为同意转让。其他股东半数以上不同意转让的，不同意的股东应当购买该转让的股权；不购买的，视为同意转让。

经股东同意转让的股权，在同等条件下，其他股东有优先购买权。两个以上股东主张行使优先购买权的，协商确定各自的购买比例；协商不成的，按照转让时各自的出资比例行使优先购买权。

公司章程对股权转让另有规定的，从其规定。"

从合同效力而言，甲伪造丙、丁的签名，将丙、丁的全部股权转让至乙的名下，甲的行为属于无权处分。乙能否取得该股权，取决于是否符合善意取得的要件，而题目中交代过"甲伪造丙、丁的签名"将股权转移至乙的名下，并办理相应的股权变更手续，这一切乙不可能不知情，所以乙不符合善意取得的要件，因此无法善意取得该股权。

6. 可以。乙自己原持有的股权，为合法有效，故可以有效地转让给吴耕。至于乙所受让的丙、丁的股权，虽然无效，但乙已登记于公司登记之中，且吴耕为善意，并已登入公司登记中，因此参照《公司法解释（三）》第25、27条的原理，吴耕可以主张股权的善意取得。

【解析】乙转让给吴耕的股权分为两部分：一部分是乙自己的股权，一部分是登记在乙名下的丙、丁的股权，前者通过正常合法的交易转让给吴耕，后者则属于善意取得的情形。对此，《公司法司法解释三》第25条第1款规定："名义股东将登记于其名下的股权转让、质押或者以其他方式处分，实际出资人以其对于股权享有实际权利为由，请求认定处分股权行为无效的，人民法院可以参照《物权法》第106条的规定处理。"《公司法司法解释三》第27条第1款规定："股权转让后尚未向公司登记机关办理变更登记，原股东将仍登记于其名下的股权转让、质押或者以其他方式处分，受让股东以其对于股权享有实际权利为由，请求认定处分股权行为无效的，人民法院可以参照《物权法》第106条的规定处理。"这些规定明确肯定了股权的善意取得，本题属于类似情形。

六、【参考答案】

1. 法院应当受理此案。因为根据最高法院有关的司法解释，若复议机关在法定期限内不作行政复议决定，当事人对复议机关不作为不服向人民法院起诉的，应当属于行政诉讼受案范围。本案的被告为行政复议机关，且张某具有原告资格，起诉也未超过法定期限，并且不存在不受理的情形，故人民法院应当受理此案。

【解析】人民法院是否受理当事人的起诉，要取决于当事人的起诉是否符合法定条件。本题主要涉及两个问题：一是针对复议机关不作为，是否可以起诉的问题。行政诉讼法已经对此作出明确规定，针对复议机关不作为的，当事人可以起诉；二是起诉是否超过起诉期限的问题。通过计算不难得出结论，当事人的起诉并未超过起诉期限。另外，本案并不存在不受理的特殊情形，因而人民法院应予受理。

2. 不成立。因为按照《政府信息公开条例》以及相关法律规定，政府集中采购项目的目录依法属于政府应当主动公开的政府信息，而非依申请公开的政府信息，因而不应当要求该政府信息与申请人的生产、生活和科研等特殊需要有关。

【解析】本题需要注意依职权主动公开的政府信息所包含的内容，以及依申请公开信息的资格要求。只要注意到政府采购信息是依职权主动公开而非依申请被动公开的信息，不难得出正确结论。

3. 省政府应当审查省财政厅拒绝公开目录的行为是否合法，并在法定期限内作出行政复议决定。政府集中采购项目的目录依法属于主动公开的政府信息，如省政府已授权财政厅确定并公布，则省政府应当责令财政厅及时予以公布。如未授权相关机构确定并公布，则省政府应当主动予以公布。

【解析】行政复议机关应当依法履行行政复议职责，对申请复议的行政行为是否合法与适当予以审查。故省政府应当审查省财政厅拒绝公开目录的行为是否合法，并在法定期限内作出行政复议决定。由于政府集中采购项目的目录依法属于主动公开的政府信息，因而应当主动公开。如省政府已明确授权财政厅予以确定并向社会公布，则省政府应当责令财政厅及时予以公布。而如未授权相关机构确定并公布，则省政府自己应当主动予以公布。

4. 对于行政机关应当主动公开的信息未予公开的，按照《政府信息公开条例》的规定，公民、法人或者其他组织可以向上级行政机关、监察机关或者政府信息公开工作主管部门举报。收到举报的机关应当予以调查处理。

【解析】本题难度不大。《政府信息公开条例》第33条规定，公民、法人或者其他组织认为行政机关不依法履行政府信息公开义务的，可以向上级行政机关、监察机关或者政府信息公开工作主管部门举报。收到举报的机关应当予以调查处理。公民、法人或者其他组织认为行政机关在政府信息公开工作中的具体行政行为侵犯其合法权益的，可以依法申请行政复议或者提起行政诉讼。

5. 按照《最高人民法院关于审理政府信息公开行政案件若干问题的规定》，法院应当告知其先向行政机关申请获取相关政府信息。对行政机关的答复或者逾期不予答复不服的，张某可以向法院提起诉讼。

【解析】本题考查的是司法解释关于主动公开信息的起诉程序问题。司法解释的规定明确表明，对于依法应当主动公开的信息，行政机关不依法履行主动公开义务，当事人不得直接起诉，而是应当先申请公开。对于行政机关的答复或者逾期不予答复不服的，方可向人民法院起诉。

七、【参考答案】

题干分析：孙某唆使赵龙、赵虎打伤钱某，应当以钱某为原告，赵龙、赵虎、孙某为共同被告；钱某起诉后提供了一系列证据可能会涉及证据的理论和法定分类的考点；二被告在庭审中承认打伤钱某事实，属于自认。二被告提起上诉，二审中钱某要求追加孙某为共同被告，此时涉及的问题是一审中遗漏必须参加诉讼的当事人，考生应当想到二审法院可以调解，调解不成发回重审这一考点；同时钱某要求退货析产属于二审中新增诉讼请求，考生应当想到二审中新增诉讼请求，法院可以调解，调解不成告知另诉，当然，如果当事人同意由二审法院一并审理，可以由二审法院一并审理这一考点。

1. 分析与解答：本题考查起诉状或者判决书的格式，起诉状应当包括如下四方面内容：A. 当事人的有关情况；B. 原告的诉讼请求，以及诉讼请求所依据的事实和理由；C. 证据和证据来源、证人的姓名、住所等；D. 受诉法院的名称、起诉的时间、起诉人签名或盖章。一审判决书应当包含如下要件：A. 案由、诉讼请求、争议事实和理由；B. 判决认定的事实、理由和法律依据；C. 判决结果和诉讼费用的负担；D. 上诉期间和上诉法院。

参考答案：[3]

（1）起诉状：

---

[3] 本题仅要求作答其一，笔者从解析考点，帮助考生掌握知识点的角度，故对起诉状和判决书内容都作解析。

民事起诉状

原告钱某，男，×岁，汉族，×年×月×日生，居民身份号码××××××××××××××××，住×××市××区××街道×号。

委托代理人李某，××律师事务所律师。

被告赵龙，男，×岁，汉族，×年×月×日生，居民身份号码××××××××××××××××，住×××市××区××街道×号。

被告赵虎，男，×岁，汉族，×年×月×日生，居民身份号码××××××××××××××××，住×××市××区××街道×号。

诉讼请求

（1）请求判令二被告共同向原告赔偿经济损失2.5万元，精神损失5000元；

（2）请求判令二被告承担本案诉讼费用。

事实和理由

二被告于×年×月×日在××处寻衅，并将原告打伤，原告为治疗花费20000元，营养费3000元，交通费2000元，同时由于受伤给原告的生活、精神等方面带来极大影响，故依法向人民法院提起诉讼，请求人民法院支持原告全部诉讼请求。

证据和证据来源，证人姓名、住所

（1）书证：医院诊断书、处方、发票，由××医院出具；出租车票，由××出租车公司出具。

（2）证人周某的书面证言。

此致甲县人民法院

起诉人：钱某

××年×月×日

（2）判决书

甲县人民法院
民事判决书

（2013）甲法民初字第×××号

原告钱某，男，××年×月×日生，住××××××××××。

委托代理人李某，×××律师事务所律师。

被告赵龙，男，××年×月×日生，住××××××××××。

被告赵虎，男，××年×月×日生，住××××××××××。

原告钱某与被告赵龙、赵虎人身损害赔偿纠纷一案（案由），本院于××年×月×日立案受理后，依法适用简易程序，由审判员张三担任独任审判，公开开庭审理了本案。原告、被告均到庭参加诉讼，本案现已审理终结。

原告诉称二被告于××年×月×日在××处寻衅，并将原告打伤，原告为治疗花费20000元，营养费3000元，交通费2000元，同时由于二被告的侵权行为给原告的生活、精神等方面带来极大影响，请求人民法院判令被告支付医疗费、营养费、交通费共计25000元，并支付精神抚慰金5000元。

二被告当庭承认对原告实施了侵权行为，但对原告主张的赔偿数额提出异议。

经审理查明，二被告于×年×月×日在××处寻衅，并将原告打伤。以上事实，二被告当庭表示承认，本院依法予以采信。原告为治疗花费20000元，营养费3000元，并花费交通费2000元，同时由于二被告的侵权行为给原告的生活、精神等方面带来极大影响。以上事实，有医院诊断书、处方、发票、出租车票、证人周某的书面证言予以证实，本院依法予以采信。

本院认为，二被告寻衅并殴打原告，侵害原告的人身权利，依法应当承担侵权损害赔偿责任。依据《中华人民共和国侵权责任法》第××条，判决如下：

二被告赵龙、赵虎于本判决生效后十日内向原告张三支付医疗费、误工费、残疾赔偿金共×××元。

如果未按照本判决指定的履行支付金钱义务，应当根据《民事诉讼法》第二百五十三条之规定加倍支付迟延履行期间债务利息。

案件受理费×××元，由被告赵龙承担××元、被告赵虎承担××元。

如不服本判决，可以自收到本判决之次日起十五日内通过本院或者直接向××市中级人民法院上诉。书面上诉，应当提交上诉状正本一份，副本二份。

审判员张三

（注意：题目已经明确适用简易程序审理，故由审判员独任审理，有些考生直接套用判决书格式，画蛇添足，列出了三名审判人员，是不细心所致的错误。）

（甲县人民法院印章）
×年×月×日

书记员李四

2. 分析与思路：本案中二审存在两个问题，一是追加了必须参加诉讼的共同被告；二是原告钱某增加了独立的诉讼请求（即退伙析产）。可以很明显看出本题的两个考点，一是对于一审遗漏了必须参加诉讼的当事人，法院可以调解，调解不成，撤销原判，发回重审；二是对于当事人在二审中新增独立诉讼请求，二审法院可以组织调解，调解不成告知当事人另行起诉，当然如果当事人同意由二审法院一并审理的，可以由二审法院一并审理。

参考答案：调解不成，则应当撤销原判，发回一审法院重审。发回重审的裁定书只列原审当事人，不列孙某。对于钱某退伙析产的诉讼请求，应该告知其另行起诉，或者征求当事人同意后一并审理。

3. 分析与思路：本题考查发回重审相关知识点。首先发回重审应当适用一审程序重新审理，所作判决、裁定为一审判决、裁定，当事人可以上诉；重审程序应当另行组成合议庭重新审理，并且不得适用简易程序；在重审程序中应当追加当事人，并为其重新指定举证期限。

参考答案：

（1）甲县法院应当按照一审程序另行组成合议庭重新审理原法庭成员不得参加新合议庭。

（2）甲县法院应当适用普通程序重新审理此案，不得适用简易程序。

（3）甲县法院应当追加孙某作为共同被告参加诉讼，并为其指定举证期限。

4. 分析与思路：本题为论述，没有标准答案，考生可以将调解和审判作为两个基本点进行阐述。首先明确调解和审判均为民事诉讼法所规定的两种纠纷解决方式，均是运用国家审判权，解决平等主体之间的人身、财产权利纠纷，二者对于解决纠纷、化解矛盾都具有重要意义。而正确处理二者关系对于解决纠纷、定纷止争，实现司法的政治效果、法律效果和社会效果有着重要意义。

然后分别阐述调解的作用（诸如有利于彻底解决纠纷，促进当事人的团结，维护社会秩序和稳定；提高诉讼效率，节约司法资源；有利于执行，在一定程度上化解执行难问题等）和审判的作用（通过国家裁判权的行使解决纠纷，维护当事人的合法权益，彰显公平正义，维护宪法法律权威，实现法律效果等）。

最后落脚到正确处理二者关系。诸如"调解优先，调判结合"，充分发挥调解在化解社会矛盾，维护社会稳定，促进社会和谐的积极作用，但是调解必须建立在自愿和合法的基础上，遇到当事人不愿意调解或者无法调解的案件，应当及时进行审判，不能久调不决，应当认识到调解和审判在人民法院解决民事纠纷的方式，在什么情况下以调解方式结案，什么情况下以判决方式结案，取决于案件的性质和发展等客观情况，不应片面地追求调解结案率，而忽视甚至抹杀审判的作用。

参考答案：略。

国家司法考试

真题真练

5年卷

2014年卷

名师课堂 组编

北京理工大学出版社
BEIJING INSTITUTE OF TECHNOLOGY PRESS

版权专有 侵权必究

图书在版编目（CIP）数据

国家司法考试真题真练/名师课堂组编. —北京：北京理工大学出版社，2017.3
ISBN 978 - 7 - 5682 - 3783 - 3

Ⅰ. ①国… Ⅱ. ①名… Ⅲ. ①法律工作者 - 资格考试 - 中国 - 习题集 Ⅳ. ①D92 - 44

中国版本图书馆 CIP 数据核字（2017）第 044617 号

出版发行 / 北京理工大学出版社有限责任公司
社　　址 / 北京市海淀区中关村南大街 5 号
邮　　编 / 100081
电　　话 / （010）68914775（总编室）
　　　　　（010）82562903（教材售后服务热线）
　　　　　（010）68948351（其他图书服务热线）
网　　址 / http：//www.bitpress.com.cn
经　　销 / 全国各地新华书店
印　　刷 / 北京玥实印刷有限公司
开　　本 / 787 毫米 × 1092 毫米　1/16
印　　张 / 60.5　　　　　　　　　　　　　　　责任编辑 / 张慧峰
字　　数 / 1419 千字　　　　　　　　　　　　　文案编辑 / 张慧峰
版　　次 / 2017 年 3 月第 1 版　2017 年 3 月第 1 次印刷　责任校对 / 周瑞红
定　　价 / 128.00 元（全五册）　　　　　　　　　责任印制 / 王美丽

图书出现印装质量问题，请拨打售后服务热线，本社负责调换

使 用 说 明

历年真题的重要性虽然大家都明白，然而如何才能物尽其用，却见仁见智。我们以为：历年真题最有效的使用方式是"做"，而非简单地"看"，机械地"记"！！历史是一面镜子，做历年真题就是做最好模拟题，做历年真题就是做未来考题。

为了使广大考生更好地使用本书，特作如下说明：

一、逐年编排，真题测演

为了能使广大考生"整体性""全局性"分析自己的失分因素，培养考场应试技巧，避免盲人摸象般感悟真题，特保持试题原貌，逐年编排、分册装订。同时，为帮助考生应对设题陷阱、举一反三、悟透真题，在每一年度试卷后辅以每道试题的【答案】和【解析】，深入剖析试题考点背后所涉及的法律规则和法理，使考生不仅"知其然"，而且"知其所以然"。

二、一线名师，权威解读

为保证试题答案与解析的时效性、权威性，特聘请司考界一线中青年教师负责撰写。按照学科撰写分工，分别是（依试卷所考科目为序）：理论法（白斌老师）、商经法（郄鹏恩老师）、三国法（王斌老师）、刑法（章滂老师）、刑事诉讼法（左宁老师）、行政法与行政诉讼法（李佳老师）、民法（岳业鹏老师）、民事诉讼法与仲裁法（戴鹏老师）。他们不辞辛苦，认真负责的态度令人钦佩感动，在此致以深深感谢！

三、旧题新解，与时俱进

本书对于理论性试题一律以司法考试所持最新立场（司法部组编三卷本）给予解答，对于法律应用性试题一律依据最新法律文件给予解答（包括2017年新增或修订的《中华人民共和国民法总则》等20余件）。对于因时效修正的"司法部公布答案"，给予注明。

法律职业者的准入考试即将迎来第三次华丽转身，成为"国家统一法律职业资格考试"，愿同学们搭上司考的最后一班车，成功到达彼岸。预祝您考试成功！

2017年3月

目 录

2014年国家司法考试（试卷一）·· 1
2014年国家司法考试（试卷二）·· 21
2014年国家司法考试（试卷三）·· 42
2014年国家司法考试（试卷四）·· 64
2014年国家司法考试（试卷一）解析·· 70
2014年国家司法考试（试卷二）解析·· 99
2014年国家司法考试（试卷三）解析·· 141
2014年国家司法考试（试卷四）解析·· 178

2014年国家司法考试（试卷一）

一、单项选择题。每题所设选项中只有一个正确答案，错选或不选均不得分。本部分含1～50题，每题1分，共50分。

1. 关于依法治国，下列哪一认识是错误的？（　　）

   A. 依法治国要求构建科学完善的权力制约监督机制

   B. 依法治国要求坚持"法律中心主义"，强调法律在治理和管理国家中的作用

   C. 实施依法治国基本方略，必须坚持法治国家、法治政府、法治社会一体建设

   D. 依法治国要求党必须坚持依法执政，正确领导立法、保证执法、带头守法

2. 某省政府向社会公布了政府在行政审批领域中的权力清单。关于该举措，下列哪一说法是错误的？（　　）

   A. 旨在通过政务公开约束政府权力

   B. 有利于保障行政相对人权利

   C. 体现了比例原则

   D. 符合法治原则

3. 实施依法治国方略，要求各级领导干部善于运用法治思维思考问题，处理每项工作都要依法依规进行。下列哪一做法违反了上述要求？（　　）

   A. 某市环保部门及时发布大型化工项目的环评信息，回应社会舆论质疑

   B. 某市法院为平息来访被害人家属及群众情绪签订保证书，根据案情承诺加重处罚被告人

   C. 某市人大常委会就是否在地方性法规中规定"禁止地铁内进食"举行立法听证

   D. 某省推动建立涉法涉诉信访依法终结制度

4. 依法行政是依法治国的一个关键环节，是法治国家对政府行政活动的基本要求。依法行政要求行政机关必须诚实守信。下列哪一行为违反了诚实守信原则？（　　）

   A. 某县发生煤矿重大安全事故，政府部门通报了相关情况，防止了现场矛盾激化

   B. 某市政府在招商引资过程中承诺给予优惠，因国家政策变化推迟兑现

   C. 某县政府因县内其他民生投资导致资金紧张，未按合同及时支付相关企业的市政工程建设款项

   D. 某区政府经过法定程序对已经公布的城建规划予以变更

5. 执法为民要求立法、行政、司法等机关的工作要反映群众的愿望和根本利益。下列哪一做法没有准确体现执法为民的基本要求？（　　）

   A. 某市公安局借助网络开展执法满意度调查并将调查结果作为评判执法公正的唯一标准

B. 某市法院通过优化人民法庭区域布置、开展巡回审判等方式，减少当事人诉累

C. 某市政府出台《市政管理检查行为规范》，规范城管队员执法行为

D. 某县检察院设立未成年人案件办公室，探索完善未成年人所在社区、学校、家庭、派出所与检察院五位一体的跟踪帮教机制

6. 社会主义法治把公平正义作为一切法治实践活动的价值追求。下列哪一说法正确体现了公平正义理念的基本要求？（　　）

A. 在法律实施中为维护法律的权威性和严肃性，应依据法理而不是考虑情理

B. 在法治实践活动中，仅仅保证程序公正

C. 迟到的正义是非正义，法治活动应同时兼顾公正与效率

D. 法律是全社会平等适用的普遍性规范，为维护法制统一，对特殊地域和特殊群体应一视同仁，不作任何区别化对待

7. 下列哪一做法不符合服务大局理念的要求？（　　）

A. 某省法院审理案件时发现该省地方性法规与全国人大常委会制定的法律相抵触，最终依据法律作出裁判

B. 某市工商局规定收取查询费，拒绝法院无偿查询被强制执行企业的登记信息

C. 某市律师协会组织律师就已结案件进行回访，如案结事未了则为当事人免费提供法律服务

D. 在应对当地自然灾害中，某市检察院积极发挥职能作用，着力保障特殊时期社会稳定

8. 坚持党对法治事业的领导，是我国社会主义法治的主要特色，也是我国社会主义法治的根本保证。关于党的领导的理念，下列哪一理解是错误的？（　　）

A. 坚持党对社会主义法治事业的领导是当代中国社会发展的必然结果

B. 我国法治事业，从总体部署到决策的具体实施，都是在党的大力推动下实现的

C. 只要抓住立法环节，把党的各项政治主张和要求上升为法律，就能全面实现党对社会主义法治事业的政治领导

D. 党带头遵守宪法和法律与坚持党对法治事业的领导是不矛盾的

9. 法律格言说："法律不能使人人平等，但在法律面前人人是平等的。"关于该法律格言，下列哪一说法是正确的？（　　）

A. 每个人在法律面前事实上是平等的

B. 在任何时代和社会，法律面前人人平等都是一项基本法律原则

C. 法律可以解决现实中的一切不平等问题

D. 法律面前人人平等原则并不禁止在立法上作出合理区别的规定

10. 关于法的规范作用，下列哪一说法是正确的？（　　）

A. 陈法官依据诉讼法规定主动申请回避，体现了法的教育作用

B. 法院判决王某行为构成盗窃罪，体现了法的指引作用

C. 林某参加法律培训后开始重视所经营企业的法律风险防控，反映了法的保护自由价值的作用

D. 王某因散布谣言被罚款300元，体现了法的强制作用

11. 尹老汉因女儿很少前来看望，诉至法院要求判决女儿每周前来看望1次。法院认为，根据《老年人权益保障法》第十八条规定，"家庭成员应当关心老年人的精神需求，不得忽视、冷落老年人；与老年人分开居住的家庭成员，应当经常看望或问候老年人。"而且，关爱老人也是中华传统美德。法院遂判决被告每月看望老人1次。关于此案，下列哪一说法是错误的？（　）

A. 被告看望老人次数因法律没有明确规定，由法官自由裁量

B. 《老年人权益保障法》第十八条中没有规定法律后果

C. 法院判决所依据的法条中规定了积极义务和消极义务

D. 法院判决主要是依据道德作出的

12. 原告与被告系亲兄弟，父母退休后与被告共同居住并由其赡养。父亲去世时被告独自料理后事，未通知原告参加。原告以被告侵犯其悼念权为由诉至法院。法院认为，按照我国民间习惯，原告有权对死者进行悼念，但现行法律对此没有规定，该诉讼请求于法无据，判决原告败诉。关于此案，下列哪一说法是错误的？（　）

A. 本案中的被告侵犯了原告的经济、社会、文化权利

B. 习惯在我国是一种非正式的法的渊源

C. 法院之所以未支持原告诉讼请求，理由在于被告侵犯的权利并非法定权利

D. 在本案中法官对判决进行了法律证成

13. 张林遗嘱中载明：我去世后，家中三间平房归我妻王珍所有，如我妻今后嫁人，则归我侄子张超所有。张林去世后王珍再婚，张超诉至法院主张平房所有权。法院审理后认为，婚姻自由是宪法基本权利，该遗嘱所附条件侵犯了王珍的婚姻自由权，违反《婚姻法》规定，因此无效，判决张超败诉。对于此案，下列哪一说法是错误的？（　）

A. 婚姻自由作为基本权利，其行使不受任何法律限制

B. 本案反映了遗嘱自由与婚姻自由之间的冲突

C. 法官运用了合宪性解释方法

D. 张林遗嘱处分的是其财产权利而非其妻的婚姻自由权利

14. 《最高人民法院、最高人民检察院关于办理赌博刑事案件具体应用法律若干问题的解释》第二条规定："以营利为目的，在计算机网络上建立赌博网站，或者为赌博网站担任代理，接受投注的，属于刑法第三百零三条规定的'开设赌场'"。关于该解释，下列哪一说法是不正确的？（　）

A. 属于法定解释

B. 对刑法条文作了扩大解释

C. 应当自公布之日起30日内报全国人大常委会备案

D. 运用了历史解释方法

15. 关于法与人权的关系，下列哪一说法是错误的？（ ）

A. 人权不能同时作为道德权利和法律权利而存在

B. 按照马克思主义法学的观点，人权不是天赋的，也不是理性的产物

C. 人权指出了立法和执法所应坚持的最低的人道主义标准和要求

D. 人权被法律化的程度会受到一国民族传统、经济和文化发展水平等因素的影响

16. 秦律明确规定了司法官渎职犯罪的内容。关于秦朝司法官渎职的说法，下列哪一选项是不正确的？（ ）

A. 故意使罪犯未受到惩罚，属于"纵囚"

B. 对已经发生的犯罪，由于过失未能揭发、检举，属于"见知不举"

C. 对犯罪行为由于过失而轻判者，属于"失刑"

D. 对犯罪行为故意重判者，属于"不直"

17. 《唐律·名例律》规定："诸断罪而无正条，其应出罪者，则举重以明轻；其应入罪者，则举轻以明重"。关于唐代类推原则，下列哪一说法是正确的？（ ）

A. 类推是适用法律的一般形式，有明文规定也可"比附援引"

B. 被类推定罪的行为，处罚应重于同类案件

C. 被类推定罪的行为，处罚应轻于同类案件

D. 唐代类推原则反映了当时立法技术的发达

18. 根据清朝的会审制度，案件经过秋审或朝审程序之后，分四种情况予以处理：情实、缓决、可矜、留养承嗣。对此，下列哪一说法是正确的？（ ）

A. 情实指案情属实、罪名恰当者，奏请执行绞监候或斩监候

B. 缓决指案情虽属实，但危害性不能确定者，可继续调查，待危害性确定后进行判决

C. 可矜指案情属实，但有可矜或可疑之处，免于死刑，一般减为徒、流刑罚

D. 留养承嗣指案情属实、罪名恰当，但被害人有亲老丁单情形，奏请皇帝裁决

19. 武昌起义爆发后，清王朝于1911年11月3日公布了《宪法重大信条十九条》。关于该宪法性文件，下列哪一说法是错误的？（ ）

A. 缩小了皇帝的权力

B. 扩大了人民的权利

C. 扩大了议会的权力

D. 扩大了总理的权力

20. 依法治国是社会主义法治理念的核心内容，也是宪法确定的治国方略。关于实施依法治国的要求，下列哪一选项是不正确的？（ ）

A. 在具体的社会治理实践中将法治与德治紧密结合，共同发挥其规范社会成员思想和行为的作用

B. 坚持以宪法和法律为社会关系调控手段，限制并约束各种社会组织的规章制度、民规、民约的调节功能

C. 尊重宪法和法律的权威，保证司法机关依法独立行使审判权和检察权，尊重和服从司法机关作出的生效判决

D. 构建"以权力制约权力"的监督体系，科学配置权力，合理界定权限，形成既相互制约与监督，又顺畅有效运行的权力格局

21. 关于宪法的历史发展，下列哪一选项是不正确的？（ ）

A. 资本主义商品经济的普遍化发展，是近代宪法产生的经济基础

B. 1787年美国宪法是世界历史上的第一部成文宪法

C. 1918年《苏俄宪法》和1919年德国《魏玛宪法》的颁布，标志着现代宪法的产生

D. 行政权力的扩大是中国宪法发展的趋势

22. 关于我国宪法修改，下列哪一选项是正确的？（ ）

A. 我国修宪实践中既有对宪法的部分修改，也有对宪法的全面修改

B. 经十分之一以上的全国人大代表提议，可以启动宪法修改程序

C. 全国人大常委会是法定的修宪主体

D. 宪法修正案是我国宪法规定的宪法修改方式

23. 根据《宪法》和法律的规定，关于特别行政区，下列哪一选项是正确的？（ ）

A. 澳门特别行政区财政收入全部由其自行支配，不上缴中央人民政府

B. 澳门特别行政区立法会举行会议的法定人数为不少于全体议员的三分之二

C. 非中国籍的香港特别行政区永久性居民不得当选为香港特别行政区立法会议员

D. 香港特别行政区廉政公署独立工作，对香港特别行政区立法会负责

24. 王某为某普通高校应届毕业生，23岁，尚未就业。根据《宪法》和法律的规定，关于王某的权利义务，下列哪一选项是正确的？（ ）

A. 无须承担纳税义务

B. 不得被征集服现役

C. 有选举权和被选举权

D. 有休息的权利

25. 根据《宪法》和法律的规定，关于基层群众自治，下列哪一选项是正确的？（ ）

A. 村民委员会的设立、撤销，由乡镇政府提出，经村民会议讨论同意，报县级政府批准

B. 有关征地补偿费用的使用和分配方案，经村民会议讨论通过后，报乡镇政府批准

C. 居民公约由居民会议讨论通过后，报不设区的市、市辖区或者它的派出机关批准

D. 居民委员会的设立、撤销，由不设区的市、市辖区政府提出，报市政府批准

26. 根据《监督法》的规定，关于监督程序，下列哪一选项是不正确的？（ ）

A. 政府可委托有关部门负责人向本级人大常委会作专项工作报告
B. 以口头答复的质询案，由受质询机关的负责人到会答复
C. 特定问题调查委员会在调查过程中，应当公布调查的情况和材料
D. 撤职案的表决采用无记名投票的方式，由常委会全体组成人员的过半数通过

27. 红心地板公司在某市电视台投放广告，称"红心牌原装进口实木地板为你分忧"，并称"强化木地板甲醛高、不耐用"。此后，本地市场上的强化木地板销量锐减。经查明，该公司生产的实木地板是用进口木材在国内加工而成。关于该广告行为，下列哪一选项是正确的？（ ）

A. 属于正当竞争行为
B. 仅属于诋毁商誉行为
C. 仅属于虚假宣传行为
D. 既属于诋毁商誉行为，又属于虚假宣传行为

28. 某商业银行通过同业拆借获得一笔资金。关于该拆入资金的用途，下列哪一选项是违法的？（ ）

A. 弥补票据结算的不足
B. 弥补联行汇差头寸的不足
C. 发放有担保的短期固定资产贷款
D. 解决临时性周转资金的需要

29. 某企业流动资金匮乏，一直拖欠缴纳税款。为恢复生产，该企业将办公楼抵押给某银行获得贷款。此后，该企业因排污超标被环保部门罚款。现银行、税务部门和环保部门均要求拍卖该办公楼以偿还欠款。关于拍卖办公楼所得价款的清偿顺序，下列哪一选项是正确的？（ ）

A. 银行贷款优先于税款
B. 税款优先于银行贷款
C. 罚款优先于税款
D. 三种欠款同等受偿，拍卖所得不足时按比例清偿

30. 某房地产公司开发一幢大楼，实际占用土地的面积超出其依法获得的出让土地使用权面积，实际建筑面积也超出了建设工程规划许可证规定的面积。关于对该公司的处罚，下列哪一选项是正确的？（ ）

A. 只能由土地行政主管部门按非法占用土地予以处罚
B. 只能由城乡规划主管部门按违章建筑予以处罚
C. 根据一事不再罚原则，由当地政府确定其中一种予以处罚
D. 由土地行政主管部门、城乡规划主管部门分别予以处罚

31. 某省A市和B市分别位于同一河流的上下游。A市欲建农药厂。在环境影响评价书报批时，B市环境保护行政主管部门认为该厂对本市影响很大，对该环境影响评价

结论提出异议。在此情况下，该环境影响评价书应当由下列哪一部门审批？（　）

A. 省政府发改委
B. 省人大常委会
C. 省农药生产行政监管部门
D. 省环境保护行政主管部门

32. 甲国分立为"东甲"和"西甲"，甲国在联合国的席位由"东甲"继承，"西甲"决定加入联合国。"西甲"与乙国（联合国成员）交界处时有冲突发生。根据相关国际法规则，下列哪一选项是正确的？（　）

A. 乙国在联大投赞成票支持"西甲"入联，一般构成对"西甲"的承认
B. "西甲"认为甲国与乙国的划界条约对其不产生效力
C. "西甲"入联后，其所签订的国际条约必须在秘书处登记方能生效
D. 经安理会9个理事国同意后，"西甲"即可成为联合国的会员国

33. 甲国是群岛国，乙国是甲国的隔海邻国，两国均为《联合国海洋法公约》的缔约国。根据相关国际法规则，下列哪一选项是正确的？（　）

A. 他国船舶通过甲国的群岛水域均须经过甲国的许可
B. 甲国为连接其相距较远的两岛屿，其群岛基线可隔断乙国的专属经济区
C. 甲国因已划定了群岛水域，则不能再划定专属经济区
D. 甲国对其群岛水域包括上空和底土拥有主权

34. 王某是定居美国的中国公民，2013年10月回国为父母购房。根据我国相关法律规定，下列哪一选项是正确的？（　）

A. 王某应向中国驻美签证机关申请办理赴中国的签证
B. 王某办理所购房产登记需提供身份证明的，可凭其护照证明其身份
C. 因王某是中国公民，故需持身份证办理房产登记
D. 王某回中国后，只要其有未了结的民事案件，就不准出境

35. 德国甲公司与中国乙公司在中国共同设立了某合资有限责任公司，后甲公司以确认其在合资公司的股东权利为由向中国某法院提起诉讼。关于本案的法律适用，下列哪一选项是正确的？（　）

A. 因合资公司登记地在中国，故应适用中国法
B. 因侵权行为地在中国，故应适用中国法
C. 因争议与中国的联系更密切，故应适用中国法
D. 当事人可协议选择纠纷应适用的法律

36. 经常居住于中国的英国公民迈克，乘坐甲国某航空公司航班从甲国出发，前往中国，途经乙国领空时，飞机失去联系。若干年后，迈克的亲属向中国法院申请宣告其死亡。关于该案件应适用的法律，下列哪一选项是正确的？（　）

A. 中国法
B. 英国法

C. 甲国法   D. 乙国法

37. 经常居住于英国的法国籍夫妇甲和乙，想来华共同收养某儿童。对此，下列哪一说法是正确的？（ ）

A. 甲、乙必须共同来华办理收养手续

B. 甲、乙应与送养人订立书面收养协议

C. 收养的条件应重叠适用中国法和法国法

D. 若发生收养效力纠纷，应适用中国法

38. 甲国公民大卫被乙国某公司雇佣，该公司主营业地在丙国，大卫工作内容为巡回于东亚地区进行产品售后服务，后双方因劳动合同纠纷诉诸中国某法院。关于该纠纷应适用的法律，下列哪一选项是正确的？（ ）

A. 中国法   B. 甲国法
C. 乙国法   D. 丙国法

39. 中国与甲国均为《关于从国外调取民事或商事证据的公约》的缔约国，现甲法院因审理一民商事案件，需向中国请求调取证据。根据该公约及我国相关规定，下列哪一说法是正确的？（ ）

A. 甲国法院可将请求书交中国司法部，请求代为取证

B. 中国不能以该请求书不属于司法机关职权范围为由拒绝执行

C. 甲国驻中国领事代表可在其执行职务范围内，向中国公民取证，必要时可采取强制措施

D. 甲国当事人可直接在中国向有关证人获取证人证言

40. 中国甲公司与法国乙公司商谈进口特种钢材，乙公司提供了买卖该种钢材的格式合同，两国均为1980年《联合国国际货物销售合同公约》缔约国。根据相关规则，下列哪一选项是正确的？（ ）

A. 因两国均为公约缔约国，双方不能在合同中再选择适用其他法律

B. 格式合同为该领域的习惯法，对双方具有约束力

C. 双方可对格式合同的内容进行修改和补充

D. 如双方在合同中选择了贸易术语，则不再适用公约

41. 中国甲公司向加拿大乙公司出口一批农产品，CFR价格条件。货装船后，乙公司因始终未收到甲公司的通知，未办理保险。部分货物在途中因海上风暴毁损。根据相关规则，下列哪一选项是正确的？（ ）

A. 甲公司在装船后未给乙公司以充分的通知，造成乙公司漏保，因此损失应由甲公司承担

B. 该批农产品的风险在装港船舷转移给乙公司

C. 乙公司有办理保险的义务，因此损失应由乙公司承担

D. 海上风暴属不可抗力，乙公司只能自行承担损失

42. 甲乙丙三国企业均向中国出口某化工产品，2010 年中国生产同类化工产品的企业认为进口的这一化工产品价格过低，向商务部提出了反倾销调查申请。根据相关规则，下列哪一选项是正确的？（ ）

　　A. 反倾销税税额不应超过终裁决定确定的倾销幅度

　　B. 反倾销税的纳税人为倾销进口产品的甲乙丙三国企业

　　C. 商务部可要求甲乙丙三国企业作出价格承诺，否则不能进口

　　D. 倾销进口产品来自两个以上国家，即可就倾销进口产品对国内产业造成的影响进行累积评估

43. 甲国人柯里在甲国出版的小说流传到乙国后出现了利用其作品的情形，柯里认为侵犯了其版权，并诉诸乙国法院。尽管甲乙两国均为《伯尔尼公约》的缔约国，但依甲国法，此种利用作品不构成侵权，另外，甲国法要求作品要履行一定的手续才能获得保护。根据相关规则，下列哪一选项是正确的？（ ）

　　A. 柯里须履行甲国法要求的手续才能在乙国得到版权保护

　　B. 乙国法院可不受理该案，因作品来源国的法律不认为该行为是侵权

　　C. 如该小说在甲国因宗教原因被封杀，乙国仍可予以保护

　　D. 依国民待遇原则，乙国只能给予该作品与甲国相同水平的版权保护

44. 甲国人李某长期居住在乙国，并在乙国经营一家公司，在甲国则只有房屋出租。在确定纳税居民的身份上，甲国以国籍为标准，乙国以住所和居留时间为标准。根据相关规则，下列哪一选项是正确的？（ ）

　　A. 甲国只能对李某在甲国的房租收入行使征税权，而不能对其在乙国的收入行使征税权

　　B. 甲乙两国可通过双边税收协定协调居民税收管辖权的冲突

　　C. 如甲国和乙国对李某在乙国的收入同时征税，属于国际重叠征税

　　D. 甲国对李某在乙国经营公司的收入行使的是所得来源地税收管辖权

45. 司法公正体现在司法活动各个方面和对司法人员的要求上。下列哪一做法体现的不是司法公正的内涵？（ ）

　　A. 甲法院对社会关注的重大案件通过微博直播庭审过程

　　B. 乙法院将本院公开审理后作出的判决书在网上公布

　　C. 丙检察院为辩护人查阅、摘抄、复制案卷材料提供便利

　　D. 丁检察院为暴力犯罪的被害人提供医疗和物质救助

46. 关于法官在司法活动中如何理解司法效率，下列哪一说法是不正确的？（ ）

　　A. 司法效率包括司法的时间效率、资源利用效率和司法活动的成本效率

　　B. 在遵守审理期限义务上，对法官职业道德上的要求更加严格，应力求在审限内尽快完成职责

　　C. 法官采取程序性措施时，应严格依法并考虑效率方面的代价

D. 法官应恪守中立，不主动督促当事人或其代理人完成诉讼活动

47. 关于检察官职业道德和纪律，下列哪一做法是正确的？（　　）

A. 甲检察官出于个人对某类案件研究的需要，私下要求邻县检察官为其提供正在办理的某案情况

B. 乙检察官与其承办案件的被害人系来往密切的邻居，因此提出回避申请

C. 丙检察官发现所办案件存在应当排除的证据而未排除，仍将其作为起诉意见的依据

D. 丁检察官为提高效率，在家里会见本人所承办案件的被告方律师

48. 某律师事务所一审代理了原告张某的案件。一年后，该案再审。该所的下列哪一做法与律师执业规范相冲突？（　　）

A. 在代理原告案件时，拒绝与该案被告李某建立委托代理关系

B. 在拒绝与被告李某建立委托代理关系时，承诺可在其他案件中为其代理

C. 得知该案再审后，主动与原告张某联系

D. 张某表示再审不委托该所，该所遂与被告李某建立委托代理关系

49. 关于法律职业人员职业道德，下列哪一说法是不正确的？（　　）

A. 法官职业道德更强调法官独立性、中立地位

B. 检察官职业道德是检察官职业义务、职业责任及职业行为上道德准则的体现

C. 律师职业道德只规范律师的执业行为，不规范律师事务所的行为

D. 公证员职业道德应得到重视，原因在于公证证明活动最大的特点是公信力

50. 某法律援助机构实施法律援助的下列做法，哪一项是正确的？（　　）

A. 经审查后指派律师担任甲的代理人，并根据甲的经济情况免除其80%的律师服务费

B. 指派律师担任乙的辩护人以后，乙自行另外委托辩护人，故决定终止对乙的法律援助

C. 为未成年人丙指派熟悉未成年人身心特点但无律师执业证的本机构工作人员担任辩护人

D. 经审查后认为丁的经济状况较好，不符合法律援助的经济条件，故拒绝向其提供法律咨询

二、多项选择题。每题所设选项中至少有两个正确答案，多选、少选、错选或不选均不得分。本部分含51～85题，每题2分，共70分。

51. 《侵权责任法》第八十七条规定："从建筑物中抛掷物品或者从建筑物上坠落的物品造成他人损害，难以确定具体侵权人的，除能够证明自己不是侵权人的外，由可能加害的建筑物使用人给予补偿。"关于该条文，下列哪些说法是正确的？（　　）

A. 规定的是责任自负原则的例外情形

B. 是关于法律解释方法位阶的规定

C. 规定的是确定性规则

D. 是体现司法公正原则的规定

52. 新郎经过紧张筹备准备迎娶新娘。婚礼当天迎亲车队到达时，新娘却已飞往国外，由其家人转告将另嫁他人，离婚手续随后办理。此事对新郎造成严重伤害。法院认为，新娘违背诚实信用和公序良俗原则，侮辱了新郎人格尊严，判决新娘赔偿新郎财产损失和精神抚慰金。关于本案，下列哪些说法可以成立？（　　）

A. 由于缺乏可供适用的法律规则，法官可依民法基本原则裁判案件

B. 本案法官运用了演绎推理

C. 确认案件事实是法官进行推理的前提条件

D. 只有依据法律原则裁判的情形，法官才需提供裁判理由

53. 王某恋爱期间承担了男友刘某的开销计20万元。后刘某提出分手，王某要求刘某返还开销费用。经过协商，刘某自愿将该费用转为借款并出具了借条，不久刘某反悔，以不存在真实有效借款关系为由拒绝还款，王某诉至法院。法院认为，"刘某出具该借条系本人自愿，且并未违反法律强制性规定"，遂判决刘某还款。对此，下列哪些说法是正确的？（　　）

A. "刘某出具该借条系本人自愿，且并未违反法律强制性规定"是对案件事实的认定

B. 出具借条是导致王某与刘某产生借款合同法律关系的法律事实之一

C. 因王某起诉产生的民事诉讼法律关系是第二性法律关系

D. 本案的裁判是以法律事件的发生为根据作出的

54. 关于我国司法解释，下列哪些说法是错误的？（　　）

A. 林某认为某司法解释违背相关法律，遂向全国人大常委会提出审查建议，这属于社会监督的一种形式

B. 司法解释的对象是法律、行政法规和地方性法规

C. 司法解释仅指最高法院对审判工作中具体应用法律、法令问题的解释

D. 全国人大法律委员会和有关专门委员会经审查认为司法解释同法律规定相抵触的，可以直接撤销

55. 甲骑车经过乙公司在小区内的某施工场地时，由于施工场地湿滑摔倒致骨折，遂诉至法院请求赔偿。由于《民法通则》对"公共场所"没有界定，审理过程中双方对施工场地是否属于《民法通则》中的"公共场所"产生争议。法官参考《刑法》、《集会游行示威法》等法律和多个地方性法规对"公共场所"的规定后，对"公共场所"作出解释，并据此判定乙公司承担赔偿责任。关于此案，下列哪些选项是正确的？（　　）

A. 法官对"公共场所"的具体含义的证成属于外部证成

B. 法官运用了历史解释方法

C. 法官运用了体系解释方法

D. 该案表明,同一个术语在所有法律条文中的含义均应作相同解释

56. 中国古代关于德与刑的关系理论,经历了一个长期的演变和发展过程。下列哪些说法是正确的?( )

A. 西周时期确立了"以德配天,明德慎罚"的思想,以此为指导,道德教化与刑罚处罚结合,形成了当时"礼"、"刑"结合的宏观法制特色

B. 秦朝推行法家主张,但并不排斥礼,也强调"德主刑辅,礼刑并用"

C. 唐律"一准乎礼,而得古今之平",实现了礼与律的有机统一,成了中华法系的代表

D. 宋朝以后,理学强调礼和律对治理国家具有同等重要的地位,二者不可偏废

57. 明太祖朱元璋在洪武十八年(公元1385年)至洪武二十年(公元1387年)间,手订四编《大诰》,共236条。关于明《大诰》,下列哪些说法是正确的?( )

A. 《大明律》中原有的罪名,《大诰》一般都加重了刑罚

B. 《大诰》的内容也列入科举考试中

C. "重典治吏"是《大诰》的特点之一

D. 朱元璋死后《大诰》被明文废除

58. 在罗马法的复兴和传播过程中,法学研究起了重要的推动作用。关于罗马法复兴和传播的说法,下列哪些选项是正确的?( )

A. 罗马法复兴的原因,在于西欧当时的法律极不适应商品经济发展的需要

B. 为改造落后的封建地方习惯法,在对罗马法与西欧社会司法实践结合的研究过程中,形成了"社会法学派"和"注释法学派"

C. 罗马法的研究,形成了世俗的法学家阶层,将罗马法运用于实践,为成长中的资本主义关系提供了现成的法律形式

D. 在全面继承罗马法的基础上,形成了大陆法系和英美法系

59. 我国宪法明确规定:"中华人民共和国的一切权力属于人民",执法为民是社会主义法治的本质要求。关于执法为民,下列哪些理解是正确的?( )

A. 要求执法机关及其工作人员理性执法、文明执法,冷静处置各种复杂问题

B. 要求科学合理地设置执法流程,减少不必要环节,减轻当事人负担

C. 要围绕"个人权利至上"理念,引导公民从容自如、有尊严地生活在社会主义法治社会

D. 是"立党为公、执政为民"执政理念在法治领域的具体贯彻

60. 根据《宪法》和法律的规定,关于国家机构,下列哪些选项是正确的?( )

A. 全国人民代表大会代表受原选举单位的监督

B. 中央军事委员会实行主席负责制

C. 地方各级审计机关依法独立行使审计监督权,对上一级审计机关负责

D. 市辖区的政府经本级人大批准可设立若干街道办事处,作为派出机关

61. 根据《立法法》的规定，下列哪些选项是不正确的？（ ）

   A. 国务院和地方各级政府可以向全国人大常委会提出法律解释的要求
   B. 经授权，行政法规可设定限制公民人身自由的强制措施
   C. 专门委员会审议法律案的时候，应邀请提案人列席会议，听取其意见
   D. 地方各级人大有权撤销本级政府制定的不适当的规章

62. 根据《选举法》的规定，关于选举制度，下列哪些选项是正确的？（ ）

   A. 全国人大和地方人大的选举经费，列入财政预算，由中央财政统一开支
   B. 全国人大常委会主持香港特别行政区全国人大代表选举会议第一次会议，选举主席团，之后由主席团主持选举
   C. 县级以上地方各级人民代表大会举行会议的时候，三分之一以上代表联名，可以提出对由该级人民代表大会选出的上一级人大代表的罢免案
   D. 选民或者代表10人以上联名，可以推荐代表候选人

63. 根据《宪法》和法律的规定，关于民族区域自治制度，下列哪些选项是正确的？（ ）

   A. 民族自治地方法院的审判工作，受最高法院和上级法院监督
   B. 民族自治地方的政府首长由实行区域自治的民族的公民担任，实行首长负责制
   C. 民族自治区的自治条例和单行条例报全国人大批准后生效
   D. 民族自治地方自主决定本地区人口政策，不实行计划生育

64. 某省L市旅游协会为防止零团费等恶性竞争，召集当地旅行社商定对游客统一报价，并根据各旅行社所占市场份额，统一分配景点返佣、古城维护费返佣等收入。此计划实施前，甲旅行社主动向反垄断执法机构报告了这一情况并提供了相关证据。关于本案，下列哪些判断是错误的？（ ）

   A. 旅游协会的行为属于正当的行业自律行为
   B. 由于尚未实施，旅游协会的行为不构成垄断行为
   C. 如构成垄断行为，L市发改委可对其处以50万元以下的罚款
   D. 如构成垄断行为，对甲旅行社可酌情减轻或免除处罚

65. 甲酒厂为扩大销量，精心模仿乙酒厂知名白酒的包装、装潢。关于甲厂模仿行为，下列哪些判断是错误的？（ ）

   A. 如果乙厂的包装、装潢未获得外观设计专利，则甲厂模仿行为合法
   B. 如果甲厂在包装、装潢上标明了自己的厂名、厂址、商标，则不构成混淆行为
   C. 如果甲厂白酒的包装、装潢不足以使消费者误认为是乙厂白酒，则不构成混淆行为
   D. 如果乙厂白酒的长期消费者留意之下能够辨别出二者差异，则不构成混淆行为

66. 张某从某网店购买一套汽车坐垫。货到拆封后，张某因不喜欢其花色款式，多次与网店交涉要求退货。网店的下列哪些回答是违法的？（ ）

A. 客户下单时网店曾提示"一经拆封，概不退货"，故对已拆封商品不予退货

B. 该商品无质量问题，花色款式也是客户自选，故退货理由不成立，不予退货

C. 如网店同意退货，客户应承担退货的运费

D. 如网店同意退货，货款只能在一个月后退还

67. 曾某在某超市以80元购买酸奶数盒，食用后全家上吐下泻，为此支付医疗费800元。事后发现，其所购的酸奶在出售时已超过保质期，曾某遂要求超市赔偿。对此，下列哪些判断是正确的？（　　）

A. 销售超过保质期的食品属于违反法律禁止性规定的行为

B. 曾某在购买时未仔细查看商品上的生产日期，应当自负其责

C. 曾某有权要求该超市退还其购买酸奶所付的价款

D. 曾某有权要求该超市赔偿800元医疗费，并增加赔偿800元

68. 彦某将一套住房分别委托甲、乙两家中介公司出售。钱某通过甲公司看中该房，但觉得房价太高。双方在看房前所签协议中约定了防"跳单"条款：钱某对甲公司的房源信息负保密义务，不得利用其信息撇开甲公司直接与房主签约，否则支付违约金。事后钱某又在乙公司发现同一房源，而房价比甲公司低得多。钱某通过乙公司买得该房，甲公司得知后提出异议。关于本案，下列哪些判断是错误的？（　　）

A. 防"跳单"条款限制了消费者的自主选择权

B. 甲公司抬高房价侵害了消费者的公平交易权

C. 乙公司的行为属于不正当竞争行为

D. 钱某侵犯了甲公司的商业秘密

69. 某市商业银行2010年通过实现抵押权取得某大楼的所有权。2013年卖出该楼获利颇丰。2014年该银行决定修建自用办公楼，并决定入股某知名房地产企业。该银行的下列哪些做法是合法的？（　　）

A. 2010年实现抵押权取得该楼所有权

B. 2013年出售该楼

C. 2014年修建自用办公楼

D. 2014年入股某房地产企业

70. 某企业因计算错误，未缴税款累计达50万元。关于该税款的征收，下列哪些选项是正确的？（　　）

A. 税务机关可追征未缴的税款

B. 税务机关可追征滞纳金

C. 追征期可延长到5年

D. 追征时不受追征期的限制

71. 2012年外国人约翰来到中国，成为某合资企业经理，迄今一直居住在北京。根据《个人所得税法》，约翰获得的下列哪些收入应在我国缴纳个人所得税？（　　）

A. 从该合资企业领取的薪金
B. 出租其在华期间购买的房屋获得的租金
C. 在中国某大学开设讲座获得的酬金
D. 在美国杂志上发表文章获得的稿酬

72. 某公司取得出让土地使用权后，超过出让合同约定的动工开发日期满两年仍未动工，市政府决定收回该土地使用权。该公司认为，当年交付的土地一直未完成征地拆迁，未达到出让合同约定的条件，导致项目迟迟不能动工。为此，该公司提出两项请求：一是撤销收回土地使用权的决定，二是赔偿公司因工程延误所受的损失。对这两项请求，下列哪些判断是正确的？（　　）

A. 第一项请求属于行政争议
B. 第二项请求属于民事争议
C. 第一项请求须先由县级以上政府处理，当事人不服的才可向法院起诉
D. 第二项请求须先由县级以上政府处理，当事人不服的才可向法院起诉

73. 关于环境质量标准和污染物排放标准，下列哪些说法是正确的？（　　）

A. 国家环境质量标准是制定国家污染物排放标准的根据之一
B. 国家污染物排放标准由国务院环境保护行政主管部门制定
C. 国家环境质量标准中未作规定的项目，省级政府可制定地方环境质量标准，并报国务院环境保护行政主管部门备案
D. 地方污染物排放标准由省级环境保护行政主管部门制定，报省级政府备案

74. 乙丙三国因历史原因，冲突不断，甲国单方面暂时关闭了驻乙国使馆。艾诺是甲国派驻丙国使馆的二秘，近日被丙国宣布为不受欢迎的人。根据相关国际法规则，下列哪些选项是正确的？（　　）

A. 甲国关闭使馆应经乙国同意后方可实现
B. 乙国驻甲国使馆可用合法手段调查甲国情况，并及时向乙国作出报告
C. 丙国宣布艾诺为不受欢迎的人，须向甲国说明理由
D. 在丙国宣布艾诺为不受欢迎的人后，如甲国不将其召回或终止其职务，则丙国可拒绝承认艾诺为甲国驻丙国使馆人员

75. 甲国某公司与乙国驻甲国使馆因办公设备合同产生纠纷，并诉诸甲国法院。根据相关国际法规则，下列哪些选项是正确的？（　　）

A. 如合同中有适用甲国法律的条款，则表明乙国放弃了其管辖的豁免
B. 如乙国派代表出庭主张豁免，不意味着其默示接受了甲国的管辖
C. 如乙国在本案中提起了反诉，则是对管辖豁免的默示放弃
D. 如乙国曾接受过甲国法院的管辖，甲国法院即可管辖本案

76. 甲乙丙三国为某投资公约的缔约国，甲国在参加该公约时提出了保留，乙国接受该保留，丙国反对该保留，后乙丙丁三国又签订了涉及同样事宜的新投资公约。根据《维

也纳条约法公约》，下列哪些选项是正确的？（　　）

　　A. 因乙丙丁三国签订了新公约，导致甲乙丙三国原公约失效

　　B. 乙丙两国之间应适用新公约

　　C. 甲乙两国之间应适用保留修改后的原公约

　　D. 尽管丙国反对甲国在原公约中的保留，甲丙两国之间并不因此而不发生条约关系

77. 中国甲公司与巴西乙公司因合同争议在中国法院提起诉讼。关于该案的法律适用，下列哪些选项是正确的？（　　）

　　A. 双方可协议选择合同争议适用的法律

　　B. 双方应在一审开庭前通过协商一致，选择合同争议适用的法律

　　C. 因法院地在中国，本案的时效问题应适用中国法

　　D. 如案件涉及中国环境安全问题，该问题应适用中国法

78. 德国甲公司与中国乙公司签订许可使用合同，授权乙公司在英国使用甲公司在英国获批的某项专利。后因相关纠纷诉诸中国法院。关于该案的法律适用，下列哪些选项是正确的？（　　）

　　A. 关于本案的定性，应适用中国法

　　B. 关于专利权归属的争议，应适用德国法

　　C. 关于专利权内容的争议，应适用英国法

　　D. 关于专利权侵权的争议，双方可以协议选择法律，不能达成协议，应适用与纠纷有最密切联系的法律

79. 中国甲公司与外国乙公司在合同中约定，合同争议提交中国国际经济贸易仲裁委员会仲裁，仲裁地在北京。双方未约定仲裁规则及仲裁协议适用的法律。对此，下列哪些选项是正确的？（　　）

　　A. 如当事人对仲裁协议效力有争议，提请所选仲裁机构解决的，应在首次开庭前书面提出

　　B. 如当事人将仲裁协议效力的争议诉至中国法院，应适用中国法

　　C. 如仲裁协议有效，应适用中国国际经济贸易仲裁委员会的仲裁规则仲裁

　　D. 如仲裁协议有效，仲裁中申请人可申请更改仲裁请求，仲裁庭不能拒绝

80. 中国甲公司与德国乙公司签订了出口红枣的合同，约定品质为二级，信用证方式支付。后因库存二级红枣缺货，甲公司自行改装一级红枣，虽发票注明品质为一级，货价仍以二级计收。但在银行办理结汇时遭拒付。根据相关公约和惯例，下列哪些选项是正确的？（　　）

　　A. 甲公司应承担交货不符的责任

　　B. 银行应在审查货物的真实等级后再决定是否收单付款

　　C. 银行可以发票与信用证不符为由拒绝收单付款

　　D. 银行应对单据记载的发货人甲公司的诚信负责

81. 两批化妆品从韩国由大洋公司"清田"号货轮运到中国，适用《海牙规则》，货物投保了平安险。第一批货物因"清田"号过失与他船相碰致部分货物受损，第二批货物收货人在持正本提单提货时，发现已被他人提走。争议诉至中国某法院。根据相关规则及司法解释，下列哪些选项是正确的？（　　）

　　A. 第一批货物受损虽由"清田"号过失碰撞所致，但承运人仍可免责

　　B. 碰撞导致第一批货物的损失属于保险公司赔偿的范围

　　C. 大洋公司应承担第二批货物无正本提单放货的责任，但可限制责任

　　D. 大洋公司对第二批货物的赔偿范围限于货物的价值加运费

82. 根据《中华人民共和国反补贴条例》，下列哪些选项属于补贴？（　　）

　　A. 出口国政府出资兴建通向口岸的高速公路

　　B. 出口国政府给予企业的免税优惠

　　C. 出口国政府提供的贷款

　　D. 出口国政府通过向筹资机构付款，转而向企业提供资金

83. 司法与行政都是国家权力的表现形式，但司法具有一系列区别于行政的特点。下列哪些选项体现了司法区别于行政的特点？（　　）

　　A. 甲法院审理一起民事案件，未按照上级法院的指示作出裁判

　　B. 乙法院审理一起刑事案件，发现被告人另有罪行并建议检察院补充起诉，在检察院补充起诉后对所有罪行一并作出判决

　　C. 丙法院邀请人大代表对其审判活动进行监督

　　D. 丁法院审理一起行政案件，经过多次开庭审理，在原告、被告及其他利害关系人充分举证、质证、辩论的基础上作出判决

84. 《中共中央关于全面深化改革若干重大问题的决定》提出，应当改革司法管理体制，推动省以下地方检察院人财物统一管理，探索建立与行政区划适当分离的司法管辖制度。关于上述改革措施，下列哪些理解是正确的？（　　）

　　A. 有助于检察权独立行使

　　B. 有助于检察权统一行使

　　C. 有助于检务公开

　　D. 有助于强化检察机关的法律监督作用

85. 根据有关规定，我国法律职业人员因其职业的特殊性，业外活动也要受到约束。下列哪些说法是正确的？（　　）

　　A. 法律职业人员在本职工作和业外活动中均应严格要求自己，维护法律职业形象和司法公信力

　　B. 业外活动是法官、检察官行为的重要组成部分，在一定程度上也是司法职责的延伸

　　C. 《律师执业行为规范》规定了律师在业外活动中不得为的行为

D. 《公证员职业道德基本准则》要求公证员应当具有良好的个人修养和品行,妥善处理个人事务

三、不定项选择题。每题所设选项中至少有一个正确答案,多选、少选、错选或不选均不得分。本部分含86~100题,每题2分,共30分。

李某原在甲公司就职,适用不定时工作制。2012年1月,因甲公司被乙公司兼并,李某成为乙公司职工,继续适用不定时工作制。2012年12月,由于李某在年度绩效考核中得分最低,乙公司根据公司绩效考核制度中"末位淘汰"的规定,决定终止与李某的劳动关系。李某于2013年11月提出劳动争议仲裁申请,主张:原劳动合同于2012年3月到期后,乙公司一直未与本人签订新的书面劳动合同,应从4月起每月支付二倍的工资;公司终止合同违法,应恢复本人的工作。

请回答第86~90题。

86. 关于李某申请仲裁的有关问题,下列选项正确的是:( )

A. 因劳动合同履行地与乙公司所在地不一致,李某只能向劳动合同履行地的劳动争议仲裁委员会申请仲裁

B. 申请时应提交仲裁申请书,确有困难的也可口头申请

C. 乙公司对终止劳动合同的主张负举证责任

D. 对劳动争议仲裁委员会逾期未作出是否受理决定的,李某可就该劳动争议事项向法院起诉

87. 关于乙公司兼并甲公司时李某的劳动合同及工作年限,下列选项正确的是:( )

A. 甲公司与李某的原劳动合同继续有效,由乙公司继续履行

B. 如原劳动合同继续履行,在甲公司的工作年限合并计算为乙公司的工作年限

C. 甲公司还可与李某经协商一致解除其劳动合同,由乙公司新签劳动合同替代原劳动合同

D. 如解除原劳动合同时甲公司已支付经济补偿,乙公司在依法解除或终止劳动合同计算支付经济补偿金的工作年限时,不再计算在甲公司的工作年限

88. 关于未签订书面劳动合同期间支付二倍工资的仲裁请求,下列选项正确的是:( )

A. 劳动合同到期后未签订新的劳动合同,李某仍继续在公司工作,应视为原劳动合同继续有效,故李某无权请求支付二倍工资

B. 劳动合同到期后应签订新的劳动合同,否则属于未与劳动者订立书面劳动合同的情形,故李某有权请求支付二倍工资

C. 李某的该项仲裁请求已经超过时效期间

D. 李某的该项仲裁请求没有超过时效期间

89. 关于恢复用工的仲裁请求,下列选项正确的是:( )

A. 李某是不定时工作制的劳动者,该公司有权对其随时终止用工

B. 李某不是非全日制用工的劳动者,该公司无权对其随时终止用工

C. 根据该公司末位淘汰的规定，劳动合同应当终止

D. 该公司末位淘汰的规定违法，劳动合同终止违法

90. 如李某放弃请求恢复工作而要求其他补救，下列选项正确的是：（ ）

A. 李某可主张公司违法终止劳动合同，要求支付赔偿金

B. 李某可主张公司规章制度违法损害劳动者权益，要求即时辞职及支付经济补偿金

C. 李某可同时获得违法终止劳动合同的赔偿金和即时辞职的经济补偿金

D. 违法终止劳动合同的赔偿金的数额多于即时辞职的经济补偿金

91. 下列构成法律责任竞合的情形是：（ ）

A. 方某因无医师资格开设诊所被卫生局没收非法所得，并被法院以非法行医罪判处3年有期徒刑

B. 王某通话时，其手机爆炸导致右耳失聪，可选择以侵权或违约为由追究手机制造商法律责任

C. 林某因故意伤害罪被追究刑事责任和民事责任

D. 戴某用10万元假币购买一块劳力士手表，其行为同时触犯诈骗罪与使用假币罪

92. "法律人适用法律的最直接目标就是要获得一个合理的决定。在法治社会，所谓合理的法律决定就是指法律决定具有可预测性和正当性。"对于这一段话，下列说法正确的是：（ ）

A. 正当性是实质法治的要求

B. 可预测性要求法律人必须将法律决定建立在既存的一般性的法律规范的基础上

C. 在历史上，法律人通常借助法律解释方法缓解可预测性与正当性之间的紧张关系

D. 在法治国家，法律决定的可预测性是理当崇尚的一个价值目标

93. 关于法的发展、法的传统与法的现代化，下列说法正确的是：（ ）

A. 中国的法的现代化是自发的、自下而上的、渐进变革的过程

B. 法律意识是一国法律传统中相对比较稳定的部分

C. 外源型法的现代化进程带有明显的工具色彩，一般被要求服务于政治、经济变革

D. 清末修律标志着中国法的现代化在制度层面上的正式启动

94. 关于宪法效力的说法，下列选项正确的是：（ ）

A. 宪法修正案与宪法具有同等效力

B. 宪法不适用于定居国外的公民

C. 在一定条件下，外国人和法人也能成为某些基本权利的主体

D. 宪法作为整体的效力及于该国所有领域

95. 根据《宪法》规定，关于我国基本经济制度的说法，下列选项正确的是：（ ）

A. 国家实行社会主义市场经济

B. 国有企业在法律规定范围内和政府统一安排下，开展管理经营

C. 集体经济组织实行家庭承包经营为基础、统分结合的双层经营体制

D. 土地的使用权可以依照法律的规定转让

96. 根据《宪法》规定，关于行政建置和行政区划，下列选项正确的是：（ ）

A. 全国人大批准省、自治区、直辖市的建置

B. 全国人大常委会批准省、自治区、直辖市的区域划分

C. 国务院批准自治州、自治县的建置和区域划分

D. 省、直辖市、地级市的人民政府决定乡、民族乡、镇的建置和区域划分

97. 甲乙两国就海洋的划界一直存在争端，甲国在签署《联合国海洋法公约》时以书面声明选择了海洋法法庭的管辖权，乙国在加入公约时没有此项选择管辖的声明，但希望争端通过多种途径解决。根据相关国际法规则，下列选项正确的是：（ ）

A. 海洋法法庭的设立不排除国际法院对海洋活动争端的管辖

B. 海洋法法庭因甲国单方选择管辖的声明而对该争端具有管辖权

C. 如甲乙两国选择以协商解决争端，除特别约定，两国一般没有达成有拘束力的协议的义务

D. 如丙国成为双方争端的调停国，则应对调停的失败承担法律后果

98. 根据我国法律和司法解释，关于涉外民事关系适用的外国法律，下列说法正确的是：（ ）

A. 不能查明外国法律，适用中国法律

B. 如果中国法有强制性规定，直接适用该强制性规定

C. 外国法律的适用将损害中方当事人利益的，适用中国法

D. 外国法包括该国法律适用法

99. 甲国公司在乙国投资建成地热公司，并向多边投资担保机构投了保。1993年，乙国因外汇大量外流采取了一系列的措施，使地热公司虽取得了收入汇出批准书，但仍无法进行货币汇兑并汇出，甲公司认为已发生了禁兑风险，并向投资担保机构要求赔偿。根据相关规则，下列选项正确的是：（ ）

A. 乙国中央银行已批准了货币汇兑，不能认为发生了禁兑风险

B. 消极限制货币汇兑也属于货币汇兑险的范畴

C. 乙国应为发展中国家

D. 担保机构一经向甲公司赔付，即代位取得向东道国的索赔权

100. 甲乙丙三国为世界贸易组织成员，丁国不是该组织成员。关于甲国对进口立式空调和中央空调的进口关税问题，根据《关税与贸易总协定》，下列违反最惠国待遇的做法是：（ ）

A. 甲国给予来自乙国的立式空调和丙国的中央空调以不同的关税

B. 甲国给予来自乙国和丁国的立式空调以不同的进口关税

C. 因实施反倾销措施，导致从乙国进口的立式空调的关税高于从丙国进口的

D. 甲国给予来自乙丙两国的立式空调以不同的关税

2014年国家司法考试（试卷二）

一、单项选择题。每题所设选项中只有一个正确答案，错选或不选均不得分。本部分含1～50题，每题1分，共50分。

1. 关于公平正义理念与罪刑相适应原则的关系，下列哪一选项是错误的？（ ）

A. 公平正义是人类社会的共同理想，罪刑相适应原则与公平正义相吻合

B. 公平正义与罪刑相适应原则都要求在法律实施中坚持以事实为根据、以法律为准绳

C. 根据案件特殊情况，为做到罪刑相适应，促进公平正义，可由最高法院授权下级法院，在法定刑以下判处刑罚

D. 公平正义的实现需要正确处理法理与情理的关系，罪刑相适应原则要求做到罪刑均衡与刑罚个别化，二者并不矛盾

2. 甲怀疑医院救治不力致其母死亡，遂在医院设灵堂、烧纸钱，向医院讨说法。结合社会主义法治理念和刑法规定，下列哪一看法是错误的？（ ）

A. 执法为民与服务大局的理念要求严厉打击涉医违法犯罪，对社会影响恶劣的涉医犯罪行为，要依法从严惩处

B. 甲属于起哄闹事，只有造成医院的秩序严重混乱的，才构成寻衅滋事罪

C. 如甲母的死亡确系医院救治不力所致，则不能轻易将甲的行为认定为寻衅滋事罪

D. 如以寻衅滋事罪判处甲有期徒刑3年、缓刑3年，为有效维护医疗秩序，法院可同时发布禁止令，禁止甲1年内出入医疗机构

3. 关于刑法用语的解释，下列哪一选项是正确的？（ ）

A. 按照体系解释，刑法分则中的"买卖"一词，均指购买并卖出；单纯的购买或者出售，不属于"买卖"

B. 按照同类解释规则，对于刑法分则条文在列举具体要素后使用的"等"、"其他"用语，应按照所列举的内容、性质进行同类解释

C. 将明知是捏造的损害他人名誉的事实，在信息网络上散布的行为，认定为"捏造事实诽谤他人"，属于当然解释

D. 将盗窃骨灰的行为认定为盗窃"尸体"，属于扩大解释

4. 关于构成要件要素，下列哪一选项是错误的？（ ）

A. 传播淫秽物品罪中的"淫秽物品"是规范的构成要件要素、客观的构成要件要素

B. 签订、履行合同失职被骗罪中的"签订、履行"是记述的构成要件要素、积极的构成要件要素

C. "被害人基于认识错误处分财产"是诈骗罪中的客观的构成要件要素、不成文的

构成要件要素

D. "国家工作人员"是受贿罪的主体要素、规范的构成要件要素、主观的构成要件要素

5. 关于不作为犯罪的判断，下列哪一选项是错误的？（　　）

A. 小偷翻墙入院行窃，被护院的藏獒围攻。主人甲认为小偷活该，任凭藏獒撕咬，小偷被咬死。甲成立不作为犯罪

B. 乙杀丙，见丙痛苦不堪，心生悔意，欲将丙送医。路人甲劝阻乙救助丙，乙遂离开，丙死亡。甲成立不作为犯罪的教唆犯

C. 甲看见儿子乙（8周岁）正掐住丙（3周岁）的脖子，因忙于炒菜，便未理会。等炒完菜，甲发现丙已窒息死亡。甲不成立不作为犯罪

D. 甲见有人掉入偏僻之地的深井，找来绳子救人，将绳子的一头扔至井底后，发现井下的是仇人乙，便放弃拉绳子，乙因无人救助死亡。甲不成立不作为犯罪

6. 关于因果关系的判断，下列哪一选项是正确的？（　　）

A. 甲伤害乙后，警察赶到。在警察将乙送医途中，车辆出现故障，致乙长时间得不到救助而亡。甲的行为与乙的死亡具有因果关系

B. 甲违规将行人丙撞成轻伤，丙昏倒在路中央，甲驾车逃窜。1分钟后，超速驾驶的乙发现丙时已来不及刹车，将丙轧死。甲的行为与丙的死亡没有因果关系

C. 甲以杀人故意向乙开枪，但由于不可预见的原因导致丙中弹身亡。甲的行为与丙的死亡没有因果关系

D. 甲向乙的茶水投毒，重病的乙喝了茶水后感觉更加难受，自杀身亡。甲的行为与乙的死亡没有因果关系

7. 关于事实认识错误，下列哪一选项是正确的？（　　）

A. 甲本欲电话诈骗乙，但拨错了号码，对接听电话的丙实施了诈骗，骗取丙大量财物。甲的行为属于对象错误，成立诈骗既遂

B. 甲本欲枪杀乙，但由于未能瞄准，将乙身旁的丙杀死。无论根据什么学说，甲的行为都成立故意杀人既遂

C. 事前的故意属于抽象的事实认识错误，按照法定符合说，应按犯罪既遂处理

D. 甲将吴某的照片交给乙，让乙杀吴，但乙误将王某当成吴某予以杀害。乙是对象错误，按照教唆犯从属于实行犯的原理，甲也是对象错误

8. 甲深夜盗窃5万元财物，在离现场1公里的偏僻路段遇到乙。乙见甲形迹可疑，紧拽住甲，要甲给5000元才能走，否则就报警。甲见无法脱身，顺手一拳打中乙左眼，致其眼部受到轻伤，甲乘机离去。关于甲伤害乙的行为定性，下列哪一选项是正确的？（　　）

A. 构成转化型抢劫罪　　　　　　B. 构成故意伤害罪

C. 属于正当防卫，不构成犯罪　　D. 系过失致人轻伤，不构成犯罪

9. 甲架好枪支准备杀乙，见已患绝症的乙跄跄走来，顿觉可怜，认为已无杀害必要。甲收起枪支，但不小心触动扳机，乙中弹死亡。关于甲的行为定性，下列哪一选项是正确的？（ ）

   A. 仅构成故意杀人罪（既遂）
   B. 仅构成过失致人死亡罪
   C. 构成故意杀人罪（中止）、过失致人死亡罪
   D. 构成故意杀人罪（未遂）、过失致人死亡罪

10. 关于共同犯罪的论述，下列哪一选项是正确的？（ ）

    A. 无责任能力者与有责任能力者共同实施危害行为的，有责任能力者均为间接正犯
    B. 持不同犯罪故意的人共同实施危害行为的，不可能成立共同犯罪
    C. 在片面的对向犯中，双方都成立共同犯罪
    D. 共同犯罪是指二人以上共同故意犯罪，但不能据此否认片面的共犯

11. 甲因在学校饭堂投毒被判处 8 年有期徒刑。服刑期间，甲认真遵守监规，接受教育改造，确有悔改表现。关于甲的假释，下列哪一说法是正确的？（ ）

    A. 可否假释，由检察机关决定
    B. 可否假释，由执行机关决定
    C. 服刑 4 年以上才可假释
    D. 不得假释

12. 甲（民营企业销售经理）因合同诈骗罪被捕。在侦查期间，甲主动供述曾向国家工作人员乙行贿 9 万元，司法机关遂对乙进行追诉。后查明，甲的行为属于单位行贿，行贿数额尚未达到单位行贿罪的定罪标准。甲的主动供述构成下列哪一量刑情节？（ ）

    A. 坦白
    B. 立功
    C. 自首
    D. 准自首

13. 乙（15 周岁）在乡村公路驾驶机动车时过失将吴某撞成重伤。乙正要下车救人，坐在车上的甲（乙父）说："别下车！前面来了许多村民，下车会有麻烦。"乙便驾车逃走，吴某因流血过多而亡。关于本案，下列哪一选项是正确的？（ ）

    A. 因乙不成立交通肇事罪，甲也不成立交通肇事罪
    B. 对甲应按交通肇事罪的间接正犯论处
    C. 根据司法实践，对甲应以交通肇事罪论处
    D. 根据刑法规定，甲、乙均不成立犯罪

14. 关于破坏社会主义市场经济秩序罪的认定，下列哪一选项是错误的？（ ）

    A. 采用运输方式将大量假币运到国外的，应以走私假币罪定罪量刑
    B. 以暴力、胁迫手段强迫他人借贷，情节严重的，触犯强迫交易罪
    C. 未经批准，擅自发行、销售彩票的，应以非法经营罪定罪处罚
    D. 为项目筹集资金，向亲戚宣称有高息理财产品，以委托理财方式吸收 10 名亲戚 300 万元资金的，构成非法吸收公众存款罪

15. 关于故意杀人罪、故意伤害罪的判断，下列哪一选项是正确的？（ ）

A. 甲的父亲乙身患绝症，痛苦不堪。甲根据乙的请求，给乙注射过量镇定剂致乙死亡。乙的同意是真实的，对甲的行为不应以故意杀人罪论处

B. 甲因口角，捅乙数刀，乙死亡。如甲不顾乙的死伤，则应按实际造成的死亡结果认定甲构成故意杀人罪，因为死亡与伤害结果都在甲的犯意之内

C. 甲谎称乙的女儿丙需要移植肾脏，让乙捐肾给丙。乙同意，但甲将乙的肾脏摘出后移植给丁。因乙同意捐献肾脏，甲的行为不成立故意伤害罪

D. 甲征得乙（17周岁）的同意，将乙的左肾摘出，移植给乙崇拜的歌星。乙的同意有效，甲的行为不成立故意伤害罪

16. 甲男（15周岁）与乙女（16周岁）因缺钱，共同绑架富商之子丙，成功索得50万元赎金。甲担心丙将来可能认出他们，提议杀丙，乙同意。乙给甲一根绳子，甲用绳子勒死丙。关于本案的分析，下列哪一选项是错误的？（　　）

A. 甲、乙均触犯故意杀人罪，因而对故意杀人罪成立共同犯罪

B. 甲、乙均触犯故意杀人罪，对甲以故意杀人罪论处，但对乙应以绑架罪论处

C. 丙系死于甲之手，乙未杀害丙，故对乙虽以绑架罪定罪，但对乙不能适用"杀害被绑架人"的规定

D. 对甲以故意杀人罪论处，对乙以绑架罪论处，与二人成立故意杀人罪的共同犯罪并不矛盾

17. 公司保安甲在休假期内，以"第二天晚上要去医院看望病人"为由，欺骗保安乙，成功和乙换岗。当晚，甲将其看管的公司仓库内价值5万元的财物运走变卖。甲的行为构成下列哪一犯罪？（　　）

A. 盗窃罪　　　　　　　　　　B. 诈骗罪
C. 职务侵占罪　　　　　　　　D. 侵占罪

18. 乙（16周岁）进城打工，用人单位要求乙提供银行卡号以便发放工资。乙忘带身份证，借用老乡甲的身份证以甲的名义办理了银行卡。乙将银行卡号提供给用人单位后，请甲保管银行卡。数月后，甲持该卡到银行柜台办理密码挂失，取出1万余元现金，拒不退还。甲的行为构成下列哪一犯罪？（　　）

A. 信用卡诈骗罪　　　　　　　B. 诈骗罪
C. 盗窃罪（间接正犯）　　　　D. 侵占罪

19. 乙购物后，将购物小票随手扔在超市门口。甲捡到小票，立即拦住乙说："你怎么把我购买的东西拿走？"乙莫名其妙，甲便向乙出示小票，两人发生争执。适逢交警丙路过，乙请丙判断是非，丙让乙将商品还给甲，有口难辩的乙只好照办。关于本案的分析（不考虑数额），下列哪一选项是错误的？（　　）

A. 如认为交警丙没有处分权限，则甲的行为不成立诈骗罪

B. 如认为盗窃必须表现为秘密窃取，则甲的行为不成立盗窃罪

C. 如认为抢夺必须表现为乘人不备公然夺取，则甲的行为不成立抢夺罪

D. 甲虽未实施恐吓行为，但如乙心生恐惧而交出商品的，甲的行为构成敲诈勒索罪

20. 首要分子甲通过手机指令所有参与者"和对方打斗时，下手重一点"。在聚众斗殴过程中，被害人被谁的行为重伤致死这一关键事实已无法查明。关于本案的分析，下列哪一选项是正确的？（　　）

  A. 对甲应以故意杀人罪定罪量刑
  B. 甲是教唆犯，未参与打斗，应认定为从犯
  C. 所有在现场斗殴者都构成故意杀人罪
  D. 对积极参加者按故意杀人罪定罪，对其他参加者按聚众斗殴罪定罪

21. 交警甲和无业人员乙勾结，让乙告知超载司机"只交罚款一半的钱，即可优先通行"，司机交钱后，乙将交钱司机的车号报给甲，由在高速路口执勤的甲放行。二人利用此法共得32万元，乙留下10万元，余款归甲。关于本案的分析，下列哪一选项是错误的？（　　）

  A. 甲、乙构成受贿罪共犯　　　　B. 甲、乙构成贪污罪共犯
  C. 甲、乙构成滥用职权罪共犯　　D. 乙的受贿数额是32万元

22. 社会主义法治公平正义的实现，应当高度重视程序的约束作用，避免法治活动的任意性和随意化。据此，下列哪一说法是正确的？（　　）

  A. 程序公正是实体公正的保障，只要程序公正就能实现实体公正
  B. 刑事程序的公开与透明有助于发挥程序的约束作用
  C. 为实现程序的约束作用，违反法定程序收集的证据均应予以排除
  D. 对复杂程度不同的案件进行程序上的繁简分流会限制程序的约束作用

23. 社会主义法治要通过法治的一系列原则加以体现。具有法定情形不予追究刑事责任是《刑事诉讼法》确立的一项基本原则，下列哪一案件的处理体现了这一原则？（　　）

  A. 甲涉嫌盗窃，立案后发现涉案金额400余元，公安机关决定撤销案件
  B. 乙涉嫌抢夺，检察院审查起诉后认为犯罪情节轻微，不需要判处刑罚，决定不起诉
  C. 丙涉嫌诈骗，法院审理后认为其主观上不具有非法占有他人财物的目的，作出无罪判决
  D. 丁涉嫌抢劫，检察院审查起诉后认为证据不足，决定不起诉

24. 关于刑事诉讼构造，下列哪一选项是正确的？（　　）

  A. 刑事诉讼价值观决定了刑事诉讼构造
  B. 混合式诉讼构造是当事人主义吸收职权主义的因素形成的
  C. 职权主义诉讼构造适用于实体真实的诉讼目的
  D. 当事人主义诉讼构造与控制犯罪是矛盾的

25. 关于被害人在刑事诉讼中的权利，下列哪一选项是正确的？（　　）

  A. 自公诉案件立案之日起有权委托诉讼代理人
  B. 对因作证而支出的交通、住宿、就餐等费用，有权获得补助

C. 对法院作出的强制医疗决定不服的,可向作出决定的法院申请复议一次

D. 对检察院作出的附条件不起诉决定不服的,可向上一级检察院申诉

26. 钱某涉嫌纵火罪被提起公诉,在法庭审理过程中被诊断患严重疾病,法院判处其有期徒刑8年,同时决定予以监外执行。下列哪一选项是错误的?( )

A. 决定监外执行时应当将暂予监外执行决定抄送检察院

B. 钱某监外执行期间,应当对其实行社区矫正

C. 如钱某拒不报告行踪、脱离监管,应当予以收监

D. 如法院作出收监决定,钱某不服,可向上一级法院申请复议

27. 关于证据的关联性,下列哪一选项是正确的?( )

A. 关联性仅指证据事实与案件事实之间具有因果关系

B. 具有关联性的证据即具有可采性

C. 证据与待证事实的关联度决定证据证明力的大小

D. 类似行为一般具有关联性

28. 下列哪一选项所列举的证据属于补强证据?( )

A. 证明讯问过程合法的同步录像材料

B. 证明获取被告人口供过程合法,经侦查人员签名并加盖公章的书面说明材料

C. 根据被告人供述提取到的隐蔽性极强并能与被告人供述和其他证据相印证的物证

D. 对与被告人有利害冲突的证人所作的不利被告人的证言的真实性进行佐证的书证

29. 关于鉴定人与鉴定意见,下列哪一选项是正确的?( )

A. 经法院通知,鉴定人无正当理由拒不出庭的,可由院长签发强制令强制其出庭

B. 鉴定人有正当理由无法出庭的,法院可中止审理,另行聘请鉴定人重新鉴定

C. 经辩护人申请而出庭的具有专门知识的人,可向鉴定人发问

D. 对鉴定意见的审查和认定,受到意见证据规则的规制

30. 未成年人郭某涉嫌犯罪被检察院批准逮捕。在审查起诉中,经羁押必要性审查,拟变更为取保候审并适用保证人保证。关于保证人,下列哪一选项是正确的?( )

A. 可由郭某的父亲担任保证人,并由其交纳1000元保证金

B. 可要求郭某的父亲和母亲同时担任保证人

C. 如果保证人协助郭某逃匿,应当依法追究保证人的刑事责任,并要求其承担相应的民事连带赔偿责任

D. 保证人未履行保证义务应处罚款的,由检察院决定

31. 关于犯罪嫌疑人的审前羁押,下列哪一选项是错误的?( )

A. 基于强制措施适用的必要性原则,应当尽量减少审前羁押

B. 审前羁押是临时性的状态,可根据案件进展和犯罪嫌疑人的个人情况予以变更

C. 经羁押必要性审查认为不需要继续羁押的,检察院应及时释放或变更为其他非羁押强制措施

D. 案件不能在法定办案期限内办结的,应当解除羁押

32. 韩某和苏某共同殴打他人,致被害人李某死亡、吴某轻伤,韩某还抢走吴某的手机。后韩某被抓获,苏某在逃。关于本案的附带民事诉讼,下列哪一选项是正确的?（　　）

A. 李某的父母和祖父母都有权提起附带民事诉讼

B. 韩某和苏某应一并列为附带民事诉讼的被告人

C. 吴某可通过附带民事诉讼要求韩某赔偿手机

D. 吴某在侦查阶段与韩某就民事赔偿达成调解协议并全部履行后又提起附带民事诉讼,法院不予受理

33. 关于期间的计算,下列哪一选项是正确的?（　　）

A. 重新计算期限包括公检法的办案期限和当事人行使诉讼权利的期限两种情况

B. 上诉状或其他法律文书在期满前已交邮的不算过期,已交邮是指在期间届满前将上诉状或其他法律文书递交邮局或投入邮筒内

C. 法定期间不包括路途上的时间,比如有关诉讼文书材料在公检法之间传递的时间应当从法定期间内扣除

D. 犯罪嫌疑人、被告人在押的案件,在羁押场所以外对患有严重疾病的犯罪嫌疑人、被告人进行医治的时间,应当从法定羁押期间内扣除

34. 关于勘验、检查,下列哪一选项是正确的?（　　）

A. 为保证侦查活动的规范性与合法性,只有侦查人员可进行勘验、检查

B. 侦查人员进行勘验、检查,必须持有侦查机关的证明文件

C. 检查妇女的身体,应当由女工作人员或者女医师进行

D. 勘验、检查应当有见证人在场,勘验、检查笔录上没有见证人签名的,不得作为定案的根据

35. 检察院对孙某敲诈勒索案审查起诉后认为,作为此案关键证据的孙某口供系刑讯所获,依法应予排除。在排除该口供后,其他证据显然不足以支持起诉,因而作出不起诉决定。关于该案处理,下列哪一选项是错误的?（　　）

A. 检察院的不起诉属于存疑不起诉

B. 检察院未经退回补充侦查即作出不起诉决定违反《刑事诉讼法》的规定

C. 检察院排除刑讯获得的口供,体现了法律监督机关的属性

D. 检察院不起诉后,又发现新的证据,符合起诉条件时,可提起公诉

36. 刑事审判具有亲历性特征。下列哪一选项不符合亲历性要求?（　　）

A. 证人因路途遥远无法出庭,采用远程作证方式在庭审过程中作证

B. 首次开庭并对出庭证人的证言质证后,某合议庭成员因病无法参与审理,由另一人民陪审员担任合议庭成员继续审理并作出判决

C. 某案件独任审判员在公诉人和辩护人共同参与下对部分证据进行庭外调查核实

D. 第二审法院对决定不开庭审理的案件,通过讯问被告人,听取被害人、辩护人和

诉讼代理人的意见进行审理

37. 关于自诉案件的程序，下列哪一选项是正确的？（   ）

A. 不论被告人是否羁押，自诉案件与普通公诉案件的审理期限都相同

B. 不论在第一审程序还是第二审程序中，在宣告判决前，当事人都可和解

C. 不论当事人在第一审还是第二审审理中提出反诉的，法院都应当受理

D. 在第二审程序中调解结案的，应当裁定撤销第一审裁判

38. 甲乙丙三人共同实施故意杀人，一审法院判处甲死刑立即执行、乙无期徒刑、丙有期徒刑10年。丙以量刑过重为由上诉，甲和乙未上诉，检察院未抗诉。关于本案的第二审程序，下列哪一选项是正确的？（   ）

A. 可不开庭审理

B. 认为没有必要的，甲可不再到庭

C. 由于乙没有上诉，其不得另行委托辩护人为其辩护

D. 审理后认为原判事实不清且对丙的量刑过轻，发回一审法院重审，一审法院重审后可加重丙的刑罚

39. 甲和乙共同实施拐卖妇女、儿童罪，均被判处死刑立即执行。最高法院复核后认为全案判决认定事实正确，甲系主犯应当判处死刑立即执行，但对乙可不立即执行。关于最高法院对此案的处理，下列哪一选项是正确的？（   ）

A. 将乙改判为死缓，并裁定核准甲死刑

B. 对乙作出改判，并判决核准甲死刑

C. 对全案裁定不予核准，撤销原判，发回重审

D. 裁定核准甲死刑，撤销对乙的判决，发回重审

40. 甲因邻里纠纷失手致乙死亡，甲被批准逮捕。案件起诉后，双方拟通过协商达成和解。对于此案的和解，下列哪一选项是正确的？（   ）

A. 由于甲在押，其近亲属可自行与被害方进行和解

B. 由于乙已经死亡，可由其近亲属代为和解

C. 甲的辩护人和乙近亲属的诉讼代理人可参与和解协商

D. 由于甲在押，和解协议中约定的赔礼道歉可由其近亲属代为履行

41. A市原副市长马某，涉嫌收受贿赂2000余万元。为保证公正审判，上级法院指令与本案无关的B市中级法院一审。B市中级法院受理此案后，马某突发心脏病不治身亡。关于此案处理，下列哪一选项是错误的？（   ）

A. 应当由法院作出终止审理的裁定，再由检察院提出没收违法所得的申请

B. 应当由B市中级法院的同一审判组织对是否没收违法所得继续进行审理

C. 如裁定没收违法所得，而马某妻子不服的，可在5日内提出上诉

D. 如裁定没收违法所得，而其他利害关系人不服的，有权上诉

42. 下列哪一选项不属于犯罪嫌疑人、被告人逃匿、死亡案件违法所得没收程序中的"违

法所得及其他涉案财产"？（ ）

　　A．刘某恐怖活动犯罪案件中从其住处搜出的管制刀具
　　B．赵某贪污案赃款存入银行所得的利息
　　C．王某恐怖活动犯罪案件中制造爆炸装置使用的所在单位的仪器和设备
　　D．周某贿赂案受贿所得的古玩

43．国家税务总局为国务院直属机构。就其设置及编制，下列哪一说法是正确的？（ ）

　　A．设立由全国人大及其常委会最终决定
　　B．合并由国务院最终决定
　　C．编制的增加由国务院机构编制管理机关最终决定
　　D．依法履行国务院基本的行政管理职能

44．王某经过考试成为某县财政局新录用的公务员，但因试用期满不合格被取消录用。下列哪一说法是正确的？（ ）

　　A．对王某的试用期限，由某县财政局确定
　　B．对王某的取消录用，应当适用辞退公务员的规定
　　C．王某不服取消录用向法院提起行政诉讼的，法院应当不予受理
　　D．对王某的取消录用，在性质上属于对王某的不予录用

45．某县公安局开展整治非法改装机动车的专项行动，向社会发布通知：禁止改装机动车，发现非法改装机动车的，除依法暂扣行驶证、驾驶证6个月外，机动车所有人须到指定场所学习交通法规5日并出具自行恢复原貌的书面保证，不自行恢复的予以强制恢复。某县公安局依此通知查处10辆机动车，要求其所有人到指定场所学习交通法规5日并出具自行恢复原貌的书面保证。下列哪一说法是正确的？（ ）

　　A．通知为具体行政行为
　　B．要求10名机动车所有人学习交通法规5日的行为为行政指导
　　C．通知所指的暂扣行驶证、驾驶证6个月为行政处罚
　　D．通知所指的强制恢复为行政强制措施

46．《计算机信息网络国际联网安全保护管理办法》于1997年12月11日经国务院批准，由公安部于1997年12月30日以公安部部令发布。该办法属于哪一性质的规范？（ ）

　　A．行政法规　　　　　　　　　B．国务院的决定
　　C．规章　　　　　　　　　　　D．一般规范性文件

47．某区公安分局以非经许可运输烟花爆竹为由，当场扣押孙某杂货店的烟花爆竹100件。关于此扣押，下列哪一说法是错误的？（ ）

　　A．执法人员应当在返回该分局后立即向该分局负责人报告并补办批准手续
　　B．扣押时应当制作现场笔录
　　C．扣押时应当制作并当场交付扣押决定书和清单
　　D．扣押应当由某区公安分局具备资格的行政执法人员实施

48. 某乡属企业多年未归还方某借给的资金，双方发生纠纷。方某得知乡政府曾发过5号文件和210号文件处分了该企业的资产，遂向乡政府递交申请，要求公开两份文件。乡政府不予公开，理由是5号文件涉及第三方，且已口头征询其意见，其答复是该文件涉及商业秘密，不同意公开，而210号文件不存在。方某向法院起诉。下列哪一说法是正确的？（　　）

　　A. 方某申请时应当出示有效身份证明或者证明文件

　　B. 对所申请的政府信息，方某不具有申请人资格

　　C. 乡政府不公开5号文件合法

　　D. 方某能够提供210号文件由乡政府制作的相关线索的，可以申请法院调取证据

49. 某区环保局因某新建水电站未报批环境影响评价文件，且已投入生产使用，给予其罚款10万元的处罚。水电站不服，申请复议，复议机关作出维持处罚的复议决定。下列哪一说法是正确的？（　　）

　　A. 复议机构应当为某区政府

　　B. 如复议期间案件涉及法律适用问题，需要有权机关作出解释，行政复议终止

　　C. 复议决定书一经送达，即发生法律效力

　　D. 水电站对复议决定不服向法院起诉，应由复议机关所在地的法院管辖

50. 甲市乙县法院强制执行生效民事判决时执行了案外人李某的财产且无法执行回转。李某向乙县法院申请国家赔偿，遭到拒绝后申请甲市中级法院赔偿委员会作出赔偿决定。赔偿委员会适用质证程序审理。下列哪一说法是正确的？（　　）

　　A. 乙县法院申请不公开质证，赔偿委员会应当予以准许

　　B. 李某对乙县法院主张的不利于自己的事实，既未表示承认也未否认的，即视为对该项事实的承认

　　C. 赔偿委员会根据李某的申请调取的证据，作为李某提供的证据进行质证

　　D. 赔偿委员会应当对质证活动进行全程同步录音录像

二、多项选择题。每题所设选项中至少有两个正确答案，多选、少选、错选或不选均不得分。本部分含51～85题，每题2分，共70分。

51. 下列哪些选项不违反罪刑法定原则？（　　）

　　A. 将明知是痴呆女而与之发生性关系导致被害人怀孕的情形，认定为"造成其他严重后果"

　　B. 将卡拉OK厅未经著作权人许可大量播放其音像制品的行为，认定为侵犯著作权罪中的"发行"

　　C. 将重度醉酒后在高速公路超速驾驶机动车的行为，认定为以危险方法危害公共安全罪

　　D.《刑法》规定了盗窃武装部队印章罪，未规定毁灭武装部队印章罪。为弥补处罚漏洞，将毁灭武装部队印章的行为认定为毁灭"国家机关"印章

52. 严重精神病患者乙正在对多名儿童实施重大暴力侵害，甲明知乙是严重精神病患者，仍使用暴力制止了乙的侵害行为，虽然造成乙重伤，但保护了多名儿童的生命。

观点：

①正当防卫针对的"不法侵害"不以侵害者具有责任能力为前提

②正当防卫针对的"不法侵害"以侵害者具有责任能力为前提

③正当防卫针对的"不法侵害"不以防卫人是否明知侵害者具有责任能力为前提

④正当防卫针对的"不法侵害"以防卫人明知侵害者具有责任能力为前提

结论：

a. 甲成立正当防卫

b. 甲不成立正当防卫

就上述案情，观点与结论对应错误的是下列哪些选项？（　　）

A. 观点①②与 a 结论对应；观点③④与 b 结论对应

B. 观点①③与 a 结论对应；观点②④与 b 结论对应

C. 观点②③与 a 结论对应；观点①④与 b 结论对应

D. 观点①④与 a 结论对应；观点②③与 b 结论对应

53. 甲为杀乙，对乙下毒。甲见乙中毒后极度痛苦，顿生怜意，开车带乙前往医院。但因车速过快，车右侧撞上电线杆，坐在副驾驶位的乙被撞死。关于本案的分析，下列哪些选项是正确的？（　　）

A. 如认为乙的死亡结果应归责于驾车行为，则甲的行为成立故意杀人中止

B. 如认为乙的死亡结果应归责于投毒行为，则甲的行为成立故意杀人既遂

C. 只要发生了构成要件的结果，无论如何都不可能成立中止犯，故甲不成立中止犯

D. 只要行为人真挚地防止结果发生，即使未能防止犯罪结果发生的，也应认定为中止犯，故甲成立中止犯

54. 下列哪些选项中的甲属于犯罪未遂？（　　）

A. 甲让行贿人乙以乙的名义办理银行卡，存入50万元，乙将银行卡及密码交给甲。甲用该卡时，忘记密码，不好意思再问乙。后乙得知甲被免职，将该卡挂失取回50万元

B. 甲、乙共谋傍晚杀丙，甲向乙讲解了杀害丙的具体方法。傍晚乙如约到达现场，但甲却未去。乙按照甲的方法杀死丙

C. 乙欲盗窃汽车，让甲将用于盗窃汽车的钥匙放在乙的信箱。甲同意，但错将钥匙放入丙的信箱，后乙用其他方法将车盗走

D. 甲、乙共同杀害丙，以为丙已死，甲随即离开现场。一个小时后，乙在清理现场时发现丙未死，持刀杀死丙

55. 关于刑罚的具体运用，下列哪些选项是错误的？（　　）

A. 甲1998年因间谍罪被判处有期徒刑4年。2010年，甲因参加恐怖组织罪被判处有期徒刑8年。甲构成累犯

B. 乙因倒卖文物罪被判处有期徒刑1年，罚金5000元；因假冒专利罪被判处有期徒刑2年，罚金5000元。对乙数罪并罚，决定执行有期徒刑2年6个月，罚金1万元。此时，即使乙符合缓刑的其他条件，也不可对乙适用缓刑

C. 丙因无钱在网吧玩游戏而抢劫，被判处有期徒刑1年缓刑1年，并处罚金2000元，同时禁止丙在12个月内进入网吧。若在考验期限内，丙仍常进网吧，情节严重，则应对丙撤销缓刑

D. 丁系特殊领域专家，因贪污罪被判处有期徒刑8年。丁遵守监规，接受教育改造，有悔改表现，无再犯危险。1年后，因国家科研需要，经最高法院核准，可假释丁

56. 1999年11月，甲（17周岁）因邻里纠纷，将邻居杀害后逃往外地。2004年7月，甲诈骗他人5000元现金。2014年8月，甲因扒窃3000元现金，被公安机关抓获。在讯问阶段，甲主动供述了杀人、诈骗罪行。关于本案的分析，下列哪些选项是错误的？（　　）

A. 前罪的追诉期限从犯后罪之日起计算，甲所犯三罪均在追诉期限内

B. 对甲所犯的故意杀人罪、诈骗罪与盗窃罪应分别定罪量刑后，实行数罪并罚

C. 甲如实供述了公安机关尚未掌握的罪行，成立自首，故对盗窃罪可从轻或者减轻处罚

D. 审判时已满18周岁，虽可适用死刑，但鉴于其有自首表现，不应判处死刑

57. 关于危害公共安全罪的论述，下列哪些选项是正确的？（　　）

A. 甲持有大量毒害性物质，乙持有大量放射性物质，甲用部分毒害性物质与乙交换了部分放射性物质。甲、乙的行为属于非法买卖危险物质

B. 吸毒者甲用毒害性物质与贩毒者乙交换毒品。甲、乙的行为属于非法买卖危险物质，乙的行为另触犯贩卖毒品罪

C. 依法配备公务用枪的甲，将枪赠与他人。甲的行为构成非法出借枪支罪

D. 甲父去世前告诉甲"咱家院墙内埋着5支枪"，甲说"知道了"，但此后甲什么也没做。甲的行为构成非法持有枪支罪

58. 关于生产、销售伪劣商品罪，下列哪些判决是正确的？（　　）

A. 甲销售的假药无批准文号，但颇有疗效，销售金额达500万元，如按销售假药罪处理会导致处罚较轻，法院以销售伪劣产品罪定罪处罚

B. 甲明知病死猪肉有害，仍将大量收购的病死猪肉，冒充合格猪肉在市场上销售。法院以销售有毒、有害食品罪定罪处罚

C. 甲明知贮存的苹果上使用了禁用农药，仍将苹果批发给零售商。法院以销售有毒、有害食品罪定罪处罚

D. 甲以为是劣药而销售，但实际上销售了假药，且对人体健康造成严重危害。法院以销售劣药罪定罪处罚

59. 甲为要回30万元赌债，将乙扣押，但2天后乙仍无还款意思。甲等5人将乙押

到一处山崖上，对乙说："3天内让你家人送钱来，如今天不答应，就摔死你。"乙勉强说只有能力还5万元。甲刚说完"一分都不能少"，乙便跳崖。众人慌忙下山找乙，发现乙已坠亡。关于甲的行为定性，下列哪些选项是错误的？（ ）

A. 属于绑架致使被绑架人死亡

B. 属于抢劫致人死亡

C. 属于不作为的故意杀人

D. 成立非法拘禁，但不属于非法拘禁致人死亡

60. 甲的下列哪些行为属于盗窃（不考虑数额）？（ ）

A. 某大学的学生进食堂吃饭时习惯于用手机、钱包等物占座后，再去购买饭菜。甲将学生乙用于占座的钱包拿走

B. 乙进入面馆，将手机放在大厅6号桌的空位上，表示占座，然后到靠近窗户的地方看看有没有更合适的座位。在7号桌吃面的甲将手机拿走

C. 乙将手提箱忘在出租车的后备厢。后甲搭乘该出租车时，将自己的手提箱也放进后备厢，并在下车时将乙的手提箱一并拿走

D. 乙全家外出打工，委托邻居甲照看房屋。有人来村里购树，甲将乙家山头上的树谎称为自家的树，卖给购树人，得款3万元

61. 甲的下列哪些行为成立帮助毁灭证据罪（不考虑情节）？（ ）

A. 甲、乙共同盗窃了丙的财物。为防止公安人员提取指纹，甲在丙报案前擦掉了两人留在现场的指纹

B. 甲、乙是好友。乙的重大贪污罪行被丙发现。甲是丙的上司，为防止丙作证，将丙派往境外工作

C. 甲得知乙放火致人死亡后未清理现场痕迹，便劝说乙回到现场毁灭证据

D. 甲经过犯罪嫌疑人乙的同意，毁灭了对乙有利的无罪证据

62. 根据《刑法》与司法解释的规定，国家工作人员挪用公款进行营利活动、数额达到1万元或者挪用公款进行非法活动、数额达到5000元的，以挪用公款罪论处。国家工作人员甲利用职务便利挪用公款1.2万元，将8000元用于购买股票，4000元用于赌博，在1个月内归还1.2万元。关于本案的分析，下列哪些选项是错误的？（ ）

A. 对挪用公款的行为，应按用途区分行为的性质与罪数：甲实施了两个挪用行为，对两个行为不能综合评价，甲的行为不成立挪用公款罪

B. 甲虽只实施了一个挪用公款行为，但由于既未达到挪用公款进行营利活动的数额要求，也未达到挪用公款进行非法活动的数额要求，故不构成挪用公款罪

C. 国家工作人员购买股票属于非法活动，故应认定甲属于挪用公款1.2万元进行非法活动，甲的行为成立挪用公款罪

D. 可将赌博行为评价为营利活动，认定甲属于挪用公款1.2万元进行营利活动，故甲的行为成立挪用公款罪

63. 丙实施抢劫犯罪后，分管公安工作的副县长甲滥用职权，让侦办此案的警察乙想办法使丙无罪。乙明知丙有罪，但为徇私情，采取毁灭证据的手段使丙未受追诉。关于本案的分析，下列哪些选项是正确的？（ ）

   A. 因甲是国家机关工作人员，故甲是滥用职权罪的实行犯

   B. 因甲居于领导地位，故甲是徇私枉法罪的间接正犯

   C. 因甲实施了两个实行行为，故应实行数罪并罚

   D. 乙的行为同时触犯徇私枉法罪与帮助毁灭证据罪、滥用职权罪，但因只有一个行为，应以徇私枉法罪论处

64. 关于"宪法是静态的刑事诉讼法、刑事诉讼法是动态的宪法"，下列哪些选项是正确的？（ ）

   A. 有关刑事诉讼的程序性条款，构成各国宪法中关于人权保障条款的核心

   B. 刑事诉讼法关于强制措施的适用权限、条件、程序与辩护等规定，都直接体现了宪法关于公民人身、住宅、财产不受非法逮捕、搜查、扣押以及被告人有权获得辩护等规定的精神

   C. 刑事诉讼法规范和限制了国家权力，保障了公民享有宪法规定的基本人权和自由

   D. 宪法关于人权保障的条款，都要通过刑事诉讼法保证刑法的实施来实现

65. 关于刑事诉讼基本原则，下列哪些说法是正确的？（ ）

   A. 体现刑事诉讼基本规律，有着深厚的法律理论基础和丰富的思想内涵

   B. 既可由法律条文明确表述，也可体现于刑事诉讼法的指导思想、目的、任务、具体制度和程序之中

   C. 既包括一般性原则，也包括独有原则

   D. 与规定具体制度、程序的规范不同，基本原则不具有法律约束力，只具有倡导性、指引性

66. 某县破获一抢劫团伙，涉嫌多次入户抢劫，该县法院审理后认为，该团伙中只有主犯赵某可能被判处无期徒刑。关于该案的移送管辖，下列哪些选项是正确的？（ ）

   A. 应当将赵某移送中级法院审理，其余被告人继续在县法院审理

   B. 团伙中的未成年被告人应当一并移送中级法院审理

   C. 中级法院审查后认为赵某不可能被判处无期徒刑，可不同意移送

   D. 中级法院同意移送的，应当书面通知其同级检察院

67. 林某盗版销售著名作家黄某的小说涉嫌侵犯著作权罪，经一审和二审后，二审法院裁定撤销原判，发回原审法院重新审判。关于该案的回避，下列哪些选项是正确的？（ ）

   A. 一审法院审判委员会委员甲系林某辩护人妻子的弟弟，黄某的代理律师可申请其回避

   B. 一审书记员乙系林某的表弟而未回避，二审法院可以此为由裁定发回原审法院重审

C. 一审合议庭审判长丙系黄某的忠实读者，应当回避

D. 丁系二审合议庭成员，如果林某对一审法院重新审判作出的裁判不服再次上诉至二审法院，丁应当自行回避

68. 刘某涉嫌特别重大贿赂犯罪被指定居所监视居住，律师洪某担任其辩护人。关于洪某在侦查阶段参与刑事诉讼，下列哪些选项是正确的？（ ）

A. 会见刘某应当经公安机关许可

B. 可申请将监视居住的地点变更为刘某的住处

C. 可向刘某核实有关证据

D. 会见刘某不受监听

69. 某地法院审理齐某组织、领导、参加黑社会性质组织罪，关于对作证人员的保护，下列哪些选项是正确的？（ ）

A. 可指派专人对被害人甲的人身和住宅进行保护

B. 证人乙可申请不公开真实姓名、住址等个人信息

C. 法院通知侦查人员丙出庭说明讯问的合法性，为防止黑社会组织报复，对其采取不向被告人暴露外貌、真实声音的措施

D. 为保护警方卧底丁的人身安全，丁可不出庭作证，由审判人员在庭外核实丁的证言

70. 关于讯问犯罪嫌疑人，下列哪些选项是正确的？（ ）

A. 在拘留犯罪嫌疑人之前，一律不得对其进行讯问

B. 在拘留犯罪嫌疑人之后，可在送看守所羁押前进行讯问

C. 犯罪嫌疑人被拘留送看守所之后，讯问应当在看守所内进行

D. 对于被指定居所监视居住的犯罪嫌疑人，应当在指定的居所进行讯问

71. 关于庭前会议，下列哪些选项是正确的？（ ）

A. 被告人有参加庭前会议的权利

B. 被害人提起附带民事诉讼的，审判人员可在庭前会议中进行调解

C. 辩护人申请排除非法证据的，可在庭前会议中就是否排除作出决定

D. 控辩双方可在庭前会议中就出庭作证的证人名单进行讨论

72. 方某涉嫌在公众场合侮辱高某和任某，高某向法院提起自诉。关于本案的审理，下列哪些选项是正确的？（ ）

A. 如果任某担心影响不好不愿起诉，任某的父亲可代为起诉

B. 法院通知任某参加诉讼并告知其不参加的法律后果，任某仍未到庭，视为放弃告诉，该案宣判后，任某不得再行自诉

C. 方某的弟弟系该案关键目击证人，经法院通知其无正当理由不出庭作证的，法院可强制其到庭

D. 本案应当适用简易程序审理

73. 关于简易程序，下列哪些选项是正确的？（ ）

A. 甲涉嫌持枪抢劫，法院决定适用简易程序，并由两名审判员和一名人民陪审员组成合议庭进行审理

B. 乙涉嫌盗窃，未满16周岁，法院只有在征得乙的法定代理人和辩护人同意后，才能适用简易程序

C. 丙涉嫌诈骗并对罪行供认不讳，但辩护人为其做无罪辩护，法院决定适用简易程序

D. 丁涉嫌故意伤害，经审理认为可能不构成犯罪，遂转为普通程序审理

74. 关于有期徒刑缓刑、拘役缓刑的执行，下列哪些选项是正确的？（　）

A. 对宣告缓刑的罪犯，法院应当核实其居住地

B. 法院应当向罪犯及原所在单位或居住地群众宣布犯罪事实、期限及应遵守的规定

C. 罪犯在缓刑考验期内犯新罪应当撤销缓刑的，由原审法院作出裁定

D. 法院撤销缓刑的裁定，一经作出立即生效

75. 关于审判监督程序，下列哪些选项是正确的？（　）

A. 只有当事人及其法定代理人、近亲属才能对已经发生法律效力的裁判提出申诉

B. 原审法院依照审判监督程序重新审判的案件，应当另行组成合议庭

C. 对于依照审判监督程序重新审判后可能改判无罪的案件，可中止原判决、裁定的执行

D. 上级法院指令下级法院再审的，一般应当指令原审法院以外的下级法院审理

76. 高效便民是行政管理的基本要求，是服务型政府的具体体现。下列哪些选项体现了这一要求？（　）

A. 简化行政机关内部办理行政许可流程

B. 非因法定事由并经法定程序，行政机关不得撤回和变更已生效的行政许可

C. 对办理行政许可的当事人提出的问题给予及时、耐心的答复

D. 对违法实施行政许可给当事人造成侵害的执法人员予以责任追究

77. 程序正当是当代行政法的基本原则，遵守程序是行政行为合法的要求之一。下列哪些做法违背了这一要求？（　）

A. 某环保局对当事人的处罚听证，由本案的调查人员担任听证主持人

B. 某县政府自行决定征收基本农田35公顷

C. 某公安局拟给予甲拘留10日的治安处罚，告知其可以申请听证

D. 乙违反治安管理的事实清楚，某公安派出所当场对其作出罚款500元的处罚决定

78. 廖某在某镇沿街路边搭建小棚经营杂货，县建设局下发限期拆除通知后强制拆除，并对廖某作出罚款2万元的处罚。廖某起诉，法院审理认为廖某所建小棚未占用主干道，其违法行为没有严重到既需要拆除又需要实施顶格处罚的程度，判决将罚款改为1000元。法院判决适用了下列哪些原则？（　）

A. 行政公开　　　　　　　　B. 比例原则

C. 合理行政　　　　　　　　D. 诚实守信

79. 某公安局以刘某引诱他人吸食毒品为由对其处以 15 日拘留，并处 3000 元罚款的处罚。刘某不服，向法院提起行政诉讼。下列哪些说法是正确的？（　　）

　　A. 公安局在作出处罚决定前传唤刘某询问查证，询问查证时间最长不得超过 24 小时

　　B. 对刘某的处罚不应当适用听证程序

　　C. 如刘某为外国人，可以附加适用限期出境

　　D. 刘某向法院起诉的期限为 3 个月

80. 《反不正当竞争法》规定，当事人对监督检查部门作出的处罚决定不服的，可以自收到处罚决定之日起 15 日内向上一级主管机关申请复议；对复议决定不服的，可以自收到复议决定书之日起 15 日内向法院提起诉讼；也可以直接向法院提起诉讼。某县工商局认定某企业利用广告对商品作引人误解的虚假宣传，构成不正当竞争，处 10 万元罚款。该企业不服，申请复议。下列哪些说法是正确的？（　　）

　　A. 复议机关应当为该工商局的上一级工商局

　　B. 申请复议期间为 15 日

　　C. 如复议机关作出维持决定，该企业向法院起诉，起诉期限为 15 日

　　D. 对罚款决定，该企业可以不经复议直接向法院起诉

81. 代履行是行政机关强制执行的方式之一。有关代履行，下列哪些说法是错误的？（　　）

　　A. 行政机关只能委托没有利害关系的第三人代履行

　　B. 代履行的费用均应当由负有义务的当事人承担

　　C. 代履行不得采用暴力、胁迫以及其他非法方式

　　D. 代履行 3 日前应送达决定书

82. 在行政诉讼中，针对下列哪些情形，法院应当判决驳回原告的诉讼请求？（　　）

　　A. 起诉被告不作为理由不能成立的

　　B. 受理案件后发现起诉不符合起诉条件的

　　C. 被诉具体行政行为合法，但因法律变化需要变更或者废止的

　　D. 被告在一审期间改变被诉具体行政行为，原告不撤诉的

83. 王某认为社保局提供的社会保障信息有误，要求该局予以更正。该局以无权更正为由拒绝更正。王某向法院起诉，法院受理。下列哪些说法是正确的？（　　）

　　A. 王某应当提供其向该局提出过更正申请以及政府信息与其自身相关且记录不准确的事实根据

　　B. 该局应当对拒绝的理由进行举证和说明

　　C. 如涉案信息有误但该局无权更正的，法院即应判决驳回王某的诉讼请求

　　D. 如涉案信息有误且该局有权更正的，法院即应判决在 15 日内更正

84. 2009 年 3 月 15 日，严某向某市房管局递交出让方为郭某（严某之母）、受让方为严某的房产交易申请表以及相关材料。4 月 20 日，该局向严某核发房屋所有权证。后

因家庭纠纷郭某想出售该房产时发现房产已不在其名下，于2013年12月5日以该局为被告提起诉讼，要求撤销向严某核发的房屋所有权证，并给自己核发新证。一审法院判决维持被诉行为，郭某提出上诉。下列哪些说法是正确的？（　　）

A. 本案的起诉期限为2年

B. 本案的起诉期限从2009年4月20日起算

C. 如诉讼中郭某解除对诉讼代理人的委托，在其书面报告法院后，法院应当通知其他当事人

D. 第二审法院应对一审法院的裁判和被诉具体行政行为是否合法进行全面审查

85. 根据《公务员法》的规定，下列哪些选项属于公务员交流方式？（　　）

A. 调任
B. 转任
C. 挂职锻炼
D. 接受培训

三、不定项选择题。每题所设选项中至少有一个正确答案，多选、少选、错选或不选均不得分。本部分含86～100题，每题2分，共30分。

（一）

郑某等人多次预谋通过爆炸抢劫银行运钞车。为方便跟踪运钞车，郑某等人于2012年4月6日杀害一车主，将其面包车开走（事实一）。后郑某等人制作了爆炸装置，并多次开面包车跟踪某银行运钞车，了解运钞车到某储蓄所收款的情况。郑某等人摸清运钞车情况后，于同年6月8日将面包车推下山崖（事实二）。同年6月11日，郑某等人将放有爆炸装置的自行车停于储蓄所门前。当运钞车停在该所门前押款人员下车提押款时（当时附近没有行人），郑某遥控引爆爆炸装置，致2人死亡4人重伤（均为运钞人员），运钞车中的230万元人民币被劫走（事实三）。

请回答第86～88题。

86. 关于事实一（假定具有非法占有目的），下列选项正确的是：（　　）

A. 抢劫致人死亡包括以非法占有为目的故意杀害他人后立即劫取财物的情形

B. 如认为抢劫致人死亡仅限于过失致人死亡，则对事实一只能认定为故意杀人罪与盗窃罪（如否认死者占有，则成立侵占罪），实行并罚

C. 事实一同时触犯故意杀人罪与抢劫罪

D. 事实一虽是为抢劫运钞车服务的，但依然成立独立的犯罪，应适用"抢劫致人死亡"的规定

87. 关于事实二的判断，下列选项正确的是：（　　）

A. 非法占有目的包括排除意思与利用意思

B. 对抢劫罪中的非法占有目的应与盗窃罪中的非法占有目的作相同理解

C. 郑某等人在利用面包车后毁坏面包车的行为，不影响非法占有目的的认定

D. 郑某等人事后毁坏面包车的行为属于不可罚的事后行为

88. 关于事实三的判断，下列选项正确的是：（ ）

A. 虽然当时附近没有行人，郑某等人的行为仍触犯爆炸罪
B. 触犯爆炸罪与故意杀人罪的行为只有一个，属于想象竞合
C. 爆炸行为亦可成为抢劫罪的手段行为
D. 对事实三应适用"抢劫致人重伤、死亡"的规定

（二）

甲在强制戒毒所戒毒时，无法抗拒毒瘾，设法逃出戒毒所。甲径直到毒贩陈某家，以赊账方式买了少量毒品过瘾。后甲逃往乡下，告知朋友乙详情，请乙收留。乙让甲住下（事实一）。甲对陈某的毒品动起了歪脑筋，探知陈某将毒品藏在厨房灶膛内。某夜，甲先用毒包子毒死陈某的2条看门狗（价值6000元），然后翻进陈某院墙，从厨房灶膛拿走陈某50克纯冰毒（事实二）。甲拿出40克冰毒，让乙将40克冰毒和80克其他物质混合，冒充120克纯冰毒卖出（事实三）。

请回答第89～91题。

89. 关于事实一，下列选项正确的是：（ ）

A. 甲是依法被关押的人员，其逃出戒毒所的行为构成脱逃罪
B. 甲购买少量毒品是为了自吸，购买毒品的行为不构成犯罪
C. 陈某出卖毒品给甲，虽未收款，仍属于贩卖毒品既遂
D. 乙收留甲的行为构成窝藏罪

90. 关于事实二的判断，下列选项正确的是：（ ）

A. 甲翻墙入院从厨房取走毒品的行为，属于入户盗窃
B. 甲进入陈某厨房的行为触犯非法侵入住宅罪
C. 甲毒死陈某看门狗的行为是盗窃预备与故意毁坏财物罪的想象竞合
D. 对甲盗窃50克冰毒的行为，应以盗窃罪论处，根据盗窃情节轻重量刑

91. 关于事实三的判断，下列选项正确的是：（ ）

A. 甲让乙卖出冰毒应定性为甲事后处理所盗赃物，对此不应追究甲的刑事责任
B. 乙将40克冰毒掺杂、冒充120克纯冰毒卖出的行为，符合诈骗罪的构成要件
C. 甲、乙既成立诈骗罪的共犯，又成立贩卖毒品罪的共犯
D. 乙在冰毒中掺杂使假，不构成制造毒品罪

（三）

赵某、石某抢劫杀害李某，被路过的王某、张某看见并报案。赵某、石某被抓获后，2名侦查人员负责组织辨认。

请回答第92～93题。

92. 赵某、石某抢劫杀害李某，被路过的王某、张某看见并报案。赵某、石某被抓获后，2名侦查人员负责组织辨认。关于辨认的程序，下列选项正确的是：（ ）

A. 在辨认尸体时，只将李某尸体与另一尸体作为辨认对象

B. 在2名侦查人员的主持下，将赵某混杂在9名具有类似特征的人员中，由王某、张某个别进行辨认

C. 在对石某进行辨认时，9名被辨认人员中的4名民警因紧急任务离开，在2名侦查人员的主持下，将石某混杂在5名人员中，由王某、张某个别进行辨认

D. 根据王某、张某的要求，辨认在不暴露他们身份的情况下进行

93. 赵某、石某抢劫杀害李某，被路过的王某、张某看见并报案。赵某、石某被抓获后，2名侦查人员负责组织辨认。关于辨认笔录的审查与认定，下列选项正确的是：（　　）

A. 如对尸体的辨认过程没有录像，则辨认结果不得作为定案证据

B. 如侦查人员组织辨认时没有见证人在场，则辨认结果不得作为定案的根据

C. 如在辨认前没有详细向辨认人询问被辨认对象的具体特征，则辨认结果不得作为定案证据

D. 如对赵某的辨认只有笔录，没有赵某的照片，无法获悉辨认真实情况的，也可补正或进行合理解释

（四）

黄某（17周岁，某汽车修理店职工）与吴某（16周岁，高中学生）在餐馆就餐时因琐事与赵某（16周岁，高中学生）发生争吵，并殴打赵某致其轻伤。检察院审查后，综合案件情况，拟对黄某作出附条件不起诉决定，对吴某作出不起诉决定。

请回答第94～96题。

94. 关于本案审查起诉的程序，下列选项正确的是：（　　）

A. 应当对黄某、吴某的成长经历、犯罪原因和监护教育等情况进行社会调查

B. 在讯问黄某、吴某和询问赵某时，应当分别通知他们的法定代理人到场

C. 应当分别听取黄某、吴某的辩护人的意见

D. 拟对黄某作出附条件不起诉决定，应当听取赵某及其法定代理人与诉讼代理人的意见

95. 关于对黄某的考验期，下列选项正确的是：（　　）

A. 从宣告附条件不起诉决定之日起计算

B. 不计入检察院审查起诉的期限

C. 可根据黄某在考验期间的表现，在法定范围内适当缩短或延长

D. 如黄某违反规定被撤销附条件不起诉决定而提起公诉，已经过的考验期可折抵刑期

96. 关于本案的办理，下列选项正确的是：（　　）

A. 在对黄某作出附条件不起诉决定、对吴某作出不起诉决定时，必须达成刑事和解

B. 检察院对黄某作出附条件不起诉决定、对吴某作出不起诉决定时，可要求他们向赵某赔礼道歉、赔偿损失

C. 在附条件不起诉考验期内，检察院可将黄某移交有关机构监督考察

D. 检察院对黄某作出附条件不起诉决定，对吴某作出不起诉决定后，均应将相关材料装订成册，予以封存

97. 有关规章的决定和公布，下列说法正确的是：（ ）

A. 审议规章草案时须由起草单位作说明

B. 地方政府规章须经政府全体会议决定

C. 部门联合规章须由联合制定的部门首长共同署名公布，使用主办机关的命令序号

D. 规章公布后须及时在全国范围内发行的有关报纸上刊登

98. 经夏某申请，某县社保局作出认定，夏某晚上下班途中驾驶摩托车与行人发生交通事故受重伤，属于工伤。夏某供职的公司认为其发生交通事故系醉酒所致，向法院起诉要求撤销认定。某县社保局向法院提交了公安局交警大队交通事故认定书、夏某住院的病案和夏某同事孙某的证言。下列说法正确的是：（ ）

A. 夏某为本案的第三人

B. 某县社保局提供的证据均系书证

C. 法院对夏某住院的病案是否为原件的审查，系对证据真实性的审查

D. 如有证据证明交通事故确系夏某醉酒所致，法院应判决撤销某县社保局的认定

99. 有关具体行政行为的效力和合法性，下列说法正确的是：（ ）

A. 具体行政行为一经成立即生效

B. 具体行政行为违法是导致其效力终止的唯一原因

C. 行政机关的职权主要源自行政组织法和授权法的规定

D. 滥用职权是具体行政行为构成违法的独立理由

100. 某县公安局以沈某涉嫌销售伪劣商品罪为由将其刑事拘留，并经县检察院批准逮捕。后检察院决定不起诉。沈某申请国家赔偿，赔偿义务机关拒绝。下列说法正确的是：（ ）

A. 县公安局为赔偿义务机关

B. 赔偿义务机关拒绝赔偿，应当书面通知沈某

C. 国家应当给予沈某赔偿

D. 对拒绝赔偿，沈某可以向县检察院的上一级检察院申请复议

2014年国家司法考试（试卷三）

一、单项选择题。每题所设选项中只有一个正确答案，错选或不选均不得分。本部分含1～50题，每题1分，共50分。

1. 薛某驾车撞死一行人，交警大队确定薛某负全责。鉴于找不到死者亲属，交警大队调处后代权利人向薛某预收了6万元赔偿费，商定待找到权利人后再行转交。因一直未找到权利人，薛某诉请交警大队返还6万元。根据社会主义法治理念公平正义要求和相关法律规定，下列哪一表述是正确的？（　　）

A. 薛某是义务人，但无对应权利人，让薛某承担赔偿义务，违反了权利义务相一致的原则

B. 交警大队未受损失而保有6万元，形成不当得利，应予退还

C. 交警大队代收6万元，依法行使行政职权，与薛某形成合法有效的行政法律关系，无须退还

D. 如确实未找到权利人，交警大队代收的6万元为无主财产，应收归国库

2. 张某和李某达成收养协议：约定由李某收养张某6岁的孩子小张，任何一方违反约定，应承担违约责任。双方办理了登记手续，张某依约向李某支付了10万元。李某收养小张1年后，因小张殴打他人赔偿了1万元，李某要求解除收养协议并要求张某赔偿该1万元。张某同意解除但要求李某返还10万元。下列哪一表述是正确的？（　　）

A. 李某、张某不得解除收养关系

B. 李某应对张某承担违约责任

C. 张某应赔偿李某1万元

D. 李某应返还不当得利

3. 甲公司和乙公司在前者印制的标准格式《货运代理合同》上盖章。《货运代理合同》第四条约定："乙公司法定代表人对乙公司支付货运代理费承担连带责任。"乙公司法定代表人李红在合同尾部签字。后双方发生纠纷，甲公司起诉乙公司，并要求此时乙公司的法定代表人李蓝承担连带责任。关于李蓝拒绝承担连带责任的抗辩事由，下列哪一表述能够成立？（　　）

A. 第四条为无效格式条款

B. 乙公司法定代表人未在第四条处签字

C. 乙公司法定代表人的签字仅代表乙公司的行为

D. 李蓝并未在合同上签字

4. 宗某患尿毒症，其所在单位甲公司组织员工捐款20万元用于救治宗某。此20万元存放于专门设立的账户中。宗某医治无效死亡，花了15万元医疗费。关于余下5万元，

下列哪一表述是正确的？（　　）

　　A. 应归甲公司所有

　　B. 应归宗某继承人所有

　　C. 应按比例退还员工

　　D. 应用于同类公益事业

5. 甲公司向乙公司催讨一笔已过诉讼时效期限的10万元货款。乙公司书面答复称："该笔债务已过时效期限，本公司本无义务偿还，但鉴于双方的长期合作关系，可偿还3万元。"甲公司遂向法院起诉，要求偿还10万元。乙公司接到应诉通知后书面回函甲公司称："既然你公司起诉，则不再偿还任何货款。"下列哪一选项是正确的？（　　）

　　A. 乙公司的书面答复意味着乙公司需偿还甲公司3万元

　　B. 乙公司的书面答复构成要约

　　C. 乙公司的书面回函对甲公司有效

　　D. 乙公司的书面答复表明其丧失了10万元的时效利益

6. 张某与李某共有一台机器，各占50%份额。双方共同将机器转卖获得10万元，约定张某和李某分别享有6万元和4万元。同时约定该10万元暂存李某账户，由其在3个月后返还给张某6万元。后该账户全部款项均被李某债权人王某申请法院查封并执行，致李某不能按期返还张某款项。下列哪一表述是正确的？（　　）

　　A. 李某构成违约，张某可请求李某返还5万元

　　B. 李某构成违约，张某可请求李某返还6万元

　　C. 李某构成侵权，张某可请求李某返还5万元

　　D. 李某构成侵权，张某可请求李某返还6万元

7. 甲公司通知乙公司将其对乙公司的10万元债权出质给了丙银行，担保其9万元贷款。出质前，乙公司对甲公司享有2万元到期债权。如乙公司提出抗辩，关于丙银行可向乙公司行使质权的最大数额，下列哪一选项是正确的？（　　）

　　A. 10万元　　　　　　　　　　B. 9万元

　　C. 8万元　　　　　　　　　　D. 7万元

8. 甲公司欠乙公司货款100万元，先由甲公司提供机器设备设定抵押权、丙公司担任保证人，后由丁公司提供房屋设定抵押权并办理了抵押登记。甲公司届期不支付货款，下列哪一表述是正确的？（　　）

　　A. 乙公司应先行使机器设备抵押权

　　B. 乙公司应先行使房屋抵押权

　　C. 乙公司应先行请求丙公司承担保证责任

　　D. 丙公司和丁公司可相互追偿

9. 张某拾得王某的一只小羊拒不归还，李某将小羊从张某羊圈中抱走交给王某。下列哪一表述是正确的？（　　）

A. 张某拾得小羊后因占有而取得所有权

B. 张某有权要求王某返还占有

C. 张某有权要求李某返还占有

D. 李某侵犯了张某的占有

10. 甲公司与乙公司达成还款计划书，约定在 2012 年 7 月 30 日归还 100 万元，8 月 30 日归还 200 万元，9 月 30 日归还 300 万元。丙公司对三笔还款提供保证，未约定保证方式和保证期间。后甲公司同意乙公司将三笔还款均顺延 3 个月，丙公司对此不知情。乙公司一直未还款，甲公司仅于 2013 年 3 月 15 日要求丙公司承担保证责任。关于丙公司保证责任，下列哪一表述是正确的？（　　）

A. 丙公司保证担保的主债权为 300 万元

B. 丙公司保证担保的主债权为 500 万元

C. 丙公司保证担保的主债权为 600 万元

D. 因延长还款期限未经保证人同意，丙公司不再承担保证责任

11. 方某为送汤某生日礼物，特向余某定做一件玉器。订货单上，方某指示余某将玉器交给汤某，并将订货情况告知汤某。玉器制好后，余某委托朱某将玉器交给汤某，朱某不慎将玉器碰坏。下列哪一表述是正确的？（　　）

A. 汤某有权要求余某承担违约责任

B. 汤某有权要求朱某承担侵权责任

C. 方某有权要求朱某承担侵权责任

D. 方某有权要求余某承担违约责任

12. 甲公司向乙公司购买小轿车，约定 7 月 1 日预付 10 万元，10 月 1 日预付 20 万元，12 月 1 日乙公司交车时付清尾款。甲公司按时预付第一笔款。乙公司于 9 月 30 日发函称因原材料价格上涨，需提高小轿车价格。甲公司于 10 月 1 日拒绝，等待乙公司答复未果后于 10 月 3 日向乙公司汇去 20 万元。乙公司当即拒收，并称甲公司迟延付款构成违约，要求解除合同，甲公司则要求乙公司继续履行。下列哪一表述是正确的？（　　）

A. 甲公司不构成违约

B. 乙公司有权解除合同

C. 乙公司可行使先履行抗辩权

D. 乙公司可要求提高合同价格

13. 胡某于 2006 年 3 月 10 日向李某借款 100 万元，期限 3 年。2009 年 3 月 30 日，双方商议再借 100 万元，期限 3 年。两笔借款均先后由王某保证，未约定保证方式和保证期间。李某未向胡某和王某催讨。胡某仅于 2010 年 2 月归还借款 100 万元。关于胡某归还的 100 万元，下列哪一表述是正确的？（　　）

A. 因 2006 年的借款已到期，故归还的是该笔借款

B. 因 2006 年的借款无担保，故归还的是该笔借款

C. 因 2006 年和 2009 年的借款数额相同，故按比例归还该两笔借款

D. 因 2006 年和 2009 年的借款均有担保，故按比例归还该两笔借款

14. 孙某与李某签订房屋租赁合同，李某承租后与陈某签订了转租合同，孙某表示同意。但是，孙某在与李某签订租赁合同之前，已经把该房租给了王某并已交付。李某、陈某、王某均要求继续租赁该房屋。下列哪一表述是正确的？（ ）

A. 李某有权要求王某搬离房屋

B. 陈某有权要求王某搬离房屋

C. 李某有权解除合同，要求孙某承担赔偿责任

D. 陈某有权解除合同，要求孙某承担赔偿责任

15. 张某从甲银行分支机构乙支行借款 20 万元，李某提供保证担保。李某和甲银行又特别约定，如保证人不履行保证责任，债权人有权直接从保证人在甲银行及其支行处开立的任何账户内扣收。届期，张某、李某均未还款，甲银行直接从李某在甲银行下属的丙支行账户内扣划了 18 万元存款用于偿还张某的借款。下列哪一表述是正确的？（ ）

A. 李某与甲银行关于直接在账户内扣划款项的约定无效

B. 李某无须承担保证责任

C. 乙支行收回 20 万元全部借款本金和利息之前，李某不得向张某追偿

D. 乙支行应以自己的名义向张某行使追索权

16. 甲研究院研制出一种新药技术，向我国有关部门申请专利后，与乙制药公司签订了专利申请权转让合同，并依法向国务院专利行政主管部门办理了登记手续。下列哪一表述是正确的？（ ）

A. 乙公司依法获得药品生产许可证之前，专利申请权转让合同未生效

B. 专利申请权的转让合同自向国务院专利行政主管部门登记之日起生效

C. 专利申请权的转让自向国务院专利行政主管部门登记之日起生效

D. 如该专利申请因缺乏新颖性被驳回，乙公司可以不能实现合同目的为由请求解除专利申请权转让合同

17. 甲展览馆委托雕塑家叶某创作了一座巨型雕塑，将其放置在公园入口，委托创作合同中未约定版权归属。下列行为中，哪一项不属于侵犯著作权的行为？（ ）

A. 甲展览馆许可乙博物馆异地重建完全相同的雕塑

B. 甲展览馆仿照雕塑制作小型纪念品向游客出售

C. 个体户冯某仿照雕塑制作小型纪念品向游客出售

D. 游客陈某未经著作权人同意对雕塑拍照纪念

18. 甲电视台经过主办方的专有授权，对篮球俱乐部联赛进行了现场直播，包括在比赛休息时舞蹈演员跳舞助兴的场面。乙电视台未经许可截取电视信号进行同步转播。关于乙电视台的行为，下列哪一表述是正确的？（ ）

A. 侵犯了主办方对篮球比赛的著作权

B. 侵犯了篮球运动员的表演者权

C. 侵犯了舞蹈演员的表演者权

D. 侵犯了主办方的广播组织权

19. 甲公司在汽车产品上注册了"山叶"商标，乙公司未经许可在自己生产的小轿车上也使用"山叶"商标。丙公司不知乙公司使用的商标不合法，与乙公司签订书面合同，以合理价格大量购买"山叶"小轿车后售出，获利100万元以上。下列哪一说法是正确的？（　　）

A. 乙公司的行为属于仿冒注册商标

B. 丙公司可继续销售"山叶"小轿车

C. 丙公司应赔偿甲公司损失100万元

D. 工商行政管理部门不能对丙公司进行罚款处罚

20. 甲的房屋与乙的房屋相邻。乙把房屋出租给丙居住，并为该房屋在A公司买了火灾保险。某日甲见乙的房屋起火，唯恐大火蔓延自家受损，遂率家人救火，火势得到及时控制，但甲被烧伤住院治疗。下列哪一表述是正确的？（　　）

A. 甲主观上为避免自家房屋受损，不构成无因管理，应自行承担医疗费用

B. 甲依据无因管理只能向乙主张医疗费赔偿，因乙是房屋所有人

C. 甲依据无因管理只能向丙主张医疗费赔偿，因丙是房屋实际使用人

D. 甲依据无因管理不能向A公司主张医疗费赔偿，因甲欠缺为A公司的利益实施管理的主观意思

21. 甲电器销售公司的安装工人李某在为消费者黄某安装空调的过程中，不慎从高处掉落安装工具，将路人王某砸成重伤。李某是乙公司的劳务派遣人员，此前曾多次发生类似小事故，甲公司曾要求乙公司另派他人，但乙公司未予换人。下列哪一选项是正确的？（　　）

A. 对王某的赔偿责任应由李某承担，黄某承担补充责任

B. 对王某的赔偿责任应由甲公司承担，乙公司承担补充责任

C. 甲公司与乙公司应对王某承担连带赔偿责任

D. 对王某的赔偿责任承担应采用过错责任原则

22. 欣欣美容医院在为青年女演员欢欢实施隆鼻手术过程中，因未严格消毒导致欢欢面部感染，经治愈后面部仍留下较大疤痕。欢欢因此诉诸法院，要求欣欣医院赔偿医疗费并主张精神损害赔偿。该案受理后不久，欢欢因心脏病急性发作猝死。网络名人洋洋在其博客上杜撰欢欢吸毒过量致死。下列哪一表述是错误的？（　　）

A. 欣欣医院构成违约行为和侵权行为

B. 欢欢的继承人可继承欣欣医院对欢欢支付的精神损害赔偿金

C. 洋洋的行为侵犯了欢欢的名誉权

D. 欢欢的母亲可以欢欢的名义对洋洋提起侵权之诉

23. 甲（男）、乙（女）结婚后，甲承诺，在子女出生后，将其婚前所有的一间门面房，变更登记为夫妻共同财产。后女儿丙出生，但甲不愿兑现承诺，导致夫妻感情破裂离婚，女儿丙随乙一起生活。后甲又与丁（女）结婚。未成年的丙因生重病住院急需医疗费20万元，甲与丁签订借款协议从夫妻共同财产中支取该20万元。下列哪一表述是错误的？（　　）

A. 甲与乙离婚时，乙无权请求将门面房作为夫妻共同财产分割

B. 甲与丁的协议应视为双方约定处分共同财产

C. 如甲、丁离婚，有关医疗费按借款协议约定处理

D. 如丁不同意甲支付医疗费，甲无权要求分割共有财产

24. 甲有乙、丙和丁三个女儿。甲于2013年1月1日亲笔书写一份遗嘱，写明其全部遗产由乙继承，并签名和注明年月日。同年3月2日，甲又请张律师代书一份遗嘱，写明其全部遗产由丙继承。同年5月3日，甲因病被丁送至医院急救，甲又立口头遗嘱一份，内容是其全部遗产由丁继承，在场的赵医生和李护士见证。甲病好转后出院休养，未立新遗嘱。如甲死亡，下列哪一选项是甲遗产的继承权人？（　　）

A. 乙　　B. 丙　　C. 丁　　D. 乙、丙、丁

25. 玮平公司是一家从事家具贸易的有限责任公司，注册地在北京，股东为张某、刘某、姜某、方某四人。公司成立两年后，拟设立分公司或子公司以开拓市场。对此，下列哪一表述是正确的？（　　）

A. 在北京市设立分公司，不必申领分公司营业执照

B. 在北京市以外设立分公司，须经登记并领取营业执照，且须独立承担民事责任

C. 在北京市以外设立分公司，其负责人只能由张某、刘某、姜某、方某中的一人担任

D. 在北京市以外设立子公司，即使是全资子公司，亦须独立承担民事责任

26. 甲与乙为一有限责任公司股东，甲为董事长。2014年4月，一次出差途中遭遇车祸，甲与乙同时遇难。关于甲、乙股东资格的继承，下列哪一表述是错误的？（　　）

A. 在公司章程未特别规定时，甲、乙的继承人均可主张股东资格继承

B. 在公司章程未特别规定时，甲的继承人可以主张继承股东资格与董事长职位

C. 公司章程可以规定甲、乙的继承人继承股东资格的条件

D. 公司章程可以规定甲、乙的继承人不得继承股东资格

27. 严某为鑫佳有限责任公司股东。关于公司对严某签发出资证明书，下列哪一选项是正确的？（　　）

A. 在严某认缴公司章程所规定的出资后，公司即须签发出资证明书

B. 若严某遗失出资证明书，其股东资格并不因此丧失

C. 出资证明书须载明严某以及其他股东的姓名、各自所缴纳的出资额

D. 出资证明书在法律性质上属于有价证券

28. 某经营高档餐饮的有限责任公司，成立于2004年。最近四年来，因受市场影响，

公司业绩逐年下滑,各董事间又长期不和,公司经营管理几近瘫痪。股东张某提起解散公司诉讼。对此,下列哪一表述是正确的?( )

  A. 可同时提起清算公司的诉讼

  B. 可向法院申请财产保全

  C. 可将其他股东列为共同被告

  D. 如法院就解散公司诉讼作出判决,仅对公司具有法律拘束力

29. 2014年5月,甲、乙、丙三人共同出资设立一家有限责任公司。甲的下列哪一行为不属于抽逃出资行为?( )

  A. 将出资款项转入公司账户验资后又转出去

  B. 虚构债权债务关系将其出资转出去

  C. 利用关联交易将其出资转出去

  D. 制作虚假财务会计报表虚增利润进行分配

30. 2010年5月,贾某以一套房屋作为投资,与几位朋友设立一家普通合伙企业,从事软件开发。2014年6月,贾某举家移民海外,故打算自合伙企业中退出。对此,下列哪一选项是正确的?( )

  A. 在合伙协议未约定合伙期限时,贾某向其他合伙人发出退伙通知后,即发生退伙效力

  B. 因贾某的退伙,合伙企业须进行清算

  C. 退伙后贾某可向合伙企业要求返还该房屋

  D. 贾某对退伙前合伙企业的债务仍须承担无限连带责任

31. 2014年6月经法院受理,甲公司进入破产程序。现查明,甲公司所占有的一台精密仪器,实为乙公司委托甲公司承运而交付给甲公司的。关于乙公司的取回权,下列哪一表述是错误的?( )

  A. 取回权的行使,应在破产财产变价方案或和解协议、重整计划草案提交债权人会议表决之前

  B. 乙公司未在规定期限内行使取回权,则其取回权即归于消灭

  C. 管理人否认乙公司的取回权时,乙公司可以诉讼方式主张其权利

  D. 乙公司未支付相关运输、保管等费用时,保管人可拒绝其取回该仪器

32. 依票据法原理,票据具有无因性、设权性、流通性、文义性、要式性等特征。关于票据特征的表述,下列哪一选项是错误的?( )

  A. 没有票据,就没有票据权利

  B. 任何类型的票据都必须能够进行转让

  C. 票据的效力不受票据赖以发生的原因行为的影响

  D. 票据行为的方式若存在瑕疵,不影响票据的效力

33. 依据我国《海商法》和《物权法》的相关规定,关于船舶所有权,下列一表述

是正确的?( )

A. 船舶买卖时,船舶所有权自船舶交付给买受人时移转

B. 船舶建造完成后,须办理船舶所有权的登记才能确定其所有权的归属

C. 船舶不能成为共同共有的客体

D. 船舶所有权不能由自然人继承

34. 甲公司代理人谢某代投保人何某签字,签订了保险合同,何某也依约交纳了保险费。在保险期间内发生保险事故,何某要求甲公司承担保险责任。下列哪一表述是正确的?( )

A. 谢某代签字,应由谢某承担保险责任

B. 甲公司承保错误,无须承担保险责任

C. 何某已经交纳了保险费,应由甲公司承担保险责任

D. 何某默认谢某代签字有过错,应由何某和甲公司按过错比例承担责任

35. 社会主义法治的价值追求是公平正义,因此必须坚持法律面前人人平等原则。下列哪一民事诉讼基本原则最能体现法律面前人人平等原则的内涵?( )

A. 检察监督原则

B. 诚实信用原则

C. 当事人诉讼权利平等原则

D. 同等原则和对等原则

36. 依法治国要求树立法律权威,依法办事,因此在民事纠纷解决的过程中,各方主体都须遵守法律的规定。下列哪一行为违背了相关法律?( )

A. 法院主动对确有错误的生效调解书启动再审

B. 派出所民警对民事纠纷进行调解

C. 法院为下落不明的被告指定代理人参加调解

D. 人民调解委员会主动调解当事人之间的民间纠纷

37. 据《民事诉讼法》规定的诚信原则的基本精神,下列哪一选项符合诚信原则?( )

A. 当事人以欺骗的方法形成不正当诉讼状态

B. 证人故意提供虚假证言

C. 法院根据案件审理情况对当事人提供的证据不予采信

D. 法院对当事人提出的证据任意进行取舍或否定

38. 在一起侵权诉讼中,原告申请由其弟袁某(某大学计算机系教授)作为专家辅助人出庭对专业技术问题予以说明。下列哪一表述是正确的?( )

A. 被告以袁某是原告的近亲属为由申请其回避,法院应批准

B. 袁某在庭上的陈述是一种法定证据

C. 被告可对袁某进行询问

D. 袁某出庭的费用,由败诉方当事人承担

39. 关于管辖，下列哪一表述是正确的？（   ）

A. 军人与非军人之间的民事诉讼，都应由军事法院管辖，体现了专门管辖的原则

B. 中外合资企业与外国公司之间的合同纠纷，应由中国法院管辖，体现了维护司法主权的原则

C. 最高法院通过司法解释授予部分基层法院专利纠纷案件初审管辖权，体现了平衡法院案件负担的原则

D. 不动产纠纷由不动产所在地法院管辖，体现了管辖恒定的原则

40. 赵洪诉陈海返还借款100元，法院决定适用小额诉讼程序审理。关于该案的审理，下列哪一选项是错误的？（   ）

A. 应在开庭审理时先行调解

B. 应开庭审理，但经过赵洪和陈海的书面同意后，可书面审理

C. 应当庭宣判

D. 应一审终审

41. 关于第三人撤销之诉，下列哪一说法是正确的？（   ）

A. 法院受理第三人撤销之诉后，应中止原裁判的执行

B. 第三人撤销之诉是确认原审裁判错误的确认之诉

C. 第三人撤销之诉由原审法院的上一级法院管辖，但当事人一方人数众多或者双方当事人为公民的案件，应由原审法院管辖

D. 第三人撤销之诉的客体包括生效的民事判决、裁定和调解书

42. 张某诉美国人海斯买卖合同一案，由于海斯在我国无住所，法院无法与其联系，遂要求张某提供双方的电子邮件地址，电子送达了诉讼文书，并在电子邮件中告知双方当事人在收到诉讼文书后予以回复，但开庭之前法院只收到张某的回复，一直未收到海斯的回复。后法院在海斯缺席的情况下，对案件作出判决，驳回张某的诉讼请求，并同样以电子送达的方式送达判决书。关于本案诉讼文书的电子送达，下列哪一做法是合法的？（   ）

A. 向张某送达举证通知书   B. 向张某送达缺席判决书

C. 向海斯送达举证通知书   D. 向海斯送达缺席判决书

43. 刘某与曹某签订房屋租赁合同，后刘某向法院起诉，要求曹某依约支付租金。曹某向法院提出的下列哪一主张可能构成反诉？（   ）

A. 刘某的支付租金请求权已经超过诉讼时效

B. 租赁合同无效

C. 自己无支付能力

D. 自己已经支付了租金

44. 甲公司与银行订立了标的额为8000万元的贷款合同，甲公司董事长美国人汤姆用自己位于W市的三套别墅为甲公司提供抵押担保。贷款到期后甲公司无力归还，银行

向法院申请适用特别程序实现对别墅的抵押权。关于本案的分析，下列哪一选项是正确的？（　　）

A. 由于本案标的金额巨大，且具有涉外因素，银行应向W市中院提交书面申请

B. 本案的被申请人只应是债务人甲公司

C. 如果法院经过审查，作出拍卖裁定，可直接移交执行庭进行拍卖

D. 如果法院经过审查，驳回银行申请，银行可就该抵押权益向法院起诉

45. 下列关于证明的哪一表述是正确的？（　　）

A. 经过公证的书证，其证明力一般大于传来证据和间接证据

B. 经验法则可验证的事实都不需要当事人证明

C. 在法国居住的雷诺委托赵律师代理在我国的民事诉讼，其授权委托书需要经法国公证机关证明，并经我国驻法国使领馆认证后，方发生效力

D. 证明责任是一种不利的后果，会随着诉讼的进行，在当事人之间来回移转

46. 黄某向法院申请支付令，督促陈某返还借款。送达支付令时，陈某拒绝签收，法官遂进行留置送达。12天后，陈某以已经归还借款为由向法院提起书面异议。黄某表示希望法院彻底解决自己与陈某的借款问题。下列哪一说法是正确的？（　　）

A. 支付令不能留置送达，法官的送达无效

B. 提出支付令异议的期间是10天，陈某的异议不发生效力

C. 陈某的异议并未否认二人之间存在借贷法律关系，因而不影响支付令的效力

D. 法院应将本案转为诉讼程序审理

47. 甲诉乙人身损害赔偿一案，一审法院根据甲的申请，冻结了乙的银行账户，并由李法官独任审理。后甲胜诉，乙提出上诉。二审法院认为一审事实不清，裁定撤销原判，发回重审。关于重审，下列哪一表述是正确的？（　　）

A. 由于原判已被撤销，一审中的审判行为无效，保全措施也应解除

B. 由于原判已被撤销，一审中的诉讼行为无效，法院必须重新指定举证时限

C. 重审时不能再适用简易程序，应组成合议庭，李法官可作为合议庭成员参加重审

D. 若重审法院判决甲胜诉，乙再次上诉，二审法院认为重审认定的事实依然错误，则只能在查清事实后改判

48. 张某驾车与李某发生碰撞，交警赶到现场后用数码相机拍摄了碰撞情况，后李某提起诉讼，要求张某赔偿损失，并向法院提交了一张光盘，内附交警拍摄的照片。该照片属于下列哪一种证据？（　　）

A. 书证　　　　　　　　　　B. 鉴定意见

C. 勘验笔录　　　　　　　　D. 电子数据

49. 对于甲和乙的借款纠纷，法院判决乙应归还甲借款。进入执行程序后，由于乙无现金，法院扣押了乙住所处的一架钢琴准备拍卖。乙提出钢琴是其父亲的遗物，申请用一台价值与钢琴相当的相机替换钢琴。法院认为相机不足以抵偿乙的债务，未予同意。乙认

为扣押行为错误，提出异议。法院经过审查，驳回该异议。关于乙的救济渠道，下列哪一表述是正确的？（　　）

　　A. 向执行法院申请复议
　　B. 向执行法院的上一级法院申请复议
　　C. 向执行法院提起异议之诉
　　D. 向原审法院申请再审

50. 万某起诉吴某人身损害赔偿一案，经过两级法院审理，均判决支持万某的诉讼请求，吴某不服，申请再审。再审中万某未出席开庭审理，也未向法院说明理由。对此，法院的下列哪一做法是正确的？（　　）

　　A. 裁定撤诉，视为撤回起诉
　　B. 裁定撤诉，视为撤回再审申请
　　C. 裁定诉讼中止
　　D. 缺席判决

二、多项选择题。每题所设选项中至少有两个正确答案，多选、少选、错选或不选均不得分。本部分含 51～85 题，每题 2 分，共 70 分。

51. 甲房产开发公司在交给购房人张某的某小区平面图和项目说明书中都标明有一个健身馆。张某看中小区健身方便，决定购买一套商品房并与甲公司签订了购房合同。张某收房时发现小区没有健身馆。下列哪些表述是正确的？（　　）

　　A. 甲公司不守诚信，构成根本违约，张某有权退房
　　B. 甲公司构成欺诈，张某有权请求甲公司承担缔约过失责任
　　C. 甲公司恶意误导，张某有权请求甲公司双倍返还购房款
　　D. 张某不能滥用权利，在退房和要求甲公司承担违约责任之间只能选择一种

52. 吴某是甲公司员工，持有甲公司授权委托书。吴某与温某签订了借款合同，该合同由温某签字，吴某用甲公司合同专用章盖章。后温某要求甲公司还款。下列哪些情形有助于甲公司否定吴某的行为构成表见代理？（　　）

　　A. 温某明知借款合同上的盖章是甲公司合同专用章而非甲公司公章，未表示反对
　　B. 温某未与甲公司核实，即将借款交给吴某
　　C. 吴某出示的甲公司授权委托书载明甲公司仅授权吴某参加投标活动
　　D. 吴某出示的甲公司空白授权委托书已届期

53. 下列哪些请求不适用诉讼时效？（　　）

　　A. 当事人请求撤销合同
　　B. 当事人请求确认合同无效
　　C. 业主大会请求业主缴付公共维修基金
　　D. 按份共有人请求分割共有物

54. 杜某拖欠谢某 100 万元。谢某请求杜某以登记在其名下的房屋抵债时，杜某称其

已把房屋作价90万元卖给赖某，房屋钥匙已交，但产权尚未过户。该房屋市值为120万元。关于谢某权利的保护，下列哪些表述是错误的？（　　）

A. 谢某可请求法院撤销杜某、赖某的买卖合同

B. 因房屋尚未过户，杜某、赖某买卖合同无效

C. 如谢某能举证杜某、赖某构成恶意串通，则杜某、赖某买卖合同无效

D. 因房屋尚未过户，房屋仍属杜某所有，谢某有权直接取得房屋的所有权以实现其债权

55. 刘某借用张某的名义购买房屋后，将房屋登记在张某名下。双方约定该房屋归刘某所有，房屋由刘某使用，产权证由刘某保存。后刘某、张某因房屋所有权归属发生争议。关于刘某的权利主张，下列哪些表述是正确的？（　　）

A. 可直接向登记机构申请更正登记

B. 可向登记机构申请异议登记

C. 可向法院请求确认其为所有权人

D. 可依据法院确认其为所有权人的判决请求登记机关变更登记

56. 季大与季小兄弟二人，成年后各自立户，季大一直未婚。季大从所在村集体经济组织承包耕地若干。关于季大的土地承包经营权，下列哪些表述是正确的？（　　）

A. 自土地承包经营权合同生效时设立

B. 如季大转让其土地承包经营权，则未经变更登记不发生转让的效力

C. 如季大死亡，则季小可以继承该土地承包经营权

D. 如季大死亡，则季小可以继承该耕地上未收割的农作物

57. 2013年2月1日，王某以一套房屋为张某设定了抵押，办理了抵押登记。同年3月1日，王某将该房屋无偿租给李某1年，以此抵王某欠李某的借款。房屋交付后，李某向王某出具了借款还清的收据。同年4月1日，李某得知房屋上设有抵押后，与王某修订租赁合同，把起租日改为2013年1月1日。张某实现抵押权时，要求李某搬离房屋。下列哪些表述是正确的？（　　）

A. 王某、李某的借款之债消灭

B. 李某的租赁权可对抗张某的抵押权

C. 王某、李某修订租赁合同行为无效

D. 李某可向王某主张违约责任

58. 某小区徐某未获得规划许可证和施工许可证便在自住房前扩建一个门面房，挤占小区人行通道。小区其他业主多次要求徐某拆除未果后，将该门面房强行拆除，毁坏了徐某自住房屋的墙砖。关于拆除行为，下列哪些表述是正确的？（　　）

A. 侵犯了徐某门面房的所有权

B. 侵犯了徐某的占有

C. 其他业主应恢复原状

53

D. 其他业主应赔偿徐某自住房屋墙砖毁坏的损失

59. 刘某欠何某100万元货款届期未还且刘某不知所踪。刘某之子小刘为替父还债，与何某签订书面房屋租赁合同，未约定租期，仅约定："月租金1万元，用租金抵货款，如刘某出现并还清货款，本合同终止，双方再行结算。"下列哪些表述是错误的？（ ）

A. 小刘有权随时解除合同

B. 何某有权随时解除合同

C. 房屋租赁合同是附条件的合同

D. 房屋租赁合同是附期限的合同

60. 甲公司与小区业主吴某订立了供热合同。因吴某要出国进修半年，向甲公司申请暂停供热未果，遂拒交上一期供热费。下列哪些表述是正确的？（ ）

A. 甲公司可以直接解除供热合同

B. 经催告吴某在合理期限内未交费，甲公司可以解除供热合同

C. 经催告吴某在合理期限内未交费，甲公司可以中止供热

D. 甲公司可以要求吴某承担违约责任

61. 甲公司员工魏某在公司年会抽奖活动中中奖，依据活动规则，公司资助中奖员工子女次年的教育费用，如员工离职，则资助失效。下列哪些表述是正确的？（ ）

A. 甲公司与魏某成立附条件赠与

B. 甲公司与魏某成立附义务赠与

C. 如魏某次年离职，甲公司无给付义务

D. 如魏某次年未离职，甲公司在给付前可撤销资助

62. 甲创作了一首歌曲《红苹果》，乙唱片公司与甲签订了专有许可合同，在聘请歌星丙演唱了这首歌曲后，制作成录音制品（CD）出版发行。下列哪些行为属于侵权行为？（ ）

A. 某公司未经许可翻录该CD后销售，向甲、乙、丙寄送了报酬

B. 某公司未经许可自聘歌手在录音棚中演唱了《红苹果》并制作成DVD销售，向甲寄送了报酬

C. 某商场购买CD后在营业时间作为背景音乐播放，经过甲许可并向其支付了报酬

D. 某电影公司将CD中的声音作为电影的插曲使用，只经过了甲许可

63. 中国甲公司的一项发明在中国和A国均获得了专利权。中国的乙公司与甲公司签订了中国地域内的专利独占实施合同。A国的丙公司与甲公司签订了在A国地域内的专利普通实施合同并制造专利产品，A国的丁公司与乙公司签订了在A国地域内的专利普通实施合同并制造专利产品。中国的戊公司、庚公司分别从丙公司和丁公司进口这些产品到中国使用。下列哪些说法是正确的？（ ）

A. 甲公司应向乙公司承担违约责任

B. 乙公司应向甲公司承担违约责任

C. 戊公司的行为侵犯了乙公司的专利独占实施权

D. 庚公司的行为侵犯了甲公司的专利权

64. 甲公司是《保护工业产权巴黎公约》成员国A国的企业，于2012年8月1日向A国在牛奶产品上申请注册"白雪"商标被受理后，又于2013年5月30日向我国商标局申请注册"白雪"商标，核定使用在牛奶、糕点和食品容器这三类商品上。下列哪些说法是错误的？（　　）

A. 甲公司应委托依法设立的商标代理机构代理申请商标注册

B. 甲公司必须提出三份注册申请，分别在三类商品上申请注册同一商标

C. 甲公司可依法享有优先权

D. 如商标局在异议程序中认定"白雪"商标为驰名商标，甲公司可在其牛奶包装上使用"驰名商标"字样

65. 甲（男）与乙（女）结婚，其子小明20周岁时，甲与乙离婚。后甲与丙（女）再婚，丙子小亮8周岁，随甲、丙共同生活。小亮成年成家后，甲与丙甚感孤寂，收养孤儿小光为养子，视同己出，未办理收养手续。丙去世，其遗产的第一顺序继承人有哪些？（　　）

A. 小明　　　B. 小亮　　　C. 甲　　　D. 小光

66. 甲家盖房，邻居乙、丙前来帮忙。施工中，丙因失误从高处摔下受伤，乙不小心撞伤小孩丁。下列哪些表述是正确的？（　　）

A. 对丙的损害，甲应承担赔偿责任，但可减轻其责任

B. 对丙的损害，甲不承担赔偿责任，但可在受益范围内予以适当补偿

C. 对丁的损害，甲应承担赔偿责任

D. 对丁的损害，甲应承担补充赔偿责任

67. 甲参加乙旅行社组织的旅游活动。未经甲和其他旅游者同意，乙旅行社将本次业务转让给当地的丙旅行社。丙旅行社聘请丁公司提供大巴运输服务。途中，由于丁公司司机黄某酒后驾驶与迎面违章变道的个体运输户刘某货车相撞，造成甲受伤。甲的下列哪些请求能够获得法院的支持？（　　）

A. 请求丁公司和黄某承担连带赔偿责任

B. 请求黄某与刘某承担连带赔偿责任

C. 请求乙旅行社和丙旅行社承担连带赔偿责任

D. 请求刘某承担赔偿责任

68. 2014年5月，甲乙丙丁四人拟设立一家有限责任公司。关于该公司的注册资本与出资，下列哪些表述是正确的？（　　）

A. 公司注册资本可以登记为1元人民币

B. 公司章程应载明其注册资本

C. 公司营业执照不必载明其注册资本

D. 公司章程可以要求股东出资须经验资机构验资

69. 关于有限责任公司股东名册制度，下列哪些表述是正确的？（　　）

　　A. 公司负有置备股东名册的法定义务

　　B. 股东名册须提交于公司登记机关

　　C. 股东可依据股东名册的记载，向公司主张行使股东权利

　　D. 就股东事项，股东名册记载与公司登记之间不一致时，以公司登记为准

70. 因公司章程所规定的营业期限届满，蒙玛有限公司进入清算程序。关于该公司的清算，下列哪些选项是错误的？（　　）

　　A. 在公司逾期不成立清算组时，公司股东可直接申请法院指定组成清算组

　　B. 公司在清算期间，由清算组代表公司参加诉讼

　　C. 债权人未在规定期限内申报债权的，则不得补充申报

　　D. 法院组织清算的，清算方案报法院备案后，清算组即可执行

71. 关于公司的财务行为，下列哪些选项是正确的？（　　）

　　A. 在会计年度终了时，公司须编制财务会计报告，并自行审计

　　B. 公司的法定公积金不足以弥补以前年度亏损时，则在提取本年度法定公积金之前，应先用当年利润弥补亏损

　　C. 公司可用其资本公积金来弥补公司的亏损

　　D. 公司可将法定公积金转为公司资本，但所留存的该项公积金不得少于转增前公司注册资本的百分之二十五

72. 顺昌有限公司等五家公司作为发起人，拟以募集方式设立一家股份有限公司。关于公开募集程序，下列哪些表述是正确的？（　　）

　　A. 发起人应与依法设立的证券公司签订承销协议，由其承销公开募集的股份

　　B. 证券公司应与银行签订协议，由该银行代收所发行股份的股款

　　C. 发行股份的股款缴足后，须经依法设立的验资机构验资并出具证明

　　D. 由发起人主持召开公司创立大会，选举董事会成员、监事会成员与公司总经理

73. 通源商务中心为一家普通合伙企业，合伙人为赵某、钱某、孙某、李某、周某。就合伙事务的执行，合伙协议约定由赵某、钱某二人负责。下列哪些表述是正确的？（　　）

　　A. 孙某仍有权以合伙企业的名义对外签订合同

　　B. 对赵某、钱某的业务执行行为，李某享有监督权

　　C. 对赵某、钱某的业务执行行为，周某享有异议权

　　D. 赵某以合伙企业名义对外签订合同时，钱某享有异议权

74. 甲公司因不能清偿到期债务且明显缺乏清偿能力，遂于2014年3月申请破产，且法院已受理。经查，在此前半年内，甲公司针对若干债务进行了个别清偿。关于管理人的撤销权，下列哪些表述是正确的？（　　）

　　A. 甲公司清偿对乙银行所负的且以自有房产设定抵押担保的贷款债务的，管理人可

以主张撤销

　　B. 甲公司清偿对丙公司所负的且经法院判决所确定的货款债务的，管理人可以主张撤销

　　C. 甲公司清偿对丁公司所负的为维系基本生产所需的水电费债务的，管理人不得主张撤销

　　D. 甲公司清偿对戊所负的劳动报酬债务的，管理人不得主张撤销

75. 甲向乙购买原材料，为支付货款，甲向乙出具金额为 50 万元的商业汇票一张，丙银行对该汇票进行了承兑。后乙不慎将该汇票丢失，被丁拾到。乙立即向付款人丙银行办理了挂失止付手续。下列哪些选项是正确的？（　　）

　　A. 乙因丢失票据而确定性地丧失了票据权利

　　B. 乙在遗失汇票后，可直接提起诉讼要求丙银行付款

　　C. 如果丙银行向丁支付了票据上的款项，则丙应向乙承担赔偿责任

　　D. 乙在通知挂失止付后十五日内，应向法院申请公示催告

76. 关于投保人在订立保险合同时的告知义务，下列哪些表述是正确的？（　　）

　　A. 投保人的告知义务，限于保险人询问的范围和内容

　　B. 当事人对询问范围及内容有争议的，投保人负举证责任

　　C. 投保人未如实告知投保单询问表中概括性条款时，则保险人可以此为由解除合同

　　D. 在保险合同成立后，保险人获悉投保人未履行如实告知义务，但仍然收取保险费，则保险人不得解除合同

77. 甲县的佳华公司与乙县的亿龙公司订立的烟叶买卖合同中约定，如果因为合同履行发生争议，应提交 A 仲裁委员会仲裁。佳华公司交货后，亿龙公司认为烟叶质量与约定不符，且正在霉变，遂准备提起仲裁，并对烟叶进行证据保全。关于本案的证据保全，下列哪些表述是正确的？（　　）

　　A. 在仲裁程序启动前，亿龙公司可直接向甲县法院申请证据保全

　　B. 仲裁程序启动后，亿龙公司既可直接向甲县法院申请证据保全，也可向 A 仲裁委员会申请证据保全

　　C. 法院根据亿龙公司申请采取证据保全措施时，可要求其提供担保

　　D. A 仲裁委员会收到保全申请后，应提交给烟叶所在地的中级法院

78. 根据《民事诉讼法》和相关司法解释的规定，法院的下列哪些做法是违法的？（　　）

　　A. 在一起借款纠纷中，原告张海起诉被告李河时，李河居住在甲市 A 区。A 区法院受理案件后，李河搬到甲市 D 区居住，该法院知悉后将案件移送 D 区法院

　　B. 王丹在乙市 B 区被黄玫打伤，以为黄玫居住乙市 B 区，而向该区法院提起侵权诉讼。乙市 B 区法院受理后，查明黄玫的居住地是乙市 C 区，遂将案件移送乙市 C 区法院

　　C. 丙省高院规定，本省中院受理诉讼标的额 1000 万元至 5000 万元的财产案件。丙

省E市中院受理一起标的额为5005万元的案件后,向丙省高院报请审理该案

D. 居住地为丁市H区的孙溪要求居住地为丁市G区的赵山依约在丁市K区履行合同。后因赵山下落不明,孙溪以赵山为被告向丁市H区法院提起违约诉讼,该法院以本院无管辖权为由裁定不予受理

79. 当事人可对某些诉讼事项进行约定,法院应尊重合法有效的约定。关于当事人的约定及其效力,下列哪些表述是错误的?( )

A. 当事人约定"合同是否履行无法证明时,应以甲方主张的事实为准",法院应根据该约定分配证明责任

B. 当事人在诉讼和解中约定"原告撤诉后不得以相同的事由再次提起诉讼",法院根据该约定不能再受理原告的起诉

C. 当事人约定"如果起诉,只能适用普通程序",法院根据该约定不能适用简易程序审理

D. 当事人约定"双方必须亲自参加开庭审理,不得无故缺席",如果被告委托了代理人参加开庭,自己不参加开庭,法院应根据该约定在对被告两次传唤后对其拘传

80. 就瑞成公司与建华公司的合同纠纷,某省甲市中院作出了终审裁判。建华公司不服,打算启动再审程序。后其向甲市检察院申请检察建议,甲市检察院经过审查,作出驳回申请的决定。关于检察监督,下列哪些表述是正确的?( )

A. 建华公司可在向该省高院申请再审的同时,申请检察建议

B. 在甲市检察院驳回检察建议申请后,建华公司可向该省检察院申请抗诉

C. 甲市检察院在审查检察建议申请过程中,可向建华公司调查核实案情

D. 甲市检察院在审查检察建议申请过程中,可向瑞成公司调查核实案情

81. 根据民事诉讼理论和相关法律法规,关于当事人的表述,下列哪些选项是正确的?( )

A. 依法清算并注销的法人可以自己的名义作为当事人进行诉讼

B. 被宣告为无行为能力的成年人可以自己的名义作为当事人进行诉讼

C. 不是民事主体的非法人组织依法可以自己的名义作为当事人进行诉讼

D. 中国消费者协会可以自己的名义作为当事人,对侵害众多消费者权益的企业提起公益诉讼

82. 关于民事诉讼程序中的裁判,下列哪些表述是正确的?( )

A. 判决解决民事实体问题,而裁定主要处理案件的程序问题,少数涉及实体问题

B. 判决都必须以书面形式作出,某些裁定可以口头方式作出

C. 一审判决都允许上诉,一审裁定有的允许上诉,有的不能上诉

D. 财产案件的生效判决都有执行力,大多数裁定都没有执行力

83. 关于民事诉讼二审程序的表述,下列哪些选项是正确的?( )

A. 二审既可能因为当事人上诉而发生,也可能因为检察院的抗诉而发生

B. 二审既是事实审，又是法律审
C. 二审调解书应写明撤销原判
D. 二审原则上应开庭审理，特殊情况下可不开庭审理

84. 2012 年 1 月，中国甲市公民李虹（女）与美国留学生琼斯（男）在中国甲市登记结婚，婚后两人一直居住在甲市 B 区。2014 年 2 月，李虹提起离婚诉讼，甲市 B 区法院受理了该案件，适用普通程序审理。关于本案，下列哪些表述是正确的？（ ）

A. 本案的一审审理期限为 6 个月
B. 法院送达诉讼文书时，对李虹与琼斯可采取同样的方式
C. 不服一审判决，李虹的上诉期为 15 天，琼斯的上诉期为 30 天
D. 美国驻华使馆法律参赞可以个人名义作为琼斯的诉讼代理人参加诉讼

85. 甲诉乙返还 10 万元借款。胜诉后进入执行程序，乙表示自己没有现金，只有一枚祖传玉石可抵债。法院经过调解，说服甲接受玉石抵债，双方达成和解协议并当即交付了玉石。后甲发现此玉石为赝品，价值不足千元，遂申请法院恢复执行。关于执行和解，下列哪些说法是正确的？（ ）

A. 法院不应在执行中劝说甲接受玉石抵债
B. 由于和解协议已经即时履行，法院无须再将和解协议记入笔录
C. 由于和解协议已经即时履行，法院可裁定执行中止
D. 法院应恢复执行

三、不定项选择题。每题所设选项中至少有一个正确答案，多选、少选、错选或不选均不得分。本部分含 86～100 题，每题 2 分，共 30 分。

（一）

张某、方某共同出资，分别设立甲公司和丙公司。2013 年 3 月 1 日，甲公司与乙公司签订了开发某房地产项目的《合作协议一》，约定如下："甲公司将丙公司 10% 的股权转让给乙公司，乙公司在协议签订之日起三日内向甲公司支付首付款 4000 万元，尾款 1000 万元在次年 3 月 1 日之前付清。首付款用于支付丙公司从某国土部门购买 A 地块土地使用权。如协议签订之日起三个月内丙公司未能获得 A 地块土地使用权致双方合作失败，乙公司有权终止协议。"

《合作协议一》签订后，乙公司经甲公司指示向张某、方某支付了 4000 万元首付款。张某、方某配合甲公司将丙公司的 10% 的股权过户给了乙公司。

2013 年 5 月 1 日，因张某、方某未将前述 4000 万元支付给丙公司致其未能向某国土部门及时付款，A 地块土地使用权被收回挂牌卖掉。

2013 年 6 月 4 日，乙公司向甲公司发函："鉴于土地使用权已被国土部门收回，故我公司终止协议，请贵公司返还 4000 万元。"甲公司当即回函："我公司已把股权过户到贵公司名下，贵公司无权终止协议，请贵公司依约支付 1000 万元尾款。"

2013年6月8日，张某、方某与乙公司签订了《合作协议二》，对继续合作开发房地产项目做了新的安排，并约定："本协议签订之日，《合作协议一》自动作废。"丁公司经甲公司指示，向乙公司送达了《承诺函》"本公司代替甲公司承担4000万元的返还义务。"乙公司对此未置可否。

请回答第86～91题。

86. 关于《合作协议一》，下列表述正确的是：（ ）
    A. 是无名合同
    B. 对股权转让的约定构成无权处分
    C. 效力待定
    D. 有效

87. 关于2013年6月4日乙公司向甲公司发函，下列表述正确的是：（ ）
    A. 行使的是约定解除权
    B. 行使的是法定解除权
    C. 有权要求返还4000万元
    D. 无权要求返还4000万元

88. 关于2013年5月1日张某、方某未将4000万元支付给丙公司，应承担的责任，下列表述错误的是：（ ）
    A. 向乙公司承担违约责任
    B. 与甲公司一起向乙公司承担连带责任
    C. 向丙公司承担违约责任
    D. 向某国土部门承担违约责任

89. 关于甲公司的回函，下列表述正确的是：（ ）
    A. 甲公司对乙公司解除合同提出了异议
    B. 甲公司对乙公司提出的异议理由成立
    C. 乙公司不向甲公司支付尾款构成违约
    D. 乙公司可向甲公司主张不安抗辩权拒不向甲公司支付尾款

90. 关于张某、方某与乙公司签订的《合作协议二》，下列表述正确的是：（ ）
    A. 有效
    B. 无效
    C. 可变更
    D. 《合作协议一》被《合作协议二》取代

91. 关于丁公司的《承诺函》，下列表述正确的是：（ ）
    A. 构成单方允诺
    B. 构成保证
    C. 构成并存的债务承担

D. 构成免责的债务承担

（二）

王某、张某、田某、朱某共同出资180万元，于2012年8月成立绿园商贸中心（普通合伙）。其中王某、张某各出资40万元，田某、朱某各出资50万元。就合伙事务的执行，合伙协议未特别约定。

请回答第92～94题。

92. 2013年9月，鉴于王某、张某业务能力不足，经合伙人会议决定，王某不再享有对外签约权，而张某的对外签约权仅限于每笔交易额3万元以下。关于该合伙人决议，下列选项正确的是：（　）

A. 因违反合伙人平等原则，剥夺王某对外签约权的决议应为无效
B. 王某可以此为由向其他合伙人主张赔偿其损失
C. 张某此后对外签约的标的额超过3万元时，须事先征得王某、田某、朱某的同意
D. 对张某的签约权限制，不得对抗善意相对人

93. 2014年1月，田某以合伙企业的名义，自京顺公司订购价值80万元的节日礼品，准备在春节前转销给某单位。但对这一礼品订购合同的签订，朱某提出异议。就此，下列选项正确的是：（　）

A. 因对合伙企业来说，该合同标的额较大，故田某在签约前应取得朱某的同意
B. 朱某的异议不影响该合同的效力
C. 就田某的签约行为所产生的债务，王某无须承担无限连带责任
D. 就田某的签约行为所产生的债务，朱某须承担无限连带责任

94. 2014年4月，朱某因抄底买房，向刘某借款50万元，约定借期四个月。四个月后，因房地产市场不景气，朱某亏损不能还债。关于刘某对朱某实现债权，下列选项正确的是：（　）

A. 可代位行使朱某在合伙企业中的权利
B. 可就朱某在合伙企业中分得的收益主张清偿
C. 可申请对朱某的合伙财产份额进行强制执行
D. 就朱某的合伙份额享有优先受偿权

（三）

甲县的葛某和乙县的许某分别拥有位于丙县的云峰公司50%的股份。后由于二人经营理念不合，已连续四年未召开股东会，无法形成股东会决议。许某遂向法院请求解散公司，并在法院受理后申请保全公司的主要资产（位于丁县的一块土地的使用权）。

请回答第95～97题。

95. 关于本案当事人的表述，下列说法正确的是：（　）

A. 许某是原告

B. 葛某是被告

C. 云峰公司可以是无独立请求权第三人

D. 云峰公司可以是有独立请求权第三人

96. 依据法律，对本案享有管辖权的法院是：（ ）

A. 甲县法院

B. 乙县法院

C. 丙县法院

D. 丁县法院

97. 关于许某的财产保全申请，下列说法正确的是：（ ）

A. 本案是给付之诉，法院可作出保全裁定

B. 本案是变更之诉，法院不可作出保全裁定

C. 许某在申请保全时应提供担保

D. 如果法院认为采取保全措施将影响云峰公司的正常经营，应驳回保全申请

（四）

B市的京发公司与T市的蓟门公司签订了一份海鲜买卖合同，约定交货地在T市，并同时约定"涉及本合同的争议，提交S仲裁委员会仲裁。"京发公司收货后，认为海鲜等级未达到合同约定，遂向S仲裁委员会提起解除合同的仲裁申请，仲裁委员会受理了该案。在仲裁规则确定的期限内，京发公司选定仲裁员李某作为本案仲裁庭的仲裁员，蓟门公司未选定仲裁员，双方当事人也未共同选定第三名仲裁员，S仲裁委主任指定张某为本案仲裁庭仲裁员、刘某为本案首席仲裁员，李某、张某、刘某共同组成本案的仲裁庭，仲裁委向双方当事人送达了开庭通知。

开庭当日，蓟门公司未到庭，也未向仲裁庭说明未到庭的理由。仲裁庭对案件进行了审理并作出缺席裁决。在评议裁决结果时，李某和张某均认为蓟门公司存在严重违约行为，合同应解除，而刘某认为合同不应解除，拒绝在裁决书上签名。最终，裁决书上只有李某和张某的签名。

S仲裁委员会将裁决书向双方当事人进行送达时，蓟门公司拒绝签收，后蓟门公司向法院提出撤销仲裁裁决的申请。

请回答第98～100题。

98. 关于本案中仲裁庭组成，下列说法正确的是：（ ）

A. 京发公司有权选定李某为本案仲裁员

B. 仲裁委主任有权指定张某为本案仲裁员

C. 仲裁委主任有权指定刘某为首席仲裁员

D. 本案仲裁庭的组成合法

99. 关于本案的裁决书，下列表述正确的是：（ ）

A. 裁决书应根据仲裁庭中的多数意见，支持京发公司的请求
B. 裁决书应根据首席仲裁员的意见，驳回京发公司的请求
C. 裁决书可支持京发公司的请求，但必须有首席仲裁员的签名
D. 无论蓟门公司是否签收，裁决书自作出之日起生效

100. 关于蓟门公司撤销仲裁裁决的申请，下列表述正确的是：（　）

A. 蓟门公司应向S仲裁委所在地中院提出申请
B. 法院应适用普通程序审理该撤销申请
C. 法院可以适用法律错误为由撤销S仲裁委的裁决
D. 法院应以缺席裁决违反法定程序为由撤销S仲裁委的裁决

2014年国家司法考试（试卷四）

一、（本题20分）

材料一： 2012年12月4日，习近平总书记在首都各界纪念现行宪法公布施行30周年大会上讲话时指出，坚持人民主体地位，切实保障公民享有权利和履行义务。公民的基本权利和义务是宪法的核心内容，宪法是每个公民享有权利、履行义务的根本保证。宪法的根基在于人民发自内心的拥护，宪法的伟力在于人民出自真诚的信仰。只有保证公民在法律面前一律平等，尊重和保障人权，保证人民依法享有广泛的权利和自由，宪法才能深入人心，走入人民群众，宪法实施才能真正成为全体人民的自觉行动。我们要依法保障全体公民享有广泛的权利，保障公民的人身权、财产权、基本政治权利等各项权利不受侵犯，保证公民的经济、文化、社会等各方面权利得到落实，努力维护最广大人民根本利益，保障人民群众对美好生活的向往和追求。我们要依法公正对待人民群众的诉求，努力让人民群众在每一个司法案件中都能感受到公平正义，决不能让不公正的审判伤害人民群众感情、损害人民群众权益。（据新华社北京2012年12月4日电）

材料二： 2014年1月7日，习近平总书记出席中央政法工作会议发表重要讲话时强调，保障人民安居乐业是政法工作的根本目标。政法机关和广大干警要把人民群众的事当作自己的事，把人民群众的小事当作自己的大事，从让人民群众满意的事情做起，从人民群众不满意的问题改起，为人民群众安居乐业提供有力法律保障。要深入推进社会治安综合治理，坚决遏制严重刑事犯罪高发态势，保障人民生命财产安全。（据新华社北京2014年1月8日电）

问题：

根据以上材料，结合执法为民理念的基本含义，谈谈你对构建和完善人民群众权利保护体系的理解。

答题要求：

1. 无观点或论述、照搬材料原文的不得分；
2. 观点正确，表述完整、准确；
3. 总字数不得少于400字。

二、（本题22分）

案情： 国有化工厂车间主任甲与副厂长乙（均为国家工作人员）共谋，在车间的某贵重零件仍能使用时，利用职务之便，制造该零件报废、需向五金厂（非国有企业）购买的假象（该零件价格26万元），以便非法占有货款。甲将实情告知五金厂负责人丙，嘱丙接到订单后，只向化工厂寄出供货单、发票而不需要实际供货，等五金厂收到化工厂的货款后，丙再将26万元货款汇至乙的个人账户。

丙为使五金厂能长期向化工厂供货，便提前将五金厂的26万元现金汇至乙的个人账户。乙随即让事后知情的妻子丁去银行取出26万元现金，并让丁将其中的13万元送给甲。3天后，化工厂会计准备按照乙的指示将26万元汇给五金厂时，因有人举报而未汇出。甲、乙见事情败露，主动向检察院投案，如实交代了上述罪行，并将26万元上交检察院。

此外，甲还向检察院揭发乙的其他犯罪事实：乙利用职务之便，长期以明显高于市场的价格向其远房亲戚戊经营的原料公司采购商品，使化工厂损失近300万元；戊为了使乙长期关照原料公司，让乙的妻子丁未出资却享有原料公司10%的股份（乙、丁均知情），虽未进行股权转让登记，但已分给红利58万元，每次分红都是丁去原料公司领取现金。

问题：

请分析甲、乙、丙、丁、戊的刑事责任（包括犯罪性质、犯罪形态、共同犯罪、数罪并罚与法定量刑情节），须答出相应理由。

三、（本题22分）

案情：犯罪嫌疑人段某，1980年出生，甲市丁区人，自幼患有间歇性精神分裂症而辍学在社会上流浪，由于生活无着落便经常偷拿东西。2014年3月，段某窜至丁区一小区内行窃时被事主发现，遂用随身携带的刀子将事主刺成重伤夺路逃走。此案丁区检察院以抢劫罪起诉到丁区法院，被害人的家属提起附带民事诉讼。丁区法院以抢劫罪判处段某有期徒刑10年，赔偿被害人家属3万元人民币。段某以定性不准、量刑过重为由提起上诉。甲市中级法院二审中发现段某符合强制医疗条件，决定发回丁区法院重新审理。

丁区法院对段某依法进行了精神病鉴定，结果清晰表明段某患有精神分裂症，便由审判员张某一人不公开审理，检察员马某和被告人段某出庭分别发表意见。庭审后，法庭作出对段某予以强制医疗的决定。

问题：

1. 结合本案，简答强制医疗程序的适用条件。
2. 如中级法院直接对段某作出强制医疗决定，如何保障当事人的救济权？
3. 发回重审后，丁区法院的做法是否合法？为什么？
4. 发回重审后，丁区法院在作出强制医疗决定时应当如何处理被害人家属提出的附带民事诉讼？

四、（本题22分）

案情：2月5日，甲与乙订立一份房屋买卖合同，约定乙购买甲的房屋一套（以下称01号房），价格80万元。并约定，合同签订后一周内乙先付20万元，交付房屋后付30万元，办理过户登记后付30万元。

2月8日，丙得知甲欲将该房屋出卖，表示愿意购买。甲告其已与乙签订合同的事实，丙说愿出90万元。于是，甲与丙签订了房屋买卖合同，约定合同签订后3日内丙付清全部房款，同时办理过户登记。2月11日，丙付清了全部房款，并办理了过户登记。

2月12日，当乙支付第一笔房款时，甲说："房屋已卖掉，但同小区还有一套房屋（以下称02号房），可作价100万元出卖。"乙看后当即表示同意，但提出只能首付20万元，其余80万元向银行申请贷款。甲、乙在原合同文本上将房屋相关信息、价款和付款方式作了修改，其余条款未修改。

乙支付首付20万元后，恰逢国家出台房地产贷款调控政策，乙不再具备贷款资格。故乙表示仍然要买01号房，要求甲按原合同履行。甲表示01号房无法交付，并表示第二份合同已经生效，如乙不履行将要承担违约责任。乙认为甲违约在先。3月中旬，乙诉请法院确认甲丙之间的房屋买卖合同无效，甲应履行2月5日双方签订的合同，交付01号房，并承担迟延交付的违约责任。甲则要求乙继续履行购买02号房的义务。

3月20日，丙聘请不具备装修资质的A公司装修01号房。装修期间，A公司装修工张某因操作失误将水管砸坏，漏水导致邻居丁的家具等物件损坏，损失约5000元。

5月20日，丙花3000元从商场购买B公司生产的热水器，B公司派员工李某上门安装。5月30日，李某从B公司离职；但经常到B公司派驻丙所住小区的维修处门前承揽维修业务。7月24日，丙因热水器故障到该维修处要求B公司维修，碰到李某。丙对李某说："热水器是你装的，出了问题你得去修。"维修处负责人因人手不够，便对李某说："那你就去帮忙修一下吧。"李某便随丙去维修。李某维修过程中操作失误致热水器毁损。

问题：

1. 01号房屋的物权归属应当如何确定？为什么？
2. 甲、丙之间的房屋买卖合同效力如何？考察甲、丙之间合同效力时应当考虑本案中的哪些因素？
3. 2月12日，甲、乙之间对原合同修改的行为的效力应当如何认定？为什么？
4. 乙的诉讼请求是否应当得到支持？为什么？
5. 针对甲要求乙履行购买02号房的义务，乙可主张什么权利？为什么？
6. 邻居丁所遭受的损失应当由谁赔偿？为什么？
7. 丙热水器的毁损，应由谁承担赔偿责任？为什么？

五、（本题18分）

案情： 2012年4月，陈明设立一家有限责任公司，从事绿色食品开发，注册资本为200万元。公司成立半年后，为增加产品开发力度，陈明拟新增资本100万元，并为此分别与张巡、李贝洽谈，该二人均有意愿认缴全部新增资本，加入陈明的公司。陈明遂先后与张巡、李贝二人就投资事项分别签订了书面协议。张巡在签约后第二天，即将款项转入陈明的个人账户，但陈明一直以各种理由拖延办理公司变更登记等手续。2012年11月5日，陈明最终完成公司章程、股东名册以及公司变更登记手续，公司注册资本变更为300万元，陈明任公司董事长，而股东仅为陈明与李贝，张巡的名字则未出现在公司登记的任何文件中。

李贝虽名为股东，但实际上是受刘宝之托，代其持股，李贝向公司缴纳的100万元出资，实际上来源于刘宝。2013年3月，在陈明同意的情况下，李贝将其名下股权转让给善意不知情的潘龙，并在公司登记中办理了相应的股东变更。

2014年6月，因产品开发屡次失败，公司陷入资不抵债且经营无望的困境，遂向法院申请破产。法院受理后，法院所指定的管理人查明：第一，陈明尚有50万元的出资未实际缴付；第二，陈明的妻子葛梅梅本是家庭妇女，但自2014年1月起，却一直以公司财务经理的名义，每月自公司领取奖金4万元。

问题：

1. 在法院受理公司破产申请前，张巡是否可向公司以及陈明主张权利？主张何种权利？为什么？
2. 在法院受理公司破产申请后，张巡是否可向管理人主张权利？主张何种权利？为什么？
3. 李贝能否以自己并非真正股东为由，主张对潘龙的股权转让行为无效？为什么？
4. 刘宝可主张哪些法律救济？为什么？
5. 陈明能否以超过诉讼时效为由，拒绝50万元出资的缴付？为什么？
6. 就葛梅梅所领取的奖金，管理人应如何处理？为什么？

六、（本题20分）

案情：赵文、赵武、赵军系亲兄弟，其父赵祖斌于2013年1月去世，除了留有一个元代青花瓷盘外，没有其他遗产。该青花瓷盘在赵军手中，赵文、赵武要求将该瓷盘变卖，变卖款由兄弟三人平均分配。赵军不同意。2013年3月，赵文、赵武到某省甲县法院（赵军居住地和该瓷盘所在地）起诉赵军，要求分割父亲赵祖斌的遗产。经甲县法院调解，赵文、赵武与赵军达成调解协议：赵祖斌留下的青花瓷盘归赵军所有，赵军分别向赵文、赵武支付人民币20万元。该款项分2期支付：2013年6月各支付5万元；2013年9月各支付15万元。

但至2013年10月，赵军未向赵文、赵武支付上述款项。赵文、赵武于2013年10月向甲县法院申请强制执行。经法院调查，赵军可供执行的款项有其在银行的存款10万元，可供执行的其他财产折价为8万元，另外赵军手中还有一把名家制作的紫砂壶，市场价值大约5万元。赵军声称其父亲留下的那个元代青花瓷盘被卖了，所得款项50万元做生意亏掉了。法院全力调查也未发现赵军还有其他的款项和财产。法院将赵军的上述款项冻结，扣押了赵军可供执行的财产和赵军手中的那把紫砂壶。

2013年11月，赵文、赵武与赵军拟达成执行和解协议：2013年12月30日之前，赵军将其在银行的存款10万元支付给赵文，将可供执行财产折价8万元与价值5万元的紫砂壶交付给赵武。赵军欠赵文、赵武的剩余债务予以免除。

此时，出现了以下情况：①赵军的朋友李有福向甲县法院报告，声称赵军手中的那把紫砂壶是自己借给赵军的，紫砂壶的所有权是自己的。②赵祖斌的朋友张益友向甲县法院声称，赵祖斌留下的那个元代青花瓷盘是他让赵祖斌保存的，所有权是自己的。自己是在一周之前（2013年11月1日）才知道赵祖斌已经去世以及赵文、赵武与赵军进行诉讼的事。

③赵军的同事钱进军向甲县法院声称，赵军欠其5万元。同时，钱进军还向法院出示了公证机构制作的债权文书执行证书，该债权文书所记载的钱进军对赵军享有的债权是5万元，债权到期日是2013年9月30日。

问题：

1. 在不考虑李有福、张益友、钱进军提出的问题的情况下，如果赵文、赵武与赵军达成了执行和解协议，将产生什么法律后果？（考生可以就和解协议履行的情况作出假设）

2. 根据案情，李有福如果要对案中所提到的紫砂壶主张权利，在民事诉讼制度的框架下，其可以采取什么方式？采取相关方式时，应当符合什么条件？（考生可以就李有福采取的方式可能出现的后果作出假设）

3. 根据案情，张益友如果要对那个元代青花瓷盘所涉及的权益主张权利，在民事诉讼制度的框架下，其可以采取什么方式？采取该方式时，应当符合什么条件？

4. 根据案情，钱进军如果要对赵军主张5万元债权，在民事诉讼制度的框架下，其可以采取什么方式？为什么？

七、（本题26分）

材料一（案情）：2012年3月，建筑施工企业原野公司股东王某和张某向工商局提出增资扩股变更登记的申请，将注册资本由200万元变更为800万元。工商局根据王某、张某提交的验资报告等材料办理了变更登记。后市公安局向工商局发出10号公函称，王某与张某涉嫌虚报注册资本被采取强制措施，建议工商局吊销原野公司营业执照。工商局经调查发现验资报告有涂改变造嫌疑，向公司发出处罚告知书，拟吊销公司营业执照。王某、张某得知此事后迅速向公司补足了600万元现金，并向工商局提交了证明材料。工商局根据此情形作出责令改正、缴纳罚款的20号处罚决定。公安局向市政府报告，市政府召开协调会，形成3号会议纪要，认为原野公司虚报注册资本情节严重，而工商局处罚过轻，要求工商局撤销原处罚决定。后工商局作出吊销原野公司营业执照的25号处罚决定。原野公司不服，向法院提起诉讼。

材料二：2013年修改的《公司法》，对我国的公司资本制度作了重大修订，主要体现在：一是取消了公司最低注册资本的限额；二是取消公司注册资本实缴制，实行公司注册资本认缴制；三是取消货币出资比例限制；四是公司成立时不需要提交验资报告，公司的认缴出资额、实收资本不再作为公司登记事项。

2014年2月7日，国务院根据上述立法精神批准了《注册资本登记制度改革方案》，进一步明确了注册资本登记制度改革的指导思想、总体目标和基本原则，从放松市场主体准入管制，严格市场主体监督管理和保障措施等方面，提出了推进公司注册资本及其他登记事项改革和配套监管制度改革的具体措施。

问题：

1. 材料一中，王某、张某是否构成虚报注册资本骗取公司登记的行为？对在工商局作出20号处罚决定前补足注册资金的行为如何认定？

2. 材料一中，市政府能否以会议纪要的形式要求工商局撤销原处罚决定？

3. 材料一中，工商局做出25号处罚决定应当履行什么程序？

4. 结合材料一和材料二，运用行政法基本原理，阐述我国公司注册资本登记制度改革在法治政府建设方面的主要意义。

答题要求：

1. 无本人观点或论述、照搬材料原文不得分；
2. 观点明确，逻辑清晰，说理充分，文字通畅；
3. 请按提问顺序逐一作答，总字数不得少于600字。

2014年国家司法考试（试卷一）解析

一、单项选择题。

1. 【答案】B

【解析】依法治国方略的实施是一项浩瀚庞大、复杂而艰巨的系统工程，既要求坚持科学立法，构建和完善中国特色社会主义法律体系；也要求坚持严格执法，切实做到依法行政；坚持公正司法，维护社会公平正义；坚持全民守法，形成守法光荣的良好社会氛围；还要求强化监督制约，构建权力制约监督体系与机制。所以，A项正确。社会主义法治理念不认同"法律万能"的思维偏向，与西方资本主义法治理论中片面、绝对化的"法律中心主义"具有重要区别。因此，B项错误。党的十八大以来，以习近平为总书记的党中央进一步提出，要全面推进科学立法、严格执法、公正司法、全民守法，同时坚持依法治国、依法执政、依法行政共同推进，坚持法治国家、法治政府、法治社会一体建设，不断开创依法治国新局面，为社会主义法治理念注入了新思想、新观点。可见，C项正确。党提出科学执政、民主执政和依法执政的执政理念。从根本上说，社会主义法治理念就是要把党的领导的政治优势与法治的特殊功能很好地结合起来，开创在法治背景下实现党对各项事业领导的全新政治实践，党自然要正确领导立法、保证执法、带头守法。D项正确。

2. 【答案】C

【解析】政府部门公布权力清单，既可以让老百姓知晓政府部门到底有哪些权力、应该干什么、不能干什么、怎么干才可以，又可以让老百姓对领导干部、公职人员权力的行使过程进行监督，保障自身的合法权利，减少甚至杜绝政府部门不作为、乱作为或者以权谋私的现象发生。可见，A、B两项正确。政务公开属于依法行政原则中"程序正当"的必然要求，而依法行政又是依法治国的一个关键环节，因此公布权力清单符合法治原则。就C项而言，比例原则强调"禁止过度"，题干涉及行政公开，与是否过度无关。

3. 【答案】B

【解析】依法治国是法治国家对政府行政活动的基本要求，深入贯彻实施依法治国基本方略，要求坚持科学立法、严格执法、公正司法、全民守法以及监督制约。

选项A正确。及时公布相关信息，以回应社会舆论质疑，符合依法治国的要求。

选项B错误。是否给予处罚，给予怎样的处罚必须严格按照案件事实与法律规定，为了平息被害人亲属和其他群众的情形而加重被告人处罚的做法，不符合法律的相关规定。另外，在未判决之前，保证加重处罚也不妥当，违背了依法治国的要求。法院应当依法裁判，合理对待民意。

选项C正确。就"禁止地铁内进食"举行立法听证，听取群众意见，是坚持开门立法、民主立法的表现，符合依法治国的要求。

选项 D 正确。涉法涉诉信访依法终结制度，是指对涉法涉诉信访事项，已经穷尽法律程序的，依法作出的判决、裁定为终结决定。对在申诉时限内反复缠访缠诉，经过案件审查、评查等方式，并经中央或省级政法机关审核，认定其反映问题已经得到公正处理的，除有法律规定的情形外，依法不再启动复查程序。对信访采取法律程序进行终结，体现了以法治思维解决矛盾的要求，该做法符合依法治国的要求。

4. 【答案】C

【解析】依法行政并不反对调整政策，只是要求调整不能是随意的，必须给出充分的理由、遵循相应的程序。A项与诚实信用无关。B项呈现了"国家政策变化"的外部原因，D项说明了"经过法定程序"，这都是正确的标志。而C项则明示了"未按合同及时支付"，且理由只是"其他民生投资导致资金紧张"，很显然违反了诚实信用原则。

5. 【答案】A

【解析】评判执法公正是一项复杂的工作，将执法满意度网络调查结果作为唯一评判标准，很明显不够客观、全面。A项错误。B项中的"减少当事人讼累"，C项中的"规范城管队员执法行为"以保障相对人的合法权利，D项中的"未成年人的跟踪帮教机制"，均体现了以人为本的理念，符合执法为民的要求。

6. 【答案】C

【解析】我国法律反映了社会公平正义的主要方面，但法律并不能覆盖社会公平正义的全部内容。社会主义法治公平正义的实现，必须注重法理与情理的相互统一，用法理为情理提供正当性支持，以情理强化法理施行的社会效果。可见，A项错误。程序与实体是法治体系的两大组成部分，法治的公正分别通过程序公正和实体公正两个方面得以体现。在法治实践活动中，要正确处理好程序与实体的关系，把握好两者之间的合理均衡。B项错误。法律是全社会平等适用的普遍性社会规范，维护法律及其实施的普遍性，是实现公平正义的必要前提。为此，必须强调法制的统一性，坚持法律面前人人平等，以体现对法律普遍性的尊重。同时，又必须从我国地域间、城乡间、阶层间、群体间发展很不平衡，社会成员所处社会环境，所具有的社会条件差异较大这一客观事实出发，在法律制定及其适用中，对特殊地域以及特殊群体或个体作出必要的区别化对待，特别是为不发达地区、困难群体或个体提供更多的发展机遇，给予更为完善的法律保护。所以，D项错误。

7. 【答案】B

【解析】服务大局的核心内容是，社会主义法治的各项事业都必须服务于党和国家的中心任务和大政方针，服务于党和国家的根本利益以及社会发展的总体要求，各种具体实践活动都必须充分考虑和高度重视对社会发展和社会运行全局的影响。说白了，大局就是长远利益、整体利益，而非眼前利益、私人利益或部门利益。A项中的法院依据法律裁判，体现了全局观，避免了地方保护主义；C项中的律师协会为"案结事未了"的当事人免费提供法律服务，彻底解决社会矛盾，注重法治实践的社会效果，站在了大局的高度；D项中的检察院"保障特殊时期社会稳定"，为社会秩序服务。三者均体现了服务大局的理念。

唯独B项，工商局对于应公开的信息有偿收费，很明显不妥当。

8. 【答案】C

【解析】党对社会主义法治事业的政治领导，除去要把党的各项政治主张和要求及时反映到立法中来，还要求把法治实践活动自觉纳入到党的中心工作和党的总体战略部署之中。同时，法治机关及其工作人员要善于运用党的路线、方针、政策去指导法治的具体运用，把法律的实施和适用与党的路线、方针、政策的贯彻和落实结合起来，实现法律效果与政治效果、社会效果的高度统一。可见，C项错误。

9. 【答案】D

【解析】法的平等是一种规范上的平等，属于应然范畴，不是事实平等。A项错误。法律面前人人平等只是人类社会发展到了近代资本主义社会之后才提出来的基本法律原则，在奴隶社会和封建社会不可能存在。B项错误。社会主义法治理念不认同"法律万能"的思维偏向，强调要全面发挥各种社会规范的调整作用，综合协调地运用多元化的手段和方式来实现对国家的治理和管理，要坚持依法治国与以德治国的有机统一。因此，C项认为，法律可以解决一切不平等问题，犯了法律万能论的错误。法律面前人人平等原则只是禁止不合理的差别对待，而不是禁止任何差别对待，合理的差别对待是允许的。D项正确。

10. 【答案】D

【解析】法的规范作用包括指引、评价、教育、预测和强制五种。C项中的"保护自由价值的作用"不符合题意，首先排除。指引作用是指法对本人的行为具有引导作用。在这里，行为的主体是每个人自己。A项中，陈法官在诉讼法的引导下"主动申请回避"，这是典型的指引作用。评价作用是指，法律作为一种行为标准，用以判断、衡量他人的行为是否合法。B项中，法院以法律为标准，评价王某的行为，认为"构成盗窃罪"，体现的是评价作用。法的强制作用是指法可以通过制裁违法犯罪行为来强制人们遵守法律。这里，强制作用的对象是违法者的行为；方法是对违法者加以处分、处罚或制裁。D项符合要求。

11. 【答案】D

【解析】在法律没有明确规定的情况下，法官可根据法理、道德、社会一般观念等非正式渊源进行自由裁量。A项没有错误。《老年人权益保障法》第十八条仅规定了"应当关心老年人的精神需求，不得忽视、冷落老年人"，"应当经常看望或问候老年人"等行为模式，而对于"不关心"、"不经常看望或问候"、"冷落、忽视"老年人的行为会在法律上产生何种不利后果，却没有明确规定。可见，B项正确。法律义务分为积极义务和消极义务，前者规定的是相关主体的作为义务，后者规定的是不作为义务。本条款中，"关心老年人"、"经常看望或问候老年人"，属于作为义务；"不得忽视、冷落老年人"属于不作为义务。据此，C项正确。根据法理学的相关知识可知，在存在正式渊源的情况下，正式渊源优先于非正式渊源。题干中明示，存在《老年人权益保障法》，故法院主要是根据《老年人权益保障法》进行裁判的，所以D项错误。

12. 【答案】A

【解析】习惯在我国属于非正式渊源。B项明显正确。本案中，法院根据法律和事实作出了裁判，自然就进行了法律证成。D项正确。悼念权很明显并非法定权利，法院认为该诉讼请求于法无据，遂判决原告败诉。直言之，法院认为被告在法律上不构成侵权。所以，A项错误，C项正确。需要特别注意的是，经济、社会、文化权利属于宪法所规定的公民针对国家享有的基本权利，本案的双方当事人均为私人，属于民事争议，自然不会侵害到宪法权利。

13. 【答案】A

【解析】在我国，任何权利都不是绝对的，都要受到限制，此为基本法理。A项明显错误。本案涉及了张某的遗嘱自由与其妻的婚姻自由之间的紧张关系，B项正确。张某的遗嘱处分的是其所有的三间平房的财产权利，没有也无权处分其妻的婚姻自由权利。D项正确。所谓合宪性解释，是指对法律作合乎宪法的解释，以保证宪法和法律之间的一致性。本案中，法院结合宪法婚姻自由的规定解释了《婚姻法》中的条款，属于合宪性解释方法。C项正确。

14. 【答案】D

【解析】该解释既然是最高人民法院和最高人民检察院作出的，自然属于法定解释中的司法解释。A项正确。两高作出的属于审判、检察工作中具体应用法律的解释，应当自公布之日起30日内报全国人大常委会备案。C项正确。本条属于对"开设赌场"的范围进行说明，属于文义解释。限制解释或扩大解释都是针对法律本来的文义而言的。倘若缩小法律概念本来的文义范围，使其限定于或接近于法律概念的核心意义或中心地带，即称为限制解释或缩小解释。倘若扩大法律概念本来的文义范围，使其扩及法律概念范围的边缘地带，则称为扩大解释或扩张解释。本题中，将"开设赌场"的范围扩大至"在计算机网络上建立赌博网站，或者为赌博网站担任代理，接受投注的"行为，已然扩张至"赌场"概念的边缘地带，很明显属于扩大解释。B项正确。

15. 【答案】A

【解析】所谓人权，是指每个人作为人应该享有或者享有的权利。人权既可以作为道德权利而存在，也可以作为法律权利而存在。但在根本上，是一种道德权利。A项错误。人权不是天赋的，也不是理性的产物，而是历史地产生的，最终是由一定的物质生活条件所决定的。它的具体内容和范围总是随着历史发展、社会进步而不断丰富和扩展的。B项正确。人权可以作为判断法律善恶的标准。首先，人权指出了立法和执法所应坚持的最低的人道主义标准和要求；其次，人权可以诊断现实社会生活中法律侵权的症结，从而提出相应的法律救济的标准和途径；最后，人权有利于实现法律的有效性，促进法律的自我完善。C项正确。然而，并非人权的所有内容都由法律规定，都成为公民权，但法律权利无疑是人权的首要的和基本的内容，可以说大部分人权都反映在法律权利上。至于哪些人权能转化为法律权利，得到法的保护，取决于以下因素：一是一国经济和文化的法制状况；二是该国的民族传统和基本国情。D项正确。

16. 【答案】B

【解析】秦代有关司法官吏渎职的犯罪，主要包括四种：其一是"见知不举"罪，即明知犯罪行为的存在，但不去举发；其二是"不直"罪，即罪应重而故意轻判，应轻而故意重判；其三是"纵囚"罪，指应当论罪而故意不论罪，以及设法减轻案情，故意使案犯达不到定罪标准，从而判其无罪；其四是"失刑"罪，指因过失而量刑不当。若系故意量刑不当，则构成"不直"罪。可见，四种司法官吏渎职犯罪中，只有"失刑"属于过失犯罪，其他均为故意犯罪。B 项错误。

17. 【答案】D

【解析】《唐律·名例律》规定，"诸断罪而无正条，其应出罪者，则举重以明轻；其应入罪者，则举轻以明重。"也就是说，对律文无明文规定的同类案件，凡应减轻处罚的，则列举重罪处罚规定，比照以解决轻案；凡应加重处罚的罪案，则列举轻罪处罚规定，比照以解决重案。可见，类推针对的是法无明文规定的情形。A 项错误。类推定罪，既可能举轻以明重，也可能举重以明轻，也就是说对系争犯罪行为的处罚既可能重于同类案件，也可能轻于同类案件。BC 两项错误。唐代类推原则的完善反映了当时立法技术的发达，是没有错误的。D 项正确。

18. 【答案】C

【解析】本题命题人挖坑很深，难度极高。案件经过秋审或朝审复审程序后，分为四种情况分别处理：其一为"情实"，指案情属实、罪名恰当者，奏请执行死刑；其二为"缓决"，指案情虽属实，但危害性不大者，可减为流三千里，或发烟瘴极边充军，或再押监候；其三为"可矜"，指案情属实，但有可矜或可疑之处，可免于死刑，一般减为徒、流刑罚；其四"留养承嗣"，指案情属实、罪名恰当，但有亲老丁单情形，合乎申请留养条件者，按

留养奏请皇帝裁决。可见，C 项表述正确。A 项错在"情实"应奏请执行死刑，而非"监候"。B 项错在"缓决"危害性不大，而非危害性不能确定。D 项错在"留养承嗣"针对的是被告人，而非被害人。

19. 【答案】B

【解析】清政府于辛亥革命武昌起义爆发后，匆匆命令资政院迅速起草宪法以应对危机。资政院仅用 3 天时间即拟定，并于 11 月 3 日公布，此即《宪法重大信条十九条》，简称"十九信条"。"十九信条"在形式上被迫缩小了皇帝的权力，相对扩大了议会和总理的权力，但仍强调皇权至上，且对人民权利只字未提，彻底暴露了其虚伪性。可见，B 项错误明显。

20. 【答案】B

【解析】社会主义法治理念不认同"法律万能"的思维偏向。在我国社会的规范体系中，除了宪法和法律等规范性法律文件外，还有党的方针政策、党纪党规、社会主义道德准则、各种社会组织合法的规章制度，以及为人民群众所广泛认同的民规、民俗、民约等等。所有这些规范，都对我国社会关系具有调整作用，都对社会成员的行为具有约束或导向作用。B 项错误。要全面发挥各种社会规范的调整作用，综合协调地运用多元化的手段和方式来实现对国家的治理和管理。要坚持依法治国与以德治国的有机统一。A 项表述正确。C、D 两项也属于依法治国的题中应有之义。

21. 【答案】D

【解析】此题为超纲题目，三大本上未有相关知识点，请考生务必注意。我国宪法的发展趋势主要表现为如下六个方面：1. 行政权力将受到限制，行政指导在经济

管理中的作用日益重要；2.司法权将得到强化；3.中共领导的多党合作和政治协商制度将得到进一步加强和发展；4.公民基本权利将得到重大发展；5.宪法监督制度将进一步完善；6.宪法的灵活性将进一步增强。可见，D项错误。

22．【答案】A

【解析】我国的修宪实践中，1975年、1978年和1982年均属于全面修改，1988年、1993年、1999年和2004年则属于部分修改。A项正确。宪法修正案的提案主体包括全国人大常委会或者五分之一以上的全国人大代表。B错误。全国人大是我国法定的修宪主体，全国人大常委会只是修宪的提案主体。C项错误。宪法修正案是实践中形成的修宪方式，并非宪法明文规定。D项错误。

23．【答案】A

【解析】特别行政区通用自己的货币，财政独立，收入全部用于自身需要，不上缴中央政府。A项正确。特别行政区立法会举行会议的法定人数为不少于全体议员的二分之一。B项错误。香港立法会由在外国无居留权的永久性居民中的中国公民组成。但非中国籍的香港特别行政区永久性居民和在外国有居留权的香港特别行政区永久性居民也可以当选为香港特别行政区立法会议员，其所占比例不得超过立法会全体议员的20%。澳门特区立法会议员不要求有"无外国居留权"和"中国公民"的限制。C项错误。香港特别行政区设立廉政公署和审计署，独立工作，对行政长官负责。D项错误。

24．【答案】C

【解析】根据《宪法》规定，"中华人民共和国公民有纳税的义务。"每个公民都是纳税人，此身份与是否直接向税务机关缴纳税款无关。因此，A项错误。在我国，依法被剥夺政治权利的人不得服兵役；应征公民被羁押，正在受侦查、起诉、审判的，或者被判处徒刑、拘役、管制在服刑的，不征集服兵役；应征公民是维持家庭生活的唯一劳动力或者是正在全日制学校就读的学生，可以缓征。据此可见，23周岁的王某已经从高校毕业，既不具备缓征的条件，也不满足不得服兵役、不征集服现役的情形，而是属于应当被征集服现役的范围。因此，B项错误。选举权的普遍性要求，只要符合三大基本条件就有选举权和被选举权，与是否就业无关。因此，C项正确。现行《宪法》第43条第1款规定，"中华人民共和国劳动者有休息的权利。"王某尚未就业，因此谈不上享有宪法上的休息的权利。因此，D项错误。

25．【答案】A

【解析】城市和农村按居民居住地区设立的居民委员会或者村民委员会是基层群众性自治组织。村民委员会的设立、撤销、范围调整，由乡、民族乡、镇的政府提出，经村民会议讨论同意后，报县级人民政府批准。A项正确。根据《村委会组织法》第24条的规定，"征地补偿费的使用、分配方案等涉及村民利益的事项，必须经村民会议讨论决定后方可办理。"可见，村民委员会属于基层群众性自治组织，除组织外，相关事项不需要政府批准。B项错误。居民公约由居民会议讨论制定，报不设区的市、市辖区的人民政府或者它的派出机关备案，由居民委员会监督执行。C项错误。居民委员会的设立、撤销、规模调整，由不设区的市、市辖区的人民政府决定。D

项错误。

26. 【答案】C

【解析】各级人民代表大会常务委员会每年选择若干关系改革发展稳定大局和群众切身利益、社会普遍关注的重大问题，有计划地安排听取和审议本级人民政府、人民法院和人民检察院的专项工作报告。专项工作报告由人民政府、人民法院或者人民检察院的负责人向本级人民代表大会常务委员会报告，人民政府也可以委托有关部门负责人向本级人民代表大会常务委员会报告。A项正确。质询案以口头答复的，由受质询机关的负责人到会答复；质询案以书面答复的，由受质询机关的负责人签署。B项正确。特定问题调查委员会在调查过程中，可以不公布调查的情况和材料。C项错误。撤职案的表决采用无记名投票的方式，由常务委员会全体组成人员的过半数通过。D项正确。

27. 【答案】D

【解析】《反不正当竞争法》第14条："经营者不得捏造、散布虚伪事实，损害竞争对手的商业信誉、商品声誉。"红心地板公司发布对比性广告，损害了竞争对手的商品信誉，可以认定为诋毁商誉；

第9条："经营者不得利用广告或者其他方法，对商品的质量、制作成分、性能、用途、生产者、有效期限、产地等作引人误解的虚假宣传。"红心地板公司的产品并非原装进口实木地板而宣称原装进口，可以认定为虚假宣传，D项正确。

28. 【答案】C

【解析】《商业银行法》第46条："同业拆借，应当遵守中国人民银行的规定。禁止利用拆入资金发放固定资产贷款或者用于投资。拆出资金限于交足存款准备金、留足备付金和归还中国人民银行到期贷款之后的闲置资金。拆入资金用于弥补票据结算、联行汇差头寸的不足和解决临时性周转资金的需要。"所以C项为拆入资金禁止的用途，答案为C。

29. 【答案】B

【解析】《税收征收管理法》第45条："税务机关征收税款，税收优先于无担保债权，法律另有规定的除外；纳税人欠缴的税款发生在纳税人以其财产设定抵押、质押或者纳税人的财产被留置之前的，税收应当先于抵押权、质权、留置权执行。纳税人欠缴税款，同时又被行政机关决定处以罚款、没收违法所得的，税收优先于罚款、没收违法所得。"所以税款优先于无担保债权和罚款受偿，但与有担保债权对比，看时间。题干中，银行的抵押贷款显然后于税款发生，所以税款优先于银行贷款受偿，B正确。

30. 【答案】D

【解析】《土地管理法》第76条："未经批准或者采取欺骗手段骗取批准，非法占用土地的，由县级以上人民政府土地行政主管部门责令退还非法占用的土地，对违反土地利用总体规划擅自将农用地改为建设用地的，限期拆除在非法占用的土地上新建的建筑物和其他设施，恢复土地原状，对符合土地利用总体规划的，没收在非法占用的土地上新建的建筑物和其他设施，可以并处罚款；对非法占用土地单位的直接负责的主管人员和其他直接责任人员，依法给予行政处分；构成犯罪的，依法追究刑事责任。超过批准的数量占用土地，多占的土地以非法占用土地论处。"

《城乡规划法》第64条："未取得建设工程规划许可证或者未按照建设工程规划许可证的规定进行建设的，由县级以上地方人民政府城乡规划主管部门责令停止建设；尚可采取改正措施消除对规划实施的影响的，限期改正，处建设工程造价百分之五以上百分之十以下的罚款；无法采取改正措施消除影响的，限期拆除，不能拆除的，没收实物或者违法收入，可以并处建设工程造价百分之十以下的罚款。"

所以，选项D正确。

31.【答案】D

【解析】《环境影响评价法》第23条："国务院环境保护行政主管部门负责审批下列建设项目的环境影响评价文件：（一）核设施、绝密工程等特殊性质的建设项目；（二）跨省、自治区、直辖市行政区域的建设项目；（三）由国务院审批的或者由国务院授权有关部门审批的建设项目。

前款规定以外的建设项目的环境影响评价文件的审批权限，由省、自治区、直辖市人民政府规定。

建设项目可能造成跨行政区域的不良环境影响，有关环境保护行政主管部门对该项目的环境影响评价结论有争议的，其环境影响评价文件由共同的上一级环境保护行政主管部门审批。"

所以，选项D正确。

32.【答案】A

【解析】法律意义的默示承认方式主要包括与被承认对象建立外交关系、建立领事关系、签订政治性条约和投票支持加入仅对国家开放的国际组织。联合国属于仅对国家开放的政府间国际组织，因此乙国在联大投赞成票支持"西甲"入联，构成对"西甲"新国家的承认，A项正确；

国际法上关于条约继承的规则是有约定从约定，无约定有义务继承与领土有关的条约，甲国分立出来的"东甲"和"西甲"有义务继承甲国此前签订的与领土有关的条约，包括甲国与乙国的划界条约，B项错误；

根据《维也纳条约法公约》关于条约登记的规定，联合国会员国签订的条约应当在联合国秘书处登记，否则联合国机构不得援引，登记与否影响的是其能否被援引，但不影响其生效，C项错误；

根据联合国宪章，联合国安理会吸纳新会员属于实质性事项，其通过需要满足9个以上的同意票和大国一致原则，即任何一个常任理事会对此事项的通过享有一票否决权，D项错误。

33.【答案】D

【解析】根据《联合国海洋法公约》，所有国家的船舶在群岛水域享有无害通过权，即有权拥有无须事先通知或征得群岛国许可而连续不停地无害通过群岛水域的航行权利，选项A错误。

根据《联合国海洋法公约》，群岛国可以连接群岛最外缘各岛和各干礁的最外缘各点构成直线群岛基线，但在划定时还应符合《海洋法公约》规定的条件，包括基线不能明显偏离群岛轮廓，不能将其他国家的领海与公海或专属经济区隔断，选项B错误。

群岛水域的划定不妨碍群岛国可以按照《海洋法公约》划定内水及在基线之外划定领海、毗连区、专属经济区和大陆架，故选项C错误。

群岛水域属于群岛国领水的组成部分，群岛国对其群岛水域包括其上空和底土拥有主权,选项 D 正确。

34. 【答案】B

【解析】王某虽然定居在美国,但其仍然拥有中国国籍,入境中国无须签证,选项 A 错误;

《出境入境管理法》第 14 条规定:"定居国外的中国公民在中国境内办理金融、教育、医疗、交通、电信、社会保险、财产登记等事务需要提供身份证明的,可以凭本人的护照证明其身份。"可见定居国外的中国公民可凭护照证明其身份,选项 B 正确、C 错误;

根据《出境入境管理法》第 12 条,中国人涉嫌刑事犯罪和涉及民事纠纷对出境的影响是不同的。若涉嫌刑事犯罪当然可被限制出境,但若"有未了结的民事案件"必须是"人民法院决定不准出境的",方可限制其出境,选项 D 错误。

35. 【答案】A

【解析】根据《法律适用法》第 14 条,"法人及其分支机构的民事权利能力、民事行为能力、组织机构、股东权利义务等事项,原则上应适用登记地法律。法人的主营业地与登记地不一致的,可以适用主营业地法律。"本题中合资公司是在中国设立的,因此其股东权利义务方面的争议应适用登记地的法律,故选项 A 正确,选项 BCD 错误。

36. 【答案】A

【解析】《法律适用法》第 13 条规定:"宣告失踪或者宣告死亡,适用自然人经常居所地法律。"本题中迈克的经常居所地在中国,因此涉及迈克宣告死亡的问题应适用中国法,故选项 A 正确,BCD 错误。

37. 【答案】B

【解析】我国《外国人在中华人民共和国收养子女登记办法》第 8 条规定:"外国人来华收养子女,应当亲自来华办理登记手续。夫妻共同收养的,应当共同来华办理收养手续;一方因故不能来华的,应当书面委托另一方。委托书应当经所在国公证和认证。"A 项"必须"的表述不准确,选项 A 错误;

我国《外国人在中华人民共和国收养子女登记办法》第 9 条规定:"外国人来华收养子女,应当与送养人订立书面收养协议。"选项 B 正确;

《法律适用法》第 28 条规定:"收养的条件和手续,适用收养人和被收养人经常居所地法律。"本题收养人经常居所地在英国,被收养人经常居所地在中国,收养条件应重叠适用英国法和中国法,选项 C 错误;

《法律适用法》第 28 条规定:"收养的效力,适用收养时收养人经常居所地法律。"本题收养时收养人经常居所地在英国,收养的效力应适用英国法,选项 D 错误。

38. 【答案】D

【解析】根据我国《法律适用法》第 43 条,"劳动聘用合同的法律适用应当首先判断能否确定劳动者工作地。能够确定工作地的,适用劳动者工作地法律;难以确定劳动者工作地的,适用用人单位主营业地法律。"本题劳动合同不能确定劳动者工作地,因此该劳动合同纠纷应适用用人单位主营业地的丙国法,选项 D 正确,ABC 项错误。

39. 【答案】A

【解析】根据《关于从国外调取民事或商事证据的公约》(《海牙取证公约》)

第2条规定,外国法院依据《海牙取证公约》在中国境内调取证据,相关外国法院可直接将调取证据请求书递交给我国司法部,无须通过其本国指定中央机关转递,选项A正确;

《海牙取证公约》仅限于调取已经或即将开始的司法程序（不包括行政程序）的证据。因此,如果请求调取的证据不属于司法机关的职权范围,我国有权拒绝,选项B错误;

外国驻我国的使领馆可以向该国公民直接调查取证,但不得违反中国的法律,并不得采取强制措施,选项C错误;

我国原则上禁止当事人自行调取证据,选项D错误。

40. 【答案】C

【解析】《1980年联合国国际货物销售合同公约》具有任意性特点,其最大限度地尊重当事人的意思自治,当事人可以通过选择准据法而排除公约的适用,A项错误。

格式合同不是法律,其具有任意性的特点,由当事人选择适用,不具有强制性约束力,当事人在选用时还可以进行修改和补充,选项B错误、C正确。

合同中选择贸易术语构成当事双方在合同中的约定,其可以部分排除公约的适用,但不能完全排除,D项错误。

41. 【答案】A

【解析】使用CFR术语时涉及一个及时通知的义务,即卖方交货给承运人时应当向买方发出一个充分的通知,以便买方及时投保。本案中方甲公司在装船后未给乙公司以充分的通知,造成乙公司漏保,因此货物损失应当由甲公司承担。故A项

正确,BCD项错误。

42. 【答案】A

【解析】反倾销税税额不超过终裁决定确定的倾销幅度,选项A正确。

反倾销税的纳税人为倾销进口产品的进口经营者,本题中甲乙丙三国企业为出口经营者,选项B错误。

商务部可以向出口经营者提出价格承诺的建议,但不得强迫出口经营者作出价格承诺。选项C商务部可"要求"的说法错误。

反倾销措施的适用条件之一是倾销和损害之间要有因果关系,如果倾销进口产品来自两个以上的国家,其各自的倾销幅度不同、倾销量不同、倾销进口产品之间的竞争条件不同,对我国国内产业的损害或损害威胁程度是不一样的。因此根据因果关系的要求,针对来自两个以上国家的倾销进口产品,原则上应当分别判断其各自对我国国内产业的影响。只有在每一个国家倾销进口产品的倾销幅度、倾销量等都很小,并且倾销进口产品之间的竞争条件差异不大的情况下,才可以就其对我国国内产业造成的影响进行累积评估。故D项错误。

43. 【答案】C

【解析】《伯尔尼公约》规定了版权自动保护原则,即著作权的获得和行使无须履行任何手续,选项A错误。

《伯尔尼公约》规定了版权保护的独立性原则,即享有国民待遇的人在公约任何成员国所得到的著作权保护,不依赖于其作品在来源国受到的保护。在符合公约最低要求的前提下,该作者的权利受保护的程度以及为保护作者权利而向其提供的司法救济方式等,均完全适用提供保护的

那个成员国的法律。选项B错误、C正确。

国民待遇原则的含义是对公约其他成员国国民的知识产权保护水平不得低于给予本国国民的保护水平，即乙国不得给予甲国国民低于乙国国民水平的保护，选项D错误。

44. 【答案】B

【解析】甲国在确定纳税居民身份上适用国籍标准。李某为甲国人，根据甲国法属于甲国纳税居民，甲国对其享有居民税收管辖权，即甲国对李某的境内外所得享有征税权，选项A错误。

双边税收协定是协调税收管辖权冲突的主要途径之一，选项B正确。

两个或两个以上的国家，对同一纳税人就同一征税对象，在同一时期课征相同或类似的税收的现象在国际税法中被称为国际重复征税，选项C错误。

甲国在确定纳税居民身份上适用国籍标准。李某为甲国人，根据甲国法属于甲国纳税居民，甲国对李某境内外所得征税依据的都是居民税收管辖权，选项D错误。

45. 【答案】D

【解析】司法公正包括六大构成要素：公开性、中立性、平等性、参与性、合法性和案件处理的正确性。AB两项涉及的是司法公开，正确。C项中，检察院为辩护人提供便利，一方面体现了程序合法，另一方面也体现了司法为民，自然体现了司法公正的要求，因此也正确。D项中，检察院所为并不属于司法职权范围，也并非司法活动，而属于伦理道德范畴，与司法公正无关，错误。

46. 【答案】D

【解析】司法效率强调的是司法机关在司法活动中，提高办案效率，不拖延积压案件，及时审理和结案，合理利用和节约司法资源；不断改进工作，迅速及时进行司法活动，在司法、诉讼的各个具体环节都要遵守法定的时限。司法效率包括司法的时间效率、资源利用效率和司法活动的成本效率三个方面。A项正确。近年来我国法院努力提高司法效率，强化审限意识，严格禁止超审限审理案件。B项正确。在司法过程中，"公正优先、兼顾效率"是基本原则，因此自然要求合理地进行诉讼程序的制度设计，在采取程序性措施时，严格依法并考虑效率方面的代价。C项正确。法官在保障司法公正的同时，也应提高司法效率，严格遵守法定办案时限，节约司法资源，监督当事人及时完成诉讼活动。法官在审判活动中特别是在法庭上的一项重要职责就是监督当事人遵守诉讼程序和各种时限规定，有效控制各项诉讼活动的时间，掌握案件审理的合理进度，避免因当事人的原因或法官指挥不当而导致的拖延。法官应在不违反其中立地位的前提下，积极督促当事人或其代理人提高效率，减少拖延。D项错误。

47. 【答案】B

【解析】检察官应自觉维护程序公正和实体公正，不私自探询其他检察官、其他人民检察院或者其他司法机关正在办理的案件情况和有关信息；不违反规定会见案件当事人、诉讼代理人、辩护人及其他与案件有利害关系的人员。AD项错误。检察官应当客观求实，以事实作为处理案件的客观基础，以证据作为认定事实的客观依据。C项错误。检察人员如果与本案当事人有其他关系（如本题B项中的密切近邻），可能影响公正处理案件的,应当自行回避,当事人及其法定代理人也有权要求他们回避。B项正确。

48.【答案】D

【解析】律所接受委托前,应进行利益冲突审查并作出是否接受委托的决定。律师与委托人存在利益关系或利益冲突的,不得承办该业务并应主动提出回避。律所或律师不得在同一案件中为双方当事人担任代理人,或代理与本人或近亲属有利益冲突的法律事务。可见,A项做法正确。B项中只是承诺可在"其他案件中"代理被告,与本案没有利益冲突,正确。律师承办业务,应及时向委托人通报委托事项办理进展情况;需要变更委托事项、权限的,需要征得委托人同意和授权;对于已经出现的和可能出现的不可克服的困难、风险,应及时通知委托人,并向律所报告。C项中,对于案件出现的新的进展,律师积极与委托人联系,明显正确。在委托关系终止后,同一律所或同一律师在同一案件后续审理或处理中不得再接受对方当事人委托。D项错误。

49.【答案】C

【解析】法律职业队伍中存在法官、检察官、律师、公证员等具体行业之分,在职业道德上有不同的要求。由于法官职业的特殊性,决定了对法官职业道德在独立性、中立性方面的要求较其他职业更高、更严格。A项正确。检察官的职业道德是检察官职业义务、职业责任及职业行为上道德准则的体现。B项正确。律师职业道德既规范律师(包括了公职律师、实习律师、律师助理),也规范律所。C项错误。公证是公证机构或公证员对公民、法人及其他组织的法律行为,有法律意义的文书和事实的真实性、合法性进行证明,其最大的特点是公信力。正因为公信力才更强调公证员的职业道德。所以,D项正确。

50.【答案】B

【解析】我国的法律援助不是"缓交费",也不是"减费",而是完全免费的。A项错误。《法律援助条例》第23条规定:"办理法律援助案件的人员遇有下列情形之一的,应当向法律援助机构报告,法律援助机构经审查核实的,应当终止该项法律援助:(一)受援人的经济收入状况发生变化,不再符合法律援助条件的;(二)案件终止审理或者已被撤销的;(三)受援人又自行委托律师或者其他代理人的;(四)受援人要求终止法律援助的。"可见,B项正确。根据《关于刑事诉讼法律援助工作的规定》第9条的规定,"犯罪嫌疑人、被告人是未成年人且没有委托辩护人的,公安机关、检察院、法院应当自发现该情形之日起3日内,通知所在地同级司法行政机关所属法律援助机构指派律师为其提供辩护。"可见,法律援助机构不得指派无律师执业证的工作人员担任辩护人。C项错误。同理,并非任何法律援助案件均需要对被告人进行经济状况审查。根据《关于刑事诉讼法律援助工作的规定》第2条第3款的规定,有证据证明犯罪嫌疑人、被告人属于一级或者二级智力残疾的;共同犯罪案件中,其他犯罪嫌疑人、被告人已委托辩护人的;人民检察院抗诉的;案件具有重大社会影响的这四种情形,属于经济困难以外的其他原因,犯罪嫌疑人、被告人具有这四种情形申请法律援助的,法律援助机构无须进行经济状况审查。

可见，仅因经济状况较好、不符合申请法律援助的经济条件，就全然拒绝法律援助，并不妥当。D 项错误。

二、多项选择题。

51. 【答案】AC

【解析】责任自负原则是现代法的一般原则，体现了现代法的进步。其主要含义包括：（1）违法行为人应该对自己的违法行为负责；（2）不能让没有违法行为的人承担法律责任，即反对株连或变相株连；（3）要保证责任人受到法律追究，无责任人受到法律保护，即不枉不纵，公平合理。当然，在某种特殊情况下，为了维护法律尊严、分担社会风险，也允许出现责任自负原则的例外。在题干中所列法条的情形下，建筑物的使用人中绝大多数并未从事违法行为，但却要承担补偿责任，很明显属于责任自负原则的例外情形。A 项正确。题干与法律解释方法及其位阶无关，是关于法律责任的规定。B 项错误。

确定性规则是相对于委任性规则和准用性规则而言的，三者是按照规则内容的确定性程度不同进行划分的。所谓确定性规则，是指内容本已明确肯定，无须再援引或参照其他规则来确定其内容的法律规则。法律条文中规定的绝大多数法律规则属于此种规则。所谓委任性规则是指内容尚未确定，而只规定某种概括性指示，由相应国家机关通过相应途径或程序加以确定的法律规则。所谓准用性规则是指内容本身没有规定人们具体的行为模式，而是可以援引或参照其他相应内容规定的规则。题干中的法条很明显内容确定，无须援引或参照其他法条，也未委托相应国家机关加以确定，所以属于确定性规则。C 项正确。

该条款显然体现的是正义价值，但并未涉及司法问题，所以 D 项错误。

52. 【答案】ABC

【解析】由于法律原则的内涵高度抽象、外延宽泛，所以当被直接作为裁判案件的标准发挥作用时，就会赋予法官较大的自由裁量权，而不能完全保证法律的确定性和可预测性。为了将其不确定性缩小在一定程度之内，需要对其适用设定严格的条件，首要条件就是"穷尽法律规则，才得适用法律原则"。在有具体的法律规则可供适用时，不得直接适用法律原则。因为法律规则是法律中最具有硬度的部分，能最大限度地实现法律的确定性和可预测性，有助于保持法律的安定性和权威性，避免司法者滥用自由裁量权，保证法治的基本要求得到实现。可见，A 项正确。

题干中，法院首先确认了案件事实作为小前提，然后引用了法律规范，即"诚实信用和公序良俗原则"作为大前提，最后作出了判决结论，即"新娘赔偿新郎财产损失和精神抚慰金"。这是典型的演绎推理。BC 两项正确。在任何情况下，法官裁判都需要提供裁判理由。D 项明显错误。

53. 【答案】ABC

【解析】在法律推理中，法律规范是法院裁判的大前提，案件事实是法院裁判的小前提，最终在此基础上得出判决结论。"刘某出具该借条系本人自愿，且并未违反法律强制性规定"，很明显这不属于判决结论，也不属于作为法律推理大前提的法律规范，因此只能属于对案件事实的认定。A 项正确。

法律事实是指法律规范所规定的，能够引起法律关系产生、变更和消灭的客观情况或现象。很显然，在本案中，法院确认了借款合同法律关系的存在，引起借款合同法律关系产生的一个重要情况便是出具借条的法律行为。所以，B项正确。法律事实又包括法律事件和法律行为两种。其中，法律行为是指在人的意志支配下的身体活动；法律事件是指法律规范规定的，不以当事人的意志为转移而引起法律关系形成、变更和消灭的客观事实，又可以分为社会事件（如革命、战争等）和自然事件（如生老病死、自然灾害等）。而本案中法院判决刘某还款的理由是："刘某出具该借条系本人自愿，且并未违反法律强制性规定"。可见，刘某出具借条是在本人自愿的情况下做出的，处于其自身意志支配下，所以属于法律行为而非法律事件。D项错误。

第一性法律关系，又称为主法律关系，是指能独立存在、居于支配地位的法律关系。第二性法律关系则是相对于第一性法律关系而言的，是居于从属地位的法律关系，因此又称为从法律关系。一切相关的法律关系均有主次之分，例如，在调整性和保护性法律关系中，调整性法律关系是第一性法律关系（主法律关系），保护性法律关系是第二性法律关系（从法律关系）；在实体和程序法律关系中，实体法律关系是第一性法律关系（主法律关系），程序法律关系是第二性法律关系（从法律关系），等等。民事诉讼法律关系是程序性法律关系，因此相对于实体性法律关系，属于第二性法律关系。C项正确。

54.【答案】BCD

【解析】一国的法律监督体系包括国家法律监督体系和社会法律监督体系两类。其中，国家法律监督体系具有明确的权限和范围，且有法定的程序，以国家名义进行的，具有国家强制力和法的效力，包括国家权力机关、行政机关和司法机关的监督。这是我国法律监督体系的核心。而社会法律监督体系具有广泛性和人民性，包括中国共产党的监督、社会组织的监督、公民的监督、法律职业群体的监督和新闻舆论的监督等。这种监督也具有重要的意义。A项中，林某以个体公民的身份向国家机关提出审查建议，这典型地属于社会监督。A项正确。

司法解释包括了最高法和最高检的解释。可见，C项错误。根据《立法法》的规定，"凡属于法院审判工作中具体应用法律法令的问题，由最高院解释；凡属于检察院检察工作中具体应用法律法令的问题，由最高检解释。"可见，在我国，司法解释的对象只包括全国人大及其常委会制定的规范性法文件。所以B项错误。

专门委员会只是全国人大及其常委会领导下的一个工作机关，无权直接撤销最高法和最高检的司法解释。如果专门委员会认为司法解释抵触法律，而两高又不修改或废止，有两种办法：（1）提出要求两高修改废止的议案；（2）提出由全国人大常委会作出解释的议案。可见，D项错误。

55.【答案】AC

【解析】所谓"证成"，便是给一个决定提供充足理由的活动或过程。从法律证成的角度看，法律决定的合理性取决于两个方面：（1）推导法律决定所依赖的推理前提是合理的、正当的，这就是外部证成；（2）推理规则本身是可靠的，这就是内部证成。对《民法通则》中"公共场所"这一概念的具体含义进行证成，很明显属于对法律推理的大前提的证立，是外部证成。

A项正确。法官对"公共场所"这一概念的具体意义进行解释,很明显属于文义解释。在解释过程中,法官参考了《刑法》、《集会游行示威法》等法律和多个地方性法规对"公共场所"的规定,可见属于体系解释。B项错误,C项正确。同一个术语在不同的法律条文中,含义自然可能有不同的理解。D项错误。

56. 【答案】ACD

【解析】法家强调"以法治国",不强调礼,而且秦代实施焚书坑儒的措施,况且"德主刑辅"的思想是在汉代才提出来的。这些信息都说明B项错误。朱熹有意提高了礼、刑关系中刑的地位,认为礼、律二者对治国同等重要,不可偏废。又从"礼律合一"角度对"明刑弼教"进一步说明:"故圣人之治,为之教以明之,为之刑以弼之,虽其所施或先或后或缓或急。"D项正确。

57. 【答案】ABC

【解析】大诰是明初的一种特别刑事法规。"大诰"之名来自儒家经典《尚书·大诰》,原为周公东征殷遗民时对臣民的训诫。朱元璋为防止"法外遗奸",将其亲自审理的案例加以整理汇编,并加上因案而发的"训导",作为训诫臣民的特别法令颁布天下。大诰具有与《大明律》相同的法律效力。《明大诰》对于律中原有的罪名,一般都加重处罚,集中体现了朱元璋"重典治世"的思想。A项正确。"重典治吏"是大诰的又一特点,其中大多数条文专为惩治贪官污吏而定,以此强化统治效能。C项正确。大诰的另一特点是滥用法外之刑,四编大诰中开列的刑罚如族诛、枭首、断手、斩趾等,都是汉律以来久不载于法令的酷刑。大诰也是中国法制史上空前普及的法

规,每户人家必须有一本大诰,科举考试中也列入大诰的内容。B项正确。明太祖死后,大诰被束之高阁,不具法律效力。可见,朱元璋去世后,大诰只是被搁置,而非明文废除。D项错误。

58. 【答案】AC

【解析】12世纪初,西欧各国先后出现了一个研究和采用罗马法的热潮,史称"罗马法复兴"。罗马法的复兴不是偶然的,其根本原因在于当时西欧的法律状况同商品经济发展及社会生活极不适应。而罗马法是资本主义社会以前调整商品生产者关系的最完备的法律,这一法律遗产可以满足当时西欧各国一般财产和契约关系的发展变化的需要。所以,A项正确。

在罗马法复兴过程中,先后出现的两大法学派是"注释法学派"和"评论法学派"。B项错误。其中的"社会法学派"是在19世纪末20世纪初才形成的。

经过罗马法复兴,以研究《国法大全》为突破口和中心,法学蓬勃发展起来,形成了一个世俗的法学家阶层,改变了教会僧侣掌握法律知识的情况。这就为把罗马法运用于实践准备了条件,从而为正在成长中的资本主义关系提供了现成的法律形式。C项正确。

罗马法对后世法律制度的发展影响是很大的,尤其是对欧洲大陆的法律制度影响更为直接。正是在全面继承罗马法的基础上,形成了当今世界两大法系之一的大陆法系,亦称为罗马法系或者民法法系。而英美法系的历史渊源是日耳曼习惯法。D项错误。

59. 【答案】ABD

【解析】自觉践行执法为民理念自然要

求倡导和注重理性文明执法。理性文明执法是人民群众对于执法活动的强烈要求。执法机关及其工作人员要从有利于人民群众角度出发，实施执法行为，冷静应对处置各种矛盾和冲突，遵守执法程序，讲究执法方式，改善执法态度，注重执法艺术，始终做到仪容整洁、言行文明、举止得当、尊重他人，使各种执法活动真正为广大人民群众所充分理解和接受。A项正确。

自觉践行执法为民理念也要求切实做到便民利民。便民利民是我们党的优良作风和传统在法治实践活动中的具体体现。要在不损害实质性法律利益和不违反法定程序的前提下，尽可能地为人民群众行使权利和履行义务提供各种便利，不断改革和完善各种执法程序和执法手续，科学、合理地设置执法流程，减少当事人的成本和诉累。B项正确。

社会主义法治执法为民的理念，与资本主义法治理论中以自由资本主义为实践背景的"个人权利至上"的主张存在重要区别。社会主义法治高度重视和强调人民利益，倡导和要求执法为民，但并不意味着认同个人权利的绝对化。执法为民理念明确地寓含着引导和教育人民群众遵纪守法的要求。C项错误。

我们党把全心全意为人民服务作为根本宗旨，把"立党为公，执政为民"作为党的重要执政理念。执法为民是党的根本宗旨在法治事业中的具体贯彻。D项正确。

60. 【答案】AB

【解析】全国和地方各级人民代表大会的代表受选民和原选举单位的监督。选民或者选举单位都有权罢免自己选出的代表。A项正确。现行《宪法》规定，中央军事委员会实行主席负责制。中央军事委员会主席有权对中央军事委员会职权范围内的事务作出最后决策。当然，中央军事委员会是作为一个集体来领导我国武装力量的，主席负责制并不否定民主集中制。中央军事委员会主席在对重大问题作出决策之前，必须进行集体研究和讨论，然后再集中正确的意见作出决策。B项正确。县级以上人民政府设审计机关，依法独立行使审计监督权。审计机关实行双重负责制，同时对本级人民政府和上一级审计机关负责。C项错误。市辖区、不设区的市的人民政府，经上一级人民政府批准，可以设立若干街道办事处，作为它派出机关。可见，设立街道办属于行政系统内部事务，不需要经过人大批准。D项错误。

61. 【答案】ABCD

【解析】国务院、中央军事委员会、最高人民法院、最高人民检察院和全国人民代表大会各专门委员会以及省、自治区、直辖市的人民代表大会常务委员会可以向全国人民代表大会常务委员会提出法律解释的要求。可见，有权提出法律解释要求的主体是六个，不包括地方各级政府。A项错误。我国《立法法》规定，限制人身自由的强制措施属于绝对保留的范畴，不能授权。B项错误。根据《立法法》规定，专门委员会审议法律案的时候，"可以"邀请提案人列席会议，听取其意见，而不是"应当邀请"。C项错误。就D项而言，则死抠了《立法法》的字眼，该法原文规定的是"地方人大常委会有权撤销本级政府制定的不适当的规章"，所以命题人认为地方人大无权撤销。此点在学理上存在一定的争议。

62. 【答案】BD

【解析】全国人民代表大会和地方各级人民代表大会的选举经费，列入财政预算，由国库开支。A项错误。县级以上地方各级人民代表大会举行会议的时候，主席团或者十分之一以上代表联名，可以提出对由该级人民代表大会选出的上一级人大代表的罢免案。C项明显错误。

根据《选举法》的规定，"全国和地方各级人民代表大会的代表候选人，按选区或者选举单位提名产生。各政党、各人民团体，可以联合或者单独推荐代表候选人。选民或者代表，10人以上联名，也可以推荐代表候选人。"D项正确。

根据《中华人民共和国香港特别行政区选举第十二届全国人民代表大会代表的办法》第6条的规定，"选举会议第一次会议由全国人民代表大会常务委员会召集，根据全国人民代表大会常务委员会委员长会议的提名，推选十九名选举会议成员组成主席团。主席团从其成员中推选常务主席一人。主席团主持选举会议。主席团常务主席主持主席团会议。"根据原文的表述，选举会议的第一次会议由全国人大常委会"召集"，而不是"主持"。因此，B项也不够精确。但因为本题是多选题，至少有两项是正确的，而A、C两项明显错误，B项错误的隐蔽性高，所以，答案圈定为BD。

63. 【答案】AB

【解析】根据《民族区域自治法》第46条的规定，"民族自治地方的人民法院和人民检察院对本级人民代表大会及其常务委员会负责。民族自治地方的人民检察院并对上级人民检察院负责。民族自治地方人民法院的审判工作，受最高人民法院和上级人民法院监督。民族自治地方的人民检察院的工作，受最高人民检察院和上级人民检察院领导。民族自治地方的人民法院和人民检察院的领导成员和工作人员中，应当有实行区域自治的民族的人员。"A项正确。

根据《民族区域自治法》第17条第1款的规定，"自治区主席、自治州州长、自治县县长由实行区域自治的民族的公民担任。自治区、自治州、自治县的人民政府的其他组成人员，应当合理配备实行区域自治的民族和其他少数民族的人员。"B项正确。

根据《民族区域自治法》第19条的规定，"民族自治地方的人民代表大会有权依照当地民族的政治、经济和文化的特点，制定自治条例和单行条例。自治区的自治条例和单行条例，报全国人民代表大会常务委员会批准后生效。自治州、自治县的自治条例和单行条例报省、自治区、直辖市的人民代表大会常务委员会批准后生效，并报全国人民代表大会常务委员会和国务院备案。"可见，自治区的自治法规的批准主体是全国人大常委会。C项明显错误。

根据《民族区域自治法》第44条的规定，"民族自治地方实行计划生育和优生优育，提高各民族人口素质。民族自治地方的自治机关根据法律规定，结合本地方的实际情况，制定实行计划生育的办法。"D项错误。

64. 【答案】ABC

【解析】《反垄断法》第16条："行业协会不得组织本行业的经营者从事本章禁止的垄断行为。"所以，旅游协会作为行业协会促成本行业内的旅行社达成价格、市场、利益分配等方面的协议，构成了垄断行为，AB错误；

反垄断执法机构应该为国务院的商务部、发改委、工商总局及在必要条件下三机构的省、自治区、直辖市的派出机构。L市发改委没有相应的资格进行反垄断行为的处罚。C错误；

第46条："经营者主动向反垄断执法机构报告达成垄断协议的有关情况并提供重要证据的，反垄断执法机构可以酌情减轻或者免除对该经营者的处罚。"甲旅行社的行为符合可以减免的适用情形，所以，D项正确。

65.【答案】ABD

【解析】《反不正当竞争法》第5条："经营者不得采用下列不正当手段从事市场交易，损害竞争对手：（一）假冒他人的注册商标；（二）擅自使用知名商品特有的名称、包装、装潢，或者使用与知名商品近似的名称、包装、装潢，造成和他人的知名商品相混淆，使购买者误认为是该知名商品；（三）擅自使用他人的企业名称或者姓名，引人误认为是他人的商品；（四）在商品上伪造或者冒用认证标志、名优标志等质量标志，伪造产地，对商品质量作引人误解的虚假表示。"

混淆行为的侵害标的并非一定是受知识产权保护的，A错误；

混淆行为者是否披露自己的信息，并不影响混淆行为的认定，B错误；

混淆行为从后果上要能达到一般消费者混淆的后果，所以，C正确；D错误。

66.【答案】ABD

【解析】《消费者权益保护法》第25条："经营者采用网络、电视、电话、邮购等方式销售商品，消费者有权自收到商品之日起七日内退货，且无须说明理由，但下列商品除外：（一）消费者定作的；（二）鲜活易腐的；（三）在线下载或者消费者拆封的音像制品、计算机软件等数字化商品；（四）交付的报纸、期刊。

除前款所列商品外，其他根据商品性质并经消费者在购买时确认不宜退货的商品，不适用无理由退货。

消费者退货的商品应当完好。经营者应当自收到退回商品之日起七日内返还消费者支付的商品价款。退回商品的运费由消费者承担；经营者和消费者另有约定的，按照约定。"

所以，以上网店的回答中只有C项是合法的，其余均违法，答案为ABD。

67.【答案】ACD

【解析】《食品安全法》第34条："禁止生产经营下列食品、食品添加剂、食品相关产品：（一）用非食品原料生产的食品或者添加食品添加剂以外的化学物质和其他可能危害人体健康物质的食品，或者用回收食品作为原料生产的食品；（二）致病性微生物，农药残留、兽药残留、生物毒素、重金属等污染物质以及其他危害人体健康的物质含量超过食品安全标准限量的食品、食品添加剂、食品相关产品；（三）用超过保质期的食品原料、食品添加剂生产的食品、食品添加剂；（四）超范围、超限量使用食品添加剂的食品；（五）营养成分不符合食品安全标准的专供婴幼儿和其他特定人群的主辅食品；（六）腐败变质、油脂酸败、霉变生虫、污秽不洁、混有异物、掺假掺杂或者感官性状异常的

87

食品、食品添加剂；（七）病死、毒死或者死因不明的禽、畜、兽、水产动物肉类及其制品；（八）未按规定进行检疫或者检疫不合格的肉类，或者未经检验或者检验不合格的肉类制品；（九）被包装材料、容器、运输工具等污染的食品、食品添加剂；（十）标注虚假生产日期、保质期或者超过保质期的食品、食品添加剂；（十一）无标签的预包装食品、食品添加剂；（十二）国家为防病等特殊需要明令禁止生产经营的食品；（十三）其他不符合法律、法规或者食品安全标准的食品、食品添加剂、食品相关产品。"所以，A项说法正确；

《消费者权益保护法》第55条："经营者明知商品或者服务存在缺陷，仍然向消费者提供，造成消费者或者其他受害人死亡或者健康严重损害的，受害人有权要求经营者依照本法第四十九条、第五十一条等法律规定赔偿损失，并有权要求所受损失二倍以下的惩罚性赔偿。"

对于从事食品经营的商家来讲，只要其提供的食品出现缺陷，给消费者造成损失了，就应当承担相应的赔付及惩罚性赔偿责任，所以，CD的说法正确；

因为食品药品关乎消费者的生命健康，所以在《最高人民法院关于审理食品药品纠纷案件适用法律若干问题的规定》中第3条："因食品、药品质量问题发生纠纷，购买者向生产者、销售者主张权利，生产者、销售者以购买者明知食品、药品存在质量问题而仍然购买为由进行抗辩的，人民法院不予支持。"支持了"知假买假"情形下消费者的保护原则。所以，B错误。

68. 【答案】ABCD

【解析】《消费者权益保护法》第9条："消费者享有自主选择商品或者服务的权利。消费者有权自主选择提供商品或者服务的经营者，自主选择商品品种或者服务方式，自主决定购买或者不购买任何一种商品、接受或者不接受任何一项服务。消费者在自主选择商品或者服务时，有权进行比较、鉴别和挑选。"

第10条："消费者享有公平交易的权利。消费者在购买商品或者接受服务时，有权获得质量保障、价格合理、计量正确等公平交易条件，有权拒绝经营者的强制交易行为。"

本题目中，甲公司与钱某约定的"跳单"条款并无不妥，且钱某也并没有违反"跳单"条款。且钱某并未对甲公司的房源信息进行泄露，乙公司的房源信息来源于业主的委托。乙公司接受业主的委托，根据自己的经营策略定价，带客户看房也并无不妥。所以，ABCD的说法都不正确。

69. 【答案】AC

【解析】《商业银行法》第42条："借款人应当按期归还贷款的本金和利息。借款人到期不归还担保贷款的，商业银行依法享有要求保证人归还贷款本金和利息或者就该担保物优先受偿的权利。商业银行因行使抵押权、质权而取得的不动产或者股权，应当自取得之日起二年内予以处分。"所以，A项正确；B错误，超过了两年内处分的时间要求。

第43条："商业银行在中华人民共和国境内不得从事信托投资和证券经营业务，不得向非自用不动产投资或者向非银行金融机构和企业投资，但国家另有规定的除外。"所以，银行投资自用不动产办公楼是合法的，C正确；但向非金融类的房地产公司投资是非法的，D错误。

70.【答案】ABC

【解析】《税收征收管理法》第52条："因纳税人、扣缴义务人计算错误等失误，未缴或者少缴税款的，税务机关在三年内可以追征税款、滞纳金；有特殊情况的，追征期可以延长到五年。对偷税、抗税、骗税的，税务机关追征其未缴或者少缴的税款、滞纳金或者所骗取的税款，不受前款规定期限的限制。"所以不受追征期限制的限于"偷税、抗税、骗税"等情形，而题干中并不存在该情形，所以D项错误，ABC说法符合法律规定。

71.【答案】ABCD

【解析】《个人所得税法》第1条："中国境内有住所，或者无住所而在境内居住满一年的个人，从中国境内和境外取得的所得，依照本法规定缴纳个人所得税。"

第2条："下列各项个人所得，应纳个人所得税：一、工资、薪金所得；二、个体工商户的生产、经营所得；三、对企事业单位的承包经营、承租经营所得；四、劳务报酬所得；五、稿酬所得；六、特许权使用费所得；七、利息、股息、红利所得；八、财产租赁所得；九、财产转让所得；十、偶然所得；十一、经国务院财政部门确定征税的其他所得。"所以，约翰2012年来华，到2014年，在中国居住的时间已经超过1年，境内外所得均应向我国缴纳个人所得税，ABCD均为应选项。

72.【答案】ABC

【解析】《城市房地产管理法》第26条："以出让方式取得土地使用权进行房地产开发的，必须按照土地使用权出让合同约定的土地用途、动工开发期限开发土地。超过出让合同约定的动工开发日期满一年未动工开发的，可以征收相当于土地使用权出让金百分之二十以下的土地闲置费；满二年未动工开发的，可以无偿收回土地使用权；但是，因不可抗力或者政府、政府有关部门的行为或者动工开发必需的前期工作造成动工开发迟延的除外。"因土地长期闲置而无偿收回，属于政府对土地资源的行政管理行为，因此，相应的纠纷为行政纠纷，A正确；

第8条："土地使用权出让，是指国家将国有土地使用权（以下简称土地使用权）在一定年限内出让给土地使用者，由土地使用者向国家支付土地使用权出让金的行为。"因此，土地使用权出让是行使土地所有者身份权利的行为，相应的纠纷是民事争议。B项正确；

关于第一项行政争议实质上属于土地的使用权确权纠纷，根据《土地管理法》第16条："土地所有权和使用权争议，由当事人协商解决；协商不成的，由人民政府处理。单位之间的争议，由县级以上人民政府处理；个人之间、个人与单位之间的争议，由乡级人民政府或者县级以上人民政府处理。当事人对有关人民政府的处理决定不服的，可以自接到处理决定通知之日起三十日内，向人民法院起诉。在土地所有权和使用权争议解决前，任何一方不得改变土地利用现状。"所以，C正确；

第二项民事争议，可由政府予以行政调解，但并非必经程序，当事人可以直接向法院提起民事诉讼，所以，D错误。

73.【答案】ABC

【解析】《环境保护法》第16条："国务院环境保护主管部门根据国家环境质量

标准和国家经济、技术条件，制定国家污染物排放标准。省、自治区、直辖市人民政府对国家污染物排放标准中未作规定的项目，可以制定地方污染物排放标准；对国家污染物排放标准中已作规定的项目，可以制定严于国家污染物排放标准的地方污染物排放标准。地方污染物排放标准应当报国务院环境保护主管部门备案。"AB说法正确；D项错误；

第15条："国务院环境保护主管部门制定国家环境质量标准。省、自治区、直辖市人民政府对国家环境质量标准中未作规定的项目，可以制定地方环境质量标准；对国家环境质量标准中已作规定的项目，可以制定严于国家环境质量标准的地方环境质量标准。地方环境质量标准应当报国务院环境保护主管部门备案。"所以，C正确。

74. 【答案】BD

【解析】根据《维也纳外交关系公约》，在外交关系建立并互设使馆之后，由于某种原因，一国也可以单方面暂时关闭使馆，甚至断绝与另一国的外交关系，并不需要接受国同意。选项A错误；

根据《维也纳外交关系公约》，使馆的职务主要有以下五项：①代表，即在接受国中代表派遣国；②保护，即于国际法许可之限度内，在接受国中保护派遣国及其国民之利益；③交涉，即与接受国政府办理交涉；④调查，即以一切合法手段调查接受国之状况及发展情形，向派遣国政府具报；⑤促进，即促进派遣国与接受国之友好关系，及发展两国间之经济、文化与科学关系。B项属于使馆合法的履行其调查和报告的职务，B项正确；

根据《维也纳外交关系公约》，对于派遣国的使馆馆长及外交人员，接受国可以随时不加解释地宣布其为"不受欢迎的人"。选项C错误；

对于被宣告为"不受欢迎的人"或"不能接受"的使馆人员，如果在其到达接受国境内以前被宣告，则接受国可以拒绝给予其签证或拒绝其入境；如果在其入境以后被宣告，则派遣国应酌情召回该人员或终止其使馆人员的职务。否则，接受国可以拒绝承认该人员为使馆人员，甚至令其限期离境，选项D正确。

75. 【答案】BC

【解析】根据现行国际法，国家享有绝对管辖豁免权，即非经一国同意，国家的行为及其财产不受或免受他国法院管辖。一国驻外使馆属于该国驻外机关，其行为归因于国家，因此本案甲国公司与乙国驻甲国使馆之间的纠纷性质上属于甲国公司与乙国国家间的争端，对此甲国法院原则上没有管辖权。

国家主权绝对豁免的例外是国家对其管辖豁免权的放弃，放弃包括明示放弃和默示。默示放弃仅包括国家主动起诉、正式出庭应诉、提起反诉或作为利害关系人介入特定诉讼等"诉"行为。合同约定法律适用不构成管辖豁免权的放弃，但派代表出庭主张豁免和提起反诉均构成对管辖豁免权的默示放弃，故A项错误；BC项正确。

放弃的意思表示必须是针对某一特定案件作出，乙国曾接受过甲国法院的管辖，不意味着甲国法院有权管辖其他涉及乙国的案件，D项错误。

76. 【答案】BCD

【解析】本题先后签订的两个公约虽然涉及同样事宜，但缔约国并不完全相同，所以不导致后约取代先约的后果，选项A错误；

根据《维也纳条约法公约》解决条约冲突的规则，如果先后就同一事项签订的两个条约的当事国部分相同，部分不同时，在同为先后两条约的当事国之间，适用后约优于先约的原则，选项B正确；

根据《维也纳条约法公约》关于条约保留的规定，保留经另一缔约国接受时，在保留国与接受保留国之间，按保留的范围，改变该保留所涉及的一些条约规定。因此，在保留国甲国和接受保留国的乙国之间，应适用保留修改后的公约，且甲国只参加过先约，所以准确地说在甲乙两国之间应适用保留修改后的原公约，选项C正确；

根据《维也纳条约法公约》关于条约保留的规定，保留经另一缔约国反对时，在保留国和反对国之间，若反对国并不反对该条约在保留国与反对保留国之间生效，则保留所涉及的规定，在保留范围内，不适用于该两国之间，但条约中保留未涉及的规定仍然适用于保留国和反对保留国之间，选项D正确。

77. 【答案】AD

【解析】合同之债法律适用的顺序是意思自治优先，没有意思自治的适用最密切联系原则确定准据法，选项A正确；

根据《〈法律适用法〉司法解释（一）》第8条第1款，当事人意思自治的最晚时间是一审法庭辩论终结前，选项B"应在一审开庭前"的说法错误；

根据《法律适用法》第7条，诉讼时效的准据法与基础法律关系的准据法一致，而非必须适用法院地法确定，故C项错误；

根据《〈法律适用法〉司法解释（一）》第10条，"环境安全"属于必须直接适用中国强制性规定的"一保护两反三安全"的范围，如案件涉及中国环境安全问题，该问题就应当直接适用中国法的强制性规定，选项D正确。

78. 【答案】AC

【解析】我国《法律适用法》第8条规定："涉外民事关系的定性，适用法院地法律。"本案的定性，应适用法院地的中国法，选项A正确；《法律适用法》第48条规定："知识产权的归属和内容，适用被请求保护地法律。"本案讼争的专利权是在英国获批，因此该知识产权的被请求保护地为英国，选项B错误；C正确；《法律适用法》第50条规定："知识产权的侵权责任，适用被请求保护地法律，当事人也可以在侵权行为发生后协议选择适用法院地法律。"本案专利侵权争议，若双方选择法院地的中国法，应尊重当事人的意思自治；若当事人没有达成意思自治，应适用该专利权被请求保护地的英国法，选项D错误。

79. 【答案】ABC

【解析】我国《仲裁法》第20条和《中国国际经济贸易仲裁委员会仲裁规则》第6条（以下简称为《贸仲规则》）都规定对仲裁协议有争议的，应当在仲裁庭首次开庭前提出。《贸仲规则》第6条第4款还强调必须书面提出，故A项正确；

我国《法律适用法》第18条规定："当事人可以协议选择仲裁协议适用的法律。当事人没有选择的，适用仲裁机构所在地法律或者仲裁地法律。"本案双方没有约定仲裁协议应适用的法律，但仲裁机构和仲裁地都在中国内地，因此，仲裁协议应

91

适用中国法，选项B正确；

涉外仲裁中，当事人若约定选择适用仲裁规则应尊重当事人的约定，但没有约定的应适用所选择仲裁机构的仲裁规则，选项C正确；

《中国国际经济贸易仲裁委员会仲裁规则》第16条规定："申请人可以申请对其仲裁请求进行更改，被申请人也可以申请对其反请求进行更改。但是仲裁庭认为其提出更改的时间过迟而影响仲裁程序正常进行的，可以拒绝其更改请求。"选项D"不能拒绝……"的提法错误。

80. 【答案】AC

【解析】本案买卖合同约定的货物品质为二级，甲公司自行改装一级红枣的行为不符合同约定，因此，应承担交货不符的责任，选项A正确；

信用证下的银行承担的是单证、单单表面相符的责任，其不对货物的情况承担责任，选项B错误；

信用证下的银行承担的是单证、单单表面相符的责任，发票与信用证不符构成单证不符，在此情况下银行有权拒绝收单付款，选项C正确；

信用证下的银行承担的是单证、单单表面相符的责任，银行不受买卖合同的约束或影响，不负责买卖合同的履行情况及买卖当事人的资信等，选项D错误。

81. 【答案】AB

【解析】本案提单载明适用《海牙规则》，本案因船方过失碰撞导致的货物损失承运人可援引《海牙规则》中的航行过失免责条款，选项A正确；

船舶碰撞导致的货物损失在保险关系中属于意外事故致损，属于平安险下保险公司的承保范围，选项B正确；

承运人因无正本提单交付货物承担民事责任的，不适用海商法关于限制赔偿责任的规定，选项C错；

承运人因无正本提单交付货物造成正本提单持有人损失的赔偿额，按照货物装船时的价值加运费和保险费计算，选项D错误。

82. 【答案】BCD

【解析】根据我国《反补贴条例》，补贴是指出口国（地区）政府或者其任何公共机构（统称为出口国政府）提供的并为接受者带来利益的财政资助以及任何形式的收入或者价格支持。构成反补贴条例中的补贴，必须具备三个条件：①由出口国政府直接或间接（通过其公共机构）提供，本题四个选项均满足这个条件；②接受者获得了利益，本题四个选项也满足这个条件；③专向性，即该项财政资助要有特定给予的对象，简单的判断标准是相关利益是否为部分企业或产业获得，是否满足这一要件四个选项存在区别。

"出口国政府出资兴建通向口岸的高速公路"属于政府投资进行基础建设。此种情况下政府显然要提供财政资助，而且表面上一定是向一个地区提供，但是，高速公路兴建以后，能够利用该项基础设施的主体是没有限制的，此项财政资助并非为部分企业或产业所获得，所以政府投资进行的基础建设不满足专向性的特点，自然不属于反补贴措施中的补贴，A项错误。

BCD项中的"免税优惠"、"贷款"或"提供资金"事实上都要求获得者满足一定的条件，而能满足条件的不会是出口国所有企业或产业，因此此种"免税优惠"、"贷款"或"提供的资金"最终只能被部分企业或产业获得，满足专向性特点，自然属于反补贴措施所称的补贴，故 BCD 项正确。

83. 【答案】ABD

【解析】A 项体现了司法独立；B 项体现了被动性；D 项体现了交涉性；C 项不是司法所特有的，行政活动也要受人大监督。

84. 【答案】ABD

【解析】题干中所列的改革措施包括"省以下地方检察院人财物统一管理"、"建立与行政区划适当分离的司法管辖制度"，其目的即在确保检察权独立行使、统一行使，避免检察权的行使过程受到地方政府的干扰，很明显有助于强化检察机关的法律监督作用。ABD 三项正确。但题干中的改革措施在直观上与检务公开无关，C 项错误。

85. 【答案】ABCD

【解析】法律职业道德既调整法律职业人员的业务内的活动，也调整业务外的活动。本题的四个选项均符合法律职业道德的要求。

三、不定项选择题。

86. 【答案】BCD

【解析】《劳动争议调解仲裁法》第 21 条："劳动争议仲裁委员会负责管辖本区域内发生的劳动争议。劳动争议由劳动合同履行地或者用人单位所在地的劳动争议仲裁委员会管辖。双方当事人分别向劳动合同履行地和用人单位所在地的劳动争议仲裁委员会申请仲裁的，由劳动合同履行地的劳动争议仲裁委员会管辖。"所以，A 错误；

第 28 条："书写仲裁申请确有困难的，可以口头申请，由劳动争议仲裁委员会记入笔录，并告知对方当事人。"B 正确；

第 29 条："对劳动争议仲裁委员会不予受理或者逾期未作出决定的，申请人可以就该劳动争议事项向人民法院提起诉讼。"所以，D 正确；

第 6 条："发生劳动争议，当事人对自己提出的主张，有责任提供证据。与争议事项有关的证据属于用人单位掌握管理的，用人单位应当提供；用人单位不提供的，应当承担不利后果。"所以，劳动争议的处理也遵循"谁主张，谁举证"的原则，乙公司主张终止劳动合同，应当就此提出相关的证据，承担举证责任，C 正确。

87. 【答案】ABCD

【解析】《劳动合同法》第 34 条："用人单位发生合并或者分立等情况，原劳动合同继续有效，劳动合同由承继其权利和义务的用人单位继续履行。"AB 正确；

用人单位与劳动者协商一致解除劳动合同是允许的，C 正确；

《劳动合同法实施条例》第 10 条："……原用人单位已经向劳动者支付经济补偿的，新用人单位在依法解除、终止劳动合同，计算支付经济补偿的工作年限时，不再计算劳动者在原用人单位的工作年限。"所以，D 正确。

88. 【答案】BD

【解析】《劳动合同法》第 82 条："用人单位自用工之日起超过一个月不满一年未与劳动者订立书面劳动合同的，应当向劳动者每月支付二倍的工资。"李某的劳动合同到期后，应当重新签订一份新的劳动合同，没有即时签订，相当于用人单位自用工时起没有在法定一个月期间内与劳动者签订书面劳动合同，应当支付 2 倍工资。A 错误；B 正确；

《劳动争议调解仲裁法》第27条："劳动争议申请仲裁的时效期间为一年。仲裁时效期间从当事人知道或者应当知道其权利被侵害之日起计算。前款规定的仲裁时效，因当事人一方向对方当事人主张权利，或者向有关部门请求权利救济，或者对方当事人同意履行义务而中断。从中断时起，仲裁时效期间重新计算。因不可抗力或者有其他正当理由，当事人不能在本条第一款规定的仲裁时效期间申请仲裁的，仲裁时效中止。从中止时效的原因消除之日起，仲裁时效期间继续计算。劳动关系存续期间因拖欠劳动报酬发生争议的，劳动者申请仲裁不受本条第一款规定的仲裁时效期间的限制；但是，劳动关系终止的，应当自劳动关系终止之日起一年内提出。"工资与赔偿金在劳动争议的赔偿起算点上是不同的。工资争议的起算点是从劳动关系终止之日起计算；偿金的争议，则自劳动者知道或应当知道权利被侵害之日起计算。题干中未签书面劳动合同的两倍工资，实际上由两部分组成，一部分是正常工资，另外一部分是与工资金额相同的赔偿金。如果乙公司拖欠李某工资，则李某申请仲裁的时效，从劳动关系终止之日起计算。乙公司2012年12月终止劳动关系，李某2013年11月提出仲裁请求，并未超过一年的时效。如果乙公司正常支付工资，则李某提出仲裁请求应当从知道或应当知道其权利受到侵害之日起计算。法律具有公开性，劳资双方未订立书面劳动合同最长满一年时，劳动者对用人单位应承担的惩罚性赔偿就"应当知道"了。所以，2012年3月未签书面劳动合同，到2013年3月满一年，开始计算仲裁时效，李某的申请也未超过诉讼时效，所以，D正确，C错误。

89. **【答案】** BD

【解析】 李某作为不定时工作制的员工，依旧是劳动合同约束的劳动者并非"非全日制用工"。所以，A错误；B正确；

劳动者工作差劲，被定义为"末位"，无外乎属于法律规定的"不能胜任工作"，根据《劳动合同法》第40条："有下列情形之一的，用人单位提前三十日以书面形式通知劳动者本人或者额外支付劳动者一个月工资后，可以解除劳动合同：（一）劳动者患病或者非因工负伤，在规定的医疗期满后不能从事原工作，也不能从事由用人单位另行安排的工作的；（二）劳动者不能胜任工作，经过培训或者调整工作岗位，仍不能胜任工作的；（三）劳动合同订立时所依据的客观情况发生重大变化，致使劳动合同无法履行，经用人单位与劳动者协商，未能就变更劳动合同内容达成协议的。"对于不能胜任工作的劳动者，不能径行解除劳动合同，而应该给予培训或调整工作岗位，仍不能胜任的，才能经预告或支付代通知金而解除合同。所以，考核为"末位"即终止劳动合同的规章制度，显然与法律的规定相抵触，应该是无效的。

《劳动合同法实施条例》第13条："用人单位与劳动者不得在劳动合同法第四十四条规定的劳动合同终止情形之外约定其他的劳动合同终止条件。"可知，劳动合同终止只能法定，不能约定，自然不能通过规章制度做出劳动合同终止的约束。所以，公司根据自己制定的"末位淘汰"制度，与李某终止劳动合同是违法的。D正确；C错误。

90. **【答案】** ABD

【解析】《劳动合同法》第48条:"用人单位违反本法规定解除或者终止劳动合同,劳动者要求继续履行劳动合同的,用人单位应当继续履行;劳动者不要求继续履行劳动合同或者劳动合同已经不能继续履行的,用人单位应当依照本法第八十七条规定支付赔偿金。"本题中,显然劳动者不愿意继续履行合同,所以可以要求公司支付赔偿金,A正确;第46条:"有下列情形之一的,用人单位应当向劳动者支付经济补偿:(一)劳动者依照本法第三十八条规定解除劳动合同的;(即时辞职)(二)用人单位依照本法第三十六条规定向劳动者提出解除劳动合同并与劳动者协商一致解除劳动合同的;(协商一致)(三)用人单位依照本法第四十条规定解除劳动合同的;(预告解除)(四)用人单位依照本法第四十一条第一款规定解除劳动合同的;(经济性裁员)(五)除用人单位维持或者提高劳动合同约定条件续订劳动合同,劳动者不同意续订的情形外,依照本法第四十四条第一项规定终止固定期限劳动合同的;(劳动合同期满,用人单位单方面解除合同)(六)依照本法第四十四条第四项、第五项规定终止劳动合同的;(用人单位破产、终止)(七)法律、行政法规规定的其他情形。"

第38条:"用人单位有下列情形之一的,劳动者可以解除劳动合同:(一)未按照劳动合同约定提供劳动保护或者劳动条件的;(二)未及时足额支付劳动报酬的;(三)未依法为劳动者缴纳社会保险费的;(四)用人单位的规章制度违反法律、法规的规定,损害劳动者权益的;(五)因本法第二十六条第一款规定的情形致使劳动合同无效的;(六)法律、行政法规规定劳动者可以解除劳动合同的其他情形。

用人单位以暴力、威胁或者非法限制人身自由的手段强迫劳动者劳动的,或者用人单位违章指挥、强令冒险作业危及劳动者人身安全的,劳动者可以立即解除劳动合同,不需事先告知用人单位。"题干中"末位淘汰制度"属于上述第(四)项内容,结合第38条和第46条的规定,李某可以要求用人单位支付经济补偿金,B正确;

《劳动合同法实施条例》第25条:"用人单位违反劳动合同法的规定解除或者终止劳动合同,依照劳动合同法第八十七条的规定支付了赔偿金的,不再支付经济补偿。赔偿金的计算年限自用工之日起计算。"所以,非法解雇的赔偿金与合法解除劳动合同的补偿金不能同时兼得,C错误;

第47条:"经济补偿按劳动者在本单位工作的年限,每满一年支付一个月工资的标准向劳动者支付。六个月以上不满一年的,按一年计算;不满六个月的,向劳动者支付半个月工资的经济补偿。"

第87条:"用人单位违反本法规定解除或者终止劳动合同的,应当依照本法第四十七条规定的经济补偿标准的二倍向劳动者支付赔偿金。"所以,赔偿金的数额比补偿金多一倍,D项正确。

91.**【答案】** BD

【解析】 法律责任竞合是由某种法律事实所导致的多种法律责任产生并且相互之间冲突的现象。多个法律责任之间相互冲突:不能吸收,也无法共存。因此,C项中一个犯罪行为,刑事责任与附带民事责任被同时追究,A项中行政责任和刑事责任被同时追究,很明显不存在法律责任竞合的问题。B项同一行为既构成违约，又构成侵权，但王某只能择一追究，属于法律责任竞合。D项属于想象竞合犯。

92. 【答案】ABCD

【解析】法律人适用法律的最直接的目标就是要获得一个合理的法律决定。在法治社会，所谓合理的法律决定就是指法律决定具有可预测性和正当性。法律决定的可预测性是形式法治的要求，正当性是实质法治的要求。A项正确。

法律决定的正当性是指按照实质价值或某些道德标准考量，法律决定是正当的或正确的；可预测性意味着在做决定的过程中应该尽可能地避免武断和恣意，将法律决定建立在既存的一般性的法律规范的基础上，而且必须要按照一定的方法适用法律规范，如推理规则和解释方法。BD两项正确。

法律决定的可预测性与正当性之间存在着一定的紧张关系。原因在于，有的法律决定实现了可预测性，然而该决定与特定国家的法秩序所承认的实质价值或道德相背离；有些法律决定是正当的，却违背了可预测性。因此，需要法律人借助法律解释方法来缓解二者之间的紧张关系。C项正确。

93. 【答案】BCD

【解析】根据法的现代化的动力来源，法的现代化过程大体上可以分为内发型法的现代化和外源型法的现代化两种。内发型法的现代化是指由特定社会自身力量产生的法的内部创新。这种现代化是一个自发的、自下而上的、缓慢的、渐进变革的过程；外源型法的现代化是指在外部环境影响下，社会受外力冲击，引起思想、政治、经济领域的变革，最终导致法律文化领域的革新。在这种法的现代化过程中，外来因素是最初的推动力。中国法的现代化是外源型的法的现代化，不是自发的、自下而上的变革。所以，A项错误。

外源型法的现代化一方面具有被动性，即一般都是在外部因素的压力下（或由于外来干涉，或由于殖民统治，或由于经济上的依附关系），本民族的有识之士希望通过变法以图民族强盛；另一方面也具有依附性，即带有明显的工具色彩，一般被要求服务于政治、经济变革。C项正确。

1902年，张之洞以兼办通商大臣的身份，与各国修订商约。英、日、美、葡四国表示，在清政府改良司法、"皆臻完善"之后，愿意放弃领事裁判权。为此，清政府下诏，派沈家本、伍廷芳主持修律。自此，以收回领事裁判权为契机，中国法的现代化在制度层面上正式启动了。D项正确。

法律意识是指人们关于法律现象的思想、观念、知识和心理的总称，是社会意识的一种特殊形式。法的传统之所以可以延续，在很大程度上是因为法律意识强有力的传承作用，即一个国家的法律制度可以经常随着国家制度和政权结构的变化而变化，但是人们的法律意识却相对比较稳定，具有一定的连续性。因此，法律意识可以使一个国家的法律传统得以延续。可见，B项正确。

94. 【答案】ACD

【解析】宪法修正案乃是宪法修改的一种方式，其构成现行宪法的有机组成部分。所以，一旦生效通过，其与宪法具有同等效力。A项正确。

中华人民共和国宪法适用于所有中国公

民。而且，我国宪法明确规定了对于华侨的正当权益地保护。华侨是指定居在国外的中国公民，他们也受中国宪法的保护。B项错误。

此外，外国人和法人在一定的条件下成为行使某些基本权利的主体，在享有基本权利的范围内，宪法效力适用于外国人和法人的活动。C项正确。

任何一个主权国家的宪法的空间效力都及于国土的所有领域，这是由主权的唯一性和不可分割性所决定的，也是由宪法的根本法地位所决定的。D项正确。

95. 【答案】AD

【解析】1993年全国人大通过了对1982年宪法第15条的修正案，明确规定"国家实行社会主义市场经济"；1999年全国人大再次通过对宪法序言的修正案，将"发展社会主义市场经济"作为一项重要的国家任务写进宪法。可见，A项正确。

1993年全国人大通过的宪法修正案将"国营经济"修改为"国有经济"。其原因之一在于，随着经济体制改革的不断深入，许多大中型全民所有制企业经营体制发生了变化，不再由国家统一进行经营管理。现行宪法第16条第1款也规定，国有企业在法律规定的范围内有权自主经营。可见，B项所言，国有企业的经营管理由政府统一安排，很明显是不妥当的。

集体经济组织可以分为城市集体经济和农村集体经济两大类型。宪法第8条规定，农村集体经济组织实行家庭承包经营为基础、统分结合的双层经营体制。C项错误。

宪法修正案第2条规定，"任何组织或个人不得侵占、买卖或者以其他形式非法转让土地，土地的使用权可以依照法律的规定转让。"D项正确。

96. 【答案】AC

【解析】省、自治区、直辖市的设立、撤销、更名，特别行政区的成立，应由全国人大审议决定。A项正确。省、自治区、直辖市行政区域界线的变更，自治州、县、自治县、市、市辖区的设立、撤销、更名或者隶属关系的变更，自治州、自治县的行政区域界线的变更，县、市的行政区域界线的重大变更，都须经国务院审批。据此，B项错误；C项正确。县、市、市辖区部分行政区域界线的变更，由国务院授权省、自治区、直辖市人民政府审批。而乡、民族乡、镇的设立、撤销、更名或者变更行政区域的界线，则由省、自治区、直辖市人民政府审批，地级市的人民政府无权决定。所以，D项错误。

97. 【答案】AC

【解析】国际海洋法法庭是《海洋法公约》为解决有关海洋方面的争端而创设的一个常设性国际司法机构，但海洋法法庭的建立，并不排除国际法院对海洋活动争端的管辖，争端当事国有权自愿选择将海洋争端交由哪个机构来审理，选项A正确；

海洋法法庭行使对事管辖权的条件与国际法院相似，都以争端双方的同意（包括事后同意或事先同意）为条件，选项B错误；

谈判和协商属于国际争端解决的政治性方法之一，谈判和协商可能达成协议，也可能破裂或无限期进行或延期，除非特别约定，谈判或协商的当事国没有达成有约束力协议的义务，选项C正确；

斡旋与调停也属于国际争端解决的政治性方法之一，斡旋与调停国对斡旋或调停的成败不承担任何法律义务或后果，选项

D 错误。

98.【答案】AB

【解析】不能查明外国法律或者该国法律没有规定的，应当适用中国法律，选项A正确；

《法律适用法》第4条规定："中华人民共和国法律对涉外民事关系有强制性规定的，直接适用该强制性规定。"选项B正确；

根据公共秩序保留制度，排除外国法适用的理由之一是该法适用将损害中国社会公共利益，而非中方当事人利益，选项C错误；

涉外民事关系适用的外国法律，不包括该国的法律适用法，选项D错误。

99.【答案】BCD

【解析】货币汇兑险属于多边投资担保机构承保的投资政治风险之一，该险别承保由于东道国的责任而采取的任何措施，使投资人无法自由将其投资所得、相关投资企业破产清算的收入及其他收益兑换成可自由使用的货币，或依东道国的法律，无法将相关收益汇出东道国的风险，也包括东道国拖延汇兑或汇出的风险。可见，多边投资担保机构承保的货币汇兑险包括禁止汇兑和拖延汇兑。因此，消极的限制货币汇兑也属于货币汇兑险的范畴，故A项错误；B项正确。

只有向发展中国家跨国投资的会员国才有资格向多边投资担保机构申请投保。本案中甲国公司在乙国投资并向多边投资担保机构投了保，可以判断出乙国一定是发展中国家，故C项正确。

多边投资担保机制本质上属于保险制度，多边投资担保机构一经向投保人支付或同意支付赔偿，即可行使代位求偿权，故D项正确。

100.【答案】D

【解析】世界贸易组织的最惠国待遇原则具有同一性的特点。同一性是指世界贸易组织成员享有来自其他成员的最惠国待遇，仅限于相同情形、相同事项。乙国的立式空调和丙国的中央空调属于不同的产品，适用不同的关税并不违反最惠国待遇原则，故A项错误。

本案中的丁国并非世界贸易组织的成员，没有权利享有WTO的最惠国待遇，甲国给予来自乙国和丁国的立式空调不同的进口关税并不违反最惠国待遇原则，故B项错误。

最惠国待遇原则允许例外，这些例外情况在货物贸易领域包括边境贸易优惠，区域（包括关税同盟和自由贸易区）经济安排，允许对造成国内产业损害的倾销进口或补贴进口征收反倾销税或反补贴税等，选项C中甲国因实施反倾销措施，导致从乙国进口的立式空调的关税高于从丙国进口的做法属于最惠国待遇原则允许的例外，故C项错误。

乙、丙均为WTO成员国，甲国应当给予乙、丙两国的立式空调（同一产品）相同的关税，否则违反WTO最惠国待遇的同一性要求，故D项正确。

2014年国家司法考试（试卷二）解析

一、单项选择题。

1. 【答案】C

【解析】根据罪刑相适应原则，无论哪一级法院，都需要根据社会危害性与人身危险性进行量刑，而法官对人身危险性与社会危害性的裁量必须严格遵循量刑的法定原则与规则，这是罪刑法定原则的基本要求。法官在斟酌超法规事由时，不能仅仅根据公平正义理念直接量刑，而必须遵守现行法规定。选项C实际上主张下级法院可以仅仅根据最高人民法院的授权直接援引公平正义理念减轻处罚，这便违反减轻处罚的法定规则。应该说，刑法规定可以减轻处罚的，下级法院无须授权即可减轻处罚；刑法未规定可以减轻处罚的，只能逐级上报由最高人民法院酌定。最高人民法院授权下级法院自行减轻处罚，显然违反了民主主义的要求，与罪刑法定原则的成文法主义冲突，也容易造成下级法院对人身危险性和社会危害性的恣意评价，有可能导致不均衡的量刑结果。这一危险恰恰与促进公平正义相矛盾。可见，即便为了促进公平正义，追求实质上的罪刑相适应，也不能违反罪刑法定原则的形式层面。说到底，罪刑相适应原则原本只是罪刑法定原则的实质层面，无论如何也不允许以"实质的层面"之名否定罪刑法定原则的"形式的层面"，进而危及整个罪刑法定原则的有效性。比如，我们在刑法解释时，不能仅仅根据法益保护目的就采用类推解释，刑法解释无论如何也不能突破用语的可能含义。选项B是正确的，公平正义、罪刑相适应原则是指导刑事司法活动的基本精神与基本原则，而司法活动必须以事实为根据，以法律为准绳，否则公平正义就失去了事实基础，罪刑法定原则也形同虚设。换言之，两者属于罪刑法定原则的实质层面，如果不讲求事实根据，随意以某种抽象观念代替成文法律，那么司法审判活动就会变得不可预测，严重侵犯了民主主义和人权主义的要求，反而从根本上违反了罪刑法定原则的基本精神。

2. 【答案】D

【解析】对于ABC的分析见罪刑相适应原则部分（本卷第1题）的讲解。D涉及禁止令问题，医疗机构并非法律明示的区域场所，其是否属于"其他确有必要禁止进入的区域场所"，取决于医疗机构是否与前述场所具有相当性。医疗牵涉公民的基本人身权利和社会经济权利，即及时获得医疗上物质帮助的权利以及生命健康权。根据《立法法》规定，这一惩罚措施必须由立法机关按照法定程序以基本法的形式予以规定，人民法院无权采取这一禁止方式。

3. 【答案】B

【解析】选项A错误，因为"买卖"一词在不同条文中完全可能根据刑法目的解释为"买"或"卖"，未必只能解释为"买并卖"。体系解释从来不主张刑法用语在整部刑法中有且只有一种含义，它只是要求用语在满足法益保护目的的前提下尽量在刑法规范体系内保持协调统一，避免矛盾和对立。选项B所谓的"等"、"其他"属于同类标志，对此可以进行同类解释。在同类解释时，只有具有相同上位属性的用语才能进行同类解释，具有不同属性的用语不能进行同类解释。一般认为，"等"、"其他"属于明显的同类属性标志。选项C错误，当然解释是通过举重以明轻或举轻以明重这种体系内比较的方法所作出的解释，其实质是根据体系解释的需要所作出的一种目的性推论。当然解释的基本构造是：A行为是在B行为基础上的数量或属性上的强化或弱化；如果A较重，但刑法不处罚A，那么必然也不处罚B（举重以明轻）；如果A较轻，但刑法处罚A，那么必然也处罚B（举轻以明重）。"明知是捏造的损害他人名誉的事实而在信息网络上散布"的行为，与"捏造事实诽谤他人"的行为，两者在数量或属性上没有轻重之别，因此不可能通过当然解释得出某种推论。刑法将前者认定为后者，是因为两者在本质上没有区别，单纯捏造但不传播的行为不会侵犯他人名誉，因此称不上诽谤他人，反过来说，传播捏造的事实才是后者的本质。就这一点而言，前者完全具备，因此，从正常的概念涵摄，前者可以完全涵摄到后者之中。这一结论与当然解释无关。选项D错误，骨灰是经过焚烧处理之后尸体残留物，如果说将骨骸解释为尸体属于扩大解释，那么将骨灰也解释为尸体就完全超出了尸体可能具有的含义范围，属于类推解释。尸体通常是指人死亡之后的遗留的躯体。需要注意的是，根据《刑法修正案九》的规定，尸体、尸骨和骨灰被分别规定在同一罪名中，彼此之间具有并列关系，就此而言，尸骨不再属于尸体。

4. 【答案】D

【解析】选项A正确，淫秽物品具有客观存在的外在事实，因此属于客观构成要件要素；淫秽的认定需要由法官根据社会观念或价值观进行规范评价，因此属于规范的构成要件要素。选项B正确，"签订"和"履行"基于自然观察就可以认定，无须进行规范评价，因此属于记述的构成要件要素。同时，该要素需要正面、肯定地予以认定，因此属于积极的构成要件要素。选项C正确，基于错误认识处分财产并非诈骗罪的法定要素，但是根据诈骗罪与盗窃罪之间的关系，或者说，根据法条规定关于行为类型的描述，成立诈骗罪必须具备此要素，这便是不成文的构成要件要素。选项D错误，主体要素，特别是身份，属于典型的客观构成要件要素。国家工作人员是对行为之外的主体身份这一事实进行描述，并非对行为人内心或主观心理进行描述，所以属于客观构成要件要素和主体要素。此外，该要素的判断需要考虑是否处于履行公务期间，而这一点需要进行规范评价，因此属于规范的构成要件要素。

5. 【答案】C

【解析】选项A正确，甲因持有危险物而产生作为义务；选项B正确，乙因危险前行为而负有作为义务；选项C错误，甲因监护人地位产生作为义务；选项D正确，甲的救助行为未达到事实上承担的程度，仅仅是单纯不继续施救而已，未增加乙的危险程度，因此不产生作为义务。如果甲已经拉绳子，中途放弃的，负有事实上承担产生的作为义务。

6.【答案】D

【解析】选项A错误,如甲未伤害乙,乙也不会因警车故障而死于途中,甲的伤害行为与死亡结果之间具有条件意义上的因果关系。但因果关系发展过程中,介入了警察送乙就医的行为。一旦警察带着伤者离开,甲便在客观上不再能够影响因果历程的发展。同时,甲的伤害行为所产生的死亡危险也因警察采取救助措施而被抽象化(没有具体现实的死亡危险,仅具有抽象危险),对死亡结果不能继续发挥决定性作用。因此,乙的生死已经脱离了甲伤害行为的现实影响,同时也不再处于甲可支配的范围,回避死亡结果的义务完全转移给警察。后来,在送医途中警车故障,警察未积极克服障碍继续送医救治,最终还是没有避免死亡结果。从介入因素分析:(1)警车故障。在执行职务过程中出现警车故障无疑具有异常性(警车比一般车辆更具有可靠性),因而能够与甲的伤害行为分离而独立地发挥作用。但车辆故障对继续实施救助行为并非属于不可克服的障碍,警察仍然能够通过修车或以其他方式继续救助,即警车故障虽然属于异常介入,但仅具有致人死亡的抽象危险,对死亡结果的发生没有决定性作用;(2)警察未积极克服障碍送医救治。警察负有救助义务,但能克服障碍继续实施救助却不救助,成立不作为的渎职行为。该行为具有异常性,能够脱离警车故障独立发生作用,而且在死亡结果发生过程中发挥了决定性作用。应该说,之所以警车故障能够拖延抢救时间最终导致死亡,完全是因为警察的不作为,换言之,正是警察的不作为才使警车故障所产生的致人死亡的抽象危险变为具体危险,并最终使其现实化。综上所述,甲的伤害行为所产生的死亡危险已经被警察救助行为抽象化,作用较小;后续介入的警车故障和警察不作为虽然均属于异常介入,但警车故障仅具有致人死亡的抽象危险,且处于警察所能支配的范围内,作用较小;警察的不作为使警车故障潜在的抽象危险现实化,在死亡结果的发生过程中发挥了决定性作用,因此,应当把死亡结果归责于警察的不作为。结论是:甲的伤害行为与死亡结果之间的因果关系被介入因素中断,乙的死亡结果不能归责于甲。选项B错误,甲没有撞伤丙,就不会发生被乙碾压致死的事故,因此,甲的行为与死亡结果之间具有条件意义上的因果关系。在因果关系发展过程中,甲撞伤丙使其昏躺在路中间原本便具有致人死亡的现实危险性,甲完全有能力也有义务将丙移至安全位置以便消除该危险,但是甲拒绝救助,致使该危险在介入乙的超速驾驶行为之后被现实化,最终导致了丙的死亡结果。乙的超速驾驶行为违反交通法规,制造了法禁止的危险,该危险因乙不能及时刹车而合法则地被现实化,导致了死亡结果。显然,乙的行为对死亡结果的发生发挥了重要作用,具有因果关系。但是,我们据此还不能认为乙的行为中断了甲的行为与丙的死亡结果之间的因果关系。这是因为:根据经验法则,使人昏在路中央后发生碾压事故并不异常,乙的碾压与甲将人撞晕在路中间具有类型化关联,或者说,乙的碾压行为并不是独立地发挥作用,而是甲行为所蕴含危险性的现实化,因此不能中断原本已经存在的因果关系。综上,乙的行为不仅与死亡结果之间具有合法则的因果关系，而且也使甲行为的危险性现实化，甲、乙均需对丙的死承担责任。选项C错误，乙死于枪伤，且子弹由甲射出，甲的开枪行为导致乙死亡完全合乎自然科学法则，两者之间具有合法则的因果关系。在因果关系发展过程中，介入了不可预见的因素，导致打击误差。根据经验法则，该介入因素无疑具有异常性，但是其本身对死亡结果没有实际作用，而仅仅使开枪行为的危险性在打击目标之外的丙身上得以现实化，因此仍然是开枪行为对死亡结果发挥主要作用，不能预见的因素不能中断因果关系。应该说，不可预见的原因只能影响主观要素，不能影响因果关系这一客观要素。选项D正确，如果甲不投毒，乙不会感觉更难受，因此也不会选择自杀。据此，甲的行为与死亡结果之间具有因果关系，但是在因果关系发展过程中，介入了被害人自己的自杀行为。由于自杀属于完全非理性的行为，"感觉更为难受"与自杀之间没有类型化关联，具有明显的异常性，且乙确实属于自杀身亡，而非毒发身亡，自杀发挥了主要作用，因此能够中断因果关系。乙的死亡结果不能归责于甲。

7. 【答案】A

【解析】选项A在诈骗罪构成要件上实现了主客观的合致；选项B属于打击误差，根据具体符合说，对乙成立故意杀人未遂，对丙可能成立过失致人死亡。两罪想象竞合，从一重罪处断，最终成立故意杀人罪未遂。选项C事前故意通常在因果关系错误中讨论，它属于具体错误，应按照法定符合说处理。选项D共犯的从属性原理与错误论无关，前者属于客观不法层面的问题，后者属于故意问题。本选项应属于打击错误。

8. 【答案】C

【解析】甲窃取现金已经离开1公里，到达偏僻地段，应该说盗窃已经既遂，并且不法侵害已经终局性地完结。在这一前提下，行为人即便为窝藏赃物行凶也不可能转化为抢劫罪（转化型抢劫也要求不法侵害正在进行）。所以，选项A错误。虽然5万现金属于赃款，但现金谁占有谁所有，5万现金属于甲的财产，其占有状态或所有权均合法，值得刑法保护。无论在财产犯罪上采取怎样的学说，都应肯定甲不能被侵害。乙紧拽甲，索要财物的行为属于正在进行的不法侵害，甲有权防卫。甲伤害乙的行为客观上是为了保护自己的权益（人身自由和应受法律保护的占有或所有权），成立正当防卫。因此，答案为C，甲不构成故意伤害罪或过失致人伤害罪。需要注意的是，即便甲认为自己占有的5万元属于非法利益，且自己是为了保护非法利益而实施防卫，也不宜否定其防卫意思的成立。因为甲只要认识到自己的稳定占有状态正在被侵害，并且主观上欲保护这种占有就够了。防卫意思不要求达到专业人士的认知水平，只要具有平行评价就可以了。此处的甲属于假想犯罪，实为正当防卫。而且即便否定其保护财产的防卫意思，也应该肯定保护人身自由的防卫意思。因此，结论是甲成立正当防卫。

9. 【答案】C

【解析】本案应认为存在三个行为意思，因而有三个行为。一个是准备杀人的行为，一个是主动放弃杀人的行为，还有一个是走火的行为。前两者构成一个完整的犯罪中止，即杀人预备行为和中止行为。后者构成过失致人死亡罪。在罪数问题上，前后两个犯罪行为各自独立，应数罪并罚。答案为C。A、B错在行为数搞错了，不能认为其整体上是一个行为。D错在误判了自动性，应认为甲能达目的而不欲，而非欲达目的而不能。

10．【答案】D

【解析】选项A错误，因为有无责任能力仅仅是对个人责任的判断，并不一定意味着在不法层面有责任能力者支配了无责任能力者，进而一定成立间接正犯。只要行为人具有自然意义的行为能力，就不能轻易认为行为人之间具有支配关系。例如，15岁的少年带领18岁的成年人一起盗窃，18岁的成年人仅负责望风。选项B错误，按照行为共同说或部分犯罪共同说，即便主观犯意不同，也不妨碍成立特定范围内的共同犯罪。例如，甲以杀害意图攻击丙，乙以伤害意图攻击丙，甲、乙相互配合，在故意伤害罪范围内成立共同犯罪。选项C错误。对向犯的双方原本就未必都成立犯罪，因而也未必成立共同犯罪，即便是片面的，也是如此。例如，甲未告知乙自己已有配偶，使其与自己结婚。甲犯重婚罪，乙无罪。对于甲来说，乙是自己的共犯。选项D正确，片面共犯强调"片面性"的共犯，即属于共犯，但只是片面而已。无论采取行为共同说还是犯罪共同说，片面共犯同样成立。对于有意使自己的行为与对方结合而制造危害结果的行为人而言，被结合的人属于结合人的共犯，但反之不成立。

11．【答案】C

【解析】8年有期徒刑，4年为执行完一半的刑期，可以由监狱建议假释，但最终由中院以上法院决定。只有C正确。

12．【答案】B

【解析】甲的行贿行为不构成单位行贿罪，因此不可以成立坦白和自首。但其揭发了乙受贿事实，提供了重要线索，乙的行为构成受贿罪，且已经被追诉（得以侦破和查证属实），因此成立立功。

13．【答案】C

【解析】机动车辆所有人、承包人或者乘车人指使肇事人逃逸，致使被害人因得不到救助而死亡的，以交通肇事罪共犯论处。乘车人指使肇事司机逃逸的行为与死亡结果之间具有刑法上的因果关系（心理因果），原本应构成遗弃罪或不作为的故意杀人罪（教唆犯），但是，根据司法解释，按照交通肇事罪的共犯处理，这属于法律拟制。明确这一规定的性质后，应将指使逃逸的行为评价为交通肇事罪，并且与肇事人具有共犯关系（按照行为共同说确实属于共犯，就此而言，并非法律拟制，而是注意规定）。此外，需要注意的是，本规定仅要求肇事人客观上实施了交通肇事犯罪行为即可，未要求肇事人构成交通肇事罪。换言之，这里所谓交通肇事罪共犯，并不是主客观统一的交通肇事罪，而是客观意义上的交通肇事罪。据此，选项A错误，因为根据司法解释，乙不成立交通肇事罪，不意味着甲也不成立交通肇事罪。乙尽管因为无责任能力而不成立犯罪，但是站在客观的法秩序角度确实存在交通肇事罪这种行为，甲仍然是交通肇事罪的共犯。由于乙不成立犯罪，那么仅能认定甲成立交通肇事罪。选项C是正确的。选项D错误，乙已经15岁，具有独立的行为能力，甲虽然是其父亲，但其指使行为尚达不到间接正犯的支配程度。选项B错误。

14. 【答案】D

【解析】走私类犯罪仅处罚进口或出口的有：许进不许出——走私文物罪、走私贵重金属罪；许出不许进——走私废物罪。其余犯罪既处罚进口也处罚出口。走私假币罪是违反海关法规，逃避海关监管，运输、携带、邮寄伪造的货币进出国（边）境的行为。非法经营罪是违反国家规定，从事非法经营活动，扰乱市场秩序，情节严重的行为。具体类型有四种：（1）未经许可经营专营专卖及其他限制买卖的物品（包括盐、烟）；（2）买卖进口许可证、进口原产地证明以及其他许可证或证明文件；（3）未经批准经营证券期货或保险业务、从事资金支付结算业务；（4）其他：经营外汇、出版物、电信业务、生产销售瘦肉精等药物、灾害期间哄抬物价牟取暴利、互联网业务、发行销售彩票、发行基金募集资金。强迫交易罪是指以暴力、胁迫手段强迫交易，情节严重的行为。具体类型包括：买卖商品、提供或接受服务、参与或退出投标拍卖、转让或收购公司企业资产、参与或退出特定经营活动。非法吸收公众存款罪是指非法吸收公众存款或变相吸收公众存款，扰乱金融秩序的行为。据此，选项A正确，假币进出国（边）境为犯罪；选项B正确，借贷属于强迫接受服务；选项C正确，擅自发行、销售彩票；选项D错误，在亲戚范围内吸收存款，称不上吸收公众存款。

15. 【答案】B

【解析】选项A错误，对生命的承诺无效，超过了承诺的权限；选项B正确，这是常见的间接故意杀伤事件，行为人对伤亡结果持放任态度，因此无论出现死亡结果还是伤害结果，均在故意容忍的范围之内；选项C错误，乙的同意是基于错误认识做出的，存在意思瑕疵，不是有效承诺；选项D错误，17岁对器官移植的后果及意义缺乏足够的辨认能力，因此不是有效承诺。

16. 【答案】C

【解析】选项A正确，甲、乙对杀人具有共同故意，成立共犯。选项B正确，因为乙的行为完全符合绑架罪的成立要件。选项C错误，因为甲乙属于共犯（行为共同说），对死亡结果均应承担责任。选项D正确，罪名是个人的，但在罪名重合范围内可能成立共犯。

17. 【答案】C

【解析】选项A错误，因为仅仅评价了甲窃取财物的一面，未评价其利用职务监守自盗的一面。选项B错误，因为甲虽然欺骗了乙，但乙同意换岗并不是处分财产给甲，乙只是辅助占有人，没有处分权限。选项C正确，全面评价了甲窃取财物和监守自盗。注意，此处甲之所以能将5万元财物顺利运走与其职务有关。看守仓库，正是甲职务范围内的活动，其在岗的状态有力地促进了盗窃行为的完成，应当认为与职务有关。选项D错误，甲值班时仅仅是辅助占有人，不能认为甲在作为保安值班时据有处分权。

18. 【答案】D

【解析】银行卡的名义持卡人是甲，同时甲也占有银行卡，并知道银行卡密码，因此在事实的支配力上完全能够排斥乙的占有。存款在银行存着时，当然由银行占有，其具有支配力和占有意思。当甲使用银行卡取钱时，根据其与银行签订的银行卡协议，银行没有理由拒绝甲取款。当现金取出后，甲实现了债权，银行让渡了现金所有权，银行没有损失，不是被害人。此时，甲合法占有了现金，但这笔钱原本要给乙，甲却据为己有，乙是被害人，应构成侵占罪。

选项AB错误，因为甲的取财行为是拒不归还乙的钱，而不是诈骗行为。本案自始不存在诈骗行为，甲的行为完全符合银行卡使用规则，没有虚构事实隐瞒真相。选项C错误，因为本案被害人不是银行，不存在窃取银行现金的行为，甲使用的是自己的银行卡。另一方面，现金一旦取出，就已经归甲合法占有（甲乙之间有委托取款的关系），其为独立占有人，不能说是乙的辅助占有人。选项D正确，甲将合法占有的乙的现金非法占为己有，成立侵占罪。

19. 【答案】D

【解析】选项A正确，因为诈骗罪要求被骗人处分财产，被骗人必须具有处分权限才能处分财产。选项B正确，显然本案的发生不具有秘密性，因此如果盗窃需要秘密性，便不成立盗窃罪。选项C正确，因为本案被害人是在有准备的情况下给予财物的。选项D错误，因为乙心生恐惧并非恐吓行为所致，敲诈勒索罪客观上要求必须有恐吓行为。

20. 【答案】A

【解析】选项A正确，因为甲指令所有参与人都下狠手，这样的指令可以评价为心理上的强化行为，与死亡结果无疑具有心理上的因果关系。选项B错误，对于已经具有斗殴故意的参与者，首要分子的行为不是教唆，仅是强化犯；对于死伤结果而言，该行为无疑具有重要作用，应认定为主犯。选项C错误，应该区分己方还是他方决定究竟由谁承担故意杀人罪与故意伤害罪的责任。选项D错误，积极参加者也应区分对待，对一般参加者不予处罚。

21. 【答案】B

【解析】选项A正确，因为甲利用职务便利索要贿赂，同时，乙帮助甲实施犯罪，成立共犯。虽然乙不具有国家工作人员身份，但甲作为实行犯具有身份，根据从属性原理，乙也需要对法益侵害结果承担责任。选项B错误，因为罚款在未交公之前不属于公共财产，因此不涉及贪污罪。选项C正确，甲违反规定处理公务，属于滥用职权，乙起到帮助作用。由于甲为实行犯，因此乙从属于甲的不法侵害结果，构成滥用职权罪。选项D正确，虽然乙仅得到10万，但按照部分行为全部责任的原理，受贿数额应该以共同犯罪造成的数额计算，应为32万。

22. 【答案】B

【解析】选项A错误。程序公正是实体公正的保障，但程序公正并非实体公正的充分条件，实体公正的实现还有赖于其他方面要素的进步与提高。

选项B正确。刑事程序的公开与透明，是程序公正的体现，使得刑事程序能够得到充分和完善的监督，使刑事诉讼程序依法进行，有助于发挥程序的约束作用，从而保障案件的公正处理。

选项C错误。违反法定程序收集的证据将会损害程序公正，但是在刑事诉讼中，程序公正与实体公正具有同样重要的地位，对于某些虽然违反法定程序收集得到的证据，若其违法性能够得以纠正，则也应当认可其证据效力，确保不因机械地强调程序公正而损害实体公正。因此，违反法定程序收集的证据并非一律排除。非法言词证据只要其非法性经依法确认即应一律排除，不但不能作为定案的依据，也不能作为批准逮捕和提起公诉的根据。对于非法取得的物证、书证等实物证据，只有在可能影响公正审判且无法补正或作出合理解释的情况下才予以排除。

选项D错误。对复杂程度不同的案件进行程序上的繁简分流，正好有利于发挥程序的约束作用，对于案情简单的案件规定较为简易的程序，使得充分的时间、精力、人力、财力得以应付情况较为复杂的案件，使得刑事诉讼程序有轻有重，使司法资源得到最大化的利用，充分发挥程序的约束作用。

23. 【答案】A

【解析】《刑事诉讼法》第15条规定，"有下列情形之一的，不追究刑事责任，已经追究的，应当撤销案件，或者不起诉，或者终止审理，或者宣告无罪：（一）情节显著轻微、危害不大，不认为是犯罪的；（二）犯罪已过追诉时效期限的；（三）经特赦令免除刑罚的；（四）依照刑法告诉才处理的犯罪，没有告诉或者撤回告诉的；（五）犯罪嫌疑人、被告人死亡的；（六）其他法律规定免予追究刑事责任的。"

选项A正确。涉案金额未达到刑法要求的起刑点，不构成犯罪，属于法定不起诉的情形。

选项B错误。在审查起诉环节，检察机关认为情节"显著轻微"，危害不大，根据刑法不认为是犯罪的，应当作出法定不起诉的处理；而如果检察机关认为犯罪情节"轻微"，依照刑法规定不需要判处刑罚或者免除刑罚的，可以作出酌定不起诉的处理。要注意二者在适用条件上的区别。

选项C错误。作出无罪判决是通过开庭审理案件所作出的裁判，不属于《刑事诉讼法》第十五条规定的六种不追究刑事责任的情形。

选项D错误。检察院作出的存疑不起诉（证据不足的不起诉），是指在现阶段搜集到的证据不足以支持检察院对丁提起公诉，不是不对其追究刑事责任，在日后搜集到足以证明其有罪的证据仍可以提起公诉，不属于《刑事诉讼法》第十五条规定的六种不追究刑事责任的情形。

24. 【答案】C

【解析】选项A错误。刑事诉讼构造集中体现为控诉、辩护、审判三方在刑事诉讼中的地位及其相互间的法律关系。立法者总是基于实现一定刑事诉讼目的的需要，设计适合于该目的实现的诉讼构造。刑事诉讼目的的提出与实现，也必须以刑事诉讼构造本身所具有的功能为前提。选项A应表述为刑事诉讼目的决定了刑事诉讼构造。

选项B错误。"二战"后，日本在职权主义背景下大量吸收当事人主义因素，从而形成了以当事人主义为主，以职权主义为补充的混合式诉讼构造。

选项C正确。当事人主义诉讼将开始和推动诉讼的主动权委于当事人，控诉、辩护双方当事人在诉讼中居于主导地位，适用于程序上保障人权的诉讼目的；而职权主义诉讼将诉讼的主动权委于国家专门机关，适用于实体真实的诉讼目的。

选项D错误。当事人主义诉讼构造与控制犯罪并非是完全矛盾的，只是单纯采取当事人主义的诉讼构造会抑制控制犯罪功能的发挥因而存在弊端。

25. 【答案】D

【解析】A项，《刑诉法》第44条第1款规定："公诉案件的被害人及其法定代理人或者近亲属，附带民事诉讼的当事人及其法定代理人，自案件移送审查起诉之日起，有权委托诉讼代理人。自诉案件的自诉人及其法定代理人，附带民事诉讼的当事人及其法定代理人，有权随时委托诉讼代理人。"可见，应当自公诉案件"移送审查起诉"之日起有权委托诉讼代理人，A错误。

B项，《刑诉法》第63条第1款规定："证人因履行作证义务而支出的交通、住宿、就餐等费用，应当给予补助。证人作证的补助列入司法机关业务经费，由同级政府财政予以保障。"可见，该规定只适用于证人，而不适用于被害人，选项中虽然表述为"作证"，但无法改变被害人不是证人的事实。故B错误。

C项，《刑诉法》第287条第2款规定："被决定强制医疗的人、被害人及其法定代理人、近亲属对强制医疗决定不服的，可以向上一级人民法院申请复议。"可见，应当是可以向"上一级"人民法院申请复议，C错误。

D项，《人民检察院办理未成年人刑事案件的规定》第33条规定："人民检察院作出附条件不起诉的决定后，应当制作附条件不起诉决定书，并在三日以内送达公安机关、被害人或者其近亲属及其诉讼代理人、未成年犯罪嫌疑人及其法定代理人、辩护人。送达时，应当告知被害人或者其近亲属及其诉讼代理人，如果对附条件不起诉决定不服，可以自收到附条件不起诉决定书后七日以内向上一级人民检察院申诉。"可见，D正确。

综上所述，本题应当选D。

26. 【答案】D

【解析】A项，《高法解释》第432条第1款规定："被判处无期徒刑、有期徒刑或者拘役的罪犯，符合刑事诉讼法第二百五十四条第一款、第二款的规定，人民法院决定暂予监外执行的，应当制作暂予监外执行决定书，写明罪犯基本情况、判决确定的罪名和刑罚、决定暂予监外执行的原因、依据等，通知罪犯居住地的县级司法行政机关派员办理交接手续，并将暂予监外执行决定书抄送罪犯居住地的县级人民检察院和公安机关。"可见，A正确。

B项，《刑诉法》第258条规定："对被判处管制、宣告缓刑、假释或者暂予监外执行的罪犯，依法实行社区矫正，由社区矫正机构负责执行。"故"钱某监外执行期间，应当对其实行社区矫正"，B正确。

C项，《高法解释》第433条规定："暂予监外执行的罪犯具有下列情形之一的，原作出暂予监外执行决定的人民法院，应当在收到执行机关的收监执行建议书后十五日内，作出收监执行的决定：（一）不符合暂予监外执行条件的；（二）未经批准离开所居住的市、县，经警告拒不改正，或者拒不报告行踪，脱离监管的；（三）因违反监督管理规定受到治安管理处罚，仍不改正的；（四）受到执行机关两次警告，仍不改正的；（五）保外就医期间不按规定提交病情复查情况，经警告拒不改正的；（六）暂予监外执行的情形消失后，刑期未满的；（七）保证人丧失保证条件或者因不履行义务被取消保证人资格，不能在规定期限内提出新的保证人的；（八）违反法律、行政法规和监督管理规定，情节严重的其他情形。

人民法院收监执行决定书，一经作出，立即生效。"

可见，根据该条第1款第（二）项的规定，C正确。

D项，《刑诉法》及相关司法解释没有关于被法院作出收监决定人不服的救济方式。故谈不上"向上一级法院申请复议"，D错误。

综上所述，本题应当选D。

27.【答案】C

【解析】刑事证据具有以下三个紧密联系的基本属性：1. 客观性。证据的客观性，是指证据是客观存在的，不以人的主观意志为转移。2. 关联性。关联性也称为相关性，是指证据必须与案件事实有客观联系，对证明刑事案件事实具有某种实际意义。3. 合法性。合法性是指对证据必须依法加以收集和运用。证据的合法性是证据客观性和关联性的重要保证，也是证据具有法律效力的重要条件。在这三性中，关联性最容易被考查。

A项，关联性是指证据必须与案件事实有客观联系，但这种客观联系不一定是因果关系，譬如，犯罪嫌疑人实施杀人行为时穿一双白色袜子，"白色袜子"可能与锁定犯罪嫌疑人身份具有关联性，但不能说因为犯罪嫌疑人穿了白色袜子，所以其实施了故意杀人行为。A错误。

B项，证据的可采性也被称为证据资格、证据能力，是指在诉讼中有关人员所提出的证据材料能否被采用作为定案根据的标准，是某一材料能够用于严格的证明的能力或者资格。证据材料必须同时具备上述三性才具有可采性，仅与案件事实具有相关性不一定意味着证据具有可采性。譬如，通过刑讯逼供方式获取的犯罪嫌疑人供述即使与案件事实相关，该供述也会被依法排除而不具备可采性。B错误。

C项，在证据规则理论体系中，关联性规则与证据能力和证明力都相关。有关联性，才能有证据能力，证据与待证事实的关联度越大，证据的证明力就越大。反之，证据与待证事实的关联度越小，证据的证明力就越小。C正确。

D项，关于关联性：（1）品格材料不具有定罪的关联性。品格材料指的是证明犯罪嫌疑人、被告人品性道德状况的材料。此类材料被认为同其是否及如何实施犯罪行为没有关系。譬如，公诉人指控说："被告人一定是盗窃犯！"法官问："为什么？"公诉人道："因为有证据证明被告人一贯表现恶劣，小学就被开除，没有正常工作，游手好闲。所以这次盗窃犯罪极可能就是他干的。"显然，被告人品质如何与这次盗窃是否系他所为没有关系。（2）类似行为材料不具有定罪的关联性。类似行为材料指的是证明犯罪嫌疑人、被告人曾经实施过与被指控罪行类似的犯罪行为。此类材料也被认为与其正在被指控的犯罪无关。例如，公诉人指控说："被告人一定是盗窃犯！"法官问："为什么？"公诉人道："因为有证据证明被告人一年前也因盗窃被处理过。所以这次盗窃犯罪极可能就是他干的。"显然，被告人是否曾经干过类似行为与这次盗窃是否系他所为没有关系。因此，D错误。

综上所述，本题应当选C。

28. 【答案】D

【解析】补强证据规则是指在运用某些证明力显然薄弱的证据认定案情时，必须有其他证据补充、强化其证明力，才能被法官采信为定案根据。一般来说，需要补强的证据包括犯罪嫌疑人、被告人供述、证人证言、被害人陈述等特定证据。

补强证据需要具备的条件包括：（1）补强证据具有证据能力。（2）补强证据具有担保补强对象真实的能力，即具有一定的证明力。当然，补强证据仅担保特定补强对象的真实性，而对整个待证事实或案件事实不具有补强功能。（3）补强证据具有独立的来源。

上述三个条件也可以换一种方式表达：

第一，需要A和B两种证据，这是进行补强的前提。譬如，一个人的身体虚弱，他需要喝一碗鸡汤补一补。那么，就得存在一个虚弱的身体和一碗鸡汤，不可以身体补身体，鸡汤补鸡汤。

第二，由A来补B。如由鸡汤来补身体。

第三，A和B不可以是同一来源或者派生关系。譬如，侦查人员第一次讯问我，问："是不是你干的？"我答："我发誓，不是我。"过了几天，侦查人员第二次讯问我，问："你好好想想，到底是不是你干的？"我答："我再发誓，真的不是我干的。"同学们想一想，我的第二次发誓可否补强我的第一次发誓？当然不可以，因为两次发誓都是我作出的，这就叫同一来源。再如，侦查人员讯问我："杀完人，刀扔哪里了？"我说："藏在家里的床下面了。"侦查人员随后进行搜查，果然在我家床下找到了刀。同学们再想一想，这把刀能否补强我的供述？也不可以，因为这把刀和我的供述属于派生关系。

本题解析：A项错误。在A项中，只能找到一项证据，即同步录像可能属于视听资料，而无法找到第二项证据。"证明讯问过程合法"只是这段录像的内容，而不是一个单独的证据种类。刚才讲过，补强条件首先需要有A和B两个证据，而我国的八种法定证据种类中（物证、书证、证人证言、犯罪嫌疑人、被告人供述、辩解、被害人陈述、鉴定意见、勘验、检查、辨认、侦查实验等笔录、视听资料、电子数据），没有"讯问过程"这种证据。

B项错误。B的错误与A相同，B项中只能看到"经侦查人员签名并加盖公章的书面说明材料"可能属于书证，而"证明获取被告人口供过程合法"是该书面说明材料的内容，而非单独的证据种类，根据补强证据需要有两个证据存在的前提要求，B错误。

C项错误。根据被告人供述提取到的隐蔽性极强、并能与被告人供述和其他证据相印证的物证，该物证属于被告人供述的派生证据，根据补强证据规则要求补强与被补强的证据相互独立，不存在派生关系的原理，该物证不能补强供述。

D项正确。D项中，是用书证补强证人证言，两种证据相互独立，没有派生关系，不属于同一来源，可以进行补强。

综上所述，本题应当选D。

29. 【答案】C

【解析】A项，《高法解释》第208条规定："强制证人出庭的，应当由院长签发强制证人出庭令。"但关于鉴定人，立法及司法解释没有强制鉴定人出庭的相关规定。A错误。

B项，《高法解释》第86条规定："经人民法院通知，鉴定人拒不出庭作证的，鉴定意见不得作为定案的根据。鉴定人由于不能抗拒的原因或者有其他正当理由无法出庭的，人民法院可以根据情况决定延期审理或者重新鉴定。对没有正当理由拒不出庭作证的鉴定人，人民法院应当通报司法行政机关或者有关部门。"可见，鉴定人有正当理由无法出庭的，法院可延期审理而非中止审理。B错误。

C项，《高法解释》第217条第1款规定："公诉人、当事人及其辩护人、诉讼代理人申请法庭通知有专门知识的人出庭，就鉴定意见提出意见的，应当说明理由。法庭认为有必要的，应当通知有专门知识的人出庭。"可见，有专门知识的人出庭的目的就是向鉴定人发问，C正确。

D项，《高法解释》第75条第2款规定："证人的猜测性、评论性、推断性的证言，不得作为证据使用，但根据一般生活经验判断符合事实的除外。"该条也被称为意见证据规则，即证人只能客观陈述看到或者感知的事实，不能提推断性意见。意见证据规则规制证人作证，与鉴定人、鉴定意见无关。D错误。

综上所述，本题应当选C。

30. 【答案】B

【解析】AB项，《高检规则》第87条规定："人民检察院决定对犯罪嫌疑人取保候审，应当责令犯罪嫌疑人提出保证人或者交纳保证金。对同一犯罪嫌疑人决定取保候审，不得同时使用保证人保证和保证金保证方式。对符合取保候审条件，具有下列情形之一的犯罪嫌疑人，人民检察院决定取保候审时，可以责令其提供一至二名保证人：（一）无力交纳保证金的；（二）系未成年人或者已满七十五周岁的人；（三）其他不宜收取保证金的。"可见，不得同时使用保证人保证和保证金保证方式，A错误。可以最多提供两名保证人，B正确。

CD项，《高检规则》第98条规定："人民检察院发现保证人没有履行刑事诉讼法第六十八条的规定的义务，应当通知公安机关，要求公安机关对保证人作出罚款决定。构成犯罪的，依法追究保证人的刑事责任。"可见，对保证人的处罚有两种方式：（1）罚款；（2）追究刑事责任。但是，并没有"要求其承担相应的民事连带赔偿责任"的规定。C错误。保证人未履行保证义务应处罚款的，应当要求公安机关对保证人作出罚款决定。可见，决定机关是公安机关而非检察院，D错误。

综上所述，本题应当选B。

31. 【答案】C

【解析】A项，审前羁押是通过拘留或者逮捕的方式将犯罪嫌疑人关押于看守所，从而保证人身危险性较高的犯罪嫌疑人不至再危害社会并保证后续诉讼程序的顺利进行。审前羁押虽然是一种诉讼保障手段，不具有惩罚目的，但将犯罪新嫌疑人羁押于看守所仍然会临时剥夺其人身自由，故，对于人身危险性高的犯罪嫌疑人应当进行审前羁押，而对于人身危险性较小的犯罪嫌疑人，可以采取取保候审等非羁押措施，减少审前羁押的适用。这充分体现了"具体问题具体分析"的必要性原则的要求。A

正确。

B项，审前羁押的另一重要原则为变更性原则，即任何强制措施，随着诉讼的进展和案情的变化要及时进行变更或者解除。如果犯罪嫌疑人的人身危险性增大，可以从非羁押措施变更为羁押措施，反之，如果犯罪嫌疑人的人身危险性降低，可以从羁押措施变更为非羁押措施。B正确。

C项，《刑诉法》第93条规定："犯罪嫌疑人、被告人被逮捕后，人民检察院仍应当对羁押的必要性进行审查。对不需要继续羁押的，应当建议予以释放或者变更强制措施。有关机关应当在十日以内将处理情况通知人民检察院。"该条文是我国的捕后羁押必要性审查制度，要求检察院对于被逮捕的犯罪嫌疑人、被告人继续进行羁押必要性审查。需要注意的是，捕后羁押必要性审查制度体现了检察机关的法律监督职权，而法律监督职权应当属于建议权而非决定权。原因是：检察机关可以对公安机关、审判机关进行监督，同时，监督贯穿于立案、侦查、起诉、审判、执行各个阶段，如果监督权是决定权，检察机关就可以凭借监督权成为刑事诉讼活动中的独裁机关，这显然是不合理的。因此，C的错误在于"应当"及时释放，正确的表达应当是"建议"及时释放。C错误。

D项，《刑诉法》第97条规定："人民法院、人民检察院或者公安机关对被采取强制措施法定期限届满的犯罪嫌疑人、被告人，应当予以释放、解除取保候审、监视居住或者依法变更强制措施……"可见，无论是"释放、解除取保候审、监视居住或者依法变更强制"，都属于解除羁押措施，D正确。

综上所述，本题应当选C。

32. D

【解析】A项，《刑诉法》第99条第1款规定："被害人由于被告人的犯罪行为而遭受物质损失的，在刑事诉讼过程中，有权提起附带民事诉讼。被害人死亡或者丧失行为能力的，被害人的法定代理人、近亲属有权提起附带民事诉讼。"本案中，被害人李某死亡，李某的父母有权提起附带民事诉讼，但李某的祖父母不属于法定代理人或者近亲属（刑事诉讼中的近亲属仅包括：夫妻、父母、子女、同胞兄弟姐妹），无权提起民事诉讼。A错误。

B项，《高法解释》第146条规定："共同犯罪案件，同案犯在逃的，不应列为附带民事诉讼被告人。逃跑的同案犯到案后，被害人或者其法定代理人、近亲属可以对其提起附带民事诉讼，但已经从其他共同犯罪人处获得足额赔偿的除外。"本案中，苏某在逃，不应列为附带民事诉讼被告人。B错误。

C项，《高法解释》第139条规定："被告人非法占有、处置被害人财产的，应当依法予以追缴或者责令退赔。被害人提起附带民事诉讼的，人民法院不予受理。追缴、退赔的情况，可以作为量刑情节考虑。"本案中，被抢走的手机并没有损坏，被害人只能通过追缴或者退赔的方式得到弥补，不能提起附带民事诉讼。C错误。

D项，《高法解释》第148条规定："侦查、审查起诉期间，有权提起附带民事诉讼的人提出赔偿要求，经公安机关、人民检察院调解，当事人双方已经达成协议并全部履行，被害人或者其法定代理人、近亲属又提起附带民事诉讼的，人民法院不予受理,但有证据证明调解违反自愿、合法原则的除外。"可见,D正确。需要注意的是:多年的真题官方答案告诉我们,对于有但书的法条,如果选项中仅说了但书的前面部分,应当作为正确选项选择。

综上所述,本题应当选 D。

33. 【答案】C

【解析】A 项,重新计算期限仅包括公检法的办案期限。譬如,在侦查期间,发现犯罪嫌疑人另有重要罪行的,重新计算侦查羁押期限。又如,人民检察院和人民法院改变管辖的公诉案件,从改变后的办案机关收到案件之日起计算办案期限。对于当事人行使诉讼权利的期限没有重新计算的规定,如果当事人耽误了期限,只能申请恢复期限。A 错误。

BC 项,《刑诉法》第 103 条第 3 款规定:"法定期间不包括路途上的时间。上诉状或者其他文件在期满前已经交邮的,不算过期。"BC 项即考察对该条文的理解。

首先,"路途上的时间"是指"司法机关邮寄送达诉讼文书在路途上所占用的时间。"(参见:朗胜主编:《中华人民共和国刑事诉讼法释义》,法律出版社,2012年版,第245页)在我国,公检法是相互独立、互相制约的机关,各机关在相互传递诉讼文书时肯定需要路途上的时间,因此,"有关诉讼文书材料在公检法之间传递的时间"属于"路途上的时间",应当从法定期间内扣除。C 正确。

其次,交邮"应当以邮件上的邮戳为证"。(参见:朗胜主编:《中华人民共和国刑事诉讼法释义》,法律出版社,2012年版,第246页)故 B 错误。

D 项,立法及司法解释中没有相关规定,

从保障犯罪嫌疑人诉讼权利的角度推论,只要犯罪嫌疑人、被告人在押,期间即应计入羁押期限,即使对患有严重疾病的犯罪嫌疑人、被告人在羁押场所外进行医治,医治的时间也不应当从法定羁押期间内扣除。D 错误。

综上所述,本题应当选 C。

34. 【答案】B

【解析】A 项,《刑诉法》第 126 条规定:"侦查人员对于与犯罪有关的场所、物品、人身、尸体应当进行勘验或者检查。在必要的时候,可以指派或者聘请具有专门知识的人,在侦查人员的主持下进行勘验、检查。"可见,除了侦查人员,有专门知识的人也可以进行勘验、检查。A 错误。

B 项,《刑诉法》第 128 条规定:"侦查人员执行勘验、检查,必须持有人民检察院或者公安机关的证明文件。"B 正确。

C 项,《刑诉法》第 130 条第 3 款规定:"检查妇女的身体,应当由女工作人员或者医师进行。"可见,医师没有性别要求。C 错误。

D 项,《高法解释》第 89 条规定:"勘验、检查笔录存在明显不符合法律、有关规定的情形,不能作出合理解释或者说明的,不得作为定案的根据。"可见,勘验、检查笔录上没有见证人签名确实属于不符合法律的情形,但允许作出合理解释或者说明,并非直接排除。D 错误。

综上所述,本题应当选 B。

35. 【答案】B

【解析】A 项,不起诉制度分为三种不起诉:法定不起诉、酌定不起诉和证据不足不起诉(存疑不诉)。检察机关由于排除非法证据后导致案件证据不足而不起诉显然属于存疑不起诉。A 正确。

B 项,《刑诉法》第 171 条规定第 4 款规定:"对于二次补充侦查的案件,人民检察院仍然认为证据不足,不符合起诉条件的,应当作出不起诉的决定。"

《高检规则》第 67 条规定:"人民检察院经审查发现存在刑事诉讼法第五十四条规定的非法取证行为,依法对该证据予以排除后,其他证据不能证明犯罪嫌疑人实施犯罪行为的,应当不批准或者决定逮捕,已经移送审查起诉的,可以将案件退回侦查机关补充侦查或者作出不起诉决定。"可见,对于存在排除非法证据的情形时,若证据不足,检察机关既可以退回侦查机关补充侦查,也可以直接作出不起诉决定。

可见,存疑不起诉可以被区分为"先天不足"和"后天不足"两种情形。

1. "先天不足"是指,侦查机关收集并移送给检察院审查起诉的证据本身就是不足的。因此必须进行补充侦查。

补充侦查以 2 次为限,经过 2 次补充侦查后,检察院仍然认为证据不足的,应当不起诉,因为不可能再有第 3 次补充侦查了。

经过 1 次补充侦查后,检察院如果认为证据不足,可以不起诉,因为还可以第 2 次补充侦查。

2. "后天不足"是指,侦查机关收集并移送给检察院审查起诉的证据本身是足够的,但因为出现了非法证据,非法证据被检察院排除后才导致证据不足的。

这种情况下,检察院既可以将案件退回公安补充侦查,也可以作不起诉决定。换言之,不一定非要进行补充侦查。

本案的情形属于"后天不足"的情形,立法并没有规定必须以补充侦查为前提,因此,B 错误。

C 项,检察机关在审查逮捕和审查起诉过程中审查并排除非法证据,充分体现了检察机关对侦查行为的法律监督。C 正确。

D 项,《高检规则》第 405 条规定:"人民检察院根据刑事诉讼法第一百七十一条第四款(存疑不诉)规定决定不起诉的,在发现新的证据,符合起诉条件时,可以提起公诉。"可见,D 正确。

综上所述,本题应当选 B。

36. 【答案】B

【解析】A 项,证人如果不出庭作证,会违背言词原则的要求,而通过网络远程作证,证人虽然人不用真正出庭,但相当于证人是出现在法庭上的,这样可以保障证人接受诉讼各方的询问,符合亲历性要求。A 正确。

B 项,某合议庭成员因病无法参与审理,这属于不可避免的客观情况。但由另一人民陪审员担任合议庭成员来替补生病合议庭成员,需要庭审重新开始,因为该人民陪审员是半路介入,对之前审理不具有亲历性,违背了集中审理原则。B 错误。

C 项,虽然法官是庭外调查,但却是在公诉人和辩护人共同参与下进行的,符合亲历性要求。C 正确。

D 项,虽然法官不开庭审理,但法官仍然讯问被告人,听取被害人、辩护人和诉讼代理人的意见,符合亲历性的要求。D 正确。

综上所述,本题应当选 B。

37. 【答案】B

【解析】A 项,《刑诉法》第 206 条第 2 款规定:"人民法院审理自诉案件的期限,被告人被羁押的,适用本法第二百零二条第一款、第二款的规定；未被羁押的，应当在受理后六个月以内宣判。"可见，对于未被羁押的，审限与公诉案件的不同。A错误。

BC项，根据《刑诉法》及相关司法解释的规定，自诉案件的特点见下表：

特点	可以（1）调解；（2）和解；（3）撤回自诉；（4）反诉；（5）简易程序。	公诉转自诉的案件，不可以（1）调解，也不可以（2）反诉。

可见，B正确。C错在两个方面：第一，根据上表，第三类自诉案件，即公诉转自诉的案件不可以反诉。第二，《高法解释》第334条规定："第二审期间，自诉案件的当事人提出反诉的，应当告知其另行起诉。"可见，C错误。

D项，《高法解释》第333条规定："对第二审自诉案件，必要时可以调解，当事人也可以自行和解。调解结案的，应当制作调解书，第一审判决、裁定视为自动撤销；当事人自行和解的，应当裁定准许撤回自诉，并撤销第一审判决、裁定。"可见，调解结案的，第一审判决、裁定"视为"自动撤销，而非"裁定"撤销，D错误。

综上所述，本题应当选B。

38.【答案】B
【解析】A项，《高法解释》第317条第1款规定："下列案件，根据刑事诉讼法第二百二十三条第一款的规定，应当开庭审理：（一）被告人、自诉人及其法定代理人对第一审认定的事实、证据提出异议，可能影响定罪量刑的上诉案件；（二）被告人被判处死刑立即执行的上诉案件；（三）人民检察院抗诉的案件；（四）应当开庭审理的其他案件。被判处死刑立即执行的被告人没有上诉，同案的其他被告人上诉的案件，第二审人民法院应当开庭审理。被告人被判处死刑缓期执行的上诉案件，虽不属于第一款第一项规定的情形，有条件的，也应当开庭审理。"可见，A属于该条第3款规定的情形，二审应当开庭审理。A错误。

B项，《高法解释》第323条第2款规定："同案审理的案件，未提出上诉、人民检察院也未对其判决提出抗诉的被告人要求出庭的，应当准许。出庭的被告人可以参加法庭调查和辩论。"从此条文可以推论，甲没有上诉，也没有被抗诉，二审中可以不出庭。B正确。

C项，《高法解释》第316条规定："第二审期间，被告人除自行辩护外，还可以继续委托第一审辩护人或者另行委托辩护人辩护。共同犯罪案件，只有部分被告人提出上诉，或者自诉人只对部分被告人的判决提出上诉，或者人民检察院只对部分被告人的判决提出抗诉的，其他同案被告人也可以委托辩护人辩护。"可见，乙也可以委托辩护人。C错误。

D项，《高法解释》第325条第1款第7项规定："审理被告人或者其法定代理人、辩护人、近亲属提出上诉的案件，不得加重被告人的刑罚，并应当执行下列规定：（七）原判事实清楚，证据确实、充分，但判处的刑罚畸轻、应当适用附加刑而没有适用的，不得直接加重刑罚、适用附加刑，也不得以事实不清、证据不足为由发回第一审人民法院重新审判。必须依法改判的，应当在第二审判决、裁定生效后,依照审判监督程序重新审判。"可见,二审法院审理后如果认为原判事实不清且对丙的量刑过轻,发回一审法院重审,一审法院重审后不得加重丙的刑罚,D错误。

综上所述,本题应当选B。

39.【答案】B

【解析】《高法解释》第352条规定:"对有两名以上被告人被判处死刑的案件,最高人民法院复核后,认为其中部分被告人的死刑判决、裁定事实不清、证据不足的,应当对全案裁定不予核准,并撤销原判,发回重新审判;认为其中部分被告人的死刑判决、裁定认定事实正确,但依法不应当判处死刑的,可以改判,并对其他应当判处死刑的被告人作出核准死刑的判决。"

可见,甲、乙属于共同犯罪,在死刑复核程序中,认为乙事实没问题,只是应当适用死缓,最高人民法院可以改判乙,对甲维持,需要注意,只要出现改判,一律用判决,因此,本题只能选B。

40.【答案】C

【解析】A项,《高法解释》第498条第1款:"被告人的近亲属经被告人同意,可以代为和解。"可见,被告人的近亲属不可以自行与被害人和解,需要事先取得被告人同意,A错误。

B项,《高法解释》第497条规定:"符合刑事诉讼法第二百七十七条规定的公诉案件,被害人死亡的,其近亲属可以与被告人和解。近亲属有多人的,达成和解协议,应当经处于同一继承顺序的所有近亲属同意。被害人系无行为能力或者限制行为能力人的,其法定代理人、近亲属可以代为和解。"可见,被害人死亡,近亲属可以与被告人和解,而非"代为"和解。B错误。

C项,《高法解释》第496条第2款规定:"根据案件情况,人民法院可以邀请人民调解员、辩护人、诉讼代理人、当事人亲友等参与促成双方当事人和解。"可见,甲的辩护人和乙近亲属的诉讼代理人可以参与和解协商。C正确。

D项,《高法解释》第498条第3款规定:"被告人的法定代理人、近亲属依照前两款规定代为和解的,和解协议约定的赔礼道歉等事项,应当由被告人本人履行。"可见,赔礼道歉不可以由近亲属代为履行,D错误。

综上所述,本题应当选C。

41.【答案】B

【解析】A项,《刑诉法》第15条规定:"有下列情形之一的,不追究刑事责任,已经追究的,应当撤销案件,或者不起诉,或者终止审理,或者宣告无罪:(一)情节显著轻微、危害不大,不认为是犯罪的;(二)犯罪已过追诉时效期限的;(三)经特赦令免除刑罚的;(四)依照刑法告诉才处理的犯罪,没有告诉或者撤回告诉的;(五)犯罪嫌疑人、被告人死亡的;(六)其他法律规定免予追究刑事责任的。"可见,根据该条(五),法院应当裁定终止审理。

《刑诉法》第280条第1款规定:"对于贪污贿赂犯罪、恐怖活动犯罪等重大犯罪案件,犯罪嫌疑人、被告人逃匿,在通缉一年后不能到案,或者犯罪嫌疑人、被告人死亡,依照刑法规定应当追缴其违法所得及其他涉案财产的,人民检察院可以向人民法院提出没收违法所得的申请。"

可知，应当由检察院向法院提出没收违法所得的申请。A 正确。

B 项，《刑诉法》第 281 条第 1 款规定："没收违法所得的申请，由犯罪地或者犯罪嫌疑人、被告人居住地的中级人民法院组成合议庭进行审理。"本题中，B 市中级人民法院既不是犯罪地，也不是居住地，而是由上级法院指令的与本案无关的法院，该法院有资格审理受贿案，但没有权力审理没收程序。可见，B 市中级人民法院没有管辖权。B 错误。

CD 项，《高法解释》第 517 条规定："对没收违法所得或者驳回申请的裁定，犯罪嫌疑人、被告人的近亲属和其他利害关系人或者人民检察院可以在五日内提出上诉、抗诉。"可见，马某妻子属于近亲属，可以在五日内提出上诉，其他利害关系人同样可以。CD 正确。

综上所述，本题应当选 B。

42. 【答案】C

【解析】《高法解释》第 509 条规定："被告人非法持有的违禁品，实施犯罪行为所取得的财物及其孳息，以及、供犯罪所用的本人财物，应当认定为刑事诉讼法第二百八十条第一款规定的'违法所得及其他涉案财产'。"

A 项，刘某恐怖活动犯罪案件中从其住处搜出的管制刀具属于"被告人非法持有的违禁品"，A 正确。

B 项，赵某贪污案赃款存入银行所得的利息属于"实施犯罪行为所取得的财物的孳息"，B 正确。

C 项，王某恐怖活动犯罪案件中制造爆炸装置使用的所在单位的仪器和设备不属于其"本人财物"，C 错误。

D 项，周某贿赂案受贿所得的古玩属于"实施犯罪行为所取得的财物"，D 正确。

综上所述，本题应当选 C。

43. 【答案】B

【解析】只有国务院组成部门的设置，才需要由全国人大或者全国人大常委会决定，其余所有行政机构的设置均无须到人大或者全国人大常委会决定。国家税务总局属于国务院直属机构，不是国务院组成部门，其设立、撤销或者合并均由国务院最终决定，而无须由全国人大及其常委会决定。依据《国务院行政机构设置和编制管理条例》第八条规定："国务院直属机构、国务院办事机构和国务院组成部门管理的国家行政机构的设立、撤销或者合并由国务院机构编制管理机关提出方案，报国务院决定。"据此可知，A 项说法错误；B 项说法正确。

国务院机构编制管理机关关于机构编制事项的管理权限是有限的，只有提出方案与审核方案的权力，并无批准或者决定权。《国务院行政机构设置和编制管理条例》第十九条规定："国务院行政机构增加或者减少编制，由国务院机构编制管理机关审核方案，报国务院批准。"据此可知，国务院机构编制管理机关在编制问题上并无决定权。C 项错误。

国务院不同的行政机构，其职能定位也均不一致。依法履行国务院基本的行政管理职能的应当是国务院组成部门，作为国务院直属机构的国家税务总局，应当是具有独立的行政管理职能。D 项错误。

44. 【答案】C

【解析】经正式考试录用的公务员，试

用期由公务员法所明确规定。依据《公务员法》第32条的规定:"新录用的公务员试用期为一年。试用期满合格的,予以任职;不合格的,取消录用。"据此可知,对王某的试用期限,也同样是由公务员法统一作出规定的,而非由用人单位某县财政局自行确定。A项错误。

公务员的辞退,是指因为公务员担任公职存在缺陷,国家单方面解除公务员与机关之间公职关系的制度。依据《公务员法》第83条规定:"公务员有下列情形之一的,予以辞退:(一)在年度考核中,连续两年被确定为不称职的;(二)不胜任现职工作,又不接受其他安排的;(三)因所在机关调整、撤销、合并或者缩减编制员额需要调整工作,本人拒绝合理安排的;(四)不履行公务员义务,不遵守公务员纪律,经教育仍无转变,不适合继续在机关工作,又不宜给予开除处分的;(五)旷工或者因公外出、请假期满无正当理由逾期不归连续超过十五天,或者一年内累计超过三十天的。公务员的取消录用,则是指公务员在试用期内被证明不合格的,而不予录用的制度。"据此可知,取消录用的公务员,还不是正式的公务员,取消录用与辞退是完全不同的两回事,不适用公务员辞退的相关规定。B项错误。

由于取消录用针对的是试用期内的公务员,而试用期公务员已经属于公务员,因此,用人单位针对王某的取消录用属于针对内部工作人员的行政管理行为,王某不服,向法院起诉的,人民法院应当不予受理。C项正确。

取消录用是针对试用期满考核不合格的

公务员不予任职的制度,是对已经录用为公务员的人不予任命相应职务,而非不予录用。不录用与取消录用也是两个不同的概念,不宜混淆。不录用一般适用于参加公务员考试而最终未通过考试的人,而取消录用则适用于已经通过公务员考试被录用然而试用期却不合格的人。D项错误。

45.【答案】C

【解析】所谓抽象行政行为,是指行政机关针对不特定的对象,制定的能够反复适用的具有普遍约束力的行政规则的行为。质言之,抽象行政行为可以简单理解成行政制规行为。所谓具体行政行为,是指行政机关及其他有权主体针对特定公民、法人或者其他组织所作的设定、变更、消灭其权利义务的单方行政行为。相对于抽象行政行为而言,具体行政行为所针对的对象一般是特定的,而个别性特征乃是具体行政行为与抽象行政行为的最主要的区别所在。另外,能否反复适用也是两者区分的重要标准。抽象行政行为在明令失效之前一般均可反复适用,而具体行政行为则不能反复适用。本题中某县公安局向社会发布的通知,所针对的对象并不特定,并且可以反复适用,因此,应当是抽象行政行为,而非具体行政行为。A项错误。

所谓行政指导,是指行政机关以倡导、示范、建议、咨询等方式,引导公民自愿配合而达到行政管理目的的行为,不具有强制力,属于非权力行政方式。本题中某县公安局要求10名机动车所有人学习交通法规5日的行为具有强制力,不属于行政指导行为。B项错误。

暂扣行驶证、驾驶证6个月属于行政处罚,而非行政强制措施。依据《行政处罚法》第 8 条规定："行政处罚的种类：（一）警告；（二）罚款；（三）没收违法所得、没收非法财物；（四）责令停产停业；（五）暂扣或者吊销许可证、暂扣或者吊销执照；（六）行政拘留；（七）法律、行政法规规定的其他行政处罚。"本题中的通知所指的暂扣行驶证、驾驶证 6 个月属于暂扣许可证和执照的行政处罚。C 项正确。

依据《行政强制法》第 12 条规定："行政强制执行的方式：（一）加处罚款或者滞纳金；（二）划拨存款、汇款；（三）拍卖或者依法处理查封、扣押的场所、设施或者财物；（四）排除妨碍、恢复原状；（五）代履行；（六）其他强制执行方式。"本题中通知所指的强制恢复应当为排除妨碍、恢复原状的行政强制执行行为。D 项错误。

46.【答案】A

【解析】A 项：说法正确，当选；BCD 项：说法错误，不当选。本题有点超纲，属于已废除的内容，但根据题中给的具体时间，按照当时的法规又是没问题的，根据已废除的《行政法规制定程序暂行条例》第 15 条规定："经国务院常务会议审议通过或者经国务院总理审定的行政法规，由国务院发布，或者由国务院批准，国务院主管部门发布。"

47.【答案】A

【解析】除了对人身自由的限制以外，立法对于一般的行政强制措施并未要求一律于事后立即报批。依据《行政强制法》第 19 条规定："情况紧急，需要当场实施行政强制措施的，行政执法人员应当在 24 小时内向行政机关负责人报告，并补办批准手续。行政机关负责人认为不应当采取行政强制措施的，应当立即解除。"据此

可知，A 项说法过于绝对，是错误的。

依据《行政强制法》第二十四条第 1 款的规定："行政机关决定实施查封、扣押的，应当履行一般须履行的程序制作现场笔录外，还应当制作并当场交付查封、扣押决定书和清单。"也就是说，扣押当然应当制作现场笔录、扣押决定书和清单并当场交付。据此可知，BC 项说法正确。

由于会直接涉及相对人的合法权益，因而立法对于行政强制措施的实施主体作了相当严格的要求。依据《行政强制法》第 17 条第 3 款规定："行政强制措施应当由行政机关具备资格的行政执法人员实施，其他人员不得实施。"扣押即为行政强制措施之一种，因此应当由行政机关具备资格的行政执法人员实施。D 项说法正确。

48.【答案】D

【解析】依据《政府信息公开条例》第 25 条第 1 款规定："公民、法人或者其他组织向行政机关申请提供与其自身相关的税费缴纳、社会保障、医疗卫生等政府信息的，应当出示有效身份证件或者证明文件。"据此可知，方某申请公开的政府信息并不属于与其自身相关的税费缴纳、社会保障、医疗卫生等政府信息，无须提交有效身份证明或者证明文件。A 项说法错误。

依据《政府信息公开条例》第 13 条规定："除本条例第九条、第十条、第十一条、第十二条规定的行政机关主动公开的政府信息外，公民、法人或者其他组织还可以根据自身生产、生活、科研等特殊需要，向国务院部门、地方各级人民政府及县级以上地方人民政府部门申请获取相关政府信息。"方某是乡属企业的债权人，当然可以根据自身生产、生活等需要申请公开

相关政府信息。B项说法错误。

第23条规定："行政机关认为申请公开的政府信息涉及商业秘密、个人隐私，公开后可能损害第三方合法权益的，应当书面征求第三方的意见；第三方不同意公开的，不得公开。但是，行政机关认为不公开可能对公共利益造成重大影响的，应当予以公开，并将决定公开的政府信息内容和理由书面通知第三方。"据此可知，乡政府应当书面而非口头征询第三方意见，以此得出的结论作为理由拒绝公开是错误的。C项说法错误。

《最高人民法院关于审理政府信息公开行政案件若干问题的规定》第5条第5款规定："被告主张政府信息不存在，原告能够提供该政府信息系由被告制作或者保存的相关线索的，可以申请人民法院调取证据。"D项说法正确。

49.【答案】C

【解析】依据《行政复议法》第12条规定："对县级以上地方各级人民政府工作部门的具体行政行为不服的，由申请人选择，可以向该部门的本级人民政府申请行政复议，也可以向上一级主管部门申请行政复议。"某区环保局作为某区政府的工作部门，行政相对人对于其以自己名义所作出的处罚不服的，应当向该部门的本级人民政府申请行政复议，也可以向上一级主管部门申请行政复议。因此，A项说法过于绝对，是错误的。

依据《行政复议法实施条例》第41条第1款规定："行政复议期间有下列情形之一，影响行政复议案件审理的，行政复议中止：（一）作为申请人的自然人死亡，其近亲属尚未确定是否参加行政复议的；

（二）作为申请人的自然人丧失参加行政复议的能力，尚未确定法定代理人参加行政复议的；（三）作为申请人的法人或者其他组织终止，尚未确定权利义务承受人的；（四）作为申请人的自然人下落不明或者被宣告失踪的；（五）申请人、被申请人因不可抗力，不能参加行政复议的；（六）案件涉及法律适用问题，需要有权机关作出解释或者确认的；（七）案件审理需要以其他案件的审理结果为依据，而其他案件尚未审结的（八）其他需要中止行政复议的情形。"据此可知，如复议期间案件涉及法律适用问题，需要有权机关作出解释，行政复议应当中止而非终止。B项错误。

依据《行政复议法》第31条第3款规定："行政复议决定书一经送达，即发生法律效力。"C项正确。

依据《行政诉讼法》第18条第1款规定："行政案件由最初作出行政行为的行政机关所在地人民法院管辖。经复议的案件，也可以由复议机关所在地人民法院管辖。"据此可知，水电站对复议决定不服向法院起诉的，原机关与复议机关所在地的法院均有管辖权。D项错误。

50.【答案】C

【解析】依据《最高人民法院关于人民法院赔偿委员会适用质证程序审理国家赔偿案件的规定》第3条第2款规定："赔偿请求人或者赔偿义务机关申请不公开质证，对方同意的，赔偿委员会可以不公开质证。"据此可知，乙县法院申请不公开质证，还要经对方同意，并且赔偿委员会也不是"应当"而是"可以"予以准许，拥有裁量权。A项说法过于绝对，是错误的。

依据第19条第1款规定："赔偿请求人或者赔偿义务机关对对方主张的不利于自己的事实，在质证中明确表示承认的，对方无须举证；既未表示承认也未否认，经审判员询问并释明法律后果后，其仍不作明确表示的，视为对该项事实的承认。"据此可知，李某对乙县法院主张的不利于自己的事实，既未表示承认也未否认的，尚需要经审判员询问并释明法律后果仍不作明确表示的，才视为对该项事实的承认。B项错误。

依据第18条第1款规定："赔偿委员会根据赔偿请求人申请调取的证据，作为赔偿请求人提供的证据进行质证。"C项正确。

依据第23条第2款规定："具备条件的，赔偿委员会可以对质证活动进行全程同步录音录像。"D项错误。

二、多项选择题。

51. 【答案】ACD

【解析】选项A正确，刑法关于强奸罪严重后果的规定表述为"死亡、重伤或其他严重后果"，根据同位解释规则，这里的其他严重后果应与重伤死亡具有相当性，即均为对生命健康法益的严重侵害。痴呆女不具有独立生产和养育子女的能力，使其怀孕会极大侵害被害人及其子女的生命健康法益。这一结果与刑法所列举的严重后果具有相当性，因此可以将其评价为"其他严重后果"。选项B错误，"播放"无论如何也超出了"发行"的日常理解，即超越了可能的含义范围，属于类推解释。选项C正确，重度醉酒几乎完全丧失车辆控制能力，且在高速上行驶，随时可能发生严重交通事故，其危险性与放火、决水、爆炸、投放危险物质的危险性相当，未超

出危险方法可能的含义范围。选项D正确，武装部队属于军事机关，军事机关属于国家机关符合我国对国家机关的一般理解。

52. 【答案】ACD

【解析】本题为推理题，考生需掌握正当防卫基本架构方可开始推导。如果不法侵害不需要侵害者具有责任能力，那么本案当然具有不法侵害，可以正当防卫；如果不法侵害不以防卫人是否明知侵害者具有责任能力为前提，那么本案当然具有不法侵害，可以正当防卫。上述两者的反命题，自然不利于得出可以实施正当防卫的结论。四个选项排列组合，即可得出正确的是B，其余均是错误的。

53. 【答案】AB

【解析】A正确，因为死亡结果归责于驾驶行为，那么投毒行为与死亡结果之间便没有因果关系，具有成立中止的余地。同时，甲送医救治的行为是当时能做的最大努力，属于真挚的努力，应认为成立中止犯。B正确，死亡结果如果归责于投毒行为，当然是故意犯的既遂。C错误，虽然发生了危害结果，但是假如行为人的行为与危害结果没有因果关系，同时，行为人做出了真挚努力，可以构成中止犯。D错误，仅仅根据真挚努力的条件不足以成立中止犯，还需要没有因果关系这一条件。

54. 【答案】CD

【解析】选项A错误，本罪的法益在承诺时便已经既遂，无须等到实际获得贿赂。选项B错误，甲讲解的杀人方法对乙具有心理帮助作用，乙事实上也确实利用了该方法杀人，具有心理上的因果关系，成立既遂。选项C正确。乙为了着手盗窃主动向甲提出帮助请求，甲同意该请求。就此

而言，甲回应帮助请求的行为对乙着手盗窃发挥了心理上的帮助作用，强化了乙的犯意（甲不答应帮忙，乙不会着手犯罪制造现实危险）。但这种强化作用在乙着手犯罪后不再发挥作用，因为甲错投了信箱，乙没有拿到甲的钥匙。所以，甲错投信箱的行为消除了同意行为产生的心理作用。同时，乙使用其他方法窃取了汽车，甲提供钥匙的行为没有实际发挥物理上的帮助作用。总之，甲的行为（无论是同意行为，还是提供钥匙的行为）与财产损失之间既没有心理因果关系，也没有物理因果关系（没有甲的行为，乙同样制造了实害结果）。据此，可以认为甲在预备阶段没有脱离共犯，但在实行阶段做到了共犯的脱离。甲需对乙着手产生的危险结果承担未遂犯的责任，但无须对实害结果承担既遂犯的责任。选项D正确，因为甲、乙共同杀人未杀死被害人。在时空间隔较长的情况下，应认为出现了终局性形态——未遂。乙后来的行为已经与前行为分离，属于新的行为，其独立创设了新的因果流程并造成死亡结果，成立既遂。

55. 【答案】AB

【解析】选项A错误，根据《修正案(八)》对累犯的修订，后罪为恐怖活动的构成特殊累犯。而按照旧法，这种情况不构成特殊累犯。本案均发生在2011年5月1日之前，按照从旧兼从轻原则，不能适用新法，而只能适用旧法。选项B错误，适用缓刑的刑罚条件是针对宣告刑而言的，乙的宣告刑小于3年，符合缓刑条件，可以适用缓刑。选项C正确，根据《修正案（八）》的规定，违反禁止令情节严重的，撤销缓刑。D正确，根据假释的相关规定，在符合法定条件

前提下，经最高人民法院核准，假释无执行期限限制。

56. ABCD

【解析】选项A错误，因为诈骗罪（5000元）的追诉期限不会超过十年，该罪显然过了追诉期限。选项B错误，诈骗罪已经过了追诉期限，不能纳入并罚的范围。选项C错误，因为余罪自首是对故意杀人罪和诈骗罪产生法律效果。选项D错误，因为不适用死刑是根据犯罪时年龄确定，而不是审判时。

57. 【答案】ABCD

【解析】选项A正确，买卖既可以以金钱作为媒介，也可以实物交换，这种解释未超出用语可能的含义。同时，这一解释也满足了保护公共安全的需要。选项B正确，贩卖与买卖可以作类似解释，包括实物交换。选项C正确，按照当然解释原理，出借即为犯罪，赠与当然更是犯罪。该解释符合保护公共安全的需要。选项D正确，持有行为本身可以理解为不作为，该上交而未上交的即为持有。该解释符合保护公共安全的需要。

58. 【答案】ACD

【解析】生产销售伪劣产品罪是法条竞合较为集中的类罪。在法条竞合时，特别法优于一般法，但绝不能违反从一重处断的原则。劣药是名副其实的药，但是疗效较差；假药不是名副其实的药，是无效的药。假药可以被评价为劣药（极度劣质，达到无效程度），但劣药不能被评价为假药。不符合安全标准的食品，足以导致食物中毒或其他食源性病患的，处罚较重。有毒有害食品是指在食品中掺入了有毒有害的非食品原料，处罚相对较轻。据此，选项

A正确，因为法条竞合的根本原理还是从一重处断，一般法处罚重时，需要一般法优先适用。选项B错误，应该按销售不符合安全标准的食品罪处理。选项C正确，因为属于掺入非食品原料的行为。选项D正确，仅满足销售劣药罪的成立要件。

59. 【答案】ABC

【解析】本案只存在非法拘禁行为。没有绑架行为，只有进一步升级为绑架的意思，但未实施向第三人提出非法要求的行为。无抢劫行为，只是威胁日后偿还非法债务，没有现场取财。无不作为杀人，没有作为义务。死亡结果的产生仅能归责于乙自己非理性不正常的自我答责行为。选项D正确，其余的选项均肯定因果关系存在，显然错误。

60. 【答案】ABCD

【解析】选项A正确，在流动性强的公共场所，占有会出现松动，但尚未丧失占有，因为根据习惯，占位的财物可以推知有占有意思，同时占有人使用财物占位，应该认为有持续性的支配力。选项B正确，从手机放置状态可以认为没有放弃占有的意思，同时占有人未离开很远，支配力仍然存在。选项C正确，遗忘物丢在出租车上，在这种流动性较低的场合，财物转移给司机占有，被害人为司机。D正确，乙家山头的树木属于乙的支配领域，且具有占有意思，当然归乙占有。甲受托照看乙的房屋，仅是房屋的占有辅助人，取得房屋内的财物，仍然是盗窃。

61. 【答案】CD

【解析】选项A错误，因为甲乙共同犯罪，甲为犯罪嫌疑人本人，毁灭共犯证据无罪。选项B错误，甲并没有毁灭证据，仅仅是增加了取证难度。选项C正确，甲的教唆行为促使当事人毁灭证据，该行为与毁灭结果之间存在因果关系，可以评价为"毁灭"行为，因此成立该罪。选项D正确，典型的毁灭行为，为了当事人而毁灭其无罪证据。

62. 【答案】ABC

【解析】本案挪用行为是一次性挪用1.2万归个人使用，可以认为存在一个行为。该公款的使用适用非法活动型，尚未达到数额要求，因为只有4000元。公务员买卖股票不属于非法活动。接下来就看是否满足营利活动型，无疑买股票和赌博均具有营利性质，且数额合计达到数额较大要求，成立犯罪。正确答案是D。选项A和选项B的错误是一样的，在于没有按照将法律规范作为大前提，将案件事实作为小前提进行适用，而是将案件事实作为大前提，将规范作为小前提，根据事实剪裁规范，这是适用法规范的大忌。C的错误在于错误地理解了公务员经商的非法性。

63. 【答案】AD

【解析】徇私枉法罪是指徇私或徇情在刑事诉讼中违背事实和法律出入人罪的行为。间接正犯是将他人作为工具使用的犯罪形式。他人必须达到"工具化"的程度，其具体认定标准是看被利用人是否能够认识到真相并做出自己行为选择，如果得出否定结论，那么就是被工具化的，反之则是独立的正犯，利用人不成立间接正犯。间接正犯即可以利用无责任能力人，也可能利用有责任能力人；既可能利用他人故意行为，也可能利用过失行为；既可能利用非法行为，也可能利用合法行为。想象竞合犯是一行为侵害数法益触犯数罪名的情形。对于想象竞合犯应当从一重罪从重处断。之所以如此，就是因为行为只有一个，仅能满足一个犯罪的成立要件。之所以从重再从重，是因为重罪可以最大程度的满足充分评价的要求，同时，在此基础之上，由于额外还侵犯了别的法益，所以，从完全评价角度，还需要再从重。据此，选项A正确，因为甲分管公安工作，其违法使用职权，干涉其下属的办案，属于滥用职权行为，成立实行犯。乙此时成立滥用职权罪的帮助犯。选项B错误，甲虽然居于领导地位，但不具有直接管辖具体案件的职权，无法直接支配徇私枉法罪构成要件的实现，应认为其成立徇私枉法罪的教唆犯。同时，乙明确认识事实真相，他是基于独立意志选择徇私枉法行为的，达不到被工具化的程度，因而乙是独立的正犯，甲不是间接正犯。选项C错误，因为甲仅有一个行为，所以只能定一罪，不可能数罪并罚。选项D正确，因为乙除了前述滥用职权罪的帮助犯、徇私枉法罪的实行犯，还额外触犯了帮助毁灭证据罪，成立想象竞合犯。对于乙来说，其徇私枉法行为是最为核心的行为，因此定徇私枉法罪是最为全面的评价。

64. 【答案】ABC

【解析】ABC项：说法正确，当选；D项：说法错误，不当选。刑事诉讼法与宪法的关系，一方面体现为其在宪法中的重要地位，以至于宪法关于程序性条款的规定成为法治国家的基本标志；另一方面体现为其在维护宪法制度方面发挥的重要作用。首先，有关刑事诉讼的程序性条款在宪法条文中的重要地位。这些体现法治主义的有关刑事诉讼的程序性条款，构成了各国宪法或宪法性文件中关于人权保障条款的核心；其次，刑事诉讼法在维护宪法制度方面发挥重要的作用。为维护宪法确认的制度和原则，国家制定实体刑法并通过刑事程序对破坏宪法制度而构成犯罪的人予以制裁。同时，国家要确保宪法所保障的公民基本权利，非依法律规定不得侵犯。刑事诉讼直接涉及公民的基本权利特别是人身自由，所以，必须对国家在刑事诉讼中的权力予以限制。刑事诉讼法就是调整和平衡国家打击犯罪和保障公民人身自由等基本权利相互关系的法律，从而承担防止司法权滥用从而保障公民人身自由等基本权利的任务。各国刑事诉讼法律规范中有关强制措施的适用权限、条件、程序、羁押期限，辩护，侦查、审判的原则与程序等规定，都直接体现了宪法或宪法性文件关于公民人身、住宅、财产不受非法搜查、逮捕、扣押以及犯罪嫌疑人、被告人有权获得辩护等规定的精神。也就是说，宪法的许多规定，一方面，要通过刑事诉讼法保证刑法的实施来实现；另一方面，要通过刑事诉讼法本身的实施来实现。

65. 【答案】ABC

【解析】ABC项：说法正确，当选；D项：说法错误，不当选。刑事诉讼基本原则是由《刑事诉讼法》规定的，贯穿于刑事诉讼的全过程或主要诉讼阶段，公、检、法机关和诉讼参与人进行刑事诉讼活动都必须遵循的基本行为准则。作为《刑事诉讼法》确立的基本行为准则，刑事诉讼基本原则具有以下特点：（1）刑事诉讼基本原则体现刑事诉讼活动的基本规律。这些基本法律准则有着深厚的法律理论基础和丰富的思想内涵。例如，审判公开原则要求法院的审判活动从形式到内容应当向社会公开，使得审判活动受到社会公众的广泛监督，这是审判程序公正的基本保证，也是司法审判活动的基本要求；（2）刑事诉讼基本原则是由《刑事诉讼法》明确规定的法律原则。我国《刑事诉讼法》规定的基本原则包括两大类：一类是刑事诉讼和其他性质的诉讼必须共同遵守的原则。如，以事实为根据，以法律为准绳原则；公民在法律面前一律平等原则等，我们称之为一般原则。另一类是刑事诉讼所独有的基本原则。如，侦查权、检察权、审判权由专门机关依法行使原则；人民法院、人民检察院依法独立行使职权原则；分工负责、互相配合、互相制约原则；犯罪嫌疑人、被告人有权获得辩护原则，即刑事诉讼的特有原则；（3）刑事诉讼基本原则具有法律约束力。刑事诉讼基本原则，既体现为法律条文的明确表述，也体现在《刑事诉讼法》的指导思想、目的、任务、具体制度和程序之中。基本原则虽然较为抽象和概括，但各项具体的诉讼制度和程序都必须与之相符合。各项具体制度、程序是刑事诉讼基本原则的具体化，如果违背了这些制度和程序，就违反了刑事诉讼的基本原则，就必须承担一定的法律后果。

66. 【答案】CD

【解析】A项，《刑诉法》第20条规定："中级人民法院管辖下列第一审刑事案件：（一）危害国家安全、恐怖活动案件；（二）可能判处无期徒刑、死刑的案件。"《高法解释》第13条规定："一人犯数罪、共同犯罪和其他需要并案审理的案件，其中一人或者一罪属于上级人民法院管辖的，全案由上级人民法院管辖。"本案属于团伙作案，应对秉承"就高不就低"的处理方式，将全案移送中级法院审理，A错误。

B项，《高检规则》第51条规定："人民检察院审查未成年人与成年人共同犯罪案件，一般应当将未成年人与成年人分案起诉。……"如此规定，是为了照顾未成年人的人格尊严，保护未成年犯罪嫌疑人、被告人的合法权益。本案中，未成年人与成年人共同抢劫，如果检察机关对未成年人分案起诉，就会对未成年人案件单独处理，与其他成年人的抢劫案拆分成两个独立的案件。因此，其他成年人有人可能被判处无期徒刑而需要移送中级法院审理时，未成年人没有关系，其所涉抢劫案仍由基层法院审理即可。B错误。

C项，《高法解释》第15条第3款规定："需要将案件移送中级人民法院审判的，应当在报请院长决定后，至迟于案件审理期限届满十五日前书面请求移送。中级人民法院应当在接到申请后十日内作出决定。不同意移送的，应当下达不同意移送决定书，由请求移送的人民法院依法审判；同意移送的，应当下达同意移送决定书，并书面通知同级人民检察院。"可见，中级法院可以不同意移送，C正确。

D项，《高法解释》第14条规定："上级人民法院决定审判下级人民法院管辖的第一审刑事案件的，应当向下级人民法院下达改变管辖决定书，并书面通知同级人民检察院。"可见，D正确。

综上所述，本题应当选CD。

67. 【答案】AB

【解析】A项，一方面，《刑诉法》第28条规定："审判人员、检察人员、侦查人员有下列情形之一的，应当自行回避，当事人及其法定代理人也有权要求他们回避：（一）是本案的当事人或者是当事人的近亲属的；（二）本人或者他的近亲属和本案有利害关系的；（三）担任过本案的证人、鉴定人、辩护人、诉讼代理人的；（四）与本案当事人有其他关系，可能影响公正处理案件的。"可见，"一审法院审判委员会委员甲系林某辩护人妻子的弟弟"属于该条（四）的回避情形；另一方面，《刑诉法》第31条第2款规定："辩护人、诉讼代理人可以依照本章的规定要求回避、申请复议。"可见，黄某的代理律师可申请回避，A正确。

B项，《刑诉法》第31条第1款规定："本章关于回避的规定适用于书记员、翻译人员和鉴定人。"可见，书记员适用回避。根据上述《刑诉法》第28条（四），书记员系林某亲属，可能影响公正审判，本应回避但一审中未回避。

《刑诉法》第227条规定："第二审人民法院发现第一审人民法院的审理有下列违反法律规定的诉讼程序的情形之一的，应当裁定撤销原判，发回原审人民法院重新审判：（一）违反本法有关公开审判的规定的；（二）违反回避制度的；（三）剥夺或者限制了当事人的法定诉讼权利，可能影响公正审判的；（四）审判组织的组成不合法的；（五）其他违反法律规定的诉讼程序，可能影响公正审判的。"

根据该条（二），二审法院应当撤销原判、发回重审。需要注意的是，该项的表述是"可以此为由"，这里的"可"没错，二审法院"可"以此为由，但一旦以此为由，就是"应当"撤销原判、发回重审。B正确。

C项，"忠实读者"不属于存在利害关系或者会影响公正审判的原因，即不属于法定回避理由，C错误。

D项，《刑诉法》第228条规定："原审人民法院对于发回重新审判的案件，应当另行组成合议庭，依照第一审程序进行审判。……"可见，二审发回第一审法院重新审判，第一审法院应当另行组成合议庭，即原合议庭应当回避。立法及司法解释没有关于被告人对一审法院重新审判作出的裁判不服再次上诉至二审法院后二审法院合议庭成员应当回避的规定。D错误。

综上所述，本题应当选AB。

68. 【答案】BD

【解析】A项，《刑诉法》第37条第3款规定："危害国家安全犯罪、恐怖活动犯罪、特别重大贿赂犯罪案件，在侦查期间辩护律师会见在押的犯罪嫌疑人，应当经侦查机关许可。上述案件，侦查机关应当事先通知看守所。"《刑诉法》第37条第5款规定："辩护律师同被监视居住的犯罪嫌疑人、被告人会见、通信，适用第一款、第三款、第四款的规定。"可见，A中，刘某涉嫌特别重大贿赂犯罪被指定居所监视居住，刘某律师在会见刘某前应当取得侦查机关的许可，侦查机关应当是检察院而非公安机关，A错误。

B项，《刑诉法》第95条规定："犯罪嫌疑人、被告人及其法定代理人、近亲属或者辩护人有权申请变更强制措施。人民法院、人民检察院和公安机关收到申请后，应当在三日以内作出决定；不同意变更强制措施的，应当告知申请人，并说明不同意的理由。"可见，洪某作为辩护人可申请将监视居住的地点变更为刘某的住处，属于"申请变更强制措施"，B正确。

CD 项，《刑诉法》第 37 条第 4 款规定："辩护律师会见在押的犯罪嫌疑人、被告人，可以了解案件有关情况，提供法律咨询等；自案件移送审查起诉之日起，可以向犯罪嫌疑人、被告人核实有关证据。辩护律师会见犯罪嫌疑人、被告人时不被监听。"可见，自案件移送审查起诉之日起才能核实证据，侦查阶段不允许核实证据，C 错误。辩护律师会见犯罪嫌疑人、被告人时不被监听，D 正确。

综上所述，本题应当选 BD。

69. 【答案】ABD

【解析】ABC 项，《刑诉法》第 62 条规定："对于危害国家安全犯罪、恐怖活动犯罪、黑社会性质的组织犯罪、毒品犯罪等案件，证人、鉴定人、被害人因在诉讼中作证，本人或者其近亲属的人身安全面临危险的，人民法院、人民检察院和公安机关应当采取以下一项或者多项保护措施：（一）不公开真实姓名、住址和工作单位等个人信息；（二）采取不暴露外貌、真实声音等出庭作证措施；（三）禁止特定的人员接触证人、鉴定人、被害人及其近亲属；（四）对人身和住宅采取专门性保护措施；（五）其他必要的保护措施。证人、鉴定人、被害人认为因在诉讼中作证，本人或者其近亲属的人身安全面临危险的，可以向人民法院、人民检察院、公安机关请求予以保护。人民法院、人民检察院、公安机关依法采取保护措施，有关单位和个人应当配合。"可见，根据该条文第 1 款（四），A 正确。根据该条文第 1 款（一），B 正确。

另外，该条文保护的是证人、被害人和鉴定人，不包含侦查人员。法院有权通知侦查人员出庭说明讯问的合法性，但是，侦查人员正是可能实施刑讯逼供的人，其对取证合法性的说明不属于证人证言，也就不适用证人保护的相关规定，即不可以对侦查人员采取不向被告人暴露外貌、真实声音的措施。C 错误。

D 项，《刑诉法》第 152 条规定："依照本节规定采取侦查措施收集的材料在刑事诉讼中可以作为证据使用。如果使用该证据可能危及有关人员的人身安全，或者可能产生其他严重后果的，应当采取不暴露有关人员身份、技术方法等保护措施，必要的时候，可以由审判人员在庭外对证据进行核实。"D 项中，卧底属于技术侦查措施，"为保护警方卧底丁的人身安全，丁可不出庭作证，由审判人员在庭外核实丁的证言"是正确的。

综上所述，本题应当选 ABD。

70. 【答案】BC

【解析】A 项，错误。讯问作为一种侦查行为，只要立案后进入侦查阶段，侦查人员就可以对犯罪嫌疑人进行讯问。所以，在拘留犯罪嫌疑人之前，可以对其进行讯问。

B 项，《刑诉法》第 83 条规定："公安机关拘留人的时候，必须出示拘留证。拘留后，应当立即将被拘留人送看守所羁押，至迟不得超过二十四小时。除无法通知或者涉嫌危害国家安全犯罪、恐怖活动犯罪通知可能有碍侦查的情形以外，应当在拘留后二十四小时以内，通知被拘留人的家属。有碍侦查的情形消失以后，应当立即通知被拘留人的家属。"第 84 条规定："公安机关对被拘留的人，应当在拘留后的二十四小时以内进行讯问。在发现不应当拘留的时候，必须立即释放，发给释放证明。"可见，拘留犯罪嫌疑人后，应当在24小时内进行讯问并送交看守所羁押。送交看守所发生于拘留后24小时内，24小时以后，只能在看守所讯问犯罪嫌疑人。但是在24小时之内的讯问不一定在看守所，因为犯罪嫌疑人可能还没有被送交看守所，讯问可以发生于公安机关的讯问室等地点。B正确。

C项，《刑诉法》第116条第2款规定："犯罪嫌疑人被送交看守所羁押以后，侦查人员对其进行讯问，应当在看守所内进行。"C正确。

D项，需要注意，指定的居所不是羁押的场所，尽管它限制犯罪嫌疑人、被告人的自由，但它是其生活、休息的地方，不能成为讯问犯罪嫌疑人的场所。这是因为，指定居所一旦可以成为侦查讯问的处所，指定居所就成了专门的办案场所。而《刑诉法》第73条第3款明确规定："……不得在羁押场所、专门的办案场所执行。"故，D错误。

综上所述，本题应当选BC。

71.【答案】BD

【解析】A项，《高法解释》第183条规定："案件具有下列情形之一的，审判人员可以召开庭前会议：（一）当事人及其辩护人、诉讼代理人申请排除非法证据的；（二）证据材料较多、案情重大复杂的；（三）社会影响重大的；（四）需要召开庭前会议的其他情形。召开庭前会议，根据案件情况，可以通知被告人参加。"可见，根据案件情况可以通知被告人参加庭前会议，参加庭前会议并非是被告人的权利。A错误。BCD项，《高法解释》第184条规定：

"召开庭前会议，审判人员可以就下列问题向控辩双方了解情况，听取意见：（一）是否对案件管辖有异议；（二）是否申请有关人员回避；（三）是否申请调取在侦查、审查起诉期间公安机关、人民检察院收集但未随案移送的证明被告人无罪或者罪轻的证据材料；（四）是否提供新的证据；（五）是否对出庭证人、鉴定人、有专门知识的人的名单有异议；（六）是否申请排除非法证据；（七）是否申请不公开审理；（八）与审判相关的其他问题。审判人员可以询问控辩双方对证据材料有无异议，对有异议的证据，应当在庭审时重点调查；无异议的，庭审时举证、质证可以简化。被害人或者其法定代理人、近亲属提起附带民事诉讼的，可以调解。庭前会议情况应当制作笔录。"根据该条第3款的规定，"被害人提起附带民事诉讼的，审判人员可在庭前会议中进行调解"，B正确。

需要注意，召开庭前会议时，审判人员只能就是否申请排除非法证据向控辩双方了解情况，听取意见，不能对非法证据进行实体处理。C错误。

根据该条第1款（五），D正确。

综上所述，本题应当选BD。

72.【答案】BC

【解析】A项，《高法解释》第260条第1款规定："本解释第一条规定的案件（三类自诉案件），如果被害人死亡、丧失行为能力或者因受强制、威吓等无法告诉，或者是限制行为能力人以及因年老、患病、盲、聋、哑等不能亲自告诉，其法定代理人、近亲属告诉或者代为告诉的，人民法院应当依法受理。"可见，任某只是担心影响不好不愿起诉，不属于该条文中所列情形，其父亲不能代为起诉。A 错误。

B 项，《高法解释》第 266 条第 2 款规定："共同被害人中只有部分人告诉的，人民法院应当通知其他被害人参加诉讼，并告知其不参加诉讼的法律后果。被通知人接到通知后表示不参加诉讼或者不出庭的，视为放弃告诉。第一审宣判后，被通知人就同一事实又提起自诉的，人民法院不予受理。但是，当事人另行提起民事诉讼的，不受本解释限制。"可知，任某放弃告诉，该案宣判后，不得再行自诉，但可以另行提起民事诉讼，B 正确。

C 项，《刑诉法》第 188 条规定："经人民法院通知，证人没有正当理由不出庭作证的，人民法院可以强制其到庭，但是被告人的除外。"可见，弟弟不属于"配偶、父母、子女"的范围，如果拒不出庭作证，法院可以强制其到庭。C 正确。

D 项，《高法解释》第 270 条规定："自诉案件，符合简易程序适用条件的，可以适用简易程序审理。不适用简易程序审理的自诉案件，参照适用公诉案件第一审普通程序的有关规定。"可见，适用简易程序是"可以"，而非"应当"。D 项说本案"应当"适用简易程序审理，错误。

综上所述，本题应当选 BC。

73. 【答案】ABD

【解析】A 项，《刑法》第 263 条的规定，持枪抢劫会被判处十年以上有期徒刑、无期徒刑或者死刑，并处罚金或者没收财产。《刑诉法》第 210 条规定："适用简易程序审理案件，对可能判处三年有期徒刑以下刑罚的，可以组成合议庭进行审判，也可以由审判员一人独任审判；对可能判处的有期徒刑超过三年的，应当组成合议庭进行审判。适用简易程序审理公诉案件，人民检察院应当派员出席法庭。"可见，本案甲可能被判处十年有期徒刑以上刑罚，应当组成合议庭进行审理。又因为《全国人大常委会关于完善人民陪审员制度的决定》第 3 条规定："人民陪审员和法官组成合议庭审判案件时，合议庭中人民陪审员所占人数比例应当不少于三分之一。"故由一名审判员，两名陪审员组成合议庭是合适的。A 正确。

B 项，《高法解释》第 474 条规定："对未成年人刑事案件，人民法院决定适用简易程序审理的，应当征求未成年被告人及其法定代理人、辩护人的意见。上述人员提出异议的，不适用简易程序。"可见，需要经过乙的法定代理人和辩护人同意，B 正确。

C 项，《高法解释》第 290 条规定："具有下列情形之一的，不适用简易程序：（一）被告人是盲、聋、哑人；（二）被告人是尚未完全丧失辨认或者控制自己行为能力的精神病人；（三）有重大社会影响的；（四）共同犯罪案件中部分被告人不认罪或者对适用简易程序有异议的；（五）辩护人作无罪辩护的；（六）被告人认罪但经审查认为可能不构成犯罪的；（七）不宜适用简易程序审理的其他情形。"根据该条（五），C 错误。法院不能适用简易程序。

D 项，《高法解释》第 298 条规定："适用简易程序审理案件，在法庭审理过程中，有下列情形之一的，应当转为普通程序审理：（一）被告人的行为可能不构成犯罪的；（二）被告人可能不负刑事责任的；（三）被告人当庭对起诉指控的犯罪事实予以否认的；（四）案件事实不清、证据不足的；（五）不应当或者不宜适用简易程序的其他情形。转为普通程序审理的案件，审理期限应当从决定转为普通程序之日起计算。"根据该条第1款（一），D正确。

综上所述，本题应当选ABD。

74. 【答案】AD

【解析】A项，《高法解释》第436条规定："对被判处管制、宣告缓刑的罪犯，人民法院应当核实其居住地。宣判时，应当书面告知罪犯到居住地县级司法行政机关报到的期限和不按期报到的后果。判决、裁定生效后十日内，应当将判决书、裁定书、执行通知书等法律文书送达罪犯居住地的县级司法行政机关，同时抄送罪犯居住地的县级人民检察院。"可见，A正确。

B项，《刑法》、《刑诉法》及相关司法解释中均没有类似规定，B错误。

C项，《高法解释》第457条规定："罪犯在缓刑、假释考验期限内犯新罪或者被发现在判决宣告前还有其他罪没有判决，应当撤销缓刑、假释的，由审判新罪的人民法院撤销原判决、裁定宣告的缓刑、假释，并书面通知原审人民法院和执行机关。"可见，应当由审判新罪的人民法院而不是由原审法院作出裁定，C错误。

D项，《高法解释》第458条第2款规定："人民法院撤销缓刑、假释的裁定，一经作出，立即生效。"因此，D正确。

综上所述，本题应当选AD。

75. 【答案】BCD

【解析】A项，考查申诉主体。《高法解释》第371条规定："当事人及其法定代理人、近亲属对已经发生法律效力的判决、裁定提出申诉的，人民法院应当审查处理。案外人认为已经发生法律效力的判决、裁定侵害其合法权益，提出申诉的，人民法院应当审查处理。申诉可以委托律师代为进行。"可见，案外人和律师也可以作为申诉主体，A错误。

B项，《刑诉法》第245条第1款规定："人民法院按照审判监督程序重新审判的案件，由原审人民法院审理的，应当另行组成合议庭进行。如果原来是第一审案件，应当依照第一审程序进行审判，所作的判决、裁定，可以上诉、抗诉；如果原来是第二审案件，或者是上级人民法院提审的案件，应当依照第二审程序进行审判，所作的判决、裁定，是终审的判决、裁定。"可见，"原审法院依照审判监督程序重新审判的案件，应当另行组成合议庭"，B正确。

C项，《高法解释》第382条规定："对决定依照审判监督程序重新审判的案件，除人民检察院抗诉的以外，人民法院应当制作再审决定书。再审期间不停止原判决、裁定的执行，但被告人可能经再审改判无罪，或者可能经再审减轻原判刑罚而致刑期届满的，可以决定中止原判决、裁定的执行，必要时，可以对被告人采取取保候审、监视居住措施。"可见，C正确。

D项，《高法解释》第379条第2款规定："上级人民法院指令下级人民法院再审的，一般应当指令原审人民法院以外的下级人民法院审理；由原审人民法院审理更有利于查明案件事实、纠正裁判错误的，可以指令原审人民法院审理。"可见，D正确。

综上所述，本题应当选BCD。

76. 【答案】AC

【解析】A项：说法正确，当选。简化行政机关内部办理行政许可流程，符合高效便民原则中的减轻当事人的程序负担的便利当事人原则。

B项：说法错误，不当选。非因法定事由并经法定程序，行政机关不得撤回和变更已生效的行政许可，属于诚实信用原则。

C项：说法正确，当选。对办理行政许可的当事人提出的问题给予及时、耐心的答复，符合高效便民原则中的行政效率原则。

D项：说法错误，不当选。对违法实施行政许可给当事人造成侵害的执法人员予以责任追究，属于权责一致原则中的行政责任。

77. 【答案】AD

【解析】本题考查程序正当原则与具体行政行为的相关知识点。

程序正当原则，是指行政机关实施行政管理，应当遵循正当程序，推进公开行政，实现公众参与，充分保障行政相对人的各项权利能够有效行使。程序正当原则要求行政机关工作人员在行政管理过程中，与行政相对人存在利害关系的，应当回避。行政处罚的听证应当由行政机关指定的非本案调查人员主持，当事人若认为主持人与本案有直接利害关系的，当然有权申请回避。某环保局对当事人的处罚听证，由本案的调查人员担任听证主持人的做法违反了行政处罚法关于回避的有关规定，也违反了程序正当原则关于回避的有关要求。A项正确。

所谓合法行政原则，是指行政机关应当依照法律的规定实施行政管理，受到法律的拘束，不得与法律的规定相抵触。合法行政原则要求行政机关必须遵守现行有效的法律，行政机关的任何规定和决定都不得与法律相抵触，否则就是越权，而越权行为应当无效。合法行政原则还要求行政机关应当依照法律授权活动，应当遵守法律的规定实施行政管理。如无相关法律依据，不得作出影响行政相对人合法权益或者增加其义务的行为。《土地管理法》规定征收基本农田的，应当由国务院批准。某县政府自行决定征收基本农田35公顷属于越权行为，违反了合法行政原则，而非违反了程序正当原则。B项错误。

治安管理处罚法并未规定拘留处罚中被处罚人可以申请举行听证，公安机关对于拘留处罚不告知听证权利并不违法。然而某公安局拟给予甲拘留10日的治安处罚，告知其可以申请听证是有利于被处罚人的举措，并不违反法律规定，也并未违反程序正当原则。C项正确。

《治安管理处罚法》第100条规定："违反治安管理行为事实清楚，证据确凿，处警告或者二百元以下罚款的，可以当场作出治安管理处罚决定。"据此可知，乙违反治安管理的事实清楚，某公安派出所当场对其作出罚款500元的处罚决定违反了治安处罚程序，也违反了程序正当原则。D项错误。

78. 【答案】BC

【解析】本题考查合理行政原则与诚实守信原则的具体含义。

所谓合理行政原则，是指在行政裁量活动中，行政机关作出的行为应当客观、公正、符合理性。合理行政原则要求行政机关在行政裁量过程中应当合理考虑相关因素，不得将行政决定建立在不相关因素的基础之上。另外，合理行政原则也要求行政机关实施行政行为应兼顾行政目标与行政相对人的合法权益，在无法避免会造成损害时，应当尽可能将对相对人权益的不利影响降低到最低限度，以体现比例原则。题中提到的法院审理认为廖某所建小棚未占用主干道，其违法行为没有严重到既需要拆除又需要实施顶格处罚的程度,判决将罚款改为1000元,正是合理考虑了相关因素,因而将不合理的行政处罚予以变更,使之显得更为合理,从而体现了合理行政原则,而与行政公开与诚实守信原则无关。AD项错误,BC项正确。

79. 【答案】AC（司法部公布答案为ACD）

【解析】由于涉及限制公民人身自由这样的宪法权利问题,因此治安管理处罚法对询问查证的时间作了明确限制。依据《治安管理处罚法》第83条第1款规定:"对违反治安管理行为人,公安机关传唤后应当及时询问查证,询问查证的时间不得超过八小时;情况复杂,依照本法规定可能适用行政拘留处罚的,询问查证的时间不得超过二十四小时。"本题中公安机关对刘某作出拘留的处罚决定,因此询问查证的时间不得超过二十四小时。A项正确。

依据第98条规定:"公安机关作出吊销许可证以及处二千元以上罚款的治安管理处罚决定前,应当告知违反治安管理行为人有权要求举行听证;违反治安管理行为人要求听证的,公安机关应当及时依法举行听证。"尽管拘留的处罚决定不存在听证问题,但是对于二千元以上罚款的治安管理处罚决定,被处罚人享有举行听证的权利。题中对于刘某处罚3000元,已经达到了听证的数额条件,因此应当适用听证程序。B项错误。

依据第10条第2款规定:"对违反治安管理的外国人,可以附加适用限期出境或者驱逐出境。"C项正确。

依据《行政诉讼法》第46条第1款规定:"公民、法人或者其他组织直接向人民法院提起诉讼的,应当自知道或者应当知道作出行政行为之日起六个月内提出。法律另有规定的除外。"D项错误。

由于行政诉讼法修正案对一般起诉期限已经作了修改,由原先的"三个月"修改成了"六个月",因此导致D选项的说法错误,本题答案已与原答案不再一致。

80. 【答案】CD

【解析】依据《行政复议法》第12条规定:"对县级以上地方各级人民政府工作部门的具体行政行为不服的,由申请人选择,可以向该部门的本级人民政府申请行政复议,也可以向上一级主管部门申请行政复议。"某县工商局作为某县政府的工作部门,行政相对人对于其以自己名义所作出的处罚不服的,应当向该部门的本级人民政府申请行政复议,也可以向上一级主管部门申请行政复议。因此,A项说法过于绝对,是错误的。

依据《行政复议法》第9条第1款规定:"公民、法人或者其他组织认为具体行政行为侵犯其合法权益的,可以自知道该具体行政行为之日起六十日内提出行政复议申请;但是法律规定的申请期限超过六十日的除外。"据此可知,《行政复议法》规定的申请复议期限最短为六十日。而《反不正当竞争法》关于申请行政复议期限的规定违反了《行政复议法》的相关规定,因而是无效的。B项错误。

依据《行政诉讼法》第45条规定:"公民、法人或者其他组织不服复议决定的,可以在收到复议决定书之日起十五日内向人民法院提起诉讼。复议机关逾期不作决定的,申请人可以在复议期满之日起十五日内向人民法院提起诉讼。法律另有规定的除外。"

据此可知，C项正确。

《反不正当竞争法》规定，当事人对监督检查部门作出的处罚决定不服的，既可以申请复议，也可以直接向法院提起诉讼，并未规定实行复议前置。D项正确。

81. ABD

【解析】所谓代履行，是指当事人拒绝履行的义务可由他人代为履行时，行政机关自己履行或者委托没有利害关系的第三人代为履行，并由当事人承担相关履行费用的一种特殊执行方式。依据《行政强制法》第50条规定："行政机关依法作出要求当事人履行排除妨碍、恢复原状等义务的行政决定，当事人逾期不履行，经催告仍不履行，其后果已经或者将危害交通安全、造成环境污染或者破坏自然资源的，行政机关可以代履行，或者委托没有利害关系的第三人代履行。据此可知，行政机关既可以自己代履行，也可以委托没有利害关系的第三人代履行。"A项说法过于绝对，是错误的。

依据《行政强制法》第51条第2款规定："代履行的费用按照成本合理确定，由当事人承担。但是，法律另有规定的除外。"据此可知，代履行的费用原则上应当由负有义务的当事人承担，但是法律可以另行规定。B项说法过于绝对，是错误的。

该条第4款规定："代履行不得采用暴力、胁迫以及其他非法方式。"C项说法正确。

该条第1款规定："代履行三日前，催告当事人履行，当事人履行的，停止代履行。"据此可知，代履行三日前应当是催告当事人履行，而非送达决定书。D项说法错误。

82. 【答案】AC

【解析】驳回原告的诉讼请求，是指人民法院经审理，认为原告的诉讼请求不能成立，而作出的否定原告诉讼请求的判决方式。依据《最高人民法院关于执行〈中华人民共和国行政诉讼法〉若干问题的解释》第56条规定："有下列情形之一的，人民法院应当判决驳回原告的诉讼请求：（一）起诉被告不作为理由不能成立的；（二）被诉具体行政行为合法但存在合理性问题的；（三）被诉具体行政行为合法，但因法律、政策变化需要变更或者废止的；（四）其他应当判决驳回诉讼请求的情形。"据此可知，AC项正确。

依据《最高人民法院关于执行〈中华人民共和国行政诉讼法〉若干问题的解释》第32条第2款规定："7日内不能决定是否受理的，应当先予受理；受理后经审查不符合起诉条件的，裁定驳回起诉。"据此可知，人民法院受理案件后发现起诉不符合起诉条件的，应当裁定驳回起诉，而非判决驳回诉讼请求。B项说法错误。

依据第50条第3款规定："被告改变原具体行政行为，原告不撤诉，人民法院经审查认为原具体行政行为违法的，应当作出确认其违法的判决；认为原具体行政行为合法的，应当判决驳回原告的诉讼请求。"据此可知，被告改变原具体行政行为，原告不撤诉，人民法院究竟应当如何判决，要取决于人民法院对原具体行政行为的审查认定。D项说法过于绝对，是错误的。

83. 【答案】AB

【解析】AB项：说法正确，当选。根据《最高人民法院关于审理政府信息公开行政案件若干问题的规定》第5条规定："被告拒绝向原告提供政府信息的，应当对拒绝的根据以及履行法定告知和说明理由义务的情况举证（第1款）。因公共利益决定公开涉及商业秘密、个人隐私政府信息的，被告应当对认定公共利益以及不公开可能对公共利益造成重大影响的理由进行举证和说明（第2款）。被告拒绝更正与原告相关的政府信息记录的，应当对拒绝的理由进行举证和说明（第3款）。被告能够证明政府信息涉及国家秘密，请求在诉讼中不予提交的，人民法院应当准许（第4款）。被告主张政府信息不存在，原告能够提供该政府信息系由被告制作或者保存的相关线索的，可以申请人民法院调取证据（第5款）。被告以政府信息与申请人自身生产、生活、科研等特殊需要无关为由不予提供的，人民法院可以要求原告对特殊需要事由作出说明（第6款）。原告起诉被告拒绝更正政府信息记录的，应当提供其向被告提出过更正申请以及政府信息与其自身相关且记录不准确的事实根据（第7款）。"据此可知，A项说法符合第7款内容，B项说法符合第3款内容，均正确。

CD项：说法错误，不当选。根据《最高人民法院关于审理政府信息公开行政案件若干问题的规定》第9条规定："被告对依法应当公开的政府信息拒绝或者部分拒绝公开的，人民法院应当撤销或者部分撤销被诉不予公开决定，并判决被告在一定期限内公开。尚需被告调查、裁量的，判决其在一定期限内重新答复（第1款）。被告提供的政府信息不符合申请人要求的内容或者法律、法规规定的适当形式的，人民法院应当判决被告按照申请人要求的内容或者法律、法规规定的适当形式提供（第2款）。人民法院经审理认为被告不予公开的政府信息内容可以作区分处理的，应当判决被告限期公开可以公开的内容（第3款）。被告依法应当更正而不更正与原告相关的政府信息记录的，人民法院应当判决被告在一定期限内更正。尚需被告调查、裁量的，判决其在一定期限内重新答复。被告无权更正的，判决其转送有权更正的行政机关处理（第4款）。"据此可知，被告无权更正的，法院应判决其转送有权更正的行政机关处理，C项说法不符合第4款规定。被告有权更正的，法院区分为两种情况处理：（1）被告尚需调查、裁量的，法院判决其在一定期限内重新答复；（2）被告无须调查、裁量的，法院判决被告一定期限内更正。D项说法，法院未区分情况，一概作出限期更正的判决不符合第4款规定。

84.【答案】CD

【解析】AB项：说法错误，不当选。《行政诉讼法解释》第42条规定："公民、法人或者其他组织不知道行政机关作出的具体行政行为内容的，其起诉期限从知道或者应当知道该具体行政行为内容之日起计算。对涉及不动产的具体行政行为从作出之日起超过二十年、其他具体行政行为从作出之日起超过五年提起诉讼的，人民法院不予受理。"

C项：说法正确，当选。《行政诉讼法解释》第25条规定："当事人委托诉讼代理人，应当向人民法院提交由委托人签名或者盖章的授权委托书。委托书应当载明委托事项和具体权限。公民在特殊情况下无法书面委托的，也可以口头委托。口头委托的，人民法院应当核实并记录在卷；被诉机关或者其他有义务协助的机关拒绝人民法院向被限制人身自由的公民核实的，视为委托成立。当事人解除或者变更委托的，应当书面报告人民法院，由人民法院通知其他当事人。"如诉讼中郭某解除对诉讼代理人的委托，在其书面报告法院后，法院应当通知其他当事人。

D项：说法正确，当选。《行政诉讼法解释》第67条规定："第二审人民法院审理上诉案件，应当对原审人民法院的裁判和被诉具体行政行为是否合法进行全面审查。当事人对原审人民法院认定的事实有争议的，或者第二审人民法院认为原审人民法院认定事实不清楚的，第二审人民法院应当开庭审理。"二审人民法院对于原审裁判和被诉具体行政行为是否合法进行全面审查。

85.【答案】ABC

【解析】本题难度不大，知识点单一，所考的只是一个法条。依据《公务员法》第63条第3款规定，公务员交流的方式包括调任、转任和挂职锻炼三种，而不包括接受培训。据此可知，ABC项正确，D项错误。

三、不定项选择题。

86.【答案】ABCD

【解析】选项A正确，结果加重犯当然包括对加重结果的直接故意和目的设定。选项B正确，如果认为结果加重犯仅限于对加重结果的过失，那么本案就无法适用抢劫致人死亡的规定，也不能适用抢劫罪基本犯的规定，因为仅评价为抢劫基本犯一罪，就无法评价死亡结果，不是充分的评价。只能认为前一行为是单纯的故意杀人，后一行为是盗窃或侵占，然后数罪并罚，这是较为全面的评价。选项C正确，因为本案事实完全满足故意杀人罪的成立要件，同时也满足抢劫罪的成立要件，属于想象竞合犯。选项D正确，由于前面事实与后

续事实具有较长时空间隔，完全可以评价为一个独立行为，独立成立犯罪。

87.【答案】ABCD

【解析】A正确，这是非法占有目的的基本要素。B正确，抢劫罪与盗窃罪均属于攫取型的财产犯罪，没有理由认为两者在非法占有目的上需区分。C正确，郑某在取得面包车时具有非法占有目的，事后也确实遵循其经济用途使用，足以认定非法占有目的。至于后来的毁坏行为，属于事后行为。非法占有目的是特指取财行为时的目的，并不是事后行为时的目的。D正确，毁坏面包车未侵害新的法益，因此不必另行处罚，完全可以被吸收到前面的抢劫罪中一并处罚。

88.【答案】ABCD

【解析】选项A正确，因为爆炸罪保护的是不特定多数人的生命财产安全，强调社会性特征。从爆炸现场环境看，无疑具有社会性特征，即便现场只有行为人试图抢劫的数人，但随时可能出现新的不特定人，具有社会性，侵害了公共安全。选项B正确，爆炸罪的故意涵盖着故意杀人罪的故意，对于死亡的两人，行为人具有明确的直接故意，所以，同时触犯了两个罪，但由于只有一个行为，因此成立想象竞合犯。选项C正确，本案中的爆炸行为无疑属于暴力行为，其作为取财行为的手段是显而易见的。选项D正确，行为人的爆炸行为是死伤结果的原因，同时对死伤结果具有故意，符合抢劫致人死伤的要求。

89.【答案】BC

【解析】脱逃罪是指依法被关押的罪犯、被告人、犯罪嫌疑人从关押处所逃逸的行为。窝藏罪是指明知犯罪人而为其提

供隐藏处所、财物，帮助其逃匿的行为。贩卖毒品罪是指故意有偿转让毒品的行为，其侵害法益是社会法益，并非财产犯罪。单纯吸毒并不侵害他人法益或社会法益，因此不可罚。据此，脱逃罪与窝藏罪均以可能存在犯罪为前提，本案甲单纯自己吸毒的行为不具有法益侵害性，无罪，因此不涉及脱逃罪与窝藏罪。故，选项AD错误；选项B正确。陈某虽然出卖毒品未收钱，但赊购本身就是一种有偿转让形式，客观上也破坏了毒品管理秩序，侵害了社会法益，成立犯罪既遂，故选项C正确。

90. 【答案】ABCD

【解析】选项A正确，甲进入他人住宅内，当然符合入户的要求。选项B正确，在不考虑情节的情况下，甲未经允许进入他人住宅，当然可能触犯非法侵入住宅罪。选项C正确，甲毒死看门狗是为了方便盗窃，因此构成盗窃预备。狗属于财物，同时价值6000，数额较大，构成故意毁坏财物罪。选项D正确，因为毒品的占有虽然谈不上本权，但是属于应用法律程序恢复的占有，受到刑法保护。

91. 【答案】BCD

【解析】选项A错误，因为出卖毒品不仅仅是事后处理赃物，还额外侵犯了新的法益——毒品管理秩序，因此需要认定为贩卖毒品罪。选项B正确，在标的数量上存在虚构事实的一面，因此符合诈骗罪构成要件。选项C正确，甲、乙共同贩卖毒品的行为，共同虚构毒品数量，因此构成贩卖毒品与诈骗的共同犯罪。选项D正确，掺杂掺假本身并未产生新的毒品，而只是改变了毒品的外在形态，尽管毒品数量不以纯度折算，但在制造毒品罪中应当认为必须产生了新的毒品。本案不能认为构成制造毒品罪。

92. 【答案】ABD

【解析】《公安机关办理刑事案件程序规定》第250条规定："辨认应当在侦查人员的主持下进行。主持辨认的侦查人员不得少于二人。几名辨认人对同一辨认对象进行辨认时，应当由辨认人个别进行。"

《公安机关办理刑事案件程序规定》第251条规定："辨认时，应当将辨认对象混杂在特征相类似的其他对象中，不得给辨认人任何暗示。辨认犯罪嫌疑人时，被辨认的人数不得少于七人；对犯罪嫌疑人照片进行辨认的，不得少于十人的照片；辨认物品时，混杂的同类物品不得少于五件。对场所、尸体等特定辨认对象进行辨认，或者辨认人能够准确描述物品独有特征的，陪衬物不受数量的限制。"

本题中，A项，辨认尸体，陪衬物不受数量的限制。A项中"将李某尸体与另一尸体作为辨认对象"正确。

B项中"在2名侦查人员的主持下，将赵某混杂在9名具有类似特征的人员中，由王某、张某个别进行辨认"没有问题，因为只要不少于7人即可。

C项中，"在对石某进行辨认时，9名被辨认人员中的4名民警因紧急任务离开"，被辨认人仅剩5人，少于7人的要求，错误。

D项，《公安机关办理刑事案件程序规定》第252条规定："对犯罪嫌疑人的辨认，辨认人不愿意公开进行时，可以在不暴露辨认人的情况下进行，并应当为其保守秘密。"可见，"根据王某、张某的要求，辨认在不暴露他们身份的情况下进行"正确。

综上所述，本题应当选ABD。

93. 【答案】D

【解析】《高法解释》第 90 条规定："对辨认笔录应当着重审查辨认的过程、方法，以及辨认笔录的制作是否符合有关规定。辨认笔录具有下列情形之一的，不得作为定案的根据：（一）辨认不是在侦查人员主持下进行的；（二）辨认前使辨认人见到辨认对象的；（三）辨认活动没有个别进行的；（四）辨认对象没有混杂在具有类似特征的其他对象中，或者供辨认的对象数量不符合规定的；（五）辨认中给辨认人明显暗示或者明显有指认嫌疑的；（六）违反有关规定、不能确定辨认笔录真实性的其他情形。"

本题中，ABC 项，"对尸体的辨认过程没有录像"、"组织辨认时没有见证人在场"、"辨认前没有详细向辨认人询问被辨认对象的具体特征"并非导致辨认笔录不得作为定案根据的原因。这些情况都属于瑕疵，如果能够补正或者作出合理解释，辨认笔录仍然可以作为定案根据，ABC 错误。

D 项，《关于办理死刑案件审查判断证据若干问题的规定》第 30 条第 2 款规定："有下列情形之一的，通过有关办案人员的补正或者作出合理解释的，辨认结果可以作为证据使用：（一）主持辨认的侦查人员少于二人的；（二）没有向辨认人详细询问辨认对象的具体特征的；（三）对辨认经过和结果没有制作专门的规范的辨认笔录，或者辨认笔录没有侦查人员、辨认人、见证人的签名或者盖章的；（四）辨认记录过于简单，只有结果没有过程的；（五）案卷中只有辨认笔录，没有被辨认对象的照片、录像等资料，无法获悉辨认的真实

情况的。"根据该条（五），D 正确。

综上所述，本题应当选 D。

94. 【答案】BCD

【解析】A 项，《人民检察院办理未成年人刑事案件的规定》第 9 条第 1 款规定："人民检察院根据情况可以对未成年犯罪嫌疑人的成长经历、犯罪原因、监护教育等情况进行调查，并制作社会调查报告，作为办案和教育的参考。"故，A 错误，应当是"可以"而非"应当"。

B 项，《人民检察院办理未成年人刑事案件的规定》第 17 条规定："人民检察院办理未成年犯罪嫌疑人审查逮捕案件，应当讯问未成年犯罪嫌疑人，听取辩护律师的意见，并制作笔录附卷。

讯问未成年犯罪嫌疑人，应当根据该未成年人的特点和案件情况，制定详细的讯问提纲，采取适宜该未成年人的方式进行，讯问用语应当准确易懂。

讯问未成年犯罪嫌疑人，应当告知其依法享有的诉讼权利，告知其如实供述案件事实的法律规定和意义，核实其是否有自首、立功、坦白等情节，听取其有罪的供述或者无罪、罪轻的辩解。

讯问未成年犯罪嫌疑人，应当通知其法定代理人到场，告知法定代理人依法享有的诉讼权利和应当履行的义务。无法通知、法定代理人不能到场或者法定代理人是共犯的，也可以通知未成年犯罪嫌疑人的其他成年亲属，所在学校、单位或者居住地的村民委员会、居民委员会、未成年人保护组织的代表等合适成年人到场，并将有关情况记录在案。到场的法定代理人可以代为行使未成年犯罪嫌疑人的诉讼权利，行使时不得侵犯未成年犯罪嫌疑人的合法权益。

未成年犯罪嫌疑人明确拒绝法定代理人以外的合适成年人到场，人民检察院可以准许，但应当另行通知其他合适成年人到场。

到场的法定代理人或者其他人员认为办案人员在讯问中侵犯未成年犯罪嫌疑人合法权益的，可以提出意见。讯问笔录应当交由到场的法定代理人或者其他人员阅读或者向其宣读，并由其在笔录上签字、盖章或者捺指印确认。

讯问女性未成年犯罪嫌疑人，应当有女性检察人员参加。

询问未成年被害人、证人，适用本条第四款至第七款的规定。"

根据该条第4款和第8款的规定，B正确。

C项，《人民检察院办理未成年人刑事案件的规定》第22条第4款规定："审查起诉未成年犯罪嫌疑人，应当听取其父母或者其他法定代理人、辩护人、被害人及其法定代理人的意见。"可见，C正确。

D项，《人民检察院办理未成年人刑事案件的规定》第30条第4款规定："人民检察院在作出附条件不起诉的决定以前，应当听取公安机关、被害人、未成年犯罪嫌疑人的法定代理人、辩护人的意见，并制作笔录附卷。被害人是未成年人的，还应当听取被害人的法定代理人、诉讼代理人的意见。"可见，D正确。

综上所述，本题应当选BCD。

95.【答案】BC

【解析】AB项，《人民检察院办理未成年人刑事案件的规定》第40条第1款规定："人民检察院决定附条件不起诉的，应当确定考验期。考验期为六个月以上一年以下，从人民检察院作出附条件不起诉的决定之日起计算。考验期不计入案件审查起诉期限。"可见，应当是从"作出"附条件不起诉的决定之日起计算。A错误。考验期不计入案件审查起诉期限。B正确。

C项，《人民检察院办理未成年人刑事案件的规定》第40条第2款规定："考验期的长短应当与未成年犯罪嫌疑人所犯罪行的轻重、主观恶性的大小和人身危险性的大小、一贯表现及帮教条件等相适应，根据未成年犯罪嫌疑人在考验期的表现，可以在法定期限范围内适当缩短或者延长。"可见，C正确。

D项，立法及司法解释中没有"违反规定被撤销附条件不起诉决定而提起公诉，已经过的考验期可折抵刑期"的相关规定。从理论上讲，考验期内，未成年人并没有处于被羁押的状态，且被撤销附条件不起诉决定也是因为未成年人违反了相关的法律规定而导致，已过的考验期不应当折抵刑期。D错误。

综上所述，本题应当选BC。

96.【答案】B

【解析】本案中，检察机关对黄某是附条件不起诉，对吴某是酌定不起诉。

A项，附条件不起诉所附的条件中，确实要求犯罪嫌疑人要有悔罪表现，但没有要求必须达成刑事和解。酌定不起诉要求犯罪情节轻微，依照刑法规定不需要判处刑罚或者免除刑罚，但也没有要求必须达成刑事和解。A错误。

B项，《人民检察院办理未成年人刑事案件的规定》第27条规定："对于未成年人实施的轻伤害案件、初次犯罪、过失犯罪、犯罪未遂的案件以及被诱骗或者被教唆实施的犯罪案件等，情节轻微，犯罪嫌疑人确有悔罪表现，当事人双方自愿就民事赔偿达成协议并切实履行或者经被害人同意并提供有效担保,符合刑法第三十七条规定的,人民检察院可以依照刑事诉讼法第一百七十三条第二款的规定作出不起诉决定,并可以根据案件的不同情况,予以训诫或者责令具结悔过、赔礼道歉、赔偿损失,或者由主管部门予以行政处罚。"《人民检察院办理未成年人刑事案件的规定》第42条规定:"人民检察院可以要求被附条件不起诉的未成年犯罪嫌疑人接受下列矫治和教育:(一)完成戒瘾治疗、心理辅导或者其他适当的处遇措施;(二)向社区或者公益团体提供公益劳动;(三)不得进入特定场所,与特定的人员会见或者通信,从事特定的活动;(四)向被害人赔偿损失、赔礼道歉等;(五)接受相关教育;(六)遵守其他保护被害人安全以及预防再犯的禁止性规定。"可见,检察院对未成年被告人作出不起诉决定或者附条件不起诉决定时,可要求他们向被害人赔礼道歉、赔偿损失,B正确。

C项,《人民检察院办理未成年人刑事案件的规定》第43条第1款规定:"在附条件不起诉的考验期内,人民检察院应当对被附条件不起诉的未成年犯罪嫌疑人进行监督考察。未成年犯罪嫌疑人的监护人应当对未成年犯罪嫌疑人加强管教,配合人民检察院做好监督考察工作。"可见,检察院不能将黄某移交有关机构监督考察,只能自己进行监督考察,C错误。

D项,《高检规则》第507条规定:"人民检察院对未成年犯罪嫌疑人作出不起诉决定后,应当对相关记录予以封存。具体程序参照本规则第五百零四条至第五百零六条的规定"。可见,检察院对未成年人"不

起诉"后,才封存相关记录。对未成年人"附条件不起诉"后,不会封存相关记录。这是因为,"不起诉"是一种终局处理,即刑事诉讼程序结束了,未成人无罪,可以回家了。而"附条件不起诉"不具有终局性,不是真正的不起诉,而是对未成人给予一定的考验期限并观察未成人的表现,在考验期限内,仍然存在对未成年人提起公诉的可能性。故,D错误。

综上所述,本题应当选B。

97. 【答案】C

【解析】审议规章草案时既可由起草单位作说明,也可由法制机构作说明。A项说法过于绝对,是错误的。

地方政府规章既可以经政府常务会议决定,也可以经全体会议决定。B项说法过于绝对,是错误的。

部门联合规章由联合制定的部门首长共同署名公布,使用主办机关的命令序号。C项正确。

部门规章签署公布后,及时在国务院公报或者部门公报和中国政府法制信息网以及在全国范围内发行的报纸上刊载。而地方政府规章签署公布后,则应当及时在本级人民政府公报和中国政府法制信息网以及在本行政区域范围内发行的报纸上刊载。也就是说,只有部门规章公布后才须及时在全国范围内发行的有关报纸上刊登。D项说法错误。

98. 【答案】ACD

【解析】依据《行政诉讼法》第29条第1款规定:"公民、法人或者其他组织同被诉行政行为有利害关系但没有提起诉讼,或者同案件处理结果有利害关系的,可以作为第三人申请参加诉讼,或者由人

民法院通知参加诉讼。"本案中夏某同提起诉讼的行政行为有利害关系，是第三人。A项说法正确。

所谓书证，是指以文字、符号、图形所记载或表示的内容、含义来证明案件事实的证据。所谓证人证言，是指证人就自己了解的案件事实向法院所作的陈述。某县社保局向法院提交了公安局交警大队交通事故认定书、夏某住院的病案均系书证，但夏某同事孙某的证言却是证人证言，并非书证。B项说法错误。

依据《最高人民法院关于行政诉讼证据若干问题的规定》第56条规定："法庭应当根据案件的具体情况，从以下方面审查证据的真实性：（一）证据形成的原因；（二）发现证据时的客观环境；（三）证据是否为原件、原物，复制件、复制品与原件、原物是否相符；（四）提供证据的人或者证人与当事人是否具有利害关系；（五）影响证据真实性的其他因素。"据此可知，C项说法正确。

依据《行政诉讼法》第70条规定："行政行为有下列情形之一的，人民法院判决撤销或者部分撤销，并可以判决被告重新作出行政行为：（一）主要证据不足的；（二）适用法律、法规错误的；（三）违反法定程序的；（四）超越职权的；（五）滥用职权的；（六）明显不当的。"如有证据证明交通事故确系夏某醉酒所致，说明县社保局的认定主要证据不足导致事实认定错误，法院应判决撤销某县社保局的认定。D项说法正确。

99.【答案】CD

【解析】一般说来，凡是符合具体行政行为的成立条件，不存在具体行政行为的无效因素，具体行政行为的确是一经成立就可以立即生效。但是在附生效条件的具体行政行为中，具体行政行为就不是一经成立就立即生效，而是要在所附条件成就时才得以生效。A项说法错误。

导致具体行政行为效力终止的原因很多，可以分为没有违法因素的和有违法因素的两类情形。也就是说，没有违法因素的情形也可以导致效力终止。例如，由于法律、法规或者规章的变化，导致已经实施的行政许可项目需要废止，就会导致具体行政行为的效力终止。B项说法过于绝对，是错误的。

行政组织法是专门规定行政机关职权的法律规范。除此之外，授权法也可以规定部分行政机关的职权。例如，某些法律法规对于行政机关的派出机构所作的授权规定就是如此。因此，行政机关的职权主要源自行政组织法和授权法的规定。C项说法正确。

依据《行政诉讼法》第70条规定："行政行为有下列情形之一的，人民法院判决撤销或者部分撤销，并可以判决被告重新作出行政行为：（一）主要证据不足的；（二）适用法律、法规错误的；（三）违反法定程序的；（四）超越职权的；（五）滥用职权的；（六）明显不当的。"据此可知，滥用职权是具体行政行为构成违法的独立理由。D项说法正确。

100.【答案】BCD

【解析】依据《国家赔偿法》第21条第3款规定："对公民采取逮捕措施后决定撤销案件、不起诉或者判决宣告无罪的，作出逮捕决定的机关为赔偿义务机关。"据此可知，该案的赔偿义务机关应为县检察院，而非县公安局。A项说法错误。

依据《国家赔偿法》第23条第3款规定，"赔偿义务机关决定不予赔偿的，应当自作出决定之日起十日内书面通知赔偿请求人，并说明不予赔偿的理由。"据此可知，B项说法正确。

依据《国家赔偿法》第17条第1款第2项规定："行使侦查、检察、审判职权的机关以及看守所、监狱管理机关及其工作人员在行使职权时有下列侵犯人身权情形之一的，受害人有取得赔偿的权利：（二）对公民采取逮捕措施后，决定撤销案件、不起诉或者判决宣告无罪终止追究刑事责任的；（三）……"据此可知，国家应当给予沈某赔偿。C项说法正确。

依据《国家赔偿法》第24条第2款规定："赔偿请求人对赔偿的方式、项目、数额有异议的，或者赔偿义务机关作出不予赔偿决定的，赔偿请求人可以自赔偿义务机关作出赔偿或者不予赔偿决定之日起三十日内，向赔偿义务机关的上一级机关申请复议。"D项说法正确。

2014年国家司法考试（试卷三）解析

一、单项选择题。

1. 【答案】D

【解析】D项：说法正确，当选；ABC项：说法错误，不当选。如果交警大队要求薛某将该6万元赔偿给交警大队，该赔偿协议是无效的，因为交警大队没有相应的民事权利能力。薛某撞死无名死者，应由薛某向死者的亲属承担支付死亡赔偿金的赔偿责任，而不是赔偿给交警大队。但根据题目所述，交警大队作为管理机构，薛某撞死行人，虽找不到死者亲属，但毕竟属于侵权，交警大队代权利人向薛某预收6万元赔偿费，可以认为是薛某与交警大队达成的保管合同。如确实未找到权利人，交警大队代收的6万元可作为无主财产，应收归国库。

2. 【答案】D

【解析】本题综合考查收养、监护人责任以及不当得利等相关制度。①《收养法》第15条第1款规定："收养应向县级以上人民政府民政部门登记。收养关系自登记之日起成立。"本题中，张某和李某达成收养协议，并办理了登记手续，收养关系合法成立。②《收养法》第26条第1款规定："收养人在被收养人成年以前，不得解除收养关系，但收养人、送养人双方协议解除的除外，养子女年满十周岁以上的，应当征得本人同意。"本题中，收养人李某与送养人张某双方均同意解除收养，且被收养人小张未满十周岁，无须经其同意，故A选项错误。③根据《合同法》第2条第2款的规定，婚姻、收养、监护等有关身份关系的协议，适用其他法律的规定，而不适用合同法的规定。因此，当事人不得依据约定的违约责任条款主张违约责任，故B选项错误。④《侵权责任法》第32条第1款规定："无民事行为能力人、限制民事行为能力人造成他人损害的，由监护人承担侵权责任。监护人尽到监护责任的，可以减轻其侵权责任。"《民法通则》第16条规定："未成年人的父母是未成年人的监护人。"《收养法》第23条第1款规定："自收养关系成立之日起，养父母与养子女间的权利义务关系，适用法律关于父母子女关系的规定；养子女与养父母的近亲属间的权利义务关系，适用法律关于子女与父母的近亲属关系的规定。养子女与生父母及其他近亲属间的权利义务关系，因收养关系的成立而消除。"本题中，因有效收养关系的成立，李某为小张的养父，适用父母子女关系的权利义务，因此李某为小张的监护人，张某的监护人资格归于消灭。因小张殴打他人而应赔偿的1万元，由李某承担，无权要求张某赔偿。故C选项错误。⑤《民法通则》第92条规定："没有合法根据，取得不当利益，造成他人损失的，应当将取得的不当利益返还受损失的人。"本题中，张某依收养协议向李某支付了10万元，之后双方解除了收养协议，李某未完全履行收养义务，其获得的利益失去法律上的原因，应当返还接受的不当得利。故D选项正确。

综上所述，本题的正确答案为 D。

3.【答案】D

【解析】本题考查法定代表人及格式条款的效力。《合同法》第 39 条第 2 款规定："格式条款是当事人为了重复使用而预先拟定，并在订立合同时未与对方协商的条款。"本题中，甲公司提前印制的标准格式《货运代理合同》为格式合同。当事人签字同意的，若不存在《合同法》第 40 条规定的无效情形，格式合同发生效力。《货运代理合同》第四条约定的"乙公司法定代表人对乙公司支付货运代理费承担连带责任"，并不存在《合同法》第 40 条规定的无效情形，属有效条款。因此 A 选项错误。《合同法》第 50 条规定："法人或者其他组织的法定代表人、负责人超越权限订立的合同，除相对人知道或者应当知道其超越权限的以外，该代表行为有效。"原则上，法定代表人作出的意思表示，对法人发生效力。本题中，《货运代理合同》第四条约定的"乙公司法定代表人对乙公司支付货运代理费承担连带责任"，涉及法定代表人个人对法人责任承担连带责任，解释上应当认为仅对签字的法定代表人本人发生效力，对后任法定代表人个人不发生效力。

综上所述，本题的正确答案为 D。

4.【答案】D

【解析】本题考查捐助行为的效力。员工的捐助行为属于单方行为，依单方的意思表示即可发生效力。在作出捐助后，不能再退还员工。因员工捐助行为的目的，在于救助患者，从尊重患者的特定目的出发，余下的捐款不能归甲公司或宗某的继承人所有，将其用于同类公益事业比较符合捐款的目的。

综合考量，本题的正确答案为 D。

5.【答案】A

【解析】本题考查诉讼时效中断的法律适用。《诉讼时效规定》第 22 条规定："诉讼时效期间届满，当事人一方向对方当事人作出同意履行义务的意思表示或者自愿履行义务后，又以诉讼时效期间届满为由进行抗辩的，人民法院不予支持。"本题中，甲公司对乙公司的 10 万元债权虽已过诉讼时效，但乙公司书面答复可偿还 3 万元，视为对 3 万元的债务放弃诉讼时效抗辩，乙公司负有偿还义务。对未放弃的 7 万元部分，仍得行使诉讼时效抗辩。此外，乙公司作出的放弃时效的意思表示，性质上属于单方行为，无须甲公司的同意即发生效力。

综上所述，本题的正确答案为 A。

6.【答案】B

【解析】本题考查共有分割方式及其法律效力。《物权法》第 100 条规定，"共有人可以协商确定分割方式。"本题中，张某与李某共有一台机器，双方共同将机器转卖获得 10 万元，约定张某和李某分别享有 6 万元和 4 万元，该 10 万元暂存李某账户，3 个月后返还张某 6 万元，属于当事人就共有物分割方式达成的协议。该协议对双方当事人具有拘束力，但因该账户被法院查封并执行，致李某不能按期返还张某款项，违反了分割协议，构成违约，应当继续履行 6 万元的返还义务。虽李某的暂存账户被债权人查封，但未侵害张某的权利，不构成侵权。

本题的正确答案应当为 B。

7.【答案】C

【解析】本题综合考查债权质权、法定抵销等制度。（1）甲公司欠丙银行9万元，并以其对乙公司的10万元债权设定质押。因该债权质权的设立已经通知债务人乙公司，对其发生效力。（2）《担保法解释》第106条规定，"质权人向出质人、出质债权的债务人行使质权时，出质人、出质债权的债务人拒绝的，质权人可以起诉出质人和出质债权的债务人，也可以单独起诉出质债权的债务人。"因此，债权质权人可直接向债务人主张权利。基于担保物权的不可分性，主债权未受全部清偿的，担保物权人可以就担保标的之全部行使其权利（参照《担保法解释》第71条）。（3）因债权质权的实现，属于债权人对该债权的转让，因此可适用债权转让的相关规定。《合同法》第83条规定："债务人接到债权转让通知时，债务人对让与人享有债权，并且债务人的债权先于转让的债权到期或者同时到期的，债务人可以向受让人主张抵销。"本题中，乙公司对甲公司享有2万元到期债权，可主张向债权质权人丙银行主张抵销。抵销后，甲公司与乙公司的债权各在抵销范围内消灭，乙公司对甲公司的2万元到期债权消灭，而甲公司对乙公司的债权数额缩减为8万元。丙银行只得就该8万元债权实现质权。故C选项正确，ABD错误。

8. 【答案】A

【解析】本题考查混合担保的实现。《物权法》第176条规定："被担保的债权既有物的担保又有人的担保的，债务人不履行到期债务或者发生当事人约定的实现担保物权的情形，债权人应当按照约定实现债权；没有约定或者约定不明确，债务人自己提供物的担保的，债权人应当先就该物的担保实现债权；第三人提供物的担保的，债权人可以就物的担保实现债权，也可以要求保证人承担保证责任。提供担保的第三人承担担保责任后，有权向债务人追偿。"本题中，甲公司欠乙公司100万元债务，既有债务人甲公司自己提供的机器设备设定抵押权，又有丙公司担任保证人及丁公司提供的房屋抵押权，构成混合担保。根据法律规定，应当优先实现债务人自己的抵押权，即机器设备设定抵押权。故A选项正确，而BC选项错误。《物权法》修正了《担保法解释》的规定，提供担保的第三人承担担保责任后，有权向债务人追偿，而不能向其他担保人追偿。因此D选项错误。

综上，本题的正确答案为A。

9. 【答案】D

【解析】本题考查占有返还请求权。（1）《物权法》第109条规定："拾得遗失物，应当返还权利人。"本案中，张某不因拾得小羊而取得小羊的所有权，故A选项错误。（2）《物权法》第245条规定："占有的不动产或者动产被侵占的，占有人有权请求返还原物。"由此可见，占有返还请求权包括以下四个要件：一是请求人为占有人；二是占有被相对人"侵夺"；三是相对人为现实无权占有人；四是侵占之日起一年内行使。本题中，张某占有小羊虽为无权占有，但李某径行抱走，侵犯了张某的占有，D选项正确。王某虽为现实占有人，但其占有并非基于侵夺张某占有，且基于所有权为有权占有人，张某不得请求王某返还占有，故B选项错误。而李某虽为占有侵夺人，但并非小羊的现实无权占有人,张某不得请求其返还占有,故C选项错误。

综上所述,本题正确答案为D。

10. 【答案】A

【解析】本题考查连带责任保证、保证期间以及保证的效力。(1)《担保法》第19条规定:"当事人对保证方式没有约定或者约定不明确的,按照连带责任保证承担保证责任。"《担保法》第26条规定:"连带责任保证的保证人与债权人未约定保证期间的,债权人有权自主债务履行期届满之日起六个月内要求保证人承担保证责任。"在保证期间内,债权人未要求保证人承担保证责任的,保证人免除保证责任。本题中,丙公司对三笔还款提供保证,未约定保证方式和保证期间,均适用连带责任保证。保证期间则为各主债务履行期届满之日起六个月。由此,丙对三笔债务的保证期间分别为:2012年7月30日—2013年1月30日(100万元);2012年8月30日—2013年2月28日(200万元),2012年9月30日—2013年3月30日(300万元)。(2)根据《担保法解释》第30条第2款规定:"债权人与债务人对主合同履行期限作了变动,未经保证人书面同意的,保证期间为原合同约定的或者法律规定的期间。"因此,该变更虽未经保证人同意,但保证人仍应在原保证期间内承担保证责任。本题中,债权人甲公司同意乙公司将三笔还款均顺延3个月,但保证人丙公司对此不知情,需在原保证期间内承担保证责任,而非直接免除保证责任。故选项D错误。(3)根据《担保法解释》第2款规定,丙公司对三笔债务的保证期间分别于2013年1月30日(100万元)、2013年2月28日(200万元)及2013年3月30日(300万元)届满。《担保法》第26条明确规定:"连带责任保证的保证人与债权人未约定保证期间的,债权人有权自主债务履行期届满之日起六个月内要求保证人承担保证责任。在合同约定的保证期间和前款规定的保证期间,债权人未要求保证人承担保证责任的,保证人免除保证责任。"本题中,因甲公司仅于2013年3月15日要求丙公司承担保证责任,前两笔债务的保证责任均因保证期间经过而消灭,保证人丙仅就第三笔债务(300万元)承担保证责任。故A选项正确,选项B、C错误。

综上所述,本题的正确答案为A。

11. 【答案】D

【解析】本题考查合同的相对性原则。①《合同法》第64条规定:"当事人约定由债务人向第三人履行债务的,债务人未向第三人履行债务或者履行债务不符合约定,应当向债权人承担违约责任。"本题中,方某与余某订立承揽合同,约定直接向第三人汤某履行。债务人余某未向第三人履行债务或者履行债务不符合约定的,基于合同相对性原则,债务人余某应当向债权人方某(而非第三人)承担违约责任。②《合同法》第121条规定:"当事人一方因第三人的原因造成违约的,应当向对方承担违约责任。当事人一方和第三人之间的纠纷,依照法律规定或者按照约定解决。"本题中,余某委托朱某将玉器交给汤某,朱某为余某的履行辅助人。余某应当就朱某造成的违约承担违约责任。因此A错误,而D正确。③朱某不慎将玉器碰坏,导致未依照约定交付合格定制物的,违反的是合同约定的义务，而非法定义务。因此，当事人构成的为违约责任而非侵权责任，因此B、C错误。

综上所述，本题的正确答案为D。

12. 【答案】A

【解析】本题综合考查合同解除、履行抗辩权以及违约责任等制度。（1）甲公司向乙公司购买小轿车，双方买卖合同成立。根据《合同法》第8条第1款规定："依法成立的合同，对当事人具有法律约束力。当事人应当按照约定履行自己的义务，不得擅自变更或者解除合同。"乙公司于9月30日发函要求提高小轿车价格，但甲公司于10月1日拒绝，双方未就变更合同达成一致，应当按照原约定履行合同。因此，乙公司无权要求提高合同价格，D错误。（2）虽然双方约定10月1日预付第二笔款项，但乙公司于9月30日发函要求变更价格，处于合同变更的磋商阶段，甲公司在10月1日及时拒绝后，等待乙公司答复未果即于10月3日向乙公司履行价款支付义务。衡诸具体情形及交易习惯，甲公司并无违约行为，A正确。（3）本题中，甲公司并无违约行为，乙公司并无约定或法定的解除权，无权要求解除合同。B错误。（4）《合同法》第67条规定："当事人互负债务，有先后履行顺序，先履行一方未履行的，后履行一方有权拒绝其履行要求。先履行一方履行债务不符合约定的，后履行一方有权拒绝其相应的履行要求。"根据当事人约定，甲公司应先支付两笔购车款，12月1日乙公司交车时付清尾款。本题中，甲公司已经如期履行了已届清偿期的付款债务，并无不履行或不适当履行债务的情形，而第三笔付款债务尚未届清偿期，乙

公司无权要求提前履行，亦不符合行使先履行抗辩权的条件，故C错误。

13. 【答案】A

【解析】本题考查清偿抵充制度。《担保法》第19条规定："当事人对保证方式没有约定或者约定不明确的，按照连带责任保证承担保证责任。"第26条规定："连带责任保证的保证人与债权人未约定保证期间的，债权人有权自主债务履行期届满之日起六个月内要求保证人承担保证责任。在合同约定的保证期间和前款规定的保证期间，债权人未要求保证人承担保证责任的，保证人免除保证责任。"本题中，胡某先后对李某负担两笔种类相同的债务，均为100万元金钱债务。第一笔于2009年3月10日已到期；另一笔至2012年3月30日才到期。因李某未向胡某和王某催讨，且未约定保证方式和保证期间，根据《担保法》的规定应当属于连带责任保证，保证期间为六个月。王某对第一笔债务的保证期间于2009年9月10日届至，王某免于承担保证责任。因胡某于2010年2月归还的借款100万元不足以清偿全部债务，因此适用清偿抵充制度。根据《合同法解释（二）》第20条规定："债权人与债务人对清偿的债务或者清偿抵充顺序有约定，依照其约定。未约定或约定不明确的，按照以下法定顺序抵充：（1）优先抵充已到期的债务；（2）几项债务均到期的，优先抵充对债权人缺乏担保或者担保数额最少的债务；（3）担保数额相同的，优先抵充债务负担较重的债务；（4）负担相同的，按照债务到期的先后顺序抵充；（5）到期时间相同的，按比例抵充。"本题中，当事人未对清偿的债务进行指定或约定，应

145

当优先抵充已到期的债务，即2006年的借款。因此，A为正确选项。

14. 【答案】C

【解析】本题考查一房数租的法律适用。出租人就同一房屋订立数份租赁合同时，属于有权处分，租赁合同的效力原则上均不受影响。即使数份合同均有有效，但却只能有一个承租人实际受让租赁物的交付。根据《城镇房屋租赁合同解释》第6条规定："数承租人均主张履行合同的，按照下列顺序确定履行合同的承租人：（1）已经合法占有租赁房屋的；（2）已经办理登记备案手续的；（3）合同成立在先的。不能取得租赁房屋的承租人可以请求解除合同并要求出租人赔偿损失的。"本题中，孙某先后将房屋出租于王某与李某，两个租赁合同均为有效，构成一房数租。如果数承租人均主张租赁该房屋的，根据《城镇房屋租赁合同解释》第6条规定："已经合法占有租赁房屋的承租人的诉讼请求应当优先实现。"因此李某与陈某均无权要求王某搬离。因此，选项AB错误。因出租人孙某的违约行为，使得李某无法取得租赁房屋的占有、使用及收益，订立租赁合同的目的无法实现，李某可以请求解除合同并要求孙某赔偿损失。因此选项C正确。尽管李某的转租经过出租人孙某同意，但转租合同的当事人仍为李某与陈某。基于合同相对性原则，陈某只能要求李某承担违约责任。故选项D错误。

综上所述，本题的正确答案为C。

15. 【答案】D

【解析】本题考查保证担保、非法人组织等知识点。（1）保证人李某和债权人甲银行特别约定，如保证人不履行保证责任，债权人有权直接从保证人在甲银行及其支行处开立的任何账户内扣收。该约定为当事人真实意思表示，且不违反法律法规禁止性规定，应属有效。A错误。（2）《担保法》第19条规定："当事人对保证方式没有约定或者约定不明确的，按照连带责任保证承担保证责任。"本题中，债务人张某未履行债务时，李某应当承担保证责任。B错误。（3）《担保法》第31条规定："保证人承担保证责任后，有权向债务人追偿。"本题中，甲银行直接从李某账户内扣划18万元时，即属已经承担保证责任，有权向债务人张某追偿，C错误。（4）《合同法》第2条规定："本法所称合同是平等主体的自然人、法人、其他组织之间设立、变更、终止民事权利义务关系的协议。"由此可见，民事主体包括自然人、法人及其他组织三种类型。本题中，乙支行为企业法人的分支机构，虽非独立法人，但属"非法人组织"，得以自己名义对外实施法律行为并行使权利。故D选项正确。

16. 【答案】C

【解析】①《技术合同解释》第8条规定："生产产品或者提供服务依法须经有关部门审批或者取得行政许可，而未经审批或者许可的，不影响当事人订立的相关技术合同的效力。"本题中，乙公司依法尚未获得药品生产许可证之前，专利申请权转让合同的效力不受影响。②《专利法》第10条第1款规定："专利申请权和专利权可以转让。"第3款规定："转让专利申请权或者专利权的，当事人应当订立书面合同，并向国务院专利行政部门登记，由国务院专利行政部门予以公告。专利申请权或者专利权的转让自登记之日起

146

生效。"由此可见，专利申请权转让合同自成立时生效，但专利申请权在登记时才发生效力。故B选项是错误的，而C选项是正确的。③《技术合同解释》第23条第1款规定："专利申请权转让合同当事人以专利申请被驳回或者被视为撤回为由请求解除合同，该事实发生在依照专利法第十条第三款的规定办理专利申请权转让登记之前的，人民法院应当予以支持；发生在转让登记之后的，不予支持，但当事人另有约定的除外。"本题中，若专利丧失新颖性的事实发生在登记之后，则乙公司不得解除合同。故D选项错误。

综上所述，本题的正确答案为C。

17. 【答案】D

【解析】①《著作权法》第17条规定："受委托创作的作品，著作权的归属由委托人和受托人通过合同约定。合同未作明确约定或者没有订立合同的，著作权属于受托人。"本题中，甲展览馆委托雕塑家叶某创作了一座巨型雕塑，且委托创作合同中未约定版权归属，著作权依法属于受托人叶某享有。故乙博物馆异地重建完全相同的雕塑，需经过叶某的许可，否则即侵犯了叶某的复制权。A选项错误。②《著作权法》第22条规定："在下列情况下使用作品，可以不经著作权人许可，不向其支付报酬，但应当指明作者姓名、作品名称，并且不得侵犯著作权人依照本法享有的其他权利：……（十）对设置或者陈列在室外公共场所的艺术作品进行临摹、绘画、摄影、录像……"本题中，游客陈某未经著作权人同意对雕塑拍照纪念，属于对室外公共场所艺术作品的合理利用，不构成侵权，故选项D项正确。③甲展览馆及个

体户冯某未经著作权人叶某许可，仿照雕塑制作小型纪念品向游客出售，侵犯了叶某的复制权与发行权，且不构成合理使用。故BC选项是错误的。

综上所述，本题的正确答案为D。

18. 【答案】C

【解析】①根据《著作权法》第2条第1款规定："中国公民、法人或者其他组织的作品，不论是否发表，依照本法享有著作权。"由此可见，著作权的客体为作品，属于具有独创性的智力成果，而本题中主办方主办的篮球比赛，并不属于著作权法意义上的"作品"，不能成为著作权的客体，故A选项错误。②表演者权，指表演者对作品的表演活动所享有的权利。本题中，篮球运动员参加比赛，并非对"作品"的表演活动，故运动员并无表演者权。故B选项错误。③舞蹈演员的助兴表演属于对舞蹈作品的表演活动，依法享有表演者权。乙电视台未经许可从现场直播和公开传送其现场表演，且未支付报酬，侵害了演员的表演者权。故C选项是正确的。④广播组织权，指广播电台、电视台对其播放的节目信号享有的邻接权。广播组织权的主体是特定的，指广播电台和电视台。本题中，篮球联赛的主办方不可能成为广播组织权的主体，故D选项错误。

综上所述，本题的正确答案为C。

19. 【答案】D

【解析】①《商标法》第57条规定："有下列行为之一的，均属侵犯注册商标专用权：（一）未经商标注册人的许可，在同一种商品上使用与其注册商标相同的商标的；（二）未经商标注册人的许可，在同一种商品上使用与其注册商标近似的商标，

或者在类似商品上使用与其注册商标相同或者近似的商标，容易导致混淆的；……"本题中，乙公司未经许可在自己生产的小轿车上使用"山叶"商标，属于在同一种商品上使用相同的商标，是典型的商标假冒行为。选项A错误，不当选。②《商标法》第64条第2款规定："销售不知道是侵犯注册商标专用权的商品，能证明该商品是自己合法取得并说明提供者的，不承担赔偿责任。"本题中，丙公司不知乙公司使用的商标不合法而销售，构成侵权，应当承担停止侵害的民事责任，但无须承担赔偿责任。故BC选项错误。③《商标法》第60条第2款规定："销售不知道是侵犯注册商标专用权的商品，能证明该商品是自己合法取得并说明提供者的，由工商行政管理部门责令停止销售。"由此可见，工商行政管理部门不能对善意的丙公司进行罚款处罚。

综上所述，本题的正确答案为D。

20. 【答案】D

【解析】《民法通则》第93条规定："没有法定的或者约定的义务，为避免他人利益受损失进行管理或者服务的，有权要求受益人偿付由此而支付的必要费用。"构成无因管理之债，需以管理人有"为他人管理事务的意思"，尚得成立。（1）管理人管理他人事务时，兼及自己利益，不影响无因管理的构成，A项错误。（2）依据一般社会观念，救助失火的住房，可认定具有为房屋的所有权人和使用权人利益而为管理的意思，因此，甲得向乙、丙二人主张无因管理之债，故选项BC错误。（3）救火人难以知悉该房屋已投放保险，且一般而言救火人并无为保险公司管理事务的

主观意思，不得主张无因管理之债，D正确。需要注意的是，乙承担无因管理之债后，有权依据保险合同向保险公司追偿。

综上所述，本题的正确答案为D。

21. 【答案】B

【解析】本题考查劳务派遣责任的承担。《侵权责任法》第34条第2款规定："劳务派遣期间，被派遣的工作人员因执行工作任务造成他人损害的，由接受劳务派遣的用工单位承担侵权责任；劳务派遣单位有过错的，承担相应的补充责任。"本题中，乙公司的劳务派遣人员李某在为甲公司执行工作任务时，造成他人损害的，应当由接受劳务的用工单位即甲公司承担赔偿责任。因李某此前曾多次发生类似的小事故，甲公司曾要求乙公司另派他人，而乙公司未予换人，存在过错，应当承担相应的补充责任。因此，选项B正确，AC选项的说法错误。根据《侵权责任法》的规定，用工单位对被派遣工作人员的侵权行为应当承担无过错责任，故D选项错误。

综上所述，本题的正确答案为B。

22. 【答案】D

【解析】本题综合考查人身权的保护。①欣欣美容医院为青年女演员欢欢实施隆鼻手术，双方成立美容合同关系。《合同法》第107条规定："当事人一方不履行合同义务或者履行合同义务不符合约定的，应当承担继续履行、采取补救措施或者赔偿损失等违约责任。"《侵权责任法》第54条规定："患者在诊疗活动中受到损害，医疗机构及其医务人员有过错的，由医疗机构承担赔偿责任。"本题中，欣欣美容医院因未严格消毒（存在过错）导致欢欢面部感染，造成了损害，其同时构成违约

行为和侵权行为。《合同法》第122条明确规定："因当事人一方的违约行为，侵害对方人身、财产权益的，受损害方有权选择依照本法要求其承担违约责任或者依照其他法律要求其承担侵权责任。"故A选项说法正确。②《人身损害赔偿解释》第18条第2款规定："精神损害抚慰金的请求权，不得让与或者继承。但赔偿义务人已经以书面方式承诺给予金钱赔偿，或者赔偿权利人已经向人民法院起诉的除外。"本题中，欢欢因人身权受到侵害已诉诸法院，要求欣欣医院赔偿医疗费并主张精神损害赔偿，欢欢依法可获得的精神损害赔偿金可以由其继承人继承。故B选项正确。③《民法通则》第101条规定："公民、法人享有名誉权，公民的人格尊严受法律保护，禁止用侮辱、诽谤等方式损害公民、法人的名誉。"《民通意见》第140条规定："以书面、口头等形式宣扬他人的隐私，或者捏造事实公然丑化他人人格，以及用侮辱、诽谤等方式损害他人名誉，造成一定影响的，应当认定为侵害公民名誉权的行为。"本题中，网络名人洋洋在其博客上杜撰欢欢吸毒过量致死，属于虚构事实诽谤他人，使得欢欢的社会评价降低，构成名誉权的侵害。故选项C正确。④《民法通则》第9条规定："公民从出生时起到死亡时止，具有民事权利能力，依法享有民事权利，承担民事义务。"由此可见，公民死亡后，即失去其民事主体资格。死者的近亲属并非死者的法定代理人。本题中，欢欢的母亲提起侵之诉只能以自己的名义为之，而不得以欢欢的名义。故D选项错误。

综上所述，本题的正确答案为D。

23.【答案】D

【解析】本题考查夫妻共同财产的认定和夫妻间借款协议的处理。①《婚姻法解释（三）》第6条规定："婚前或者婚姻关系存续期间，当事人约定将一方所有的房产赠与另一方，赠与方在赠与房产变更登记之前撤销赠与，另一方请求判令继续履行的，人民法院可以按照合同法第一百八十六条的规定处理。"而根据《合同法》第186条的规定："赠与人在赠与财产的权利转移之前可以撤销赠与。"因此，该门面房为甲的婚前个人财产，甲在财产过户登记前有权撤销赠与，选项A正确。②《婚姻法解释（三）》第16条规定："夫妻之间订立借款协议，以夫妻共同财产出借给一方从事个人经营活动或用于其他个人事务的，应视为双方约定处分夫妻共同财产的行为，离婚时可按照借款协议的约定处理。"本题中，甲与丁（女）婚姻关系存续期间，甲因个人事务（未成年之子丙生重病住院急需医疗费）与丁签订借款协议从夫妻共同财产中支取该20万元，应视为双方约定处分夫妻共同财产的行为，离婚时可按照借款协议的约定处理。因此BC选项正确。③《婚姻法解释（三）》第4条规定："婚姻关系存续期间，夫妻一方请求分割共同财产的，人民法院不予支持，但有下列重大理由且不损害债权人利益的除外：（一）一方有隐藏、转移、变卖、毁损、挥霍夫妻共同财产或者伪造夫妻共同债务等严重损害夫妻共同财产利益行为的；（二）一方负有法定扶养义务的人患重大疾病需要医治，另一方不同意支付相关医疗费用的。"本题中，在甲负有法定扶养义务的子女丙患重大疾病需要医治，而丁不同意甲支付医疗费时，甲有权要求分割共有财产,故 D 选项错误。

综上所述,本题的正确答案为 D。

24. 【答案】A

【解析】本题考查遗嘱的形式及效力。《继承法》第 17 条第 2 款规定:"自书遗嘱由遗嘱人亲笔书写,签名,注明年、月、日。"第 3 款规定:"代书遗嘱应当有两个以上见证人在场见证,由其中一人代书,注明年、月、日,并由代书人、其他见证人和遗嘱人签名。"第 4 款规定:"遗嘱人在危急情况下,可以立口头遗嘱。口头遗嘱应当有两个以上见证人在场见证。危急情况解除后,遗嘱人能够用书面或者录音形式立遗嘱的,所立的口头遗嘱无效。"本题中,甲于 2013 年 1 月 1 日亲笔书写一份遗嘱,写明其全部遗产由乙继承,并签名和注明年、月、日,符合自书遗嘱的要件,遗嘱有效。此后,甲又请张律师代书一份遗嘱写明其全部遗产由丙继承,但由于只有一名见证人,不符合代书遗嘱的形式要求,因此不发生效力。此外,甲因病住院立了口头遗嘱,但病好转后出院休养未立新遗嘱,所立口头遗嘱因而无效。综上所述,只有甲的自书遗嘱完全有效,乙为遗产继承人。

综上所述,本题正确答案为 A。

25. 【答案】D

【解析】本题考查分公司与子公司的责任承担。(1)《公司法》第 14 条第 1 款规定:"公司可以设立分公司。设立分公司,应当向公司登记机关申请登记,领取营业执照。分公司不具有法人资格,其民事责任由公司承担。"本题中,玮平公司若设立分公司,无论在北京市还是北京市以外的其他地点,均应当向公司登记机关申请登记并领取营业执照。分公司具有独立的民事主体资格,得以自己的名义对外从事民事活动,但因不具有独立的法人资格,无法独立承担责任,只能由总公司承担责任。故 AB 选项错误。(2)分公司的负责人应当由玮平公司任命,不以股东为必要。故 C 选项不正确。(3)《公司法》第 14 条第 1 款规定:"公司可以设立子公司,子公司具有法人资格,依法独立承担民事责任。"玮平公司在北京市以外设立子公司,即使是全资子公司,亦具有独立的法人人格,可以独立承担民事责任。

综上所述,本题的正确答案为 D。

26. 【答案】B

【解析】《公司法》第 75 条:"自然人股东死亡后,其合法继承人可以继承股东资格;但是,公司章程另有规定的除外。"所以股权的继承问题章程自治优先,ACD 的说法都正确;B 项错误,主要原因在于"董事长职位"的继承问题,并非当然发生的。根据《公司法》第 44 条:"有限责任公司设董事会,其成员为三人至十三人;但是,本法第五十一条另有规定的除外。两个以上的国有企业或者两个以上的其他国有投资主体投资设立的有限责任公司,其董事会成员中应当有公司职工代表;其他有限责任公司董事会成员中可以有公司职工代表。董事会中的职工代表由公司职工通过职工代表大会、职工大会或者其他形式民主选举产生。董事会设董事长一人,可以设副董事长。董事长、副董事长的产生办法由公司章程规定。"有限公司的董事长产生办法由章程自治,但并未体现当然继承的规则,所以 B 错误。

27. 【答案】B

【解析】《公司法》第31条："有限责任公司成立后,应当向股东签发出资证明书。出资证明书应当载明下列事项:(一)公司名称;(二)公司成立日期;(三)公司注册资本;(四)股东的姓名或者名称、缴纳的出资额和出资日期;(五)出资证明书的编号和核发日期。出资证明书由公司盖章。"

第32条："有限责任公司应当置备股东名册,记载下列事项:(一)股东的姓名或者名称及住所;(二)股东的出资额;(三)出资证明书编号。记载于股东名册的股东,可以依股东名册主张行使股东权利。公司应当将股东的姓名或者名称向公司登记机关登记;登记事项发生变更的,应当办理变更登记。未经登记或者变更登记的,不得对抗第三人。"

A错误,出资证明书在公司成立后,由公司才能签发,而非股东出资后立即签发;

B正确,股东根据股东名册的记载可以行使股东权利,所以出资证明书的丢失并不影响股东的资格;

C错误,各股东的出资证明书只需要写明自己的名称及出资额,其他股东的出资额不必一并体现;

D项错误,出资证明书只是证明股东资格存在的一个文件资料,本身并非有价证券。

28.【答案】B

【解析】A项错误,《公司法司法解释(二)》第2条："股东提起解散公司诉讼,同时又申请人民法院对公司进行清算的,人民法院对其提出的清算申请不予受理。人民法院可以告知原告,在人民法院判决解散公司后,依据公司法第一百八十三条和本规定第七条的规定,自行组织清算或者另行申请人民法院对公司进行清算。"

B项正确,《公司法司法解释(二)》第3条："股东提起解散公司诉讼时,向人民法院申请财产保全或者证据保全的,在股东提供担保且不影响公司正常经营的情形下,人民法院可予以保全。"所以保全可以一并提出;

C项错误,《公司法司法解释(二)》第4条："股东提起解散公司诉讼应当以公司为被告。原告以其他股东为被告一并提起诉讼的,人民法院应当告知原告将其他股东变更为第三人;原告坚持不予变更的,人民法院应当驳回原告对其他股东的起诉。"

D项错误,《公司法司法解释(二)》第6条："人民法院关于解散公司诉讼作出的判决,对公司全体股东具有法律约束力。人民法院判决驳回解散公司诉讼请求后,提起该诉讼的股东或者其他股东又以同一事实和理由提起解散公司诉讼的,人民法院不予受理。"

29.【答案】无(司法公布答案为A)

【解析】《公司法司法解释三》第12条："公司成立后,公司、股东或者公司债权人以相关股东的行为符合下列情形之一且损害公司权益为由,请求认定该股东抽逃出资的,人民法院应予支持:(一)制作虚假财务会计报表虚增利润进行分配;(二)通过虚构债权债务关系将其出资转出;(三)利用关联交易将出资转出;(四)其他未经法定程序将出资抽回的行为。"新的公司法及相关司法解释,取消了法定验资程序,进而,A项也不再认定为抽逃出资。

30. 【答案】D

【解析】A项错误，《合伙企业法》第46条："合伙协议未约定合伙期限的，合伙人在不给合伙企业事务执行造成不利影响的情况下，可以退伙，但应当提前三十日通知其他合伙人。"

B项错误，贾某退伙只要合伙企业仍具备符合法定人数的其他合伙人即可继续存续，并非因贾某的离开必然导致合伙的解散清算；

C项错误，第52条："退伙人在合伙企业中财产份额的退还办法，由合伙协议约定或者由全体合伙人决定，可以退还货币，也可以退还实物。"

D项正确；第53条："退伙人对基于其退伙前的原因发生的合伙企业债务，承担无限连带责任。"

31. 【答案】B

【解析】《破产法司法解释（二）》第26条："行使取回权，应当在破产财产变价方案或者和解协议、重整计划草案提交债权人会议表决前向管理人提出。权利人在上述期限后主张取回相关财产的，应当承担延迟行使取回权增加的相关费用。"所以，A正确；B错误；

第27条："权利人依据企业破产法第三十八条的规定向管理人主张取回相关财产，管理人不予认可，权利人以债务人为被告向人民法院提起诉讼请求行使取回权的，人民法院应予受理。"所以，C正确；

第28条："权利人行使取回权时未依法向管理人支付相关的加工费、保管费、托运费、委托费、代销费等费用，管理人拒绝取回相关财产的，人民法院应予支持。"所以，D正确。

32. 【答案】D

【解析】票据是设权性证券，票据上做表示的权利，是由出票行为创设，没有票据就没有票据权利，所以票据与票据权利是相伴而生的，A项正确；

票据具有流通性，指的是票据可以通过背书或交付的方式自由转让，流通性是票据的基本特征。我国《票据法》规定的汇票、本票、支票均可以流通。单纯从理论层面来分析票据的特征，B项是对的。但《票据法》第27条："出票人在汇票上记载'不得转让'字样的，汇票不得转让。"所以并非所有的票据都能够转让，B项的表述有些过于绝对；

票据具有无因性，是指票据的效力与做成票据的原因完全分离，票据产生的原因有效与否，与票据本身的效力无关，原因关系并不影响票据的权利及流转，C正确；

票据具有要式性，是指，票据的出票、背书、保证等票据行为必须依照票据法规定的方式进行。我国《票据法》规定了票据的绝对必要记载事项，票据当事人必须记载，否则票据无效，所以票据行为方式存在瑕疵，会影响到票据的效力，所以，D项错误。

33. 【答案】A

【解析】《海商法》第9条："船舶所有权的取得、转让和消灭，应当向船舶登记机关登记；未经登记的，不得对抗第三人。船舶所有权的转让，应当签订书面合同。"船舶作为动产，交付转移所有权，A正确；登记起到对抗第三人的效力，B错误；

第10条："船舶由两个以上的法人或者个人共有的，应当向船舶登记机关登记；未经登记的，不得对抗第三人。"船舶作为共有的客体没有问题，C错误；

船舶所有权的继承，并不能限制自然人，D项明显没有法律依据。

34. 【答案】C

【解析】《保险法司法解释（二）》第3条："投保人或者投保人的代理人订立保险合同时没有亲自签字或者盖章，而由保险人或者保险人的代理人代为签字或者盖章的，对投保人不生效。但投保人已经交纳保险费的，视为其对代签字或者盖章行为的追认。"所以，何某的交费意味了何某对谢某签字的追认，保险合同有效，发生保险事故，保险公司应当赔付，C正确。

35. 【答案】C

【解析】平等原则是宪法规定的公民在适用法律上一律平等原则在民事诉讼中的具体体现。包括当事人的诉讼地位平等；享有相同或者相对应的诉讼权利；承担相同或者相对应的诉讼义务；且人民法院应当为当事人平等行使诉讼权利提供便利和保障。检察监督原则是指人民检察院作为国家法律监督机关，有权对民事诉讼活动进行监督，与平等无关。诚实信用原则是指法院、当事人以及其他诉讼参与人在审理民事案件和进行民事活动中应当公正、善意、诚实、严守诚信，与平等无关。同等原则是指外国人、无国籍人在我国进行民事活动，享有与我国当事人相同的权利承担与我国当事人相同的诉讼义务，以国与国之间的平等互惠关系为前提，与平等原则无关。而对等原则是在外国法院限制我国当事人诉讼权利时，我国相应地限制该国当事人的诉讼权利，从而反对该限制，与平等原则无关。这道题属于常识判断类题目，较为简单。

36. 【答案】C

【解析】人民法院制作的生效调解书是适用再审制度的，法院可以以调解书确有错误为由启动再审，检察院可以以调解书违背国家和社会公共利益为由提出抗诉和检察建议，当事人可以以调解书违背自愿和合法原则为由申请再审，所以，A选项正确。派出所、单位、基层组织、人民调解委员会等社会组织可以组织双方当事人就纠纷的解决互谅互让，最终达成协议解决纠纷，属于一种社会救济，其适用比较灵活，故BD选项表述正确。而C选项中，其一，被告下落不明法院应当公告送达文书，并且做出缺席判决，不能为其指定代理人；其二，在民事诉讼中代理人只有法定代理人和委托代理人，其中法定代理人的被代理人是无诉讼行为能力人，此时并不存在无诉讼行为能力人，故不存在法定代理人的问题；而委托代理人则是需要经过当事人的委托授权，并不存在法院指定而产生委托代理人的方式，所以，从以上两个方面均可得出C选项错误的结论。

37. 【答案】C

【解析】本题考查诚实信用原则。诚实信用原则是指民事诉讼应当遵循诚实信用原则，其适用过程应当贯穿民事诉讼的全部过程，适用于所有参与民事诉讼活动的主体，不仅仅约束当事人，同时也约束法院和其他诉讼参与人。具体指：1. 当事人在实施诉讼行为时应当诚实和善意，不得滥用权利；2. 法院在行使民事审判权的过程中应当公正、合理，不得滥用自由裁量权，认定事实应当客观中立、实事求是，不得对当事人提出的证据进行任意取舍，充分保障当事人的诉讼权利等；3. 其他诉讼参与人应当诚实、善意地实施诉讼行为，如证人应当如实作证，鉴定人应当如实出具鉴定意见，代理人不得滥用或者超越代理权等。

综上所述，ABD 选项均违背了诚实信用原则。而 C 选项法院是根据案件的审理情况决定对当事人提供的证据不予采信，是法院行使审判权的体现，并未违背诚实信用原则。其中 CD 选项的区别在于 C 选项是"根据案件审理情况"而做出的取舍，是法院行使裁判权的体现，而 D 选项则是"任意"取舍，显然违背诚实信用原则。

38. 【答案】C

【解析】本题考查新《民事诉讼法》新增知识点专家辅助人（即有专门知识的人）出庭。《民事诉讼法》第 79 条规定："当事人可以申请人民法院通知有专门知识的人出庭，就鉴定人做出的鉴定意见或者专业问题提出意见。"有关有专门知识的人出庭有如下考点需要考生特别留意：

1. 专家辅助人的意见不是单独的法定证据种类（法定证据种类包括当事人的陈述、书证、物证、视听资料、电子数据、证人证言、鉴定意见、勘验笔录八类），仅仅是帮助当事人进行的质证和陈述；

2. 专家辅助人与鉴定人的区别在于鉴定人具有鉴定资格，而专家辅助人虽然对某些专业问题有较为深入的研究和了解，但不具有鉴定资格；

3. 既然专家辅助人出庭的作用是帮助当事人质证或者就专业意见从而从专业角度说服法官，争取对己方有利的判决，并不要求其处于公正、中立立场，这点与鉴定人有重大区别。故总结如下三个重要考点：（1）专家辅助人出庭需要由当事人申请，法院不能职权追加；（2）专家辅助人出庭的费用应当由申请方当事人承担，而不是败诉方当事人承担，这点要和证人区别；（3）专家辅助人不适用回避制度，这点要和鉴定人区别。

综上所述，本题 ABD 选项错误；C 选项正确。

39. 【答案】C

【解析】A 选项中，根据新《民诉解释》规定："双方当事人都是军人或者军队单位的案件，由军事法院管辖。"可见，由军事法院专门管辖的案件限于双方都是军人或军队单位，显然选项中军人与非军人之间的民事诉讼，不适用军事法院专门管辖，该表述错误。关于涉外专属管辖，民事诉讼法规定："在中国履行的中外合资经营企业合同、中外合作经营企业合同、中外合作勘探开发自然资源合同产生的纠纷由中国法院专属管辖。"仅仅表示这三种合同本身产生的纠纷由中国法院管辖，而并非中外合资企业与其他主体之间的纠纷由中国法院专属管辖，B 项表述错误。原则上专利纠纷由中级以上法院管辖，但是考虑到专利纠纷案件逐年增加，故最高人民法院通过司法解释规定最高人民法院可以确定基层法院管辖专利纠纷，是为了平衡各级法院诉讼负担，C 表述正确。不动产纠纷专属于不动产所在地法院管辖，属于专属管辖的规定，其立法基础在于便于法院调查了解案件，便于当事人参加诉讼（两便原则），与管辖权恒定原则无关。管辖权恒定原则指确定案件的管辖以起诉时为标准，不因为在诉讼中确定管辖的事实发生变化而变化，D 项表述错误。

40. 【答案】B

【解析】本题表面上考查小额诉讼程序，但是因为小额诉讼程序同时也应符合简易程序的适用条件，所以，除D选项考查小额诉讼程序一审终审的规定外，其余选项实际上是对简易程序相关规定的考查。A选项根据《简易程序规定》适用简易程序审理的婚姻家庭纠纷、合伙协议纠纷、标的额较小的纠纷应当先行调解，所以，本案属于适用简易程序审理的诉讼标的额较小的纠纷，应当先行调解，所以，A选项正确。B选项中，一审程序必须开庭审理，二审程序原则上开庭审理，但是符合一定条件（经过阅卷、调查和询问当事人，没有提出新的事实和理由，合议庭认为不需要开庭审理的）可以不开庭审理，可见在一审中必须开庭审理，不存在书面审理的问题，B表述错误。根据《简易程序规定》适用简易程序审理的民事案件，除人民法院认为不宜当庭宣判的外，应当当庭宣判，可见，C表述正确。D选项直接根据小额诉讼程序一审终审的规定，为正确。

41. 【答案】D

【解析】本题考查第三人撤销权之诉。第三人撤销权之诉是指本应作为有独三或者无独三的主体因不能归责于本人的事由而没能参加诉讼，但是有证据证明生效的判决书、裁定书、调解书部分或者全部内容错误，侵犯自己合法权益的，可以自知道或者应当知道之日起6个月内向做出该判决、裁定、调解书的法院提起诉讼。法院经审查，认为其诉讼请求成立（即原生效判决、裁定、调解书错误）的，应当改变或者撤销原判决、裁定、调解书，认为诉讼请求不能成立的，判决驳回诉讼请求。可见第三人撤销权之诉的客体为生效的民事判决、裁定、调解书，所以，D选项正确。而撤销权之诉应当由作出原生效判决、裁定、调解书的法院（即终审法院）提出，而不是上一级法院，所以，C选项错误，该选项的表述实际上是申请再审的相关规定。法律并未规定法院受理第三人撤销权之诉后应当中止原判决的执行，该表述实则是利用"法院决定再审后应当裁定中止原判决、裁定、调解书的执行"这一规定进行干扰，所以，A选项错误。第三人撤销权之诉实际上是本应作为有独三或者无独三的人为了维护自身合法权益而在判决生效后向法院提出撤销、改变原生效裁判的请求，与确认之诉无关，所以，B选项错误。

其实，第三人撤销权之诉，第三人（即第三人撤销权之诉的原告）的诉讼请求是改变或者撤销原来的判决、裁定、调解书，即是对原生效判决、裁定、调解书所确定的法律关系进行变更或者消灭，是变更之诉（形成之诉）。

42. 【答案】A

【解析】本题考查电子送达。电子送达的前提是经受送达人同意并采取确保其能收悉的方式，同时注意判决书、裁定书、调解书不适用电子送达。可见电子送达必须经过受送达人同意，并采取能够确认其收悉的方式，同时判决书、裁定书、调解书不适用电子送达。结合本案张某向法院提供邮件地址，同时予以回复，可见经其同意并确保收悉，向其送达举证通知书有效，A选项正确；但判决书不能电子送达，所以向张某送达缺席判决书的做法错误。同时，海斯并未回复邮件，可见没有经其同意并确保收悉，对其不能适用电子送达，所以，CD表述是错误的。

43. 【答案】B

【解析】首先，在没有原告起诉被告支付租金的情况下，被告不可能傻乎乎地向法院提出该请求超过诉讼时效、自己没有支付能力或者已经支付过租金的主张，所以，ACD选项显然必须是依赖于原告请求被告支付租金的请求而提出主张，并非独立的诉，不是反诉。而B选项中，就算没有原告起诉被告支付租金，被告也可以直接向法院提出一个消极的确认之诉，即请求法院确认合同无效，所以该主张是一个独立的诉，是反诉。所以，本题选择B。

44. D

【解析】本题考查实现担保物权程序。

首先，实现担保物权属于特别程序，特别程序均由基层人民法院管辖而不论数额的大小等因素，所以，A选项错误。根据《民事诉讼法》第196条规定："实现担保物权案件由担保财产所在地或者担保物权登记地基层法院管辖，"所以，本案应由房屋所在地或者抵押权登记地的基层法院管辖。

其次，关于当事人，根据《民事诉讼法》第196条规定："应当由担保物权人或者其他有权人提出申请，作为申请人。"而本案中的被申请人除了债务人之外还应当列担保人汤姆为被申请人。因为实现担保物权的裁定将涉及担保人汤姆的财产权利，如果不将其作为被申请人，将会导致裁定对其没有约束力，无法实现担保物权，所以，B选项错误。

再次，根据《民事诉讼法》第197条规定："人民法院受理申请后，经审查，符合法律规定的，裁定拍卖、变卖担保财产，当事人可以根据该裁定向人民法院申请执行；经审查不合规定的（即对该担保物权产生纠纷），裁定驳回申请，当事人可以向人民法院提起诉讼。"所以，C选项错误，因为该裁定的执行需要当事人申请，而法院不能直接移交执行。D选项正确。

45. 【答案】C

【解析】A选项中，《证据规定》第77条第2项规定："物证、档案、鉴定意见、勘验笔录或者经过公证、登记的书证，其证明力一般大于其他书证、视听资料和证人证言。"可知，经过公证的书证的证明力一般大于其他书证、视听资料和证人证言，并非大于传来证据和间接证据，A选项实属张冠李戴。试想，经过公证的书证本身就有可能是间接证据，何来其证明力大于间接证据一说。B选项中需要考生注意一个细节，《证据规定》规定："根据法律规定或者已知事实和日常生活经验法则，能推定出的另一事实不需要证据证明。"因为日常生活领域内的经验法则，为一般人所知晓，因此无须加以证明，但对于不为一般人所知晓的专门知识领域的经验法则由于只有该领域内的人士知晓，同样需要提供证据加以证明，所以，B选项错在一个"都"字上。根据《民事诉讼法》第264条的规定："在中华人民共和国领域内没有住所的外国人、无国籍人、外国企业和组织委托中华人民共和国律师或者其他人代理诉讼，从中华人民共和国领域外寄交或者托交的授权委托书，应当经所在国公证机关证明，并经中华人民共和国驻该国使领馆认证，或者履行中华人民共和国与该所在国订立的有关条约中规定的证明手续。"可见，C选项正确。D选项中的证明责任是一种不利后果，由法律或者司法解释预先规定,不存在在当事人之间转移的问题,表述错误。

46.【答案】D

【解析】本题考查督促程序。

A 选项考查支付令的送达方式,支付令不能通过公告的方式送达,因为如果公告送达则无法保证被申请人提出异议的权利,但支付令可以留置送达,所以,A 选项表述错误。B 选项中对支付令的异议期是 15 天而不是 10 天,债务人收到支付令后应当在 15 日内履行债务或者提出书面异议,否则,支付令取得强制执行力。C 选项中陈某提出借款已经归还,显然是对债权债务关系提出了异议,债务人提出书面异议后,法院经审查,认为异议成立的,应当裁定终结督促程序,支付令失效。所以,C 选项错误。注意此处的审查仅仅为形式审查,因为督促程序是非讼程序,并不从实体上解决纠纷。债务人提出异议,法院经审查认为异议成立的裁定终结督促程序,支付令失效,此即说明债权债务之间存在纠纷,而督促程序不解决纠纷,所以应当将案件转入诉讼程序解决纠纷,但申请支付令一方当事人除外,因为转入诉讼程序后,申请支付令一方当事人作为原告,原告不同意起诉自然不能进入诉讼程序。本案中,黄某表示希望法院彻底解决该债权债务纠纷可见黄某并不反对转入诉讼程序,所以,D 选项正确。

47.【答案】D

【解析】本题考查二审中的发回重审。

二审中的发回重审可以适用于二审法院认为一审程序错误或者一审认定基本事实不清两种情况。撤销原判发回重审即是将一审判决撤销之后,由一审法院适用一审程序对案件进行重新审理。A 选项中,保全措施采取后,应当持续于整个诉讼过程中,虽然一审判决被撤销,但案件仍处于诉讼过程中,保全措施并不能当然地解除,表述错误。B 选项中,发回重审的案件,一审法院在重新审理时可以根据案件情况,酌情确定举证期限,可见发回重审的案件,原来的举证行为依然有效,只是法院可以酌情确定举证期限,让当事人补充新的证据或者保障未行使举证权的当事人行使举证权,表述错误。C 选项中,对于发回重审的案件,应当由原审法院另行组成合议庭审理,可见重审时必须适用普通程序而不能适用简易程序,表述的前半段正确,但是重审时应当另行组成合议庭,李法官是原审独任审判员,不能参加重审合议庭,表述错误。D 选项中,根据修正后的《民事诉讼法》第 170 条规定:"原审法院对于发回重审的案件作出判决后,当事人再次提出上诉的,二审法院不得再次发回重审。"可知,D 选项正确。新《民事诉讼法》之所以如此规定,是为了防止二审法院通过反复发回重审的方式规避责任,而导致案件久拖不决,增加当事人的诉讼负担。

48.【答案】D

【解析】本题考查证据的种类。首先,书证和电子数据均是通过其记载的内容证明案件事实,但是关键区别在于载体不同。书证一般是通过原始的记录方式,如书写、刻画、印刷等,其内容很直观;而电子数据则是现代计算机科学技术发展的产物,其通过电子信号等方式储存在计算机等电子设备之中,其形成、储存和读取均需要借助电子设备。而题目中反复强调数码相机、光盘等信息,可见该照片的读取需要借助电子设备，其为电子数据，并非书证。鉴定意见需要由鉴定人出具，并且要具有"鉴定意见书"的形式。勘验笔录是勘验人员制作的对勘验过程和结果的客观记录，所以勘验笔录这一证据种类对制作的主体（勘验人员）和记载的内容（勘验过程和结果）是有要求的。

49. 【答案】B

【解析】本题考查执行异议。执行异议制度分为对执行行为的异议和案外人对执行标的的异议。执行行为异议是指当事人或者其他利害关系人认为执行行为违反法律规定，向执行法院提出书面异议，由法院审查并作出裁定，对于该裁定不服的，可以向上一级法院复议一次。案外人对执行标的的异议指案外人对执行标的主张权利，而向执行法院提出权利主张，法院审查后作出中止或者驳回的裁定，对该裁定不服的，如果是原生效裁定确有错误的通过审判监督程序处理；而与原生效裁判无关的，则可以通过另行起诉（案外人异议之诉或者许可执行之诉）方式处理。

题目中"乙认为扣押错误"可以看出异议的主体是当事人，所以，只能是对执行行为的异议，而不是案外人对执行标的的异议（案外人对执行标的的异议的主体要求是案外人，而不能是当事人），且认为"扣押错误"显然是对执行行为的异议。根据上文分析可知，对执行行为的异议，法院作出裁定后当事人的救济途径是向上一级法院申请复议一次，所以，直接选择B选项即可。

50. 【答案】D

【解析】本题考查再审中当事人不到庭的处理方式，在法条中并无直接规定，需要考生进行理论分析。再审主要围绕再审申请人的请求，对案件进行重新审理，以纠正原生效裁判的错误。本案中吴某申请再审，为申请人，万某为被申请人，万某无正当理由拒不到庭，视为其放弃陈述意见的权利，法院仍需要对吴某的再审请求进行审查，并作出相应的裁判，故可以对万某缺席判决。

二、多项选择题。

51. 【答案】AB

【解析】本题综合考查商品房买卖合同、合同解除以及合同责任等多项制度。（1）《商品房买卖合同解释》第3条规定："商品房的销售广告和宣传资料为要约邀请，但是出卖人就商品房开发规划范围内的房屋及相关设施所作的说明和允诺具体确定，并对商品房买卖合同的订立以及房屋价格的确定有重大影响的，应当视为要约。该说明和允诺即使未载入商品房买卖合同，亦应视为合同内容，当事人违反的，应当承担违约责任。"本题中，甲房产开发公司在交给购房人张某的某小区平面图和项目说明书中都标明有一个健身馆，内容具体确定，且对重视小区健身设施的当事人张某作出决定购买房屋的决定发挥了重大影响，因此，应当视为合同的内容。开发商的违约行为导致张某购买该房的目的无法实现，构成根本违约，张某有权依据《合同法》第94条第（四）项规定解除合同，A正确。（2）甲房产开发公司明知小区无健身设施，但却违反诚实信用原则故意提供虚假信息导致买房人意思表示发生错误，构成欺诈。张某有权基于《合同法》第54条规定撤销合同，并要求对方依据《合同法》第42条规定承担缔约过失责任，B正确。

（3）《商品房买卖合同解释》第8条与第9条规定了适用惩罚性赔偿的情形（不超过已付房款一倍以下）：①商品房买卖合同订立后，出卖人未告知买受人又将该房屋抵押给第三人；②商品房买卖合同订立后，出卖人又将该房屋出卖给第三人；③故意隐瞒没有取得商品房预售许可证明的事实或者提供虚假商品房预售许可证明；④故意隐瞒所售房屋已经抵押的事实；⑤故意隐瞒所售房屋已经出卖给第三人或者为拆迁补偿安置房屋的事实。由此可见，尽管甲开发商存在恶意误导的行为，但并不符合适用惩罚性赔偿的情形，C错误。（4）《合同法》第97条规定，"合同解除后，尚未履行的，终止履行；已经履行的，根据履行情况和合同性质，当事人可以要求恢复原状、采取其他补救措施，并有权要求赔偿损失。"由此可见，解除合同和违约责任二者可以并用，故D错误。

综上所述，本题的正确答案为AB。

52.【答案】CD

【解析】本题考查表见代理的构成要件。《合同法》第49条规定："行为人没有代理权、超越代理权或者代理权终止后以被代理人名义订立合同，相对人有理由相信行为人有代理权的，该代理行为有效。"该条规定的即为表见代理。因此，甲公司只有证明相对人温某欠缺足够的理由相信行为人有代理权。借款合同上盖公司合同专用章，符合交易的通常惯例，相对人温某没有理由怀疑，故A不选。B项中，按照通常交易观念，持有盖章的空白合同即可以相信行为人有代理权，无须进一步核实，故不选。甲公司授权委托书载明甲公司仅授权吴某参加投标活动或空白授权委托书已届期的，相对人应当能够注意到行为人可能欠缺代理权，进而排除表见代理的适用。故选项CD正确。

53.【答案】ABCD

【解析】本题考查诉讼时效制度的相关规定。（1）《民法通则》第135条规定："向人民法院请求保护民事权利的诉讼时效期间为二年，法律另有规定的除外。"由此可见，诉讼时效仅适用于请求权，支配权、形成权等均不适用诉讼时效。《诉讼时效规定》第7条规定，"享有撤销权的当事人一方请求撤销合同的，应适用合同法第五十五条关于一年除斥期间的规定。对方当事人对撤销合同请求权提出诉讼时效抗辩的，人民法院不予支持。"《物权法》第99条规定："共有人约定不得分割共有的不动产或者动产，以维持共有关系的，应当按照约定，但共有人有重大理由需要分割的，可以请求分割；没有约定或者约定不明确的，按份共有人可以随时请求分割，共同共有人在共有的基础丧失或者有重大理由需要分割时可以请求分割。因分割对其他共有人造成损害的，应当给予赔偿。"因合同的撤销权以及共有物的分割请求权，性质上都属于形成权，故不适用诉讼时效。因此AD正确，均应当选。（2）民法理论认为，合同无效属于当然、确定、自始、绝对无效，当事人请求确认合同无效不适用于诉讼时效。需要特别注意的是，当事人请求确认合同无效的权利并非形成权，因无效是自始确定无效的，而非因当事人主张而变为无效。故B选项当选。（3）根据《物权法》第76条规定："筹集和使用建筑物及其附属设施的维修资金属于业主共同决定的事项，维修基金性质上属于业主共有财产，业主缴付义务为法定义务，且随业主身份而存在。业主大会请求业主缴付具有一定物权性质，性质上属于债权，但只要业主身份存在，不适用诉讼时效。"故 C 选项当选。

综上所述，本题的正确答案为 ABCD。

54. 【答案】ABD

【解析】本题综合考查债权人撤销权、合同效力以及不动产物权变动等知识点。（1）根据《合同法》第 74 条规定："债务人以明显不合理的低价转让财产，对债权人造成损害，并且受让人知道该情形的，债权人也可以请求人民法院撤销债务人的行为。"由此可见，债务人杜某有偿处分其房屋时，谢某若要行使债权人撤销权，须证明该处分行为为"明显不合理低价"并已经损害债权人债权，且相对人"知道该情形"。《合同法解释（二）》第 19 条规定："转让价格达不到交易时交易地的指导价或者市场交易价百分之七十的，可以视为明显不合理的低价。"本题中，甲处分价格为市场价格的 75%，不能认定为"明显不合理低价"，且并无相对人知道该情形及已经损害债权的相关信息，谢某无权行使撤销权。A 选项错误。（2）《物权法》第 15 条规定："当事人之间订立有关设立、变更、转让和消灭不动产物权的合同，除法律另有规定或者合同另有约定外，自合同成立时生效；未办理物权登记的，不影响合同效力。"本题中，标的房屋虽未过户登记，但杜某、赖某签订的买卖合同不违反法律法规的禁止性规定，是完全有效的。B 选项错误。（3）《合同法》第 52 条第（2）项规定："恶意串通，损害国家、集体或者第三人利益的合同无效。"

如有证据证明杜某、赖某构成恶意串通损害债权人利益的，该合同无效。C 选项正确。（4）谢某对杜某只享有债权，只能请求其偿还债务。若未就以房屋抵债达成合意，并依据物权法规定过户登记，谢某无法取得房屋的所有权。D 选项错误。

综上所述，本题的正确答案为 ABD。

55. 【答案】BCD

【解析】本题综合考查物权确认请求权及其变更登记、异议登记等制度。①《物权法》第 33 条规定："因物权的归属、内容发生争议的，利害关系人可以请求确认权利。"当物权的归属和内容等发生争议时，确认物权是物权行使和保护的基础，具有重要意义。可以请求确认权利的"利害关系人"，既包括物权人及争议相对人，还包括其债权人等有利害关系之人。本题中，刘某、张某因房屋所有权归属发生争议，当事人可向法院请求确认其为所有权人。故 C 选项正确。②《物权法》第 19 条规定："权利人、利害关系人认为不动产登记簿记载的事项错误的，可以申请更正登记。不动产登记簿记载的权利人书面同意更正或者有证据证明登记确有错误的，登记机构应当予以更正。不动产登记簿记载的权利人不同意更正的，利害关系人可以申请异议登记。"本题中，因登记权利人并不承认登记错误，双方对所有权归属存在争议，因此刘某无权直接申请更正登记，但可以申请异议登记。因此，A 选项错误，而 B 选项正确。③根据上述规定，如有证据证明登记确有错误的，登记机构应当予以更正。法院判决确认刘某为所有权人，即足以证明将该房登记于张某名下确实存在错误，刘某有权要求变更登记，故 D 选项正确。

综上所述，本题的正确答案为BCD。

56.【答案】AD

【解析】本题考查土地承包经营权。①《物权法》第127条规定："土地承包经营权自土地承包经营权合同生效时设立。"故A选项正确。②《物权法》第129条规定："土地承包经营权人将土地承包经营权互换、转让，当事人要求登记的，应当向县级以上地方人民政府申请土地承包经营权变更登记；未经登记，不得对抗善意第三人。"由此可见，土地承包经营权的转让，自转让合同生效时发生效力，登记仅是对抗要件而非生效要件。故B选项错误。③《农村土地承包法》第31条第1款规定："承包人应得的承包收益，依照继承法的规定继承。"因此，土地承包经营权不发生继承，但继承人可继承承包的收益。因此，C选项错误而D选项正确。

综上所述，本题的正确答案为AD。

57.【答案】ACD

【解析】本题考查抵押权与租赁权的冲突。①所谓代物清偿，指债权人受领他种给付以替代原定给付而使债之关系消灭。本题中，王某将该房屋无偿租给李某1年，以此抵王某欠李某的借款，属于代物清偿。王某交付了房屋，李某向王某则出具了借款还清的收据，双方的借款之债因代物清偿的履行已经归于消灭。A选项正确。②《物权法》第190条规定："订立抵押合同前抵押财产已出租的，原租赁关系不受该抵押权的影响。抵押权设立后抵押财产出租的，该租赁关系不得对抗已登记的抵押权。"本题中，王某的房屋先为张某设定了抵押并办理了抵押登记，之后才将该房屋租给

李某，因此租赁关系不得对抗张某的抵押权。故B选项说法错误。③根据《合同法》第52条规定："恶意串通，损害国家、集体或者第三人利益的合同无效。"本题中，李某得知房屋上设有抵押后，与王某串通修订租赁合同将起租日提前，显然是为了损害抵押权人的利益，应当认定为无效。故C选项正确。④根据《合同法》第228条规定："因第三人主张权利，致使承租人不能对租赁物使用、收益的，承租人可以要求减少租金或者不支付租金。"本题中，因张某主张抵押权使得承租人无法使用租赁房屋的，王某应当承担违约责任。故D选项说法正确。

综上所述，本题的正确答案为ACD。

58.【答案】BD

【解析】本题考查所有权的取得及占有的保护等。①《物权法》第30条规定："因合法建造、拆除房屋等事实行为设立或者消灭物权的，自事实行为成就时发生效力。"本题中，某小区徐某未获得规划许可证和施工许可证便在自住房前扩建一个门面房，属于违章建筑，不能取得所有权，故A选项错误。②徐某虽不能取得门面房所有权，但其占有仍应当受到保护，故选项B正确。③因门面房属于违章建筑，依法应当拆除，不应采取恢复原状的方式进行救济，故选项C错误。④《侵权责任法》第6条规定："行为人因过错侵害他人民事权益，应当承担侵权责任。"本题中，虽违章门面房挤占了其他业主共有的人行横道，但业主不具备自力救济的条件，拆除行为给徐某合法的自住房损害的，应当承担相应的赔偿责任。故D选项正确。

综上所述，本题的正确答案为BD。

59.【答案】ABD

【解析】本题综合考查法律行为的附款以及租赁合同的效力。《合同法》第45条后段规定："附解除条件的合同，自条件成就时失效。"本题中，甲乙签订的书面租赁合同因意思表示一致而成立，但以"刘某出现并还清货款"作为使得该合同丧失效力的限制。因刘某是否出现并还清货款，尚属不确定的事实，因此所附限制为解除条件。在条件成就之前，租赁合同是有效的，当事人不得任意变更解除。因此，选项ABD错误，而选项C正确。

60.【答案】CD

【解析】《合同法》第184条规定："供用水、供用气、供用热力合同，参照供用电合同的有关规定。"第182条规定："用电人应当按照国家有关规定和当事人的约定及时交付电费。用电人逾期不交付电费的，应当按照约定支付违约金。经催告用电人在合理期限内仍不交付电费和违约金的，供电人可以按照国家规定的程序中止供电。"故选项CD正确。虽然《合同法》第94条规定："当事人一方迟延履行主要债务，经催告后在合理期限内仍未履行时，当事人可以解除合同。"但《合同法》考虑到供用电、供用水、供用气及供用热力合同的特殊性，于第182条作出了不同规定，该分则规定应当优先于总则规定而适用。这主要是考虑到供用电水气热力等属于人民基本生活保障的需要，即使用户存在逾期缴费的情形，原则上只能中止供电，而不能解除合同，故选项AB错误。

综上所述，本题的正确答案为CD。

61.【答案】AC

【解析】本题考查赠与合同及其法律行为的附款。（1）附条件的法律行为，指当事人在民事法律行为中设立了一定的事由作为条件，以条件成就与否作为决定民事法律行为效力产生或解除根据的民事法律行为。《民法通则》第62条及《合同法》第45条均规定，民事法律行为（合同）的效力可以附条件。本题中，甲公司以员工的离职作为教育费用赠与失效的条件，属于附解除条件的法律行为（赠与）。故A选项正确。（2）《合同法》第190条规定，"赠与可以附义务。赠与附义务的，受赠人应当按照约定履行义务。"本题中，甲公司并不负有不离职的义务，不构成附义务赠与。根据《合同法》第192条规定"受赠人不履行赠与合同约定的义务的，赠与人可以撤销赠与。"由此可见，附义务赠与的失效需以赠与人行使撤销权为前提，而非当然直接失效。根据题目给定的信息——"如员工离职，则资助失效"，显然员工离职之时资助自动失效，与赠与人是否实际行使撤销权并无关系，属于典型的附解除条件的赠与合同。因此，选项B错误。（3）《合同法》第45条后段规定："附解除条件的合同，自条件成就时失效。"本题中，如果魏某次年离职，则法律行为所附解除条件成就，赠与合同即失去效力，甲公司无义务再履行，故选项C正确。（4）根据《合同法》第186条规定："赠与人在赠与财产的权利转移之前可以撤销赠与。具有救灾、扶贫等社会公益、道德义务性质的赠与合同或者经过公证的赠与合同，不适用前款规定。"本题中，如魏某次年未离职，赠与合同仍然有效，但由于甲公司对员工的抽奖福利待遇，系履行其道德义务的赠与，有助于增强员工的归属感并提高工作的积极性，在不存在法定撤销情形的前提下，甲公司无权在赠与财产的权利转移之前任意撤销赠与，故D选项错误。

综上所述，本题的正确答案为AC。

62. 【答案】AD

【解析】①根据《著作权法》第42条的规定："录音录像制作者对其制作的录音录像制品，享有许可他人复制、发行、出租、通过信息网络向公众传播并获得报酬的权利。被许可人复制、发行、通过信息网络向公众传播录音录像制品，还应当取得著作权人、表演者许可，并支付报酬。"本题中，某公司若翻录（复制）和销售（发行）该CD，应当经过甲、乙和丙三方的许可并支付报酬，故A选项正确。②《著作权法》第40条第3款规定："录音制作者使用他人已经合法录制为录音制品的音乐作品制作录音制品，可以不经著作权人许可，但应当按照规定支付报酬；著作权人声明不许使用的不得使用。"本题中，该公司使用已经合法录制为CD的音乐制品制作录音制品，构成法定许可，可不经许可，但须支付报酬。故B选项中某公司的行为属于合法行为，B选项错误。③《著作权法》第10条规定："著作权包括下列人身权和财产权：……（九）表演权，即公开表演作品，以及用各种手段公开播送作品的表演的权利。"本题C选项中，某商场购买CD后在营业时间作为背景音乐播放，属于作品的机械表演，只需经过著作权人甲的许可。因此，C选项的行为是合法的。④根据《著作权法》的规定，著作权人、表演者以及录音录像者均享有复制权。本题中，某电影公司将CD中的声音作为电影的插曲使用，属于复制行为，应当经过著作权人甲、

表演者丙以及录音录像制作者乙唱片公司的三方许可并支付报酬，故D选项构成侵权行为，当选。

综上所述，本题的正确答案为AD。

63. 【答案】BD

【解析】①本题中，乙公司与甲公司签订了中国地域内的专利独占实施合同，而A国的丙公司与甲公司签订的在A国地域内的专利普通实施合同，与甲、乙签订的专利独占实施合同并不冲突，无须承担违约责任，故A选项错误。②乙公司虽依合同获得中国地域内的独占实施权，但在未取得让与人甲公司许可的前提下，无权再许可他人实施专利，故应当向甲公司承担违约责任。故B选项正确。③《专利法》第69条规定："有下列情形之一的，不视为侵犯专利权：（一）专利产品或者依照专利方法直接获得的产品，由专利权人或者经其许可的单位、个人售出后，使用、许诺销售、销售、进口该产品的；……"本题中，戊公司从丙公司进口这些产品到中国使用，而丙公司是经甲公司授权生产的专利产品，依据权利用尽原则，戊公司的行为未侵犯乙公司的专利独占实施权。故C选项错误。④A国的丁公司与乙公司签订的技术转让合同因侵害他人技术成果而不生效力，故丁公司生产的专利产品属于侵权产品，侵害了甲公司的专利权。庚公司分别从丁公司进口这些产品到中国使用，不得援引权利穷竭原则主张免责。故D选项正确。

综上所述，本题的正确答案为BD。

64. 【答案】BCD

【解析】①《商标法》第18条第2款规定："外国人或者外国企业在中国申请商标注册和办理其他商标事宜的，应当委

163

托依法设立的商标代理机构办理。"本题中，甲公司为A国企业，若在我国申请商标注册必须委托商标代理机构办理，故A选项正确。②《商标法》第22条第2款规定："商标注册申请人可以通过一份申请就多个类别的商品申请注册同一商标。"由此可见，甲公司可以通过一份申请分别在牛奶、糕点和食品容器这三类商品上申请注册同一商标"白雪"。故B选项错误。③《商标法》第25条规定："商标注册申请人自其商标在外国第一次提出商标注册申请之日起六个月内，又在中国就相同商品以同一商标提出商标注册申请的，依照该外国同中国签订的协议或者共同参加的国际条约，或者按照相互承认优先权的原则，可以享有优先权。依照前款要求优先权的，应当在提出商标注册申请的时候提出书面声明，并且在三个月内提交第一次提出的商标注册申请文件的副本；未提出书面声明或者逾期未提交商标注册申请文件副本的，视为未要求优先权。"本题中，甲公司于2012年8月1日向A国在牛奶产品上申请注册"白雪"商标被受理后，于2013年5月30日向我国商标局申请注册"白雪"商标用在牛奶、糕点和食品容器这三类商品上，不仅超过了优先权行使的六个月期限，而且在中国申请的商品范围也大于在国外申请的范围，故不得主张优先权。C选项错误。④《商标法》第14条第5款规定："生产、经营者不得将'驰名商标'字样用于商品、商品包装或者容器上，或者用于广告宣传、展览以及其他商业活动中。"故，即使商标局在异议程序中认定"白雪"商标为驰名商标，甲公司也不得在其牛奶包装上使用"驰名商标"字样，故D选项

错误。

综上所述，本题正确答案为BCD。

65.【答案】BC

【解析】本题考查第一顺序法定继承人的范围。①根据《继承法》第10条的规定："第一顺序法定继承人包括：配偶、子女、父母。本法所说的子女，包括婚生子女、非婚生子女、养子女和有扶养关系的继子女。"本题中，丙去世时，其配偶甲以及其子小亮当然为第一顺序继承人。BC当选。②而甲与丙（女）再婚时，甲之子为小明的继子女，因其已经成年，与丙之间并无扶养关系，不具有第一顺序继承人资格。故A选项错误。③此外，《收养法》第15条规定："收养应当向县级以上人民政府民政部门登记。收养关系自登记之日起成立。"本题中，甲与丙虽收养孤儿小光为养子，但因未办理收养手续而不发生收养的效力，小光并非第一顺序继承人。故D选项错误，不当选。④需要注意的是，《继承法》第14条规定："对继承人以外的依靠被继承人扶养的缺乏劳动能力又没有生活来源的人，或者继承人以外的对被继承人扶养较多的人，可以分给他们适当的遗产。"此时，如果小光缺乏劳动能力且没有生活来源，可以分得适当的遗产，但其不具备继承人的身份。

综上所述，本题的正确答案为BC。

66.【答案】AC

【解析】本题考查无偿帮工侵权的责任承担。①根据最高人民法院《人身损害赔偿解释》第13条的规定："为他人无偿提供劳务的帮工人，在从事帮工活动中致人损害的，被帮工人应当承担赔偿责任。被帮工人明确拒绝帮工的，不承担赔偿责任。

帮工人存在故意或者重大过失，帮工人和被帮工人应当承担连带责任。"本题中，甲家盖房，邻居乙、丙前来无偿帮忙。乙在帮工活动中不慎撞伤小孩丁，原则上应当由被帮工人甲承担赔偿责任。因此，C项正确而D项错误。②《人身损害赔偿解释》第14条规定："帮工人因帮工活动遭受人身损害的，被帮工人应当承担赔偿责任。被帮工人明确拒绝帮工的，不承担赔偿责任；但可以在受益范围内予以适当补偿。"本题中，丙在帮工活动中因失误从高处摔下受伤，且甲无明确拒绝帮工的情形，应当由被帮工人甲承担赔偿责任。③《侵权责任法》第26条规定："被侵权人对损害的发生也有过错的，可以减轻侵权人的责任。"本题中，丙因失误受伤，应当减轻甲的赔偿责任。故A选项正确而B选项错误。

综上所述，本题的正确答案为AC。

67.【答案】CD

【解析】本题考查旅游服务合同的效力及侵权责任的承担。①《侵权责任法》第34条第1款规定："用人单位的工作人员因执行工作任务造成他人损害的，由用人单位承担侵权责任。"本题中，丁公司司机黄某为执行工作任务，其酒后驾驶发生事故造成他人损害的，应当由用人单位承担赔偿责任，黄某并不对被侵权人承担连带责任。[1] 故选项AB错误。②《旅游纠纷规定》第10条规定："旅游经营者将旅游业务转让给其他旅游经营者，旅游者不同意转让，有权解除旅游合同，并追究旅游经营者的违约责任。旅游经营者擅自转让合同后，旅游者在旅游过程中遭受损害的，有权请求要求旅游经营者和实际提供服务的旅游经营者承担连带责任。"本题中，乙旅行社未经甲和其他旅游者同意，将本次业务转让给当地的丙旅行社，造成甲受伤的，甲有权请求乙旅行社和丙旅行社承担连带赔偿责任。故C选项正确。③个体运输户刘某驾驶货车违章变道，对甲的损害具有过错，甲有权依据《侵权责任法》第6条第1款规定请求其承担侵权责任。故D选项正确。

综上所述，本题的正确答案为CD。

68.【答案】ABD

【解析】《公司法》第26条："有限责任公司的注册资本为在公司登记机关登记的全体股东认缴的出资额。法律、行政法规以及国务院决定对有限责任公司注册资本实缴、注册资本最低限额另有规定的，从其规定。"新公司法取消了注册资本的法定限制，改为股东约定，章程自治。所以，A正确；

第25条："有限责任公司章程应当载明下列事项：（一）公司名称和住所；（二）公司经营范围；（三）公司注册资本；（四）股东的姓名或者名称；（五）股东的出资方式、出资额和出资时间；（六）公司的机构及其产生办法、职权、议事规则；（七）公司法定代表人；（八）股东会会议认为需要规定的其他事项。股东应当在公司章程上签名、盖章。"既然注册资本为章程自治，那么章程中自然应当包含注册资本

---

[1] 需要注意的是，《最高人民法院关于审理人身损害赔偿案件适用法律若干问题的解释》（法释〔2003〕20号）第9条第1款曾规定："雇员在从事雇佣活动中致人损害的，雇主应当承担赔偿责任；雇员因故意或者重大过失致人损害的，应当与雇主承担连带赔偿责任。雇主承担连带赔偿责任的，可以向雇员追偿。"但2009年颁布的《侵权责任法》第34条规定改变了该规则，司法实践中不再适用。

项，B正确；

第 7 条："公司营业执照应当载明公司的名称、住所、注册资本、经营范围、法定代表人姓名等事项。"所以，营业执照中应当载明注册资本，供公众知悉，C错误；

《公司法》取消了法定的验资程序，但如果章程约定验资，遵从股东的意思自治是可以的，D项正确。

69. 【答案】AC

【解析】《公司法》第 32 条："有限责任公司应当置备股东名册，记载下列事项：（一）股东的姓名或者名称及住所；（二）股东的出资额；（三）出资证明书编号。记载于股东名册的股东，可以依股东名册主张行使股东权利。公司应当将股东的姓名或者名称向公司登记机关登记；登记事项发生变更的，应当办理变更登记。未经登记或者变更登记的，不得对抗第三人。"

A项正确，股东名册是有限公司必须置备的文件；

B项错误，提交公司登记机关的内容仅仅是股东的姓名或名称，而并非整个股东名册；

C项正确，股东名册是在公司内部证明股东权利的文件资料

D项错误，名册与登记内容不一致的，对内名册为准，对外登记为准，D项错误。

70. 【答案】ABCD

【解析】《公司法》第 183 条："逾期不成立清算组进行清算的，债权人可以申请人民法院指定有关人员组成清算组进行清算。人民法院应当受理该申请，并及时组织清算组进行清算。"《公司法司法解释（二）》第 7 条："公司应当依照公司法第一百八十三条的规定，在解散事由出现之日起十五日内成立清算组，开始自行清算。有下列情形之一，债权人申请人民法院指定清算组进行清算的，人民法院应予受理：（一）公司解散逾期不成立清算组进行清算的；（二）虽然成立清算组但故意拖延清算的；（三）违法清算可能严重损害债权人或者股东利益的。具有本条第二款所列情形，而债权人未提起清算申请，公司股东申请人民法院指定清算组对公司进行清算的，人民法院应予受理。"所以，申请法院清算主体应当是债权人，只有符合条件情形下，债权人未提起清算申请，股东才可以提请清算，A错误；

《公司法》第 186 条："清算期间，公司存续，但不得开展与清算无关的经营活动。公司财产在未依照前款规定清偿前，不得分配给股东。"《公司法司法解释（二）》第 10 条："公司依法清算结束并办理注销登记前，有关公司的民事诉讼，应当以公司的名义进行。公司成立清算组的，由清算组负责人代表公司参加诉讼；尚未成立清算组的，由原法定代表人代表公司参加诉讼。"所以公司在清算期间的诉讼活动，在清算组没有成立之前应当由原法定代表人代表公司参加诉讼，清算组成立后，由清算组的负责人代表公司参加诉讼，即只有作为清算组负责人的自然人有权代表公司诉讼，而非"清算组"这一组织。B项错误。

《公司法司法解释（二）》第 13 条："债权人在规定的期限内未申报债权，在公司清算程序终结前补充申报的，清算组应予登记。公司清算程序终结，是指清算报告经股东会、股东大会或者人民法院确认完毕。"补充申报是可以支持的，C错误；

《公司法司法解释二》第 15 条："公

司自行清算的，清算方案应当报股东会或者股东大会决议确认；人民法院组织清算的，清算方案应当报人民法院确认。未经确认的清算方案，清算组不得执行。"所以法院组织清算的，清算方案经法院确认后才可以执行，而非简单的备案，D项错误。

71.【答案】BD

【解析】《公司法》第164条："公司应当在每一会计年度终了时编制财务会计报告，并依法经会计师事务所审计"所以，A项错误，不能自行审计；

第166条："公司的法定公积金不足以弥补以前年度亏损的，在依照前款规定提取法定公积金之前，应当先用当年利润弥补亏损。" B项正确；

第168条："公司的公积金用于弥补公司的亏损、扩大公司生产经营或者转为增加公司资本。但是，资本公积金不得用于弥补公司的亏损。法定公积金转为资本时，所留存的该项公积金不得少于转增前公司注册资本的百分之二十五。"所以，C错误；D正确。

72.【答案】AC

【解析】《公司法》第87条："发起人向社会公开募集股份，应当由依法设立的证券公司承销，签订承销协议。" A正确；

第88条："发起人向社会公开募集股份，应当同银行签订代收股款协议。"应当是发起人与银行签订代收股款的协议，并非证券公司，B错误；

第89条："发行股份的股款缴足后，必须经依法设立的验资机构验资并出具证明。发起人应当自股款缴足之日起三十日内主持召开公司创立大会。创立大会由发起人、认股人组成。" C正确；

第90条："发起人应当在创立大会召开十五日前将会议日期通知各认股人或者予以公告。创立大会应有代表股份总数过半数的发起人、认股人出席，方可举行。创立大会行使下列职权：（一）审议发起人关于公司筹办情况的报告；（二）通过公司章程；（三）选举董事会成员；（四）选举监事会成员；（五）对公司的设立费用进行审核；（六）对发起人用于抵作股款的财产的作价进行审核；（七）发生不可抗力或者经营条件发生重大变化直接影响公司设立的，可以作出不设立公司的决议。创立大会对前款所列事项作出决议，必须经出席会议的认股人所持表决权过半数通过。" D项错误，总经理是由董事会任免的，而非由创立大会上选出。

73.【答案】BD

【解析】《合伙企业法》第27条："依照本法第二十六条第二款规定委托一个或者数个合伙人执行合伙事务的，其他合伙人不再执行合伙事务。不执行合伙事务的合伙人有权监督执行事务合伙人执行合伙事务的情况。"所以，A项中，孙某作为其他合伙人不再执行合伙事务，不能对外签订合同，A错误；B项正确，作为其他合伙人的李某对于事务执行人有监督权；

第29条："合伙人分别执行合伙事务的，执行事务合伙人可以对其他合伙人执行的事务提出异议。提出异议时，应当暂停该项事务的执行。如果发生争议，依照本法第三十条规定作出决定。"事务执行人之间彼此存在异议的权利，所以，D项正确；C错误。

74.【答案】CD

【解析】《破产法司法解释二》第14条："债务人对以自有财产设定担保物权的债

权进行的个别清偿，管理人依据企业破产法第三十二条的规定请求撤销的，人民法院不予支持。但是，债务清偿时担保财产的价值低于债权额的除外。"

第15条："债务人经诉讼、仲裁、执行程序对债权人进行的个别清偿，管理人依据企业破产法第三十二条的规定请求撤销的，人民法院不予支持。但是，债务人与债权人恶意串通损害其他债权人利益的除外。"

第16条："债务人对债权人进行的以下个别清偿，管理人依据企业破产法第三十二条的规定请求撤销的，人民法院不予支持：（一）债务人为维系基本生产需要而支付水费、电费等的；（二）债务人支付劳动报酬、人身损害赔偿金的；（三）使债务人财产受益的其他个别清偿。"

所谓撤销权行使的三例外：（1）自有财产设定的担保债权不撤销；（2）强制执行不撤；（3）基本生产生活资料的支付不撤。所以，AB项错误；CD项正确。

75.【答案】BC

【解析】《票据法》第15条："票据丧失，失票人可以及时通知票据的付款人挂失止付，但是，未记载付款人或者无法确定付款人及其代理付款人的票据除外。收到挂失止付通知的付款人，应当暂停支付。失票人应当在通知挂失止付后三日内，也可以在票据丧失后，依法向人民法院申请公示催告，或者向人民法院提起诉讼。"

A项错误，持票人遗失票据还有相应的补救措施，并非当然失去票据权利；

D项错误，申请公示催告的时间应当是挂失止付后3日内或票据丧失后；

C项正确，丙银行接到挂失止付的通知后不应当再行止付，如果依旧向丁止付了票据款项，即行为本身有过错，应当向权利人乙赔偿；

《票据法司法解释》第36条："失票人因请求出票人补发票据或者请求债务人付款遭到拒绝而向人民法院提起诉讼的，被告为与失票人具有票据债权债务关系的出票人、拒绝付款的票据付款人或者承兑人。"所以，B项正确。

76.【答案】AD

【解析】《保险法司法解释（二）》第6条："投保人的告知义务限于保险人询问的范围和内容。当事人对询问范围及内容有争议的，保险人负举证责任。保险人以投保人违反了对投保单询问表中所列概括性条款的如实告知义务为由请求解除合同的，人民法院不予支持。但该概括性条款有具体内容的除外。"所以，A项正确；BC项错误。

第7条："保险人在保险合同成立后知道或者应当知道投保人未履行如实告知义务，仍然收取保险费，又依照保险法第十六条第二款的规定主张解除合同的，人民法院不予支持。"所以，D项正确。

77.【答案】AC

【解析】本题考查仲裁中的证据保全。首先，在仲裁程序启动之前，当事人可以向法院申请诉前证据保全，即因为情况紧急，在证据可能灭失或者以后难以取得的情况下，利害关系人可以在提起诉讼或者申请仲裁前向证据所在地、被申请人住所地或者对案件有管辖权的法院申请证据保全。所以，当事人在申请仲裁前可以向甲县法院（"交货后"可知亿龙公司所在地甲县即为证据所在地）申请证据保全，A选项正确。其次，在仲裁程序中申请保全，则只能适用仲裁法有关保全的规定，即当事人应当向仲裁委员会申请证据保全，但仲裁委员会没有权力作出保全与否的裁定，应当将当事人的保全申请交证据所在地的基层法院作出裁定，所以，BD选项为错误。根据新《民诉解释》，证据保全（不论是诉前还是诉讼中），可能给他人造成损失的，应当责令申请人提供担保，故法院是有权责令申请人提供担保的，C选项表述正确。

78. 【答案】ABC

【解析】本题综合考查管辖的相关知识点。

A选项考查管辖权恒定原则，管辖根据起诉时确定，不因诉讼中当事人的住所地、经常居住地的变更以及行政区划的变化而变化。显然选项中被告李河住所地的变化并不影响A区法院对本案的管辖权，本案依然由A区法院管辖，故其将案件移送D区法院的做法是错误的。

B选项为侵权纠纷，由侵权行为地和被告住所地法院管辖，故侵权行为地B区法院和被告住所地C区法院均有管辖权，两个法院都有管辖权（共同管辖）的情况下，原告可以选择向其中一个法院起诉（选择管辖），所以，本案既然B区法院具有管辖权，自然不能将案件移送，因为移送管辖仅仅是在受理案件的法院没有管辖权的情况下，将案件移送有管辖权的法院而纠错。当然，考生也可以根据两个以上法院均有管辖权的案件，先立案的法院不得将案件移送其他有管辖权的法院这一规定，判断该表述错误。

C选项中，中院的级别管辖标准为1000万到5000万，本案诉讼标的为5005万，应该由高院管辖。本该由上级法院管辖的第一审民事案件，下级法院不得报请上级法院交其审理。所以，C表述错误。当然，本案如果高院认为确有必要交中院审理，可以报请自己的上级法院（即最高人民法院）批准后，将本案的管辖权转移给该中院。

D选项中，合同纠纷应当由合同履行地或者被告住所地法院管辖，本案中H区法院作为原告住所地法院，对案件没有管辖权，对于受理案件前，法院审查发现不属于本院管辖的，应当告知当事人向有管辖权的法院起诉，原告坚持起诉的，裁定不予受理，表述正确。可能有考生认为本题属于被告下落不明，应当由原告住所地法院管辖，所以，原告住所地法院应当受理。但是注意，民事诉讼法规定"对下落不明的人提起的身份关系诉讼诉讼，由原告住所地法院管辖"，而本案中合同纠纷并非身份关系诉讼，原告住所地法院无管辖权。

本题选择违反法律规定的选项，因此，选择ABC。

79. 【答案】ABCD

【解析】本题涉及不同的制度，需要逐一分析。

A选项涉及证明责任的分配问题，证明责任的分配由法律或者司法解释明文规定，不存在约定或者在诉讼中转移的问题。所以，A选项双方当事人约定举证责任的做法是无效的，对法院并无约束力。

B选项涉及撤诉的问题，根据《民事诉讼法》的规定："撤诉或者按撤诉处理的案件，当事人以同一事实和理由再次起诉的，法院应当受理。"当事人的约定因违反了法律的规定而对法院没有约束力。

C选项涉及简易程序的适用问题，简易程序可以由法院直接适用，也可以由当事人约定适用。但当事人只能约定适用简易程序，而不能作出相反的约定，即不能约定不适用简易程序，而适用普通程序审理，因为此种约定对国家而言是司法资源的浪费，国家司法资源不可能因为当事人的约定而滥用。所以C，选项表述错误。

D选项中，委托代理人参加诉讼是当事人的诉讼权利，不能无故剥夺，所以，当事人的该约定是无效的。再者，拘传是限制当事人人身自由的强制措施，其适用条件需要法律作出明文规定，即《民事诉讼法》规定对于必须到庭的被告，法院经两次传票传唤无正当理由拒不到庭的，适用拘传，而不能根据当事人的约定就突破法律的限制，随意采取拘传这一限制公民人身权利的强制措施。

所以，本题ABCD均为错误选项。

80. 【答案】CD

【解析】本题考查检察监督。

首先当事人向检察院申请检察建议的条件是：（1）人民法院驳回再审申请的；（2）人民法院逾期未对再审申请作出裁定的；（3）再审判决、裁定有明显错误的。可见，当事人申请检察建议或者抗诉这一程序应当具有断后性，即应当先向法院申请再审，通过法院系统内部监督机制仍不足以纠错的情况下，才向检察院申请检察建议或者抗诉。所以，当事人不能在向法院申请再审的同时申请检察建议，A选项错误。同时，根据《民事诉讼法》第209条："人民检察院对当事人的申请应当在三个月内进行审查，作出提出或者不予提出检察建议或者抗诉的决定。当事人不得再次向人民检察院申请检察建议或者抗诉。"可见，检察院作出的决定应当具有终局性，当事人不能再次向省检申请抗诉，B选项错误。

根据《民事诉讼法》第210条的规定："检察院因履行法律监督职责提出检察建议或者抗诉的需要，可以向当事人或者案外人调查核实有关情况。"故本案中，检察院在审查检察建议申请过程中，可以向建华公司以及瑞成公司调查核实案情，CD选项表述正确。

81. 【答案】BCD

【解析】本题考查诉讼权利能力以及当事人适格的问题，需要考生区别诉讼权利能力与诉讼行为能力。

诉讼权利能力是指以自己的名义作为当事人起诉或者应诉的资格。具体规定是：自然人始于出生终于死亡具有诉讼权利能力；法人始于成立终于终止具有诉讼权利能力；符合条件的其他组织（依法登记并领取营业执照的私营企业、独资企业、合伙企业等）；法人依法设立并领取营业执照的分支机构；银行、保险公司的分支机构）始于成立终于终止具有诉讼权利能力。

A选项中法人注销后，法人资格终止，不再具有诉讼权利能力（法人的诉讼权利能力始于成立终于终止），所以，不能以自己的名义起诉、应诉，表述错误。

B选项自然人的诉讼权利始于出生终于死亡，所以无论其是否具有行为能力，其均具有诉讼权利能力，可以以自己的名义起诉、应诉，表述正确；

C选项中，不是民事主体的非法人组织，如果符合一定条件（如依法登记并领取营业执照的其他组织）仍然具有诉讼权利能力，可以以自己的名义起诉、应诉，表述正确。

D选项考查公益诉讼，根据民事诉讼法规定，对于环境污染、侵害众多消费者合法权益等损害公共利益的行为，法律规定的机关和有关组织可以提起公益诉讼。消费者协会虽然不是争议实体法律关系的当事人,但根据法律规定,基于维护社会公共利益,可以对侵害众多消费者合法权益的行为提起公益诉讼,表述正确。

82.【答案】AB

【解析】A选项中,判决仅仅解决实体问题,而裁定一般而言解决程序问题,如诉讼中止、终结等,但也有少数涉及实体问题如先予执行,表述正确。

B选项中判决必须以书面形式作出,裁定原则上应当以书面形式作出,但是也存在口头裁定的情形,这一点也得到了立法的印证,《民事诉讼法》第152条第3款规定:"裁定书应当写明裁定结果和作出该裁定的理由。裁定书由审判人员、书记员署名,加盖人民法院印章。口头裁定的,记入笔录。"

C选项中关于一审判决都允许上诉的表述过于绝对,如最高人民法院的一审判决、小额诉讼程序所做判决、有关婚姻效力的判决均是一审终审,不允许上诉。该选项实则是考查两审终审制度的例外。而本项的后半段表述为正确,笔者总结出可以上诉的裁定有三:不予受理、驳回起诉和管辖权异议裁定。

D选项中首先有一些裁定是具有执行力的,如保全、先予执行、确认调解协议效力、实现担保物权、我国法院所做的承认和执行外国法院判决的裁定书等。当然本项最明显的错误在于前半部分,并非所有生效的财产案件的判决都具有执行力,如原告起诉被告归还借款,法院判决驳回原告诉讼请求,该判决没法执行,也不需要执行;再如,确认之诉的判决由于不具有给付的内容,同样不能执行,所以,该表述错误。

83.【答案】BD

【解析】本题考查二审。

首先,二审的启动。在民事诉讼中二审只能基于当事人的上诉而启动。在民事诉讼中检察院不能提起二审抗诉,只能通过抗诉启动再审,这一点要和《刑事诉讼法》区别开,所以,A选项表述错误。其次,二审的审理对象。二审应当就上诉人上诉请求的有关事实和法律适用进行审查,所以,二审既是事实审,又是法律审,B选项表述正确。同时值得考生注意的是,民事诉讼二审仅对上诉请求有关的事实和法律问题进行审查,对于被上诉人在答辩中要求变更、补充一审判决的内容可以不予审查,这点和刑事诉讼的全面审查原则注意区别。C选项中二审达成调解协议的,应当制作调解书,调解书送达后原判决视为撤销,注意此处,二审调解书具有当然视为撤销原判决的效力,不必也不能在二审调解书中写明撤销原判,该表述错误。D选项考查二审的审理方式,二审原则上应当开庭审理,但合议庭经过阅卷和调查,询问当事人,对没有提出新的事实、证据或者理由,合议庭认为不需要开庭的,可以不开庭审理。可见,D选项表述正确。同时提醒考生注意的是一审必须开庭审理,二审原则上需要开庭审理,但特殊情况可以不开庭审理。

84.【答案】BD

【解析】本题考查涉外民事诉讼程序。首先,本案的一方当事人是美国人,为涉外民事诉讼程序,涉外民事诉讼程序不受一审、二审审限的限制,所以,A表述正确。其次关于送达,根据《民事诉讼法》第266条规定,对在中国领域内没有住所的当事人送达文书,可以采取涉外送达的特殊方式。可见适用涉外送达规定的前提是受送达人在中国境内没有住所,本案中琼斯在中国境内有住所,不适用涉外送达的特殊规定,只能适用国内送达的规定,与对李虹的送达方式相同,B选项表述正确。再次,C选项中关于上诉期的问题,根据《民事诉讼法》第268、269条规定,答辩期、上诉期、被上诉人的答辩期为30天并可以延长;适用对象均是在中国境内没有住所的当事人。而本案琼斯虽然是外国人,但在中国境内有住所,所以上诉期依然适用国内民事诉讼的规定,为15天而不是30天,C选项表述错误。最后,外国驻华使、领馆官员,受本国公民的委托,可以以个人名义担任诉讼代理人,但在诉讼中不享有外交特权和豁免权,所以,D选项正确。

本题有一定难度,要求考生精确记忆涉外民事诉讼的哪些制度适用于所有的涉外民事诉讼,哪些仅仅适用于在中国没有住所的当事人。

85. 【答案】AD

【解析】本题考查执行和解。首先,在执行过程中,双方当事人可以自行和解,是双方当事人处分自己实体权利的体现,但由于执行程序并不是诉讼程序,并不解决实体权利义务纠纷,所以,法院不能进行调解,所以,A选项表述正确。其次,双方当事人达成和解协议后,执行员应当将协议内容记入笔录,由双方当事人签名或者盖章,所以,B选项表述错误。和解协议已经履行完毕的,法院应作结案处理,即裁定执行终结,而不是执行中止,C选项表述错误。申请执行人因受到欺诈、胁迫与被执行人达成和解协议,或者当事人不履行和解协议的,人民法院可以根据当事人的申请,恢复对原生效法律文书的执行,

本案中玉石为赝品,即申请人受到欺诈,可以申请法院恢复对原生效法律文书的执行,D选项表述正确。

三、不定项选择题。

86. 【答案】ABD

【解析】①所谓无名合同,指合同法或其他法律没有明确规定的合同类型。本题中,甲公司与乙公司签订的开发某房地产项目的《合作协议一》,合同法及其他法律均无明确规定,性质上属于无名合同,A选项正确。②丙公司由张某、方某共同出资设立,其股权亦分别由张某与方某享有。虽甲公司同为张某、方某共同出资设立,但在法律上具有独立的法律人格,其并非丙公司股东。因此,甲公司与乙公司签订的《合作协议一》,约定将丙公司10%的股权转让给乙公司,属于无权处分。故B选项正确。③对于无权处分合同的效力,《最高人民法院关于审理买卖合同纠纷案件适用法律问题的解释》(法释〔2012〕8号)第3条规定:"当事人一方以出卖人在缔约时对标的物没有所有权或者处分权为由主张合同无效的,人民法院不予支持(第1款)。出卖人因未取得所有权或者处分权致使标的物所有权不能转移,买受人要求出卖人承担违约责任或者要求解除合同并主张损害赔偿的,人民法院应予支持(第2款)。"由此可见,无权处分合同原则上属于有效的合同。同时,该解释第45条规定:"法律或者行政法规对债权转让、股权转让等权利转让合同有规定的,依照其规定;没有规定的,人民法院可以根据合同法第一百二十四条和第一百七十四条的规定,参照适用买卖合同的有关规定。"本题中,虽甲公司与乙公司签订的《合作协议一》

对股权属于无权处分，但仍是有效的合同。故D选项正确，而C选项错误。

综上所述，本题的正确答案为ABD。

87. 【答案】AC

【解析】①解除权基于发生的依据，可分为约定解除权与法定解除权。约定解除权，指当事人订立合同时约定一方随时或在一定条件下得享有合同解除权；而法定解除权则指直接依据法律规定而享有的解除权。本题中，《合作协议一》约定："如协议签订之日起三个月内丙公司未能获得A地块土地使用权致双方合作失败，乙公司有权终止协议"，即约定乙公司在一定条件下享有合同解除权，属于约定解除权。故A选项正确；而B选项错误。②根据题干给定信息，双方当事人于2013年3月1日签订《合作协议一》，直至2013年6月4日，丙公司仍未能获得A地块土地使用权，约定解除合同的条件成就，乙公司有权单方解除合同。乙公司向甲公司发函："鉴于土地使用权已被国土部门收回，故我公司终止协议，请贵公司返还4000万元。"甲公司当即回函："我公司已把股权过户到贵公司名下，贵公司无权终止协议，请贵公司依约支付1000万元尾款。"《合同法》第96条第1款前段规定："当事人一方依照本法第九十三条第二款、第九十四条的规定主张解除合同的，应当通知对方。合同自通知到达对方时解除。"乙公司于6月4日向甲公司发函，要求终止协议，属于约定解除权的行使，合同解除。根据《合同法》第97条规定："合同解除后，尚未履行的，终止履行；已经履行的，根据履行情况和合同性质，当事人可以要求恢复原状、采取其他补救措施，并有权要求赔偿损失。"本题中，当事人签订的《合作协议一》性质上属于非继续性合同，合同解除后当事人有权要求恢复原状。乙公司为履行《合作协议一》而经甲公司指示向张某、方某支付了4000万元首付款，有权要求甲公司返还，故C选项正确；D选项错误。

综上所述，本题的正确答案为AC。

88. 【答案】ABCD

【解析】本题中，甲公司与乙公司签订的《合作协议一》约定："乙公司在协议签订之日起三日内向甲公司支付首付款4000万元，尾款1000万元在次年3月1日之前付清。"但《合作协议一》签订后，乙公司经甲公司指示向张某、方某支付了4000万元首付款，属于合同双方对合同履行方式的变更，乙公司已经履行合同义务。基于合同的相对性原理，合同仅对缔约方产生效力，除合同当事人以外，任何其他人不得享有合同上的权利，也不承担合同上的义务。《合同法》第121条明确规定："当事人一方因第三人的原因造成违约的，应当向对方承担违约责任。当事人一方和第三人之间的纠纷，依照法律规定或者按照约定解决。"本题中，因张某、方某未将前述4000万元支付给丙公司致其未能向某国土部门及时付款，A地块土地使用权被收回挂牌卖掉，导致甲公司对乙公司构成违约，应当由甲公司承担相应的违约责任。张某、方某并非《合作协议一》的当事人，又与丙公司、国土资源部门无合同关系，因此无须向乙公司、丙公司以及某国土部门承担违约责任。因此，ABCD四个选项均错误，均应当选。

89. 【答案】A

【解析】①《合同法》第96条第1款后段规定："对方对权利人是否享有解除权有异议的，可以请求人民法院或者仲裁机构确认解除合同的效力。"本题中，乙公司于6月4日向甲公司发函，要求终止协议，属于解除权的行使，对方当事人甲公司可以提出异议。甲公司回函称"我公司已把股权过户到贵公司名下，贵公司无权终止协议，请贵公司依约支付1000万元尾款"，显然是对乙公司解除合同提出了异议。故选项A正确。②虽然甲公司依约将股权过户于乙公司，但双方签订的《合作协议一》中约定了乙公司在"协议签订之日起三个月内丙公司未能获得A地块土地使用权"时，有权解除合同。因此，甲公司提出的异议理由不成立，选项B错误。③尽管甲公司提出了异议，但该异议并不影响合同的解除。《合同法》第97条规定："合同解除后，尚未履行的，终止履行；已经履行的，根据履行情况和合同性质，当事人可以要求恢复原状、采取其他补救措施，并有权要求赔偿损失。"对于未履行的支付尾款义务，乙公司有权终止履行。故选项C错误。④因双方已不存在互负债务的双务合同，且甲公司并不存在《合同法》第68条规定的可主张不安抗辩权情形，乙公司无权向甲公司主张不安抗辩权。故选项D错误。

综上所述，本题的正确答案为A。

90.【答案】A

【解析】①《合同法》第77条明确规定："当事人协商一致，可以变更合同。法律、行政法规规定变更合同应当办理批准、登记等手续的，依照其规定。"由此可见，合同当事人依意思自治有权变更合同。本题中，张某、方某与乙公司签订了《合作协议二》，约定"本协议签订之日，《合作协议一》自动作废"，但由于张某、方某并非《合作协议一》的当事人，无权决定变更该合同，因此《合作协议一》并未被《合作协议二》所取代，D选项错误。②《合作协议二》为当事人真实的意思表示，且未违反法律、行政法规的禁止性规定，属于有效的合同。故A选项正确；而BC选项错误。

91.【答案】AC

【解析】①所谓单方允诺，也叫单独行为或单务约束，指表意人向相对人作出为自己设定某种义务，使相对人取得某种权利的意思表示。本题中，丁公司向乙公司送达了《承诺函》："本公司代替甲公司承担4000万元的返还义务"，属于单方允诺，选项A正确。②根据该《承诺函》，丁公司包含承担甲公司债务的意思，可构成债务承担。根据民法原理，债务承担分为免责的债务承担和并存的债务承担。前者是指债务人将合同义务全部转移给第三人，由该第三人取代债务人的地位，成为新的债务人；后者是指第三人加入原债务的清偿，原债务人并不退出合同关系，加入人与债务人共同承担债务清偿义务。因免责债务承担导致原债务人脱离债务关系，需要经过债权人的同意，而债权人乙公司虽对此《承诺函》未置可否，但并未同意甲公司免于承担责任，因此，不构成免责的债务承担，而构成并存的债务承担。故C选项正确；而D选项错误。③需要注意的是，并存债务承担与连带责任保证非常相似，但二者存在重要区别：（1）并存债务承担人的债务为其自身债务，是相对独立的；

而保证债务是从债务，其成立、存续、消灭等都受到主债务的影响。（2）并存债务承担中，各债务人承担连带责任，而连带责任保证人与债务人承担不真正连带责任。（3）保证债务受保证期间保护，而并存债务承担人直接承担债务。根据本题中丁公司出具的《承诺函》，当事人并无保证的意思表示，不构成保证。

综上所述，本题的正确答案为 AC。

92. 【答案】CD

【解析】《合伙企业法》第26条："按照合伙协议的约定或者经全体合伙人决定，可以委托一个或者数个合伙人对外代表合伙企业，执行合伙事务。"所以，合伙人会议决定王某不再执行事务是合法的，AB 项错误；

合伙人会议对张某的权利限制基于合伙人意思自治是可以生效的，张某如果想突破此限制应当征得其他合伙人统一方可修正合伙人会议的决定，C 正确；

合伙人的内部约定不能对抗外部善意第三人，所以，D 正确。

93. 【答案】BD

【解析】合伙人事务执行人享有平等的执行事务的权限，所以 A 项说法缺乏法律依据而错误；

《合伙企业法》第29条："合伙人分别执行合伙事务的，执行事务合伙人可以对其他合伙人执行的事务提出异议。提出异议时，应当暂停该项事务的执行。如果发生争议，依照本法第三十条规定作出决定。受委托执行合伙事务的合伙人不按照合伙协议或者全体合伙人的决定执行事务的，其他合伙人可以决定撤销该委托。"田某作为合伙事务的执行人，有权以合伙企业的名义从事业务活动，所以，其与京顺公司的合同是合法有效的，所以，B 项正确；

普通合伙企业中，各合伙人均承担无限连带责任，无论是否执行合伙事务，所以，C 错误；D 正确。

94. 【答案】BC

【解析】《合伙企业法》第41条："合伙人发生与合伙企业无关的债务，相关债权人不得以其债权抵销其对合伙企业的债务；也不得代位行使合伙人在合伙企业中的权利。"所以，A 错误；

第42条："合伙人的自有财产不足清偿其与合伙企业无关的债务的，该合伙人可以以其从合伙企业中分取的收益用于清偿；债权人也可以依法请求人民法院强制执行该合伙人在合伙企业中的财产份额用于清偿。

人民法院强制执行合伙人的财产份额时，应当通知全体合伙人，其他合伙人有优先购买权；其他合伙人未购买，又不同意将该财产份额转让给他人的，依照本法第五十一条的规定为该合伙人办理退伙结算，或者办理削减该合伙人相应财产份额的结算。"所以，BC 正确；

D 项应当是其他合伙人享有优先受偿，而非债权人刘某，所以，D 错误。

95. 【答案】A

【解析】本题考查解散公司之诉的当事人问题。股东起诉要求解散公司，是股东提起诉讼，要求消灭自己与公司之间存在的相应法律关系主张。所以，应当以该股东为原告，公司为被告，其他股东对本案没有独立的请求权，但是与案件的结果有法律上的利害关系，应当列为无独立请求权第三人。所以，本案A选项正确，其他选项错误。

96．【答案】C

【解析】本题考查2012年民事诉讼法新增公司诉讼的管辖，即因公司设立、确认股东资格、分配利润、解散等纠纷提起的诉讼，由公司住所地人民法院管辖。所以，本题直接选择C选项丙县法院即可。

97．CD

【解析】首先，关于诉的分类问题。股东起诉解散公司，实则是行使公司法赋予股东的一种形成权，其诉讼请求的实质是请求消灭自己与公司之间在公司法上的权利义务关系，所以为变更之诉，而非给付之诉，所以，A选项错误。

其次，关于保全问题。需要根据公司法的相关条文进行解答，根据《公司法解释（二）》第3条规定："股东提起解散公司诉讼时，向人民法院申请财产保全或者证据保全的，在股东提供担保且不影响公司正常经营的情形下，人民法院可予以保全。"可见，B选项为错误；而CD选项正确。

98．【答案】ABCD

【解析】根据对题干的分析，可知本案仲裁庭的组成合法，ABCD选项均为正确。当事人约定由三名仲裁员组成仲裁庭的，应当各自选定或者各自委托仲裁委员会主任指定一名仲裁员，第三名仲裁员由当事人共同选定或者共同委托仲裁委员会主任指定。第三名仲裁员是首席仲裁员，所以，京发公司有权选定李某为本案仲裁员，A选项表述正确。当事人没有在仲裁规则规定的期限内约定仲裁庭的组成方式或者选定仲裁员的，由仲裁委员会主任指定。所以在蓟门公司未选定仲裁员的情况下，主任有权指定张某为本案仲裁员，并在双方未能选定首席仲裁员的情况下，主任有权直接指定刘某为首席仲裁员，所以，BC选项表述正确。综上，本案中仲裁庭的组成合法有效，D选项表述正确。

99．【答案】AD

【解析】根据题干分析，本案中张、李两名仲裁员形成了多数意见，应当依据少数服从多数原则，按照张、李两人的意见作出裁决，支持经发公司请求，A选项表述正确。而只有在仲裁庭无法形成多数意见时才能按照首席仲裁员意见作出裁决，既然本案形成了多数意见，应当按照多数意见作出裁决，而不能按照首席仲裁员的意见作出裁决，显然B选项错误。C选项中仲裁裁决由仲裁员签名，对裁决持不同意见的仲裁员可以拒绝签名，并无首席仲裁员必须签名的要求，所以C选项表述错误。D选项仲裁裁决自作出之日起生效，当事人拒不签收并不影响仲裁裁决生效，D表述正确。

100．【答案】A

【解析】本题考查撤销仲裁裁决。当事人提出证据证明裁决有下列情形之一的，可以向仲裁委员会所在地的中级人民法院申请撤销裁决：（1）没有仲裁协议的；（2）裁决的事项不属于仲裁协议的范围或者仲裁委员会无权仲裁的；（3）仲裁庭的组成或者仲裁的程序违反法定程序的；（4）裁决所根据的证据是伪造的；（5）对方当事人隐瞒了足以影响公正裁决的证据的；（6）仲裁员在仲裁该案时有索贿受贿，徇私舞弊，枉法裁决行为的。可见，撤销仲裁裁决的申请由仲裁委员会所在地中级人民法院管辖，A选项正确。关于撤销仲裁裁决的情形,从仲裁法第58条看出,撤销仲裁裁决的情形,仅限于仲裁程序违法(情形1~3),当事人伪造、隐瞒证据(情形4、5),仲裁员枉法裁决(情形6)三类,而法律错误并非撤销仲裁裁决的法定情形,所以,C表述错误。D选项表述从题干分析可以看出本案仲裁程序并无违反法律规定之处,不符合撤销仲裁裁决的情形,所以,D表述错误。

关于B选项,对于撤销仲裁裁决的申请,法院应当组成合议庭审理,但组成合议庭并不代表适用普通程序。因为普通程序是诉讼程序的一种,即在诉讼程序中的一审程序原则上适用普通程序,但符合简易程序规定的适用简易程序,二审、再审(同样属于诉讼程序)程序中没有特别规定的,也适用普通程序的规定。而撤销仲裁裁决属于一种独立的司法审查程序,并不是诉讼程序,所以不适用普通程序的规定。

2014年国家司法考试（试卷四）解析

一、【参考答案】

1. 执法为民的基本含义是，立法机关的立法活动、行政机关的执法活动、司法机关的司法活动等社会主义法治实践活动，都必须以广大人民的根本利益为出发点，反映广大人民的意志与愿望，体现广大人民的情感与要求，切实维护人民群众的正当利益，为人民群众有效地行使民主权利，参与国家和社会管理，自主地从事各种正当的经济、社会、文化活动，合理地追求生存和生活状态的改善，提供法律上的支持和保护。

2. 从材料可以看出，维护人民群众利益，保障人民群众各项权利既是执法为民理念的应有之义，又是具体的践行方式。社会主义法治根据广大人民的实际需求和我国的现实条件，从尊重和保障人权的需求出发，完整地构建了以社会成员为主体、以人民利益为核心的权利保护体系，使执法为民理念在制度上得到了充分体现。

3. 依据执法为民的理念要求，我国当前应不断完善人民群众权利保护体系。具体应做到以下几方面：（1）保障和维护人民民主权利，坚决打击和制裁各种危害人民群众民主权利的行为，同时引导人民群众规范有序地参与国家和社会的管理，理性表达利益诉求；（2）保障和维护宪法赋予公民的基本权利和自由，并提供有效权利救济手段；（3）保障和维护广大人民群众的经济、社会、文化权利；（4）保障和维护少数民族、妇女、儿童、老年人和残疾人的合法权益，为社会成员的均衡发展和各民族的共同繁荣进步提供法律保障。

二、【参考答案】

1. 甲、乙利用职务上便利实施了贪污行为，虽然客观上获得了26万元，构成贪污罪，但该26万元不是化工厂的财产，没有给化工厂造成实际损失；甲、乙也不可能贪污五金厂的财物，所以，对甲、乙的贪污行为只能认定为贪污未遂。甲乙犯贪污罪后自首，可以从轻或者减轻处罚。甲揭发了乙为亲友非法牟利罪与受贿罪的犯罪事实，构成立功，可以从轻或者减轻处罚。

2. 乙长期以明显高于市场的价格向其远房亲戚戊经营的原料公司采购商品，使化工厂损失近300万元的行为构成为亲友非法牟利罪。乙以妻子丁的名义在原料公司享有10%的股份分得红利58万元的行为，符合受贿罪的构成要件，成立受贿罪。对于为亲友非法牟利罪与受贿罪以及上述贪污罪，应当实行数罪并罚。

3. 丙将五金厂的26万元挪用出来汇给乙的个人账户，不是为了个人使用，也不是为了谋取个人利益，不能认定为挪用资金罪。但是，丙明知甲、乙二人实施贪污行为，客观上也帮助甲、乙实施了贪污行为，所以，丙构成贪污罪的共犯（从犯）。

4. 丁将26万元取出的行为，不构成掩饰、隐瞒犯罪所得罪，因为该26万元不是贪污犯罪所得，也不是其他犯罪所得。丁也不成立贪污罪的共犯，因为丁取出26万元时该26万元不是贪污犯罪所得。丁将其中的13万元送给甲，既不是帮助分赃，也不是行贿，因而不成立犯罪。丁对自己名义的干股知情，并领取贿赂款，构成受贿罪的共犯（从犯）。

5. 戊作为回报让乙的妻子丁未出资却享有原料公司10%的股份，虽未进行股权转让登记，但让丁分得红利58万元的行为，是为了谋取不正当利益，构成行贿罪。

三、【参考答案】

1. （1）实施了危害公共安全或者严重危害公民人身安全的暴力行为；（2）经法定程序鉴定属依法不负刑事责任的精神病人；（3）有继续危害社会的可能。

【解析】《刑事诉讼法》第284条规定："实施暴力行为，危害公共安全或者严重危害公民人身安全，经法定程序鉴定依法不负刑事责任的精神病人，有继续危害社会可能的，可以予以强制医疗。"可知，强制医疗程序的适用条件包括：（1）实施暴力行为，危害公共安全或者严重危害公民人身安全；（2）经法定程序鉴定依法不负刑事责任的精神病人；（3）有继续危害社会可能的。

2.《刑事诉讼法》规定了一审程序被强制医疗的人、被害人及其法定代理人、近亲属对强制医疗决定不服的，可以向上一级法院申请复议，没有明确二审程序是否可以申请复议。从理论上讲，二审是终审程序，当事人不能再上诉，只能通过审判监督程序予以纠正。但按照我国《刑事诉讼法》关于审判监督程序的规定，只有法院的判决、裁定才可以申诉，不包括决定。因此，如果对中级法院的强制医疗决定不允许复议，必将剥夺当事人的救济权。根据《刑事诉讼法》287条的规定："被决定强制医疗的人、被害人及其法定代理人、近亲属对强制医疗不服的，可以向上一级法院申请复议。"对此应作广义理解，既包括一审也包括二审，从而使得当事人的救济权利得以保障。

【解析】《刑事诉讼法》第287条规定："人民法院经审理，对于被申请人或者被告人符合强制医疗条件的，应当在一个月以内作出强制医疗的决定。被决定强制医疗的人、被害人及其法定代理人、近亲属对强制医疗决定不服的，可以向上一级人民法院申请复议。"可知，如中级法院直接对段某作出强制医疗决定应通过以下行为保障当事人的救济权：（1）人民法院经审理，对于被申请人或者被告人符合强制医疗条件的，应当在一个月以内作出强制医疗的决定；（2）告知被决定强制医疗的人、被害人及其法定代理人、近亲属对强制医疗决定不服的，可以向上一级人民法院申请复议。

3. 不合法，按照《刑事诉讼法》和有关司法解释的规定，丁区法院有下列违法行为：（1）审理强制医疗应当组成合议庭进行；（2）本案被告人系成年人，所犯抢劫罪不属于不公开审理的案件；（3）审理强制医疗案件，应当通知段某的法定代理人到庭；（4）段某没有委托诉讼代理人，法院应当通知法律援助机构指派律师担任其法定代理人，为其提供法律援助。

【解析】《刑事诉讼法》第286条规定："人民法院受理强制医疗的申请后，应当组成合议庭进行审理。人民法院审理强制医疗案件，应当通知被申请人或者被告人的法定代理人到场。被申请人或者被告人没有委托诉讼代理人的，人民法院应当通知法律援助机构指派律师为其提供法律帮助。"可知：（1）人民法院受理强制医疗的申请后，应当组成合议庭进行审理；（2）人民法院审理强制医疗案件，应当通知被申请人或者被告人的法定代理人到场；（3）被申请人或者被告人没有委托诉讼代理人的，人民法院应当通知法律援助机构指派律师为其提供法律帮助。

4. 按照《刑诉解释》第160条关于法院认定公诉案件被告人的行为不构成犯罪，对已经提起的附带民事诉讼，经调解不能达成协议的，应当一并作出附带民事诉讼判决的精神，丁区法院应当就民事赔偿进行调解。调解不成，判决宣告被告人段某不负刑事责任，并在判决中就附带的民事赔偿一并处理，同时作出对被告人段某强制医疗的决定。

【解析】《刑诉解释》第160条规定："人民法院认定公诉案件被告人的行为不构成犯罪，对已经提起的附带民事诉讼，经调解不能达成协议的，应当一并作出刑事附带民事判决。人民法院准许人民检察院撤回起诉的公诉案件，对已经提起的附带民事诉讼，可以进行调解；不宜调解或者经调解不能达成协议的，应当裁定驳回起诉，并告知附带民事诉讼原告人可以另行提起民事诉讼。"可知，发回重审后，丁区法院在作出强制医疗决定时，人民法院对已经提起的附带民事诉讼，经调解不能达成协议的，应当一并作出刑事附带民事判决。

四、【参考答案】

1. 不动产物权发生变动，即由原所有权人甲变更为丙。甲、丙基于合法有效的买卖合同于2月11日办理了过户登记手续，即完成了不动产物权的公示行为。

【解析】《物权法》第9条规定："不动产物权的设立、变更、转让和消灭，经依法登记，发生效力；未经登记，不发生效力，但法律另有规定的除外。"《物权法》第14条规定，"不动产物权的设立、变更、转让和消灭，依照法律规定应当登记的，自记载于不动产登记簿时发生效力。"本题中，甲、丙订立了有效的房屋买卖合同，并依照约定办理了房屋所有权过户登记，丙依法取得房屋所有权。

2. 甲、丙之间于2月8日形成的房屋买卖合同，该合同为有效合同。尽管甲已就该房与乙签订了合同，但甲、丙的行为不违反法律、行政法规的强制性规定，也不属于损害社会公共利益的行为，不存在无效的因素。此外，丙的行为仅为单纯的知情，甲、丙之间的合同不属于恶意串通行为，因其不以损害乙的权利为主要目的。

【解析】（1）根据《合同法解释（二）》第15条规定，"出卖人就同一标的物订立多重买卖合同，合同均不具有合同法第五十二条规定的无效情形，买受人因不能按照合同约定取得标的物所有权，请求追究出卖人违约责任的，人民法院应予支持。"本题中，甲虽先后就同一房屋与乙、丙签订买卖合同，但均属于有权处分，为当事人真实的意思表示，且未违反法律、行政法规的强制性规定，不存在合同法规定的无效情形，因此，属于完全有效的合同。（2）《商品房买卖合同解释》第10条规定，"买受人以出卖人与第三人恶意串通，另行订立商品房买卖合同并将房屋交付使用，导致其无法取得房屋为由，请求确认出卖人与第三人订立的商品房买卖合同无效的，应予支持。"但如果后买受人仅仅是知悉前买受人订立合同的情形，不能认定为与出卖人恶意串通的，合同效力不受影响。本题中，丙虽对甲乙已经签订房屋买卖合同知情，但尚不构成"恶意串通"，不得认为合同无效。

3. 2月12日，甲、乙之间修改合同的行为，该行为有效，其性质属于双方变更合同。双方受变更后的合同的约束。

【解析】《合同法》第77条规定："当事人协商一致，可以变更合同。法律、行政法规规定变更合同应当办理批准、登记等手续的，依照其规定。"第78条规定："当事人对合同变更的内容约定不明确的，推定为未变更。"合同的变更是当事人意思自治的体现。本题中，甲、乙之间对原合同修改的行为，为当事人真实的意思表示，且未违反法律、行政法规的强制性规定，是完全有效的。变更后的合同对双方当事人有法律拘束力，变更之前的相应内容丧失法律效力。

4. 乙与甲通过协商变更了合同，甲、丙之间的合同有效且已经办理了物权变动的手续，丙取得了01房屋的所有权，故乙关于确认甲、丙之间合同无效，由甲交付01号房的请求不能得到支持。但是，乙可以请求甲承担违约责任，乙同意变更合同不等于放弃追索甲在01号房屋买卖合同项下的违约责任。

【解析】对于乙提出的三项诉讼请求：（1）《合同法解释（二）》第15条规定："出卖人就同一标的物订立多重买卖合同，合同均不具有合同法第五十二条规定的无效情形，买受人因不能按照合同约定取得标的物所有权，请求追究出卖人违约责任的，人民法院应予支持。"由此可见，乙无权请求确认甲、丙之间的买卖合同无效。

（2）2月12日，双方协议变更了原合同，将合同标的由原来的01号房屋变更为02号房屋，乙无权请求交付01号房屋。此外，《合同法》第110条规定："当事人一方不履行非金钱债务或者履行非金钱债务不符合约定的，对方可以要求履行，但有下列情形之一的除外：（一）法律上或者事实上不能履行；……"01号房屋的所有权已经由丙取得，请求甲交付法律不能履行。

（3）《民法通则》第115条规定："合同的变更或者解除，不影响当事人要求赔偿损失的权利。"由此可见，合同的变更原则上面向未来发生效力，已经产生的违约责任并不受影响。本题中，虽然因01号已经由丙取得标的物所有权，双方变更了原合同标的，但这并不影响乙依据原房屋买卖合同向甲主张违约责任的权利。

5. 乙可请求解除合同，甲应将收受的购房款本金及其利息返还给乙。因政策限购属于当事人无法预见的情形，合同出现了履行不能的情形，乙有权解除合同，且无须承担责任。

【解析】《合同法解释（二）》第26条规定："合同成立以后客观情况发生了当事人在订立合同时无法预见的、非不可抗力造成的不属于商业风险的重大变化，继续履行合同对于一方当事人明显不公平或者不能实现合同目的，当事人请求人民法院变更或者解除合同的，人民法院应当根据公平原则，并结合案件的实际情况确定是否变更或者解除。"该条是关于民法中情事变更的规定。本题中，房屋买卖合同签订之后履行完毕之前,因发生了当事人无法预见的,且不可归责于双方当事人的重大变化(国家出台房地产贷款调控政策),使得买受人乙无法通过贷款支付房款,订立合同的目的无法实现,有权请求人民法院解除合同。

6. 应当由丙和A公司承担。张某是A公司的工作人员,其执行工作任务的行为,由A公司承担侵权赔偿责任。丙聘请没有装修资质的A公司进屋装修,具有过错,也应对丁的损失承担赔偿责任。

【解析】(1)《侵权责任法》第34条第1款规定:"用人单位的工作人员因执行工作任务造成他人损害的,由用人单位承担侵权责任。"本题中,张某为A公司装修工,受A公司指派执行工作任务,由此造成丁损害,应当由用人单位即A公司承担责任,张某无须对丁承担赔偿责任。(2)《侵权责任法》第6条第1款规定:"行为人因过错侵害他人民事权益,应当承担侵权责任。"本题中,丙聘请不具备装修资质的A公司装修01号房,对由此给邻居造成的损害主观上存在过错,应当承担相应的赔偿责任。(3)《侵权责任法》第12条规定:"二人以上分别实施侵权行为造成同一损害,能够确定责任大小的,各自承担相应的责任;难以确定责任大小的,平均承担赔偿责任。"因此,丙和A公司应当按照各自责任的大小向被侵权人丁承担赔偿责任。

7. B公司承担。李某的维修行为,可准用履行辅助人的原理,其行为后果由债务人即B公司承担。或者李某虽然已经离职,但经维修处负责人指派,仍为执行工作任务,应由B公司承担(侵权责任)。

【解析】(1)《合同法》第111条规定:"质量不符合约定的,应当按照当事人的约定承担违约责任。对违约责任没有约定或者约定不明确,依照本法第六十一条的规定仍不能确定的,受损害方根据标的的性质以及损失的大小,可以合理选择要求对方承担修理、更换、重作、退货、减少价款或者报酬等违约责任。"本题中,丙与B公司订立热水器买卖合同,因热水器存在质量瑕疵,丙有权要求B公司承担修理等违约责任。B公司请李某帮忙维修,李某为B公司的履行辅助人。根据民法原理,债务人应当对履行辅助人的行为负责。因此,李某维修过程中造成热水器损坏的,应当由债务人即B公司承担赔偿责任。(2)从侵权责任法的角度,B公司也应当承担赔偿责任。《侵权责任法》第34条第1款规定:"用人单位的工作人员因执行工作任务造成他人损害的,由用人单位承担侵权责任。"本题中,李某虽已经从B公司离职,但客观上仍为执行B公司的工作任务,由此造成的损害,应当由用人单位即B公司承担赔偿责任。(3)《合同法》第122条规定:"因当事人一方的违约行为,侵害对方人身、财产权益的,受损害方有权选择依照本法要求其承担违约责任或者依照其他法律要求其承担侵权责任。"因此,究竟承担违约责任还是侵权责任,受损害方丙依法享有选择权。(4)需要注意的是,司法部公布的参考答案最初认为李某的行为构成"表见代理",这种观点是完全错误的。因为代理制度仅适用于法律行为,而修理热水器为典型的事实行为,不可能发生代理,必须给予警惕。

五、【参考答案】

1. 张巡不能向公司主张任何权利,但

张巡能向陈明主张违约责任，请求返还所给付的投资以及相应的损害赔偿。

【解析】根据案情交代，陈明是以自己名义与张巡签订协议，款项也是转入陈明个人账户，且张巡并未登记为公司股东，故在张巡与公司之间：第一，张巡并未因此成为公司股东；第二，张巡与公司之间不存在法律关系。因此，张巡不能向公司主张任何权利。鉴于投资协议仅存在于张巡与陈明个人之间，张巡只能向陈明主张违约责任，请求返还所给付的投资以及相应的损害赔偿。

2. 张巡不能向管理人主张权利，因为张巡与公司之间不存在法律关系。

【解析】根据问题1的结论，张巡与公司之间不存在法律关系，故而在公司进入破产程序后，张巡也不得将其对陈明的债权，视为对公司的债权，向管理人进行破产债权的申报。

3. 李贝不能声称自己为名义股东，主张对潘龙的股权转让无效。因为李贝虽为名义股东，但在对公司的关系上为真正的股东，其对股权的处分应为有权处分。

【解析】《公司法解释（三）》第24条第3款规定："实际出资人未经公司其他股东半数以上同意，请求公司变更股东、签发出资证明书、记载于股东名册、记载于公司章程并办理公司登记机关登记的，人民法院不予支持。"李贝虽为名义股东，但在对公司的关系上为真正的股东，其对股权的处分应为有权处分；退一步说，即使就李贝的股东身份在学理上存在争议，《公司法解释（三）》第25条第1款规定："名义股东将登记于其名下的股权转让、质押或者以其他方式处分，实际出资人以对

于股权享有实际权利为由，请求认定处分股权行为无效的，人民法院可以参照物权法第106条的规定处理。"股权善意取得的规定下，李贝的处分行为也已成为有权处分行为，因此，为保护善意相对人起见，李贝也不得主张该处分行为无效。

4. 刘宝只能根据该合同关系，向李贝主张违约责任。

【解析】鉴于刘宝仅与李贝之间存在法律关系，即委托持股关系，因此，刘宝也就只能根据该合同关系，向李贝主张违约责任，对公司不享有任何权利主张。

5. 陈明不能以诉讼时效为由，拒绝50万元出资的缴付。因为股东的出资义务，不适用诉讼时效。

【解析】《公司法解释（三）》第19条第1款规定："公司股东未履行或者未全面履行出资义务或者抽逃出资，公司或者其他股东请求其向公司全面履行出资义务或者返还出资，被告股东以诉讼时效为由进行抗辩的，人民法院不予支持。"股东的出资义务，不适用诉讼时效，因此，管理人在向陈明主张50万元出资义务的履行时，其不得以超过诉讼时效为由来予以抗辩。

6. 管理人应向葛梅梅请求返还所获取的收入，且可以通过起诉方式来予以追回。

【解析】《破产法》第36条规定："债务人的董事、监事和高级管理人员利用职权从企业获取的非正常收入和侵占的企业财产，管理人应当追回。"《破产法解释（二）》第24条第1款规定："债务人有企业破产法第二条第一款规定的情形时，债务人的董事、监事和高级管理人员利用职权获取的以下收入，人民法院应当认定为企业破

产法第三十六条规定的非正常收入：（一）绩效奖金；（二）普遍拖欠职工工资情况下获取的工资性收入；（三）其他非正常收入。"故而管理人应向葛梅梅请求返还所获取的收入，且可以通过起诉方式来予以追回。

六、【参考答案】

1. 如果赵文、赵武与赵军达成了执行和解协议，将产生的法律后果是：（1）和解协议达成后，执行程序中止；（2）如果在执行和解履行期内赵军履行了和解协议，执行程序终结，调解书视为执行完毕；（3）如果在执行期届满后，赵军没有履行执行和解协议，赵文、赵武可以申请恢复执行，执行将以调解书作为根据，执行和解协议失效。如果赵军履行了执行和解协议的一部分，执行时应当对该部分予以扣除。

【解析】该问实际上考查当事人在执行程序中达成和解协议后可能出现的法律后果。因此，分为两个方面：一方面是和解协议由当事人自觉履行完毕后的产生终结执行程序的后果；另一方面，如果申请人因受欺诈、胁迫与被执行人达成和解协议，或者达成和解协议后不履行或者不完全履行，则法院可以根据另一方当事人的申请恢复对原生效法律文书的执行。

2. 李有福如果要对案中所提到的紫砂壶主张权利，在赵文、赵武与赵军的案件已经进入了执行阶段的情况下，在民事诉讼制度的框架下，其可以采取的方式是：第一，提出对执行标的的异议。提出异议应当以书面的形式向甲县法院提出。第二，如果法院裁定驳回了李有福的执行标的异议，李有福可以提出案外人异议之诉。提出案外人异议之诉应当符合的条件是：（1）起诉的时间应当在收到执行法院对执行标的异议作出驳回裁定后15日内；（2）管辖法院为执行法院，即甲县法院；（3）李有福作为原告，赵文、赵武作为被告，如果赵军反对李有福的主张，赵军也作为共同被告。

【解析】该问题考查案外人异议及其提出以及法院对案外人异议的处理，正确回答本题的关键在于需注意到案外人李有福主张实体权利所针对的紫砂壶是作为执行根据的调解书所未确定的财产。因此，无论法院是否支持李有福的异议，可能引起的都是异议之诉。

3. 张益友如果要对那个元代青花瓷盘所涉及的权益主张权利，在赵文、赵武与赵军的案件已经进入了执行阶段的情况下，在民事诉讼制度的框架下，其可以提出第三人撤销之诉；张益友提出第三人撤销之诉应当符合的条件是：（1）张益友作为原告，赵文、赵武、赵军作为被告；（2）向作出调解书的法院即甲县法院提出诉讼；（3）应当在2013年11月1日之后的6个月内提出。

【解析】该问题考查第三人撤销之诉，因为本题中赵文、赵武与赵军达成调解协议，赵祖斌留下的青花瓷盘归赵军所有，损害了张益友的实体权利。

4. 钱进军如果要对赵军所享有的那5万元债权主张权利，在赵文、赵武与赵军的案件已经进入了执行阶段的情况下，在民事诉讼制度的框架下，其可以申请参与分配。因为其条件符合申请参与分配的条件。按照《民事诉讼法》的规定，参与分配的条件包括：第一，被执行人的财产无法清偿所有债权。本案中赵军的财产不足以清偿其所有的债务。第二，被执行人为自然人或其他组织，而非法人。本案中赵军为自然人。第三，有多个申请人对同一被申请人享有债权。本案中有三个申请人对赵军享有债权。第四，申请人必须取得生效的执行根据。本案中钱进军有经过公证的债权文书作为执行根据。第五，参与分配的债权只限于金钱债权。本案中钱进军对赵军享有的就是金钱债权。第六，参与分配必须发生在执行程序开始后，被执行人的财产清偿完毕之前。本案情形与此相符。

【解析】该问题考查参与分配的条件。正确回答本题的关键在于需注意到作为被执行人的赵军不能清偿全部债权人的债权，而且钱进军已经取得对赵军的5万元的金钱执行根据，有权通过参与分配的方式公平受偿以实现自己的债权。

七、【参考答案】

1. 由于本案发生于2012年3月，新公司法尚未生效，故应当适用原公司法的相关规定。而原《公司法》第199条规定："违反本法规定，虚报注册资本、提交虚假材料或者采取其他欺诈手段隐瞒重要事实取得公司登记的，由公司登记机关责令改正，对虚报注册资本的公司，处以虚报注册资本金额百分之五以上百分之十五以下的罚款；对提交虚假材料或者采取其他欺诈手段隐瞒重要事实的公司，处以五万元以上五十万元以下的罚款；情节严重的，撤销公司登记或者吊销营业执照。"据此可知，王某、张某提供虚假验资报告属于虚报注册资本、提供虚假注册材料的行为，无疑构成了虚报注册资本骗取公司登记的行为。

二人在工商局作出20号处罚决定前得知此事后迅速补足注册资金的行为，属于主动对违法行为所采取的纠正措施。依据《行政处罚法》第27条的规定："当事人有下列情形之一的，应当依法从轻或者减轻行政处罚：（一）主动消除或者减轻违法行为危害后果的；（二）受他人胁迫有违法行为的；（三）配合行政机关查处违法行为有立功表现的；（四）其他依法从轻或者减轻行政处罚的。违法行为轻微并及时纠正，没有造成危害后果的，不予行政处罚。"据此可知，这一纠正行为当然可以作为行政处罚的重要情节予以考虑。

【解析】本题是在考查公司法与行政法的一些交叉知识点。这其中的两个问题分别是公司法与行政法的内容。第一个小问题是公司法的知识点，关于虚报注册资本的问题。只要掌握申请人虚报注册资本、提交虚假材料或者采取其他欺诈手段隐瞒重要事实取得公司登记的，就属于虚报注册资本骗取公司登记的行为。题目提到的二人提供虚假验资报告，显然属于虚报注册资本、提交虚假材料取得公司登记的行为，属于虚报注册资本的行为。第二个小问题则是考查行政处罚法的相关知识点。二人采取的补救措施属于对违法行为的事后纠正行为，依法应当作为行政处罚的重要情节予以考虑。

2. 市政府不能以会议纪要的形式要求工商局撤销原处罚决定。原因有二：一是以内部会议纪要形式实施具体行政行为是不合法的。该会议纪要虽说是行政机关的内部行为，但认为工商局的处罚过轻，而要求工商局撤销该处罚决定，对当事人权益产生了实质影响，构成了具体行政行为。然而当事人却无法对涉及自身权益的具体行政行为进行陈述申辩，因而是不合法的；

二是该会议纪要侵犯了工商局的行政管理职权，是违法的。对当事人虚报注册资本的行为依法予以查处，原本是工商局的行政管理职能，市政府以会议纪要的形式要求工商局撤销原处罚决定，作出新的处罚，侵犯了工商局的行政管理职权，因而是违法的。

【解析】本题考查的是对会议纪要这一特殊形式的理解与判断问题。该会议纪要虽然是以内部行为形式出现，但却由于对相对人权益产生了实质影响，因而构成了具体行政行为。这一具体行政行为由于未给当事人提供陈述、申辩机会，并且侵犯了工商局的行政管理职权，而最终丧失了合法性。

3. 该工商局在作出行政处罚决定之前，应当告知当事人有要求举行听证的权利。若当事人申请听证，工商局应当依法组织听证。

【解析】工商局作出的是吊销企业营业执照的行政处罚决定。依据《行政处罚法》第42条的规定："行政机关作出责令停产停业、吊销许可证或者执照、较大数额罚款等行政处罚决定之前，应当告知当事人有要求举行听证的权利；当事人要求听证的，行政机关应当组织听证。当事人不承担行政机关组织听证的费用。"既然属于听证范围，工商局即负有告知当事人有权申请听证的义务。一旦当事人提出听证申请，工商局即应依法组织听证活动。

4. 本题属于开放型题目，并无标准答案。考生只要围绕行政法的基本原理，阐述公司注册资本登记制度改革对于建设法治政府的主要意义，都是可以的。一般而言，具有以下几方面的积极意义：

（1）有限政府是现代法治对于行政管理提出的限权要求。有限政府意味着政府不是万能的，而是拥有明确的权力边界。通俗地说，就是该管的要管好，不该管的应当放权。注册资本登记制度改革是当前我国简政放权的重要举措，有利于卸载政府不必要的管理职能和权力，防止行政机关过度干预市场和企业经营自主权，划清政府、市场和企业之间的界限，有利于建设有限政府。

（2）注册资本登记制度改革可以有效实现还权于民，放松市场主体准入管制，降低准入门槛，可以充分调动市场和企业的积极性，激发市场活力。另外，这一改革还简化了公司登记的流程，便利了公众和当事人，有利于建设服务政府。

（3）注册资本登记制度改革有利于约束政府权力，防止权力滥用和腐败，有利于建设廉洁政府。

（4）注册资本登记制度改革有利于提高行政机关的办事效率，实现高效便民，有利于建设效能政府。

（5）注册资本登记制度改革强调市场的宽进严管，要求政府有所为有所不为，并切实承担责任，改变监管方式，有利于建设责任政府。

【解析】本题属于开放性的论述题，并无标准答案可言，只要紧扣题意，言之成理，一般而言得到主要分值问题不大。

国家司法考试

真题真练

5年卷

2015年卷

名师课堂 组编

北京理工大学出版社
BEIJING INSTITUTE OF TECHNOLOGY PRESS

版权专有 侵权必究

图书在版编目（CIP）数据

国家司法考试真题真练/名师课堂组编. —北京：北京理工大学出版社，2017.3
ISBN 978 – 7 – 5682 – 3783 – 3

Ⅰ.①国…　Ⅱ.①名…　Ⅲ.①法律工作者 – 资格考试 – 中国 – 习题集　Ⅳ.①D92 – 44

中国版本图书馆 CIP 数据核字（2017）第 044617 号

出版发行 / 北京理工大学出版社有限责任公司
社　　址 / 北京市海淀区中关村南大街 5 号
邮　　编 / 100081
电　　话 / （010）68914775（总编室）
　　　　　（010）82562903（教材售后服务热线）
　　　　　（010）68948351（其他图书服务热线）
网　　址 / http：//www.bitpress.com.cn
经　　销 / 全国各地新华书店
印　　刷 / 北京玥实印刷有限公司
开　　本 / 787 毫米 × 1092 毫米　1/16
印　　张 / 60.5
字　　数 / 1419 千字
版　　次 / 2017 年 3 月第 1 版　2017 年 3 月第 1 次印刷
定　　价 / 128.00 元（全五册）

责任编辑 / 张慧峰
文案编辑 / 张慧峰
责任校对 / 周瑞红
责任印制 / 王美丽

图书出现印装质量问题，请拨打售后服务热线，本社负责调换

使用说明

历年真题的重要性虽然大家都明白，然而如何才能物尽其用，却见仁见智。我们以为：历年真题最有效的使用方式是"做"，而非简单地"看"，机械地"记"！！历史是一面镜子，做历年真题就是做最好模拟题，做历年真题就是做未来考题。

为了使广大考生更好地使用本书，特作如下说明：

一、逐年编排，真题测演

为了能使广大考生"整体性""全局性"分析自己的失分因素，培养考场应试技巧，避免盲人摸象般感悟真题，特保持试题原貌，逐年编排、分册装订。同时，为帮助考生应对设题陷阱、举一反三、悟透真题，在每一年度试卷后辅以每道试题的【答案】和【解析】，深入剖析试题考点背后所涉及的法律规则和法理，使考生不仅"知其然"，而且"知其所以然"。

二、一线名师，权威解读

为保证试题答案与解析的时效性、权威性，特聘请司考界一线中青年教师负责撰写。按照学科撰写分工，分别是（依试卷所考科目为序）：理论法（白斌老师）、商经法（郄鹏恩老师）、三国法（王斌老师）、刑法（章澎老师）、刑事诉讼法（左宁老师）、行政法与行政诉讼法（李佳老师）、民法（岳业鹏老师）、民事诉讼法与仲裁法（戴鹏老师）。他们不辞辛苦，认真负责的态度令人钦佩感动，在此致以深深感谢！

三、旧题新解，与时俱进

本书对于理论性试题一律以司法考试所持最新立场（司法部组编三卷本）给予解答，对于法律应用性试题一律依据最新法律文件给予解答（包括2017年新增或修订的《中华人民共和国民法总则》等20余件）。对于因时效修正的"司法部公布答案"，给予注明。

法律职业者的准入考试即将迎来第三次华丽转身，成为"国家统一法律职业资格考试"，愿同学们搭上司考的最后一班车，成功到达彼岸。预祝您考试成功！

2017年3月

目 录

2015年国家司法考试（试卷一） ·· 1
2015年国家司法考试（试卷二） ·· 22
2015年国家司法考试（试卷三） ·· 43
2015年国家司法考试（试卷四） ·· 65
2015年国家司法考试（试卷一）解析 ·· 71
2015年国家司法考试（试卷二）解析 ·· 103
2015年国家司法考试（试卷三）解析 ·· 135
2015年国家司法考试（试卷四）解析 ·· 170

2015年国家司法考试（试卷一）

一、单项选择题。每题所设选项中只有一个正确答案，多选错选或不选均不得分。本部分含1～50题，每题1分，共50分。

1. 全面推进依法治国，总目标是建设中国特色社会主义法治体系，建设社会主义法治国家。关于对全面推进依法治国的重大意义和总目标的理解，下列哪一选项是不正确的？（ ）

A. 依法治国事关我们党执政兴国，事关人民的幸福安康，事关党和国家的长治久安

B. 依法治国是实现国家治理体系和治理能力现代化的必然要求

C. 总目标包括形成完备的法律规范体系和高效的法律实施体系

D. 通过将全部社会关系法律化，为建设和发展中国特色社会主义法治国家提供保障

2. 东部某市是我国获得文明城市称号且犯罪率较低的城市之一，该市某村为了提高村民的道德素养，建有一条"爱心互助街"，使其成为交换和传递爱心的街区。关于对法治和德治相结合的原则的理解，下列哪一选项是错误的？（ ）

A. 道德可以滋养法治精神和支撑法治文化

B. 通过公民道德建设提高社会文明程度，能为法治实施创造良好的人文环境

C. 坚持依法治国和以德治国相结合，更要强调发挥道德的教化作用

D. 道德教化可以劝人向善，也可以弘扬公序良俗，培养人们的规则意识

3. 完善以宪法为核心的中国特色社会主义法律体系，要求推进科学立法和民主立法。下列哪一做法没有体现这一要求？（ ）

A. 在《大气污染防治法》修改中，立法部门就处罚幅度听取政府部门和专家学者的意见

B. 在《种子法》修改中，全国人大农委调研组赴基层调研，征求果农、种子企业的意见

C. 甲市人大常委会在某社区建立了立法联系点，推进立法精细化

D. 乙市人大常委会在环境保护地方性法规制定中发挥主导作用，表决通过后直接由其公布施行

4. 建设法治政府必然要求建立权责统一、权威高效的依法行政体制。关于建设法治政府，下列哪一观点是正确的？（ ）

A. 明晰各级政府事权配置的着力点，强化市县政府宏观管理的职责

B. 明确地方事权，必要时可以适当牺牲其他地区利益

C. 政府权力清单制度是促进全面履行政府职能、厘清权责、提高效率的有效制度

D. 推行政府法律顾问制度的主要目的是帮助行政机关摆脱具体行政事务，加强宏观

管理

5. 对领导干部干预司法活动、插手具体案件处理的行为作出禁止性规定，是保证公正司法的重要举措。对此，下列哪一说法是错误的？（ ）

A. 任何党政机关让司法机关做违反法定职责、有碍司法公正的事情，均属于干预司法的行为

B. 任何司法机关不接受对司法活动的干预，可以确保依法独立行使审判权和检察权

C. 任何领导干部在职务活动中均不得了解案件信息，以免干扰独立办案

D. 对非法干预司法机关办案，应给予党纪政纪处分，造成严重后果的依法追究刑事责任

6. 推进严格司法，应统一法律适用标准，规范流程，建立责任制，确保实现司法公正。据此，下列哪一说法是错误的？（ ）

A. 最高法院加强司法解释和案例指导，有利于统一法律适用标准

B. 全面贯彻证据裁判规则，可以促进法庭审理程序在查明事实、认定证据中发挥决定性作用

C. 在司法活动中，要严格遵循依法收集、保存、审查、运用证据，完善证人、鉴定人出庭制度

D. 司法人员办案质量终身负责制，是指司法人员仅在任职期间对所办理的一切错案承担责任

7. 增强全民法治观念，推进法治社会建设，使人民群众内心拥护法律，需要健全普法宣传教育机制。某市的下列哪一做法没有体现这一要求？（ ）

A. 通过《法在身边》电视节目、微信公众号等平台开展以案释法，进行普法教育

B. 印发法治宣传教育工作责任表，把普法工作全部委托给人民团体

C. 通过举办法治讲座、警示教育报告会等方式促进领导干部带头学法、模范守法

D. 在暑期组织"预防未成年人违法犯罪模拟法庭巡演"，向青少年宣传《未成年人保护法》

8. 近年来，一些党员领导干部利用手中权力和职务便利收受巨额贿赂，根据党内法规和法律被开除党籍和公职，并依法移送司法机关处理。对此，下列哪一说法是错误的？（ ）

A. 这表明党员领导干部在行使权力、履行职责时要牢记法律底线不可触碰

B. 依照党内法规惩治腐败，有利于督促党员领导干部运用法治思维依法办事

C. 要注重将党内法规与国家法律进行有效衔接和协调，以作为对党员违法犯罪行为进行法律制裁的依据

D. 党规党纪严于国家法律，对违反者必须严肃处理

9. 临产孕妇黄某由于胎盘早剥被送往医院抢救，若不尽快进行剖宫产手术将危及母子生命。当时黄某处于昏迷状态，其家属不在身边，且联系不上。经医院院长批准，医生

立即实施了剖宫产手术，挽救了母子生命。该医院的做法体现了法的价值冲突的哪一解决原则？（　　）

A. 价值位阶原则　　B. 自由裁量原则

C. 比例原则　　　　D. 功利主义原则

10. 《刑事诉讼法》第五十四条规定："采取刑讯逼供等非法方法收集的犯罪嫌疑人、被告人供述和采用暴力、威胁等非法方法收集的证人证言、被害人陈述，应当予以排除。"对此条文，下列哪一理解是正确的？（　　）

A. 运用了规范语句来表达法律规则

B. 表达的是一个任意性规则

C. 表达的是一个委任性规则

D. 表达了法律规则中的假定条件、行为模式和法律后果

11. 律师潘某认为《母婴保健法》与《婚姻登记条例》关于婚前检查的规定存在冲突，遂向全国人大常委会书面提出了进行审查的建议。对此，下列哪一说法是错误的？（　　）

A. 《母婴保健法》的法律效力高于《婚姻登记条例》

B. 如全国人大常委会审查后认定存在冲突，则有权改变或撤销《婚姻登记条例》

C. 全国人大相关专门委员会和常务委员会工作机构需向潘某反馈审查研究情况

D. 潘某提出审查建议的行为属于社会监督

12. 张某到某市公交公司办理公交卡退卡手续时，被告知：根据本公司公布施行的《某市公交卡使用须知》，退卡时应将卡内200元余额用完，否则不能退卡，张某遂提起诉讼。法院认为，公交公司依据《某市公交卡使用须知》拒绝张某要求，侵犯了张某自主选择服务方式的权利，该条款应属无效，遂判决公交公司退还卡中余额。关于此案，下列哪一说法是正确的？（　　）

A. 张某、公交公司之间的服务合同法律关系属于纵向法律关系

B. 该案中的诉讼法律关系是主法律关系

C. 公交公司的权利能力和行为能力是同时产生和同时消灭的

D. 《某市公交卡使用须知》属于地方规章

13. 赵某因涉嫌走私国家禁止出口的文物被立案侦查，在此期间逃往A国并一直滞留于该国。对此，下列哪一说法是正确的？（　　）

A. 该案涉及法对人的效力和空间效力问题

B. 根据我国法律的相关原则，赵某不在中国，故不能适用中国法律

C. 该案的处理与法的溯及力相关

D. 如果赵某长期滞留在A国，应当适用时效免责

14. 卡尔·马克思说："法官是法律世界的国王，法官除了法律没有别的上司。"对于这句话，下列哪一理解是正确的？（　　）

A. 法官的法律世界与其他社会领域（政治、经济、文化等）没有关系

B. 法官的裁判权不受制约

C. 法官是法律世界的国王，但必须是法律的奴仆

D. 在法律世界中（包括在立法领域），法官永远是其他一切法律主体（或机构）的上司

15. 关于法的适用，下列哪一说法是正确的？（ ）

A. 在法治社会，获得具有可预测性的法律决定是法的适用的唯一目标

B. 法律人查明和确认案件事实的过程是一个与规范认定无关的过程

C. 法的适用过程是一个为法律决定提供充足理由的法律证成过程

D. 法的适用过程仅仅是运用演绎推理的过程

16. 《左传》云："礼，所以经国家，定社稷，序民人，利后嗣者也"，系对周礼的一种评价。关于周礼，下列哪一表述是正确的？（ ）

A. 周礼是早期先民祭祀风俗自然流传到西周的产物

B. 周礼仅属于宗教、伦理道德性质的规范

C. "礼不下庶人"强调"礼"有等级差别

D. 西周时期"礼"与"刑"是相互对立的两个范畴

17. 唐永徽年间，甲由祖父乙抚养成人。甲好赌欠债，多次索要乙一祖传玉坠未果，起意杀乙。某日，甲趁乙熟睡，以木棒狠击乙头部，以为致死（后被救活），遂夺玉坠逃走。唐律规定，谋杀尊亲处斩，但无致伤如何处理的规定。对甲应当实行下列哪一处罚？（ ）

A. 按"诸断罪而无正条，其应入罪者，则举轻以明重"，应处斩刑

B. 按"诸断罪而无正条，其应出罪者，则举重以明轻"，应处绞刑

C. 致伤未死，应处流三千里

D. 属于"十恶"犯罪中的"不孝"行为，应处极刑

18. 鸦片战争后，清朝统治者迫于内外压力，对原有的法律制度进行了不同程度的修改与变革。关于清末法律制度的变革，下列哪一选项是正确的？（ ）

A. 《大清现行刑律》废除了一些残酷的刑罚手段，如凌迟

B. 《大清新刑律》打破了旧律维护专制制度和封建伦理的传统

C. 改刑部为法部，职权未变

D. 改四级四审制为四级两审制

19. 现代陪审制发源于英国并长期作为一种民主的象征被广泛运用。关于英国陪审制度，下列哪一说法是正确的？（ ）

A. 陪审团职责是就案件的程序部分进行裁决

B. 法官在陪审团裁决基础上就事实和法律适用进行判决

C. 对陪审团裁决一般不允许上诉

D. 法官无权撤销陪审团裁决

20. 宪法的制定是指制宪主体按照一定程序创制宪法的活动。关于宪法的制定，下列哪一选项是正确的？（　）

A. 制宪权和修宪权是具有相同性质的根源性的国家权力

B. 人民可以通过对宪法草案发表意见来参与制宪的过程

C. 宪法的制定由全国人民代表大会以全体代表的三分之二以上的多数通过

D. 1954年《宪法》通过后，由中华人民共和国主席根据全国人民代表大会的决定公布

21. 宪法的渊源即宪法的表现形式。关于宪法渊源，下列哪一表述是错误的？（　）

A. 一国宪法究竟采取哪些表现形式，取决于历史传统和现实状况等多种因素

B. 宪法惯例实质上是一种宪法和法律条文无明确规定、但被普遍遵循的政治行为规范

C. 宪法性法律是指国家立法机关为实施宪法典而制定的调整宪法关系的法律

D. 有些成文宪法国家的法院基于对宪法的解释而形成的判例也构成该国的宪法渊源

22. 国家的基本社会制度是国家制度体系中的重要内容。根据我国宪法规定，关于国家基本社会制度，下列哪一表述是正确的？（　）

A. 国家基本社会制度包括发展社会科学事业的内容

B. 社会人才培养制度是我国的基本社会制度之一

C. 关于社会弱势群体和特殊群体的社会保障的规定是对平等原则的突破

D. 社会保障制度的建立健全同我国政治、经济、文化和生态建设水平相适应

23. 根据《宪法》和法律法规的规定，关于我国行政区划变更的法律程序，下列哪一选项是正确的？（　）

A. 甲县欲更名，须报该县所属的省级政府审批

B. 乙省行政区域界线的变更，应由全国人大审议决定

C. 丙镇与邻近的一个镇合并，须报两镇所属的县级政府审批

D. 丁市部分行政区域界线的变更，由国务院授权丁市所属的省级政府审批

24. 根据《宪法》和法律的规定，关于民族自治地方自治权，下列哪一表述是正确的？（　）

A. 自治权由民族自治地方的权力机关、行政机关、审判机关和检察机关行使

B. 自治州人民政府可以制定政府规章对国务院部门规章的规定进行变通

C. 自治条例可以依照当地民族的特点对宪法、法律和行政法规的规定进行变通

D. 自治县制定的单行条例须报省级人大常委会批准后生效，并报全国人大常委会备案

25. 中华人民共和国公民在法律面前一律平等。关于平等权，下列哪一表述是错误的？（　）

A. 我国宪法中存在一个关于平等权规定的完整规范系统

B. 犯罪嫌疑人的合法权利应该一律平等地受到法律保护

C. 在选举权领域，性别和年龄属于宪法所列举的禁止差别理由

D. 妇女享有同男子平等的权利，但对其特殊情况可予以特殊保护

26. 中华人民共和国中央军事委员会领导全国武装力量。关于中央军事委员会，下列哪一表述是错误的？（ ）

A. 实行主席负责制

B. 每届任期与全国人大相同

C. 对全国人大及其常委会负责

D. 副主席由全国人大选举产生

27. 甲在 A 银行办理了一张可异地跨行存取款的银行卡，并曾用该银行卡在 A 银行一台自动取款机上取款。甲取款数日后，发现该卡内的全部存款被人在异地 B 银行的自动取款机上取走。后查明：甲在 A 银行取款前一天，某盗卡团伙已在该自动取款机上安装了摄像和读卡装置（一周后被发现）；甲对该卡和密码一直妥善保管，也从未委托他人使用。关于甲的存款损失，下列哪一说法是正确的？（ ）

A. 自行承担部分损失

B. 有权要求 A 银行赔偿

C. 有权要求 A 银行和 B 银行赔偿

D. 只能要求复制盗刷银行卡的罪犯赔偿

28. 为大力发展交通，某市出资设立了某高速公路投资公司。该市审计局欲对其实施年度审计监督。关于审计事宜，下列哪一说法是正确的？（ ）

A. 该公司既非政府机关也非事业单位，审计局无权审计

B. 审计局应在实施审计 3 日前，向该公司送达审计通知书

C. 审计局欲查询该公司在金融机构的账户，应经局长批准并委托该市法院查询

D. 审计局欲检查该公司与财政收支有关的资料和资产，应委托该市税务局检查

29. 申请不动产登记时，下列哪一情形应由当事人双方共同申请？（ ）

A. 赵某放弃不动产权利，申请注销登记

B. 钱某接受不动产遗赠，申请转移登记

C. 孙某将房屋抵押给银行以获得贷款，申请抵押登记

D. 李某认为登记于周某名下的房屋为自己所有，申请更正登记

30. 某省天洋市滨海区一石油企业位于海边的油库爆炸，泄漏的石油严重污染了近海生态环境。下列哪一主体有权提起公益诉讼（其中所列组织均专门从事环境保护公益活动连续 5 年以上且无违法记录）？（ ）

A. 受损海产养殖户推选的代表赵某

B. 依法在滨海区民政局登记的"海蓝志愿者"组织

C. 依法在邻省的省民政厅登记的环境保护基金会

D. 在国外设立但未在我国民政部门登记的"海洋之友"团体

31. 关于我国生态保护制度，下列哪一表述是正确的？（ ）

A. 国家只在重点生态功能区划定生态保护红线

B. 国家应积极引进外来物种以丰富我国生物的多样性

C. 国家应加大对生态保护地区的财政转移支付力度

D. 国家应指令受益地区对生态保护地区给予生态保护补偿

32. 联合国大会由全体会员国组成，具有广泛的职权。关于联合国大会，下列哪一选项是正确的？（　　）

A. 其决议具有法律拘束力

B. 表决时安理会5个常任理事国的票数多于其他会员国

C. 大会是联合国的立法机关，三分之二以上会员国同意才可以通过国际条约

D. 可以讨论《联合国宪章》范围内或联合国任何机关的任何问题，但安理会正在审议的除外

33. 甲国公民汤姆于2012年在本国故意杀人后潜逃至乙国，于2014年在乙国强奸一名妇女后又逃至中国。乙国于2015年向中国提出引渡请求。经查明，中国和乙国之间没有双边引渡条约。依相关国际法及中国法律规定，下列哪一选项是正确的？（　　）

A. 乙国的引渡请求应向中国最高人民法院提出

B. 乙国应当作出互惠的承诺

C. 最高人民法院应对乙国的引渡请求进行审查，并由审判员组成合议庭进行

D. 如乙国将汤姆引渡回本国，则在任何情况下都不得再将其转引

34. 甲国与乙国基于传统友好关系，兼顾公平与效率原则，同意任命德高望重并富有外交经验的丙国公民布朗作为甲乙两国的领事官员派遣至丁国。根据《维也纳领事关系公约》，下列哪一选项是正确的？（　　）

A. 布朗既非甲国公民也非乙国公民，此做法违反《公约》

B. 《公约》没有限制，此做法无须征得丁国同意

C. 如丁国明示同意，此做法是被《公约》允许的

D. 如丙国与丁国均明示同意，此做法才被《公约》允许

35. 沙特某公司在华招聘一名中国籍雇员张某。为规避中国法律关于劳动者权益保护的强制性规定，劳动合同约定排他性地适用菲律宾法。后因劳动合同产生纠纷，张某向中国法院提起诉讼。关于该劳动合同的法律适用，下列哪一选项是正确的？（　　）

A. 适用沙特法

B. 因涉及劳动者权益保护，直接适用中国的强制性规定

C. 在沙特法、中国法与菲律宾法中选择适用对张某最有利的法律

D. 适用菲律宾法

36. 2014年1月，北京居民李某的一件珍贵首饰在家中失窃后被窃贼带至甲国。同年2月，甲国居民陈某在当地珠宝市场购得该首饰。2015年1月，在获悉陈某将该首饰带回北京拍卖的消息后，李某在北京某法院提起原物返还之诉。关于该首饰所有权的法律适用，

下列哪一选项是正确的？（　　）

A. 应适用中国法

B. 应适用甲国法

C. 如李某与陈某选择适用甲国法，不应支持

D. 如李某与陈某无法就法律选择达成一致，应适用甲国法

37. 甲国游客杰克于2015年6月在北京旅游时因过失导致北京居民孙某受重伤。现孙某在北京以杰克为被告提起侵权之诉。关于该侵权纠纷的法律适用，下列哪一选项是正确的？（　　）

A. 因侵权行为发生在中国，应直接适用中国法

B. 如当事人在开庭前协议选择适用乙国法，应予支持，但当事人应向法院提供乙国法的内容

C. 因本案仅与中国、甲国有实际联系，当事人只能在中国法与甲国法中进行选择

D. 应在中国法与甲国法中选择适用更有利于孙某的法律

38. 2015年3月，甲国公民杰夫欲向中国法院申请承认并执行一项在甲国境内作出的仲裁裁决。中国与甲国均为《承认与执行外国仲裁裁决公约》成员国。关于该裁决的承认和执行，下列哪一选项是正确的？（　　）

A. 杰夫应通过甲国法院向被执行人住所地或其财产所在地的中级人民法院申请

B. 如该裁决系临时仲裁庭作出的裁决，人民法院不应承认与执行

C. 如承认和执行申请被裁定驳回，杰夫可向人民法院起诉

D. 如杰夫仅申请承认而未同时申请执行该裁决，人民法院可以对是否执行一并作出裁定

39. 英国人施密特因合同纠纷在中国法院涉诉。关于该民事诉讼，下列哪一选项是正确的？（　　）

A. 施密特可以向人民法院提交英文书面材料，无须提供中文翻译件

B. 施密特可以委托任意一位英国出庭律师以公民代理的形式代理诉讼

C. 如施密特不在中国境内，英国驻华大使馆可以授权本馆官员为施密特聘请中国律师代理诉讼

D. 如经调解双方当事人达成协议，人民法院已制发调解书，但施密特要求发给判决书，应予拒绝

40. 中国甲公司与法国乙公司签订了向中国进口服装的合同，价格条件CIF。货到目的港时，甲公司发现有两箱货物因包装不当途中受损，因此拒收，该货物在目的港码头又被雨淋受损。依1980年《联合国国际货物销售合同公约》及相关规则，下列哪一选项是正确的？（　　）

A. 因本合同已选择了CIF贸易术语，则不再适用《公约》

B. 在CIF条件下应由法国乙公司办理投保，故乙公司也应承担运输途中的风险

C. 因甲公司拒收货物，乙公司应承担货物在目的港码头雨淋造成的损失

D. 乙公司应承担因包装不当造成的货物损失

41. 青田轮承运一批啤酒花从中国运往欧洲某港，货物投保了一切险，提单上的收货人一栏写明"凭指示"，因生产过程中水分过大，啤酒花到目地港时已变质。依《海牙规则》及相关保险规则，下列哪一选项是正确的？（ ）

A. 承运人没有尽到途中管货的义务，应承担货物途中变质的赔偿责任

B. 因货物投保了一切险，保险人应承担货物变质的赔偿责任

C. 本提单可通过交付进行转让

D. 承运人对啤酒花的变质可以免责

42. 依最高人民法院《关于审理信用证纠纷案件若干问题的规定》，出现下列哪一情况时，不能再通过司法手段干预信用证项下的付款行为？（ ）

A. 开证行的授权人已对信用证项下票据善意地作出了承兑

B. 受益人交付的货物无价值

C. 受益人和开证申请人串通提交假单据

D. 受益人提交记载内容虚假的单据

43. 进口中国的某类化工产品2015年占中国的市场份额比2014年有较大增加，经查，两年进口总量虽持平，但仍给生产同类产品的中国产业造成了严重损害。依我国相关法律，下列哪一选项是正确的？（ ）

A. 受损害的中国国内产业可向商务部申请反倾销调查

B. 受损害的中国国内产业可向商务部提出采取保障措施的书面申请

C. 因为该类化工产品的进口数量并没有绝对增加，故不能采取保障措施

D. 该类化工产品的出口商可通过价格承诺避免保障措施的实施

44. 为了促进本国汽车产业，甲国出台规定，如生产的汽车使用了30%国产零部件，即可享受税收减免的优惠。依世界贸易组织的相关规则，关于该规定，下列哪一选项是正确的？（ ）

A. 违反了国民待遇原则，属于禁止使用的与贸易有关的投资措施

B. 因含有国内销售的要求，是扭曲贸易的措施

C. 有贸易平衡的要求，属于禁止的数量限制措施

D. 有外汇平衡的要求，属于禁止的投资措施

45. 保证公正司法，提高司法公信力，一个重要的方面是加强对司法活动的监督。下列哪一做法属于司法机关内部监督？（ ）

A. 建立生效法律文书统一上网和公开查询制度

B. 逐步实行人民陪审员只参与审理事实认定、不再审理法律适用问题

C. 检察院办案中主动听取并重视律师意见

D. 完善法官、检察官办案责任制，落实谁办案谁负责

46. 职业保障是确保法官、检察官队伍稳定、发展的重要条件,是实现司法公正的需要。根据中央有关改革精神和《法官法》、《检察官法》规定,下列哪一说法是错误的?（ ）

　　A. 对法官、检察官的保障由工资保险福利和职业（履行职务）两方面保障构成

　　B. 完善职业保障体系,要建立符合职业特点的法官、检察官管理制度

　　C. 完善职业保障体系,要建立法官、检察官专业职务序列和工资制度

　　D. 合理的退休制度也是保障制度的重要组成部分,应予高度重视

47. 根据中央司法体制改革要求及有关检察制度规定,人民监督员制度得到进一步完善和加强。关于深化人民监督员制度,下列哪一表述是错误的?（ ）

　　A. 是为确保职务犯罪侦查、起诉权的正确行使,根据有关法律结合实际确定的一种社会民主监督制度

　　B. 重点监督检察机关查办职务犯罪的立案、羁押、扣押冻结财物、起诉等环节的执法活动

　　C. 人民监督员由司法行政机关负责选任管理

　　D. 参与具体案件监督的人民监督员,由选任机关从已建立的人民监督员信息库中随机挑选

48. 王某和李某斗殴,李某与其子李二将王某打伤。李某在王某提起刑事自诉后聘请省会城市某律师事务所赵律师担任辩护人。关于本案,下列哪一做法符合相关规定?（ ）

　　A. 赵律师同时担任李某和李二的辩护人,该所钱律师担任本案王某代理人

　　B. 该所与李某商定辩护事务按诉讼结果收取律师费

　　C. 该所要求李某另外预交办案费

　　D. 该所指派实习律师代赵律师出庭辩护

49. 某检察院对王某盗窃案提出二审抗诉,王某未委托辩护人,欲申请法律援助。对此,下列哪一说法是正确的?（ ）

　　A. 王某申请法律援助只能采用书面形式

　　B. 法律援助机构应当严格审查王某的经济状况

　　C. 法律援助机构只能委派律师担任王某的辩护人

　　D. 法律援助机构决定不提供法律援助时,王某可以向该机构提出异议

50. 关于我国公证的业务范围、办理程序和效力,下列哪一选项符合《公证法》的规定?（ ）

　　A. 申请人向公证机关提出保全网上交易记录,公证机关以不属于公证事项为由拒绝

　　B. 自然人委托他人办理财产分割、赠与、收养关系公证的,公证机关不得拒绝

　　C. 因公证具有较强的法律效力,要求公证机关在办理公证业务时不能仅作形式审查

　　D. 法院发现当事人申请执行的公证债权文书确有错误的,应裁定不予执行并撤销该

公证书

二、多项选择题。每题所设选项中至少有两个正确答案,多选、少选、错选或不选均不得分。本部分含 51～85 题,每题 2 分,共 70 分。

51. 关于对全面推进依法治国基本原则的理解,下列哪些选项是正确的?（　　）

A. 要把坚持党的领导、人民当家做主、依法治国有机统一起来

B. 坚持人民主体地位,必须坚持法治建设以保障人民根本利益为出发点

C. 要坚持从中国实际出发,并借鉴国外法治有益经验

D. 坚持法律面前人人平等,必须以规范和约束公权力为重点

52. 备案审查是宪法监督的重要内容和环节。根据中国特色社会主义法治理论有关要求和《立法法》规定,对该项制度的理解,下列哪些表述是正确的?（　　）

A. 建立规范性文件备案审查机制,要把所有规范性文件纳入审查范围

B. 地方性法规和地方政府规章应纳入全国人大常委会的备案审查范围

C. 全国人大常委会有权依法撤销和纠正违宪违法的规范性文件

D. 提升备案审查能力,有助于提高备案审查的制度执行力和约束力

53. 十二届全国人大作出了制定二十余部新法律、修改四十余部法律的立法规划,将为经济、政治等各领域一系列重大改革提供法律依据。关于加强重点领域立法,下列哪些观点是正确的?（　　）

A. 修订《促进科技成果转化法》,能够为科技成果产业化提供法治保障

B. 推进反腐败立法,是完善惩治和预防腐败的有效机制

C. 为了激发社会组织活力,加快实施政社分开,应当加快社会组织立法

D. 用严格的法律制度保护生态环境,大幅度提高环境违法成本,会对经济发展带来不利影响

54. 2015 年 1 月,最高法院巡回法庭先后在深圳、沈阳正式设立,负责审理跨行政区域重大行政和民商事案件。关于设立巡回法庭的意义,下列哪些理解是正确的?（　　）

A. 有利于保证公正司法和提高司法公信力

B. 有助于消除审判权运行的行政化问题

C. 有助于节约当事人诉讼成本,体现了司法为民的原则

D. 有利于就地化解纠纷,减轻最高法院本部办案压力

55. 培养高素质的法治专门队伍,旨在为建设社会主义法治国家提供强有力的组织和人才保障。下列哪些举措体现了这一要求?（　　）

A. 从符合条件的律师中招录立法工作者、法官、检察官

B. 实行招录人才的便捷机制,在特定地区,政法专业毕业生可直接担任法官

C. 建立检察官逐级遴选制度,初任检察官由省级检察院统一招录,一律在基层检察院任职

D. 将善于运用法治思维和法治方式推动工作的人员优先选拔至领导岗位

56. 2011年，李某购买了刘某一套房屋，准备入住前从他处得知该房内两年前曾发生一起凶杀案。李某诉至法院要求撤销合同。法官认为，根据我国民俗习惯，多数人对发生凶杀案的房屋比较忌讳，被告故意隐瞒相关信息，违背了诚实信用原则，已构成欺诈，遂判决撤销合同。关于此案，下列哪些说法是正确的？（　）

　　A. 不违背法律的民俗习惯可以作为裁判依据

　　B. 只有在民事案件中才可适用诚实信用原则

　　C. 在司法判决中，诚实信用原则以全有或全无的方式加以适用

　　D. 诚实信用原则可以为相关的法律规则提供正当化基础

57. 某法院在一起疑难案件的判决书中援引了法学教授叶某的学说予以说理。对此，下列哪些说法是正确的？（　）

　　A. 法学学说在当代中国属于法律原则的一种

　　B. 在我国，法学学说中对法律条文的解释属于非正式解释

　　C. 一般而言，只能在民事案件中援引法学学说

　　D. 参考法学学说有助于对法律条文作出正确理解

58. 徐某被何某侮辱后一直寻机报复，某日携带尖刀到何某住所将其刺成重伤。经司法鉴定，徐某作案时辨认和控制能力存在，有完全的刑事责任能力。法院审理后以故意伤害罪判处徐某有期徒刑10年。关于该案，下列哪些说法是正确的？（　）

　　A. "徐某作案时辨认和控制能力存在，有完全的刑事责任能力"这句话包含对事实的法律认定

　　B. 法院判决体现了法的强制作用，但未体现评价作用

　　C. 该案中法官运用了演绎推理

　　D. "徐某被何某侮辱后一直寻机报复，某日携带尖刀到何某住所将其刺成重伤"是该案法官推理中的大前提

59. 张某出差途中突发疾病死亡，被市社会保障局认定为工伤。但张某所在单位认为依据《工伤保险条例》，只有"在工作时间和工作岗位突发疾病死亡"才属于工伤，遂诉至法院。法官认为，张某为完成单位分配任务，须经历从工作单位到达出差目的地这一过程，出差途中应视为工作时间和工作岗位，故构成工伤。关于此案，下列哪些说法是正确的？（　）

　　A. 解释法律时应首先运用文义解释方法

　　B. 法官对条文作了扩张解释

　　C. 对条文文义的扩张解释不应违背立法目的

　　D. 一般而言，只有在法律出现漏洞时才需要进行法律解释

60. 《最高人民法院关于适用<中华人民共和国合同法>若干问题的解释（二）》第十九条规定："对于合同法第七十四条规定的'明显不合理的低价'，人民法院应当以交易当地一般经营者的判断，并参考交易当时交易地的物价部门指导价或者市场交易价，结

合其他相关因素综合考虑予以确认。"关于该解释，下列哪些说法是正确的？（ ）

A. 并非由某个个案裁判而引起

B. 仅关注语言问题而未涉及解释结果是否公正的问题

C. 具有法律约束力

D. 不需报全国人大常委会备案

61. 我国《宪法》第三十八条明确规定："中华人民共和国公民的人格尊严不受侵犯。"关于该条文所表现的宪法规范，下列哪些选项是正确的？（ ）

A. 在性质上属于组织性规范

B. 通过《民法通则》中有关姓名权的规定得到了间接实施

C. 法院在涉及公民名誉权的案件中可以直接据此作出判决

D. 与法律中的有关规定相结合构成一个有关人格尊严的规范体系

62. 关于国家文化制度，下列哪些表述是正确的？（ ）

A. 我国宪法所规定的文化制度包含了爱国统一战线的内容

B. 国家鼓励自学成才，鼓励社会力量依照法律规定举办各种教育事业

C. 是否较为系统地规定文化制度，是社会主义宪法区别于资本主义宪法的重要标志之一

D. 公民道德教育的目的在于培养有理想、有道德、有文化、有纪律的社会主义公民

63. 甲市乙县人民代表大会在选举本县的市人大代表时，乙县多名人大代表接受甲市人大代表候选人的贿赂。对此，下列哪些说法是正确的？（ ）

A. 乙县选民有权罢免受贿的该县人大代表

B. 乙县受贿的人大代表应向其所在选区的选民提出辞职

C. 甲市人大代表候选人行贿行为属于破坏选举的行为，应承担法律责任

D. 在选举过程中，如乙县人大主席团发现有贿选行为应及时依法调查处理

64. 某村村委会未经村民会议讨论，制定了土地承包经营方案，侵害了村民的合法权益，引发了村民的强烈不满。根据《村民委员会组织法》的规定，下列哪些做法是正确的？（ ）

A. 村民会议有权撤销该方案

B. 由该村所在地的乡镇级政府责令改正

C. 受侵害的村民可以申请法院予以撤销

D. 村民代表可以就此联名提出罢免村委会成员的要求

65. 某设区的市的市政府依法制定了《关于加强历史文化保护的决定》。关于该决定，下列哪些选项是正确的？（ ）

A. 市人大常委会认为该决定不适当，可以提请上级人大常委会撤销

B. 法院在审理案件时发现该决定与上位法不一致，可以作出合法性解释

C. 与文化部有关文化保护的规定具有同等效力，在各自的权限范围内施行

D. 与文化部有关文化保护的规定之间对同一事项的规定不一致时，由国务院裁决

66. 党的十八届四中全会的《中共中央关于全面推进依法治国若干重大问题的决定》明确指出："完善以宪法为核心的中国特色社会主义法律体系。"据此，下列哪些做法是正确的？（ ）

A. 建立全国人大及其常委会宪法监督制度，健全宪法解释程序机制
B. 健全有立法权的人大主导立法工作的体制，规范和减少政府立法活动
C. 探索委托第三方起草法律法规草案，加强立法后评估，引入第三方评估
D. 加快建立生态文明法律制度，强化生产者环境保护的法律责任

67. 某市甲、乙、丙三大零售企业达成一致协议，拒绝接受产品供应商丁的供货。丙向反垄断执法机构举报并提供重要证据，经查，三企业构成垄断协议行为。关于三企业应承担的法律责任，下列哪些选项是正确的？（ ）

A. 该执法机构应责令三企业停止违法行为，没收违法所得，并处以相应罚款
B. 丙企业举报有功，可酌情减轻或免除处罚
C. 如丁因垄断行为遭受损失的，三企业应依法承担民事责任
D. 如三企业行为后果极为严重，应追究其刑事责任

68. 甲公司拥有"飞鸿"注册商标，核定使用的商品为酱油等食用调料。乙公司成立在后，特意将"飞鸿"登记为企业字号，并在广告、企业厂牌、商品上突出使用。乙公司使用违法添加剂生产酱油被媒体曝光后，甲公司的市场声誉和产品销量受到严重影响。关于本案，下列哪些说法是正确的？（ ）

A. 乙公司侵犯了甲公司的注册商标专用权
B. 乙公司将"飞鸿"登记为企业字号并突出使用的行为构成不正当竞争行为
C. 甲公司因调查乙公司不正当竞争行为所支付的合理费用应由乙公司赔偿
D. 甲公司应允许乙公司在不变更企业名称的情况下以其他商标生产销售合格的酱油

69. 关于个人所得税，下列哪些表述是正确的？（ ）

A. 以课税对象为划分标准，个人所得税属于动态财产税
B. 非居民纳税人是指不具有中国国籍但有来源于中国境内所得的个人
C. 居民纳税人从中国境内、境外取得的所得均应依法缴纳个人所得税
D. 劳务报酬所得适用比例税率，对劳务报酬所得一次收入畸高的，可实行加成征收

70. 某厂工人田某体检时被初诊为脑瘤，万念俱灰，既不复检也未经请假就外出旅游。该厂以田某连续旷工超过15天，严重违反规章制度为由解除劳动合同。对于由此引起的劳动争议，下列哪些说法是正确的？（ ）

A. 该厂单方解除劳动合同，应事先将理由通知工会
B. 因田某严重违反规章制度，无论是否在规定的医疗期内该厂均有权解除劳动合同
C. 如该厂解除劳动合同的理由成立，无须向田某支付经济补偿金
D. 如该厂解除劳动合同的理由违法，田某有权要求继续履行劳动合同并主张经济补

偿金 2 倍的赔偿金

71. 友田劳务派遣公司（住所地为甲区）将李某派遣至金科公司（住所地为乙区）工作。在金科公司按劳务派遣协议向友田公司支付所有费用后，友田公司从李某的首月工资中扣减了 500 元，李某提出异议。对此争议，下列哪些说法是正确的？（　）
   A. 友田公司作出扣减工资的决定，应就其行为的合法性负举证责任
   B. 如此案提交劳动争议仲裁，当事人一方对仲裁裁决不服的，有权向法院起诉
   C. 李某既可向甲区也可向乙区的劳动争议仲裁机构申请仲裁
   D. 对于友田公司给李某造成的损害，友田公司和金科公司应承担连带责任

72. 甲企业将其厂房及所占划拨土地一并转让给乙企业，乙企业依法签订了出让合同，土地用途为工业用地。5 年后，乙企业将其转让给丙企业，丙企业欲将用途改为商业开发。关于该不动产权利的转让，下列哪些说法是正确的？（　）
   A. 甲向乙转让时应报经有批准权的政府审批
   B. 乙向丙转让时，应已支付全部土地使用权出让金，并取得国有土地使用权证书
   C. 丙受让时改变土地用途，须取得有关国土部门和规划部门的同意
   D. 丙取得该土地及房屋时，其土地使用年限应重新计算

73. 某市政府接到省环境保护主管部门的通知：暂停审批该市新增重点污染物排放总量的建设项目环境影响评价文件。下列哪些情况可导致此次暂停审批？（　）
   A. 未完成国家确定的环境质量目标
   B. 超过国家重点污染物排放总量控制指标
   C. 当地环境保护主管部门对重点污染物监管不力
   D. 当地重点排污单位未按照国家有关规定和监测规范安装使用监测设备

74. 某化工厂排放的污水会影响鱼类生长，但其串通某环境影响评价机构获得虚假环评文件从而得以建设。该厂后来又串通某污水处理设施维护机构，使其污水处理设施虚假显示从而逃避监管。该厂长期排污致使周边水域的养殖鱼类大量死亡。面对养殖户的投诉，当地环境保护主管部门一直未采取任何查处措施。对于养殖户的赔偿请求，下列哪些单位应承担连带责任？（　）
   A. 化工厂
   B. 环境影响评价机构
   C. 污水处理设施维护机构
   D. 当地环境保护主管部门

75. 中国公民王某与甲国公民彼得于 2013 年结婚后定居甲国并在该国产下一子，取名彼得森。关于彼得森的国籍，下列哪些选项是正确的？（　）
   A. 具有中国国籍，除非其出生时即具有甲国国籍
   B. 可以同时拥有中国国籍与甲国国籍
   C. 出生时是否具有中国国籍，应由甲国法确定

D. 如出生时即具有甲国国籍，其将终生无法获得中国国籍

76. 依据《中华人民共和国缔结条约程序法》及中国相关法律，下列哪些选项是正确的？（　）

A. 国务院总理与外交部部长参加条约谈判，无须出具全权证书

B. 由于中国已签署《联合国国家及其财产管辖豁免公约》，该公约对我国具有拘束力

C. 中国缔结或参加的国际条约与中国国内法有冲突的，均优先适用国际条约

D. 经全国人大常委会决定批准或加入的条约和重要协定，由全国人大常委会公报公布

77. 在某合同纠纷中，中国当事方与甲国当事方协议选择适用乙国法，并诉至中国法院。关于该合同纠纷，下列哪些选项是正确的？（　）

A. 当事人选择的乙国法，仅指该国的实体法，既不包括其冲突法，也不包括其程序法

B. 如乙国不同州实施不同的法律，人民法院应适用该国首都所在地的法律

C. 在庭审中，中国当事方以乙国与该纠纷无实际联系为由主张法律选择无效，人民法院不应支持

D. 当事人在一审法庭辩论即将结束时决定将选择的法律变更为甲国法，人民法院不应支持

78. 韩国公民金某与德国公民汉森自2013年1月起一直居住于上海，并于该年6月在上海结婚。2015年8月，二人欲在上海解除婚姻关系。关于二人财产关系与离婚的法律适用，下列哪些选项是正确的？（　）

A. 二人可约定其财产关系适用韩国法

B. 如诉讼离婚，应适用中国法

C. 如协议离婚，二人没有选择法律的，应适用中国法

D. 如协议离婚，二人可以在中国法、韩国法及德国法中进行选择

79. 秦某与洪某在台北因合同纠纷涉诉，被告洪某败诉。现秦某向洪某财产所在地的大陆某中级人民法院申请认可该台湾地区的民事判决。关于该判决的认可，下列哪些选项是正确的？（　）

A. 人民法院受理秦某申请后，应当在6个月内审结

B. 受理秦某的认可申请后，作出裁定前，秦某要求撤回申请的，人民法院应当允许

C. 如人民法院裁定不予认可该判决，秦某可以在裁定作出1年后再次提出申请

D. 人民法院受理申请后，如对该判决是否生效不能确定，应告知秦某提交作出判决的法院出具的证明文件

80. 甲、乙、丙三国均为世界贸易组织成员，甲国对进口的某类药品征收8%的国内税，而同类国产药品的国内税为6%。针对甲国的规定，乙、丙两国向世界贸易组织提出申诉，经裁决甲国败诉，但其拒不执行。依世界贸易组织的相关规则，下列哪些选项是正确的？（　）

A. 甲国的行为违反了国民待遇原则

B. 乙、丙两国可向上诉机构申请强制执行

C. 乙、丙两国经授权可以对甲国采取中止减让的报复措施

D. 乙、丙两国的报复措施只限于在同种产品上使用

81. 香槟是法国地名，中国某企业为了推广其葡萄酒产品，拟为该产品注册"香槟"商标。依《与贸易有关的知识产权协议》，下列哪些选项是正确的？（　　）

A. 只要该企业有关"香槟"的商标注册申请在先，商标局就可以为其注册

B. 如该注册足以使公众对该产品的来源误认，则应拒绝注册

C. 如该企业是在利用香槟这一地理标志进行暗示，则应拒绝注册

D. 如允许来自法国香槟的酒产品注册"香槟"的商标，而不允许中国企业注册该商标，则违反了国民待遇原则

82. 为了完成会计师事务所交办的涉及中国某项目的财务会计报告，永居甲国的甲国人里德来到中国工作半年多，圆满完成报告并获得了相应的报酬。依相关法律规则，下列哪些选项是正确的？（　　）

A. 里德是甲国人，中国不能对其征税

B. 因里德在中国停留超过了183天，中国对其可从源征税

C. 如中国已对里德征税，则甲国在任何情况下均不得对里德征税

D. 如里德被甲国认定为纳税居民，则应对甲国承担无限纳税义务

83. 根据中国特色社会主义法治理论有关内容，关于加强法治工作队伍建设，下列哪些表述是正确的？（　　）

A. 全面推进依法治国，必须大力提高法治工作队伍思想政治素质、业务工作能力、职业道德水准

B. 建立法律职业人员统一职前培训制度，有利于他们形成共同的法律信仰、职业操守和提高业务素质、职业技能

C. 加强律师职业道德建设，需要进一步健全完善律师职业道德规范制度体系、教育培训及考核机制

D. 为推动法律服务志愿者队伍建设和鼓励志愿者发挥作用，可采取自愿无偿和最低成本方式提供社会法律服务

84. 法律职业人员在业内、业外均应注重清正廉洁，严守职业道德和纪律规定。下列哪些行为违反了相关职业道德和纪律规定？（　　）

A. 赵法官参加学术研讨时无意透露了未审结案件的内部讨论意见

B. 钱检察官相貌堂堂，免费出任当地旅游局对外宣传的"形象大使"

C. 孙律师在执业中了解到委托人公司存在严重的涉嫌偷税犯罪行为，未向税务机关举报

D. 李公证员代其同学在自己工作的公证处申办学历公证

85. 法律职业人员应自觉遵守回避制度，确保司法公正。关于法官、检察官、律师和

公证员等四类法律职业人员的回避规定，下列哪些判断是正确的？（　　）

A. 与当事人（委托人）有近亲属关系，是法律职业人员共同的回避事由

B. 法律职业人员的回避，在其《职业道德基本准则》中均有明文规定

C. 法官和检察官均有任职回避的规定，公证员则无此要求

D. 不同于其他法律职业，律师回避要受到委托人意思的影响

三、不定项选择题。每题所设选项中至少有一个正确答案，多选、少选、错选或不选均不得分。本部分含86～100题，每题2分，共30分。

86. 全面推进依法治国，要求深入推进依法行政，加快建设法治政府。下列做法符合该要求的是：（　　）

A. 为打击医药购销领域商业贿赂，某省对列入不良记录逾期不改的药品生产企业，取消所有产品的网上采购资格

B. 某市建立行政机关内部重大决策合法性审查机制，未经审查的，不得提交讨论

C. 某省交管部门开展校车整治行动时，坚持以人为本，允许家长租用私自改装的社会运营车辆接送学生

D. 某市推进综合执法，为减少市县两级政府执法队伍种类，要求无条件在所有领域实现跨部门综合执法

87. 2015年4月，最高法院发布了《关于人民法院推行立案登记制改革的意见》。关于立案登记制，下列理解正确的是：（　　）

A. 有利于做到有案必立，保障当事人诉权

B. 有利于促进法院案件受理制度的完善

C. 法院对当事人的起诉只进行初步的实质审查，当场登记立案

D. 适用于民事起诉、强制执行和国家赔偿申请，不适用于行政起诉

88. 张某因其妻王某私自堕胎，遂以侵犯生育权为由诉至法院请求损害赔偿，但未获支持。张某又请求离婚，法官调解无效后依照《婚姻法》中"其他导致夫妻感情破裂的情形"的规定判决准予离婚。对此，下列选项中正确的是：（　　）

A. 王某与张某婚姻关系的消灭是由法律事件引起的

B. 张某主张的生育权属于相对权

C. 法院未支持张某的损害赔偿诉求，违反了"有侵害则有救济"的法律原则

D. "其他导致夫妻感情破裂的情形"属于概括性立法，有利于提高法律的适应性

89. 李某因热水器漏电受伤，经鉴定为重伤，遂诉至法院要求厂家赔偿损失，其中包括精神损害赔偿。庭审时被告代理律师辩称，一年前该法院在审理一起类似案件时并未判决给予精神损害赔偿，本案也应作相同处理。但法院援引最新颁布的司法解释，支持了李某的诉讼请求。关于此案，下列认识正确的是：（　　）

A. "经鉴定为重伤"是价值判断而非事实判断

B. 此案表明判例不是我国正式的法的渊源

C. 被告律师运用了类比推理

D. 法院生效的判决具有普遍约束力

90. "法学作为科学无力回答正义的标准问题，因而是不是法与是不是正义的法是两个必须分离的问题，道德上的善或正义不是法律存在并有效力的标准，法律规则不会因违反道德而丧失法的性质和效力，即使那些同道德严重对抗的法也依然是法。"关于这段话，下列说法正确的是：（　　）

A. 这段话既反映了实证主义法学派的观点，也反映了自然法学派的基本立场

B. 根据社会法学派的看法，法的实施可以不考虑法律的社会实效

C. 根据分析实证主义法学派的观点，内容正确性并非法的概念的定义要素

D. 所有的法学学派均认为，法律与道德、正义等在内容上没有任何联系

91. 我国《宪法》第二条明确规定："人民行使国家权力的机关是全国人民代表大会和地方各级人民代表大会。"关于全国人大和地方各级人大，下列选项正确的是：（　　）

A. 全国人大代表全国人民统一行使国家权力

B. 全国人大和地方各级人大是领导与被领导的关系

C. 全国人大在国家机构体系中居于最高地位，不受任何其他国家机关的监督

D. 地方各级人大设立常务委员会，由主任、副主任若干人和委员若干人组成

92. 某县政府以较低补偿标准进行征地拆迁。张某因不同意该补偿标准，拒不拆迁自己的房屋。为此，县政府责令张某的儿子所在中学不为其办理新学期注册手续，并通知财政局解除张某的女婿李某（财政局工勤人员）与该局的劳动合同。张某最终被迫签署了拆迁协议。关于当事人被侵犯的权利，下列选项正确的是：（　　）

A. 张某的住宅不受侵犯权

B. 张某的财产权

C. 李某的劳动权

D. 张某儿子的受教育权

93. 预算制度的目的是规范政府收支行为，强化预算监督。根据《宪法》和法律的规定，关于预算，下列表述正确的是：（　　）

A. 政府的全部收入和支出都应当纳入预算

B. 经批准的预算，未经法定程序，不得调整

C. 国务院有权编制和执行国民经济和社会发展计划、国家预算

D. 全国人大常委会有权审查和批准国家的预算和预算执行情况的报告

94. 宪法解释是保障宪法实施的一种手段和措施。关于宪法解释，下列选项正确的是：（　　）

A. 由司法机关解释宪法的做法源于美国，也以美国为典型代表

B. 德国的宪法解释机关必须结合具体案件对宪法含义进行说明

C. 我国的宪法解释机关对宪法的解释具有最高的、普遍的约束力

D. 我国国务院在制定行政法规时，必然涉及对宪法含义的理解，但无权解释宪法

某商场使用了由东方电梯厂生产、亚林公司销售的自动扶梯。某日营业时间，自动扶梯突然逆向运行，造成顾客王某、栗某和商场职工薛某受伤，其中栗某受重伤，经治疗半身瘫痪，数次自杀未遂。现查明，该型号自动扶梯在全国已多次发生相同问题，但电梯厂均通过更换零部件、维修进行处理，并未停止生产和销售。

请回答第95~97题。

95. 关于赔偿主体及赔偿责任，下列选项正确的是：（ ）

A. 顾客王某、栗某有权请求商场承担赔偿责任

B. 受害人有权请求电梯厂和亚林公司承担赔偿责任

C. 电梯厂和亚林公司承担连带赔偿责任

D. 商场和电梯厂承担按份赔偿责任

96. 关于顾客王某与栗某可主张的赔偿费用，下列选项正确的是：（ ）

A. 均可主张为治疗支出的合理费用

B. 均可主张因误工减少的收入

C. 栗某可主张精神损害赔偿

D. 栗某可主张所受损失2倍以下的惩罚性赔偿

97. 职工薛某被认定为工伤且被鉴定为六级伤残。关于其工伤保险待遇，下列选项正确的是：（ ）

A. 如商场未参加工伤保险，薛某可主张商场支付工伤保险待遇或者承担民事人身损害赔偿责任

B. 如商场未参加工伤保险也不支付工伤保险待遇，薛某可主张工伤保险基金先行支付

C. 如商场参加了工伤保险，主要由工伤保险基金支付工伤保险待遇，但按月领取的伤残津贴仍由商场支付

D. 如电梯厂已支付工伤医疗费，薛某仍有权获得工伤保险基金支付的工伤医疗费

98. 审判组织是我国法院行使审判权的组织形式。关于审判组织，下列说法错误的是：（ ）

A. 独任庭只能适用简易程序审理民事案件，但并不排斥普通程序某些规则的运用

B. 独任法官发现案件疑难复杂，可以转为普通程序审理，但不得提交审委会讨论

C. 再审程序属于纠错程序，为确保办案质量，应当由审判员组成合议庭进行审理

D. 不能以审委会名义发布裁判文书，但审委会意见对合议庭具有重要的参考作用

99. 关于我国法律职业人员的入职条件与业内、业外行为的说法：①法官和检察官的任职禁止条件完全相同；②被辞退的司法人员不能担任律师和公证员；③王某是甲市中院的副院长，其子王二不能同时担任甲市乙县法院的审判员；④李法官利用业余时间提供有偿网络法律咨询，应受到惩戒；⑤刘检察官提出检察建议被采纳，效果显著，应受到奖励；

⑥张律师两年前因私自收费被罚款，目前不能成为律所的设立人。对上述说法，下列判断正确的是：（　）

A. ①⑤正确
B. ②④错误
C. ②⑤正确
D. ③⑥错误

100. 为促进规范司法，维护司法公正，最高检察院要求各级检察院在诉讼活动中切实保障律师依法行使执业权利。据此，下列选项正确的是：（　）

A. 检察院在律师会见犯罪嫌疑人时，不得派员在场
B. 检察院在案件移送审查起诉后、律师阅卷时，不得派员在场
C. 律师收集到犯罪嫌疑人不在犯罪现场的证据，告知检察院的，其相关办案部门应及时审查
D. 法律未作规定的事项，律师要求听取意见的，检察院可以安排听取

2015年国家司法考试（试卷二）

一、单项选择题。每题所设选项中只有一个正确答案，多选、错选或不选均不得分。本部分含1～50题，每题1分，共50分。

1. 关于因果关系，下列哪一选项是正确的？（　　）

A. 甲跳楼自杀，砸死行人乙。这属于低概率事件，甲的行为与乙的死亡之间无因果关系

B. 集资诈骗案中，如出资人有明显的贪利动机，就不能认定非法集资行为与资金被骗结果之间有因果关系

C. 甲驾车将乙撞死后逃逸，第三人丙拿走乙包中贵重财物。甲的肇事行为与乙的财产损失之间有因果关系

D. 司法解释规定，虽交通肇事重伤3人以上但负事故次要责任的，不构成交通肇事罪。这说明即使有条件关系，也不一定能将结果归责于行为

2. 关于责任年龄与责任能力，下列哪一选项是正确的？（　　）

A. 甲在不满14周岁时安放定时炸弹，炸弹于甲已满14周岁后爆炸，导致多人伤亡。甲对此不负刑事责任

B. 乙在精神正常时着手实行故意伤害犯罪，伤害过程中精神病突然发作，在丧失责任能力时抢走被害人财物。对乙应以抢劫罪论处

C. 丙将毒药投入丁的茶杯后精神病突然发作，丁在丙丧失责任能力时喝下毒药死亡。对丙应以故意杀人罪既遂论处

D. 戊为给自己杀人壮胆而喝酒，大醉后杀害他人。戊不承担故意杀人罪的刑事责任

3. 警察带着警犬（价值3万元）追捕逃犯甲。甲枪中只有一发子弹，认识到开枪既可能只打死警察（希望打死警察），也可能只打死警犬，但一枪同时打中二者，导致警察受伤、警犬死亡。关于甲的行为定性，下列哪一选项是错误的？（　　）

A. 如认为甲只有一个故意，成立故意杀人罪未遂

B. 如认为甲有数个故意，成立故意杀人罪未遂与故意毁坏财物罪，数罪并罚

C. 如甲仅打中警犬，应以故意杀人罪未遂论处

D. 如甲未打中任何目标，应以故意杀人罪未遂论处

4. 鱼塘边工厂仓库着火，甲用水泵从乙的鱼塘抽水救火，致鱼塘中价值2万元的鱼苗死亡。仓库中价值2万元的商品因灭火及时未被烧毁。甲承认仓库边还有其他几家鱼塘，为报复才从乙的鱼塘抽水。关于本案，下列哪一选项是正确的？（　　）

A. 甲出于报复动机损害乙的财产，缺乏避险意图

B. 甲从乙的鱼塘抽水，是不得已采取的避险行为

C. 甲未能保全更大的权益，不符合避险限度要件

D. 对2万元鱼苗的死亡，甲成立故意毁坏财物罪

5. 下列哪一行为成立犯罪未遂？（ ）

A. 以贩卖为目的，在网上订购毒品，付款后尚未取得毒品即被查获

B. 国家工作人员非法收受他人给予的现金支票后，未到银行提取现金即被查获

C. 为谋取不正当利益，将价值5万元的财物送给国家工作人员，但第二天被退回

D. 发送诈骗短信，受骗人上当后汇出5万元，但因误操作汇到无关第三人的账户

6. 甲以杀人故意放毒蛇咬乙，后见乙痛苦不堪，心生悔意，便开车送乙前往医院。途中等红灯时，乙声称其实自己一直想死，突然跳车逃走，三小时后死亡。后查明，只要当时送医院就不会死亡。关于本案，下列哪一选项是正确的？（ ）

A. 甲不对乙的死亡负责，成立犯罪中止

B. 甲未能有效防止死亡结果发生，成立犯罪既遂

C. 死亡结果不能归责于甲的行为，甲成立犯罪未遂

D. 甲未能阻止乙跳车逃走，应以不作为的故意杀人罪论处

7. 15周岁的甲非法侵入某尖端科技研究所的计算机信息系统，18周岁的乙对此知情，仍应甲的要求为其编写侵入程序。关于本案，下列哪一选项是错误的？（ ）

A. 如认为责任年龄、责任能力不是共同犯罪的成立条件，则甲、乙成立共犯

B. 如认为甲、乙成立共犯，则乙成立非法侵入计算机信息系统罪的从犯

C. 不管甲、乙是否成立共犯，都不能认为乙成立非法侵入计算机信息系统罪的间接正犯

D. 由于甲不负刑事责任，对乙应按非法侵入计算机信息系统罪的片面共犯论处

8. 关于结果加重犯，下列哪一选项是正确的？（ ）

A. 故意杀人包含了故意伤害，故意杀人罪实际上是故意伤害罪的结果加重犯

B. 强奸罪、强制猥亵妇女罪的犯罪客体相同，强奸、强制猥亵行为致妇女重伤的，均成立结果加重犯

C. 甲将乙拘禁在宾馆20楼，声称只要乙还债就放人。乙无力还债，深夜跳楼身亡。甲的行为不成立非法拘禁罪的结果加重犯

D. 甲以胁迫手段抢劫乙时，发现仇人丙路过，于是立即杀害丙。甲在抢劫过程中杀害他人，因抢劫致人死亡包括故意致人死亡，故甲成立抢劫致人死亡的结果加重犯

9. 甲窃得一包冰毒后交乙代为销售，乙销售后得款3万元与甲平分。关于本案，下列哪一选项是错误的？（ ）

A. 甲的行为触犯盗窃罪与贩卖毒品罪

B. 甲贩卖毒品的行为侵害了新的法益，应与盗窃罪实行并罚

C. 乙的行为触犯贩卖毒品罪、非法持有毒品罪、转移毒品罪与掩饰、隐瞒犯罪所得罪

D. 对乙应以贩卖毒品罪一罪论处

10. 关于累犯，下列哪一选项是正确的？（ ）

A. 对累犯和犯罪集团的积极参加者，不适用缓刑

B. 对累犯，如假释后对所居住的社区无不良影响的，法院可决定假释

C. 对被判处无期徒刑的累犯，根据犯罪情节等情况，法院可同时决定对其限制减刑

D. 犯恐怖活动犯罪被判处有期徒刑4年，刑罚执行完毕后的第12年又犯黑社会性质的组织犯罪的，成立累犯

11. 下列哪一选项成立自首？（ ）

A. 甲挪用公款后主动向单位领导承认了全部犯罪事实，并请求单位领导不要将自己移送司法机关

B. 乙涉嫌贪污被检察院讯问时，如实供述将该笔公款分给了国有单位职工，辩称其行为不是贪污

C. 丙参与共同盗窃后，主动投案并供述其参与盗窃的具体情况。后查明，系因分赃太少、得知举报有奖才投案

D. 丁因纠纷致程某轻伤后，报警说自己伤人了。报警后见程某举拳冲过来，丁以暴力致其死亡，并逃离现场

12. 关于假释的撤销，下列哪一选项是错误的？（ ）

A. 被假释的犯罪分子，在假释考验期内犯新罪的，应撤销假释，按照先减后并的方法实行并罚

B. 被假释的犯罪分子，在假释考验期内严重违反假释监督管理规定，即使假释考验期满后才被发现，也应撤销假释

C. 在假释考验期内，发现被假释的犯罪分子在判决宣告前还有同种罪未判决的，应撤销假释

D. 在假释考验期满后，发现被假释的犯罪分子在判决宣告前有他罪未判决的，应撤销假释，数罪并罚

13. 下列哪一行为应以危险驾驶罪论处？（ ）

A. 醉酒驾驶机动车，误将红灯看成绿灯，撞死2名行人

B. 吸毒后驾驶机动车，未造成人员伤亡，但危及交通安全

C. 在驾驶汽车前吃了大量荔枝，被交警以呼气式酒精检测仪测试到酒精含量达到醉酒程度

D. 将汽车误停在大型商场地下固定卸货车位，后在醉酒时将汽车从地下三层开到地下一层的停车位

14. 下列哪一犯罪属抽象危险犯？（ ）

A. 污染环境罪 B. 投放危险物质罪

C. 破坏电力设备罪 D. 生产、销售假药罪

15. 下列哪一行为不成立使用假币罪（不考虑数额）？（ ）

A. 用假币缴纳罚款

B. 用假币兑换外币

C. 在朋友结婚时,将假币塞进红包送给朋友

D. 与网友见面时,显示假币以证明经济实力

16. 甲以伤害故意砍乙两刀,随即心生杀意又砍两刀,但四刀中只有一刀砍中乙并致其死亡,且无法查明由前后四刀中的哪一刀造成死亡。关于本案,下列哪一选项是正确的?( )

A. 不管是哪一刀造成致命伤,都应认定为一个故意杀人罪既遂

B. 不管是哪一刀造成致命伤,只能分别认定为故意伤害罪既遂与故意杀人罪未遂

C. 根据日常生活经验,应推定是后两刀中的一刀造成致命伤,故应认定为故意伤害罪未遂与故意杀人罪既遂

D. 根据存疑时有利于被告人的原则,虽可分别认定为故意伤害罪未遂与故意杀人罪未遂,但杀人与伤害不是对立关系,故可按故意伤害(致死)罪处理本案

17. 李某乘正在遛狗的老妇人王某不备,抢下王某装有4000元现金的手包就跑。王某让名贵的宠物狗追咬李某。李某见状在距王某50米处转身将狗踢死后逃离。王某眼见一切,因激愤致心脏病发作而亡。关于本案,下列哪一选项是正确的?( )

A. 李某将狗踢死,属事后抢劫中的暴力行为

B. 李某将狗踢死,属对王某以暴力相威胁

C. 李某的行为满足事后抢劫的当场性要件

D. 对李某的行为应整体上评价为抢劫罪

18. 乙全家外出数月,邻居甲主动帮乙照看房屋。某日,甲谎称乙家门口的一对石狮为自家所有,将石狮卖给外地人,得款1万元据为己有。关于甲的行为定性,下列哪一选项是错误的?( )

A. 甲同时触犯侵占罪与诈骗罪

B. 如认为购买者无财产损失,则甲仅触犯盗窃罪

C. 如认为购买者有财产损失,则甲同时触犯盗窃罪与诈骗罪

D. 不管购买者是否存在财产损失,甲都触犯盗窃罪

19. 菜贩刘某将蔬菜装入袋中,放在居民小区路旁长条桌上,写明"每袋20元,请将钱放在铁盒内"。然后,刘某去3公里外的市场卖菜。小区理发店的店员经常好奇地出来看看是否有人偷菜。甲数次公开拿走蔬菜时假装往铁盒里放钱。关于甲的行为定性(不考虑数额),下列哪一选项是正确的?( )

A. 甲乘人不备,公然拿走刘某所有的蔬菜,构成抢夺罪

B. 蔬菜为经常出来查看的店员占有,甲构成盗窃罪

C. 甲假装放钱而实际未放钱,属诈骗行为,构成诈骗罪

D. 刘某虽距现场3公里,但仍占有蔬菜,甲构成盗窃罪

20. 甲杀人后将凶器忘在现场,打电话告诉乙真相,请乙帮助扔掉凶器。乙随即把凶器藏在自家地窖里。数月后,甲生活无着落准备投案自首时,乙向甲汇款 2 万元,使其继续在外生活。关于本案,下列哪一选项是正确的?( )

    A. 乙藏匿凶器的行为不属毁灭证据,不成立帮助毁灭证据罪

    B. 乙向甲汇款 2 万元不属帮助甲逃匿,不成立窝藏罪

    C. 乙的行为既不成立帮助毁灭证据罪,也不成立窝藏罪

    D. 甲虽唆使乙毁灭证据,但不能认定为帮助毁灭证据罪的教唆犯

21. 根据《刑法》规定,国家工作人员利用本人职权或者(1)形成的便利条件,通过其他(2)职务上的行为,为请托人谋取(3),索取请托人财物或者收受请托人财物的,以(4)论处。这在刑法理论上称为(5)。将下列哪一选项内容填充到以上相应位置是正确的?( )

    A. (1)地位(2)国家机关工作人员(3)利益(4)利用影响力受贿罪(5)间接受贿

    B. (1)职务(2)国家工作人员(3)利益(4)受贿罪(5)斡旋受贿

    C. (1)职务(2)国家机关工作人员(3)不正当利益(4)利用影响力受贿罪(5)间接受贿

    D. (1)地位(2)国家工作人员(3)不正当利益(4)受贿罪(5)斡旋受贿

22. 关于刑事诉讼价值的理解,下列哪一选项是错误的?( )

    A. 公正在刑事诉讼价值中居于核心的地位

    B. 通过刑事程序规范国家刑事司法权的行使,是秩序价值的重要内容

    C. 效益价值属刑事诉讼法的工具价值,而不属刑事诉讼法的独立价值

    D. 适用强制措施遵循比例原则是公正价值的应有之义

23. 关于证人证言与鉴定意见,下列哪一选项是正确的?( )

    A. 证人证言只能由自然人提供,鉴定意见可由单位出具

    B. 生理上、精神上有缺陷的人有时可以提供证人证言,但不能出具鉴定意见

    C. 如控辩双方对证人证言和鉴定意见有异议的,相应证人和鉴定人均应出庭

    D. 证人应出庭而不出庭的,其庭前证言仍可能作为证据;鉴定人应出庭而不出庭的,鉴定意见不得作为定案根据

24. 关于网络犯罪案件证据的收集与审查,下列哪一选项是正确的?( )

    A. 询问异地证人、被害人的,应由办案地公安机关通过远程网络视频等方式进行

    B. 收集、提取电子数据,能够获取原始存储介质的应封存原始存储介质,并对相关活动录像

    C. 远程提取电子数据的,应说明原因,并对相关活动录像

    D. 对电子数据涉及的专门性问题难以确定的,可由公安部指定的机构出具检验报告

25. 甲涉嫌盗窃室友乙存放在储物柜中的笔记本电脑一台并转卖他人,但甲辩称该电脑系其本人所有,只是暂存于乙处。下列哪一选项既属于原始证据,又属于直接证据?( )

A. 侦查人员在乙储物柜的把手上提取的甲的一枚指纹

B. 侦查人员在室友丙手机中直接提取的视频，内容为丙偶然拍下的甲打开储物柜取走电脑的过程

C. 室友丁的证言，内容是曾看到甲将一台相同的笔记本电脑交给乙保管

D. 甲转卖电脑时出具的现金收条

26. 下列哪一选项属于传闻证据？（　　）

A. 甲作为专家辅助人在法庭上就一起伤害案的鉴定意见提出的意见

B. 乙了解案件情况但因重病无法出庭，法官自行前往调查核实的证人证言

C. 丙作为技术人员"就证明讯问过程合法性的同步录音录像是否经过剪辑"在法庭上所作的说明

D. 丁曾路过发生杀人案的院子，其开庭审理时所作的"当时看到一个人从那里走出来，好像喝了许多酒"的证言

27. 郭某涉嫌报复陷害申诉人蒋某，侦查机关因郭某可能毁灭证据将其拘留。在拘留期限即将届满时，因逮捕郭某的证据尚不充足，侦查机关责令其交纳2万元保证金取保候审。关于本案处理，下列哪一选项是正确的？（　　）

A. 取保候审由本案侦查机关执行

B. 如郭某表示无力全额交纳保证金，可降低保证金数额，同时责令其提出保证人

C. 可要求郭某在取保候审期间不得进入蒋某居住的小区

D. 应要求郭某在取保候审期间不得变更住址

28. 章某涉嫌故意伤害致人死亡，因犯罪后企图逃跑被公安机关先行拘留。关于本案程序，下列哪一选项是正确的？（　　）

A. 拘留章某时，必须出示拘留证

B. 拘留章某后，应在12小时内将其送看守所羁押

C. 拘留后对章某的所有讯问都必须在看守所内进行

D. 因怀疑章某携带管制刀具，拘留时公安机关无须搜查证即可搜查其身体

29. 王某涉嫌在多个市县连续组织淫秽表演，2014年9月15日被刑事拘留，随即聘请律师担任辩护人，10月17日被检察院批准逮捕，12月5日被移送检察院审查起诉。关于律师提请检察院进行羁押必要性审查，下列哪一选项是正确的？（　　）

A. 10月14日提出申请，检察院应受理

B. 11月18日提出申请，检察院应告知其先向侦查机关申请变更强制措施

C. 12月3日提出申请，由检察院承担监所检察工作的部门负责审查

D. 12月10日提出申请，由检察院公诉部门负责审查

30. 法院可以受理被害人提起的下列哪一附带民事诉讼案件？（　　）

A. 抢夺案，要求被告人赔偿被夺走并变卖的手机

B. 寻衅滋事案，要求被告人赔偿所造成的物质损失

C. 虐待被监管人案，要求被告人赔偿因体罚虐待致身体损害所产生的医疗费

D. 非法搜查案，要求被告人赔偿因非法搜查所导致的物质损失

31. 关于办案期限重新计算的说法，下列哪一选项是正确的？（　）

A. 甲盗窃汽车案，在侦查过程中发现其还涉嫌盗窃1辆普通自行车，重新计算侦查羁押期限

B. 乙受贿案，检察院审查起诉时发现一笔受贿款项证据不足，退回补充侦查后再次移送审查起诉时，重新计算审查起诉期限

C. 丙聚众斗殴案，在处理完丙提出的有关检察院书记员应当回避的申请后，重新计算一审审理期限

D. 丁贩卖毒品案，二审法院决定开庭审理并通知同级检察院阅卷，检察院阅卷结束后，重新计算二审审理期限

32. 甲公司以虚构工程及伪造文件的方式，骗取乙工程保证金400余万元。公安机关接到乙控告后，以尚无明确证据证明甲涉嫌犯罪为由不予立案。关于本案，下列哪一选项是正确的？（　）

A. 乙应先申请公安机关复议，只有不服复议决定的才能请求检察院立案监督

B. 乙请求立案监督，检察院审查后认为公安机关应立案的，可通知公安机关立案

C. 公安机关接到检察院立案通知后仍不立案的，经省级检察院决定，检察院可自行立案侦查

D. 乙可直接向法院提起自诉

33. 甲、乙、丙、丁四人涉嫌多次结伙盗窃，公安机关侦查终结移送审查起诉后，甲突然死亡。检察院审查后发现，甲和乙共同盗窃1次，数额未达刑事立案标准；乙和丙共同盗窃1次，数额刚达刑事立案标准；甲、丙、丁三人共同盗窃1次，数额巨大，但经两次退回公安机关补充侦查后仍证据不足；乙对其参与的2起盗窃有自首情节。关于本案，下列哪一选项是正确的？（　）

A. 对甲可作出酌定不起诉决定

B. 对乙可作出法定不起诉决定

C. 对丙应作出证据不足不起诉决定

D. 对丁应作出证据不足不起诉决定

34. 我国刑事审判模式正处于由职权主义走向控辩式的改革过程之中，2012年《刑事诉讼法》修改内容中，下列哪一选项体现了这一趋势？（　）

A. 扩大刑事简易程序的适用范围

B. 延长第一审程序的审理期限

C. 允许法院强制证人出庭作证

D. 增设当事人和解的公诉案件诉讼程序

35. 罗某作为人民陪审员参与D市中级法院的案件审理工作。关于罗某的下列哪一说

法是正确的?（ ）

A. 担任人民陪审员，必须经 D 市人大常委会任命
B. 同法官享有同等权利，也能担任合议庭审判长
C. 可参与中级法院二审案件审理，并对事实认定、法律适用独立行使表决权
D. 可要求合议庭将案件提请院长决定是否提交审委会讨论决定

36. 关于我国刑事诉讼中起诉与审判的关系，下列哪一选项是正确的?（ ）

A. 自诉人提起自诉后，在法院宣判前，可随时撤回自诉，法院应准许
B. 法院只能就起诉的罪名是否成立作出裁判
C. 在法庭审理过程中，法院可建议检察院补充、变更起诉
D. 对检察院提起公诉的案件，法院判决无罪后，检察院不能再次起诉

37. 某国有银行涉嫌违法发放贷款造成重大损失，该行行长因系直接负责的主管人员也被追究刑事责任，信贷科科长齐某因较为熟悉银行贷款业务被确定为单位的诉讼代表人。关于本案审理程序，下列哪一选项是正确的?（ ）

A. 如该案在开庭审理前召开庭前会议，应通知齐某参加
B. 齐某无正当理由拒不出庭的，可拘传其到庭
C. 齐某可当庭拒绝银行委托的辩护律师为该行辩护
D. 齐某没有最后陈述的权利

38. 黄某倒卖文物案于 2014 年 5 月 28 日一审终结。6 月 9 日（星期一），法庭宣判黄某犯倒卖文物罪，判处有期徒刑 4 年并立即送达了判决书，黄某当即提起上诉，但于 6 月 13 日经法院准许撤回上诉；检察院以量刑畸轻为由于 6 月 12 日提起抗诉，上级检察院认为抗诉不当，于 6 月 17 日向同级法院撤回了抗诉。关于一审判决生效的时间，下列哪一选项是正确的?（ ）

A. 6 月 9 日
B. 6 月 17 日
C. 6 月 19 日
D. 6 月 20 日

39. 关于审判监督程序中的申诉，下列哪一选项是正确的?（ ）

A. 二审法院裁定准许撤回上诉的案件，申诉人对一审判决提出的申诉，应由一审法院审理
B. 上一级法院对未经终审法院审理的申诉，应直接审理
C. 对经两级法院依照审判监督程序复查均驳回的申诉，法院不再受理
D. 对死刑案件的申诉，可由原核准的法院审查，也可交由原审法院审查

40. 关于刑事裁判涉财产部分执行，下列哪一说法是正确的?（ ）

A. 对侦查机关查封、冻结、扣押的财产，法院执行时可直接裁定处置，无须侦查机关出具解除手续
B. 法院续行查封、冻结、扣押的顺位无须与侦查机关的顺位相同
C. 刑事裁判涉财产部分的裁判内容应明确具体，涉案财产和被害人均应在判决书主

文中详细列明

D. 刑事裁判涉财产部分，应由与一审法院同级的财产所在地的法院执行

41. 关于减刑、假释案件审理程序，下列哪一选项是正确的？（　　）

A. 甲因抢劫罪和绑架罪被法院决定执行有期徒刑20年，对甲的减刑，应由其服刑地高级法院作出裁定

B. 乙因检举他人重大犯罪活动被报请减刑的，法院应通知乙参加减刑庭审

C. 丙因受贿罪被判处有期徒刑5年，对丙的假释，可书面审理，但必须提讯丙

D. 丁因强奸罪被判处无期徒刑，对丁的减刑，可聘请律师到庭发表意见

42. 依法不负刑事责任的精神病人的强制医疗程序是一种特别程序。关于其特别之处，下列哪一说法是正确的？（　　）

A. 不同于普通案件奉行的不告不理原则，法院可未经检察院对案件的起诉或申请而启动这一程序

B. 不同于普通案件审理时被告人必须到庭，可在被申请人不到庭的情况下审理并作出强制医疗的决定

C. 不同于普通案件中的抗诉或上诉，被决定强制医疗的人可通过向上一级法院申请复议启动二审程序

D. 开庭审理时无须区分法庭调查与法庭辩论阶段

43. 行政机关公开的信息应当准确，是下列哪一项行政法原则的要求？（　　）

A. 合理行政　　　　　　　B. 高效便民
C. 诚实守信　　　　　　　D. 程序正当

44. 根据《公务员法》规定，下列哪一选项不是公务员应当履行的义务？（　　）

A. 公道正派　　　　　　　B. 忠于职守
C. 恪守职业道德　　　　　D. 参加培训

45. 甲市某县环保局与水利局对职责划分有异议，双方协商无法达成一致意见。关于异议的处理，下列哪一说法是正确的？（　　）

A. 提请双方各自上一级主管机关协商确定

B. 提请县政府机构编制管理机关决定

C. 提请县政府机构编制管理机关提出协调意见，并由该机构编制管理机关报县政府决定

D. 提请县政府提出处理方案，经甲市政府机构编制管理机关审核后报甲市政府批准

46. 某地连续发生数起以低价出售物品引诱当事人至屋内后实施抢劫的事件，当地公安局通过手机短信告知居民保持警惕以免上当受骗。公安局的行为属于下列哪一性质？（　　）

A. 履行行政职务的行为　　B. 负担性的行为
C. 准备性行政行为　　　　D. 强制行为

47. 食品药品监督管理局向一药店发放药品经营许可证。后接举报称，该药店存在大

量非法出售处方药的行为，该局在调查中发现药店的药品经营许可证系提供虚假材料欺骗所得。关于对许可证的处理，该局下列哪一做法是正确的？（ ）

A. 撤回
B. 撤销
C. 吊销
D. 待有效期限届满后注销

48. 公安局以田某等人哄抢一货车上的财物为由，对田某处以15日行政拘留处罚，田某不服申请复议。下列哪一说法是正确的？（ ）

A. 田某的行为构成扰乱公共秩序
B. 公安局对田某哄抢的财物应予以登记
C. 公安局对田某传唤后询问查证不得超过12小时
D. 田某申请复议的期限为6个月

49. 在行政强制执行过程中，行政机关依法与甲达成执行协议。事后，甲应当履行协议而不履行，行政机关可采取下列哪一措施？（ ）

A. 申请法院强制执行
B. 恢复强制执行
C. 以甲为被告提起民事诉讼
D. 以甲为被告提起行政诉讼

50. 某环保公益组织以一企业造成环境污染为由提起环境公益诉讼，后因诉讼需要，向县环保局申请公开该企业的环境影响评价报告、排污许可证信息。环保局以该组织无申请资格和该企业在该县有若干个基地，申请内容不明确为由拒绝公开。下列哪一说法是正确的？（ ）

A. 该组织提出申请时应出示其负责人的有效身份证明
B. 该组织的申请符合根据自身生产、生活、科研等特殊需要要求，环保局认为其无申请资格不成立
C. 对该组织的申请内容是否明确，环保局的认定和处理是正确的
D. 该组织所申请信息属于依法不应当公开的信息

二、多项选择题。每题所设选项中至少有两个正确答案，多选、少选、错选或不选均不得分。本部分含51～85题，每题2分，共70分。

51. 关于刑法解释，下列哪些选项是错误的？（ ）

A. 《刑法》规定"以暴力、胁迫或者其他手段强奸妇女的"构成强奸罪。按照文理解释，可将丈夫强行与妻子性交的行为解释为"强奸妇女"
B. 《刑法》对抢劫罪与强奸罪的手段行为均使用了"暴力、胁迫"的表述，且二罪的法定刑相同，故对二罪中的"暴力、胁迫"应作相同解释
C. 既然将为了自己饲养而抢劫他人宠物的行为认定为抢劫罪，那么，根据当然解释，对为了自己收养而抢劫他人婴儿的行为更应认定为抢劫罪，否则会导致罪刑不均衡
D. 对中止犯中的"自动有效地防止犯罪结果发生"，既可解释为自动采取措施使得

犯罪结果未发生；也可解释为自动采取防止犯罪结果发生的有效措施，而不管犯罪结果是否发生

52. 关于不作为犯罪，下列哪些选项是正确的？（ ）

A. 儿童在公共游泳池溺水时，其父甲、救生员乙均故意不救助。甲、乙均成立不作为犯罪

B. 在离婚诉讼期间，丈夫误认为自己无义务救助落水的妻子，致妻子溺水身亡的，成立过失的不作为犯罪

C. 甲在火灾之际，能救出母亲，但为救出女友而未救出母亲。如无排除犯罪的事由，甲构成不作为犯罪

D. 甲向乙的咖啡投毒，看到乙喝了几口后将咖啡递给丙，因担心罪行败露，甲未阻止丙喝咖啡，导致乙、丙均死亡。甲对乙是作为犯罪，对丙是不作为犯罪

53. 关于因果关系，下列哪些选项是正确的？（ ）

A. 甲驾车经过十字路口右拐时，被行人乙扔出的烟头击中面部，导致车辆失控撞死丙。只要肯定甲的行为与丙的死亡之间有因果关系，甲就应当承担交通肇事罪的刑事责任

B. 甲强奸乙后，威胁不得报警，否则杀害乙。乙报警后担心被甲杀害，便自杀身亡。如无甲的威胁乙就不会自杀，故甲的威胁行为与乙的死亡之间有因果关系

C. 甲夜晚驾车经过无照明路段时，不小心撞倒丙后继续前行，随后的乙未注意，驾车从丙身上轧过。即使不能证明是甲直接轧死丙，也必须肯定甲的行为与丙的死亡之间有因果关系

D. 甲、乙等人因琐事与丙发生争执，进而在电梯口相互厮打，电梯门受外力挤压变形开启，致丙掉入电梯通道内摔死。虽然介入了电梯门非正常开启这一因素，也应肯定甲、乙等人的行为与丙的死亡之间有因果关系

54. 关于单位犯罪，下列哪些选项是正确的？（ ）

A. 就同一犯罪而言，单位犯罪与自然人犯罪的既遂标准完全相同

B. 《刑法》第一百七十条未将单位规定为伪造货币罪的主体，故单位伪造货币的，相关自然人不构成犯罪

C. 经理赵某为维护公司利益，召集单位员工殴打法院执行工作人员，拒不执行生效判决的，成立单位犯罪

D. 公司被吊销营业执照后，发现其曾销售伪劣产品20万元。对此，应追究相关自然人销售伪劣产品罪的刑事责任

55. 关于故意与违法性的认识，下列哪些选项是正确的？（ ）

A. 甲误以为买卖黄金的行为构成非法经营罪，仍买卖黄金，但事实上该行为不违反《刑法》。甲有犯罪故意，成立犯罪未遂

B. 甲误以为自己盗窃枪支的行为仅成立盗窃罪。甲对《刑法》规定存在认识错误，因而无盗窃枪支罪的犯罪故意，对甲的量刑不能重于盗窃罪

C. 甲拘禁吸毒的陈某数日。甲认识到其行为剥夺了陈某的自由，但误以为《刑法》不禁止普通公民实施强制戒毒行为。甲有犯罪故意，应以非法拘禁罪追究刑事责任

D. 甲知道自己的行为有害，但不知是否违反《刑法》，遂请教中学语文教师乙，被告知不违法后，甲实施了该行为。但事实上《刑法》禁止该行为。乙的回答不影响甲成立故意犯罪

56. 甲在乙骑摩托车必经的偏僻路段精心设置路障，欲让乙摔死。丙得知甲的杀人计划后，诱骗仇人丁骑车经过该路段，丁果真摔死。关于本案，下列哪些选项是正确的？（　　）

A. 甲的行为和丁死亡之间有因果关系，甲有罪

B. 甲的行为属对象错误，构成故意杀人罪既遂

C. 丙对自己的行为无认识错误，构成故意杀人罪既遂

D. 丙利用甲的行为造成丁死亡，可能成立间接正犯

57. 甲和女友乙在网吧上网时，捡到一张背后写有密码的银行卡。甲持卡去 ATM 机取款，前两次取出 5000 元。在准备再次取款时，乙走过来说："注意，别出事"，甲答："马上就好"。甲又分两次取出 6000 元，并将该 6000 元递给乙。乙接过钱后站了一会儿说："我走了，小心点。"甲接着又取出 7000 元。关于本案，下列哪些选项是正确的？（　　）

A. 甲拾得他人银行卡并在 ATM 机上使用，根据司法解释，成立信用卡诈骗罪

B. 对甲前两次取出 5000 元的行为，乙不负刑事责任

C. 乙接过甲取出的 6000 元，构成掩饰、隐瞒犯罪所得罪

D. 乙虽未持银行卡取款，也构成犯罪，犯罪数额是 1.3 万元

58. 甲在公园游玩时遇见仇人胡某，顿生杀死胡某的念头，便欺骗随行的朋友乙、丙说："我们追逐胡某，让他出洋相。"三人捡起木棒追逐胡某，致公园秩序严重混乱。将胡某追到公园后门偏僻处后，乙、丙因故离开。随后甲追上胡某，用木棒重击其头部，致其死亡。关于本案，下列哪些选项是正确的？（　　）

A. 甲触犯故意杀人罪与寻衅滋事罪

B. 乙、丙的追逐行为是否构成寻衅滋事罪，与该行为能否产生救助胡某的义务是不同的问题

C. 乙、丙的追逐行为使胡某处于孤立无援的境地，但无法预见甲会杀害胡某，不成立过失致人死亡罪

D. 乙、丙属寻衅滋事致人死亡，应从重处罚

59. 关于缓刑的适用，下列哪些选项是正确的？（　　）

A. 甲犯重婚罪和虐待罪，数罪并罚后也可能适用缓刑

B. 乙犯遗弃罪被判处管制 1 年，即使犯罪情节轻微，也不能宣告缓刑

C. 丙犯绑架罪但有立功情节，即使该罪的法定最低刑为 5 年有期徒刑，也可能适用缓刑

D. 丁 17 岁时因犯放火罪被判处有期徒刑 5 年，23 岁时又犯伪证罪，仍有可能适用

缓刑

60. 关于追诉时效,下列哪些选项是正确的?( )

A. 甲犯劫持航空器罪,即便经过30年,也可能被追诉

B. 乙于2013年1月10日挪用公款5万元用于结婚,2013年7月10日归还。对乙的追诉期限应从2013年1月10日起计算

C. 丙于2000年故意轻伤李某,直到2008年李某才报案,但公安机关未立案。2014年,丙因他事被抓。不能追诉丙故意伤害的刑事责任

D. 丁与王某共同实施合同诈骗犯罪。在合同诈骗罪的追诉期届满前,王某单独实施抢夺罪。对丁合同诈骗罪的追诉时效,应从王某犯抢夺罪之日起计算

61. 下列哪些行为(不考虑数量),应以走私普通货物、物品罪论处?( )

A. 将白银从境外走私进入中国境内

B. 走私国家禁止进出口的旧机动车

C. 走私淫秽物品,有传播目的但无牟利目的

D. 走私无法组装并使用(不属于废物)的弹头、弹壳

62. 甲与乙(女)2012年开始同居,生有一子丙。甲、乙虽未办理结婚登记,但以夫妻名义自居,周围群众公认二人是夫妻。对甲的行为,下列哪些分析是正确的?( )

A. 甲长期虐待乙的,构成虐待罪

B. 甲伤害丙(致丙轻伤)时,乙不阻止的,乙构成不作为的故意伤害罪

C. 甲如与丁(女)领取结婚证后,不再与乙同居,也不抚养丙的,可能构成遗弃罪

D. 甲如与丁领取结婚证后,不再与乙同居,某日采用暴力强行与乙性交的,构成强奸罪

63. 下列哪些行为触犯诈骗罪(不考虑数额)?( )

A. 甲对李某家的保姆说:"李某现在使用的手提电脑是我的,你还给我吧。"保姆信以为真,将电脑交给甲

B. 甲对持有外币的乙说:"你手上拿的是假币,得扔掉,否则要坐牢。"乙将外币扔掉,甲乘机将外币捡走

C. 甲为灾民募捐,一般人捐款几百元。富商经过募捐地点时,甲称:"不少人都捐一、二万元,您多捐点吧。"富商信以为真,捐款2万元

D. 乙窃取摩托车,准备骑走。甲觉其可疑,装成摩托车主人的样子说:"你想把我的车骑走啊?"乙弃车逃走,甲将摩托车据为己有

64. 关于程序法定,下列哪些说法是正确的?( )

A. 程序法定要求法律预先规定刑事诉讼程序

B. 程序法定是大陆法系国家法定原则的重要内容之一

C. 英美国家实行判例制度而不实行程序法定

D. 以法律为准绳意味着我国实行程序法定

65. 关于公检法机关的组织体系及其在刑事诉讼中的职权，下列哪些选项是正确的？（　）

A. 公安机关统一领导、分级管理，对超出自己管辖的地区发布通缉令，应报有权的上级公安机关发布

B. 基于检察一体化，检察院独立行使职权是指检察系统整体独立行使职权

C. 检察院上下级之间是领导关系，上级检察院认为下级检察院二审抗诉不当的，可直接向同级法院撤回抗诉

D. 法院上下级之间是监督指导关系，上级法院如认为下级法院审理更适宜，可将自己管辖的案件交由下级法院审理

66. 关于刑事诉讼当事人中的被害人的诉讼权利，下列哪些选项是正确的？（　）

A. 撤回起诉、申请回避

B. 委托诉讼代理人、提起自诉

C. 申请复议、提起上诉

D. 申请抗诉、提出申诉

67. 孙某系甲省乙市海关科长，与走私集团通谋，利用职权走私国家禁止出口的文物，情节特别严重。关于本案管辖，下列哪些选项是正确的？（　）

A. 可由公安机关立案侦查

B. 经甲省检察院决定，可由检察院立案侦查

C. 甲省检察院决定立案侦查后可根据案件情况自行侦查

D. 甲省检察院决定立案侦查后可根据案件情况指定甲省丙市检察院侦查

68. 未成年人小付涉嫌故意伤害袁某，袁某向法院提起自诉。小付的父亲委托律师黄某担任辩护人，袁某委托其在法学院上学的儿子担任诉讼代理人。本案中，下列哪些人有权要求审判人员回避？（　）

A. 黄某
B. 袁某
C. 袁某的儿子
D. 小付的父亲

69. 关于有效辩护原则，下列哪些理解是正确的？（　）

A. 有效辩护原则的确立有助于实现控辩平等对抗

B. 有效辩护是一项主要适用于审判阶段的原则，但侦查、审查起诉阶段对辩护人权利的保障是审判阶段实现有效辩护的前提

C. 根据有效辩护原则的要求，法庭审理过程中一般不应限制被告人及其辩护人发言的时间

D. 指派没有刑事辩护经验的律师为可能被判处无期徒刑、死刑的被告人提供法律援助，有违有效辩护原则

70. 关于补充侦查，下列哪些选项是正确的？（　）

A. 审查批捕阶段，只有不批准逮捕的，才能通知公安机关补充侦查

B. 审查起诉阶段的补充侦查以两次为限

C. 审判阶段检察院应自行侦查，不得退回公安机关补充侦查

D. 审判阶段法院不得建议检察院补充侦查

71. 全国人大常委会关于《刑事诉讼法》第二百七十一条第二款的解释规定，检察院办理未成年人刑事案件，在作出附条件不起诉决定以及考验期满作出不起诉决定前，应听取被害人的意见。被害人对检察院作出的附条件不起诉的决定和不起诉的决定，可向上一级检察院申诉，但不能向法院提起自诉。关于这一解释的理解，下列哪些选项是正确的？（　　）

A. 增加了听取被害人陈述意见的机会

B. 有利于对未成年犯罪嫌疑人的转向处置

C. 体现了对未成年犯罪嫌疑人的特殊保护

D. 是刑事公诉独占主义的一种体现

72. 高某利用职务便利多次收受贿赂，还雇凶将举报他的下属王某打成重伤。关于本案庭前会议，下列哪些选项是正确的？（　　）

A. 高某可就案件管辖提出异议

B. 王某提起附带民事诉讼的，可调解

C. 高某提出其口供系刑讯所得，法官可在审查讯问时同步录像的基础上决定是否排除口供

D. 庭前会议上出示过的证据，庭审时举证、质证可简化

73. 律师邹某受法律援助机构指派，担任未成年人陈某的辩护人。关于邹某的权利，下列哪些说法是正确的？（　　）

A. 可调查陈某的成长经历、犯罪原因、监护教育等情况，并提交给法院

B. 可反对法院对该案适用简易程序，法院因此只能采用普通程序审理

C. 可在陈某最后陈述后进行补充陈述

D. 可在有罪判决宣告后，受法庭邀请参与对陈某的法庭教育

74. 甲、乙系初三学生，因涉嫌抢劫同学丙（三人均不满16周岁）被立案侦查。关于该案诉讼程序，下列哪些选项是正确的？（　　）

A. 审查批捕讯问时，甲拒绝为其提供的合适成年人到场，应另行通知其他合适成年人到场

B. 讯问乙时，因乙的法定代理人无法到场而通知其伯父到场，其伯父可代行乙的控告权

C. 法庭审理询问丙时，应通知丙的法定代理人到场

D. 如该案适用简易程序审理，甲的法定代理人不能到场时可不再通知其他合适成年人到场

75. 甲因琐事与乙发生口角进而斯打，推搡之间，不慎致乙死亡。检察院以甲涉嫌过

失致人死亡提起公诉，乙母丙向法院提起附带民事诉讼。关于本案处理，下列哪些选项是正确的？（　　）

A. 法院可对附带民事部分进行调解

B. 如甲与丙经法院调解达成协议，调解协议中约定的赔偿损失内容可分期履行

C. 如甲提出申请，法院可组织甲与丙协商以达成和解

D. 如甲与丙达成刑事和解，其约定的赔偿损失内容可分期履行

76. 关于公务员的辞职和辞退，下列哪些说法是正确的？（　　）

A. 重要公务尚未处理完毕的公务员，不得辞去公职

B. 领导成员对重大事故负有领导责任的，应引咎辞去公职

C. 对患病且在规定的医疗期内的公务员，不得辞退

D. 被辞退的公务员，可根据国家有关规定享受失业保险

77. 对下列哪些拟作出的决定，行政机关应告知当事人有权要求听证？（　　）

A. 税务局扣押不缴纳税款的某企业价值200万元的商品

B. 交通局吊销某运输公司的道路运输经营许可证

C. 规划局发放的建设用地规划许可证，直接涉及申请人与附近居民之间的重大利益关系

D. 公安局处以张某行政拘留10天的处罚

78. 某公安交管局交通大队民警发现王某驾驶的电动三轮车未悬挂号牌，遂作出扣押的强制措施。关于扣押应遵守的程序，下列哪些说法是正确的？（　　）

A. 由两名以上交通大队行政执法人员实施扣押

B. 当场告知王某扣押的理由和依据

C. 当场向王某交付扣押决定书

D. 将三轮车及其车上的物品一并扣押，当场交付扣押清单

79. 沈某向住建委申请公开一企业向该委提交的某危改项目纳入危改范围的意见和申报材料。该委以信息中有企业联系人联系电话和地址等个人隐私为由拒绝公开，沈某起诉，法院受理。下列哪些说法是正确的？（　　）

A. 在作出拒绝公开决定前，住建委无须书面征求企业联系人是否同意公开的意见

B. 本案的起诉期限为6个月

C. 住建委应对拒绝公开的根据及履行法定告知和说明理由义务的情况举证

D. 住建委拒绝公开答复合法

80. 某区工商分局对一公司未取得出版物经营许可证销售电子出版物100套的行为，予以取缔，并罚款6000元。该公司向市工商局申请复议。下列哪些说法是正确的？（　　）

A. 公司可委托代理人代为参加行政复议

B. 在复议过程中区工商分局不得自行向申请人和其他有关组织或个人收集证据

C. 市工商局应采取开庭审理方式审查此案

D. 如区工商分局的决定明显不当，市工商局应予以撤销

81. 法院审理行政案件，对下列哪些事项，《行政诉讼法》没有规定的，适用《民事诉讼法》的相关规定？（ ）

A. 受案范围、管辖

B. 期间、送达、财产保全

C. 开庭审理、调解、中止诉讼

D. 检察院对受理、审理、裁判、执行的监督

82. 李某不服区公安分局对其作出的行政拘留 5 日的处罚，向市公安局申请行政复议，市公安局作出维持决定。李某不服，提起行政诉讼。下列哪些选项是正确的？（ ）

A. 李某可向区政府申请行政复议

B. 被告为市公安局和区公安分局

C. 市公安局所在地的法院对本案无管辖权

D. 如李某的起诉状内容有欠缺，法院应给予指导和释明，并一次性告知需要补正的内容

83. 关于行政诉讼简易程序，下列哪些说法是正确的？（ ）

A. 对第一审行政案件，当事人各方同意适用简易程序的，可以适用

B. 案件涉及款额 2000 元以下的发回重审案件和上诉案件，应适用简易程序审理

C. 适用简易程序审理的行政案件，由审判员一人独任审理

D. 适用简易程序审理的行政案件，应当庭宣判

84. 梁某酒后将邻居张某家的门、窗等物品砸坏。县公安局接警后，对现场进行拍照、制作现场笔录，并请县价格认证中心作价格鉴定意见，对梁某作出行政拘留 8 日处罚。梁某向法院起诉，县公安局向法院提交照片、现场笔录和鉴定意见。下列哪些说法是正确的？（ ）

A. 照片为书证

B. 县公安局提交的现场笔录无当事人签名的，不具有法律效力

C. 县公安局提交的鉴定意见应有县价格认证中心的盖章和鉴定人的签名

D. 梁某对现场笔录的合法性有异议的，可要求县公安局的相关执法人员作为证人出庭作证

85. 丁某以其房屋作抵押向孙某借款，双方到房管局办理手续，提交了房产证原件及载明房屋面积 100 平方米、借款 50 万元的房产抵押合同，该局以此出具房屋他项权证。丁某未还款，法院拍卖房屋，但因房屋面积只有 70 平方米，孙某遂以该局办理手续时未尽核实义务造成其 15 万元债权无法实现为由，起诉要求认定该局行为违法并赔偿损失。对此案，下列哪些说法是错误的？（ ）

A. 法院可根据孙某申请裁定先予执行

B. 孙某应对房管局的行为造成其损失提供证据

C. 法院应对房管局的行为是否合法与行政赔偿争议一并审理和裁判

D. 孙某的请求不属国家赔偿范围

三、不定项选择题。每题所设选项中至少有一个正确答案，多选、少选、错选或不选均不得分。本部分含86～100题，每题2分，共30分。

（一）

甲送给国有收费站站长吴某3万元，与其约定：甲在高速公路另开出口帮货车司机逃费，吴某想办法让人对此不予查处，所得由二人分成。后甲组织数十人，锯断高速公路一侧隔离栏、填平隔离沟（恢复原状需3万元），形成一条出口。路过的很多货车司机知道经过收费站要收300元，而给甲100元即可绕过收费站继续前行。甲以此方式共得款30万元，但骗吴某仅得20万元，并按此数额分成。

请回答第86~88题。

86. 关于甲锯断高速公路隔离栏的定性，下列分析正确的是？（ ）

A. 任意损毁公私财物，情节严重，应以寻衅滋事罪论处

B. 聚众锯断高速公路隔离栏，成立聚众扰乱交通秩序罪

C. 锯断隔离栏的行为，即使得到吴某的同意，也构成故意毁坏财物罪

D. 锯断隔离栏属破坏交通设施，在危及交通安全时，还触犯破坏交通设施罪

87. 关于甲非法获利的定性，下列分析正确的是？（ ）

A. 擅自经营收费站收费业务，数额巨大，构成非法经营罪

B. 即使收钱时冒充国有收费站工作人员，也不构成招摇撞骗罪

C. 未使收费站工作人员基于认识错误免收司机过路费，不构成诈骗罪

D. 骗吴某仅得20万元的行为，构成隐瞒犯罪所得罪

88. 围绕吴某的行为，下列论述正确的是？（ ）

A. 利用职务上的便利侵吞本应由收费站收取的费用，成立贪污罪

B. 贪污数额为30万元

C. 收取甲3万元，利用职务便利为甲谋利益，成立受贿罪

D. 贪污罪与受贿罪成立牵连犯，应从一重罪处断

（二）

朱某系某县民政局副局长，率县福利企业年检小组到同学黄某任厂长的电气厂年检时，明知该厂的材料有虚假、残疾员工未达法定人数，但朱某以该材料为准，使其顺利通过年检。为此，电气厂享受了不应享受的退税优惠政策，获取退税300万元。黄某动用关系，帮朱某升任民政局局长。检察院在调查朱某时发现，朱某有100万元财产明显超过合法收入，但其拒绝说明来源。在审查起诉阶段，朱某交代100万元系在澳门赌场所赢，经查证属实。

请回答第89~91题。

89. 关于朱某帮助电气厂通过年检的行为，下列说法正确的是？（ ）

A. 其行为与国家损失 300 万元税收之间，存在因果关系

B. 属滥用职权，构成滥用职权罪

C. 属徇私舞弊，使国家税收遭受损失，同时构成徇私舞弊不征、少征税款罪

D. 事后虽获得了利益（升任局长），但不构成受贿罪

90. 关于朱某 100 万元财产的来源，下列分析正确的是？（ ）

A. 其财产、支出明显超过合法收入，这是巨额财产来源不明罪的实行行为

B. 在审查起诉阶段已说明 100 万元的来源，故不能以巨额财产来源不明罪提起公诉

C. 在澳门赌博，数额特别巨大，构成赌博罪

D. 作为国家工作人员，在澳门赌博，应依属人管辖原则追究其赌博的刑事责任

91. 关于黄某使电气厂获取 300 万元退税的定性，下列分析错误的是？（ ）

A. 具有逃税性质，触犯逃税罪

B. 具有诈骗属性，触犯诈骗罪

C. 成立逃税罪与提供虚假证明文件罪，应数罪并罚

D. 属单位犯罪，应对电气厂判处罚金，并对黄某判处相应的刑罚

（三）

李某（女）家住甲市，系该市某国有公司会计，涉嫌贪污公款 500 余万元，被甲市检察院立案侦查后提起公诉，甲市中级法院受理该案后，李某脱逃，下落不明。

请回答第 92~93 题。

92. 关于李某脱逃前的诉讼程序，下列选项正确的是：（ ）

A. 是否逮捕李某，应由甲市检察院的上一级检察院审查决定

B. 李某符合逮捕条件，但因其有孕在身，可对其适用指定居所监视居住

C. 李某委托的律师在侦查阶段会见李某，需经侦查机关许可

D. 侦查人员每次讯问李某时，应对讯问过程实行全程录音、录像

93. 关于李某脱逃后的诉讼程序，下列选项正确的是：（ ）

A. 李某脱逃后，法院可中止审理

B. 在通缉李某一年不到案后，甲市检察院可向甲市中级法院提出没收李某违法所得的申请

C. 李某的近亲属只能在 6 个月的公告期内申请参加诉讼

D. 在审理没收违法所得的案件过程中，李某被抓捕归案的，法院应裁定终止审理

（四）

鲁某与关某涉嫌贩卖冰毒 500 余克，B 省 A 市中级法院开庭审理后，以鲁某犯贩卖毒品罪，判处死刑立即执行，关某犯贩卖毒品罪，判处死刑缓期二年执行。一审宣判后，关某以量刑过重为由向 B 省高级法院提起上诉，鲁某未上诉，检察院也未提起抗诉。

请回答第 94～96 题。

94. 关于本案侦查，下列选项正确的是：（　）

A. 本案经批准可采用控制下交付的侦查措施

B. 对鲁某采取技术侦查的期限不得超过 9 个月

C. 侦查机关只有在对鲁某与关某立案后，才能派遣侦查人员隐匿身份实施侦查

D. 通过技术侦查措施收集到的证据材料可作为定案的依据，但须经法庭调查程序查证属实或由审判人员在庭外予以核实

95. 如 B 省高级法院审理后认为，本案事实清楚、证据确实充分，对鲁某的量刑适当，但对关某应判处死刑缓期二年执行同时限制减刑，则对本案正确的做法是：（　）

A. 二审应开庭审理

B. 由于未提起抗诉，同级检察院可不派员出席法庭

C. 高级法院可将全案发回 A 市中级法院重新审判

D. 高级法院可维持对鲁某的判决，并改判关某死刑缓期二年执行同时限制减刑

96. 如 B 省高级法院审理后认为，一审判决认定事实和适用法律正确、量刑适当，裁定驳回关某的上诉，维持原判，则对本案进行死刑复核的正确程序是：（　）

A. 对关某的死刑缓期二年执行判决，B 省高级法院不再另行复核

B. 最高法院复核鲁某的死刑立即执行判决，应由审判员三人组成合议庭进行

C. 如鲁某在死刑复核阶段委托律师担任辩护人的，死刑复核合议庭应在办公场所当面听取律师意见

D. 最高法院裁定不予核准鲁某死刑的，可发回 A 市中级法院或 B 省高级法院重新审理

97. 2015 年《立法法》修正后，关于地方政府规章，下列说法正确的是：（　）

A. 某省政府所在地的市针对城乡建设与管理、环境保护、历史文化保护等以外的事项已制定的规章，自动失效

B. 应制定地方性法规但条件尚不成熟的，因行政管理迫切需要，可先制定地方政府规章

C. 没有地方性法规的依据，地方政府规章不得设定减损公民、法人和其他组织权利或者增加其义务的规范

D. 地方政府规章签署公布后，应及时在中国政府法制信息网上刊载

98. 下列选项属于行政诉讼受案范围的是：（　）

A. 方某在妻子失踪后向公安局报案要求立案侦查，遭拒绝后向法院起诉确认公安局的行为违法

B. 区房管局以王某不履行双方签订的房屋征收补偿协议为由向法院起诉

C. 某企业以工商局滥用行政权力限制竞争为由向法院起诉

D. 黄某不服市政府发布的征收土地补偿费标准直接向法院起诉

99. 某镇政府以一公司所建钢架大棚未取得乡村建设规划许可证为由责令限期拆除。该公司逾期不拆除,镇政府现场向其送达强拆通知书,组织人员拆除了大棚。该公司向法院起诉要求撤销强拆行为。如一审法院审理认为强拆行为违反法定程序,可作出的判决有:( )

A. 撤销判决   B. 确认违法判决
C. 履行判决   D. 变更判决

100. 某县公安局以涉嫌诈骗为由将张某刑事拘留,并经县检察院批准逮捕,后县公安局以证据不足为由撤销案件,张某遂申请国家赔偿。下列说法正确的是:( )

A. 赔偿义务机关为县公安局和县检察院

B. 张某的赔偿请求不属国家赔偿范围

C. 张某当面递交赔偿申请书,赔偿义务机关应当场出具加盖本机关专用印章并注明收讫日期的书面凭证

D. 如赔偿义务机关拒绝赔偿,张某可向法院提起赔偿诉讼

2015年国家司法考试（试卷三）

一、单项选择题。每题所设选项中只有一个正确答案，多选、错选或不选均不得分。本部分含1～50题，每题1分，共50分。

1. 甲以自己的名义，用家庭共有财产捐资设立以资助治疗麻风病为目的的基金会法人，由乙任理事长。后因对该病的防治工作卓有成效使其几乎绝迹，为实现基金会的公益性，现欲改变宗旨和目的。下列哪一选项是正确的？（　）

   A. 甲作出决定即可，因甲是创始人和出资人
   B. 乙作出决定即可，因乙是法定代表人
   C. 应由甲的家庭成员共同决定，因甲是用家庭共有财产捐资的
   D. 应由基金会法人按照程序申请，经过上级主管部门批准

2. 甲以23万元的价格将一辆机动车卖给乙。该车因里程表故障显示行驶里程为4万公里，但实际行驶了8万公里，市值为16万元。甲明知有误，却未向乙说明，乙误以为真。乙的下列哪一请求是错误的？（　）

   A. 以甲欺诈为由请求法院变更合同，在此情况下法院不得判令撤销合同
   B. 请求甲减少价款至16万元
   C. 以重大误解为由，致函甲请求撤销合同，合同自该函到达甲时即被撤销
   D. 请求甲承担缔约过失责任

3. 张某和李某设立的甲公司伪造房产证，以优惠价格与乙企业（国有）签订房屋买卖合同，以骗取钱财。乙企业交付房款后，因甲公司不能交房而始知被骗。关于乙企业可以采取的民事救济措施，下列哪一选项是正确的？（　）

   A. 以甲公司实施欺诈损害国家利益为由主张合同无效
   B. 只能请求撤销合同
   C. 通过乙企业的主管部门主张合同无效
   D. 可以请求撤销合同，也可以不请求撤销合同而要求甲公司承担违约责任

4. 甲公司与15周岁的网络奇才陈某签订委托合同，授权陈某为甲公司购买价值不超过50万元的软件。陈某的父母知道后，明确表示反对。关于委托合同和代理权授予的效力，下列哪一表述是正确的？（　）

   A. 均无效，因陈某的父母拒绝追认
   B. 均有效，因委托合同仅需简单智力投入，不会损害陈某的利益，其父母是否追认并不重要
   C. 是否有效，需确认陈某的真实意思，其父母拒绝追认，甲公司可向法院起诉请求确认委托合同的效力

D. 委托合同因陈某的父母不追认而无效，但代理权授予是单方法律行为，无须追认即有效

5. 甲与乙签订《协议》，由乙以自己名义代甲购房，甲全权使用房屋并获取收益。乙与开发商和银行分别签订了房屋买卖合同和贷款合同。甲把首付款和月供款给乙，乙再给开发商和银行，房屋登记在乙名下。后甲要求乙过户，乙主张是自己借款购房。下列哪一选项是正确的？（　　）

A. 甲有权提出更正登记

B. 房屋登记在乙名下，甲不得请求乙过户

C. 《协议》名为代购房关系，实为借款购房关系

D. 如乙将房屋过户给不知《协议》的丙，丙支付合理房款则构成善意取得

6. 甲将一套房屋转让给乙，乙再转让给丙，相继办理了房屋过户登记。丙翻建房屋时在地下挖出一瓷瓶，经查为甲的祖父埋藏，甲是其祖父唯一继承人。丙将该瓷瓶以市价卖给不知情的丁，双方钱物交割完毕。现甲、乙均向丙和丁主张权利。下列哪一选项是正确的？（　　）

A. 甲有权向丙请求损害赔偿

B. 乙有权向丙请求损害赔偿

C. 甲、乙有权主张丙、丁买卖无效

D. 丁善意取得瓷瓶的所有权

7. 甲乙为夫妻，共有一套房屋登记在甲名下。乙瞒着甲向丙借款100万元供个人使用，并将房屋抵押给丙。在签订抵押合同和办理抵押登记时乙冒用甲的名字签字。现甲主张借款和抵押均无效。下列哪一表述是正确的？（　　）

A. 抵押合同无效

B. 借款合同无效

C. 甲对100万元借款应负连带还款义务

D. 甲可请求撤销丙的抵押权

8. 乙欠甲货款，二人商定由乙将一块红木出质并签订质权合同。甲与丙签订委托合同授权丙代自己占有红木。乙将红木交付与丙。下列哪一说法是正确的？（　　）

A. 甲乙之间的担保合同无效

B. 红木已交付，丙取得质权

C. 丙经甲的授权而占有，甲取得质权

D. 丙不能代理甲占有红木，因而甲未取得质权

9. 甲去购买彩票，其友乙给甲10元钱让其顺便代购彩票，同时告知购买号码，并一再嘱咐甲不要改变。甲预测乙提供的号码不能中奖，便擅自更换号码为乙购买了彩票并替乙保管。开奖时，甲为乙购买的彩票中了奖，二人为奖项归属发生纠纷。下列哪一分析是正确的？（　　）

A. 甲应获得该奖项，因按乙的号码无法中奖，甲、乙之间应类推适用借贷关系，由甲偿还乙10元

B. 甲、乙应平分该奖项，因乙出了钱，而甲更换了号码

C. 甲的贡献大，应获得该奖项之大部，同时按比例承担彩票购买款

D. 乙应获得该奖项，因乙是委托人

10. 甲与乙公司签订的房屋买卖合同约定："乙公司收到首期房款后，向甲交付房屋和房屋使用说明书；收到二期房款后，将房屋过户给甲。"甲交纳首期房款后，乙公司交付房屋但未立即交付房屋使用说明书。甲以此为由行使先履行抗辩权而拒不支付二期房款。下列哪一表述是正确的？（ ）

A. 甲的做法正确，因乙公司未完全履行义务

B. 甲不应行使先履行抗辩权，而应行使不安抗辩权，因乙公司有不能交付房屋使用说明书的可能性

C. 甲可主张解除合同，因乙公司未履行义务

D. 甲不能行使先履行抗辩权，因甲的付款义务与乙公司交付房屋使用说明书不形成主给付义务对应关系

11. 甲将房屋租给乙，在租赁期内未通知乙就把房屋出卖并过户给不知情的丙。乙得知后劝丙退出该交易，丙拒绝。关于乙可以采取的民事救济措施，下列哪一选项是正确的？（ ）

A. 请求解除租赁合同，因甲出卖房屋未通知乙，构成重大违约

B. 请求法院确认买卖合同无效

C. 主张由丙承担侵权责任，因丙侵犯了乙的优先购买权

D. 主张由甲承担赔偿责任，因甲出卖房屋未通知乙而侵犯了乙的优先购买权

12. 甲、乙两公司签订协议，约定甲公司向乙公司采购面包券。双方交割完毕，面包券上载明"不记名、不挂失，凭券提货"。甲公司将面包券转让给张某，后张某因未付款等原因被判处合同诈骗罪。面包券全部流入市场。关于协议和面包券的法律性质，下列哪一表述是正确的？（ ）

A. 面包券是一种物权凭证

B. 甲公司有权解除与乙公司的协议

C. 如甲公司通知乙公司停止兑付面包券，乙公司应停止兑付

D. 如某顾客以合理价格从张某处受让面包券，该顾客有权请求乙公司兑付

13. 方某、李某、刘某和张某签订借款合同，约定："方某向李某借款100万元，刘某提供房屋抵押，张某提供保证。"除李某外其他人都签了字。刘某先把房本交给了李某，承诺过几天再作抵押登记。李某交付100万元后，方某到期未还款。下列哪一选项是正确的？（ ）

A. 借款合同不成立

B. 方某应返还不当得利

C. 张某应承担保证责任

D. 刘某无义务办理房屋抵押登记

14. 甲公司与没有建筑施工资质的某施工队签订合作施工协议，由甲公司投标乙公司的办公楼建筑工程，施工队承建并向甲公司交纳管理费。中标后，甲公司与乙公司签订建筑施工合同。工程由施工队负责施工。办公楼竣工验收合格交付给乙公司。乙公司尚有部分剩余工程款未支付。下列哪一选项是正确的？（ ）

A. 合作施工协议有效

B. 建筑施工合同属于效力待定

C. 施工队有权向甲公司主张工程款

D. 甲公司有权拒绝支付剩余工程款

15. 刘某与甲房屋中介公司签订合同，委托甲公司帮助出售房屋一套。关于甲公司的权利义务，下列哪一说法是错误的？（ ）

A. 如有顾客要求上门看房时，甲公司应及时通知刘某

B. 甲公司可代刘某签订房屋买卖合同

C. 如促成房屋买卖合同成立，甲公司可向刘某收取报酬

D. 如促成房屋买卖合同成立，甲公司自行承担居间活动费用

16. 甲、乙合作创作了一部小说，后甲希望出版小说，乙无故拒绝。甲把小说上传至自己博客并保留了乙的署名。丙未经甲、乙许可，在自己博客中设置链接，用户点击链接可进入甲的博客阅读小说。丁未经甲、乙许可，在自己博客中转载了小说。戊出版社只经过甲的许可就出版了小说。下列哪一选项是正确的？（ ）

A. 甲侵害了乙的发表权和信息网络传播权

B. 丙侵害了甲、乙的信息网络传播权

C. 丁向甲、乙寄送了高额报酬，但其行为仍然构成侵权

D. 戊出版社侵害了乙的复制权和发行权

17. 甲、乙、丙、丁相约勤工俭学。下列未经著作权人同意使用他人受保护作品的哪一行为没有侵犯著作权？（ ）

A. 甲临摹知名绘画作品后廉价出售给路人

B. 乙收购一批旧书后廉价出租给同学

C. 丙购买一批正版录音制品后廉价出租给同学

D. 丁购买正版音乐 CD 后在自己开设的小餐馆播放

18. 2010 年 3 月，甲公司将其研发的一种汽车零部件向国家有关部门申请发明专利。该专利申请于 2011 年 9 月公布，2013 年 7 月 3 日获得专利权并公告。2011 年 2 月，乙公司独立研发出相同零部件后，立即组织生产并于次月起持续销售给丙公司用于组装汽车。2012 年 10 月，甲公司发现乙公司的销售行为。2015 年 6 月，甲公司向法院起诉。下

列哪一选项是正确的？（ ）

　　A. 甲公司可要求乙公司对其在 2013 年 7 月 3 日以前实施的行为支付赔偿费用

　　B. 甲公司要求乙公司支付适当费用的诉讼时效已过

　　C. 乙公司侵犯了甲公司的专利权

　　D. 丙公司没有侵犯甲公司的专利权

　　19. 佳普公司在其制造和出售的打印机和打印机墨盒产品上注册了"佳普"商标。下列未经该公司许可的哪一行为侵犯了"佳普"注册商标专用权？（ ）

　　A. 甲在店铺招牌中标有"佳普打印机专营"字样，只销售佳普公司制造的打印机

　　B. 乙制造并销售与佳普打印机兼容的墨盒，该墨盒上印有乙的名称和其注册商标"金兴"，但标有"本产品适用于佳普打印机"

　　C. 丙把购买的"佳普"墨盒装入自己制造的打印机后销售，该打印机上印有丙的名称和其注册商标"东升"，但标有"本产品使用佳普墨盒"

　　D. 丁回收墨水用尽的"佳普"牌墨盒，灌注廉价墨水后销售

　　20. 胡某与黄某长期保持同性恋关系，胡某创作同性恋题材的小说发表。后胡某迫于父母压力娶陈某为妻，结婚时陈某父母赠与一套房屋，登记在陈某和胡某名下。婚后，胡某收到出版社支付的小说版税 10 万元。此后，陈某得知胡某在婚前和婚后一直与黄某保持同性恋关系，非常痛苦。下列哪一说法是正确的？（ ）

　　A. 胡某隐瞒同性恋重大事实，导致陈某结婚的意思表示不真实，陈某可请求撤销该婚姻

　　B. 陈某受欺诈而登记结婚，导致陈某父母赠与房屋意思表示不真实，陈某父母可撤销赠与

　　C. 该房屋不属于夫妻共同财产

　　D. 10 万元版税属于夫妻共同财产

　　21. 老夫妇王冬与张霞有一子王希、一女王楠，王希婚后育有一子王小力。王冬和张霞曾约定，自家的门面房和住房属于王冬所有。2012 年 8 月 9 日，王冬办理了公证遗嘱，确定门面房由张霞和王希共同继承。2013 年 7 月 10 日，王冬将门面房卖给他人并办理了过户手续。2013 年 12 月，王冬去世，不久王希也去世。关于住房和出售门面房价款的继承，下列哪一说法是错误的？（ ）

　　A. 张霞有部分继承权

　　B. 王楠有部分继承权

　　C. 王小力有部分继承权

　　D. 王小力对住房有部分继承权、对出售门面房的价款有全部继承权

　　22. 甲、乙、丙三家公司生产三种不同的化工产品，生产场地的排污口相邻。某年，当地大旱导致河水水位大幅下降，三家公司排放的污水混合发生化学反应，产生有毒物质致使河流下游丁养殖场的鱼类大量死亡。经查明，三家公司排放的污水均分别经过处理且

符合国家排放标准。后丁养殖场向三家公司索赔。下列哪一选项是正确的？（ ）

A. 三家公司均无过错，不承担赔偿责任

B. 三家公司对丁养殖场的损害承担连带责任

C. 本案的诉讼时效是 2 年

D. 三家公司应按照污染物的种类、排放量等因素承担责任

23. 某洗浴中心大堂处有醒目提示语："到店洗浴客人的贵重物品，请放前台保管"。甲在更衣时因地滑摔成重伤，并摔碎了手上价值 20 万元的定情信物玉镯。经查明：因该中心雇用的清洁工乙清洁不彻底，地面湿滑导致甲摔倒。下列哪一选项是正确的？（ ）

A. 甲应自行承担玉镯损失

B. 洗浴中心应承担玉镯的全部损失

C. 甲有权请求洗浴中心赔偿精神损害

D. 洗浴中心和乙对甲的损害承担连带责任

24. 甲的儿子乙（8 岁）因遗嘱继承了祖父遗产 10 万元。某日，乙玩耍时将另一小朋友丙的眼睛划伤。丙的监护人要求甲承担赔偿责任 2 万元。后法院查明，甲已尽到监护职责。下列哪一说法是正确的？（ ）

A. 因乙的财产足以赔偿丙，故不需用甲的财产赔偿

B. 甲已尽到监护职责，无须承担侵权责任

C. 用乙的财产向丙赔偿，乙赔偿后可在甲应承担的份额内向甲追偿

D. 应由甲直接赔偿，否则会损害被监护人乙的利益

25. 张某与潘某欲共同设立一家有限责任公司。关于公司的设立，下列哪一说法是错误的？（ ）

A. 张某、潘某签订公司设立书面协议可代替制定公司章程

B. 公司的注册资本可约定为 50 元人民币

C. 公司可以张某姓名作为公司名称

D. 张某、潘某二人可约定以潘某住所作为公司住所

26. 荣吉有限公司是一家商贸公司，刘壮任董事长，马姝任公司总经理。关于马姝所担任的总经理职位，下列哪一选项是正确的？（ ）

A. 担任公司总经理须经刘壮的聘任

B. 享有以公司名义对外签订合同的法定代理权

C. 有权制定公司的劳动纪律制度

D. 有权聘任公司的财务经理

27. 李桃是某股份公司发起人之一，持有 14% 的股份。在公司成立后的两年多时间里，各董事之间矛盾不断，不仅使公司原定上市计划难以实现，更导致公司经营管理出现严重困难。关于李桃可采取的法律措施，下列哪一说法是正确的？（ ）

A. 可起诉各董事履行对公司的忠实义务和勤勉义务

B. 可同时提起解散公司的诉讼和对公司进行清算的诉讼

C. 在提起解散公司诉讼时，可直接要求法院采取财产保全措施

D. 在提起解散公司诉讼时，应以公司为被告

28. 甲公司是一家上市公司。关于该公司的独立董事制度，下列哪一表述是正确的？（ ）

A. 甲公司董事会成员中应当至少包括1/3的独立董事

B. 任职独立董事的，至少包括一名会计专业人士和一名法律专业人士

C. 除在甲公司外，各独立董事在其他上市公司同时兼任独立董事的，不得超过5家

D. 各独立董事不得直接或间接持有甲公司已发行的股份

29. 某普通合伙企业为内部管理与拓展市场的需要，决定聘请陈东为企业经营管理人。对此，下列哪一表述是正确的？（ ）

A. 陈东可以同时具有合伙人身份

B. 对陈东的聘任须经全体合伙人的一致同意

C. 陈东作为经营管理人，有权以合伙企业的名义对外签订合同

D. 合伙企业对陈东对外代表合伙企业权利的限制，不得对抗第三人

30. 李军退休后于2014年3月，以20万元加入某有限合伙企业，成为有限合伙人。后该企业的另一名有限合伙人退出，李军便成为唯一的有限合伙人。2014年6月，李军不幸发生车祸，虽经抢救保住性命，但已成为植物人。对此，下列哪一表述是正确的？（ ）

A. 就李军入伙前该合伙企业的债务，李军仅需以20万元为限承担责任

B. 如李军因负债累累而丧失偿债能力，该合伙企业有权要求其退伙

C. 因李军已成为植物人，故该合伙企业有权要求其退伙

D. 因唯一的有限合伙人已成为植物人，故该有限合伙企业应转为普通合伙企业

31. 关于破产重整的申请与重整期间，下列哪一表述是正确的？（ ）

A. 只有在破产清算申请受理后，债务人才能向法院提出重整申请

B. 重整期间为法院裁定债务人重整之日起至重整计划执行完毕时

C. 在重整期间，经债务人申请并经法院批准，债务人可在管理人监督下自行管理财产和营业事务

D. 在重整期间，就债务人所承租的房屋，即使租期已届至，出租人也不得请求返还

32. 甲从乙处购置一批家具，给乙签发一张金额为40万元的汇票。乙将该汇票背书转让给丙。丙请丁在该汇票上为"保证"记载并签章，随后又将其背书转让给戊。戊请求银行承兑时，被银行拒绝。对此，下列哪一选项是正确的？（ ）

A. 丁可以采取附条件保证方式

B. 若丁在其保证中未记载保证日期，则以出票日期为保证日期

C. 戊只有在向丙行使追索权遭拒绝后，才能向丁请求付款

D. 在丁对戊付款后，丁只能向丙行使追索权

33. 申和股份公司是一家上市公司，现该公司董事会秘书依法律规定，准备向证监会与证券交易所报送公司年度报告。关于年度报告所应记载的内容，下列哪一选项是错误的？（ ）

A. 公司财务会计报告和经营情况

B. 董事、监事、高级管理人员简介及其持股情况

C. 已发行股票情况，含持有股份最多的前二十名股东的名单和持股数额

D. 公司的实际控制人

34. 甲以自己为被保险人向某保险公司投保健康险，指定其子乙为受益人，保险公司承保并出具保单。两个月后，甲突发心脏病死亡。保险公司经调查发现，甲两年前曾做过心脏搭桥手术，但在填写投保单以及回答保险公司相关询问时，甲均未如实告知。对此，下列哪一表述是正确的？（ ）

A. 因甲违反如实告知义务，故保险公司对甲可主张违约责任

B. 保险公司有权解除保险合同

C. 保险公司即使不解除保险合同，仍有权拒绝乙的保险金请求

D. 保险公司虽可不必支付保险金，但须退还保险费

35. 某品牌手机生产商在手机出厂前预装众多程序，大幅侵占标明内存，某省消费者保护协会以侵害消费者知情权为由提起公益诉讼，法院受理了该案。下列哪一说法是正确的？（ ）

A. 本案应当由侵权行为地或者被告住所地中级法院管辖

B. 本案原告没有撤诉权

C. 本案当事人不可以和解，法院也不可以调解

D. 因该案已受理，购买该品牌手机的消费者甲若以前述理由诉请赔偿，法院不予受理

36. 某区法院审理原告许某与被告某饭店食物中毒纠纷一案。审前，法院书面告知许某合议庭由审判员甲、乙和人民陪审员丙组成时，许某未提出回避申请。开庭后，许某始知人民陪审员丙与被告法定代表人是亲兄弟，遂提出回避申请。关于本案的回避，下列哪一说法是正确的？（ ）

A. 许某可在知道丙与被告法定代表人是亲兄弟时提出回避申请

B. 法院对回避申请作出决定前，丙不停止参与本案审理

C. 应由审判长决定丙是否应回避

D. 法院作出回避决定后，许某可对此提出上诉

37. 李某驾车不慎追尾撞坏刘某轿车，刘某向法院起诉要求李某将车修好。在诉讼过程中，刘某变更诉讼请求，要求李某赔偿损失并赔礼道歉。针对本案的诉讼请求变更，下列哪一说法是正确的？（ ）

A. 该诉的诉讼标的同时发生变更

B. 法院应依法不允许刘某变更诉讼请求

C. 该诉成为变更之诉

D. 该诉仍属给付之诉

38. 赵某与刘某将共有商铺出租给陈某。刘某瞒着赵某，与陈某签订房屋买卖合同，将商铺转让给陈某，后因该合同履行发生纠纷，刘某将陈某诉至法院。赵某得知后，坚决不同意刘某将商铺让与陈某。关于本案相关人的诉讼地位，下列哪一说法是正确的？（ ）

A. 法院应依职权追加赵某为共同原告

B. 赵某应以刘某侵权起诉，陈某为无独立请求权第三人

C. 赵某应作为无独立请求权第三人

D. 赵某应作为有独立请求权第三人

39. 徐某开设打印设计中心并以自己名义登记领取了个体工商户营业执照，该中心未起字号。不久，徐某应征入伍，将该中心转让给同学李某经营，未办理工商变更登记。后该中心承接广告公司业务，款项已收却未能按期交货，遭广告公司起诉。下列哪一选项是本案的适格被告？（ ）

A. 李某

B. 李某和徐某

C. 李某和该中心

D. 李某、徐某和该中心

40. 下列哪一情形可以产生自认的法律后果？（ ）

A. 被告在答辩状中对原告主张的事实予以承认

B. 被告在诉讼调解过程中对原告主张的事实予以承认，但该调解最终未能成功

C. 被告认可其与原告存在收养关系

D. 被告承认原告主张的事实，但该事实与法院查明的事实不符

41. 张兄与张弟因遗产纠纷诉至法院，一审判决张兄胜诉。张弟不服，却在赴法院提交上诉状的路上被撞昏迷，待其经抢救苏醒时已超过上诉期限一天。对此，下列哪一说法是正确的？（ ）

A. 法律上没有途径可对张弟上诉权予以补救

B. 因意外事故耽误上诉期限，法院应依职权决定顺延期限

C. 张弟可在清醒后10日内，申请顺延期限，是否准许，由法院决定

D. 上诉期限为法定期间，张弟提出顺延期限，法院不应准许

42. 关于法院制作的调解书，下列哪一说法是正确的？（ ）

A. 经法院调解，老李和小李维持收养关系，可不制作调解书

B. 某夫妻解除婚姻关系的调解书生效后，一方以违反自愿为由可申请再审

C. 检察院对调解书的监督方式只能是提出检察建议

D. 执行过程中，达成和解协议的，法院可根据当事人的要求制作成调解书

43. 甲县法院受理居住在乙县的成某诉居住在甲县的罗某借款纠纷案。诉讼过程中，成某出差归途所乘航班失踪，经全力寻找仍无成某生存的任何信息，主管方宣布机上乘客不可能生还，成妻遂向乙县法院申请宣告成某死亡。对此，下列哪一说法是正确的？（　）

　　A. 乙县法院应当将宣告死亡案移送至甲县法院审理

　　B. 借款纠纷案与宣告死亡案应当合并审理

　　C. 甲县法院应当裁定中止诉讼

　　D. 甲县法院应当裁定终结诉讼

44. 齐远、张红是夫妻，因感情破裂诉至法院离婚，提出解除婚姻关系、子女抚养、住房分割等诉讼请求。一审判决准予离婚并对子女抚养问题作出判决。齐远不同意离婚提出上诉。二审中，张红增加诉讼请求，要求分割诉讼期间齐远继承其父的遗产。下列哪一说法是正确的？（　）

　　A. 一审漏判的住房分割诉讼请求，二审可调解，调解不成，发回重审

　　B. 二审增加的遗产分割诉讼请求，二审可调解，调解不成，发回重审

　　C. 住房和遗产分割的两个诉讼请求，二审可合并调解，也可一并发回重审

　　D. 住房和遗产分割的两个诉讼请求，经当事人同意，二审法院可一并裁判

45. 李云将房屋出售给王亮，后因合同履行发生争议，经双方住所地人民调解委员会调解，双方达成调解协议，明确王亮付清房款后，房屋的所有权归属王亮。为确保调解协议的效力，双方约定向法院提出司法确认申请，李云随即长期出差在外。下列哪一说法是正确的？（　）

　　A. 本案系不动产交易，应向房屋所在地法院提出司法确认申请

　　B. 李云长期出差在外，王亮向法院提出确认申请，法院可受理

　　C. 李云出差两个月后，双方向法院提出确认申请，法院可受理

　　D. 本案的调解协议内容涉及物权确权，法院不予受理

46. 周立诉孙华人身损害赔偿案，一审法院适用简易程序审理，电话通知双方当事人开庭，孙华无故未到庭，法院缺席判决孙华承担赔偿周立医疗费。判决书生效后，周立申请强制执行，执行程序开始，孙华向一审法院提出再审申请。法院裁定再审，未裁定中止原判决的执行。关于本案，下列哪一说法是正确的？（　）

　　A. 法院电话通知当事人开庭是错误的

　　B. 孙华以法院未传票通知其开庭即缺席判决为由，提出再审申请是符合法律规定的

　　C. 孙华应向二审法院提出再审申请，而不可向原一审法院申请再审

　　D. 法院裁定再审，未裁定中止原判决的执行是错误的

47. 甲向乙借款20万元，丙是甲的担保人，现已到偿还期限，经多次催讨未果，乙向法院申请支付令。法院受理并审查后，向甲送达支付令。甲在法定期间未提出异议，但以借款不成立为由向另一法院提起诉讼。关于本案，下列哪一说法是正确的？（　）

A. 甲向另一法院提起诉讼，视为对支付令提出异议

B. 甲向另一法院提起诉讼，法院应裁定终结督促程序

C. 甲在法定期间未提出书面异议，不影响支付令效力

D. 法院发出的支付令，对丙具有拘束力

48. 张丽因与王旭感情不和，长期分居，向法院起诉要求离婚。法院向王旭送达应诉通知书，发现王旭已于张丽起诉前因意外事故死亡。关于本案，法院应作出下列哪一裁判？（　）

A. 诉讼终结的裁定

B. 驳回起诉的裁定

C. 不予受理的裁定

D. 驳回诉讼请求的判决

49. 甲乙双方合同纠纷，经仲裁裁决，乙须偿付甲货款100万元，利息5万元，分5期偿还。乙未履行该裁决。甲据此向法院申请执行，在执行过程中，双方达成和解协议，约定乙一次性支付货款100万元，甲放弃利息5万元并撤回执行申请。和解协议生效后，乙反悔，未履行和解协议。关于本案，下列哪一说法是正确的？（　）

A. 对甲撤回执行的申请，法院裁定中止执行

B. 甲可向法院申请执行和解协议

C. 甲可以乙违反和解协议为由提起诉讼

D. 甲可向法院申请执行原仲裁裁决，法院恢复执行

50. 大成公司与华泰公司签订投资合同，约定了仲裁条款：如因合同效力和合同履行发生争议，由A仲裁委员会仲裁。合作中双方发生争议，大成公司遂向A仲裁委员会提出仲裁申请，要求确认投资合同无效。A仲裁委员会受理。华泰公司提交答辩书称，如合同无效，仲裁条款当然无效，故A仲裁委员会无权受理本案。随即，华泰公司向法院申请确认仲裁协议无效，大成公司见状，向A仲裁委员会提出请求确认仲裁协议有效。关于本案，下列哪一说法是正确的？（　）

A. A仲裁委员会无权确认投资合同是否有效

B. 投资合同无效，仲裁条款即无效

C. 仲裁条款是否有效，应由法院作出裁定

D. 仲裁条款是否有效，应由A仲裁委员会作出决定

二、多项选择题。每题所设选项中至少有两个正确答案，多选、少选、错选或不选均不得分。本部分含51～85题，每题2分，共70分。

51. 自然人甲与乙签订了年利率为30%、为期1年的1000万元借款合同。后双方又签订了房屋买卖合同，约定："甲把房屋卖给乙，房款为甲的借款本息之和。甲须在一年内以该房款分6期回购房屋。如甲不回购，乙有权直接取得房屋所有权。"乙交付借款时，甲出具收到全部房款的收据。后甲未按约定回购房屋，也未把房屋过户给乙。因房屋价格

上涨至 3000 万元，甲主张偿还借款本息。下列哪些选项是正确的？（　　）

A. 甲乙之间是借贷合同关系，不是房屋买卖合同关系

B. 应在不超过银行同期贷款利率的四倍以内承认借款利息

C. 乙不能获得房屋所有权

D. 因甲未按约定偿还借款，应承担违约责任

52. 某旅游地的纪念品商店出售秦始皇兵马俑的复制品，价签标名为"秦始皇兵马俑"，2800 元一个。王某购买了一个，次日，王某以其购买的"秦始皇兵马俑"为复制品而非真品属于欺诈为由，要求该商店退货并赔偿。下列哪些表述是错误的？（　　）

A. 商店的行为不属于欺诈，真正的"秦始皇兵马俑"属于法律规定不能买卖的禁止流通物

B. 王某属于重大误解，可请求撤销买卖合同

C. 商店虽不构成积极欺诈，但构成消极欺诈，因其没有标明为复制品

D. 王某有权请求撤销合同，并可要求商店承担缔约过失责任

53. 甲向某银行贷款，甲、乙和银行三方签订抵押协议，由乙提供房产抵押担保。乙把房本交给银行，因登记部门原因导致银行无法办理抵押物登记。乙向登记部门申请挂失房本后换得新房本，将房屋卖给知情的丙并办理了过户手续。甲届期未还款，关于贷款、房屋抵押和买卖，下列哪些说法是正确的？（　　）

A. 乙应向银行承担违约责任

B. 丙应代为向银行还款

C. 如丙代为向银行还款，可向甲主张相应款项

D. 因登记部门原因未办理抵押登记，但银行占有房本，故取得抵押权

54. 2014 年 7 月 1 日，甲公司、乙公司和张某签订了《个人最高额抵押协议》，张某将其房屋抵押给乙公司，担保甲公司在一周前所欠乙公司货款 300 万元，最高债权额 400 万元，并办理了最高额抵押登记，债权确定期间为 2014 年 7 月 2 日到 2015 年 7 月 1 日。债权确定期间内，甲公司因从乙公司分批次进货，又欠乙公司 100 万元。甲公司未还款。关于有抵押担保的债权额和抵押权期间，下列哪些选项是正确的？（　　）

A. 债权额为 100 万元

B. 债权额为 400 万元

C. 抵押权期间为 1 年

D. 抵押权期间为主债权诉讼时效期间

55. 下列哪些情形下权利人可以行使留置权？（　　）

A. 张某为王某送货，约定货物送到后一周内支付运费。张某在货物运到后立刻要求王某支付运费被拒绝，张某可留置部分货物

B. 刘某把房屋租给方某，方某退租搬离时尚有部分租金未付，刘某可留置方某部分家具

C. 何某将丁某的行李存放在火车站小件寄存处，后丁某取行李时认为寄存费过高而拒绝支付，寄存处可留置该行李

D. 甲公司加工乙公司的机器零件，约定先付费后加工。付费和加工均已完成，但乙公司尚欠甲公司借款，甲公司可留置机器零件

56. 甲拾得乙的手机，以市价卖给不知情的丙并交付。丙把手机交给丁维修。修好后丙拒付部分维修费，丁将手机扣下。关于手机的占有状态，下列哪些选项是正确的？（ ）

A. 乙丢失手机后，由直接占有变为间接占有

B. 甲为无权占有、自主占有

C. 丙为无权占有、善意占有

D. 丁为有权占有、他主占有

57. 根据甲公司的下列哪些《承诺（保证）函》，如乙公司未履行义务，甲公司应承担保证责任？（ ）

A. 承诺："积极督促乙公司还款，努力将丙公司的损失降到最低"

B. 承诺："乙公司向丙公司还款，如乙公司无力还款，甲公司愿代为清偿"

C. 保证："乙公司实际投资与注册资金相符"。实际上乙公司实际投资与注册资金不符

D. 承诺："指定乙公司与丙公司签订保证合同"。乙公司签订了保证合同但拒不承担保证责任

58. 赵某从商店购买了一台甲公司生产的家用洗衣机，洗涤衣物时，该洗衣机因技术缺陷发生爆裂，叶轮飞出造成赵某严重人身损害并毁坏衣物。赵某的下列哪些诉求是正确的？（ ）

A. 商店应承担更换洗衣机或退货、赔偿衣物损失和赔偿人身损害的违约责任

B. 商店应按违约责任更换洗衣机或者退货，也可请求甲公司按侵权责任赔偿衣物损失和人身损害

C. 商店或者甲公司应赔偿因洗衣机缺陷造成的损害

D. 商店或者甲公司应赔偿物质损害和精神损害

59. 甲将其临街房屋和院子出租给乙作为汽车修理场所。经甲同意，乙先后两次自费扩建多间房屋作为烤漆车间。乙在又一次扩建报批过程中发现，甲出租的全部房屋均未经过城市规划部门批准，属于违章建筑。下列哪些选项是正确的？（ ）

A. 租赁合同无效

B. 因甲、乙对于扩建房屋都有过错，应分担扩建房屋的费用

C. 因甲未告知乙租赁物为违章建筑，乙可解除租赁合同

D. 乙可继续履行合同，待违章建筑被有关部门确认并影响租赁物使用时，再向甲主张违约责任

60. 郭某意外死亡，其妻甲怀孕两个月。郭某父亲乙与甲签订协议："如把孩子顺利

生下来，就送十根金条给孩子。"当日乙把八根金条交给了甲。孩子顺利出生后，甲不同意由乙抚养孩子，乙拒绝交付剩余的两根金条，并要求甲退回八根金条。下列哪些选项是正确的？（　　）

A. 孩子为胎儿，不具备权利能力，故协议无效
B. 孩子已出生，故乙不得拒绝赠与
C. 八根金条已交付，故乙不得要求退回
D. 两根金条未交付，故乙有权不交付

61. 甲遗失其为乙保管的迪亚手表，为偿还乙，甲窃取丙的美茄手表和4000元现金。甲将美茄手表交乙，因美茄手表比迪亚手表便宜1000元，甲又从4000元中补偿乙1000元。乙不知甲盗窃情节。乙将美茄手表赠与丁，又用该1000元的一半支付某自来水公司水费，另一半购得某商场一件衬衣。下列哪些说法是正确的？（　　）

A. 丙可请求丁返还手表
B. 丙可请求甲返还3000元、请求自来水公司和商场各返还500元
C. 丙可请求乙返还1000元不当得利
D. 丙可请求甲返还4000元不当得利

62. 应出版社约稿，崔雪创作完成一部儿童题材小说《森林之歌》。为吸引儿童阅读，增添小说离奇色彩，作者使用笔名"吹雪"，特意将小说中的狗熊写成三只腿的动物。出版社编辑在核稿和编辑过程中，认为作者有笔误，直接将"吹雪"改为"崔雪"、将狗熊改写成四只腿的动物。出版社将《森林之歌》批发给书店销售。下列哪些说法是正确的？（　　）

A. 出版社侵犯了作者的修改权
B. 出版社侵犯了作者的保护作品完整权
C. 出版社侵犯了作者的署名权
D. 书店侵犯了作者的发行权

63. 甲公司获得一项智能手机显示屏的发明专利权后，将该技术以在中国大陆独占许可方式许可给乙公司实施。乙公司付完专利使用费并在销售含有该专利技术的手机过程中，发现丙公司正在当地电视台做广告宣传具有相同专利技术的手机，便立即通知甲公司起诉丙公司。法院受理该侵权纠纷后，丙公司在答辩期内请求宣告专利无效。下列哪些说法是错误的？（　　）

A. 乙公司获得的专利使用权是债权，在不通知甲公司的情况下不能直接起诉丙公司
B. 专利无效宣告前，丙公司侵犯了专利实施权中的销售权
C. 如专利无效，则专利实施许可合同无效，甲公司应返还专利使用费
D. 法院应中止专利侵权案件的审理

64. 河川县盛产荔枝，远近闻名。该县成立了河川县荔枝协会，申请注册了"河川"商标，核定使用在荔枝商品上，许可本协会成员使用。加入该荔枝协会的农户将有"河川"

商标包装的荔枝批发给盛联超市销售。超市在销售该批荔枝时，在荔枝包装上还加贴了自己的注册商标"盛联"。下列哪些说法是正确的？（　　）

　　A．"河川"商标是集体商标

　　B．"河川"商标是证明商标

　　C．"河川"商标使用了县级以上行政区划名称，应被宣告无效

　　D．盛联超市的行为没有侵犯商标权

　　65．董楠（男）和申蓓（女）是美术学院同学，共同创作一幅油画作品《爱你一千年》。毕业后二人结婚育有一女。董楠染上吸毒恶习，未经申蓓同意变卖了《爱你一千年》，所得款项用于吸毒。因董楠恶习不改，申蓓在女儿不满1周岁时提起离婚诉讼。下列哪些说法是正确的？（　　）

　　A．申蓓虽在分娩后1年内提出离婚，法院应予受理

　　B．如调解无效，应准予离婚

　　C．董楠出售《爱你一千年》侵犯了申蓓的物权和著作权

　　D．对董楠吸毒恶习，申蓓有权请求离婚损害赔偿

　　66．张某毕业要去外地工作，将自己贴身生活用品、私密照片及平板电脑等装箱交给甲快递公司运送。张某在箱外贴了"私人物品，严禁打开"的字条。张某到外地收到快递后察觉有异，经查实，甲公司工作人员李某曾翻看箱内物品，并损坏了平板电脑。下列哪些选项是正确的？（　　）

　　A．甲公司侵犯了张某的隐私权

　　B．张某可请求甲公司承担精神损害赔偿责任

　　C．张某可请求甲公司赔偿平板电脑的损失

　　D．张某可请求甲公司和李某承担连带赔偿责任

　　67．关于动物致害侵权责任的说法，下列哪些选项是正确的？（　　）

　　A．甲8周岁的儿子翻墙进入邻居院中玩耍，被院内藏獒咬伤，邻居应承担侵权责任

　　B．小学生乙和丙放学途经养狗的王平家，丙故意逗狗，狗被激怒咬伤乙，只能由丙的监护人对乙承担侵权责任

　　C．丁下夜班回家途经邻居家门时，未看到邻居饲养的小猪趴在路上而绊倒摔伤，邻居应承担侵权责任

　　D．戊带女儿到动物园游玩时，动物园饲养的老虎从破损的虎笼蹿出将戊女儿咬伤，动物园应承担侵权责任

　　68．钱某为益扬有限公司的董事，赵某为公司的职工代表监事。公司为钱某、赵某支出的下列哪些费用须经公司股东会批准？（　　）

　　A．钱某的年薪　　　　　　　　B．钱某的董事责任保险费

　　C．赵某的差旅费　　　　　　　D．赵某的社会保险费

　　69．张某、李某为甲公司的股东，分别持股65%与35%，张某为公司董事长。为谋

求更大的市场空间，张某提出吸收合并乙公司的发展战略。关于甲公司的合并行为，下列哪些表述是正确的？（　　）

　　A. 只有取得李某的同意，甲公司内部的合并决议才能有效

　　B. 在合并决议作出之日起15日内，甲公司须通知其债权人

　　C. 债权人自接到通知之日起30日内，有权对甲公司的合并行为提出异议

　　D. 合并乙公司后，甲公司须对原乙公司的债权人负责

70. 甲持有硕昌有限公司69%的股权，任该公司董事长；乙、丙为公司另外两个股东。因打算移居海外，甲拟出让其全部股权。对此，下列哪些说法是错误的？（　　）

　　A. 因甲的持股比例已超过2/3，故不必征得乙、丙的同意，甲即可对外转让自己的股权

　　B. 若公司章程限制甲转让其股权，则甲可直接修改章程中的限制性规定，以使其股权转让行为合法

　　C. 甲可将其股权分割为两部分，分别转让给乙、丙

　　D. 甲对外转让其全部股权时，乙或丙均可就甲所转让股权的一部分主张优先购买权

71. 2015年6月，刘璋向顾谐借款50万元用来炒股，借期1个月，结果恰遇股市动荡，刘璋到期不能还款。经查明，刘璋为某普通合伙企业的合伙人，持有44%的合伙份额。对此，下列哪些说法是正确的？（　　）

　　A. 顾谐可主张以刘璋自该合伙企业中所分取的收益来清偿债务

　　B. 顾谐可主张对刘璋合伙份额进行强制执行

　　C. 对刘璋的合伙份额进行强制执行时，其他合伙人不享有优先购买权

　　D. 顾谐可直接向合伙企业要求对刘璋进行退伙处理，并以退伙结算所得来清偿债务

72. 君平昌成律师事务所是一家采取特殊普通合伙形式设立的律师事务所，曾君、郭昌是其中的两名合伙人。在一次由曾君主办、郭昌辅办的诉讼代理业务中，因二人的重大过失而泄露客户商业秘密，导致该所对客户应承担巨额赔偿责任。关于该客户的求偿，下列哪些说法是正确的？（　　）

　　A. 向该所主张全部赔偿责任

　　B. 向曾君主张无限连带赔偿责任

　　C. 向郭昌主张补充赔偿责任

　　D. 向该所其他合伙人主张连带赔偿责任

73. A公司因经营不善，资产已不足以清偿全部债务，经申请进入破产还债程序。关于破产债权的申报，下列哪些表述是正确的？（　　）

　　A. 甲对A公司的债权虽未到期，仍可以申报

　　B. 乙对A公司的债权因附有条件，故不能申报

　　C. 丙对A公司的债权虽然诉讼未决，但丙仍可以申报

　　D. 职工丁对A公司的伤残补助请求权，应予以申报

74. 关于支票的表述，下列哪些选项是正确的？（ ）

A. 现金支票在其正面注明后，可用于转账

B. 支票出票人所签发的支票金额不得超过其付款时在付款人处实有的存款金额

C. 支票上不得另行记载付款日期，否则该记载无效

D. 支票上未记载收款人名称的，该支票无效

75. 张某手头有一笔闲钱欲炒股，因对炒股不熟便购买了某证券投资基金。关于张某作为基金份额持有人所享有的权利，下列哪些表述是正确的？（ ）

A. 按份额享有基金财产收益

B. 参与分配清算后的剩余基金财产

C. 可回赎但不能转让所持有的基金份额

D. 可通过基金份额持有人大会来更换基金管理人

76. 潘某请好友刘某观赏自己收藏的一件古玩，不料刘某一时大意致其落地摔毁。后得知，潘某已在甲保险公司就该古玩投保了不足额财产险。关于本案，下列哪些表述是正确的？（ ）

A. 潘某可请求甲公司赔偿全部损失

B. 若刘某已对潘某进行全部赔偿，则甲公司可拒绝向潘某支付保险赔偿金

C. 甲公司对潘某赔偿保险金后，在向刘某行使保险代位求偿权时，既可以自己的名义，也可以潘某的名义

D. 若甲公司支付的保险金不足以弥补潘某的全部损失，则就未取得赔偿的部分，潘某对刘某仍有赔偿请求权

77. 根据《民事诉讼法》相关司法解释，下列哪些法院对专利纠纷案件享有管辖权？（ ）

A. 知识产权法院

B. 所有的中级法院

C. 最高法院确定的中级法院

D. 最高法院确定的基层法院

78. 律师作为委托诉讼代理人参加诉讼，应向法院提交下列哪些材料？（ ）

A. 律师所在的律师事务所与当事人签订的协议书

B. 当事人的授权委托书

C. 律师的执业证

D. 律师事务所的证明

79. 张志军与邻居王昌因琐事发生争吵并相互殴打，之后，张志军诉至法院要求王昌赔偿医药费等损失共计3000元。在举证期限届满前，张志军向法院申请事发时在场的方强（26岁）、路芳（30岁）、蒋勇（13岁）出庭作证，法院准其请求。开庭时，法院要求上列证人签署保证书，方强签署了保证书，路芳拒签保证书，蒋勇未签署保证书。法院

因此允许方强、蒋勇出庭作证，未允许路芳出庭作证。张志军在开庭时向法院提供了路芳的书面证言，法院对该证言不同意组织质证。关于本案，法院的下列哪些做法是合法的？（　　）

A. 批准张志军要求事发时在场人员出庭作证的申请

B. 允许蒋勇出庭作证

C. 不允许路芳出庭作证

D. 对路芳的证言不同意组织质证

80. 李根诉刘江借款纠纷一案在法院审理，李根申请财产保全，要求法院扣押刘江向某小额贷款公司贷款时质押给该公司的两块名表。法院批准了该申请，并在没有征得该公司同意的情况下采取保全措施。对此，下列哪些选项是错误的？（　　）

A. 一般情况下，某小额贷款公司保管的两块名表应交由法院保管

B. 某小额贷款公司因法院采取保全措施而丧失了对两块名表的质权

C. 某小额贷款公司因法院采取保全措施而丧失了对两块名表的优先受偿权

D. 法院可以不经某小额贷款公司同意对其保管的两块名表采取保全措施

81. 甲公司生产的"晴天牌"空气清新器销量占据市场第一，乙公司见状，将自己生产的同类型产品注册成"清天牌"，并全面仿照甲公司产品，使消费者难以区分。为此，甲公司欲起诉乙公司侵权，同时拟申请诉前禁令，禁止乙公司销售该产品。关于诉前保全，下列哪些选项是正确的？（　　）

A. 甲公司可向有管辖权的法院申请采取保全措施，并应当提供担保

B. 甲公司可向被申请人住所地法院申请采取保全措施，法院受理后，须在48小时内作出裁定

C. 甲公司可向有管辖权的法院申请采取保全措施，并应当在30天内起诉

D. 甲公司如未在规定期限内起诉，保全措施自动解除

82. 章俊诉李泳借款纠纷案在某县法院适用简易程序审理。县法院判决后，章俊上诉，二审法院以事实不清为由发回重审。县法院征得当事人同意后，适用简易程序重审此案。在答辩期间，李泳提出管辖权异议，县法院不予审查。案件开庭前，章俊增加了诉讼请求，李泳提出反诉，县法院受理了章俊提出的增加诉讼请求，但以重审不可提出反诉为由拒绝受理李泳的反诉。关于本案，该县法院的下列哪些做法是正确的？（　　）

A. 征得当事人同意后，适用简易程序重审此案

B. 对李泳提出的管辖权异议不予审查

C. 受理章俊提出的增加诉讼请求

D. 拒绝受理李泳的反诉

83. 郑飞诉万雷侵权纠纷一案，虽不属于事实清楚、权利义务关系明确、争议不大的案件，但双方当事人约定适用简易程序进行审理，法院同意并以电子邮件的方式向双方当事人通知了开庭时间（双方当事人均未回复）。开庭时被告万雷无正当理由不到庭，法院作出了缺席判决。送达判决书时法院通过各种方式均未联系上万雷，遂采取了公

告送达方式送达了判决书。对此，法院下列的哪些行为是违法的？（　　）

A. 同意双方当事人的约定，适用简易程序对案件进行审理

B. 以电子邮件的方式向双方当事人通知开庭时间

C. 作出缺席判决

D. 采取公告方式送达判决书

84. 根据《民事诉讼法》相关司法解释，下列哪些案件不适用小额诉讼程序？（　　）

A. 人身关系案件

B. 涉外民事案件

C. 海事案件

D. 发回重审的案件

85. 甲公司财务室被盗，遗失金额为80万元的汇票一张。甲公司向法院申请公示催告，法院受理后即通知支付人A银行停止支付，并发出公告，催促利害关系人申报权利。在公示催告期间，甲公司按原计划与材料供应商乙企业签订购货合同，将该汇票权利转让给乙企业作为付款。公告期满，无人申报，法院即组成合议庭作出判决，宣告该汇票无效。关于本案，下列哪些说法是正确的？（　　）

A. A银行应当停止支付，直至公示催告程序终结

B. 甲公司将该汇票权利转让给乙企业的行为有效

C. 甲公司若未提出申请，法院可以作出宣告该汇票无效的判决

D. 法院若判决宣告汇票无效，应当组成合议庭

三、不定项选择题。每题所设选项中至少有一个正确答案，多选、少选、错选或不选均不得分。本部分含86～100题，每题2分，共30分。

（一）

甲公司、乙公司签订的《合作开发协议》约定，合作开发的A区房屋归甲公司、B区房屋归乙公司。乙公司与丙公司签订《委托书》，委托丙公司对外销售房屋。《委托书》中委托人签字盖章处有乙公司盖章和法定代表人王某签字，王某同时也是甲公司法定代表人。张某查看《合作开发协议》和《委托书》后，与丙公司签订《房屋预订合同》，约定："张某向丙公司预付房款30万元，购买A区房屋一套。待取得房屋预售许可证后，双方签订正式合同。"丙公司将房款用于项目投资，全部亏损。后王某向张某出具《承诺函》：如张某不闹事，将协调甲公司卖房给张某。但甲公司取得房屋预售许可后，将A区房屋全部卖与他人。张某要求甲公司、乙公司和丙公司退回房款。张某与李某签订《债权转让协议》，将该债权转让给李某，通知了甲、乙、丙三公司。因李某未按时支付债权转让款，张某又将债权转让给方某，也通知了甲、乙、丙三公司。

请回答第86~88题。

86. 关于《委托书》和《承诺函》，下列说法正确的是：（　　）

A. 乙公司是委托人

B. 乙公司和王某是共同委托人

C. 甲公司、乙公司和王某是共同委托人

D. 《承诺函》不产生法律行为上的效果

87. 关于《房屋预订合同》，下列说法正确的是：（　　）

A. 无效

B. 对于甲公司而言，丙公司构成无权处分

C. 对于乙公司而言，丙公司构成有效代理

D. 对于张某而言，丙公司构成表见代理

88. 关于30万元预付房款，下列表述正确的是：（　　）

A. 由丙公司退给李某

B. 由乙公司和丙公司退给李某

C. 由丙公司退给方某

D. 由乙公司和丙公司退给方某

（二）

顺风电器租赁公司将一台电脑出租给张某，租期为2年。在租赁期间内，张某谎称电脑是自己的，分别以市价与甲、乙、丙签订了三份电脑买卖合同并收取了三份价款，但张某把电脑实际交付给了乙。后乙的这台电脑被李某拾得，因暂时找不到失主，李某将电脑出租给王某获得很高收益。王某租用该电脑时出了故障，遂将电脑交给康成电脑维修公司维修。王某和李某就维修费的承担发生争执。康成公司因未收到修理费而将电脑留置，并告知王某如7天内不交费，将变卖电脑抵债。李某听闻后，于当日潜入康成公司偷回电脑。

请回答第89~91题。

89. 关于张某与甲、乙、丙的合同效力，下列选项正确的是：（　　）

A. 张某非电脑所有权人，其出卖为无权处分，与甲、乙、丙签订的合同无效

B. 张某是合法占有人，其与甲、乙、丙签订的合同有效

C. 乙接受了张某的交付，取得电脑所有权

D. 张某不能履行对甲、丙的合同义务，应分别承担违约责任

90. 如乙请求李某返还电脑和所获利益，下列说法正确的是：（　　）

A. 李某向乙返还所获利益时，应以乙所受损失为限

B. 李某应将所获利益作为不当得利返还给乙，但可以扣除支出的必要费用

C. 乙应以所有权人身份而非不当得利债权人身份请求李某返还电脑

D. 如李某拒绝返还电脑，需向乙承担侵权责任（　　）

91. 关于康成公司的民事权利，下列说法正确的是：

A. 王某在7日内未交费，康成公司可变卖电脑并自己买下电脑

B. 康成公司曾享有留置权，但当电脑被偷走后，丧失留置权
C. 康成公司可请求李某返还电脑
D. 康成公司可请求李某支付电脑维修费

（三）

甲、乙、丙三人共同商定出资设立一家普通合伙企业，其中约定乙以其所有房屋的使用权出资，企业的财务由甲负责。2015年4月，该合伙企业亏损巨大。5月，见股市大涨，在丙不知情的情况下，甲与乙直接将企业账户中的400万元资金，以企业名义委托给某投资机构来进行股市投资。同时，乙自己也将上述房屋以600万元变卖并过户给丁，房款全部用来炒股。至6月下旬，投入股市资金所剩无几。丙得知情况后突发脑溢血死亡。

请回答第92~94题。

92. 关于甲、乙将400万元资金委托投资股市的行为，下列说法正确的是：（ ）

A. 属于无权处分行为

B. 属于改变合伙企业经营范围的行为

C. 就委托投资失败，甲、乙应负连带赔偿责任

D. 就委托投资失败，该受托的投资机构须承担连带责任

93. 关于乙将房屋出卖的行为，下列选项正确的是：（ ）

A. 构成无权处分行为

B. 丁取得该房屋所有权

C. 丁无权要求合伙企业搬出该房屋

D. 乙对合伙企业应承担违约责任

94. 假设丙有继承人戊，则就戊的权利，下列说法错误的是：（ ）

A. 自丙死亡之时起，戊即取得该合伙企业的合伙人资格

B. 因合伙企业账面上已处于亏损状态，戊可要求解散合伙企业并进行清算

C. 就甲委托投资股市而失败的行为，戊可直接向甲主张赔偿

D. 就乙出卖房屋而给企业造成的损失，戊可直接向乙主张赔偿

（四）

主要办事机构在A县的五环公司与主要办事机构在B县的四海公司于C县签订购货合同，约定：货物交付地在D县；若合同的履行发生争议，由原告所在地或者合同签订地的基层法院管辖。现五环公司起诉要求四海公司支付货款。四海公司辩称已将货款交给五环公司业务员付某。五环公司承认付某是本公司业务员，但认为其无权代理本公司收取货款，且付某也没有将四海公司声称的货款交给本公司。四海公司向法庭出示了盖有五环公司印章的授权委托书，证明付某有权代理五环公司收取货款，但五环公司对该授权书的真实性不予认可。根据案情，法院依当事人的申请通知付某参加（参与）了诉讼。

请回答第95~97题。

95. 对本案享有管辖权的法院包括：（ ）

A. A县法院　　　　　　　　B. B县法院
C. C县法院　　　　　　　　D. D县法院

96. 本案需要由四海公司承担证明责任的事实包括：（ ）

A. 四海公司已经将货款交付给了五环公司业务员付某

B. 付某是五环公司业务员

C. 五环公司授权付某代理收取货款

D. 付某将收取的货款交到五环公司

97. 根据案情和法律规定，付某参加（参与）诉讼，在诉讼中所居地位是：（ ）

A. 共同原告　　　　　　　　B. 共同被告
C. 无独立请求权第三人　　　D. 证人

（五）

张山承租林海的商铺经营饭店，因拖欠房租被诉至饭店所在地甲法院，法院判决张山偿付林海房租及利息，张山未履行判决。经律师调查发现，张山除所居住房以外，其名下另有一套房屋，林海遂向该房屋所在地乙法院申请执行。乙法院对该套房屋进行查封拍卖。执行过程中，张山前妻宁虹向乙法院提出书面异议，称两人离婚后该房屋已由丙法院判决归其所有，目前尚未办理房屋变更登记手续。

请回答第98~100题。

98. 对于宁虹的异议，乙法院的正确处理是：（ ）

A. 应当自收到异议之日起15日内审查

B. 若异议理由成立，裁定撤销对该房屋的执行

C. 若异议理由不成立，裁定驳回

D. 应当告知宁虹直接另案起诉

99. 如乙法院裁定支持宁虹的请求，林海不服提出执行异议之诉，有关当事人的诉讼地位是：（ ）

A. 林海是原告，张山是被告，宁虹是第三人

B. 林海和张山是共同原告，宁虹是被告

C. 林海是原告，张山和宁虹是共同被告

D. 林海是原告，宁虹是被告，张山视其态度而定

100. 乙法院裁定支持宁虹的请求，林海提出执行异议之诉，下列说法可成立的是：（ ）

A. 林海可向甲法院提起执行异议之诉

B. 如乙法院审理该案，应适用普通程序

C. 宁虹应对自己享有涉案房屋所有权承担证明责任

D. 如林海未对执行异议裁定提出诉讼，张山可以提出执行异议之诉

2015年国家司法考试（试卷四）

一、（本题20分）

材料一：法律是治国之重器，法治是国家治理体系和治理能力的重要依托。全面推进依法治国，是解决党和国家事业发展面临的一系列重大问题，解放和增强社会活力、促进社会公平正义、维护社会和谐稳定、确保党和国家长治久安的根本要求。要推动我国经济社会持续健康发展，不断开拓中国特色社会主义事业更加广阔的发展前景，就必须全面推进社会主义法治国家建设，从法治上为解决这些问题提供制度化方案。（摘自习近平《关于＜中共中央关于全面推进依法治国若干重大问题的决定＞的说明》）

材料二：同党和国家事业发展要求相比，同人民群众期待相比，同推进国家治理体系和治理能力现代化目标相比，法治建设还存在许多不适应、不符合的问题，主要表现为：有的法律法规未能全面反映客观规律和人民意愿，针对性、可操作性不强，立法工作中部门化倾向、争权诿责现象较为突出；有法不依、执法不严、违法不究现象比较严重，执法体制权责脱节、多头执法、选择性执法现象仍然存在，执法司法不规范、不严格、不透明、不文明现象较为突出，群众对执法司法不公和腐败问题反映强烈。（摘自《中共中央关于全面推进依法治国若干重大问题的决定》）

问题：

根据以上材料，结合全面推进依法治国的总目标，从立法、执法、司法三个环节谈谈建设社会主义法治国家的意义和基本要求。

答题要求：

1. 无观点或论述、照搬材料原文的不得分；
2. 观点正确，表述完整、准确；
3. 总字数不得少于400字。

二、（本题23分）

案情：高某（男）与钱某（女）在网上相识，后发展为网恋关系，其间，钱某知晓了高某一些隐情，并以开店缺钱为由，骗取了高某20万元现金。

见面后，高某对钱某相貌大失所望，相处不久更感到她性格古怪，便决定断绝关系。但钱某百般纠缠，最后竟以公开隐情相要挟，要求高某给予500万元补偿费。高某假意筹钱，实际打算除掉钱某。

随后，高某找到密友夏某和认识钱某的宗某，共谋将钱某诱骗至湖边小屋，先将其掐昏，然后扔入湖中溺死。事后，高某给夏某、宗某各20万元作为酬劳。

按照事前分工，宗某发微信将钱某诱骗到湖边小屋。但宗某得知钱某到达后害怕出事后被抓，给高某打电话说："我不想继续参与了。一日网恋十日恩，你也别杀她了。"高某大怒说："你太不义气啦，算了，别管我了！"宗某又随即打钱某电话，打算让其离开小屋，但钱某手机关机未通。

高某、夏某到达小屋后，高某寻机抱住钱某，夏某掐钱某脖子。待钱某不能挣扎后，二人均误以为钱某已昏迷（实际上已经死亡），便准备给钱某身上绑上石块将其扔入湖中溺死。此时，夏某也突然反悔，对高某说："算了吧，教训她一下就行了。"高某说："好吧，没你事了，你走吧！"夏某离开后，高某在钱某身上绑石块时，发现钱某已死亡。为了湮灭证据，高某将钱某尸体扔入湖中。

高某回到小屋时，发现了钱某的 LV 手提包（价值 5 万元），包内有 5000 元现金、身份证和一张储蓄卡，高某将现金据为己有。

三天后，高某将 LV 提包送给前女友尹某，尹某发现提包不是新的，也没有包装，问："是偷来的还是骗来的"，高某说："不要问包从哪里来。我这里还有一张储蓄卡和身份证，身份证上的人很像你，你拿着卡和身份证到银行柜台取钱后，钱全部归你。"尹某虽然不知道全部真相，但能猜到包与卡都可能是高某犯罪所得，但由于爱财还是收下了手提包，并冒充钱某从银行柜台取出了该储蓄卡中的 2 万元。

问题：

请根据《刑法》相关规定与刑法原理分析高某、夏某、宗某和尹某的刑事责任（要求注重说明理由，并可以同时答出不同观点和理由）。

三、（本题 21 分）

案情：甲欲出卖自家的房屋，但其房屋现已出租给张某，租赁期还剩余 1 年。甲将此事告知张某，张某明确表示，以目前的房价自己无力购买。

甲的同事乙听说后，提出购买。甲表示愿意但需再考虑细节。乙担心甲将房屋卖与他人，提出草签书面合同，保证甲将房屋卖与自己，甲同意。甲、乙一起到房屋登记机关验证房屋确实登记在甲的名下，且所有权人一栏中只有甲的名字，双方草签了房屋预购合同。

后双方签订正式房屋买卖合同约定：乙在合同签订后的 5 日内将购房款的三分之二通过银行转账给甲，但甲须提供保证人和他人房屋作为担保；双方还应就房屋买卖合同到登记机关办理预告登记。

甲找到丙作为保证人，并用丁的房屋抵押。丁与乙签订了抵押合同并办理了抵押登记，但并没有约定担保范围。甲乙双方办理了房屋买卖合同预告登记，但甲忘记告诉乙房屋出租情况。

此外，甲的房屋实际上为夫妻共同财产，甲自信妻子李某不会反对其将旧房出卖换大房，事先未将出卖房屋的事情告诉李某。李某知道后表示不同意。但甲还是瞒着李某与乙办理了房屋所有权转移登记。

2 年后，甲与李某离婚，李某认为当年甲擅自处分夫妻共有房屋造成了自己的损失，要求赔偿。甲抗辩说，赔偿请求权已过诉讼时效。

问题：

1. 在本案中，如甲不履行房屋预购合同，乙能否请求法院强制其履行？为什么？
2. 甲未告知乙有租赁的事实，应对乙承担什么责任？
3. 如甲不按合同交付房屋并转移房屋所有权，预告登记将对乙产生何种保护效果？
4. 如甲在预告登记后又与第三人签订房屋买卖合同，该合同是否有效？为什么？
5. 如甲不履行合同义务，在担保权的实现上乙可以行使什么样的权利？担保权实现后，甲、丙、丁的关系如何？
6. 甲擅自处分共有财产，其妻李某能否主张买卖合同无效？是否可以主张房屋过户登记为无效或者撤销登记？为什么？
7. 甲对其妻李某的请求所提出的时效抗辩是否成立？为什么？

四、（本题22分）

案情： 杨之元开设古玩店，因收购藏品等所需巨额周转资金，即以号称"镇店之宝"的一块雕有观音图像的翡翠（下称翡翠观音）作为抵押物，向胜洋小额贷款公司（简称胜洋公司）贷款200万元，但翡翠观音仍然置于杨之元店里。后，古玩店经营不佳，进入亏损状态，无力如期偿还贷款。胜洋公司遂向法院起诉杨之元。

法院经过审理，确认抵押贷款合同有效，杨之元确实无力还贷，遂判决翡翠观音归胜洋公司所有，以抵偿200万元贷款及利息。判决生效后，杨之元未在期限内履行该判决。胜洋公司遂向法院申请强制执行。

在执行过程中，案外人商玉良向法院提出执行异议，声称该翡翠观音属于自己，杨之元无权抵押。并称：当初杨之元开设古玩店，需要有"镇店之宝"装点门面，经杨之元再三请求，商玉良才将自己的翡翠观音借其使用半年（杨之元为此还支付了6万元的借用费），并约定杨之元不得处分该翡翠观音，如造成损失，商玉良有权索赔。

法院经审查，认为商玉良提出的执行异议所提出的事实没有充分的证据，遂裁定驳回商玉良的异议。

问题：

1. 执行异议被裁定驳回后，商玉良是否可以提出执行异议之诉？为什么？
2. 如商玉良认为作为法院执行根据的判决有错，可以采取哪两种途径保护自己的合法权益？
3. 与第2问"两种途径"相关的两种民事诉讼制度（或程序）在适用程序上有何特点？
4. 商玉良可否同时采用上述两种制度（或程序）维护自己的权益？为什么？

五、（本题18分）

案情： 鸿捷有限公司成立于2008年3月，从事生物医药研发。公司注册资本为5000万元，股东为甲、乙、丙、丁，持股比例分别为37%、30%、19%、14%；甲为董事长，乙为总经理。公司成立后，经营状况一直不错。

2013年8月初，为进一步拓展市场、加强经营管理，公司拟引进战略投资者骐黄公司，并通过股东大会形成如下决议（简称：《1号股东会决议》）：第一，公司增资1000万元；第二，其中860万元，由骐黄公司认购；第三，余下的140万元，由丁认购，从而使丁在公司增资后的持股比例仍保持不变，而其他各股东均放弃对新股的优先认缴权；第四，缴纳新股出资的最后期限，为2013年8月31日。各股东均在决议文件上签字。

之后，丁因无充足资金，无法在规定期限内完成所认缴出资的缴纳；骐黄公司虽然与鸿捷公司签订了新股出资认缴协议，但之后就鸿捷公司的经营理念问题，与甲、乙、丙等人发生分歧，也一直未实际缴纳出资。因此，公司增资计划的实施，一直没有进展。但这对公司经营并未造成很大影响，至2013年底，公司账上已累积4000万元的未分配利润。

2014年初，丁自他人处获得一笔资金，遂要求继续实施公司的增资计划，并自行将140万元打入公司账户，同时还主张对骐黄公司未实际缴资的860万元新股的优先认购权，但这一主张遭到其他股东的一致反对。

鉴于丁继续实施增资的强烈要求，并考虑到难以成功引进外部战略投资者，公司在2014年1月8日再次召开股东大会，讨论如下议案：第一，公司仍增资1000万元；第二，不再引进外部战略投资人，由公司各股东按照原有持股比例认缴新股；第三，各股东新增出资的缴纳期限为20年；第四，丁已转入公司账户的140万元资金，由公司退还给丁。就此议案所形成的股东会决议（简称：《2号股东会决议》），甲、乙、丙均同意并签字，丁虽签字，但就第二、第三与第四项内容，均注明反对意见。

之后在甲、乙的主导下，鸿捷公司经股东大会修订了公司章程、股东名册等，并于2014年1月20日办理完毕相应的公司注册资本的工商变更登记。

2014年底，受经济下行形势影响，加之新产品研发失败，鸿捷公司经营陷入困境。至2015年5月，公司已拖欠嵩悠公司设备款债务1000万元，公司账户中的资金已不足以偿付。

问题：

1. 《1号股东会决议》的法律效力如何？为什么？
2. 就骐黄公司未实际缴纳出资的行为，鸿捷公司可否向其主张违约责任？为什么？
3. 丁可否主张860万元新股的优先认购权？为什么？
4. 《2号股东会决议》的法律效力如何？其与《1号股东会决议》的关系如何？为什么？
5. 鸿捷公司增加注册资本的程序中，何时产生注册资本增加的法律效力？为什么？
6. 就鸿捷公司不能清偿的1000万元设备款债务，嵩悠公司能否向其各个股东主张补充赔偿责任？为什么？

六、（本题20分）

案情： 某公司系转制成立的有限责任公司，股东15人。全体股东通过的公司章程规定，董事长为法定代表人。对董事长产生及变更办法，章程未作规定。股东会议选举甲、乙、丙、丁四人担任公司董事并组成董事会，董事会选举甲为董事长。

后乙、丙、丁三人组织召开临时股东会议，会议通过罢免甲董事长职务并解除其董事，选举乙为董事长的决议。乙向区工商分局递交法定代表人变更登记申请，经多次补正后该局受理其申请。

其后,该局以乙递交的申请,缺少修改后明确董事长变更办法的公司章程和公司法定代表人签署的变更登记申请书等材料,不符合法律、法规规定为由,作出登记驳回通知书。

乙、丙、丁三人向市工商局提出复议申请,市工商局经复议后认定三人提出的变更登记申请不符合受理条件,分局作出的登记驳回通知错误,决定予以撤销。

三人遂向法院起诉,并向法院提交了公司的章程、经过公证的临时股东会决议。

问题:

1. 请分析公司的设立登记和变更登记的法律性质。

2. 如市工商局维持了区工商分局的行政行为,请确定本案中的原告和被告,并说明理由。

3. 如何确定本案的审理和裁判对象?如市工商局在行政复议中维持区工商分局的行为,有何不同?

4. 法院接到起诉状决定是否立案时通常面临哪些情况?如何处理?

5. 《行政诉讼法》对一审法院宣判有何要求?

七、(本题 26 分)

案情:某日凌晨,A市某小区地下停车场发现一具男尸,经辨认,死者为刘瑞,达永房地产公司法定代表人。停车场录像显示一男子持刀杀死了被害人,但画面极为模糊,小区某保安向侦查人员证实其巡逻时看见形似刘四的人拿刀捅了被害人后逃走(开庭时该保安已辞职无法联系)。

侦查人员在现场提取了一只白手套,一把三棱刮刀(由于疏忽,提取时未附笔录)。侦查人员对现场提取的血迹进行了ABO血型鉴定,认定其中的血迹与犯罪嫌疑人刘四的血型一致。

刘四到案后几次讯问均不认罪,后来交代了杀人的事实并承认系被他人雇佣所为,公安机关据此抓获了另外两名犯罪嫌疑人康雍房地产公司开发商张文、张武兄弟。

侦查终结后,检察机关提起公诉,认定此案系因开发某地块利益之争,张文、张武雇佣社会人员刘四杀害了被害人。

法庭上张氏兄弟、刘四同时翻供,称侦查中受到严重刑讯,不得不按办案人员意思供认,但均未向法庭提供非法取证的证据或线索,未申请排除非法证据。

公诉人指控定罪的证据有:①小区录像;②小区保安的证言;③现场提取的手套、刮刀;④ABO血型鉴定;⑤侦查预审中三被告人的有罪供述及其相互证明。三被告对以上证据均提出异议,主张自己无罪。

问题:

1. 请根据《刑事诉讼法》及相关司法解释的规定,对以上证据分别进行简要分析,并作出是否有罪的结论。

2. 请结合本案,谈谈对《中共中央关于全面推进依法治国若干重大问题的决定》中关于"推进以审判为中心的诉讼制度改革,确保侦查、审查起诉的案件事实证据经得起法律的检验"这一部署的认识。

答题要求:

1. 无本人分析、照抄材料原文不得分;
2. 结论、观点正确,逻辑清晰,说理充分,文字通畅;
3. 请按问题顺序作答,总字数不得少于800字。

2015年国家司法考试（试卷一）解析

一、单项选择题。

1. 【答案】D

【解析】依法治国，是坚持和发展中国特色社会主义的本质要求和重要保障，是实现国家治理体系和治理能力现代化的必然要求，事关我们党执政兴国，事关人民幸福安康，事关党和国家的长治久安。A、B两项正确。全面推进依法治国，总目标是建设中国特色社会主义法治体系，建设社会主义法治国家。这就是，在中国共产党的领导下，坚持中国特色社会主义制度，贯彻中国特色社会主义法治理论，形成完备的法律规范体系、高效的法治实施体系、严密的法治监督体系、有力的法治保障体系，形成完善的党内法规体系，坚持依法治国、依法执政、依法行政共同推进，坚持法治国家、法治政府、法治社会一体建设，实现科学立法、严格执法、公正司法、全民守法，促进国家治理体系和治理能力现代化。可见，C项表述没问题。在现代社会，法律在社会调整中发挥着首要作用，但是法律的作用不是无限的，有些社会关系并不适宜用法律来调整，比如情感关系，民法中的好意施惠关系，等等。D项中，"将全部社会关系法律化"的说法，片面夸大了法律的作用，犯了法律万能论的错误。综上所述，D项错误。

2. 【答案】C

【解析】法律和道德密切联系，相互影响、不可分割。国家和社会治理需要法律和道德共同发挥作用。必须坚持一手抓法治、一手抓德治，大力弘扬社会主义核心价值观，弘扬中华传统美德，培育社会公德、职业道德、家庭美德、个人品德，既重视发挥法律的规范作用，又重视发挥道德的教化作用，以法治体现道德理念、强化法律对道德建设的促进作用，以道德滋养法治精神、强化道德对法治文化的支撑作用，实现法律和道德相辅相成、法治和德治相得益彰。因此，凡是强调道德对法律有这影响、那影响的表述都是对的，A、B、D三项都是这种类型，因此表述正确。就C项前半句而言，坚持依法治国和以德治国相结合，强调国家和社会治理需要法律和道德共同发挥作用，二者相辅相成、相得益彰，肯定是对的；但后半句说"更要强调发挥道德的教化作用"，片面强调道德肯定不对，因为现代社会是以法律调整为主的。

3. 【答案】D

【解析】根据《中共中央关于全面推进依法治国若干重大问题的决定》，应当完善立法项目征集和论证制度。健全立法机关主导、社会各方有序参与立法的途径和方式。探索委托第三方起草法律法规草案。健全立法机关和社会公众沟通机制，开展立法协商，充分发挥政协委员、民主党派、工商联、无党派人士、人民团体、社会组织在立法协商中的作用,探索建立有关国家机关、社会团体、专家学者等对立法中涉及的重大利益调整论证咨询机制。A项正确。拓宽公民有序参与立法途径,健全法律法规规章草案公开征求意见和公众意见采纳情况反馈机制,广泛凝聚社会共识。B项正确。加强人大对立法工作的组织协调,健全立法起草、论证、协调、审议机制,健全向下级人大征询立法意见机制,建立基层立法联系点制度,推进立法精细化。健全法律法规规章起草征求人大代表意见制度,增加人大代表列席人大常委会会议人数,更多发挥人大代表参与起草和修改法律的作用。C项必然是正确的。总之,听取意见、征求意见、建立立法联系点、推进立法精细化,都是宽泛的套话,这些内容绝对不可能错误。唯独D项有干货。首先,健全有立法权的人大主导立法工作的体制机制,发挥人大及其常委会在立法工作中的主导作用。D项没有人大不行;第二,根据《立法法》规定,关于地方性法规的公布,非常复杂。如果是省级人大的地方性法规,由省级人大主席团公布;如果是省级人大常委会制定的地方性法规,则由省级人大常委会公布;其三,如果是地级市的地方性法规,则需要报省级人大常委会批准后才能由本级人大常委会公布施行。所以,D项肯定不对。这道题本质上算是《立法法》的题目。

4. 【答案】C

【解析】根据《中共中央关于全面推进依法治国若干重大问题的决定》,应当"推进各级政府事权规范化、法律化,完善不同层级政府特别是中央和地方政府事权法律制度,强化中央政府宏观管理、制度设定职责和必要的执法权,强化省级政府统筹推进区域内基本公共服务均等化职责,强化市县政府执行职责。"可见,宏观管理肯定在中央政府,市县政府的职责是执行。A项错误。为了本地利益牺牲其他地方利益,这属于典型的地方保护主义,不符合兼顾立场。B项错误。就D项而言,《中共中央关于全面推进依法治国若干重大问题的决定》指出:"行政机关不得设定法外权力,没有法律依据不得做出减损公民、法人和其他组织合法权益或者增加其义务的决定。推行政府权力清单制度,坚决消除权力设租寻租空间。"C项正确。《中共中央关于全面推进依法治国若干重大问题的决定》指出:"积极推行法律顾问制度,建立政府法制机构人员为主体、吸收专家和律师参加的法律顾问队伍,保证法律顾问在制定重大行政决策、推进依法行政中发挥积极作用。"但是有了政府法律顾问之后,行政机关从此不管具体行政事务了,都交给法律顾问,这很明显属于放弃法定职责,必然错误。故D项的说法错误。

5. 【答案】C

【解析】《中共中央关于全面推进依法治国若干重大问题的决定》要求"各级党政机关和领导干部要支持法院、检察院依法独立公正行使职权。建立领导干部干预司法活动、插手具体案件处理的记录、通报和责任追究制度。任何党政机关和领导干部都不得让司法机关做违反法定职责、有碍司法公正的事情，任何司法机关都不得执行党政机关和领导干部违法干预司法活动的要求。对干预司法机关办案的，给予党纪政纪处分；造成冤假错案或者其他严重后果的，依法追究刑事责任。"让司法机关做违法的事儿肯定属于干预司法，A项正确。强调司法机关免于干预，干预了之后要追究责任，这些肯定正确，因此B、D两项无误。但是C项过于绝对，属于法定职责范围的、合理的了解案件信息、督促案件及时公正处理的行为不属于干扰独立办案，不应被完全排除。C项错误。

6. 【答案】D

【解析】《中共中央关于全面推进依法治国若干重大问题的决定》要求"坚持以事实为根据、以法律为准绳，健全事实认定符合客观真相、办案结果符合实体公正、办案过程符合程序公正的法律制度。加强和规范司法解释和案例指导，统一法律适用标准""推进以审判为中心的诉讼制度改革，确保侦查、审查起诉的案件事实证据经得起法律的检验。全面贯彻证据裁判规则，严格依法收集、固定、保存、审查、运用证据，完善证人、鉴定人出庭制度，保证庭审在查明事实、认定证据、保护诉权、公正裁判中发挥决定性作用。"最高法院加强司法解释和案例指导，这肯定是好事。A项正确。"全面贯彻证据裁判规则""严格遵循依法……，完善……制度"这些都是正确的标志。《中共中央关于全面推进依法治国若干重大问题的决定》指出："明确各类司法人员工作职责、工作流程、工作标准，实行办案质量终身负责制和错案责任倒查问责制，确保案件处理经得起法律和历史检验。"终身负责制是指无论是司法人员在职期间还是离职以后均需要对自己承办过的案件负责，其目的是为了促使司法人员认真对待自己办理的每一个案件。D项在读题时一定要认真，人家都说了是终身负责制，题干却说是"仅在任职期间对所办理的一切错案承担责任"，错误太明显。

7. 【答案】B

【解析】《中共中央关于全面推进依法治国若干重大问题的决定》要求"健全普法宣传教育机制，各级党委和政府要加强对普法工作的领导，宣传、文化、教育部门和人民团体要在普法教育中发挥职能作用。实行国家机关'谁执法，谁普法'的普法责任制，建立法官、检察官、行政执法人员、律师等以案释法制度，加强普法讲师团、普法志愿者队伍建设。把法治教育纳入精神文明创建内容，开展群众性法治文化活动，健全媒体公益普法制度，加强新媒体新技术在普法中的运用，提高普法实效。"可见，普法教育、法治讲座、向青少年宣传《未成年人保护法》之类，都必然是正确的。B项中"把普法工作全部委托给人民团体"，这个很明显不妥当。责任政府，该做的还是要做的，不能撂挑子。而且，我们说过，谁执法谁普法，普法完全交给人民团体，肯定不对。

8. 【答案】C

【解析】"法律底线不可触碰""依照党内法规惩治腐败""严肃处理"，这些元素肯定没错。A、B、D三项正确。唯独有疑问的是C项,必须强调的是,实施法律制裁的依据只能是法律法规,党内法规只能适用于党员干部。党内法规并非法的正式渊源,不能说是法律依据,也不能说是法律手段。C项错误。

9. 【答案】A

【解析】法的各种价值之间是存在冲突的,因此在各种价值发生冲突之后,需要运用价值位阶、个案平衡、比例原则这三项原则来解决冲突。价值位阶原则强调的是按照重要性的程度对法的各种价值进行先后排序,为了排序在前的价值可以牺牲排序在后的价值。个案平衡原则则强调在处理个案的时候,要具体问题具体分析,根据个案的特殊情况决定优先保障哪种价值。比例原则是指为了保护较高法益而牺牲较低法益时,对较低法益的伤害不能超过必要的限度。就本题而言,为了母子的生命权牺牲了家属的知情权、同意权,这分明体现的是价值位阶原则。A项入选。

10. 【答案】A

【解析】法律规范既可以用规范性语句表述,也可以用陈述句表述。规范性语句与陈述句的区别在于语句外观上是否使用了"应当""有权""不得""禁止"等道义助动词。本题中,该条文中出现了道义助动词"应当",故属于规范性语句。故A项正确。根据法律规则的内容是否可由当事人自由协商加以改变,法律规则分为强行性规则和任意性规则。本题中的条文规定的是非法证据排除规则,不允许相关主体自由协商,因此属于强行性规则,而非任意性规则。B项错误。根据法律规则的内容是否确定,法律规则可以分为确定性规则、委任性规则、准用性规则。所谓委任性规则是指规则内容自身并不明确,于是条文授权某种国家机关通过制定细则、规定的方式去将其明确下来。本题条文内容清楚,并未授权特定国家机关,因此属于确定性规则,而非委任性规则。C项错误。法律规则的三要素——假定条件、行为模式和法律后果——在逻辑上缺一不可,但在实际条文中都可以省略。本题中的条文主要规定的是行为模式,所以D项错误。

11. 【答案】B

【解析】《母婴保健法》是全国人大常委会制定的法律,《婚姻登记条例》是国务院制定的行政法规。法律的效力高于行政法规。A项正确。B项涉及规范性法律文件的审查,全国人大常委会和国务院之间是监督关系,只能撤销而不能改变,B项说法错误。就C项而言,《立法法》新增了对提出审查建议主体进行反馈的规定。《立法法》第101条规定:"全国人民代表大会有关的专门委员会和常务委员会工作机构应当按照规定要求,将审查、研究情况向提出审查建议的国家机关、社会团体、企业事业组织以及公民反馈,并可以向社会公开。"所以,C项正确。法律监督分为国家监督和社会监督:国家监督是指国家机关运用国家公权力实施的监督;社会监督是指公民、法人、其他社会主体实施的监督。D项正确。

12. 【答案】C

【解析】根据法律关系主体之间的法律地位是否平等,法律关系分为横向(平权)

法律关系和纵向（隶属）法律关系。张某、公交公司之间的服务合同属于平等主体之间的民事法律关系，为横向法律关系。故A项错误。实体性法律关系相对于程序性法律关系而言，属于第一性（主）法律关系；程序性法律关系相对于实体性法律关系而言，属于第二性（从）法律关系。诉讼法律关系是程序性法律关系，因此很明显属于第二性（从）法律关系。公交公司属于法人。法人的权利能力和行为能力同时产生、同时消灭，故C项正确。地方规章的制定主体只能是省、自治区、直辖市人民政府和设区的市、自治州的人民政府。作为法人的公交公司无权制定规章。D项错误。

13.【答案】A

【解析】赵某属于中国公民，根据属人主义的原则，当然可以适用中国法律。B项错误。法律的溯及力属于法的时间效力的一个核心问题，针对的是新法生效后对其生效以前发生的行为是否有效的问题。本题不涉及法律的时间问题，C项错误。追诉时效也有例外的情况。根据我国刑法规定，在人民检察院、公安机关、国家安全机关立案侦查或者在人民法院受理案件以后，逃避侦查或者审判的，不受追诉期限的限制。被害人在追诉期限内提出控告，人民法院、人民检察院、公安机关应当立案而不予立案的，不受追诉期限的限制。排除D项。

14.【答案】C

【解析】根据马克思主义的立场，世界是密切联系的一个整体，法律世界和其他社会领域也是联系在一起的，法律存在于社会当中，并服务于社会。A项错误明显。在法治国家，法官的地位异常崇高，但任何权力都需要制约，不受制约的权力必然导致恣意和腐败，司法权也不例外。B项错误。在我国，人民法院由人大产生，对人大负责，受人大监督；同时接受党的政治领导，所以D项明显错误。只有C项强调了法官必须依法裁判，接受法律的统治，因而符合题意。

15.【答案】C

【解析】法律人适用法律最直接的目标是获得一个合理的法律决定。在法治社会，所谓合理的法律决定就是指具有可预测性（形式法治的要求）和正当性（实质法治的要求）的法律决定。可见，法的适用的目标既包括可预测性，也包括正当性。A项错误。法律人查明和确认案件事实的过程不是一个纯粹的事实归结过程，而是一个在法律规范与事实之间的循环过程，即目光在规范与事实之间来回穿梭，必须把生活事实转化为"法律事实"。B项错误。法律适用的过程，无论是寻找大前提还是确定小前提，都是用来向法律决定提供支持程度不同的理由，所以也就是一个法律证成的过程。所谓"证成"，便是给一个决定提供充足理由的活动或过程。C项正确。法的适用过程包括了演绎推理、类比推理、归纳推理和设证推理等多种推理形式，D项错误。

16.【答案】C

【解析】礼是中国古代社会长期存在的，维护血缘宗法关系和宗法等级制度的一系列精神原则以及言行规范的总称，是对社会生活起着调整作用的习惯法,其起源于原始社会祭祀鬼神时所举行的仪式。"礼起于祀",周礼的确立基于早期先民的祭祀风俗,但是却经过周公的总结升华。西周初年,成王年幼即位,周公辅政,通过制礼作乐的立法活动,建立起一套以《周礼》为核心的礼乐典章制度和礼仪道德规范。因此A项错在"自然流传"。礼在当时已经具备了习惯法的性质。直言之,西周时期的礼已具备法的性质。首先,其完全具有法的三个基本特性,即规范性、国家意志性和强制性。其次,对社会生活各个方面都有着实际的调整作用。B项错误。"礼不下庶人"强调的是礼有等级差别,禁止任何越礼的行为;"刑不上大夫"强调的是贵族官僚在适用刑罚上的特权。C项正确。西周时强调"出礼入刑"。"礼"正面、积极地规范人们的言行,而"刑"则对一切违背礼的行为进行处罚。其关系正如《汉书·陈宠传》所说的"礼之所去,刑之所取,失礼则入刑,相为表里",两者共同构成西周法律的完整体系。直言之,如有超出礼节规定和有悖于道义的行为,就会受到刑罚的制裁。可见,礼与刑是相辅相成、不可分割的关系。D项错误。

17. 【答案】A

【解析】本题考查的是十恶。在十恶当中,殴打或谋杀祖父母、父母等尊亲属的行为被称为"恶逆";而控告、咒骂祖父母、父母,未经祖父母、父母同意私立门户、分异财产,对祖父母、父母供养有缺,为父母尊长服丧不如礼等行为,则被称为"不孝"。本题中的行为明显属于恶逆,D项错误。

由于十恶属于大罪,处罚极重,不能赦免,也不适用自首,所以有十恶不赦之说。因此,题干中的情形必定是死刑,C项错误。就A、B项而言,斩、绞都是死刑,但是B项中所谓的"出罪",是指不追究刑事责任,与判处绞刑自相矛盾,因此只能选A项。

18. 【答案】A

【解析】《大清现行刑律》是在《大清律例》的基础上稍加修改,作为《大清新刑律》完成前的过渡性法典,于1910年5月15日颁行。与《大清律例》相比,其有如下变化:改律名为"刑律";取消了六律总目,将法典各条按性质分隶30门;对纯属民事性质的条款不再科刑;废除了一些残酷的刑罚手段,如凌迟;增加了一些新罪名,如妨害国交罪等。但在表现形式和内容上,其都不能说是一部近代意义的专门刑法典。可见,A项正确。整体的清末变法改革都是中学为体、西学为用,打破专制制度和封建伦理是不可能的。B项错误。清政府对旧的诉讼体制和审判制度进行了一系列改革,但也仅流于形式。在司法机关的变化方面,主要是改刑部为法部,由原先的审判机关改为掌管全国司法行政事务;改大理寺为大理院,为全国最高审判机关;实行审检合署。C项错误。在诉讼制度方面,确立一系列近代意义上的诉讼制度,实行四级三审制;规定了刑事案件公诉制度、证据、保释制度;审判制度上实行公开、回避等制度;初步规定了法官及检察官考试任用制度;改良监狱及狱政管理制度。D项错误。

19. 【答案】C

【解析】英国是现代陪审制的发源地。

陪审团裁决案件的事实部分，法官判决法律问题。A、B两项错误。陪审团裁决一般不许上诉；法官认为该裁决有重大错误，可撤销，组织新陪审团审判。C项正确，D项错误。随着社会的发展，审判节奏也要求效率化，因此限制了陪审制的运用。

20. 【答案】B

【解析】修宪权依据制宪权而产生，受制宪权约束，不得违背制宪权的基本精神和原则，两者性质不同。制宪权和修宪权的共同点在于，二者都是根源性的国家权力，能够创造立法权、行政权、司法权等其他具体组织性的国家权力。A项错误。人民既可能直接参与制宪过程，也可能间接参与制宪过程，即可能通过各种制宪机构（如宪法起草机关、宪法通过机关等）来完成制宪活动。B项正确。我国的制宪主体是人民；制宪机关是第一届全国人大第一次全体会议；我国1954的《宪法》是第一届全国人大第一次全体会议以全国人大公告的形式公布，自通过之日起生效。C、D两项错误。

21. 【答案】C

【解析】所谓的宪法渊源就是宪法的表现形式。一国的宪法采用哪些渊源形式，取决于其本国的历史传统和现实政治状况等综合因素。A项正确。宪法惯例是指宪法条文虽无明确规定，但在实际政治生活中已经存在，并为国家机关、政党及公众所普遍遵循，且与宪法具有同等效力的习惯或传统。宪法惯例的特点是：（1）无具体法律形式，散见于法院的判例及政治实践之中；（2）内容涉及最根本的宪法问题；

（3）依靠公众舆论而非国家强制力保障实施。B项正确。宪法性法律主要有两种情况：一是指在不成文宪法国家中，国家最根本、最重要的问题不采用宪法典的形式，而是由多部单行法律文书予以规定；二是指在成文宪法国家，既存在根本法意义上的宪法，即宪法典，也存在部门法意义上的宪法，即普通法律中有关规定宪法内容的法律，如组织法、选举法、代表法、代议机关议事规则等。C项说宪法性法律是为实施宪法典而制定的，明显错误，英国就有宪法性法律，但没有宪法典。宪法判例是指宪法条文无明文规定，而由司法机关在审判实践中逐步形成并具有实质性宪法效力的判例。它也包括两种情况：其一，在不成文宪法国家，法律没有明文规定的前提下，判决乃是宪法的表现形式；其二，某些成文法国家，法院享有宪法解释权，其判决对下级法院具有拘束力。D项正确。

22. 【答案】B

【解析】社会制度是国家制度中的基本组成部分，是相对于政治制度、经济制度、文化制度、生态制度而言的，为保障社会成员基本的生活权利，以及为营造公平、安全、有序的生活环境而建构的制度体系。发展社会"科学"事业属于文化制度。A项错误。我国宪法关于基本社会制度的规定包括了社会保障制度（狭义的社会制度）、医疗卫生事业、劳动保障制度、社会人才培养制度、计划生育制度、社会秩序及安全维护制度等六方面的内容，B项正确。社会制度以保障公平为核心，以其相应的价值体系与规则体系引领与营造公平的社会环境之形成,以其弱势群体扶助制度体系的建构促进社会实质公平的形成,并以其相应的收入再分配调节机制,在一定程度上缩小差别,促进相对分配公平的实现。可见,C项表述错误。根据宪法的规定,国家建立健全同经济发展水平相适应的社会保障制度。社会保障制度和生态建设水平的关系似乎不大。D项错误。

23. 【答案】D

【解析】我国行政区域变更的法律程序,根据《宪法》和法律的规定,审批权限如下:全国人大审批省、自治区和直辖市的建置(设立、撤销和更名)以及特别行政区的设立及其制度;国务院负责审批省、自治区、直辖市的区域划分(行政区域界限变更)、政府驻地的迁移,自治州、县、自治县、市、市辖区的建置和区域划分(设立、撤销、更名或隶属关系、行政区域界线的变更);省级人民政府负责审批乡、民族乡、镇的建置和区域划分(设立、撤销、更名或行政区域变更),特殊情况下根据国务院的授权,还有权审批县、市、市辖区的部分行政区域界线的变更。可见,A项错误,县的更名由国务院审批;B项错误,省行政区域界线的变更,由国务院审批;C项错误,镇的合并,报省级人民政府审批;D项正确。

24. 【答案】D

【解析】民族自治地方的自治机关只有人大和政府,司法机关没有自治权,A项错误。《民族区域自治法》第20条规定,"上级国家机关的决议、决定、命令和指示,如有不适合民族自治地方实际情况的,自治机关可以报经该上级国家机关批准,变通执行或者停止执行;该上级国家机关应当在收到报告之日起六十日内给予答复。"自治州的人民政府作为自治机关,当然有权变通,但是国务院各部委和地方政府属于同级,不存在上下级关系,B项错误。根据《宪法》和法律的规定,民族自治法规有三种内容不能变通:(1)宪法和民族区域自治法的规定;(2)法律或行政法规的基本原则;(3)有关法律、行政法规专门就民族自治地方所作的规定。可见,C项中宪法的规定不能变通,错误。《民族区域自治法》第19条规定,"自治州、自治县的自治条例和单行条例报省级人大常委会批准后生效,并报全国人大常委会和国务院备案。"所以D项不全面,缺少国务院。《立法法》规定,"自治州、自治县的自治条例和单行条例,由省级人大常委会报全国人大常委会和国务院备案。"此条体现了备案的间接性,D项也没有体现。可见,A、B、C、D四项均有缺陷,相对而言D项错误比较轻微。

25. 【答案】C

【解析】《宪法》第34条规定,"中华人民共和国年满十八周岁的公民,不分民族、种族、性别、职业、家庭出身、宗教信仰、教育程度、财产状况、居住期限,都有选举权和被选举权;但是依照法律被剥夺政治权利的人除外。"可见,享有选举权和被选举权要求权利人年满18周岁,因此,立法者可以依据年龄对公民的选举权和被选举权进行差别对待。C项错误。

26. 【答案】D

【解析】中央军委作为军事机关，实行首长负责制，所以A项正确。中央军委每届任期五年，与全国人大相同。B项正确。根据《宪法》规定，中央军委主席对全国人大及其常委会负责，注意《宪法》规定的是中央军委主席而不是中央军委，所以C项存在缺陷。军委主席由全国人大选举产生，并对它负责。全国人大根据军委主席的提名，决定副主席、委员等其他组成人员的人选发。可见，军委副主席产生是依决定而非依选举，D项错误。相对而言，C项的错误比较隐蔽，D项的错误更为明显，本题选D。

27. 【答案】B

【解析】《消费者权益保护法》第18条："经营者应当保证其提供的商品或者服务符合保障人身、财产安全的要求。对可能危及人身、财产安全的商品和服务，应当向消费者作出真实的说明和明确的警示，并说明和标明正确使用商品或者接受服务的方法以及防止危害发生的方法。"银行作为提供服务的经营者，应当确保其提供的服务不损害消费者的人身和财产安全，所以B项正确。

28. 【答案】B

【解析】《审计法》第2条："国务院各部门和地方各级人民政府及其各部门的财政收支，国有的金融机构和企业事业组织的财务收支，以及其他依照本法规定应当接受审计的财政收支、财务收支，依照本法规定接受审计监督。"该投资公司是国有企业性质，应当接受审计监督，A项不正确。

第38条："审计机关根据审计项目计划确定的审计事项组成审计组，并应当在实施审计三日前，向被审计单位送达审计通知书；遇有特殊情况，经本级人民政府批准，审计机关可以直接持审计通知书实施审计。"所以B项正确。

第33条："审计机关经县级以上人民政府审计机关负责人批准，有权查询被审计单位在金融机构的账户。"审计机关经批准可以自行查询被审计单位的账户，C错误。

第32条："审计机关进行审计时，有权检查被审计单位的会计凭证、会计账簿、财务会计报告和运用电子计算机管理财政收支、财务收支电子数据的系统，以及其他与财政收支、财务收支有关的资料和资产，被审计单位不得拒绝。"所以审计机关有权查询被审计单位与财政收支有关的资料和资产，D项错误。

29. 【答案】C

【解析】根据《不动产登记暂行条例》第14条："因买卖、设定抵押权等申请不动产登记的，应当由当事人双方共同申请。属于下列情形之一的，可以由当事人单方申请：（一）尚未登记的不动产首次申请登记的；（二）继承、接受遗赠取得不动产权利的；（三）人民法院、仲裁委员会生效的法律文书或者人民政府生效的决定等设立、变更、转让、消灭不动产权利的；（四）权利人姓名、名称或者自然状况发生变化，申请变更登记的；（五）不动产灭失或者权利人放弃不动产权利，申请注销登记的；（六）申请更正登记或者异议登记的；（七）法律、行政法规规定可以由当事人单方申请的其他情形"。

题目中只有 C 选项需要双方申请，其余均是单方申请的项目。

30. 【答案】C

【解析】《环境保护法》第 58 条："对污染环境、破坏生态，损害社会公共利益的行为，符合下列条件的社会组织可以向人民法院提起诉讼：（一）依法在设区的市级以上人民政府民政部门登记；（二）专门从事环境保护公益活动连续五年以上且无违法记录。符合前款规定的社会组织向人民法院提起诉讼，人民法院应当依法受理。提起诉讼的社会组织不得通过诉讼牟取经济利益。"所以只有选项 C 符合题意。

31. 【答案】C

【解析】《环境保护法》第 29 条："国家在重点生态功能区、生态环境敏感区和脆弱区等区域划定生态保护红线，实行严格保护。各级人民政府对具有代表性的各种类型的自然生态系统区域，珍稀、濒危的野生动植物自然分布区域，重要的水源涵养区域，具有重大科学文化价值的地质构造、著名溶洞和化石分布区、冰川、火山、温泉等自然遗迹，以及人文遗迹、古树名木，应当采取措施予以保护，严禁破坏。"所以 A 项错误，划定生态红线的区域除了重点生态功能区外，还有生态环境敏感区和脆弱区等区域。

第 30 条："开发利用自然资源，应当合理开发，保护生物多样性，保障生态安全，依法制定有关生态保护和恢复治理方案并予以实施。引进外来物种以及研究、开发和利用生物技术，应当采取措施，防止对生物多样性的破坏。"B 项错误，引进外来物种，应当以不破坏生物多样性为前提。

第 31 条："国家建立、健全生态保护补偿制度。国家加大对生态保护地区的财政转移支付力度。有关地方人民政府应当落实生态保护补偿资金，确保其用于生态保护补偿。国家指导受益地区和生态保护地区人民政府通过协商或者按照市场规则进行生态保护补偿。"所以 C 项正确，D 项错误。生态补偿制度，国家起到的是"指导"作用，而非 D 项所述的"指令"。

32. 【答案】D

【解析】根据《联合国宪章》，联合国大会对于联合国组织内部事务通过的决议对于会员国具有拘束力，对于其他事项作出的决议仅具有建议性质，选项 A 说法过于绝对，错误。

联合国大会表决实行会员国一国一票制，选项 B 错误。

联合国大会不是联合国的立法机关，其决议性质也不属于国际条约，选项 C 错误。

联合国大会可以讨论《联合国宪章》范围内或联合国任何机关的任何问题，但安理会正在审议的除外，选项 D 正确。

33. 【答案】B

【解析】根据《引渡法》第 4 条，外交部是我国引渡的对外联系机关，选项 A 错误。

根据我国《引渡法》第 15 条，我国对外引出要有条约或互惠承诺的基础。题干中已经表明中国和乙国之间没有双边引渡条约，因此本案引出应建立在互惠承诺的基础上，选项B正确。

根据《引渡法》第16条第2款，引出对外决策机构由最高法指定的高院裁定，最高法复核。选项C错误。

根据国际法关于引渡的一般规则，经引出国同意，引入国可以转引渡，选项D错误。

34. 【答案】C

【解析】无论是外交人员还是领事官员，只要其不具有派遣国国籍均须经接受国明示同意，故选项C正确，选项A、B、D错误。

35. 【答案】B

【解析】根据我国《法律适用法》第43条，劳动合同中当事人没有意思自治选择法律的权利。故本案当事人双方在劳动合同中排他性地适用菲律宾法的约定是无效的，选项A、D错误。

根据《〈法律适用法〉司法解释一》第10条，中国法律关于保护劳动者权益的强制性规定在我国具有直接适用的效力。故选项B正确。

劳动合同法律适用中未直接要求保护弱者的利益，选项C错误。

36. 【答案】D

【解析】《法律适用法》第47条："不当得利、无因管理，适用当事人协议选择适用的法律。当事人没有选择的，适用当事人共同经常居所地法律；没有共同经常居所地的，适用不当得利、无因管理发生地法律。"本题考查的是不当得利之诉，法律适用的第一顺序是尊重当事双方的意思自治，所以选项A、B、C均错误。

若当事双方没有意思自治，第二顺序是适用当事双方的共同经常居所地法，但本案当事双方的经常居所地分别为中国和甲国，第二顺序无法确定法律适用。第三顺序是适用不当得利发生地法，本案不当得利的发生地是甲国，因此在没有意思自治的情形下，本案纠纷应适用甲国法，选项D正确。

37. 【答案】B

【解析】《法律适用法》第44条："侵权责任，适用侵权行为地法律，但当事人有共同经常居所地的，适用共同经常居所地法律。侵权行为发生后，当事人协议选择适用法律的，按照其协议。"本案属于人身侵权纠纷，法律适用的第一顺序是尊重当事人双方的意思自治，第二顺序是当事人双方共同经常居所地法（本案双方无共同居所地），第三顺序是侵权行为发生地（本案为中国）。因此本案首先应适用当事人选择的法律，没有选择应适用中国法，故选项A、D均错误。

法律适用中意思自治的最晚时间为一审法庭辩论终结前，若当事人达成有效的意思自治选择外国法，该外国法应由当事人查明并提供，选项B正确。

根据《〈法律适用法〉司法解释一》第7条的规定，除非法律另有规定，法律适用的意思自治可以突破实际联系原则的限制。选项C错误。

38. 【答案】C

【解析】外国仲裁裁决承认与执行的申请人仅为当事人，选项A错误。

2015年《〈民诉法〉解释》第545条："对临时仲裁庭在中华人民共和国领域外作出的仲裁裁决，一方当事人向人民法院申请承认和执行的，人民法院应当依照民事诉讼法第二百八十三条规定处理。"可见对外国仲裁裁决的承认与执行范围已经扩大到临时仲裁庭作出的仲裁裁决，选项B错误。

外国仲裁裁决或外国法院判决的承认和执行申请若被裁定驳回，当事人均可向人民法院起诉，选项C正确。

2015年《〈民诉法〉解释》第546条第2款："当事人仅申请承认而未同时申请执行的，人民法院仅对应否承认进行审查并作出裁定。"选项D错误。

39.【答案】C

【解析】2015年《〈民诉法〉解释》第527条规定："当事人向人民法院提交的书面材料是外文的，应当同时向人民法院提交中文翻译件。"选项A错误。

外国人有权委托其本国律师以非律师身份担任诉讼代理人，但是，其本国律师不都能称为"公民代理"，因为民事诉讼中的"公民代理"特指《民事诉讼法》第58条所称的"当事人的近亲属或者工作人员，当事人所在社区、单位以及有关社会团体推荐的公民"，故B项"委托任意……以公民代理的形式"的提法错误。

2015年《〈民诉法〉解释》第529条规定："涉外民事诉讼中，外国驻华使领馆授权其本馆官员，在作为当事人的本国国民不在中华人民共和国领域内的情况下，可以以外交代表身份为其本国国民在中华人民共和国聘请中华人民共和国律师或者中华人民共和国公民代理民事诉讼。"如施密特不在中国境内，英国驻华大使馆可以授权本馆官员为施密特聘请中国律师代理诉讼，故选项C正确。

2015年《〈民诉法〉解释》第530条："涉外民事诉讼中，经调解双方达成协议，应当制发调解书。当事人要求发给判决书的，可以依协议的内容制作判决书送达当事人。"选项D错误。

40.【答案】D

【解析】合同中对贸易术语的选择只能部分排除公约，选项A错误。

CIF术语中卖方包运也包险只是说货物的运输和保险都由卖方安排，但CIF术语下货物风险是在装运港货物装运上船时转移，因此运输途中的风险不应由卖方（本案中的乙公司）承担，选项B错误。

《1980年公约》规定了买方接收货物的义务，本案货物在目的港码头雨淋造成的损失是因为买方未履行接收义务而导致的损失扩大，故该损失应由买方（本案中的甲公司）承担，选项C错误。

如果货物损失是因卖方包装不当所致，卖方（本案中的乙公司）违反了质量担保义务，应承担由此造成的货物损失，选项D正确。

41.【答案】D

【解析】本案货物损失承运人无过失可免责，选项A错误、D正确。

本案货物损失属于保险标的物自身缺陷所致，属于保险除外责任，保险公司无赔偿责任，选项B错误。

提单上的收货人一栏写明"凭指示"说明本案提单为指示提单，可转让但需要背书，选项C错误。

42. 【答案】A

【解析】在信用证欺诈的情况下，法院发出止付令的条件有三：其一是有欺诈的确凿证据；其二是申请人提供了充分、可靠的担保；其三是任何一家关联银行没有善意地付款或承兑。若"开证行的授权人已对信用证项下票据善意地作出了承兑"，止付令颁发的条件就已不具备，故 A 项正确。

B、C、D 项均属于受益人的欺诈行为，有欺诈行为是司法干预信用证项下付款责任的基本条件之一，故 B、C、D 项错误。

43. 【答案】B

【解析】进口产品数量增加并对国内产业造成严重损害是保障措施而非反倾销措施适用的条件，选项 A 错误、B 正确。

保障措施中所称"进口数量增加"包括绝对增加和相对增加，选项 C 错误。

价格承诺是两反的措施之一，保障措施不包括价格承诺，选项 D 错误。

44. 【答案】A

【解析】甲国"如生产的汽车使用了 30% 国产零部件，即可享受税收减免的优惠"的规定会促使本国的汽车制造商为了获得税收优惠扩大国产零部件的使用比例，最终的结果是使国产零部件的待遇高于进口同类零部件，属于《与贸易有关的知识产权协议》所称的"当地成分要求"，明显地违反了国民待遇原则，A 项正确。

"国内销售要求"是要求企业的产品必须有一部分在国内销售，与本题题意不符，故 B 项错误。

"贸易平衡要求"是将企业购买或使用的进口产品限制在与其出口的当地产品的数量或价值相关的水平，与本题题意不符，故 C 项错误。

"外汇平衡要求"是将企业进行生产所需的进口被限制在属于该企业流入的外汇的一定数量内，与本题题意不符，故 D 项错误。

45. 【答案】D

【解析】《中共中央关于全面推进依法治国若干重大问题的决定》强调要构建开放、动态、透明、便民的阳光司法机制，推进审判公开、检务公开、警务公开、狱务公开，依法及时公开执法司法的依据、程序、流程、结果和生效法律文书，杜绝暗箱操作。加强法律文书释法说理，建立生效法律文书统一上网和公开查询制度。A 项正确。《中共中央关于全面推进依法治国若干重大问题的决定》强调，要坚持人民司法为人民，依靠人民推进公正司法，通过公正司法维护人民权益。在司法调解、司法听证、涉诉信访等司法活动中保障人民群众参与。完善人民陪审员制度，保障公民陪审权利，扩大参审范围，完善随机抽选方式，提高人民陪审制度公信度。逐步实行人民陪审员不再审理法律适用问题，只参与审理事实认定问题。B 项正确。检察院办案中主动听取并重视律师意见属于保障律师权益，强化社会对司法活动的监督，C 项正确。《决定》强调，要明确司法机关内部各层级权限，健全内部监督制约机制。司法机关内部人员不得违反规定干预其他人员正在办理的案件，建立司法机关内部人员过问案件的记录制度和责任追究制度。

完善主审法官、合议庭、主任检察官、主办侦查员办案责任制,落实谁办案谁负责。D项表述正确。可见,A、B、C、D四项均正确,但题干要求的是选择属于内部监督的选项,只能选择D项。

46. 【答案】A

【解析】根据《法官法》的有关规定,对法官的保障主要为职业保障、工资保险福利保障、人身和财产保障等。其中职业保障包括法官履行职责应当具有的职权和条件;法官依法审判案件不受行政机关、社会团体和个人的干涉;非因法定程序、法定事由,不被免职、降职、辞退或者处分等。人身和财产保障包括:法官依法履行职责,受法律保护;法官的人身、财产和住所安全受法律保护。工资保险福利保障包括:法官实行定期增资制度;法官享受国家规定的审判津贴、地区津贴、其他津贴以及保险和福利待遇。故而,A项认识不够全面。

47. 【答案】D

【解析】人民监督员制度属于检察制度之一。十八届四中全会的《中共中央关于全面推进依法治国若干重大问题的决定》强调:"完善人民监督员制度,重点监督检察机关查办职务犯罪的立案、羁押、扣押冻结财物、起诉等环节的执法活动。"2014年9月10日,最高人民检察院、司法部印发了《关于人民监督员选任管理方式改革试点工作的意见》指出,人民监督员将由司法行政机关负责选任管理,参与具体案件监督的则由检察机关从司法行政机关建立的人民监督员信息库中随机抽选确定。D项明显错误。

48. 【答案】C

【解析】同一律所的不同律师不能同时担任同一刑事案件被害人的代理人和犯罪嫌疑人、被告人的辩护人。A项错误。刑事诉讼、行政诉讼、国家赔偿案件以及群体性诉讼案件不得适用风险代理收费,因此B项错误。律师收取的费用可以分为律师费和办案费用。律师费是指律所因本所执业律师为当事人提供法律服务,而根据国家法律规定或双方自愿协商,向当事人收取的一定数量的费用。办案费用是指律师事务所在提供法律服务过程中代委托人支付的诉讼费、仲裁费、鉴定费、公证费和查档费等费用,其不属于律师服务费,由委托人另行支付。主要包括:(1)司法、行政、仲裁、鉴定、公证等部门收取的费用;(2)合理的通讯费、复印费、翻译费、交通费、食宿费等;(3)经委托人同意的专家论证费;(4)委托人同意支付的其他费用。律师需要由委托人负担的律师费以外的费用,应本着节俭的原则合理使用。C项做法并无不妥。辩护人只能由律师担任,实习律师不可。D项错误。

49. 【答案】C

【解析】法律援助的申请应当采用书面形式,填写申请表;以书面形式提出申请确有困难的,可以口头申请,由法律援助机构工作人员或者代为转交申请的有关机构工作人员作书面记录。A项错误。下列四种情形,属于经济困难以外的其他原因,犯罪嫌疑人、被告人具有这四种情形申请法律援助的,法律援助机构无须进行经济状况审查：①有证据证明犯罪嫌疑人、被告人属于一级或者二级智力残疾的；②共同犯罪案件中，其他犯罪嫌疑人、被告人已委托辩护人的；③人民检察院抗诉的；④案件具有重大社会影响的。可见，B项错误。刑事辩护的援助只能委托律师。C项正确。申请人对法律援助机构不予援助或者终止援助的决定有异议的，可以向主管该法律援助机构的司法行政机关提出。司法行政机关应当在收到异议之日起5个工作日内进行审查，经审查认为申请人符合法律援助条件的，应当以书面形式责令法律援助机构及时对该申请人提供法律援助，同时通知申请人；认为申请人不符合法律援助条件的，应当维持法律援助机构不予援助的决定，并书面告知申请人。可见，D项错误。

50. 【答案】C

【解析】证据保全属于公证的业务范围。在证据有灭失或难以获得的危险，如证物容易腐烂、变质，证人长期出国等情况时，为了将来进行诉讼的需要，可以申请对相关的证人证言、书证、物证、视听资料、现场情况等进行证据保全。公证机构依法采取一定措施收集、固定并保管，以保持证据的真实性和证明力。可见，A项错误。当事人申请办理公证，可以委托他人代理，但申办遗嘱、遗赠扶养协议、赠与、认领亲子、收养关系、解除收养关系、生存状况、委托、声明、保证及其他与自然人人身有密切关系的公证事项，应当由本人亲自申办。B项错误。英美法系国家的公证制度侧重于形式证明，只证明真实性，即证明当事人在公证人面前签署文件的行为属实；大陆法系国家则侧重于证明真实性与合法性。我国属于后一公证体系，既作形式审查，也作实质审查。C项正确。《公证法》第37条第2款规定："债权文书确有错误的，人民法院裁定不予执行，并将裁定书送达双方当事人和公证机构。"可见，法院不会直接撤销该公证书，D项错误。

二、多项选择题。

51. 【答案】ABCD

【解析】该题考查全面推进依法治国的基本原则。根据《中共中央关于全面推进依法治国若干重大问题的决定》，全面推进依法治国应当坚持五个原则：坚持中国共产党的领导；坚持人民主体地位；坚持法律面前人人平等；坚持依法治国和以德治国相结合；坚持从中国实际出发。A、B、C、D四项说法均正确。

52. 【答案】ACD

【解析】十八届四中全会的决定中有"完善全国人大及其常委会宪法监督制度，健全宪法解释程序机制。加强备案审查制度和能力建设，把所有规范性文件纳入备案审查范围，依法撤销和纠正违宪违法的规范性文件，禁止地方制发带有立法性质的文件"的表述，A项正确。根据《立法法》的规定，部门规章和地方政府规章报国务院备案；地方政府规章应当同时报本级人民代表大会常务委员会备案；设区的市、自治州的人民政府制定的规章应当同时报省、自治区的人民代表大会常务委员会和人民政府备案。可见，地方政府规章不纳入全国人大常委会备案审查范围。B项错误。

全国人大及其常委会有权监督宪法的实施，因此对于违宪违法的规范性法律文件自然有权依法撤销和纠正。C项正确。提升备案审查能力，很明显有助于提高备案审查制度的执行力和约束力。D项正确。

53. 【答案】ABC

【解析】修订《促进科技成果转化法》，当然很有好处，能够为科技成果产业化提供法治保障，A项表述妥当。同样道理，推进反腐败立法，具有积极意义，是完善惩治和预防腐败的有效机制。B项正确。加快社会组织立法，有利于激发社会组织活力，加快实施政社分开，C项正确。十八届四中全会的《中共中央关于全面推进依法治国若干重大问题的决定》指出，"用严格的法律制度保护生态环境，加快建立有效约束开发行为和促进绿色发展、循环发展、低碳发展的生态文明法律制度，强化生产者环境保护的法律责任，大幅度提高违法成本。建立健全自然资源产权法律制度，完善国土空间开发保护方面的法律制度，制定完善生态补偿和土壤、水、大气污染防治及海洋生态环境保护等法律法规，促进生态文明建设。"D项强调"用严格的法律制度保护生态环境"对"经济发展"的不利影响，是与《中共中央关于全面推进依法治国若干重大问题的决定》的精神相违背的，D项错误。

54. 【答案】ABCD

【解析】《中共中央关于全面推进依法治国若干重大问题的决定》指出："最高人民法院设立巡回法庭，审理跨行政区域重大行政和民商事案件。探索设立跨行政区划的人民法院和人民检察院，办理跨地区案件。完善行政诉讼体制机制，合理调整行政诉讼案件管辖制度，切实解决行政诉讼立案难、审理难、执行难等突出问题。"设立巡回法庭的意义主要体现在如下几个方面：（1）有利于审判机关重心下移，就地解决纠纷，方便当事人诉讼；（2）有利于避免地方保护主义干扰，保证案件审判更加公平公正；（3）有利于最高法院本部集中精力制定司法政策和司法解释，审理对统一法律适用有重大指导意义的案件。据此，A、B、C、D四项均符合题意。

55. 【答案】ACD

【解析】党的十八届四中全会的《中共中央关于全面推进依法治国若干重大问题的决定》指出，"推进法治专门队伍正规化、专业化、职业化，提高职业素养和专业水平。完善法律职业准入制度，健全国家统一法律职业资格考试制度，建立法律职业人员统一职前培训制度。建立从符合条件的律师、法学专家中招录立法工作者、法官、检察官制度，畅通具备条件的军队转业干部进入法治专门队伍的通道，健全从政法专业毕业生中招录人才的规范便捷机制。加强边疆地区、民族地区法治专门队伍建设。加快建立符合职业特点的法治工作人员管理制度，完善职业保障体系，建立法官、检察官、人民警察专业职务序列及工资制度。"A项的表述妥当，B项不符合题意。《中共中央关于全面推进依法治国若干重大问题的决定》指出，"建立法官、检察官逐级遴选制度。初任法官、检察官由高级人民法院、省级人民检察院统一招录，一律在基层法院、检察院任职。上级人民法院、人民检察院的法官、检察官一般从下一级人民法院、人民检察院的优秀法官、检察官中遴选。"C项的表述正确。《中共中央关于全面推进依法治国若干重大问题的决定》指出,"加强立法队伍、行政执法队伍、司法队伍建设。抓住立法、执法、司法机关各级领导班子建设这个关键,突出政治标准,把善于运用法治思维和法治方式推动工作的人选拔到领导岗位上来。畅通立法、执法、司法部门干部和人才相互之间以及与其他部门具备条件的干部和人才交流渠道。"故D项表述正确。

56.【答案】AD

【解析】不违背法律的民俗习惯在我国属于非正式渊源,法官可以在裁判案件时引用。A项正确。诚实信用原则在民法、行政法中均有体现,因此B项错误。法律规则以"全有或全无的方式"适用于个案,而法律原则是以衡量的方式适用于个案。C项错误。规则具体明确,原则抽象笼统,为法律规则提供正当化的基础。D项正确。

57.【答案】BD

【解析】法学教授的法学学说不具有明定的法律效力,但是具有一定的说服力,因而属于非正式渊源,不可能是法律原则。因为法律原则和法律规则统称为法律规范,属于正式渊源。A项错误。同样道理,法学学说中对于法律条文的解释不具有正式的法律效力,因而属于非正式解释。B项正确。在缺乏正式渊源,或者正式渊源的适用存在问题时,均可以运用非正式渊源,帮助法律条文的理解以及案件的妥善解决,且

并不局限于民事案件。C项错误,D项正确。

58.【答案】AC

【解析】"徐某作案时辨认和控制能力存在,有完全的刑事责任能力"这句话包含对徐某作案时认识能力的描述,因而属于对事实的法律认定。A项正确。法院审理后以故意伤害罪判处徐某有期徒刑10年,其中认定徐某的行为构成故意伤害罪,属于评价作用;判处有期徒刑10年,属于强制作用。B项错误。法官面对"徐某被何某侮辱后一直寻机报复,某日携带尖刀到何某住所将其刺成重伤"的案件事实(小前提),依据"故意伤害罪"的法律规范(大前提),作出判决,这就是演绎推理。C项正确,D项错误。

59.【答案】ABC

【解析】各种法律解释方法之间没有固定的优先位序,但文义解释方法优先于其他解释方法。A项正确。法官在解释时,将"工作时间"的含义扩展至"从工作单位到达出差目的地这一过程",即"出差途中",明显属于扩张解释。B项正确。扩张解释自然不能随意扩张文义,而是应当受到立法目的的制约。C项正确。法律依赖于语言,而语言具有模糊性,因此必然需要解释。简言之,任何时候都要进行解释。D项错误。

60.【答案】AC

【解析】《立法法》规定,最高人民法院、最高人民检察院作出的属于审判、检察工作中具体应用法律的解释,应当主要针对具体的法律条文,并符合立法的目的、原则和原意。简言之,在我国,司法解释不是针对具体个案的。A项正确。司法解

释很明显既关注语言问题，也要求解释结果公正合理，B项错误。司法解释在我国属于正式解释，具有法律约束力。C项正确。根据《立法法》的规定，最高人民法院、最高人民检察院作出的属于审判、检察工作中具体应用法律的解释，应当自公布之日起三十日内报全国人民代表大会常务委员会备案。D项错误。

61.【答案】 BD

【解析】《宪法》中既包括关于国家机构组织及其职权的规范（组织性规范），也包括公民基本权利的规范（人权规范）。题干中关于人格尊严的规定是人权规范，和国家机构组织无关。A项错误。就实施方式而言，其他法律的实施都具有直接性，但《宪法》实施方式的间接性特点更为突出。这实际上是由《宪法》作"母法"的特点所决定的。也就是说，《宪法》在实施过程中，主要是通过具体法律规范来作用于具体的人和事，国家的其他法律和法律性文件是以宪法为基础并且不能与宪法相抵触的。B项正确。在我国，法院不能直接引用宪法裁判案件。C项错误。《宪法》中人格尊严条款与《民法通则》中的人格权条款等一系列条款共同构成了一个有关人格尊严的完整规范体系。D项正确。

62.【答案】 BD

【解析】爱国统一战线是我国人民民主专政制度的主要特色之一，属于政治制度。A项错误。现行《宪法》第19条第3款规定："国家发展各种教育设施，扫除文盲，对工人、农民、国家工作人员和其他劳动者进行政治、文化、科学、技术、业务的教育，鼓励自学成才。"可见，B项表述无误。近代意义的宪法产生以来，虽然各国宪法在不同时期的规定有很大差异，但文化制度一直是宪法不可缺少的重要内容。《魏玛宪法》第一次系统规定了文化制度，是典型的资本主义宪法。所以，C项表述错误。《宪法》第24条规定："国家通过普及理想教育、道德教育、文化教育、纪律和法制教育，通过在城乡不同范围的群众中制定和执行各种守则、公约，加强社会主义精神文明的建设。国家提倡爱祖国、爱人民、爱劳动、爱科学、爱社会主义的公德，在人民中进行爱国主义、集体主义和国际主义、共产主义的教育，进行辩证唯物主义和历史唯物主义的教育，反对资本主义的、封建主义的和其他的腐朽思想。"可见，D项表述整体上无误。

63.【答案】 ACD

【解析】全国和地方各级人民代表大会的代表，受选民和原选举单位的监督。选民或者选举单位都有权罢免自己选出的代表。对于县级的人民代表大会代表，原选区选民五十人以上联名，对于乡级的人民代表大会代表，原选区选民三十人以上联名，可以向县级的人民代表大会常务委员会书面提出罢免要求。可见，A项正确。根据《选举法》的规定，"全国人民代表大会代表，省、自治区、直辖市、设区的市、自治州的人民代表大会代表，可以向选举他的人民代表大会的常务委员会书面提出辞职。常务委员会接受辞职，须经常务委员会组成人员的过半数通过。接受辞职的决议，须报送上一级人民代表大会常务委员会备案、公告。而县级的人民代表大会代表可以向本级人民代表大会常务委员会书面提出辞职，乡级的人民代表大会代表可以向本级人民代表大会书面提出辞职。县级的人民代表大会常务委员会接受辞职，须经常务委员会组成人员的过半数通过。乡级的人民代表大会接受辞职，须经人民代表大会过半数的代表通过。接受辞职的，应当予以公告。"可见，县级人大代表辞职是向人大常委会提出，B项错误。贿选行为必然属于破坏选举行为，C项正确。根据《选举法》的规定，"主持选举的机构发现有破坏选举的行为或者收到对破坏选举行为的举报，应当及时依法调查处理；需要追究法律责任的，及时移送有关机关予以处理。"根据题意，本次选举的主持机构是县级人大主席团，所以D项正确。

64.【答案】ABCD

【解析】村委会对村民会议负责并报告工作，村民会议有权审议村民委员会的年度工作报告，评议村民委员会成员的工作；有权撤销或者变更村民委员会不适当的决定；有权撤销或者变更村民代表会议不适当的决定。村民会议可以授权村民代表会议审议村民委员会的年度工作报告，评议村民委员会成员的工作，撤销或者变更村民委员会不适当的决定。因此，A项正确。根据《村民委员会组织法》的规定，"村民委员会不依照法律、法规的规定履行法定义务的，由乡、民族乡、镇的人民政府责令改正。"B项正确。村民委员会或者村民委员会成员作出的决定侵害村民合法权益的，受侵害的村民可以申请人民法院予以撤销，责任人依法承担法律责任。C项正确。本村1/5以上有选举权的村民或者1/3以上的村民代表联名，可以提出罢免村委员会成员的要求，并说明要求罢免的理由。被提出罢免的成员有权提出申辩意见。罢免村民委员会成员也采取"双过半制"，须有登记参加选举的村民过半数投票，并须经投票的村民过半数通过。因此，D项正确。

65.【答案】CD

【解析】地方人民代表大会常务委员会有权撤销本级人民政府制定的不适当的规章。自己就可以撤销，没必要必须提请上级来撤销，A项错误。在我国，普通法院没有正式的法律解释权，B项错误。部门规章和地方政府规章在效力上处于同一位阶，因此C项正确。部门规章之间、部门规章与地方政府规章之间对同一事项的规定不一致时，由国务院裁决，D项正确。

66.【答案】CD

【解析】党的十八届四中全会的《中共中央关于全面推进依法治国若干重大问题的决定》强调要"完善全国人大及其常委会宪法监督制度，健全宪法解释程序机制。"由此可见，宪法监督制度是健全、完善的问题，而非建立的问题。故A项错误。《中共中央关于全面推进依法治国若干重大问题的决定》强调要"健全有立法权的人大主导立法工作的体制机制，发挥人大及其常委会在立法工作中的主导作用""加强和改进政府立法制度建设，完善行政法规、规章制定程序，完善公众参与政府立法机制。重要行政管理法律法规由政府法制机构组织起草。"政府的立法活动应加强和改进，而不可能减少。故B项错误。《中共中央关于全面推进依法治国若干重大问题的决定》强调要"明确立法权力边界，从体制机制和工作程序上有效防止部门利益和地方保护主义法律化。对部门间争议较大的重要立法事项，由决策机关引入第三方评估，充分听取各方意见，协调决定，不能久拖不决。"C项表述无误。《中共中央关于全面推进依法治国若干重大问题的决定》强调要"用严格的法律制度保护生态环境，加快建立有效约束开发行为和促进绿色发展、循环发展、低碳发展的生态文明法律制度，强化生产者环境保护的法律责任，大幅度提高违法成本。"D项正确。

67. 【答案】ABC

【解析】A、B项说法正确，当选。《反垄断法》第46条规定："经营者违反本法规定，达成并实施垄断协议的，由反垄断执法机构责令停止违法行为，没收违法所得，并处上一年度销售额百分之一以上百分之十以下的罚款；尚未实施所达成的垄断协议的，可以处五十万元以下的罚款。经营者主动向反垄断执法机构报告达成垄断协议的有关情况并提供重要证据的，反垄断执法机构可以酌情减轻或者免除对该经营者的处罚。行业协会违反本法规定，组织本行业的经营者达成垄断协议的，反垄断执法机构可以处五十万元以下的罚款；情节严重的，社会团体登记管理机关可以依法撤销登记。"

C项说法正确，当选。《反垄断法》第50条规定："经营者实施垄断行为，给他人造成损失的，依法承担民事责任。"

D项说法错误，不当选。尽管垄断行为有时造成的损害后果极其严重，但是我国《反垄断法》和《刑法》均未针对垄断行为立法给以刑事制裁，基于罪刑法定原则和刑法的谦抑性要求，不得追究垄断行为的刑事责任。

68. 【答案】ABC

【解析】《最高人民法院关于审理商标民事纠纷案件适用法律若干问题的解释》第1条规定："下列行为属于商标法第五十二条第（五）项规定的给他人注册商标专用权造成其他损害的行为：（一）将与他人注册商标相同或者相近似的文字作为企业的字号在相同或者类似商品上突出使用，容易使相关公众产生误认的；（二）复制、模仿、翻译他人注册的驰名商标或其主要部分在不相同或者不相类似商品上作为商标使用，误导公众，致使该驰名商标注册人的利益可能受到损害的；（三）将与他人注册商标相同或者相近似的文字注册为域名，并且通过该域名进行相关商品交易的电子商务，容易使相关公众产生误认的。"A项正确。

《商标法》第58条规定："将他人注册商标、未注册的驰名商标作为企业名称中的字号使用，误导公众，构成不正当竞争行为的，依照《中华人民共和国反不正当竞争法》处理。"B项正确。

《反不正当竞争法》第20条第1款规定："经营者违反本法规定，给被侵害的经营者造成损害的，应当承担损害赔偿责任，被侵害的经营者的损失难以计算的，赔偿额为侵权人在侵权期间因侵权所获得的利润；并应当承担被侵害的经营者因调查该经营者侵害其合法权益的不正当竞争行为所支付的合理费用。"C项正确。

结合题干所交代的案情，乙企业构成不正当竞争行为之混淆行为和其他侵犯注册商标专用权行为，根据《反不正当竞争法》第21条和《商标法》第60条的规定，应责令停止违法行为。D项错误。

69. 【答案】CD

【解析】动态财产税是对因无偿转移而发生所有权变动的财产按其价值所课征的财产税。如遗产税、继承税等。动态财产税是以财产所有权的变动和转移为前提课征的，其特点是在财产交易时一次性征收。所以个人所得税并非财产税的种类，A项错误；

《个人所得税法》第1条："在中国境内有住所，或者无住所而在境内居住满一年的个人，从中国境内和境外取得的所得，依照本法规定缴纳个人所得税。在中国境内无住所又不居住或者无住所而在境内居住不满一年的个人，从中国境内取得的所得，依照本法规定缴纳个人所得税。"我国个人所得税法按照住所或居住时间标准将纳税人分为居民纳税人和非居民纳税人，而并非国籍，所以B项错误；

对于居民纳税人要求境内外所有所得均要缴纳个人所得税，C项正确；

第3条："个人所得税的税率：……四、劳务报酬所得，适用比例税率，税率为百分之二十。对劳务报酬所得一次收入畸高的，可以实行加成征收，具体办法由国务

院规定。"所以D项正确。

70. 【答案】ABC

【解析】《劳动合同法》第43条："用人单位单方解除劳动合同，应当事先将理由通知工会。用人单位违反法律、行政法规规定或者劳动合同约定的，工会有权要求用人单位纠正。用人单位应当研究工会的意见，并将处理结果书面通知工会。"所以A项正确；

第39条："劳动者有下列情形之一的，用人单位可以解除劳动合同：（一）在试用期间被证明不符合录用条件的；（二）严重违反用人单位的规章制度的；（三）严重失职，营私舞弊，给用人单位造成重大损害的；（四）劳动者同时与其他用人单位建立劳动关系，对完成本单位的工作任务造成严重影响，或者经用人单位提出，拒不改正的；（五）因本法第二十六条第一款第一项规定的情形致使劳动合同无效的；（六）被依法追究刑事责任的。"劳动者有过错，单位单方解除劳动合同的情况下，无须补偿金，C项正确；

第42条："劳动者有下列情形之一的，用人单位不得依照本法第四十条、第四十一条的规定解除劳动合同：（一）从事接触职业病危害作业的劳动者未进行离岗前职业健康检查，或者疑似职业病病人在诊断或者医学观察期间的；（二）在本单位患职业病或者因工负伤并被确认丧失或者部分丧失劳动能力的；（三）患病或者非因工负伤，在规定的医疗期内的；（四）女职工在孕期、产期、哺乳期的；（五）在本单位连续工作满十五年，且距法定退

休年龄不足五年的；（六）法律、行政法规规定的其他情形。"劳动者在规定的医疗期内，不能被经济性裁员也不能预告解除，但是如果该劳动者同时具备39条规定的过错情形的，用人单位可以径行单方解除劳动合同。所以B项正确；

第48条："用人单位违反本法规定解除或者终止劳动合同，劳动者要求继续履行劳动合同的，用人单位应当继续履行；劳动者不要求继续履行劳动合同或者劳动合同已经不能继续履行的，用人单位应当依照本法第八十七条规定支付赔偿金。"

第87条："用人单位违反本法规定解除或者终止劳动合同的，应当依照本法第四十七条规定的经济补偿标准的二倍向劳动者支付赔偿金。"继续履行和赔偿只能任选其一，所以D项错误。

71.【答案】AC

【解析】《劳动争议调解仲裁法》第6条："发生劳动争议，当事人对自己提出的主张，有责任提供证据。与争议事项有关的证据属于用人单位掌握管理的，用人单位应当提供；用人单位不提供的，应当承担不利后果。"根据"谁主张，谁举证"的一般原则，A项正确；

第47条："下列劳动争议，除本法另有规定的外，仲裁裁决为终局裁决，裁决书自作出之日起发生法律效力：（一）追索劳动报酬、工伤医疗费、经济补偿或者赔偿金，不超过当地月最低工资标准十二个月金额的争议；（二）因执行国家的劳动标准在工作时间、休息休假、社会保险等方面发生的争议。"对于小规模讨薪的

仲裁，实行片面终局的原则，仲裁裁决一旦做出，即对用人单位单方生效，所以B错误；

第21条："劳动争议仲裁委员会负责管辖本区域内发生的劳动争议。劳动争议由劳动合同履行地或者用人单位所在地的劳动争议仲裁委员会管辖。双方当事人分别向劳动合同履行地和用人单位所在地的劳动争议仲裁委员会申请仲裁的，由劳动合同履行地的劳动争议仲裁委员会管辖。"本题中劳动合同履行地的乙区和用人单位所在地的甲区均有管辖权，C项正确；

本题中李某的损失，单纯是派遣单位的单方行为所致，跟用工单位没有任何联系，所以用工单位不用承担连带责任。所以D项错误。

72.【答案】ABC

【解析】《房地产管理法》第40条："以划拨方式取得土地使用权的，转让房地产时，应当按照国务院规定，报有批准权的人民政府审批。有批准权的人民政府准予转让的，应当由受让方办理土地使用权出让手续，并依照国家有关规定缴纳土地使用权出让金。以划拨方式取得土地使用权的，转让房地产报批时，有批准权的人民政府按照国务院规定决定可以不办理土地使用权出让手续的，转让方应当按照国务院规定将转让房地产所获收益中的土地收益上缴国家或者作其他处理。"甲向乙的转让属于划拨土地使用权的转让，需要相应人民政府的审批，所以A项正确；

第39条："以出让方式取得土地使用权的，转让房地产时，应当符合下列条件：

(一)按照出让合同约定已经支付全部土地使用权出让金,并取得土地使用权证书;

(二)按照出让合同约定进行投资开发,属于房屋建设工程的,完成开发投资总额的百分之二十五以上,属于成片开发土地的,形成工业用地或者其他建设用地条件。转让房地产时房屋已经建成的,还应当持有房屋所有权证书。"所以B项正确;

第44条:"以出让方式取得土地使用权的,转让房地产后,受让人改变原土地使用权出让合同约定的土地用途的,必须取得原出让方和市、县人民政府城市规划行政主管部门的同意,签订土地使用权出让合同变更协议或者重新签订土地使用权出让合同,相应调整土地使用权出让金。"土地用途变更,需要原出让方和相应的城乡规划主观部门的同意,所以C项正确;

第43条:"以出让方式取得土地使用权的,转让房地产后,其土地使用权的使用年限为原土地使用权出让合同约定的使用年限减去原土地使用者已经使用年限后的剩余年限"土地使用权转让都是剩余年限的转让,D项错误。

73. 【答案】AB

【解析】《环境保护法》第44条:"国家实行重点污染物排放总量控制制度。重点污染物排放总量控制指标由国务院下达,省、自治区、直辖市人民政府分解落实。企业事业单位在执行国家和地方污染物排放标准的同时,应当遵守分解落实到本单位的重点污染物排放总量控制指标。对超过国家重点污染物排放总量控制指标或者未完成国家确定的环境质量目标的地区,省级以上人民政府环境保护主管部门应当暂停审批其新增重点污染物排放总量的建设项目环境影响评价文件。"法条直接考查,A、B项正确,C、D项错误。

74. 【答案】ABC

【解析】《环境保护法》第64条:"因污染环境和破坏生态造成损害的,应当依照《中华人民共和国侵权责任法》的有关规定承担侵权责任。"《侵权责任法》第65条:"因污染环境造成损害的,污染者应当承担侵权责任。"所以A项正确。

《环境保护法》第65条:"环境影响评价机构、环境监测机构以及从事环境监测设备和防治污染设施维护、运营的机构,在有关环境服务活动中弄虚作假,对造成的环境污染和生态破坏负有责任的,除依照有关法律法规规定予以处罚外,还应当与造成环境污染和生态破坏的其他责任者承担连带责任。"所以B、C项正确,D项错误。

75. 【答案】AC

【解析】根据《国籍法》第4和第5条,中国人的子女无论出生在国内还是国外,原则上都有权因出生取得中国国籍。除非其具有中国国籍的父或母已经定居外国,且其出生时已经取得外国国籍,才不能因出生而取得中国国籍。彼得森具有中国国籍的父或母已经在甲国定居,因此若彼得森出生时取得甲国国籍,则不能再获得中国国籍,但若出生时未获得甲国国籍,仍然有权获得中国国籍,但彼得森无论怎样都不可能同时拥有中国国籍与甲国国籍,故A项正确、B项错误;

国籍的取得取决于各国自身的规定，彼得森出生时能否获得甲国国籍当然应由甲国法确定，故C项正确；

如彼得森出生时即具有甲国国籍，根据我国国籍法其不能因出生取得中国国籍，但仍然可以通过加入等其他途径获得中国国籍，故D项中"终生无法获得"的说法是错误的。

76. 【答案】AD

【解析】国务院总理和外交部部长属于无须出具全权证书的五种人员之二，A项正确；

国际条约如何发生拘束力首先取决于条约本身的规定，其次，根据我国缔约程序法的相关规定，条约和重要协定须经全国人大常委会批准，故B项错误；

若条约在我国是经转化适用的，我国应保证转化后的国内法在内容上与条约一致，但可从根本上排除该条约的直接适用，若条约都不能直接适用，就更谈不上优先适用，C项错误；

《缔约程序法》第15条规定："经全国人民代表大会常务委员会决定批准或者加入的条约和重要协定，由全国人民代表大会常务委员会公报公布。其他条约、协定的公布办法由国务院规定。"D项正确。

77. 【答案】AC

【解析】合同纠纷中当事人选择的准据法一定为实体法，A项正确；

确定准据法的目标国家具有区际法律冲突时，应适用最密切联系原则确定准据法，B项错误；

根据《〈法律适用法〉司法解释（一）》第7条，除非法律另有规定，法律适用中的意思自治可以突破实际联系原则的限制，C项正确；

根据《〈法律适用法〉司法解释（一）》第8条，当事人法律适用意思自治的最晚时间是一审法庭辩论终结前，在这个时间点前可以达成或变更选择适用的法律，故D项错误。

78. 【答案】ABCD

【解析】根据《法律适用法》第24条，夫妻财产关系法律适用的第一顺序是允许有限制（一方当事人经常居所地法、国籍国法或主要财产所在地法）的意思自治，本案韩国属于一方当事人的国籍国，该选择有效，A项正确；

《法律适用法》第27条："诉讼离婚，适用法院地法律。"本案诉讼地在中国，故B项正确；

根据《法律适用法》第26条，协议离婚法律适用的第一顺序是有限制（一方当事人经常居所地法或国籍国法）的意思自治，本案韩国和德国是双方当事人的国籍国，中国为双方的共同经常居所地国，因此争议双方可以在中国法、韩国法及德国法中选择法律，D项正确；若无意思自治，则应适用第二顺序的共同经常居所地法，本案为中国法，故C项正确。

79. 【答案】AD（司法部公布答案为ABD）

【解析】最高人民法院《关于认可和执行台湾地区法院民事判决的规定》（以下简称《2015年规定》）第14条："人民法院受理认可台湾地区法院民事判决的申请

后，应当在立案之日起6个月内审结。有特殊情况需要延长的，报请上一级人民法院批准。"故A项正确；

《2015年规定》第13条规定："人民法院受理认可台湾地区法院民事判决的申请后，作出裁定前，申请人请求撤回申请的，可以裁定准许。"可见，依据最新司法解释，若当事人请求撤回申请，法院可以裁定准许也可以裁定不准许，故B项错误；

根据一事再诉的规定，若人民法院裁定不予认可台湾判决，当事人无权再申请认可，但可以就同一案件事实向人民法院起诉，故C项错误；

判决已经生效是台湾判决被认可和执行的基本条件之一，人民法院受理申请后，如对判决是否生效不能确定，当然有权要求申请人提交作出判决的法院出具的证明文件，故D项正确。

80.【答案】AC

【解析】"甲国对进口的某类药品征收8%的国内税，而同类国产药品的国内税为6%"的规定使得本国产品的待遇高于进口同类产品，明显地违反了国民待遇原则，故A项正确。

WTO争端解决机制中没有强制执行程序，上诉机构也非执行机构，B项错误。

WTO对不执行裁定一方的制裁手段是授权报复，C项正确。

WTO的报复措施可以采用交叉报复，不是只能限于同种产品，故D项错误。

81.【答案】BC

【解析】WTO《与贸易有关的知识产权协议》（TRIPS协定）要求成员方采取措施禁止将地理标志做任何不正当竞争的使用或作为商标注册，此外还特别要求各成员采用法律手段，防止任何人使用一种地理标志来表示并非来源于该标志所指地方的葡萄酒或烈酒，故A项错误、B、C项正确。

"香槟"是法国地名，因此如允许来自法国香槟的酒产品注册"香槟"的商标，并不会构成对地理标志权的侵害，但如果允许中国企业注册该商标，就可能导致消费者误认误购，这与国民待遇无关。故D项错误。

82.【答案】BD

【解析】我国《个人所得税法》第1条："在中国境内有住所，或者无住所而在境内居住满一年的个人，从中国境内和境外取得的所得，依照本法规定缴纳个人所得税。在中国境内无住所又不居住或者无住所而在境内居住不满一年的个人，从中国境内取得的所得，依照本法规定缴纳个人所得税。"里德在我国仅工作半年多，并非中国纳税居民，但我国可对其从源征税，故A项错误、B项正确。

中国对里德的从源征税并不影响甲国对其依甲国法行使税收管辖权，C项错误。

居民税收管辖权是指居住国对本国纳税居民境内外所得享有征税权，该项管辖权下纳税人承担的是无限纳税义务，D项正确。

83.【答案】ABC

【解析】党的十八届四中全会的《中共中央关于全面推进依法治国若干重大问题的决定》强调，"全面推进依法治国，必须大力提高法治工作队伍思想政治素质、

95

业务工作能力、职业道德水准，着力建设一支忠于党、忠于国家、忠于人民、忠于法律的社会主义法治工作队伍，为加快建设社会主义法治国家提供强有力的组织和人才保障。"A项正确。

《中共中央关于全面推进依法治国若干重大问题的决定》指出，"推进法治专门队伍正规化、专业化、职业化，提高职业素养和专业水平。完善法律职业准入制度，健全国家统一法律职业资格考试制度，建立法律职业人员统一职前培训制度。"B项正确。

《中共中央关于全面推进依法治国若干重大问题的决定》强调要"加强律师队伍思想政治建设，把拥护中国共产党领导、拥护社会主义法治作为律师从业的基本要求，增强广大律师走中国特色社会主义法治道路的自觉性和坚定性。构建社会律师、公职律师、公司律师等优势互补、结构合理的律师队伍。提高律师队伍业务素质，完善执业保障机制。加强律师事务所管理，发挥律师协会自律作用，规范律师执业行为，监督律师严格遵守职业道德和职业操守，强化准入、退出管理，严格执行违法违规执业惩戒制度。加强律师行业党的建设，扩大党的工作覆盖面，切实发挥律师事务所党组织的政治核心作用。"C项正确。《中共中央关于全面推进依法治国若干重大问题的决定》强调要"发展公证员、基层法律服务工作者、人民调解员队伍。推动法律服务志愿者队伍建设。建立激励法律服务人才跨区域流动机制，逐步解决基层和欠发达地区法律服务资源不足和高端人才匮乏问题。"可见，志愿服务是要强化和激励的问题，自然不宜完全以"自愿无偿""最低成本"的方式来完成。D项错误。

84. 【答案】AD

【解析】法官应当保守审判工作秘密，赵法官泄露了内部讨论意见，A项错误。检察官担任本地形象大使，是积极正面的形象，而且免费担任，做法并无不妥，B项正确。律师应当保守在执业活动中知悉的国家秘密、商业秘密，不得泄露当事人的隐私。律师对在执业活动中知悉的委托人和其他人不愿泄露的有关情况和信息，应当予以保密。但是委托人或者其他人准备或者正在实施危害国家安全、公共安全以及严重危害他人人身安全的犯罪事实和信息除外。涉嫌偷税犯罪，不属于危害国家安全、公共安全的事项，可以不举报。C项正确。《公证程序规则》第11条规定："公证员、公证机构的其他工作人员不得代理当事人在本公证机构申办公证。"D项错误。

85. 【答案】CD

【解析】本题难度较高。律师很明显可以与当事人（委托人）有近亲属关系，A项错误。中华全国律协2014年6月5日制定了《律师职业道德基本准则》，全文只有6条，其中没有规定回避制度。B项错误。《法官法》第6章以专章规定了法官的任职回避，《检察官法》第6章专章规定了检察官的任职回避，分别规定了法官（检察官）之间在存在夫妻关系、直系血亲关系、三代以内旁系血亲以及近姻亲关系时，不得同时担任的职务。但公证员对于任职回避没有要求。C项正确。《律师执业行为规范》

第51条罗列了在哪些情形下，律师应当告知委托人并主动提出回避，但委托人同意其代理或者继续承办的除外。也就是说，律师和律师事务所发现存在上述情形的，应当告知委托人利益冲突的事实和可能产生的后果，由委托人决定是否建立或维持委托关系。委托人决定建立或维持委托关系的，应当签署知情同意书，表明当事人已经知悉存在利益冲突的基本事实和可能产生的法律后果，以及当事人明确同意与律师事务所及律师建立或维持委托关系。委托人知情并签署知情同意书以示豁免的，承办律师在办理案件的过程中应对各自委托人的案件信息予以保密，不得将与案件有关的信息披露给相对人的承办律师。D项正确。

三、不定项选择题。

86.【答案】AB

【解析】为打击医药购销领域商业贿赂，实践中往往对列入不良记录、列入一般不良记录逾期不改或再次违规的药品生产经营企业作"清场"处理，比如取消该企业所有产品的网上集中采购资格；公立医疗卫生机构两年内不得以任何形式采购其药品，原签订的购销合同终止，等等。A项正确。党的十八届四中全会的《中共中央关于全面推进依法治国若干重大问题的决定》强调，"把公众参与、专家论证、风险评估、合法性审查、集体讨论决定确定为重大行政决策法定程序，确保决策制度科学、程序正当、过程公开、责任明确。建立行政机关内部重大决策合法性审查机制，未经合法性审查或经审查不合法的，不得提交讨论。"B项正确。C项里面的"允许租用……私自改装的运营车辆"，很明显会危害到学生的安全利益，因此错误。《中共中央关于全面推进依法治国若干重大问题的决定》强调要"推进综合执法，大幅减少市县两级政府执法队伍种类，重点在食品药品安全、工商质检、公共卫生、安全生产、文化旅游、资源环境、农林水利、交通运输、城乡建设、海洋渔业等领域内推行综合执法，有条件的领域可以推行跨部门综合执法。"可见，跨部门综合执法只是在有条件的领域，而非在所有领域。D项错误。

87.【答案】AB

【解析】2015年4月1日，中央全面深化改革领导小组第十一次会议审议通过了《关于人民法院推行立案登记制改革的意见》。改革人民法院案件受理制度，变立案审查制为立案登记制，对依法应该受理的案件，做到有案必立、有诉必理，保障当事人诉权，方便当事人诉讼，其实施将有利于促进法院案件受理制度的完善，A、B项正确。《意见》规定，登记立案针对的是人民法院的初始案件，对上诉、申请再审和申诉，不适用登记立案。人民法院对符合法律规定条件的民事起诉、行政起诉、刑事自诉、强制执行和国家赔偿申请，一律接收诉状，当场登记立案。D项错误。《意见》规定，当场不能判定的，应当在法律规定的期限内决定是否立案。在法律规定期限内无法判定的，先行立案。不符合形式要件的，人民法院应当及时释明，以书面形式一次性全面告知应当补正的材料和期限。不符合法律规定条件的，应当依法作出裁决。当事人不服的，可以提起上诉或者申请复议。对违法起诉或者不符合法定起诉条件的，涉及危害国家主权和领土完整、危害国家安全、破坏国家统一和民族团结、破坏国家宗教政策的，以及其他不属于人民法院主管的所诉事项，不予登记立案。可见，改革之后，法院对当事人的起诉只进行初步的形式审查，C项错误。

88. 【答案】BD

【解析】婚姻关系的消灭是由法院的判决引起的，属于法律行为。A项错误。宏观地说生育权应该属于人身权益的一种，是绝对权，但是B项明示是张某主张的生育权，针对的是其妻子，属于相对权。B项正确。法院未支持张某主张，是依法做出的决定，因此C项错误。"其他导致夫妻感情破裂的情形"被称为兜底条款，属于概括性立法，的确有利于提高法律的适应性。D项正确。

89. 【答案】BC

【解析】鉴定过程必然涉及价值判断，但是"经鉴定为重伤"只是对鉴定结果的客观描述，属于事实判断。A项错误。判例在我国属于非正式法律渊源，不具有明定的法律效力。B项正确。被告代理律师辩称，一年前该法院在审理一起类似案件时并未判决给予精神损害赔偿，本案也应作相同处理。可见，律师对两个相似案件进行了比较，C项正确。判决书属于非规范性法律文件，具有的是个案效力，不具有普遍法律效力，D项错误。

90. 【答案】C

【解析】A项错误，题干明确说法律和道德无关，这是典型的实证主义立场。社会法学派将社会实效作为法的首要定义要素，B项错误。非实证主义认为法律和道德有内容联系，D项错误。分析实证主义强调的是权威性制定，并不强调法的内容正确，符合道德，C项正确。

91. 【答案】AC

【解析】全国人大是最高国家权力机关，代表全国人民统一行使国家权力。A项正确。上下级人大之间没有隶属关系，是监督与被监督的关系，B项错误。全国人大受人民的监督，但不受任何"其他国家机关"的监督，因为从宪法的文面以及全国人大作为最高国家权力机关的性质来说，C项正确。乡级人大不设立常委会，D项错误。

92. 【答案】BCD

【解析】县政府责令张某的儿子所在中学不为其办理新学期注册手续，这种做法侵害了其子的受教育权，D项正确。"通知财政局解除张某的女婿李某（财政局工勤人员）与该局的劳动合同"，这种做法侵害了李某的劳动权。"张某最终被迫签署了拆迁协议"，很明显财产权受到了侵害，B项正确。本题中不涉及住宅的非法侵入、非法搜查的问题，A项错误。

93. 【答案】ABC

【解析】政府的全部收入和支出都应当纳入预算。A项正确。政府编制预算之后，必须报经人大批准后方才具有法律效力，一经批准，未经法定程序，不得调整。B项正确。在人大批准之后，再由政府去执行落实。C项正确。就预算的审批权而言，全年的审批权在人大手里，在执行过程中需要作部分调整的，审批权在常委会手里。D项错误。

94.【答案】ACD

【解析】由司法机关按照司法程序解释宪法的体制起源于美国。1803年美国联邦最高法院首席法官马歇尔在马伯里诉麦迪逊一案中确立了"违宪的法律不是法律""阐释宪法是法官的职责"的宪法规则，从此开创了由司法机关进行违宪审查的制度先河。目前，世界上60多个国家采用司法机关解释宪法的制度。A项正确。德国属于宪法法院解释模式，不一定非得结合具体个案才开展解释。只有美国的司法解释模式才需要结合司法个案开展解释。所以B项错误。我国由全国人大常委会解释宪法，属于立法机关解释宪法的体制。这种体制首先是在1978年宪法予以确认规定的，在此之前的历部宪法均没有关于宪法解释的规定。D项正确。全国人大常委会既可以在出现具体宪法争议时解释宪法，也可以在没有出现宪法争议时抽象地解释宪法，它对宪法的解释应当具有最高的、普遍的约束力。C项正确。

95.【答案】ABC

【解析】《消费者权益保护法》第18条："经营者应当保证其提供的商品或者服务符合保障人身、财产安全的要求。对可能危及人身、财产安全的商品和服务，应当向消费者作出真实的说明和明确的警示，并说明和标明正确使用商品或者接受服务的方法以及防止危害发生的方法。宾馆、商场、餐馆、银行、机场、车站、港口、影剧院等经营场所的经营者，应当对消费者尽到安全保障义务。"王某、贾某在商场受伤，有权利要求商场进行赔偿，A项正确；

第40条："消费者在购买、使用商品时，其合法权益受到损害的，可以向销售者要求赔偿。销售者赔偿后，属于生产者的责任或者属于向销售者提供商品的其他销售者的责任的，销售者有权向生产者或者其他销售者追偿。消费者或者其他受害人因商品缺陷造成人身、财产损害的，可以向销售者要求赔偿，也可以向生产者要求赔偿。属于生产者责任的，销售者赔偿后，有权向生产者追偿。属于销售者责任的，生产者赔偿后，有权向销售者追偿。消费者在接受服务时，其合法权益受到损害的，可以向服务者要求赔偿。"对于缺陷商品，生产者和销售者承担连带赔付的义务，B、C项正确，D项错误。

96.【答案】ABCD

【解析】《消费者权益保护法》第49条："经营者提供商品或者服务，造成消费者或者其他受害人人身伤害的，应当赔偿医疗费、护理费、交通费等为治疗和康复支出的合理费用，以及因误工减少的收入。造成残疾的，还应当赔偿残疾生活辅助具费和残疾赔偿金。造成死亡的，还应当赔偿丧葬费和死亡赔偿金。"所以A、B项正确；

《最高人民法院最高人民法院关于确定民事侵权精神损害赔偿责任若干问题的解释》第1条："自然人因下列人格权利遭受非法侵害，向人民法院起诉请求赔偿精神损害的，人民法院应当依法予以受理：（一）生命权、健康权、身体权；（二）

姓名权、肖像权、名誉权、荣誉权；（三）人格尊严权、人身自由权。违反社会公共利益、社会公德侵害他人隐私或者其他人格利益，受害人以侵权为由向人民法院起诉请求赔偿精神损害的，人民法院应当依法予以受理。"

第8条："因侵权致人精神损害，但未造成严重后果，受害人请求赔偿精神损害的，一般不予支持，人民法院可以根据情形判令侵权人停止侵害、恢复名誉、消除影响、赔礼道歉。因侵权致人精神损害，造成严重后果的，人民法院除判令侵权人承担停止侵害、恢复名誉、消除影响、赔礼道歉等民事责任外，可以根据受害人一方的请求判令其赔偿相应的精神损害抚慰金。"故C项正确；

《消费者权益保护法》第55条："经营者提供商品或者服务有欺诈行为的，应当按照消费者的要求增加赔偿其受到的损失，增加赔偿的金额为消费者购买商品的价款或者接受服务的费用的三倍；增加赔偿的金额不足五百元的，为五百元。法律另有规定的，依照其规定。经营者明知商品或者服务存在缺陷，仍然向消费者提供，造成消费者或者其他受害人死亡或者健康严重损害的，受害人有权要求经营者依照本法第四十九条、第五十一条等法律规定赔偿损失，并有权要求所受损失二倍以下的惩罚性赔偿。"题干所述情形已然符合了本条第2款的故意侵权的加重责任，所以D项正确。

97. 【答案】BC

【解析】薛某作为商场的职工，在工作期间受到伤害，应按照工伤的维权体系来保护，不应当认定民事侵权，A项错误。

《社会保险法》第41条："职工所在用人单位未依法缴纳工伤保险费，发生工伤事故的，由用人单位支付工伤保险待遇。用人单位不支付的，从工伤保险基金中先行支付。"所以B项正确；

第39条："因工伤发生的下列费用，按照国家规定由用人单位支付：（一）治疗工伤期间的工资福利；（二）五级、六级伤残职工按月领取的伤残津贴；（三）终止或者解除劳动合同时，应当享受的一次性伤残就业补助金。"所以C项正确；

第42条："由于第三人的原因造成工伤，第三人不支付工伤医疗费用或者无法确定第三人的，由工伤保险基金先行支付。工伤保险基金先行支付后，有权向第三人追偿。"所以如果第三人电梯厂已经支付工伤医疗费的，工伤保险基金不会重复支付，D项错误。

98. 【答案】ABCD

【解析】独任庭是由一名审判员对案件进行审理的组织形式，根据法律规定，独任庭审判以下几种案件：（1）第一审刑事自诉案件和其他轻微的刑事案件；（2）第一审的简单民事案件和经济纠纷案件；（3）适用特别程序审理的案件，除选民资格案件或者其他重大疑难案件由审判员组成合议庭审判外，其他案件由独任庭审判。A项错误，独任庭不仅适用于民事案件。《民事诉讼法》第163条规定："人民法院在审理过程中，发现案件不宜适用简易程序的，裁定转为普通程序。"《人民法院组织法》第13条规定："合议庭开庭审理后,对于疑难、复杂、重大的案件,合议庭难以作出决定的,由合议庭提请院长决定提交审判委员会讨论决定。"B项错误。合议庭有两种情况:一是由审判员、陪审员组成;二是由审判员组成。C项错误。审判委员会的决定,合议庭应当执行。审判委员会讨论决定的案件的判决书和裁定书,应当以审理该案件的合议庭成员的名义发布。D项错误。

99. 【答案】AD

【解析】《法官法》第6章以专章规定了法官的任职回避,即法官之间有夫妻关系、直系血亲关系、三代以内旁系血亲以及近姻亲关系的,不得同时担任下列职务:(1)同一人民法院的院长、副院长、审判委员会委员、庭长、副庭长;(2)同一人民法院的院长、副院长和审判员、助理审判员;(3)同一审判庭的庭长、副庭长、审判员、助理审判员;(4)上下相邻两级人民法院的院长、副院长。可见,题干中的③表述错误。

《检察官法》第6章专章规定了检察官的任职回避,检察官之间有夫妻关系、直系血亲关系、三代以内旁系血亲以及近姻亲关系的,不得同时担任下列职务:(1)同一人民检察院的检察长、副检察长、检察委员会委员;(2)同一人民检察院的检察长、副检察长和检察员、助理检察员;(3)同一业务部门的检察员、助理检察员;(4)上下相邻两级人民检察院的检察长、副检察长。可见,题干中的①说"法官和检察官的任职禁止条件完全相同"是正确的。

辞退是用人单位解雇职工的一种行为,是指用人单位由于某种原因与职工解除劳动关系的一种强制措施。根据原因的不同,可分为违纪辞退和正常辞退。违纪辞退是指用人单位对严重违反劳动纪律或企业内部规章,但未达到被开除、除名程度的职工,依法强行解除劳动关系的一种行政处理措施。正常辞退是指用人单位根据生产经营状况和职工的情况,依据改革过程中国家和地方有关转换企业经营机制,安置富余人员的政策规定解除与职工劳动关系的一种措施。可见,正常辞退后从事律师和公证员职业的并无不妥。题干中②错误。

法官不得从事经营性营利活动,题干④中法官提供有偿法律咨询,受到惩戒是对的。

题干⑤中,刘检察官提出检察建议被采纳,效果显著,理应受到奖励,肯定是对的。

律所的设立人应当是具有一定的执业经历,且3年内未受过停止执业处罚的律师。⑥中,张律师只是两年前因私自收费被罚款,不影响成为律所的设立人。所以,⑥错误。

综上所述,A、D项符合题意,当选。

100. 【答案】AC

【解析】最高人民检察院2014年12月16日通过了《关于依法保障律师执业权利的规定》,其中第5条规定:"人民检察院应当依法保障律师在刑事诉讼中的会见权。人民检察院办理直接受理立案侦查案件,除特别重大贿赂犯罪案件外,其他案件依法不需要经许可会见。律师在侦查阶段提出会见特别重大贿赂案件犯罪嫌疑人的,人民检察院应当严格按照法律和相关规定及时审查决定是否许可,并在三日以内答复；有碍侦查的情形消失后，应当通知律师，可以不经许可会见犯罪嫌疑人；侦查终结前，应当许可律师会见犯罪嫌疑人。人民检察院在会见时不得派员在场，不得通过任何方式监听律师会见的谈话内容。"A项正确。

第6条规定："人民检察院应当依法保障律师的阅卷权。自案件移送审查起诉之日起，人民检察院应当允许辩护律师查阅、摘抄、复制本案的案卷材料；经人民检察院许可，诉讼代理人也可以查阅、摘抄、复制本案的案卷材料。人民检察院应当及时受理并安排律师阅卷，无法及时安排的，应当向律师说明并安排其在三个工作日以内阅卷。人民检察院应当依照检务公开的相关规定，完善互联网等律师服务平台，并配备必要的速拍、复印、刻录等设施，为律师阅卷提供尽可能的便利。律师查阅、摘抄、复制案卷材料应当在人民检察院设置的专门场所进行。必要时，人民检察院可以派员在场协助。"B项错误。

第7条规定："人民检察院应当依法保障律师在刑事诉讼中的申请收集、调取证据权。律师收集到有关犯罪嫌疑人不在犯罪现场、未达到刑事责任年龄、属于依法不负刑事责任的精神病人的证据，告知人民检察院的，人民检察院相关办案部门应当及时进行审查。"C项正确。

该法同时规定："法律未作规定但律师要求听取意见的，也应当及时安排听取。"D项错误，不是"可以"，而是"应当"。

2015年国家司法考试（试卷二）解析

一、单项选择题。

1. 【答案】D

【解析】自杀不是犯罪，但自杀引起的"砸死他人"的行为，显然侵害了法益，属于危害行为。且该行为与危害结果之间具有因果关系。集资诈骗罪中，被害人具有明显的贪利性动机并非罕见的现象，恰恰相反，该现象具有一般的通常性，既然如此，该介入因素就不能作为异常的介入因素处理，不可能中断因果关系。第三人拿走财物的行为构成盗窃罪，第三人独立的故意犯罪无疑具有异常性与重大性，中断因果关系。从自然因果看，交通肇事3人以上重伤当然与肇事者的肇事行为具有条件意义上的因果关系，但是刑法上的因果关系是从规范意义上进行的归责，只有承担全部或主要责任，才能将重伤结果归责于肇事者。因此，D项正确。

2. 【答案】C

【解析】本项考查14~16周岁的刑事责任范围，以及隔时犯。已满14周岁的人对爆炸罪承担刑事责任。对于隔时犯跨越不同年龄阶段的，行为发生在已满14周岁之前，对此不负刑事责任；但结果发生在已满14周岁之后，在理论层面上，可认为因先前行为而负有阻止结果发生的义务，不阻止可认为实施了不作为行为，因此仍然需承担刑事责任，A项错误。

本项考查原因自由行为的认定规则。根据原因自由行为的原理，客观行为以行为时认定，主观责任以清醒时认定，再在主客观统一重合部分认定罪名。本案中客观行为系抢劫行为（"伤害过程中"说明已实行了伤害行为，同时伤害行为也是抢劫手段），主观责任为伤害故意，主客观统一为故意伤害罪；对劫财行为不承担刑事责任，B项错误。

本项考查行为与责任同时性原则，承担刑事责任，只要求行为人在实施行为当时具有刑事责任能力，行为人就需对与该行为有因果关系的结果负责，并不要求结果发生时行为人有刑事责任能力。行为人丙实施投毒杀人实行行为当时具有刑事责任能力，尽管死亡结果发生时没有刑事责任能力，但死亡结果与杀人行为有因果关系，行为人也应对结果负责，故而系故意杀人罪既遂，C项正确。

本项考查醉酒人的刑事责任，以及原因自由行为的认定规则。《刑法》第18条第2款规定："醉酒的人犯罪，应当负刑事责任"。根据原因自由行为的原理，客观行为以行为时认定，主观责任以清醒时认定，再在主客观统一重合部分认定罪名。本案中自陷醉态，系原因自由行为。大醉后（假定无责任能力）有杀人行为，清醒时有杀人故意，主客观统一于故意杀人罪，应对此负责，D项错误。

3. 【答案】B

【解析】按照一故意说，本案认定行为人仅具有杀人故意符合罪刑相适应原则。

103

按照数故意说，行为人既有杀人的直接故意，也有毁坏财物的间接故意，但因为只有一个行为，所以应成立竞合犯，而不是数罪并罚。如果仅打中警犬，成立故意毁坏财物罪的既遂与故意杀人罪的未遂的竞合犯，最终认定为故意杀人罪未遂。如果未打中任何目标，则成立故意毁坏财物罪的未遂与故意杀人罪未遂的竞合犯，仍然需要认定为故意杀人罪未遂。因此，B项当选。

4. 【答案】B

【解析】避险意图与报复动机并不是相互排斥的关系，只有案件事实表明，报复动机是行为人唯一的行为动机时，才能否定避险意图。无论从谁家鱼塘抽水，都符合紧急避险的"不得已"的要求，不能因为行为人有报复动机这一主观要素，便否定避险行为在客观上具有不得已的性质。甲不仅避免了2万元商品被烧毁，而且避免了火灾对公共安全的影响，符合保护更大权益的要求。因此，甲不成立故意毁坏财物罪，B项当选。

5. 【答案】D

【解析】订购毒品已经形成了毒品交易，违反了毒品管理秩序，成立贩卖毒品罪的既遂。现金支票属于贿赂，实际接收贿赂的，当然成立既遂。行贿行为已经完成，职务行为不可收买性已经被侵犯，构成既遂。诈骗罪既遂要求实际取得财物，被害人误操作，行为人未取得财物，当然未遂。因此，D项当选。

6. 【答案】A

【解析】被害人自己逃避治疗的行为具有异常性和重大性，应认定为因果关系中断。在此前提下，甲心生悔意（具有自动性），已经实施了真挚的努力，应认定为犯罪中止（准中止）。因此，A项当选。

7. 【答案】D

【解析】将共犯理解为不法形态，那么甲、乙当然属于共犯；乙仅发挥帮助作用，应认定为从犯；乙显然没有支配甲的行为；甲、乙存在双向沟通，不可能成立片面的共犯。因此，D项当选。

8. 【答案】C

【解析】故意伤害罪的结果加重犯要求行为人仅具有伤害故意，不存在杀人故意。据此，不能将故意杀人罪理解为故意伤害罪的结果加重犯。结果加重犯具有法定性，强制猥亵妇女罪并未规定加重结果。此外，强奸罪和强制猥亵妇女罪的客体不完全相同。乙的自杀行为并非拘禁行为本身导致，缺乏直接性关联，因此不成立非法拘禁罪的结果加重犯。甲存在两个行为，一是以胁迫手段抢劫，二是故意杀人，两行为侵犯两个法益，应数罪并罚，因此C项当选。

9. 【答案】C

【解析】毒品属于财物范畴，盗窃毒品，侵犯了稳定的占有，成立盗窃罪。之后，将毒品交给乙销售的行为当然侵犯新的法益，另外成立贩卖毒品罪。贩卖毒品的行为同时也是销赃的行为，由于缺乏期待可能性，因此不成立掩饰隐瞒犯罪所得罪。非法持有毒品罪和非法转移毒品罪均被贩卖毒品罪吸收。因此，C项当选。

10. 【答案】D

【解析】对犯罪集团的积极参加者可以适用缓刑。累犯不能适用缓刑。限制减刑的规定不包括无期徒刑的累犯。前后罪只要属于特殊累犯指定的犯罪范围即可，不要求前后一致。因此，D项当选。

11. 【答案】C

【解析】甲并未将自己置于司法机关的控制之下，不成立自动投案。乙并未自动投案。丙符合自动投案和如实供述的要求，成立自首。自首对动机并没有法律规范上的要求。丁虽然一开始意图自动投案，但后续并未将自己置于司法机关的控制之下。因此，C项当选。

12. 【答案】D

【解析】对于漏罪，只有在考验期内发现的，才撤销。考验期满后发现的，不得撤销。新罪则无论何时被发现都撤销。严重违反监督管理规定的行为亦如是。因此，D项当选。

13. 【答案】D

【解析】误将红绿灯看错，属于过失，不成立危险驾驶罪；吸毒后的毒驾不能解释为醉酒驾驶；吃荔枝而处于醉酒状态，行为人不具有故意，不成立危险驾驶；停车场内的驾驶行为可以解释为在道路上醉驾。因此，D项当选。

14. 【答案】D

【解析】污染环境罪（实害犯）、投放危险物质罪和破坏电力设备罪（具体危险犯）均非抽象危险犯。因此，D项当选。

15. 【答案】D

【解析】显示并不会使假币进入流通领域。其他的要么是自己将假币投入流通，要么令他人将假币投入流通。因此，D项当选。

16. 【答案】D

【解析】既遂必须证明危害行为与死亡结果之间具有因果关系。由于无法查清究竟哪一刀致命，因而缺乏足够证据证明杀人行为与死亡结果之间存在因果关系，不成立故意杀人罪既遂。同理，由于无法查明伤害行为与死亡结果之间存在因果关系，因此不能针对伤害行为单独认定故意伤害罪既遂。本案只能从规范上，将杀人故意和杀人行为降低评价为伤害故意和伤害行为，那么才能避免证据不足的问题，从而认定故意伤害罪致人死亡。因此，D项正确。

17. 【答案】C

【解析】事后抢劫的暴力必须针对人身，仅将狗踢死，并不能压制被害人的反抗，不符合对人使用暴力的要求。将狗踢死不能评价为对人身的暴力威胁（抢劫罪中的威胁仅限于对人身的暴力威胁）。在逃跑过程中踢死狗，由于被害人现场仍然可能追回财物，应认定为具有当场性。李某应认定为抢夺罪。因此，C项当选。

18. 【答案】A

【解析】甲主动照看房屋，不能据此认为房屋及其附属物归甲占有。甲将石狮卖给第三人，成立盗窃罪。甲谎称石狮为自家所有，应认定为诈骗行为；如果从整体财产角度认为财产无损失，那么不成立诈骗罪；反之，从个别财产角度认为存在财产损失，那么成立诈骗罪。因此，A项当选。

19. 【答案】D

【解析】甲未实施强力夺取行为，不构成抢夺罪。店员只是旁观，与占有的认定无关。蔬菜仍然归刘某占有。甲的假装行为并未使被害人陷入错误认识而处分财产，不构成诈骗罪。因此，D项当选。

20. 【答案】D

【解析】藏匿行为使证据不能发挥证明作用，因此可以解释为毁灭证据。提供资金帮助逃匿，属于典型的窝藏罪。甲唆使乙毁灭证据，由于所毁灭的证据是自己的犯罪证据，不成立犯罪。因此，D项当选。

21. 【答案】D

【解析】《刑法》第388条规定："国家工作人员利用本人职权或者地位形成的便利条件，通过其他国家工作人员职务上的行为，为请托人谋取不正当利益，索取请托人财物或者收受请托人财物的，以受贿论处。"据此可见，只有D项符合斡旋受贿的要求。

22. 【答案】C

【解析】刑事诉讼三大价值分别是秩序、公正和效益，其中，公正价值是核心价值，A项正确。

秩序价值强调维护社会秩序和追究犯罪活动本身有序。其中，"通过刑事程序规范国家刑事司法权的行使"体现了追究犯罪活动本身有序性的要求。B项正确。

刑事诉讼的秩序、公正、效益价值既体现刑事诉讼法的工具价值，也体现刑事诉讼法的独立价值。C项错误。

公正价值中的公正，可以被区分为实体公正与程序公正，程序公正强调强制措施的适用应当适度，D项正确。

综上所述，本题应当选C。

23. 【答案】D

【解析】在刑事诉讼法中，证人与鉴定人都必须是自然人，鉴定意见只能由鉴定人出具，A项错误。

生理上、精神上有缺陷，同时不能辨别是非、不能正确表达的人才不能作为证人，否则，确实有可能成为证人。此外，精神上有缺陷的人确实不能成为鉴定人，但生理上有缺陷的人，还是有可能成为鉴定人的。譬如，张三一只耳朵失聪，但不妨碍其对足迹进行鉴定。B项错误。

公诉人、当事人或者辩护人、诉讼代理人对证人证言有异议，且该证人证言对定罪量刑有重大影响，或者对鉴定意见有异议，申请法庭通知证人、鉴定人出庭作证，人民法院认为有必要的，应当通知证人、鉴定人出庭。可见，对证人证言有异议或者对鉴定意见有异议，还需要向法庭提出要求证人、鉴定人的申请，并且法院认为确有出庭必要的，证人、鉴定人才应当出庭，C项错误。

《高法解释》第78条第3款规定："经人民法院通知，证人没有正当理由拒绝出庭或者出庭后拒绝作证，法庭对其证言的真实性无法确认的，该证人证言不得作为定案的根据。"可见，需要"法庭对其证言的真实性无法确认的"，该证人证言才不得作为定案的根据。《高法解释》第86条第1、2款规定："经人民法院通知，鉴定人拒不出庭作证的，鉴定意见不得作为定案的根据。鉴定人由于不能抗拒的原因或者有其他正当理由无法出庭的，人民法院可以根据情况决定延期审理或者重新鉴定。"可见，鉴定人应当出庭而不出庭的，鉴定意见不得作为定案根据。鉴定人如果是由于不可抗拒的事由或者有正当理由无法出庭，法院可以延期审理或者重新鉴定，但是，延期审理的目的仍然是等待鉴定人出庭，重新鉴定意味着原来的鉴定意见不得作为定案根据了。总之，鉴定人应出庭而不出庭的，鉴定意见不得作为定案根据。D项正确。

综上所述，本题应当选D。

24.【答案】D

【解析】《最高人民法院、最高人民检察院、公安部关于办理网络犯罪案件适用刑事诉讼程序若干问题的意见》第12条规定："询（讯）问异地证人、被害人以及与案件有关联的犯罪嫌疑人的，可以由办案地公安机关通过远程网络视频等方式进行询（讯）问并制作笔录。"A项错误。

《最高人民法院、最高人民检察院、公安部关于办理网络犯罪案件适用刑事诉讼程序若干问题的意见》第14条规定："收集、提取电子数据，能够获取原始存储介质的，应当封存原始存储介质，并制作笔录，记录原始存储介质的封存状态，由侦查人员、原始存储介质持有人签名或者盖章；持有人无法签名或者拒绝签名的，应当在笔录中注明，由见证人签名或者盖章。有条件的，侦查人员应当对相关活动进行录像。"可见，不是全都要录像，是"有条件的"才录。B项错误。

《最高人民法院、最高人民检察院、公安部关于办理网络犯罪案件适用刑事诉讼程序若干问题的意见》第16条规定："远程提取电子数据的，应当说明原因，有条件的，应当对相关活动进行录像。"可见，不是全都要录像，是"有条件的"才录。C项错误。

《最高人民法院、最高人民检察院、公安部关于办理网络犯罪案件适用刑事诉讼程序若干问题的意见》第18条规定："对电子数据涉及的专门性问题难以确定的，由司法鉴定机构出具鉴定意见，或者由公安部指定的机构出具检验报告。"可见，D项正确。

综上所述，本题应当选D。

25.【答案】C

【解析】原始证据是指，来自原始出处，直接来源于案件事实的证据材料，即第一手材料，如被害人陈述、物证原物等。反之，凡不是直接来源于案件事实，而是从间接的来源获得的证据材料，称为传来证据，如转述的证人证言、物证的照片等。

根据证据与案件主要事实的证明关系不同，可以将证据划分为直接证据与间接证据。"主要事实"是指犯罪行为是否系犯罪嫌疑人、被告人所实施。"证明关系"是指某一证据是否可以单独、直接地证明案件的主要事实。能够单独、直接地证明案件主要事实的证据是直接证据。不能单独直接证明刑事案件主要事实，需要与其他证据相结合才能证明的证据是间接证据。

本案中，A项，甲的指纹属于原始证据和间接证据。因为，提取的指纹是第一手材料，但指纹本身却不能反映案发过程。

B项，手机中的视频由侦查人员直接提取，属于原始证据，视频内容反映了甲打开储物柜取走电脑的过程，但是，无法证明甲打开的是否是乙的储物柜，也无法证明取走的电脑是否是案件中所涉电脑，此外也没有反映出转卖的行为，因此，应当属于间接证据。

C项，丁直接作出的证言属于原始证据，证明的内容是甲将一台相同的笔记本电脑交给乙保管，这属于否定性直接证据，可以直接证明甲没有盗窃行为，属于直接证据。

D项，现金收条属于原始证据，但不能证明盗窃过程，属于间接证据。

综上所述，本题应当选C。

26. 【答案】B

【解析】传闻证据规则（Hearsay Rule），又称传闻法则、传闻规则、传闻证据排除规则。它是指证人所陈述的非亲身经历的事实，以及证人未出庭作证时向法庭提出的文件中的主张，原则上不能作为认定犯罪事实的根据。简言之，即传闻证据不具有可采性。传闻证据规则是排除一种证明手段的规则，不是排除事实的规则。

可见，传闻证据规则强调三个方面，一是针对证人证言，二是应当由证人亲自陈述，三是证人一般应当在庭审期间出庭作证。

A项，甲不是证人，不属于传闻证据，错误。

B项，乙无法出庭，属于庭外所作证言，该证言属于传闻证据。正确。

C项，丙直接出庭说明录音录像是否经过剪辑，证言没有发生转述，不属于传闻证据，错误。

D项，丁所作证言属于丁的亲身经历，不属于传闻证据。错误。

综上所述，本题应当选B。

27. 【答案】C

【解析】A项，取保候审是公检法都可以决定，但是，只能由公安机关执行。本案中，报复陷害罪属于检察院管辖，侦查机关为检察院，A应当由公安机关执行，故错误。

B项，保证人与保证金只能择一，不可以同时适用，错误。

C项，人民法院、人民检察院和公安机关可以根据案件情况，责令被取保候审的犯罪嫌疑人、被告人遵守以下一项或者多项规定：（1）不得进入特定的场所；（2）不得与特定的人员会见或者通信；（3）不得从事特定的活动；（4）将护照等出入境证件、驾驶证件交执行机关保存。可见，可要求郭某在取保候审期间不得进入蒋某居住的小区，这属于"不得进入特定的场所"。C正确。

D项，被取保候审的犯罪嫌疑人、被告人应当遵守以下规定：（1）未经执行机关批准，不得离开所居住的市、县；（2）住址、工作单位和联系方式发生变动的，在二十四小时以内向执行机关报告；（3）在传讯的时候及时到案；（4）不得以任何形式干扰证人作证；（5）不得毁灭、伪造证据或者串供。可见，法律只是规定"住址、工作单位和联系方式发生变动的，在二十四小时以内向执行机关报告"，但没有规定应要求郭某在取保候审期间不得变更住址。D错误。

综上所述，本题应当选C。

28. 【答案】D

【解析】拘留一般应当出示拘留证，但是，公安机关对于现行犯或者重大嫌疑分子，如果有下列情形之一的，可以先行拘留：1. 正在预备犯罪、实行犯罪或者在犯罪后即时被发觉的；2. 被害人或者在场亲眼看见的人指认他犯罪的；3. 在身边或者住处发现有犯罪证据的；4. 犯罪后企图自杀、逃跑或者在逃的；5. 有毁灭、伪造证据或者串供可能的；6. 不讲真实姓名、住址，身份不明的；7. 有流窜作案、多次作案、结伙作案重大嫌疑的。可见，章某企图逃跑，公安机关可以对其先行拘留，即无证先抓人，再补办手续。A项错误。

拘留章某后，应在24小时内将其送看守所羁押，B项错误。

犯罪嫌疑人被送交看守所羁押以后，侦查人员对其进行讯问，应当在看守所内进行。但是，拘留章某后，在24小时内送看守所羁押，在这24小时内、送交看守所之前，侦查机关可以在公安局的审讯室讯问章某，不一定在看守所。C项错误。

在执行逮捕、拘留的时候，遇有紧急情况，不另用搜查证也可以进行搜查。紧急情况是指：（1）可能随身携带凶器的；（2）可能隐藏爆炸、剧毒等危险物品的；（3）可能隐匿、毁弃、转移犯罪证据的；（4）可能隐匿其他犯罪嫌疑人的。可见，管制刀具应当属于凶器，侦查人员可以无证搜查。D项正确。

综上所述，本题应当选D。

29.【答案】D

【解析】《刑事诉讼法》第93条规定："犯罪嫌疑人、被告人被逮捕后，人民检察院仍应当对羁押的必要性进行审查。对不需要继续羁押的，应当建议予以释放或者变更强制措施，有关机关应当在十日以内将处理情况通知人民检察院。"可见，羁押必要性审查的前提是"被逮捕后"，10月14日，王某还没有被逮捕，检察院不会受理羁押必要性审查申请的。A项错误。

"检察院应告知其先向侦查机关申请变更强制措施"，没有类似规定。B项错误。

《高检规则》第617条："侦查阶段的羁押必要性审查由侦查监督部门负责；审判阶段的羁押必要性审查由公诉部门负责。监所检察部门在监所检察工作中发现不需要继续羁押的，可以提出释放犯罪嫌疑人、被告人或者变更强制措施的建议。"可见，12月3日，案件仍处于侦查阶段，羁押必要性审查应当由侦查监督部门负责，而非监所检察部门。C项错误。

12月10日，案件已经进入审查起诉阶段，在检察院，由公诉部门负责审查起诉，当然应当由公诉部门负责羁押必要性审查。D项正确。

综上所述，本题应当选D。

30.【答案】B

【解析】提起附带民事诉讼，要求赔偿被犯罪分子"毁坏"而遭受物质损失。如果被告人非法占有、处置被害人财产的，应当依法予以追缴或者责令退赔。被害人提起附带民事诉讼的，人民法院不予受理。A项中的手机只是被抢夺和变卖，并没有毁坏，故提起附带民事诉讼，法院不会受理。A项错误。

寻衅滋事罪，是指肆意挑衅，随意殴打、骚扰他人或任意损毁、占用公私财物，或者在公共场所起哄闹事，严重破坏社会秩序的行为。可见，寻衅滋事过程中，很可能造成他人人身权利的损害，对该物质损失（如医疗费），被害人提起附带民事诉讼的，法院可以受理。B项正确。

虐待被监管人案只能由负有监管职责的特殊主体实施，如果国家机关工作人员在行使职权时，侵犯他人人身、财产权利构成犯罪，被害人或者其法定代理人、近亲属提起附带民事诉讼的，人民法院不予受理，但应当告知其可以依法申请国家赔偿。C项错误。

非法搜查是指非法对他人的身体或住宅进行搜查的行为，搜查行为本身一般不会造成人身伤害或者财物毁损，如果通过搜查扣押或者拿走了被害人的财物造成被害人物质损失的，被害人可以通过追缴或者退赔的方式得到弥补，不能提起附带民事诉讼。D项错误。

综上所述，本题应当选B。

31. 【答案】B

【解析】在侦查期间，发现犯罪嫌疑人另有重要罪行的，自发现之日起重新计算侦查羁押期限。"另有重要罪行"是指：（1）与逮捕时的罪行不同种的重大犯罪。（2）同种的影响罪名认定、量刑档次的重大犯罪。A项中，在侦查过程中发现其还涉嫌盗窃1辆普通自行车，这不属于另有重要罪行，故无须重新计算侦查羁押。A项错误。

人民检察院审查案件，对于需要补充侦查的，可以退回公安机关补充侦查，也可以自行侦查。补充侦查完毕移送人民检察院后，人民检察院重新计算审查起诉期限。B项正确。

如果当事人及其法定代理人申请出庭的检察人员回避的，人民法院应当决定休庭，并通知人民检察院。休庭的时间需要计入审限，不会导致一审审限重新计算，C项错误。

《刑事诉讼法》第224条规定："人民检察院提出抗诉的案件或者第二审人民法院开庭审理的公诉案件，同级人民检察院都应当派员出席法庭。第二审人民法院应当在决定开庭审理后及时通知人民检察院查阅案卷。人民检察院应当在一个月以内查阅完毕。人民检察院查阅案卷的时间不计入审理期限。"可见，没有"检察院阅卷结束后，重新计算二审审理期限"的规定。D项错误。

综上所述，本题应当选B。

32. 【答案】D

【解析】被害人及其法定代理人、近亲属或者行政执法机关，认为公安机关对其控告或者移送的案件应当立案侦查而不立案侦查，或者当事人认为公安机关不应当立案而立案，向人民检察院提出的，人民检察院应当受理并进行审查。可见，乙可以不经申请公安机关复议，直接请求检察院立案监督。A项错误。

人民检察院侦查监督部门应当对公安机关的说理进行审查，认为公安机关不立案或者立案理由不能成立的，经检察长或者检察委员会讨论决定，应当通知公安机关立案或者撤销案件。可见，不是"可以"，B项错误。

公安机关在收到立案通知书或者撤销案件通知书后超过十五日不予立案或者既不提出复议、复核也不撤销案件的，人民检察院应当发出通知书予以纠正。公安机关仍不纠正的，报上一级人民检察院协商，同级公安机关处理。可见，对于公安机关管辖的案件，检察院不能直接立案侦查。需要注意，检察院只能管辖国家工作人员或者国家机关工作人员的职务犯罪案件。C项错误。

对于公安机关不立案的案件，被害人有权直接向法院提起自诉，D项正确。

综上所述，本题应当选D。

33. 【答案】D

【解析】对于甲：1. 甲突然死亡——法定不起诉。2. 甲和乙共同盗窃1次，数额未达刑事立案标准——法定不起诉。3. 甲、丙、丁三人共同盗窃1次，数额巨大，但经两次退回公安机关补充侦查后仍证据不足——存疑不起诉（证据不足不起诉）。

对于乙：1. 甲和乙共同盗窃1次，数额未达刑事立案标准——法定不起诉。2. 乙和丙共同盗窃1次，数额刚达刑事立案标准——酌定不起诉。3. 乙对其参与的2起盗窃有自首情节——酌定不起诉。

对于丙：1. 乙和丙共同盗窃1次，数额刚达刑事立案标准——酌定不起诉。2. 甲、丙、丁三人共同盗窃1次，数额巨大，但经两次退回公安机关补充侦查后仍证据不足——存疑不起诉（证据不足不起诉）。

对于丁：1. 甲、丙、丁三人共同盗窃1次，数额巨大，但经两次退回公安机关补充侦查后仍证据不足——存疑不起诉（证据不足不起诉）。

可见，对甲不可以酌定不起诉，只能存疑不起诉。乙盗窃过2次，只有其中第一次符合法定不起诉情形，第二次盗窃属于存疑不诉，在这种情况下，不可以单独作出法定不起诉的决定。丙的二次盗窃行为分别可以作出酌定不起诉和存疑不起诉的决定，不能说应当作出存疑不诉的决定。丁属于存疑不诉条件，应当作出证据不足不起诉决定。

综上所述，本题应当选D。

34.【答案】C

【解析】现行《刑事诉讼法》修改前，简易程序只能适用于可能被判处三年有期徒刑以下刑罚的被告人，而现行刑诉法规定，只要是基层法院审理的案件，都有可能适用简易程序，扩大了简易程序的适用范围。但是，题目问的是，需要体现"由职权主义走向控辩式的改革过程"，控辩式要求：1. 庭前审查由实体性审查改为程序性审查。2. 强化了控方的举证责任和辩方的辩护职能，弱化了法官的事实调查功能。3. 扩大了辩护方的权利范围，强化了庭审的对抗性。而A项中，简易程序的扩大适用，并没能直接体现控辩式的特点。A项错误。

延长审限有利于保障法院的办案时间，有利于查清案件事实，但与控辩式没有直接关系，B项错误。

法院强制证人出庭的目的就是保障控辩双方与证人的质证权，强化控辩双方的积极对抗，体现了控辩式的要求，C项正确。

当事人和解的公诉案件诉讼程序属于特别程序，有利于缓和社会矛盾，修复被犯罪行为损害的社会关系，但是，与控辩式没有直接联系。D项错误。

综上所述，本题应当选C。

35.【答案】D

【解析】陪审员的任命程序是：基层组织向基层法院推荐或者本人提出申请，由基层法院会同同级政府司法行政机关审查。基层法院院长提出人民陪审员人选，提请同级人大常委会任命。可见，陪审员由基层人大常委会任命，无须市人大常委会任命。A项错误。

陪审员确实和法官享有同等权利，但不能担任审判长。B项错误。

在我国，合议庭的组成方式是：1. 基层人民法院、中级人民法院审判第一审案件，应当由审判员三人或者由审判员和人民陪审员共三人组成合议庭进行，但是基层人民法院适用简易程序的案件可以由审判员一人独任审判。2. 高级人民法院、最高人民法院审判第一审案件，应当由审判员三人至七人或者由审判员和人民陪审员共三人至七人组成合议庭进行。3. 人民法院审判上诉和抗诉案件，由审判员三人至五人组成合议庭进行。4. 最高人民法院复核死刑案件，高级人民法院复核死刑缓期执行的案件，应当由审判员三人组成合议庭进行。可见，陪审员只能参加第一审，第二审无权参加。C项错误。

必要时，人民陪审员可以要求合议庭将案件提请院长决定是否提交审判委员会讨论决定。D项正确。

综上所述，本题应当选 D。

36. 【答案】C

【解析】《高法解释》第272条："判决宣告前，自诉案件的当事人可以自行和解，自诉人可以撤回自诉。人民法院经审查，认为和解、撤回自诉确属自愿的，应当裁定准许；认为系被强迫、威吓等，并非出于自愿的，不予准许"。可见，A项错在"法院应准许"，法院还要审查撤诉的自愿性。

一般来说，法院受制于不告不理原则，法院只能就起诉的罪名是否成立作出裁判。但是，如果起诉指控的事实清楚、证据确实、充分，指控的罪名与审理认定的罪名不一致的，应当按照审理认定的罪名作出有罪判决。B项错误。

《高法解释》第243条规定，"审判期间，人民法院发现新的事实，可能影响定罪的，可以建议人民检察院补充或者变更起诉"。C项正确。

因证据不足宣告被告人无罪后，人民检察院根据新的事实、证据重新起诉，人民法院受理的，应当在判决中写明被告人曾被人民检察院提起公诉，因证据不足，指控的犯罪不能成立，被人民法院依法判决宣告无罪的情况；前案作出的判决不予撤销。可见，对检察院提起公诉的案件，法院判决无罪后，检察院如果有新的证据，还是可以再次起诉的。D项错误。

综上所述，本题应当选 C。

37. 【答案】C

【解析】法院可以通知被告人参加。也就是说，被告人参加与否需要法院视情况决定，参加庭前会议并非被告人的权利。A项中，法院"应"通知齐某参加错误。

《高法解释》第280条规定："诉讼代表人系被告单位的法定代表人或者主要负责人，无正当理由拒不出庭的，可以拘传其到庭。"但本案中，信贷科科长齐某是"因较为熟悉银行贷款业务"而被确定为单位的诉讼代表人。也就是说，齐某并非"被告单位的法定代表人或者主要负责人"，故对齐某不得拘传。B项错误。

《高法解释》第254条规定："被告人当庭拒绝辩护人辩护，要求另行委托辩护人或者指派律师的，合议庭应当准许。"C项中，齐某作为单位被告人，可当庭拒绝银行委托的辩护律师为该行辩护，正确。

最后陈述是被告人的一项基本诉讼权利，即使适用简易程序也不能剥夺。被告人可以区分为自然人被告人和单位被告人，齐某作为单位被告人，有权进行最后陈述。D项错误。

综上所述，本题应当选 C。

38. 【答案】C

【解析】6月9日，是法院一审宣判时间。

6月17日，是检察院撤回抗诉时间。

6月19日，是上诉、抗诉期限届满日。

6月20日，不知是什么日子。

《高法解释》第301条第1款规定："上诉、抗诉必须在法定期限内提出。不服判决的上诉、抗诉的期限为十日；不服裁定的上诉、抗诉的期限为五日。上诉、抗诉的期限，从接到判决书、裁定书的第二日起计算。"

《高法解释》第308条规定："在上诉、抗诉期满前撤回上诉、抗诉的，第一审判决、裁定在上诉、抗诉期满之日起生效。"

可见，本题中，上诉和抗诉均在法定的上诉、抗诉期限内撤回，第一审判决应当在上诉、抗诉期满之日起生效。也就是在6月19日生效。

综上所述，本题应当选 C。

39. 【答案】D

【解析】根据《高法解释》第373条的规定："申诉由终审人民法院审查处理。但是，第二审人民法院裁定准许撤回上诉的案件，申诉人对第一审判决提出申诉的，可以由第一审人民法院审查处理。"可见，是"可以"而非"应当"。A项错误。

上一级人民法院对未经终审人民法院审查处理的申诉，可以告知申诉人向终审人民法院提出申诉，或者直接交终审人民法院审查处理，并告知申诉人；案件疑难、复杂、重大的，也可以直接审查处理。可见，并非应当直接审理。B项错误。

上级人民法院对经终审法院的上一级人民法院依照审判监督程序审理后维持原判或者经两级人民法院依照审判监督程序复查均驳回的申诉案件，一般不予受理。但申诉人提出新的理由，且符合法定申诉条件的，以及刑事案件的原审被告人可能被宣告无罪的除外。可见，还是有受理可能性的。C项错误。

《高法解释》第374条的规定："对死刑案件的申诉，可以由原核准的人民法院直接审查处理，也可以交由原审人民法院审查。"D项正确。

综上所述，本题应当选 D。

40. 【答案】A

【解析】《最高人民法院关于刑事裁判涉财产部分执行的若干规定》第5条："刑事审判或者执行中，对于侦查机关已经采取的查封、扣押、冻结，人民法院应当在期限届满前及时续行查封、扣押、冻结。人民法院续行查封、扣押、冻结的顺位与侦查机关查封、扣押、冻结的顺位相同。对侦查机关查封、扣押、冻结的财产，人民法院执行中可以直接裁定处置，无须侦查机关出具解除手续，但裁定中应当指明侦查机关查封、扣押、冻结的事实"。根据该条文第二款，A项正确。根据第一款，"人民法院续行查封、扣押、冻结的顺位与侦查机关查封、扣押、冻结的顺位相同。" B项错误。

《最高人民法院关于刑事裁判涉财产部分执行的若干规定》第6条第1款规定："刑事裁判涉财产部分的裁判内容，应当明确、具体。涉案财物或者被害人人数较多，不宜在判决主文中详细列明的，可以概括叙明并另附清单。"可见，C项说"涉案财产和被害人均应在判决书主文中详细列明"错误。

《最高人民法院关于刑事裁判涉财产部分执行的若干规定》第2条:"刑事裁判涉财产部分,由第一审人民法院执行。第一审人民法院可以委托财产所在地的同级人民法院执行"。可见,D项说"应由与一审法院同级的财产所在地的法院执行",错误。

综上所述,本题应当选A。

41.【答案】B

【解析】《最高人民法院关于减刑、假释案件审理程序的规定》第1条(三)规定:"对被判处有期徒刑和被减为有期徒刑的罪犯的减刑、假释,由罪犯服刑地的中级人民法院在收到执行机关提出的减刑、假释建议书后一个月内作出裁定,案情复杂或者情况特殊的,可以延长一个月。"A项错误。

《最高人民法院关于减刑、假释案件审理程序的规定》第7条第1款规定:"人民法院开庭审理减刑、假释案件,应当通知人民检察院、执行机关及被报请减刑、假释罪犯参加庭审。"可见,乙作为被报请减刑的罪犯,应当通知到庭,B项正确。

《最高人民法院关于减刑、假释案件审理程序的规定》第6条规定:"人民法院审理减刑、假释案件,可以采取开庭审理或者书面审理的方式。但下列减刑、假释案件,应当开庭审理:(一)因罪犯有重大立功表现报请减刑的;(二)报请减刑的起始时间、间隔时间或者减刑幅度不符合司法解释一般规定的;(三)公示期间收到不同意见的;(四)人民检察院有异议的;(五)被报请减刑、假释罪犯系职务犯罪罪犯,组织(领导、参加、包庇、

纵容)黑社会性质组织犯罪罪犯,破坏金融管理秩序和金融诈骗犯罪罪犯及其他在社会上有重大影响或社会关注度高的;(六)人民法院认为其他应当开庭审理的"。C项中,丙因受贿罪被判处有期徒刑5年,属于职务犯罪,根据该条(五),对丙的假释,应当开庭审理,不能书面审理。C项错误。

律师无论是担任辩护人还是申诉代理人,活动阶段一般在侦查、起诉和审判阶段。减刑、假释案件的审理程序并非真正的审判程序,而是属于执行程序。在这一程序中,由执行机关提出减刑、假释的建议,由法院审理,由检察院监督,没有律师活动的空间。D项错误。

综上所述,本题应当选B。

42.【答案】B

【解析】启动强制医疗的程序有两种方式,一是由检察院向法院提出申请而启动,二是对于检察院提起公诉的案件,法院在审理过程中依职权启动强制医疗的审理程序。故,A项错误,法院可未经检察院申请启动这一程序正确,但如果要自己依职权启动,需要检察院对案件提起公诉。

《高法解释》第530条第2款规定:"被申请人要求出庭,人民法院经审查其身体和精神状态,认为可以出庭的,应当准许。出庭的被申请人,在法庭调查、辩论阶段,可以发表意见。"可见,被申请人是可以不到庭的,因为被申请人可能是有暴力倾向的精神病人,出庭无益于审理的正常进行。B项正确。

被决定强制医疗的人、被害人及其法定代理人、近亲属对强制医疗决定不服的,可以自收到决定书之日起五日内向上一级

人民法院申请复议。复议期间不停止执行强制医疗的决定。上一级人民法院应当组成合议庭审理，并在一个月内作出复议决定。但是，这不能被称为二审程序。只有对一审判决、裁定不服，通过上诉、抗诉启动的程序才叫二审程序。精神病强制医疗程序做的是决定，没有上诉、抗诉的说法，也没有第二审程序。C项错误。

《高法解释》第530条第1款规定："开庭审理申请强制医疗的案件，按照下列程序进行：（一）审判长宣布法庭调查开始后，先由检察员宣读申请书，后由被申请人的法定代理人、诉讼代理人发表意见；（二）法庭依次就被申请人是否实施了危害公共安全或者严重危害公民人身安全的暴力行为、是否属于依法不负刑事责任的精神病人、是否有继续危害社会的可能进行调查；调查时，先由检察员出示有关证据，后由被申请人的法定代理人、诉讼代理人发表意见、出示有关证据，并进行质证；（三）法庭辩论阶段，先由检察员发言，后由被申请人的法定代理人、诉讼代理人发言，并进行辩论。"

根据上述（二）、（三），该程序也存在法庭调查和法庭辩论，D项错误。

综上所述，本题应当选B。

43. 【答案】C

【解析】本题考查诚实守信原则的具体含义及其运用。

行政机关公开的信息应当准确，是诚实守信原则中诚实原则的要求，与合理行政、高效便民以及程序正当原则并无本质的内在关联。A、B、D项错误，C项正确。

44. 【答案】D

【解析】本题考查的是公务员权利与义务的界定与划分问题。对此，公务员法作了明确规定。依据《公务员法》第12条规定："公务员应当履行下列义务：（一）模范遵守宪法和法律；（二）按照规定的权限和程序认真履行职责，努力提高工作效率；（三）全心全意为人民服务，接受人民监督；（四）维护国家的安全、荣誉和利益；（五）忠于职守，勤勉尽责，服从和执行上级依法作出的决定和命令；（六）保守国家秘密和工作秘密；（七）遵守纪律，恪守职业道德，模范遵守社会公德；（八）清正廉洁，公道正派；（九）法律规定的其他义务。"

据此可知，A、B、C项错误，D项正确。

45. 【答案】C

【解析】本题考查的是县级以上地方政府的工作部门职责划分有异议应当如何解决的问题。依据《地方各级人民政府机构设置和编制管理条例》第10条第2款的规定，"行政机构之间对职责划分有异议的，应当主动协商解决。协商一致的，报本级人民政府机构编制管理机关备案；协商不一致的，应当提请本级人民政府机构编制管理机关提出协调意见，由机构编制管理机关报本级人民政府决定。"据此可知，A、B、D项错误，C项正确。

46. 【答案】A

【解析】根据题干交代，公安机关的行为是对公众善意的提醒、规劝，并不与公众产生法律上的具体权利义务关系，本质上属于行政指导行为，属于履行自己职务的行为。A项正确。

负担性的行政行为是行政机关为当事人

设定义务或者剥夺权益的行为，本题中公安机关的行为并没有设定居民的新义务，也没有剥夺居民的权益，因此不属于负担性的行为。B项错误。

准备性行政行为是行政机关为最终做出权利义务的安排进行的程序性、阶段性工作行为，本题中公安机关使用手机短信告知的行为并非为了对居民的权利义务进行安排，因此不属于准备性行政行为。C项错误。

公安机关的这种告知行为并没有对公民的权利义务实施强制性的处分，也不属于强制行为。D项错误。

47. 【答案】B

【解析】本题事实上是在考查行政许可的撤回、撤销、吊销与注销的联系与区别问题。

依据《行政许可法》第8条第2款规定："行政许可所依据的法律、法规、规章修改或者废止，或者准予行政许可所依据的客观情况发生重大变化的，为了公共利益的需要，行政机关可以依法变更或者撤回已经生效的行政许可。若由此给公民、法人或者其他组织造成财产损失的，行政机关还应当依法给予补偿。"据此可知，行政许可的撤回针对的是合法有效的行政许可。本题中的行政许可属于违法许可，不应适用撤回许可。A项错误。

《行政许可法》第69条第2款规定："被许可人以欺骗、贿赂等不正当手段取得行政许可的，应当予以撤销。"B项正确。

《行政处罚法》第8条规定："行政处罚的种类包括：（一）警告；（二）罚款；（三）没收违法所得、没收非法财物；（四）责令停产停业；（五）暂扣或者吊销许可证、暂扣或者吊销执照；（六）行政拘留；（七）法律、行政法规规定的其他行政处罚。"据此可知，吊销许可证或者执照属于一种行政处罚手段，并非一种行政许可的管理与监督手段。C项错误。

行政许可的注销是指针对已经失效或者失去意义的行政许可，行政机关使其失去效力的处理措施。《行政许可法》第70条规定："有下列情形之一的，行政机关应当依法办理有关行政许可的注销手续：（一）行政许可有效期届满未延续的；（二）赋予公民特定资格的行政许可，该公民死亡或者丧失行为能力的；（三）法人或者其他组织依法终止的；（四）行政许可依法被撤销、撤回，或者行政许可证件依法被吊销的；（五）因不可抗力导致行政许可事项无法实施的；（六）法律、法规规定的应当注销行政许可的其他情形。"D项错误。

48. 【答案】B

【解析】《治安管理处罚法》第三章第三节"侵犯人身权利、财产权利的行为和处罚"中第49条规定："盗窃、诈骗、哄抢、抢夺、敲诈勒索或者故意损毁公私财物的，处五日以上十日以下拘留，可以并处五百元以下罚款；情节较重的，处十日以上十五日以下拘留，可以并处一千元以下罚款。"可见"哄抢"应属于"侵犯人身权利、财产权利的行为"而非"扰乱公共秩序"的行为，A项错误。

《治安管理处罚法》第89条规定："公安机关办理治安案件，对与案件有关的需要作为证据的物品，可以扣押；对被侵害人或者善意第三人合法占有的财产，不得扣押，应当予以登记。对与案件无关的物品，不得扣押。"B项正确。

《治安管理处罚法》第83条规定："对违反治安管理行为人，公安机关传唤后应当及时询问查证，询问查证的时间不得超过八小时；情况复杂，依照本法规定可能适用行政拘留处罚的，询问查证的时间不得超过二十四小时。"C项错误。

《行政复议法》第9条规定："公民、法人或者其他组织认为具体行政行为侵犯其合法权益的，可以自知道该具体行政行为之日起六十日内提出行政复议申请；但是法律规定的申请期限超过六十日的除外。"同时《治安管理处罚法》并没有对治安管理处罚行为的复议申请期限做出特别规定，因此田某申请复议的期限应该是60日，D项错误。

49. 【答案】B

【解析】本题考查行政强制执行协议的履行与救济问题。

《行政强制法》第42条第2款规定："执行协议应当履行。当事人不履行执行协议的，行政机关应当恢复强制执行。"据此可知，B项正确，A、C、D项错误。

50. 【答案】B

【解析】本题考查的是政府信息公开的程序与内容问题。

依据《政府信息公开条例》第25条第1款规定："公民、法人或者其他组织向行政机关申请提供与其自身相关的税费缴纳、社会保障、医疗卫生等政府信息的，应当出示有效身份证件或者证明文件。"本题中申请公开的信息不属于与申请人自身相关的税费缴纳、社会保障、医疗卫生等政府信息，故无须提交有关身份证明。A项错误。

第13条规定："除本条例第九条、第十条、第十一条、第十二条规定的行政机关主动公开的政府信息外，公民、法人或者其他组织还可以根据自身生产、生活、科研等特殊需要，向国务院部门、地方各级人民政府及县级以上地方人民政府部门申请获取相关政府信息。"据此可知，只要是根据自身生产、生活、科研等特殊需要，就可以申请公开政府信息。题中该组织的申请的确符合根据自身生产、生活、科研等特殊需要要求，故环保局认为其无申请资格的理由是不能成立的。B项正确。

题中某环保公益组织以一企业造成环境污染为由提起环境公益诉讼，后因诉讼需要，向县环保局申请公开该企业的环境影响评价报告、排污许可证信息。很显然，即使该企业在该县有若干个基地，该组织的申请内容也是相当明确的，环保局以申请内容不明确为由拒绝公开是不能成立的。C项错误。

《政府信息公开条例》第14条第4款规定："行政机关不得公开涉及国家秘密、商业秘密、个人隐私的政府信息。但是，经权利人同意公开或者行政机关认为不公开可能对公共利益造成重大影响的涉及商业秘密、个人隐私的政府信息，可以予以公开。"题中所申请的政府信息并不属于国家秘密、商业秘密或者个人隐私，不属于不应公开的信息范围。D项错误。

二、多项选择题。

51. 【答案】BCD

【解析】文理解释是指按照法条的字面含义进行解释，据此，妻子当然可以涵摄在妇女的字面含义之内，强奸妻子符合强奸妇女的规定，应构成强奸罪。A项正确。从论理解释角度讲，抢劫罪的暴力胁迫并非一般意义上的暴力胁迫（文理解释），而要求足以压制一般人反抗（论理解释）。强奸罪中的暴力胁迫只要达到被害妇女明显不能反抗即可（论理解释），两者不完全相同。B项错误。选项的论述结构符合当然解释的逻辑，但是当然解释必须尊重罪刑法定原则的要求，由于婴儿无论如何也不能评价为财物，将抢劫婴儿的行为解释为抢劫罪，属于类推解释，显然违反了罪刑法定原则。C项错误。中止犯的有效性并非指中止措施本身内在的有效性，而是从外在角度讲，中止行为有效避免了危害结果的发生。D项错误。

52. 【答案】ACD

【解析】父亲与救生员均有保护型作为义务，且均属于危害结果发生不可缺少的必要条件，因此均成立不作为犯。丈夫误认法律，但对事实及其社会危害性没有误认，成立故意犯。对母亲无疑具有作为义务，加之"如无排除犯罪成立"，当然构成不作为犯罪。甲对乙积极制造法禁止的危险，对丙只是单纯的不介入已经存在的危险，因此前者是作为，后者是不作为。因此，本题答案为ACD。

53. 【答案】CD

【解析】因果关系仅是承担刑事责任的一个客观要素，而非充要条件。甲的威胁行为不足以侵害他人生命，不存在杀人或伤害行为。死亡结果应归咎于乙的自杀行

为。第二次碾压不具有异常性，不中断因果关系。电梯受外力挤压而意外打开不具有异常性，不中断因果关系。因此，本题答案为CD。

54. 【答案】ACD（司法部公布答案为AD）

【解析】单位犯罪与自然人犯罪在犯罪成立要件上仅存在主体区别，其他要素相同，既遂标准也完全相同。根据新增司法解释的规定，应按照自然人犯罪处理。拒不执行判决裁定罪的主体包括自然人和单位（《修正案（九）》修改）。由于公司已经不复存在，因此只能按照自然人犯罪检视相关自然人的刑事责任。因此，本题答案为ACD。

55. 【答案】CD

【解析】假想犯罪，由于不满足客观要件，所以不可能成立犯罪。只要甲认识到自己盗窃的是枪支，那么便具有盗窃枪支的故意。甲认识到非法拘禁的事实，只是主观上存在可避免的法律错误，不妨碍故意的成立。询问中学教师显然是可避免的法律错误，不影响故意成立。因此，本题答案为CD。

56. 【答案】ABCD

【解析】甲的行为足以致人死亡，而实际上丁的死亡就是甲的行为造成的，当然具有因果关系。丙的诱骗行为虽然属于故意犯罪，但未发挥重大作用（诱骗本身不足以致人死亡），因果关系不中断。甲的方法没有错误，仅在被害人的具体身份上存在错误，属于对象错误。丙无疑利用了甲，在认识上具有一定的优越性，抽象地说，可以认为有可能成立间接正犯。至于究竟

是否成立，取决于丙在认识上的优越性是否已经达到支配甲的程度，有人认为甲的行为已经结束，因此不存在支配关系，有人则认为即便事后利用甲行为造成的危险，也足以认定支配关系。因此，本题答案为ABCD。

57. 【答案】ABD

【解析】捡拾信用卡并使用的，根据最高检的司法解释的规定，成立信用卡诈骗罪。甲取5000元，乙并未参与，因此不应承担刑事责任。甲、乙在5000元取出后，具有共犯关系。乙单纯接受6000元的行为不能认为具有掩饰隐瞒犯罪所得的性质。乙参与到取6000元和7000元现金的行为之中，发挥了心理强化作用，与1万3千元的损失之间具有心理上的因果关系，与甲成立共犯。因此，本题答案为ABD。

58. 【答案】ABC

【解析】甲、乙、丙恣意追打行为成立寻衅滋事罪；甲事后又单独杀死被害人，成立故意杀人罪。无论追打行为是否构成寻衅滋事罪，其追打行为都可以从危险前行为角度讨论作为义务，两者不相干。乙、丙的追逐行为使胡某处于孤立无援的境地，客观上产生了救助义务，但是由于无法预见甲会杀人，应认定为意外事件。乙、丙的寻衅滋事行为与死亡结果之间不具有刑法上的因果关系，因为甲的行为显然属于异常且重要的介入因素。因此，本题答案为ABC。

59. 【答案】ABCD

【解析】缓刑不只针对单一犯罪，数罪并罚时，也可以适用缓刑。管制不能适用缓刑。缓刑对法定最低刑为五年的犯罪仍然可以适用，因为立功情节可能使被告人处于3年以下有期徒刑。3年以下有期徒刑是指实际判处的刑罚，而不限于法定最高刑为3年有期徒刑的犯罪。前后罪不构成累犯，当然可以适用缓刑。因此，本题答案为ABCD。

60. 【答案】AC

【解析】即便经过三十年，由于可能存在时效中断或延长，也可能报请最高人民检察院核准，所以仍然可能被追诉。追诉时效是刑罚权发动的时间限制，根据刑法规定，挪用公款用于单纯的消费目的，需三个月未归还，才可以进行追诉，据此应该从2013年4月份开始计算追诉时效。有人以本罪为状态犯为由，认为应从1月份开始计算，但该观点混淆了犯罪成立时间点和追诉时间点的关系，如果法律对特定行为无法追诉，那么该行为还不能认为成立犯罪。这与状态犯和持续犯无关。故意伤害罪（致人轻伤）的法定刑为3年以下有期徒刑，据此追诉时效为5年。2008年已经超过了追诉时效。追诉时效是针对个人的法律制度，部分共犯人犯新罪的，时效需要重新计算，但该效果不及于其他共犯人。之所以如此规定，是因为人身危险性需要从个人角度判断，而不能连带。因此，本题答案为AC。

61. 【答案】AD

【解析】贵金属入境，成立普通走私，只有出境才被禁止，白银不属于禁止进出口的货物，成立普通走私。禁止进出口的机动车和无牟利目的的淫秽物品，应成立走私国家禁止进出口的货物、物品罪。有异议认为，旧机动车的情形，根据2002年的司法解释应认定为普通走私，但是该解释已经被修正案七废止。不能组装的弹头弹壳，不属于弹药，属于普通货物。因此，本题答案为 AD。

62. 【答案】ABCD

【解析】甲、乙之间具有事实婚姻中的家庭成员关系，成立虐待罪。乙对丙负有保护型作为义务，应成立不作为的故意伤害罪。甲不再扶养丙，当然可能成立遗弃罪。甲、乙事实婚姻破裂后，甲的行为当然成立强奸罪。因此，本题答案为 ABCD。

63. 【答案】ABD

【解析】保姆对一般家庭财产均具有处分权（手提电脑是否属于贵重的家庭财产存在疑问，如果属于，那么保姆并不具有处分权）。A 项正确。欺骗他人使其放弃财产，行为人立刻获取的，应认定为欺骗他人处分财产。B 项正确。虽然甲有欺骗行为，但富商对捐赠行为本身及承诺放弃的财产没有产生法益认识错误或动机错误，2 万元应视为正常赠与。C 项错误。乙属于稳定的占有人，甲的欺骗行为使其放弃占有而自己立刻取得占有，应认定为诈骗罪。D 项正确。

64. 【答案】ABD

【解析】

程序法定原则既是一项立法原则，也是一项司法原则。作为立法原则，程序法定原则要求法律预先规定刑事诉讼程序，即有法可依，A 项正确。

在大陆法系国家，法定原则可以被区分为罪刑法定原则与程序法定原则，B 项正确。

在英美法系国家，刑事程序法定原则具体体现为正当程序原则。可见，英美法系国家也实行程序法定原则，C 项错误。

程序法定原则既是一项立法原则，也是一项司法原则。作为司法原则，程序法定原则要求刑事诉讼活动应当依据国家法律规定的刑事诉讼程序来进行，即有法必依、司法必严，也就是说应当以法律为准绳。D 项正确。

综上所述，本题应当选 ABD。

65. 【答案】ABC

【解析】各级公安机关在自己管辖的地区内，可以直接发布通缉令；超出自己管辖的范围，应当报请有权决定的上级机关发布。A 项正确。

人民检察院上下级之间是领导与被领导的关系，上级人民检察院有权就具体案件对下级人民检察院作出命令、指示。独立行使检察权实质上是指整个检察系统作为一个整体独立行使检察权，这在理论上又被称为检察一体化。B 项正确。

上级人民检察院如果认为抗诉不当，可以向同级人民法院撤回抗诉，并且通知下级人民检察院。C 项正确。

法院上下级之间是监督指导关系，但是，法院应当受到级别管辖的规制，上级法院不可以将本属于自己管辖的案件交由下级法院审理。D 项错误。

综上所述，本题应当选 ABC。

66. 【答案】BD

【解析】被害人有权申请回避，但对于提起的公诉案件，被害人无权决定撤诉。A 项错误。

被害人有申请复议权，但被害人对公诉案件一审判决不服，没有上诉权，只能申请检察院抗诉。C 项错误。

综上所述，本题应当选 BD。

67.【答案】ABCD

【解析】对于走私犯罪，公安机关有权立案侦查，A项正确。

检察院一般管辖贪污贿赂犯罪、渎职犯罪以及国家机关工作人员利用职权实施的非法搜查、非法拘禁、刑讯逼供、暴力取证、虐待被监管人、报复陷害、破坏选举案。对于国家机关工作人员利用职权实施的其他重大犯罪案件，需要由人民检察院直接受理的时候，经省级以上人民检察院决定，可以由人民检察院立案侦查。B项正确。

《高检规则》第10条第3款规定："省级人民检察院可以决定由下级人民检察院直接立案侦查，也可以决定直接立案侦查。"C、D项正确。

综上所述，本题应当选ABCD。

68.【答案】ABCD

【解析】能够申请回避的主体包括：当事人、法定代理人、辩护人和诉讼代理人。

当事人包括：被害人、自诉人、犯罪嫌疑人、被告人、附带民事诉讼原告人、附带民事诉讼被告人。

本题中，黄某属于辩护人。袁某是自诉人，属于当事人。袁某的儿子属于诉讼代理人。小付是未成年人，小付的父亲属于法定代理人。他们都有权申请回避。

综上所述，本题应当选ABCD。

69.【答案】ACD

【解析】根据三大本中的表述："有效辩护原则是辩护权的体现，也是对辩护权的保障。在刑事诉讼中，辩护应当对保护犯罪嫌疑人、被告人的权利具有实质意义，而不仅仅是形式上的，这就是有效辩护原则的基本要求。具体来说，有效辩护原则应当包括以下几个方面的内容：（1）犯罪嫌疑人、被告人作为刑事诉讼的当事人在整个诉讼过程中应当享有充分的辩护权；（2）允许犯罪嫌疑人、被告人聘请合格的能够有效履行辩护职责的辩护人为其辩护，这种辩护同样应当覆盖从侦查到审判甚至执行阶段的整个刑事诉讼过程；（3）国家应当保障犯罪嫌疑人、被告人自行辩护权的充分行使，并通过设立法律援助制度确保犯罪嫌疑人、被告人能够获得复核最低标准并具有实质意义的律师帮助。有效辩护原则的确立，是人类社会文明进步在刑事诉讼中的体现，体现了犯罪嫌疑人、被告人刑事诉讼主体地位的确立和人权保障的理念，还有助于强化辩方成为影响诉讼进程的重要力量，维系控辩平等对抗和审判方居中'兼听则明'的刑事诉讼构造"。

可见，"有助于强化辩方成为影响诉讼进程的重要力量，维系控辩平等对抗"，A项正确。

"这种辩护同样应当覆盖从侦查到审判甚至执行阶段的整个刑事诉讼过程"，B项说"有效辩护是一项主要适用于审判阶段的原则"错误。

"犯罪嫌疑人、被告人作为刑事诉讼的当事人在整个诉讼过程中应当享有充分的辩护权"、"不应限制被告人及其辩护人发言的时间"属于保障辩护权的应有之义，C项正确。

"通过设立法律援助制度确保犯罪嫌疑人、被告人能够获得复核最低标准并具有实质意义的律师帮助"，而如果"指派没有刑事辩护经验的律师为可能被判处无期徒刑、死刑的被告人提供法律援助"，显然无法保障被告人获得实质意义的律师帮助，D项正确。

综上所述，本题应当选ACD。

70.　【答案】ABC

【解析】《刑事诉讼法》第88条规定："在审查批捕阶段，对于不批准逮捕的，人民检察院应当说明理由，需要补充侦查的，应当同时通知公安机关。"可见，确实只有不批准逮捕的，才能通知公安机关补充侦查。A项正确。

审查起诉阶段和审判阶段的补充侦查，都以两次为限，B项正确。

《高检规则》第457条规定："对于法庭审理阶段的补充侦查，人民检察院应当自行收集证据和进行侦查，必要时可以要求侦查机关提供协助；也可以书面要求侦查机关补充提供证据。"可见，审判阶段检察院应自行侦查，不得退回公安机关补充侦查，C项正确。

《高法解释》第226条第1款规定："审判期间，被告人提出新的立功线索的，人民法院可以建议人民检察院补充侦查。"可见，D项中"审判阶段法院不得建议检察院补充侦查"错误。

综上所述，本题应当选ABC。

71.　【答案】ABC

【解析】全国人大常委会关于《刑事诉讼法》第271条第2款的解释规定："应听取被害人的意见"。可见，增加了听取被害人陈述意见的机会，A项正确。

一般来说，被害人对不起诉决定不服，有两种救济途径。一是在收到不起诉决定书之日起7日内向上一级检察院申诉，二是直接向人民法院提起自诉。但是，根据全国人大常委会关于《刑事诉讼法》第271条第2款的解释规定，对未成年人附条件不起诉或者不起诉的，被害人只能申诉不能自诉，这有利于对未成年犯罪嫌疑人的转向处置，即未成年犯罪嫌疑人不可能再成为自诉案件中的被告人，而转为只能在检察院内部通过被害人的申诉进行审查。B项正确。

附条件不起诉的目的是保护未成年被告人，属于检察院的裁量范围。自诉的目的是保护被害人合法权益，属于法院的管辖权限。在保护被告人与被害人权利的平衡与博弈、检察院与法院职权的平衡与博弈中，立法解释这一次站在了未成年人被告人这一边，相当于扩大了检察机关的司法处置权，限缩了法院自诉案件的受案范围。这是因为：第一，对未成年人不起诉或者附条件不起诉后，未成年人已经经历了诉讼程序，吃到了苦头。同时，正是因为未成年人有悔罪表现或者情节轻微才会被不起诉或者附条件不起诉。不起诉决定作出后，未成年人相当于无罪，会回归社会或者学校。如果此时启动自诉意味着将未成年人置于被告人地位，增加其被再次追诉的风险，可能会对未成年人的学习、生活、身心健康和前途产生影响。第二，如果被害人不经申诉而直接向法院提起自诉，就会使得检察机关作出的不起诉决定处于不稳定状态。如果检察院不起诉，而法院却在自诉案件中判未成年人有罪，检察院就会比较尴尬了。

可见，"只能申诉不能自诉的做法"体现了对未成年犯罪嫌疑人的特殊保护，C项正确。

刑事公诉独占主义指刑事案件的起诉权被国家垄断，排除被害人自诉。在我国，不奉行公诉独占主义，而奉行公诉兼自诉制度。虽然对于未成年人附条件不起诉或者不起诉后，被害人不服只能申诉不能自诉了，但这是一个特殊规定，体现了对未成年犯罪嫌疑人的特殊保护，不能说这属于刑事公诉独占主义的一种体现。D项错误。

综上所述，本题应当选ABC。

72. 【答案】AB

【解析】需要注意：庭前会议不是正式庭审，只是了解情况、听取意见，即仅能处理一些程序性事项，不能对案件的具体事实和证据进行审查，审查事实和证据应当是后续第一审程序的工作。审判人员虽然可以询问控辩双方对证据材料有无异议，但对有异议的证据，会在庭审时重点调查，无异议的，庭审时举证、质证可以简化。不可以在庭前会议中对实体问题进行调查。

《高法解释》第184条第1款规定："召开庭前会议，审判人员可以就下列问题向控辩双方了解情况，听取意见：（一）是否对案件管辖有异议；（二）是否申请有关人员回避；（三）是否申请调取在侦查、审查起诉期间公安机关、人民检察院收集但未随案移送的证明被告人无罪或者罪轻的证据材料；（四）是否提供新的证据；（五）是否对出庭证人、鉴定人、有专门知识的人的名单有异议；（六）是否申请排除非法证据；（七）是否申请不公开审理；（八）与审判相关的其他问题。"可见，根据上述（一），高某就案件管辖提出异议是允许的，A项正确。

被害人或者其法定代理人、近亲属提起附带民事诉讼的，可以调解。B项正确。

庭前会议只能处理程序性事项，譬如，可以处理"是否申请排除非法证据"，但却不能对非法证据进行实质性审查。因此，C项中"在审查讯问时同步录像的基础上决定是否排除口供"错误。

《高法解释》第184条第2款规定："在庭前会议中，审判人员可以询问控辩双方对证据材料有无异议，对有异议的证据，应当在庭审时重点调查；无异议的，庭审时举证、质证可以简化。"但这并不意味着，庭前会议上出示过的证据，庭审时举证、质证可简化。出示过的证据，控辩双方没有异议的，庭审时举证、质证才可以简化。D项错误。

综上所述，本题应当选AB。

73. 【答案】ABD

【解析】《高法解释》第476条："对人民检察院移送的关于未成年被告人性格特点、家庭情况、社会交往、成长经历、犯罪原因、犯罪前后的表现、监护教育等情况的调查报告，以及辩护人提交的反映未成年被告人上述情况的书面材料，法庭应当接受"。可见，辩护人也可以调查未成年被告人的成长经历、犯罪原因、监护教育等情况，并提交给法院。A项正确。

《高法解释》第474条："对未成年人刑事案件，人民法院决定适用简易程序审理的，应当征求未成年被告人及其法定代理人、辩护人的意见。上述人员提出异议的，不适用简易程序"。可见，辩护人可反对法院对该案适用简易程序，法院因此只能采用普通程序审理。B项正确。

《高法解释》第486条："未成年被告

人最后陈述后，法庭应当询问其法定代理人是否补充陈述"。可见，补充陈述是法定代理人的权利，而非辩护人的权利。C项错误。

《高法解释》第485条第1款规定："法庭辩论结束后，法庭可以根据案件情况，对未成年被告人进行教育；判决未成年被告人有罪的，宣判后，应当对未成年被告人进行教育。"

第2款规定："对未成年被告人进行教育，可以邀请诉讼参与人、刑事诉讼法第二百七十条第一款规定的其他成年亲属、代表以及社会调查员、心理咨询师等参加。"可见，辩护人作为诉讼参与人，可以受法庭邀请参与对陈某的法庭教育。D项正确。

综上所述，本题应当选ABD。

74.【答案】AC

【解析】《人民检察院办理未成年人刑事案件的规定》第17条第5款规定："未成年犯罪嫌疑人明确拒绝法定代理人以外的合适成年人到场，人民检察院可以准许，但应当另行通知其他合适成年人到场。"A项正确。

《人民检察院办理未成年人刑事案件的规定》第17条第4款规定："到场的法定代理人可以代为行使未成年犯罪嫌疑人的诉讼权利，行使时不得侵犯未成年犯罪嫌疑人的合法权益。"但是，法律没有规定合适成年人到场后可以代为行使未成年犯罪嫌疑人的诉讼权利。B项错误。

《高法解释》第466条："人民法院审理未成年人刑事案件，在讯问和开庭时，应当通知未成年被告人的法定代理人到场。法定代理人无法通知、不能到场或者是共犯的，也可以通知未成年被告人的其他成年亲属，所在学校、单位、居住地的基层组织或者未成年人保护组织的代表到场，并将有关情况记录在案。到场的其他人员，除依法行使刑事诉讼法第二百七十条第二款规定的权利外，经法庭同意，可以参与对未成年被告人的法庭教育等工作。适用简易程序审理未成年人刑事案件，适用前两款的规定。询问未成年被害人、证人，适用第一款、第二款的规定"。可见，询问未成年被害人，也适用讯问未成年被告人的规定，应当通知法定代理人到场。C项正确。

适用简易程序审理未成年人刑事案件，也适用普通程序审理未成年人刑事案件的规定，即"应当通知未成年被告人的法定代理人到场。法定代理人无法通知、不能到场或者是共犯的，也可以通知未成年被告人的其他成年亲属，所在学校、单位、居住地的基层组织或者未成年人保护组织的代表到场"。D项错误。

综上所述，本题应当选AC。

75.【答案】ABC

【解析】人民法院审理附带民事诉讼案件，可以根据自愿、合法的原则进行调解。经调解达成协议的，应当制作调解书。调解书经双方当事人签收后，即具有法律效力。A项正确。

《高法解释》第496条："对符合刑事诉讼法第二百七十七条规定的公诉案件，事实清楚、证据充分的，人民法院应当告知当事人可以自行和解；当事人提出申请的，人民法院可以主持双方当事人协商以达成和解"。可见，如甲提出申请，法院可组织甲与丙协商以达成和解，C项正确。

《高法解释》第502条："和解协议约定的赔偿损失内容，被告人应当在协议签署后即时履行"。第504条："被害人或者其法定代理人、近亲属提起附带民事诉讼后，双方愿意和解，但被告人不能即时履行全部赔偿义务的，人民法院应当制作附带民事调解书"。可见，和解一般需要即时履行全部赔偿义务，如果不能即时全部履行的，法院应当采取调解方式，这意味着，调解是有可能分期履行的。因此，B项正确，D项错误。

综上所述，本题应当选AC。

76.【答案】CD

【解析】《公务员法》第81条第（三）项规定："公务员有下列情形之一的，不得辞去公职：（三）重要公务尚未处理完毕，且须由本人继续处理的；"。A项错误。

《公务员法》第82条第3款规定："领导成员因工作严重失误、失职造成重大损失或者恶劣社会影响的，或者对重大事故负有领导责任的，应当引咎辞去领导职务。"可见B项错在引咎辞去"公职"，应当是引咎辞去"领导职务"。B项错误。

《公务员法》第84条第（二）项规定："对有下列情形之一的公务员，不得辞退：（二）患病或者负伤，在规定的医疗期内的；"。C项正确。

《公务员法》第85条第2款规定："被辞退的公务员，可以领取辞退费或者根据国家有关规定享受失业保险。"D项正确。

77.【答案】BC

【解析】《行政强制法》中并没有规定行政强制措施实施之前需要告知当事人听证的权利，"扣押"属于典型的行政强制措施，故不需要告知当事人听证权利。同时，《税收征收管理法》第37条和38条亦未规定听证程序。A项错误。

《行政处罚法》第42条规定："行政机关作出责令停产停业、吊销许可证或者执照、较大数额罚款等行政处罚决定之前，应当告知当事人有要求举行听证的权利；"因此交通局吊销道路运输经营许可证应当告知当事人听证的权利。B项正确。

《行政许可法》第47条规定："行政许可直接涉及申请人与他人之间重大利益关系的，行政机关在作出行政许可决定前，应当告知申请人、利害关系人享有要求听证的权利；"因此规划局发放的建设用地规划许可证如果直接涉及申请人与附近居民之间的重大利益关系，应当告知当事人听证权利。C项正确。

目前《行政处罚法》和《治安管理处罚法》都没有规定行政拘留决定作出之前需要告知被拘留人听证的权利，因此不当选。D项错误。

78.【答案】ABC

【解析】本题考查行政强制措施中的扣押措施。

《行政强制法》第18条规定："行政机关实施行政强制措施应当遵守下列规定：（一）实施前须向行政机关负责人报告并经批准；（二）由两名以上行政执法人员实施；（三）出示执法身份证件；（四）通知当事人到场；（五）当场告知当事人采取行政强制措施的理由、依据以及当事人依法享有的权利、救济途径；（六）听取当事人的陈述和申辩；（七）制作现场笔录；（八）

现场笔录由当事人和行政执法人员签名或者盖章，当事人拒绝的，在笔录中予以注明；（九）当事人不到场的，邀请见证人到场，由见证人和行政执法人员在现场笔录上签名或者盖章；（十）法律、法规规定的其他程序。"据此可知，A、B项正确。

《行政强制法》第24条第1款规定："行政机关决定实施查封、扣押的，应当履行本法第十八条规定的程序，制作并当场交付查封、扣押决定书和清单。"C项正确。

《行政强制法》第23条第1款规定："查封、扣押限于涉案的场所、设施或者财物，不得查封、扣押与违法行为无关的场所、设施或者财物；不得查封、扣押公民个人及其所扶养家属的生活必需品。"本题中行政机关可以将三轮车扣押，但将车上的物品一并扣押，则属于扣押与本案无关的物品，是错误的。D项错误。

79. BC

【解析】《政府信息公开条例》第23条规定："行政机关认为申请公开的政府信息涉及商业秘密、个人隐私，公开后可能损害第三方合法权益的，应当书面征求第三方的意见；第三方不同意公开的，不得公开。但是，行政机关认为不公开可能对公共利益造成重大影响的，应当予以公开，并将决定公开的政府信息内容和理由书面通知第三方。"可见住建委在做出决定前应当征求企业联系人的意见，此为法定程序，必须依法行政。A项错误。

《行政诉讼法》第46条规定："公民、法人或者其他组织直接向人民法院提起诉讼的，应当自知道或者应当知道作出行政行为之日起六个月内提出。法律另有规定的除外。因不动产提起诉讼的案件自行政行为作出之日起超过二十年，其他案件自行政行为作出之日起超过五年提起诉讼的，人民法院不予受理。"法律未对政府信息公开案件的起诉期限作出特别规定，故适用行政诉讼法关于行政案件一般起诉期限的规定。须注意，行政诉讼法关于一般起诉期限的"但书"规定，其中的"法律另有规定的除外"限于狭义的法律，不包括行政法规及其以下位阶的立法文件。换言之，即使《政府信息公开条例》对起诉期限另有规定，也无适用可能，且涉嫌违反上位法。B项正确。

最高人民法院《关于审理政府信息公开行政案件若干问题的规定》第5条规定："被告拒绝向原告提供政府信息的，应当对拒绝的根据以及履行法定告知和说明理由义务的情况举证。因公共利益决定公开涉及商业秘密、个人隐私政府信息的，被告应当对认定公共利益以及不公开可能对公共利益造成重大影响的理由进行举证和说明。被告拒绝更正与原告相关的政府信息记录的，应当对拒绝的理由进行举证和说明。被告能够证明政府信息涉及国家秘密，请求在诉讼中不予提交的，人民法院应当准许。被告主张政府信息不存在，原告能够提供该政府信息系由被告制作或者保存的相关线索的，可以申请人民法院调取证据。被告以政府信息与申请人自身生产、生活、科研等特殊需要无关为由不予提供的，人民法院可以要求原告对特殊需要事由作出说明。原告起诉被告拒绝更正政府信息记录的，应当提供其向被告提出过更正申请以及政府信息与其自身相关且记录不准确的事实根据。"C项正确。

《政府信息公开条例》第22条规定："申请公开的政府信息中含有不应当公开的内容，但是能够作区分处理的，行政机关应当向申请人提供可以公开的信息内容。"据此可知，信息公开内容涉及不应当公开内容的实行区分原则。沈某向住建委申请公开的是该企业向该委提交的某危改项目纳入危改范围的意见和申报材料，其中涉及个人隐私的企业联系人联系电话和地址完全可以与申请公开的信息本身区分，因此住建委应当公开该信息，只需要将企业联系人联系电话和地址隐去即可。D项错误。

80. 【答案】AB

【解析】《行政复议法》第10条第5款规定："申请人、第三人可以委托代理人代为参加行政复议。"A项正确。

《行政复议法》第24条规定："在行政复议过程中，被申请人不得自行向申请人和其他有关组织或者个人收集证据。"B项正确。

《行政复议法》第22条规定："行政复议原则上采取书面审查的办法，但是申请人提出要求或者行政复议机关负责法制工作的机构认为有必要时，可以向有关组织和人员调查情况，听取申请人、被申请人和第三人的意见。"可见市工商局原则上应该采取书面审查的方式，开庭审理是例外。C项错误。

《行政复议法》第28条规定："行政复议机关负责法制工作的机构应当对被申请人作出的具体行政行为进行审查，提出意见，经行政复议机关的负责人同意或者集体讨论通过后，按照下列规定作出行政复议决定：……（三）具体行政行为有下列情形之一的，决定撤销、变更或者确认该具体行政行为违法；决定撤销或者确认该具体行政行为违法的，可以责令被申请人在一定期限内重新作出具体行政行为：……5.具体行政行为明显不当的。"据此可知，如果区工商分局的决定明显不当，复议机关市工商局可以选择作出撤销，变更或者确认违法的行政复议决定，而非必须予以撤销。D项错误。

81. 【答案】BCD

【解析】《行政诉讼法》第101条规定："人民法院审理行政案件，关于期间、送达、财产保全、开庭审理、调解、中止诉讼、终结诉讼、简易程序、执行等，以及人民检察院对行政案件受理、审理、裁判、执行的监督，本法没有规定的，适用《中华人民共和国民事诉讼法》的相关规定。"综上所述，本题答案为A。

82. 【答案】ABD

【解析】《行政复议法》第12条规定："对县级以上地方各级人民政府工作部门的具体行政行为不服的，由申请人选择，可以向该部门的本级人民政府申请行政复议，也可以向上一级主管部门申请行政复议。"区公安分局属于区政府的工作部门，因此也可以成为复议机关。A项正确。

《行政诉讼法》第26条规定："公民、法人或者其他组织直接向人民法院提起诉讼的，作出行政行为的行政机关是被告（第1款）。经复议的案件，复议机关决定维持原行政行为的，作出原行政行为的行政机关和复议机关是共同被告；复议机关改变原行政行为的，复议机关是被告（第2款）。"

复议机关在法定期限内未作出复议决定,公民、法人或者其他组织起诉原行政行为的,作出原行政行为的行政机关是被告;起诉复议机关不作为的,复议机关是被告(第3款)。两个以上行政机关作出同一行政行为的,共同作出行政行为的行政机关是共同被告(第4款)。行政机关委托的组织所作的行政行为,委托的行政机关是被告(第5款)。行政机关被撤销或者职权变更的,继续行使其职权的行政机关是被告(第6款)。"据本条第2款内容可知,B项正确。

《行政诉讼法》第18条规定:"行政案件由最初作出行政行为的行政机关所在地人民法院管辖。经复议的案件,也可以由复议机关所在地人民法院管辖(第1款)。经最高人民法院批准,高级人民法院可以根据审判工作的实际情况,确定若干人民法院跨行政区域管辖行政案件(第2款)。"复议维持也属于经过复议的案件,因此复议机关所在地法院也有管辖权。须注意:本项就经复议的行政案件的地域管辖权而言,原行政行为的行政机关所在地和复议机关所在地法院均有管辖权,但就级别管辖而言,依据2015年的行政诉讼法解释"以作出原行政行为的行政机关确定案件的级别管辖"。C项错误。

《行政诉讼法》第51条第3款规定:"起诉状内容欠缺或者有其他错误的,应当给予指导和释明,并一次性告知当事人需要补正的内容。"D项正确。

83. 【答案】AC

【解析】《行政诉讼法》第82条规定:"人民法院审理下列第一审行政案件,认为事实清楚、权利义务关系明确、争议不大的,可以适用简易程序:(一)被诉行政行为是依法当场作出的;(二)案件涉及款额二千元以下的;(三)属于政府信息公开案件的(第1款)。除前款规定以外的第一审行政案件,当事人各方同意适用简易程序的,可以适用简易程序(第2款)。发回重审、按照审判监督程序再审的案件不适用简易程序(第3款)。"据此可知:简易程序适用范围:1.法定可适用案件:符合事实清楚、权利义务关系明确、争议不大的第一审行政案件且属于下列情形之一:(1)被诉行政行为是依法当场作出的;(2)案件涉及款额2000元以下的;(3)属于政府信息公开案件的。2.意定可适用的案件:对第一审行政案件,各方同意适用简易程序的,可以适用简易程序。3.不得适用的案件:发回重审、按照审判监督程序再审的案件不适用简易程序。A项属于意定可适用简易程序的行政案件;B项中的发回重审案件和上诉案件(第二审案件)均不得适用简易程序审理。因此,A项正确,B项错误。

《行政诉讼法》第83条规定:"适用简易程序审理的行政案件,由审判员一人独任审理,并应当在立案之日起四十五日内审结。"C项正确。

我国行政诉讼法中没有"简易程序应当当庭宣判"的规定,应适用普通程序的相关规定,法庭可以当庭宣判,也可以定期宣判。D项错误。

84. 【答案】ACD

【解析】书证是以文字、符号、图形所记载或表示的内容、含义来证明案件事实的证据,照片是典型的书证。A项正确。

《最高人民法院关于行政诉讼证据若干问题的规定》第15条规定:"根据行政诉讼法第三十一条第一款第(七)项的规定,被告向人民法院提供的现场笔录,应当载明时间、地点和事件等内容,并由执法人员和当事人签名。当事人拒绝签名或者不能签名的,应当注明原因。有其他人在现场的,可由其他人签名。法律、法规和规章对现场笔录的制作形式另有规定的,从其规定。"可见,现场笔录并非必须要当事人签名。B项错误。

《最高人民法院关于行政诉讼证据若干问题的规定》第32条规定:"人民法院对委托或者指定的鉴定部门出具的鉴定书,应当审查是否具有下列内容:……(七)鉴定人及鉴定部门签名盖章。"C项正确。

《最高人民法院关于行政诉讼证据若干问题的规定》第44条规定:"有下列情形之一,原告或者第三人可以要求相关行政执法人员作为证人出庭作证:(一)对现场笔录的合法性或者真实性有异议的;"。D项正确。

85.【答案】ACD

【解析】《行政诉讼法》第57条规定:"人民法院对起诉行政机关没有依法支付抚恤金、最低生活保障金和工伤、医疗社会保险金的案件,权利义务关系明确、不先予执行将严重影响原告生活的,可以根据原告的申请,裁定先予执行。"最高人民法院关于执行《中华人民共和国行政诉讼法》若干问题的解释第48条第2款规定:"人民法院审理起诉行政机关没有依法发给抚恤金、社会保险金、最低生活保

障费等案件,可以根据原告的申请,依法书面裁定先予执行。"可见,只有在行政给付的案件中才有可能根据原告的申请先予执行,本题中孙某的案件既不涉及行政给付,也不涉及先予执行的问题。A项错误。

《国家赔偿法》第15条规定:"人民法院审理行政赔偿案件,赔偿请求人和赔偿义务机关对自己提出的主张,应当提供证据。"B项正确。

最高人民法院《关于审理行政赔偿案件若干问题的规定》第28条规定:"当事人在提起行政诉讼的同时一并提出行政赔偿请求,或者因具体行政行为和与行使行政职权有关的其他行为侵权造成损害一并提出行政赔偿请求的,人民法院应当分别立案,根据具体情况可以合并审理,也可以单独审理。"可见,此时法院既可以一并审理和裁判,也可以单独审理。C项错误。

《国家赔偿法》第4条规定:"行政机关及其工作人员在行使行政职权时有下列侵犯财产权情形之一的,受害人有取得赔偿的权利:……(四)造成财产损害的其他违法行为。"最高人民法院《关于审理行政赔偿案件若干问题的规定》第1条规定:"《中华人民共和国国家赔偿法》第三条、第四条规定的其他违法行为,包括具体行政行为和与行政机关及其工作人员行使行政职权有关的,给公民、法人或者其他组织造成损害的,违反行政职责的行为。"结合题干案情,本题中,房管局在出具房屋他项权证时未核实房屋的实际面积,属于违反行政职责的行为,因此属于赔偿的范围。D项错误。

三、不定项选择题。

86. 【答案】CD

【解析】甲的破坏行为没有造成社会秩序的严重混乱，也未严重破坏交通秩序，不构成寻衅滋事罪或聚众扰乱交通秩序罪。故A、B项错误。吴某对公共财产无处分权限，因此，即便征得其同意，也构成故意毁坏财物罪。C项正确。隔离栏关系到交通安全，破坏严重，使其丧失保护作用和疏导功能，足以危害公共安全的，可以认定为破坏交通设施罪。D项正确。

87. 【答案】BC

【解析】非法经营罪需要根据法定标准进行认定，本罪情形不属于非法经营罪的法定类型（私自建设高速公路并收费可能违反专营规定成立非法经营罪）。招摇撞骗罪要求冒充国家机关工作人员，收费站收费员并非机关工作人员。收费站工作人员没有产生足以处分财产的认识错误，不构成诈骗罪。骗吴某仅得20万，并没有侵犯社会法益，不应认定为隐瞒犯罪所得罪。该行为只是行为人本人掩盖赃物的行为。因此，本题答案为BC。

88. 【答案】ABC

【解析】本应归收费站收取的费用属于财产性利益（债权），甲利用职务便利将其据为己有，成立贪污罪（这里不存在对现金的贪污，因为现金来自于司机，该笔款项并非公共财产）。贪污数额为30万。收3万元是独立的另一行为，当然成立受贿罪。贪污和受贿之间不具有类型化的牵连关系。因此，本题答案为ABC。

89. 【答案】ABD

【解析】朱某的行为使黄某的企业享受退税政策，造成300万税收损失，两者之间具有因果关系。朱某未考虑应考虑的因素，成立滥用职权罪。因此，A、B项正确。该罪主体须为税务人员，朱某不具有该身份，不构成该罪。C项错误。该利益并非贿赂。D项正确。

90. 【答案】B

【解析】该罪的实行行为是拒不说明来源（在提起公诉前）。A项错误。审查起诉时主动说明来源的，未满足该罪成立要求。B项正确。朱某仅个人参与赌博，并未聚众赌博或以赌博为业，不成立赌博罪，即单纯参与赌博的行为不产生刑事责任。C、D项错误

91. 【答案】ACD

【解析】300万退税款，不具有逃税性质（虚假纳税申报或不申报）。A项错误。黄某隐瞒实际情况，具有诈骗行为，使税务机关陷入错误认识而将300万处分给了黄某，成立诈骗罪。B项正确。黄某提交的材料并非中介服务机构提供的虚假证明文件，不构成该罪。C项错误。黄某的行为具有诈骗性质，而诈骗罪并非单位犯罪。D项错误。

92. 【答案】AD

【解析】《高检规则》第327条规定："省级以下（不含省级）人民检察院直接受理立案侦查的案件，需要逮捕犯罪嫌疑人的，应当报请上一级人民检察院审查决定。"本题中，李某由市检察院立案侦查，是否逮捕李某，应由甲市检察院的上一级检察院审查决定。A项正确。

《刑事诉讼法》第73条规定："关于监视居住的地点：（1）监视居住应当在犯

罪嫌疑人、被告人的住处执行。（2）（a）无固定住处的，可以在指定的居所执行。（b）对于涉嫌危害国家安全犯罪、恐怖活动犯罪、特别重大贿赂犯罪，在住处执行可能有碍侦查的，经上一级人民检察院或者公安机关批准，也可以在指定的居所执行。"可见，怀孕并非适用指定居所监视居住的条件，B项错误。

危害国家安全犯罪、恐怖活动犯罪、特别重大贿赂犯罪案件，律师会见前需要经过侦查机关许可。可见，本题中李某涉及的贪污罪，李某委托的律师在侦查阶段会见李某，无须经侦查机关许可，C项错误。

《高检规则》第201条规定："人民检察院立案侦查职务犯罪案件，在每次讯问犯罪嫌疑人的时候，应当对讯问过程实行全程录音、录像，并在讯问笔录中注明。"可见，D项正确。

综上所述，本题应当选AD。

93.【答案】ABD

【解析】《刑事诉讼法》第200条："在审判过程中，有下列情形之一，致使案件在较长时间内无法继续审理的，可以中止审理：（一）被告人患有严重疾病，无法出庭的；（二）被告人脱逃的；（三）自诉人患有严重疾病，无法出庭，未委托诉讼代理人出庭的；（四）由于不能抗拒的原因。中止审理的原因消失后，应当恢复审理。中止审理的期间不计入审理期限。"可见，李某脱逃后，法院可中止审理正确。A项正确。

《刑事诉讼法》第280条的规定，该程序适用于两种情况：1.（1）贪污贿赂犯罪、恐怖活动犯罪等重大犯罪案件；（2）犯

嫌疑人、被告人逃匿，在通缉一年后不能到案；（3）依照刑法规定应当追缴其违法所得及其他涉案财产的。2.（1）犯罪嫌疑人、被告人死亡；（2）依照刑法规定应当追缴其违法所得及其他涉案财产的。可见，本案中，李某属于第一种情况，B项正确。

《高法解释》第513条第2款规定："犯罪嫌疑人、被告人的近亲属和其他利害关系人申请参加诉讼的，应当在公告期间提出。犯罪嫌疑人、被告人的近亲属应当提供其与犯罪嫌疑人、被告人关系的证明材料，其他利害关系人应当提供申请没收的财产系其所有的证据材料。"《高法解释》第513条第3款规定："犯罪嫌疑人、被告人的近亲属和其他利害关系人在公告期满后申请参加诉讼，能够合理说明原因，并提供证明申请没收的财产系其所有的证据材料的，人民法院应当准许。"可见，李某的近亲属超过公告期申请参加诉讼，法院也有可能准许，C项错误。

《高法解释》第532条的规定："在审理过程中，在逃的犯罪嫌疑人、被告人自动投案或者被抓获的，人民法院应当终止审理。"可见，D项正确。

综上所述，本题应当选ABD。

94.【答案】ACD

【解析】《刑事诉讼法》第151条规定："对涉及给付毒品等违禁品或者财物的犯罪活动，公安机关根据侦查犯罪的需要，可以依照规定实施控制下交付。"可见，A项正确。

《刑事诉讼法》第149条规定："批准决定应当根据侦查犯罪的需要，确定采取技术侦查措施的种类和适用对象。批准决

定自签发之日起三个月以内有效。对于不需要继续采取技术侦查措施的，应当及时解除；对于复杂、疑难案件，期限届满仍有必要继续采取技术侦查措施的，经过批准，有效期可以延长，每次不得超过三个月。"可见，技术侦查的时间是以三个月为单位延长，但没有延长期限的限制，B项错误。

技术侦查也是侦查，只要是侦查，就必须发生于立案之后，在立案阶段不允许采取技术侦查措施，C项正确。

《刑事诉讼法》第152条规定："采取侦查措施收集的材料在刑事诉讼中可以作为证据使用。如果使用该证据可能危及有关人员的人身安全，或者可能产生其他严重后果的，应当采取不暴露有关人员身份、技术方法等保护措施，必要的时候，可以由审判人员在庭外对证据进行核实。"可见，D项正确。

综上所述，本题应当选ACD。

95. 【答案】A

【解析】本题以一个共同犯罪并且其中一个被告人一审被判处死刑立即执行的案件考查二审程序的适用。《刑事诉讼法》第223条规定："第二审人民法院对于下列案件，应当组成合议庭，开庭审理：（1）被告人、自诉人及其法定代理人对第一审认定的事实、证据提出异议，可能影响定罪量刑的上诉案件；（2）被告人被判处死刑的上诉案件；（3）人民检察院抗诉的案件；（4）其他应当开庭审理的案件。"《刑诉解释》第317条第2款规定："被判处死刑立即执行的被告人没有上诉，同案的其他被告人上诉的案件，第二审人民法院应当开庭审理。"在本题中，被判处死刑立即执行的鲁某虽未上诉，但同案的关某上诉，因此二审应当开庭审理，A项正确。《刑事诉讼法》第224条规定："人民检察院提出抗诉的案件或者第二审人民法院开庭审理的公诉案件，同级人民检察院都应当派员出席法庭。"因此无论检察院是否抗诉，只要二审开庭审理，同级检察院均应派员出席法庭，B项错误。《刑诉解释》第325条规定："审理被告人或者其法定代理人、辩护人、近亲属提出上诉的案件，不得加重被告的刑罚，并应当执行下列规定……（b）原判对被告人判处死刑缓期执行没有限制减刑的，不得限制减刑……。"最高人民法院《关于死刑缓期执行限制减刑案件审理程序若干问题的规定》第4条第1款规定："认为原判事实清楚、证据充分，但应当限制减刑的，不得直接改判，也不得发回重新审判。确有必要限制减刑的，应当在第二审判决、裁定生效后，按照审判监督程序重新审判。"因此，C项和D项均错误。

96. 【答案】ABD

【解析】《刑诉解释》第345条规定："中级人民法院判处死刑缓期执行的第一审案件，被告人未上诉、人民检察院未抗诉的，应当报请高级人民法院核准。高级人民法院复核死刑缓期执行案件，应当讯问被告人。"可见，判处死刑缓期执行的第一审案件，只有被告人未上诉、人民检察院未抗诉的，才必须报请高级人民法院核准。对于被告人上诉或人民检察院抗诉的，由高级人民法院进行二审，不再另行组织专门的复核程序。A项正确。

《刑事诉讼法》第 238 条规定："最高人民法院复核死刑案件，高级人民法院复核死刑缓期执行的案件，应当由审判员三人组成合议庭进行。"B 项正确。

《刑诉解释》第 356 条："死刑复核期间，辩护律师要求当面反映意见的，最高人民法院有关合议庭应当在办公场所听取其意见，并制作笔录；辩护律师提出书面意见的，应当附卷。"可见，只有辩护律师要求当面反映意见的，合议庭才应当在办公场所听取意见。C 项错误。

《刑诉解释》第 353 条规定："最高人民法院裁定不予核准死刑的，根据案件情况，可以发回第二审人民法院或者第一审人民法院重新审判。第一审人民法院重新审判的，应当开庭审理。第二审人民法院重新审判的，可以直接改判；必须通过开庭查清事实、核实证据或者纠正原审程序违法的，应当开庭审理。"本题中可以发回 A 市中级人民法院或者由 B 省高级人民法院重新审理。D 项正确。

97．【答案】BD

【解析】《立法法》第 82 条第 3 款规定："设区的市、自治州的人民政府根据本条第一款、第二款制定地方政府规章，限于城乡建设与管理、环境保护、历史文化保护等方面的事项。已经制定的地方政府规章，涉及上述事项范围以外的，继续有效。"可见《立法法》修正后，之前对城乡建设与管理、环境保护、历史文化保护等以外的事项已制定的地方政府规章继续有效，A 项错误。

《立法法》第 82 条第 5 款规定："应当制定地方性法规但条件尚不成熟，因行政管理迫切需要，可以先制定地方政府规章。规章实施满两年需要继续实施规章所规定的行政措施的，应当提请本级人民代表大会或者其常务委员会制定地方性法规。"B 项正确。

《立法法》第 82 条第 6 款规定："没有法律、行政法规、地方性法规的依据，地方政府规章不得设定减损公民、法人和其他组织权利或者增加其义务的规范。"C 项错误。

《立法法》第 86 条规定："部门规章签署公布后，及时在国务院公报或者部门公报和中国政府法制信息网以及在全国范围内发行的报纸上刊载。"D 项正确。

98．【答案】C

【解析】《行政诉讼法解释》（法释〔2000〕8 号）第 1 条第 2 款规定："……公民、法人或者其他组织对下列行为不服提起诉讼的，不属于人民法院行政诉讼的受案范围：……（二）公安、国家安全等机关依照刑事诉讼法的明确授权实施的行为；"公安机关的行为属于刑事诉讼法调整的行为，不属于行政诉讼受案范围。A 项错误。

《行政诉讼法》第 12 条规定："人民法院受理公民、法人或者其他组织提起的下列诉讼：……（十一）认为行政机关不依法履行、未按照约定履行或者违法变更、解除政府特许经营协议、土地房屋征收补偿协议等协议的；"B 选项中起诉的原告是行政机关而非行政协议中的相对人，不属于行政诉讼的受案范围。B 项错误。

《行政诉讼法》第 12 条规定："人民法院受理公民、法人或者其他组织提起的下列诉讼：……（八）认为行政机关滥用行政权力排除或者限制竞争的；"。C项正确。

《行政诉讼法》第13条规定："人民法院不受理公民、法人或者其他组织对下列事项提起的诉讼：……（二）行政法规、规章或者行政机关制定、发布的具有普遍约束力的决定、命令；"征收土地补偿费标准属于市政府发布的具有普遍约束力的决定、命令，是抽象行政行为，不属于行政诉讼的受案范围。D项错误。

99. 【答案】B

【解析】《行政诉讼法》第74条第2款规定："行政行为有下列情形之一，不需要撤销或者判决履行的，人民法院判决确认违法：（一）行政行为违法，但不具有可撤销内容的；"本题中强拆行为已经实施，不具有可撤销的内容，故只能判决确认违法，B项正确。

100. 【答案】C

【解析】《国家赔偿法》第21条第3款规定："对公民采取逮捕措施后决定撤销案件、不起诉或者判决宣告无罪的，作出逮捕决定的机关为赔偿义务机关。"可见逮捕后案件被撤销的，应该由批捕机关县检察院作为赔偿义务机关。A项错误。

《国家赔偿法》第17条规定："行使侦查、检察、审判职权的机关以及看守所、监狱管理机关及其工作人员在行使职权时有下列侵犯人身权情形之一的，受害人有取得赔偿的权利：……（二）对公民采取逮捕措施后，决定撤销案件、不起诉或者判决宣告无罪终止追究刑事责任的；"。B项错误。

《国家赔偿法》第22条第3款规定："赔偿请求人提出赔偿请求，适用本法第十一条、第十二条的规定。"而同法第12条4款规定："赔偿请求人当面递交申请书的，赔偿义务机关应当当场出具加盖本行政机关专用印章并注明收讫日期的书面凭证。申请材料不齐全的，赔偿义务机关应当当场或者在五日内一次性告知赔偿请求人需要补正的全部内容。"C项正确。

《国家赔偿法》第24条第2款规定："赔偿请求人对赔偿的方式、项目、数额有异议的，或者赔偿义务机关作出不予赔偿决定的，赔偿请求人可以自赔偿义务机关作出赔偿或者不予赔偿决定之日起三十日内，向赔偿义务机关的上一级机关申请复议。"可见如赔偿义务机关拒绝赔偿，张某的权利救济途径是：向上一级机关申请复议。D项错误。

2015年国家司法考试（试卷三）解析

一、单项选择题。

1. 【答案】D

【解析】（1）《基金会管理条例》第2条规定："本条例所称基金会，是指利用自然人、法人或者其他组织捐赠的财产，以从事公益事业为目的，按照本条例的规定成立的非营利性法人。"第21条规定："理事会是基金会的决策机构，依法行使章程规定的职权。理事会每年至少召开2次会议。理事会会议须有2/3以上理事出席方能召开；理事会决议须经出席理事过半数通过方为有效。"本题中，捐赠人甲捐助一定财产成立基金会法人后，基金会即获得了独立的民事主体资格，应当依法设立理事会，行使章程规定的职权。（2）根据《基金会管理条例》规定："基金会章程应当载明基金的设立宗旨和公益活动的业务范围。若需要修改章程规定的设立宗旨和目的，需召开理事会表决，经出席理事2/3以上通过方为有效。而非由捐助人及家庭成员或基金会的法定代表人单独决定。"故A、B、C项错误。（3）《基金会管理条例》第15条规定："基金会修改章程，还应当征得其业务主管单位的同意，并报登记管理机关核准。"故本题的正确答案为D。

2. 【答案】C

【解析】本题考查欺诈与重大误解的认定与法律效力。（1）《民通意见》第68条规定："一方当事人故意告知对方虚假情况，或者故意隐瞒真实情况，诱使对方当事人作出错误意思表示的，可以认定为欺诈行为。"本题中，甲故意隐瞒了车辆行驶里程的真实状况，构成欺诈。（2）《合同法》第54条第2款规定："一方以欺诈、胁迫的手段或者乘人之危，使对方在违背真实意思的情况下订立的合同，受损害方有权请求人民法院或者仲裁机构变更或者撤销。"第3款规定："当事人请求变更的，人民法院或者仲裁机构不得撤销。"A项正确。（3）《买卖合同解释》第23条规定："标的物质量不符合约定，买受人依照合同法第一百一十一条的规定要求减少价款的，人民法院应予支持。当事人主张以符合约定的标的物和实际交付的标的物按交付时的市场价值计算差价的，人民法院应予支持。价款已经支付，买受人主张返还减价后多出部分价款的，人民法院应予支持。"B项正确。（4）《民通意见》第71条对重大误解作了规范性解释："行为人因为对行为的性质、对方当事人、标的物的品种、质量、规格和数量等的错误认识，使行为的后果与自己的意思相悖，并造成较大损失的，可以认定为重大误解。"《合同法》第54条第1款规定："下列合同，当事人一方有权请求人民法院或者仲裁机构变更或者撤销：（一）因重大误解订立的；（二）在订立合同时显失公平的。"本题中，因出卖人甲的行为符合欺诈的构成要件，原则上不构成重大误解。且基于意思表示存在瑕疵而撤销合同，只能通过诉讼或仲裁方式行使，不能以"致函"的方式通知行使。C项错误。（5）《合同法》第42条规定："当事人在订立合同过程中有下列情形之一，给对方造成损失的，应当承担损害赔偿责任：（一）假借订立合同，恶意进行磋商；（二）故意隐瞒与订立合同有关的重要事实或者提供虚假情况；（三）有其他违背诚实信用原则的行为。"本题中，出卖人甲隐瞒了与订立合同有关的重要事实，造成买受人损害，违反诚实信用原则，应当承担缔约过失责任。D项正确。综上所述，本题的正确答案为C。

3. 【答案】D

【解析】本题考查合同的效力。（1）《民法通则》第58条第1款第4项规定："恶意串通，损害国家、集体利益的民事行为无效。"《合同法》第52条第1项规定："恶意串通损害国家、集体利益的合同无效。"需要注意的是，要将国家、集体利益与国有企业及集体企业的利益区分开来，损害国有企业的利益并非当然属于此处的"损害国家利益"。本题中，虽国有企业乙公司被欺诈造成损失，但并未构成《合同法》上的"损害国家利益"，不能认定合同无效，故A、C项错误。（2）《合同法》第54条第2款规定："一方以欺诈、胁迫的手段或者乘人之危，使对方在违背真实意思的情况下订立的合同，受损害方有权请求人民法院或者仲裁机构变更或者撤销。"本题中，甲公司基于欺诈与乙企业订立合同，因未损害国家利益，而属于可变更可撤销合同。（3）根据《合同法》第54条规定，受欺诈方乙企业享有撤销权，可以行使也可以不行使。故B项错误。（4）若乙企业不行使撤销权，该合同属于完全有效的合同。《合同法》第107条规定："当事人一方不履行合同义务或者履行合同义务不符合约定的，应当承担继续履行、采取补救措施或者赔偿损失等违约责任。"本题中，甲公司不能履行基于买卖合同产生的交付房屋并转移所有权的义务，应当承担违约责任。故D项正确。

4. 【答案】D

《民法通则》第12条第1款规定："十周岁以上的未成年人是限制民事行为能力人，可以进行与他的年龄、智力相适应的民事活动；其他民事活动由他的法定代理人代理，或者征得他的法定代理人的同意。"《合同法》第47条规定："限制民事行为能力人订立的合同，经法定代理人追认后，该合同有效，但纯获利益的合同或者与其年龄、智力、精神健康状况相适应而订立的合同，不必经法定代理人追认。相对人可以催告法定代理人在一个月内予以追认。法定代理人未作表示的，视为拒绝追认。合同被追认之前，善意相对人有撤销的权利。撤销应当以通知的方式作出。"结合题干信息，尽管陈某为网络奇才，但其年龄为15周岁，依据法律标准为限制民事行为能力人，其仅能从事纯获利益或与其年龄、智力相适应的民事行为（合同），对于标的额达到50万的交易，不能评价为与其年龄、智力相适应，因此委托合同只有经过其法定代理人追认才生效，陈某的父母表示反对（不追认），委托合同不生效。代理权的授予属于单方的法律行为，代理的后果归属于被代理人，甲公司授予陈某代理权，不会对陈某构成损害，不需要陈某法定代理人的追认，有效。综上所述，A、B、C项错误，D项正确。

5. 【答案】A

【解析】《物权法》第19条第1款规定："权利人、利害关系人认为不动产登记簿记载的事项错误的，可以申请更正登记。不动产登记簿记载的权利人书面同意更正或者有证据证明登记确有错误的，登记机构应当予以更正（第1款）。不动产登记簿记载的权利人不同意更正的，利害关系人可以申请异议登记。登记机构予以异议登记的，申请人在异议登记之日起十五日内不起诉，异议登记失效。异议登记不当，造成权利人损害的，权利人可以向申请人请求损害赔偿（第2款）。"根据第1款可知，权利人、利害关系人均有权主张更正登记。结合题干交代案情，甲、乙之间签有一份有效的协议，甲属于对此房有利害关系的人，可以申请更正登记。A项正确。

甲、乙之间签订的合同，并无违反法律的强制性效力规定，是合法有效的，甲是事实物权人，乙是登记名义人。合同合法有效，内容是乙代甲购房，则甲可以依据合同要求乙全面履行合同义务，办理过户手续。B、C项错误。

《物权法》第106条规定："无处分权人将不动产或者动产转让给受让人的，所有权人有权追回；除法律另有规定外，符合下列情形的，受让人取得该不动产或者动产的所有权：（一）受让人受让该不动产或者动产时是善意的；（二）以合理的价格转让；（三）转让的不动产或者动产

依照法律规定应当登记的已经登记，不需要登记的已经交付给受让人。受让人依照前款规定取得不动产或者动产的所有权的，原所有权人有权向无处分权人请求赔偿损失。当事人善意取得其他物权的，参照前两款规定。"据此可知，善意取得制度以无权处分为前提条件，题干交代案情为乙为房屋的登记所有人，乙处分房屋为有权处分，因此不适用善意取得制度。丙在此种情形下取得房屋，属于通过买卖合同和物权登记的方式取得房屋所有权。D项错误。

6. 【答案】A

【解析】本题考查埋藏物的所有权变动。（1）《物权法》第114条规定："拾得漂流物、发现埋藏物或者隐藏物的，参照拾得遗失物的有关规定。文物保护法等法律另有规定的，依照其规定。"因拾得人不能基于拾得遗失物而取得所有权，相应地，丙虽在地下挖出一瓷瓶系发现埋藏物，但无法取得所有权。该埋藏物的所有权仍属于埋藏人甲的祖父所有。故丙出卖该瓷瓶的行为属于无权处分。（2）《物权法》第29条规定："因继承或者受遗赠取得物权的，自继承或者受遗赠开始时发生效力。"本题中，瓷瓶为甲的祖父埋藏，其死亡后甲因继承取得所有权，尽管其并不知该瓷瓶的存在亦不妨碍取得所有权。甲将其所有的房屋出卖，并先后办理了过户登记，所有权发生变动。但因买卖合同未涉及埋藏的瓷瓶，故其所有权并未发生变动，依然属于甲。（3）《物权法》第107条规定："所有权人或者其他权利人有权追回遗失物。该遗失物通过转让被他人占有的，权利人有权向无处分权人请求损害赔偿，或

者自知道或者应当知道受让人之日起二年内向受让人请求返还原物,但受让人通过拍卖或者向具有经营资格的经营者购得该遗失物的,权利人请求返还原物时应当支付受让人所付的费用。"本题中,发现埋藏物可参照该规定。所有权人甲既可以直接向无权处分人丙请求赔偿,也可以在知道受让人两年内主张返还原物。A项正确,而B项错误。(4)根据物权法原理,拾得遗失物原则上不适用善意取得,发现埋藏物亦同。只有所有权人甲知道或应当知道受让人之日起二年内未主张返还原物时,丁才例外地善意取得所有权,故D项错误。(5)《买卖合同解释》第3条规定:"当事人一方以出卖人在缔约时对标的物没有所有权或者处分权为由主张合同无效的,人民法院不予支持。"根据该司法解释,无权处分原则上不影响买卖合同的效力,故C项错误。综上所述,本题的正确答案为A。

7. 【答案】D

【解析】本题考查抵押合同与借款合同的效力。(1)乙与丙签订的借款合同为当事人的真实意思表示,且未违反法律的强制性规定,应当认定为合法有效,故B项错误。(2)乙在签订抵押合同时冒用甲的名字签字,属于冒名行为,可参照"无权代理"的相关规定,认定其为效力待定的合同,而非无效合同,故A项错误。(3)《婚姻法解释(二)》第24条规定:"婚姻关系存续期间夫妻一方以个人名义所负债务,夫妻一方能够证明债权人与债务人明确约定为个人债务,或者能够证明'债权人知道夫妻双方约定财产分别所有'的,应当

认定为夫妻个人债务。否则应当认定为夫妻共同债务。"本题中,乙以个人名义借款且用于个人用途,债权人丙对此知情,因此应当认定其为乙的个人债务,甲无连带清偿的义务,故C项错误。(4)根据《行政诉讼法》第70条的规定:"行政行为作出的主要证据不足的,人民法院可判决撤销或者部分撤销。"本题中,因抵押登记为乙冒用甲的名义所为,签字均为伪造,认定事实的主要证据存在错误,甲有权申请撤销该抵押登记。故D项正确。综上所述,本题正确答案为D。

8. 【答案】C

【解析】本题考查动产质权的设立。(1)甲、乙订立的质押合同为双方当事人真实意思表示,且不违反法律的强制性规定,不存在无效的情形,应当认定合法有效。故A项错误。(2)《物权法》第212条规定:"质权自出质人交付质押财产时设立。"需要注意的是,动产质权的设立需要满足"质押合同+交付"两个要件。本题中,丙虽实际受领红木交付,但因无质押合同,不能取得质权。B项错误。(3)因甲、丙签订委托合同,授权丙代甲占有红木,丙为直接占有人而甲为间接占有人,故甲因受领交付而占有质物,进而取得质权。C项正确。(4)法律未禁止质物可委托第三人占有,故D项错误。综上所述,本题正确答案为C。

9. 【答案】D

【解析】本题考查委托合同的利益归属。(1)根据《合同法》第396条规定:"委托合同是委托人和受托人约定,由受托人处理委托人事务的合同。"本题中,乙受

甲委托代为购买彩票，双方成立委托合同关系。（2）《合同法》第404条规定："受托人处理委托事务取得的财产，应当转交给委托人。"本题中，受托人甲虽擅自变换了号码，但仍"为乙购买了彩票"，并"替乙保管"，中奖所获的奖金属于处理委托事务取得的财产，应当归属于乙。故D项正确。

10. 【答案】D

【解析】本题考查双务合同中的履行抗辩权。（1）《合同法》第67条规定："当事人互负债务，有先后履行顺序，先履行一方未履行的，后履行一方有权拒绝其履行要求。先履行一方履行债务不符合约定的，后履行一方有权拒绝其相应的履行要求。"本题中，根据双方约定，乙公司应当先履行交付房屋的义务，而后甲支付分期款。作为后履行一方，甲可行使先履行抗辩权，而非不安抗辩权，故B项错误。（2）因双务合同中的履行抗辩权产生的基础在于：双务合同中双方义务的牵连性，故《合同法》规定的适用履行抗辩权的前提为：一方未履行主给付义务或履行不符合约定。本题中，乙公司已经履行交付房屋的义务，只是未履行交付说明书的从给付义务，与甲的付款义务不构成对价关系，甲无权行使先履行抗辩权。故D项正确，而A项错误。（3）《合同法》第94条第（四）项规定："当事人一方迟延履行债务或者有其他违约行为致使不能实现合同目的"，当事人可以解除合同。本题中，乙公司虽然未按照约定或交易习惯履行交付说明书等从给付义务，但因已经履行交付房屋的主要义务，难以认定甲订立合同的目的无

法实现，故甲无权解除合同。故C项错误。综上所述，本题的正确答案为D。

11. 【答案】D

【解析】本题考查承租人的优先购买权以及"买卖不破租赁"规则。（1）《合同法》第230条规定："出租人出卖租赁房屋的，应当在出卖之前的合理期限内通知承租人，承租人享有以同等条件优先购买的权利。"（2）根据《城镇房屋租赁合同解释》第21条规定："出租人出卖租赁房屋未在合理期限内通知承租人或者存在其他侵害承租人优先购买权情形，承租人请求出租人承担赔偿责任的，人民法院应予支持。但请求确认出租人与第三人签订的房屋买卖合同无效的，人民法院不予支持。"由此可见，侵害优先购买权并不能导致买卖合同的无效，承租人只能通过损害赔偿获得救济。本题中，出租人甲在租赁期内未通知承租人乙即把房屋出卖，侵害了乙的优先购买权，可以请求损害赔偿，但无权主张买卖合同无效。故B项错误，而D项正确。（3）因丙购买房屋时为善意，并不存在过错，无须对承租人乙承担赔偿责任。C项错误。（4）《合同法》第229条规定："租赁物在租赁期间发生所有权变动的，不影响租赁合同的效力。"本题中，虽甲、丙的买卖合同侵害了承租人乙的优先购买权，但承租人乙可基于"买卖不破租赁"而对丙主张承租权，其使用租赁房屋的利益并未受到侵害，订立租赁合同的目的并未受影响，故无权解除合同。故A项错误。综上所述，本题正确答案为D。

12. 【答案】D

【解析】（1）本法所称物权，是指权

利人依法对特定的物享有直接支配和排他的权利,包括所有权、用益物权和担保物权。本题中,面包券虽然"不记名、不挂失,凭券提货",但其表征的"面包"并非特定的物,故不属于物权凭证,而只是债权凭证。A项错误。(2)甲、乙两公司签订的面包券买卖协议合法有效,且不存在法定或约定的解除情形,甲公司无权解除合同,B项错误。(3)甲公司将面包券转让给张某及其他顾客后,视为其转让了"协议"项下的债权。因面包券已全部流入市场,甲公司已经丧失债权人资格,故无权通知乙公司停止兑付面包券,C项错误。(4)某顾客因以合理价格从张某处受让面包券,因该债权"不记名、不挂失",故已经取得了请求乙公司兑付的债权。D项正确。

13. 【答案】C
【解析】(1)《合同法》第210条规定:"自然人之间的借款合同,自贷款人提供借款时生效。"本题中,李某向方某交付100万元后,双方借款合同成立并生效,故A项错误。(2)《民法通则》第92条规定:"没有合法根据,取得不当利益,造成他人损失的,应当将取得的不当利益返还受损失的人。"本题中,方某取得100万元是基于双方有效成立的借款合同,存在法律上原因,不构成不当得利,B项错误。(3)《担保法解释》规定:"主合同中虽然没有保证条款,但保证人在主合同上以保证人的身份签字或者盖章的,保证合同成立。"本题中,张某以保证人身份签字,保证合同成立。故C项正确。(4)李某与刘某签订有效的抵押合同,根据抵押合同刘某应当协助办理抵押登记。《合同法》第107条规定:"当事人一方不履行合同义务或者履行合同义务不符合约定的,应当承担继续履行、采取补救措施或者赔偿损失等违约责任。"本题中,刘某未依合同约定办理抵押登记,李某有权请求继续履行。故D项错误。综上所述,本题的正确答案为C。

14. 【答案】C
【解析】(1)根据《建设工程施工合同解释》规定:"承包人非法转包签订的建设工程施工合同无效。"本题中,甲公司通过合作施工协议,将中标的工程项目全部交由施工队负责施工,性质上属于非法转包,且该施工队欠缺建筑资质,合作施工协议应当认定无效。A、B项错误。(2)《建设工程施工合同解释》第2条规定:"建设工程施工合同无效,但建设工程经竣工验收合格,承包人请求参照合同约定支付工程价款的,应予支持。"本题中,施工队签订的建设工程施工合同虽认定无效,但工程经竣工验收合格,有权主张工程款。C项正确,而D项错误。综上所述,本题正确答案为C。

15. 【答案】B(司法部公布答案为C)
【解析】(1)《合同法》第242条规定:"居间合同是居间人向委托人报告订立合同的机会或者提供订立合同的媒介服务,委托人支付报酬的合同。"本题中,刘某委托中介公司出售房屋,性质上属于居间合同。根据该合同,居间人甲公司负有及时通知刘某订立合同机会的义务,A项正确。(2)居间合同中,居间人仅是"报告订立合同的机会"或者"提供订立合同的媒介服务",并未成为合同的当事人,也无权代理委托人签订合同，B项错误。（3）《合同法》第426条第1款规定："居间人促成合同成立的，委托人应当按照约定支付报酬。对居间人的报酬没有约定或者约定不明确，依照本法第六十一条的规定仍不能确定的，根据居间人的劳务合理确定。"因居间合同属于商事合同，故无论双方是否有约定，居间人均得在促成合同成立的前提下请求刘某支付报酬。故C项正确。（4）《合同法》第426条第2款前段规定："居间人促成合同成立的，居间活动的费用，由居间人负担。"故D项正确。综上所述，本题的正确答案为B。

16. 【答案】C
【解析】（1）《著作权法实施条例》第9条规定："合作作品不可以分割使用的，其著作权由各合作作者共同享有，通过协商一致行使；不能协商一致，又无正当理由的，任何一方不得阻止他方行使除转让以外的其他权利，但是所得收益应当合理分配给所有合作作者。"本题中，甲、乙合作创作小说，共同享有著作权。因双方无法协商一致，故无正当理由，乙无权阻止甲行使除转让以外的权利。故甲发表作品并通过网络进行传播，并未侵犯乙的著作权，故A项错误。（2）信息网络传播权，即以有线或者无线方式向公众提供作品，使公众可以在其个人选定的时间和地点获得作品的权利。本题中，丙虽在自己博客中设置链接，但用户点击链接仍在甲的博客中阅读小说，丙的行为并未侵犯甲、乙的信息网络传播权。故B项错误。（3）《著作权法》第33条规定："作品在报社、期刊社刊登后，除著作权人声明不得转载、

摘编的外，其他报刊可以转载或者作为文摘、资料刊登，但应当按照规定向著作权人支付报酬。"由此可见，已发表作品转载的法定许可仅适用于报刊，而不适用于网络转载。故丁的转载虽向甲、乙寄送了报酬，但因未经著作权人甲、乙许可，侵犯了著作权人的信息网络传播权，故C项正确。（4）当事人未约定，合作作者可单独行使转让以外的权利。故甲有权许可出版社出版发行该小说，出版社的行为并不构成侵权。D项错误。综上所述，本题的正确答案为C。

17. 【答案】B
【解析】（1）复制权，即以印刷、复印、拓印、录音、录像、翻录、翻拍等方式将作品制作一份或者多份的权利。甲未经许可临摹他人知名绘画作品并出售，侵犯了著作权人的复制权与获得报酬权，A项错误。（2）《著作权法》第42条第1款规定："录音录像制作者对其制作的录音录像制品，享有许可他人复制、发行、出租、通过信息网络向公众传播并获得报酬的权利；"丙购买正版录音制品后未经许可出租给同学，侵犯了录音录像制品者的出租权，C项错误。（3）表演权，即公开表演作品，以及用各种手段公开播送作品的权利。丁购买正版音乐CD后在自己开设的小餐馆播放，其行为属于对作品的机械表演，因未经著作权人许可，侵犯了著作权人的机械表演权，D项错误。（4）根据《著作权法》的规定，出租权，即有偿许可他人临时使用电影作品和以类似摄制电影的方法创作的作品、计算机软件的权利，计算机软件不是出租的主要标的的除外。由此可见，图书作品

141

的著作权并不包括出租权。乙收购一批旧书后廉价出租给同学,并未侵犯著作权人的权利,B项正确。综上所述,本题正确答案为B。

18. 【答案】C

【解析】(1)《专利法》第69条规定:"有下列情形之一的,不视为侵犯专利权:……(二)在专利申请日前已经制造相同产品、使用相同方法或者已经作好制造、使用的必要准备,并且仅在原有范围内继续制造、使用的;……"本题中,乙公司生产制造与甲公司专利相同产品是发生于专利申请日(2010年3月)之后,不能主张先用权抗辩,构成侵犯甲公司专利权的行为。故C项正确。(2)《专利纠纷规定》第23条规定:"侵犯专利权的诉讼时效为二年,自专利权人或者利害关系人知道或者应当知道侵权行为之日起计算。权利人超过二年起诉的,如果侵权行为在起诉时仍在继续,在该项专利权有效期内,人民法院应当判决被告停止侵权行为,侵权损害赔偿数额应当自权利人向人民法院起诉之日向前推算二年计算。"本题中,甲公司于2012年10月即发现乙公司的销售侵权行为,诉讼时效原则上于2014年10月届满。2015年6月甲公司提起侵权诉讼时,由于侵权行为仍在继续,甲公司仍有权请求停止侵权,并要求乙公司承担2013年6月至2015年6月之间的损害赔偿额。故A、B项错误。(3)《专利法》第70条规定:"为生产经营目的使用、许诺销售或者销售不知道是未经专利权人许可而制造并售出的专利侵权产品,能证明该产品合法来源的,不承担赔偿责任。"本题中,丙公司以生产经营为目的使用专利侵权产品,虽然主观上为善意并能证明合法来源,但仍构成对甲公司专利权的侵犯,只是无须承担损害赔偿责任。故D项错误。综上所述,本题的正确答案为C。

19. 【答案】D

【解析】(1)甲在店铺招牌中标有"佳普打印机专营"字样,属于对商标的"非商标性使用",即表明自己商品或服务的来源,不会使社会公众发生混淆,故不构成商标侵权。A项错误。(2)乙在产品上标有"本产品适用于佳普打印机",旨在标明本产品的服务对象,并清晰区分自己提供商品的来源,不会发生混淆,不构成商标侵权。B项错误。(3)丙在其产品上标有"本产品使用佳普墨盒",旨在说明自己提供商品的真实来源,并明确标明了自己的名称和商标,不会发生混淆,不构成商标侵权。C项错误。(4)丁未经商标注册人同意,更换其注册商标并将该更换商标的商品又投入市场的,构成"反向假冒"行为,侵犯了"佳普"注册商标的专用权。D项正确。综上所述,本题的正确答案为D。

20. 【答案】D

【解析】(1)《婚姻法》第11条规定:"因胁迫结婚的,受胁迫的一方可以向婚姻登记机关或人民法院请求撤销该婚姻。"本题中,胡某虽隐瞒同性恋的重要事实,构成欺诈,但依据我国《婚姻法》规定,只有基于胁迫成立的婚姻才是可撤销婚姻,故A项错误。(2)《合同法》第185条规定:"赠与合同是赠与人将自己的财产无偿给予受赠人,受赠人表示接受赠与的合同。"本题中,基于有效的婚姻关系,陈某父母赠与房屋的意思表示真实,赠与合同完全有效。B项错误。(3)根据《婚姻法》第17条的规定:"夫妻在婚姻关系存续期间所得的财产,原则上归夫妻共同所有。"本题中,受赠的房屋登记于夫妻双方名下,属于典型的婚姻关系存续期间取得的财产,应当认定为夫妻共同财产。C项错误。(4)《婚姻法解释(二)》第12条规定:"婚姻关系存续期间实际取得或者已经明确可以取得的知识产权上的财产性收益属于夫妻共同财产。"本题中,胡某虽在婚前创作小说并发表,但版税是婚后取得的,应当认定为夫妻共同财产。D项正确。综上所述,本题正确答案为D。

21.【答案】D

【解析】(1)《继承法意见》第39条规定:"遗嘱人生前的行为与遗嘱的意思表示相反,而使遗嘱处分的财产在继承开始前灭失,部分灭失或所有权转移、部分转移的,遗嘱视为被撤销或部分被撤销。"本题中,王冬虽通过有效的公证遗嘱指定其所有的门面房由张霞和王希共同继承,但之后又将门面房卖给他人并办理了过户手续,所有权发生了转移,视为撤销了该遗嘱。(2)《继承法》第10条规定:"遗产按照下列顺序继承:第一顺序:配偶、子女、父母。第二顺序:兄弟姐妹、祖父母、外祖父母。继承开始后,由第一顺序继承人继承,第二顺序继承人不继承。没有第一顺序继承人继承的,由第二顺序继承人继承。"本题中,住房和出售门面房价款均属于被继承人王冬的合法遗产,应当由第一顺序继承人即张霞(妻子)、王希(儿子)、王楠(女儿)共同继承。因此,A、B项正确。(3)《继承法意见》第52条规定:

"继承开始后,继承人没有表示放弃继承,并于遗产分割前死亡的,其继承遗产的权利转移给他的合法继承人。"本题中,王希作为第一顺序人继承王冬的部分遗产后,在遗产分割前死亡的,由其第一顺序继承人即王小力继承,故关于住房和出售门面房的价款,王小力均只有部分转继承权。故C项正确,而D项错误。综上所述,本题正确答案为D。

22.【答案】D

【解析】《侵权责任法》第67条规定:"两个以上污染者污染环境,污染者承担责任的大小,根据污染物的种类、排放量等因素确定。"由此可见,数人污染造成损害的,原则上不适用总则的规定承担连带责任,而是按照污染物种类及排放量等因素确定各自承担的责任份额。本题中,甲、乙、丙三家公司污染环境造成的损害,应当按照污染物的种类、排放量等因素承担责任,而非按照《侵权责任法》第8条的规定承担连带责任。综上所述,本题的正确答案为D。

23.【答案】C

【解析】(1)《侵权责任法》第37条第1款规定:"宾馆、商场、银行、车站、娱乐场所等公共场所的管理人或者群众性活动的组织者,未尽到安全保障义务,造成他人损害的,应当承担侵权责任。"本题中,某洗浴中心未尽到安全保障义务,造成他人人身、财产损失的,应当承担赔偿责任。《合同法》第53条规定:"合同中的下列免责条款无效:(一)造成对方人身伤害的;(二)因故意或者重大过失造成对方财产损失的。"本题中,虽洗浴中心有醒目提示语"到店洗浴客人的贵重物品，请放前台保管"，但该条仅涉及贵重物品保管的责任，并未涉及因侵权造成财产损失的责任。故A项错误。（2）《侵权责任法》第26条规定："被侵权人对损害的发生也有过错的，可以减轻侵权人的责任。"本题中，地面虽有湿滑，但甲自己对损害的发生也有过失，可以减轻洗浴中心的赔偿责任。故B项错误。（3）《侵权责任法》第22条规定："侵害他人人身权益，造成他人严重精神损害的，被侵权人可以请求精神损害赔偿。"《精神损害赔偿解释》第4条规定："具有人格象征意义的特定纪念物品，因侵权行为而永久性灭失或者毁损，物品所有人以侵权为由，向人民法院起诉请求赔偿精神损害的，人民法院应当依法予以受理。"本题中，因洗浴中心未尽到安全保障义务，造成甲重伤，且使得具有人格象征意义的物品被永久性毁损，甲有权请求精神损害赔偿。C项正确。（4）《侵权责任法》第34条规定："用人单位的工作人员因执行工作任务造成他人损害的，由用人单位承担侵权责任。"本题中，清洁工乙系执行工作任务，应当由用人单位即洗浴中心承担责任，故D项错误。综上所述，本题的正确答案为C。

24. 【答案】A

【解析】《侵权责任法》第32条规定："无民事行为能力人、限制民事行为能力人造成他人损害的，由监护人承担侵权责任。监护人尽到监护责任的，可以减轻其侵权责任。有财产的无民事行为能力人、限制民事行为能力人造成他人损害的，从本人财产中支付赔偿费用。不足部分，由监护人赔偿。"由此可见，被监护人（无民事行为能力人或者限制民事行为能力人）个人有财产的，应当先以本人财产承担责任。本题中，侵权人乙虽属无行为能力人，但其个人财产足以承担侵权责任，应先以其财产赔偿。故A项正确，而C、D项错误。此外，根据上述规定，监护人责任性质上为无过错责任，即使监护人已经尽到监护职责，只能"减轻"而非"免除"责任，故B项错误。综上所述，本题的正确答案为A。

25. 【答案】A

【解析】《公司法》第11条："设立公司必须依法制定公司章程。公司章程对公司、股东、董事、监事、高级管理人员具有约束力。"公司章程是公司设立的必要条件，不可替代。A项错误。

第26条："有限责任公司的注册资本为在公司登记机关登记的全体股东认缴的出资额。"新《公司法》取消了有限责任公司注册资本的法定要求，改为股东自治，B项正确。

《公司法》对于公司的名称和住所没有做特别的要求，股东自治是允许的，C、D项正确。

26. 【答案】C

【解析】《公司法》第49条："有限责任公司可以设经理，由董事会决定聘任或者解聘。经理对董事会负责，行使下列职权：（一）主持公司的生产经营管理工作，组织实施董事会决议；（二）组织实施公司年度经营计划和投资方案；（三）拟订公司内部管理机构设置方案；（四）拟订公司的基本管理制度；（五）制定公司的具体规章；（六）提请聘任或者解聘公司副经理、财务负责人；（七）决定聘任或者解聘除应由董事会决定聘任或者解聘以外的负责管理人员；（八）董事会授予的其他职权。公司章程对经理职权另有规定的，从其规定。经理列席董事会会议。"所以C项正确。

第46条："董事会对股东会负责，行使下列职权：（一）召集股东会会议，并向股东会报告工作；（二）执行股东会的决议；（三）决定公司的经营计划和投资方案；（四）制订公司的年度财务预算方案、决算方案；（五）制订公司的利润分配方案和弥补亏损方案；（六）制订公司增加或者减少注册资本以及发行公司债券的方案；（七）制订公司合并、分立、解散或者变更公司形式的方案；（八）决定公司内部管理机构的设置；（九）决定聘任或者解聘公司经理及其报酬事项，并根据经理的提名决定聘任或者解聘公司副经理、财务负责人及其报酬事项；（十）制定公司的基本管理制度；（十一）公司章程规定的其他职权。"所以聘任总经理和财务经理的职权属于董事会，任命总经理不是董事长的职权，A项错误；聘任财务经理不是总经理的职权，D项错误。

第13条："公司法定代表人依照公司章程的规定，由董事长、执行董事或者经理担任，并依法登记。公司法定代表人变更，应当办理变更登记。"所以公司的法定代表人不一定由总经理担任，B项错误。

27. 【答案】D

【解析】《公司法司法解释二》第2条："股东提起解散公司诉讼，同时又申请人民法院对公司进行清算的，人民法院对其提出的清算申请不予受理。人民法院可以告知原告，在人民法院判决解散公司后，依据公司法第一百八十四条和本规定第七条的规定，自行组织清算或者另行申请人民法院对公司进行清算。"解散公司的诉讼与清算的申请排他适用，所以B项错误。

第3条："股东提起解散公司诉讼时，向人民法院申请财产保全或者证据保全的，在股东提供担保且不影响公司正常经营的情形下，人民法院可予以保全。"股东的保全申请需要在提供担保且不影响公司正常运营的情形下才可以进行，所以C项错误。

第4条："股东提起解散公司诉讼应当以公司为被告。"所以D项正确。

A项于法无据。

28. 【答案】A

【解析】《关于在上市公司建立独立董事制度的指导意见》第1条："一、上市公司应当建立独立董事制度（一）上市公司独立董事是指不在公司担任除董事外的其他职务，并与其所受聘的上市公司及其主要股东不存在可能妨碍其进行独立客观判断的关系的董事。（二）独立董事对上市公司及全体股东负有诚信与勤勉义务。独立董事应当按照相关法律法规、本指导意见和公司章程的要求，认真履行职责，维护公司整体利益，尤其要关注中小股东的合法权益不受损害。独立董事应当独立履行职责，不受上市公司主要股东、实际控制人或者其他与上市公司存在利害关系的单位或个人的影响。独立董事原则上最多在5家上市公司兼任独立董事，并确保有足够的时间和精力有效地履行独立董事的职责。（三）各境内上市公司应当按照本指导意见的要求修改公司章程，聘任适当人员担任独立董事，其中至少包括一名会计专业人士（会计专业人士是指具有高级职称或注册会计师资格的人士）。在二〇〇二年六月三十日前，董事会成员中应当至少包括2名独立董事；在二〇〇三年六月三十日前，上市公司董事会成员中应当至少包括三分之一独立董事。（四）独立董事出现不符合独立性条件或其他不适宜履行独立董事职责的情形，由此造成上市公司独立董事达不到本《指导意见》要求的人数时，上市公司应按规定补足独立董事人数。（五）独立董事及拟担任独立董事的人士应当按照中国证监会的要求，参加中国证监会及其授权机构所组织的培训。"所以A项正确，C项错误，独立董事任职的上市公司总体不超过5家；B项错误，担任独立董事的专业人员只要求至少一名会计专业人员，不要求法律专业人员。

第3条："独立董事必须具有独立性：下列人员不得担任独立董事：（一）在上市公司或者其附属企业任职的人员及其直系亲属、主要社会关系（直系亲属是指配偶、父母、子女等；主要社会关系是指兄弟姐妹、岳父母、儿媳女婿、兄弟姐妹的配偶、配偶的兄弟姐妹等）；（二）直接或间接持有上市公司已发行股份1%以上或者是上市公司前十名股东中的自然人股东及其直系亲属；（三）在直接或间接持有上市公司已发行股份5%以上的股东单位或者在上市公司前五名股东单位任职的人员及其直系亲属；（四）最近一年内曾经具有前三

项所列举情形的人员；（五）为上市公司或者其附属企业提供财务、法律、咨询等服务的人员；（六）公司章程规定的其他人员；（七）中国证监会认定的其他人员"所以对于独立董事的持股的限制并非绝对不能，所以D项错误。

29. 【答案】B

【解析】《合伙企业法》第31条："除合伙协议另有约定外，合伙企业的下列事项应当经全体合伙人一致同意：（一）改变合伙企业的名称；（二）改变合伙企业的经营范围、主要经营场所的地点；（三）处分合伙企业的不动产；（四）转让或者处分合伙企业的知识产权和其他财产权利；（五）以合伙企业名义为他人提供担保；（六）聘任合伙人以外的人担任合伙企业的经营管理人员。"如果陈东也是合伙人，则不会用到"聘请为经营管理人员"的概念，所以A项错误，B项正确。

第35条："被聘任的合伙企业的经营管理人员应当在合伙企业授权范围内履行职务。被聘任的合伙企业的经营管理人员，超越合伙企业授权范围履行职务，或者在履行职务过程中因故意或者重大过失给合伙企业造成损失的，依法承担赔偿责任。"经营管理人员是否能够代表合伙企业对外签合同，取决于合伙企业的授权，所以C项错误。

第37条："合伙企业对合伙人执行合伙事务以及对外代表合伙企业权利的限制，不得对抗善意第三人。"所以D项错误。

30. 【答案】A

【解析】《合伙企业法》第77条："新入伙的有限合伙人对入伙前有限合伙企业

的债务，以其认缴的出资额为限承担责任。"所以 A 项正确。

第 48 条："合伙人有下列情形之一的，当然退伙：（一）作为合伙人的自然人死亡或者被依法宣告死亡；（二）个人丧失偿债能力；（三）作为合伙人的法人或者其他组织依法被吊销营业执照、责令关闭撤销，或者被宣告破产；（四）法律规定或者合伙协议约定合伙人必须具有相关资格而丧失该资格；（五）合伙人在合伙企业中的全部财产份额被人民法院强制执行。合伙人被依法认定为无民事行为能力人或者限制民事行为能力人的，经其他合伙人一致同意，可以依法转为有限合伙人，普通合伙企业依法转为有限合伙企业。其他合伙人未能一致同意的，该无民事行为能力或者限制民事行为能力的合伙人退伙。退伙事由实际发生之日为退伙生效日。"第 78 条："有限合伙人有本法第四十八条第一款第一项、第三项至第五项所列情形之一的，当然退伙。"所以个人丧失偿债能力并非有限合伙人当然退伙的理由，B 项错误。

第 79 条："作为有限合伙人的自然人在有限合伙企业存续期间丧失民事行为能力的，其他合伙人不得因此要求其退伙。"所以有限合伙人丧失行为能力并不影响其作为有限合伙人的身份。C、D 项错误。

31.【答案】C

【解析】《企业破产法》第 70 条："债务人或者债权人可以依照本法规定，直接向人民法院申请对债务人进行重整。"所以 A 项错误。

第 72 条："自人民法院裁定债务人重整之日起至重整程序终止，为重整期间"所以 B 项错误。

第 73 条："在重整期间，经债务人申请，人民法院批准，债务人可以在管理人的监督下自行管理财产和营业事务。"所以 C 项正确。

第 76 条："债务人合法占有的他人财产，该财产的权利人在重整期间要求取回的，应当符合事先约定的条件。"房屋租赁合同如果已经到期，说明事先约定的条件具备，房屋所有权人取回房屋是合法的，所以 D 项错误。

32.【答案】B

【解析】《票据法》第 48 条："保证不得附有条件；附有条件的，不影响对汇票的保证责任。"所以 A 项错误。

第 46 条："保证人必须在汇票或者粘单上记载下列事项：（一）表明'保证'的字样；（二）保证人名称和住所；（三）被保证人的名称；（四）保证日期；（五）保证人签章。"第 47 条："保证人在汇票或者粘单上未记载前条第（三）项的，已承兑的汇票，承兑人为被保证人；未承兑的汇票，出票人为被保证人。保证人在汇票或者粘单上未记载前条第（四）项的，出票日期为保证日期。"所以 B 项正确。

第 50 条："被保证的汇票，保证人应当与被保证人对持票人承担连带责任。汇票到期后得不到付款的，持票人有权向保证人请求付款，保证人应当足额付款。"保证人与被保证人对持票人承担的是连带责任。所以 C 项错误。

第 52 条："保证人清偿汇票债务后，可以行使持票人对被保证人及其前手的追索权。"所以 D 项错误。

33. 【答案】C

【解析】《证券法》第66条："上市公司和公司债券上市交易的公司,应当在每一会计年度结束之日起四个月内,向国务院证券监督管理机构和证券交易所报送记载以下内容的年度报告,并予公告:(一)公司概况;(二)公司财务会计报告和经营情况;(三)董事、监事、高级管理人员简介及其持股情况;(四)已发行的股票、公司债券情况,包括持有公司股份最多的前十名股东的名单和持股数额;(五)公司的实际控制人;(六)国务院证券监督管理机构规定的其他事项。"所以C项错误。

34. B

【解析】《保险法》第16条:"订立保险合同,保险人就保险标的或者被保险人的有关情况提出询问的,投保人应当如实告知。投保人故意或者因重大过失未履行前款规定的如实告知义务,足以影响保险人决定是否同意承保或者提高保险费率的,保险人有权解除合同。前款规定的合同解除权,自保险人知道有解除事由之日起,超过三十日不行使而消灭。自合同成立之日起超过二年的,保险人不得解除合同;发生保险事故的,保险人应当承担赔偿或者给付保险金的责任。投保人故意不履行如实告知义务的,保险人对于合同解除前发生的保险事故,不承担赔偿或者给付保险金的责任,并不退还保险费。投保人因重大过失未履行如实告知义务,对保险事故的发生有严重影响的,保险人对于合同解除前发生的保险事故,不承担赔偿或者给付保险金的责任,但应当退还保险费。保险人在合同订立时已经知道投保人未如实告知的情况的,保险人不得解除合同;发生保险事故的,保险人应当承担赔偿或者给付保险金的责任。保险事故是指保险合同约定的保险责任范围内的事故。"题目中,投保人故意没有履行如实告知义务的,保险公司可以解除合同,不给付赔偿金也不退还保费,所以B项正确,C、D项错误;投保人的如实告知义务属于先合同义务,而非违约责任,A项错误。

35. 【答案】A

【解析】本题考查公益诉讼程序。

首先,公益诉讼的管辖,由侵权行为地或者被告住所地中级人民法院管辖,但法律、司法解释另有规定的除外,A项正确。关于公益诉讼,没有不允许撤诉的规定,B项错误。同时,最高人民法院《关于环境公益诉讼解释》第26条的规定"负有环境保护监督管理职责的部门依法履行监管职责而使原告诉讼请求全部实现,原告申请撤诉的,人民法院应予准许"也可以印证公益诉讼中原告有撤诉的权利。公益诉讼中可以和解、调解,只是因为该和解、调解协议涉及公共利益,达成和解、调解协议的,法院应当将协议公告,公告期满,法院审查认为和解或者调解协议不违反社会公共利益的,应当出具调解书;和解或者调解协议违反社会公共利益的,不予出具调解书,继续对案件进行审理并依法作出裁判,C项错误。法院受理公益诉讼案件,不影响同一侵权行为的受害人依法向人民法院提起诉讼,所以本案中法院受理了公益诉讼,购买手机的消费者甲依然有权诉请厂家赔偿,D项错误。

36. 【答案】A

【解析】本题考查回避。人民陪审员丙与本案被告法定代表人是亲兄弟，应当回避本案的审理工作。关于提出回避申请的时间，应当在开始审理时提出，但是在开始审理后才知道回避事由的，可以在法庭辩论终结前提出，所以本案中许某可以在知道回避事由后提出回避申请，A项正确。关于申请回避的效力，申请后，回避决定做出前，被申请回避的人应当暂停本案的审理工作，但需要采取紧急措施的除外，显然，法院对回避申请做出决定前，丙应当暂停本案审理工作，B项错误。关于回避的决定权，民诉法规定审判人员的回避由院长决定，其他人员的回避由审判长决定，院长担任审判长时，其回避由审判委员会决定，本案中人民陪审员属于审判人员，其回避应当由院长决定，C项错误。关于救济，当事人对驳回回避申请的决定不服的，可以申请复议一次（同级复议），而不是上诉，D项错误。

37. 【答案】D

【解析】本题考查诉讼标的和诉讼请求的区别以及诉的分类。首先关于诉讼标的和诉讼请求，刘某起诉要求修车为诉讼请求，后刘某将该诉讼请求变更为赔偿损失并赔礼道歉，在法庭辩论终结前，当事人有权变更诉讼请求，所以B项错误。诉讼标的是当事人之间发生争议并请求法院做出裁判的实体法律关系，要求李某修车是基于侵权法律关系，要求赔偿和赔礼道歉也是基于侵权法律关系，本案诉讼标的没有发生变化，A项错误。诉的分类看原告诉讼请求，变更之后刘某的诉讼请求为赔偿损失并赔礼道歉，是要求对方履行义务，

为给付之诉，所以C项错误，D项正确。

38. 【答案】D

【解析】本题利用区分有独三和共同原告"两步走"的技巧分析，第一步，本案原告是刘某，被告是陈某，原、被告争议的法律关系为商铺转让合同关系。第二步，赵某并非该商铺转让合同一方当事人，赵某是基于对商铺的所有权（共有）主张权利，显然赵某为有独立请求权第三人。因此，本题正确答案为D。

39. 【答案】B

【解析】本题考查个体工商户的当事人地位，关于个体工商户当事人地位的判断方法——是否有字号。如果有字号，直接以字号为当事人，列明经营者信息即可；如果没有字号，则以经营者为当事人，登记经营者与实际经营者不一致的，列为共同被告。显然本案个体工商户无字号，应当以经营者为当事人，登记经营者与实际经营者不一致，应当将徐某和李某列为共同被告。因此，本题正确答案为B。

40. 【答案】A

【解析】本题考查自认。一方当事人在法庭审理中，或者在起诉状、答辩状、代理词等书面材料中，对于自己不利的事实明确表示承认的，构成自认，对方当事人无须举证证明，法院直接将其作为裁判的依据，所以A项正确。在诉讼中，当事人为达成调解协议或者和解目的所作出的妥协所涉及对案件事实的认可，不得在其后的诉讼中作为对其不利的证据，但法律另有规定或者当事人均认可的除外，B项属于调解中的妥协和让步所涉及对案件事实的认可，不得视为自认，表述错误。关于自

认的范围，对于涉及身份关系、国家利益、社会公共利益等应当由人民法院依职权调查的事实，不适用自认的规定，同时，自认的事实与查明的事实不符的，人民法院不予确认。C 项是涉及身份关系的事实，不适用自认制度，不产生自认的法律效果。D 项被告承认的事实与法院查明的事实不符，法院不予确认，不会产生自认的法律效果。因此，本题正确答案为 A。

41. 【答案】C

【解析】本题考查期间的耽误与顺延。当事人因不可抗拒的事由或者其他正当理由耽误期限的，在障碍消除后 10 日内，可以申请顺延期限，是否同意，由法院决定。本案中当事人张弟因为被撞昏迷，苏醒后已超过上诉期，属于因为不可抗拒的事由而耽误期限，可以在苏醒后 10 日内向法院申请顺延期限，是否同意由法院决定。因此，本题正确答案为 C。

42. 【答案】A

【解析】本题综合考查调解的相关知识点。达成调解协议原则上应当制作调解书，调解书经当事人签收后生效，但"（1）调解和好的离婚案件；（2）调解维持收养关系的案件；（3）能够即时履行的案件；（4）其他不需要制作的情形"四种情形可以不制作调解书，将调解协议记入笔录，由双方当事人、审判人员、书记员签字、盖章后生效，所以 A 项正确。解除婚姻关系的判决书、调解书生效后，不得申请再审，理由在于解除婚姻关系的判决、调解书生效后婚姻关系即告解除，当事人可以再行结婚，如果可以通过再审将解除婚姻关系的判决书、调解书撤销，则会导致重婚问题，

B 项错误。人民检察院认为发生法律效力的调解书违背国家或者社会公共利益的，有权通过抗诉或者检察建议的方式启动再审，所以 C 项错误。调解适用于诉讼程序（一审、二审和再审程序），但特别程序、督促程序、公示催告程序和执行程序不适用调解。故执行程序不适用调解制度，在执行中当事人虽然可以自行和解，但不能根据该和解协议制作调解书，D 项错误。

总结与归纳：

（1）关于调解书的制作。

①一审中达成调解协议，原则上应当制作调解书，但调解和好的离婚案件、维持收养关系的案件、能够即时履行的案件等可以不做调解书；②二审、再审中达成调解协议的，应当制作调解书，调解书签收后，原判决视为撤销。

（2）调解的适用范围。

诉讼程序（一审、二审、再审）可以调解；其他程序（如特别程序、督促程序、公示催告程序、执行程序）不能调解。同时，身份关系的确认案件不能调解。

（3）关于调解书的再审。

调解书可以再审，但不同主体对其启动再审的理由不一样：①法院启动再审——可能确有错误；②检察院启动再审——违背国家或者社会公共利益；③当事人申请再审——违背自愿和合法原则。

43. 【答案】C

【解析】本案成某如果死亡，则应当由成妻作为继承人继续进行诉讼，所以本案到底应由成某继续诉讼还是成妻继续诉讼，需要等待宣告成某死亡这一特别程序的结果予以确定，属于"本案需要以另一案的

结果为依据,另一案尚未审结",本案应当裁定诉讼中止。因此,本题正确答案为C。

44. 【答案】A

【解析】本案考查二审的调解。

首先原告在一审中提出的诉讼请求有三:解除婚姻关系、子女抚养、住房分割。一审判决对其中两项(解除婚姻关系和子女抚养)做出了处理,显然,遗漏了住房分割这一诉讼请求,对于一审遗漏的诉讼请求,二审法院可以调解,调解不成,发回一审法院重审。二审中,张红增加分割诉讼期间齐远继承的遗产属于在二审中新增的诉讼请求,对该诉讼请求二审法院可以调解,调解不成告知另行起诉。

综上,对于遗漏的住房分割这一诉讼请求,二审法院可以调解,调解不成撤销原判,发回重审;对于二审新增的诉讼请求,二审法院可以调解,调解不成,告知另行起诉,当然,当事人同意由二审法院一并审理的,二审法院可以一并审理。因此,本题正确答案为A。

45. 【答案】D

【解析】本题考查确认调解协议效力这一特别程序。

确认调解协议效力应当在调解协议生效后30日内由双方当事人共同向调解组织所在地基层法院提出申请。首先,确认调解协议效力应当由调解组织所在地基层法院管辖,A项是盲目套用民诉法中关于专属管辖的规定,A项错误。其次,确认调解协议效力应当由双方当事人共同向调解组织所在地基层法院提出申请,所以王某单方向法院申请的做法错误,B项错误。再次,确认调解协议效力应当在调解协议生效后30日内提出,李云出差2个月,超过了申请确认调解协议效力的时间,C项错误。根据新《民诉解释》,"调解协议内容涉及申请确认婚姻关系、亲子关系、收养关系等身份关系无效、有效或者解除的以及调解协议内容涉及物权、知识产权确权的,人民法院不予受理,已经受理的应当裁定驳回申请。"本案涉及房屋确权,人民法院应当不予受理。D项正确。

46. 【答案】B

【解析】本题考查简易程序以及再审程序,属于综合考查。

首先,简易程序中法院可以用简便方式(电话、传真、电子邮件等)传唤当事人、通知证人和送达裁判文书以外的诉讼文书。但为了保障当事人陈述意见的权利,用简便方式送达的开庭通知,未经当事人确认或者没有其他证据证明当事人已经收到的,不得缺席判决。可见本案中法院可以用电话方式通知当事人开庭,所以A项错误。但是本案未经当事人确认,故不得缺席判决,所以本案法院缺席判决的做法错误,剥夺当事人辩论权,当事人有权以此为由申请再审,B项正确。关于再审,当事人申请再审应当向上一级法院提出,但一方人数众多或者双方都是公民的情形,当事人可以选择向原审法院提出申请。本案中双方都是公民,当事人有权选择向上一级法院或者原审法院申请再审,本案为一审生效,当事人可以选择向原审法院即原一审法院或者上一级法院即二审法院申请再审,C项错误。法院裁定再审时应当裁定中止执行,但追索赡养、扶养、抚育费、抚恤金、医疗费用、劳动报酬等案件可以不中止执行，本案是追索医疗费的案件，可以不中止执行，所以D项错误。

47.【答案】C

【解析】本题考查督促程序。债务人应当在收到支付令之日起15日内清偿债务或者向做出支付令的法院提出书面异议，在异议期内既不履行债务又不提出书面异议的，异议期满后，债权人可以申请强制执行支付令。债务人不在法定期间内提出书面异议，而向其他法院起诉的，不影响支付令的效力。因此，本题正确答案为C。

48.【答案】B

【解析】本题考查起诉条件。题目表述"王旭已于张丽起诉前因意外事故死亡"，可见起诉时被告王旭已经死亡，被告主体资格消灭，本案起诉时无明确被告，不符合起诉条件。同时，本案已经受理，受理后发现不符合起诉条件，应当裁定驳回起诉。因此，本题正确答案为B。

49.【答案】D

【解析】本题考查执行和解。执行过程中双方当事人自行达成和解协议，执行员应将协议内容记入笔录，由双方当事人签名盖章。达成和解协议后，产生如下效力：（1）当事人达成和解协议后请求法院中止执行的，法院裁定中止执行；（2）当事人达成和解协议后向法院申请撤回执行申请的，法院裁定执行终结；（3）当事人之间的和解协议合法有效并已经履行完毕，法院应作执行结案处理；申请人因受欺诈、胁迫与被执行人达成和解协议或当事人一方不履行和解协议，法院可以根据对方当事人申请，恢复对原生效法律文书的执行，但和解协议中已经履行的部分应当扣除。

据此分析本案，一方当事人不履行和解协议的，申请人可以申请对原生效法律文书的执行，故D项正确。A项中申请人撤回申请，法院应当裁定执行终结，而不是执行中止，表述错误。B项中当事人不履行和解协议的，申请人可以向法院申请恢复对原生效法律文书的执行，和解协议不能成为法院执行的依据，故不能申请执行和解协议，表述错误。C项中甲、乙之间的债权债务关系已经经过仲裁裁决予以实体裁决，不能再起争执，表述错误。

50.【答案】C

【解析】本题考查仲裁协议的效力。首先根据仲裁条款效力的独立性，仲裁条款的效力独立于合同而存在，合同的变更、解除、终止或者无效，不影响仲裁协议的效力，可见虽然合同无效，但仲裁条款依然有效，所以B项错误。其次，当事人对仲裁协议的效力有异议的，可以请求仲裁委员会作出决定或者法院作出裁定，可见关于仲裁协议效力的确认机关包括仲裁委和仲裁委所在地中级人民法院，所以A项错误。一方请求仲裁委员会作出决定，另一方请求人民法院作出裁定的，法院的确认权优先，但如果仲裁机构先于法院接受申请并已作出决定，法院不予受理。本案华泰公司向法院申请确认仲裁协议效力，大成公司向仲裁委申请确认仲裁协议效力，应当由法院作出裁定，所以C项正确，D项错误。

二、多项选择题。

51.【答案】ABCD

【解析】（1）根据最高人民法院《关于审理民间借贷案件适用法律若干问题的

规定》第 24 条规定："当事人以签订买卖合同作为民间借贷合同的担保，借款到期后借款人不能还款，出借人请求履行买卖合同的，人民法院应当按照民间借贷法律关系审理，并向当事人释明变更诉讼请求。当事人拒绝变更的，人民法院裁定驳回起诉。按照民间借贷法律关系审理作出的判决生效后，借款人不履行生效判决确定的金钱债务，出借人可以申请拍卖买卖合同标的物，以偿还债务。就拍卖所得的价款与应偿还借款本息之间的差额，借款人或者出借人有权主张返还或补偿。"由此可见，此类担保型买卖合同名为买卖，实为借贷，故 A 项正确。（2）《关于审理民间借贷案件适用法律若干问题的规定》第 26 条规定："借贷双方约定的利率未超过年利率 24%，出借人请求借款人按照约定的利率支付利息的，人民法院应予支持。借贷双方约定的利率超过年利率 36%，超过部分的利息约定无效。借款人请求出借人返还已支付的超过年利率 36% 部分的利息的，人民法院应予支持。"由此可见，自然人之间借贷利率不再以同期同档贷款利率的四倍来衡量，而是区分为三个阶段：其一，24% 以下的部分法律予以保护；其二，36% 以上的部分不予保护；其三，超过 24% 不满 36% 以下的部分为自然债务，债务人享有抗辩权。B 项正确。（3）《物权法》第 5 条规定："物权的种类和内容，由法律规定。"第 9 条规定："不动产物权的设立、变更、转让和消灭，经依法登记，发生效力；未经登记，不发生效力，但法律另有规定的除外。"本题中，甲、乙约定并不能发生物权变动的效力，且甲未把房屋过户给乙，乙不能取得房屋的所有权。故 C 项正确。（4）甲、乙成立有效的借款合同，甲未按照约定偿还本息，应当依法承担违约责任，故 D 项正确。综上所述，本题的正确答案为 ABCD。

52.【答案】BCD

【解析】（1）《民通意见》第 68 条规定："一方当事人故意告知对方虚假情况，或者故意隐瞒真实情况，诱使对方当事人作出错误意思表示的，可以认定为欺诈行为。"欺诈主要包括四个构成要件：一是一方有欺诈行为；二是对方基于该欺诈行为造成认识错误作出意思表示；三是欺诈具有不法性；四是主观上有欺诈的故意。本题中，商店并不存在欺诈行为，因真正的兵马俑属于国家文物不能进行交易。基于一般交易观念，相对方即王某应当认识到兵马俑只能是复制品，商家并无积极的告知义务，故不构成欺诈行为，A 项正确，而 C 项错误。（2）《民通意见》第 71 条规定："行为人因对行为的性质、对方当事人、标的物的品种、质量、规格和数量等的错误认识，使行为的后果与自己的意思相悖，并造成较大损失的，可以认定为重大误解。"本题中，王某虽然对标的物的品质有认识错误，但因只有复制品才能成为交易的客体，交易的价格也基本代表市场价格，难以认定对王某"造成较大损失"，故不得基于重大误解请求撤销合同。故 B 项错误。（3）《合同法》第 42 条："当事人在订立合同过程中有下列情形之一，给对方造成损失的，应当承担损害赔偿责任：（一）假借订立合同，恶意进行磋商；（二）故意隐瞒与订立合同有关的重要事实或者提供虚假情况；（三）有其他违背诚实信用原则的行为。"本题中，商店并不存在违反诚实信用原则的行为，无须承担缔约过失责任。故D项错误。综上所述，本题正确答案为BCD。

53. 【答案】AC

【解析】（1）《物权法》第187条规定："以建筑物和其他土地附着物等不动产设立抵押权，应当办理抵押登记。抵押权自登记时设立。"本题中，当事人之间虽然成立抵押合同，且抵押人乙把房本交给银行，但因登记部门原因导致银行无法办理抵押登记，故抵押权不能有效设立。D项错误。（2）《物权法》第15条规定："抵押权虽因未办理抵押登记而不发生物权效力，但当事人订立的抵押合同效力不受影响。"基于有效的抵押合同，乙有义务提供其房产为银行的债权进行抵押担保。而乙却恶意挂失房产证另将房屋出卖，违反了抵押合同的约定，应当依法承担违约责任。故A项正确。（3）因银行的抵押权未办理抵押登记，不能有效设立，不得对抵押合同以外的第三人丙主张，故丙并不负有偿还银行借款的义务。B项错误。（4）若丙代为向银行还款，属于第三人代为清偿债务，丙得基于无因管理或不当得利的规定向债务人甲追偿。故C项正确。综上所述，本题正确答案为AC。

54. 【答案】BD

【解析】（1）《物权法》第203条规定："为担保债务的履行，债务人或者第三人对一定期间内将要连续发生的债权提供担保财产的，债务人不履行到期债务或者发生当事人约定的实现抵押权的情形，

抵押权人有权在最高债权额限度内就该担保财产优先受偿。最高额抵押权设立前已经存在的债权，经当事人同意，可以转入最高额抵押担保的债权范围。"本题中，当事人设立的即为最高额抵押。（2）《担保法解释》第83条规定："抵押权人实现最高额抵押权时，如果实际发生的债权余额高于最高限额的，以最高限额为限，超过部分不具有优先受偿的效力；如果实际发生的债权余额低于最高限额的，以实际发生的债权余额为限对抵押物优先受偿。"本题中，实现抵押权时的债权余额为400（300+100）万元。需注意，最高额抵押成立之前的债权，经当事人同意可纳入最高额抵押担保的范围。故B项正确，而A项错误。（3）《物权法》第202条规定："抵押权人应当在主债权诉讼时效期间行使抵押权；未行使的，人民法院不予保护。最高额抵押作为抵押权的一种，适用该一般性规定，即抵押权的期间为主债权诉讼时效期间。"故C项错误，而D项正确。综上所述，本题正确答案为BD。

55. 【答案】CD

【解析】本题考查留置权的构成。（1）《担保法解释》第112条规定："债权人的债权未届清偿期，其交付占有标的物的义务已届履行期的，不能行使留置权。但是，债权人能够证明债务人无支付能力的除外。"A项中，货物运到时张某负有交货义务，而王某支付运费的债务尚未届清偿期，张某无权行使留置权，A项错误。（2）《物权法》第231条规定："债权人留置的动产，应当与债权属于同一法律关系，但企业之间留置的除外。"B项中，方某支付租金

的义务是基于租赁合同，而刘某取回家具属于物权请求权，并非属于同一法律关系，故B项错误。（3）《合同法》第380条规定："寄存人未按照约定支付保管费以及其他费用的，保管人对保管物享有留置权，但当事人另有约定的除外。"C项中，寄存人未依约定支付保管费，保管人享有留置权，故C项正确。（4）根据《物权法》第231条规定，企业之间留置的，无须满足债权与占有属于同一法律关系的要件，故D项正确。综上所述，本题正确答案为CD。

56. 【答案】ABCD

【解析】本题考查占有的类型。（1）占有分为直接占有和间接占有。所谓间接占有，指对于他人直接占有之物基于特定法律关系有返还请求权，由此对其物有间接管领力。其构成要件包括：①须有占有媒介关系，既可以为租赁、承揽、保管等合同关系，也可以为质权、土地承包经营权等物权关系，还可以基于法律的规定或公法上的行为。②直接占有人须为他主占有。③在直接占有人的占有媒介关系消灭后，对间接占有人负返还占有物的义务。本题中，乙的手机遗失后即丧失对手机的占有，甲、乙之间并不存在占有媒介关系，故乙并非间接占有人。故A项错误。（2）甲拾得乙遗失的手机，并不能取得该手机的所有权，属于无权占有。另拾得人甲以所有权人自居出卖遗失物，属于自主占有。处分权的欠缺不影响自主占有的构成，故B项正确。（3）因该手机为遗失物，丙无法基于善意取得该手机的所有权，占有欠缺本权，为无权占有。因其属于不知情受让人，主观上并不知其为无权占有，是为善意

占有人。故C项正确。（4）丁基于丙丁之间的承揽合同而占有该手机，属于有权占有、他主占有。故D项正确。综上所述，本题正确答案为ABCD。

57. 【答案】BC

【解析】（1）《担保法》第6条规定："本法所称保证，是指保证人和债权人约定，当债务人不履行债务时，保证人按照约定履行债务或者承担责任的行为。"根据法律规定，保证可以基于保证合同而发生，也可以基于保证人单方出具的担保书而成立，但需要保证人有承担保证责任的意思。甲公司承诺将"积极督促乙公司还款，努力将丙公司的损失降到最低"，性质上属于安慰函，不具有承担保证责任的意思。所谓安慰函，指发函人给债权人的一种书面陈述，表明当事人对债务人清偿债务承担道义上的义务，或督促债务人清偿债务等。故A项错误。（2）《担保法解释》第22条规定："第三人单方以书面形式向债权人出具担保书，债权人接受且未提出异议的，保证合同成立。"甲公司的承诺具有对债务人履行债务承担保证责任的意思，构成保证，故B项正确。（3）《担保法解释》第22条规定："保证人对债务人的注册资金提供保证的，债务人的实际投资与注册资金不符，或者抽逃转移注册资金的，保证人在注册资金不足或者抽逃转移注册资金的范围内承担连带保证责任。"甲公司对于债务人缴足注册资本进行保证，对资金出资不实的部分承担保证责任，故C项正确。（4）D选项中，甲公司虽承诺："指定乙公司与丙公司签订保证合同"，保证人应当为乙公司。基于合同的相对性，

甲公司无须承担保证责任。故 D 项错误。综上所述，本题的正确答案为 BC。

58.【答案】ABCD

【解析】本题考查违约责任与侵权责任的竞合。（1）《合同法》第 122 条规定："因当事人一方的违约行为，侵害对方人身、财产权益的，受损害方有权选择依照本法要求其承担违约责任或者依照其他法律要求其承担侵权责任。"本题中，甲公司交付的洗衣机质量不合格，同时还侵害了赵某的人身和财产权益，故既有权请求其承担违约责任，也有权按照侵权责任法的规定请求承担侵权责任。故 B 项正确。（2）《合同法》第 107 条规定："当事人一方不履行合同义务或者履行合同义务不符合约定的，应当承担继续履行、采取补救措施或者赔偿损失等违约责任。"本题中，因商店交付标的物质量不符合约定，应当承担更换、退货等补救措施，并赔偿由此造成的财产和人身损害。故 A 项正确。（3）《侵权责任法》第 43 条规定："因产品存在缺陷造成损害的，被侵权人可以向产品的生产者请求赔偿，也可以向产品的销售者请求赔偿。"本题中，标的物洗衣机存在质量缺陷造成消费者损害的，赵某既可以请求生产者甲公司承担侵权责任，也可以要求销售者该商店承担侵权责任。产品责任的赔偿范围既包括财产损害，还包括人身损害与精神损害。故 C、D 项正确。综上所述，本题的正确答案为 ABCD。

59.【答案】AB

【解析】（1）《城镇房屋租赁合同解释》第 2 条规定："出租人就未取得建设工程规划许可证或者未按照建设工程规划许可证的规定建设的房屋，与承租人订立的租赁合同无效。但在一审法庭辩论终结前取得建设工程规划许可证或者经主管部门批准建设的，人民法院应当认定有效。"本题中，当事人就违章建筑订立的租赁合同应当认定无效。A 选项正确。（2）《城镇房屋租赁合同解释》第 14 条规定："承租人经出租人同意扩建，但双方对扩建费用的处理没有约定的，人民法院按照下列情形分别处理：（一）办理合法建设手续的，扩建造价费用由出租人负担；（二）未办理合法建设手续的，扩建造价费用由双方按照过错分担。"本题中，乙两次扩建虽经出租人甲同意，但未办理合法建设手续，扩建费用应当根据双方过错分担。B 项正确。（3）因甲、乙订立的租赁合同应当认定无效，乙不能解除合同或要求继续履行。故 C、D 项错误。综上所述，本题正确答案为 AB。

60.【答案】BC

【解析】（1）本题中，郭某父亲乙与甲签订协议，双方约定："如把孩子顺利生下来，就送十根金条给孩子。"根据该合同，当事人签订的为附条件的赠与合同，双方当事人分别为甲与乙，不因孩子不具备权利能力而使得合同无效。A 项错误。（2）《合同法》第 186 条规定："赠与人在赠与财产的权利转移之前可以撤销赠与。具有救灾、扶贫等社会公益、道德义务性质的赠与合同或者经过公证的赠与合同，不适用前款规定。"本题中，因八根金条已经交付并转移所有权，赠与人不得撤销，即乙不得要求退回。故 C 项正确。（3）剩余两根金条的赠与虽尚未履行，但乙因儿媳生育孙子而赠与的金条为具有道德义务性质的赠与，故乙不得主张任意撤销，应当基于甲的请求继续履行，故B项正确，而D项错误。综上所述，本题正确答案为BC。

61.【答案】AD

【解析】（1）丙的美茄手表被甲窃取，属于盗赃物，不因甲与乙的代物清偿协议而转移其所有权。同理，丁亦无法基于赠与取得手表的所有权。根据《物权法》第34条规定，无权占有不动产或者动产的，权利人可以请求返还原物。故丙可请求丁返还原物手表。A项正确。（2）因货币为一般等价物，民法采取谁占有即谁所有的原则，即甲窃取丙的4000元现金时即取得该现金的所有权，而甲因取得该所有权欠缺法律上的原因，故应当对丙承担不当得利返还义务。故D项正确。（3）自来水公司与商场各取得500元的现金是基于有效的供水合同与买卖合同，具有法律上的原因，不构成不当得利，无须返还。综上所述，本题正确答案为AD。

62.【答案】ABC

【解析】（1）所谓署名权，即表明作者身份，在作品上署名的权利。本题中，崔雪在其作品《森林之歌》上选择署笔名"吹雪"，而出版社未经其同意改为署真名，侵犯了作者的署名权，故C选项正确。（2）所谓修改权，指修改或者授权他人修改的权利。本题中，出版社未经著作权人许可，擅自将狗熊由原来的三只腿动物改写为四只腿，实质性改变了原作品的内容，侵犯了著作权人的修改权，故A项正确。（3）所谓保护作品完整权，指保护作品内容不受歪曲、篡改的

权利。本题中，著作权人崔雪为创作需要特意将狗熊写成三只腿动物，而出版社却以笔误为由改写为四只腿，歪曲篡改了原作品，侵犯了作者的保护作品完整权。故B项正确。（4）所谓发行权，即以出售或者赠与方式向公众提供作品的原件或者复制件的权利。本题中，经著作权人崔雪许可，其作品《森林之歌》由某出版社公开出版发行，作者的发行权已经因一次行使而实现。出版社将《森林之歌》批发给书店销售，不会再侵犯作者的发行权，故D项错误。综上所述，本题的正确答案为ABC。

63.【答案】ABCD

【解析】（1）《专利法》第60条规定："未经专利权人许可，实施其专利，即侵犯其专利权，引起纠纷的，由当事人协商解决；不愿协商或者协商不成的，专利权人或者利害关系人可以向人民法院起诉，也可以请求管理专利工作的部门处理。"在独占实施许可中，被许可人可以自己的名义独自提起侵权诉讼，故A项错误。（2）《专利法》第11条规定："发明和实用新型专利权被授予后，除本法另有规定的以外，任何单位或者个人未经专利权人许可，都不得为生产经营目的制造、使用、许诺销售、销售、进口其专利产品。"本题中，丙公司在当地电视台做广告宣传具有相同专利技术的手机，属于侵犯专利实施权中的许诺销售权，而非销售权。故B项错误。（3）《专利法》第47条规定："宣告无效的专利权视为自始即不存在。宣告专利权无效的决定，对在宣告专利权无效前人民法院作出并已执行的专利侵权的判决、调解书，已经履行或者强制执行的专利侵权纠纷处

理决定，以及已经履行的专利实施许可合同和专利权转让合同，不具有追溯力。但是因专利权人的恶意给他人造成的损失，应当给予赔偿。"本题中，如专利无效，则专利实施许可合同无效，但由于甲、乙公司签订的专利实施许可合同已经履行完毕，故对其无溯及力，甲公司无须返还专利使用费。故C项错误。（4）《最高人民法院关于审理专利纠纷案件适用法律问题的若干规定》第11条规定："人民法院受理的侵犯发明专利权纠纷案件或者经专利复审委员会审查维持专利权的侵犯实用新型、外观设计专利权纠纷案件，被告在答辩期间内请求宣告该项专利权无效的，人民法院可以不中止诉讼。"故D项错误。综上所述，本题的正确答案为ABCD。

64.【答案】AD

【解析】（1）《商标法》第3条规定："本法所称集体商标，是指以团体、协会或者其他组织名义注册，供该组织成员在商事活动中使用，以表明使用者在该组织中的成员资格的标志。本法所称证明商标，是指由对某种商品或者服务具有监督能力的组织所控制，而由该组织以外的单位或者个人使用于其商品或者服务，用以证明该商品或者服务的原产地、原料、制造方法、质量或者其他特定品质的标志。"本题中，"河川"商标由河川县荔枝协会申请注册了，并许可本协会成员使用，以表明使用者的成员资格，属于典型的集体商标，而非证明商标。故A项正确，而B项错误。（2）《商标法》第10条第2款规定："县级以上行政区划的地名或者公众知晓的外国地名，不得作为商标。但是，地名具有其他含义

或者作为集体商标、证明商标组成部分的除外；已经注册的使用地名的商标继续有效。"本题中，"河川"商标虽使用了县级行政区划名称，但该名称为集体商标的组成部分，不在法律的禁止范围之内，故C项错误。（3）盛联超市虽在荔枝包装上加贴了自己的注册商标"盛联"，旨在清晰区分商品或服务的不同来源，但因未"更换"原"河川"商标，不构成对注册商标专用权的侵犯，故D项正确。综上所述，本题的正确答案为AD。

65.【答案】ABC

【解析】（1）《婚姻法》第34条规定："女方在怀孕期间、分娩后一年内或中止妊娠后六个月内，男方不得提出离婚。女方提出离婚的，或人民法院认为确有必要受理男方离婚请求的，不在此限。"本题中，男方即董楠不得在女方分娩后一年内提出离婚，但女方提出离婚的，不受限制。故申蓓提出离婚请求的，法院应予受理。A项正确。（2）根据《婚姻法》第32条规定："人民法院审理离婚案件，应当进行调解；如感情确已破裂，调解无效，应准予离婚。有下列情形之一，调解无效的，应准予离婚：……（三）有赌博、吸毒等恶习屡教不改的；……"本题中，因董楠染上吸毒恶习，且屡教不改，属于法定离婚情形，如调解无效，法院应当准予离婚。B项正确。（3）《物权法》第103条规定："共有人对共有的不动产或者动产没有约定为按份共有或者共同共有，或者约定不明确的，除共有人具有家庭关系等外，视为按份共有。"本题中，因董楠与申蓓存在夫妻关系，故油画作品《爱你一千年》为夫

妻共同共有财产。董楠未经共有人申蓓同意而处分该油画，构成对申蓓物权的侵害。（4）《著作权法》第18条规定："美术等作品原件所有权的转移，不视为作品著作权的转移，但美术作品原件的展览权由原件所有人享有。"本题中，因董楠处分了共有油画，油画著作权虽未发生转移，但原件的展览权即由受让人取得，而申蓓对原件展览权归于消灭，故董楠构成对申蓓著作权的侵犯，C项正确。（5）《婚姻法》第46条规定："有下列情形之一，导致离婚的，无过错方有权请求损害赔偿：（一）重婚的；（二）有配偶者与他人同居的；（三）实施家庭暴力的；（四）虐待、遗弃家庭成员的。"本题中，董楠虽染上吸毒恶习不改，但并不存在《婚姻法》规定的离婚损害赔偿的情形，故申蓓无权请求离婚损害赔偿。D项错误。综上所述，本题的正确答案为ABC。

66.【答案】AC

【解析】本题考查隐私权的保护与精神损害赔偿。（1）所谓隐私权，指自然人就自己个人私事、个人信息等个人生活领域内情事不为他人知悉、禁止他人干涉的权利。隐私权主要包括空间隐私权与资讯隐私权两大类型。前者保护民事主体的私人空间不被非法侵害，后者指民事主体的私人信息不受非法侵害。本题中，张某将放有私人物品的箱子密封邮寄，并在箱外贴了"私人物品，严禁打开"的字条，甲公司工作人员擅自打开翻看，侵犯了张某的通信秘密，构成了对隐私权的侵犯。故A项正确。（2）《合同法》第311条规定："承运人对运输过程中货物的毁损、灭失承担

损害赔偿责任，但承运人证明货物的毁损、灭失是因不可抗力、货物本身的自然性质或者合理损耗以及托运人、收货人的过错造成的，不承担损害赔偿责任。"本题中，张某交付运输的平板电脑受到损害，且甲公司不存在法定免责事由，应当承担损害赔偿责任。故C项正确。（3）《侵权责任法》第34条规定："用人单位的工作人员因执行工作任务造成他人损害的，由用人单位承担侵权责任。"本题中，李某为执行工作任务造成他人损害，应当由甲公司承担赔偿责任，李某无须承担连带责任。故D项错误。（4）《侵权责任法》第22条规定："侵害他人人身权益，造成他人严重精神损害的，被侵权人可以请求精神损害赔偿。"本题中，张某虽隐私权受到侵害，但依社会一般观念尚未达到"严重精神损害"的程度，故无权主张精神损害赔偿。故B项错误。综上所述，本题正确答案为AC。

67.【答案】ACD

【解析】本题考查饲养动物侵权责任。（1）《侵权责任法》第78条规定："饲养的动物造成他人损害的，动物饲养人或者管理人应当承担侵权责任，但能够证明损害是因被侵权人故意或者重大过失造成的，可以不承担或者减轻责任。"丁下夜班回家途中被邻居饲养的小猪绊倒摔伤，构成动物侵权，邻居应承担侵权责任。C项正确。（2）《侵权责任法》第80条规定："禁止饲养的烈性犬等危险动物造成他人损害的，动物饲养人或者管理人应当承担侵权责任。"甲的儿子被院内饲养的危险动物藏獒咬伤，饲养人邻居应当承担绝对责任，且无免责事由。即使甲的儿子翻墙进入邻居院中玩耍存在重大

过错，仍不能免除或减轻邻居的侵权责任。A项正确。(3)《侵权责任法》第83条规定："因第三人的过错致使动物造成他人损害的，被侵权人可以向动物饲养人或者管理人请求赔偿，也可以向第三人请求赔偿。动物饲养人或者管理人赔偿后，有权向第三人追偿。"因丙的过错致使动物侵权的，被侵权人既可以要求动物饲养人邻居承担赔偿责任，也可以要求第三人丙的监护人承担赔偿责任。故B项错误。(4)《侵权责任法》第81条规定："动物园的动物造成他人损害的，动物园应当承担侵权责任，但能够证明尽到管理职责的，不承担责任。"动物园饲养老虎的虎笼破损，致使老虎蹿出将戊女儿咬伤，动物园因存在过错，需要承担侵权责任。D项正确。综上所述，本题的正确答案为ACD。

68.【答案】AB

【解析】《公司法》第37条："股东会行使下列职权：（一）决定公司的经营方针和投资计划；（二）选举和更换非由职工代表担任的董事、监事，决定有关董事、监事的报酬事项；（三）审议批准董事会的报告；（四）审议批准监事会或者监事的报告；（五）审议批准公司的年度财务预算方案、决算方案；（六）审议批准公司的利润分配方案和弥补亏损方案；（七）对公司增加或者减少注册资本作出决议；（八）对发行公司债券作出决议；（九）对公司合并、分立、解散、清算或者变更公司形式作出决议；（十）修改公司章程；（十一）公司章程规定的其他职权。对前款所列事项股东以书面形式一致表示同意的，可以不召开股东会会议，直接作出决定，并由全体股东在决定文件上签名、盖章。"

所以A项正确。

董事责任保险的保险费是由公司购买，或公司与当事人共同购买，属于公司为非职工董事支付的费用，应归属股东会决议，B项正确。

第56条："监事会、不设监事会的公司的监事行使职权所必需的费用，由公司承担。"C项中监事的差旅费是法定公司承担的部分，无须股东会审批。C项错误。

《社会保险法》第4条："中华人民共和国境内的用人单位和个人依法缴纳社会保险费，有权查询缴费记录、个人权益记录，要求社会保险经办机构提供社会保险咨询等相关服务。"D项中，社会保险费的缴纳是用人单位的法定义务，无须股东会审批。D项错误。

69.【答案】AD

【解析】《公司法》第43条："股东会的议事方式和表决程序，除本法有规定的外，由公司章程规定。股东会会议作出修改公司章程、增加或者减少注册资本的决议，以及公司合并、分立、解散或者变更公司形式的决议，必须经代表三分之二以上表决权的股东通过。"所以A项正确，该公司只有两名股东，张某自己的持股份额只有65%，所以此决议需要两股东均同意。

第173条："公司合并，应当由合并各方签订合并协议，并编制资产负债表及财产清单。公司应当自作出合并决议之日起十日内通知债权人，并于三十日内在报纸上公告。债权人自接到通知书之日起三十日内，未接到通知书的自公告之日起四十五日内，可以要求公司清偿债务或者提供相应的担保。"通知债权人的时间应该是10日内，而非15日，B项错误；公司合并情形中，债权人有权要求救济，但不能直接对公司合同提出异议。C项错误。

174条："公司合并时，合并各方的债权、债务，应当由合并后存续的公司或者新设的公司承继。"所以D项正确。

70. 【答案】ABD

【解析】《公司法》第71条："有限责任公司的股东之间可以相互转让其全部或者部分股权。股东向股东以外的人转让股权，应当经其他股东过半数同意。股东应就其股权转让事项书面通知其他股东征求同意，其他股东自接到书面通知之日起满三十日未答复的，视为同意转让。其他股东半数以上不同意转让的，不同意的股东应当购买该转让的股权；不购买的，视为同意转让。经股东同意转让的股权，在同等条件下，其他股东有优先购买权。两个以上股东主张行使优先购买权的，协商确定各自的购买比例；协商不成的，按照转让时各自的出资比例行使优先购买权。公司章程对股权转让另有规定的，从其规定。"所以股权外转，尊重其他股东人合性保护，而非资合性保护，所以A项错误；其他股东的优先购买权应该以同等条件为前提，D项错误。

股权外转只要符合法定要求，具体怎么卖，向谁卖，即可根据转让人的意思来处理，所以C项正确。

公司章程可以对股权转让做另行的灵活规定，而修改公司章程需要召开股东会，以2/3以上特别多数表决权通过之后做出修改决议，题目中虽然甲自己占到了2/3以上

的表决权，但不能直接自己修改，所以B项错误。

71. 【答案】AB

【解析】《合伙企业法》第42条："合伙人的自有财产不足清偿其与合伙企业无关的债务的，该合伙人可以以其从合伙企业中分取的收益用于清偿；债权人也可以依法请求人民法院强制执行该合伙人在合伙企业中的财产份额用于清偿。人民法院强制执行合伙人的财产份额时，应当通知全体合伙人，其他合伙人有优先购买权；其他合伙人未购买，又不同意将该财产份额转让给他人的，依照本法第五十一条的规定为该合伙人办理退伙结算，或者办理削减该合伙人相应财产份额的结算。"所以A、B项正确，C、D项错误。

72. 【答案】AB

【解析】《合伙企业法》第57条："一个合伙人或者数个合伙人在执业活动中因故意或者重大过失造成合伙企业债务的，应当承担无限责任或者无限连带责任，其他合伙人以其在合伙企业中的财产份额为限承担责任。合伙人在执业活动中非因故意或者重大过失造成的合伙企业债务以及合伙企业的其他债务，由全体合伙人承担无限连带责任。"所以本题中的两个合伙人均为重大过失主体，对该笔债务要承担无限连带责任。而其他合伙人只需要承担有限责任。所以A、B项正确，C、D项错误。

73. 【答案】AC

【解析】《企业破产法》第46条："未到期的债权，在破产申请受理时视为到期。附利息的债权自破产申请受理时起停止计息。"所以A项正确。

第47条："附条件、附期限的债权和诉讼、仲裁未决的债权，债权人可以申报。"所以B项错，C项正确。

第48条："债权人应当在人民法院确定的债权申报期限内向管理人申报债权。债务人所欠职工的工资和医疗、伤残补助、抚恤费用，所欠的应当划入职工个人账户的基本养老保险、基本医疗保险费用，以及法律、行政法规规定应当支付给职工的补偿金，不必申报，由管理人调查后列出清单并予以公示。职工对清单记载有异议的，可以要求管理人更正；管理人不予更正的，职工可以向人民法院提起诉讼。"所以D项错误。

74. 【答案】BC

【解析】《票据法》第83条："支票可以支取现金，也可以转账，用于转账时，应当在支票正面注明。支票中专门用于支取现金的，可以另行制作现金支票，现金支票只能用于支取现金。支票中专门用于转账的，可以另行制作转账支票，转账支票只能用于转账，不得支取现金。"现金支票与转账支票不能混用，A项错误。

第86条："支票上未记载收款人名称的，经出票人授权，可以补记。支票上未记载付款地的，付款人的营业场所为付款地。支票上未记载出票地的，出票人的营业场所、住所或者经常居住地为出票地。出票人可以在支票上记载自己为收款人。"所以收款人并非支票的绝对必要记载事项，D项错误。

第90条："支票限于见票即付，不得另行记载付款日期。另行记载付款日期的，该记载无效。"所以C项正确。

第87条："支票的出票人所签发的支票金额不得超过其付款时在付款人处实有的存款金额。出票人签发的支票金额超过其付款时在付款人处实有的存款金额的，为空头支票。禁止签发空头支票。"所以B项正确。

75. 【答案】ABD

【解析】《证券投资基金法》第70条："基金份额持有人享有下列权利：（一）分享基金财产收益；（二）参与分配清算后的剩余基金财产；（三）依法转让或者申请赎回其持有的基金份额；（四）按照规定要求召开基金份额持有人大会；（五）对基金份额持有人大会审议事项行使表决权；（六）查阅或者复制公开披露的基金信息资料；（七）对基金管理人、基金托管人、基金份额发售机构损害其合法权益的行为依法提起诉讼；（八）基金合同约定的其他权利。"所以A、B项正确，C项错误。

第71条："下列事项应当通过召开基金份额持有人大会审议决定：（一）提前终止基金合同；（二）基金扩募或者延长基金合同期限；（三）转换基金运作方式；（四）提高基金管理人、基金托管人的报酬标准；（五）更换基金管理人、基金托管人；（六）基金合同约定的其他事项。"所以D项正确。

76. 【答案】BD

【解析】《保险法》第55条："保险金额低于保险价值的，除合同另有约定外，保险人按照保险金额与保险价值的比例承担赔偿保险金的责任。"所以对于不足额保险，保险公司不会全额赔付被保险人的损失，A项错误。

第60条:"因第三者对保险标的的损害而造成保险事故的,保险人自向被保险人赔偿保险金之日起,在赔偿金额范围内代位行使被保险人对第三者请求赔偿的权利。前款规定的保险事故发生后,被保险人已经从第三者取得损害赔偿的,保险人赔偿保险金时,可以相应扣减被保险人从第三者已取得的赔偿金额。保险人依照本条第一款规定行使代位请求赔偿的权利,不影响被保险人就未取得赔偿的部分向第三者请求赔偿的权利。"所以B项错误,D项正确。

保险人的代位求偿权的行使,学界通说认为应当以保险人的名义进行,所以C项错误。

77. 【答案】ACD

【解析】本题考查新《民诉解释》对专利纠纷案件管辖的规定,专利纠纷由知识产权法院、最高院确定的中院或基层法院管辖。综上所述,本题正确答案为ACD。

78. 【答案】BCD

【解析】本题考查委托律师代为诉讼需要提交的材料,新《民诉解释》第88条规定:"委托律师代理诉讼,除交委托授权书外,还要提供律师执业证和律所证明。"直接选择B、C、D项。根据合同的相对性,A选项所述律所与当事人签订的协议书仅仅是规范当事人与律所之间的权利义务关系,与法院无关,无须提交。A项错误。

79. 【答案】ABCD

【解析】本题考查证人作证,重点考查新《民诉解释》规定的证人如实陈述保证书。首先,关于申请证人出庭的程序,新《民诉解释》规定,应当由当事人在举证期限届满前申请或者该证言属于人民法院依职权调查收集的证据的也可以由人民法院依职权通知,本案中张志军在举证期限届满前申请证人出庭,符合司法解释规定的条件,法院予以准许的做法合法,A项正确。关于如实作证保证书,新《民诉解释》规定人民法院在证人出庭作证前应当告知其如实作证的义务以及作伪证的法律后果,并责令其签署保证书,但无民事行为能力人和限制民事行为能力人除外。证人拒绝签署保证书的,不得作证,并自行承担相关费用。证人方强应当签署保证书,其签署保证书后法院应当允许其出庭作证。蒋勇是限制民事行为能力人,不需要签署保证书,同时,其虽为未成年人,但能够正确表达意思,具有证人资格,法院允许其出庭作证的做法正确,B项正确。陆芳应当签署保证书,其拒不签署保证书,不得作证,故人民法院对其证言不组织质证的做法正确,C、D项正确。综上所述,本题正确答案为ABCD。

80. 【答案】ABC

【解析】本题考查保全的范围,关键考点在于对抵押物、留置物、质押物可以采取保全措施,但不影响抵押权人、留置权人和质权人的优先受偿权,所以B、C项错误,D项正确。同时,根据新《民诉解释》第154条的规定:"查封、扣押、冻结担保物权人占有的担保财产,一般由担保物权人保管;由人民法院保管的,质权、留置权不因采取保全措施而消灭。"可见本案对担保物权人占有的担保财产采取保全措施,应当由担保物权人即债权人保管,所以该手表应当由担保物权人即小额贷款公司保管,不用将其交法院保管,A项错误。

81. 【答案】ABC

【解析】诉前禁令,是一种诉前行为保全措施,本题考查诉前行为保全。诉前保全应当向被保全财产所在地、被申请人住所地、对案件有管辖权的法院提出申请,可见A、B项中关于管辖的表述是正确的。同时,诉前保全,法院应当责令申请人提供担保,担保是必需的,A项正确;由于诉前保全均为情况紧急的情形,法院应当在48小时内做出裁定,B项正确。诉前保全措施采取后,申请人应当在30日内提起诉讼或者申请仲裁,否则法院应当裁定解除保全,C项正确。虽然申请人在30日内没有起诉或者申请仲裁的,法院应当裁定解除保全,但毕竟保全的解除需要法院做出裁定,而不能自动解除,所以D项错误。

82. 【答案】BC

【解析】本题题目信息量较大,可以从题目中逐步分析考点。首先二审将案件发回重审,对于发回重审的案件不得适用简易程序审理,所以甲县法院适用简易程序对案件重新审理的做法错误。发回重审后,在答辩期间,李泳提出管辖权异议,根据新《民诉解释》39条第2款,人民法院发回重审或者按照第一审程序再审的案件,当事人提出管辖异议的,人民法院不予审查,所以法院不予审查的做法正确。当然,其理论依据在于应诉管辖,在一审提交答辩状期间,被告未提出管辖权异议并且应诉答辩的,法院取得应诉管辖权,既然法院取得应诉管辖权,故之后当事人不能再次提出管辖权异议。发回重审的案件,法院适用一审程序对案件进行重新审理,在重新审理过程中,当事人可以新增诉讼请求,可以提出反诉,可见法院受理章俊新增诉讼请求的做法正确,而拒绝受理李泳反诉的做法错误。综上所述,B、C项正确,A、D项错误。

83. 【答案】CD

【解析】本题考查简易程序。首先关于简易程序的适用,简易程序可以由法院依职权适用,即基层法院及其派出法庭审理的事实清楚、权利义务关系明确、争议不大的简单民事案件,适用简易程序,也可以由当事人协议适用,即基层法院及其派出法庭审理的前款规定以外的民事案件,当事人双方可以约定适用简易程序;当事人约定适用简易程序审理的,应当在开庭前提出,且不得违反关于适用简易程序的禁止性规定。所以A项正确。同时,适用简易程审理的案件法院可以用简便方式(电话、传真、电子邮件等)传唤当事人、通知证人和送达裁判文书以外的诉讼文书,所以法院用电子邮件方式通知开庭时间的做法正确,B项正确。但用简便方式送达的开庭通知,未经当事人确认或者没有其他证据证明当事人已经收到的,不得缺席判决,本案中当事人均未回复确认,法院不得缺席判决,所以法院缺席判决的做法错误,C项错误。同时,简易程序不允许公告送达,所以D项错误。

84. 【答案】ABD

【解析】本题考查小额诉讼程序的适用范围。民诉法规定基层法院及其派出法庭审理的事实清楚、权利义务关系明确、争议不大的民事案件,标的额为各省上年度就业人员年均工资30%以下的,一审终审。

新《民诉解释》规定海事法院审理海事、海商案件，符合条件也可以适用小额诉讼程序。同时，新《民诉解释》规定：①人身关系、财产确权纠纷；②涉外民事纠纷；③知识产权纠纷；④需要评估、鉴定或者对诉前评估、鉴定结果有异议的纠纷；⑤其他不宜适用一审终审的纠纷不得适用小额诉讼程序审理。可见A项的人身关系案件不得适用小额诉讼，B项的涉外民事案件不得适用小额诉讼程序，D项中发回重审案件不得适用简易程序审理，自然不符合小额诉讼程序的适用条件，不得适用小额诉讼程序。而C项的海事案件由海事法院审理，符合条件的可以适用小额诉讼程序规定。

85. 【答案】AD

【解析】本题考查公示催告程序。首先关于止付通知的效力，法院受理后应当同时通知支付人停止支付，支付人收到通知后应停止支付；公示催告期间转让票据的行为无效，可见A银行应当停止支付，同时在公示催告期间甲公司转让票据的行为无效，A项正确，B项错误。其次关于除权判决，"在公示催告期间无人申报，或者申报被驳回，法院根据申请人申请，判决宣告票据无效"，可见除权判决的作出应当以申请人提出申请为前提，C项错误。最后关于公示催告程序的审理组织，公示催告阶段适用独任制，而除权判决阶段应适用合议制，所以法院判决宣告票据无效应当组成合议庭，D项正确。

三、不定项选择题。

86. 【答案】AD

【解析】（1）《合同法》第396条规定："委托合同是委托人和受托人约定，由受托人处理委托人事务的合同。"本题中，乙丙公司签订有效的委托合同，由丙公司代乙公司对外销售房屋，故乙公司是委托人。故A项正确。（2）《委托书》中委托人签字盖章处有乙公司盖章和法定代表人王某签字，但王某为作为法定代表人的职务行为，应当由乙公司承担。故王某个人并非委托合同的当事人。B、C项错误。（3）根据王某出具的《承诺函》，其只是承诺"协调甲公司卖房给张某"，而非"保证"甲公司与张某订立买卖合同，显然欠缺受法律拘束的意旨，故不产生法律行为上的效果。故D项正确。综上所述，本题正确答案为AD。

87. 【答案】B

【解析】（1）张某与丙公司签订《房屋预订合同》为双方当事人真实意思表示，且不违反法律行政法规的强制性规定，不存在无效的情形，应当认定合法有效。故A项错误。（2）根据甲公司、乙公司签订的《合作开发协议》，合作开发的A区房屋归甲公司。丙公司并无销售该区房屋的处分权，故应当认定为无权处分。B项正确。（3）根据乙公司、丙公司签订的《委托书》，丙公司的代理权限范围为：销售乙公司所有的B区房屋。丙公司超越代理权限，对外以乙公司的名义订立合同，构成无权代理。故C项错误。（4）所谓表见代理，指行为人虽欠缺代理权，但交易相对人有理由相信行为人有代理权时，该代理行为发生与有权代理相同的法律后果。本题中，张某订立合同时查看了《合作开发协议》和《委托书》，知道或者应当知道丙公司仅有权代理销售B区房屋，故没有理由相信丙公司有代理权，不构成表见代理。故D项错误。综上所述，本题的正确答案为B。

88.【答案】A

【解析】（1）《民法通则》第66条第1款规定："没有代理权、超越代理权或者代理权终止后的行为，只有经过被代理人的追认，被代理人才承担民事责任。未经追认的行为，由行为人承担民事责任。"本题中，丙超越代理权以乙公司名义对外订立合同，构成无权代理，因被代理人乙公司未追认该合同，故应当由行为人丙公司承担退还预付款30万元的责任，被代理人乙公司无须负责。故B、D项错误。（2）因张某与李某签订《债权转让协议》，将其对丙公司的30万债权转让给李某，并通知了债务人丙公司，故李某成为该债权新的债权人，张某丧失债权人资格。张某又将债权转让给方某，属于无权处分，不发生债权转让的效力。故该退款应当由丙公司支付给李某。综上所述，本题的正确答案为A。

89.【答案】BCD

【解析】（1）《买卖合同解释》第3条第1款规定："当事人一方以出卖人在缔约时对标的物没有所有权或者处分权为由主张合同无效的，人民法院不予支持。"本题中，张某出卖租赁的电脑，属于无权处分，但这并不能导致其与甲乙丙三人签订的买卖合同无效。故A项错误。（2）张某与甲乙丙三人签订的买卖合同，为当事人真实的意思表示，且不违反法律的强制性规定，应当认定有效。故B项正确。（3）《物权法》第106条规定："无处分权人将不动产或者动产转让给受让人的，所有权人有权追回；除法律另有规定外，符合下列情形的，受让人取得该不动产或者动产的所有权：（一）受让人受让该不动产或动产时是善意的；（二）以合理的价格转让；（三）转让的不动产或者动产依照法律规定应当登记的已经登记，不需要登记的已经交付给受让人。"本题中，张某虽为无权处分，但乙为善意相对人，且支付了合理价款并完成交付，可善意取得电脑的所有权。故C项正确。（4）《买卖合同解释》第3条第2款规定："出卖人因未取得所有权或者处分权致使标的物所有权不能转移，买受人要求出卖人承担违约责任或者要求解除合同并主张损害赔偿的，人民法院应予支持。"本题中，因张某对电脑没有处分权，且乙因交付而善意取得电脑所有权，张某不能履行对甲、丙的合同义务，应分别承担违约责任。故D项正确。综上所述，本题的正确答案为BCD。

90.【答案】D（司法部公布答案为BCD）

【解析】（1）《物权法》第243条规定："不动产或者动产被占有人占有的，权利人可以请求返还原物及其孳息，但应当支付善意占有人因维护该不动产或者动产支出的必要费用。"本题中，李某拾得乙丢失的电脑，欠缺占有的正当权源，为无权占有。因电脑出租取得的收益属于占有物的法定孳息，故无权占有人李某应当返还全部的孳息，而不仅限于乙受到的损失范围。A项错误。（2）根据《物权法》第243条规定，只有善意占有人才有权请求支付维护的必要费用。本题中，因李某明知其占有电脑欠缺法律上的原因，为恶意占有人，故无权主张扣除必要费用。故B项错误。（3）《物权法》第109条规定："拾得遗失物，应当返还权利人。"本题中，乙作为电脑的所有权人，有权要求李某返还电脑。同时，《民通意见》第131条规定："返还的不当利益，应当包括原物和原物所生的孳息。利用不当得利所取得的其他利益，扣除劳务管理费用后，应当予以收缴。"由此可见，乙也可以不当得利债权人身份请求返还原物。故C项错误。（4）如李某拒绝返还电脑，侵犯了乙对电脑的所有权，需向乙承担侵权责任。故D项正确。综上所述，本题的正确答案为D。

91. 【答案】BC

【解析】（1）《物权法》第230条规定："债务人不履行到期债务，债权人可以留置已经合法占有的债务人的动产，并有权就该动产优先受偿。"本题中，王某虽非电脑所有权人，但基于有效的承揽合同，康成公司可善意取得留置权。（2）《物权法》第236条规定："留置权人与债务人应当约定留置财产后的债务履行期间；没有约定或者约定不明确的，留置权人应当给债务人两个月以上履行债务的期间，但鲜活易腐等不易保管的动产除外。债务人逾期未履行的，留置权人可以与债务人协议以留置财产折价，也可以就拍卖、变卖留置财产所得的价款优先受偿。"由此可见，留置权具有两次效力，须先为债权人确定履行宽限期，而不能直接拍卖留置物并优先受偿。故A项错误。（3）《物权法》第240条规定："留置权人对留置财产丧失占有或者留置权人接受债务人另行提供担保的，留置权消灭。"本题中，因李某潜入康成公司偷回电脑，康成公司丧失了对留置电脑的占有，留置权归于消灭。故B项正确。（4）《物权法》第245条规定："占有的不动产或者动产被侵占的，占有人有权请求返还原物"。本题中，李某侵占了康成公司对电脑的占有，且为现时的无权占有人，康成公司有权行使占有返还请求权。故C项正确。（5）王某与康成公司签订了有效的承揽合同。基于合同的相对性，康成公司只能请求王某支付修理费，对合同外第三人李某无此请求权。故D项错误。综上所述，本题正确答案为BC。

92. 【答案】C

【解析】《合伙企业法》第21条："合伙人在合伙企业清算前，不得请求分割合伙企业的财产；但是，本法另有规定的除外。合伙人在合伙企业清算前私自转移或者处分合伙企业财产的，合伙企业不得以此对抗善意第三人。"且合伙财产应当为全体合伙人共有。题目中，甲、乙的处分行为应为有权处分，有效行为，保护善意第三人，所以A项错误。

题目并未涉及合伙经营范围的问题，B项错误。

第96条："合伙人执行合伙事务，或者合伙企业从业人员利用职务上的便利，将应当归合伙企业的利益据为己有的，或者采取其他手段侵占合伙企业财产的，应当将该利益和财产退还合伙企业；给合伙企业或者其他合伙人造成损失的，依法承担赔偿责任。"所以C项正确。题目中受托的投资机构作为善意相对方，不应承担合伙人不当行为的损失责任，D项错误。

93. 【答案】BD

【解析】乙对公司的出资是房屋的使用权,所以乙依旧是房屋的所有权人,其处分自己的房产属于有权处分,交易相对方丁取得了房屋的所有权。丁作为新的房屋所有权人有权要求合伙企业搬离,A、C项错误,B项正确。乙无法履行对合伙企业的出资义务,承担对合伙企业的违约责任,D项正确。

94. 【答案】ABCD

【解析】《合伙企业法》第50条:"合伙人死亡或者被依法宣告死亡的,对该合伙人在合伙企业中的财产份额享有合法继承权的继承人,按照合伙协议的约定或者经全体合伙人一致同意,从继承开始之日起,取得该合伙企业的合伙人资格。有下列情形之一的,合伙企业应当向合伙人的继承人退还被继承合伙人的财产份额:(一)继承人不愿意成为合伙人;(二)法律规定或者合伙协议约定合伙人必须具有相关资格,而该继承人未取得该资格;(三)合伙协议约定不能成为合伙人的其他情形。合伙人的继承人为无民事行为能力人或者限制民事行为能力人的,经全体合伙人一致同意,可以依法成为有限合伙人,普通合伙企业依法转为有限合伙企业。全体合伙人未能一致同意的,合伙企业应当将被继承合伙人的财产份额退还该继承人。"所以A项错误,如果戊没能够继承为新的合伙人,其对合伙的经营及维权没有话语权,B、C、D项均错误。

95. 【答案】AC

【解析】本题涉及管辖问题。根据题干分析,本案由管辖协议约定的原告住所地A县法院和合同签订地C县法院有管辖权。本题主要考查新《民诉解释》中关于管辖协议的新规定,管辖协议约定两个以上与争议有实际联系地点法院管辖的,原告在起诉时可以选择向其中一个法院起诉,可见该两个以上法院均有管辖权。综上所述,本题正确答案为AC。

96. 【答案】AC

【解析】本题考查合同纠纷的证明责任。A项中是否将货款交给五环公司业务员属于合同是否履行的事实,应当由主张合同已经履行的四海公司承担证明责任。B项中付某是五环公司业务员这一事实已经经过五环公司自认,对于自认事实对方当事人无须承担证明责任,且法院将直接作为裁判依据,该事实无须证明。C项中关于付某是否具有代理权应当由主张代理权存在的四海公司承担证明责任。D项中付某是否将货款交回五环公司属于五环公司与付某之间的问题,与本案无关,无须四海公司承担证明责任。综上所述,本题正确答案为AC。

97. 【答案】D

【解析】本案为合同纠纷,根据当事人适格的判断,争议的实体法律关系双方当事人为案件适格当事人,本案合同的双方当事人为四海公司与五环公司,为案件适格原告、被告,而付某作为五环公司的业务员,并非该实体上合同法律关系的双方当事人,不是适格原告、被告,A、B项错误。无独三要求与本案的处理具有法律上的直接利害关系,本案中付某与合同纠纷的结果并没有法律上的直接利害关系,不能作为案件的无独三。而付某经历了案件过程,对案件知情,可以以证人方式参加诉讼。

综上所述，本题正确答案为 D。

98. 【答案】AC

【解析】对于案外人对执行标的的异议，法院应当在收到异议之日起 15 日内审查，认为异议成立的裁定中止执行，认为异议不成立的，裁定驳回。综上所述，本题正确答案为 AC。

99. 【答案】D

【解析】题目考查执行异议之诉。法院裁定支持了案外人宁虹的请求，则应当裁定中止执行，此时申请人林海不服该裁定，应当在收到裁定后 15 日内向执行法院提出许可执行之诉，许可执行之诉应当以申请人林海为原告，案外人宁虹为被告，而被申请人张山的诉讼地位则视其态度而定，如果张三反对申请人林海的主张，则列为共同被告，不反对的列为无独三，所以本题答案 D 项。

100. 【答案】BC

【解析】本题考查执行异议之诉的相关考点。首先，执行异议之诉应当由负责执行的法院管辖，而本案由乙县法院执行，应当由乙县法院管辖，A 项错误。法院审理执行异议之诉应当适用普通程序，B 项正确。在执行异议之诉中，应当由案外人对执行标的享有足以阻碍执行的权利承担证明责任，所以本案应当由案外人宁虹对房屋的权利承担证明责任，C 项正确。法院裁定支持案外人请求而中止执行的，应当由申请人提起许可执行之诉，被申请人张三不能作为原告提起诉讼，D 项错误。

2015年国家司法考试（试卷四）解析

一、【参考答案】

（一）全面推进依法治国的总目标是建设中国特色社会主义法治体系，建设社会主义法治国家。即：在党的领导下，坚持中国特色社会主义制度，贯彻中国特色社会主义法治理论，形成完备的法律规范体系、高效的法治实施体系、严密的法治监督体系、有力的法治保障体系，形成完备的党内法规体系，坚持依法治国、依法执政、依法行政共同推进，坚持法治国家、法治政府、法治社会一体建设，实现科学立法、严格司法、公正司法、全民守法，促进国家治理体系和治理能力现代化。

（二）从立法环节来看，要完善以宪法为核心的法律体系，加强宪法实施。建设中国特色社会主义法治体系，必须坚持立法先行，发挥立法的引领和推动作用，抓住提高立法质量这个关键。形成完备的法律规范体系，要贯彻社会主义核心价值观，使每一项立法都符合宪法精神。要完善立法体制机制，坚持立改废释并举，增强法律法规的及时性、系统性、针对性、有效性。

（三）从执法环节来看，要深入推进依法行政，加快建设法治政府。法律的生命力和法律的权威均在于实施。建设法治政府要求在党的领导下，创新执法体制，完善执法程序，推进综合执法，严格执法责任，建立权责统一、权威高效的依法行政体制，加快建设职能科学、权责法定、执法严明、公开公正、廉洁高效、守法诚信的法治政府。

（四）从司法环节看，要保证公正司法，提高司法公信力。要完善司法管理体制和司法权力运行机制，规范司法行为，加强监督，让人民群众在每一个司法案件中感受到公平正义。

二、【参考答案】

（一）高某的刑事责任

1. 高某对钱某成立故意杀人罪。不同观点：故意杀人未遂与过失致人死亡罪的想象竞合。这里的争议点在于如何处理构成要件的提前实现（危害结果提前发生）。

答案一：虽然构成要件结果提前发生，但掐脖子本身有致人死亡的紧迫危险，能够认定掐脖子时就已经实施杀人行为，故意（间接故意）存在于着手实行时即可，故高某应对钱某的死亡承担故意杀人既遂的刑事责任。

答案二：高某、夏某掐钱某的脖子时只是想致钱某昏迷，没有认识到掐脖子的行为会导致钱某死亡，亦即缺乏既遂的故意，因而不能对故意杀人既遂负责，只能认定高某的行为是故意杀人未遂与过失致人死亡的想象竞合。

2. 关于拿走钱某的手提包和5000元现金的行为性质，关键在于如何认定死者的占有。

答案一：高某对钱某的手提包和5000元现金成立侵占罪，理由是死者并不占有自己生前的财物，故手提包和5000元现金属于遗忘物。

答案二：高某对钱某的手提包和5000元现金成立盗窃罪，理由是死者继续占有生前的财物，高某的行为属于将他人占有财产转移给自己占有的盗窃行为，成立盗窃罪。

注意，根据司法解释，杀害被害人后，行为人立刻取得被害人财物的，应认定为盗窃罪。

3. 将钱某的储蓄卡与身份证交给尹某取款2万元的行为性质。

答案一：构成信用卡诈骗罪的教唆犯。因为高某不是盗窃信用卡，而是侵占信用卡，利用拾得的他人信用卡取款的，属于冒用他人信用卡，高某唆使尹某冒用，故属于信用卡诈骗罪的教唆犯。

答案二：构成盗窃罪。因为高某是盗窃信用卡，盗窃信用卡并使用的，不管是自己直接使用还是让第三者使用，均应认定为盗窃罪。

（二）夏某的刑事责任

1. 夏某参与杀人共谋，掐钱某的脖子，构成故意杀人罪既遂。（或：夏某成立故意杀人未遂与过失致人死亡的想象竞合，理由与高某相同）

2. 由于发生了钱某死亡的结果，夏某的行为是钱某死亡的原因，夏某不可能成立犯罪中止。

（三）宗某的刑事责任

宗某参与共谋，并将钱某诱骗到湖边小屋，成立故意杀人既遂。宗某虽然后来没有实行行为，但其前行为与钱某死亡之间具有因果性，没有脱离共犯关系；宗某虽然给钱某打过电话，但该中止行为未能有效防止结果发生，不能成立犯罪中止。

（四）尹某的刑事责任

1. 尹某构成掩饰、隐瞒犯罪所得罪。因为从客观上说，该包属于高某犯罪所得，而且尹某的行为属于掩饰、隐瞒犯罪所得的行为；尹某认识到可能是高某犯罪所得，因而具备明知的条件。

2. 尹某冒充钱某取出2万元的行为性质。

答案一：构成信用卡诈骗罪。因为尹某属于冒用他人信用卡，完全符合信用卡诈骗罪的构成要件。

答案二：构成盗窃罪。尹某虽然没有盗窃储蓄卡，但认识到储蓄卡可能是高某盗窃所得，并且实施使用行为，属于承继的共犯，故应以盗窃罪论处。

三、【参考答案】

1. 不能。甲、乙签订的房屋预购合同性质上属于预约合同，虽合法有效，但依其合同性质不能请求继续履行，乙只能请求解除合同或损害赔偿等其他违约责任。

【解析】①《买卖合同解释》第2条规定："当事人签订认购书、订购书、预订书、意向书、备忘录等预约合同，约定在将来一定期限内订立买卖合同，一方不履行订立买卖合同的义务，对方请求其承担预约合同违约责任或者要求解除预约合同并主张损害赔偿的，人民法院应予支持。"本题中，甲、乙成立的并非房屋买卖合同，因标的并未确定，而是买卖合同的预约。②《合同法》第110条规定："当事人一方不履行非金钱债务或者履行非金钱债务不符合约定的，对方可以要求履行，但有下列情形之一的除外：（一）法律上或者事实上不能履行；（二）债务的标的不适于强制履行或者履行费用过高；（三）债权人在合理期限内未要求履行。"预约合同中，请求对方当事人签订本约的请求,属于不适于强制履行的行为,故乙无权主张继续履行,只能解除合同或要求承担违约责任。

2. 甲应对乙承担违约责任。因甲违反了权利瑕疵担保义务,基于"买卖不破租赁"规则,张某有权向乙主张承租权。

【解析】①《合同法》第229条规定:"租赁物在租赁期间发生所有权变动的,不影响租赁合同的效力。"本题中,甲将房屋出租于张某,在租赁期间又卖于乙并办理了过户登记,此时张某可向乙主张原租赁合同继续有效。②《合同法》第150条规定:"出卖人就交付的标的物,负有保证第三人不得向买受人主张任何权利的义务,但法律另有规定的除外。"本题中,甲将其房屋出卖于乙,依法负有保证第三人不得向买受人乙主张权利的义务。而因甲未告知乙有租赁的事实,张某基于"买卖不破租赁"可向乙主张租赁权,故甲违反权利瑕疵担保义务,应当承担违约责任。

3. 双方办理预告登记后,甲未经乙书面同意处分该房屋的,不发生物权效力。

【解析】《物权法》第20条规定:"当事人签订买卖房屋或者其他不动产物权的协议,为保障将来实现物权,按照约定可以向登记机构申请预告登记。预告登记后,未经预告登记的权利人同意,处分该不动产的,不发生物权效力。"本题中,甲乙签订了房屋买卖合同,并办理了预告登记,甲未经乙书面同意处分该房屋的,不发生物权效力。

4. 有效。因甲与第三人签订的合同为双方当事人真实意思表示,且不违反法律强制性规定,应当认定合法有效,只是未经乙书面同意不发生物权效力。

【解析】根据《物权法》第20条的规定,预告登记后,未经预告登记的权利人同意,处分该不动产的,只是不发生物权效力。出卖人与第三人订立的房屋买卖合同,效力原则上不受影响,应当认定有效。

5. 根据《物权法》相关规定,乙可以选择丙承担保证责任,也可以选择丁的房屋实现抵押权。丙或丁承担责任后,有权向甲追偿。

【解析】《物权法》第176条规定:"被担保的债权既有物的担保又有人的担保的,债务人不履行到期债务或者发生当事人约定的实现担保物权的情形,债权人应当按照约定实现债权;没有约定或者约定不明确,债务人自己提供物的担保的,债权人应当先就该物的担保实现债权;第三人提供物的担保的,债权人可以就物的担保实现债权,也可以要求保证人承担保证责任。提供担保的第三人承担担保责任后,有权向债务人追偿。"本题中,债权人乙的债权既有丙提供保证,又有债务人以外的第三人丁提供房屋抵押,构成混合担保,乙有权选择抵押权或保证而实现债权。第三人丙或丁承担责任后,应当向债务人追偿,而无权相互追偿。

6. (1)李某不能主张买卖合同无效,也不能主张登记无效或撤销登记。根据最新司法解释,甲擅自处分共有财产虽属于无权处分,但不影响合同的效力。(2)甲出卖房屋属于无权处分,善意的相对人乙以合理价格购买,并办理了过户登记,依据物权法规定善意取得房屋所有权,故李某不能主张登记无效或撤销登记。

【解析】①《买卖合同解释》第3条规定:"当事人一方以出卖人在缔约时对标

的物没有所有权或者处分权为由主张合同无效的，人民法院不予支持（第1款）。出卖人因未取得所有权或者处分权致使标的物所有权不能转移，买受人要求出卖人承担违约责任或者要求解除合同并主张损害赔偿的，人民法院应予支持（第2款）"。本题中，甲未经共有人同意处分共有财产，但李某无权主张合同无效。只要不存在其他效力瑕疵，合同应当认定有效。②《婚姻法解释（三）》第11条规定："一方未经另一方同意出售夫妻共同共有的房屋，第三人善意购买、支付合理对价并办理产权登记手续，另一方主张追回该房屋的，人民法院不予支持。夫妻一方擅自处分共同共有的房屋造成另一方损失，离婚时另一方请求赔偿损失的，人民法院应予支持。"本题中，甲出卖房屋属于无权处分，但善意的相对人乙以合理价格购买，并办理了过户登记，依据物权法规定了善意取得房屋所有权，李某无权主张追回房屋，只能要求甲承担赔偿责任。

7. 不成立。由于双方为夫妻共同财产制，夫妻关系存续是诉讼时效期间中止的法定事由。

四、【参考答案】

题干分析：本题法院判决翡翠观音归胜洋公司所有，胜洋公司申请执行该翡翠观音，在执行过程中，案外人商玉良声称该观音归自己所有，对其主张权利。

胜洋公司与杨之元对该翡翠观音的权利归属产生争议进行诉讼，而该翡翠观音归商玉良所有。故（1）在诉讼中，商玉良对该翡翠观音主张权利可以以有独三的身份参加诉讼；（2）而本该作为有独三的商玉良由于不能归责于自己的事由没能参加诉讼，在判决生效后，认为该判决侵犯自身合法权益（将其所有的翡翠观音判归胜洋公司所有），可以在知道或者应当知道权益受损之日起6个月内向作出生效裁判的法院提起第三人撤销权之诉；（3）在执行中，商玉良主张该翡翠观音的所有权，可以向执行法院提出案外人对执行标的的异议。如果商玉良提出案外人对执行标的的异议，法院驳回后，本案判决的是翡翠观音，执行的是翡翠观音，案外人异议的仍然是翡翠观音，属于认为原生效裁判确有错误的情形，应当通过审判监督程序处理，而不能提出执行异议之诉。

【解析】（1）案外人对执行标的的异议被驳回后，如果是认为原生效裁判确有错误的，应当通过审判监督程序处理，如果与原生效裁判无关的，可以提出执行异议之诉。显然本案判决翡翠观音归胜洋公司所有，商玉良主张该翡翠观音的权利，即认为原判决确有错误，应当通过审判监督程序处理，而不能提出执行异议之诉。

商玉良不可以提出执行异议之诉。因为，商玉良主张被抵押的翡翠观音属自己所有，即法院将翡翠观音用以抵偿杨之元的债务的判决是错误的，该执行异议与原判决有关，不能提起执行异议之诉。

（2）生效裁判确有错误侵犯商玉良合法权益的，商玉良可以提出第三人撤销权之诉要求撤销原判，保护自身合法权益；当然也可以提出案外人对执行标的的异议，对于异议裁定不服的，可以通过审判监督程序撤销原判。

商玉良可以对原生效判决提起第三人撤销之诉；或者在执行中提出案外人对执行标的的异议，法院对异议作出裁定后，商玉良不服的,可以通过审判监督程序申请对原生效判决进行再审。

(3)本题考查第三人撤销权之诉和再审制度的特点。

①第三人撤销权之诉的特点:

主体:本应作为案件有独三或者无独三的人。

事由:因为不能归责于自己的事由,没能参加诉讼的,但认为生效裁判侵犯自身合法权益的。

起诉时间:知道或者应当知道权益受损之日起6个月内向法院起诉。

管辖法院:作出生效裁判的法院。

审理方式:法院适用一审普通程序审理,以起诉第三人上诉。

②案外人申请再审的特点:

适用一审程序再审,应当追加商玉良作为第三人,一并审理,所作判决为一审判决,当事人可以上诉。

适用二审程序再审,可以通知商玉良参加调解,调解不成撤销原判,发回重审一审法院重审。

(4)本题考查第三人撤销权之诉与案外人对执行标的异议的关系。这是新《民诉解释》第303条的内容。

首先,如果商玉良提出第三人撤销权之诉后,未中止执行的,商玉良可以提起案外人对执行标的的异议(以实现中止执行的目的),法院驳回后,不能申请再审。(只能继续通过第三人撤销权之诉解决纠纷)。

其次,如果商玉良未提出第三人撤销权之诉,而是在执行中提出案外人对执行标的的异议,法院裁定驳回后,认为原生效裁判确有错误的,应当通过审判监督程序处理,而不能提出第三人撤销权之诉。

商玉良不可以同时适用上述两种制度。

根据新《民诉解释》第303条规定,如果商玉良提出第三人撤销权之诉后,未中止执行的,商玉良可以提起案外人对执行标的的异议,法院驳回后,不能申请再审,只能继续通过第三人撤销权之诉解决纠纷。

如果商玉良在执行中提出案外人对执行标的的异议,法院裁定驳回后,认为原生效裁判确有错误的,应当通过审判监督程序处理,而不能提出第三人撤销权之诉。

五、【参考答案】

1.《1号股东会决议》为合法有效的股东会决议。内容不违反现行法律、行政法规。程序上符合股东会决议的程序。

2. 首先应确定骐黄公司与鸿捷公司间签订的新股出资认缴协议,从本案所交代的案情来看,属于合法有效的协议或合同,这是讨论违约责任的前提。其次,依《合同法》第107条,违约责任的承担方式有继续履行、采取补救措施与赔偿损失三种,但在本案中,如果强制要求骐黄公司继续履行也就是强制其履行缴纳出资的义务,则在结果上会导致强制骐黄公司加入公司组织,从而有违参与或加入公司组织之自由原则,故而鸿捷公司不能主张继续履行的违约责任。至于能否主张骐黄公司的赔偿损失责任,则视骐黄公司主观上是否存在过错,而这在本案中,骐黄公司并不存在明显的过错,因此鸿捷公司也很难主张该请求权。

3. 不可以。丁主张新股优先认购权的

依据,为《公司法》第34条,即"公司新增资本时,股东有权优先按照实缴的出资比例认缴出资"。不过该条所规定的原股东的优先认购权,主要针对的是增资之股东大会决议就新股分配未另行规定的情形;而且行使优先认购权还须遵守另一个限制,即原股东只能按其持股比例或实缴出资比例,主张对新增资本的相应部分行使优先认购权。该增资计划并未侵害或妨害丁在公司中的股东地位,也未妨害其股权内容即未影响其表决权重,因此就余下的860万元的新股,丁无任何主张优先认购权的依据。

4. 《2号股东会决议》是合法有效的决议。内容不违法,也未损害异议股东丁的合法利益,程序上,丁的持股比例仅为14%,达不到否决增资决议的三分之一的比例要求。这两个决议均在解决与实施公司增资1000万元的计划,由于《1号股东会决议》难以继续实施,因此《2号股东会决议》是对《1号股东会决议》的替代或者废除,后者随之失效。

5. 只有在公司登记机关办理完毕新的注册资本的变更登记后,才能产生新的注册资本亦即新增注册资本的法律效力。公司的注册资本也只有经过工商登记,才能产生注册资本的法定效力;进而在公司通过修改章程而增加注册资本时,也同样只有在登记完毕后,才能产生注册资本增加的法定效力。

6. 为保护公司债权人的合法利益,可准用《公司法司法解释(三)》第13条第2款的规定,认可公司债权人的这项请求权,即在公司财产不能清偿公司债务时,各股东所认缴的尚未到期的出资义务,应按照提前到期的方法来处理,进而对公司债权人承担补充赔偿责任。

六、【参考答案】

1. 公司的设立登记为行政许可。《行政许可法》规定,企业或者其他组织的设立等,需要确定主体资格的事项可以设定行政许可。《公司法》规定,设立公司应当依法向公司登记机关申请设立登记。符合公司法规定的设立条件的,由公司登记机关分别登记为有限责任公司或股份有限公司。不符合规定的设立条件的,不得登记为有限责任公司或股份有限公司。公司的设立登记的法律效力,是使公司取得法人资格,进而取得从事经营活动的合法身份,符合"行政机关根据公民、法人或者其他组织的申请,经依法审查,准予其从事特定活动",为行政许可。公司的变更登记指公司设立登记事项中的某一项或某几项改变,向公司登记机关申请变更的登记。

【解析】关于公司的设立登记行为,从性质上来说当然是属于行政许可行为。所谓行政许可,是指行政机关根据公民、法人或者其他组织的申请,经依法审查,准予其从事特定活动的行为。而公司的设立登记,显然就是行政机关依当事人申请,准予其从事特定活动的行政行为,是赋予其权利或者资格的行政行为,属于一种典型的行政许可活动。

公司的变更登记,其性质如何界定存在争议。一种观点认为应当属于行政许可,因为变更登记依法需要经过主管部门批准方可生效。未经核准变更登记,不得擅自变更登记事项;但也有另一种观点认为该行为应该属于行政确认。因为变更登记并不影响公司的民商事主体资格问题，只是依法对民事权利的确定和认可，不涉及专门赋予当事人权利或者资格的问题。这两种观点都具有合理性。

本题难点在于如何界定公司变更登记的性质问题。无论是行政许可，还是行政确认，都具有一定程度的合理性。

2. 本案的原告应为乙、丙、丁，被告应为区工商局与市工商局。因为与本案具有法律上利害关系的公民、法人或者其他组织均可作为原告。依据《行政诉讼法》的有关规定，复议维持的，应以原机关与复议机关作为共同被告。

【解析】要想找诉讼原告，就需要找与本案具有法律上利害关系的公民、法人或者其他组织，包括行政相对人以及其他与本案具有利害关系的人，据此，本案的原告应为乙、丙、丁；被告应为区工商局与市工商局。《行政诉讼法》第26条第2款规定："经复议的案件，复议机关决定维持原行政行为的，作出原行政行为的行政机关和复议机关是共同被告；复议机关改变原行政行为的，复议机关是被告。"

3. 本案的审理裁判对象是市工商局撤销区工商分局通知的行为。如果市工商局维持了区工商分局的行为，那么原行政行为（登记驳回通知书）和复议决定（撤销决定）均为案件的审理对象，法院应一并作出裁判。

【解析】《行政诉讼法》第6条规定："人民法院审理行政案件，对行政行为是否合法进行审查。"据此可知，确定审理和裁判对象的基本精神，就在于确定审理中的被诉行政行为，也就是争议焦点。若复议改变，则应当审理与裁判复议机关所作的复议决定，而本案属于复议改变，因此本案的审理和裁判对象应为市工商局的行政复议决定，亦即市工商局撤销区工商局登记驳回通知的行为；若复议维持，则审理和裁判对象应为区工商局登记驳回行为与市工商局撤销该登记驳回行为的复议决定。

4. 接到起诉状时，对符合法定起诉条件的，应当登记立案。当场不能判定的，应当接收起诉状，出具注明收到日期的书面凭证，并在7日内决定是否立案；不符合起诉条件的，作出不予立案的裁定；如起诉状内容欠缺或有其他错误的，应给予指导和释明，并一次性告知当事人需要补正的内容。不得未经指导和释明即以起诉不符合条件为由不接收起诉状。

【解析】本题事实上是在考查起诉与受理制度中的若干知识点。《行政诉讼法》第51条规定："人民法院在接到起诉状时对符合本法规定的起诉条件的，应当登记立案。对当场不能判定是否符合本法规定的起诉条件的，应当接收起诉状，出具注明收到日期的书面凭证，并在七日内决定是否立案。不符合起诉条件的，作出不予立案的裁定。裁定书应当载明不予立案的理由。原告对裁定不服的，可以提起上诉。起诉状内容欠缺或者有其他错误的，应当给予指导和释明，并一次性告知当事人需要补正的内容。不得未经指导和释明即以起诉不符合条件为由不接收起诉状。对于不接收起诉状、接收起诉状后不出具书面凭证，以及不一次性告知当事人需要补正的起诉状内容的，当事人可以向上级人民法院投诉，上级人民法院应当责令改正，并对直接负责的主管人员和其他直接责任人员依法给予处分。"

5. 一律公开宣告判决。当庭宣判的，应当在10日内发送判决书；定期宣判的，宣判后立即发送判决书。宣判时，必须告知当事人上诉权利、上诉期限和上诉的法院。

【解析】关于判决方式问题，行政诉讼与民事诉讼并无本质区别。《行政诉讼法》第80条规定："人民法院对公开审理和不公开审理的案件，一律公开宣告判决。当庭宣判的，应当在十日内发送判决书；定期宣判的，宣判后立即发给判决书。宣告判决时，必须告知当事人上诉权利、上诉期限和上诉的人民法院。"

七、【参考答案】

1.（1）证据分析：

证据①小区录像：小区录像只能证明有人杀人（犯罪事实），但不能证明是刘四杀人（犯罪主体）。

证据②小区保安证言：小区保安是重要的目击证人，但其证言内容含糊，不能肯定是刘四杀人，且被告方提出异议后，证人没有出庭作证，证言无法查证属实，故保安的证言不能作为定罪的证据。

证据③现场提取的手套和刮刀：属于物证，在勘验中提取，未附笔录，不能证明物证来源的，不得作为定案的根据。

证据④ABO血型鉴定：ABO血型鉴定是一种只能否定不能肯定的同一认定方法，由于同一种血型的人很多，血型相同不代表一定是被告人的，但如果与被告人的血型不一致，则一定不是被告人，所以20世纪80年代以后血型鉴定一律采用DNA的鉴定方法。故该证据不能证明现场的血迹就是刘四的。

证据⑤侦查预审中三被告人的有罪供述及相互印证：第一，对待口供，要重证据，不轻信口供，被告人庭审中翻供，要审查是否有合理说明原因或辩解与全案证据是否矛盾；第二，本案被告人先供后翻，称翻供系刑讯逼供所致，但没有申请非法证据排除，没有提供非法取证的相关线索或证据材料，被告人庭前有罪供述与其他证据不能相互印证；如果法院对证据的合法性有疑问，可以依职权进行法庭调查；第三，共同犯罪人检举其他共犯犯罪事实属于犯罪嫌疑人、被告人供述和辩解的内容，不是证人证言，所以共同犯罪人供述之间不能相互为证人证言。

（2）结论：综合本案全案证据，有的模糊不清，有的丧失证据资格，有的前后变化较大，证据本身的真实性无法查实，证据与证据之间、证据与待证事实之间相互矛盾，无法形成完整的证据链条，不能得出刘四及张氏兄弟共同策划实施杀人的排他性唯一结论，应作出证据不足指控的犯罪不能成立的无罪判决。

2. 要点：（1）以审判为中心的诉讼制度，应当贯彻直接言辞原则，确保侦查、审查起诉收集的证据，在法庭上经过质证。本案被告人对证据提出异议，如果确系需要鉴定的，应当重新鉴定，需要出庭作证的证人应当出庭作证。如果被告人对证据的合法性提出异议，法官认为确有疑问的，应当依照职权启动调查程序。（2）以审判为中心的诉讼制度，应当贯彻证据裁判原则，对所有事实的认定，都应当建立在证据的基础之上。作为定案的证据必须具有证据能力；所有证据都要经过质证，查证属实；定罪证据应当确实充分，排除其他可能性。（3）推进以审判为中心的诉讼制度改革，要切实发挥审判程序的职能作用，促使侦查程序和公诉程序围绕审判程序的要求进行，确保侦查程序和公诉程序收集的证据达到审判程序的法定定案标准，使事实认定符合客观规律，办案结果符合实体公正，办案过程符合程序公正，保证庭审在查明事实、认定证据、保护诉权、公正裁判中发挥决定性作用，最终实现司法公正的目标。

国家司法考试
真题真练
5年卷

2016年卷

名师课堂　组编

北京理工大学出版社
BEIJING INSTITUTE OF TECHNOLOGY PRESS

版权专有 侵权必究

图书在版编目（CIP）数据

国家司法考试真题真练/名师课堂组编. —北京：北京理工大学出版社，2017.3
ISBN 978 – 7 – 5682 – 3783 – 3

Ⅰ.①国… Ⅱ.①名… Ⅲ.①法律工作者 – 资格考试 – 中国 – 习题集 Ⅳ.①D92 – 44

中国版本图书馆 CIP 数据核字（2017）第 044617 号

出版发行 /	北京理工大学出版社有限责任公司
社　　址 /	北京市海淀区中关村南大街 5 号
邮　　编 /	100081
电　　话 /	（010）68914775（总编室）
	（010）82562903（教材售后服务热线）
	（010）68948351（其他图书服务热线）
网　　址 /	http：//www.bitpress.com.cn
经　　销 /	全国各地新华书店
印　　刷 /	北京玥实印刷有限公司
开　　本 /	787 毫米 × 1092 毫米　1/16
印　　张 /	60.5
字　　数 /	1419 千字
版　　次 /	2017 年 3 月第 1 版　2017 年 3 月第 1 次印刷
定　　价 /	128.00 元（全五册）

责任编辑 / 张慧峰
文案编辑 / 张慧峰
责任校对 / 周瑞红
责任印制 / 王美丽

图书出现印装质量问题，请拨打售后服务热线，本社负责调换

使用说明

历年真题的重要性虽然大家都明白，然而如何才能物尽其用，却见仁见智。我们以为：历年真题最有效的使用方式是"做"，而非简单地"看"，机械地"记"！！历史是一面镜子，做历年真题就是做最好模拟题，做历年真题就是做未来考题。

为了使广大考生更好地使用本书，特作如下说明：

一、逐年编排，真题测演

为了能使广大考生"整体性""全局性"分析自己的失分因素，培养考场应试技巧，避免盲人摸象般感悟真题，特保持试题原貌，逐年编排、分册装订。同时，为帮助考生应对设题陷阱、举一反三、悟透真题，在每一年度试卷后辅以每道试题的【答案】和【解析】，深入剖析试题考点背后所涉及的法律规则和法理，使考生不仅"知其然"，而且"知其所以然"。

二、一线名师，权威解读

为保证试题答案与解析的时效性、权威性，特聘请司考界一线中青年教师负责撰写。按照学科撰写分工，分别是（依试卷所考科目为序）：理论法（白斌老师）、商经法（郄鹏恩老师）、三国法（王斌老师）、刑法（章澎老师）、刑事诉讼法（左宁老师）、行政法与行政诉讼法（李佳老师）、民法（岳业鹏老师）、民事诉讼法与仲裁法（戴鹏老师）。他们不辞辛苦，认真负责的态度令人钦佩感动，在此致以深深感谢！

三、旧题新解，与时俱进

本书对于理论性试题一律以司法考试所持最新立场（司法部组编三卷本）给予解答，对于法律应用性试题一律依据最新法律文件给予解答（包括2017年新增或修订的《中华人民共和国民法总则》等20余件）。对于因时效修正的"司法部公布答案"，给予注明。

法律职业者的准入考试即将迎来第三次华丽转身，成为"国家统一法律职业资格考试"，愿同学们搭上司考的最后一班车，成功到达彼岸。预祝您考试成功！

2017年3月

目 录

2016 年国家司法考试（试卷一）·· 1
2016 年国家司法考试（试卷二）·· 22
2016 年国家司法考试（试卷三）·· 44
2016 年国家司法考试（试卷四）·· 67
2016 年国家司法考试（试卷一）解析·· 73
2016 年国家司法考试（试卷二）解析·· 116
2016 年国家司法考试（试卷三）解析·· 157
2016 年国家司法考试（试卷四）解析·· 205

2016年国家司法考试（试卷一）

提示：本试卷为选择题，由计算机阅读。请将所选答案填涂在答题卡上，勿在卷面上直接作答。

一、单项选择题。每题所设选项中只有一个正确答案，多选、错选或不选均不得分。本部分含 1～50 题，每题 1 分，共 50 分。

1. 全面依法治国，必须坚持人民的主体地位。对此，下列哪一理解是错误的？（　）

A. 法律既是保障人民自身权利的有力武器，也是人民必须遵守的行为规范

B. 人民依法享有广泛的权利和自由，同时也承担应尽的义务

C. 人民通过各种途径直接行使立法、执法和司法的权力

D. 人民根本权益是法治建设的出发点和落脚点，法律要为人民所掌握、所遵守、所运用

2. 相传，清朝大学士张英的族人与邻人争宅基，两家因之成讼。族人驰书求助，张英却回诗一首："一纸书来只为墙，让他三尺又何妨。万里长城今犹在，不见当年秦始皇。"族人大惭，遂后移宅基三尺。邻人见状亦将宅基后移三尺，两家重归于好。根据上述故事，关于依法治国和以德治国的关系，下列哪一理解是正确的？（　）

A. 在法治国家，道德通过内在信念影响外部行为，法律的有效实施总是依赖于道德

B. 以德治国应大力弘扬"和为贵、忍为高"的传统美德，不应借诉讼对利益斤斤计较

C. 道德能够令人知廉耻、懂礼让、有底线，良好的道德氛围是依法治国的重要基础

D. 通过立法将"礼让为先""勤俭节约""见义勇为"等道德义务全部转化为法律义务，有助于发挥道德在依法治国中的作用

3. 全面依法治国要求加强和改进立法工作，完善立法体制。下列哪一做法不符合上述要求？（　）

A. 改进法律起草机制，重要的法律草案由有关部门组织全国人大专门委员会、全国人大常委会法工委起草

B. 完善立法协调沟通机制，对于部门间争议较大的重要立法事项，引入第三方评估

C. 完善法规、规章制定程序和公众参与政府立法机制

D. 加强法律解释工作，及时明确法律规定含义和适用法律依据

4. 深入推进依法行政，要求健全依法决策机制。下列哪一做法不符合上述要求？（　）

A. 甲省推行"重大决策风险评估"制度，将风险评估作为省政府决策的法定程序

B. 乙市聘请当地知名律师担任政府法律顾问，对重大决策进行事前合法性审查

C. 丙区因发改局长立下"军令状"保证某重大项目不出问题，遂直接批准项目上马

D. 丁县教育局网上征求对学区调整、学校撤并等与群众切身利益相关事项的意见

5. 某法院完善人民陪审员选任方式，在增加陪审员数量的基础上建立"陪审员库"，随机抽选陪审员参与案件审理。关于人民陪审员制度，下列哪一说法是错误的？（ ）

A. 应避免陪审员选任的过度"精英化"

B. 若少数陪审员成为常驻法院的"专审员"，将影响人民陪审员制度的公信力

C. 完善人民陪审员制度的主要目的是让人民群众通过参与司法养成守法习惯

D. 陪审员的大众思维和朴素观念能够弥补法官职业思维的局限性

6. 中国古代有"厌讼"传统，老百姓万不得已才打官司。但随着经济社会发展，我国司法领域却出现了诉讼案件激增的现象。对此，下列哪一说法是错误的？（ ）

A. 相比古代而言，法律在现代社会中对保障人们的权利具有更重要的作用

B. 从理论上讲，当诉讼成本高于诉讼可能带来的收益时，更易形成"厌讼"的传统

C. 案件激增从一个侧面说明人民群众已逐渐树立起遇事找法、解决问题靠法的观念

D. 在法治社会，诉讼是解决纠纷的唯一合法途径

7. 法治社会建设要求健全依法维权和化解纠纷机制，杜绝"大闹大解决、小闹小解决、不闹不解决"现象。下列哪一做法无助于消除此现象？（ ）

A. 甲市将信访纳入法治轨道，承诺对合理合法的诉求依法及时处理

B. 乙区通过举办"群众吐槽会"建立群众利益沟通机制

C. 丙县通过地方戏等形式普及"即使有理也要守法"观念

D. 丁市律协要求律师不得代理群体性纠纷案件

8. 《治安管理处罚法》第115条规定："公安机关依法实施罚款处罚，应当依照有关法律、行政法规的规定，实行罚款决定与罚款收缴分离；收缴的罚款应当全部上缴国库。"关于该条文，下列哪一说法是正确的？（ ）

A. 表达的是禁止性规则

B. 表达的是强行性规则

C. 表达的是程序性原则

D. 表达了法律规则中的法律后果

9. 全兆公司利用提供互联网接入服务的便利，在搜索引擎讯集公司网站的搜索结果页面上强行增加广告，被讯集公司诉至法院。法院认为，全兆公司行为违反诚实信用原则和公认的商业道德，构成不正当竞争。关于该案，下列哪一说法是正确的？（ ）

A. 诚实信用原则一般不通过"法律语句"的语句形式表达出来

B. 与法律规则相比，法律原则能最大限度实现法的确定性和可预测性

C. 法律原则的着眼点不仅限于行为及条件的共性，而且关注它们的个别性和特殊性

D. 法律原则是以"全有或全无"的方式适用于个案当中

10. 甲和乙系夫妻，因外出打工将女儿小琳交由甲母照顾两年，但从未支付过抚养费。后甲与乙闹离婚且均不愿抚养小琳。甲母将甲和乙告上法庭，要求支付抚养费2万元。法

院认为，甲母对孙女无法定或约定的抚养义务，判决甲和乙支付甲母抚养费。关于该案，下列哪一选项是正确的？（　　）

A. 判决是规范性法律文件

B. 甲和乙对小琳的抚养义务是相对义务

C. 判决在原被告间不形成法律权利和义务关系

D. 小琳是民事诉讼法律关系的主体之一

11. 有法谚云："法律为未来作规定，法官为过去作判决。"关于该法谚，下列哪一说法是正确的？（　　）

A. 法律的内容规定总是超前的，法官的判决根据总是滞后的

B. 法官只考虑已经发生的事实，故判案时一律选择适用旧法

C. 法律绝对禁止溯及既往

D. 即使案件事实发生在过去，但"为未来作规定"的法律仍然可以作为其认定的根据

12. 在宋代话本小说《错斩崔宁》中，刘贵之妾陈二姐因轻信刘贵欲将她休弃的戏言连夜回娘家，路遇年轻后生崔宁并与之结伴同行。当夜盗贼自刘贵家盗走15贯钱并杀死刘贵，邻居追赶盗贼遇到陈、崔二人，因见崔宁刚好携带15贯钱，遂将二人作为凶手捉拿送官。官府当庭拷讯二人，陈、崔屈打成招，后被处斩。关于该案，下列哪一说法是正确的？（　　）

A. 话本小说《错斩崔宁》可视为一种法的非正式渊源

B. 邻居运用设证推理方法断定崔宁为凶手

C. "盗贼自刘贵家盗走15贯钱并杀死刘贵"所表述的是法律规则中的假定条件

D. 从生活事实向法律事实转化需要一个证成过程，从法治的角度看，官府的行为符合证成标准

13. 《全国人民代表大会常务委员会关于＜中华人民共和国刑法＞第一百五十八条、第一百五十九条的解释》中规定："刑法第一百五十八条、第一百五十九条的规定，只适用于依法实行注册资本实缴登记制的公司。"关于该解释，下列哪一说法是正确的？（　　）

A. 效力低于《刑法》

B. 全国人大常委会只能就《刑法》作法律解释

C. 对法律条文进行了限制解释

D. 是学理解释

14. 王某参加战友金某婚礼期间，自愿帮忙接待客人。婚礼后王某返程途中遭遇车祸，住院治疗花去费用1万元。王某认为，参加婚礼并帮忙接待客人属帮工行为，遂将金某诉至法院要求赔偿损失。法院认为，王某行为属由道德规范的情谊行为，不在法律调整范围内。关于该案，下列哪一说法是正确的？（　　）

A. 在法治社会中，法律可以调整所有社会关系

B. 法官审案应区分法与道德问题，但可进行价值判断

C. 道德规范在任何情况下均不能作为司法裁判的理由

D. 一般而言，道德规范具有国家强制性

15. 西周商品经济发展促进了民事契约关系的发展。《周礼》载："听买卖以质剂"。汉代学者郑玄解读西周买卖契约形式："大市谓人民、牛马之属，用长券；小市为兵器、珍异之物，用短券。"对此，下列哪一说法是正确的？（ ）

A. 长券为"质"，短券为"剂"

B. "质"由买卖双方自制，"剂"由官府制作

C. 契约达成后，交"质人"专门管理

D. 买卖契约也可采用"傅别"形式

16. 春秋时期，针对以往传统法律体制的不合理性，出现了诸如晋国赵鞅"铸刑鼎"，郑国执政子产"铸刑书"等变革活动。对此，下列哪一说法是正确的？（ ）

A. 晋国赵鞅"铸刑鼎"为中国历史上首次公布成文法

B. 奴隶主贵族对公布法律并不反对，认为利于其统治

C. 打破了"刑不可知，则威不可测"的壁垒

D. 孔子作为春秋时期思想家，肯定赵鞅"铸刑鼎"的举措

17. 元代人在《唐律疏议序》中说："乘之（指唐律）则过，除之则不及，过与不及，其失均矣。"表达了对唐律的敬畏之心。下列关于唐律的哪一表述是错误的？（ ）

A. 促使法律统治"一准乎礼"，实现了礼律统一

B. 科条简要、宽简适中、立法技术高超，结构严谨

C. 是我国传统法典的楷模与中华法系形成的标志

D. 对古代亚洲及欧洲诸国产生了重大影响，成为其立法渊源

18. 南宋时，霍某病故，留下遗产值银9000两。霍某妻子早亡，夫妻二人无子，只有一女霍甲，已嫁他乡。为了延续霍某姓氏，霍某之叔霍乙立本族霍丙为霍某继子。下列关于霍某遗产分配的哪一说法是正确的？（ ）

A. 霍甲9000两

B. 霍甲6000两，霍丙3000两

C. 霍甲、霍乙、霍丙各3000两

D. 霍甲、霍丙各3000两，余3000两收归官府

19. 1903年，清廷发布上谕："通商惠工，为古今经国之要政，急应加意讲求，著派载振、袁世凯、伍廷芳，先定商律，作为则例。"下列哪一说法是正确的？（ ）

A. 《钦定大清商律》为清朝第一部商律，由《商人通例》、《公司律》和《破产律》构成

B. 清廷制定商律，表明随着中国近代工商业发展，其传统工商政策从"重农抑商"转为"重商抑农"

C. 商事立法分为两阶段，先由新设立商部负责，后主要商事法典改由修订法律馆主持起草

D. 《大清律例》、《大清新刑律》、《大清民律草案》与《大清商律草案》同属清末修律成果

20. 关于《法国民法典》有关规定所体现的资产阶级民法基本原则，下列哪一说法是不正确的？（　　）

A. "所有法国人都享有民事权利"，"满21岁为成年，到此年龄后，除结婚章中规定的例外，有能力为一切民事生活上的行为"——民事权利地位平等原则

B. "所有权是对物有绝对无限制地使用、收益及处分的权利，但法令所禁止的使用不在此限"——私有财产权不可侵犯和部分有限原则

C. "契约是一种合意，依此合意，一人或数人对其他一人或数人负担给付、作为或不作为的债务"，"依法成立的契约，在缔结契约的当事人间有相当于法律的效力"——契约自由原则

D. "任何行为使他人受损害时，因自己的过失而致行为发生之人对该他人负赔偿的责任"，"任何人不仅对其行为所致的损害，而且对其过失或懈怠所致的损害负赔偿责任"——过失（错）责任原则

21. 综观世界各国成文宪法，结构上一般包括序言、正文和附则三大部分。对此，下列哪一表述是正确的？（　　）

A. 世界各国宪法序言的长短大致相当

B. 我国宪法附则的效力具有特定性和临时性两大特点

C. 国家和社会生活诸方面的基本原则一般规定在序言之中

D. 新中国前三部宪法的正文中均将国家机构置于公民的基本权利和义务之前

22. 我国《立法法》明确规定："宪法具有最高的法律效力，一切法律、行政法规、地方性法规、自治条例和单行条例、规章都不得同宪法相抵触。"关于这一规定的理解，下列哪一选项是正确的？（　　）

A. 该条文中两处"法律"均指全国人大及其常委会制定的法律

B. 宪法只能通过法律和行政法规等下位法才能发挥它的约束力

C. 宪法的最高法律效力只是针对最高立法机关的立法活动而言的

D. 维护宪法的最高法律效力需要完善相应的宪法审查或者监督制度

23. 社会主义公有制是我国经济制度的基础。根据现行《宪法》的规定，关于基本经济制度的表述，下列哪一选项是正确的？（　　）

A. 国家财产主要由国有企业组成

B. 城市的土地属于国家所有

C. 农村和城市郊区的土地都属于集体所有

D. 国有经济是社会主义全民所有制经济，是国民经济中的主导力量

24. 根据《选举法》和相关法律的规定，关于选举的主持机构，下列哪一选项是正确的？（　）

　　A. 乡镇选举委员会的组成人员由不设区的市、市辖区、县、自治县的人大常委会任命

　　B. 县级人大常委会主持本级人大代表的选举

　　C. 省人大在选举全国人大代表时，由省人大常委会主持

　　D. 选举委员会的组成人员为代表候选人的，应当向选民说明情况

25. 澳门特别行政区依照《澳门基本法》的规定实行高度自治，享有行政管理权、立法权、独立的司法权和终审权。关于中央和澳门特别行政区的关系，下列哪一选项是正确的？（　）

　　A. 全国性法律一般情况下是澳门特别行政区的法律渊源

　　B. 澳门特别行政区终审法院法官的任命和免职须报全国人大常委会备案

　　C. 澳门特别行政区立法机关制定的法律须报全国人大常委会批准后生效

　　D. 《澳门基本法》在澳门特别行政区的法律体系中处于最高地位，反映的是澳门特别行政区同胞的意志

26. 某乡政府为有效指导、支持和帮助村民委员会的工作，根据相关法律法规，结合本乡实际作出了下列规定，其中哪一规定是合法的？（　）

　　A. 村委会的年度工作报告由乡政府审议

　　B. 村民会议制定和修改的村民自治章程和村规民约，报乡政府备案

　　C. 对登记参加选举的村民名单有异议并提出申诉的，由乡政府作出处理并公布处理结果

　　D. 村委会组成人员违法犯罪不能继续任职的，由乡政府任命新的成员暂时代理至本届村委会任期届满

27. 2015年10月，某自治州人大常委会出台了一部《关于加强本州湿地保护与利用的决定》。关于该法律文件的表述，下列哪一选项是正确的？（　）

　　A. 由该自治州州长签署命令予以公布

　　B. 可依照当地民族的特点对行政法规的规定作出变通规定

　　C. 该自治州所属的省的省级人大常委会应对该《决定》的合法性进行审查

　　D. 与部门规章之间对同一事项的规定不一致不能确定如何适用时，由国务院裁决

28. 某燃气公司在办理燃气入户前，要求用户缴纳一笔"预付气费款"，否则不予供气。待不再用气时，用户可申请返还该款项。经查，该款项在用户日常购气中不能冲抵燃气费。根据《反垄断法》的规定，下列哪一说法是正确的？（　）

　　A. 反垄断机构执法时应界定该公司所涉相关市场

　　B. 只要该公司在当地独家经营，就能认定其具有市场支配地位

　　C. 如该公司的上游气源企业向其收取预付款，该公司就可向客户收取"预付气费款"

　　D. 县政府规定了"一个地域只能有一家燃气供应企业"，故该公司行为不构成垄断

29. 根据《个人所得税法》，关于个人所得税的征缴，下列哪一说法是正确的？（ ）

   A. 自然人买彩票多倍投注，所获一次性奖金特别高的，可实行加成征收

   B. 扣缴义务人履行代扣代缴义务的，税务机关按照所扣缴的税款付给2%的手续费

   C. 在中国境内无住所又不居住的个人，在境内取得的商业保险赔款，应缴纳个人所得税

   D. 夫妻双方每月取得的工资薪金所得可合并计算，减除费用7000元后的余额，为应纳税所得额

30. 某镇拟编制并实施镇总体规划，根据《城乡规划法》的规定，下列哪一说法是正确的？（ ）

   A. 防灾减灾系镇总体规划的强制性内容之一

   B. 在镇总体规划确定的建设用地范围以外，可设立经济开发区

   C. 镇政府编制的镇总体规划，报上一级政府审批后，再经镇人大审议

   D. 建设单位报批公共垃圾填埋场项目，应向国土部门申请核发选址意见书

31. 某采石场扩建项目的环境影响报告书获批后，采用的爆破技术发生重大变动，其所生粉尘将导致周边居民的农作物受损。关于此事，下列哪一说法是正确的？（ ）

   A. 建设单位应重新报批该采石场的环境影响报告书

   B. 建设单位应组织环境影响的后评价，并报原审批部门批准

   C. 该采石场的环境影响评价，应当与规划的环境影响评价完全相同

   D. 居民将来主张该采石场承担停止侵害的侵权责任，受3年诉讼时效的限制

32. 联合国会员国甲国出兵侵略另一会员国。联合国安理会召开紧急会议，讨论制止甲国侵略的决议案，并进行表决。表决结果为：常任理事国4票赞成、1票弃权；非常任理事国8票赞成、2票否决。据此，下列哪一选项是正确的？（ ）

   A. 决议因有常任理事国投弃权票而不能通过

   B. 决议因非常任理事国两票否决而不能通过

   C. 投票结果达到了安理会对实质性问题表决通过的要求

   D. 安理会为制止侵略行为的决议获简单多数赞成票即可通过

33. 甲、乙两国边界附近爆发部落武装冲突，致两国界标被毁，甲国一些边民趁乱偷渡至乙国境内。依相关国际法规则，下列哪一选项是正确的？（ ）

   A. 甲国发现界标被毁后应尽速修复或重建，无须通知乙国

   B. 只有甲国边境管理部门才能处理偷渡到乙国的甲国公民

   C. 偷渡到乙国的甲国公民，仅能由乙国边境管理部门处理

   D. 甲、乙两国对界标的维护负有共同责任

34. 关于国际法院，依《国际法院规约》，下列哪一选项是正确的？（ ）

   A. 安理会常任理事国对法官选举拥有一票否决权

B. 国际法院是联合国的司法机关，有诉讼管辖和咨询管辖两项职权

C. 联合国秘书长可就执行其职务中的任何法律问题请求国际法院发表咨询意见

D. 国际法院做出判决后，如当事国不服，可向联合国大会上诉

35. 经常居所同在上海的越南公民阮某与中国公民李某结伴乘新加坡籍客轮从新加坡到印度游玩。客轮在公海遇风暴沉没，两人失踪。现两人亲属在上海某法院起诉，请求宣告两人失踪。依中国法律规定，下列哪一选项是正确的？（ ）

A. 宣告两人失踪，均应适用中国法

B. 宣告阮某失踪，可适用中国法或越南法

C. 宣告李某失踪，可适用中国法或新加坡法

D. 宣告阮某与李某失踪，应分别适用越南法与中国法

36. 英国公民苏珊来华短期旅游，因疏忽多付房费1000元，苏珊要求旅店返还遭拒后，将其诉至中国某法院。关于该纠纷的法律适用，下列哪一选项是正确的？（ ）

A. 因与苏珊发生争议的旅店位于中国，因此只能适用中国法

B. 当事人可协议选择适用瑞士法

C. 应适用中国法和英国法

D. 应在英国法与中国法中选择适用对苏珊有利的法律

37. 经常居所在汉堡的德国公民贝克与经常居所在上海的中国公民李某打算在中国结婚。关于贝克与李某结婚，依《涉外民事关系法律适用法》，下列哪一选项是正确的？（ ）

A. 两人的婚龄适用中国法

B. 结婚的手续适用中国法

C. 结婚的所有事项均适用中国法

D. 结婚的条件同时适用中国法与德国法

38. 俄罗斯公民萨沙来华与中国公民韩某签订一份设备买卖合同。后因履约纠纷韩某将萨沙诉至中国某法院。经查，萨沙在中国境内没有可供扣押的财产，亦无居所；该套设备位于中国境内。关于本案的管辖权与法律适用，依中国法律规定，下列哪一选项是正确的？（ ）

A. 中国法院没有管辖权

B. 韩某可在该套设备所在地或合同签订地法院起诉

C. 韩某只能在其住所地法院起诉

D. 萨沙与韩某只能选择适用中国法或俄罗斯法

39. 蒙古公民高娃因民事纠纷在蒙古某法院涉诉。因高娃在北京居住，该蒙古法院欲通过蒙古驻华使馆将传票送达高娃，并向其调查取证。依中国法律规定，下列哪一选项是正确的？（ ）

A. 蒙古驻华使馆可向高娃送达传票

B. 蒙古驻华使馆不得向高娃调查取证

C. 只有经中国外交部同意后,蒙古驻华使馆才能向高娃送达传票

D. 蒙古驻华使馆可向高娃调查取证并在必要时采取强制措施

40. 中国甲公司与德国乙公司签订了进口设备合同,分三批运输。两批顺利履约后乙公司得知甲公司履约能力出现严重问题,便中止了第三批的发运。依《国际货物销售合同公约》,下列哪一选项是正确的?( )

A. 如已履约的进口设备在使用中引起人身伤亡,则应依公约的规定进行处理

B. 乙公司中止发运第三批设备必须通知甲公司

C. 乙公司在任何情况下均不应中止发运第三批设备

D. 如甲公司向乙公司提供了充分的履约担保,乙公司可依情况决定是否继续发运第三批设备

41. 中国甲公司与法国乙公司订立了服装进口合同,信用证付款,丙银行保兑。货物由"铂丽"号承运,投保了平安险。甲公司知悉货物途中遇台风全损后,即通知开证行停止付款。依《海牙规则》、UCP600 号及相关规则,下列哪一选项是正确的?( )

A. 承运人应承担赔偿甲公司货损的责任

B. 开证行可拒付,因货已全损

C. 保险公司应赔偿甲公司货物的损失

D. 丙银行可因开证行拒付而撤销其保兑

42. 应国内化工产业的申请,中国商务部对来自甲国的某化工产品进行了反倾销调查。依《反倾销条例》,下列哪一选项是正确的?( )

A. 商务部的调查只能限于中国境内

B. 反倾销税税额不应超过终裁确定的倾销幅度

C. 甲国某化工产品的出口经营者必须接受商务部有关价格承诺的建议

D. 针对甲国某化工产品的反倾销税征收期限为 5 年,不得延长

43. 中国甲公司与德国乙公司签订了一项新技术许可协议,规定在约定期间内,甲公司在亚太区独占使用乙公司的该项新技术。依相关规则,下列哪一选项是正确的?( )

A. 在约定期间内,乙公司在亚太区不能再使用该项新技术

B. 乙公司在全球均不能再使用该项新技术

C. 乙公司不能再将该项新技术允许另一家公司在德国使用

D. 乙公司在德国也不能再使用该项新技术

44. 甲国 T 公司与乙国政府签约在乙国建设自来水厂,并向多边投资担保机构投保。依相关规则,下列哪一选项是正确的?( )

A. 乙国货币大幅贬值造成 T 公司损失,属货币汇兑险的范畴

B. 工人罢工影响了自来水厂的正常营运,属战争内乱险的范畴

C. 乙国新所得税法致 T 公司所得税增加,属征收和类似措施险的范畴

D. 乙国政府不履行与T公司签订的合同，乙国法院又拒绝受理相关诉讼，属政府违约险的范畴

45. 司法活动的公开性是体现司法公正的重要方面，要求司法程序的每一阶段和步骤都应以当事人和社会公众看得见的方式进行。据此，按照有关文件和规定精神，下列哪一说法是正确的？（ ）

A. 除依法不在互联网公布的裁判文书外，法院的生效裁判文书均应在互联网公布

B. 检察院应通过互联网、电话、邮件、检察窗口等方式向社会提供案件程序性信息查询服务

C. 监狱狱务因特殊需要不属于司法公开的范围

D. 律师作为诉讼活动的重要参与者，其制作的代理词、辩护词等法律文书应向社会公开

46. 根据法官、检察官纪律处分有关规定，下列哪一说法是正确的？（ ）

A. 张法官参与迷信活动，在社会中造成了不良影响，可予提醒劝阻，其不应受到纪律处分

B. 李法官乘车时对正在实施的盗窃行为视而不见，小偷威胁失主仍不出面制止，其应受到纪律处分

C. 何检察官在讯问犯罪嫌疑人时，反复提醒犯罪嫌疑人注意其聘请的律师执业不足2年，其行为未违反有关规定

D. 刘检察官接访时，让来访人前往国土局信访室举报他人骗取宅基地使用权证的问题，其做法是恰当的

47. 检察一体原则是指各级检察机关、检察官依法构成统一的整体，下级检察机关、下级检察官应当根据上级检察机关、上级检察官的批示和命令开展工作。据此，下列哪一表述是正确的？（ ）

A. 各级检察院实行检察委员会领导下的检察长负责制

B. 上级检察院可建议而不可直接变更、撤销下级检察院的决定

C. 在执行检察职能时，相关检察院有协助办案检察院的义务

D. 检察官之间在职务关系上可相互承继而不可相互移转和代理

48. 法院、检察院、公安机关、国家安全机关、司法行政机关应当尊重律师，健全律师执业权利保障制度。下列哪一做法是符合有关律师执业权利保障制度的？（ ）

A. 县公安局仅告知涉嫌罪名，而以有碍侦查为由拒绝告知律师已经查明的该罪的主要事实

B. 看守所为律师提供网上预约会见平台服务，并提示律师如未按期会见必须重新预约方可会见

C. 国家安全机关在侦查危害国家安全犯罪期间，多次不批准律师会见申请并且说明理由

D. 在庭审中，作无罪辩护的律师请求就被告量刑问题发表辩护意见，合议庭经合议后当庭拒绝律师请求

49. 某律师事务所律师代理原告诉被告买卖合同纠纷案件，下列哪一做法是正确的？（　　）

A. 该律师接案时，得知委托人同时接触他所律师，私下了解他所报价后以较低收费接受委托

B. 在代书起诉状中，律师提出要求被告承担精神损害赔偿20万元的诉讼请求

C. 在代理合同中约定，如胜诉，在5万元律师代理费外，律师事务所可按照胜诉金额的一定比例另收办案费用

D. 因律师代理意见未被法庭采纳，原告要求律师承担部分诉讼请求损失，律师事务所予以拒绝

50. 关于公证制度和业务，下列哪一选项是正确的？（　　）

A. 依据统筹规划、合理布局设立的公证处，其名称中的字号不得与国内其他公证处的字号相同或者相近

B. 省级司法行政机关有权任命公证员并颁发公证员执业证书，变更执业公证处

C. 黄某委托其子代为办理房屋买卖手续，其住所地公证处可受理其委托公证的申请

D. 王某认为公证处为其父亲办理的放弃继承公证书错误，向该公证处提出复议的申请

二、多项选择题。每题所设选项中至少有两个正确答案，多选、少选、错选或不选均不得分。本部分含51～85题，每题2分，共70分。

51. 我国于2015年公布了全面实施一对夫妇可生育两个孩子的政策，《人口与计划生育法》随即作出修改。对此，下列哪些说法是正确的？（　　）

A. 在我国，政策与法律具有共同的指导思想和社会目标

B. 立法在实践中总是滞后的，只能"亡羊补牢"而无法适度超越和引领社会发展

C. 越强调法治，越要提高立法质量，通过立法解决改革发展中的问题

D. 修改《人口与计划生育法》有助于缓解人口老龄化对我国社会发展的压力

52. 法治政府建设要求行政部门不得任意扩权、与民争利，避免造成"有利争着管、无利都不管"的现象。下列哪些做法有助于避免此现象的发生？（　　）

A. 某省政府统筹全省基本公共服务均等化职能，破除地方保护主义

B. 某市要求行政审批部门与中介服务机构脱钩，放宽中介服务机构准入条件

C. 某区依法纠正行政不作为、乱作为，坚决惩处失职、渎职人员

D. 某县注重提高行政效能，缩短行政审批流程，减少行政审批环节

53. 全面依法治国要求加强人权的司法保障，下列哪些做法体现了这一要求？（　　）

A. 最高法院、公安部规定在押刑事被告人、上诉人应穿着正装或便装出庭受审

B. 某省扩大法律援助的覆盖面，将与民生密切相关的事项纳入援助范围

C. 某中级法院加大对生效判决的执行力度，确保当事人的胜诉权益及时兑现

D. 某基层法院设立"少年法庭",对开庭审理时不满16周岁的未成年人刑事案件一律不公开审理

54. 某村通过修订村规民约改变"男尊女卑"、"男娶女嫁"的老习惯、老传统,创造出"女娶男"的婚礼形式,以解决上门女婿的村民待遇问题。关于村规民约,下列哪些说法是正确的?( )

A. 是完善村民自治、建设基层法治社会的有力抓手
B. 是乡村普法宣传教育的重要媒介,有助于在村民中培育规则意识
C. 具有"移风易俗"功能,既传承老传统,也创造新风尚
D. 可直接作为法院裁判上门女婿的村民待遇纠纷案件的法律依据

55. 人民调解制度是我国的创举,被西方国家誉为法治的"东方经验"。关于人民调解,下列哪些说法是正确的?( )

A. 人民调解员不属于法治工作队伍,但仍然在法治建设中起着重要作用
B. 法院应当重视已确认效力的调解协议的执行,防止调解过的纠纷再次涌入法院
C. 人民调解制度能够缓解群众日益增长的司法需求与国家司法资源不足之间的矛盾
D. 人民调解组织化解纠纷的主要优势是不拘泥于法律规定,不依赖专业法律知识

56. 林某与所就职的鹏翔航空公司发生劳动争议,解决争议中曾言语威胁将来乘坐鹏翔公司航班时采取报复措施。林某离职后在选乘鹏翔公司航班时被拒载,遂诉至法院。法院认为,航空公司依《合同法》负有强制缔约义务,依《民用航空法》有保障飞行安全义务。尽管相关国际条约和我国法律对此类拒载无明确规定,但依航空业惯例航空公司有权基于飞行安全事由拒载乘客。关于该案,下列哪些说法是正确的?( )

A. 反映了法的自由价值和秩序价值之间的冲突
B. 若法无明文规定,则法官自由裁量不受任何限制
C. 我国缔结或参加的国际条约是正式的法的渊源
D. 不违反法律的行业惯例可作为裁判依据

57. 耀亚公司未经依法批准经营危险化学品,2003年7月14日被区工商分局依据《危险化学品安全管理条例》罚款40万元。耀亚公司以处罚违法为由诉至法院。法院查明,《安全生产法》规定对该种行为的罚款不得超过10万元。关于该案,下列哪些说法是正确的?( )

A. 《危险化学品安全管理条例》与《安全生产法》的效力位阶相同
B. 《安全生产法》中有关行政处罚的法律规范属于公法
C. 应适用《安全生产法》判断行政处罚的合法性
D. 法院可在判决中撤销《危险化学品安全管理条例》中与上位法相抵触的条款

58. 特别法优先原则是解决同位阶的法的渊源冲突时所依凭的一项原则。关于该原则,下列哪些选项是正确的?( )

A. 同一机关制定的特别规定相对于同时施行或在前施行的一般规定优先适用

B. 同一法律内部的规则规定相对于原则规定优先适用

C. 同一法律内部的分则规定相对于总则规定优先适用

D. 同一法律内部的具体规定相对于一般规定优先适用

59. 李某向王某借款200万元，由赵某担保。后李某因涉嫌非法吸收公众存款罪被立案。王某将李某和赵某诉至法院，要求偿还借款。赵某认为，若李某罪名成立，则借款合同因违反法律的强制性规定而无效，赵某无须承担担保责任。法院认为，借款合同并不因李某犯罪而无效，判决李某和赵某承担还款和担保责任。关于该案，下列哪些说法是正确的？（　　）

A. 若李某罪名成立，则出现民事责任和刑事责任的竞合

B. 李某与王某间的借款合同法律关系属于调整性法律关系

C. 王某的起诉是引起民事诉讼法律关系产生的唯一法律事实

D. 王某可以免除李某的部分民事责任

60. 王某向市环保局提出信息公开申请，但未在法定期限内获得答复，遂诉至法院，法院判决环保局败诉。关于该案，下列哪些说法是正确的？（　　）

A. 王某申请信息公开属于守法行为

B. 判决环保局败诉体现了法的强制作用

C. 王某起诉环保局的行为属于社会监督

D. 王某的诉权属于绝对权利

61. 《全国人民代表大会常务委员会关于实行宪法宣誓制度的决定》于2016年1月1日起实施。关于宪法宣誓制度的表述，下列哪些选项是正确的？（　　）

A. 该制度的建立有助于树立宪法的权威

B. 宣誓场所应当悬挂中华人民共和国国旗或者国徽

C. 宣誓主体限于各级政府、法院和检察院任命的国家工作人员

D. 最高法院副院长、审判委员会委员进行宣誓的仪式由最高法院组织

62. 我国的基本社会制度是基于经济、政治、文化、社会、生态文明五位一体的社会主义建设的需要，在社会领域所建构的制度体系。关于国家的基本社会制度，下列哪些选项是正确的？（　　）

A. 我国的基本社会制度是国家的根本制度

B. 社会保障制度是我国基本社会制度的核心内容

C. 职工的工作时间和休假制度是我国基本社会制度的重要内容

D. 加强社会法的实施是发展与完善我国基本社会制度的重要途径

63. 张某对当地镇政府干部王某的工作提出激烈批评，引起群众热议，被公安机关以诽谤他人为由行政拘留5日。张某的精神因此受到严重打击，事后相继申请行政复议和提起行政诉讼，法院依法撤销了公安机关《行政处罚决定书》。随后，张某申请国家赔偿。根据《宪法》和法律的规定，关于本案的分析，下列哪些选项是正确的？（　　）

A. 王某因工作受到批评，人格尊严受到侵犯

B. 张某的人身自由受到侵犯

C. 张某的监督权受到侵犯

D. 张某有权获得精神损害抚慰金

64. 根据《宪法》和法律的规定，关于全国人大代表的权利，下列哪些选项是正确的？（　　）

A. 享有绝对的言论自由

B. 有权参加决定国务院各部部长、各委员会主任的人选

C. 非经全国人大主席团或者全国人大常委会许可，一律不受逮捕或者行政拘留

D. 有五分之一以上的全国人大代表提议，可以临时召集全国人民代表大会会议

65. 国家实行审计监督制度。为加强国家的审计监督，全国人大常委会于1994年通过了《审计法》，并于2006年进行了修正。关于审计监督制度，下列哪些理解是正确的？（　　）

A. 《审计法》的制定与执行是在实施宪法的相关规定

B. 地方各级审计机关对本级人大常委会和上一级审计机关负责

C. 国务院各部门和地方各级政府的财政收支应当依法接受审计监督

D. 国有的金融机构和企业事业组织的财务收支应当依法接受审计监督

66. 甲市政府对某行政事业性收费项目的依据和标准迟迟未予公布，社会各界意见较大。关于这一问题的表述，下列哪些选项是正确的？（　　）

A. 市政府应当主动公开该收费项目的依据和标准

B. 市政府可向市人大常委会要求就该类事项作专项工作报告

C. 市人大常委会组成人员可依法向常委会书面提出针对市政府不公开信息的质询案

D. 市人大举行会议时，市人大代表可依法书面提出针对市政府不公开信息的质询案

67. 某县会计师行业自律委员会成立之初，达成统筹分配当地全行业整体收入的协议，要求当年市场份额提高的会员应分出自己的部分收入，补贴给市场份额降低的会员。事后，有会员向省级工商行政管理部门书面投诉。关于此事，下列哪些说法是正确的？（　　）

A. 该协议限制了当地会计师行业的竞争，具有违法性

B. 抑强扶弱有利于培育当地会计服务市场，法律不予禁止

C. 此事不能由省级工商行政管理部门受理，应由该委员会成员自行协商解决

D. 即使该协议尚未实施，如构成违法，也可予以查处

68. 甲县善福公司（简称甲公司）的前身为创始于清末的陈氏善福铺，享誉百年，陈某继承祖业后注册了该公司，并规范使用其商业标识。乙县善福公司（简称乙公司）系张某先于甲公司注册，且持有"善福100"商标权。乙公司在其网站登载善福铺的历史及荣誉，还在其产品包装标注"百年老牌""创始于清末"等字样，但均未证明其与善福铺存在历史联系。甲、乙公司存在竞争关系。关于此事，下列哪些说法是正确的？（　　）

A. 陈某注册甲公司的行为符合诚实信用原则
B. 乙公司登载善福铺历史及标注字样的行为损害了甲公司的商誉
C. 甲公司使用"善福公司"的行为侵害了乙公司的商标权
D. 乙公司登载善福铺历史及标注字样的行为构成虚假宣传行为

69. 甲在乙公司办理了手机通讯服务，业务单约定：如甲方（甲）预付费使用完毕而未及时补交款项，乙方（乙公司）有权暂停甲方的通讯服务，由此造成损失，乙方概不担责。甲预付了费用，1年后发现所用手机被停机，经查询方得知公司有"话费有效期满暂停服务"的规定，此时账户尚有余额，遂诉之。关于此事，下列哪些说法是正确的？（　　）

A. 乙公司侵犯了甲的知情权
B. 乙公司提供格式条款时应提醒甲注意暂停服务的情形
C. 甲有权要求乙公司退还全部预付费
D. 法院应支持甲要求乙公司承担惩罚性赔偿的请求

70. 某家具店出售的衣柜，如未被恰当地固定到墙上，可能发生因柜子倾倒致人伤亡的危险。关于此事，下列哪些说法是正确的？（　　）

A. 该柜质量应符合产品安全性的要求
B. 该柜本身或其包装上应有警示标志或者中文警示说明
C. 质检部门对这种柜子进行抽查，可向该店收取检验费
D. 如该柜被召回，该店应承担购买者因召回支出的全部费用

71. 李某从超市购得橄榄调和油，发现该油标签上有"橄榄"二字，侧面标示"配料：大豆油，橄榄油"，吊牌上写明："添加了特等初榨橄榄油"，遂诉之。经查，李某事前曾多次在该超市"知假买假"。关于此案，下列哪些说法是正确的？（　　）

A. 该油的质量安全管理，应遵守《农产品质量安全法》的规定
B. 该油未标明橄榄油添加量，不符合食品安全标准要求
C. 如李某只向该超市索赔，该超市应先行赔付
D. 超市以李某"知假买假"为由进行抗辩的，法院不予支持

72. 陈某在担任某信托公司总经理期间，该公司未按照金融企业会计制度和公司财务规则严格管理和审核资金使用，违法开展信托业务，造成公司重大损失。对此，陈某负有直接管理责任。关于此事，下列哪些说法是正确的？（　　）

A. 该公司严重违反审慎经营规则
B. 银监会可责令该公司停业整顿
C. 国家工商总局可吊销该公司的金融许可证
D. 银监会可取消陈某一定期限直至终身的任职资格

73. 关于税收优惠制度，根据我国税法，下列哪些说法是正确的？（　　）

A. 个人进口大量化妆品，免征消费税
B. 武警部队专用的巡逻车，免征车船税

C. 企业从事渔业项目的所得，可免征、减征企业所得税

D. 农民张某网上销售从其他农户处收购的山核桃，免征增值税

74. 某县污水处理厂系扶贫项目，由地方财政投资数千万元，某公司负责建设。关于此项目的审计监督，下列哪些说法是正确的？（ ）

A. 审计机关对该项目的预算执行情况和决算，进行审计监督

B. 审计机关经银监局局长批准，可冻结该项目在银行的存款

C. 审计组应在向审计机关报送审计报告后，向该公司征求对该报告的意见

D. 审计机关对该项目作出审计决定，而上级审计机关认为其违反国家规定的，可直接作出变更或撤销的决定

75. 关于领土的合法取得，依当代国际法，下列哪些选项是正确的？（ ）

A. 甲国围海造田，未对他国造成影响

B. 乙国屯兵邻国边境，邻国被迫与其签订条约割让部分领土

C. 丙国与其邻国经平等协商，将各自边界的部分领土相互交换

D. 丁国最近二十年派兵持续控制其邻国部分领土，并对外宣称拥有主权

76. "青田"号是甲国的货轮、"前进"号是乙国的油轮、"阳光"号是丙国的科考船，三船通过丁国领海。依《联合国海洋法公约》，下列哪些选项是正确的？（ ）

A. 丁国有关对油轮实行分道航行的规定是对"前进"号油轮的歧视

B. "阳光"号在丁国领海进行测量活动是违反无害通过的

C. "青田"号无须事先通知或征得丁国许可即可连续不断地通过丁国领海

D. 丁国可以对通过其领海的外国船舶征收费用

77. 韩国公民金某在新加坡注册成立一家公司，主营业地设在香港地区。依中国法律规定，下列哪些选项是正确的？（ ）

A. 该公司为新加坡籍

B. 该公司拥有韩国与新加坡双重国籍

C. 该公司的股东权利义务适用中国内地法

D. 该公司的民事权利能力与行为能力可适用香港地区法或新加坡法

78. 经常居所在上海的瑞士公民怀特未留遗嘱死亡，怀特在上海银行存有100万元人民币，在苏黎世银行存有10万元欧元，且在上海与巴黎各有一套房产。现其继承人因遗产分割纠纷诉至上海某法院。依中国法律规定，下列哪些选项是正确的？（ ）

A. 100万元人民币存款应适用中国法

B. 10万欧元存款应适用中国法

C. 上海的房产应适用中国法

D. 巴黎的房产应适用法国法

79. 韩国甲公司为其产品在中韩两国注册了商标。中国乙公司擅自使用该商标生产了大量仿冒产品并销售至中韩两国。现甲公司将乙公司诉至中国某法院，要求其承担商标侵

权责任。关于乙公司在中韩两国侵权责任的法律适用,依中国法律规定,下列哪些选项是正确的?(　　)

A. 双方可协议选择适用中国法

B. 均应适用中国法

C. 双方可协议选择适用韩国法

D. 如双方无法达成一致,则应分别适用中国法与韩国法

80. 中国甲公司向波兰乙公司出口一批电器,采用DAP术语,通过几个区段的国际铁路运输,承运人签发了铁路运单,货到目的地后发现有部分损坏。依相关国际惯例及《国际铁路货物联运协定》,下列哪些选项是正确的?(　　)

A. 乙公司必须确定损失发生的区段,并只能向该区段的承运人索赔

B. 铁路运单是物权凭证,乙公司可通过转让运单转让货物

C. 甲公司在指定目的地运输终端将仍处于运输工具上的货物交由乙公司处置时,即完成交货

D. 各铁路区段的承运人应承担连带责任

81. 在一国际贷款中,甲银行向贷款银行乙出具了备用信用证,后借款人丙公司称贷款协议无效,拒绝履约。乙银行向甲银行出示了丙公司的违约证明,要求甲银行付款。依相关规则,下列哪些选项是正确的?(　　)

A. 甲银行必须对违约的事实进行审查后才能向乙银行付款

B. 备用信用证与商业跟单信用证适用相同的国际惯例

C. 备用信用证独立于乙银行与丙公司的国际贷款协议

D. 即使该国际贷款协议无效,甲银行仍须承担保证责任

82. 甲、乙两国均为WTO成员,甲国纳税居民马克是甲国保险公司的大股东,马克从该保险公司在乙国的分支机构获利35万美元。依《服务贸易总协定》及相关税法规则,下列哪些选项是正确的?(　　)

A. 甲国保险公司在乙国设立分支机构,属于商业存在的服务方式

B. 马克对甲国承担无限纳税义务

C. 两国均对马克的35万美元获利征税属于重叠征税

D. 35万美元获利属于甲国人马克的所得,乙国无权对其征税

83. 法律在社会中负有分配社会资源、维持社会秩序、解决社会冲突、实现社会正义的功能,这就要求法律职业人员具有更高的法律职业道德水准。据此,关于提高法律职业道德水准,下列哪些表述是正确的?(　　)

A. 法律职业道德主要是法律职业本行业在职业活动中的内部行为规范,不是本行业对社会所负的道德责任和义务

B. 通过长期有效的职业道德教育,使法律职业人员形成正确的职业道德认识、信念、意志和习惯,促进道德内化

C. 以法律、法规、规范性文件等形式赋予法律职业道德以更强的约束力和强制力，并加强道德监督，形成他律机制

D. 法律职业人员违反法律职业道德和纪律的，应当依照有关规定予以惩处，通过惩处教育本人及其他人员

84. 法院的下列哪些做法是符合审判制度基本原则的？（ ）

A. 某法官因病住院，甲法院决定更换法官重新审理此案

B. 某法官无正当理由超期结案，乙法院通知其三年内不得参与优秀法官的评选

C. 对某社会高度关注案件，当地媒体多次呼吁法院尽快结案，丙法院依然坚持按期审结

D. 因人身损害纠纷，原告要求被告赔付医疗费，丁法院判决被告支付全部医疗费及精神损害赔偿金

85. 根据《法律援助条例》和《关于刑事诉讼法律援助工作的规定》，下列哪些表述是正确的？（ ）

A. 区检察院提起抗诉的案件，区法院应当通知区法律援助中心为被告人甲提供法律援助

B. 家住A县的乙在邻县涉嫌犯罪被邻县检察院批准逮捕，其因经济困难可向A县法律援助中心申请法律援助

C. 县公安局没有通知县法律援助中心为可能被判处无期徒刑的丙提供法律援助，丙可向市检察院提出申诉

D. 县法院应当准许强制医疗案件中的被告丁以正当理由拒绝法律援助，并告知其可另行委托律师

三、不定项选择题。每题所设选项中至少有一个正确答案，多选、少选、错选或不选均不得分。本部分含86～100题，每题2分，共30分。

86. 全面依法治国，需要解决法治建设不适应、不符合推进国家治理体系和治理能力现代化目标的问题。下列有助于解决上述问题的措施是：（ ）

A. 增强法律法规的针对性和可操作性，避免立法部门化倾向

B. 改进行政执法体制，消除多头执法、选择性执法现象

C. 大力解决司法不公和司法腐败问题，提高司法公信力

D. 增强社会成员依法维权意识和国家工作人员依法办事观念

87. 某检察院改革内部管理体制，将原有的多个内设处（室）统一整合，消除内部职能行政化、碎片化的弊端。关于上述改革，下列说法正确的是：（ ）

A. 完善内部管理体制有利于保证司法公正，提高检察机关公信力

B. 检察官独立行使检察权不应受任何组织和个人的监督

C. 将检察官等同于一般公务员的管理体制不利于提高检察官的专业素质和办案质量

D. 内部管理体制改革为完善检察官职业保障体系创造了条件

88. "法律只是在自由的无意识的自然规律变成有意识的国家法律时，才成为真正的法律。哪里法律成为实际的法律，即成为自由的存在，哪里法律就成为人的实际的自由存在。"关于该段话，下列说法正确的是：（　）

　　A. 从自由与必然的关系上讲，规律是自由的，但却是无意识的，法律永远是不自由的，但却是有意识的

　　B. 法律是"人的实际的自由存在"的条件

　　C. 国家法律须尊重自然规律

　　D. 自由是评价法律进步与否的标准

89. 王某在未依法取得许可的情况下购买氰化钠并存储于车间内，被以非法买卖、存储危险物质罪提起公诉。法院认为，氰化钠对人体和环境具有极大毒害性，属于《刑法》第125条第2款规定的毒害性物质，王某未经许可购买氰化钠，虽只有购买行为，但刑法条文中的"非法买卖"并不要求兼有买进和卖出的行为，王某罪名成立。关于该案，下列说法正确的是：（　）

　　A. 法官对"非法买卖"进行了目的解释

　　B. 查明和确认"王某非法买卖毒害性物质"的过程是一个与法律适用无关的过程

　　C. 对"非法买卖"的解释属于外部证成

　　D. 内部证成关涉的是从前提到结论之间的推论是否有效

90. 在莎士比亚喜剧《威尼斯商人》中，安东尼与夏洛克订立契约，约定由夏洛克借款给安东尼，如不能按时还款，则夏洛克将在安东尼的胸口割取一磅肉。期限届至，安东尼无力还款，夏洛克遂要求严格履行契约。安东尼的未婚妻鲍西娅针锋相对地向夏洛克提出：可以割肉，但仅限一磅，不许相差分毫，也不许流一滴血，唯其如此方符合契约。关于该故事，下列说法正确的是：（　）

　　A. 夏洛克主张有约必践，体现了强烈的权利意识和契约精神

　　B. 夏洛克有约必践（即使契约是不合理的）的主张本质上可以看作是"恶法亦法"的观点

　　C. 鲍西娅对契约的解释运用了历史解释方法

　　D. 安东尼与夏洛克的约定遵循了人权原则而违背了平等原则

91. 我国宪法规定了"一切权力属于人民"的原则。关于这一规定的理解，下列选项正确的是：（　）

　　A. 国家的一切权力来自并且属于人民

　　B. "一切权力属于人民"仅体现在直接选举制度之中

　　C. 我国的人民代表大会制度以"一切权力属于人民"为前提

　　D. "一切权力属于人民"贯穿于我国国家和社会生活的各领域

92. 我国宪法明确规定："国家为了公共利益的需要，可以依照法律规定对公民的私有财产实行征收或者征用并给予补偿。"关于公民财产权限制的界限，下列选项正确

的是：（ ）

　　A. 对公民私有财产的征收或征用构成对公民财产权的外部限制

　　B. 对公民私有财产的征收或征用必须具有明确的法律依据

　　C. 只要满足合目的性原则即可对公民的财产权进行限制

　　D. 对公民财产权的限制应具有宪法上的正当性

93. 宪法修改是指有权机关依照一定的程序变更宪法内容的行为。关于宪法的修改，下列选项正确的是：（ ）

　　A. 凡宪法规范与社会生活发生冲突时，必须进行宪法修改

　　B. 我国宪法的修改可由五分之一以上的全国人大代表提议

　　C. 宪法修正案由全国人民代表大会公告公布施行

　　D. 我国1988年《宪法修正案》规定，土地的使用权可依照法律法规的规定转让

94. 根据《宪法》和法律，关于我国宪法监督方式的说法，下列选项正确的是：（ ）

　　A. 地方性法规报全国人大常委会和国务院备案，属于事后审查

　　B. 自治区人大制定的自治条例报全国人大常委会批准后生效，属于事先审查

　　C. 全国人大常委会应国务院的书面审查要求对某地方性法规进行审查，属于附带性审查

　　D. 全国人大常委会只有在相关主体提出对某规范性文件进行审查的要求或建议时才启动审查程序

　　王某，女，1990年出生，于2012年2月1日入职某公司，从事后勤工作，双方口头约定每月工资为人民币3000元，试用期1个月。2012年6月30日，王某因无法胜任经常性的夜间高处作业而提出离职，经公司同意，双方办理了工资结算手续，并于同日解除了劳动关系。同年8月，王某以双方未签书面劳动合同为由，向当地劳动争议仲裁委申请仲裁，要求公司再支付工资12000元。

　　请回答第95～97题。

95. 关于女工权益，根据《劳动法》，下列说法正确的是：（ ）

　　A. 公司应定期安排王某进行健康检查

　　B. 公司不能安排王某在经期从事高处作业

　　C. 若王某怀孕6个月以上，公司不得安排夜班劳动

　　D. 若王某在哺乳婴儿期间，公司不得安排夜班劳动

96. 关于该劳动合同的订立与解除，下列说法正确的是：（ ）

　　A. 王某与公司之间视作已订立无固定期限劳动合同

　　B. 该劳动合同期限自2012年3月1日起算

　　C. 该公司应向王某支付半个月工资的经济补偿金

　　D. 如王某不能胜任且经培训仍不能胜任工作，公司提前30日以书面形式通知王某，

可将其辞退

97. 如当地月最低工资标准为1500元，关于该仲裁，下列说法正确的是：（ ）

A. 王某可直接向劳动争议仲裁委申请仲裁

B. 如王某对该仲裁裁决不服，可向法院起诉

C. 如公司对该仲裁裁决不服，可向法院起诉

D. 如公司有相关证据证明仲裁裁决程序违法时，可向有关法院申请撤销裁决

98. 司法人员恪守司法廉洁，是司法公正与公信的基石和防线。违反有关司法廉洁及禁止规定将受到严肃处分。下列属于司法人员应完全禁止的行为是：（ ）

A. 为当事人推荐、介绍诉讼代理人、辩护人

B. 为律师、中介组织介绍案件

C. 在非工作场所接触当事人、律师、特殊关系人

D. 向当事人、律师、特殊关系人借用交通工具

99. 关于深化法院人事管理改革措施的表述，下列选项正确的是：（ ）

A. 推进法院人员分类管理制度改革，将法院人员分为法官、法官助理和书记员三类，实行分类管理

B. 建立法官员额制，对法官在编制限额内实行员额管理

C. 拓宽法官助理和书记员的来源渠道，建立法官助理和书记员的正常增补机制

D. 配合省以下法院人事改革，设立省市两级法官遴选委员会

100. 银行为孙法官提供了利率优惠的房屋抵押贷款，银行王经理告知孙法官，是感谢其在一年前的合同纠纷中作出的公正判决而进行的特殊安排，孙法官接受该笔贷款。关于法院对孙法官行为的处理，下列说法正确的是：（ ）

A. 法院认为孙法官的行为系违反廉政纪律的行为

B. 如孙法官主动交代，并主动采取措施有效避免损失的，法院应从轻给予处分

C. 由于孙法官行为情节轻微，如经过批评教育后改正，法院可免予处分

D. 确认属于违法所得的部分，法院可根据情况作出责令退赔的决定

2016年国家司法考试（试卷二）

提示：本试卷为选择题，由计算机阅读。请将所选答案填涂在答题卡上，勿在卷面上直接作答。

一、单项选择题。每题所设选项中只有一个正确答案，多选、错选或不选均不得分。本部分含1～50题，每题1分，共50分。

1. 关于不作为犯罪，下列哪一选项是正确的？（　　）

A. "法无明文规定不为罪"的原则当然适用于不作为犯罪，不真正不作为犯的作为义务必须源于法律的明文规定

B. 在特殊情况下，不真正不作为犯的成立不需要行为人具有作为可能性

C. 不真正不作为犯属于行为犯，危害结果并非不真正不作为犯的构成要件要素

D. 危害公共安全罪、侵犯公民人身权利罪、侵犯财产罪中均存在不作为犯

2. 关于因果关系的认定，下列哪一选项是正确的？（　　）

A. 甲重伤王某致其昏迷。乞丐目睹一切，在甲离开后取走王某财物。甲的行为与王某的财产损失有因果关系

B. 乙纠集他人持凶器砍杀李某，将李某逼至江边，李某无奈跳江被淹死。乙的行为与李某的死亡无因果关系

C. 丙酒后开车被查。交警指挥丙停车不当，致石某的车撞上丙车，石某身亡。丙的行为与石某死亡无因果关系

D. 丁敲诈勒索陈某。陈某给丁汇款时，误将3万元汇到另一诈骗犯账户中。丁的行为与陈某的财产损失无因果关系

3. 关于刑事责任能力，下列哪一选项是正确的？（　　）

A. 甲第一次吸毒产生幻觉，误以为伍某在追杀自己，用木棒将伍某打成重伤。甲的行为成立过失致人重伤罪

B. 乙以杀人故意刀砍陆某时突发精神病，继续猛砍致陆某死亡。不管采取何种学说，乙都成立故意杀人罪未遂

C. 丙因实施爆炸被抓，相关证据足以证明丙已满15周岁，但无法查明具体出生日期。不能追究丙的刑事责任

D. 丁在14周岁生日当晚故意砍杀张某，后心生悔意将其送往医院抢救，张某仍于次日死亡。应追究丁的刑事责任

4. 农民甲醉酒在道路上驾驶拖拉机，其认为拖拉机不属于《刑法》第133条之一规定的机动车。关于本案的分析，下列哪一选项是正确的？（　　）

A. 甲未能正确评价自身的行为，存在事实认识错误

B. 甲欠缺违法性认识的可能性，其行为不构成犯罪
C. 甲对危险驾驶事实有认识，具有危险驾驶的故意
D. 甲受认识水平所限，不能要求其对自身行为负责

5. 吴某被甲、乙合法追捕。吴某的枪中只有一发子弹，认识到开枪既可能打死甲也可能打死乙。设定吴某对甲、乙均有杀人故意，下列哪一分析是正确的？（　　）

A. 如吴某一枪没有打中甲和乙，子弹从甲与乙的中间穿过，则对甲、乙均成立故意杀人罪未遂

B. 如吴某一枪打中了甲，致甲死亡，则对甲成立故意杀人罪既遂，对乙成立故意杀人罪未遂，实行数罪并罚

C. 如吴某一枪同时打中甲和乙，致甲死亡、乙重伤，则对甲成立故意杀人罪既遂，对乙仅成立故意伤害罪

D. 如吴某一枪同时打中甲和乙，致甲、乙死亡，则对甲、乙均成立故意杀人罪既遂，实行数罪并罚

6. 关于正当防卫与紧急避险，下列哪一选项是正确的？（　　）

A. 为保护国家利益实施的防卫行为，只有当防卫人是国家工作人员时，才成立正当防卫

B. 为制止正在进行的不法侵害，使用第三者的财物反击不法侵害人，导致该财物被毁坏的，对不法侵害人不可能成立正当防卫

C. 为摆脱合法追捕而侵入他人住宅的，考虑到人性弱点，可认定为紧急避险

D. 为保护个人利益免受正在发生的危险，不得已也可通过损害公共利益的方法进行紧急避险

7. 甲、乙、丙共同故意伤害丁，丁死亡。经查明，甲、乙都使用铁棒，丙未使用任何凶器；尸体上除一处致命伤外，再无其他伤害；可以肯定致命伤不是丙造成的，但不能确定是甲造成还是乙造成的。关于本案，下列哪一选项是正确的？（　　）

A. 因致命伤不是丙造成的，尸体上也没有其他伤害，故丙不成立故意伤害罪

B. 对甲与乙虽能认定为故意伤害罪，但不能认定为故意伤害（致死）罪

C. 甲、乙成立故意伤害（致死）罪，丙成立故意伤害罪但不属于伤害致死

D. 认定甲、乙、丙均成立故意伤害（致死）罪，与存疑时有利于被告的原则并不矛盾

8. 《刑法》第64条前段规定："犯罪分子违法所得的一切财物，应当予以追缴或者责令退赔"。关于该规定的适用，下列哪一选项是正确的？（　　）

A. 甲以赌博为业，但手气欠佳输掉200万元。输掉的200万元属于赌资，应责令甲全额退赔

B. 乙挪用公款炒股获利500万元用于购买房产（案发时贬值为300万元），应责令乙退赔500万元

C. 丙向国家工作人员李某行贿100万元。除向李某追缴100万元外，还应责令丙退

赔100万元

D. 丁与王某共同窃取他人财物30万元。因二人均应对30万元负责，故应向二人各追缴30万元

9. 关于职业禁止，下列哪一选项是正确的？（ ）

A. 利用职务上的便利实施犯罪的，不一定都属于"利用职业便利"实施犯罪

B. 行为人违反职业禁止的决定，情节严重的，应以拒不执行判决、裁定罪定罪处罚

C. 判处有期徒刑并附加剥夺政治权利，同时决定职业禁止的，在有期徒刑与剥夺政治权利均执行完毕后，才能执行职业禁止

D. 职业禁止的期限均为3年至5年

10. 关于追诉时效，下列哪一选项是正确的？（ ）

A. 《刑法》规定，法定最高刑为不满5年有期徒刑的，经过5年不再追诉。危险驾驶罪的法定刑为拘役，不能适用该规定计算危险驾驶罪的追诉时效

B. 在共同犯罪中，对主犯与从犯适用不同的法定刑时，应分别计算各自的追诉时效，不得按照主犯适用的法定刑计算从犯的追诉期限

C. 追诉时效实际上属于刑事诉讼的内容，刑事诉讼采取从新原则，故对刑法所规定的追诉时效，不适用从旧兼从轻原则

D. 刘某故意杀人后逃往国外18年，在国外因伪造私人印章（在我国不构成犯罪）被通缉时潜回国内。4年后，其杀人案件被公安机关发现。因追诉时效中断，应追诉刘某故意杀人的罪行

11. 关于法条关系，下列哪一选项是正确的（不考虑数额）？（ ）

A. 即使认为盗窃与诈骗是对立关系，一行为针对同一具体对象（同一具体结果）也完全可能同时触犯盗窃罪与诈骗罪

B. 即使认为故意杀人与故意伤害是对立关系，故意杀人罪与故意伤害罪也存在法条竞合关系

C. 如认为法条竞合仅限于侵害一犯罪客体的情形，冒充警察骗取数额巨大的财物时，就会形成招摇撞骗罪与诈骗罪的法条竞合

D. 即便认为贪污罪和挪用公款罪是对立关系，若行为人使用公款赌博，在不能查明其是否具有归还公款的意思时，也能认定构成挪用公款罪

12. 甲对拆迁不满，在高速公路中间车道用树枝点燃一个焰高约20厘米的火堆，将其分成两堆后离开。火堆很快就被通行车辆轧灭。关于本案，下列哪一选项是正确的？（ ）

A. 甲的行为成立放火罪

B. 甲的行为成立以危险方法危害公共安全罪

C. 如认为甲的行为不成立放火罪，那么其行为也不可能成立以危险方法危害公共安全罪

D. 行为危害公共安全，但不构成放火、决水、爆炸等犯罪的，应以以危险方法危害公共安全罪论处

13. 陈某欲制造火车出轨事故，破坏轨道时将螺栓砸飞，击中在附近玩耍的幼童，致其死亡。陈某的行为被及时发现，未造成火车倾覆、毁坏事故。关于陈某的行为性质，下列哪一选项是正确的？（　　）

　　A. 构成破坏交通设施罪的结果加重犯
　　B. 构成破坏交通设施罪的基本犯与故意杀人罪的想象竞合犯
　　C. 构成破坏交通设施罪的基本犯与过失致人死亡罪的想象竞合犯
　　D. 构成破坏交通设施罪的结果加重犯与过失致人死亡罪的想象竞合犯

14. 甲急需20万元从事养殖，向农村信用社贷款时被信用社主任乙告知，一个身份证只能贷款5万元，再借几个身份证可多贷。甲用自己的名义贷款5万元，另借用4个身份证贷款20万元，但由于经营不善，不能归还本息。关于本案，下列哪一选项是正确的？（　　）

　　A. 甲构成贷款诈骗罪，乙不构成犯罪
　　B. 甲构成骗取贷款罪，乙不构成犯罪
　　C. 甲构成骗取贷款罪，乙构成违法发放贷款罪
　　D. 甲不构成骗取贷款罪，乙构成违法发放贷款罪

15. 甲为勒索财物，打算绑架富商之子吴某（5岁）。甲欺骗乙、丙说："富商欠我100万元不还，你们帮我扣押其子，成功后给你们每人10万元。"乙、丙将吴某扣押，但甲无法联系上富商，未能进行勒索。三天后，甲让乙、丙将吴某释放。吴某一人在回家路上溺水身亡。关于本案，下列哪一选项是正确的？（　　）

　　A. 甲、乙、丙构成绑架罪的共同犯罪，但对乙、丙只能适用非法拘禁罪的法定刑
　　B. 甲未能实施勒索行为，属绑架未遂；甲主动让乙、丙放人，属绑架中止
　　C. 吴某的死亡结果应归责于甲的行为，甲成立绑架致人死亡的结果加重犯
　　D. 不管甲是绑架未遂、绑架中止还是绑架既遂，乙、丙均成立犯罪既遂

16. 贾某在路边将马某打倒在地，劫取其财物。离开时贾某为报复马某之前的反抗，往其胸口轻踢了一脚，不料造成马某心脏骤停死亡。设定贾某对马某的死亡具有过失，下列哪一分析是正确的？（　　）

　　A. 贾某踢马某一脚，是抢劫行为的延续，构成抢劫致人死亡
　　B. 贾某踢马某一脚，成立事后抢劫，构成抢劫致人死亡
　　C. 贾某构成抢劫罪的基本犯，应与过失致人死亡罪数罪并罚
　　D. 贾某构成抢劫罪的基本犯与故意伤害（致死）罪的想象竞合犯

17. 关于诈骗罪的认定，下列哪一选项是正确的（不考虑数额）？（　　）

　　A. 甲利用信息网络，诱骗他人点击虚假链接，通过预先植入的木马程序取得他人财物。即使他人不知点击链接会转移财产，甲也成立诈骗罪

B. 乙虚构可供交易的商品，欺骗他人点击付款链接，取得他人财物的，由于他人知道自己付款，故乙触犯诈骗罪

C. 丙将钱某门前停放的摩托车谎称是自己的，卖给孙某，让其骑走。丙就钱某的摩托车成立诈骗罪

D. 丁侵入银行计算机信息系统，将刘某存折中的5万元存款转入自己的账户。对丁应以诈骗罪论处

18. 乙女在路上被铁丝绊倒，受伤不能动，手中钱包（内有现金5000元）摔出七八米外。路过的甲捡起钱包时，乙大喊"我的钱包不要拿"，甲说"你不要喊，我拿给你"，乙信以为真没有再喊。甲捡起钱包后立即逃走。关于本案，下列哪一选项是正确的？（　　）

A. 甲以其他方法抢劫他人财物，成立抢劫罪

B. 甲以欺骗方法使乙信以为真，成立诈骗罪

C. 甲将乙的遗忘物据为己有，成立侵占罪

D. 只能在盗窃罪或者抢夺罪中，择一定性甲的行为

19. 下列哪一行为应以妨害公务罪论处？（　　）

A. 甲与傅某相互斗殴，警察处理完毕后让各自回家。傅某当即离开，甲认为警察的处理不公平，朝警察小腿踢一脚后逃走

B. 乙夜间入户盗窃时，发现户主戴某是警察，窃得财物后正要离开时被戴某发现。为摆脱抓捕，乙对戴某使用暴力致其轻微伤

C. 丙为使其弟逃跑，将前来实施行政拘留的警察打倒在地，其弟顺利逃走

D. 丁在组织他人偷越国（边）境的过程中，以暴力方法抗拒警察检查

20. 甲杀丙后潜逃。为干扰侦查，甲打电话让乙将一把未留有指纹的斧头粘上丙的鲜血放到现场。乙照办后报案称，自己看到"凶手"杀害了丙，并描述了与甲相貌特征完全不同的"凶手"情况，导致公安机关长期未将甲列为嫌疑人。关于本案，下列哪一选项是错误的？（　　）

A. 乙将未留有指纹的斧头放到现场，成立帮助伪造证据罪

B. 对乙伪造证据的行为，甲不负刑事责任

C. 乙捏造事实诬告陷害他人，成立诬告陷害罪

D. 乙向公安机关虚假描述"凶手"的相貌特征，成立包庇罪

21. 国家工作人员甲听到有人敲门，开门后有人扔进一个包就跑。甲发现包内有20万元现金，推测是有求于自己职务行为的乙送的。甲打电话问乙时被告知"不要问是谁送的，收下就是了"（事实上是乙安排丙送的），并重复了前几天的请托事项。甲虽不能确定是乙送的，但还是允诺为乙谋取利益。关于本案，下列哪一选项是正确的？（　　）

A. 甲没有主动索取、收受财物，不构成受贿罪

B. 甲没有受贿的直接故意，间接故意不可能构成受贿罪，故甲不构成受贿罪

C. 甲允诺为乙谋取利益与收受20万元现金之间无因果关系，故不构成受贿罪

D. 即使认为甲不构成受贿罪，乙与丙也构成行贿罪

22. 《中共中央关于全面深化改革若干重大问题的决定》提出"让审理者裁判、由裁判者负责"。结合刑事诉讼基本原理，关于这一表述的理解，下列哪一选项是正确的？（   ）

A. 体现了我国刑事诉讼职能的进一步细化与完善
B. 体现了刑事诉讼直接原则的要求
C. 体现了刑事审判的程序性特征
D. 体现了刑事审判控辩式庭审方式改革的方向

23. 关于监狱在刑事诉讼中的职权，下列哪一选项是正确的？（   ）

A. 监狱监管人员指使被监管人体罚虐待其他被监管人的犯罪，由监狱进行侦查
B. 罪犯在监狱内犯罪并被发现判决时所没有发现的罪行，应由监狱一并侦查
C. 被判处有期徒刑罪犯的暂予监外执行均应当由监狱提出书面意见，报省级以上监狱管理部门批准
D. 被判处有期徒刑罪犯的减刑应当由监狱提出建议书，并报法院审核裁定

24. 甲省A市副市长涉嫌受贿2000万元，为保证诉讼顺利进行，拟指定甲省B市管辖。关于本案指定管辖，下列哪一选项是正确的？（   ）

A. 如指定B市中级法院审理，应由B市检察院侦查并提起公诉
B. 甲省检察院可指定B市检察院审查起诉并指定B市中级法院审理
C. 可由最高检察院直接指定B市检察院立案侦查
D. 如甲省高级法院指定B市中级法院审理，A市中级法院应将案卷材料移送B市中级法院

25. 法官齐某从A县法院辞职后，在其妻洪某开办的律师事务所从业。关于齐某与洪某的辩护人资格，下列哪一选项是正确的？（   ）

A. 齐某不得担任A县法院审理案件的辩护人
B. 齐某和洪某不得分别担任同案犯罪嫌疑人的辩护人
C. 齐某和洪某不得同时担任同一犯罪嫌疑人的辩护人
D. 洪某可以律师身份担任A县法院审理案件的辩护人

26. 郭某涉嫌参加恐怖组织罪被逮捕，随后委托律师姜某担任辩护人。关于姜某履行辩护职责，下列哪一选项是正确的？（   ）

A. 姜某到看守所会见郭某时，可带1~2名律师助理协助会见
B. 看守所可对姜某与郭某的往来信件进行必要的检查，但不得截留、复制
C. 姜某申请法院收集、调取证据而法院不同意的，法院应书面说明不同意的理由
D. 法庭审理中姜某作无罪辩护的，也可当庭对郭某从轻量刑的问题发表辩护意见

27. 根据《刑事诉讼法》的规定，辩护律师收集到的下列哪一证据应及时告知公安机关、检察院？（   ）

A. 强奸案中被害人系精神病人的证据

B. 故意伤害案中犯罪嫌疑人系正当防卫的证据

C. 投放危险物质案中犯罪嫌疑人案发时在外地出差的证据

D. 制造毒品案中犯罪嫌疑人犯罪时刚满16周岁的证据

28. 王某系聋哑人，因涉嫌盗窃罪被提起公诉。关于本案，下列哪一选项是正确的？（ ）

A. 讯问王某时，如有必要可通知通晓聋哑手势的人参加

B. 王某没有委托辩护人，应通知法律援助机构指派律师为其提供辩护

C. 辩护人经通知未到庭，经王某同意，法院决定开庭审理

D. 因事实清楚且王某认罪，实行独任审判

29. 公安机关发现一具被焚烧过的尸体，因地处偏僻且天气恶劣，无法找到见证人，于是对勘验过程进行了全程录像，并在笔录中注明原因。法庭审理时，辩护人以勘验时没有见证人在场为由，申请排除勘验现场收集的物证。关于本案证据，下列哪一选项是正确的？（ ）

A. 因违反取证程序的一般规定，应当排除

B. 应予以补正或者作出合理解释，否则予以排除

C. 不仅物证应当排除，对物证的鉴定意见等衍生证据也应排除

D. 有勘验过程全程录像并在笔录中已注明理由，不予排除

30. 关于《刑事诉讼法》规定的证明责任分担，下列哪一选项是正确的？（ ）

A. 公诉案件中检察院负有证明被告人有罪的责任，证明被告人无罪的责任由被告方承担

B. 自诉案件的证明责任分配依据"谁主张，谁举证"的法则确定

C. 巨额财产来源不明案中，被告人承担说服责任

D. 非法持有枪支案中，被告人负有提出证据的责任

31. 甲与邻居乙发生冲突致乙轻伤，甲被刑事拘留期间，甲的父亲代为与乙达成和解，公安机关决定对甲取保候审。关于甲在取保候审期间应遵守的义务，下列哪一选项是正确的？（ ）

A. 将驾驶证件交执行机关保存

B. 不得与乙接触

C. 工作单位调动的，在24小时内报告执行机关

D. 未经公安机关批准，不得进入特定的娱乐场所

32. 甲、乙二人涉嫌猥亵儿童，甲被批准逮捕，乙被取保候审。案件起诉到法院后，乙被法院决定逮捕。关于本案羁押必要性审查，下列哪一选项是正确的？（ ）

A. 在审查起诉阶段对甲进行审查，由检察院公诉部门办理

B. 对甲可进行公开审查并听取被害儿童法定代理人的意见

C. 检察院可依职权对乙进行审查

D. 经审查发现乙系从犯、具有悔罪表现且可能宣告缓刑，不予羁押不致发生社会危险性的，检察院应要求法院变更强制措施

33. 甲、乙二人在餐厅吃饭时言语不合进而互相推搡，乙突然倒地死亡，县公安局以甲涉嫌过失致人死亡立案侦查。经鉴定乙系特殊体质，其死亡属意外事件，县公安局随即撤销案件。关于乙的近亲属的诉讼权利，下列哪一选项是正确的？（ ）

A. 就撤销案件向县公安局申请复议

B. 就撤销案件向县公安局的上一级公安局申请复核

C. 向检察院侦查监督部门申请立案监督

D. 直接向法院对甲提起刑事附带民事诉讼

34. 某地发生一起以爆炸手段故意杀人致多人伤亡的案件。公安机关立案侦查后，王某被确定为犯罪嫌疑人。关于本案辨认，下列哪一选项是正确的？（ ）

A. 证人甲辨认制造爆炸物的工具时，混杂了另外4套同类工具

B. 证人乙辨认犯罪嫌疑人时未同步录音或录像，辨认笔录不得作为定案的依据

C. 证人丙辨认犯罪现场时没有见证人在场，辨认笔录不得作为定案的依据

D. 王某作为辨认人时，陪衬物不受数量的限制

35. 甲、乙共同实施抢劫，该案经两次退回补充侦查后，检察院发现甲在两年前曾实施诈骗犯罪。关于本案，下列哪一选项是正确的？（ ）

A. 应将全案退回公安机关依法处理

B. 对新发现的犯罪自行侦查，查清犯罪事实后一并提起公诉

C. 将新发现的犯罪移送公安机关侦查，待公安机关查明事实移送审查起诉后一并提起公诉

D. 将新发现的犯罪移送公安机关立案侦查，对已查清的犯罪事实提起公诉

36. 法院在审理胡某持有毒品案时发现，胡某不仅持有毒品数量较大，而且向他人出售毒品，构成贩卖毒品罪。关于本案，下列哪一选项是正确的？（ ）

A. 如胡某承认出售毒品，法院可直接改判

B. 法院可在听取控辩双方意见基础上直接改判

C. 法院可建议检察院补充或者变更起诉

D. 法院可建议检察院退回补充侦查

37. 甲犯抢夺罪，法院经审查决定适用简易程序审理。关于本案，下列哪一选项是正确的？（ ）

A. 适用简易程序必须由检察院提出建议

B. 如被告人已提交承认指控犯罪事实的书面材料，则无须再当庭询问其对指控的意见

C. 不需要调查证据，直接围绕罪名确定和量刑问题进行审理

D. 如无特殊情况，应当庭宣判

38. 龚某因生产不符合安全标准的食品罪被一审法院判处有期徒刑 5 年，并被禁止在刑罚执行完毕之日起 3 年内从事食品加工行业。龚某以量刑畸重为由上诉，检察院未抗诉。关于本案二审，下列哪一选项是正确的？（ ）

  A. 应开庭审理

  B. 可维持有期徒刑 5 年的判决，并将职业禁止的期限变更为 4 年

  C. 如认为原判认定罪名不当，二审法院可在维持原判刑罚不变的情况下改判为生产有害食品罪

  D. 发回重审后，如检察院变更起诉罪名为生产有害食品罪，一审法院可改判并加重龚某的刑罚

39. 甲和乙因故意杀人被中级法院分别判处死刑立即执行和无期徒刑。甲、乙上诉后，高级法院裁定维持原判。关于本案，下列哪一选项是正确的？（ ）

  A. 高级法院裁定维持原判后，对乙的判决即已生效

  B. 高级法院应先复核再报请最高法院核准

  C. 最高法院如认为原判决对乙的犯罪事实未查清，可查清后对乙改判并核准甲的死刑

  D. 最高法院如认为甲的犯罪事实不清、证据不足，不予核准死刑的，只能使用裁定

40. 关于生效裁判执行，下列哪一做法是正确的？（ ）

  A. 甲被判处管制 1 年，由公安机关执行

  B. 乙被判处有期徒刑 1 年宣告缓刑 2 年，由社区矫正机构执行

  C. 丙被判处有期徒刑 1 年 6 个月，在被交付执行前，剩余刑期 5 个月，由看守所代为执行

  D. 丁被判处 10 年有期徒刑并处没收财产，没收财产部分由公安机关执行

41. 下列哪一案件可以适用当事人和解的公诉案件诉讼程序？（ ）

  A. 甲因侵占罪被免除处罚 2 年后，又涉嫌故意伤害致人轻伤

  B. 乙涉嫌寻衅滋事，在押期间由其父亲代为和解，被害人表示同意

  C. 丙涉嫌过失致人重伤，被害人系限制行为能力人，被害人父亲愿意代为和解

  D. 丁涉嫌破坏计算机信息系统，被害人表示愿意和解

42. 甲将乙杀害，经鉴定甲系精神病人，检察院申请法院适用强制医疗程序。关于本案，下列哪一选项是正确的？（ ）

  A. 法院审理该案，应当会见甲

  B. 甲没有委托诉讼代理人的，法院可通知法律援助机构指派律师担任其诉讼代理人

  C. 甲出庭的，应由其法定代理人或诉讼代理人代为发表意见

  D. 经审理发现甲具有部分刑事责任能力，依法应当追究刑事责任的，转为普通程序继续审理

43. 根据规定，地方的事业单位机构和编制管理办法由省、自治区、直辖市人民政府机构编制管理机关拟定，报国务院机构编制管理机关审核后，由下列哪一机关发

布？（ ）

    A. 国务院

    B. 省、自治区、直辖市人民政府

    C. 国务院机构编制管理机关

    D. 省、自治区、直辖市人民政府机构编制管理机关

44. 为落实淘汰落后产能政策，某区政府发布通告：凡在本通告附件所列名单中的企业两年内关闭。提前关闭或者积极配合的给予一定补贴，逾期不履行的强制关闭。关于通告的性质，下列哪一选项是正确的？（ ）

    A. 行政规范性文件

    B. 具体行政行为

    C. 行政给付

    D. 行政强制

45. 李某多次发送淫秽短信、干扰他人正常生活，公安机关经调查拟对李某作出行政拘留10日的处罚。关于此处罚决定，下列哪一做法是适当的？（ ）

    A. 由公安派出所作出

    B. 依当场处罚程序作出

    C. 应及时通知李某的家属

    D. 紧急情况下可以口头方式作出

46. 下列哪一行政行为不属于行政强制措施？（ ）

    A. 审计局封存转移会计凭证的被审计单位的有关资料

    B. 公安交通执法大队暂扣酒后驾车的贾某机动车驾驶证6个月

    C. 税务局扣押某企业价值相当于应纳税款的商品

    D. 公安机关对醉酒的王某采取约束性措施至酒醒

47. 甲公司与乙公司发生纠纷向工商局申请公开乙公司的工商登记信息。该局公开了乙公司的名称、注册号、住所、法定代表人等基本信息，但对经营范围、从业人数、注册资本等信息拒绝公开。甲公司向法院起诉，法院受理。关于此事，下列哪一说法是正确的？（ ）

    A. 甲公司应先向工商局的上一级工商局申请复议，对复议决定不服再向法院起诉

    B. 工商局应当对拒绝公开的依据以及履行法定告知和说明理由义务的情况举证

    C. 本案审理不适用简易程序

    D. 因相关信息不属政府信息，拒绝公开合法

48. 某区食品药品监管局以某公司生产经营超过保质期的食品违反《食品安全法》为由，作出处罚决定。公司不服，申请行政复议。关于此案，下列哪一说法是正确的？（ ）

    A. 申请复议期限为60日

    B. 公司不得以电子邮件形式提出复议申请

C. 行政复议机关不能进行调解

D. 公司如在复议决定作出前撤回申请，行政复议中止

49. 某区卫计局以董某擅自开展诊疗活动为由作出没收其违法诊疗工具并处 5 万元罚款的处罚。董某向区政府申请复议，区政府维持了原处罚决定。董某向法院起诉。下列哪一说法是正确的？（　）

A. 如董某只起诉区卫计局，法院应追加区政府为第三人

B. 本案应以区政府确定案件的级别管辖

C. 本案可由区卫计局所在地的法院管辖

D. 法院应对原处罚决定和复议决定进行合法性审查，但不对复议决定作出判决

50. 某县公安局于 2012 年 5 月 25 日以方某涉嫌合同诈骗罪将其刑事拘留，同年 6 月 26 日取保候审，8 月 11 日检察院决定批准逮捕方某。2013 年 5 月 11 日，法院以指控依据不足为由判决方某无罪，方某被释放。2014 年 3 月 2 日方某申请国家赔偿。下列哪一说法是正确的？（　）

A. 县公安局为赔偿义务机关

B. 赔偿义务机关可就赔偿方式和数额与方某协商，但不得就赔偿项目进行协商

C. 方某 2012 年 6 月 26 日至 8 月 11 日取保候审，不属于国家赔偿范围

D. 对方某的赔偿金标准应按照 2012 年度国家职工日平均工资计算

二、多项选择题。每题所设选项中至少有两个正确答案，多选、少选、错选或不选均不得分。本部分含 51～85 题，每题 2 分，共 70 分。

51. 关于罪刑法定原则与刑法解释，下列哪些选项是正确的？（　）

A. 对甲法条中的"暴力"作扩大解释时，就不可能同时再作限制解释，但这并不意味着对乙法条中的"暴力"也须作扩大解释

B. 《刑法》第 237 条规定的强制猥亵、侮辱罪中的"侮辱"，与《刑法》第 246 条规定的侮辱罪中的"侮辱"，客观内容相同、主观内容不同

C. 当然解释是使刑法条文之间保持协调的解释方法，只要符合当然解释的原理，其解释结论就不会违反罪刑法定原则

D. 对刑法分则条文的解释，必须同时符合两个要求：一是不能超出刑法用语可能具有的含义，二是必须符合分则条文的目的

52. 甲、乙共同对丙实施严重伤害行为时，甲误打中乙致乙重伤，丙乘机逃走。关于本案，下列哪些选项是正确的？（　）

A. 甲的行为属打击错误，按照具体符合说，成立故意伤害罪既遂

B. 甲的行为属对象错误，按照法定符合说，成立故意伤害罪既遂

C. 甲误打中乙属偶然防卫，但对丙成立故意伤害罪未遂

D. 不管甲是打击错误、对象错误还是偶然防卫，乙都不可能成立故意伤害罪既遂

53. 关于犯罪未遂的认定，下列哪些选项是正确的？（　）

A. 甲以杀人故意将郝某推下过街天桥，见郝某十分痛苦，便拦下出租车将郝某送往医院。但郝某未受致命伤，即便不送医院也不会死亡。甲属于犯罪未遂

B. 乙持刀拦路抢劫周某。周某说"把刀放下，我给你钱"。乙信以为真，收起刀子，伸手要钱。周某乘乙不备，一脚踢倒乙后逃跑。乙属于犯罪未遂

C. 丙见商场橱柜展示有几枚金锭（30万元/枚），打开玻璃门拿起一枚就跑，其实是值300元的仿制品，真金锭仍在。丙属于犯罪未遂

D. 丁资助林某从事危害国家安全的犯罪活动，但林某尚未实施相关犯罪活动即被抓获。丁属于资助危害国家安全犯罪活动罪未遂

54. 关于罪数，下列哪些选项是正确的（不考虑数额或情节）？（ ）

A. 甲使用变造的货币购买商品，触犯使用假币罪与诈骗罪，构成想象竞合犯

B. 乙走私毒品，又走私假币构成犯罪的，以走私毒品罪和走私假币罪实行数罪并罚

C. 丙先后三次侵入军人家中盗窃军人制服，后身穿军人制服招摇撞骗。对丙应按牵连犯从一重罪处罚

D. 丁明知黄某在网上开设赌场，仍为其提供互联网接入服务。丁触犯开设赌场罪与帮助信息网络犯罪活动罪，构成想象竞合犯

55. 判决宣告以前一人犯数罪，数罪中有判处（1）和（2）的，执行（3）；数罪中所判处的（4），仍须执行。将下列哪些选项内容填入以上相应括号内是正确的？（ ）

A. （1）死刑 （2）有期徒刑 （3）死刑 （4）罚金

B. （1）无期徒刑 （2）拘役 （3）无期徒刑 （4）没收财产

C. （1）有期徒刑 （2）拘役 （3）有期徒刑 （4）附加刑

D. （1）拘役 （2）管制 （3）拘役 （4）剥夺政治权利

56. 乙成立恐怖组织并开展培训活动，甲为其提供资助。受培训的丙、丁为实施恐怖活动准备凶器。因案件被及时侦破，乙、丙、丁未能实施恐怖活动。关于本案，下列哪些选项是正确的？（ ）

A. 甲构成帮助恐怖活动罪，不再适用《刑法》总则关于从犯的规定

B. 乙构成组织、领导恐怖组织罪

C. 丙、丁构成准备实施恐怖活动罪

D. 对丙、丁定罪量刑时，不再适用《刑法》总则关于预备犯的规定

57. 关于生产、销售伪劣商品罪，下列哪些选项是正确的？（ ）

A. 甲既生产、销售劣药，对人体健康造成严重危害，同时又生产、销售假药的，应实行数罪并罚

B. 乙为提高猪肉的瘦肉率，在饲料中添加"瘦肉精"。由于生猪本身不是食品，故乙不构成生产有毒、有害食品罪

C. 丙销售不符合安全标准的饼干，足以造成严重食物中毒事故，但销售金额仅有500元。对丙应以销售不符合安全标准的食品罪论处

D. 丁明知香肠不符合安全标准，足以造成严重食源性疾患，但误以为没有毒害而销售，事实上香肠中掺有有毒的非食品原料。对丁应以销售不符合安全标准的食品罪论处

58. 关于侵犯公民人身权利罪的认定，下列哪些选项是正确的？（　　）

A. 甲征得17周岁的夏某同意，摘其一个肾脏后卖给他人，所获3万元全部交给夏某。甲的行为构成故意伤害罪

B. 乙将自己1岁的女儿出卖，获利6万元用于赌博。对乙出卖女儿的行为，应以遗弃罪追究刑事责任

C. 丙为索债将吴某绑于地下室。吴某挣脱后，驾车离开途中发生交通事故死亡。丙的行为不属于非法拘禁致人死亡

D. 丁和朋友为寻求刺激，在大街上追逐、拦截两位女生。丁的行为构成强制侮辱罪

59. 下列哪些行为构成盗窃罪（不考虑数额）？（　　）

A. 酒店服务员甲在帮客人拎包时，将包中的手机放入自己的口袋据为己有

B. 客人在小饭馆吃饭时，将手机放在收银台边上充电，请服务员乙帮忙照看。乙假意答应，却将手机据为己有

C. 旅客将行李放在托运柜台旁，到相距20余米的另一柜台问事时，机场清洁工丙将该行李拿走据为己有

D. 顾客购物时将车钥匙遗忘在收银台，收银员问是谁的，丁谎称是自己的，然后持该钥匙将顾客的车开走

60. 2016年4月，甲利用乙提供的作弊器材，安排大学生丙在地方公务员考试中代替自己参加考试。但丙考试成绩不佳，甲未能进入复试。关于本案，下列哪些选项是正确的？（　　）

A. 甲组织他人考试作弊，应以组织考试作弊罪论处

B. 乙为他人考试作弊提供作弊器材，应按组织考试作弊罪论处

C. 丙考试成绩虽不佳，仍构成代替考试罪

D. 甲让丙代替自己参加考试，构成代替考试罪

61. 关于毒品犯罪，下列哪些选项是正确的？（　　）

A. 甲无牟利目的，为江某代购仅用于吸食的毒品，达到非法持有毒品罪的数量标准。对甲应以非法持有毒品罪定罪

B. 乙为蒋某代购仅用于吸食的毒品，在交通费等必要开销之外收取了若干"劳务费"。对乙应以贩卖毒品罪论处

C. 丙与曾某互不知情，受雇于同一雇主，各自运输海洛因500克。丙将海洛因从一地运往另一地后，按雇主吩咐交给曾某，曾某再运往第三地。丙应对运输1000克海洛因负责

D. 丁盗窃他人200克毒品后，将该毒品出卖。对丁应以盗窃罪和贩卖毒品罪实行数罪并罚

62. 关于贿赂犯罪的认定，下列哪些选项是正确的？（　　）

A. 甲是公立高校普通任课教师，在学校委派其招生时，利用职务便利收受考生家长10万元。甲成立受贿罪

B. 乙是国有医院副院长，收受医药代表10万元，承诺为病人开处方时多开相关药品。乙成立非国家工作人员受贿罪

C. 丙是村委会主任，在村集体企业招投标过程中，利用职务收受他人财物10万元，为其谋利。丙成立非国家工作人员受贿罪

D. 丁为国有公司临时工，与本公司办理采购业务的副总经理相勾结，收受10万元回扣归二人所有。丁构成受贿罪

63. 关于渎职犯罪，下列哪些选项是正确的？（　　）

A. 县财政局副局长秦某工作时擅离办公室，其他办公室人员操作电炉不当，触电身亡并引发大火将办公楼烧毁。秦某触犯玩忽职守罪

B. 县卫计局执法监督大队队长武某，未能发现何某在足疗店内非法开诊所行医，该诊所开张三天即造成一患者死亡。武某触犯玩忽职守罪

C. 负责建房审批工作的干部柳某，徇情为拆迁范围内违规修建的房屋补办了建设许可证，房主凭此获得补偿款90万元。柳某触犯滥用职权罪

D. 县长郑某擅自允许未经环境评估的水电工程开工，导致该县水域内濒危野生鱼类全部灭绝。郑某触犯滥用职权罪

64. 刑事诉讼法的独立价值之一是具有影响刑事实体法实现的功能。下列哪些选项体现了这一功能？（　　）

A. 被告人与被害人达成刑事和解而被法院量刑时从轻处理

B. 因排除犯罪嫌疑人的口供，检察院作出证据不足不起诉的决定

C. 侦查机关对于已超过追诉期限的案件不予立案

D. 只有被告人一方上诉的案件，二审法院判决时不得对被告人判处重于原判的刑罚

65. 关于保障诉讼参与人的诉讼权利原则，下列哪些选项是正确的？（　　）

A. 是对《宪法》和《刑事诉讼法》尊重和保障人权的具体化

B. 保障诉讼参与人的诉讼权利，核心在于保护犯罪嫌疑人、被告人的辩护权

C. 要求诉讼参与人在享有诉讼权利的同时，还应承担法律规定的诉讼义务

D. 保障受犯罪侵害的人的起诉权和上诉权，是这一原则的重要内容

66. 田某涉嫌挪用公款被立案侦查并逮捕，侦查过程中发现田某还涉嫌重婚。关于本案处理，下列哪些选项是正确的？（　　）

A. 如挪用公款与重婚互有牵连，检察院可并案侦查

B. 对田某的侦查羁押期限可自发现其涉嫌重婚之日起重新计算

C. 如检察院审查起诉后认为田某构成挪用公款而不构成重婚，应当对重婚罪作出不起诉决定

D. 如检察院只对田某以挪用公款罪提起公诉，重婚罪的被害人可向法院提起自诉

67. 甲驾车将昏迷的乙送往医院，并垫付了医疗费用。随后赶来的乙的家属报警称甲驾车撞倒乙。急救中，乙曾短暂清醒并告诉医生自己系被车辆撞倒。医生将此话告知警察，并称从甲送乙入院时的神态看，甲应该就是肇事者。关于本案证据，下列哪些选项是正确的？（　）

A. 甲垫付医疗费的行为与交通肇事不具有关联性

B. 乙告知医生"自己系被车辆撞倒"属于直接证据

C. 医生基于之前乙的陈述，告知警察乙系被车辆撞倒，属于传来证据

D. 医生认为甲是肇事者的证词属于符合一般生活经验的推断性证言，可作为定案依据

68. 辩护律师在庭审中对控方证据提出异议，主张这些证据不得作为定案依据。对下列哪些证据的异议，法院应当予以支持？（　）

A. 因证人拒不到庭而无法当庭询问的证人证言

B. 被告人提供了有关刑讯逼供的线索及材料，但公诉人不能证明讯问合法的被告人庭前供述

C. 工商行政管理部门关于查处被告人非法交易行为时的询问笔录

D. 侦查人员在办案场所以外的地点询问被害人所获得的被害人陈述

69. 下列哪些选项属于刑事诉讼中的证明对象？（　）

A. 行贿案中，被告人知晓其谋取的系不正当利益的事实

B. 盗窃案中，被告人的亲友代为退赃的事实

C. 强奸案中，用于鉴定的体液检材是否被污染的事实

D. 侵占案中，自诉人申请期间恢复而提出的其突遭车祸的事实，且被告人和法官均无异议

70. 下列哪些情形，法院应当变更或解除强制措施？（　）

A. 甲涉嫌绑架被逮捕，案件起诉至法院时发现怀有身孕

B. 乙涉嫌非法拘禁被逮捕，被法院判处有期徒刑2年，缓期2年执行，判决尚未发生法律效力

C. 丙涉嫌妨害公务被逮捕，在审理过程中突发严重疾病

D. 丁涉嫌故意伤害被逮捕，因对被害人伤情有异议而多次进行鉴定，致使该案无法在法律规定的一审期限内审结

71. 甲、乙殴打丙，致丙长期昏迷，乙在案发后潜逃，检察院以故意伤害罪对甲提起公诉。关于本案，下列哪些选项是正确的？（　）

A. 丙的妻子、儿子和弟弟都可成为附带民事诉讼原告人

B. 甲、乙可作为附带民事诉讼共同被告人，对故意伤害丙造成的物质损失承担连带赔偿责任

C. 丙因昏迷无法继续履行与某公司签订的合同造成的财产损失不属于附带民事诉讼

的赔偿范围

D. 如甲的朋友愿意代为赔偿，法院应准许并可作为酌定量刑情节考虑

72. 公安机关获知有多年吸毒史的王某近期可能从事毒品制售活动，遂对其展开初步调查工作。关于这一阶段公安机关可以采取的措施，下列哪些选项是正确的？（ ）

A. 监听

B. 查询王某的银行存款

C. 询问王某

D. 通缉

73. 某基层法院就郭某敲诈勒索案一审适用简易程序，判处郭某有期徒刑4年。对于一审中的下列哪些情形，二审法院应以程序违法为由，撤销原判发回重审？（ ）

A. 未在开庭10日前向郭某送达起诉书副本

B. 由一名审判员独任审理

C. 公诉人没有对被告人进行发问

D. 应公开审理但未公开审理

74. 《最高人民法院关于适用＜中华人民共和国刑事诉讼法＞的解释》第386条规定，除检察院抗诉的以外，再审一般不得加重原审被告人的刑罚。关于这一规定的理解，下列哪些选项是正确的？（ ）

A. 体现了刑事诉讼惩罚犯罪和保障人权基本理念的平衡

B. 体现了刑事诉讼具有追求实体真实与维护正当程序两方面的目的

C. 再审不加刑有例外，上诉不加刑也有例外

D. 审判监督程序的纠错功能决定了再审不加刑存在例外情形

75. 未成年人小天因涉嫌盗窃被检察院适用附条件不起诉。关于附条件不起诉可以附带的条件，下列哪些选项是正确的？（ ）

A. 完成一个疗程四次的心理辅导

B. 每周参加一次公益劳动

C. 每个月向检察官报告日常花销和交友情况

D. 不得离开所居住的县

76. 财政局干部李某在机关外兼职。关于李某兼职，下列哪些说法是正确的？（ ）

A. 为发挥个人专长可在外兼职

B. 兼职应经有关机关批准

C. 不得领取兼职报酬

D. 兼职情况应向社会公示

77. 某省会城市的市政府拟制定限制电动自行车通行的规章。关于此规章的制定，下列哪些说法是正确的？（ ）

A. 应先列入市政府年度规章制定工作计划中，未列入不得制定

B. 起草该规章应广泛听取有关机关、组织和公民的意见

C. 此规章送审稿的说明应对制定规章的必要性、规定的主要措施和有关方面的意见等情况作出说明

D. 市政府法制机构认为制定此规章基本条件尚不成熟，可将规章送审稿退回起草单位

78. 《执业医师法》规定，执业医师需依法取得卫生行政主管部门发放的执业医师资格，并经注册后方能执业。关于执业医师资格，下列哪些说法是正确的？（ ）

A. 该资格属于直接关系人身健康，需按照技术规范通过检验、检测确定申请人条件的许可

B. 对《执业医师法》规定的取得资格的条件和要求，部门规章不得作出具体规定

C. 卫生行政主管部门组织执业医师资格考试，应公开举行

D. 卫生行政主管部门组织执业医师资格考试，不得组织强制性考前培训

79. 关于行政许可的设定权限，下列哪些说法是不正确的？（ ）

A. 必要时省政府制定的规章可设定企业的设立登记及其前置性行政许可

B. 地方性法规可设定应由国家统一确定的公民、法人或者其他组织的资格、资质的行政许可

C. 必要时国务院部门可采用发布决定的方式设定临时性行政许可

D. 省政府报国务院批准后可在本区域停止实施行政法规设定的有关经济事务的行政许可

80. 关于一个行政机关行使有关行政机关的行政许可权和行政处罚权的安排，下列哪些说法是正确的？（ ）

A. 涉及行政处罚的，由国务院或者经国务院授权的省、自治区、直辖市政府决定

B. 涉及行政许可的，由经国务院批准的省、自治区、直辖市政府决定

C. 限制人身自由的行政处罚只能由公安机关行使，不得交由其他行政机关行使

D. 由公安机关行使的行政许可，不得交由其他行政机关行使

81. 下列哪些行政行为不属于行政处罚？（ ）

A. 质监局对甲企业涉嫌冒用他人商品识别代码的产品予以先行登记保存

B. 食品药品监管局责令乙企业召回已上市销售的不符合药品安全标准的药品

C. 环保局对排污超标的丙企业作出责令停产6个月的决定

D. 工商局责令销售不合格产品的丁企业支付消费者3倍赔偿金

82. 某工商局因陈某擅自设立互联网上网服务营业场所扣押其从事违法经营活动的电脑15台，后作出没收被扣电脑的决定。下列哪些说法是正确的？（ ）

A. 工商局应制作并当场交付扣押决定书和扣押清单

B. 因扣押电脑数量较多，作出扣押决定前工商局应告知陈某享有要求听证的权利

C. 对扣押的电脑，工商局不得使用

D. 因扣押行为系过程性行政行为，陈某不能单独对扣押行为提起行政诉讼

83. 对于下列起诉，哪些不属于行政诉讼受案范围？（ ）

A. 某公司与县政府签订天然气特许经营协议，双方发生纠纷后该公司以县政府不依法履行协议向法院起诉

B. 环保局干部孙某对定期考核被定为不称职向法院起诉

C. 李某与房屋征收主管部门签订国有土地上的房屋征收补偿安置协议，后李某不履行协议，房屋征收主管部门向法院起诉

D. 县政府发布全县征地补偿安置标准的文件，村民万某以文件确定的补偿标准过低为由向法院起诉

84. 交警大队以方某闯红灯为由当场处以50元罚款，方某不服起诉。法院适用简易程序审理。关于简易程序，下列哪些说法是正确的？（ ）

A. 由审判员一人独任审理

B. 法院应在立案之日起30日内审结，有特殊情况需延长的经批准可延长

C. 法院在审理过程中发现不宜适用简易程序的，裁定转为普通程序

D. 对适用简易程序作出的判决，当事人不得提出上诉

85. 甲、乙两村因土地使用权发生争议，县政府裁决使用权归甲村。乙村不服向法院起诉撤销县政府的裁决，并请求法院判定使用权归乙村。关于乙村提出的土地使用权归属请求，下列哪些说法是正确的？（ ）

A. 除非有正当理由的，乙村应于第一审开庭审理前提出

B. 法院作出不予准许决定的，乙村可申请复议一次

C. 法院应单独立案

D. 法院应另行组成合议庭审理

三、不定项选择题。每题所设选项中至少有一个正确答案，多选、少选、错选或不选均不得分。本部分含86～100题，每题2分，共30分。

（一）

甲将私家车借给无驾照的乙使用。乙夜间驾车与其叔丙出行，途中遇刘某过马路，不慎将其撞成重伤，车辆亦受损。丙下车查看情况，对乙谎称自己留下打电话叫救护车，让乙赶紧将车开走。乙离去后，丙将刘某藏匿在草丛中离开。刘某因错过抢救时机身亡。（事实一）

为逃避刑事责任，乙找到有驾照的丁，让丁去公安机关"自首"，谎称案发当晚是丁驾车。丁照办。公安机关找甲取证时，甲想到若说是乙造成事故，自己作为被保险人就无法从保险公司获得车损赔偿，便谎称当晚将车借给了丁。（事实二）

后甲找到在私营保险公司当定损员的朋友陈某，告知其真相，请求其帮忙向保险公司申请赔偿。陈某遂向保险公司报告说是丁驾车造成事故，并隐瞒其他不利于甲的事实。甲顺利获得7万元保险赔偿。（事实三）

请回答第86~88题。

86. 关于事实一的分析，下列选项正确的是：（ ）

A. 乙交通肇事后逃逸致刘某死亡，构成交通肇事逃逸致人死亡

B. 乙交通肇事且致使刘某死亡，构成交通肇事罪与过失致人死亡罪，数罪并罚

C. 丙与乙都应对刘某的死亡负责，构成交通肇事罪的共同正犯

D. 丙将刘某藏匿致使其错过抢救时机身亡，构成故意杀人罪

87. 关于事实二的分析，下列选项错误的是：（ ）

A. 伪证罪与包庇罪是相互排斥的关系，甲不可能既构成伪证罪又构成包庇罪

B. 甲的主观目的在于骗取保险金，没有妨害司法的故意，不构成妨害司法罪

C. 乙唆使丁代替自己承担交通肇事的责任，就此构成教唆犯

D. 丁的"自首"行为干扰了司法机关的正常活动，触犯包庇罪

88. 关于事实三的分析，下列选项正确的是：（ ）

A. 甲对发生的保险事故编造虚假原因，骗取保险金，触犯保险诈骗罪

B. 甲既触犯保险诈骗罪，又触犯诈骗罪，由于两罪性质不同，应数罪并罚

C. 陈某未将保险金据为己有，因欠缺非法占有目的不构成职务侵占罪

D. 陈某与甲密切配合，骗取保险金，两人构成保险诈骗罪的共犯

（二）

甲是A公司（国有房地产公司）领导，因私人事务欠蔡某600万元。蔡某让甲还钱，甲提议以A公司在售的商品房偿还债务，蔡某同意。甲遂将公司一套价值600万元的商品房过户给蔡某，并在公司财务账目上记下自己欠公司600万元。三个月后，甲将账作平，至案发时亦未归还欠款。（事实一）

A公司有工程项目招标。为让和自己关系好的私营公司老板程某中标，甲刻意安排另外两家公司与程某一起参与竞标。甲让这两家公司和程某分别制作工程预算和标书，但各方约定，若这两家公司中标，就将工程转包给程某。程某最终在A公司预算范围内以最优报价中标。为感谢甲，程某花5000元购买仿制古董赠与甲。甲以为是价值20万元的真品，欣然接受。（事实二）

甲曾因公务为A公司垫付各种费用5万元，但由于票据超期，无法报销。为挽回损失，甲指使知情的程某虚构与A公司的劳务合同并虚开发票。甲在合同上加盖公司公章后，找公司财务套取"劳务费"5万元。（事实三）

请回答第89~91题。

89. 关于事实一的分析，下列选项正确的是：（ ）

A. 甲将商品房过户给蔡某的行为构成贪污罪

B. 甲将商品房过户给蔡某的行为构成挪用公款罪

C. 甲虚假平账，不再归还600万元，构成贪污罪

D. 甲侵占公司600万元，应与挪用公款罪数罪并罚

90. 关于事实二的分析，下列选项正确的是：（ ）

A. 程某虽与其他公司串通参与投标，但不构成串通投标罪

B. 甲安排程某与他人串通投标，构成串通投标罪的教唆犯

C. 程某以行贿的意思向甲赠送仿制古董，构成行贿罪既遂

D. 甲以受贿的意思收下程某的仿制古董，构成受贿罪既遂

91. 关于事实三的分析，下列选项错误的是：（ ）

A. 甲以非法手段骗取国有公司的财产，构成诈骗罪

B. 甲具有非法占有公共财物的目的，构成贪污罪

C. 程某协助甲对公司财务人员进行欺骗，构成诈骗罪与贪污罪的想象竞合犯

D. 程某并非国家工作人员，但帮助国家工作人员贪污，构成贪污罪的帮助犯

（三）

甲、乙（户籍地均为M省A市）共同运营一条登记注册于A市的远洋渔船。某次在公海捕鱼时，甲、乙二人共谋杀害了与他们素有嫌隙的水手丙。该船回国后首泊于M省B市港口以作休整，然后再航行至A市。从B市起航后，在途经M省C市航行至A市过程中，甲因害怕乙投案自首一直将乙捆绑拘禁于船舱。该船于A市靠岸后案发。

请回答第92～94题。

92. 关于本案管辖，下列选项正确的是：（ ）

A. 故意杀人案和非法拘禁案应分别由中级法院和基层法院审理

B. A市和C市对非法拘禁案有管辖权

C. B市中级法院对故意杀人案有管辖权

D. A市中级法院对故意杀人案有管辖权

93. 关于本案强制措施的适用，下列选项正确的是：（ ）

A. 拘留甲后，应在送看守所羁押后24小时以内通知甲的家属

B. 如有证据证明甲参与了故意杀害丙，应逮捕甲

C. 拘留乙后，应在24小时内进行讯问

D. 如乙因捆绑拘禁时间过长致身体极度虚弱而生活无法自理的，可在拘留后转为监视居住

94. 本案公安机关开展侦查。关于侦查措施，下列选项正确的是：（ ）

A. 讯问甲的过程应当同步录音或录像

B. 可在讯问乙的过程中一并收集乙作为非法拘禁案的被害人的陈述

C. 在该船只上进行犯罪现场勘查时，应邀请见证人在场

D. 可查封该船只进一步收集证据

（四）

甲女与乙男在某社交软件互加好友，手机网络聊天过程中，甲女多次向乙男发送暧昧言语和色情图片，表示可以提供有偿性服务。二人于酒店内见面后因价钱谈不拢而争吵，乙男强行将甲女留在房间内，并采用胁迫手段与其发生性关系。后甲女向公安机关报案，乙男则辩称双方系自愿发生性关系。

请回答第95～96题。

95. 乙男提供了二人之前的网络聊天记录。关于这一网络聊天记录，下列选项正确的是：（ ）

A. 属电子数据的一种

B. 必须随原始的聊天时使用的手机移送才能作为定案的依据

C. 只有经甲女核实认可后才能作为定案的依据

D. 因不具有关联性而不得作为本案定罪量刑的依据

96. 本案后起诉至法院，关于本案审理程序，下列选项正确的是：（ ）

A. 应当不公开审理

B. 甲女因出庭作证而支出的交通、住宿的费用，法院应给予补助

C. 甲女可向法院提起附带民事诉讼要求乙男赔偿因受侵害而支出的医疗费

D. 公诉人讯问乙男后，甲女可就强奸的犯罪事实向乙男发问

（五）

市工商局认定豪美公司的行为符合《广告法》第28条第2款第2项规定的"商品或者服务有关的允诺等信息与实际情况不符，对购买行为有实质性影响"情形，属发布虚假广告，予以行政处罚。豪美公司向省工商局申请行政复议，省工商局受理。

请回答第97～99题。

97. 关于此案的复议，下列说法正确的是：（ ）

A. 豪美公司委托代理人参加复议，应提交授权委托书

B. 应由2名以上行政复议人员参加审理

C. 省工商局应为公司查阅有关材料提供必要条件

D. 如处罚决定认定事实不清，证据不足，省工商局不得作出变更决定

98. 如省工商局在法定期限内不作出复议决定，下列说法正确的是：（ ）

A. 有监督权的行政机关可督促省工商局加以改正

B. 可对省工商局直接负责的主管人员和其他直接负责人员依法给予警告、记过、记大过的行政处分

C. 豪美公司可向法院起诉要求省工商局履行复议职责

D. 豪美公司可针对原处罚决定向法院起诉市工商局

99. 如省工商局在复议时认定，豪美公司的行为符合《广告法》第28条第2款第4

项规定的"虚构使用商品或者接受服务的效果"情形，亦属发布虚假广告，在改变处罚依据后维持了原处罚决定。公司不服起诉。下列说法正确的是：（ ）

　　A. 被告为市工商局和省工商局

　　B. 被告为省工商局

　　C. 市工商局所在地的法院对本案有管辖权

　　D. 省工商局所在地的法院对本案无管辖权

100. 行政法规条文本身需进一步明确界限或作出补充规定的，应对行政法规进行解释。关于行政法规的解释，下列说法正确的是：（ ）

　　A. 解释权属于国务院

　　B. 解释行政法规的程序，适用行政法规制定程序

　　C. 解释可由国务院授权国务院有关部门公布

　　D. 行政法规的解释与行政法规具有同等效力

2016年国家司法考试（试卷三）

提示：本试卷为选择题，由计算机阅读。请将所选答案填涂在答题卡上，勿在卷面上直接作答。

一、单项选择题。每题所设选项中只有一个正确答案，多选、错选或不选均不得分。本部分含1～50题，每题1分，共50分。

1. 根据法律规定，下列哪一种社会关系应由民法调整？（　　）
   A. 甲请求税务机关退还其多缴的个人所得税
   B. 乙手机丢失后发布寻物启事称："拾得者送还手机，本人当面酬谢"
   C. 丙对女友书面承诺："如我在上海找到工作，则陪你去欧洲旅游"
   D. 丁作为青年志愿者，定期去福利院做帮工

2. 甲企业是由自然人安琚与乙企业（个人独资）各出资50%设立的普通合伙企业，欠丙企业货款50万元，由于经营不善，甲企业全部资产仅剩20万元。现所欠货款到期，相关各方因货款清偿发生纠纷。对此，下列哪一表述是正确的？（　　）
   A. 丙企业只能要求安琚与乙企业各自承担15万元的清偿责任
   B. 丙企业只能要求甲企业承担清偿责任
   C. 欠款应先以甲企业的财产偿还，不足部分由安琚与乙企业承担无限连带责任
   D. 就乙企业对丙企业的应偿债务，乙企业投资人不承担责任

3. 潘某去某地旅游，当地玉石资源丰富，且盛行"赌石"活动，买者购买原石后自行剖切，损益自负。潘某花5000元向某商家买了两块原石，切开后发现其中一块为极品玉石，市场估价上百万元。商家深觉不公，要求潘某退还该玉石或补交价款。对此，下列哪一选项是正确的？（　　）
   A. 商家无权要求潘某退货
   B. 商家可基于公平原则要求潘某适当补偿
   C. 商家可基于重大误解而主张撤销交易
   D. 商家可基于显失公平而主张撤销交易

4. 甲公司员工唐某受公司委托从乙公司订购一批空气净化机，甲公司对净化机单价未作明确限定。唐某与乙公司私下商定将净化机单价比正常售价提高200元，乙公司给唐某每台100元的回扣。商定后，唐某以甲公司名义与乙公司签订了买卖合同。对此，下列哪一选项是正确的？（　　）
   A. 该买卖合同以合法形式掩盖非法目的，因而无效
   B. 唐某的行为属无权代理，买卖合同效力待定
   C. 乙公司行为构成对甲公司的欺诈，买卖合同属可变更、可撤销合同

D. 唐某与乙公司恶意串通损害甲公司的利益，应对甲公司承担连带责任

5. 蔡永父母在共同遗嘱中表示，二人共有的某处房产由蔡永继承。蔡永父母去世前，该房由蔡永之姐蔡花借用，借用期未明确。2012年上半年，蔡永父母先后去世，蔡永一直未办理该房屋所有权变更登记，也未要求蔡花腾退。2015年下半年，蔡永因结婚要求蔡花腾退，蔡花拒绝搬出。对此，下列哪一选项是正确的？（ ）

A. 因未办理房屋所有权变更登记，蔡永无权要求蔡花搬出
B. 因诉讼时效期间届满，蔡永的房屋腾退请求不受法律保护
C. 蔡花系合法占有，蔡永无权要求其搬出
D. 蔡永对该房屋享有物权请求权

6. 甲被法院宣告失踪，其妻乙被指定为甲的财产代管人。3个月后，乙将登记在自己名下的夫妻共有房屋出售给丙，交付并办理了过户登记。在此过程中，乙向丙出示了甲被宣告失踪的判决书，并将房屋属于夫妻二人共有的事实告知丙。1年后，甲重新出现，并经法院撤销了失踪宣告。现甲要求丙返还房屋。对此，下列哪一说法是正确的？（ ）

A. 丙善意取得房屋所有权，甲无权请求返还
B. 丙不能善意取得房屋所有权，甲有权请求返还
C. 乙出售夫妻共有房屋构成家事代理，丙继受取得房屋所有权
D. 乙出售夫妻共有房屋属于有权处分，丙继受取得房屋所有权

7. 甲借用乙的山地自行车，刚出门就因莽撞骑行造成自行车链条断裂，甲将自行车交给丙修理，约定修理费100元。乙得知后立刻通知甲解除借用关系并告知丙，同时要求丙不得将自行车交给甲。丙向甲核实，甲承认。自行车修好后，甲、乙均请求丙返还。对此，下列哪一选项是正确的？（ ）

A. 甲有权请求丙返还自行车
B. 丙如将自行车返还给乙，必须经过甲当场同意
C. 乙有权要求丙返还自行车，但在修理费未支付前，丙就自行车享有留置权
D. 如乙要求丙返还自行车，即使修理费未付，丙也不得对乙主张留置权

8. 甲、乙二人按照3∶7的份额共有一辆货车，为担保丙的债务，甲、乙将货车抵押给债权人丁，但未办理抵押登记。后该货车在运输过程中将戊撞伤。对此，下列哪一选项是正确的？（ ）

A. 如戊免除了甲的损害赔偿责任，则应由乙承担损害赔偿责任
B. 因抵押权未登记，戊应优先于丁受偿
C. 如丁对丙的债权超过诉讼时效，仍可在2年内要求甲、乙承担担保责任
D. 如甲对丁承担了全部担保责任，则有权向乙追偿

9. 甲、乙就乙手中的一枚宝石戒指的归属发生争议。甲称该戒指是其在2015年10月1日外出旅游时让乙保管，属甲所有，现要求乙返还。乙称该戒指为自己所有，拒绝返还。甲无法证明对该戒指拥有所有权，但能够证明在2015年10月1日前一直合法占有该

戒指,乙则拒绝提供自 2015 年 10 月 1 日后从甲处合法取得戒指的任何证据。对此,下列哪一说法是正确的?( )

A. 应推定乙对戒指享有合法权利,因占有具有权利公示性
B. 应当认定甲对戒指享有合法权利,因其证明了自己的先前占有
C. 应当由甲、乙证明自己拥有所有权,否则应判决归国家所有
D. 应当认定由甲、乙共同共有

10. 甲单独邀请朋友乙到家中吃饭,乙爽快答应并表示一定赴约。甲为此精心准备,还因炒菜被热油烫伤。但当日乙因其他应酬而未赴约,也未及时告知甲,致使甲准备的饭菜浪费。关于乙对甲的责任,下列哪一说法是正确的?( )

A. 无须承担法律责任
B. 应承担违约责任
C. 应承担侵权责任
D. 应承担缔约过失责任

11. 清风艺术馆将其收藏的一批古代名家绘画扫描成高仿品,举办了"古代名画精品展",并在入场券上以醒目方式提示"不得拍照、摄影"。唐某购票观展时趁人不备拍摄了展品,郑某则购买了该批绘画的纸质高仿版,扫描后将其中"清风艺术馆珍藏、复制必究"的标记清除。事后,唐某、郑某均在某电商网站出售各自制作的该批绘画的高仿品,也均未注明来源于艺术馆。艺术馆发现后,向电商发出通知,要求立即将两人销售的高仿品下架。对此,下列哪一说法是正确的?( )

A. 唐某、郑某侵犯了艺术馆的署名权
B. 郑某实施了删除权利管理信息的违法行为
C. 唐某未经许可拍摄的行为构成违约
D. 电商网站收到通知后如不采取措施阻止唐某、郑某销售该高仿品,应向艺术馆承担赔偿责任

12. 甲为出售一台挖掘机分别与乙、丙、丁、戊签订买卖合同,具体情形如下:2016 年 3 月 1 日,甲胁迫乙订立合同,约定货到付款;4 月 1 日,甲与丙签订合同,丙支付 20% 的货款;5 月 1 日,甲与丁签订合同,丁支付全部货款;6 月 1 日,甲与戊签订合同,甲将挖掘机交付给戊。上述买受人均要求实际履行合同,就履行顺序产生争议。关于履行顺序,下列哪一选项是正确的?( )

A. 戊、丙、丁、乙
B. 戊、丁、丙、乙
C. 乙、丁、丙、戊
D. 丁、戊、乙、丙

13. 2013 年甲购买乙公司开发的商品房一套,合同约定面积为 135 平方米。2015 年交房时,住建部门的测绘报告显示,该房的实际面积为 150 平方米。对此,下列哪一说

法是正确的？（   ）

   A. 房屋买卖合同存在重大误解，乙公司有权请求予以撤销
   B. 甲如在法定期限内起诉请求解除房屋买卖合同，法院应予支持
   C. 如双方同意房屋买卖合同继续履行，甲应按实际面积支付房款
   D. 如双方同意房屋买卖合同继续履行，甲仍按约定面积支付房款

14. 甲公司与乙公司签订买卖合同，以市场价格购买乙公司生产的设备一台，双方交付完毕。设备投入使用后，丙公司向法院起诉甲公司，提出该设备属于丙公司的专利产品，乙公司未经许可制造并销售了该设备，请求法院判令甲公司停止使用。经查，乙公司侵权属实，但甲公司并不知情。关于此案，法院下列哪一做法是正确的？（   ）

   A. 驳回丙公司的诉讼请求
   B. 判令甲公司支付专利许可使用费
   C. 判令甲公司与乙公司承担连带责任
   D. 判令先由甲公司支付专利许可使用费，再由乙公司赔偿甲损失

15. 奔马公司就其生产的一款高档轿车造型和颜色组合获得了外观设计专利权，又将其设计的"飞天神马"造型注册为汽车的立体商标，并将该造型安装在车头。某车行应车主陶某请求，将陶某低价位的旧车改装成该高档轿车的造型和颜色，并从报废的轿车上拆下"飞天神马"标志安装在改装车上。陶某使用该改装车提供专车服务，收费高于普通轿车。关于上述行为，下列哪一说法是错误的？（   ）

   A. 陶某的行为侵犯了奔马公司的专利权
   B. 车行的行为侵犯了奔马公司的专利权
   C. 陶某的行为侵犯了奔马公司的商标权
   D. 车行的行为侵犯了奔马公司的商标权

16. W研究所设计了一种高性能发动机，在我国和《巴黎公约》成员国L国均获得了发明专利权，并分别给予甲公司在我国、乙公司在L国的独占实施许可。下列哪一行为在我国构成对该专利的侵权？（   ）

   A. 在L国购买由乙公司制造销售的该发动机，进口至我国销售
   B. 在我国购买由甲公司制造销售的该发动机，将发动机改进性能后销售
   C. 在我国未经甲公司许可制造该发动机，用于各种新型汽车的碰撞实验，以测试车身的防撞性能
   D. 在L国未经乙公司许可制造该发动机，安装在L国客运公司汽车上，该客车曾临时通过我国境内

17. 营盘市某商标代理机构，发现本市甲公司长期制造销售"实耐"牌汽车轮胎，但一直未注册商标，该机构建议甲公司进行商标注册，甲公司负责人鄢某未置可否。后鄢某辞职新创立了乙公司，鄢某委托该商标代理机构为乙公司进行轮胎类产品的商标注册。关于该商标代理机构的行为，下列哪一选项是正确的？（   ）

A. 乙公司委托注册"实耐"商标，该商标代理机构不得接受委托

B. 乙公司委托注册"营盘轮胎"商标，该商标代理机构不得接受委托

C. 乙公司委托注册普通的汽车轮胎图形作为商标，该商标代理机构不得接受委托

D. 该商标代理机构自行注册"捷驰"商标，用于转让给经营汽车轮胎的企业

18. 乙起诉离婚时，才得知丈夫甲此前已着手隐匿并转移财产。关于甲、乙离婚的财产分割，下列哪一选项是错误的？（　　）

A. 甲隐匿转移财产，分割财产时可少分或不分

B. 就履行离婚财产分割协议事宜发生纠纷，乙可再起诉

C. 离婚后发现甲还隐匿其他共同财产，乙可另诉再次分割财产

D. 离婚后因发现甲还隐匿其他共同财产，乙再行起诉不受诉讼时效限制

19. 钟某性情暴躁，常殴打妻子柳某，柳某经常找同村未婚男青年杜某诉苦排遣，日久生情。现柳某起诉离婚，关于钟、柳二人的离婚财产处理事宜，下列哪一选项是正确的？（　　）

A. 针对钟某家庭暴力，柳某不能向其主张损害赔偿

B. 针对钟某家庭暴力，柳某不能向其主张精神损害赔偿

C. 如柳某婚内与杜某同居，则柳某不能向钟某主张损害赔偿

D. 如柳某婚内与杜某同居，则钟某可以向柳某主张损害赔偿

20. 刘山峰、王翠花系老夫少妻，刘山峰婚前个人名下拥有别墅一栋。关于婚后该别墅的归属，下列哪一选项是正确的？（　　）

A. 该别墅不可能转化为夫妻共同财产

B. 婚后该别墅自动转化为夫妻共同财产

C. 婚姻持续满八年后该别墅即依法转化为夫妻共同财产

D. 刘、王可约定婚姻持续八年后该别墅转化为夫妻共同财产

21. 贡某立公证遗嘱：死后财产全部归长子贡文所有。贡文知悉后，自书遗嘱：贡某全部遗产归弟弟贡武，自己全部遗产归儿子贡小文。贡某随后在贡文遗嘱上书写：同意，但还是留10万元给贡小文。其后，贡文先于贡某死亡。关于遗嘱的效力，下列哪一选项是正确的？（　　）

A. 贡某遗嘱已被其通过书面方式变更

B. 贡某遗嘱因贡文先死亡而不生效力

C. 贡文遗嘱被贡某修改的部分合法有效

D. 贡文遗嘱涉及处分贡某财产的部分有效

22. 下列哪一情形构成对生命权的侵犯？（　　）

A. 甲女视其长发如生命，被情敌乙尽数剪去

B. 丙应丁要求，协助丁完成自杀行为

C. 戊为报复欲致己于死地，结果将己打成重伤

D. 庚医师因误诊致辛出生即残疾，辛认为庚应对自己的错误出生负责

23. 田某突发重病神志不清，田父将其送至医院，医院使用进口医疗器械实施手术，手术失败，田某死亡。田父认为医院在诊疗过程中存在一系列违规操作，应对田某的死亡承担赔偿责任。关于本案，下列哪一选项是正确的？（　　）

　　A. 医疗损害适用过错责任原则，由患方承担举证责任
　　B. 医院实施该手术，无法取得田某的同意，可自主决定
　　C. 如因医疗器械缺陷致损，患方只能向生产者主张赔偿
　　D. 医院有权拒绝提供相关病历，且不会因此承担不利后果

24. 张小飞邀请关小羽来家中做客，关小羽进入张小飞所住小区后，突然从小区的高楼内抛出一块砚台，将关小羽砸伤。关于砸伤关小羽的责任承担，下列哪一选项是正确的？（　　）

　　A. 张小飞违反安全保障义务，应承担侵权责任
　　B. 顶层业主通过证明当日家中无人，可以免责
　　C. 小区物业违反安全保障义务，应承担侵权责任
　　D. 如查明砚台系从10层抛出，10层以上业主仍应承担补充责任

25. 李某和王某正在磋商物流公司的设立之事。通大公司出卖一批大货车，李某认为物流公司需要，便以自己的名义与通大公司签订了购买合同，通大公司交付了货车，但尚有150万元车款未收到。后物流公司未能设立。关于本案，下列哪一说法是正确的？（　　）

　　A. 通大公司可以向王某提出付款请求
　　B. 通大公司只能请求李某支付车款
　　C. 李某、王某对通大公司的请求各承担50%的责任
　　D. 李某、王某按拟定的出资比例向通大公司承担责任

26. 张某是红叶有限公司的小股东，持股5%；同时，张某还在枫林有限公司任董事，而红叶公司与枫林公司均从事保险经纪业务。红叶公司多年没有给张某分红，张某一直对其会计账簿存有疑惑。关于本案，下列哪一选项是正确的？（　　）

　　A. 张某可以用口头或书面形式提出查账请求
　　B. 张某可以提议召开临时股东会表决查账事宜
　　C. 红叶公司有权要求张某先向监事会提出查账请求
　　D. 红叶公司有权以张某的查账目的不具正当性为由拒绝其查账请求

27. 零盛公司的两个股东是甲公司和乙公司。甲公司持股70%并派员担任董事长，乙公司持股30%。后甲公司将零盛公司的资产全部用于甲公司的一个大型投资项目，待债权人丙公司要求零盛公司偿还货款时，发现零盛公司的资产不足以清偿。关于本案，下列哪一选项是正确的？（　　）

　　A. 甲公司对丙公司应承担清偿责任

B. 甲公司和乙公司按出资比例对丙公司承担清偿责任

C. 甲公司和乙公司对丙公司承担连带清偿责任

D. 丙公司只能通过零盛公司的破产程序来受偿

28. 烽源有限公司的章程规定，金额超过10万元的合同由董事会批准。蔡某是烽源公司的总经理。因公司业务需要车辆，蔡某便将自己的轿车租给烽源公司，并约定年租金15万元。后蔡某要求公司支付租金，股东们获知此事，一致认为租金太高，不同意支付。关于本案，下列哪一选项是正确的？（ ）

A. 该租赁合同无效

B. 股东会可以解聘蔡某

C. 该章程规定对蔡某没有约束力

D. 烽源公司有权拒绝支付租金

29. 唐宁是沃运股份有限公司的发起人和董事之一，持有公司15%的股份。因公司未能上市，唐宁对沃运公司的发展前景担忧，欲将所持股份转让。关于此事，下列哪一说法是正确的？（ ）

A. 唐宁可要求沃运公司收购其股权

B. 唐宁可以不经其他股东同意对外转让其股份

C. 若章程禁止发起人转让股份，则唐宁的股份不得转让

D. 若唐宁出让其股份，其他发起人可依法主张优先购买权

30. 兰艺咖啡店是罗飞、王曼设立的普通合伙企业，合伙协议约定罗飞是合伙事务执行人且承担全部亏损。为扭转经营亏损局面，王曼将兰艺咖啡店加盟某知名品牌，并以合伙企业的名义向陈阳借款20万元支付了加盟费。陈阳现在要求还款。关于本案，下列哪一说法是正确的？（ ）

A. 王曼无权以合伙企业的名义向陈阳借款

B. 兰艺咖啡店应以全部财产对陈阳承担还款责任

C. 王曼不承担对陈阳的还款责任

D. 兰艺咖啡店、王曼和罗飞对陈阳的借款承担无限连带责任

31. 祺航公司向法院申请破产，法院受理并指定甲为管理人。债权人会议决定设立债权人委员会。现昊泰公司提出要受让祺航公司的全部业务与资产。甲的下列哪一做法是正确的？（ ）

A. 代表祺航公司决定是否向昊泰公司转让业务与资产

B. 将该转让事宜交由法院决定

C. 提议召开债权人会议决议该转让事宜

D. 作出是否转让的决定并将该转让事宜报告债权人委员会

32. 甲公司为履行与乙公司的箱包买卖合同，签发一张以乙公司为收款人、某银行为付款人的汇票，银行也予以了承兑。后乙公司将该汇票背书赠与给丙。此时，甲公司发现

乙公司的箱包为假冒伪劣产品。关于本案，下列哪一选项是正确的？（   ）

  A. 该票据无效

  B. 甲公司不能拒绝乙公司的票据权利请求

  C. 丙应享有票据权利

  D. 银行应承担票据责任

33. 赢鑫投资公司业绩骄人。公司拟开展非公开募集基金业务，首期募集1000万元。李某等老客户知悉后纷纷表示支持，愿意将自己的资金继续交其运作。关于此事，下列哪一选项是正确的？（   ）

  A. 李某等合格投资者的人数可以超过200人

  B. 赢鑫公司可在全国性报纸上推介其业绩及拟募集的基金

  C. 赢鑫公司可用所募集的基金购买其他的基金份额

  D. 赢鑫公司就其非公开募集基金业务应向中国证监会备案

34. 杨某为其妻王某购买了某款人身保险，该保险除可获得分红外，还约定若王某意外死亡，则保险公司应当支付保险金20万元。关于该保险合同，下列哪一说法是正确的？（   ）

  A. 若合同成立2年后王某自杀，则保险公司不支付保险金

  B. 王某可让杨某代其在被保险人同意处签字

  C. 经王某口头同意，杨某即可将该保险单质押

  D. 若王某现为无民事行为能力人，则无须经其同意该保险合同即有效

35. 不同的审判程序，审判组织的组成往往是不同的。关于审判组织的适用，下列哪一选项是正确的？（   ）

  A. 适用简易程序审理的案件，当事人不服一审判决上诉后发回重审的，可由审判员独任审判

  B. 适用简易程序审理的案件，判决生效后启动再审程序进行再审的，可由审判员独任审判

  C. 适用普通程序审理的案件，当事人双方同意，经上级法院批准，可由审判员独任审判

  D. 适用选民资格案件审理程序的案件，应组成合议庭审理，而且只能由审判员组成合议庭

36. 精神病人姜某冲入向阳幼儿园将入托的小明打伤，小明的父母与姜某的监护人朱某及向阳幼儿园协商赔偿事宜无果，拟向法院提起诉讼。关于本案当事人的确定，下列哪一选项是正确的？（   ）

  A. 姜某是被告，朱某是无独立请求权第三人

  B. 姜某与朱某是共同被告，向阳幼儿园是无独立请求权第三人

  C. 向阳幼儿园与姜某是共同被告

D. 姜某、朱某、向阳幼儿园是共同被告

37. 小桐是由菲特公司派遣到苏拉公司工作的人员，在一次完成苏拉公司分配的工作任务时，失误造成路人周某受伤，因赔偿问题周某起诉至法院。关于本案被告的确定，下列哪一选项是正确的？（　　）

A. 起诉苏拉公司时，应追加菲特公司为共同被告

B. 起诉苏拉公司时，应追加菲特公司为无独立请求权第三人

C. 起诉菲特公司时，应追加苏拉公司为共同被告

D. 起诉菲特公司时，应追加苏拉公司为无独立请求权第三人

38. 丁一诉弟弟丁二继承纠纷一案，在一审中，妹妹丁爽向法院递交诉状，主张应由自己继承系争的遗产，并向法院提供了父亲生前所立的其过世后遗产全部由丁爽继承的遗嘱。法院予以合并审理，开庭审理前，丁一表示撤回起诉，丁二认为该遗嘱是伪造的，要求继续进行诉讼。法院裁定准予丁一撤诉后，在程序上，下列哪一选项是正确的？（　　）

A. 丁爽为另案原告，丁二为另案被告，诉讼继续进行

B. 丁爽为另案原告，丁一、丁二为另案被告，诉讼继续进行

C. 丁一、丁爽为另案原告，丁二为另案被告，诉讼继续进行

D. 丁爽、丁二为另案原告，丁一为另案被告，诉讼继续进行

39. 战某打电话向牟某借款5万元，并发短信提供账号，牟某当日即转款。之后，因战某拒不还款，牟某起诉要求战某偿还借款。在诉讼中，战某否认向牟某借款的事实，主张牟某转的款是为偿还之前向自己借的款，并向法院提交了证据；牟某也向法院提供了一些证据，以证明战某向其借款5万元的事实。关于这些证据的种类和类别的确定，下列哪一选项是正确的？（　　）

A. 牟某提供的银行转账凭证属于书证，该证据对借款事实而言是直接证据

B. 牟某提供的记载战某表示要向其借款5万元的手机短信属于电子数据，该证据对借款事实而言是间接证据

C. 牟某提供的记载战某表示要向其借款5万元的手机通话录音属于电子数据，该证据对借款事实而言是直接证据

D. 战某提供一份牟某书写的向其借款10万元的借条复印件，该证据对牟某主张战某借款的事实而言属于反证

40. 刘月购买甲公司的化肥，使用后农作物生长异常。刘月向法院起诉，要求甲公司退款并赔偿损失。诉讼中甲公司否认刘月的损失是因其出售的化肥质量问题造成的，刘月向法院提供了本村吴某起诉甲公司损害赔偿案件的判决书，以证明甲公司出售的化肥有质量问题且与其所受损害有因果关系。关于本案刘月所受损害与使用甲公司化肥因果关系的证明责任分配，下列哪一选项是正确的？（　　）

A. 应由刘月负担有因果关系的证明责任

B. 应由甲公司负担无因果关系的证明责任

C. 应由法院依职权裁量分配证明责任

D. 应由双方当事人协商分担证明责任

41. 李某起诉王某要求返还10万元借款并支付利息5000元，并向法院提交了王某亲笔书写的借条。王某辩称，已还2万元，李某还出具了收条，但王某并未在法院要求的时间内提交证据。法院一审判决王某返还李某10万元并支付5000元利息，王某不服提起上诉，并称一审期间未找到收条，现找到了并提交法院。关于王某迟延提交收条的法律后果，下列哪一选项是正确的？（ ）

A. 因不属于新证据，法院不予采纳

B. 法院应采纳该证据，并对王某进行训诫

C. 如果李某同意，法院可以采纳该证据

D. 法院应当责令王某说明理由，视情况决定是否采纳该证据

42. 甲公司因合同纠纷向法院提起诉讼，要求乙公司支付货款280万元。在法院的主持下，双方达成调解协议。协议约定：乙公司在调解书生效后10日内支付280万元本金，另支付利息5万元。为保证协议履行，双方约定由丙公司为乙公司提供担保，丙公司同意。法院据此制作调解书送达各方，但丙公司反悔拒绝签收。关于本案，下列哪一选项是正确的？（ ）

A. 调解协议内容尽管超出了当事人诉讼请求，但仍具有合法性

B. 丙公司反悔拒绝签收调解书，法院可以采取留置送达

C. 因丙公司反悔，调解书对其没有效力，但对甲公司、乙公司仍具有约束力

D. 因丙公司反悔，法院应当及时作出判决

43. 李某与温某之间债权债务纠纷经甲市M区法院审理作出一审判决，要求温某在判决生效后15日内偿还对李某的欠款。双方均未提起上诉。判决履行期内，李某发现温某正在转移财产，温某位于甲市N区有可供执行的房屋一套，故欲申请法院对该房屋采取保全措施。关于本案，下列哪一选项是正确的？（ ）

A. 此时案件已经审理结束且未进入执行阶段，李某不能申请法院采取保全措施

B. 李某只能向作出判决的甲市M区法院申请保全

C. 李某可向甲市M区法院或甲市N区法院申请保全

D. 李某申请保全后，其在生效判决书指定的履行期间届满后15日内不申请执行的，法院应当解除保全措施

44. 甲、乙、丙诉丁遗产继承纠纷一案，甲不服法院作出的一审判决，认为分配给丙和丁的遗产份额过多，提起上诉。关于本案二审当事人诉讼地位的确定，下列哪一选项是正确的？（ ）

A. 甲是上诉人，乙、丙、丁是被上诉人

B. 甲、乙是上诉人，丙、丁是被上诉人

C. 甲、乙、丙是上诉人，丁为被上诉人

D. 甲是上诉人，乙为原审原告，丙、丁为被上诉人

45. 甲公司诉乙公司买卖合同纠纷一案，法院判决乙公司败诉并承担违约责任，乙公司不服提起上诉。在二审中，甲公司与乙公司达成和解协议，并约定双方均将提起之诉予以撤回。关于两个公司的撤诉申请，下列哪一说法是正确的？（ ）

  A. 应当裁定准许双方当事人的撤诉申请，并裁定撤销一审判决
  B. 应当裁定准许乙公司撤回上诉，不准许甲公司撤回起诉
  C. 不应准许双方撤诉，应依双方和解协议制作调解书
  D. 不应准许双方撤诉，应依双方和解协议制作判决书

46. 某死亡赔偿案件，二审法院在将判决书送达当事人签收后，发现其中死亡赔偿金计算错误（数学上的错误），导致总金额少了7万余元。关于二审法院如何纠正，下列哪一选项是正确的？（ ）

  A. 应当通过审判监督程序，重新制作判决书
  B. 直接作出改正原判决的新判决书并送达双方当事人
  C. 作出裁定书予以补正
  D. 报请上级法院批准后作出裁定予以补正

47. 王某诉赵某借款纠纷一案，法院一审判决赵某偿还王某债务，赵某不服，提出上诉。二审期间，案外人李某表示，愿以自己的轿车为赵某偿还债务提供担保。三人就此达成书面和解协议后，赵某撤回上诉，法院准许。一个月后，赵某反悔并不履行和解协议。关于王某实现债权，下列哪一选项是正确的？（ ）

  A. 依和解协议对赵某向法院申请强制执行
  B. 依和解协议对赵某、李某向法院申请强制执行
  C. 依一审判决对赵某向法院申请强制执行
  D. 依一审判决与和解协议对赵某、李某向法院申请强制执行

48. 甲向法院申请执行郭某的财产，乙、丙和丁向法院申请参与分配，法院根据郭某财产以及各执行申请人债权状况制定了财产分配方案。甲和乙认为分配方案不合理，向法院提出了异议，法院根据甲和乙的意见，对分配方案进行修正后，丙和丁均反对。关于本案，下列哪一表述是正确的？（ ）

  A. 丙、丁应向执行法院的上一级法院申请复议
  B. 甲、乙应向执行法院的上一级法院申请复议
  C. 丙、丁应以甲和乙为被告向执行法院提起诉讼
  D. 甲、乙应以丙和丁为被告向执行法院提起诉讼

49. 何某依法院生效判决向法院申请执行甲的财产，在执行过程中，甲突发疾病猝死。法院询问甲的继承人是否继承遗产，甲的继承人乙表示继承，其他继承人均表示放弃继承。关于该案执行程序，下列哪一选项是正确的？（ ）

  A. 应裁定延期执行

B. 应直接执行被执行人甲的遗产

C. 应裁定变更乙为被执行人

D. 应裁定变更甲的全部继承人为被执行人

50. 甲公司与乙公司因合同纠纷向某仲裁委员会申请仲裁，第一次开庭后，甲公司的代理律师发现合议庭首席仲裁员苏某与乙公司的老总汪某在一起吃饭，遂向仲裁庭提出回避申请。关于本案仲裁程序，下列哪一选项是正确的？（ ）

A. 苏某的回避应由仲裁委员会集体决定

B. 苏某回避后，合议庭应重新组成

C. 已经进行的仲裁程序应继续进行

D. 当事人可请求已进行的仲裁程序重新进行

二、多项选择题。每题所设选项中至少有两个正确答案，多选、少选、错选或不选均不得分。本部分含51～85题，每题2分，共70分。

51. 甲、乙为夫妻，长期感情不和。2010年5月1日甲乘火车去外地出差，在火车上失踪，没有发现其被害尸体，也没有发现其在何处下车。2016年6月5日法院依照法定程序宣告甲死亡。之后，乙向法院起诉要求铁路公司对甲的死亡进行赔偿。关于甲被宣告死亡，下列哪些说法是正确的？（ ）

A. 甲的继承人可以继承其财产

B. 甲、乙婚姻关系消灭，且不可能恢复

C. 2016年6月5日为甲的死亡日期

D. 铁路公司应当对甲的死亡进行赔偿

52. 甲8周岁，多次在国际钢琴大赛中获奖，并获得大量奖金。甲的父母乙、丙为了甲的利益，考虑到甲的奖金存放银行增值有限，遂将奖金全部购买了股票，但恰遇股市暴跌，甲的奖金损失过半。关于乙、丙的行为，下列哪些说法是正确的？（ ）

A. 乙、丙应对投资股票给甲造成的损失承担责任

B. 乙、丙不能随意处分甲的财产

C. 乙、丙的行为构成无因管理，无须承担责任

D. 如主张赔偿，甲对父母的诉讼时效期间在进行中的最后6个月内因自己系无行为能力人而中止，待成年后继续计算

53. 甲、乙、丙、丁按份共有一艘货船，份额分别为10%、20%、30%、40%。甲欲将其共有份额转让，戊愿意以50万元的价格购买，价款一次付清。关于甲的共有份额转让，下列哪些选项是错误的？（ ）

A. 甲向戊转让其共有份额，须经乙、丙、丁同意

B. 如乙、丙、丁均以同等条件主张优先购买权，则丁的主张应得到支持

C. 如丙在法定期限内以50万元分期付款的方式要求购买该共有份额，应予支持

D. 如甲改由向乙转让其共有份额，丙、丁在同等条件下享有优先购买权

54. 河西村在第二轮承包过程中将本村耕地全部发包，但仍留有部分荒山，此时本村集体经济组织以外的Z企业欲承包该荒山。对此，下列哪些说法是正确的？（ ）

　　A. 集体土地只能以家庭承包的方式进行承包

　　B. 河西村集体之外的人只能通过招标、拍卖、公开协商等方式承包

　　C. 河西村将荒山发包给Z企业，经2/3以上村民代表同意即可

　　D. 如河西村村民黄某也要承包该荒山，则黄某享有优先承包权

55. 甲对乙享有债权500万元，先后在丙和丁的房屋上设定了抵押权，均办理了登记，且均未限定抵押物的担保金额。其后，甲将其中200万元债权转让给戊，并通知了乙。乙到期清偿了对甲的300万元债务，但未能清偿对戊的200万元债务。对此，下列哪些选项是错误的？（ ）

　　A. 戊可同时就丙和丁的房屋行使抵押权，但对每个房屋价款优先受偿权的金额不得超过100万元

　　B. 戊可同时就丙和丁的房屋行使抵押权，对每个房屋价款优先受偿权的金额依房屋价值的比例确定

　　C. 戊必须先后就丙和丁的房屋行使抵押权，对每个房屋价款优先受偿权的金额由戊自主决定

　　D. 戊只能在丙的房屋价款不足以使其债权得到全部清偿时就丁的房屋行使抵押权

56. 王某向丁某借款100万元，后无力清偿，遂提出以自己所有的一幅古画抵债，双方约定第二天交付。对此，下列哪些说法是正确的？（ ）

　　A. 双方约定以古画抵债，等同于签订了另一份买卖合同，原借款合同失效，王某只能以交付古画履行债务

　　B. 双方交付古画的行为属于履行借款合同义务

　　C. 王某有权在交付古画前反悔，提出继续以现金偿付借款本息方式履行债务

　　D. 古画交付后，如果被鉴定为赝品，则王某应承担瑕疵担保责任

57. 甲公司借用乙公司的一套设备，在使用过程中不慎损坏一关键部件，于是甲公司提出买下该套设备，乙公司同意出售。双方还口头约定在甲公司支付价款前，乙公司保留该套设备的所有权。不料在支付价款前，甲公司生产车间失火，造成包括该套设备在内的车间所有财物被烧毁。对此，下列哪些选项是正确的？（ ）

　　A. 乙公司已经履行了交付义务，风险责任应由甲公司负担

　　B. 在设备被烧毁时，所有权属于乙公司，风险责任应由乙公司承担

　　C. 设备虽然已经被烧毁，但甲公司仍然需要支付原定价款

　　D. 双方关于该套设备所有权保留的约定应采用书面形式

58. 乙向甲借款20万元，借款到期后，乙的下列哪些行为导致无力偿还甲的借款时，甲可申请法院予以撤销？（ ）

　　A. 乙将自己所有的财产用于偿还对他人的未到期债务

B. 乙与其债务人约定放弃对债务人财产的抵押权

C. 乙在离婚协议中放弃对家庭共有财产的分割

D. 乙父去世，乙放弃对父亲遗产的继承权

59. 甲隐瞒了其所购别墅内曾发生恶性刑事案件的事实，以明显低于市场价的价格将其转卖给乙；乙在不知情的情况下，放弃他人以市场价出售的别墅，购买了甲的别墅。几个月后乙获悉实情，向法院申请撤销合同。关于本案，下列哪些说法是正确的？（　　）

A. 乙须在得知实情后一年内申请法院撤销合同

B. 如合同被撤销，甲须赔偿乙在订立及履行合同过程当中支付的各种必要费用

C. 如合同被撤销，乙有权要求甲赔偿主张撤销时别墅价格与此前订立合同时别墅价格的差价损失

D. 合同撤销后乙须向甲支付合同撤销前别墅的使用费

60. 居民甲将房屋出租给乙，乙经甲同意对承租房进行了装修并转租给丙。丙擅自更改房屋承重结构，导致房屋受损。对此，下列选项是正确的？（　　）

A. 无论有无约定，乙均有权于租赁期满时请求甲补偿装修费用

B. 甲可请求丙承担违约责任

C. 甲可请求丙承担侵权责任

D. 甲可请求乙承担违约责任

61. 周某以6000元的价格向吴某出售一台电脑，双方约定五个月内付清货款，每月支付1200元，在全部价款付清前电脑所有权不转移。合同生效后，周某将电脑交给吴某使用。期间，电脑出现故障，吴某将电脑交周某修理，但周某修好后以6200元的价格将该电脑出售并交付给不知情的王某。对此，下列哪些说法是正确的？（　　）

A. 王某可以取得该电脑所有权

B. 在吴某无力支付最后一个月的价款时，周某可行使取回权

C. 如吴某未支付到期货款达1800元，周某可要求其一次性支付剩余货款

D. 如吴某未支付到期货款达1800元，周某可要求解除合同，并要求吴某支付一定的电脑使用费

62. 著作权人Y认为网络服务提供者Z的服务所涉及的作品侵犯了自己的信息网络传播权，向Z提交书面通知要求其删除侵权作品。对此，下列选项是正确的？（　　）

A. Y的通知书应当包含该作品构成侵权的初步证明材料

B. Z接到书面通知后，可在合理时间内删除涉嫌侵权作品，同时将通知书转送提供该作品的服务对象

C. 服务对象接到Z转送的书面通知后，认为提供的作品未侵犯Y的权利的，可以向Z提出书面说明，要求恢复被删除作品

D. Z收到服务对象的书面说明后应即恢复被删除作品，同时将服务对象的说明转送Y的，则Y不得再通知Z删除该作品

63. 甲作曲、乙填词，合作创作了歌曲《春风来》。甲拟将该歌曲授权歌星丙演唱，乙坚决反对。甲不顾反对，重新填词并改名为《秋风起》，仍与丙签订许可使用合同，并获报酬10万元。对此，下列哪些选项是正确的？（　　）

　　A. 《春风来》的著作权由甲、乙共同享有

　　B. 甲侵害了《春风来》歌曲的整体著作权

　　C. 甲、丙签订的许可使用合同有效

　　D. 甲获得的10万元报酬应合理分配给乙

64. 2010年，甲饮料厂开始制造并销售"香香"牌果汁并已产生一定影响。甲在外地的经销商乙发现甲尚未注册"香香"商标，就于2014年在果汁和碳酸饮料两类商品上同时注册了"香香"商标，但未实际使用。2015年，乙与丙饮料厂签订商标转让协议，将果汁类"香香"商标转让给了丙。对此，下列哪些选项是正确的？（　　）

　　A. 甲可随时请求宣告乙注册的果汁类"香香"商标无效

　　B. 乙应将注册在果汁和碳酸饮料上的"香香"商标一并转让给丙

　　C. 乙就果汁和碳酸饮料两类商品注册商标必须分别提出注册申请

　　D. 甲可在果汁产品上附加区别标识，并在原有范围内继续使用"香香"商标

65. 屈赞与曲玲协议离婚并约定婚生子屈曲由屈赞抚养，另口头约定曲玲按其能力给付抚养费并可随时探望屈曲。对此，下列哪些选项是正确的？（　　）

　　A. 曲玲有探望权，屈赞应履行必要的协助义务

　　B. 曲玲连续几年对屈曲不闻不问，违背了法定的探望义务

　　C. 屈赞拒不履行协助曲玲探望的义务，经由裁判可依法对屈赞采取拘留、罚款等强制措施

　　D. 屈赞拒不履行协助曲玲探望的义务，经由裁判可依法强制从屈赞处接领屈曲与曲玲会面

66. 熊某与杨某结婚后，杨某与前夫所生之子小强由二人一直抚养，熊某死亡，未立遗嘱。熊某去世前杨某孕有一对龙凤胎，于熊某死后生产，产出时男婴为死体，女婴为活体但旋即死亡。关于对熊某遗产的继承，下列哪些选项是正确的？（　　）

　　A. 杨某、小强均是第一顺位的法定继承人

　　B. 女婴死亡后，应当发生法定的代位继承

　　C. 为男婴保留的遗产份额由杨某、小强继承

　　D. 为女婴保留的遗产份额由杨某继承

67. 4名行人正常经过北方牧场时跌入粪坑，1人获救3人死亡。据查，当地牧民为养草放牧，储存牛羊粪便用于施肥，一家牧场往往挖有三四个粪坑，深者达三四米，之前也发生过同类事故。关于牧场的责任，下列哪些选项是正确的？（　　）

　　A. 应当适用无过错责任原则

　　B. 应当适用过错推定责任原则

C. 本案情形已经构成不可抗力

D. 牧场管理人可通过证明自己尽到管理职责而免责

68. 科鼎有限公司设立时，股东们围绕公司章程的制订进行讨论，并按公司的实际需求拟定条款规则。关于该章程条款，下列哪些说法是正确的？（　）

A. 股东会会议召开7日前通知全体股东

B. 公司解散需全体股东同意

C. 董事表决权按所代表股东的出资比例行使

D. 全体监事均由不担任董事的股东出任

69. 紫云有限公司设有股东会、董事会和监事会。近期公司的几次投标均失败，董事会对此的解释是市场竞争激烈，对手强大。但监事会认为是因为董事狄某将紫云公司的标底暗中透露给其好友的公司。对此，监事会有权采取下列哪些处理措施？（　）

A. 提议召开董事会

B. 提议召开股东会

C. 提议罢免狄某

D. 聘请律师协助调查

70. 甲、乙、丙等拟以募集方式设立厚亿股份公司。经过较长时间的筹备，公司设立的各项事务逐渐完成，现大股东甲准备组织召开公司创立大会。下列哪些表述是正确的？（　）

A. 厚亿公司的章程应在创立大会上通过

B. 甲、乙、丙等出资的验资证明应由创立大会审核

C. 厚亿公司的经营方针应在创立大会上决定

D. 设立厚亿公司的各种费用应由创立大会审核

71. 星煌公司是一家上市公司。现董事长吴某就星煌公司向坤诚公司的投资之事准备召开董事会。因公司资金比较紧张，且其中一名董事梁某的妻子又在坤诚公司任副董事长，有部分董事对此投资事宜表示异议。关于本案，下列哪些选项是正确的？（　）

A. 梁某不应参加董事会表决

B. 吴某可代梁某在董事会上表决

C. 若参加董事会人数不足，则应提交股东大会审议

D. 星煌公司不能投资于坤诚公司

72. 灏德投资是一家有限合伙企业，专门从事新能源开发方面的风险投资。甲公司是灏德投资的有限合伙人，乙和丙是普通合伙人。关于合伙协议的约定，下列哪些选项是正确的？（　）

A. 甲公司派驻灏德投资的员工不领取报酬，其劳务折抵10%的出资

B. 甲公司不得与其他公司合作从事新能源方面的风险投资

C. 甲公司不得将自己在灏德投资中的份额设定质权

D. 甲公司不得将自己在灏德投资中的份额转让给他人

73. 法院受理了利捷公司的破产申请。管理人甲发现，利捷公司与翰扬公司之间的债权债务关系较为复杂。下列哪些说法是正确的？（ ）

A. 翰扬公司的某一项债权有房产抵押，可在破产受理后行使抵押权

B. 翰扬公司与利捷公司有一合同未履行完毕，甲可解除该合同

C. 翰扬公司曾租给利捷公司的一套设备被损毁，侵权人之前向利捷公司支付了赔偿金，翰扬公司不能主张取回该笔赔偿金

D. 茹洁公司对利捷公司负有债务，在破产受理后茹洁公司受让了翰扬公司的一项债权，因此茹洁公司无须再向利捷公司履行等额的债务

74. 甲公司为清偿对乙公司的欠款，开出一张收款人是乙公司财务部长李某的汇票。李某不慎将汇票丢失，王某拾得后在汇票上伪造了李某的签章，并将汇票背书转让给外地的丙公司，用来支付购买丙公司电缆的货款，王某收到电缆后转卖得款，之后不知所踪。关于本案，下列哪些说法是正确的？（ ）

A. 甲公司应当承担票据责任

B. 李某不承担票据责任

C. 王某应当承担票据责任

D. 丙公司应当享有票据权利

75. 吉达公司是一家上市公司，公告称其已获得某地块的国有土地使用权。嘉豪公司资本雄厚，看中了该地块的潜在市场价值，经过细致财务分析后，拟在证券市场上对吉达公司进行收购。下列哪些说法是正确的？（ ）

A. 若收购成功，吉达公司即丧失上市资格

B. 若收购失败，嘉豪公司仍有权继续购买吉达公司的股份

C. 嘉豪公司若采用要约收购则不得再与吉达公司的大股东协议购买其股份

D. 待嘉豪公司持有吉达公司已发行股份30%时，应向其全体股东发出不得变更的收购要约

76. 甲公司投保了财产损失险的厂房被烧毁，甲公司伪造证明，夸大此次火灾的损失，向保险公司索赔100万元，保险公司为查清此事，花费5万元。关于保险公司的权责，下列哪些选项是正确的？（ ）

A. 应当向甲公司给付约定的保险金

B. 有权向甲公司主张5万元花费损失

C. 有权拒绝向甲公司给付保险金

D. 有权解除与甲公司的保险合同

77. A市东区居民朱某（男）与A市西县刘某结婚，婚后双方住A市东区。一年后，公司安排刘某赴A市南县分公司工作。三年之后，因感情不和朱某向A市东区法院起诉离婚。东区法院受理后，发现刘某经常居住地在南县，其对该案无管辖权，遂裁定将案件

移送南县法院。南县法院收到案件后,认为无管辖权,将案件移送刘某户籍所在地西县法院。西县法院收到案件后也认为无管辖权。关于本案的管辖问题,下列哪些说法是正确的?(　　)

A. 东区法院有管辖权

B. 南县法院有管辖权

C. 西县法院有管辖权

D. 西县法院认为自己没有管辖权,应当裁定移送有管辖权的法院

78. 法院受理案件后,被告提出管辖异议,依据法律和司法解释规定,其可以采取下列哪些救济措施?(　　)

A. 向受诉法院提出管辖权异议,要求受诉法院对管辖权的归属进行审查

B. 向受诉法院的上级法院提出异议,要求上级法院对案件的管辖权进行审查

C. 在法院对管辖异议驳回的情况下,可以对该裁定提起上诉

D. 在法院对案件审理终结后,可以以管辖错误作为法定理由申请再审

79. 程某诉刘某借款诉讼过程中,程某将对刘某因该借款而形成的债权转让给了谢某。依据相关规定,下列哪些选项是正确的?(　　)

A. 如程某撤诉,法院可以准许其撤诉

B. 如谢某申请以无独立请求权第三人身份参加诉讼,法院可予以准许

C. 如谢某申请替代程某诉讼地位的,法院可以根据案件的具体情况决定是否准许

D. 如法院不予准许谢某申请替代程某诉讼地位的,可以追加谢某为无独立请求权的第三人

80. 哥哥王文诉弟弟王武遗产继承一案,王文向法院提交了一份其父生前关于遗产分配方案的遗嘱复印件,遗嘱中有"本遗嘱的原件由王武负责保管"字样,并有王武的签名。王文在举证责任期间书面申请法院责令王武提交遗嘱原件,法院通知王武提交,但王武无正当理由拒绝提交。在此情况下,依据相关规定,下列哪些行为是合法的?(　　)

A. 王文可只向法院提交遗嘱的复印件

B. 法院可依法对王武进行拘留

C. 法院可认定王文所主张的该遗嘱能证明的事实为真实

D. 法院可根据王武的行为而判决支持王文的各项诉讼请求

81. 李某诉谭某返还借款一案,M市N区法院按照小额诉讼案件进行审理,判决谭某返还借款。判决生效后,谭某认为借款数额远高于法律规定的小额案件的数额,不应按小额案件审理,遂向法院申请再审。法院经审查,裁定予以再审。关于该案再审程序适用,下列哪些选项是正确的?(　　)

A. 谭某应当向M市中级法院申请再审

B. 法院应当组成合议庭审理

C. 对作出的再审判决当事人可以上诉

D. 作出的再审判决仍实行一审终审

82. 单某将八成新手机以4000元的价格卖给卢某，双方约定：手机交付卢某，卢某先付款1000元，待试用一周没有问题后再付3000元。但试用期满卢某并未按约定支付余款，多次催款无果后单某向M法院申请支付令。M法院经审查后向卢某发出支付令，但卢某拒绝签收，法院采取了留置送达。20天后，卢某向N法院起诉，以手机有质量问题要求解除与单某的买卖合同，并要求单某退还1000元付款。根据本案，下列哪些选项是正确的？（　　）

A. 卢某拒绝签收支付令，M法院采取留置送达是正确的

B. 单某可以依支付令向法院申请强制执行

C. 因卢某向N法院提起了诉讼，支付令当然失效

D. 因卢某向N法院提起了诉讼，M法院应当裁定终结督促程序

83. 大界公司就其遗失的一张汇票向法院申请公示催告，法院经审查受理案件并发布公告。在公告期间，盘堂公司持被公示催告的汇票向法院申报权利。对于盘堂公司的权利申报，法院实施的下列哪些行为是正确的？（　　）

A. 应当通知大界公司到法院查看盘堂公司提交的汇票

B. 若盘堂公司出具的汇票与大界公司申请公示的汇票一致，则应当开庭审理

C. 若盘堂公司出具的汇票与大界公司申请公示的汇票不一致，则应当驳回盘堂公司的申请

D. 应当责令盘堂公司提供证明其对出示的汇票享有所有权的证据

84. 田某拒不履行法院令其迁出钟某房屋的判决，因钟某已与他人签订租房合同，房屋无法交给承租人，使钟某遭受损失，钟某无奈之下向法院申请强制执行。法院受理后，责令田某15日内迁出房屋，但田某仍拒不履行。关于法院对田某可以采取的强制执行措施，下列哪些选项是正确的？（　　）

A. 罚款

B. 责令田某向钟某赔礼道歉

C. 责令田某双倍补偿钟某所受到的损失

D. 责令田某加倍支付以钟某所受损失为基数的同期银行利息

85. 达善公司因合同纠纷向甲市A区法院起诉美国芙泽公司，经法院调解双方达成调解协议。关于本案的处理，下列哪些选项是正确的？（　　）

A. 法院应当制作调解书

B. 法院调解书送达双方当事人后即发生法律效力

C. 当事人要求根据调解协议制作判决书的，法院应当予以准许

D. 法院可以将调解协议记入笔录，由双方签字即发生法律效力

三、不定项选择题。每题所设选项中至少有一个正确答案，多选、少选、错选或不选均不得分。本部分含86～100题，每题2分，共30分。

（一）

甲、乙、丙三人签订合伙协议并开始经营，但未取字号，未登记，也未推举负责人。其间，合伙人与顺利融资租赁公司签订融资租赁合同，租赁淀粉加工设备一台，约定租赁期限届满后设备归承租人所有。合同签订后，出租人按照承租人的选择和要求向设备生产商丁公司支付了价款。

请回答第86～88题。

86. 如果承租人不履行支付价款的义务，出租人起诉，适格被告是：（ ）

A. 合伙企业

B. 甲、乙、丙全体

C. 甲、乙、丙中的任何人

D. 丁公司

87. 乙在经营期间发现风险太大，提出退伙，甲、丙表示同意，并通知了出租人，但出租人表示反对，认为乙退出后会加大合同不履行的风险。下列说法正确的是：（ ）

A. 经出租人同意，乙可以退出

B. 乙可以退出，无须出租人同意

C. 乙必须向出租人提供有效担保后才能退出

D. 乙退出后对合伙债务不承担责任

88. 如租赁期间因设备自身原因停机，造成承租人损失。下列说法正确的是：（ ）

A. 出租人应减少租金

B. 应由丁公司修理并赔偿损失

C. 承租人向丁公司请求承担责任时，出租人有协助义务

D. 出租人与丁公司承担连带责任

（二）

甲、乙双方于2013年5月6日签订水泥供应合同，乙以自己的土地使用权为其价款支付提供了最高额抵押，约定2014年5月5日为债权确定日，并办理了登记。丙为担保乙的债务，也于2013年5月6日与甲订立最高额保证合同，保证期间为一年，自债权确定日开始计算。

请回答第89～91题。

89. 水泥供应合同约定，将2013年5月6日前乙欠甲的货款纳入了最高额抵押的担保范围。下列说法正确的是：（ ）

A. 该约定无效

B. 该约定合法有效

C. 如最高额保证合同未约定将2013年5月6日前乙欠甲的货款纳入最高额保证的担保范围，则丙对此不承担责任

D. 丙有权主张减轻其保证责任

90. 甲在2013年11月将自己对乙已取得的债权全部转让给丁。下列说法正确的是：（　　）

A. 甲的行为将导致其最高额抵押权消灭

B. 甲将上述债权转让给丁后，丁取得最高额抵押权

C. 甲将上述债权转让给丁后，最高额抵押权不随之转让

D. 2014年5月5日前，甲对乙的任何债权均不得转让

91. 乙于2014年1月被法院宣告破产，下列说法正确的是：（　　）

A. 甲的债权确定期届至

B. 甲应先就抵押物优先受偿，不足部分再要求丙承担保证责任

C. 甲可先要求丙承担保证责任

D. 如甲未申报债权，丙可参加破产财产分配，预先行使追偿权

（三）

源圣公司有甲、乙、丙三位股东。2015年10月，源圣公司考察发现某环保项目发展前景可观，为解决资金不足问题，经人推荐，霓美公司出资1亿元现金入股源圣公司，并办理了股权登记。增资后，霓美公司持股60%，甲持股25%，乙持股8%，丙持股7%，霓美公司总经理陈某兼任源圣公司董事长。2015年12月，霓美公司在陈某授意下将当时出资的1亿元现金全部转入霓美旗下的天富公司账户用于投资房地产。后因源圣公司现金不足，最终未能获得该环保项目，前期投入的500万元也无法收回。陈某忙于天富公司的房地产投资事宜，对此事并不关心。

请回答第92～94题。

92. 针对公司现状，甲、乙、丙认为应当召开源圣公司股东会，但陈某拒绝召开，而公司监事会对此事保持沉默。下列说法正确的是：（　　）

A. 甲可召集和主持股东会

B. 乙可召集和主持股东会

C. 丙可召集和主持股东会

D. 甲、乙、丙可共同召集和主持股东会

93. 若源圣公司的股东会得以召开，该次股东会就霓美公司将资金转入天富公司之事进行决议。关于该次股东会决议的内容，根据有关规定，下列选项正确的是：（　　）

A. 陈某连带承担返还1亿元的出资义务

B. 霓美公司承担1亿元的利息损失

C. 限制霓美公司的利润分配请求权

D. 解除霓美公司的股东资格

94. 就源圣公司前期投入到环保项目500万元的损失问题，甲、乙、丙认为应当向霓美公司索赔，多次书面请求监事会无果。下列说法正确的是：（ ）

A. 甲可以起诉霓美公司

B. 乙、丙不能起诉霓美公司

C. 若甲起诉并胜诉获赔，则赔偿款归甲

D. 若甲起诉并胜诉获赔，则赔偿款归源圣公司

（四）

住所地在H省K市L区的甲公司与住所地在F省E市D区的乙公司签订了一份钢材买卖合同，价款数额为90万元。合同在B市C区签订，双方约定合同履行地为W省Z市Y区，同时约定如因合同履行发生争议，由B市仲裁委员会仲裁。合同履行过程中，因钢材质量问题，甲公司与乙公司发生争议，甲公司欲申请仲裁解决。因B市有两个仲裁机构，分别为丙仲裁委员会和丁仲裁委员会（两个仲裁委员会所在地都在B市C区），乙公司认为合同中的仲裁条款无效，欲向有关机构申请确认仲裁条款无效。

请回答第95～97题。

95. 依据法律和司法解释的规定，乙公司可以向有关机构申请确认仲裁条款无效。关于确认的机构，下列选项正确的是：（ ）

A. 丙仲裁委员会

B. 丁仲裁委员会

C. B市中级法院

D. B市C区法院

96. 如相关机构确认仲裁条款无效，甲公司欲与乙公司达成协议，确定案件的管辖法院。关于双方可以协议选择的管辖法院，下列选项正确的是：（ ）

A. H省K市L区法院

B. F省E市D区法院

C. B市C区法院

D. W省Z市Y区法院

97. 如仲裁条款被确认无效，甲公司与乙公司又无法达成新的协议，甲公司欲向法院起诉乙公司。关于对本案享有管辖权的法院，下列选项正确的是：（ ）

A. H省K市L区法院

B. F省E市D区法院

C. W省Z市Y区法院

D. B市C区法院

（五）

甲市L区居民叶某购买了住所在乙市M区的大亿公司开发的位于丙市N区的商品房一套，合同中约定双方因履行合同发生争议可以向位于丙市的仲裁委员会（丙市仅有一家仲裁机构）申请仲裁。因大亿公司迟迟未按合同约定交付房屋，叶某向仲裁委员会申请仲裁。大亿公司以仲裁机构约定不明，向仲裁委员会申请确认仲裁协议无效。经审查，仲裁委员会作出了仲裁协议有效的决定。在第一次仲裁开庭时，大亿公司声称其又向丙市中级法院请求确认仲裁协议无效，申请仲裁庭中止案件审理。在仲裁过程中仲裁庭组织调解，双方达成了调解协议，仲裁庭根据协议内容制作了裁决书。后因大亿公司不按调解协议履行义务，叶某向法院申请强制执行，而大亿公司则以调解协议内容超出仲裁请求为由，向法院申请不予执行仲裁裁决。

请回答第98～100题。

98. 大亿公司向丙市中级法院请求确认仲裁协议无效，对此，正确的做法是：（ ）

A. 丙市中级法院应予受理并进行审查

B. 丙市中级法院不予受理

C. 仲裁庭在法院就仲裁协议效力作出裁定之前，应当中止仲裁程序

D. 仲裁庭应继续开庭审理

99. 双方当事人在仲裁过程中达成调解协议，仲裁庭正确的结案方式是：（ ）

A. 根据调解协议制作调解书

B. 应当依据调解协议制作裁决书

C. 将调解协议内容记入笔录，由双方当事人签字后即发生法律效力

D. 根据调解协议的结果制作裁决书

100. 大亿公司以调解协议超出仲裁请求范围请求法院不予执行仲裁裁决，法院正确的做法是：（ ）

A. 不支持，继续执行

B. 应支持，并裁定不予执行

C. 应告知当事人申请撤销仲裁裁决，并裁定中止执行

D. 应支持，必要时可通知仲裁庭重新仲裁

2016年国家司法考试（试卷四）

提示：本试卷为简答题、案例分析题、论述题。请按题序在答题纸对应位置书写答案，勿在卷面上直接作答。

一、（本题20分）

材料一：平等是社会主义法律的基本属性。任何组织和个人都必须尊重宪法法律权威，都必须在宪法法律范围内活动，都必须依照宪法法律行使权力或权利、履行职责或义务，都不得有超越宪法法律的特权。必须维护国家法制统一、尊严、权威，切实保证宪法法律有效实施，绝不允许任何人以任何借口任何形式以言代法、以权压法、徇私枉法。必须以规范和约束公权力为重点，加大监督力度，做到有权必有责、用权受监督、违法必追究，坚决纠正有法不依、执法不严、违法不究行为。（摘自《中共中央关于全面推进依法治国若干重大问题的决定》）

材料二：全面推进依法治国，必须坚持公正司法。公正司法是维护社会公平正义的最后一道防线。所谓公正司法，就是受到侵害的权利一定会得到保护和救济，违法犯罪活动一定要受到制裁和惩罚。如果人民群众通过司法程序不能保证自己的合法权利，那司法就没有公信力，人民群众也不会相信司法。法律本来应该具有定分止争的功能，司法审判本来应该具有终局性的作用，如果司法不公、人心不服，这些功能就难以实现。（摘自习近平：《在十八届中央政治局第四次集体学习时的讲话》）

问题：

根据以上材料，结合依宪治国、依宪执政的总体要求，谈谈法律面前人人平等的原则对于推进严格司法的意义。

答题要求：

1. 无观点或论述、照搬材料原文的不得分；
2. 观点正确，表述完整、准确；
3. 总字数不得少于400字。

二、（本题22分）

赵某与钱某原本是好友，赵某受钱某之托，为钱某保管一幅名画（价值800万元）达三年之久。某日，钱某来赵某家取画时，赵某要求钱某支付10万元保管费，钱某不同意。赵某突然起了杀意，为使名画不被钱某取回进而据为己有，用花瓶猛砸钱某的头部，钱某头部受重伤后昏倒，不省人事，赵某以为钱某已经死亡。刚好此时，赵某的朋友孙某来访。赵某向孙某说"我摊上大事了"，要求孙某和自己一起将钱某的尸体埋在野外，孙某同意。

二人一起将钱某抬至汽车的后座，由赵某开车，孙某坐在钱某身边。开车期间，赵某不断地说"真不该一时冲动"，"悔之晚矣"。其间，孙某感觉钱某身体动了一下，仔细察看，发现钱某并没有死。但是，孙某未将此事告诉赵某。到野外后，赵某一人挖坑并将钱某埋入地下（致钱某窒息身亡），孙某一直站在旁边没做什么，只是反复催促赵某动作快一点。

一个月后，孙某对赵某说："你做了一件对不起朋友的事，我也做一件对不起朋友的事。你将那幅名画给我，否则向公安机关揭发你的杀人罪行。"三日后，赵某将一幅赝品（价值8000元）交给孙某。孙某误以为是真品，以600万元的价格卖给李某。李某发现自己购买了赝品，向公安机关告发孙某，导致案发。

问题：

1. 关于赵某杀害钱某以便将名画据为己有这一事实，可能存在哪几种处理意见？各自的理由是什么？

2. 关于赵某以为钱某已经死亡，为毁灭罪证而将钱某活埋导致其窒息死亡这一事实，可能存在哪几种主要处理意见？各自的理由是什么？

3. 孙某对钱某的死亡构成何罪（说明理由）？是成立间接正犯还是成立帮助犯（从犯）？

4. 孙某向赵某索要名画的行为构成何罪（说明理由）？关于法定刑的适用与犯罪形态的认定，可能存在哪几种观点？

5. 孙某将赝品出卖给李某的行为是否构成犯罪？为什么？

三、（本题22分）

顾某（中国籍）常年居住M国，以丰厚报酬诱使徐某（另案处理）两次回国携带毒品甲基苯丙胺进行贩卖。2014年3月15日15时，徐某在B市某郊区交易时被公安人员当场抓获。侦查中徐某供出了顾某。我方公安机关组成工作组按照与该国司法协助协定赴该国侦查取证，由M国警方抓获了顾某，对其进行了讯问取证和住处搜查，并将顾某及相关证据移交中方。

检察院以走私、贩卖毒品罪对顾某提起公诉。鉴于被告人顾某不认罪并声称受到刑讯逼供，要求排除非法证据，一审法院召开了庭前会议，通过听取控辩双方的意见及调查证据材料，审判人员认定非法取证不成立。开庭审理后，一审法院认定被告人两次分别贩卖一包甲基苯丙胺和另一包重7.6克甲基苯丙胺判处其有期徒刑6年6个月。顾某不服提出上诉，二审法院以事实不清发回重审。原审法院重审期间，检察院对一包甲基苯丙胺重量明确为2.3克并作出了补充起诉，据此原审法院以被告人两次分别贩卖2.3克、7.6克毒品改判顾某有期徒刑7年6个月。被告人不服判决再次上诉到二审法院。

问题：

1. M国警方移交的证据能否作为认定被告人有罪的证据？对控辩双方提供的境外证据，法院应当如何处理？

2. 本案一审法院庭前会议对非法证据的处理是否正确？为什么？

3. 发回原审法院重审后，检察院对一包甲基苯丙胺重量为2.3克的补充起诉是否正确?为什么?

4. 发回重审后,原审法院的改判加刑行为是否违背上诉不加刑原则?为什么?

5. 此案再次上诉后,二审法院在审理程序上应如何处理?

四、(本题22分)

自然人甲与乙订立借款合同,其中约定甲将自己的一辆汽车作为担保物让与给乙。借款合同订立后,甲向乙交付了汽车并办理了车辆的登记过户手续。乙向甲提供了约定的50万元借款。

一个月后,乙与丙公司签订买卖合同,将该汽车卖给对前述事实不知情的丙公司并实际交付给了丙公司,但未办理登记过户手续,丙公司仅支付了一半购车款。某天,丙公司将该汽车停放在停车场时,该车被丁盗走。丁很快就将汽车出租给不知该车来历的自然人戊,戊在使用过程中因汽车故障送到己公司修理。己公司以戊上次来修另一辆汽车时未付修理费为由扣留该汽车。汽车扣留期间,己公司的修理人员庚偷开上路,违章驾驶撞伤行人辛,辛为此花去医药费2000元。现丙公司不能清偿到期债务,法院已受理其破产申请。

问题:

1. 甲与乙关于将汽车让与给债权人乙作为债务履行担保的约定效力如何?为什么?乙对汽车享有什么权利?

2. 甲主张乙将汽车出卖给丙公司的合同无效,该主张是否成立?为什么?

3. 丙公司请求乙将汽车登记在自己名下是否具有法律依据?为什么?

4. 丁与戊的租赁合同是否有效?为什么?丁获得的租金属于什么性质?

5. 己公司是否有权扣留汽车并享有留置权?为什么?

6. 如不考虑交强险责任,辛的2000元损失有权向谁请求损害赔偿?为什么?

7. 丙公司与乙之间的财产诉讼管辖应如何确定?法院受理丙公司破产申请后,乙能否就其债权对丙公司另行起诉并按照民事诉讼程序申请执行?

五、(本题18分)

美森公司成立于2009年,主要经营煤炭。股东是大雅公司以及庄某、石某。章程规定公司的注册资本是1000万元,三个股东的持股比例是5∶3∶2;各股东应当在公司成立时一次性缴清全部出资。大雅公司将之前归其所有的某公司的净资产经会计师事务所评估后作价500万元用于出资,这部分资产实际交付给美森公司使用;庄某和石某以货币出资,公司成立时庄某实际支付了100万元,石某实际支付了50万元。

大雅公司委派白某担任美森公司的董事长兼法定代表人。2010年,赵某欲入股美森公司,白某、庄某和石某一致表示同意,于是赵某以现金出资50万元,公司出具了收款收据,但未办理股东变更登记。赵某还领取了2010年和2011年的红利共10万元,也参加了公司的股东会。

2012年开始,公司经营逐渐陷入困境。庄某将其在美森公司中的股权转让给了其妻弟杜某。此时,赵某提出美森公司未将其登记为股东,所以自己的50万元当时是借款给美森公司的。白某称美森公司无钱可还，还告诉赵某，为维持公司的经营，公司已经向甲、乙公司分别借款60万元和40万元；向大雅公司借款500万元。

2013年11月，大雅公司指示白某将原出资的资产中价值较大的部分逐渐转入另一子公司美阳公司。对此，杜某、石某和赵某均不知情。

此时，甲公司和乙公司起诉了美森公司，要求其返还借款及相应利息。大雅公司也主张自己曾借款500万元给美森公司，要求其偿还。赵某、杜某及石某闻讯后也认为利益受损，要求美森公司返还出资或借款。

问题：

1. 应如何评价美森公司成立时三个股东的出资行为及其法律效果？
2. 赵某与美森公司是什么法律关系？为什么？
3. 庄某是否可将其在美森公司中的股权进行转让？为什么？这种转让的法律后果是什么？
4. 大雅公司让白某将原来用作出资的资产转移给美阳公司的行为是否合法？为什么？
5. 甲公司和乙公司对美森公司的债权，以及大雅公司对美森公司的债权，应否得到受偿？其受偿顺序如何？
6. 赵某、杜某和石某的请求及理由是否成立？他们应当如何主张自己的权利？

六、（本题22分）

陈某转让一辆中巴车给王某但未办过户。王某为了运营，与明星汽运公司签订合同，明确挂靠该公司，王某每月向该公司交纳500元，该公司为王某代交规费、代办各种运营手续、保险等。明星汽运公司依约代王某向鸿运保险公司支付了该车的交强险费用。

2015年5月，王某所雇司机华某驾驶该中巴车致行人李某受伤，交警大队认定中巴车一方负全责，并出具事故认定书。但华某认为该事故认定书有问题，提出虽肇事车辆车速过快，但李某横穿马路没有走人行横道，对事故发生也负有责任。因赔偿问题协商无果，李某将王某和其他相关利害关系人诉至F省N市J县法院，要求王某、相关利害关系人向其赔付治疗费、误工费、交通费、护理费等费用。被告王某委托N市甲律师事务所刘律师担任诉讼代理人。

案件审理中，王某提出其与明星汽运公司存在挂靠关系、明星汽运公司代王某向保险公司交纳了该车的交强险费用、交通事故发生时李某横穿马路没走人行横道等事实；李某陈述了自己受伤、治疗、误工、请他人护理等事实。诉讼中，各利害关系人对上述事实看法不一。李某为支持自己的主张，向法院提交了因误工被扣误工费、为就医而支付交通费、请他人护理而支付护理费的书面证据。但李某声称治疗的相关诊断书、处方、药费和治疗费的发票等不慎丢失，其向医院收集这些证据遭拒绝。李某向法院提出书面申请，请求法院调查收集该证据，J县法院拒绝。

在诉讼中，李某向J县法院主张自己共花治疗费36650元，误工费、交通费、护理费共计12000元。被告方仅认可治疗费用15000元。J县法院对案件作出判决，在治疗费方面支持了 15000 元。双方当事人都未上诉。

一审判决生效一个月后，李某聘请 N 市甲律师事务所张律师收集证据、代理本案的再审，并商定实行风险代理收费，约定按协议标的额的 35% 收取律师费。经律师说服，医院就李某治伤的相关诊断书、处方、药费和治疗费的支付情况出具了证明，李某据此向法院申请再审，法院受理了李某的再审申请并裁定再审。

再审中，李某提出增加赔付精神损失费的诉讼请求，并要求张律师一定坚持该意见，律师将其写入诉状。

问题：

1. 本案的被告是谁？简要说明理由。
2. 就本案相关事实，由谁承担证明责任？简要说明理由。
3. 交警大队出具的事故认定书，是否当然就具有证明力？简要说明理由。
4. 李某可以向哪个（些）法院申请再审？其申请再审所依据的理由应当是什么？
5. 再审法院应当按照什么程序对案件进行再审？再审法院对李某增加的再审请求，应当如何处理？简要说明理由。
6. 根据律师执业规范，评价甲律师事务所及律师的执业行为，并简要说明理由。

七、（本题 24 分）

材料一（案情）：孙某与村委会达成在该村采砂的协议，期限为 5 年。孙某向甲市乙县国土资源局申请采矿许可，该局向孙某发放采矿许可证，载明采矿的有效期为 2 年，至 2015 年 10 月 20 日止。

2015 年 10 月 15 日，乙县国土资源局通知孙某，根据甲市国土资源局日前发布的《严禁在自然保护区采砂的规定》，采矿许可证到期后不再延续，被许可人应立即停止采砂行为，撤回采砂设施和设备。

孙某以与村委会协议未到期、投资未收回为由继续开采，并于 2015 年 10 月 28 日向乙县国土资源局申请延续采矿许可证的有效期。该局通知其许可证已失效，无法续期。

2015 年 11 月 20 日，乙县国土资源局接到举报，得知孙某仍在采砂，以孙某未经批准非法采砂，违反《矿产资源法》为由，发出《责令停止违法行为通知书》，要求其停止违法行为。孙某向法院起诉请求撤销通知书，一并请求对《严禁在自然保护区采砂的规定》进行审查。

孙某为了解《严禁在自然保护区采砂的规定》内容，向甲市国土资源局提出政府信息公开申请。

材料二：涉及公民、法人或其他组织权利和义务的规范性文件，按照政府信息公开要求和程序予以公布。推行行政执法公示制度。推进政务公开信息化，加强互联网政务信息数据服务平台和便民服务平台建设。（摘自《中共中央关于全面推进依法治国若干重大问题的决定》）

问题：

（一）结合材料一回答以下问题：

1. 《行政许可法》对被许可人申请延续行政许可有效期有何要求？行政许可机关接到申请后应如何处理？

2. 孙某一并审查的请求是否符合要求？根据有关规定，原告在行政诉讼中提出一并请求审查行政规范性文件的具体要求是什么？

3. 行政诉讼中，如法院经审查认为规范性文件不合法，应如何处理？

4. 对《责令停止违法行为通知书》的性质作出判断，并简要比较行政处罚与行政强制措施的不同点。

（二）结合材料一和材料二作答（要求观点明确，逻辑清晰、说理充分、文字通畅；总字数不得少于500字）：

谈谈政府信息公开的意义和作用，以及处理公开与不公开关系的看法。

2016年国家司法考试（试卷一）解析

1. 答案 C

【解析】人民是依法治国的主体和力量源泉，人民代表大会制度是保证人民当家作主的根本政治制度。全面依法治国，必须坚持人民的主体地位。必须坚持法治建设为了人民、依靠人民、造福人民、保护人民，以保障人民根本权益为出发点和落脚点，保证人民依法享有广泛的权利和自由、承担应尽的义务，维护社会公平正义，促进共同富裕。必须使人民认识到法律既是保障自身权利的有力武器，也是必须遵守的行为规范，增强全社会学法、尊法、守法、用法意识，使法律为人民所掌握、所遵守、所运用。故A、B、D三项正确。坚持人民的主体地位，必须保证人民在党的领导下，依照法律规定，通过各种途径和形式管理国家事务，管理经济文化事业，管理社会事务，立法权、行政权、司法权由人民直接行使并不符合法治建设的一般规律。C项错误。

2. 答案 C

【解析】全面推进依法治国，必须坚持依法治国和以德治国相结合。国家和社会治理需要法律和道德共同发挥作用。必须坚持一手抓法治、一手抓德治，大力弘扬社会主义核心价值观，弘扬中华传统美德，培育社会公德、职业道德、家庭美德、个人品德，既重视发挥法律的规范作用，又重视发挥道德的教化作用，以法治体现道德理念、强化法律对道德建设的促进作用，以道德滋养法治精神、强化道德对法治文化的支撑作用，实现法律和道德相辅相成、法治和德治相得益彰。可见，C项正确。在法治国家，说道德通过内在信念影响外部行为，是正确的，但是法律与道德毕竟不能等同，认为法律的有效实施总是依赖于道德，没有道德支撑法律就无法有效实施，则有失偏颇，A项错误。或者又认为法律与道德完全等同，道德义务可以全部转化为法律义务，法律义务可以完全转化为道德义务，这些都是错误的观点。D项错误。弘扬中华传统美德是正确的，但是指责他人借诉讼斤斤计较，则不妥当，因为很多情况下，斤斤计较是权利意识觉醒的体现，是要提倡的。B项错误。

3. 答案 A

【解析】全面推进依法治国，必须健全立法体制。健全有立法权的人大主导立法工作的体制机制，发挥人大及其常委会在立法工作中的主导作用，反对部门利益法律化。因此，有必要建立由全国人大相关专门委员会、全国人大常委会法制工作委员会组织有关部门参与起草综合性、全局性、基础性等重要法律草案的制度。A项错误。明确立法权力边界，从体制机制和工作程序上有效防止部门利益和地方保护主义法律化。对部门间争议较大的重要立法事项，由决策机关引入第三方评估，充分听取各方意见，协调决定，不能久拖不决。B项正确。加强法律解释工作，及时明确法律规定的含义和适用法律的依据，对那些相互矛盾的法律现象，应通过加强法律解释工作予以消除。D项正确。

4. 答案 C

【解析】深入推进依法行政,加快建设法治政府必然要求健全依法决策机制。把公众参与、专家论证、风险评估、合法性审查、集体讨论决定确定为重大行政决策法定程序,确保决策制度科学、程序正当、过程公开、责任明确。建立行政机关内部重大决策合法性审查机制,未经合法性审查或经审查不合法的,不得提交讨论。可见,对于重大决策进行风险评估、合法性审查、引入公众参与符合依法决策的要求,A、B、D三个选项正确。C项明示该项目属于重大项目,因此仅仅因为发改局局长一个人"立下军令状",就直接批准上马,而不进行相关论证、评估、审查、集体讨论决定等法定程序,很明显是错误的。C项符合题意。

5. 答案 C

【解析】人民陪审员制度,是指国家审判机关审判案件时吸收普通公众或者说非职业法官作为陪审员,与职业法官共同或分享审判权的重要政治制度和基本司法制度,是司法专业化与司法民主化相结合的产物,为当今世界大多数国家所采用。人民陪审员制度设置的主要目的有三个:一是推进司法民主,让普通公民协助司法、见证司法、参与司法,充分体现人民的主体地位和司法的民主功能,更集中地通达民情、反映民意、凝聚民智,能够更好地实现党的领导、人民当家作主和依法治国的有机统一;二是促进司法公正,人民陪审员来自基层,来自群众,他们参与审判,注重从社会视角看待问题,以普遍的公众价值观与法官职业化思维互补,一方面有利于查清案件事实,促进裁判公正,另一方面也有利于提高审判活动透明度,促进司法公开,并进一步发挥合议庭成员互相监督、互相制约的作用;三是提升司法公信力,陪审员在参与司法活动中,能够亲历司法的公正,成为司法裁判的见证人和宣传员,发挥其通民情、知民意的优势,一方面让司法裁判能够直接反映民众的朴素情感,另一方面也有助于提高裁判的社会认同度,消除社会公众对司法的偏见和误解,进一步增强司法权威,提升司法公信。综上,陪审制度意在以普遍的公众价值观弥补法官职业化思维的漏洞,而陪审员的过度精英化是与陪审制度的初衷相背离的,因此要极力避免,A、D两个选项正确。而且陪审员制度的目的并不主要是促进人民群众守法,而是推进司法民主化。C项错误。

实践中,有的地方挑选有时间和有热情的人民陪审员,相对固定、长期驻庭,被称为"驻庭陪审""编外法官",陪审员成了"专陪员",导致当事人认为人民陪审员是法院精心挑选和安排的,从而对人民陪审员能否公正审理案件缺乏信心。总之,人民陪审员选任必须体现随机抽取的原则,让当事人和社会公众对人民陪审员产生信任感。B项正确。

6. 答案 D

【解析】法经历了在社会调控中从次要地位上升到首要地位的发展过程。一般来说,古代法学家更多强调道德在社会调控中的首要或主要地位,对法的强调也更多在其惩治功能上。而对借助法明确权利义务以实现对社会生活的全面调整则往往心存疑虑,甚至希望通过推行"德治"来去除刑罚,如中国历史上的"德主刑辅"。近现代后,法学家们一般都倾向于强调法律调整的突出作用,依法治国成为普遍的政治主张。我国当下,要增强全民法治观念,推进法治社会建设，必须健全依法维权和化解纠纷机制，强化法律在维护群众权益、化解社会矛盾中的权威地位，引导和支持人们理性表达诉求、依法维护权益，解决好群众最关心最直接最现实的利益问题。A项正确。任何人都是趋利避害的理性动物，因此当诉讼成本高于诉讼可能带来的收益时，人们就更容易"惧讼""厌讼"，B项正确。在我国古代，老百姓万不得已才打官司。但在当代，随着经济社会发展，我国司法领域出现了诉讼案件激增的现象，这在一定程度上说明社会主义法治建设取得了一定的成效，全社会法治观念明显增强。当前，学法、尊法、守法、用法的社会氛围和办事依法、遇事找法、解决问题用法、化解矛盾靠法的良好法治环境初步形成，这为全面推进依法治国、建设社会主义法治国家奠定了坚实的社会基础。C项正确。

全面推进依法治国，必须大力健全社会矛盾纠纷预防化解机制，完善调解、仲裁、行政裁决、行政复议、诉讼等有机衔接、相互协调的多元化纠纷解决机制。充分发挥不同纠纷解决制度的优势。要引导当事人根据矛盾纠纷的性质和类型选择最适当的纠纷解决途径，充分发挥不同纠纷解决制度在化解特定类型矛盾纠纷中的作用。可见，就解决纠纷而言，诉讼只是现代社会多元化的纠纷解决手段之一，而不是唯一。D项错误。

7. 答案 D

【解析】党的十八届四中全会的《决定》明确指出，要把信访纳入法治化轨道，保障合理合法诉求依照法律规定和程序就能得到合理合法的结果。A项正确。全面推进依法治国，必须构建对维护群众利益具有重大作用的制度体系，建立健全社会矛盾预警机制、利益表达机制、协商沟通机制、救济救助机制，畅通群众利益协调、权益保障法律渠道。B项正确。

《决定》指出，要创新普法宣传形式，健全普法宣传教育机制，注重宣传实效。进一步树立普及法律知识与培育法治观念并重的理念，树立普法教育与法治实践结合的理念，树立注重实效的理念，探索建立普法宣传教育效果评估标准体系和跟踪反馈机制。开展群众性法治文化活动，健全媒体公益普法制度，推动普法宣传公益广告公共场所、公共区域全覆盖。加强新媒体新技术在普法中的运用，为公众提供更多、更便捷的学法渠道，提高普法实效。C项中，丙县通过地方戏等形式普法，属于创新普法宣传形式，值得肯定，而且普及的内容是"即使有理也要守法"的观念，即在任何情况下，都应当通过合法的途径和渠道伸张权益、寻求救济。C项正确。

为有力地服务社会和谐稳定，必须健全完善法律服务人员参与信访、调解、群体性案（事）件处置工作机制。律师协会禁止律师代理群体性纠纷案件，属于回避问题的表现，无益于和谐社会的建设。D项错误。

8. 答案 B

【解析】义务性规则包括禁止性规则和命令性规则。禁止性规则为主体设置了消极义务（不作为义务），禁止人们作出一定行为，其典型标志是条文使用"禁止""不得"等道义助动词。命令性规则规定了人们的积极义务（作为义务），即要求人们必须或应当作出某种行为，其典型标志是条文使用"应当""必须"等道义助动词。题干中的法条使用了"应当"，因此属于命令性规则而非禁止性规则。A项错误。

强行性规则与任意性规则相对。强行性规则的内容具有强制性质，不允许人们随便加以改变，条文往往使用"禁止""不得""应当""必须"等强制性程度高的道义助动词。任意性规则允许人们在一定范围内自行选择或协商确定内容的法律规则，条文往往使用"可以"等选择性较强的道义助动词。题干所列法条使用了"应当"一词，因此，该法条是强行性规则。B项正确。《治安管理处罚法》属于实体法，而且系争条款规定明确具体，行为模式清楚，是"应当罚缴分离""应当全部上缴国库"。可见，该条文是法律规则而非法律原则。C项错误。法律后果，指法律规则中规定人们在作出符合或不符合行为模式的要求时应承担相应有利或不利的后果，分为两种：（1）合法后果，又称肯定式的法律后果，它表现为法律对合法行为的保护、许可或奖励等有利后果。（2）违法后果，又称否定式的法律后果，它表现为法律对违法行为的制裁、不予保护、撤销、停止，或要求恢复、补偿等不利后果。题干所列法条只是规定应当"罚缴分离""全部上缴国库"，属于行为模式；没有规定全部上缴国库之后有什么奖励，不上缴国库会有什么不利后果。D项错误。

9. 答案 A

【解析】《民法通则》第4条规定了诚实信用原则："民事活动应当遵循自愿、公平、等价有偿、诚实信用的原则。"可见，诚实信用原则在我国是通过法律条文即法律语句的形式表达出来的。A项错误。法律规则是法律中最具有硬度的部分，能最大限度地实现法律的确定性和可预测性，有助于保持法律的安定性和权威性，避免司法者滥用自由裁量权，保证法治的最低要求

得到实现。与此不同，法律原则则具有灵活性和抽象性，能够弥补法律规则的漏洞。B项错误。在内容上，法律规则的规定是明确具体的，它着眼于主体行为及各种条件（情况）的共性；其明确具体的目的是削弱或防止法律适用上的"自由裁量"。与此相比，法律原则的着眼点不仅限于行为及条件的共性，而且关注它们的个别性。C项正确。在适用方式上，法律规则是以"全有或全无的方式"或涵摄的方式应用于个案当中的。而法律原则的适用则不同，它不是以"全有或全无"的方式，而是以衡量的方式应用于个案当中的，因为不同的法律原则具有不同的"强度"，这些不同"强度"的原则甚至冲突的原则都可能存在于一部法律之中。D项错误

10. 答案 B

【解析】法律文件可以分为规范性法律文件和非规范性法律文件。规范性法律文件针对不特定多数人是可以普遍、多次和反复适用的法律文件；非规范性法律文件针对特定对象，不可以反复加以适用，比如判决书、裁定书、逮捕证、许可证、合同等。A项错误。义务可以分为绝对义务和相对义务，绝对义务对应不特定的权利人，相对义务对应特定的权利人，就本案而言，甲和乙作为抚养义务人，他们所对应的权利人是特定的，即享受抚养的只能是特定的小琳，而不能是不特定的任何人。因此，甲和乙对小琳的抚养义务是相对义务。B项正确。根据题干，法院的判决使得被告必须履行支付原告抚养费的义务，原告由此享有获得相应抚养费的权利。C项错误。法律关系主体是法律关系的参加者，即在法律关系中一定权利的享有者和一定义务的承担者。在题干所列的民事诉讼法律关系

中，小琳既非原告亦非被告，她与该诉讼的权利和义务并无关联，换言之她并未参加到诉讼之中，因此小琳不是该民事诉讼法律关系的主体。D项错误。

11. 答案 D

【解析】"法律为未来作规定"的意思是法律着眼于应对未来不确定的事务，强调的是立法的前瞻性，并不是说"法律的内容规定总是超前的"；"法官为过去作判决"的意思是法官的判决针对的是已经发生的案件，强调的是法官的裁判活动的主要功能是解决社会中已经发生的纠纷矛盾，这和"判决根据总是滞后的"没有关系。A项错误。就有关侵权、违约的法律和刑事法律而言，法官裁判案件时，目前各国的通例是"从旧兼从轻"，即原则上适用旧法，法不溯及既往。但是，法律不溯及既往并非绝对，比如新法不认为犯罪或者处刑较轻的，适用新法。此外，在某些有关民事权利的法律中，法律有溯及力。因此，B、C两选项错误。将法律作为认定案件事实的依据，这一立场没有争议。D项正确。

12. 答案 B

【解析】非正式的法的渊源指不具有明文规定的法律效力，但具有法律说服力并能够构成法律人的法律决定的大前提的准则来源的那些资料。话本小说系宋代文学形式之一，显然不具有法律说服力，同时，它也不能够构成法律人的法律决定的大前提的准则来源，即不能据此裁判案件。A项错误。设证推理是对从所有能够解释事实的假设中优先选择一个假设的推论，其特点在于推理人面对一种现象，凭借自身经验逆向推论出原因或前提。该案中，邻居面对刘贵死亡的后果，基于一系列事实，凭借自身经验，认定陈二姐、崔宁二人是凶手，这是典型的设证推理。B项正确。"盗贼自刘贵家盗走15贯钱并杀死刘贵"出现了当事人人名，很明显表述的是案件事实，而不可能是法律规范，因此绝非法律规则中的假定条件。所谓假定条件，指法律规则中有关适用该规则的条件和情况的部分，即法律规则在什么时间、空间、对什么人适用以及在什么情境下对人的行为有约束力的问题。C项错误。在法治的角度下，"证成"往往被定义为给一个决定提供充足理由的活动或过程。《错斩崔宁》的标题很明显告诉读者这是一件冤假错案。陈、崔二人被处以斩刑的判决，仅仅是这二人在官府当庭拷讯之下，被屈打成招的，官府的论证是不成功的、有缺陷的，完全不符合法治所要求的"案件事实清楚、证据确凿"的证成标准。D项错误。

13. 答案 C

【解析】《全国人民代表大会常务委员会关于〈中华人民共和国刑法〉第一百五十八条、第一百五十九条的解释》属于立法解释。《立法法》第50条规定："全国人民代表大会常务委员会的法律解释同法律具有同等效力"。可见，该立法解释的效力与被解释的《刑法》相同。A项错误。《立法法》第45条规定："法律解释权属于全国人民代表大会常务委员会。法律有以下情况之一的，由全国人民代表大会常务委员会解释：（一）法律的规定需要进一步明确具体含义的；（二）法律制定后出现新的情况，需要明确适用法律依据的。"可见，全国人大常委会有权解释所有法律。B项错误。限制解释是指，在法律解释的过程中，将法律条文的规范意义解释到比字面含义更为狭窄的程度。本题中的立法解释中有"只适用于"的表述，即属于典型意义的限制解释。

C项正确。学理解释，通常也叫非正式解释，一般是指由学者或其他个人及组织对法律规定所作的不具有法律约束力的解释。与之相对的是法定解释，通常也叫正式解释、有权解释，是指由特定的国家机关、官员或其他有解释权的人对法律作出的具有法律上约束力的解释，根据解释的国家机关的不同，法定解释又可以分为立法、司法和行政三种解释。该解释由全国人大常委会作出，当然属于法定解释而非学理解释。D项错误。

14. 答案 B

【解析】法律不是万能的，其原因之一在于：法律规制和调整社会关系的范围和深度是有限的，有些社会关系（如人们的情感关系、友谊关系）不适宜由法律来调整，法律就不应涉足其间。因此，在法治社会中，法律不可能调整所有社会关系，必须坚定地反对法律万能论。A项错误。法官应当依法裁判，法官判案的依据只能是法律，因此，区分案件中的法律问题与道德问题当然非常重要。任何一个案件的审理和判决，都离不开事实判断和价值判断，所以，法官审案进行价值判断是正确的。B项正确。相对于法律规范而言，道德规范属于非正式的法的渊源。一般而言，司法裁判必须首先考虑适用法的正式渊源，但是，任何国家的法的正式渊源都不可能是一个包罗万象的体系，也就是说，它不可能为法律实践中的每个法律问题都提供一个明确答案，即总会有一些法律问题不可能从正式的法的渊源中寻找到确定的大前提。这包括下列情况：第一，正式的法的渊源完全不能为法律决定提供大前提；第二，适用某种正式的法的渊源会与公平正义的基本要求、强制性要求和占支配地位的要求冲突；第三，一项正式的法的渊源可能会产生两种解释的模棱两可性和不确定性。当这些情况发生时，法律人为了给法律问题提供一个合理的法律决定就需要诉诸法的非正式的渊源。因此，道德规范在前述这三种情况下能够作为司法裁判的理由。C项错误。法律、道德、宗教规范等社会规范均具有强制性，但是其强制措施的方式、范围、程度、性质是不同的。法律强制是一种国家强制，是以军队、宪兵、警察、法官、监狱等国家暴力为后盾的强制，而道德的强制是内在强制、精神强制。D项错误。

15. 答案 A

【解析】在西周时期，借贷契约称为"傅别"，买卖契约称为"质剂"。D项错误。买卖奴隶、牛马等大市用的较长的契券称为"质"，买卖兵器、珍异之物等小市用的较短的契券称为"剂"。A项正确。"质"、"剂"均由官府制作，并由"质人"专门管理。B项错误。"质人"对"质"、"剂"的管理，不以契约达成为条件。C项错误。

16. 答案 C

【解析】公元前536年，郑国执政子产将郑国的法律条文铸在象征诸侯权位的鼎上，向社会公布，这是中国历史上第一次公布成文法的活动。公元前513年，晋国赵鞅把前任执政范宣子所编刑书正式铸于鼎上，公之于众，这是中国历史上第二次公布成文法的活动。A项错误。成文法的公布，否定了"刑不可知，则威不可测"的旧传统，对奴隶主旧贵族操纵和使用法律的特权是严重的冲击，是新兴地主阶级的一次重大胜利，遭到了奴隶主贵族的反对。B项错误，C项正确。孔子对晋国赵鞅"铸刑鼎"予以激烈批判，甚至说"晋其亡乎，失其度矣"，意即晋国要亡国了，因为赵鞅"铸刑鼎"公布成文法，打破了传统的不公布法律的法度。D项错误。

17. 答案 D

【解析】《唐律疏议》总结了汉魏晋以来立法和注律的经验，不仅对主要的法律原则和制度做了精确的解释与说明，而且尽可能地引用了儒家经典作为律文的理论根据。这使得唐朝承袭和发展了以往礼法并用的统治方法，使得法律统治"一准乎礼"，真正实现了礼与律的统一。如同唐太宗所说："失礼之禁，著在刑书"。A项正确。唐朝立法以科条简要、宽简适中为特点。在立法技术上表现出高超的水平，如自首、化外人有犯、类推原则的确定都有充分的表现。《唐律》结构严谨，为举世所公认。B项正确。唐律是中国传统法典的楷模与中华法系形成的标志。《唐律》是我国传统法典的楷模，在中国法制史上具有继往开来、承前启后的重要地位。唐朝承袭秦汉立法成果，吸收汉晋律学成就，使《唐律》表现出高度的成熟性。《唐律》因具有传统法律的典型性，故对宋元明清产生了深刻影响。C项正确。作为中华法系的代表作，《唐律》超越国界，对亚洲诸国产生了重大影响，但其影响力并未达到欧洲。D项错误。

18. 答案 D

【解析】南宋时，在分割财产的问题上，继子与户绝之女均享有继承权。如果只有在室女的，在室女享有3/4的财产继承权，继子享有1/4的财产继承权。只有出嫁女（已婚女）的，出嫁女享有1/3的财产继承权，继子享有1/3，另外的1/3收为官府所有。因此，A、B、C项错误，D项正确。

19. 答案 C

【解析】清末的商事立法，大致可以分为前后两个阶段：1903—1907年为第一阶段；1907—1911年为第二阶段。在第一阶段，商事立法主要由新设立的商部负责，其修订的《商人通例》9条和《公司律》131条，在1904年1月（清光绪二十九年十二月）奏准颁行，定名为《钦定大清商律》，是为清朝第一部商律。此外，清政府还陆续颁布了《公司注册试办章程》、《商标注册试办章程》、《破产律》等。可见，《破产律》并不在《钦定大清商律》之中。A项错误。在清末商事立法的第二阶段，主要商事法典改由修订法律馆主持起草；单行法规仍由各有关机关拟订，经宪政编查馆和资政院审议后请旨颁行。C项正确。《大清律例》于乾隆元年开始重新修订，于乾隆五年完成，颁行天下。它是封建性质的传统法典，并非清末修律的产物。D项错误。清末修律具有不彻底性，其自然未能摆脱重农抑商的传统国策，相关立法也属于半殖民地半封建性质，而非资本主义法律。B项错误。

20. 答案 B

【解析】《法国民法典》规定了四个基本原则：（1）全体公民民事权利平等的原则：这是"天赋人权"理论在民法中的体现；（2）资本主义私有财产权无限制和不可侵犯的原则；（3）契约自由的原则，即契约一经有效成立，不得随意变动，当事人须依约定，善意履行；（4）过失责任原则，即承担损害赔偿责任以过失为基础。"所有法国人都享有民事权利"，"满21岁为成年，到此年龄后，除结婚章中规定的例外，有能力为一切民事生活上的行为"，这很明显表达的是民事权利地位平等原则。A项正确。"所有权是对物有绝对无限制地使用、收益及处分的权利，但法令所禁止的使用不在此限"，这分明表达的是私有财产权不可侵犯和绝对无限制原则，B项错误。"契约是一种合意，依此合意，一人或数人对其他一人或数人负担给付、作为或不作为的债务"，"依法成立的契约，在缔结契约的当事人间有相当于法律的效力"，这表达的是契约自由原则，C项正确。"任何行为使他人受损害时，因自己的过失而致行为发生之人对该他人负赔偿的责任"，"任何人不仅对其行为所致的损害，而且对其过失或懈怠所致的损害负赔偿责任"，这表达的是过失（错）责任原则，D项正确。

21. 答案 D

【解析】从形式上看，各国宪法序言的长短不尽相同。美国宪法的序言只有一段话，我国宪法序言有13自然段。A项错误。我国现行宪法包括序言、正文两大部分，没有规定附则。B项错误。宪法序言规定的内容是多种多样的，其基本特点是体现了宪法基本理念和精神。简言之，宪法序言是宪法精神和内容的高度概括，其内容包括揭示制宪的机关和依据、揭示制宪的基本原则、揭示制宪的目的和价值体系等。国家和社会生活诸方面的基本原则主要规定在正文第一章的总纲部分，C项错误。新中国成立后的前三部宪法均将国家机构置于公民的基本权利和义务之前，1982年宪法调整了这种结构，将公民的基本权利和义务一章提到国家机构之前。这一调整充分表明，对公民权利的保护居于宪法的核心地位，合理定位了公民与国家之间的关系，符合人民主权原则。D项正确。

22. 答案 D

【解析】题干中第一处"法律效力"中的"法律"泛指法的一般特征，即具有一般性、规范性、抽象性、强制性等。第二处"法律"与行政法规等相连使用，仅指全国人大及其常委会制定的法律，即狭义的法律。A项错误。宪法效力具有最高性与直接性。在整个法律体系中，宪法效力是最高的，不仅成为立法的基础，同时对立法行为与依据宪法进行的各种行为产生直接的约束力。我国宪法序言最后一个自然段明确规定了这一点。可见。宪法也具有直接约束力。B项错误。宪法的最高法律效力包括三个方面含义：其一，宪法是制定普通法律的依据，普通法律是宪法的具体化；其二，任何普通法律都不得与宪法的内容、原则和精神相违背。其三，宪法是一切国家机关、社会团体和全体公民的最高行为准则。C项错误。维护宪法的最高法律效力需要完善相应的宪法审查或者监督制度，追究和纠正一切违反宪法的行为，捍卫宪法的尊严，保证宪法的实施。D项正确。

23. 答案 B

【解析】在我国，国有企业和国有自然资源是国家财产的主要部分。此外，国家机关、事业单位、部队等全民单位的财产也是国有财产的重要组成部分。A项错误。根据《宪法》第10条的规定："城市的土地属于国家所有；农村和城市郊区的土地原则上属于集体所有，但由法律规定属于国家所有的，属于国家所有。"B项正确，C项错误。在1993年以前，社会主义全民所有制经济一般被称为国营经济。1993年3月29日第八届全国人民代表大会第一次通过的《宪法修正案》将"国营经济"修改为"国有经济"。国有经济，即社会主义全民所有制经济，是国民经济中的主导力量。国家保障国有经济的巩固和发展。D项错误。

24. 答案 A

【解析】在实行直接选举的地方，设立选举委员会主持本级人大代表的选举。不设区的市、市辖区、县、自治县的选举委员会的组成人员由本级人民代表大会常务委员会任命；乡、民族乡、镇的选举委员会的组成人员由不设区的市、市辖区、县、自治县的人民代表大会常务委员会任命。A项正确，B项错误。县级以上的地方各级人民代表大会在选举上一级人民代表大会代表时，由各该级人民代表大会主席团主持。省级人大在选举全国人大代表时，其主持机关是该省人大主席团。C项错误。选举法第9条第2款规定，选举委员会的组成人员为代表候选人的，应当辞去选举委员会的职务。D项错误。

25. 答案 B

【解析】全国性法律是全国人大及其常委会制定的法律。由于特别行政区将保持其原有的法律制度，因而全国性法律一般不在特别行政区实施。但特别行政区作为中华人民共和国不可分离的一部分，有些体现国家主权和统一的全国性法律又有必要在特别行政区实施。可见，一般情况下，全国性法律不是澳门特别行政区的法律渊源。A项错误。澳门基本法第87条规定："终审法院法官的免职由行政长官根据立法会议员组成的审议委员会建议决定。"终审法院法官的任免须报全国人大常委会备案。B项正确。根据基本法的规定，立法会制定的法律须由行政长官签署、公布方有法律效力，并须报全国人大常委会备案，备案不影响该法律的生效。C项错误。在我国社会主义法律体系中，基本法地位仅低于宪法，但在特别行政区法律体系中，基本法又处于最高的法律地位。但是，特别行政区基本法是根据我国宪法，由全国人大制定的一部基本法律，它反映了包括香港同胞和澳门同胞在内的全国人民的意志和利益。因此D项错误。

26. 答案 B

【解析】村民会议审议村民委员会的年度工作报告，评议村民委员会成员的工作。村委会属于基层群众性自治组织，乡政府无权审议其工作报告，A项错误。村民自治章程、村规民约由村民会议制定和修改，并报乡、民族乡、镇的人民政府备案。村民自治章程、村规民约以及村民会议或者村民代表会议的决定不得与宪法、法律、法规和国家的政策相抵触，不得有侵犯村民的人身权利、民主权利和合法财产权利的内容，否则，由乡、民族乡、镇的人民政府责令改正。B项正确。《选举法》第14条规定："对登记参加选举的村民名单有异议的，应当自名单公布之日起五日内向村民选举委员会申诉，村民选举委员会应当自收到申诉之日起三日内作出处理决定，并公布处理结果。"C项错误。《村民委员会组织法》第18条规定："村民委员会成员丧失行为能力或者被判处刑罚的，其职务自行终止。任何组织或者个人不得指定、委派或者撤换村民委员会成员。"D项错误。

27. 答案 C

【解析】首先需要判断题干中的文件的性质，由其制定主体是某自治州的人大常委会可以判断出，该规范性文件并非自治条例和单行条例，只能是地方性法规。因为自治条例和单行条例只能由自治区、自治州、自治县的人大制定。既然是普通地方性法规，那就不能搞特殊，没有变通之权，首先排除B项。《立法法》第78条规定："省、自治区、直辖市的人民代表大会制定的地方性法规由大会主席团发布公告予以公布；省、自治区、直辖市的人民代表大会常务委员会制定的地方性法规由常务委员会发布公告予以公布;设区的市、自治州的人民代表大会及其常务委员会制定的地方性法规报经批准后,由设区的市、自治州的人民代表大会常务委员会发布公告予以公布;自治条例和单行条例报经批准后,分别由自治区、自治州、自治县的人民代表大会常务委员会发布公告予以公布。"可见,自治州的地方性法规报经批准后,由其人大常委会发布公告予以公布,A项错误。《立法法》第72条规定:"设区的市的人民代表大会及其常务委员会根据本市的具体情况和实际需要,在不抵触宪法、法律、行政法规和本省、自治区的地方性法规相抵触的前提下,可以对城乡建设与管理、环境保护、历史文化保护等方面的事项制定地方性法规,法律对设区的市制定地方性法规的事项另有规定的,从其规定。设区的市的地方性法规须报省、自治区的人民代表大会常务委员会批准后施行。省、自治区的人民代表大会常务委员会对报请批准的地方性法规,应当对其合法性进行审查,同宪法、法律、行政法规和本省、自治区的地方性法规不抵触的,应当在四个月内予以批准。"在制定地方性法规的问题上,自治州的权力与设区的市相同。因此,对于报请批准的自治州的地方性法规,省、自治区的人大常委会"应当对其合法性进行审查"。换言之,"批准"本身就是一个审查的过程,只不过是事先审查而已。C项正确。《立法法》第95条规定:"地方性法规、规章之间不一致时,由有关机关依照下列规定的权限作出裁决:……(二)地方性法规与部门规章之间对同一事项的规定不一致,不能确定如何适用时,由国务院提出意见,国务院认为应当适用地方性法规的,应当决定在该地方适用地方性

法规的规定;认为应当适用部门规章的,应当提请全国人民代表大会常务委员会裁决;……"可见,在地方性法规和部门规章发生冲突之后,国务院没有裁决权,只能提出意见,裁决权归属于全国人大常委会。D项错误。

28.答案 A

【考点】市场支配地位

【设题陷阱与常见错误分析】本题针对滥用市场支配地位设计考题,引入了理论性的考点,及"相关市场"的界定,这是认定垄断行为存在与否的前提,只有界定了"相关市场"各种垄断行为才有了判断的边界。另外考查了市场支配地位的确认要素、推定因素、参考因素之间的区别。C、D项比较艺术,考生需要明确,对于当事企业来讲,其上游的违法行为不能成为其向下游实施违法行为的依据。另外,具有支配地位不是其实施滥用行为的理由,所以考生需要准确判断C、D项。

【解析】《反垄断法》第12条:"本法所称经营者,是指从事商品生产、经营或者提供服务的自然人、法人和其他组织。本法所称相关市场,是指经营者在一定时期内就特定商品或者服务(以下统称商品)进行竞争的商品范围和地域范围。"垄断行为都是基于一定的市场范围内形成的,所以对于相关市场的界定应该是反垄断执法工作的内容之一,A项正确。第19条:"有下列情形之一的,可以推定经营者具有市场支配地位:

(一)一个经营者在相关市场的市场份额达到二分之一的;

(二)两个经营者在相关市场的市场份额合计达到三分之二的;

(三)三个经营者在相关市场的市场份

额合计达到四分之三的。

有前款第二项、第三项规定的情形，其中有的经营者市场份额不足十分之一的，不应当推定该经营者具有市场支配地位。

被推定具有市场支配地位的经营者，有证据证明不具有市场支配地位的，不应当认定其具有市场支配地位。"市场占有率只起到"推定"经营者有支配地位，起不到"认定"的作用，B项错误。

C、D项与是否构成垄断行为没有直接的法律关系，于法无据，错误。

【评价及预测】滥用市场支配地位是《反垄断法》规定的四大垄断行为之一，涉考性很强。考生需要掌握如下内容：

1. 市场支配地位的判定标准

（1）参考因素（市场份额；自身的财力、技术条件；对市场的控制能力；市场进入的难易程度；其他经营者对其的依赖程度）。

（2）推定制度（市场占有率）。

2. 市场支配地位的滥用行为表现（注意"无滥用者、无惩罚"）

3. 法律责任：民事、行政

29. 答案 B

【考点】个人所得税征缴

【设题陷阱与常见错误分析】本题综合考查了个税征缴中的税率、免征额、征缴原则及优惠、代扣代缴机关的手续费等内容，难度较高。对于个税税率有两类：一是超额累进税率，二是比例税率。比例税率中有两类比较特殊的：劳务报酬一次性收入畸高的，可以加成征收；稿酬可以减征30%。另外对于代收代缴、代扣代缴机关，税务机关按照扣缴税款的2%付手续费。考生需要清楚这些考点才能准确作答。

【解析】《个人所得税法》第3条第4、5项："四、劳务报酬所得，适用比例税率，税率为百分之二十。对劳务报酬所得一次收入畸高的，可以实行加成征收，具体办法由国务院规定。

五、特许权使用费所得，利息、股息、红利所得，财产租赁所得，财产转让所得，偶然所得和其他所得，适用比例税率，税率为百分之二十。所以劳务报酬有加成征收的制度，彩票收入算作偶然所得，适用20%的比例税率，A项错误。根据《财政部、国家税务总局、中国人民银行关于进一步加强代扣代收代征税款手续费管理的通知》第2条第1款："三代"（代收、代扣、代缴）税款手续费支付比例

（一）法律、行政法规规定的代扣代缴、代收代缴税款，税务机关按代扣、代收税款的2%支付。……"B项正确。《个人所得税法》第1条第2款："在中国境内无住所又不居住或者无住所而在境内居住不满一年的个人，从中国境内取得的所得，依照本法规定缴纳个人所得税。"第4条："下列各项个人所得，免纳个人所得税：……五、保险赔款；……"C项错误。

个人所得税的纳税人是"个人"，纳税人是独立的个体，不能夫妻合体，D项错误。

【评价及预测】考点间的融合是提高题目难度的手段之一，考生需要关注此趋势，尤其如C项，既考查了非居民纳税人的征缴规则，又考查了免税范围。考生需要全面掌握且灵活运用才能应付。

30. 答案 A

【考点】镇总体规划。

【解析】《城乡规划法》第17条规定："城市总体规划、镇总体规划的内容应当包括：城市、镇的发展布局，功能分区，用地布局，综合交通体系，禁止、限制和适宜建设的地域范围，各类专项规划等。规

划区范围、规划区内建设用地规模、基础设施和公共服务设施用地、水源地和水系、基本农田和绿化用地、环境保护、自然与历史文化遗产保护以及防灾减灾等内容，应当作为城市总体规划、镇总体规划的强制性内容。"A项正确。

《城乡规划法》第30条规定："在城市总体规划、镇总体规划确定的建设用地范围以外，不得设立各类开发区和城市新区。"B项错误。《城乡规划法》第15条规定："县人民政府组织编制县人民政府所在地镇的总体规划，报上一级人民政府审批。其他镇的总体规划由镇人民政府组织编制，报上一级人民政府审批。"第16条规定："镇人民政府组织编制的镇总体规划，在报上一级人民政府审批前，应当先经镇人民代表大会审议，代表的审议意见交由本级人民政府研究处理。"C项错误。

《城乡规划法》第36条规定："按照国家规定需要有关部门批准或者核准的建设项目，以划拨方式提供国有土地使用权的，建设单位在报送有关部门批准或者核准前，应当向城乡规划主管部门申请核发选址意见书。前款规定以外的建设项目不需要申请选址意见书。"建设单位报批公共垃圾填埋场项目，应当向城乡规划主管部门而非国土部门申请核发选址意见书。D项错误。

31. 答案 A

【考点】环境影响评价、环境侵权责任。

【设题陷阱与常见错误分析】本题针对环境影响评价的内容及环境民事法律责任设计题目。主要是针对细节考查，增加了题目的难度。项目的环评文件作出后，如果有项目性质、规模、地点、技术等重大事项发生重大变动，则环评文件会作废，需要重新报批新的环评文件，如果建设项目进行中发生了与环评文件不符合的情况，则需要做环境影响后评价，考生如果混淆这一点容易错选B项；项目的环评与规划的环评应当避免重复，而非完全相同；环境民事侵权中的损害赔偿请求权适用3年诉讼时效，从知道或应当知道权利被侵害之日起计算。但此时效对于停止侵害、排除妨害等请求并不适用。考生如果不理解这一点，容易错选D项。

【解析】《环境影响评价法》第24条第1款："建设项目的环境影响评价文件经批准后，建设项目的性质、规模、地点、采用的生产工艺或者防治污染、防止生态破坏的措施发生重大变动的，建设单位应当重新报批建设项目的环境影响评价文件。"本题中"爆破技术发生重大变动"属于上述情形，建设单位应重新报批。所以A项正确。第27条："在项目建设、运行过程中产生不符合经审批的环境影响评价文件的情形的，建设单位应当组织环境影响的后评价，采取改进措施，并报原环境影响评价文件审批部门和建设项目审批部门备案；原环境影响评价文件审批部门也可以责成建设单位进行环境影响的后评价，采取改进措施。"题目所属情形不属于"后评价"的情形，所以B项错误。第18条："建设项目的环境影响评价，应当避免与规划的环境影响评价相重复。作为一项整体建设项目的规划，按照建设项目进行环境影响评价，不进行规划的环境影响评价。已经进行了环境影响评价的规划包含具体建设项目的，规划的环境影响评价结论应当作为建设项目环境影响评价的重要依据，建设项目环境影响评价的内容应当根据规划的环境影响评价审查意见予以简化。"建设项目的环评与规划的环评不能重复，所以C项错误。《环境保护法》第66条："提起环境损害赔偿诉讼的时效期间为三年，从当事人知道或者应当知道其受到损害时起计算。"所以三年的时效只是针对"损害赔偿"的诉求，并不适用于停止侵害的诉求。所以D项错误。

【评价及预测】环境影响评价是环保法中最专业的制度，考生需要对项目的环评和规划的环评的细节及二者关系做深入掌握；另外环境民事法律责任也是环保法中最重要的法律责任，考生需要对其特殊性做掌握。

32. 答案 C

【解析】本题考查安理会的表决制度。安理会的表决事项分为程序性事项和非程序性事项。（1）对于程序性事项，安理会中只要有9个同意票即可通过。（2）非程序性事项，也叫做实质性事项，其通过要满足"大国一致原则"：第一，同意票必须达到9票；第二，不得有常任理事国的反对票；第三，常任理事国的弃权或缺席不影响决议的通过。常见的"非程序性事项"包括：（1）和平解决国际争端及采取有关行动；（2）向大会推荐接纳新会员国或秘书长人选；（3）建议中止会员国权利或开除会籍。本题中，"制止甲国侵略的决议案"属于上述第一类非程序性事项，对此，常任理事国的弃权不影响决议的通过，A项错误。对于非程序性事项，常任理事国拥有否决权，非常任理事国并不享有否决权，B项错误。本题中，共12票赞成（已达到9票），且没有常任理事国投反对票，常任理事国的1票弃权不影响决议的通过，符合"大国一致原则"，决议可以通过，C项正确。制止侵略行为的决议属非程序性事

项，须满足上述"大国一致原则"，仅简单多数赞成不能通过，D项错误。

33. 答案 D

【解析】本题考查边境制度。对于界标的维护，在已设界标边界线上，相邻国家对界标的维护负有共同责任，应使界标的位置、形状、型号和颜色符合边界文件中规定的一切要求，D项正确；双方应采取必要措施防止界标被移动、损坏或灭失，若一方发现上述情况，应尽快通知另一方，在双方代表在场的情况下修复或重建，A项错误。对于边境事件的处理，相邻国家通常通过协议，由双方代表成立处理边境地区事项的机构，专门处理边境和边民有关的问题，如偷渡、违章越界、损害界标等事项。本题中，对于偷渡问题应由甲乙两国成立的共同机构进行管理，B、C项错误。

34. 答案 B

【解析】本题考查国际法院。国际法院的法官在联合国大会和安理会中分别独立进行选举，只有在两个机关同时获得绝对多数票方可当选，安理会常任理事国对法官选举没有否决权，A项错误。国际法院是联合国的司法机关，具有诉讼管辖（受理有关国家提起的诉讼）和咨询管辖（向某些主体提供法律咨询）两项职权，B项正确。对于咨询管辖，联合国大会、大会临时委员会、安理会、经社理事会、托管理事会等以及经大会授权的联合国专门机构或其他机构，可以请求国际法院发表咨询意见，而任何国家、团体、个人包括联合国秘书长，都无权请求法院发表咨询意见，C项错误。国际法院的判决具有终局性，一经作出即对当事国产生拘束力，当事国必须履行，如一方拒不履行判决，他方可

向安理会提出申诉，安理会可以作出建议或决定采取措施执行判决，D项错误。

35. 答案 A

本题考查宣告失踪的法律适用。《涉外民事关系法律适用法》第13条规定："宣告失踪或者宣告死亡，适用自然人经常居所地法律。"本题中，阮某和李某的经常居所均在中国上海，故宣告两人失踪均应适用中国法，A项正确。

36. 答案 B

【解析】本题考查不当得利的法律适用。《涉外民事关系法律适用法》第47条规定："不当得利、无因管理，适用当事人协议选择适用的法律。当事人没有选择的，适用当事人共同经常居所地法律；没有共同经常居所地的，适用不当得利、无因管理发生地法律。"根据该条，对于不当得利的法律适用，当事人有选择的首先要依其选择，没有选择的，才考虑适用共同经常居所地法或不当得利发生地法，B项正确，A、C、D项错误。

37. 答案 A

【解析】本题考查涉外结婚的法律适用。结婚条件，即结婚实质要件，指婚姻双方当事人缔结有效婚姻必须满足的实体条件，如结婚意思表示真实、符合法定婚龄、未患有法定禁止结婚的疾病等。法定婚龄属结婚条件范畴，对此，《涉外民事关系法律适用法》第21条规定："结婚条件，适用当事人共同经常居所地法律；没有共同经常居所地的，适用共同国籍国法律；没有共同国籍，在一方当事人经常居所地或者国籍国缔结婚姻的，适用婚姻缔结地法律。"本题中，当事人没有共同经常居所，也没有共同国籍，而在一方经常居所地（中国）结婚，故结婚条件应适用婚姻缔结地法，即中国法，A项正确，D项错误。结婚手续，即结婚形式要件，指婚姻关系成立应当履行的法定程序。对此，《涉外民事关系法律适用法》第22条规定："结婚手续，符合婚姻缔结地法律、一方当事人经常居所地法律或者国籍国法律的，均为有效。"本题中，双方的经常居所地和国籍国分别为德国和中国，婚姻缔结地在中国，故结婚手续符合中国法或德国法，均为有效，B项错误。从上述分析也可看出，结婚相关事项所适用的法律并不相同，C项错误。

38. 答案 B

【解析】本题考查国际民商事管辖和合同的法律适用。《民事诉讼法》第265条规定："因合同纠纷或者其他财产权益纠纷，对在中华人民共和国领域内没有住所的被告提起的诉讼，如果合同在中华人民共和国领域内签订或者履行，或者诉讼标的物在中华人民共和国领域内，或者被告在中华人民共和国领域内有可供扣押的财产，或者被告在中华人民共和国领域内设有代表机构，可以由合同签订地、合同履行地、诉讼标的物所在地、可供扣押财产所在地、侵权行为地或者代表机构住所地人民法院管辖。"本题中，虽然当事人在中国境内没有可供扣押的财产，亦无居所，但合同在中国领域内签订，同时诉讼标的物在中国境内，故中国法院有权管辖，A项错误。根据该条，此类案件可以由合同签订地或诉讼标的物所在地法院管辖，B项正确，C项错误。

对于合同的法律适用，《涉外民事关系法律适用法》第41条规定："当事人可以协议选择合同适用的法律。当事人没有选择的，适用履行义务最能体现该合同特征的一方当事人经常居所地法律或者其他与该合同有最密切联系的法律。"对于可选择的法律，最高院《关于适用〈中华人民共和国涉外民事关系法律适用法〉若干问题的解释（一）》第7条规定："一方当事人以双方协议选择的法律与系争的涉外民事关系没有实际联系为由主张选择无效的，人民法院不予支持。"可见，当事人选择的法律不一定要与合同有实际联系，本题中可选择的法律并不仅限于中国法或俄罗斯法，D项错误。

39. 答案 A

【解析】本题考查域外送达和域外取证。对于外国法院向在我国的受送达人送达，外国驻我国使领馆可以向其本国公民送达文书，但不得违反我国法律，不得对当事人采取强制措施，A项正确。使领馆途径送达无须外交部同意，C项错误。对于向在我国的当事人取证，我国允许领事取证的方式，即外国驻华使领馆可直接向其在华的本国公民调查取证，但同样不得违反我国法律，不得对当事人采取强制措施，B、D项错误。

40. 答案 B

【解析】本题考查《国际货物销售合同公约》。下列问题由于各国法律规定分歧较大，难以统一，《国际货物销售合同公约》没有涉及：（1）有关销售合同的效力或惯例的效力；（2）所有权转移问题；（3）货物引起的人身伤亡责任。A项错误。预期违反合同，指合同订立后，履行期到来前，一方明示拒绝履行合同，或通过其行为推断其将不履行。根据公约，如果被中止方的行为表明他将不能履行合同中的大部分

重要义务，则合同一方可以中止履行义务，C项错误；无论货物发运前还是发运后，中止履行的一方必须通知另一方，B项正确。如另一方对履行义务提供了充分保证，则中止履行的一方必须继续履行，D项错误。

41. 答案 C

【解析】本题考查海洋货物运输与保险以及信用证。遭遇台风属于自然灾害，根据《海牙规则》，对于自然灾害造成的损失，承运人可以免责，A项错误。本题中，货物投保的是平安险，在平安险下，自然灾害造成的全部损失属于保险公司的承保范围，C项正确。根据UCP600第4条所确立的信用证独立原则，就性质而言，信用证与可能作为其依据的销售合同或其他合同是相互独立的交易，不允许银行以买方与卖方之间对有关基础合同履行的争议，作为不付款、少付款或延期付款的理由；也不允许买方以其与卖方之间的合同履行方面的争议为理由，限制银行向受益人付款，B项错误。保兑信用证，指经另一家银行加以保证兑付的信用证。在保兑信用证下，保兑行的责任相当于本身开证，无论开证行发生什么变化、是否承担兑付责任，保兑行都不得单方面撤销其保兑，D项错误。

42. 答案 B

【解析】本题考查反倾销。《反倾销条例》第20条第3款规定："商务部认为必要时，可以派出工作人员赴有关国家（地区）进行调查；但是，有关国家（地区）提出异议的除外。"A项错误。该条例第42条规定："反倾销税税额不超过终裁决定确定的倾销幅度。"B项正确。该条例第31条规定："倾销进口产品的出口经营者在反倾销调查期间，可以向商务部作出改变价格或者停

止以倾销价格出口的价格承诺。商务部可以向出口经营者提出价格承诺的建议。商务部不得强迫出口经营者作出价格承诺。"C项错误。该条例第48条规定："反倾销税的征收期限和价格承诺的履行期限不超过5年；但是，经复审确定终止征收反倾销税有可能导致倾销和损害的继续或者再度发生的，反倾销税的征收期限可以适当延长。"D项错误。

43. 答案 A

【解析】本题考查国际知识产权许可协议。国际知识产权许可协议，指知识产权出让方将其知识产权的使用权在一定条件下跨越国境让渡给知识产权受让方，由受让方支付使用费的合同。依许可权利的大小不同，国际知识产权许可协议可以分为独占许可、排他许可和普通许可。（1）独占许可协议，指在协议约定的时间及地域内，许可方授予被许可方技术的独占使用权，许可方不能在该时间及地域范围内再使用该项出让的技术，也不能将该技术使用权另行转让给第三方。（2）排他许可协议，是指在协议约定的时间及地域内，被许可方拥有受让技术的使用权，许可方仍保留在该时间和地域内对该项技术的使用权，但不能将该项技术使用权另行转让给第三方。（3）普通许可协议，是指在协议规定的时间及地域内，被许可方拥有受让技术的使用权，许可方仍保留在该时间和地域内对该项技术的使用权，且能将该项技术使用权另行转让给第三方，即被许可方、许可方和第三方都可使用该项技术。本题涉及独占许可，协议约定的区域为亚太地区，许可方乙公司仅在该区域内不得再使用该项技术，也不能将该技术使用权另行转让给第三方，但并不妨碍乙公司在其他地区使用该项技术或转让给另一家公司在其他地区使用，A项正确，B、C、D项错误。

44. 答案 D

【解析】本题考查多边投资担保机构。多边投资担保机构主要承保货币汇兑险、征收和类似措施险、战争与内乱险、政府违约险四类风险，此外，应投资者与东道国联合申请，并经机构董事会特别多数票通过，承保范围还可扩大到上述险别以外的其他非商业风险。（1）货币汇兑险，承保由于东道国采取的任何措施，限制将货币兑换成可自由使用的货币或汇出东道国的风险，货币贬值不属于货币汇兑险的范畴，A项错误。（2）征收和类似措施险，承保由于东道国政府采取的任何立法或措施，剥夺了投资者对其投资的所有权或控制权，或剥夺了其投资中产生的大量收益的风险。东道国为了管辖境内的经济活动而采取的普遍适用的措施，如本题中乙国制定新的税法导致企业所得税的增加，不应被视为征收措施，C项错误。（3）战争与内乱险，承保因影响投资项目的战争或内乱而导致的风险。这里的"内乱"须具有政治目的，通常指直接针对政府的、为推翻政府或将该政府驱逐出特定地区的有组织的暴力活动。有关内乱必须是由追求广泛的政治或思想目标的集团所引起或实施的，包括革命、暴乱、政变等，但单纯的为促进工人、学生或其他特别群体利益所采取的行动，以及具体针对投保人的恐怖主义行为、绑架或类似行为，不能视为内乱，B项错误。（4）政府违约险，承保因东道国政府违反其与投资者签订的合同，且投资者无法求助于司法或仲裁部门作出裁决，或司法或仲裁部门未能在合理期限内作出裁决，或者有这样的裁决而不能实施，D项正确。

45. 答案 A

【解析】阳光是最好的防腐剂，诉讼程序的每一阶段和步骤都应当以当事人和社会公众看得见的方式进行。最高院全面推进审判流程公开、裁判文书公开、执行信息公开三大平台建设，明确要求法院的生效裁判文书应当在互联网公布，但有涉及国家秘密、个人隐私、涉及未成年人违法犯罪，以调解方式结案或者其他不宜在互联网公布的裁判文书除外。A项正确。检察院应当通过互联网、电话、邮件、检察服务窗口等方式，向相关人员提供案件程序性信息查询服务，向社会公开重要案件信息和法律文书以及办理其他案件信息公开工作。可见，提供案件程序性信息查询服务是向相关人员，向社会公开的是重要案件信息和法律文书。B项错误。党的十八届四中全会的《决定》，明确规定：构建开放、动态、透明、便民的阳光司法机制，推进审判公开、检务公开、警务公开、狱务公开，依法及时公开执法司法依据、程序、流程、结果和生效法律文书，杜绝暗箱操作。加强法律文书释法说理，建立生效法律文书统一上网和公开查询制度。可见，狱务也要公开，C项错误。律师制作的法律文书不属于司法公开的范围，D项错误。

46. 答案 D

【解析】《人民法院工作人员处分条例》分别从政治纪律、办案纪律、廉政纪律、组织人事纪律、财经纪律、失职行为、违反管理秩序和社会道德的行为等方面，对法院工作人员的职务行为和日常生活行为进行了全面的规范。参与迷信活动，属于违反管理秩序和社会道德的行为，如果造成不良影响，应给予警告、记过或记大过处分。可见，A项错误。张法官参与迷信活动，已然在社会中造成了不良影响，因此应当给予纪律处分。维持社会治安属于公安机关的职权范围，而且法官的特点是不告不理，主动出手施救并非法官的长项。B项中，李法官乘车时对正在实施的盗窃行为视而不见，小偷威胁失主也不出面制止，这属于违背日常社会道德规范的行为，但与其职业道德没有关系，批评教育即可，不应受到纪律处分。B项错误。需要注意的是，《检察人员纪律处分条例（试行）》第97条规定："遇到国家财产和人民群众生命财产受到严重威胁时，能救而不救，情节较重，给予警告、记过或者记大过处分；情节严重，给予降级、撤职或者开除处分。"可见，如果是检察人员遇到了B项中的情况，则有施救的义务，否则应当受到纪律处分。检察官在职业活动中要尊重律师的职业尊严，支持律师履行法定职责，依法保障和维护律师参与诉讼活动的权利；秉持清正廉洁的职业操守，理性履职，不私下为所办案件的当事人介绍辩护人或者诉讼代理人。何检察官在讯问犯罪嫌疑人时，反复提醒犯罪嫌疑人注意其聘请的律师执业不足2年，暗示犯罪嫌疑人聘请的律师能力不足，试图诱导当事人更换律师，明显不妥当，C项错误。检察机关作为国家的法律监督机关，主要是监督相应的国家机关及其工作人员依法履职。对于私人的违法行为，原则上应根据法律规定由有关机关依法处理。来访人举报他人骗取宅基地使用权证，属于行使检举权的范畴，应向有关机关提出。刘检察官接访时，发现该事项不属于检察院职权范围，让来访人前往国土局信访室举报，其做法是恰当的。D项正确。

47. 答案 C

【解析】检察一体原则，又称为检察权统一行使原则，是指各级检察机关、检察官依法构成统一的整体，上下级检察机关、检察官之间存在着上命下从的领导关系；各地各级检察机关之间具有职能协助的义务；检察官之间和检察院之间在职务上可以发生相互承继、移转、代理关系；等等。C项正确，D项错误。检察一体原则具体而言，包括以下内容：

（1）人民检察院内部实行的是检察长负责制与检察委员会集体领导相结合的领导体制。检察长是人民检察院的首长，统一领导检察院的工作，对检察院的工作享有组织领导权、决定权、任免权、提请任免权、代表权等权力，负有全面的领导责任；

（2）检察委员会实行民主集中制，在检察长的主持下，讨论决定重大案件和问题；如果检察长在重大问题上不同意多数人的决定，可以报请本级人大常委会决定；可见，不能将检察委员会和检察长理解为领导关系，A项错误。

（3）各级检察机关、检察官依法构成统一的整体，在行使职权、执行职务的过程中实行"上命下从"，即上级检察院领导下级检察院的工作，下级检察院根据上级检察机关、检察官的指示和命令进行工作。比如上级检察院有权通过指示、批复、规范性文件指导工作；有权领导下级检察院办案，包括决定案件的管辖和指挥其办案，纠正或撤销下级检察院的决定；等等。检察官独立行使检察权，要受到检察一体

原则的限制。B项错误。

48. 答案 C

【解析】辩护律师接受犯罪嫌疑人、被告人委托或者法律援助机构的指派后，应当告知办案机关，并可以依法向办案机关了解犯罪嫌疑人、被告人涉嫌或者被指控的罪名及当时已查明的该罪的主要事实，犯罪嫌疑人、被告人被采取、变更、解除强制措施的情况，侦查机关延长侦查羁押期限等情况，办案机关应当依法及时告知辩护律师。可见，律师受委托或指派后，告知办案机关，这是义务；受托后，是否向办案机关了解相关信息，这是律师的权利，可以了解，也可以不了解；但一旦律师要求了解，对办案机关来说，依法及时告知相关信息就是义务，所以是应当，不得拒绝。A项错误。看守所应当设立会见预约平台，采取网上预约、电话预约等方式为辩护律师会见提供便利，但不得以未预约会见为由拒绝安排辩护律师会见。可见，会见预约平台是所有的看守所都必须设立的；其次，设立会见预约平台是为了给辩护律师提供便利；但未预约，也可会见，看守所不得拒绝。预约并非会见的必要条件。B项错误。辩护律师在侦查期间要求会见危害国家安全犯罪、恐怖活动犯罪、特别重大贿赂犯罪案件在押的犯罪嫌疑人的，应当向侦查机关提出申请；侦查机关应当依法及时审查辩护律师提出的会见申请，在三日以内将是否许可的决定书面答复辩护律师，并明确告知负责与辩护律师联系的部门及工作人员的联系方式：（1）对许可会见的，应当向辩护律师出具许可决定文书；（2）因有碍侦查或者可能泄露国家秘密而不许可会见的，应当向辩护律

师说明理由。有碍侦查或者可能泄露国家秘密的情形消失后，应当许可会见，并及时通知看守所和辩护律师。可见，三类犯罪在侦查阶段的会见，应当申请；既然要申请，侦查机关就应当审查。不论许可不许可，都要书面答复，不许可要说明理由。C项正确。法庭审理过程中，律师就回避、案件管辖、非法证据排除、申请通知证人、鉴定人、有专门知识的人出庭、申请通知新的证人到庭、调取新的证据、申请重新鉴定、勘验等问题当庭提出申请，或者对法庭审理程序提出异议的，法庭原则上应当休庭进行审查，依照法定程序作出决定：（1）其他律师有相同异议的，应一并提出，法庭一并休庭审查；（2）法庭决定驳回申请或者异议的，律师可当庭提出复议。经复议后，律师应当尊重法庭的决定，服从法庭的安排。可见，庭审中，律师就重要事项提出申请或异议，法庭原则上应当"休庭"去审查。D项错误。

49. 答案 D

【解析】律师业既存在全行业的整体利益，也存在律师的个体利益，二者相辅相成。律师之间客观上存在竞争，但也需要合作，二者缺一不可。必须防止律师采用不正当手段与同行进行业务竞争，损害其他律师及律师事务所合法权益和律师业形象行为的出现。为了争揽业务，不正当地获取其他律师和律师事务所收费报价或其他提供法律服务的条件，再以较低收费揽收业务，这属于以不正当的竞争手段排挤对手的做法，违背了公平竞争的理念。A项错误。律师代书是以委托人的名义书写，反映了委托人的合法意志。律师代书，是以当事人名义写的，写完后交给当事人凭它去进行法律行为，当事人自己承担由此引起的法律后果。律师除了按当事人需求书写文书之外，并不进行任何法律行为，对其书写的法律文书引起的后果不负责任。所以，律师代写的法律文书应当反映当事人的意志和要求，不能超越、缩小和曲解当事人的要求。但律师代书只能反映委托人的合法意志，对当事人提出的一些无理、非法的要求，律师应予以说服、规劝，甚至拒绝代书。B项中，律师在代书起诉状时，超越了当事人的要求，增加了诉讼请求，是错误的。律师收取的费用可以分为律师费和办案费用。律师费是指律所因本所执业律师为当事人提供法律服务，而根据国家法律规定或双方的自愿协商，向当事人收取的一定数量的费用。办案费用是指律师事务所在提供法律服务过程中代委托人支付的诉讼费、仲裁费、鉴定费、公证费和查档费等费用，其不属于律师服务费，由委托人另行支付。主要包括：（1）司法、行政、仲裁、鉴定、公证等部门收取的费用；（2）合理的通讯费、复印费、翻译费、交通费、食宿费等；（3）经委托人同意的专家论证费；（4）委托人同意支付的其他费用。可见，C项表述有问题，按照胜诉金额收取的只能是律师服务费，而不能是办案费用，后者只能是律师代为支付了多少，委托人就另行支付多少，不能按比例收取。律师的辩护、代理意见未被采纳，不属于虚假承诺，律师事务所当然有权拒绝当事人的无理要求。D项正确。

50. 答案 C

【解析】公证机构名称中的字号，应当由两个以上文字组成，并不得与所在省、自治区、直辖市内设立的其他公证机构的

91

名称中的字号相同或者近似。A项错在"国内"。担任公证员，应当由符合公证员条件的人员提出申请，经公证机构推荐，由所在地的司法行政部门报省、自治区、直辖市人民政府司法行政部门审核同意后，报请国务院司法行政部门任命，并由省、自治区、直辖市人民政府司法行政部门颁发公证员执业证书。B项说由省级司法行政机关任命，是错误的。我国公证机构的主要公证业务是证明民事法律行为，如合同、继承、委托、声明、赠与、遗嘱、财产分割、招标投标、拍卖等。公证机构根据当事人的申请办理相关公证事项，对民事法律行为的真实性、合法性予以证明。其中，委托公证证明的是委托人的授权委托行为真实、合法，属于公证的业务范围。申请办理涉及不动产的公证，应当向不动产所在地的公证机构提出，但申请办理涉及不动产的委托、声明、赠与、遗嘱的公证，可以向住所地、经常居住地、行为地或事实发生地的公证机构提出。C项正确。当事人、公证事项的利害关系人认为公证书有错误的，可以向出具该公证书的公证机构提出复查。公证书的内容违法或者与事实不符的，公证机构应当撤销该公证书并予以公告，该公证书自始无效；公证书有其他错误的，公证机构应当予以更正。可见，D项表述有误，规范的表述是申请复查，而非申请复议。

51. 答案 ACD

【解析】法与政策在内容和实质方面存在联系，包括阶级本质、经济基础、指导思想、基本原则和社会目标等在根本方面具有共同性，但二者在意志属性、规范形式、实施方式、调整范围、稳定性程序化程度等方面则具有明显差别。A项正确。法律是治国之重器，良法是善治之前提。建设中国特色社会主义法治体系，必须坚持立法先行，发挥立法的引领和推动作用，抓住提高立法质量这个关键。B项中认为立法无法引领社会发展是错误的，C项提高立法质量是正确的。之所以修改《人口与计划生育法》，调整人口政策，就是为了应对当下人口老龄化和低生育率所带来的人口可持续发展能力低下的问题，D项正确。

52. 答案 ABCD

【解析】根据党的十八届四中全会的《决定》，要推进各级政府事权规范化、法律化，完善不同层级政府特别是中央和地方政府事权法律制度，强化中央政府宏观管理、制度设定职责和必要的执法权，强化省级政府统筹推进区域内基本公共服务均等化职责，强化市县政府执行职责。A项正确。

对行政审批涉及的中介服务事项进行清理，除法律、法规、规章和国务院决定按照《行政许可法》有关行政许可条件要求规定的中介服务事项外，审批部门不得以任何形式要求申请人委托中介服务机构开展服务，不得要求申请人提供相关中介服务资料。审批部门所属事业单位、主管的社会组织及其举办的企业，不得开展与本部门行政审批相关的中介服务，需要开展的应转企改制或与主管部门脱钩。对专业性强、市场暂时无力承接，短期内仍需由审批部门所属（主管）单位开展的中介服务，审批部门必须明确过渡时限。同时，审批部门不得以任何形式指定中介服务机构。行业协会、商会类中介服务机构一律与审批部门脱钩，平等参与中介服务市场竞争。这些做法均有助于切断中介服务的利益关联,符合法治政府的基本精神。B项正确。

党的十八届四中全会的《决定》指出,要完善行政组织和行政程序法律制度,推进机构、职能、权限、程序、责任法定化。行政机关要坚持法定职责必须为、法无授权不可为,勇于负责、敢于担当,坚决纠正不作为、乱作为,坚决克服懒政、怠政,坚决惩处失职、渎职。行政机关不得法外设定权力,没有法律法规依据不得作出减损公民、法人和其他组织合法权益或者增加其义务的决定。推行政府权力清单制度,坚决消除权力设租寻租空间。C项正确。《决定》指出,要按照职权法定的原则,以清权厘权、减权简权、确权制权为目标,对各种行政权力进行全面梳理,明确地方各级政府及其工作部门依法能够行使的职权范围,编制权力目录;对保留的行政权力,按照规范运行和便民高效的原则,完善程序,明确办理期限、承办机构等事项,减少运转环节。D项正确。

53. 答案 ABCD

【解析】最高人民法院、公安部联合制定并下发了《关于刑事被告人或上诉人出庭受审时着装问题的通知》,该《通知》明确要求,人民法院开庭时,刑事被告人或上诉人不再穿着看守所的识别服出庭受审;以后,刑事被告人或上诉人穿着正装或便装出庭受审,既不需要其主动提出申请,也不需要任何机构或个人批准。人民法院到看守所提解在押刑事被告人或上诉人的,看守所应当将穿着正装或便装的在押刑事被告人或上诉人移交人民法院。因监管需要在看守所内穿着识别服的在押刑事被告人或上诉人,应在看守所内将识别服更换为正装或者便装。A项正确。

党的十八届四中全会的《决定》指出,要推进覆盖城乡居民的公共法律服务体系建设,加强民生领域法律服务;完善法律援助制度,扩大援助范围,健全司法救助体系,保证人民群众在遇到法律问题或者权利受到侵害时获得及时有效的法律帮助。B项正确。《决定》指出,要切实解决执行难的问题,制定强制执行法,规范查封、扣押、冻结、处理涉案财物的司法程序;加快建立失信被执行人信用监督、威慑和惩戒法律制度;依法保障胜诉当事人及时实现权益。C项正确。

《最高人民法院关于审理未成年人刑事案件的若干规定》(2000年)第十一条规定,对在开庭审理时不满十六周岁的未成年人刑事案件,一律不公开审理;对在开庭审理时不满十八周岁的未成年人刑事案件,一般也不公开审理。如果有必要公开审理的,必须经过本院院长批准,并且应限制旁听人数和范围。据此,D项正确。但是,根据2015年1月12日最高人民法院发布的"法释〔2015〕2号",即《最高人民法院关于废止部分司法解释和司法解释性质文件(第十一批)的决定》,《最高人民法院关于审理未成年人刑事案件的若干规定》因为已被《刑事诉讼法》及《最高人民法院关于适用〈中华人民共和国刑事诉讼法〉的解释》修正,因此《规定》已经被废止。新《刑事诉讼法》第274条规定:"审判的时候被告人不满十八周岁的案件,不公开审理;但是,经未成年被告人及其法定代理人同意,未成年被告人所在学校和未成年人保护组织可以派代表到场。"可见,只要是审判时不满18周岁的未成年人刑事案件,一律不公开审理,而不应仅仅局限于未满16周岁的未成年人。D项其实存在瑕疵。

54. 答案 ABC

【解析】村规民约，是指村民群众根据有关法律、法规、政策，结合本村实际制定的涉及村风民俗、社会公共道德、公共秩序、治安管理等方面的综合性规定，是全体村民共同利益的集中体现，是国家法律法规在最基层的具体体现，同时也是村民之间的契约。村规民约是村民进行自我管理、自我教育、自我约束的有效形式，属于《中华人民共和国宪法》第24条规定的"各种守则、公约"的一种。可见，A、B、C项正确。村规民约不具有明定的法律效力，因此属于非正式法律渊源，不可直接作为法官裁判案件的法律根据，D项错误。

55. 答案 BC

【解析】我国的调解制度主要由三个部分组成：一是法院调解，亦称诉讼调解，是指在人民法院的主持下通过说服教育，促使双方当事人达成和解协议的活动；二是行政调解，是指在具有调解纠纷职能的国家行政机关的主持下对纠纷进行调解的活动；三是人民调解，是指在人民调解委员会的主持下，依法对民间纠纷当事人说服劝解、消除纷争的一种群众自治活动。根据《宪法》《民事诉讼法》《人民调解委员会组织条例》的规定，人民调解委员会是调解民间纠纷的群众性组织，在基层人民政府和基层司法行政机关指导下进行工作。

法治工作队伍包括法治专门队伍和社会法律服务队伍，是国家治理队伍的一支重要力量，处于法治实践的最前沿。其中，法治专门队伍包括立法队伍、行政执法队伍、司法队伍；而律师、公证员、基层法律服务工作者、人民调解员、法律服务志愿者等均属于社会法律服务队伍。A项错误。

《人民调解法》第33条规定："经人民调解委员会调解达成调解协议后，双方当事人认为有必要的，可以自调解协议生效之日起三十日内共同向人民法院申请司法确认，人民法院应当及时对调解协议进行审查，依法确认调解协议的效力；人民法院依法确认调解协议有效，一方当事人拒绝履行或者未全部履行的，对方当事人可以向人民法院申请强制执行。"可见，B项正确。

人民调解是人民群众自我管理、自我教育的好形式，它能够增进人民团结，维护社会安定，减少纠纷，预防犯罪，有助于缓解群众日益增长的司法需求与国家司法资源不足之间的矛盾。C项正确。

根据《人民调解法》的规定，人民调解委员会调解民间纠纷，应当遵循下列原则：（一）在当事人自愿、平等的基础上进行调解；（二）不违背法律、法规和国家政策；（三）尊重当事人的权利，不得因调解而阻止当事人依法通过仲裁、行政、司法等途径维护自己的权利。可见，D项错误。

56. 答案 ACD

【解析】安全、稳定、和平等属于秩序价值。航空公司依《民用航空法》须保障飞行安全，即体现了秩序价值。《合同法》规定航空公司负有强制缔约义务，意在保障公民的出行自由。因此，本案反映了法的自由价值和秩序价值之间的冲突。A项正确。无论法律有无明文规定，法官的自由裁量都必须受到合理限制。法官必须依法裁判，运用法律解释方法、法的非正式渊源、法律论证等原理和技术填补漏洞，而不能随心所欲、为所欲为。B项错误。国际条约是指我国作为国际法主体同外国缔结的双边、多边协议和其他具有条约、协定性质的文件。条约生效后，根据"条约必须遵守"的国际惯例，对缔约国的国家机关、团体和公民就具有法律上的约束力，因而国际条约也是当代中国法的渊源之一。国际惯例是指以国际法院等各种国际裁决机构的判例所体现或确认的国际法规则和国际交往中形成的共同遵守的不成文的习惯。国际惯例是国际条约的补充。因而国际惯例也是当代中国法的渊源之一。C项正确。通过国家"认可"形成法律依据可分两种情况：一种是国家立法者在制定法律时将已有的不成文的零散的社会规范系统化、条文化，使其上升为法律；另一种是立法者在法律中承认已有的社会规范具有法的效力，但却未将其转化为具体的法律规定，而是交由司法机关灵活掌握，如有关"从习惯""按政策办"等规定。本案中的行业惯例被法院所认可，因而可以作为裁判依据。D项正确。

57. 答案 BC

【解析】《危险化学品安全管理条例》是国务院制定的行政法规，《安全生产法》是法律，很明显二者位阶不同，后者的法律效力高于前者。A项错误。公法与私法的划分，是大陆法系国家的一项基本分类。现在公认的公法部门包括了宪法和行政法等，私法包括了民法和商法等。行政处罚属于行政法律部门中的内容，当然属于公法范畴。B项正确。耀亚公司以处罚违法为由诉至法院后，法院应当根据法的效力位阶确定适用何种法律规范。在本案中，《安全生产法》的位阶高于《危险化学品安全管理条例》，根据"上位法优于下位法"的效力位阶原则，当然应当适用《安全生产法》判断行政处罚的合法性。C项正确。《危险化学品安全管理条例》是国务院制定的行政法规。《立法法》第97条的规定："全国人民代表大会常务委员会有权撤销同《宪法》和法律相抵触的行政法规。"进一步来说，我国采用的并非三权分立体制，而是议行合一的体制，法院无权审查人大的立法、国务院的行政法规，本案中条例的撤销只能由全国人大常委会进行。D项错误。

58. 答案 ABCD

【解析】《立法法》第92条规定："同一机关制定的法律、行政法规、地方性法规、自治条例和单行条例、规章，特别规定与一般规定不一致的，适用特别规定；新的规定与旧的规定不一致的，适用新的规定。"A项正确。在同一法律内部，规则相对于原则应当优先适用。法律原则的适用条件有三：（1）穷尽法律规则，方得适用法律原则。（2）除非为了实现个案正义，否则不得舍弃法律规则而直接适用法律原则。（3）没有更强理由，不得径行适用法律原则。这三个条件都说明了在同一法律内部法律规则相对于法律原则适用的优先性。B项正确。一般而言，总则规定一般原理，分则规定具体的内容，总则与分则之间的关系，是一种抽象与具体、普遍与特殊的关系，也可以说总则相当于一般规定，分则相当于具体规定。但是，事实上，由于总则的许多规定并没有抽象出分则的全部内容，或者说没有全面抽象分则的规定，因此，一些总则条款无法适用于全部分则条款。当《刑法》分则中存在着不同于总则条款的例外或者说特别规定时，根据特别法优于一般法的基本原理，应当排除总则规定的适用，优先适用分则特别条款，这就是所谓"分则对总则排除适用现象"。C、D项正确。

59. 答案 BD

【解析】法律责任的竞合是指同一法律主体实施了一个行为而导致了数个相互冲突的法律责任产生，最后只追究了一个责任的情况。在本案中，李某承担了刑事责任，也不会影响其民事责任的承担，刑事责任和民事责任之间不存在竞争关系，因此不属于竞合。A项错误。调整性法律关系和保护性法律关系相对。调整性法律关系是基于人们的合法行为而产生的法律关系，保护性法律关系是由于违法行为而产生的法律关系。本案中，法院认为"借款合同并不因李某犯罪而无效"，这说明法院通过认定借款合同有效而肯定了李某与王某之行为的合法性，由此，该行为所引起的李某与王某间的借款合同法律关系属于调整性法律关系。B项正确。除了王某起诉行为之外，民事诉讼法律关系的产生至少还需要法院的受理行为，C项错误。李某与王某之间的借款关系属于民事法律关系，它遵循着"意思自治"的基本精神，除法律另有规定外，当事人原则上可以任意处分自己的私权利。因此，王某可以免除李某的部分民事责任。D项正确。

60. 答案 ABC

【解析】守法指公民、社会组织和国家机关以法律为自己的行为准则，依照法律行使权利、履行义务的活动。因此，守法不仅包括消极、被动的守法，还包括根据授权性法律规范积极主动地行使自己的权利，实施法律。王某申请信息公开属于积极主动行使自己法定权利的守法行为。A项正确。强制作用是指法可以通过制裁违法犯罪行为来强制人们遵守法律。法院判决环保局败诉，只是对环保局进行了否定性评价，体现了评价作用，题干并未明示如何惩罚、制裁，未体现法的强制作用。B项错误。社会监督，即非国家机关的监督，指由各政党、各社会组织和公民依照《宪法》和有关法律，对各种法律活动的合法性所进行的监督。王某通过起诉环保局，对环保局公开信息活动的合法性进行监督，当然属于社会监督。C项正确。绝对权利又称"对世权利"，是对应不特定的法律主体的权利，绝对权利对应不特定的义务人。相对权利又称"对人权利"，是对应特定的法律主体的权利，"相对权利"对应特定的义务人。在本案中，王某起诉，与之相对应的应诉义务主体只是市环保局，而非不特定义务主体，因此，王某的诉权属于相对权利。D项正确。

61. 答案 ABD

【解析】宪法宣誓制度的建立有助于树立宪法的权威，A项正确。该《决定》第8条规定，"宣誓场所应当庄重、严肃，悬挂中华人民共和国国旗或者国徽。"B项正确。宣誓主体包括"各级人民代表大会及县级以上各级人民代表大会常务委员会选举或者决定任命的国家工作人员，以及各级人民政府、人民法院、人民检察院任命的国家工作人员。"C项错误。该《决定》第6条规定，"全国人民代表大会常务委员会任命或者决定任命的最高人民法院副院长、审判委员会委员、庭长、副庭长、审判员和军事法院院长，最高人民检察院副检察长、检察委员会委员、检察员和军事检察院检察长，中华人民共和国驻外全权代表，在依照法定程序产生后，进行宪法宣誓。宣誓仪式由最高人民法院、最高人民检察院、外交部分别组织。"D项正确。

62. **答案** BCD

【解析】《宪法》第1条第2款规定："社会主义制度是中华人民共和国的根本制度。禁止任何组织或者个人破坏社会主义制度。"A项错误。社会保障制度是基本社会制度的核心内容，甚至说狭义上的社会制度就是指社会保障制度。B项正确。我国现行宪法对基本社会制度的规定主要包括以下方面：（一）社会保障制度（二）医疗卫生事业（三）劳动保障制度（四）人才培养制度（五）计划生育制度（六）社会秩序及安全维护制度。就劳动保障制度而言，职工的工作时间和休假制度由宪法加以明确规定，《宪法》第43条规定，"中华人民共和国劳动者有休息的权利。国家发展劳动者休息和休养的设施，规定职工的工作时间和休假制度。"C项正确。随着社会的发展，"法律社会化"现象的出现，又形成了一种新的法律即社会法，如社会保障法等。因此，加强社会法的实施顺理成章地成为发展与完善我国基本社会制度的重要途径。D项正确。

63. **答案** BCD

【解析】监督权是宪法赋予公民监督国家机关及其工作人员的活动的权利，其内容包括批评建议权、控告检举权和申诉权。本案中，张某批评王某，其实是张某行使监督权的表现。虽然公安机关错误地以诽谤他人为由行政拘留张某，但是，法院已经依法撤销了公安机关的这一行政处罚决定，这充分说明了张某并未捏造或者歪曲事实诬告陷害王某，因此，王某人格尊严并未受到侵犯。A项错误。教材指出，人身自由是指公民的身体不受非法侵犯，即不受非法限制、搜查、拘留和逮捕。题干表明，法院依法撤销了公安机关的这一行政处罚决定，这充分说明了公安机关行政拘留张某是违法的，因此，张某的人身自由受到侵犯。B项正确。为了保障公民监督权的有效行使，《宪法》第41条第1款规定："中华人民共和国公民对于任何国家机关和国家工作人员，有提出批评和建议的权利；对于任何国家机关和国家工作人员的违法失职行为，有向有关国家机关提出申诉、控告或者检举的权利。"公安机关并未查清事实就对张某予以行政拘留，后被法院依法撤销，这说明公安机关的这一行政行为当然侵犯了张某的监督权。C项正确。宪法规定了公民的获得赔偿权。教材指出，现行的《国家赔偿法》在归责原则方面改变了之前采用的严格的违法原则，第2条第1款规定："国家机关和国家机关工作人员行使职权，有本法规定的侵犯公民、法人和其他组织合法权益的情形，造成损害的，受害人有依照本法取得国家赔偿的权利。"并首次明确，致人精神损害、造成严重后果的，赔偿义务机关应当支付"精神损害抚慰金"。D项正确。

64. **答案** BD

【解析】宪法规定，全国人大代表在全国人大各种会议上的发言和表决不受法律追究。可见，全国人大代表并没有绝对的言论自由，只有在全国人大各种会议上的言论不受法律追究，在其他场合的言论当然应当受到追究。A项错误。全国人大代表有权参加各项选举和表决。全国人大代表参加决定国务院组成人员（各部部长、各委员会主任在内）和中央军事委员会副主席、委员的人选，参加表决通过全国人大各专门委员会组成人员的人选。B项正确。全国人大代表有人身受特别保护权。根据宪法和全国人民代表大会组织法、代表法的规定，在全国人大开会期间，没有经过全国人大会议主席团的许可，在全国人大闭会期间，没有经过全国人大常委会的许可，全国人大代表不受逮捕或者刑事审判。C项错误。根据宪法的规定，全国人大会议每年举行一次。如果全国人大常委会认为有必要或者1/5以上的全国人大代表提议，可以临时召集。D项正确。

65. **答案** ACD

【解析】宪法实施既有直接实施，也有间接实施。宪法的间接实施主要是指宪法通过法律规范的具体化来作用于具体的人和事，国家的其他法律和法律性文件是以宪法为基础并且不能与宪法相抵触。A项表述符合法理。地方各级审计机关属于本级人民政府的工作部门，实行双重负责制，因此应对本级人民政府和上一级审计机关负责并报告工作，审计业务以上级审计机关领导为主。B项错误。审计机关对国务院各部门和地方各级人民政府的财政收支，对国家的财政金融机构和企事业组织的财务收支，实行审计监督。C、D项正确。

66. **答案** ABCD

【解析】《政府信息公开条例》第十条规定，县级以上各级人民政府及其部门应当在各自职责范围内确定主动公开的政府信息的具体内容，……（五）行政事业性收费的项目、依据、标准……。A项正确。

县级以上地方各级人大常委会有权监督本级政府、法院和检察院的工作。其形式之一就是听取和审议"一府两院"的专项工作报告。与此相适应，《各级人民代表大会常务委员会监督法》第九条规定，"人民政府、人民法院和人民检察院可以向本级人民代表大会常务委员会要求报告专项工作。"B项正确。省、自治区、设区的市的人大常委会组成人员5人以上联名，县级人大常委会组成人员3人以上联名，可以提出对本级政府、法院、检察院的质询案，由主任会议决定交受质询机关答复。C项正确。人大代表有权提出议案、质询案、罢免案等。县级以上地方各级人大代表10人以上联名，有权提出对本级人民政府及其所属各工作部门、人民法院、人民检察院的质询案。D项正确。

67. **答案** AD

【考点】协议行为。

【设题陷阱与常见错误分析】本题针对行业协会促成行业内经营者达成协同效应的活动进行判断，考生需要明确，此行为也能确认《反垄断法》所规制的协议行为。且协议行为的惩罚规则是"以行为论，而非结果罚"，只要有协议达成，无论是否实施，均需受到《反垄断法》规制。

【解析】根据《反垄断法》第16条："行业协会不得组织本行业的经营者从事本章禁止的垄断行为。"题目所述情形属于行业协会组织的协议行为，应当为反垄断法所限制，所以A项正确，B、C项错误。

第46条："经营者违反本法规定，达成并实施垄断协议的，由反垄断执法机构责令停止违法行为，没收违法所得，并处上一年度销售额百分之一以上百分之十以下的罚款；尚未实施所达成的垄断协议的，可以处五十万元以下的罚款。"所以对于协议行为的法律责任，要求"以行为论，而非结果罚"。所以，只要达成协议，哪怕没有实施，也可以处以罚款。D项正确。

【评价及预测】协议行为是我国《反垄断法》规定的四大垄断行为之一，涉考性很强。考生需要明确，横向协议、纵向协议以及适用除外的规定，另外，考生需要掌握：经营者只要实施了达成协议的行为，即可认定协议行为，无须考虑结果。当然如果经营者只是达成协议并未实施，对竞争的危害性相对较小，但不能因此认定不违法，只是在处罚的时候可以酌情考虑区别对待。

关于行业协会的限制竞争行为，考生容易混淆的一点是，行业协会作为维护成员利益并代表行业利益从事活动的社团法人，对本行业的经营者具有一定的自律管理权，但不得组织经营者实施反竞争的行为，否则会认定违法。

对于反垄断机构，我国《反垄断法》规定，只有国务院反垄断机构及其授权的省级人民政府相应机构才有权进行反垄断执法工作，实际上只有国家发改委、商务部、工商总局及其授权的省一级相应的机构才能执行反垄断执法工作。

宽容条款主要体现在违法的经营者如果能主动坦白并提供相应重要证据的，反垄断执法机构可以酌情减免其责任，来鼓励更多的违法者"自首"。

68. 答案 AD

【考点】不正当竞争。

【设题陷阱与常见错误分析】本题中最大的难点在于反不正当竞争法与知识产权法的结合。对于"善福"的标识，陈某及甲公司使用在前，张某及乙公司注册在前。为了衡平保护二者的利益，法律规定，当相应的商标注册之后，原使用权人在原范围内继续使用是允许的。所以甲、乙两公司用"善福"标识都是合法的。考生如果不清楚这一点，容易错选答案。

【解析】根据《商标法》第59条第3款："商标注册人申请商标注册前，他人已经在同一种商品或者类似商品上先于商标注册人使用与注册商标相同或者近似并有一定影响的商标的，注册商标专用权人无权禁止该使用人在原使用范围内继续使用该商标，但可以要求其附加适当区别标识。"。虽然乙公司对"善福100"申请了注册商标，但甲公司的"陈氏善福铺"起源早于乙公司，使用早于乙公司，所以陈某及甲公司有权在原使用范围内继续使用。所以A项正确，C项错误。

乙公司在其网站记载善福铺历史等内容都是甲公司的真实信息传递，不涉及损害其商誉的情形，B项错误。

《反不正当竞争法》第9条："经营者不得利用广告或者其他方法，对商品的质量、制作成分、性能、用途、生产者、有效期限、产地等作引人误解的虚假宣传。"乙公司登载本属于甲公司的相关信息，自己并没有这些历史属于虚假信息传递，D项正确。

【评价及预测】本题体现了跨部门融合考查的趋势，这也是加大考试难度的一种方式，考生需要注意，尤其是《反不正当竞争法》与《知识产权法》的结合。

69. 答案 AB

【考点】消费者权利保护、经营者义务。

【设题陷阱与常见错误分析】本题的难点在于乙公司的行为认定,乙公司作为经营者,提供的格式合同中,对于价款费用等与消费者有重大利害关系的内容需要以显著的方式提醒消费者注意。而题目中停机的情况则属于这种信息。乙公司的服务中,两种情况会引起停机:一是预付话费使用完毕;二是话费有效期满。对于第二种情况,乙公司没有充分提示给消费者,所以侵犯到消费者的知情权,但并没有欺诈或故意侵权造成严重后果,所以不适用惩罚性赔偿。考生如果不能明确这一点,容易错选答案。

【解析】《消费者权益保护法》第8条:"消费者享有知悉其购买、使用的商品或者接受的服务的真实情况的权利。"

消费者有权根据商品或者服务的不同情况,要求经营者提供商品的价格、产地、生产者、用途、性能、规格、等级、主要成分、生产日期、有效期限、检验合格证明、使用方法说明书、售后服务,或者服务的内容、规格、费用等有关情况。"题目中,乙公司与甲的合同是乙公司的格式合同,没有披露"话费有效期满暂停服务"的内容,乙公司涉嫌侵害甲的知情权,A项正确。

第26条:"经营者在经营活动中使用格式条款的,应当以显著方式提请消费者注意商品或者服务的数量和质量、价款或者费用、履行期限和方式、安全注意事项和风险警示、售后服务、民事责任等与消费者有重大利害关系的内容,并按照消费者的要求予以说明。"业务单作为经营者单方制定的格式条款,应承担如实告知、充分提醒的义务,所以B项正确。

题目中甲已经使用了乙公司提供的通信服务,需要支付相应的费用,不能要求全部预付费均退还,C项错误。

题目中乙公司作为经营者没有欺诈行为也没有故意侵权造成严重后果的情形,所以D项的惩罚性赔偿错误不能支持。

【评价及预测】经营者义务及责任是现行《消费者权益保护法》的重点内容。考生需要针对其安全保障义务;格式合同限制;真实名称标识;维护消费者个人信息安全;知假买假的责任承担等方面的内容做掌握。

70. 答案 AB

【考点】经营者的产品质量义务,产品质量监督。

【解析】《产品质量法》第26条规定:"产品质量应当符合下列要求:(一)不存在危及人身、财产安全的不合理的危险,有保障人体健康和人身、财产安全的国家标准、行业标准的,应当符合该标准;(二)具备产品应当具备的使用性能,但是,对产品存在使用性能的瑕疵作出说明的除外;(三)符合在产品或者其包装上注明采用的产品标准,符合以产品说明、实物样品等方式表明的质量状况。"由此可知A项正确。

《产品质量法》第27条规定:"产品或者其包装上的标识必须真实,并符合下列要求:(一)有产品质量检验合格证明;(二)有中文标明的产品名称、生产厂厂名和厂址;(三)根据产品的特点和使用要求,需要标明产品规格、等级、所含主要成分的名称和含量的,用中文相应予以标明;需要事先让消费者知晓的,应当在外包装上标明,或者预先向消费者提供有关资料;(四)限期使用的产品,应当在显著位置清晰地标明生产日期和安全使用期或者失效日期;(五)使用不当,容易造成产品本身损坏或者可能危及人身、财产安全的产品,应当有警示标志或者中文警示说明。"由此可知 B 项正确。

《产品质量法》第 15 条规定:"根据监督抽查的需要,可以对产品进行检验。检验抽取样品的数量不得超过检验的合理需要,并不得向被检查人收取检验费用。监督抽查所需检验费用按照国务院规定列支。"由此可知 C 项错误。

所谓召回,是由缺陷产品制造商或进口商选择修理、更换、收回等方式消除其产品可能引起人身伤害、财产损失的缺陷的过程。我国目前尚无统一的召回制度,结合《产品质量法》,参照《缺陷汽车产品召回管理规定》等有关规章,召回者应当承担消除缺陷的费用和必要的运输费,所以 D 项错误。

71. 答案 BCD

【考点】食品安全相关知识点。

【设题陷阱与常见错误分析】本题囊括的知识点比较多,涉及了食安法的适用范围,需要确认"食用农产品"的范围;食品标签的规则,对于有特殊用途的原料,需要在标签中明示其用量,否则有违食品安全标准,这一点容易被考生忽略,成为这道题的拦路虎。再有就是食品安全法律责任,首付责任制及"知假买假"的保护,考生需要全面掌握才能准确作答。

【解析】《食品安全法》第 2 条:"供食用的源于农业的初级产品(以下称食用农产品)的质量安全管理,遵守《中华人民共和国农产品质量安全法》的规定。但是,食用农产品的市场销售、有关质量安全标准的制定、有关安全信息的公布和本法对农业投入品作出规定的,应当遵守本法的规定。"橄榄调和油显然不属于食用农产品,须适用《食品安全法》而非《农产品质量安全法》,所以 A 项错误。

第 67 条:"预包装食品的包装上应当有标签。标签应当标明下列事项:

(一)名称、规格、净含量、生产日期;

(二)成分或者配料表;

(三)生产者的名称、地址、联系方式;

(四)保质期;

(五)产品标准代号;

(六)贮存条件;

(七)所使用的食品添加剂在国家标准中的通用名称;

(八)生产许可证编号;

(九)法律、法规或者食品安全标准规定应当标明的其他事项。

专供婴幼儿和其他特定人群的主辅食品,其标签还应当标明主要营养成分及其含量。

食品安全国家标准对标签标注事项另有规定的,从其规定。"

GB7718—2004《预包装食品标签通则》4.1.4.1:"如果在食品标签或食品说明书上特别强调添加了或含有一种或多种有价值、有特性的配料或成分,应标示所强调配料或成分的添加量或在成品中的含量。"所以题目所属情形,经营者在标签中标明"橄榄"字样,应该属于有价值、有特定的配料,需要标明其含量,否则有违食品安全标准,所以 B 项正确。

《食品安全法》第 148 条:"消费者因不符合食品安全标准的食品受到损害的,可以向经营者要求赔偿损失,也可以向生产者要求赔偿损失。接到消费者赔偿要求的生产经营者，应当实行首负责任制，先行赔付，不得推诿；属于生产者责任的，经营者赔偿后有权向生产者追偿；属于经营者责任的，生产者赔偿后有权向经营者追偿。"所以C项正确。

《最高人民法院关于审理食品药品纠纷案件适用法律若干问题的规定》第3条："因食品、药品质量问题发生纠纷，购买者向生产者、销售者主张权利，生产者、销售者以购买者明知食品、药品存在质量问题而仍然购买为由进行抗辩的，人民法院不予支持。"所以"知假买假"在食药争议案件中，不能成为经营者抗辩的理由，D项正确。

本题的难度系数比较大，主要是多考点综合，而且考查细致。提醒考生注意，食安法的考查基本以法条原文为主，但对于法条的细节需要掌握准确。

72. 答案 ABD

【考点】银监会监管权限。

【设题陷阱与常见错误分析】本题首先需要确认信托公司也属于银监会的监管范围，违反审慎经营的规则，如果涉嫌个人责任的，银监会对机构和个人都有权处罚。另外综合考查了金融许可证这一专业问题。金融许可证是指中国银行业监督管理委员会（以下简称银监会）依法颁发的特许金融机构经营金融业务的法律文件。金融许可证的颁发、更换、扣押、吊销等由银监会依法行使，其他任何单位和个人不得行使上述职权。

【解析】《银行业监督管理法》第2条第3款："对在中华人民共和国境内设立的金融资产管理公司、信托投资公司、财务公司、金融租赁公司以及经国务院银行业监督管理机构批准设立的其他金融机构的监督管理，适用本法对银行业金融机构监督管理的规定。"

信托公司也属于银监会的监管范围，该信托公司，违法开展信托业务，明显违反审慎经营的规则，银监会可以对其停业整顿，A、B项正确。

第48条第3款："银行业金融机构违反法律、行政法规以及国家有关银行业监督管理规定的，银行业监督管理机构除依照本法第四十三条至第四十六条规定处罚外，还可以区别不同情况，采取下列措施：……（三）取消直接负责的董事、高级管理人员一定期限直至终身的任职资格，禁止直接负责的董事、高级管理人员和其他直接责任人员一定期限直至终身从事银行业工作。……"所以D项正确。

金融许可证是指中国银行业监督管理委员会（以下简称银监会）依法颁发的特许金融机构经营金融业务的法律文件。所以吊销也应该由银监会来实施，不应该是工商总局，所以C项错误。

银监会针对监管对象机构及人员的监管权限近年来成为考查的热点，考生需要对相关法条内容做充分且细致的理解。

73. 答案 BC

【考点】各种税的优惠综合。

【设题陷阱与常见错误分析】本题综合考查了消费税、车船税、企业所得税、增值税的优惠制度，综合性很强，尤其针对消费税和增值税相关的内容，考生如果不熟悉容易错选答案。

【解析】根据《消费税暂行条例》中的消费税税目，化妆品属于应纳税范围。第4

条:"进口的应税消费品,于报关进口时纳税。"所以不能免纳,A项错误。

《车船税法》第3条:"下列车船免征车船税:

(一)捕捞、养殖渔船;

(二)军队、武装警察部队专用的车船;

(三)警用车船;

(四)依照法律规定应当予以免税的外国驻华使领馆、国际组织驻华代表机构及其有关人员的车船。"所以B项正确。

《企业所得税法》第27条:"企业的下列所得,可以免征、减征企业所得税:

(一)从事农、林、牧、渔业项目的所得;

(二)从事国家重点扶持的公共基础设施项目投资经营的所得;

(三)从事符合条件的环境保护、节能节水项目的所得;

(四)符合条件的技术转让所得;

(五)本法第三条第三款规定的所得。"所以C项正确。

《增值税暂行条例》第1条:"在中华人民共和国境内销售货物或者提供加工、修理修配劳务以及进口货物的单位和个人,为增值税的纳税人,应当依照本条例缴纳增值税。"所以销售货物,无论线上线下均属于增值税的纳税人,不能免纳,所以D项错误。

税收优惠历来是税法考查的热点考点,而各类税的优惠综合考查是加大题目难度的手段,考生需要重点关注。

74. 答案 AD

【考点】审计机关权限、职责、程序。

【设题陷阱与常见错误分析】近年的考试对《审计法》的考查频度很高,本题涉及了审计机关的权限、审计机关的职责及审计程序,都是法条的原文再现,需要考生对法条细节准确掌握。

【解析】《审计法》第22条:"审计机关对政府投资和以政府投资为主的建设项目的预算执行情况和决算,进行审计监督。"A项正确。

第34条第2款:"审计机关对被审计单位违反前款规定的行为,有权予以制止;必要时,经县级以上人民政府审计机关负责人批准,有权封存有关资料和违反国家规定取得的资产;对其中在金融机构的有关存款需要予以冻结的,应当向人民法院提出申请。"B项错误,冻结须司法机关介入。

第40条:"审计组对审计事项实施审计后,应当向审计机关提出审计组的审计报告。审计组的审计报告报送审计机关前,应当征求被审计对象的意见。被审计对象应当自接到审计组的审计报告之日起十日内,将其书面意见送交审计组。审计组应当将被审计对象的书面意见一并报送审计机关。"报送审计报告后再征求意见已经没有任何意义,所以C项错误。

第42条:"上级审计机关认为下级审计机关作出的审计决定违反国家有关规定的,可以责成下级审计机关予以变更或者撤销,必要时也可以直接作出变更或者撤销的决定。"所以D项正确。

《审计法》中的审计范围、审计机关的权限与职责以及审计程序需要考生关注并掌握,以应对将来出现的题目。

75. 答案 AC

【解析】本题考查领土的取得方式。添附,是由于自然形成或人造的新土地出现而使得国家领土增加,既包括河口的三角洲、涨滩等自然添附,也包括围海造田等人工添附，人工添附在不损害他国利益的条件下符合国际法，A 项正确。割让，指一国根据条约将部分领土转移给另一国，分为强制割让和非强制割让。强制割让，即一国通过武力迫使他国割让领土，是战争或胁迫的结果，违反国际法，B 项错误。非强制割让，即国家自愿通过条约将部分领土转移给他国，包括领土的买卖、赠与及互换等，非强制割让合法有效，C 项正确。时效，指由于国家公开地、不受干扰地、长期占有他国领土，从而获得该领土的主权。通过时效取得他国领土的条件之一是"不受干扰地"占有，即占有的事实得到被占国的默认；同时，对于取得时效期限，国际法上没有明确的规定。D 项没有说明丁国的占领是否得到被占国的默认，20 年的占领期限也不能成为其取得领土的合法依据，D 项错误。

76. 答案 BC

【解析】本题考查领海的无害通过制度。无害通过权，指外国船舶在不损害沿海国和平安宁和正常秩序的条件下，拥有无须事先通知或征得沿海国许可而连续不断地通过其领海的权利。沿海国为了维护其秩序及权益，保证无害通过的顺利进行，可以规定海道包括对油轮、核动力船等船舶实行分道航行制，A 项错误。同时，通过必须是无害的，有下列行为之一即为有害：（1）武力威胁或使用武力、军事演习、搜集情报、进行危害国防安全的宣传；（2）在船上起落飞机或任何军事装置；（3）违反沿海国有关法律规章以及上下任何商品、货币或人员；（4）故意和严重的污染行为；（5）捕鱼、研究或测量、干扰沿海国通讯系统；（6）与通过没有关系的其他任何活动。B 项正确。外国船舶在无害通过一国领海时无须事先通知或征得沿海国许可，C 项正确。无害通过是任何国家都拥有的一项权利，沿海国不应对此进行妨碍，不得仅以通过领海为由向外国船舶征收费用，D 项错误。

77. 答案 AD

【解析】本题考查法人国籍的确定及法人能力的法律适用。对于法人的国籍，《最高人民法院关于贯彻执行〈中华人民共和国民法通则〉若干问题的意见（试行）》第 184 条规定："外国法人以其注册登记地国家的法律为其本国法。"可见，我国以法人的注册登记国为其国籍国，A 项正确，B 项错误。对于法人的能力问题，《涉外民事关系法律适用法》第 14 条规定："法人及其分支机构的民事权利能力、民事行为能力、组织机构、股东权利义务等事项，适用登记地法律。法人的主营业地与登记地不一致的，可以适用主营业地法律。法人的经常居所地，为其主营业地。"本题中，该公司的登记地在新加坡，主营业地在香港，主营业地与登记地不一致，故其民事权利能力与行为能力、股东权利义务等事项可以适用主营业地法即香港地区法，也可以适用登记地法即新加坡法，C 项错误，D 项正确。

78. 答案 ABCD

【解析】本题考查法定继承的法律适用。《涉外民事关系法律适用法》第 31 条规定："法定继承，适用被继承人死亡时经常居所地法律，但不动产法定继承，适用不动产所在地法律。"可见，对于法定继承的法律适用，我国采取"区别制"的做法，即将遗产区分为动产和不动产，动产继承适用被继承人死亡时经常居所地法，不动产继承适用不动产所在地法。本题中，被继承人在上海银行和苏黎世银行的存款均为动产，应适用被继承人死亡时经常居所地法即中国法，A、B项正确。在上海与巴黎的房产属不动产，适用不动产所在地法即中国法和法国法，C、D项正确。

79. 答案 AD

【解析】本题考查知识产权侵权的法律适用。《涉外民事关系法律适用法》第50条规定："知识产权的侵权责任，适用被请求保护地法律，当事人也可以在侵权行为发生后协议选择适用法院地法律。"可见，对于知识产权侵权的适用法律，当事人可以选择，但只能选择适用法院地法，本题中，法院地在中国，故A项正确，C项错误。根据该条，如双方无法达成一致，则应适用被请求保护地法，本题中，商标在中、韩两国注册，被请求保护地分别为中国和韩国，D项正确。从上述分析可见，本题在不同情形下适用的法律不同，并非一律适用中国法，B项错误。

80. 答案 CD

【解析】本题考查DAP术语和国际铁路货物运输。铁路运单，是由铁路承运人签发的，证明铁路货物运输合同和货物已由承运人接管，以及承运人保证将货物交给指定收货人的单证。铁路运单是运输合同的证明，是铁路收取货物、承运货物的凭证，也是铁路在终点向收货人核收有关费用和交付货物的依据；但与提单不同，铁路运单不是物权凭证，不能转让，B项错误。根据《国际铁路货物联运协定》第21条：按运单承运货物的铁路，应负责完成货物的全程运输，直到在到达站交付货物时为止；每一继续运输货物的铁路，自接收附有运单的货物时起，即参加这项运输合同，并承担因此而发生的义务。可见，按运单承运货物的铁路部门应对货物负连带责任，A项错误，D项正确。DAP，Delivered at Place（目的地交货），指当卖方在指定目的地将仍处于运输工具上，且已做好卸载准备的货物交由买方处置时，即完成交货，C项正确。

81. 答案 CD

【解析】本题考查备用信用证。备用信用证，指担保人（开证行）应借款人的要求，向贷款人开出备用信用证，当贷款人向担保人出示备用信用证和借款人违约证明时，担保人须按该信用证的规定付款的一种书面承诺。备用信用证具有以下主要特征：（1）担保人是银行；（2）贷款人出具违约证明时，担保人即向贷款人付款，并不需要对违约的事实进行审查；（3）贷款协议无效时，开证行仍须承担担保责任，即备用信用证独立于贷款协议这一基础合同。备用信用证下，开证行付款并不需要对违约的事实进行审查，A项错误。备用信用证不同于商业跟单信用证：前者本质是一种融资担保，适用《国际备用信用证惯例》；后者是一种支付方式，适用《跟单信用证统一惯例》。B项错误。备用信用证具有独立性，独立于基础合同，贷款协议无效时，开证行仍须承担担保责任。C、D项正确。

82. 答案 AB

【解析】本题考查《服务贸易总协定》和国际税法。《服务贸易总协定》所列举的服务贸易的类型包括四种：（1）跨境服务，从一国境内向另一国境内提供服务，如通过电信、网络等跨境提供咨询服务；（2）境外消费，在一国境内向来自另一国的服务消费者提供服务，如一国居民到另一国境内旅游、求学等；（3）商业存在，一国的服务提供者通过在另一国境内设立的机构提供服务，如一国的机构到另一国开设银行、保险公司、律师事务所等；（4）自然人流动，一国的服务提供者以自然人的身份进入另一国境内提供服务，如一国的医生、律师到另一国境内直接提供医疗或法律咨询服务。甲国保险公司在乙国设立分支机构，显然属于商业存在，A项正确。

居民税收管辖权，指一国政府对于本国税法上的居民纳税人来自境内及境外的全部财产和收入实行征税的权力，纳税人在该税收管辖权下要承担无限纳税义务。本题中，马克为甲国纳税居民，应对甲国承担无限纳税义务，B项正确。国际重复征税，指两个或两个以上国家各自依据自己的税收管辖权，按同一税种对同一纳税人的同一征税对象在同一征税期限内同时征税。国际重叠征税，两个或两个以上国家对同一笔所得在具有某种经济联系的不同纳税人手中各征一次税的现象，如在公司与股东之间就同一笔所得各征一次企业所得税和个人所得税。本题中，甲国和乙国对马克在乙国的所得同时征税，显然属于国际重复征税，C项错误。来源地税收管辖权，指所得来源地国对非居民纳税人来源于该国境内的所得进行征税的权力。本题中，马克的所得来源于乙国，乙国可依据来源地税收管辖权对其所得征税，D项错误。

83. 答案 BCD

【解析】职业道德是人们在职业实践活动中形成的行为规范，体现职业活动的客观要求。职业道德既是本行业人员在职业活动中的行为规范，又是行业对社会所负的道德责任和义务。A项错误。

法律职业道德教育的途径和方法，主要包括提高法律职业人员的道德认识、确立法律职业人员的道德信念、陶冶法律职业人员的道德情感、锻炼法律职业人员的道德意志、养成法律职业人员的道德习惯等方面。通过这些途径和渠道，外在的法律职业道德规范会和法律人自己原有的观点、信念，结合在一起，内化为自己人格的一部分。B项正确。

法律职业道德具有正式性，其表现形式较正式，除了一般的规章制度、工作守则、行为须知之外，还通过法律、法规等规范性文件的形式表现出来。相应地，法律职业道德也具有了更高性，其要求法律职业人员具有更高的法律职业道德水准，要求较为明确，约束力和强制力也更为明显。法律职业人员违反了法律职业道德和纪律，应当依照有关规定予以惩处，通过惩处教育本人及其他人员。C、D项正确。

84. 答案 ABC

【解析】我国审判制度的基本原则包括审判独立原则、不告不理原则、直接言词原则、及时审判原则等等。本题涉及如下三项原则：

（1）不告不理原则：未经控诉一方提起控诉，法院不得自行主动对案件进行裁判；法院审理案件的范围（诉讼内容与标的）由当事人确定，法院无权变更、撤销当事人的诉讼请求；案件在审理中，法院只能按照当事人提出的诉讼事实和主张进行审理，对超过当事人诉讼主张的部分不得主动审理。D项中，丁法院判决的内容超出了当事人的诉讼请求，违背了不告不理原则，因此错误；

（2）及时审判原则：人民法院应当及时审理案件，提高办案效率；但是，法院要坚持公正优先，兼顾效率的原则，不能单纯为了追求效率，放弃司法公正的要求。B项中，某法官无正当理由超期结案，拖延办案，贻误工作，违背了及时审判原则，所以乙法院通知其三年内不得参与优秀法官的评选，这种处理方式是正确的；C项中，对于社会高度关注的案件，法院顶住压力，坚持依照法定程序、按照法定审理时限的要求审结，避免受到媒体的不当影响，是正确的；

（3）集中审理原则，又称不中断审理原则，是指法院开庭审理案件，应当在不更换审判人员的条件下连续进行，不得中断审理的诉讼原则。该原则主要包括以下几个方面：一个案件组成一个审判庭进行审理，每起案件自始至终应由同一法庭进行审判；在案件审理开始后尚未结束前不允许法庭再审理其他任何案件；法庭成员不得更换，对于因故不能继续参加审理的，应由始终在场的候补法官、候补陪审员替换，否则应重新审判；集中证据调查与法庭辩论；庭审不中断并迅速作出裁判。《最高人民法院关于人民法院合议庭工作的若干规定》第3条就体现了集中审理原则，其中规定："合议庭组成人员确定后，除因回避或者其他特殊情况，不能继续参加案件审理的之外，不得在案件审理过程中更换。更换合议庭成员，应当报请院长或者庭长决定。合议庭成员的更换情况应当及时通知诉讼当事人。"A项中，某法官因病住院，这属于特殊情况，甲法院决定更换法官，因为新换的法官对此前的程序不熟悉，因此安排其重新审理此案，符合集中审理原则，是妥当的。

85. 答案 CD

【解析】《关于刑事诉讼法律援助工作的规定》中明确规定，下列四种情形，属于经济困难以外的其他原因，犯罪嫌疑人、被告人具有这四种情形申请法律援助的，法律援助机构无须进行经济状况审查："有证据证明犯罪嫌疑人、被告人属于一级或者二级智力残疾的"；"共同犯罪案件中，其他犯罪嫌疑人、被告人已委托辩护人的"；"人民检察院抗诉的"；"案件具有重大社会影响的"。可见，检察院抗诉的案件，仍然属于申请援助的范围，只是不需要审查经济条件。A项错误。

就刑事案件而言，当事人及其法定代理人或其近亲属申请法律援助的，应当向办理案件的人民法院、人民检察院、公安机关所在地的法律援助机构提出申请。B项中，家住A县的乙在邻县涉嫌犯罪被邻县检察院批准逮捕，其因经济困难申请援助，应当向B县法律援助中心申请法律援助，可见B项错误。

犯罪嫌疑人、被告人及其近亲属、法定代理人，强制医疗案件中的被申请人、被告人的法定代理人认为公安机关、人民检察院、人民法院应当告知其可以向法律援助机构申请法律援助而没有告知，或者应当通知法律援助机构指派律师为其提供辩护或者诉讼代理而没有通知的，有权向同级或者上一级人民检察院申诉或者控告。人民检察院应当对申诉或者控告及时进行审查，情况属实的，通知有关机关予以纠正。C项做法符合要求。

人民法院审理强制医疗案件，被申请人或被告人没有委托诉讼代理人的，法院应当通知法律援助机构指派律师为其提供辩护。对应当指定辩护的情形，犯罪嫌疑人、被告人拒绝法律援助机构指派的律师为其辩护的，人民法院、人民检察院、公安机关应当查明拒绝的原因，有正当理由的，应当准许，同时告知犯罪嫌疑人、被告人需另行委托辩护人。犯罪嫌疑人、被告人未另行委托的，法院、检察院、公安机关应当及时通知法律援助机构另行指派律师为其提供辩护。D 项说法正确。

86. 答案 ABCD

【解析】在我国这样一个历史上重人治、轻法治的国家，建设具有现代意义的法律制度，难度很大；同时，我们又要在推翻旧法统的基础上探索建设崭新的社会主义法治，艰辛程度很高。我们必须清醒看到，同党和国家事业发展要求相比，同人民群众期待相比，同推进国家治理体系和治理能力现代化目标相比，法治建设还存在许多不适应、不符合的问题，主要表现为：

（1）有的法律法规未能全面反映客观规律和人民意愿，针对性、可操作性不强，立法工作中部门化倾向、争权诿责现象较为突出；因此，A 项中的做法符合要求。

（2）有法不依、执法不严、违法不究现象比较严重，执法体制权责脱节、多头执法、选择性执法现象仍然存在，执法司法不规范、不严格、不透明、不文明现象较为突出，群众对执法司法不公和腐败问题反映强烈；B、C 项中的做法符合题意。

（3）部分社会成员尊法信法守法用法、依法维权意识不强，一些国家工作人员特别是领导干部依法办事观念不强，能力不足，知法犯法、以言代法、以权压法、徇私枉法现象依然存在。D 项中的做法有针对性，正确。

87. 答案 ACD

【解析】完善内部管理体制，将内设机构统一整合，消除内部职能的行政化、碎片化的弊端，使得检察官管理体制区别于一般公务员的管理体制，有利于提高检察官的专业素质和办案质量；有利于保证司法公正，提高检察机关公信力；有利于检察独立，为完善检察官职业保障体系创造了条件。A、C、D 项正确。

检察权独立行使原则，是指检察机关依法独立行使检察权，只服从法律，不受其他行政机关、团体和个人的干涉。但是，我国属于议行合一的体制，检察机关要受到同级人大及其常委会的监督，同时还要接受上级检察机关的领导，也要接受中国共产党的政治领导，所以 B 项表述有误。

88. 答案 BCD

【解析】法律只是在自由的无意识的自然规律变成有意识的国家法律时，才成为真正的法律。也就是说，从自由与必然的关系上讲，规律是自由的，但却是无意识的，法律只有在这种无意识的自然规律上升为国家法律时，才成为真正的法律。当法律成为实际的法律之时，法律也就成为自由的存在，就成为保障人的实际的自由存在。法典就是人民自由的圣经，法最本质的价值则是"自由"。A 项中"法律永远是不自由的"这一说法错误，B 项正确。法律必须体现自由、保障自由，只有这样，才能使"个别公民服从国家的法律也就是服从他自己的理性即人类理性的自然规律"，在这里，"自然规律"指的是理性的自然规律，它当然必须得到国家法律的尊重，否则，国家的法律就会背离理性。C 项正确。就法的本质来说，它以"自由"为最高的价值目标。法典是用来保卫、维护人民自由的，而不是用来限制、践踏人民自由的；如果法律限制了自由，也就是对人性的一种践踏。自由既然是人的本性，因而也就可以成为一种评价标准，衡量国家的法律是否是"真正的法律"。D项正确。

89. 答案 CD，官方答案 ACD

【解析】文义解释，也称为语法解释、文法解释、文理解释，是指按照日常的、一般的或法律的语言使用方式清晰地描述制定法的某个条款的内容。文义解释的特点是将解释的焦点集中在语言上，而不顾及根据语言解释得出的结果是否公正、合理。目的解释包括立法者目的解释和客观目的解释。立法者目的解释又称为主观目的解释，是指根据参与立法的人的意志或立法资料揭示某个法律规定的含义，或者说对某个法律规定的解释建立在参与立法的人的意志或立法资料的基础上。这种方法要求解释者对立法者的目的或意图进行证成。而要完成这个任务，解释者必须要以一定的立法资料如会议记录、委员会的报告等为根据。客观目的解释是指根据"理性的目的"或"在有效的法秩序的框架中客观上所指示的"目的，即法的客观目的，而不是根据过去和目前事实上存在着的任何个人的目的，对某个法律规定进行解释。这一目的一方面涉及被规范的事物领域的结构，即实际的既存状态；另一方面涉及一些法伦理性的原则。

本题中，法院认为，氰化钠对人体和环境具有极大毒害性，属于《刑法》第125条第2款规定的毒害性物质，王某未经许可购买氰化钠，虽只有购买行为，但《刑法》条文中的"非法买卖"并不要求兼有买进和卖出的行为，王某罪名成立。可见，法院作了两个解释：一个是对毒害性物质是否包括氰化钠；一个是对"非法买卖"是否包括只有买进没有卖出的行为。在这两种解释的过程中，法院只是提供了解释的结论，而没有说明解释过程，也没有提供解释的论据，因此实际上无法判断究竟运用了何种解释方法。法官对"非法买卖"可能进行了文义解释，也可能进行了目的解释。因此，A项说进行了目的解释，从题目给的材料中根本看不出来。

查明和确认案件事实的过程，就是一个把生活事实上升到法律事实高度的过程，在这个过程中，哪些生活事实可以成为法律事实，哪些生活事实不能成为法律事实，离不开主体对法律的理解。法律适用就是司法活动。查明和确认"王某非法买卖毒害性物质"的过程，很明显就是为法律适用活动确定案件事实即小前提的过程。B项错误。

对法律决定所依赖的前提的证成属于外部证成。前提既包括大前提（法律规范），也包括小前提（案件事实）。"非法买卖"是法律规范的组成部分，它属于大前提的范畴，因此，法院对"非法买卖"作出解释就等于是对大前提作出解释，这是对前提的证成，当然属于外部证成。C项正确。

法律决定必须按照一定的推理规则从相关前提中逻辑地推导出来，属于内部证成。它关涉的只是从前提到结论之间的推论是否是有效的，而推论的有效性或真实性依赖于是否符合推理规则或规律。D项正确。

90. 答案 AB

【解析】权利意识是指人们对于一切权

利的认知、理解和态度,是人们对于实现其权利方式的选择,以及当其权利受到损害时,以何种手段予以补救的一种心理反应。具体说来,它包含对权利及其价值的认识,以及权利的行使和捍卫。夏洛克主张有约必践,以捍卫自己的债权,甚至不惜割取安东尼胸口的一磅肉,这无疑体现了强烈的权利意识。一般而言,契约精神大致包括四个内容:契约自由精神、契约平等精神、契约信守精神、契约救济精神。夏洛克主张有约必践,"要求严格履行契约",无疑体现了契约信守的精神和契约救济的精神。A项正确。"恶法亦法"是实证主义法学的基本观点,该观点认为,即使是背离了道德的"恶法"也依然是法。夏洛克以割取安东尼胸口的一磅肉作为违约责任,这显然背离了一般意义上的道德价值取向,在此基础上,夏洛克还要有约必践(即使契约是不合理的),这更是背离了道德,因此,这一主张在本质上当然可以看作是"恶法亦法"的观点。B项正确。历史解释是指依据正在讨论的法律问题的历史事实对某个法律规定进行解释,简言之,就是依据历史事实,解释当下问题。鲍西娅的主张是:可以割肉,但仅限一磅,不许相差分毫,也不许流一滴血,这是针对当初"割取一磅肉"的字面意思而作出的,它并未涉及历史事实,它只是将解释的焦点集中在语言上,因此,这种解释并非历史解释,而是文义解释。C项错误。从订立契约的角度而言,平等原则包括主体的权利能力平等、法律地位平等、平等协商。从题干的表述来看,安东尼与夏洛克的约定,并无权利能力不平等、法律地位不平等、非平等协商之处,反而,这一约定恰恰是

平等原则的贯彻。其次,安东尼与夏洛克钱债肉偿的约定,以生命健康权作为交易对象,这一约定不是遵循了而是违背了人权原则。D项错误。

91. 答案 ACD

【解析】"一切权力属于人民"的原则简称人民主权原则,这一原则是现代宪法为国家组织规定的一个基本原则,它主要阐明了国家权力的来源和归属的问题。因此,"一切权力属于人民"意味着国家的一切权力来自并且属于人民。A项正确。宪法规定"人民依照法律规定,通过各种途径和形式,管理国家事务,管理经济和文化事业,管理社会事务。"这充分说明"一切权力属于人民"贯穿于我国国家和社会生活的方方面面,体现在国家和社会生活的各个领域、各个层次和各个方面,而不是仅体现在直接选举制度之中,更何况间接选举也体现人民主权。D项正确,B项错误。现行宪法第2条第1、2款规定,"中华人民共和国的一切权力属于人民";"人民行使国家权力的机关是全国人民代表大会和地方各级人民代表大会"。在这个意义上说,人民代表大会制度以主权在民为逻辑起点,而人民主权构成了人民代表大会制度的最核心的基本原则。这说明我国的人民代表大会制度以"一切权力属于人民"为逻辑前提。C项正确。

92. 答案 ABD

【解析】基本权利内在限制主要指基本权利内部已确定限制的范围,而不是从外部设定条件。内部限制主要分为两种情况:一是通过概念自身的表述对基本权利加以限定,比如把住宅不受侵犯定义为"禁止非法搜查或者非法侵入";二是通过具体

110

附加的文句对基本权利加以限定，如对于集会游行示威权利附加"不得侵犯他人的权利与自由"的文句。外部限制则指宪法和法律的限制，包括宪法的限制和法律的限制。宪法的限制意指宪法为基本权利的行使确定了总的原则与程序（我国宪法51条）。法律的限制则指通过法律的限制：（1）通过一般法律保留：法律规定的保留适用于所有基本权利；（2）通过个别保留：根据法律的具体条文而对基本权利进行限制。征收征用公民的私有财产属于法律保留的范围，属于外部限制。A项正确。我国宪法的这一规定首先明确了公民私有财产保护的宪法基础，即国家只有在为了公共利益的前提下，才可以对公民的私有财产进行征收或征用。并且，征收或者征用私有财产属于法律保留范围，因此必须严格依照法律，同时依照法律规定给予补偿后才能进行。B项正确。"合目的性原则"一般等同于"合理性原则"，强调目的正当。但就公民的财产权限制而言，限制不仅要合理、合乎"维护公共利益"目的，更要合法，依法给予补偿，C项错误。公民财产权是一种宪法基本权利，对其作出限制当然要具有宪法上的正当性。D项正确。

93. 答案 BC

【解析】宪法修改的基本原因主要表现在两方面：一是为了使宪法的规定适应社会实际的发展和变化；二是为了弥补宪法规范在实施过程中出现的漏洞。但是当宪法规范与社会生活发生冲突时，除了宪法修改，还可能通过宪法解释的方式来解决矛盾。A项错误。现行宪法规定，宪法的修改，由全国人大常委会或者1/5以上的全国人大代表提议。B项正确。在我国，现行宪法并未明确规定宪法修正案的公布机关。但是，目前已经形成了公布修正案的宪法惯例，即由全国人大主席团以《中华人民共和国全国人民代表大会公告》的形式公布宪法修正案。以1988年宪法修改为例，1988年4月12日第七届全国人民代表大会第一次会议通过了宪法修正案，1988年4月12日第七届全国人民代表大会第一次会议主席团公告第八号公布施行，公告的名称便是《中华人民共和国全国人民代表大会公告》。可见，C项正确。1988年宪法修正案规定土地的使用权可以依照"法律"的规定转让，可见"法规"并非土地使用权转让的依据。D项错误。

94. 答案 AB

【解析】在宪法监督的方式上，我国采取事先审查与事后审查相结合的方式。事先审查是指在规范性法律文件生效之前便进行合法性审查，如"批准"；事后审查是指在规范性法律文件生效之后再进行合法性审查，如"备案"、"改变"、"撤销"。A、B项正确。附带性审查是指司法机关在审理案件过程中，因提出对所适用的法律、法规和法律性文件是否违宪的问题，而对该法律、法规和规范性文件所进行的合宪性审查。附带性审查往往以争讼事件为前提，所审查的也是与诉讼有关的法律、法规和法律性文件。全国人大常委会的审查，并不属于附带性审查。C项错误。立法法规定，有关的全国人大专门委员会和全国人大常务委员会工作机构可以对报送备案的规范性文件进行主动审查。可见，全国人大常委会除了根据要求或建议进行被动审查之外，还可以主动启动审查程序。D项错误。

95. 答案 B

【考点】女职工保护。

【设题陷阱与常见错误分析】本题非常细致且全面地考查了女职工的安全保护制度，主要针对细节设计题目。比如限制夜班劳动，针对的是怀孕7个月以上的妇女，哺乳期的特别保护限于哺乳一岁以内的婴儿期间，以及健康检查只是针对有职业病危害的劳动者设置法定要求。考生如果不熟悉这些细节，容易错选答案。

【解析】《劳动法》第54条："用人单位必须为劳动者提供符合国家规定的劳动安全卫生条件和必要的劳动防护用品，对从事有职业危害作业的劳动者应当定期进行健康检查。"王某作为后勤工作人民，并没有职业危害，健康检查不是用人单位的法定义务，A项错误。

第60条："不得安排女职工在经期从事高处、低温、冷水作业和国家规定的第三级体力劳动强度的劳动。"B项正确。

第61条："不得安排女职工在怀孕期间从事国家规定的第三级体力劳动强度的劳动和孕期禁忌从事的劳动。对怀孕七个月以上的女职工，不得安排其延长工作时间和夜班劳动。"被特别保护的孕龄是7个月以上，所以C项错误。

第63条："不得安排女职工在哺乳未满一周岁的婴儿期间从事国家规定的第三级体力劳动强度的劳动和哺乳期禁忌从事的其他劳动，不得安排其延长工作时间和夜班劳动。"不得安排夜班劳动要求哺乳未满一周岁的婴儿，D项太绝对，错误。

对于女职工及未成年工的安全保护制度，考生需要掌握细节内容。

96. 答案 D

【考点】劳动合同签署及解除。

【设题陷阱与常见错误分析】本题考查了劳资双方解除劳动合同及经济补偿金的内容。难度不大，但综合度较高，考生需要明确，劳动关系开始于用工，法定要求用工之日起一个月内双方需签订书面劳动合同，否则将会受到相应的惩罚。其中一种惩罚机制在于如果用人单位在用工起满一年不与劳动者签订书面劳动合同，则自满一年当天视为双方签订了无固定期的劳动合同；劳动者单方主动离职，除非单位有法定过错，否则没有补偿金。这些细节考生需全面掌握，否则容易错选答案。

【解析】《劳动合同法实施条例》第7条："用人单位自用工之日起满一年未与劳动者订立书面劳动合同的，自用工之日起一个月的次日至满一年的前一日应当依照劳动合同法第八十二条的规定向劳动者每月支付两倍的工资，并视为自用工之日起满一年的当日已经与劳动者订立无固定期限劳动合同，应当立即与劳动者补订书面劳动合同。"用工起满一年劳资双方未签订书面劳动合同，才适用无固定期劳动合同的推定，题中所述情形不满足，A项错误。

根据《劳动合同法》第7条："用人单位自用工之日起即与劳动者建立劳动关系。用人单位应当建立职工名册备查。"所以劳资双方的劳动合同期限应当从"用工之日起"开始计算，B项错误。

根据《劳动合同法》第46条的规定，劳动者单方解除劳动合同，且用人单位并无过错的情形下，用人单位无须支付经济补偿金，所以C项错误。

第40条:"有下列情形之一的,用人单位提前三十日以书面形式通知劳动者本人或者额外支付劳动者一个月工资后,可以解除劳动合同:

(一)劳动者患病或者非因工负伤,在规定的医疗期满后不能从事原工作,也不能从事由用人单位另行安排的工作的;

(二)劳动者不能胜任工作,经过培训或者调整工作岗位,仍不能胜任工作的;

(三)劳动合同订立时所依据的客观情况发生重大变化,致使劳动合同无法履行,经用人单位与劳动者协商,未能就变更劳动合同内容达成协议的。"所以D项符合了预告解除的情形,正确。

劳资双方单方解除劳动合同,以及经济补偿金是《劳动合同法》中非常重要且有一定难度的考点,考生需要重点掌握。

97. 答案 ABD

【考点】劳动争议仲裁。

【设题陷阱与常见错误分析】本题考查了劳动争议处理的流程以及片面终局裁决的适用。考生需要掌握:片面终局裁决的含义在于,针对特定内容,仲裁庭作出裁决后,对用人单位单方生效。即劳动者如果不服可以继续诉讼,用人单位不能再进行诉讼,只能通过申请裁决撤销的路径来救济。

【解析】《劳动争议调解仲裁法》第5条:"发生劳动争议,当事人不愿协商、协商不成或者达成和解协议后不履行的,可以向调解组织申请调解;不愿调解、调解不成或者达成调解协议后不履行的,可以向劳动争议仲裁委员会申请仲裁;对仲裁裁决不服的,除本法另有规定的外,可以向人民法院提起诉讼。"所以解决劳动争议中,仲裁是诉讼的前置流程,而协商、和解、调解等均并非必经流程,所以A项正确。

第47条:"下列劳动争议,除本法另有规定的外,仲裁裁决为终局裁决,裁决书自作出之日起发生法律效力:

(一)追索劳动报酬、工伤医疗费、经济补偿或者赔偿金,不超过当地月最低工资标准十二个月金额的争议;

(二)因执行国家的劳动标准在工作时间、休息休假、社会保险等方面发生的争议。"

第48条:"劳动者对本法第四十七条规定的仲裁裁决不服的,可以自收到仲裁裁决书之日起十五日内向人民法院提起诉讼。"题干中所述情形,属于片面终局裁决的情形,劳动者不服裁决可以再行起诉,用人单位不服不能起诉,所以B项正确,C项错误。

第49条:"用人单位有证据证明本法第四十七条规定的仲裁裁决有下列情形之一,可以自收到仲裁裁决书之日起三十日内向劳动争议仲裁委员会所在地的中级人民法院申请撤销裁决:

(一)适用法律、法规确有错误的;

(二)劳动争议仲裁委员会无管辖权的;

(三)违反法定程序的;

(四)裁决所根据的证据是伪造的;

(五)对方当事人隐瞒了足以影响公正裁决的证据的;

(六)仲裁员在仲裁该案时有索贿受贿、徇私舞弊、枉法裁决行为的。

人民法院经组成合议庭审查核实裁决有前款规定情形之一的,应当裁定撤销。

仲裁裁决被人民法院裁定撤销的,当事

人可以自收到裁定书之日起十五日内就该劳动争议事项向人民法院提起诉讼。"所以D项正确。

片面终局裁决的内容很专业，考查频度很高，考生需要重点掌握片面终局的适用范围，对劳资双方的影响及作用等内容。

98. 答案 ABD

【解析】党的十八届四中全会的《决定》明确规定，要"依法规范司法人员与当事人、律师、特殊关系人、中介组织的接触、交往行为。严禁司法人员私下接触当事人及律师、泄露或者为其打探案情、接受吃请或者收受其财物、为律师介绍代理和辩护业务等违法违纪行为，坚决惩治司法掮客行为，防止利益输送。"A、B两项即属于此类被严格禁止的行为。

司法人员在案件办理过程中，应当在工作场所、工作时间接待当事人、律师、特殊关系人、中介组织。因办案需要，确需与当事人、律师、特殊关系人、中介组织在非工作场所、非工作时间接触的，应依照相关规定办理审批手续并获批准；因不明情况或者其他原因在非工作时间或非工作场所接触当事人、律师、特殊关系人、中介组织的，应当在三日内向本单位纪检监察部门报告有关情况。可见，司法人员在非工作场所接触当事人、律师、特殊关系人，是难以完全避免的，C项错误。

司法人员应当避免与案件产生任何实质性的利益联系，不得向当事人、律师、特殊关系人、中介组织借款、租借房屋、借用交通工具、通讯工具或者其他物品。D项符合题意，属于完全禁止的行为。

99. 答案 BC

【解析】最高人民法院发布了《人民法院第四个五年改革纲要（2014—2018）》，其中提出的主要改革措施包括：

（1）配合省以下法院人事统管改革，推动在省一级设立法官遴选委员会，从专业角度提出法官人选，由组织人事、纪检监察部门在政治素养、廉洁自律等方面考察把关，人大依照法律程序任免。D项错误，法官遴选委员会设在省一级。

（2）推进法院人员分类管理制度改革，将法院人员分为法官、审判辅助人员和司法行政人员，实行分类管理；拓宽审判辅助人员的来源渠道，建立审判辅助人员的正常增补机制，减少法官事务性工作负担；其中的审判辅助人员，主要包括法官助理、书记员等。所以，C项正确，A项错误。

（3）建立法官员额制，对法官在编制限额内实行员额管理，确保法官主要集中在审判一线，高素质人才能够充实到审判一线。B项正确。

（4）完善法官等级定期晋升机制，确保一线办案法官即使不担任领导职务，也可以正常晋升至较高的法官等级。

（5）完善法官选任制度，针对不同层级的法院，设置不同的法官任职条件。初任法官首先到基层法院任职，上级法院法官原则上从下一级法院遴选产生。

100. 答案 ACD

【解析】《人民法院工作人员处分条例》第59条规定，法官接受案件当事人、相关中介机构及其委托人的财物、宴请或者其他利益的，给予警告、记过或者记大过处分；情节较重的，给予降级或者撤职处分；情节严重的，给予开除处分。违反规定向案件当事人、相关中介机构及其委托人借钱、借物的，给予警告、记过或者记大过处分。本题中，银行是孙法官审理的一起合同纠纷案件的当事人，其为感谢孙法官的公正裁判，而提供了利率优惠的房屋抵押贷款。孙法官接受该优惠，属于违反廉政纪律的行为。A项正确。

《人民法院工作人员处分条例》第13条规定，有下列情形之一的，应当在本条例分则规定的处分幅度以内从轻处分：（一）主动交代违纪违法行为的；（二）主动采取措施，有效避免或者挽回损失的；（三）检举他人重大违纪违法行为，情况属实的；（四）法律、法规和本条例分则中规定的其他从轻情节。第14条规定，主动交代违纪违法行为，并主动采取措施有效避免或者挽回损失的，应当在本条例分则规定的处分幅度以外降低一个档次给予减轻处分；如果应当给予警告处分，又有减轻处分情形的，免予处分。就本题而言，B项称，孙法官主动交代，并主动采取措施有效避免损失的，则属于应当减轻处分的情况，法院应在本条例分则规定的处分幅度以外降低一个档次给予减轻处分。B项错误。

《人民法院工作人员处分条例》第15条规定，违纪违法行为情节轻微，经过批评教育后改正的，可以免予处分。C项表述符合法律规定。

《人民法院工作人员处分条例》第18条规定，对违纪违法取得的财物和用于违纪违法的财物，应当没收、追缴或者责令退赔。没收、追缴的财物，一律上缴国库；对违纪违法获得的职务、职称、学历、学位、奖励、资格等，应当建议有关单位、部门按规定予以纠正或者撤销。D项中法院的处理符合法律规定。

2016年国家司法考试（试卷二）解析

1.答案 D

【解析】A项，考查不真正不作为犯的作为义务来源与罪刑法定原则的关系。（1）罪刑法定原则（法无明文规定不为罪）只是要求犯罪（罪名）明文规定，不作为犯最终是以刑法有明文规定的罪名来定罪的，当然符合罪刑法定原则。（2）不真正不作为犯的作为义务认定，在刑法中称为"开放的构成要件要素"（类似的还有疏忽过失认定中的"应当预见"要素），需要裁判者根据实际情况具体认定。（3）不作为犯的义务来源，在形式上有四种：法律法规规定、职务业务要求、法律行为引起、先行行为创设，并不只限于法律的明文规定，不真正不作为犯同样如此。只有真正不作为犯的作为义务，才是刑法明文规定的。故而，A项的说法错误。

B项，考查不作为犯的成立条件。不作为犯的成立条件，在客观上要求行为人有作为义务、具有作为能力（作为可能性）、不作为行为与危害结果之间具有因果关系。这些成立条件不仅适用于所有真正不作为犯，也适用于所有不真正不作为犯。故而，B项的说法错误。

C项，如果将危害结果理解为法益侵害的结果（广义上理解），则危害结果是全部犯罪，包括作为犯和不作为犯的共同必要要素，不真正不作为犯的成立当然要以危害结果为构成要素。如果将危害结果理解为实害结果（狭义上理解），不真正不作为犯可以是结果犯，也可以是危险犯（具体危险犯），也可以是行为犯（抽象危险犯）。当不真正不作为犯是结果犯时，危害结果就是该不真正不作为犯的构成要件要素。故而，C项的说法错误。

D项，刑法规定的468个罪名，有十几个真正不作为犯只能由不作为行为构成；其他450多个罪名，既可以由作为构成，也可以由不作为构成（不真正不作为犯）。危害公共安全罪、侵犯公民人身权利罪、侵犯财产罪中，当然均存在不作为犯。故而，D项的说法正确。

2.答案 C

【解析】本题四个选项均考查介入因果关系的模型：A1 → B+A2 → R（果），最初行为（A1）、介入因素（A2）。对于结果（R）的发生，如果能够明显地区分作用力大小的，应当认为作用力大的因素与结果之间具有因果关系。基本判断方法是"三步法"：①首先判断最初出现的实行行为（A1）导致最后结果（R）发生的可能性高低（是否通常包括此种危险）；②然后判断介入因素（A2）与最初行为（A1）有无关联，关联大小（是否大概率导致、依附出现、异常性）；③最后判断最初行为（A1）、介入因素（A2）对结果发生的影响力（作用力）大小。

A项，甲的重伤行为（A1）、乙丐的盗窃行为（A2）都是王某财产损失（R）的条件，乙丐的盗窃行为（A2）是导致财产损失更重要、直接的条件，与损失有因果关系，甲的重伤行为（A1）仅有条件关系。

B项，乙追砍李某的行为（A1）、李某的跳江行为（A2）均是李某死亡的条件。最初追砍行为（A1）包含了造成最终死亡结果（R）的危险；"无奈"表明最初追砍行为（A1）与李某的跳江行为（A2）之间具有大概率关系，被害人没有重大过错，故李某的跳江行为（A2）并不中断因果关系。

C项，交警指挥（A1），丙须听从（A2），交警的指挥行为（A1）对于丙的停车不当行为（A2）具有支配性，故而交警的指挥行为（A1）与石某死亡结果（R）之间具有因果关系，丙的停车不当行为（A2）负有次要责任，只是条件。

D项，显然，丁的敲诈勒索行为（A1），对于陈某的财产损失结果（R）所起作用较大，具有因果关系。

3. 答案 A

【考点】刑事责任能力与刑事年龄。

【解析】A项，考查原因自由行为。对于自陷无责任能力的原因自由行为，处理规则是：以清醒时确定过错内容，以不清醒时确定客观行为，在重合之处认定罪名。本案客观行为是重伤行为，"第一次吸毒"提示甲清醒时对于重伤结果应当预见而没有预见，只具有过失，故而甲的行为成立过失致人重伤罪。

B项，考查行为与责任同时性原则。（1）根据一行为、一故意（概括故意）说：在客观上，行为人砍了数刀，认为是数个动作一个行为，无论哪个动作导致死亡，都认为是实行行为导致死亡；行为人砍第一刀认为是实行行为，实行行为当时精神正常，具有责任，故而乙构成故意杀人罪既遂。（2）根据数行为说：行为人实施有数行为，实行第一个行为时具有杀人故意，构成故意杀人罪未遂；实施之后的行为时系精神病人，不应承担刑事责任。

C项，只要能够证明已满14周岁，无须确定具体出生日期，就能追究爆炸罪的刑事责任。

D项，考查跨年龄阶段实施行为的认定。以14周岁生日当天24时为界限，对于不满14周岁的砍杀行为，丁不承担刑事责任；已满14周岁之后，如果丁实施了行为（作为或不作为），需承担刑事责任。但是，丁并未实施作为行为，因丁还实施了救助行为，故而丁亦没有实施不作为行为。死亡结果应当归因于之前的作为行为，故不能追究丁的刑事责任。

4. 答案 C

【解析】故意的成立要求行为人对客观不法事实要素有认识。（1）醉酒驾车型危险驾驶罪的客观不法要素，地点是"在道路上"、行为是"醉酒驾驶"、对象是"机动车"（包括汽车、摩托车、拖拉机等）。在法律上，拖拉机属于《刑法》第133条之一规定的"机动车"。（2）本案中行为人甲对于对象是拖拉机这一事实没有认识错误；对地点是"在道路上"、行为是"醉酒驾驶"行为这些客观不法事实要素也有认识，不属事实认定错误，具有危险驾驶的故意。A项错误，C项正确。（3）只是对于法律层面上拖拉机是否属于机动车产生了认识错误，属于违法性认识错误。虽甲受认识水平所限不能认识，但由于一般驾驶者均能认识到醉酒驾驶拖拉机是违法行为，故而甲具有违法性认识的可能性。具有认识可能性的违法性认识错误不阻却责任，故甲具有责任，应当对自身行为负责，构成危险驾驶罪。B项、D项错误。

5. 答案 A

【解析】吴某只有一发子弹，"认识到

开枪既可能打死甲,也可能打死乙",这种情况在刑法中称为"择一的故意"。亦即,行为人认识到数个行为对象中的某一个对象确实会发生结果,但不确定哪个行为对象会发生结果(明知行为会造成数个结果中的一个,并且只能造成一个结果)的心态。择一的故意认识到结果只发生于一个行为对象上,对于"择一的故意"的处理方法:(1)通说认为,行为人主观上有两个故意。其一,如果对一个行为对象造成了结果,对另一个行为对象不会产生危险的,对另一个行为对象就只能成立不可罚的不能犯;故而只对有危险的对象构成故意犯罪。其二,如果对一个行为对象造成了结果,对另一个行为对象也有危险的,对造成的结果承担故意犯罪既遂的责任,对另一危险承担故意犯罪未遂的责任;系想象竞合犯,应从一重罪论处;或一个犯罪(造成两个相同性质的结果),结果合并评价,而不实行数罪并罚。(2)少数观点认为,行为人主观上只有一个故意,即对能造成较重结果的对象具有故意,对能造成较轻结果的对象具有过失;或者对直接追求的结果和对象具有故意,对另一结果和对象具有过失(类似于打击错误)。

本题在题干中已明示"设定吴某对甲、乙均有杀人故意",即采通说观点两故意说,则按设定的四个情景进行推理就非常简单了:

A项:(1)客观上对甲有杀死危险,客观行为是杀人未遂行为,主观上有杀人故意,对甲构成故意杀人罪未遂;(2)客观上对乙有杀死危险,客观行为是杀人未遂行为,主观上有杀人故意,对乙构成故意杀人罪未遂。在我国刑法司法实践中,同一性质行为造成两个相同法益被侵害的结果,认定为一个犯罪,结果合并评价(二个死亡危险)。故本案认定为一个故意杀人罪未遂,两个未遂结果累加考虑,不实行数罪并罚。

B项:(1)客观上对甲是杀人既遂行为,主观上有杀人故意,对甲构成故意杀人罪既遂;(2)客观上对乙有杀死危险,客观行为是杀人未遂行为,主观上有杀人故意,对乙构成故意杀人罪未遂。在我国刑法司法实践中,同一性质行为造成两个相同法益被侵害的结果,认定为一个故意杀人罪既遂,结果合并评价(一死一死亡危险),不实行数罪并罚。

C项:(1)客观上对甲是杀人既遂行为,主观上有杀人故意,对甲构成故意杀人罪既遂;(2)客观上对乙有杀死危险,客观行为是杀人未遂行为,主观上有杀人故意,对乙构成故意杀人罪未遂(造成重伤结果)。对乙不成立故意伤害罪。在我国刑法司法实践中,同一性质行为造成两个相同法益被侵害的结果,认定为一个故意杀人罪既遂,结果合并评价(一死一伤)。

D项:(1)客观上对甲是杀人既遂行为,主观上有杀人故意,对甲构成故意杀人罪既遂;(2)客观上对乙是杀人既遂行为,主观上有杀人故意,对乙构成故意杀人罪既遂。在我国刑法司法实践中,同一性质行为造成两个相同法益被侵害的结果,认定为一个故意杀人罪既遂,结果合并评价(两死),不实行数罪并罚。

6. 答案 D

【解析】A项,《刑法》第20条(正当防卫)并未限定正当防卫的行为主体,可以为自己防卫,也可以为他人防卫,并非仅有国家工作人员才能保护国家利益。本选项说法错误。

B项，例如，乙正在杀甲，甲拿起丙的花瓶去反击杀人犯乙，砸伤了乙，同时导致丙的花瓶被砸碎。问甲对乙是否成立正当防卫？甲对乙当然成立正当防卫，只不过甲还有可能对丙的财物构成紧急避险而已。

C项，紧急避险的前提尽管是"危险"（并不限于非法危险），但从紧急避险的合法本质上考虑，应当要求可能保护的法益大于可能损害的法益。本选项中，行为规避的追捕是合法的，而其侵犯他人住宅的行为（非法侵入住宅罪）是非法的。为了规避合法行为而实施非法行为，不成立紧急避险。

D项，《刑法》第21条（紧急避险）中对于"损害"并未限定为非公共利益损害，只要保护的利益大于损害的利益，并不限定损害利益的种类和所有制。例如，为了保护人的生命利益，而被迫损害公共财产利益，当然也是紧急避险。盲目强调公共利益高于个人利益，而不考虑利益大小，不是法律思维。

7. 答案 D

【解析】（1）甲、乙、丙共同故意伤害丁，由于三人是共同犯罪（共同正犯），构成故意伤害罪；由于是共同犯罪，无论具体是谁造成丁死亡的结果，三人均需对此死亡结果承担刑事责任。故而三人均构成故意伤害罪（致人死亡）。（2）显然，本案完全能够证明丁死亡的结果与共同故意伤害的实行行为有因果关系，对此证据证明和事实认定没有疑问，与存疑时有利于被告的原则并不矛盾。

8. 答案 B

【解析】《刑法》第64条："犯罪分子违法所得的一切财物，应当予以追缴或者责令退赔；对被害人的合法财产，应当及时返还；违禁品和供犯罪所用的本人财物，应当予以没收。没收的财物和罚金，一律上缴国库，不得挪用和自行处理。"该条应当这样理解：（1）对于违法所得财物，如违法所得财物存在，则应当追缴。追缴之后，对被害人的合法财产，应当及时返还；对于其他的财物，应当没收上缴国库。（2）如违法所得财物已不再存在，造成他人损失的，则应当责令退赔。（3）违禁品和供犯罪所用的本人财物，应当予以没收。

A项，退赔的前提是要从被害人处获取财物、造成被害人损失。200万元属于赌资，但系甲本人输掉的钱，没有给他人造成损失，无法"退赔"。该200万属于供犯罪所用的本人财物，应当予以没收。

B项，"违法所得的财物"不仅包括违法所得的财物本身，也包括违法所得的财物产生的收益（即犯罪产生的收益）。挪用公款炒股获利所得，属于犯罪产生的收益，系"违法所得的财物"，数额系500万元，应当退赔。因违法所得财物已不存在，被消费用于购买房产，故而应当责令退赔。

C项，受贿人受贿所得系"违法所得"，应当予以追缴；行贿人行贿钱款系"供犯罪所用的本人财物"，应当予以没收。因两罪对象同一，只要对该100万元进行一次追缴并没收即可。

D项，窃取他人财物30万元，系"违法所得的财物"，应当追缴；并且属于被害人的合法财产，追缴后应当及时返还。二人"违法所得的财物"共计30万元，追缴数额共计30万元。在共同犯罪中，"违法所得的财物"，指整体共同犯罪所得财物，不是指各共犯人的"犯罪数额"；对于各共犯人而言，是指各共犯人的"分赃所得财物"。

9. 答案 B

【解析】A项,"利用职业便利"实施犯罪,包括利用职务上的便利实施犯罪;由此,利用职务上的便利实施犯罪的,一定都属于"利用职业便利"实施犯罪。

B项,第37条之一第2款的法条原文:"被禁止从事相关职业的人违反人民法院依照前款规定作出的决定的,由公安机关依法给予处罚;情节严重的,依照本法第三百一十三条的规定(拒不执行判决、裁定罪)定罪处罚。"

C项,职业禁止的起算"自刑罚执行完毕之日或者假释之日起",其中的"刑罚执行完毕"是指主刑执行完毕,而不包括附加刑。故C项应在有期徒刑执行完毕后,就能执行职业禁止,不必等到剥夺政治权利均执行完毕。

D项,第37条之一第1款规定职业禁止的"期限为三年至五年",但第3款规定"其他法律、行政法规对从事相关职业另有禁止或者限制性规定的,从其规定。"当其他法律、行政法规规定的职业禁止的期限不是三年至五年时,例如,《证券法》第233条第1、2款规定可以职业禁止终身,应当适用其他法律、行政法规规定。此时期限就不再是三年至五年。错在"均"字。

10. 答案 B

【解析】A项,"法定最高刑为不满5年有期徒刑的",应当解释为"包括法定最高刑为拘役的"。

B项,追诉时效针对的是犯罪人实施的犯罪行为。在共同犯罪中,应当按照每一个共犯人各自实施的犯罪行为对应的法定刑档次,来计算追诉时效。主犯实施的犯罪行为与从犯实施的行为,适用不同的法定刑时,当时应分别按照各自行为对应的法定刑档次,来计算各自的追诉时效。

C项,追诉时效是刑法第87~89条规定的,不能认为是刑事诉讼的内容。刑法规定当然要适用从旧兼从轻原则。

D项,追诉时效中断适用的前提是"在前罪追诉期限以内又犯后罪",因刘某实施的后行为(即国外因伪造私人印章),在我国刑法中不构成犯罪,后行为没有"犯罪"。则前行为(故意杀人)的时效不中断。故意杀人罪的追诉时效是20年,现已经过22年,已过追诉时效。非报请最高人民检察院核准,不得追诉。

11. 答案 D

【解析】关于罪名之间的关系(法条关系),可分为对立关系和重叠关系(法条竞合)。是对立关系则不可能形成法条竞合,只有重叠关系才可能形成法条竞合。

A项,盗窃罪与诈骗罪的区分仅在于转移占有财物手段方式,如二罪是对立关系的话,则一行为针对同一具体对象(同一具体结果)的,不是盗窃罪就是诈骗罪,不可能同时触犯。

B项,法条竞合关系的本质是两罪名构成要件在刑法规定层面上存在重叠,对立关系的二个罪名之间不可能存在法条竞合关系。

C项,招摇撞骗罪是分则第六章妨害社会管理秩序中的犯罪,犯罪客体(法益)是国家机关工作人员的形象;诈骗罪是分则第五章侵犯财产罪中的犯罪,犯罪客体(法益)是财产权(他人占有),两罪犯罪客体(法益)不同。如认为法条竞合仅限于侵害一犯罪客体(法益)的情形,则不同犯罪客体(法益)的两罪之间不可能存在法条竞合关系。当然,如果认为法条竞合不限于侵害一犯罪客体（法益）的情形，则两罪之间可能存在法条竞合关系。

D项，即便认为贪污罪和挪用公款罪是对立关系，只能进行择一认定。则行为人挪用之后，能够查明非法占有目的的，可以认定构成贪污罪；不能查明非法占有目的的，当然可能认定构成挪用公款罪。

12. 答案 C

【解析】放火罪、以危险方法危害公共安全罪实际是特别法与一般法的法条竞合关系，二罪的结果都是危害到公共安全的危险，主要区别就在于放火罪的行为是具体的、特别的危险方法即放火行为，而以危险方法危害公共安全罪的行为是"其他危险方法"。

A项、B项、C项，就本案而言，结合题干的叙述，"焰高约20厘米的火堆""高速公路中间""火堆很快就被通行车辆轧灭"；行为人实施的行为根本不可能导致火灾或者其他公共安全的危险。因此，欠缺危害到公共安全的危险结果，不能构成放火罪，也不能构成其他以危险方法危害公共安全类犯罪。故而A项、B项错误，C项正确。

D项，以危险方法危害公共安全类犯罪的构成，除了要求危害到公共安全的危险结果之外，还要求手段是"危险方法"。行为危害公共安全，即使是故意的，但手段并不属于"危险方法"的，也不能构成以危险方法危害公共安全类犯罪。

13. 答案 C

【考点】"公共安全"实害结果的含义。

【解析】（1）危害公共安全类犯罪的法益是"公共安全"，指不特定或多数人的生命、身体安全等。包括破坏交通设施罪在内的危害公共安全类犯罪有危险犯、

实害犯，实害犯就是危险犯的结果加重犯。结果加重犯（实害犯）中"严重结果"应当指的是危害公共安全的实害结果，而不是特定个人的生命、身体受损的实害结果。当然，如果特定个人的生命、身体受损的实害结果，是公共安全实害结果的组织部分，当然可构成被害结果犯。如果不是，则应另行触犯个人法益犯罪。（2）本案中，陈某涉嫌破坏交通设施罪，只有他人死亡是因交通工具倾覆、毁坏而造成的，才能认定公共安全实害结果，才构成破坏交通设施罪的结果加重犯（实害犯）。但是，本题中幼童是因螺栓击中身亡，不属公共安全实害结果，而是单纯的个人法益受损结果。故而不构成破坏交通设施罪的结果加重犯（实害犯）。（3）陈某的行为，造成了火车倾覆、毁坏的危险，构成破坏交通设施罪的基本犯（危险犯），同时对于幼童构成过失致人死亡罪，一行为同时触犯两罪，系想象竞合犯。答案是选项C。

14. 答案 D

【解析】（1）贷款诈骗罪、骗取贷款罪的构成，都要求借款人向金融机构贷款时，实施了诈骗行为，金融机构被欺骗。本案中甲虽然借用了他人身份证，但金融机构主管人员明知借款人借用身份证的真相，没有被欺骗。故而，不能认为甲实施了诈骗行为，不能构成贷款诈骗罪、骗取贷款罪。（2）乙明知借款人使用借用身份证申请贷款违反法律规定，仍然发放贷款，构成违法发放贷款罪。

15. 答案 D

【考点】绑架罪，非法拘禁罪，共同犯罪，中止、既未遂认定。

【解析】（1）甲以勒索为目的，欺骗乙、丙将吴某扣押，甲构成绑架罪（间接正犯）。

121

（2）乙、丙客观上将吴某扣押，主观具索债故意，构成非法拘禁罪。（3）乙、丙已将吴某扣押控制住，构成非法拘禁罪既遂。（4）绑架罪的既遂标准是控制住人身，甲构成绑架罪既遂。（5）吴某一人在回家路上溺水身亡，与甲、乙、丙实施的扣押行为，没有因果关系。

A项，乙、丙不构成绑架罪，错误。

B项，甲构成既遂。

C项，（1）吴某的死亡结果与甲的行为没有因果关系；（2）《刑法修正（九）》生效之后，绑架的结果加重犯中再也没有"致人死亡"这一项。

D项，乙、丙均成立非法拘禁罪既遂，说法正确。

16. 答案 C

【解析】（1）前行为构成抢劫罪，系既遂；（2）后行为中，踢一脚行为造成马某心脏骤停死亡，系危害行为与特殊体质结合形成的结果，认定有因果关系，客观行为认定为致人死亡的行为；主观上有过失，构成过失致人死亡罪。（3）在罪数方面，踢一脚时的心态是报复，而不是压制反抗，不属抢劫罪的暴力行为，而应单独另行评价。故而，不构成抢劫致人死亡。两行为应当数罪并罚。

17. 答案 B

【解析】A项，考查诈骗罪与盗窃罪的区分。诈骗罪的核心在于骗取被骗人"处分（转移占有）"财物，被骗人需对处分财物的行为有认识，行为人才能构成诈骗罪。本选项中被害人"不知点击链接会转移财产"，没有意识性处分。行为人不构成诈骗罪，构成盗窃罪。

B项，与A项考查的考点相同。被害人"知道自己付款"，对处分行为有认识，行为人可构成诈骗罪。

C项，考查三角诈骗与盗窃罪间接正犯的区分，关键要看被骗人有无处分（转移占有）权限。本案被骗人孙某客观上没有骑走摩托车的权限，丙欺骗的并不是具有处分权限的人，不构成诈骗罪；而构成盗窃罪的间接正犯。

D项，存折中的5万元存款是财物。丁触犯非法获取计算机信息系统数据罪、盗窃罪，根据第287条的规定，构成盗窃罪。

18. 答案 D

【解析】（1）甲未对人实施暴力、威胁或者其他压制人反抗的手段，行为人不构成抢劫罪。（2）物主近在咫尺，财物归物主控制占有，钱包不属脱离占有物，行为人不构成侵占罪。（3）诈骗罪的成立要求骗取"处分（转移占有）"，本案中被骗人没有转移占有的行为，行为人不构成诈骗。（4）本案的案情就是当着被害人的面公然拿走（对身体没有侵害可能）。按通说观点，盗窃与抢夺的区分是"秘密窃取 VS 公然夺取"，则据此甲可构成抢夺罪；按少数观点，盗窃与抢夺的区分是"平和转移占有 VS 迅猛夺取（可能危害人身）"，则据此甲可构成盗窃罪。选项D正确。

19. 答案 C

【解析】妨害公务罪是指以暴力、威胁方法阻碍国家机关工作人员依法执行职务的行为，阻碍的是"国家机关工作人员依法执行职务"。

A项，警察已执行职务完毕，行为人实施暴力的目的是报复，而不是阻碍执行职务。

B项，戴某抓捕乙时不是以警察身份来抓，而是以被害人身份来抓，其行为不能认定为执行职务行为。

C项，警察进行行政拘留是执行职务行为。

D项，根据第318条第1款第5项的规定，组织他人偷越国（边）境的过程中，以暴力、威胁方法抗拒检查的，是该罪的加重犯，不再单独定妨害公务罪。

20. 答案 C

【解析】（1）对于乙，实施了伪造物证的行为，构成帮助伪造证据罪；实施了虚假描述行为，构成包庇罪，应当两罪并罚。（2）对于甲而言，本犯不能构成帮助伪造证据罪、包庇罪的教唆犯。（3）乙没有诬告陷害具体个人，不构成诬告陷害罪。

21. 答案 D

【解析】（1）甲没有主动索取，但其被动收受了财物，可构成受贿罪。（2）受贿罪由故意构成，无论直接故意还是间接故意均可构成。（3）甲虽不能确定是乙送的，但即使客观上钱不是乙送的，而是他人送给甲，用于让甲为乙谋取利益，甲基于此而允诺为乙谋取利益，仍具有因果关系。故而，甲可构成受贿罪。（4）行贿罪的构成，要求行为人为了谋取不正当利益，而给与国家工作人员财物。本案中，丙是行贿行为的实行者，乙是教唆者，如其是为了谋取不正当利益，构成行贿罪的共同犯罪。行贿者构成行贿罪的判断，根据本人行为来认定。

22. 答案 B

【考点提示】本题难度很高，综合考查刑事诉讼职能、审判原则、审判模式和审判中心主义。

【解析】本题考查对"让审理者裁判、由裁判者负责"的理解。"让审理者裁判、由裁判者负责"体现了法官的职权，突出审理者直接参与审判，对于审判的结果，裁判者应当保障其正确性，未来如果发现裁判有误，裁判者应当承担相应的法律责任。可见，裁判者直接参与审判并作判决是这句话的核心思想。

A项，我国的刑事诉讼职能有三：控诉、辩护、审判即控辩审。可见，刑事诉讼职能强调控辩审三方之间的关系，而题目中主要提到法官的作用，文意与刑事诉讼职能并不贴近。A项错误。

B项，刑事审判原则包含四项：审判公开原则、直接言词原则、辩论原则和集中审理原则。其中，直接言词原则包括直接原则和言词原则两项原则，理论上合称为直接言词原则。直接原则，是指法官必须与诉讼当事人和诉讼参与人直接接触，直接审查案件事实材料和证据。直接原则可以被区分为：（1）直接审理原则。庭审中，法官、公诉人、诉讼参与人应当在场，除法律另有规定，这些人不在场的审判无效。（2）直接采证原则。法官必须亲自、当庭调查证据，不得以书面审查方式采信证据。言词原则，是指法庭审理须以口头陈述的方式进行。除非法律有特别规定，凡是未经口头调查之证据，不得作为定案的依据采纳。可见，本题中涉及的"让审理者裁判、由裁判者负责"，集中体现了直接原则的思想。B项正确。

C项，刑事审判具有程序性，要求刑事审判必须严格依照法定的诉讼程序进行。但本题中，"让审理者裁判、由裁判者负责"强调审判者直接参与审理、对审判结果负责，但没有直接体现出严格依据程序办事的意思。C项错误。

D项，当今世界有三大主要诉讼构造（审判模式），当事人主义、职权主义和混合式。1979年，我国制定了新中国第一部《刑事诉讼法》，当时的诉讼构造（审判模式）被学者称为超职权主义，法官职权过于突出，控辩双方的对抗不够充分。1997年，《刑事诉讼法》第一次修改后，我国吸收了一些当事人主义的合理因素，但仍被学者称为强职权主义诉讼构造。2012年，现行《刑事诉讼法》又进一步吸收了当事人主义的合理因素，削弱法官的职权主义特色，强调控辩双方的平等对抗，现行《刑事诉讼法》被学者称之为控辩式审判模式。可见，控辩式审判模式的核心在于突出控辩双方的积极、平等对抗，而非法官的审判与负责。D项错误。

综上所述，本题应当选B。

23. **答案** D

【考点提示】 本题综合考查监狱的侦查管辖权、减刑程序。

【解析】 监狱负责立案、侦查发生在监狱内部的犯罪行为，但法律另有规定的除外。

A项，监狱监管人员指使被监管人体罚虐待其他被监管人的犯罪属于虐待被监管人案，依法应当由检察院立案侦查，监狱无权管辖。A项错误。

B项，罪犯在监狱内犯罪可以由监狱立案侦查，但是罪犯在监狱之外所犯的判决时没有发现的罪行，则不能由监狱并案侦查，而应当由有管辖权的公安机关或者检察院立案侦查。B项错误。

24. **答案** C

【考点提示】 本题考查指定管辖，需要考生注意，在我国，法院和检察院虽然同属司法机关，检察院作为法律监督机关也可以监督法院，法院和检察院之间没有隶属管辖，法院不可以命令检察院，检察院也不能指示法院。

【解析】 A项，甲省高级法院有权将案件由A市中级法院指定给B市中级法院管辖，但这里指定的是"审判管辖"，而非"立案、侦查管辖"，对于立案、侦查来说，该副市长的受贿案仍应当由甲省A市检察院立案、侦查，A市检察院侦查终结后，可以将案件移送甲省B市检察院审查起诉，B市检察院决定起诉的，可以向甲省B市中级法院提起公诉。A项错误。

B项，在我国，检察院上下级之间是领导与被领导的关系，因此，甲省检察院可指定B市检察院审查起诉。但是，检察院却不能领导法院，检察院和法院是并列的分管起诉和审判的司法机关，因此，甲省检察院无权指定B市中级法院审理。B项错误。

C项，由于我国检察系统是上命下从的领导与被领导的行政管理体制，最高检察院作为最高司法机关有权直接指定B市检察院立案侦查。C项正确。

D项，《最高人民法院关于适用〈中华人民共和国刑事诉讼法〉的解释》第20条规定："原受理案件的人民法院在收到上级人民法院改变管辖决定书、同意移送决定书或者指定其他人民法院管辖决定书后，对公诉案件，应当书面通知同级人民检察院，并将案卷材料退回，同时书面通知当事人；对自诉案件，应当将案卷材料移送被指定管辖的人民法院，并书面通知当事人。"可见，如甲省高级法院指定B市中级法院审理，A市中级法院应将案卷材料移退回A市检察院，由A市检察院移送B市检察院，再由B市检察院向B市中级法院提起公诉。A市中级法院不可以将案卷材料直接移送B市中级法院。D项错误。

综上所述，本题应当选C。

25. 答案 D

【考点提示】本题综合考查犯罪嫌疑人、被告人委托辩护人的人数和检察官、法官辞职后从事律师业务的执业禁止。

【解析】A项，《最高人民法院关于适用〈中华人民共和国刑事诉讼法〉的解释》第36条第1款规定："审判人员和人民法院其他工作人员从人民法院离任后二年内，不得以律师身份担任辩护人。"

可见，齐某只是不得以律师身份担任A县法院审理案件的辩护人，但不以律师身份担任辩护人不受限制。A项错误。

B、C项，《最高人民法院关于适用〈中华人民共和国刑事诉讼法〉的解释》第38条第2款规定："一名辩护人不得为两名以上的同案被告人，或者未同案处理但犯罪事实存在关联的被告人辩护。"但并未规定两名辩护人不得分别担任同案犯罪嫌疑人的辩护人或者不得同时担任同一犯罪嫌疑人的辩护人。B、C项错误。

D项，《最高人民法院关于适用〈中华人民共和国刑事诉讼法〉的解释》第36条第3款规定："审判人员和人民法院其他工作人员的配偶、子女或者父母不得担任其任职法院所审理案件的辩护人，但作为被告人的监护人、近亲属进行辩护的除外。"可见，本案中，洪某虽然是齐某的配偶，但齐某已经辞职，其身份已经不是法院工作人员，因此，洪某可以律师身份担任A县法院审理案件的辩护人。D项正确。

综上所述，本题应当选D。

26. 答案 D

【考点提示】本题综合考查辩护人的权利。请注意，本题考查了最高人民法院、最高人民检察院、公安部、国家安全部、司法部《关于依法保障律师执业权利的规定》，该规定是2016年司法考试大纲中的新增考点，每年的新增考点一定是当年的必考重点。

【解析】A项，最高人民法院、最高人民检察院、公安部、国家安全部、司法部《关于依法保障律师执业权利的规定》第7条第4款中规定，辩护律师可以带一名律师助理协助会见。而A项中说姜某到看守所会见郭某时，可带1~2名律师助理协助会见，错误。

B项，最高人民法院、最高人民检察院、公安部、国家安全部、司法部《关于依法保障律师执业权利的规定》第13条规定："看守所应当及时传递辩护律师同犯罪嫌疑人、被告人的往来信件。看守所可以对信件进行必要的检查，但不得截留、复制、删改信件，不得向办案机关提供信件内容，但信件内容涉及危害国家安全、公共安全、严重危害他人人身安全以及涉嫌串供、毁灭证据等情形的除外。"本案中，郭某涉嫌参加恐怖组织罪，该犯罪行为显然属于涉及危害公共安全或者严重危害他人人身安全，因此看守所可以对信件截留、复制。B项错误。

C项，最高人民法院、最高人民检察院、公安部、国家安全部、司法部《关于依法保障律师执业权利的规定》第18条规定："辩护律师申请人民检察院、人民法院收集、调取证据的，人民检察院、人民法院应当在三日以内作出是否同意的决定，并通知辩护律师。辩护律师书面提出有关申请时，办案机关不同意的，应当书面说明理由；辩护律师口头提出申请的，办案机关可以口头答复。"可见，如果辩护律师口头提出申请的，办案机关也可以口头答复。C项错误。

D项，最高人民法院、最高人民检察院、

公安部、国家安全部、司法部《关于依法保障律师执业权利的规定》第35条规定："辩护律师作无罪辩护的，可以当庭就量刑问题发表辩护意见，也可以庭后提交量刑辩护意见。法庭审理中姜某作无罪辩护的，也可当庭对郭某从轻量刑的问题发表辩护意见。D项正确。

综上所述，本题应当选D。

27. 答案 C

【解析】《刑事诉讼法》第40条规定辩护人收集的有关犯罪嫌疑人不在犯罪现场、未达到刑事责任年龄、属于依法不负刑事责任的精神病人的证据，应当及时告知公安机关、人民检察院。故C项正确，A项的错误在于，应当告知的内容不是被害人而是犯罪嫌疑人依法不负刑事责任的精神病人的证据。B项不需告知。D项的错误在于，该项不属于未达到刑事责任年龄的证据。

28. 答案 B

【考点】本题综合考查证据的审查、判断，法律援助，辩护人出庭，简易程序适用条件。

【解析】A项，《公安机关办理刑事案件程序规定》第199条规定："讯问聋、哑的犯罪嫌疑人，应当有通晓聋、哑手势的人参加，并在讯问笔录上注明犯罪嫌疑人的聋、哑情况，以及翻译人员的姓名、工作单位和职业。

讯问不通晓当地语言文字的犯罪嫌疑人，应当配备翻译人员。"

可见，A项错误。不是"如有必要可通知"，而是"应当"通知。

B项，《刑事诉讼法》第34条第2款规定："犯罪嫌疑人、被告人是盲、聋、哑人，或者是尚未完全丧失辨认或者控制自己行为能力的精神病人，没有委托辩护人的，人民法院、人民检察院和公安机关应当通知法律援助机构指派律师为其提供辩护。"可见，B项正确。

C项，《最高人民法院关于适用〈中华人民共和国刑事诉讼法〉的解释》第188条第2款规定："辩护人经通知未到庭，被告人同意的，人民法院可以开庭审理，但被告人属于应当提供法律援助情形的除外。"本案中，王某系聋哑人，属于应当提供法律援助的情形，应当保障辩护人帮助。C项错误。

D项，《最高人民法院关于适用〈中华人民共和国刑事诉讼法〉的解释》第290条规定："具有下列情形之一的，不适用简易程序：

（一）被告人是盲、聋、哑人；

（二）被告人是尚未完全丧失辨认或者控制自己行为能力的精神病人；

（三）有重大社会影响的；

（四）共同犯罪案件中部分被告人不认罪或者对适用简易程序有异议的；

（五）辩护人作无罪辩护的；

（六）被告人认罪但经审查认为可能不构成犯罪的；

（七）不宜适用简易程序审理的其他情形。"

本案中，王某系聋哑人，不适用简易程序。而只有简易程序才可能由审判员一人独任审理。故，D项错误。

综上所述，本题应当选B。

29. 答案 D

【考点提示】本题综合考查非法证据排除规则中物证的排除。

【解析】《刑事诉讼法》第54条第1款规定："采用刑讯逼供等非法方法收集

的犯罪嫌疑人、被告人供述和采用暴力、威胁等非法方法收集的证人证言、被害人陈述，应当予以排除。收集物证、书证不符合法定程序，可能严重影响司法公正的，应当予以补正或者作出合理解释；不能补正或者作出合理解释的，对该证据应当予以排除。"本案中，辩护人申请排除勘验现场收集的物证。根据《刑事诉讼法》第54条第1款的规定，应当具备三个条件：（1）不符合法定程序；（2）严重影响司法公正；（3）不能补正不能解释。

A项，仅"因违反取证程序的一般规定"，没有达到排除的条件，因此不需要排除物证。A项错误。

B项，如果仅仅不能补正或者作出合理解释，还不会排除。而如果违反程序，严重影响司法公正则应排除。B项错误。

C项，不仅物证没有达到排除的条件，更谈不上根据物证进而获取的其他证据。C项错误。

D项，本案中物证不符合《刑事诉讼法》第54条规定的排除条件，并且本案中，因地处偏僻且天气恶劣，无法找到见证人，但侦查机关对勘验过程进行了全程录像，并在笔录中注明原因。足以证明勘验的合法性。因此，这属于合法的勘验过程。D项正确。

综上所述，本题应当选D。

30. 答案 D

【考点提示】本题考查证明责任的分配。

【解析】根据司法部《国家司法考试辅导用书》（三大本）教材中的观点："在我国，证明责任的承担主体首先是控诉机关和负有证明责任的当事人即公诉案件中的公诉人和自诉案件中的自诉人，只有他们才应依照法定程序承担证明犯罪事实是否发生、犯罪嫌疑人或被告人有罪、无罪以及犯罪情节轻重的责任，这是证明责任理论中'谁主张、谁举证'的古老法则在刑事诉讼中的直接体现。此外，根据'否认者不负证明责任'的古老法则和现代无罪推定原则的要求，犯罪嫌疑人、被告人不负证明自己无罪的责任。这表明，从整体上看，刑事诉讼中的证明责任是一个专属于控方的概念。但是，在少数持有类的特定案件如巨额财产来源不明案件及非法持有属于国家绝密、机密文件、资料、物品罪中，犯罪嫌疑人、被告人也负有提出证据的责任。"

可见，A项，错在"证明被告人无罪的责任由被告方承担"，因为一般而言，证明责任就是由控诉方承担。A项错误。

B项，自诉案件的证明责任分配依据不仅仅是"谁主张，谁举证"的法则，还包括"否认者不负证明责任"和"无罪推定"。B项错误。

C项在少数持有类的特定案件，犯罪嫌疑人、被告人也负有提出证据的责任，而非说服责任。C项错误。

D项正确。在少数持有类的特定案件，犯罪嫌疑人、被告人也负有提出证据的责任。

综上所述，本题应当选D。

31. 答案 C

【考点提示】本题考查取保候审应当遵守的义务。

【解析】《刑事诉讼法》第69条规定："被取保候审的犯罪嫌疑人、被告人应当遵守以下规定：

（一）未经执行机关批准不得离开所居住的市、县；

（二）住址、工作单位和联系方式发生变动的，在二十四小时以内向执行机关报告；

（三）在传讯的时候及时到案；

（四）不得以任何形式干扰证人作证；

（五）不得毁灭、伪造证据或者串供。

人民法院、人民检察院和公安机关可以根据案件情况，责令被取保候审的犯罪嫌疑人、被告人遵守以下一项或者多项规定：

（一）不得进入特定的场所；

（二）不得与特定的人员会见或者通信；

（三）不得从事特定的活动；

（四）将护照等出入境证件、驾驶证件交执行机关保存。

被取保候审的犯罪嫌疑人、被告人违反前两款规定，已交纳保证金的，没收部分或者全部保证金，并且区别情形，责令犯罪嫌疑人、被告人具结悔过，重新交纳保证金、提出保证人，或者监视居住、予以逮捕。

对违反取保候审规定，需要予以逮捕的，可以对犯罪嫌疑人、被告人先行拘留。"

可见，前五项属于被取保候审人应当遵守的义务，后四项属于被取保候审人酌定遵守的义务。本题中，A、B、D项都属于酌定遵守的义务，而C项属于应当遵守的义务，故C项正确。

综上所述本题应当选C。

32. **答案 C**

【考点提示】本题考查羁押必要性审查。当年新增考点必考。

【解析】A项，《人民检察院办理羁押必要性审查案件规定（试行）》第3条规定："羁押必要性审查案件由办案机关对应的同级人民检察院刑事执行检察部门统一办理，侦查监督、公诉、侦查、案件管理、检察技术等部门予以配合。"可见，羁押必要性审查现在统一由检察院刑事执行检察部门办理。A项错误。

B项，《人民检察院办理羁押必要性审查案件规定（试行）》第14条第1款规定："人民检察院可以对羁押必要性审查案件进行公开审查。但是，涉及国家秘密、商业秘密、个人隐私的案件除外。"本案属于强制猥亵案，涉及被害人个人隐私，因此不应当公开审查。B项错误。

C项，《人民检察院办理羁押必要性审查案件规定（试行）》第11条规定："刑事执行检察部门对本院批准逮捕和同级人民法院决定逮捕的犯罪嫌疑人、被告人，应当依职权对羁押必要性进行初审。"本案中，乙属于被法院决定逮捕，检察院可以依职权对被告人进行羁押必要性审查。C项正确。

D项，《人民检察院办理羁押必要性审查案件规定（试行）》第17条规定："经羁押必要性审查，发现犯罪嫌疑人、被告人具有下列情形之一的，应当向办案机关提出释放或者变更强制措施的建议：

（一）案件证据发生重大变化，没有证据证明有犯罪事实或者犯罪行为系犯罪嫌疑人、被告人所为的；

（二）案件事实或者情节发生变化，犯罪嫌疑人、被告人可能被判处拘役、管制、独立适用附加刑、免予刑事处罚或者判决无罪的；

（三）继续羁押犯罪嫌疑人、被告人，羁押期限将超过依法可能判处的刑期的；

（四）案件事实基本查清，证据已经收集固定，符合取保候审或者监视居住条件的。"

可见，检察院进行羁押必要性审查，如果认为犯罪嫌疑人、被告人不需要被继续羁押的，应当"建议"而非"要求"办案机关变更强制措施。D项错误。

综上所述，本题应当选C。

33. 答案 D

【考点提示】本题考查撤销案件的救济，注意与不立案救济的区别。

【解析】A、B项，《公安机关办理刑事案件程序规定》第176条规定："控告人对不予立案决定不服的，可以在收到不予立案通知书后七日以内向作出决定的公安机关申请复议；公安机关应当在收到复议申请后七日以内作出决定，并书面通知控告人。"

控告人对不予立案的复议决定不服的，可以在收到复议决定书后七日以内向上一级公安机关申请复核；上一级公安机关应当在收到复核申请后七日以内作出决定。对上级公安机关撤销不予立案决定的，下级公安机关应当执行。"

可见，控告人对不立案决定不服，可以先复议、再复核。但本案已经立案，侦查机关随后撤销案件，被害人一方不能通过复议或复核的方式得到救济。A、B项错误。

C项，《刑事诉讼法》第111条规定："人民检察院认为公安机关对应当立案侦查的案件而不立案侦查的，或者被害人认为公安机关对应当立案侦查的案件而不立案侦查，向人民检察院提出的，人民检察院应当要求公安机关说明不立案的理由。人民检察院认为公安机关不立案理由不能成立的，应当通知公安机关立案，公安机关接到通知后应当立案。"

可见，被害人可以申请检察院进行立案监督，但本案中，侦查机关已经立案，只是随后撤销案件，因此，对撤销案件的决定不能通过立案监督的方式得到救济。C项错误。

D项，《最高人民法院关于适用〈中华人民共和国刑事诉讼法〉的解释》第1条规定："人民法院直接受理的自诉案件包括：……（三）被害人有证据证明对被告人侵犯自己人身、财产权利的行为应当依法追究刑事责任，且有证据证明曾经提出控告，而公安机关或者人民检察院不予追究被告人刑事责任的案件。"本案中，侦查机关撤销案件，属于不予追究被告人刑事责任的情形，被害人有权直接到法院提起自诉附带民事诉讼。D项正确。

综上所述，本题应当选D。

34. 答案 A

【考点提示】本题综合考查辨认。

【解析】A、D项，《公安机关办理刑事案件程序规定》第251条规定："辨认时，应当将辨认对象混杂在特征相类似的其他对象中，不得给辨认人任何暗示。辨认犯罪嫌疑人时，被辨认的人数不得少于七人；对犯罪嫌疑人照片进行辨认的，不得少于十人的照片；辨认物品时，混杂的同类物品不得少于五件。

对场所、尸体等特定辨认对象进行辨认，或者辨认人能够准确描述物品独有特征的，陪衬物不受数量的限制。"

可见，辨认物品不少于五件。A项中除了制造爆炸物的工具外，还有其他4套工具，一共5套，故数量合法。A项正确。此外，辨认人的时候，应当不少于7人，D项说王某作为辩护人时，陪衬无不受数量限制，错误。

B、C项，《最高人民法院关于适用〈中华人民共和国刑事诉讼法〉的解释》第90条规定："对辨认笔录应当着重审查辨认的过程、方法，以及辨认笔录的制作是否符合有关规定。

辨认笔录具有下列情形之一的，不得作

为定案的根据：

（一）辨认不是在侦查人员主持下进行的；

（二）辨认前使辨认人见到辨认对象的；

（三）辨认活动没有个别进行的；

（四）辨认对象没有混杂在具有类似特征的其他对象中，或者供辨认的对象数量不符合规定的；

（五）辨认中给辨认人明显暗示或者明显有指认嫌疑的；

（六）违反有关规定、不能确定辨认笔录真实性的其他情形。"

可见，B项中没有录音录像，C项中没有见证人，均不属于不得作为定案根据的情形，应当允许补正或者作出合理解释。B、C项错误。

综上所述，本题应当选A。

35. 答案 D

【考点提示】本题考查审查起诉，较为简单。

【解析】《人民检察院刑事诉讼法规则（试行）》第384条规定："人民检察院对已经退回侦查机关二次补充侦查的案件，在审查起诉中又发现新的犯罪事实的，应当移送侦查机关立案侦查；对已经查清的犯罪事实，应当依法提起公诉。"

可见，本案中，检察院对于新发现的诈骗罪，应当移送公安机关立案侦查，对已经查清的犯罪事实，应当依法提起公诉。D项正确。

综上所述，本题应当选D。

36. 答案 C

【考点提示】本题考查审判期间，人民法院发现新的事实后的处理。

【解析】《最高人民法院关于适用〈中华人民共和国刑事诉讼法〉的解释》第243条规定："审判期间，人民法院发现新的事实，可能影响定罪的，可以建议人民检察院补充或者变更起诉；人民检察院不同意或者在七日内未回复意见的，人民法院应当就起诉指控的犯罪事实，依照本解释第二百四十一条的规定作出判决、裁定。"

可见，本案中，法院认为胡某除了有持有毒品行为外，还涉嫌贩卖毒品，属于发现新的犯罪事实，可以建议检察院补充或者变更起诉。C项正确。

综上所述，本题应当选C。

37. 答案 D

【解析】《刑事诉讼法》第208条规定"基层人民法院管辖的案件，符合下列条件的，可以适用简易程序审判：（一）案件事实清楚、证据充分的；（二）被告人承认自己所犯罪行，对指控的犯罪事实没有异议的；（三）被告人对适用简易程序没有异议的。人民检察院在提起公诉的时候，可以建议人民法院适用简易程序。"由此可见，检察院提出简易程序的建议，不是适用建议程序的必备条件。故A项错误。《刑事诉讼法解释》第294条规定"适用简易程序审理案件，审判长或者独任审判员应当当庭询问被告人对指控的犯罪事实的意见，告知被告人适用简易程序审理的法律规定，确认被告人是否同意适用简易程序。"故B项错误。《刑事诉讼法解释》第295条第1款规定"适用简易程序审理案件，可以对庭审作如下简化：（一）公诉人可以摘要宣读起诉书；（二）公诉人、辩护人、审判人员对被告人的讯问、发问可以简化或者省略；（三）对控辩双方无异议的证据，可以仅就证据的名称及所证明的事项作出说明；对控辩双方有异议，或者法庭认为有必要调查核实的证据，应当出示，并进行质证；（四）控辩双方对与定罪量刑有关的事实、证据没有异议的，法庭审理可以直接围绕罪名确定和量刑问题进行。"故C项错误。《刑事诉讼法解释》第297条规定"适用简易程序审理案件，一般应当当庭宣判。"故D项正确。

38. 答案 C

【考点提示】本题综合考查第二审审理程序及审判原则。

【解析】A项，《最高人民法院关于适用〈中华人民共和国刑事诉讼法〉的解释》第317条规定："下列案件，根据刑事诉讼法第二百二十三条第一款的规定，应当开庭审理：

（一）被告人、自诉人及其法定代理人对第一审认定的事实、证据提出异议，可能影响定罪量刑的上诉案件；

（二）被告人被判处死刑立即执行的上诉案件；

（三）人民检察院抗诉的案件；

（四）应当开庭审理的其他案件。

被判处死刑立即执行的被告人没有上诉，同案的其他被告人上诉的案件，第二审人民法院应当开庭审理。

被告人被判处死刑缓期执行的上诉案件，虽不属于第一款第一项规定的情形，有条件的，也应当开庭审理。"

本题中，龚某案件不符合上述情形，二审法院不一定必须开庭审理。A项错误。

B、C、D项，《最高人民法院关于适用〈中华人民共和国刑事诉讼法〉的解释》第325条规定："审理被告人或者其法定代理人、辩护人、近亲属提出上诉的案件，不得加重被告人的刑罚，并应当执行下列规定：

（一）同案审理的案件，只有部分被告人上诉的，既不得加重上诉人的刑罚，也不得加重其他同案被告人的刑罚；

（二）原判事实清楚，证据确实、充分，只是认定的罪名不当的，可以改变罪名，但不得加重刑罚；

（三）原判对被告人实行数罪并罚的，不得加重决定执行的刑罚，也不得加重数罪中某罪的刑罚；

（四）原判对被告人宣告缓刑的，不得撤销缓刑或者延长缓刑考验期；

（五）原判没有宣告禁止令的，不得增加宣告；原判宣告禁止令的，不得增加内容、延长期限；

（六）原判对被告人判处死刑缓期执行没有限制减刑的，不得限制减刑；

（七）原判事实清楚，证据确实、充分，但判处的刑罚畸轻、应当适用附加刑而没有适用的，不得直接加重刑罚、适用附加刑，也不得以事实不清、证据不足为由发回第一审人民法院重新审判。必须依法改判的，应当在第二审判决、裁定生效后，依照审判监督程序重新审判。

人民检察院抗诉或者自诉人上诉的案件，不受前款规定的限制。"

可见，根据上述"（五）"，B项错误。根据上述"（二）"，C项正确。根据上述"（七）"，D项错误。

综上所述，本题应当选C。

39. 答案 D

【考点提示】本题综合考查死刑复核程序的具体程序。

【解析】A项，《最高人民法院关于刑事案件终审判决和裁定何时发生法律效力问题的批复》中规定："终审的判决和裁定自宣告之日起发生法律效力。"A项中，"高级法院裁定维持原判"，意味着高级法院作出了维持原判的裁定，但还没有宣告，因此，对乙无期徒刑的维持裁定暂未生效。故，A项错误。

B项，本案中，甲被判处死刑立即执行，乙被判处无期徒刑。高级法院对甲确实应当先复核，再报请最高法院核准。但对乙无须先复核再报最高法院核准，因为乙被一审判处无期徒刑，无期徒刑无须复核。B项错误。

C项，认为原判犯罪事实不清，可以在查清事实后改判，这是二审法院对一审裁判的处理方式。但C项中说的是最高法院认为乙的犯罪事实不清，最高法院在本案中并非二审法院，法律没有明确规定最高法院可以对乙查清事实后改判。C项错误。

D项，《最高人民法院关于适用〈中华人民共和国刑事诉讼法〉的解释》第350条规定："最高人民法院复核死刑案件，应当按照下列情形分别处理：

（一）原判认定事实和适用法律正确、量刑适当、诉讼程序合法的，应当裁定核准；

（二）原判认定的某一具体事实或者引用的法律条款等存在瑕疵，但判处被告人死刑并无不当的，可以在纠正后作出核准的判决、裁定；

（三）原判事实不清、证据不足的，应当裁定不予核准，并撤销原判，发回重新审判；

（四）复核期间出现新的影响定罪量刑的事实、证据的，应当裁定不予核准，并撤销原判，发回重新审判；

（五）原判认定事实正确，但依法不应当判处死刑的，应当裁定不予核准，并撤销原判，发回重新审判；

（六）原审违反法定诉讼程序，可能影响公正审判的，应当裁定不予核准，并撤销原判，发回重新审判。"

根据上述"（三）"，最高法院应当"裁定"不予核准，并撤销原判，发回重新审判。可见，D项正确。

综上所述，本题应当选D。

40. 答案 B

【考点提示】本题考查各种刑罚的执行机关。

【解析】关于刑罚的执行机关，见下表：

执行机关
法院：无罪免刑、死刑立即执行、罚金、没收财产
监狱：死缓、无期、有期（余刑3个月以下由看守所代为执行）
社区矫正机构：管制、缓刑、假释、暂予监外执行
公安机关：执行拘役（看守所）、剥夺政治权利等刑罚

可见，A项，管制应当由社区矫正机构执行，错误。B项，缓刑由社区矫正机构执行，正确。C项，有期徒刑，余刑5个月，应当由监狱执行，错误。D项，没收财产应当由法院执行，错误。

综上所述，本题应当选B。

41. 答案 C

【考点提示】本题综合考查刑事和解的条件及不适用条件。

【解析】A项，《刑事诉讼法》第277条第2款规定："犯罪嫌疑人、被告人在五年以内曾经故意犯罪的，不适用本章规定的程序。"A项中，侵占罪和故意伤害罪属于故意犯罪，且发生于5年以内，不适用和解程序。A项错误。

B项，《公安机关办理刑事案件程序规定》第323条规定："有下列情形之一的，不属于因民间纠纷引起的犯罪案件：

(一)雇凶伤害他人的；
(二)涉及黑社会性质组织犯罪的；
(三)涉及寻衅滋事的；
(四)涉及聚众斗殴的；
(五)多次故意伤害他人身体的；
(六)其他不宜和解的。"

可见，寻衅滋事不属于民间纠纷，不能适用和解程序。B项错误。

C项，《刑事诉讼法》第277条第1款规定："下列公诉案件，犯罪嫌疑人、被告人真诚悔罪，通过向被害人赔偿损失、赔礼道歉等方式获得被害人谅解，被害人自愿和解的，双方当事人可以和解：

(一)因民间纠纷引起，涉嫌刑法分则第四章、第五章规定的犯罪案件，可能判处三年有期徒刑以下刑罚的；

(二)除渎职犯罪以外的可能判处七年有期徒刑以下刑罚的过失犯罪案件。"

可见，C项中，过失致人重伤属于可能被判处7年以下有期徒刑的过失犯罪，具备和解的条件。又根据《最高人民法院关于适用〈中华人民共和国刑事诉讼法〉的解释》第497条第2款规定："被害人系无行为能力或者限制行为能力人的，其法定代理人、近亲属可以代为和解。"显然，C项正确。

D项，《刑事诉讼法》第277条第1款规定："下列公诉案件，犯罪嫌疑人、被告人真诚悔罪，通过向被害人赔偿损失、赔礼道歉等方式获得被害人谅解，被害人自愿和解的，双方当事人可以和解：

(一)因民间纠纷引起，涉嫌刑法分则第四章、第五章规定的犯罪案件，可能判处三年有期徒刑以下刑罚的；

(二)除渎职犯罪以外的可能判处七年有期徒刑以下刑罚的过失犯罪案件。"

可见，故意犯罪的和解，需要涉及刑法分则第四章、第五章规定的犯罪案件即涉嫌侵犯人身权利犯罪和侵犯财产犯罪，而D项中的破坏计算机信息系统罪属于刑法分则第六章妨害社会管理秩序犯罪中的罪名，故本罪不适用和解程序。D项错误。

综上所述，本题应当选C。

42. 答案 A

【考点提示】本题考查精神病强制医疗程序的具体审理程序。

【解析】A项，《最高人民法院关于适用〈中华人民共和国刑事诉讼法〉的解释》第529条第2款规定："审理人民检察院申请强制医疗的案件，应当会见被申请人。"可见，A项正确。

B项，《最高人民法院关于适用〈中华人民共和国刑事诉讼法〉的解释》第528条规定："审理强制医疗案件，应当通知被申请人或者被告人的法定代理人到场。被申请人或者被告人没有委托诉讼代理人的，应当通知法律援助机构指派律师担任其诉讼代理人，为其提供法律帮助。"可见，法院"应当"而非"可以"通知。B项错误。

C项，《最高人民法院关于适用〈中华人民共和国刑事诉讼法〉的解释》第530条第2款规定："被申请人要求出庭，人民法院经审查其身体和精神状态，认为可以出庭的，应当准许。出庭的被申请人，在法庭调查、辩论阶段，可以发表意见。"可见，甲可以自己发表意见，不是必须由其法定代理人或诉讼代理人代为发表意见。C项错误。

D项，《最高人民法院关于适用〈中华人民共和国刑事诉讼法〉的解释》第531条规定："对申请强制医疗的案件，人民法院审理后，应当按照下列情形分别处理：

（一）符合刑事诉讼法第二百八十四条规定的强制医疗条件的，应当作出对被申请人强制医疗的决定；

（二）被申请人属于依法不负刑事责任的精神病人，但不符合强制医疗条件的，应当作出驳回强制医疗申请的决定；被申请人已经造成危害结果的，应当同时责令其家属或者监护人严加看管和医疗；

（三）被申请人具有完全或者部分刑事责任能力，依法应当追究刑事责任的，应当作出驳回强制医疗申请的决定，并退回人民检察院依法处理。"

可见，根据上述"（三）"，D项错误。

综上所述，本题应当选A。

43. 答案 B

【解析】B项正确。《地方各级人民政府机构设置和编制管理条例》第29条规定："地方的事业单位机构和编制管理办法，由省、自治区、直辖市人民政府机构编制管理机关拟定，报国务院机构编制管理机关审核后，由省、自治区、直辖市人民政府发布。事业编制的全国性标准由国务院机构编制管理机关会同国务院财政部门和其他有关部门制定。"

44. 答案 B

【解析】具体行政行为和抽象行政行为是一对常见、常考的易混淆概念。它们的根本区别在于抽象行政行为是"制订规则，反复适用"，而具体行政行为则是"对象特定，可以统计"。本题所涉及的行为，虽然形式为"通告"，但我们判断一个行政行为的性质时，不要看它的形式，而要根据它的内容来确定。由题可见，该通告是针对所列名单中的企业的，正符合"对象特定，可以统计"的判断标准。所以B项正确。而A项的行政规范性文件系抽象行政行为的一部分，C项的行政给付是行政机关给付行政相对人最低生活保障金、残疾金等费用，D项的行政强制只是该通告中的部分内容，不能作为通告的整体定性，所以A、C、D三个选项错误。

45. 答案 C

【解析】《治安管理处罚法》对派出所的法定授权范围是500元以下罚款和警告（记忆法：伍佰真有派），不包括行政拘留，故A项错误；公安机关能够当场作出的处罚，也就是简易程序，限于200元以下的罚款和警告（记忆法：一清二白），B项错误；行政拘留限制了被处罚人的人身自由，因此应当及时通知他的家属，否则家属在家人失踪后会心生惶恐，出于人道主义的常识，考生也能够猜出C项正确；在《行政处罚法》和《治安管理处罚法》中，行政机关除传唤可以口头外，其他的行政行为均为书面形式。

46. 答案 B

【解析】行政强制措施，是为了制止违法行为、防止证据损毁、避免危害发生、控制危险扩大等情形而采取的。强制措施的目的有两类：第一类目的是维护行政秩序，将"场面控制住"，对违法行为予以当场制止，避免危险发生和控制危险扩大，是一种面向未来的具有预防性的行为。本题中，A项封存行为的目的在于后续审计行为的顺畅进行，C项扣押行为的目的在于防止当事人转移财物，有利于后续行政决定的执行，D项约束行为的目的在于防止醉酒的王某对自身或者他人造成危险，A、C、D三个选项的行为从目的上完全符合行政强制措施制止与预防的特点，因此上述三个行为均属于行政强制措施。第二类目的是防止证据毁损灭失，实现证据的固定与保存。在《治安管理处罚法》中，就有为了保存证据而采取的强制措施，例如强制检查、强制传唤和强制扣押等，在《行政处罚法》中也有"证据登记保存"的强制措施。

B项暂扣驾驶证6个月为行政处罚，是确定当事人违法后对当事人的一种制裁，行为性质属于行政处罚，同时，该行为明确了6个月的期限，符合处罚明确性的特点，强制措施在作出时往往不会告知行为期限，只要目的实现了，强制措施自然会解除。

47. 答案 B

【解析】A项错误。《行政诉讼法》第44条规定："对属于人民法院受案范围的行政案件，公民、法人或者其他组织可以先向行政机关申请复议，对复议决定不服的，再向人民法院提起诉讼；也可以直接向人民法院提起诉讼。法律、法规规定应当先向行政机关申请复议，对复议决定不服再向人民法院提起诉讼的，依照法律、法规的规定。"总结有关法律，复议前置案件只有五种：自然资源行政确认案件、税务争议案件、商标局撤销注册商标案件、专利行政部门驳回申请案件、商务部禁止经营者集中案件。可见，工商局信息公开案件不属于其中之一，应当属于自由选择复议、诉讼程序。

B项正确。《最高人民法院关于审理政府信息公开行政案件若干问题的规定》第5条第1款规定："被告拒绝向原告提供政府信息的，应当对拒绝的根据以及履行法定告知和说明理由义务的情况举证。"

C项错误。《行政诉讼法》第82条第1款规定："人民法院审理下列第一审行政案件，认为事实清楚、权利义务关系明确、争议不大的，可以适用简易程序：（一）被诉行政行为是依法当场作出的；（二）案件涉及款额二千元以下的；（三）属于政府信息公开案件的。"

D项错误。《政府信息公开条例》第2条规定："本条例所称政府信息，是指行政机关在履行职责过程中制作或者获取的，以一定形式记录、保存的信息。"本题中，"经营范围、从业人数、注册资本等信息"属于政府信息，应依法予以公开。

48. 答案 A

【解析】（1）行政复议的申请应当从申请人知道作出该具体行政行为之日起60日提出，但法律规定超过60日的除外。所以，A项正确。

（2）申请人书面申请行政复议的，可以采取当面递交、电子邮件邮寄或者传真等书面方式提出，也可以口头的方式提出。申请人口头申请行政复议的，复议机构应当场制作行政复议申请笔录交申请人核对或者向申请人宣读，并由申请人签字确认。所以，B项错误。

（3）与行政诉讼相同，复议机关对裁量行为而引发的案件是可以进行调解的。由此可见，C项表达得过于绝对，错误。

（4）公司如在复议决定作出前撤回申请，只要不违反相关法律规定，获得行政复议机关的同意后，这个复议案件即告结束，复议案件应当终止，而非中止。D项错误。

49. 答案 C

【解析】（1）2014年新修改的《行政诉讼法》第26条将复议维持后再起诉的被告规定调整为："经复议的案件，复议机关决定维持原行政行为的，作出原行政行为的行政机关和复议机关是共同被告。"复议维持后，被诉行为是原机关的原行为和复议机关的维持决定，由于存在两个被诉行为,所以,不可能允许出现某个被诉行为没有被告只有第三人的,所以,即使原告不同意追加被告,法院也会将"告漏了"的行政机关强行追加为共同被告。所以,A项错误。

(2)在级别管辖的规则上,作出原行政行为的行政机关和复议机关为共同被告的,以作出原行政行为的行政机关确定案件的级别管辖。按照级别管辖的逻辑,县级以上地方政府为被告的案件由中院管辖,而以区卫计局(其性质是政府的工作部门,而不是政府)来确定管辖法院的级别,最终就应该由基层法院管辖。那么究竟以哪个行政机关来确定管辖法院的级别呢?中国立法者选择了"就低原则",以原机关的行政级别来确定管辖法院的级别。在本案中,应当以区卫计局来确定管辖法院的级别。所以,B项错误。

(3)在地域管辖的规则上,为便利原告起诉,只要经过复议的行政案件,无论复议结果是维持还是改变,原告既可以向原机关所在地法院起诉,也可以向复议机关所在地法院起诉。对于本题,原机关区卫计局和复议机关区政府所在地的法院均有管辖权。所以,C项正确。

(4)由于复议维持后原机关和复议机关均要成为行政诉讼的被告,对应的,法院要对原行为和复议行为都进行合法性审查,进而法院自然要对两个行为都作出判决。"诉什么,审什么,判什么"是行政诉讼中一以贯之的逻辑线索,所以D项错误。

综上,本题答案为C。

【设题陷阱与常见错误分析】第一,有些考生会将经过复议后,级别管辖和地域管辖的知识混淆进而出错,但实际上两个知识点各有各的逻辑,只要做题顺序正确,是不应犯错的。

第二,有些考生将共同行为"告漏了"与复议维持"告漏了"混淆起来,导致本题选择错误。复议维持"告漏了"和共同行为"告漏了"是不同的,共同行为是指多个行政机关共同作出一个行政行为,虽然行为作出主体为多个,但被诉的行为却只有一个。而复议维持后,被诉行为是原机关的原行为和复议机关的维持决定,由于存在两个被诉行为(原行为和复议维持决定),所以,不可能允许出现某个被诉行为没有被告只有第三人的,所以,本条规定背离了诉的一般原理,即使在原告不诉的情况下,也将其强行追加为了共同被告。

50. 答案 C

【解析】(1)在刑事司法赔偿中,对错误限制公民人身自由的赔偿义务机关确立采用了后置原则,也就是,在拘留、逮捕、有期徒刑判决等一系列的司法决定中,"谁最后作有罪决定,谁赔偿"。本题中最后一个认定当事人有罪的机关为检察院,而非公安局,所以,赔偿义务机关应当为逮捕的决定者即检察院,A项错误。

(2)赔偿义务机关可以在自愿合法的情况下,与赔偿请求人就赔偿方式、赔偿项目和赔偿数额进行协商,B项错误。

(3)在国家赔偿法中,限制人身自由赔偿范围的口诀为:"没罪关了就要赔,有罪关了也白关",其中的构成要件有两个:第一,"无罪",公民没有实施犯罪行为的或者没有充分、确凿的证据证明公民实施了犯罪行为。第二,"关",关指的是实际羁押,主要包括有期徒刑判决、拘役、无期徒刑等对公民的人身自由构成的实际限制的刑事行为,如果对公民的人身自由的限制不是通过实际羁押的方式来进行的,国家不承担赔偿责任,比如减刑、假释、保外就医等。本题中,取保候审没有对公民进行实际羁押,因此这部分不赔,C项正确。

（4）对方某的赔偿金标准应按照赔偿义务机关作出赔偿决定时的上一年度国家职工日平均工资计算,所以不是按照2012年度国家职工日平均工资计算的,D项错误。这是2016年司法考试大纲新增加的《关于办理刑事赔偿案件适用法律若干问题的解释》的新规定。

51. 答案 AD

【解析】A项,前半句,考查解释规则,对一个刑法条文或者一个刑法用语的解释,只能采用一种解释技巧（即解释结论只能是平义解释、扩大解释、缩小解释中的一种）,说法正确。后半句,相同的字词处于不同法条中时,不一定都会作出相同的解释。

B项,强制猥亵、侮辱罪中的"侮辱",客观内容是实施侵害他人涉及性尊严的身体权,主观内容是明知侵害他人性尊严而实施;侮辱罪中的"侮辱",客观内容是贬损他人名誉,主观内容是欲图侵害他人名誉权。两个"侮辱",客观内容、主观内容均不同。

C项,当然解释是运用当然逻辑（种属、轻重）进行推理解释。入罪时举轻以明重的当然解释,结论有可能是不利于被告人的类推,可能会违反罪刑法定原则。

D项,说法正确。在解释结论正确性判断上,目的解释、文理解释具有决定性。正确的解释结论既需符合法条目的（目的解释）,一般也不能突破字词的最大文义（禁止不利于被告人的类推解释）。

52. 答案 CD

【解析】（1）在认识错误的类别上,甲主观上想伤害丙,对于对象没有认识错误,不属对象错误;是误击而伤害了同伙乙,系打击错误。B项错误。（2）按法定符合说,甲成立故意伤害罪既遂;按照具体符合说,甲对丙成立故意伤害罪未遂,对乙成立过失致人重伤罪。A项错误。（3）同伙乙正在对丙实施不法侵害,甲的行为客观上制止了乙的侵害,但甲主观上没有制止不法侵害的防卫意图,故而甲致乙重伤的行为系偶然防卫;甲对丙仍成立故意伤害罪未遂。C项正确。（4）甲、乙是共同犯罪,但法益侵害的结果是专属个人的,共同犯罪的结果是伤害到了行为人乙本人;对于乙本人而言,只造成了本人受损,未造成他人身体伤害的实害结果,当然不可能成立故意伤害罪既遂。

53. 答案 BC

【解析】A项,考查犯罪未遂、犯罪中止的区分标准。犯罪未遂、犯罪中止的区分在于停止犯罪是基于"意志以外的原因"还是"自动放弃",该标准是以行为人"主观说"为核心的标准。行为人自认为当时能既遂、没有阻止其继续实施的障碍而放弃,就是中止,无论客观情况如何。本选项虽客观上郝某未受致命伤,但主观上甲是自动放弃,按"主观说"当然应当认定为犯罪中止。

B项,"乙信以为真,收起刀子",并没有放弃犯罪的意愿;抢劫未成是因被害人逃走,是犯罪未遂。

C项,考查"数额较大型盗窃罪"的既、未遂标准,应当以盗窃到数额较大的财物为既遂。本题只盗窃到数额较小的财物,有可能盗窃到数额较大的财物，应当认定盗窃罪未遂。

D项，考查资助危害国家安全犯罪活动罪的既、未遂标准，该罪是帮助行为正犯化，不再是帮助犯，既、未遂判断无须再根据从属说认定。因资助危害国家安全犯罪活动罪本身就是正犯，资助行为完成即构成既遂。本选项是既遂。

54. **答案** BD

【解析】A项，触犯使用假币罪与诈骗罪，但不是想象竞合犯，而是整体法与部分法的法条竞合，应当以整体法使用假币罪一罪论处。

B项，说法正确。依据是《最高人民法院、最高人民检察院关于办理走私刑事案件适用法律若干问题的解释》第22条的规定，在走私的货物、物品中藏匿其他规定的特殊货物、物品，构成犯罪的，以实际走私的货物、物品定罪处罚；构成数罪的，实行数罪并罚。一次走私数种物品都数罪并罚，多次走私数种物品当然也数罪并罚。

C项，考查牵连犯，不能认为所有的手段行为和目的行为都认定为牵连犯，牵连犯中的牵连关系仅限于"伪造后诈骗"这样的通常的手段和目的（"类型说"）。丙先后实施的两实行行为分别触犯了盗窃罪、招摇撞骗罪，不属"伪造后诈骗"的模型，不构成牵连犯，而应数罪并罚。

D项，说法正确。法条依据是第287条之二（帮助信息网络犯罪活动罪）第1款、第4款，"有前两款行为，同时构成其他犯罪的，依照处罚较重的规定定罪处罚。"《最高人民法院、最高人民检察院、公安部关于办理网络赌博犯罪案件适用法律若干问题的意见》第2条第1款第1款："明知是赌博网站，而为其提供下列服务或者帮助的，属于开设赌场罪的共同犯罪：（一）为赌博网站提供互联网接入、服务器托管、网络存储空间、通讯传输通道、投放广告、发展会员、软件开发、技术支持等服务，收取服务费数额在2万元以上的。"

55. **答案** ABC

【考点】数罪并罚（数刑并罚）规则，吸收规则，并科规则。

【解析】前半句考查吸收规则［（1）、（2）］，后半句考查并科规则［（4）］。刑法第69条第2款规定："数罪中有判处有期徒刑和拘役的，执行有期徒刑。数罪中有判处有期徒刑和管制，或者拘役和管制的，有期徒刑、拘役执行完毕后，管制仍须执行。"

A项，（1）死刑（2）有期徒刑，适用吸收规则；（4）罚金，附加刑和主刑，适用并科规则。

B项，（1）无期徒刑（2）拘役，适用吸收规则；（4）没收财产，附加刑和主刑，适用并科规则。

C项，（1）有期徒刑（2）拘役，适用吸收规则；（4）附加刑和主刑，适用并科规则。

D项，（1）拘役（2）管制，适用并科规则，而不是吸收规则；（4）剥夺政治权利，附加刑和主刑，适用并科规则。

56. **答案** ABCD

【解析】A项，甲为恐怖组织提供资助，构成刑法第120条之一规定的帮助恐怖活动罪；帮助恐怖活动罪，系共犯行为正犯化，是正犯而不再是共犯，直接适用分则正犯的规定即可，不再适用《刑法》总则关于从犯的规定。

B项，乙成立恐怖组织，构成刑法第120条规定的组织、领导恐怖组织罪。

C项，D项，丙、丁为实施恐怖活动准备凶器，构成第122条之二第1项规定的准备实施恐怖活动罪；准备实施恐怖活动罪，系预备行为实行化，是实行犯而不再是预备犯，直接适用分则正犯的规定即可，不再适用《刑法》总则关于预备犯的规定。

57. 答案 ACD

【解析】A项，两行为两罪，当然应当数罪并罚。

B项，《最高人民法院最高人民检察院关于办理危害食品安全刑事案件适用法律若干问题的解释》第9条第2款："在食用农产品种植、养殖、销售、运输、贮存等过程中，使用禁用农药、兽药等禁用物质或者其他有毒、有害物质的，适用前款的规定定罪处罚。"养殖生猪是生产食品。

C项，销售不符合安全标准的食品罪是危险犯，本选项具有"足以造成严重食物中毒事故"的危险；但销售金额未达5万，货值金额未达15万，不构成生产、销售伪劣产品罪。

D项，客观上销售了有毒食品，主观上具有销售不符合安全标准食品的故意，客观不法主观责任统一于销售不符合安全标准的食品罪。

58. 答案 AC

【解析】A项，考查人体器官犯罪。第234条之一第2款中句，"摘取不满十八周岁的人的器官"，构成故意伤害罪。

B项，《最高人民法院、最高人民检察院、公安部、司法部关于依法惩治拐卖妇女儿童犯罪的意见》第五部分第16条："以非法获利为目的，出卖亲生子女的，应当以拐卖妇女、儿童罪论处。"

C项，死亡结果应归责于吴某本人，而与丙的非法拘禁没有因果关系，不属于非法拘禁致人死亡。

D项，"追逐、拦截"不属"强制侮辱"行为，不构成强制侮辱罪。属于第293条第2款的"追逐、拦截、辱骂、恐吓他人，情节恶劣的"，构成寻衅滋事罪。

59. 答案 ABCD

【解析】A项，物主近在咫尺，系他人直接支配下的财物，构成盗窃罪。服务员甲虽帮人拎包，但并不独立占有，不构成侵占罪。

B项，物主近在咫尺，系他人直接支配下的财物，构成盗窃罪。服务员乙虽帮忙照看，但并不独立占有，不构成侵占罪。

C项，物主近在咫尺，系他人直接支配下的财物，构成盗窃罪。不属脱离他人占有的财物，不构成侵占罪。

D项，钥匙只是占有标志，汽车才是财物，获取钥匙后趁车主不注意将汽车开走，对汽车构成盗窃罪。

60. 答案 CD

【解析】（1）地方公务员考试是《公务员法》规定的考试，属于"国家规定的考试"。（2）对于甲，《刑法》第284条之一第1款规定的组织考试作弊罪，其中的"组织"行为既可以组织多人，也可以是组织流程；本案中甲没有实施组织行为，只是实施了第3款规定的"让他人代替自己参加考试"的行为，构成代替考试罪，而不构成组织考试作弊罪。（3）对于乙，第2款规定，为他人实施组织考试作弊犯罪提供作弊器材或者其他帮助的，才构成组织考试作弊罪的共犯；本案中甲不构成组织考试作弊罪，乙也无法构成组织考试作弊罪的共犯。只是代替考试罪的帮助犯。（4）对于丙，代替考试罪的构成只要实施代替他人或者让他人代替自己参加考试的行为即可,不必考试成功。

61. 答案 ABD

【解析】A项,《全国法院毒品犯罪审判工作座谈会纪要》(2015)第二部分第1条第3款前半句,"行为人为吸毒者代购毒品,在运输过程中被查获,没有证据证明托购者、代购者是为了实施贩卖毒品等其他犯罪,毒品数量达到较大以上的,对托购者、代购者以运输毒品罪的共犯论处。""在购买、存储毒品过程中被查获,没有证据证明其是为了实施贩卖毒品等其他犯罪,毒品数量达到《刑法》第348条规定的最低数量标准的,以非法持有毒品罪定罪处罚。"

B项,《全国法院毒品犯罪审判工作座谈会纪要》(2015)第二部分第1条第3款后半句,"行为人为他人代购仅用于吸食的毒品,在交通、食宿等必要开销之外收取'介绍费''劳务费',或者以贩卖为目的收取部分毒品作为酬劳的,应视为从中牟利,属于变相加价贩卖毒品,以贩卖毒品罪定罪处罚。"

C项,《全国法院毒品犯罪审判工作座谈会纪要》(2015)第二部分第2条第2款"受雇于同一雇主同行运输毒品,但受雇者之间没有共同犯罪故意,或者虽然明知他人受雇运输毒品,但各自的运输行为相对独立,既没有实施配合、掩护他人运输毒品的行为,又分别按照各自运输的毒品数量领取报酬的,不应认定为共同犯罪。受雇于同一雇主分段运输同一宗毒品,但受雇者之间没有犯罪共谋的,也不应认定为共同犯罪。"丙交接时,运输毒品的行为已经完成,不再对后续的行为和数量负责。丙运输500克,曾某运输1000克。

D项,《最高人民法院全国部分法院审理毒品犯罪案件工作座谈会纪要(2008)》第1条第6款的规定"盗窃、抢夺、抢劫毒品后又实施其他毒品犯罪的,对盗窃罪、抢夺罪、抢劫罪和所犯的具体毒品犯罪分别定罪,依法数罪并罚。"

62. 答案 ABCD

【解析】A项,受国有单位委托从事公务,是国家工作人员,构成受贿罪。

B项,《最高人民法院、最高人民检察院关于办理商业贿赂刑事案件适用法律若干问题的意见》第4条,"医疗机构中的国家工作人员,在药品、医疗器械、医用卫生材料等医药产品采购活动中,利用职务上的便利,索取销售方财物,或者非法收受销售方财物,为销售方谋取利益,构成犯罪的,依照《刑法》第385条的规定,以受贿罪定罪处罚。"

C项,村委会主任负责村集体企业事务时,是非国家工作人员,构成非国家工作人员受贿罪。参见《最高人民法院关于村民小组组长利用职务便利侵吞公共财物如何定性的问题的请示》。

D项,无身份人与国家工作人员相互勾结,利用国家工作人员职务便利收受回扣的,构成受贿罪的共犯。

63. 答案 CD

【解析】A项,与秦某职务无关,其他办公室人员构成失火罪,秦某无罪。

B项,何某在足疗店内非法开诊所行医,一般执法监督大队无法发现,对结果没有过失。

C项,违规补办了建设许可证行为是房主非法获得补偿款的前提,应认定造成国家损失(司法解释规定本罪损失可包括间接损失),构成滥用职权罪。

D项,实施有超越职权的滥用职权,与

损失结果之间具有因果关系（司法解释规定本罪损失可包括间接损失），构成滥用职权罪。

64. 答案 ABD

【考点提示】本题考查刑事诉讼法的独立价值，独立价值集中体现于程序对实体的决定或者影响。

【解析】根据司法部《国家司法考试辅导用书》中的观点："刑事诉讼法具有影响刑事实体法实现的功能。依据刑事诉讼法定和正当程序的理念，刑事实体法需要通过法律程序来实施。然而，刑事诉讼法并非实施刑事实体法的被动'服务器'，而是在启动或者终结实施刑事实体法活动方面扮演着十分积极的角色。比如，依照不告不理的原则，如果没有控诉机关或者人员起诉，就不能对现实中的犯罪行为适用刑事实体法；当出现了某些法定情形时，就要结束适用刑事实体法的程序，而不能适用刑事实体法；对同一案件，如果选择不同的刑事程序，适用刑事实体法的结果可能会不同。这些都是刑事诉讼法独立具有而非依赖于刑事实体法的功能。"

本题中，A项中"被告人与被害人达成刑事和解而被法院量刑时从轻处理"和D项中"只有被告人一方上诉的案件，二审法院判决时不得对被告人判处重于原判的刑罚"体现了"对同一案件，如果选择不同的刑事程序，适用刑事实体法的结果可能会不同"。

B项中"因排除犯罪嫌疑人的口供，检察院作出证据不足不起诉的决定"体现了"当出现了某些法定情形时，就要结束适用刑事实体法的程序，而不能适用刑事实体法"。

C项中，超过追诉期限，根据刑事实体法的要求是不再追究刑事责任的，因此刑事诉讼法作出相应的不立案处理，并没有体现出刑事诉讼法影响、制约刑事实体法的独立价值。C错误。

综上所述，本题应当选ABD。

65. 答案 ABC

【考点】本题考查保障诉讼参与人诉讼权利理论。

【解析】A项，2004年，我国宪法修改时，第一次引入"国家尊重和保障人权"的规定。1996年《刑事诉讼法》中没有专门规定"尊重和保障人权"，2012年修正，2013年生效的《刑事诉讼法》在第2条明确规定了"尊重和保障人权"，因此，《刑事诉讼法》第2条的规定也被称为人权条款。《宪法》与《刑事诉讼法》中的人权条款需要在刑事诉讼活动中，通过若干原则和具体法律规定来具体化，保障诉讼参与人的诉讼权利原则由我国《刑事诉讼法》第14条规定："人民法院、人民检察院和公安机关应当保障犯罪嫌疑人、被告人和其他诉讼参与人依法享有的辩护权和其他诉讼权利。

诉讼参与人对于审判人员、检察人员和侦查人员侵犯公民诉讼权利和人身侮辱的行为，有权提出控告。"可见，该条文通过相对细化的规定对《宪法》与《刑事诉讼法》中的人权条款进行诠释。A项正确。

B项，诉讼权利即诉讼参与人参加刑事诉讼活动，依法行使诉讼行为的合法权利。整个刑事诉讼活动的核心就是在国家专门机关和相关诉讼参与人参与下，解决犯罪嫌疑人、被告人刑事责任问题。从某种角度讲，犯罪嫌疑人、被告人是刑事诉讼活动的核心焦点。为了对抗公诉或者自诉，最大限度地维护自身合法权益，犯罪嫌疑人、被告人需要辩护权作为盾牌，因而保障诉讼参与人的诉讼权利，核心在于保护犯罪嫌疑人、被告人的辩护权。B项正确。

C项，权利和义务是相对的，诉讼参与人在享有诉讼权利的同时，还应当承担法律规定的诉讼义务。公安司法机关有义务保障诉讼参与人的诉讼权利，也有权力要求诉讼参与人履行相应的诉讼义务。C项正确。

D项，在刑事案件中，受侵害的人在公诉案件中被称为被害人，在自诉案件中被称为自诉人。其中，对于自诉案件而言，自诉人既有起诉权，也有上诉权。但在公诉案件中，被害人没有起诉权（但享有控告权），也没有上诉权（但享有申请抗诉权）。故D项表述较为片面，错误。

综上所述，本题应当选ABC。

66. 答案 AD

【考点提示】本题综合考查并案侦查、侦查羁押期限重新计算及自诉。从近年来的真题风格可以看出，综合考查不同章节的相关知识是主要的命题方式。

【解析】A项，《人民检察院刑事诉讼法规则（试行）》第12条第2款规定："对于一人犯数罪、共同犯罪、多个犯罪嫌疑人实施的犯罪相互关联，并案处理有利于查明案件事实和诉讼进行的，人民检察院可以对相关犯罪案件并案处理。"可见，A项中如挪用公款与重婚互有牵连，属于一人犯数罪相互关联，检察院可并案侦查。A项正确。

B项，《刑事诉讼法》第158条规定："在侦查期间，发现犯罪嫌疑人另有重要罪行的，自发现之日起依照本法第一百五十四条的规定重新计算侦查羁押期限。"《公安机关办理刑事案件程序规定》第147条第2款规定：前款规定的"另有重要罪行"，是指与逮捕时的罪行不同种的重大犯罪以及同种犯罪并将影响罪名认定、量刑档次的重大犯罪。可见，B项中的重婚案不属于"另有重要罪行"的范畴。B项错误。

C项，《人民检察院刑事诉讼法规则（试行）》第401条第1款规定："人民检察院对于公安机关移送审查起诉的案件，发现犯罪嫌疑人没有犯罪事实，或者符合刑事诉讼法第十五条规定的情形之一的，经检察长或者检察委员会决定，应当作出不起诉决定。"

《人民检察院刑事诉讼法规则（试行）》第402条规定："公诉部门对于本院侦查部门移送审查起诉的案件，发现具有本规则第401条第1款规定情形的，应当退回本院侦查部门，建议作出撤销案件的处理。"

可见，如果本案挪用公款案与重婚案是由检察院并案侦查的，公诉部门应当将重婚案退回本院侦查部门，建议撤销案件。C项错误。

D项，《最高人民法院关于适用〈中华人民共和国刑事诉讼法〉的解释》第1条规定："人民法院直接受理的自诉案件包括：

（一）告诉才处理的案件：

1. 侮辱、诽谤案（刑法第二百四十六条规定的，但严重危害社会秩序和国家利益的除外）；

2. 暴力干涉婚姻自由案（刑法第二百五十七条第一款规定的）；

3. 虐待案（刑法第二百六十条第一款规定的）；

4. 侵占案（刑法第二百七十条规定的）。

（二）人民检察院没有提起公诉，被害人有证据证明的轻微刑事案件：

1. 故意伤害案（刑法第二百三十四条第一款规定的）；

2. 非法侵入住宅案（刑法第二百四十五条规定的）；

3. 侵犯通信自由案（刑法第二百五十二条规定的）；

4. 重婚案（刑法第二百五十八条规定的）；

5. 遗弃案（刑法第二百六十一条规定的）；

6. 生产、销售伪劣商品案（刑法分则第三章第一节规定的，但严重危害社会秩序和国家利益的除外）；

7. 侵犯知识产权案（刑法分则第三章第七节规定的，但严重危害社会秩序和国家利益的除外）；

8. 刑法分则第四章、第五章规定的，对被告人可能判处三年有期徒刑以下刑罚的案件。

（三）被害人有证据证明对被告人侵犯自己人身、财产权利的行为应当依法追究刑事责任，且有证据证明曾经提出控告，而公安机关或者人民检察院不予追究被告人刑事责任的案件。"

本项规定的案件，被害人直接向人民法院起诉的，人民法院应当依法受理。对其中证据不足、可以由公安机关受理的，或者认为对被告人可能判处三年有期徒刑以上刑罚的，应当告知被害人向公安机关报案，或者移送公安机关立案侦查。

可见，重婚案属于第二类自诉案件，可以由被害人直接向法院起诉。D项正确。

综上所述，本题应当选AD。

67. 答案 AC

【考点提示】本题综合考查证据的分类。

【解析】A项，关联性是刑事证据的基本属性之一，指的是证据必须与案件事实有客观联系，对证明刑事案件事实具有某种实际意义。A项中，甲垫付医疗费与甲是否交通肇事没有任何联系，不具有关联性。A项正确。

B项，根据证据与案件主要事实的证明关系的不同，可以将证据划分为直接证据与间接证据。"主要事实"是指犯罪行为是否系犯罪嫌疑人、被告人所实施。"证明关系"是指某一证据是否可以单独、直接地证明案件的主要事实。能够单独、直接证明案件主要事实的证据是直接证据。不能单独直接证明刑事案件主要事实，需要与其他证据相结合才能证明的证据是间接证据。B项中，乙只说了自己被车撞了，但没有交代清楚是什么人如何撞的自己，属于间接证据。B项错误。

C项，根据证据材料来源的不同，可以分为原始证据和传来证据。原始证据是指，来自原始出处，直接来源于案件事实的证据材料即第一手材料如被害人陈述、物证原物等。反之，凡不是直接来源于案件事实，而是从间接的来源获得的证据材料，称为传来证据如转述的证人证言、物证的照片等。C项中，医生并非直接目击肇事现场，医生的陈述是对乙的陈述的转述，属于传来证据。C项正确。

D项，《最高人民法院关于适用〈中华人民共和国刑事诉讼法〉的解释》第75条第2款规定："证人的猜测性、评论性、推断性的证言，不得作为证据使用，但根据一般生活经验判断符合事实的除外。"D项中，医生的陈述明显属于一种猜测性、推断性证言，不属于符合生活经验的判断，不得作为定案根据。D项错误。

综上所述，本题应当选 AC。

68. 答案 BC

【考点提示】本题综合考查法庭调查程

序和证据的审查、运用，是典型的综合性考题。

【解析】A项，《最高人民法院关于适用〈中华人民共和国刑事诉讼法〉的解释》第78条第3款规定："经人民法院通知，证人没有正当理由拒绝出庭或者出庭后拒绝作证，法庭对其证言的真实性无法确认的，该证人证言不得作为定案的根据。"证人拒不出庭，其庭前证言并非不得作为定案根据，除非法庭对其证言的真实性无法确认。A项错误。

B项，《最高人民法院关于适用〈中华人民共和国刑事诉讼法〉的解释》第102条第1款规定："经审理，确认或者不能排除存在刑事诉讼法第五十四条规定的以非法方法收集证据情形的，对有关证据应当排除。"B项中，公诉人不能证明讯问合法，意味着不能排除存在非法方法收集证据的可能，获取的庭前供述应当予以排除。B项正确。

C项，《最高人民法院关于适用〈中华人民共和国刑事诉讼法〉的解释》第65条第1款规定："行政机关在行政执法和查办案件过程中收集的物证、书证、视听资料、电子数据等证据材料，在刑事诉讼中可以作为证据使用；经法庭查证属实，且收集程序符合有关法律、行政法规规定的，可以作为定案的根据。"可见，行政证据转化为刑事证据，主要转化实物证据。言词证据一般需要重新收集，不能直接转化为刑事证据。C项中工商行政管理部门属于行政部门，收集的询问笔录属于言词证据，不能直接作为刑事证据使用。C项正确。

D项，《公安机关办理刑事案件程序规定》第205条第1款规定："询问证人、被害人，可以在现场进行，也可以到证人、被害人所在单位、住处或者证人、被害人提出的地点进行。在必要的时候，可以通知证人、被害人到公安机关提供证言。"可见，在办案场所之外如被害人的单位、住处等地点询问被害人是合法的。D项错误。

综上所述，本题应当选BC。

69. 答案 AB

【考点提示】本题考查证明对象。需要考生重点注意的是，证据事实不是证明对象，证据事实只是一种证明手段，它有利于查明证明对象。

【解析】刑事诉讼的证明对象指的是证明主体运用一定的证明方法所要证明的一切法律要件事实。

《最高人民法院关于适用〈中华人民共和国刑事诉讼法〉的解释》第64条第1款规定："应当运用证据证明的案件事实包括：

（一）被告人、被害人的身份；

（二）被指控的犯罪是否存在；

（三）被指控的犯罪是否为被告人所实施；

（四）被告人有无刑事责任能力，有无罪过，实施犯罪的动机、目的；

（五）实施犯罪的时间、地点、手段、后果以及案件起因等；

（六）被告人在共同犯罪中的地位、作用；

（七）被告人有无从重、从轻、减轻、免除处罚情节；

（八）有关附带民事诉讼、涉案财物处理的事实；

（九）有关管辖、回避、延期审理等的程序事实；

（十）与定罪量刑有关的其他事实。"

A项属于上述"（四）"，属于证明对象。B项属于上述"（七）"，属于证明对象。

C项，对证据材料的审查与判断被称为验证"证据事实"的过程，证据事实不是证明对象，而是证明手段。证明对象是指需要用证据证明的案件事实，而证据事实则是指证据本身的来源、构成等要素，在C项中，强奸案中用于鉴定的体液检材是否被污染的事实属于"证据事实"，而非证明对象。C项错误。

D项，证明对象需要与案件的定罪、量刑有关，突遭车祸的事实与侵占事实本身没有任何联系，不属于证明对象。D项错误。

综上所述，本题应当选AB。

70. 答案 BD

【考点提示】本题考查强制措施的解除与变更。

【解析】《最高人民法院关于适用〈中华人民共和国刑事诉讼法〉的解释》第134条规定："第一审人民法院判决被告人无罪、不负刑事责任或者免除刑事处罚，被告人在押的，应当在宣判后立即释放。

被逮捕的被告人具有下列情形之一的，人民法院应当变更强制措施或者予以释放：

（一）第一审人民法院判处管制、宣告缓刑、单独适用附加刑，判决尚未发生法律效力的；

（二）被告人被羁押的时间已到第一审人民法院对其判处的刑期期限的；

（三）案件不能在法律规定的期限内审结的。"

可见，根据上述"（一）"，B项正确。根据上述"（三）"，D项正确。

A项和C项不属于上述条文的规定，可以由法院视情况决定变更强制措施，故错误。

综上所述，本题应当选BD。

71. 答案 ACD

【考点提示】本题综合考查刑事附带民事诉讼的当事人、审理程序。

【解析】A项，《刑事诉讼法》第99条规定："被害人由于被告人的犯罪行为而遭受物质损失的，在刑事诉讼过程中，有权提起附带民事诉讼。被害人死亡或者丧失行为能力的，被害人的法定代理人、近亲属有权提起附带民事诉讼。

如果是国家财产、集体财产遭受损失的，人民检察院在提起公诉的时候，可以提起附带民事诉讼。"

可见，丙的妻子、儿子、弟弟属于被害人的近亲属，可以提起附带民事诉讼。A项正确。

B项，《最高人民法院关于适用〈中华人民共和国刑事诉讼法〉的解释》第146条规定："共同犯罪案件，同案犯在逃的，不应列为附带民事诉讼被告人。逃跑的同案犯到案后，被害人或者其法定代理人、近亲属可以对其提起附带民事诉讼，但已经从其他共同犯罪人处获得足额赔偿的除外。"可见，乙在逃，不能被列为附带民事诉讼共同被告人。B项错误。

C项，《最高人民法院关于适用〈中华人民共和国刑事诉讼法〉的解释》第138条第1款规定："被害人因人身权利受到犯罪侵犯或者财物被犯罪分子毁坏而遭受物质损失的，有权在刑事诉讼过程中提起附带民事诉讼；被害人死亡或者丧失行为能力的，其法定代理人、近亲属有权提起附带民事诉讼。"可见，物质损失必须是因犯罪侵犯直接造成。《最高人民法院关于适用〈中华人民共和国刑事诉讼法〉的解释》第155条第2款规定："犯罪行为造成被害人人身损害的，应当赔偿医疗费、护理费、交通费等为治疗和康复支付的合理费用，以及因误工减少的收入。造成被害人残疾的，还应当赔偿残疾生活辅助具费等费用；造成被害人死亡的，还应当赔偿丧葬费等费用。"

本案中，丙被殴打产生的医疗费等费用属于因犯罪行为直接侵害造成的物质损失，而因被伤害继而导致的合同无法履行，不属于犯罪行为造成被害人人身损害的赔偿范围。C项正确。

D项，《最高人民法院关于适用〈中华人民共和国刑事诉讼法〉的解释》第143条第2款规定："附带民事诉讼被告人的亲友自愿代为赔偿的，应当准许。"可见，D项正确。

综上所述，本题应当选ACD。

72. 答案 BC

【考点提示】本题考查立案前的初查。

【解析】《公安机关办理刑事案件程序规定》第171条规定："对接受的案件，或者发现的犯罪线索，公安机关应当迅速进行审查。

对于在审查中发现案件事实或者线索不明的，必要时，经办案部门负责人批准，可以进行初查。

初查过程中，公安机关可以依照有关法律和规定采取询问、查询、勘验、鉴定和调取证据材料等不限制被调查对象人身、财产权利的措施。"

可见，B、C项正确。A项，监听会侵犯被调查对象的隐私权即人身权利，且带有强制性。D项，通缉会侵犯被调查对象的名誉权、人身自由权等权利即人身权利。故，A、D项错误。

综上所述，本题应当选BC。

73. 答案 BD

【考点提示】本题考查第二审审判后的处理。

【解析】《最高人民法院关于适用〈中华人民共和国刑事诉讼法〉的解释》第329条规定："第二审人民法院发现原审人民法院在重新审判过程中，有刑事诉讼法第二百二十七条规定的情形之一，或者违反第二百二十八条规定的，应当裁定撤销原判，发回重新审判。"

《刑事诉讼法》第227条规定："第二审人民法院发现第一审人民法院的审理有下列违反法律规定的诉讼程序的情形之一的，应当裁定撤销原判，发回原审人民法院重新审判：

（一）违反本法有关公开审判的规定的；

（二）违反回避制度的；

（三）剥夺或者限制了当事人的法定诉讼权利，可能影响公正审判的；

（四）审判组织的组成不合法的；

（五）其他违反法律规定的诉讼程序，可能影响公正审判的。"

《刑事诉讼法》第228条规定："原审人民法院对于发回重新审判的案件，应当另行组成合议庭，依照第一审程序进行审判。对于重新审判后的判决，依照本法第二百一十六条、第二百一十七条、第二百一十八条的规定可以上诉、抗诉。"

可见，A项，未在开庭10日前向郭某送达起诉书副本，不属于上述法条规定的违反程序的情形，二审法院无须撤销原判、发回重审。A项错误。

B项，《刑事诉讼法》第210第1款规定："适用简易程序审理案件，对可能判处三年有期徒刑以下刑罚的，可以组成合议庭进行审判,也可以由审判员一人独任审判;对可能判处的有期徒刑超过三年的,应当组成合议庭进行审判。"本案中,对郭某判处四年,应当组成合议庭进行审判。B项中由一名审判员独任审理属于上述"(四)审判组织的组成不合法的"情形,应当撤销原判、发回重审。B项正确。

C项,公诉人没有对被告人进行讯问,不属于上述法条规定的违反程序的情形,二审法院无须撤销原判、发回重审。C项错误。

D项,应公开审理但未公开审理属于上述"(一)违反本法有关公开审判的规定的"情形,应当撤销原判、发回重审。D项正确。

综上所述,本题应当选BD。

74. 答案 ABD

【解析】《刑事诉讼法解释》第325条规定:"审理被告人或者其法定代理人、辩护人、近亲属提出上诉的案件,不得加重被告人的刑罚,并应当执行下列规定:(一)同案审理的案件,只有部分被告人上诉的,既不得加重上诉人的刑罚,也不得加重其他同案被告人的刑罚;(二)原判事实清楚,证据确实、充分,只是认定的罪名不当的,可以改变罪名,但不得加重刑罚;(三)原判对被告人实行数罪并罚的,不得加重决定执行的刑罚,也不得加重数罪中某罪的刑罚;(四)原判对被告人宣告缓刑的,不得撤销缓刑或者延长缓刑考验期;(五)原判没有宣告禁止令的,不得增加宣告;原判宣告禁止令的,不得增加内容、延长期限;(六)原判对被告人判处死刑缓期执行没有限制减刑的,不得限制减刑;(七)原判事实清楚,证据确实、充分,但判处的刑罚畸轻、应当适用附加刑而没有适用的,不得直接加重刑罚、适用附加刑,也

不得以事实不清、证据不足为由发回第一审人民法院重新审判。必须依法改判的,应当在第二审判决、裁定生效后,依照审判监督程序重新审判。

人民检察院抗诉或者自诉人上诉的案件,不受前款规定的限制。"由此可见上诉不加刑原则没有例外,故C项后半句话不正确。

75. 答案 ABC

【考点提示】本题考查附条件不起诉可以附带的条件。考生一般熟悉即可。

【解析】《人民检察院办理未成年人刑事案件的规定》第41条规定:"被附条件不起诉的未成年犯罪嫌疑人,应当遵守下列规定:

(一)遵守法律法规,服从监督;

(二)按照考察机关的规定报告自己的活动情况;

(三)离开所居住的市、县或者迁居,应当报经考察机关批准;

(四)按照考察机关的要求接受矫治和教育。"

第42条规定:"人民检察院可以要求被附条件不起诉的未成年犯罪嫌疑人接受下列矫治和教育:

(一)完成戒瘾治疗、心理辅导或者其他适当的处遇措施;

(二)向社区或者公益团体提供公益劳动;

(三)不得进入特定场所,与特定的人员会见或者通信,从事特定的活动;

(四)向被害人赔偿损失、赔礼道歉等;

(五)接受相关教育;

(六)遵守其他保护被害人安全以及预防再犯的禁止性规定。"

可见,A项属于上述第42条"(一)",

正确。B 项属于上述第 42 条"（二）"，正确。C 项属于上述第 41 条"（二）"，正确。D 项没有法律根据，错误。

综上所述，本题应当选 ABC。

76. 答案 BC

【解析】公务员在机关外兼职有四个限制：一是因工作需要，二是经有关机关批准，三是不得领取兼职报酬，四是不得在营利组织中兼职。所以 A 项错误，B、C 项正确；D 项错误，因为于法无据，法律并没有如此规定，行政法中的"公告"情形中并没有兼职情况的公告。

【设题陷阱与常见错误】因为考生平时对于细节知识"公告问题"没有花时间记忆，所以，很容易想当然地认为 D 项是正确的。

77. 答案 BCD

【解析】（1）年度规章制定工作计划在执行中，可以根据实际情况予以调整，对拟增加的规章项目应当进行补充论证，所以并非未列入工作计划的规章就不得制定，A 项表达过于绝对化，错误。

（2）听取民众意见是立法民主性的体现，B 项正确。

（3）起草单位完成起草环节后，会形成送审稿，报送审查单位审查，送审稿中应当含有制定规章的必要性、规定的主要措施和有关方面的意见等情况说明，以供审议者审查，否则审议者有可能无法理解某项条文的立法原意，进而无法科学地评价其可行性与必要性。可知，C 项正确。

（4）当审议单位发现送审稿存在基本条件尚不成熟时，既可以缓办，也可以将规章送审稿退回起草单位，以等待条件成熟，所以，D 项正确。

78. 答案 CD

【解析】（1）执业医师资格属于许可中的"认可"，认可的对象是"人"，核心在于判断某个人是否具备特殊信誉、特殊条件或者特殊技能等资格、资质的事项，以考试的程序作出许可决定，而需要检验检疫的许可类型为"核准"，核准的对象为电梯、锅炉、生猪等"物"，方式为检验、检测和检疫，所以，A 项错误，命题人使用了张冠李戴的命题技巧。

（2）部门规章没有行政许可的设定权，但它可以在上位法设定的行政许可事项范围内，对实施该行政许可作出具体规定，所以，B 项错误，考生在阅读题干时需要仔细甄别，题干使用措辞为设定还是具体规定。

（3）考试公开进行的目的在于保证考试的客观性和公正性、公平性，所以，C 项正确。

（4）许可法禁止组织强制性考前培训和强制购买指定教材，这主要是为了避免行政垄断的出现，同时也避免行政机关利用行政职权谋利的现象。D 项正确。

79. 答案 ABC

【解析】（1）因为地方性法规和省、自治区、直辖市人民政府规章，不得设定应当由国家统一确定的公民、法人或者其他组织的资格、资质的行政许可；不得设定企业或者其他组织的设立登记及其前置性行政许可，所以，A、B 项错误。

（2）必要时国务院可以采用发布决定的方式设定行政许可，而国务院部门没有行政许可的设定权，故 C 项错误。

（3）中国幅员辽阔，各地经济社会发展极不均衡，如果在某些地方，能够通过市场调节等方式解决问题的，则没有必要通过许可的方式对公民和企业的经济活动予以干预，于是，《行政许可法》创制了"停止实施行政许可"制度，赋予省级政府在行政许可领域的灵活处理权，具体构成要件包括：第一，实体条件：①该许可由行政法规设定；②属于"有关经济事务的行政许可"，主要指企业或其他组织从事生产经营活动、提供服务以及相关活动的行政许可；③该许可在省级行政区域根据其经济和社会发展情况通过《行政许可法》第13条规定的自主决定、市场调节、行业自律、事后监管等方式解决的。第二，程序条件：省级政府经国务院批准后决定。D项实体和程序条件均满足，属于可以停止实施的情况，所以，D项正确，不当选。

【设题陷阱与常见错误分析】本题C项会有不少同学因为审题不够仔细而出错，在许可的设定上，国务院可采用发布决定的方式设定临时性行政许可，但国务院的部门不可以，国务院下属的农业部、教育部等部门并没有任何的行政许可的设定权，哪怕是临时性许可的设定权都没有，它们只具有细化上位法规定的具体规定权。D项出错的同学是对"停止实施许可"的制度较为陌生，但这个制度再次考查的可能性很高，考生务必重点关注。

80. **答案 ABC**

【解析】本题的考点是行政处罚权和行政许可权的集中行使。行政权的集中行使，就是将原来分散于多个行政机关手里的行政决定权收归一个行政机关行使，实现了权力的集中和转移；原来的机关就此失去有关行政决定权，这些机关如果再实施行政行为，就是无效的。由于权力集中到一个机关身上，形成权力巨无霸，所以，规则上对于集中给予了一定的限制。第一，主体上的限制：只有国务院或经国务院授权的省级政府，可以决定由一个行政机关行使多个行政机关的处罚权；许可集中的决定者是省政府，但省政府决定后，程序上还应当经过国务院的批准。第二，权限上的限制：限制人身自由的行政处罚权，以及海关、国税、金融、外汇管理等国家垂直领导部门的行政处罚权不可以被集中实施。许可制度未规定权限上的限制。

81. **答案 ABD**

【解析】（1）A项中的先行登记保存是在证据可能灭失或以后难以取得的情况下，由行政机关作出的保全类行政强制措施，A项应选。

（2）责令类的行政行为有三个是行政处罚，其余的一般为行政强制措施，是行政处罚的责令包括责令停产停业、责令限期拆除违法建筑物、责令外国人限期离境。所以，B、D项不是行政处罚，C项属于行政处罚。

82. **答案 AC**

【解析】（1）行政机关决定实施查封、扣押的，应制作并当场交付查封、扣押决定书和清单，清单一式两份，由当事人和行政机关分别保存。对于扣押货物，行政机关应当妥善保管，不得使用或者损毁；造成损失的，应当承担赔偿责任。可见，A项正确。

（2）扣押属于行政强制措施，行政强制措施的目的是预防与制止，所以，一般发生在紧急情况下，没有充分时间予以听证，所以，《行政强制法》并未规定行政强制措施的听证制度，B项错误。

（3）扣押行为对于当事人的电脑的使用和处分产生了直接性的限制，已经直接影响了行政相对人的合法权益，属于可诉的具体行政行为，并不属于过程性行政行为。过程性行政行为，又称为准备性、部分性行政行为，是为最终作出权利义务安排进行的程序性、阶段性工作行为，比如，行政强制执行中的催告、行政许可中的材料补正通知书、听证权利告知书等。所以，D项错误。

83. 答案 BCD

【解析】（1）A项天然气特许经营协议属于行政合同，行政机关不履行合同的行为，属于行政诉讼的受案范围。

（2）对公务员的考核决定属于内部行为，不属于具体行政行为，B项的行为不可诉。

（3）国有土地上的房屋征收补偿安置协议属于行政合同，但行政诉讼是"民告官"的诉讼，没有"官告民"的诉讼，因此，在李某不履行协议的情况下，行政机关可以直接强制执行，不需要通过行政诉讼解决该问题。C项的行为不可诉。

（4）因为补偿标准是针对不特定的对象作出的，其行为性质属于抽象行政行为，当事人对抽象行政行为不服，不能够直接起诉，只能够在提起具体行政行为的诉讼时，一并要求法院审查该抽象行政行为。D项的行为不可诉。

84. 答案 AC

【解析】对于适用简易程序审理的行政案件，由审判员一人独任审理。审限为45日，法院应当在立案之日起45日内审结，且不存在延期的情形。所以，A项正确，B项错误。人民法院在审理过程中，发现案件不宜适用简易程序的，裁定转为普通程序。C项正确。D项错误，简易程序只是法院审理的程序简化，并没有改变行政诉讼两审终审的基本原理，当事人仍然享有上诉权，所以，D项错误。

85. 答案 AB

【解析】（1）《最高人民法院关于适用〈中华人民共和国行政诉讼法〉若干问题的解释》第17条第1款规定："公民、法人或者其他组织请求一并审理行政诉讼法第六十一条规定的相关民事争议，应当在第一审开庭审理前提出；有正当理由的，也可以在法庭调查中提出。"可知，乙村若非有正当理由应于第一审开庭审理前提出一并解决民事争议。故A项正确，当选。

（2）有权利必然有救济，对不予准许的决定可以申请复议一次。故B项正确，当选。

（3）法院在行政诉讼中一并审理相关民事争议的，民事争议应当单独立案，这是合并审理制度的一般规则，但有唯一的例外，审理行政机关对民事争议所作裁决的案件，一并审理民事争议的，不另行立案。为什么行政裁决案件不分别立案呢？原因如下：行政裁决纠纷和民事纠纷在本质上是一体的，表面上看行政诉讼部分是审查行政裁决的合法性，"但解决行政裁决的合法性并不是当事人的最终目的，他们的最终目的在于解决平等主体之间的民事争议"①。民事争议是作为行政行为处理的对象而存在的，并不是在行政争议之外还有一个相关联的民事争议。正是基于这一特点，在行政裁决案件中一并解决民事争议，并不需要作出两个不同诉讼类型的划分，只要直接触及作为行政裁决对象的民事争议，就可以实现终极解决争议的目的。②故C项错误，不选。

（4）行政诉讼一并解决民事争议应当分别裁判，但都是由同一个审判组织行政审判合议庭来审理，而不是另行组成合议庭来审理。故D项错误，不选。

【设题陷阱与常见错误分析】本题错误率较高的选项为B与C项。B项考生会选择错误的原因在于，只知道有行政复议，而忽略了在诉讼程序中还存在司法复议制度。在民事诉讼和行政诉讼中，对于法院作出的不予先予执行、不予回避等事项，法律不可能不赋予当事人救济的机会，一般会允许当事人申请复议一次。C项错误的原因是对于合并审理制度理解得不透彻，行政和民事案件合并审理制度原则上均需要单独立案，但审理时可以合并审理，不过，行政裁决是唯一的例外，裁决案件"合并立案，合并审理"。

86. 答案 D

【解析】（1）乙无照驾驶，致一人重伤，构成交通肇事罪；乙将车开走属于"逃逸"。但丙的死亡是因刘某藏匿导致，不属得不到救治而死亡，不构成"逃逸致人死亡"，仅是交通肇事后逃逸。（2）因刘某的死亡与乙的行为没有因果关系，并且乙也认识不到，不具有过失，故而也不构成过失致人死亡罪。（3）丙对于交通肇事没有参与，不对此负责；《最高人民法院关于审理交通肇事刑事案件具体应用法律若干问题的解释》第6条，行为人在交通肇事后为逃避法律追究，将被害人带离事故现场后隐藏或者遗弃，致使被害人无法得到救助而死亡，构成故意杀人罪。

87. 答案 ABC

【解析】A项，对于甲，在公安机关取证时作伪证，构成伪证罪；但在罪名关系上，伪证罪与包庇罪并不是相互排斥的关系，而是交叉法条竞合关系（有利于犯罪嫌疑人的伪证可与包庇重叠），可以同时触犯；同时触犯时，伪证罪是基本法，包庇罪是补充法。

B项，只要明知作伪证能够影响司法机关的秩序，就应认定具有妨害司法的故意；骗取保险金的主观故意和目的，可与妨害司法的故意并存。

C项，本犯自己包庇自己都不构成包庇罪，举重以明轻，本犯教唆他人包庇自己，更不能构成包庇罪。

D项，说法正确。

88. 答案 AD

【解析】A项，说法正确，甲是车主，是投保人、受益人，符合保险诈骗罪的主体要求。

B项，保险诈骗罪与诈骗罪，是特别法与一般法的法条竞合关系，应当适用特别法即保险诈骗罪一罪。

C项，职务侵占罪中的"非法占有目的"不仅包括占为己有，而且包括帮助他人占有。D项，陈某同时触犯保险诈骗罪的共犯、职务侵占罪，应当择一重罪处断。

89. 答案 C

【解析】（1）先从民法上分析：可认为前行为是甲以600万元买了公司商品房，欠公司600万未还；后行为是把账作平，具有非法占有目的，构成贪污罪。贪污对象是欠公司的600万元。（2）存在挪用公款罪向贪污罪"转化"的情况，只定贪污罪一罪。《全国法院审理经济犯罪案件工作座谈会纪要》第4条第8项，"挪用公款转化为贪污的认定，挪用公款罪与贪污罪的主要区别在于行为人主观上是否具有非法占有公款的目的。挪用公款是否转化为贪污，应当按照主客观相一致的原则，具体判断和认定行为人主观上是否具有非法占有公款的目的。在司法实践中，具有以下情形之一的，可以认定行为人具有非法占有公款的目的：行为人挪用公款后采取虚假发票平账、销毁有关账目等手段，使所挪用的公款已难以在单位财务账目上反映出来，且没有归还行为的，应当以贪污罪定罪处罚。"

90. 答案 A

【解析】（1）串通投标罪的成立需损害参与投标者或招标者的利益，本案中谁的利益都没有受损，不构成该罪。（2）二人确有受贿、行贿的行为，但按最新司法解释（《最高人民法院最高人民检察院关于办理贪污贿赂刑事案件适用法律若干问题的解释》），受贿、行贿财物数额（仿制古董）为5000元，未达两罪的起点数额，都不构成犯罪。

91. 答案 ABCD

【解析】贪污罪、诈骗罪的构成都需客观上被害人有损失、行为人主观上具有非法占有目的。本案中甲虚开发票套取"劳务费"5万元，虽有诈骗、虚开等欺骗行为；但其之前曾因公为公司垫付费用5万元，客观上该费用是公司应当支付给他，主观上他也认为如此。单位没有实际损失。甲不构成贪污罪、诈骗罪。只能以虚开发票罪论罪。

92. 答案 BC

【考点提示】本题综合考查级别管辖、地区管辖和特殊情况管辖。

【解析】A项，《刑事诉讼法》第20条规定："中级人民法院管辖下列第一审刑事案件：

（一）危害国家安全、恐怖活动案件；

（二）可能判处无期徒刑、死刑的案件。"

《最高人民法院关于适用〈中华人民共和国刑事诉讼法〉的解释》第13条规定："一人犯数罪、共同犯罪和其他需要并案审理的案件，其中一人或者一罪属于上级人民法院管辖的，全案由上级人民法院管辖。"

本案中，甲故意杀人案如果有可能被判处无期徒刑或者死刑，应当由中级法院管辖，因此，其涉嫌的非法拘禁案也应当由中级法院管辖，A项错误。

B项，《最高人民法院关于适用〈中华人民共和国刑事诉讼法〉的解释》第2条规定："犯罪地包括犯罪行为发生地和犯罪结果发生地。"本案针对非法拘禁案中，在途经M省C市航行至A市过程中，甲因害怕乙投案自首一直将乙捆绑拘禁于船舱，整个拘禁犯罪行为地和结果地在A市和C市，所以A市和C市对非法拘禁案有管辖权。B项正确。

C、D项，《最高人民法院关于适用〈中华人民共和国刑事诉讼法〉的解释》第4条："在中华人民共和国领域外的中国船舶内的犯罪，由该船舶最初停泊的中国口岸所在地的人民法院管辖。"甲、乙二人在远洋渔船上故意杀害丙后，该船回国后首泊于M省B市港口以作休整，最初停泊的中国口岸所在地为B市，所以B市中级法院对故意杀人案有管辖权。C项正确，D项错误。

综上所述，本题应当选BC。

93. 答案 BCD

【考点提示】本题综合考查拘留、逮捕和强制措施的变更。

【解析】A项，《刑事诉讼法》第83条第2款规定："……除无法通知或者涉嫌危害国家安全犯罪、恐怖活动犯罪通知可能有碍侦查的情形以外，应当在拘留后二十四小时以内，通知被拘留人的家属。"有碍侦查的情形消失以后，应当立即通知被拘留人的家属。"需要注意的是，犯罪嫌疑人被拘留后，侦查机关应当在24小时以内进行讯问，在将犯罪嫌疑人送交看守所羁押之前，也可以讯问犯罪嫌疑人。因此，A项中的"应在送看守所羁押后24小时以内"通知家属，表述不正确。通知家属的时间应当是从"拘留后"而非"送看守所羁押后"开始计算，因为拘留后不一定同时就送看守所羁押了。A项错误。

B项，《刑事诉讼法》第79条第1款规定："对有证据证明有犯罪事实，可能判处徒刑以上刑罚的犯罪嫌疑人、被告人，采取取保候审尚不足以防止发生下列社会危险性的，应当予以逮捕：

（一）可能实施新的犯罪的；

（二）有危害国家安全、公共安全或者社会秩序的现实危险的；

（三）可能毁灭、伪造证据，干扰证人作证或者串供的；

（四）可能对被害人、举报人、控告人实施打击报复的；

（五）企图自杀或者逃跑的。"

本题中，如果有证据证明甲实施了故意杀人行为，甲还有非法拘禁罪行，肯定被判处徒刑以上刑罚，采取取保候审尚不足以防止发生社会危险性，对甲应当逮捕。B项正确。

C项，《刑事诉讼法》第84条规定："公安机关对被拘留的人，应当在拘留后的二十四小时以内进行讯问。在发现不应当拘留的时候，必须立即释放，发给释放证明。"本案中拘留乙后，侦查机关应在24小时内进行讯问。C项正确。

D项，《刑事诉讼法》第72条规定："人民法院、人民检察院和公安机关对符合逮捕条件，有下列情形之一的犯罪嫌疑人、被告人，可以监视居住：

（一）患有严重疾病、生活不能自理的；

（二）怀孕或者正在哺乳自己婴儿的妇女；

（三）系生活不能自理的人的唯一扶养人；

（四）因为案件的特殊情况或者办理案件的需要，采取监视居住措施更为适宜的；

（五）羁押期限届满，案件尚未办结，需要采取监视居住措施的。"

根据上述"（一）"，D项正确。

综上所述，本题应当选BCD。

94. 答案 ACD

【考点提示】本题综合考查讯问、勘验、检查、查封措施。

【解析】A项，《刑事诉讼法》第121条规定："侦查人员在讯问犯罪嫌疑人的时候，可以对讯问过程进行录音或者录像；对于可能判处无期徒刑、死刑的案件或者其他重大犯罪案件，应当对讯问过程进行录音或者录像。"本案中甲涉嫌故意杀人罪和非法拘禁罪，有可能被判处无期徒刑、死刑，应当对讯问过程进行录音或者录像。所以A项正确。

B项，法律没有明确规定，从诉讼原理上讲，乙是故意杀人案中的犯罪嫌疑人，同时乙又是非法拘禁案中的被害人。这属于两个不同的案件。侦查人员对于这两个案件虽然可以并案侦查，但在具体办案过程中，应当逐案办理。不应当在办理故意杀人案时收集非法拘禁案的证据。B项错误。

C项，《公安机关办理刑事案件程序规定》第210条规定："公安机关对案件现场进行勘查不得少于二人。勘查现场时，应当邀请与案件无关的公民作为见证人。"显然，C项正确。

D项，《刑事诉讼法》第139条规定："在侦查活动中发现的可用以证明犯罪嫌疑人有罪或者无罪的各种财物、文件,应当查封、扣押。"显然,D项正确。

综上所述,本题应当选ACD。

95. 答案 A

【考点提示】本题综合考查电子数据及其适用。

【解析】A项,电子数据是在案件发生过程中形成的,以数字化形式存储、处理、传输的,能够证明案件事实的数据。一般认为,电子数据包括但不限于下列信息、电子文件:

(一)网页、博客、微博客、朋友圈、贴吧、网盘等网络平台发布的信息;

(二)手机短信、电子邮件、即时通信、通讯群组等网络应用服务的通信信息;

(三)用户注册信息、身份认证信息、电子交易记录、通信记录、登录日志等信息;

(四)文档、图片、音视频、数字证书、计算机程序等电子文件。

可见,本题中的网络聊天记录应当属于电子数据。A项正确。

B项,《最高人民法院、最高人民检察院、公安部关于办理网络犯罪案件适用刑事诉讼程序若干问题的意见》第15条规定:"具有下列情形之一,无法获取原始存储介质的,可以提取电子数据,但应当在笔录中注明不能获取原始存储介质的原因、原始存储介质的存放地点等情况,并由侦查人员、电子数据持有人、提供人签名或者盖章;持有人、提供人无法签名或者拒绝签名的,应当在笔录中注明,由见证人签名或者盖章;有条件的,侦查人员应当对相关活动进行录像:

(1)原始存储介质不便封存的;

(2)提取计算机内存存储的数据、网络传输的数据等不是存储在存储介质上的电子数据的;

(3)原始存储介质位于境外的;

(4)其他无法获取原始存储介质的情形。"

本案中,手机即为网络聊天记录的原始存储介质,但不一定必须随案移送。B项错误。

C项,《刑事诉讼法》第48条第3款规定:"证据必须经过查证属实,才能作为定案的根据。"但是,查证属实有很多种方法,不一定必须经过被害人核实。C项错误。

D项,网络聊天记录可以证明犯罪行为发生的起因,与犯罪具有关联性。D项错误。

综上所述,本题应当选A。

96. 答案 ACD

【考点提示】本题综合考查法庭调查程序。

【解析】A项,《刑事诉讼法》第183条规定:"人民法院审判第一审案件应当公开进行。但是有关国家秘密或者个人隐私的案件,不公开审理;涉及商业秘密的案件,当事人申请不公开审理的,可以不公开审理。

不公开审理的案件,应当当庭宣布不公开审理的理由。"

可见,本案涉及强奸犯罪,涉及个人隐私,应当不公开审理。A项正确。

B项,《刑事诉讼法》第63条规定:"证人因履行作证义务而支出的交通、住宿、就餐等费用,应当给予补助。证人作证的补助列入司法机关业务经费,由同级政府财政予以保障。"本案中,甲不是证人,而是被害人,所以B项错误。

C项,《刑事诉讼法》第99条规定:"被害人由于被告人的犯罪行为而遭受物质损失的,在刑事诉讼过程中,有权提起附带民事诉讼。"显然，C项正确。

D项，《最高人民法院关于适用〈中华人民共和国刑事诉讼法〉的解释》第198条规定："在审判长主持下，公诉人可以就起诉书指控的犯罪事实讯问被告人。

经审判长准许，被害人及其法定代理人、诉讼代理人可以就公诉人讯问的犯罪事实补充发问；附带民事诉讼原告人及其法定代理人、诉讼代理人可以就附带民事部分的事实向被告人发问；被告人的法定代理人、辩护人，附带民事诉讼被告人及其法定代理人、诉讼代理人可以在控诉一方就某一问题讯问完毕后向被告人发问。"

可见，公诉人讯问乙男后，甲女可就强奸的犯罪事实向乙男发问，但需要实现经过审判长许可。D项正确。

综上所述，本题应当选ACD。

97. **答案 ABC**

【解析】（1）根据《行政复议法实施条例》第10条的规定，申请人、第三人可以委托1至2名代理人参加行政复议。申请人、第三人委托代理人的，应当向行政复议机构提交授权委托书。可知，豪美公司委托代理人参加复议，应提交授权委托书。故A项正确，当选。

（2）根据《行政复议法实施条例》第32条的规定，行政复议机构审理行政复议案件，应当由2名以上行政复议人员参加。故B项正确，当选。

（3）根据《行政复议法实施条例》第35条的规定，行政复议机关应当为申请人、第三人查阅有关材料提供必要条件。可知，省工商局应为申请人豪美公司查阅有关材料提供必要条件。故C项正确，当选。

（4）根据《行政复议法实施条例》第47条的规定，具体行政行为有下列情形之一的，行政复议机关可以决定变更：（一）认定事实清楚，证据确凿，程序合法，但是明显不当或者适用依据错误的；（二）认定事实不清，证据不足，但是经行政复议机关审理查明事实清楚，证据确凿的。可知，处罚决定认定事实不清，证据不足，在省工商局审理查明事实清楚、证据确凿后可以作出变更决定。故D项错误，不选。

【设题陷阱与常见错误分析】本题有考生认为，复议审理人数为3人以上单数，所以B项错误。但实际上，行政复议的本质是具体行政行为，所以，复议遵照的是行政行为实质审查2个人的规则。同时，这也是为什么重大疑难案件复议审理的方式是听证方式，而不是开庭的方式的原因，因为开庭的方式是行政诉讼的审理方式，而复议是行政行为，所以只能被称为听证。

98. **答案 ABCD**

【解析】A项、B项正确。《行政复议法实施条例》第64条规定："行政复议机关或者行政复议机构不履行行政复议法和本条例规定的行政复议职责，经有权监督的行政机关督促仍不改正的，对直接负责的主管人员和其他直接责任人员依法给予警告、记过、记大过的处分；造成严重后果的，依法给予降级、撤职、开除的处分。"

C项、D项正确。《行政诉讼法》第26条第3款规定："复议机关在法定期限内未作出复议决定，公民、法人或者其他组织起诉原行政行为的，作出原行政行为的行政机关是被告；起诉复议机关不作为的，复议机关是被告。"

99. **答案 ABCD**

【解析】（1）《行政复议法实施条例》第31条规定："上级行政机关认为行政复议机关不予受理行政复议申请的理由不成

立的,可以先行督促其受理;经督促仍不受理的,应当责令其限期受理,必要时也可以直接受理;认为行政复议申请不符合法定受理条件的,应当告知申请人。"可见,有监督权的机关是有权督促复议机关改正错误,予以受理案件的。A项正确。

(2)《行政复议法》第34条规定:"行政复议机关违反本法规定,无正当理由不予受理依法提出的行政复议申请或者不按照规定转送行政复议申请的,或者在法定期限内不作出行政复议决定的,对直接负责的主管人员和其他直接责任人员依法给予警告、记过、记大过的行政处分。"所以,B项正确。

(3)对于复议机关复议不作为,当事人除了可以向复议机关的上级机关申请督促外,还可以提起行政诉讼,既可以起诉原机关原行政行为,对市工商局原处罚决定提起诉讼,D项正确,又可以起诉复议机关复议不作为,请求法院判令复议机关省工商局在法定期限内作出复议决定,C项正确。

100. **答案** ABD

【解析】行政法规条文本身需要进一步明确界限或者作出补充规定的,由国务院解释,且由国务院公布或者由国务院授权国务院有关部门公布。行政法规的解释与行政法规具有同等效力。A、C、D项正确。行政法规解释只需国务院各部门和省级政府向国务院提出行政法规的解释要求即可,程序上并没有行政法规制定程序需要经过"立项→起草→审查→审议→公布"的要求,所以,B项错误。

2016年国家司法考试（试卷三）解析

1. 答案 B

【考点】民事法律关系

【解析】本题考查民事法律关系的认定。①《民法总则》规定，"民事法律调整作为平等民事主体的自然人、法人和非法人组织之间的人身关系和财产关系。"A项中，甲与税务机关并非平等主体，而是涉及公权力行使的行政法律关系，由行政法调整，故该项错误。②《物权法》第112条规定，"权利人悬赏寻找遗失物的，领取遗失物时应当按照承诺履行义务。"B项中，乙发布的寻求遗失物的启事属于典型的悬赏广告，属于民法调整范围。③C、D项中，丙的陪同旅游承诺虽通过书面形式作出，丁在福利院定期作义工，均属于社会生活中的"情谊行为"，未产生法律规范的人身关系或财产关系，均由道德规范调整，而属于法律不予调整的范围，故C、D项错误。综上所述，本题的正确答案为B。

2. 答案 C

【考点】非法人组织、合伙企业

【解析】根据《合伙企业法》规定，合伙企业对其债务，应先以其全部财产进行清偿。不能清偿到期债务的，合伙人承担无限连带责任。合伙人由于承担无限连带责任，清偿数额超过部分，有权向其他合伙人追偿。本题中，甲企业为普通合伙企业，其债务应当依法由甲企业的财产先行清偿，不足部分由各合伙人，即安琚与乙企业承担无限连带责任，故C项正确，其他选项表述均错误。

3. 答案 A

【考点】重大误解、显失公平、民事法律行为效力

【解析】本题考查意思表示瑕疵及法律行为的效力。①民法中的公平原则，是意思自治原则的补充，只有当民事主体利益关系"非自愿地失去平衡"时，才有通过公平原则进行救济的需要。本题中，当事人所实施的"赌石"活动，性质上属于射幸合同，即当事人一方是否履行义务有赖于偶然事件的出现的一种合同。虽然结果上潘某支付的价格与所获得商家的玉石价格相差悬殊，但这本身即是射幸合同的特征，且基于双方当事人的"自愿"而达成，不存在适用公平原则调整的空间，故B项错误。②根据《民通意见》第71条，重大误解指行为人因对行为的性质、对方当事人、标的物的品种、质量、规格和数量等的错误认识，使行为的后果与自己的意思相悖，并造成较大损失的情形。本题中，对于赌石的品质，双方当事人自始均认可其不确定性，因此约定"自行剖切，损益自负"。商家并不存在认识错误，无权基于重大误解而撤销合同，故C项错误。③根据《民法总则》规定，显失公平，指一方利用对方处于困境、缺乏判断能力等情形，致使民事法律行为成立时权利与义务明显违反公平、等价有偿原则的情形。本题中，双方当事人基于自由的意思而参

与"赌石"活动,潘某不存在利用商家"处于困境、缺乏判断能力等情形",不符合显失公平的构成要件,故D项错误。④《合同法》第8条规定,"依法成立的合同,对当事人具有法律约束力。当事人应当按照约定履行自己的义务,不得擅自变更或者解除合同。"本案中,当事人订立的"赌石"射幸合同,是双方当事人的真实意思表示,且不违反法律的强制性规定,应当认定有效。在"赌石"活动中,商家既然享受玉石切开后"一文不值"的收益,当然也要负担该玉石"价值连城"的风险。双方当事人承担的风险实际上是相当的,并不存在违反公平原则的情形,商家无权要求潘某退货。故A项正确。综上所述,本题的正确答案为A。

4. 答案 D

【考点】滥用代理权

【解析】本题考查代理人与第三人恶意串通滥用代理权的法律后果。①无权代理,指行为人没有代理权、超越代理权或者代理权终止后以被代理人的情形。本题中,唐某受公司委托而采购空气净化机,基于委托合同享有代理权,并非无权代理,故B项错误。②根据《民法总则》规定,代理人和第三人恶意串通,损害被代理人的利益的,由代理人和第三人负连带责任。本题中,唐某作为甲公司的代理人,应当为了被代理人甲公司的利益而签订合同。而唐某竟滥用其代理权,与相对人乙公司恶意串通,提高采购物的价值而收受回扣,损害了甲公司的利益,应当与乙公司承担连带责任,故D项正确。③"以合法形式掩盖非法目的",是《合同法》第52条规定的合同无效情形之一,即当事人通过合法的形式达成内容实质不法的合同。例如甲、乙达成卖淫合同,价款500元。因甲未及时支付,故应乙要求出具借条。当事人即以合法的形式(借款合同)来掩盖内容实质非法的性交易,应当认定无效。本题中,双方当事人虽约定了不利于被代理人的价款,但无论形式还是实质上均为买卖合同,不存在合法形式掩盖非法目的的情形。故A项错误。④所谓欺诈,指一方当事人故意告知对方虚假情况,或者故意隐瞒真实情况,诱使对方当事人作出错误意思表示的情形。在涉及代理人的情形,是否构成欺诈以代理人作为判断基准。本题中,代理人唐某并非基于受欺诈而作出虚假意思表示,故被代理人甲公司无权基于受欺诈而撤销合同,C项错误。综上所述,本题的正确答案为D。

5. 答案 D

【考点】物权请求权

【解析】本题考查物权请求权的行使。①《物权法》第29条规定,因继承或者受遗赠取得物权的,自继承或者受遗赠开始时发生效力。本题中,蔡永父母的遗嘱确定共有房屋由蔡永继承,故蔡永在其父母死亡时即取得房屋所有权,是否办理变更登记并非物权变动要件。②《物权法解释(一)》第8条规定,依照物权法第28条至第30条规定享有物权的,但尚未完成动产交付或者不动产登记的物权人,根据物权法第34条至第37条的规定请求保护其物权的,应予支持。本题中,蔡永已经基于遗嘱继承取得房屋所有权,当然可以行使物权请求权。故D项正确,而A项错误。③《合同法》第62条规定,"当事人就有关合同内容约定不明确,依照本法第六十一条的规定仍不能确定的,适用下列规定:……(四)履行期限不明确的,债务人可以随时履行,债权人也可以随时要求履行,但应当给对方必要的准备时间。"本题中,当事人对房屋借用合同未约定期限且无法确定的,所有权人蔡永有权随时请求返还房屋。此外,蔡花虽基于借用合同而属于合法占有,但其本权仅具有相对性,不得对抗所有权人蔡永,故蔡永仍可要求蔡花搬出房屋。故C项错误。④《诉讼时效规定》第6条规定,"未约定履行期限的合同,依照合同法第六十一条、第六十二条的规定,可以确定履行期限的,诉讼时效期间从履行期限届满之日起计算;不能确定履行期限的,诉讼时效期间从债权人要求债务人履行义务的宽限期届满之日起计算,但债务人在债权人第一次向其主张权利之时明确表示不履行义务的,诉讼时效期间从债务人明确表示不履行义务之日起计算。"本题中,因借用合同的履行期限无法确定,故自2015年下半年债务人蔡花明确拒绝履行时,诉讼时效才开始计算。故B项错误。综上所述,本题的正确答案为D。

6. 答案 D

【考点】善意取得、夫妻共有财产的处分

【解析】本题考查夫妻共有房屋处分中涉及的善意取得。①《民法总则》第41条规定,"财产代管人应当妥善管理失踪人的财产,维护其财产权益。失踪人所欠税款、债务和应付的其他费用,由财产代管人从失踪人的财产中支付。"由此可见,甲之妻乙虽为甲被宣告失踪时的财产代管人,但其职责是妥善管理财产,并不享有甲之

财产的处分权,故乙处分该共有房屋仍构成无权处分。故D项错误。②《婚姻法解释(一)》第17条规定,婚姻法第十七条关于"夫或妻对夫妻共同所有的财产,有平等的处理权"的规定,应当理解为:(一)夫或妻在处理夫妻共同财产上的权利是平等的。因日常生活需要而处理夫妻共同财产的,任何一方均有权决定。(二)夫或妻非因日常生活需要对夫妻共同财产做重要处理决定,夫妻双方应当平等协商,取得一致意见。他人有理由相信其为夫妻双方共同意思表示的,另一方不得以不同意或不知道为由对抗善意第三人。本题中,乙处分夫妻共有的不动产,显然不是基于日常生活的需要,不享有家事代理权。故C项错误。③无权处分情形,受让人构成善意取得须以善意为前提,即对无权处分不知情且无重大过失。本题中,虽甲被宣告失踪,但仍为房屋的共有人,且丙亦知情,不符合"善意"要件,不构成善意取得,故A项错误,而B项正确。综上所述,本题的正确答案为B。

7. 答案 C

【考点】留置权

【解析】①《合同法》第94条规定,当事人有违约行为致使不能实现合同目的的,当事人可以解除合同。本案中,甲、乙订立借用合同后,甲莽撞骑行导致车辆受损,乙有权解除合同。乙解除借用合同后,不再具有占有资格,同时丧失请求返还的权利,故A项正确。②甲是自行车的所有权人,且已将解除合同的事实告知丙,故丙返还自行车无须经过甲的同意。B项错误。③《物权法》第34条规定,"无权占有不动产或者动产的,权利人可以请求返还原

物。"丙虽基于维修的承揽合同而占有自行车,但其占有本权为债权,不能对抗所有权人乙,乙有权要求返还自行车。同时,《物权法》第230条规定,"债务人不履行到期债务,债权人可以留置已经合法占有的债务人的动产,并有权就该动产优先受偿。"债权人丙占有自行车与债权属于同一法律关系,故在乙支付修理费用之前,丙有权行使留置权。故C项正确,而D项错误。综上所述,本题的正确答案为C。

8. 答案 D

【考点】动产抵押权

【解析】①《物权法》第102条前段规定,"因共有的不动产或者动产产生的债权债务,在对外关系上,共有人享有连带债权、承担连带债务,但法律另有规定或者第三人知道共有人不具有连带债权债务关系的除外;在共有人内部关系上,除共有人另有约定外,按份共有人按照份额享有债权、承担债务,共同共有人共同享有债权、承担债务。偿还债务超过自己应当承担份额的按份共有人,有权向其他共有人追偿。"本题中,因共有的货车(即使是按份共有)产生的债务,包括对丁债权的担保以及对戊的损害,甲、乙均应当承担连带责任,但内部应当按照3∶7的份额分担。因此,如甲对丁承担了全部担保责任,有权向乙追偿十分之七的份额,故D项正确。②根据《侵权责任法》规定,法律规定承担连带责任的,被侵权人有权请求部分或者全部连带责任人承担责任。支付超出自己赔偿数额的连带责任人,有权向其他连带责任人追偿。因此,戊有权选择全部或部分责任人承担责任。但即使戊免除了甲的损害赔偿责任,乙对外承担责任之后,内部仍应当共同承担,即可向甲追偿十分之三的份额,故A项错误。③根据《物权法》规定,以船舶、航空器、机动车等动产抵押的,抵押权自抵押合同生效时设立;未经登记,不得对抗善意第三人。本题中,丁虽未办理抵押登记,但仍基于抵押合同取得抵押权。戊对甲、乙享有的侵权损害赔偿请求权性质上为债权,无法优先于丁的担保物权。故B项错误。④《物权法》第202条规定,抵押权人应当在主债权诉讼时效期间行使抵押权;未行使的,人民法院不予保护。本题中,抵押权人丁应当在主债权的诉讼时效内行使抵押权,丁对丙的债权超过诉讼时效,不能再要求甲、乙承担抵押担保责任,故C项错误。综上所述,本题的正确答案为D。

设题陷阱与常见错误分析:①部分考生认为,在B项中,因丁的抵押权未经登记,故不能对抗善意第三人戊,进而认为该选项正确。这种理解是错误的。《物权法》中,未经登记不得对抗的"善意第三人"范围,不包括普通债权人。基于物权优先于债权的一般法理,未经登记的抵押权人仍可以对抗普通债权人。可资参考的是,《物权法解释(一)》第六条规定,"转让人转移船舶、航空器和机动车等所有权,受让人已经支付对价并取得占有,虽未经登记,但转让人的债权人主张其为物权法第二十四条所称的'善意第三人'的,不予支持,法律另有规定的除外。"②另外有考生认为,A项的依据在于:《人身损害赔偿解释》第5条第1款规定:"赔偿权利人起诉部分共同侵权人的,人民法院应当追加其他共同侵权人作为共同被告。赔偿权利人在诉讼中放弃对部分共同侵权人的诉讼请求的,其他共同侵权人对被放弃诉讼请求的被告应当承担的赔偿份额不承担连带责任。"此观点是有瑕疵的，因上述司法解释规定背离了连带责任的本质，即债权人可以向全部或部分债务人主张责任，因和《侵权责任法》第13条规定相冲突而不再适用。为了明确法律适用，新的《民法总则》第182条进一步强调："二人以上依法承担连带责任的，权利人有权请求部分或者全部连带责任人承担责任。"而A项之所以不当选，真正的原因在于：即使戊免除了甲的责任而只向乙请求赔偿，乙依然应当承担全部责任，但其可基于内部份额要求甲承担相应的份额。

9. **答案** B

【解析】本题考查占有的效力。根据民法理论，占有具有权利推定效力，即如果占有人在占有物上行使权利，则推定其享有此项权利，但当事人有相反证据证明的除外。换言之，根据占有的权利推定效力，在没有相反证据的情况下即推定占有人占有的合法本权。本题中，因甲能够证明在2015年10月1日前一直合法占有该戒指，故推定其享有合法权利，B项正确。而乙则拒绝提供自2015年10月1日后从甲处合法取得戒指的任何证据，不得主张占有的权利推定效力，故A、C、D项错误。

10. **答案** A

【考点】民事法律关系

【解析】根据《民法总则》规定，民事法律调整作为平等民事主体的自然人、法人和非法人组织之间的人身关系和财产关系。本题中，乙虽答应受邀请前往甲家中吃饭，但双方当事人之间只是"情谊行为"，并未形成民事法律关系，故乙未依约赴约，既不构成违约，也不属于侵权，更无须承担缔约过失责任。甲应当承担受邀朋友未赴宴的不快与损失。因此，本题的正确答案为A。

11. **答案** C

【考点】格式条款、违约行为、著作权

【解析】①清风艺术馆举办"古代名画精品展"，唐某购票观展，双方形成了合同关系。入场券上以醒目方式提示"不得拍照、摄影"，该条款性质上属于格式条款，且艺术馆进行了合理提示，又不存在《合同法》第40条规定的无效情形，应当认定合法有效。唐某趁人不备拍摄了展品，违反了合同约定且不存在免责事由，构成违约，故C项正确。②《著作权法》第11条规定，著作权属于作者，创作作品的公民是作者。由法人或者其他组织主持，代表法人或者其他组织意志创作，并由法人或者其他组织承担责任的作品，法人或者其他组织视为作者。本题中，古代名家绘画的著作权人属于创作该作品的作者。作为名画的收藏者，清风艺术馆并未实施创作作品行为，不属于著作权人，不享有著作人身权（署名权等）和著作财产权（复制权等）。因此，唐某、郑某扫描名画后将其中"清风艺术馆珍藏、复制必究"的标记清除，并不侵犯署名权，故A项错误。③根据《著作权法》规定，著作权人的发表权及财产权保护期限为作者终生及死后50年。本案中，名画为古人所创作，早已经过了保护期限，无法再控制他人的复制、发行及网络传播行为。唐某、郑某复制、发行该作品无须再经过著作权人许可，更无须经过非著作权人清风艺术馆的许可，故B、D项错误。综上所述，本题的正确答案为C。

12. 答案 A

【考点】动产多重买卖

【解析】本题考查同一动产多重买卖的履行顺序。①挖掘机并非在公共领域行驶的机动车或交通工具，性质上属于普通动产，其多重买卖适用《买卖合同解释》第9条规定。②《买卖合同解释》第9条规定，出卖人就同一普通动产订立多重买卖合同，在买卖合同均有效的情况下，买受人均要求实际履行合同的，应当按照以下情形分别处理：（1）先行受领交付的买受人请求确认所有权已经转移的，人民法院应予支持；（2）均未受领交付，先行支付价款的买受人请求出卖人履行交付标的物等合同义务的，人民法院应予支持；（3）均未受领交付，也未支付价款，依法成立在先合同的买受人请求出卖人履行交付标的物等合同义务的，人民法院应予支持。由此可见，多重买卖中，买受人主张继续履行合同的顺序为：先受领交付者、先支付价款者、先订立合同者。③本案中，甲与数个买受人乙、丙、丁、戊签订了买卖合同，戊虽成立最后但因已完成交付，故排在第一位。丙、丁先后支付价款，故分列二、三位。乙既未受领交付也未支付价款，因合同成立在先，可排第四位。综上所述，本题的正确答案为A。

设题陷阱与常见错误分析：部分考生认为，丙、丁均支付了价款，但丁支付全款而丙只支付部分价款，故应当优先保护丁。该观点是对《买卖合同解释》第9条的错误解读。司法解释规定的是"先行支付价款"，并未要求是支付全部价款，故丙先支付了部分价款的，可优先于在后支付全款的丁。之所以作此理解，主要是考虑实践交易中，动产买卖并非是一次性支付全额价款，而是常常保留部分尾款作为质量保证。若允许在后的买受人可以通过支付全款获得优先顺序，显然对在先买受人的保护有所不周。

13. 答案 B

【考点】商品房买卖合同

【解析】本题考查商品房预售买卖中，实际交付房屋面积与约定面积不符情形的处理。①根据《商品房买卖合同解释》第14条规定，出卖人交付使用的房屋套内建筑面积或者建筑面积与商品房买卖合同约定面积不符，合同有约定的，按照约定处理；合同没有约定或者约定不明确的，按照以下原则处理：（一）面积误差比绝对值在3%以内（含3%），按照合同约定的价格据实结算，买受人请求解除合同的，不予支持；（二）面积误差比绝对值超出3%，买受人请求解除合同、返还已付购房款及利息的，应予支持。买受人同意继续履行合同，房屋实际面积大于合同约定面积的，面积误差比在3%以内（含3%）部分的房价款由买受人按照约定的价格补足，面积误差比超出3%部分的房价款由出卖人承担，所有权归买受人；房屋实际面积小于合同约定面积的，面积误差比在3%以内（含3%）部分的房价款及利息由出卖人返还买受人，面积误差比超过3%部分的房价款由出卖人双倍返还买受人。本题中，当事人约定房屋面积为135平方米，但实际交付房屋面积为150平方米，超出了约定面积的3%。故买受人甲有权解除合同，故B项正确。若当事人同意继续履行合同的，3%以内的价款部分（135×3%=4.05）要补足，剩余的多出面积买受人无须支付价款即可取得所有权。故C、D项错误。②根据《民通意见》第71条，行为人因为对行为的性质、对方当事人、标的物的品种、质量、规格和数量等的错误认识，使行为的后果与自己的意思相悖，并造成较大损失的，可以认定为重大误解。本题中，当事人签订房屋买卖合同时，房屋实际面积并未确定，并不存在当事人认识错误的问题，不构成重大误解，故A项错误。综上所述，本题的正确答案为B。

14. 答案 A

【考点】专利权的保护

【解析】本题考查善意使用者的责任承担。①《专利法》第11条规定，发明和实用新型专利权被授予后，除本法另有规定的以外，任何单位或者个人未经专利权人许可，都不得实施其专利，即不得为生产经营目的制造、使用、许诺销售、销售、进口其专利产品。本题中，甲公司未经许可而使用未经授权的专利产品，乙公司未经许可制造专利产品，均侵犯了丙公司的专利权。②《专利法》第70条规定，为生产经营目的使用、许诺销售或者销售不知道是未经专利权人许可而制造并售出的专利侵权产品，能证明该产品合法来源的，不承担赔偿责任。本案中，甲公司虽实施未经许可的使用行为，但因其对侵权不知情，且产品有合法来源，故属于善意使用者，无须承担赔偿责任，也无须再行支付专利使用费，故B、C、D项说法均错误。③《专利侵权解释（二）》第25条规定，为生产经营目的使用不知道也不应当知道是未经专利权人许可而制造并售出的专利侵权产品，能举证证明该产品合法来源且支付合理对价的，法律可不判令其停止使用行为。

本案中，甲公司作为善意使用人，且支付了合理对价，丙公司无权要求甲公司停止使用，只能要求乙公司停止侵权并赔偿损失。故A项正确。

15. 答案 A

【考点】外观设计专利权的保护、商标权的保护

【解析】①《专利法》第11条规定，外观设计专利权被授予后，任何单位或者个人未经专利权人许可，都不得实施其专利，即不得为生产经营目的制造、许诺销售、销售、进口其外观设计专利产品。车行未经许可制造奔马公司的外观专利产品，构成侵权。B项正确。②根据前述规定，与发明和实用新型专利权不同，外观设计专利权人无权控制他人未经许可的"使用"行为。本案中，陶某虽委托车行将旧车改装成奔马公司获得外观设计专利权的汽车设计外形，但并不构成对外观设计专利权的侵犯，故A项说法错误，为当选选项。③根据《商标法》第五十七条规定，"有下列行为之一的，均属侵犯注册商标专用权：（一）未经商标注册人的许可，在同一种商品上使用与其注册商标相同的商标的；（二）未经商标注册人的许可，在同一种商品上使用与其注册商标近似的商标，或者在类似商品上使用与其注册商标相同或者近似的商标，容易导致混淆的；……"本案中，车行未经许可在相同的商品上使用与奔马公司的"飞天神马"完全相同的注册商标，而陶某则未经许可以经营为目的在其提供的商品服务上使用与他人相同的商标，均构成商标侵权行为。故C、D项正确，均不当选。综上所述，本题的正确答案为A。

16. 答案 C

【考点】专利侵权

【解析】本题考查专利侵权及其免责事由的认定。①《专利法》第11条规定,"发明和实用新型专利权被授予后,除本法另有规定的以外,任何单位或者个人未经专利权人许可,都不得实施其专利,即不得为生产经营目的制造、使用、许诺销售、销售、进口其专利产品,或者使用其专利方法以及使用、许诺销售、销售、进口依照该专利方法直接获得的产品。"本题中,因甲公司获得在我国独占实施该专利的权利,故未经其许可制造专利发动机,用于各种新型汽车的碰撞实验,以测试车身的防撞性能,属于未经许可的"制造"、"使用"行为,构成专利侵权,故C项正确。②《专利法》第69条规定,"有下列情形之一的,不视为侵犯专利权:(一)专利产品或者依照专利方法直接获得的产品,由专利权人或者经其许可的单位、个人售出后,使用、许诺销售、销售、进口该产品的;……"该项规定的为"权利用尽抗辩",即经许可售出的正版专利产品,再行销售、使用、进口等的,不再构成侵权。本题中,在L国由乙公司制造的该发动机已经专利权人授权,属于正版产品,我国企业购买后再进口至我国销售的,可主张权利用尽抗辩,不再构成侵权。故A项错误。③同理,在我国由甲公司制造的该发动机,为经专利权人授权制造的正版产品,其他公司购买后将发动机改进性能后再销售的,可主张权利用尽抗辩,不再构成侵权。故B项错误。④《专利法》第69条规定,"有下列情形之一的,不视为侵犯专利权:……(三)临时通过中国领陆、领水、领空的外国运输工具,依照其所属国同中国签订的协议或者共同参加的国际条约,或者依照互惠原则,为运输工具自身需要而在其装置和设备中使用有关专利的;……"本项规定涉及"临时过境"抗辩。本题中,在L国未经乙公司许可制造的发动机,属于侵权产品,但因安装在L国客运公司汽车上临时通过我国境内,故"在我国"可以主张临时过境抗辩,不构成专利侵权。故D项错误。⑤补充:除上述规定情形外,以下情形可以构成专利免责事由:(一)先用权抗辩:在专利申请日前已经制造相同产品、使用相同方法或者已经作好制造、使用的必要准备,并且仅在原有范围内继续制造、使用的;(二)科研目的抗辩:专为科学研究和实验而使用有关专利的;(三)行政审批抗辩:为提供行政审批所需要的信息,制造、使用、进口专利药品或者专利医疗器械的,以及专门为其制造、进口专利药品或者专利医疗器械的。综上所述,本题的正确答案为C。

设题陷阱与常见错误分析:有考生认为,在C项中,未经许可制造该发动机用于各种新型汽车的碰撞实验以测试车身的防撞性能,当事人可主张"科研目的抗辩",进而不构成专利侵权行为。该观点的错误之处在于:"科研目的抗辩"须"专为科学研究和实验目的",且限于"使用专利"行为,而不包括"制造"行为。该项中,当事人"制造"专利产品后用于碰撞实验,不构成"科研目的"抗辩,属于侵权行为。

17. 答案 A

【考点】商品注册代理

【解析】①《商标法》第15条规定,"未经授权,代理人或者代表人以自己的名义将被代理人或者被代表人的商标进行注册，被代理人或者被代表人提出异议的，不予注册并禁止使用。就同一种商品或者类似商品申请注册的商标与他人在先使用的未注册商标相同或者近似，申请人与该他人具有前款规定以外的合同、业务往来关系或者其他关系而明知该他人商标存在，该他人提出异议的，不予注册。"《商标法》第32条规定，"申请商标注册不得损害他人现有的在先权利，也不得以不正当手段抢先注册他人已经使用并有一定影响的商标。"《商标法》第19条第3款规定，商标代理机构知道或者应当知道委托人申请注册的商标属于本法第十五条和第三十二条规定情形的，不得接受其委托。本案中，商标代理机构曾建议甲公司进行商标注册，可见其知道甲公司在先使用该未注册商标"实耐"，因此不得接受乙公司的委托。A项正确。②《商标法》第10条第2款规定，"县级以上行政区划的地名或者公众知晓的外国地名，不得作为商标。但是，地名具有其他含义或者作为集体商标、证明商标组成部分的除外；已经注册的使用地名的商标继续有效。"第19条第2款规定，"委托人申请注册的商标可能存在本法规定不得注册情形的，商标代理机构应当明确告知委托人。"本题中，"营盘"属于县级以上行政区划的地名，原则上属于禁止注册商标的情形，商标代理机构负有"明确告知委托人"的义务，但依法不存在"不得接受委托"的情形，故B项说法错误。③《商标法》第11条规定，"下列标志不得作为商标注册：（一）仅有本商品的通用名称、图形、型号的；（二）仅直接表示商品的质量、主要原料、功能、用途、

重量、数量及其他特点的；（三）其他缺乏显著特征的。"因此，C项中，普通的汽车轮胎图形原则上属于禁止注册商标的情形，乙公司委托注册为商标的，该商标代理机构负有"明确告知委托人"的义务，但依法不存在"不得接受委托"的情形，故C项说法错误。④《商标法》第19条第4款规定，商标代理机构除对其代理服务申请商标注册外，不得申请注册其他商标。因此，商标代理机构不得自行注册"捷驰"商标用于转让给经营汽车轮胎的企业。D项错误。综上所述，本题的正确答案为A。

18．答案D

【考点】离婚财产分割

【解析】①《婚姻法》第47条规定，"离婚时，一方隐藏、转移、变卖、毁损夫妻共同财产，或伪造债务企图侵占另一方财产的，分割夫妻共同财产时，对隐藏、转移、变卖、毁损夫妻共同财产或伪造债务的一方，可以少分或不分。离婚后，另一方发现有上述行为的，可以向人民法院提起诉讼，请求再次分割夫妻共同财产。"因甲隐匿转移财产，故在分割财产时可少分或不分。即使乙是在离婚后才发现甲还隐匿其他共同财产，仍可另诉再次分割财产。故A、C项说法正确。②《婚姻法解释（二）》第9条规定，男女双方协议离婚后一年内就财产分割问题反悔的，请求变更或者撤销财产分割协议的，人民法院应当受理。但经审理，未发现订立财产分割协议时存在欺诈、胁迫等情形的，应当依法驳回当事人的诉讼请求。本题中，甲在分割财产时有隐匿转移财产行为，涉及欺诈情形，故就履行离婚财产分割协议事宜发生纠纷，乙可再起诉，故B项说法正确。③《婚姻

法解释（一）》第31条规定，当事人向人民法院提起诉讼请求再次分割夫妻共同财产的诉讼时效为两年，从当事人发现之次日起计算。故D项说法错误，应当当选。

19．答案 C

【考点】离婚损害赔偿

【解析】①《婚姻法》第46条规定，"有下列情形之一，导致离婚的，无过错方有权请求损害赔偿：（一）重婚的；（二）有配偶者与他人同居的；（三）实施家庭暴力的；（四）虐待、遗弃家庭成员的。"《婚姻法解释（一）》第28条规定，婚姻法第四十六条规定的"损害赔偿"，包括物质损害赔偿和精神损害赔偿。本题中，钟某性情暴躁，常殴打妻子柳某，构成"实施家庭暴力"的行为，柳某有权向其主张损害赔偿，包括物质损害和精神损害。故A、B项错误。②根据婚姻法规定，有权主张离婚损害赔偿的主体为"无过错方"。《婚姻法解释（一）》第29条规定，承担婚姻法第四十六条规定的损害赔偿责任的主体，为离婚诉讼当事人中无过错方的配偶。本题中，如柳某婚内与杜某同居，自己存在过错，无权再要求钟某主张损害赔偿，故C项正确，而D项错误。综上所述，本题正确答案为C。

20．答案 D

【考点】夫妻财产关系

【解析】①《婚姻法》第18条规定，"有下列情形之一的，为夫妻一方的财产：（一）一方的婚前财产；（二）一方因身体受到伤害获得的医疗费、残疾人生活补助费等费用；（三）遗嘱或赠与合同中确定只归夫或妻一方的财产；（四）一方专用的生活用品；（五）其他应当归一方的财产。"

《婚姻法解释（一）》第19条规定，"婚姻法第十八条规定为夫妻一方所有的财产，不因婚姻关系的延续而转化为夫妻共同财产。但当事人另有约定的除外。"本题中，刘山峰婚前的个人别墅属于婚前财产，若当事人之间无婚姻财产约定，属于刘的个人财产，且不因婚姻关系的存续转化为共同财产。故B、C项错误。②根据《婚姻法》第19条规定，夫妻可以约定婚姻关系存续期间所得的财产以及婚前财产归各自所有、共同所有或部分各自所有、部分共同所有。夫妻对婚姻关系存续期间所得的财产以及婚前财产的约定，对双方具有约束力。由此可见，基于当事人之间的意思自治，该别墅可因当事人的婚姻财产约定而成为夫妻共同财产，当事人也可以约定婚姻持续八年后该别墅转化为夫妻共同财产。故A项错误，而D项正确。

21．答案 B

【考点】遗嘱的变更

【解析】①《继承法》第20条规定，遗嘱人可以撤销、变更自己所立的遗嘱。自书、代书、录音、口头遗嘱，不得撤销、变更公证遗嘱。本题中，贡某先立有有效的公证遗嘱，若要变更或撤销只能采用公证方式，故贡某在贡文遗嘱上签署同意不能发生变更在先公证遗嘱的效力，A项错误。同时，只有遗嘱人可以撤销、变更自己所立遗嘱，故贡某无权修改贡文的遗嘱，C项错误。②根据民法原理，遗嘱为死因行为，自立遗嘱人死亡时发生效力。贡某立公证遗嘱：死后财产全部归长子贡文所有。因遗嘱继承人贡文在遗嘱生效之前已经死亡，故贡某遗嘱不发生效力，故B项正确。③《继承法意见》第38条规定，遗嘱人以遗嘱处分了属于国家、集体或他人所有的财产，遗嘱的这部分，应认定无效。故贡文遗嘱涉及处分贡某财产的部分无效，D项错误。综上所述，本题的正确答案为B。

22. 答案 B

【考点】生命权

【解析】①《民法通则》第98条规定，公民享有生命健康权。所谓生命权，指自然人享有的生命安全不受非法侵害的权利。生命权的侵害，主要体现为非法剥夺他人生命的情形。因生命具有非常强烈的伦理性，其支配权受到社会公共利益的限制。B项中，丙虽经丁的同意而协助完成自杀，但因丁欠缺对其生命法益的处分权，故丙的行为不能因丁的同意或要求而阻却不法，仍构成对生命权的侵犯，故B项正确。②健康权，指自然人以其身体的生理机能完整性和保持持续、稳定、良好的心理状态为内容的人格权。C项中，戊为报复欲致己于死地，结果将己打成重伤，并未导致己的生命丧失，构成的是对己健康权的侵犯。故C项错误。③身体权，指自然人维护其身体组织器官的完整性并支配其肢体、器官和其他组织的权利。A项中，甲的长发被乙悉数剪去，尽管甲视头发如生命，但实际上未损害甲的生命权，构成对甲身体权的侵犯，该选项错误。④D项中，庚医师因误诊致辛出生即残疾，庚医师虽应当对辛的"错误出生"负责，但并不存在非法剥夺辛生命的行为，不侵犯生命权。若辛的残疾是因医师的误诊所致，则庚侵犯了辛的健康权；若辛存在先天残疾而庚医师误诊导致未采取人工流产措施，则侵犯了辛的父母的自主决定权。故该选项错误。

23. 答案 A

【考点】医疗损害责任

【解析】①《侵权责任法》第54条规定，"患者在诊疗活动中受到损害，医疗机构及其医务人员有过错的，由医疗机构承担赔偿责任。"该规定改变了司法实践中长期采取的"医疗过错与因果关系推定"的错误做法，重申医疗损害责任适用过错责任的一般归责原则，以缓解医疗机构的责任负担，具有重要的意义！故A项正确，应当由患者承担医疗机构及其医务人员存在过错的举证责任。②因医院对患者实施手术可能损害患者的生命健康，须以患者或近亲属的知情同意为前提，以阻却"侵害"行为的不法性。此外，《侵权责任法》第56条规定，因抢救生命垂危的患者等紧急情况，不能取得患者或者其近亲属意见的，经医疗机构负责人或者授权的负责人批准，可以立即实施相应的医疗措施。本条规定虽赋予医疗机构以紧急救助权，但须以无法取得患者及其近亲属同意为前提。本题中，患者田某虽因昏迷不醒无法取得其同意，但医院实施手术必须征得田某近亲属即田父的同意，医院无权自主决定。B项错误。③《侵权责任法》第59条规定，"因药品、消毒药剂、医疗器械的缺陷，或者输入不合格的血液造成患者损害的，患者可以向生产者或者血液提供机构请求赔偿，也可以向医疗机构请求赔偿。患者向医疗机构请求赔偿的，医疗机构赔偿后，有权向负有责任的生产者或者血液提供机构追偿。"由此可见，如因医疗器械缺陷致损，患方既可以向生产者主张赔偿，也可以要求医院进行赔偿，C项说法错误。④《侵权责任法》第58条规定，"患者有损害，因下列情形之一的，推定医疗机构有过错：（一）违反法律、行政法规、规章以及其他有关诊疗规范的规定；（二）隐匿或者拒绝提供与纠纷有关的病历资料；（三）伪造、篡改或者销毁病历资料。"由此可见，医院无权拒绝提供相关病历，否则应当承担推定存在过错的不利后果，D项错误。综上所述，本题的正确答案为A。

24. 答案 B

【考点】高空抛物致害责任；违反安全保障义务责任

【解析】①《侵权责任法》第37条规定，"宾馆、商场、银行、车站、娱乐场所等公共场所的管理人或者群众性活动的组织者，未尽到安全保障义务，造成他人损害的，应当承担侵权责任。因第三人的行为造成他人损害的，由第三人承担侵权责任；管理人或者组织者未尽到安全保障义务的，承担相应的补充责任。"本案中，张小飞虽邀请关小羽前来做客，但并非公共场所管理人也非群众活动组织者，且不存在过错，无须承担违反安全保障义务的责任，故A项错误。同时，砚台为高楼内抛出，超出了小区物业承担的安全保障义务范围，故无须承担责任，C项错误。②《侵权责任法》第87条规定，"从建筑物中抛掷物品或者从建筑物上坠落的物品造成他人损害，难以确定具体侵权人的，除能够证明自己不是侵权人的外，由可能加害的建筑物使用人给予补偿。"本案中，若顶层业主通过证据证明当日家中无人，可以主张免责，故B项正确。同时，如查明砚台系从10层抛出，但无法确定具体侵权人的，可由可能的加害人给予补偿。10层以上业主并非"可能加害人"，且承担的责任也非"补

充责任"，故D项错误。综上所述，本题的正确答案为B。

25. 答案 A

【考点】发起人责任

【设题陷阱与常见错误分析】本题涉及发起人在设立公司过程中签订的合同责任的承担规则，以及公司未能成立情况下的责任承担规则的竞合适用。考生容易把两种责任独立开来，错选答案。只有搞清楚二者的交叉关系，才能做对本题。即，公司未能成立，所有发起人对合同责任均须承担无限连带责任，李某作为合同当事人，自然也逃脱不了承担责任的义务。所以作为对方当事人的通大公司，既可以要求李某承担责任，也可以向所有发起人主张连带责任。

【解析】根据《公司法司法解释三》第4条第1款："公司因故未成立，债权人请求全体或者部分发起人对设立公司行为所产生的费用和债务承担连带清偿责任的，人民法院应予支持。"所以题目信息显示，公司没能成立，那么，设立过程中的所有责任，由全体发起人对外负连带责任，所以选项B、C、D错误，选项A正确。

有关发起人责任的问题，需要关注分析题目的思路：

第一步：看公司是否成立，如果没成立，设立过程中所有的责任均由全体发起人连带对外承担责任，之后再内部追偿（有过错方追过错方，无过错方按顺序追）；

第二步：如果公司成立了，再看题目中涉及的具体情形，是合同还是侵权；

第三步：如果涉及合同责任，按照合同相对性，首先由合同签字或盖章的当事人承担责任，补充或例外情形要关注（个人

签字的，公司追认后公司可担责；公司盖章的，公司举证证明；发起人与合同相对方有恶意串通的，可主张免责）；

第四步：如果涉及侵权责任，则类比于职务行为，由公司对外偿付，内部追偿有过错的发起人。

26. 答案 D

【考点】股东知情权

【设题陷阱与常见错误分析】本题主要针对有限公司股东的查账权考查细节。容易出现错误的答案是 B 项，在股东的查账权得不到满足的情况下，股东可以申请司法救济，进行股东诉讼，但这并不是召开临时股东会的条件，考生需要明悉。

【解析】根据《公司法》第33条："（有限公司）股东可以要求查阅公司会计账簿。股东要求查阅公司会计账簿的，应当向公司提出书面请求，说明目的。公司有合理根据认为股东查阅会计账簿有不正当目的，可能损害公司合法利益的，可以拒绝提供查阅，并应当自股东提出书面请求之日起十五日内书面答复股东并说明理由。公司拒绝提供查阅的，股东可以请求人民法院要求公司提供查阅。"所以有限公司股东有权书面要求查账，但口头形式不可以，A 项错误；公司针对股东的查账权，在法定情形下有权拒绝，所以 D 项正确。

股东的查账权利，直接向公司提出即可，无须先向监事会提出，C 项错误。

第39条："股东会会议分为定期会议和临时会议。

定期会议应当依照公司章程的规定按时召开。代表十分之一以上表决权的股东，三分之一以上的董事，监事会或者不设监事会的公司的监事提议召开临时会议的，

应当召开临时会议。"有权提请召开临时股东会议的是代表十分之一以上表决权的股东，题中张某持股比例只有5%，不具备此项权利，所以 B 项错误。

有限公司的查账权是非常重要的一项股东权利保护方式。考生需要掌握如下内容：财务会计账簿是公司中经营管理者的重要且核心的经营信息和工具。所以给股东开放的权利有限。

（1）题目中提到任何股东复制财务会计账簿的说法都是错的，财务会计账簿与股东复制"无缘"；

（2）有限公司股东对财务会计账簿有查阅权，但要书面直接向公司提出申请，也可以请律所、会计所等中介机构协助查阅；

（3）对等的保护公司拒绝查账的权利，15天内书面拒绝；

（4）对于查账权，有限公司股东享有诉权保护，可以向法院申请要求查阅。

27. 答案 A

【考点】法人人格否认

【设题陷阱与常见错误分析】法人人格否认是《公司法》中偏理论性的问题。为了更好地补充公司的有限责任制度，完善当股东侵害公司或债权人利益的情况下能够为自己的侵权行为承担责任，2005年《公司法》修改的时候引入了法人人格否认制度。本题的主要难点在于分析出对于债权人丙公司的伤害，是由于股东甲公司滥用权力造成的，所以甲公司须对丙公司承担连带赔付的责任，乙公司没有过错，依旧受到有限责任的保护。

【解析】根据《公司法》第20条："公司股东应当遵守法律、行政法规和公司章

程，依法行使股东权利，不得滥用股东权利损害公司或者其他股东的利益；不得滥用公司法人独立地位和股东有限责任损害公司债权人的利益。

公司股东滥用股东权利给公司或者其他股东造成损失的，应当依法承担赔偿责任。公司股东滥用公司法人独立地位和股东有限责任，逃避债务，严重损害公司债权人利益的，应当对公司债务承担连带责任。"

题目中，甲公司作为零盛公司的股东，滥用股东权利，损害债权人利益，应当对公司债务承担连带责任，向债权人偿债，所以 A 项正确，B、D 项错误。

乙公司没有任何过错，以认缴出资额为限，对公司债务承担有限责任，不会被债权人追索，所以 C 项错误。

对于法人人格否认的考点，考生需要注意适用的具体情形：

1. 股东有滥用权利，损害公司或他人利益的行为；

2. 责任承担：对内（向公司或其他股东）承担赔偿责任；对外（向债权人）承担连带责任；

3. 个案适用。

28. 答案 D

【考点】董事、高级管理人员的忠实义务

【解析】根据《公司法》第 148 条，董事、高级管理人员不得违反公司章程的规定或者未经股东会、股东大会同意，与本公司订立合同或者进行交易。对于该规定的理解，理论上存在较大争议。从司法实践来看，违反该规定所订立的合同并非当然无效，而是效力待定，如果事后经股东会、股东大会同意，则该合同有效；如果事后未能

获得股东会、股东大会同意，或者股东会、股东大会明确表示反对，则该合同无效。

本题中，总经理蔡某未经股东会同意与本公司订立合同，该合同在成立时效力待定，所以 A 项错误。但是，烽源公司股东们获知此事后不同意支付，此时合同无效，烽源公司有权拒绝支付租金，所以 D 项正确。另外，根据《公司法》第 46 条，聘任、解聘公司经理是董事会的职权，股东会无权解聘经理，所以 B 项错误。根据《公司法》第 11 条，公司章程对公司、股东、董事、监事、高级管理人员具有约束力，因此 C 项错误。

29. 答案 B

【考点】股份公司股份外转

【设题陷阱与常见错误分析】本题主要针对股份公司股份外转的要求设计题目。考生需要明确，股份公司主要体现资合性，所以股东转让股份无论是内转还是外转都是"自有转、随便转"，既不需要征求其他股东意见也无须尊重其他股东的优先购买权。另外，本题中的 C 项有一定的迷惑性。公司章程可以对股权转让作出限制，但不可以禁止，此为股东固有的权利，章程不得剥夺，如果没注意到这一点容易错选答案。

【解析】根据《公司法》第 142 条："公司不得收购本公司股份。但是，有下列情形之一的除外：

（一）减少公司注册资本；

（二）与持有本公司股份的其他公司合并；

（三）将股份奖励给本公司职工；

（四）股东因对股东大会作出的公司合并、分立决议持异议，要求公司收购其股

份的。"所以股份公司的股东,只有在公司作出合并、分立决议时,有异议的才可以要求回购,A项错误。

第137条:"股东持有的股份可以依法转让。"股份公司不强调人合性,所以股东外转股份,自由转让,也不尊重其他股东或发起人的优先购买权,所以B项正确,D项错误。

股东转让股份,是固有的权利,公司章程可以对发起人或董监高转让股份作出限制,但不得禁止,所以C项错误。

对比有限公司股东外转股权的法定程序要求及股份公司外转股权的自有转让,理解二者的理论差异。有限公司强调人合性,股份公司强调资合性。

30.答案 B

【考点】合伙事务执行及责任承担

【设题陷阱与常见错误分析】本题目中考生容易躲不过去的"坑"有两处:一是D项,对于合伙企业的负债,有"一重优先"原则的约束,即"合伙的债,合伙还,还不了的,普通人连带",D项没有考虑到这一点所以是错的;而A项,普通合伙企业不得约定部分人承担责任,所以考生需要确认题干中的合伙协议约定因为内容违法而无效,所以王曼作为普通合伙人有权执行事务,A项是错的。如果考生不能明晰上述问题,容易错选答案。

【解析】根据《合伙企业法》第33条:"合伙协议不得约定将全部利润分配给部分合伙人或者由部分合伙人承担全部亏损。"所以合伙协议的约定因为内容违法而无效。王曼作为普通合伙人享有合伙的事务执行权,A项错误。

王曼作为普通合伙人,当合伙的债合伙还不了的情况下,应当承担对债权人承担连带责任,C项错误。

《合伙企业法》第38条:"(普通)合伙企业对其债务,应先以其全部财产进行清偿。"合伙企业作为债务人,首先以其全部资产还债,B项正确。

第39条:"(普通)合伙企业不能清偿到期债务的,合伙人承担无限连带责任。"所以合伙企业并非独立责任的主体,对其债务先以合伙的财产清偿,不足的部分由普通合伙人连带,所以D项错误。

合伙人与第三人的关系是《合伙企业法》中重复考查度非常高的考点。考生要重点掌握其基本原则,笔者总结为"双重优先,两个禁止,两个允许"。具体解释为:合伙企业的债,优先由合伙的财产清偿,不足部分,普通合伙人连带;

合伙人的债优先由合伙人的财产清偿,不足部分,允许用合伙人待分配收益清偿,允许债权人申请法院强制执行合伙人的份额清偿;

合伙人的债权人禁止以该债权抵销其对合伙企业的债务,也禁止其要求代位执行合伙人在合伙中的权利。

31.答案 D

【考点】管理人职权

【设题陷阱与常见错误分析】本题主要考查了管理人的职权及职责的细节内容,尤其是与法院、与债权人委员会及债权人会议之间的关系,考生需要掌握准确,否则容易错选答案。

【解析】《破产法》第25条:"管理人履行下列职责:

(一)接管债务人的财产、印章和账簿、文书等资料;

（二）调查债务人财产状况，制作财产状况报告；

（三）决定债务人的内部管理事务；

（四）决定债务人的日常开支和其他必要开支；

（五）在第一次债权人会议召开之前，决定继续或者停止债务人的营业；

（六）管理和处分债务人的财产；

（七）代表债务人参加诉讼、仲裁或者其他法律程序；

（八）提议召开债权人会议；

（九）人民法院认为管理人应当履行的其他职责。

本法对管理人的职责另有规定的，适用其规定。""管理和处分债务人财产"是管理人的权限，所以将祺航公司的义务和资产转让的决议，应该由管理人作出，B、C项错误。

第69条："管理人实施下列行为，应当及时报告债权人委员会：

（一）涉及土地、房屋等不动产权益的转让；

（二）探矿权、采矿权、知识产权等财产权的转让；

（三）全部库存或者营业的转让；

（四）借款；

（五）设定财产担保；

（六）债权和有价证券的转让；

（七）履行债务人和对方当事人均未履行完毕的合同；

（八）放弃权利；

（九）担保物的取回；

（十）对债权人利益有重大影响的其他财产处分行为。

未设立债权人委员会的，管理人实施前款规定的行为应当及时报告人民法院。"所以管理人处分债务人全部库存及营业的时候，需及时报告债权人委员会，而不能直接自行决定，只有D项的程序正确。

近年来司法考试主要通过细节和综合性来提高考题的难度，本题属于典型的细节考查，考生需要对法条的细节掌握准确来应对。管理人的职责内容及重大事项报告制度需要考生结合上述法条详细掌握。

32. 答案 D

【考点】票据无因性、票据抗辩

【设题陷阱与常见错误分析】本题综合考查了票据的无效、票据承兑、票据抗辩等内容，难度很大。尤其是对于题干中描述的乙公司在自身权利受到甲公司抗辩的前提下，将票据无偿赠与给丙，考生需要明确，此时，丙因为没有给付对价而取得的票据权利不得优于前手（乙），否则容易错选C项。

【解析】基于票据无因性，票据的原因关系无效、解除或有瑕疵不影响票据本身的效力，所以A项错误。

根据《票据法》第13条规定："票据债务人可以对不履行约定义务的与自己有直接债权债务关系的持票人，进行抗辩。"结合票据法基本理论，甲、乙两公司属于买卖合同的直接前后手，原因关系可以起到抗辩效应，所以作为卖方、权利人的乙公司交付的标的物是假冒伪劣产品，作为买方、义务人的甲公司可以以此为由提出抗辩，B项错误。

第11条："因税收、继承、赠与可以依法无偿取得票据的，不受给付对价的限制。但是，所享有的票据权利不得优于其前手的权利。"因赠与关系得到票据的丙，其权利不能优于其前手乙公司，而乙公司的权利本身受制于甲公司的抗辩，所以 C 项表述不严谨。

第 44 条："付款人承兑汇票后，应当承担到期付款的责任。"所以银行作为承兑人，承担票据责任，D 项正确。

随着考题难度的加大，知识点综合考查成为趋势，尤其是理论性比较强的无因性、独立性、票据抗辩等内容需要重点理解。

33. 答案 C

【考点】非公开募集基金

【解析】根据《基金法》第 88 条："非公开募集基金应当向合格投资者募集，合格投资者累计不得超过二百人。"所以 A 项错误。

第 92 条："非公开募集基金，不得向合格投资者之外的单位和个人募集资金，不得通过报刊、电台、电视台、互联网等公众传播媒体或者讲座、报告会、分析会等方式向不特定对象宣传推介。"所以 B 项错误。

第 74 条："基金财产不得用于下列投资或者活动：

（一）承销证券；

（二）违反规定向他人贷款或者提供担保；

（三）从事承担无限责任的投资；

（四）买卖其他基金份额，但是国务院证券监督管理机构另有规定的除外；

（五）向基金管理人、基金托管人出资；

（六）从事内幕交易、操纵证券交易价格及其他不正当的证券交易活动；

（七）法律、行政法规和国务院证券监督管理机构规定禁止的其他活动。"所以基金不是绝对不能购买其他基金份额，有除外规定，所以 C 项正确。

第 95 条："非公开募集基金募集完毕，基金管理人应当向基金行业协会备案。对募集的资金总额或者基金份额持有人的人数达到规定标准的基金，基金行业协会应当向国务院证券监督管理机构报告。"所以，基金管理人向基金行业协会备案，规模以上的，基金行业协会向证券会报告，所以 D 项错误。

对于《基金法》中的两大重点考点一是公开募集基金的内容，二是非公开募集基金的内容，考生需要从概念、程序、规制等层面掌握相关的法条内容。涉考一般会按原文法条出题。

34. 答案 B

【考点】死亡险

【设题陷阱与常见错误分析】本题针对死亡险的对象、设定原则、理赔、保单质押等问题作了全面的考查，有一定的难度。考生需要注意：死亡险的被保险人原则上不能是无民事行为能力人，除了父母为未成年子女买的情形。另外，死亡险签订之前需要被保险人同意，对于同意形式法律不作要求，可以被保险自己事前同意，也可以推定同意；但是保险合同质押的话，需要被保险人书面同意。

【解析】根据《保险法》第 44 条："以被保险人死亡为给付保险金条件的合同，自合同成立或者合同效力恢复之日起二年内，被保险人自杀的，保险人不承担给付保险金的责任，但被保险人自杀时为无民事行为能力人的除外。"对于被保险人自杀，如果发生在合同生效后两年内，保险公司有权解除合同不予赔付，如果两年以后，保险公司正常赔付，A 项错误。

《保险法司法解释三》第1条第2款:"有下列情形之一的,应认定为被保险人同意投保人为其订立保险合同并认可保险金额:

(一)被保险人明知他人代其签名同意而未表示异议的;

(二)被保险人同意投保人指定的受益人的;

(三)有证据足以认定被保险人同意投保人为其投保的其他情形。"所以B项正确。

《保险法》第33条:"投保人不得为无民事行为能力人投保以死亡为给付保险金条件的人身保险,保险人也不得承保。"所以"无行为能力人不入死亡险"是基本原则,D项错误。

第34条第2款:"按照以死亡为给付保险金条件的合同所签发的保险单,未经被保险人书面同意,不得转让或者质押。"所以C项错误。

死亡险是《保险法司法解释三》充分细化和补充的一个考点。考生需要重点关注新增的内容。比如本题中考到的被保险人推定同意的制度;另外,为未成年人购买死亡险的范围扩充至父母之外的其他监护主体经父母同意可以为其购买死亡险;被保险人撤销同意造成死亡险合同无效等情形,需要重点掌握。

35. 答案 D

【分析与思路】本题考查简易程序的适用以及审理组织。首先,关于简易程序的适用范围,简易程序适用于基层法院及其派出法庭审理的第一审民事案件,同时,司法解释规定以下情形不允许适用简易程序:(1)起诉时被告下落不明;(2)当事人一方人数众多;(3)发回重审或者适用审判监督程序再审;(4)涉及国家利益、社会公共利益的;(5)第三人撤销之诉。可见,对于发回重审或者再审程序是不得适用简易程序审理,故不得适用独任制,故A、B项错误。C项中,普通程序应当由审判员或者审判员与人民陪审员组成合议庭审理,不存在独任制的问题,故C项错误。D项中,特别程序原则上适用独任制,但选民资格案件和重大疑难案件应当由审判员组成合议庭审理,其内涵有三:一是特别程序原则上独任制,二是选民资格和重大疑难案件应当合议制,三是选民资格案件和重大疑难案件的合议庭应当由审判员组成,不能有人民陪审员参加。

【命题思路与常见错误分析】本题A、B项考查发回重审和审判监督程序案件不允许适用简易程序,故也不存在独任制的问题。C项中,普通程序不存在适用独任制的问题。

36. 答案 D

【分析与思路】本题考查当事人的判断问题。关于原告方,小明具有诉讼权利能力,同时是实体侵权法律关系的受害人,应当作为适格原告,仅仅是因为小明没有诉讼行为能力,不能亲自参加诉讼,需要其法定代理人代为参加诉讼。故本案应以小明为原告,其父母为法定代理人代为参加诉讼。关于被告方,首先,无、限制民事行为能力人在幼儿园受到他人侵害的,应当由侵权人承担侵权责任,幼儿园未尽到管理责任的,应当承担补充责任,故幼儿园和侵权人应当作为本案共同被告;同时,侵权人姜某是精神病人,根据《民诉解释》的规定,无、限制民事行为能力人致人损害,应当以其本人和监护人作为共同被告,故本案应当以幼儿园、姜某,以及姜某的监护人为共同被告。故本题应当选择D项。

【命题思路与常见错误分析】

1. 关于本题，可能有考生指出，根据《侵权责任法》规定，无、限制民事行为能力人在幼儿园受到他人侵害，应当由侵权责任人承担赔偿责任，幼儿园未尽到管理职责的才承担补充责任，题目并未表述幼儿园未尽到管理责任，为何要作为共同被告？这是因为幼儿园是否尽到管理职责，应否承担补充责任的问题属于实体判断范畴，而在起诉时，只是解决当事人的主体资格问题，故权利人主张其承担责任，就应当列其为共同被告，至于其是否承担责任则属于实体审理后的判断问题，起诉时在所不问。

2. 关于无独三的问题。无独三和共同被告的区别在于无独三与案件原告没有直接的权利义务关系，而共同被告与原告是存在直接权利义务关系的。本案根据《侵权责任法》规定，无、限制民事行为能力人致人损害的，监护人承担赔偿责任，故无、限制民事行为能力人本人是实体侵权法律关系一方当事人，应为被告，其监护人同样也是赔偿实体法律关系的一方当事人，也应当作为共同被告，故司法解释规定，无、限制民事行为能力人致人损害，本人和监护人为共同被告。同样，《侵权责任法》规定幼儿园未尽管理责任的，应当承担补充责任，即规定幼儿园与受害人之间具有直接的赔偿权利义务关系，是赔偿权利义务关系一方当事人，应为适格被告，不是无独三。

37. 答案 C

【分析与思路】本题考查劳务派遣致人损害的当事人问题。根据《民诉解释》规定，劳务派遣致人损害的，应当以接受派遣的用工单位为被告，如果权利人主张派遣单位承担责任的，派遣单位为共同被告。可见，在劳务派遣中，如果受害人起诉用工单位，则由用工单位为被告，如果受害人起诉派遣单位，应当由用工单位和派遣单位为共同被告。故本题选择C项。

【命题思路与常见错误分析】本题考查劳务派遣致人损害的当事人问题。根据《侵权责任法》规定，劳务派遣致人损害的，由接受派遣的用工单位承担责任，如果派遣单位有过错的，承担补充责任。因此，首当其冲承担责任的是用工单位，故首先应当将用工单位列为被告。其次，派遣单位有过错时，承担补充责任。但派遣单位是否存在过错，是否承担补充责任属于实体判断的范畴，而在诉讼法中，仅仅解决当事人主体资格问题，故只要当事人主张派遣单位承担责任的，则应当将其列为共同被告，至于其是否具有过错，是否应当承担责任，则属于实体判断，应当在诉讼中经过实体审理再作判断，起诉时在所不问。

38. 答案 B

【分析与思路】关于当事人的判断。首先，案件的原告、被告为丁一、丁二，法律关系（即诉讼标的）为法定继承，丁爽参加诉讼，其基于遗嘱继承法律关系主张权利，显然，其并非基于法定继承关系主张权利，不是本案诉讼标的（法定继承）一方当事人，故不是本案共同原告，而丁爽基于独立法律关系（遗嘱继承）主张权利，故为有独立请求权第三人。其次，有独立请求权第三人参加诉讼后，案件中存在两个独立的诉，丁一、丁二基于法定继承关系进行的是本诉，以丁爽为原告、丁一、丁二为共同被告，基于遗嘱继承法律关系进行的是有独三之诉。有独三之诉和本诉相互独立，故丁一作为本诉原告撤回本诉后，有独三之诉继续进行，即以有独三丁爽为原告，原审原告（丁一）、被告（丁二）为共同被告，诉讼继续进行，故本题选择B项。

【命题思路与常见错误分析】 本题较为简单，考点有二——有独三的判断和有独三之诉的独立性。首先需要考生判断出丁爽是基于独立的遗嘱关系主张独立的权利，为有独三。

39. 答案 B

【分析与思路】 本题A项中，银行转账凭证为书证，直接证据和间接证据的判断标准在于证据在内容上能否完整证明待证事实，一张转账凭证在内容上不能完整地证明借款法律关系这一待证事实，只能证明借款关系的一部分（转款事实），为间接证据。因此，A项表述错误。B项中，手机短信属于电子数据没问题，根据题目所示，短信在内容上仅仅是提供账号，无法完整地证明借款法律关系，为间接证据，表述正确。C项中，通话录音，为储存在电子介质（手机储存卡）内的录音资料，符合电子数据的特征，为电子数据。同时，从内容角度看，其仅仅是表达战某要向其借款5万元，并不能完整证明借款法律关系（电话内容仅仅是发出借款的要约），故应为间接证据。因此，C项表述错误。D项较难，首先本案待证事实是"牟某主张战某借款的事实"即应当包括战某是否向牟某借款、战某是否归还借款等事实，战某提供的借条只能证明牟某是否向战某借

款，该事实并非本案待证事实，故该借条与本案待证事实无关，既不是本案的本证，也不是本案的反证。因此，D项表述错误。当然，如果在战某起诉牟某归还借款一案中，战某提供该借条的待证事实是其与牟某之间存在一笔10万元的借款关系，对于该借款关系是否存在这一事实，应当由主张借款关系存在的战某承担证明责任，该证据由承担证明责任的战某提供，此借条应为战某起诉牟某归还借款案的本证，当然，此分析与本案无关。综上所述，本题应当选择B。

40. 答案 A

【解析】 根据《证据规定》第4条第6项规定，因缺陷产品致人损害的侵权诉讼，由产品的生产者就法律规定的免责事由承担举证责任。因此，本题中刘月所受损害与使用甲公司化肥存在因果关系的事实应当由刘月承担证明责任，故选项A是正确的，而选项B是不正确的。根据《证据规定》第7条的规定，只有在依照《民事诉讼法》与司法解释无法确定举证责任分配时，由法院依职权裁量分配证明责任，故选项C是不正确的。根据民事诉讼理论，证明责任分配是不能由当事人进行协商处分的，故选项D是不正确的。

41. 答案 B

【分析与思路】 本题考查逾期举证的法律后果。举证期限可以由法院在审理前的准备阶段确定（法院确定的举证期限不得少于15天），也可以由当事人协商一致后经法院准许。当事人在举证期限内提供证据确有困难的，可以在举证期限届满前书面向法院申请延长。逾期提供证据的，法院应当责令说明理由，拒不说明或者理由

不能成立的,法院可以不采纳该证据,或者采纳证据后予以训诫、罚款。具体如下:(1)当事人故意或者重大过失逾期提供证据,法院不予采纳该证据;(2)当事人故意或者重大过失逾期提供证据,但该证据与案件基本事实相关的,法院应当采纳该证据后对当事人予以训诫、罚款;(3)当事人不是故意或者重大过失逾期提供证据的,法院应当采纳证据后予以训诫;(4)当事人逾期提供证据是因为客观原因或者对方当事人没有提出异议的,视为未逾期(即应当采纳该证据,且无须对当事人予以训诫、罚款)。结合题目,王某在二审中提供收条,显然属于逾期提供证据,且其理由是"一审期间未找到收条",显然并非故意或者重大过失,根据前述分析,当事人不是故意或者重大过失逾期提供证据的,法院应当采纳证据后予以训诫,故本题应当选择 B 项。

42. **答案 A**

【分析与思路】本题考查调解协议的一些知识点。从题目入手,甲公司起诉乙公司要求支付货款,法院组织达成调解协议约定了本金和利息,显然,题目希望考查调解协议内容能否超出原告诉讼请求。答案是肯定的,调解协议可以超出原告诉讼请求。其次,双方约定了担保,与之相关的考点在于调解协议能够约定案外人提供担保,调解书应当列明担保人,并送达担保人,但担保人拒不签收调解书的,不影响调解书生效。担保自符合担保法规定的条件时生效。

结合题目分析,A 项调解协议尽管超出了当事人的诉讼请求,但依然有效,表述正确;B 项中,调解书不能留置送达,表述错误;C 项中,担保人丙公司拒不签收调解书,不影响调解书生效,担保在符合担保法规定的条件时生效,故调解书对丙公司不生效的表述是错误的,因为其中的担保内容符合担保法规定的条件后对丙公司是发生法律效力的;D 项丙公司不签收调解书是不会影响调解书生效的,既然调解书生效不受影响,法院则无须及时判决,表述错误。本题选择 A 项。

【命题思路与常见错误分析】本题考查调解协议内容。考点有二,一是调解协议可以超出原告诉讼请求,据此判断 A 项表述正确;二是关于担保的问题,调解协议可以约定担保,调解书应当送达担保人,但担保人拒不签收调解书不影响调解书生效。担保自符合担保法规定的条件时生效。

43. **答案 C**

【分析与思路】本题考查 2015 年新《民诉解释》规定的执行前保全。法律文书生效后,进入执行程序前,债权人因对方转移财产等紧急情况,不申请保全将可能导致生效法律文书不能执行或者难以执行的,可以向执行法院申请采取保全措施。债权人在法律文书确定的履行期限届满后 5 日内不申请执行的,人民法院应当解除保全。可见执行前保全有以下考点:(1)申请时间为判决生效后,进入执行程序前(即生效判决确定的履行期限内);(2)管辖法院为有执行管辖权的法院;(3)申请执行时间为判决书执行的履行期限届满后 5 日内,否则法院解除保全。据此分析,A 项错误,B、C 项涉及管辖问题,执行前的保全由有执行管辖权的法院管辖,根据《民事诉讼法》规定,生效判决的执行由一审法院或者与之同级的被执行财产所在地法院执行,

M区法院为一审法院，N区法院为与一审法院同级的被执行财产所在地法院，均有执行管辖权，故权利人李某可以向M或N区法院申请执行前的保全，故B项错误，C项正确。D项中，执行前保全措施采取后，应当在生效判决确定的履行期限届满后5日内申请执行，而不是15日，表述错误。综上，本题应当选择C项。

【命题思路与常见错误分析】本题是对新增知识点——执行前的保全进行考查，且为细节考查。B、C项借执行前的保全由有执行管辖权的法院管辖这一知识点考查了执行管辖（生效民事判决的执行由一审法院或者与之同级的被执行财产所在地法院管辖）。D项更是细节考查，将"5日"这一时间细节改为"15日"用以迷惑考生。

44. 答案 D

【分析与思路】本题考查二审当事人诉讼地位问题。首先谁上诉，谁是上诉人，对谁提，谁是被上诉人；其次，在共同诉讼中，部分共同诉讼人上诉的，关键看其上诉请求是对一审判决中自己与谁之间权利义务分配不服，即将谁列为被上诉人，上诉请求不涉及其权利义务分配的当事人，按照原审诉讼地位列明。显然，本题中上诉人甲认为丙、丁分配遗产份额较多，是对自己与丙、丁之间的分配方案不服，将丙、丁列为被上诉人，其上诉请求不涉及乙的权利义务分配，乙应当列为原审原告，故本案应当以甲为上诉人，丙、丁为被上诉人，乙按原审地位列明。

45. 答案 A

【分析与思路】本题考查二审中的撤回起诉和撤回上诉。在二审中当事人可以撤回起诉，也可以撤回上诉，但法律效果并不相同。撤回起诉是原告将起诉予以撤回，是原告对其起诉权予以处分，撤回起诉后，没有起诉，即没有审判，故二审法院裁定撤回起诉时应当一并撤销原判，即案件视为没有起诉，但在二审中撤回起诉后重复起诉的，法院不予受理。撤回上诉是上诉人将上诉予以撤回，是对上诉权予以处分，即上诉人表示服从一审判决，故自裁定准许撤回上诉之日起一审判决生效。

结合本案分析，"双方约定将提起之诉予以撤回"，乙公司提起的是上诉，故其为撤回上诉，自裁定准许撤回上诉之日起，一审判决生效；甲公司提起的是起诉，故其为撤回起诉，法院裁定准许撤回起诉的，应当一并裁定撤销原判。综上，本案中不存在不予准许撤回起诉和上诉的情形，法院应当准许当事人撤回起诉和上诉，故C、D项表述错误，同时B项中"不予准许甲公司撤回起诉"的表述也错误。而A项"准许双方当事人撤回上诉和撤回起诉"的表述正确，同时，既然起诉撤回了，应当一并裁定撤销原判，A项表述正确。

46. 答案 C

【解析】正确解答本题的关键在于对死亡赔偿金计算错误的性质理解，由于该计算错误属于数学上的错误，因此，根据《民事诉讼法》第154条的规定，应作出裁定补正判决书中的笔误，故选项C是正确的。

47. 答案 C

【分析与思路】本题跟2012-3-42几乎一样，考查二审中的撤回上诉。从题目中读出本案在二审中通过"撤回上诉"的方式结案，撤回上诉的法律效果是一审判决生效。基于此，既然一审判决生效，在当事人不履行时，对方当事人当然可以申请执行生效的一审判决，故本题选择C项。和解协议不具有强制执行力，故A、B、D项表述中均提及执行和解协议，均为错误。

【命题思路与常见错误分析】本题就考查一点——二审中撤回上诉的，自裁定准许撤回上诉之日起，一审判决生效。

48. 答案 D

【解析】该题直观考查参与分配异议之诉的当事人。根据《民诉解释》第512条的规定，债权人或者被执行人对分配方案提出书面异议的，执行法院应当通知未提出异议的债权人、被执行人。未提出异议的债权人、被执行人自收到通知之日起15日内未提出反对意见的，执行法院依异议人的意见对分配方案审查修正后进行分配；提出反对意见的，应当通知异议人。异议人可以自收到通知之日起15日内，以提出反对意见的债权人、被执行人为被告，向执行法院提起诉讼。因此，选项D是正确的，其余选项均是不正确的。

49. 答案 C

【分析与思路】本题考查执行中被执行人死亡后变更被执行人的规定。根据《民诉解释》第475条的规定，被执行人死亡的，其遗产继承人没有放弃继承的，法院可以裁定变更被执行人，由该继承人在遗产范围内偿还债务。继承人放弃继承的，人民法院可以直接执行被执行人遗产。结合本案，执行中，被执行人甲死亡，继承人没有放弃继承，故应当裁定变更乙为被继承人，在遗产范围内由乙偿还债务，而其他继承人放弃继承权，不再继承遗产，故无须偿还债务，当然也无须将其列为被执行人。所以本题选择C。

50. 答案 D

【分析与思路】本题考查仲裁中的回避，主要涉及回避的决定权以及回避后程序的进行。首先，仲裁员的回避由仲裁委员会主任决定，仲裁委主任的回避由仲裁委员会集体决定。故本案首席仲裁员苏某并非仲裁委主任，其回避应当由仲裁委主任决定，而不是仲裁委员会集体决定，选项A错误。其次，仲裁员回避后，仲裁程序是否重新进行，应当由仲裁庭决定，当事人可以提出重新进行的申请。故选项C表述"已经进行的仲裁程序应当继续进行"过于绝对，为错误，而D项表述"当事人可以请求已经进行的仲裁程序重新进行"为正确。当然，决定权仍在仲裁庭。B项仲裁员回避后，更换该仲裁员即可，无须重新组成仲裁庭，表述错误。

【命题思路与常见错误分析】本题较为简单，但是很多考生对B项提出了异议，认为首席仲裁员苏某回避后，应当更换首席仲裁员，则显然属于重新组成了仲裁庭。这种理解是牵强的。只是更换首席仲裁员，其他两名仲裁员并未更换，并不是重新组成仲裁庭。

51. 答案 AC

【考点】宣告死亡；客运合同

【解析】①《继承法意见》第1条规定，继承从被继承人生理死亡或被宣告死亡时开始。失踪人被宣告死亡的，以法院判决中确定的失踪人的死亡日期为继承开始的时间。本题中，因甲被宣告死亡，其继承人可以继承遗产，故A项正确。②根据《民法总则》规定，被宣告死亡的人，人民法院判决确定的日期视为其死亡的日期；判决未确定死亡日期的，判决作出之日视为其死亡的日期。故 2016 年 6 月 5 日法院作出判决之日即为甲的死亡日期。C 项正确。③根据《民法总则》规定,"被宣告死亡的人的婚姻关系,自死亡宣告之日起消灭。死亡宣告被撤销的,夫妻关系自撤销死亡宣告之日起自行恢复,但是其配偶再婚或者向婚姻登记机关声明不愿意恢复的除外。"本题中,虽甲、乙婚姻关系自宣告死亡时消灭,但若被宣告死亡的甲重新出现或确知其下落的,可以撤销死亡宣告,婚姻关系原则上可自行恢复,故 B 项错误。④《合同法》第 302 条规定,承运人应当对运输过程中旅客的伤亡承担损害赔偿责任,但伤亡是旅客自身健康原因造成的或者承运人证明伤亡是旅客故意、重大过失造成的除外。由此可见,旅客要求承运人承担赔偿责任,须以存在实际的人身伤亡后果为前提。本案中,甲虽被宣告死亡,但仅是推定的事实,不能认定损害后果确已发生,铁路公司无须对甲的"死亡"进行赔偿。综上所述,本题的正确答案为 AC。

52. **答案** ABD

【考点】监护人的职责;监护责任

【解析】①根据《民法总则》相关规定,未成年人的父母是未成年人的监护人。监护人应当按照最有利于被监护人的原则履行监护职责,保护被监护人的人身、财产权利及其他合法权益;除为被监护人利益外,不得处分被监护人的财产。本案中,因甲为未成年人,其父母乙、丙为其法定监护人,依法履行监护职责,保护、监管被监护人的财产属于法定监护人乙、丙的法定职责,故其管理行为不构成无因管理,C 项错误。此外,法定监护人只有在"为被监护人利益"的例外情形中才可以处分被监护人甲的财产,而不能随意处分甲的财产,因此 B 项正确。②根据《民法总则》规定,监护人不履行监护职责或者侵害被监护人合法权益的,应当承担责任。本题中,乙、丙将被监护人甲的财产投资股市造成亏损,并非"为监护人的利益"处分财产,因此造成的损失应当承担损害赔偿责任,故 A 项正确。③根据《民法总则》规定,在诉讼时效期间的最后六个月内,因下列障碍,不能行使请求权的,诉讼时效中止:(一)不可抗力;(二)无民事行为能力人或者限制民事行为能力人没有法定代理人,或者法定代理人死亡、丧失代理权、丧失民事行为能力;……本题中,因法定监护人乙、丙未尽法定监护职责,甲有权要求其承担赔偿责任。但因甲尚为未成年人欠缺行为能力,而赔偿义务人为其法定监护人,存在无法行使权利的客观障碍,故适用诉讼时效中止的规定,待其成年后继续计算。D 项说法正确。综上所述,本题的正确答案为 ABD。

53. **答案** ABC

【考点】按份共有中的优先购买权

【解析】①《物权法》第 101 条规定,按份共有人可以转让其享有的共有的不动产或者动产份额。其他共有人在同等条件下享有优先购买的权利。由此可见,按份共有人转让其份额的,无须经过其他共有人的同意。本案中,甲、乙、丙、丁构成按份共有,甲处分其共有份额,无须经过乙、丙、丁的同意,故 A 项错误。②《物权法解释(一)》第 14 条规定,两个以上按份共有人主张优先购买且协商不成时,请求按照转让时各自份额比例行使优先购买权的,应予支持。因此,甲转让其份额时,其他按份共有人乙、丙、丁均有优先购买权,各方无法达成一致的,按照份额比例行使,故B项错误。③《物权法解释(一)》第10条规定,物权法第101条所称的"同等条件",应当综合共有份额的转让价格、价款履行方式及期限等因素确定。本题中,戊愿意以50万元的价格购买,且价款一次付清,丙则要求"分期"支付价款的,因不属于"同等条件"而不得主张优先购买权,故C项错误。④《物权法解释(一)》第13条规定,按份共有人之间转让共有份额,其他按份共有人主张根据物权法第101条规定优先购买的,不予支持,但按份共有人之间另有约定的除外。本题中,如甲改由向乙转让其共有份额,丙、丁即使在同等条件下也无权主张优先购买权,故D项错误。综上所述,本题的正确答案为ABCD。

54. 答案 BD

【考点】土地承包经营权

【解析】①《农村土地承包法》第3条规定,"国家实行农村土地承包经营制度。农村土地承包采取农村集体经济组织内部的家庭承包方式,不宜采取家庭承包方式的荒山、荒沟、荒丘、荒滩等农村土地,可以采取招标、拍卖、公开协商等方式承包。"由此可见,集体土地可以在本集体经济组织内部进行家庭承包,集体组织以外的人可以通过招标、拍卖、公开协商等方式承包"四荒用地"。故A项错误,而B项正确。②根据《农村土地承包法》第47条规定,以其他方式承包农村土地,在同等条件下,本集体经济组织成员享有优先承包权。故D项正确,即河西村村民黄某也要承包该荒山的,依法享有优先承包权。③《农村土地承包法》第48条规定,发包方将农村土地发包给本集体经济组织以外的单位或者个人承包,应当事先经本集体经济组织成员的村民会议三分之二以上成员或者三分之二以上村民代表的同意,并报乡(镇)人民政府批准。由本集体经济组织以外的单位或者个人承包的,应当对承包方的资信情况和经营能力进行审查后,再签订承包合同。因此,C项说法错误。综上所述,本题的正确答案为BD。

55. 答案 ABCD

【考点】担保物权的特征(从属性、不可分性);共同抵押

【解析】①根据《物权法》第187条,以房屋等不动产设定抵押的,抵押权自办理抵押登记时设立。本题中,因丙、丁的房屋抵押均办理了抵押登记,故甲均取得抵押权。②《担保法解释》第75条规定,同一债权有两个以上抵押人的,当事人对其提供的抵押财产所担保的债权份额或者顺序没有约定或者约定不明的,抵押权人可以就其中任一或者各个财产行使抵押权。本题中,因丙、丁未约定抵押份额,故构成连带的共同抵押,债权人有权选择其一或全部抵押人承担责任。③《物权法》第192条规定,"抵押权不得与债权分离而单独转让或者作为其他债权的担保。债权转让的,担保该债权的抵押权一并转让,但法律另有规定或者当事人另有约定的除外。"《担保法解释》第72条规定,主债权被分割或者部分转让的,各债权人可以就其享有的债权份额行使抵押权。上述规定确立了担保物权(抵押权)的从属性与不可分性,即主债权转让,抵押权当然一

并转让,且各债权人均有权就全部抵押物行使抵押权。本题中,甲的主债权部分转让给戊,且通知了债务人乙,故戊取得200万主债权的同时,依法享有对丙、丁房屋的抵押权,且丙、丁构成连带共同抵押。因此,戊有权同时就丙和丁的房屋行使抵押权(连带共同抵押),而不受顺序限制,故C、D项错误。④《物权法》第173条规定,担保物权的担保范围包括主债权及其利息、违约金、损害赔偿金、保管担保财产和实现担保物权的费用。当事人另有约定的,按照约定。本题中,因丙、丁的房屋抵押权均未约定担保范围,故丙、丁房屋抵押权担保范围均为全部债权范围,故A、B项均错误。综上所述,本题的正确答案为ABCD。

56. 答案 BCD

【考点】代物清偿

【解析】①代物清偿是因清偿而导致债的消灭的方式之一,指债权人受领他种给付以替代原定给付而使债之关系消灭。本题中,丁某对王某享有100万元的金钱债权,本应以金钱履行来消灭债务,但双方达成以他种给付(交付古画)代替原给付(100万金钱之债)的约定,属于典型的代物清偿约定。因此,双方约定古画的交付实际上是履行借款合同的义务,故B项正确。②根据民法原理,代物清偿性质上属于实践行为,除当事人达成合意外,还要求现实为其他之给付,才能导致原债权消灭的后果。本题中,当事人虽达成了代物清偿的协议(以古画抵100万债务),但在双方实际交付古画之前,100万元金钱之债并未消灭。王某有权在交付古画前反悔,提出继续以现金偿付借款本息方式履行债务。故A项错误,而C项正确。③《合同法》第174条规定,法律对其他有偿合同有规定的,依照其规定;没有规定的,参照买卖合同的有关规定。代物清偿属于典型的有偿合同,可以参照买卖合同的相关规定,即债务人应就该替代给付权利或物之瑕疵(包括质量瑕疵与权利瑕疵)负与出卖人同一之担保责任。如交付的替代标的物古画有瑕疵的,王某应当就该瑕疵承担责任。故D项正确。综上所述,本题的正确答案为BCD。

57. 答案 AC

【考点】简易交付;所有权保留买卖;标的物风险负担

【解析】①根据《合同法》第142条规定,"标的物毁损、灭失的风险,在标的物交付之前由出卖人承担,交付之后由买受人承担。"《物权法》第25条规定,动产物权设立和转让前,权利人已经依法占有该动产的,物权自法律行为生效时发生效力。本题中,甲、乙公司达成了设备买卖合同,因买受人甲公司已经合法占有标的物,故乙公司自合同生效时完成简易交付,甲公司应当承担该设备毁损、灭失的风险。由此可见,承担标的物毁损、灭失的风险与是否取得所有权无关。故A项正确,而B项错误。②风险负担,是指合同标的物因不可归责于双方当事人的事由导致毁损、灭失时,该损失由哪方承担。风险负担本质上是价金负担,即合同标的物毁损、灭失时,买受人是否应当支付货款。本题中,因设备毁损、灭失风险由甲公司负责,故因车间失火导致设备灭失的,甲公司仍应当按照约定支付价款。故C项正确。③《合同法》第134条规定,"当事人可以在买卖合同中约定买受人未履行支付价款或者其他义务的,标的物的所有权属于出卖人。"由此可见,法律并未规定所有权保留条款必须用书面形式,D项说法错误。综上所述,本题的正确答案为AC。

58. 答案 ABC

【考点】债权人的撤销权

【解析】①《合同法》第74条规定,因债务人放弃其到期债权或者无偿转让财产,对债权人造成损害的,债权人可以请求人民法院撤销债务人的行为。C项中,乙在离婚财产分割时放弃其应有份额的行为,实质上属于无偿转让财产,导致其无法清偿债务的,债权人甲有权请求撤销,故该选项正确。②《合同法解释(二)》第18条规定,"债务人放弃其未到期的债权或者放弃债权担保或者恶意延长到期债权的履行期,对债权人造成损害,债权人依照合同法第七十四条的规定提起撤销权诉讼的,人民法院应当支持。"A项中,债务人放弃未到期债务,以及B项中放弃债权担保,均属于债权人可得撤销的范围,该两个选项正确。③根据民法原理,债权人的撤销权的意义主要在于保全债务人的责任财产,防止因债务人的积极行为造成不当减少,但不负有增加债务人责任财产的功能。因此乙放弃继承权不会导致原有财产价值减少,不属于债权人撤销权救济的范围,该选项错误。综上所述,本题的正确答案为ABC。

59. 答案 ABCD

【考点】消极欺诈、合同撤销权、缔约过失责任

【解析】①《民通意见》第68条规定,"一方当事人故意告知对方虚假情况,或者故意隐瞒真实情况,诱使对方当事人作出错误意思表示的,可以认定为欺诈行为。"本案中,基于交易习惯,房屋内发生过非自然死亡事件的事实,属于出卖人应当积极告知的范围。当事人故意隐瞒的,构成消极欺诈。②根据《合同法》第54条规定,一方以欺诈、胁迫的手段或者乘人之危,使对方在违背真实意思的情况下订立的合同,受损害方有权请求人民法院或者仲裁机构变更或者撤销。第55条规定,有下列情形之一的,撤销权消灭:(一)具有撤销权的当事人自知道或者应当知道撤销事由之日起一年内没有行使撤销权;(二)具有撤销权的当事人知道撤销事由后明确表示或者以自己的行为放弃撤销权。由此可见,乙因受欺诈有权在知道撤销事由之日起一年内进行撤销,故A项正确。③《合同法》第42条规定,当事人在订立合同过程中有下列情形之一,给对方造成损失的,应当承担损害赔偿责任:(一)假借订立合同,恶意进行磋商;(二)故意隐瞒与订立合同有关的重要事实或者提供虚假情况;(三)有其他违背诚实信用原则的行为。由此可见,当事人因欺诈而撤销合同,有权要求对方承担缔约过失责任,赔偿信赖利益的损失。根据民法原理,信赖利益的损失包括缔约费用、准备履行合同所支出的实际费用以及受损害的当事人因此失去的与第三人订立合同的损失等。而B项中的"订立及履行合同过程当中支付的各种必要费用"属于直接损失,而C项中的差价损失属于丧失交易机会的间接损失,故B、C项均正确。④《合同法》第58条规定,合同无效或者被撤销后,因该合同取得的财产,应予以返还;不能返还或者没有必要返还的,应当折价补偿。有过

错的一方应当赔偿对方因此所受到的损失，双方都有过错的，应当各自承担相应的责任。本题中，合同被撤销后视为自始无效，乙使用房屋即构成不当得利，应当折价补偿其在撤销合同前使用别墅的费用，故D项正确。

60．答案 CD

【考点】转租；装修费用

【解析】①《城镇房屋租赁合同解释》第12条规定，承租人经出租人同意装饰装修，租赁期间届满时，承租人请求出租人补偿附合装饰装修费用的，不予支持。但当事人另有约定的除外。由此可见，经过出租人同意的装修，承租人乙租赁期限届满时原则上不得请求补偿装修费用，故A项错误。②《合同法》第224条第1款规定，承租人经出租人同意，可以将租赁物转租给第三人。承租人转租的，承租人与出租人之间的租赁合同继续有效，第三人对租赁物造成损失的，承租人应当赔偿损失。本题中，乙虽经出租人甲同意而转租，但基于合同的相对性，出租人甲与次承租人丙之间并无合同关系，故不存在违约责任的承担，B项错误。因次承租人丙造成租赁物损坏的，出租人甲只能要求承租人乙承担违约责任，故D项正确。③《侵权责任法》第6条规定，行为人因过错侵害他人民事权益，应当承担侵权责任。本题中，因丙的过错行为造成出租人甲的所有权受到损害的，甲有权要求丙承担侵权责任，故C项正确。综上所述，本题的正确答案为CD。

61．答案 ACD

【考点】所有权保留；分期付款买卖

【解析】①《合同法》第134条规定，"当事人可以在买卖合同中约定买受人未履行支付价款或者其他义务的，标的物的所有权属于出卖人。"本案中，周某与吴某签订电脑买卖合同，虽按照合同约定交付了电脑，但因双方特别约定了所有权保留条款，故吴某无法取得电脑的所有权，周某仍为所有权人。因此，周某以6200元的价格再行出卖于王某，属于有权处分，且依法完成交付，王某可取得所有权，A项正确。②《买卖合同解释》第35条规定，当事人约定所有权保留，在标的物所有权转移前，买受人有下列情形之一，对出卖人造成损害，出卖人可以主张取回标的物：（1）未按约定支付价款的；（2）未按约定完成特定条件的；（3）将标的物出卖、出质或者作出其他不当处分的。同时，该《解释》第36条第1款规定，在买受人已经支付标的物总价款的75%以上时，出卖人不得要求取回标的物。本案中，在吴某无力支付最后一个月的价款时，因已交付的部分达到总价款的80%，故周某无权再行使取回权，B项错误。③《买卖合同解释》第38条第1款规定，所谓"分期付款"，指买受人将应付的总价款在一定期间内至少分三次向出卖人支付。本案中，当事人约定分五次支付价款，属于分期付款买卖合同。④《合同法》第167条规定，分期付款的买受人未支付到期价款的金额达到全部价款的五分之一的，出卖人可以要求买受人支付全部价款或者解除合同。出卖人解除合同的，可以向买受人要求支付该标的物的使用费。本案中，如吴某未支付到期货款达1800元，超过了总价款的五分之一[6000×1/5=1200（元）]，出卖人周某有权要求一次性支付全部价款，也可要求解除合同，并要求吴某支付一定的使用费。故C、D项正确。综上所述，本题的正确答案为ACD。

62. **答案** ACD

【考点】信息网络传播权；著作权的保护

【解析】①《信息网络传播权保护条例》第14条规定，"对提供信息存储空间或者提供搜索、链接服务的网络服务提供者，权利人认为其服务所涉及的作品、表演、录音录像制品，侵犯自己的信息网络传播权或者被删除、改变了自己的权利管理电子信息的，可以向该网络服务提供者提交书面通知，要求网络服务提供者删除该作品、表演、录音录像制品，或者断开与该作品、表演、录音录像制品的链接。通知书应当包含下列内容：（一）权利人的姓名（名称）、联系方式和地址；（二）要求删除或者断开链接的侵权作品、表演、录音录像制品的名称和网络地址；（三）构成侵权的初步证明材料。权利人应当对通知书的真实性负责。"由此，A项正确。②《信息网络传播权保护条例》第15条规定，"网络服务提供者接到权利人的通知书后，应当立即删除涉嫌侵权的作品、表演、录音录像制品，或者断开与涉嫌侵权的作品、表演、录音录像制品的链接，并同时将通知书转送提供作品、表演、录音录像制品的服务对象；服务对象网络地址不明、无法转送的，应当将通知书的内容同时在信息网络上公告。"因此，乙接到书面通知后，应当立即（而非在合理时间内）删除涉嫌侵权作品，故B项错误。③《信息网络传播权保护条例》第16条规定，服务对象接到网络服务提供者转送的通知书后，认为其提供的作品、表演、录音录像制品未侵犯他人权利的，可以向网络服务提供者提交书面说明，要求恢复被删除的作品、表演、录音录像制品，或者恢复与被断开的作品、表演、录音录像制品的链接。故C项正确。④《信息网络传播权保护条例》第17条规定，网络服务提供者接到服务对象的书面说明后，应当立即恢复被删除的作品、表演、录音录像制品，或者可以恢复与被断开的作品、表演、录音录像制品的链接，同时将服务对象的书面说明转送权利人。权利人不得再通知网络服务提供者删除该作品、表演、录音录像制品，或者断开与该作品、表演、录音录像制品的链接。故D项正确。综上所述，本题的正确答案为ACD。

63. **答案** AC

【考点】合作作品的著作权

【解析】①《著作权法》第13条规定，"两人以上合作创作的作品，著作权由合作作者共同享有。没有参加创作的人，不能成为合作作者。"本题中，甲作曲、乙填词，合作创作了歌曲《春风来》，属于合作作品，甲乙共同享有著作权。A项正确。②根据《著作权法》规定，合作作品可以分割使用的，作者对各自创作的部分可以单独享有著作权，但行使著作权时不得侵犯合作作品整体的著作权。甲是曲作者，可以单独决定再行填词，并单独取得《秋风起》的著作权，且并不侵犯《春风来》的整体著作权，B项错误。③因甲享有《秋风起》的著作权，故可单独决定许可丙使用该作品，并独享由此取得的收益，故C项正确，而D项错误。综上所述，本题的正确答案为AC。

设题陷阱与常见错误分析：部分考生认为，《著作权法实施条例》第9条规定，合作作品不可以分割使用且不能协商一致，任何一方无正当理由不得阻止他方行使除转让以外的其他权利,但是所得收益应当合理分配给所有合作作者。据此认为D项正确。该观点的错误在于:《秋风起》并不属于甲、乙的合作作品!因曲为甲所作,词为甲所填,故《秋风起》属于甲单独创作的作品,不适用上述规定。

64. 答案 BD

【考点】注册商标无效;注册商标申请;先用权抗辩

【解析】①《商标法》第32条规定,"申请商标注册不得损害他人现有的在先权利,也不得以不正当手段抢先注册他人已经使用并有一定影响的商标。"第45条第1款规定,已经注册的商标,违反本法第32条规定的,自商标注册之日起五年内,在先权利人或者利害关系人可以请求商标评审委员会宣告该注册商标无效。对恶意注册的,驰名商标所有人不受五年的时间限制。本题中,乙以不正当手段抢注甲使用在先的商标,故甲有权在五年内请求宣告"香香"商标无效,A项所称"随时请求"的说法错误。②根据《商标法》第42条规定,转让注册商标的,转让人和受让人应当签订转让协议,并共同向商标局提出申请。转让注册商标的,商标注册人对其在同一种商品上注册的近似的商标,或者在类似商品上注册的相同或者近似的商标,应当一并转让。本题中,乙在果汁和碳酸饮料两类商品上同时注册"香香"商标,与丙签订商标转让协议时应当一并转让,B项说法正确。③《商标法》第22条第2款规定,"商标注册申请人可以通过一份申请就多个类别的商品申请注册同一商标。"2013年新修订的商标法确立了"一表多类"的注册原则。因此,乙就果汁和碳酸饮料两类商品注册商标可以通过一份申请来注册,而非必须分别提出注册申请,故C项错误。④《商标法》第59条第3款规定,商标注册人申请商标注册前,他人已经在同一种商品或者类似商品上先于商标注册人使用与注册商标相同或者近似并有一定影响的商标的,注册商标专用权人无权禁止该使用人在原使用范围内继续使用该商标,但可以要求其附加适当区别标识。本案中,甲在乙注册商标之前已经先使用相同的商标,故可在原有范围内主张先用权抗辩,但应当附加适当区别标识。故D项正确。综上所述,本题的正确答案为BD。

65. 答案 AC

【考点】探望权

【解析】①《婚姻法》第38条规定,"离婚后,不直接抚养子女的父或母,有探望子女的权利,另一方有协助的义务。行使探望权利的方式、时间由当事人协议;协议不成时,由人民法院判决。父或母探望子女,不利于子女身心健康的,由人民法院依法中止探望的权利;中止的事由消失后,应当恢复探望的权利。"本题中,不直接抚养子女的一方即曲玲有探望权,对方有协助的义务,故A项正确。②探望权为父母一方的权利而非法定义务,故B项错误。③《婚姻法》第48条规定,对拒不执行有关探望子女等判决或裁定的,由人民法院依法强制执行。有关个人和单位应负协助执行的责任。根据《婚姻法解释(一)》第32条规定,此处所称"强制执行",是指对拒不履行协助另一方行使探望权的有关个人和单位采取拘留、罚款等强制措施，不能对子女的人身、探望行为进行强制执行。由此可见，C项说法正确，而D项说法错误。综上所述，本题的正确答案为AC。

66. 答案 ACD

【考点】法定继承；胎儿必留份

【解析】①《继承法》第10条规定，遗产按照下列顺序继承：第一顺序：配偶、子女、父母。第二顺序：兄弟姐妹、祖父母、外祖父母。"子女"包括婚生子女、非婚生子女、养子女和有扶养关系的继子女。本题中，熊某死亡的，其配偶杨某为第一顺位继承人。而小强虽为熊某的继子，但因存在扶养关系，可以作为第一顺序继承人。A项正确。②《继承法》第28条规定，遗产分割时，应当保留胎儿的继承份额。胎儿出生时是死体的，保留的份额按照法定继承办理。本题中，熊某去世前杨某孕有一对龙凤胎，应当为其保留相应的继承份额。产出时男婴为死体的，保留的份额由熊某的法定继承人即杨某和小强继承，故C项正确。③《继承法意见》第52条规定，"继承开始后，继承人没有表示放弃继承，并于遗产分割前死亡的，其继承遗产的权利转移给他的合法继承人。"本案中，女婴为活体但旋即死亡的，有权继承熊某的遗产，但旋即死亡后发生转继承，由女婴的法定继承人即母亲杨某继承。故D项均正确。④《继承法》第11条规定，被继承人的子女先于被继承人死亡的，由被继承人的子女的晚辈直系血亲代位继承。本案中，女婴并非先于被继承人熊某死亡，故并不发生代位继承的问题。B项说法错误。综上所述，本题的正确答案为ACD。

67. 答案 BD

【考点】地面施工责任

【解析】①《侵权责任法》第91条规定，"在公共场所或者道路上挖坑、修缮安装地下设施等，没有设置明显标志和采取安全措施造成他人损害的，施工人应当承担侵权责任。窨井等地下设施造成他人损害，管理人不能证明尽到管理职责的，应当承担侵权责任。"由此可见，物件致人损害适用过错推定责任。作为粪坑的管理人，牧场管理人可通过证明自己已尽管理职责而主张免责。故A项错误，而B、D项正确。②因为之前已经发生过同类事故，并非无法预见、无法避免，不属于不可抗力，故C项错误。综上所述，本题正确答案为BD。

68. 答案 AB

【考点】组织结构中公司章程的自治权利

【设题陷阱与常见错误分析】本题的综合性和难度都比较大，表面上考查了章程的自治权，实际上是对组织结构中的股东会召集的程序、股东决议程序、董事表决权、监事的人选等内容的考查。尤其B和C项，隐蔽性较强，考生需要对法条和知识点内容全面掌握才能正确作答。

【解析】《公司法》第41条："召开股东会会议，应当于会议召开十五日前通知全体股东；但是，公司章程另有规定或者全体股东另有约定的除外。"股东会议召集的程序，章程可以另行约定，所以A项正确。

第43条："股东会的议事方式和表决程序，除本法有规定的外，由公司章程规定。

股东会会议作出修改公司章程、增加或者减少注册资本的决议，以及公司合并、分立、解散或者变更公司形式的决议，必须经代表三分之二以上表决权的股东通过。"所以关于公司解散事宜，章程有权规定一致决议，B项合法正确。

第48条："董事会的议事方式和表决程序，除本法有规定的外，由公司章程规定。

董事会应当对所议事项的决定作成会议记录，出席会议的董事应当在会议记录上签名。

董事会决议的表决，实行一人一票。"公司章程只可以对董事会的"议事方式和表决程序"作出灵活约定，但董事的人头决议，一人一票是法定的，章程不得更改，所以C项错误。

第51条："监事会应当包括股东代表和适当比例的公司职工代表，其中职工代表的比例不得低于三分之一，具体比例由公司章程规定。监事会中的职工代表由公司职工通过职工代表大会、职工大会或者其他形式民主选举产生。"所以如果科鼎公司设置监事会，须有不低于三分之一比例的人员为职工代表，不能全部监事均为董事，所以D项错误。

公司的组织结构的相关内容，在近几年的考查中，呈现上升的趋势，考生需要注意此趋势，对于董事会、股东会（股东大会）、监事会的组成、开会、会议机制、权限等内容做细致全面的掌握。

69. 答案 BCD

【考点】监事会职权

【设题陷阱与常见错误分析】本题针对监事会的权限设计题目，难度不大，最大的混淆项为A项，董事会分为常规会议和临时会议，针对临时董事会，监事会有权提议召开，针对常规董事会是按照法律规定好的每年至少召开两次的要求召开的，考生如果没有注意此细节，容易错选答案。

【解析】《公司法》第53条："监事会、不设监事会的公司的监事行使下列职权：

（一）检查公司财务；

（二）对董事、高级管理人员执行公司职务的行为进行监督，对违反法律、行政法规、公司章程或者股东会决议的董事、高级管理人员提出罢免的建议；

（三）当董事、高级管理人员的行为损害公司的利益时，要求董事、高级管理人员予以纠正；

（四）提议召开临时股东会会议，在董事会不履行本法规定的召集和主持股东会会议职责时召集和主持股东会会议；

（五）向股东会会议提出提案；

（六）依照本法第一百五十二条的规定，对董事、高级管理人员提起诉讼；

（七）公司章程规定的其他职权。"所以B、C项正确。

第54条："监事可以列席董事会会议，并对董事会决议事项提出质询或者建议。

监事会、不设监事会的公司的监事发现公司经营情况异常，可以进行调查；必要时，可以聘请会计师事务所等协助其工作，费用由公司承担。"监事会有调查的权利，必要情况下请专业人员协助调查也是允许的，所以D项正确。

第110条："董事会每年度至少召开两次会议，每次会议应当于会议召开十日前通知全体董事和监事。

代表十分之一以上表决权的股东、三分之一以上董事或者监事会，可以提议召开董事会临时会议。董事长应当自接到提议后十日内，召集和主持董事会会议。"所以常规董事会是按法律规定召开的,监事会有权提议召开临时董事会。所以A项错误。

本题难度不大,但考查非常细致,考生需要对法条的细节掌握准确,这也是命题趋势所在。需要重点关注有关公司组织结构中相关内容的细节。

70. 答案 AD

【考点】募集设立、创立大会

【设题陷阱与常见错误分析】本题考查了创立大会的具体职权,考查很细致,考生需要对法条内容掌握准确才能作答。容易犯错误的选项为B项和C项,注意区分创立大会和股东大会的职权差异。验资证明也是由依法设立的验资机构在验资完成后直接出具的有效文件,无须创立大会审核。

【解析】《公司法》第90条第2款:"创立大会行使下列职权:

(一)审议发起人关于公司筹办情况的报告;

(二)通过公司章程;

(三)选举董事会成员;

(四)选举监事会成员;

(五)对公司的设立费用进行审核;

(六)对发起人用于抵作股款的财产的作价进行审核;

(七)发生不可抗力或者经营条件发生重大变化直接影响公司设立的,可以作出不设立公司的决议。

创立大会对前款所列事项作出决议,必须经出席会议的认股人所持表决权过半数通过。"所以A、D项正确。

第89条:"发行股份的股款缴足后,必须经依法设立的验资机构验资并出具证明。发起人应当自股款缴足之日起三十日内主持召开公司创立大会。创立大会由发起人、认股人组成。"所以验资的动作由依法设立的验资机构完成并出具有效的验资证明,验资证明无须创立大会审核,B项错误。

公司的经营方针应该是股东大会的权限,所以C项错误。

公司设立的两种程序:发起设立和募集设立中,募集设立的涉考性更强,考生需要对募集设立的具体流程,以及严格的法定资本制的要求、验资程序的保留、创立大会的职权等内容做详细的掌握。

71. 答案 AC

【考点】上市公司关联董事回避、公司投资

【设题陷阱与常见错误分析】本题考查了上市公司关联董事回避制度的细节,考生须明确,上市公司在董事会表决的过程中,与决议事项有关联的董事须回避,且不能代表其他董事行使表决权,如果无关联董事人数过少,低于3人的情况下,认定董事会没有能力做表决,须将决议事项提交股东大会。难度不大,但很细致,考生需要对法条细节做掌握。

【解析】《公司法》第124条:"上市公司董事与董事会会议决议事项所涉及的企业有关联关系的,不得对该项决议行使表决权,也不得代理其他董事行使表决权。该董事会会议由过半数的无关联关系董事出席即可举行,董事会会议所作决议须经无关联关系董事过半数通过。出席董事会的无关联关系董事人数不足三人的,应将该事项提交上市公司股东大会审议。"所以A、C项正确,B项错误。

公司有权对外投资，现行法律对于向外投资的额度及方向，投资后的身份不设置严格的法定限制，D项错误。

近年来对于上市公司的特有制度考查得比较频繁，考生需要重点关注。

72. 答案 BC

【考点】有限合伙人

【设题陷阱与常见错误分析】本题难度不大，但综合性很强，综合考查了有限合伙人的出资、竞业限制、份额出质及份额转让等内容，考生需要全面掌握才能准确作答。

【解析】《合伙企业法》第64条："有限合伙人不得以劳务出资。"甲公司作为有限合伙人，不得以劳务折抵出资，所以A项错误。

第71条："有限合伙人可以自营或者同他人合作经营与本有限合伙企业相竞争的业务；但是，合伙协议另有约定的除外。"有限合伙人的竞业行为限制，可以通过协议约定，B项正确。

第72条："有限合伙人可以将其在有限合伙企业中的财产份额出质；但是，合伙协议另有约定的除外。"所以C项正确。

第73条："有限合伙人可以按照合伙协议的约定向合伙人以外的人转让其在有限合伙企业中的财产份额，但应当提前三十日通知其他合伙人。"有限合伙人份额外转，不能通过合伙协议排除，所以D项错误。

有限合伙人的权利或限制是《合伙企业法》中比较重要的考点，考生需要与普通合伙人对比掌握。

73. 答案 BC

【考点】受理、取回权、抵销权

【设题陷阱与常见错误分析】本题综合考查了破产受理后的行为限制、取回权、抵销权等内容，提高了题目的难度，考生需要对涉及考点的细节内容准确掌握才能作答。尤其是A项容易出现问题，考生需要分析出来，A项实际上体现的是受理后的个别债务偿付，尽管是担保债权也不能进行，需要等到破产分配的环节再行偿付；C项对于赔偿金落入了债务人利捷公司的账户，则与利捷公司的财产融合成为债务人财产被概括保全，原所有权人翰扬公司则不能再行使取回权，考生如果没有分析到位，容易错选答案。

【解析】根据《企业破产法》第16条："人民法院受理破产申请后，债务人对个别债权人的债务清偿无效。"此处的清偿无效，包括对抵押债权或普通债权的清偿，都是无效的，抵押债权也须在最终破产分配的时候，按照权利属性受偿。所以A项错误。

第18条："人民法院受理破产申请后，管理人对破产申请受理前成立而债务人和对方当事人均未履行完毕的合同有权决定解除或者继续履行，并通知对方当事人。管理人自破产申请受理之日起二个月内未通知对方当事人，或者自收到对方当事人催告之日起三十日内未答复的，视为解除合同。"所以"待定合同"由管理人掌握主动权或履行或解除，B项正确。

第40条第1款："债权人在破产申请受理前对债务人负有债务的，可以向管理人主张抵销。但是，有下列情形之一的，不得抵销：

（一）债务人的债务人在破产申请受理后取得他人对债务人的债权的；……"所

以 D 项属于不可抵销的情形，表述错误。

《破产法司法解释二》第 32 条："债务人占有的他人财产毁损、灭失，因此获得的保险金、赔偿金、代偿物尚未交付给债务人，或者代偿物虽已交付给债务人但能与债务人财产予以区分的，权利人主张取回就此获得的保险金、赔偿金、代偿物的，人民法院应予支持。

保险金、赔偿金已经交付给债务人，或者代偿物已经交付给债务人且不能与债务人财产予以区分的，人民法院应当按照以下规定处理：

（一）财产毁损、灭失发生在破产申请受理前的，权利人因财产损失形成的债权，作为普通破产债权清偿；

（二）财产毁损、灭失发生在破产申请受理后的，因管理人或者相关人员执行职务导致权利人损害产生的债务，作为共益债务清偿。"题目中属于第二款的情形，对于借用标的毁损、灭失，且代偿金与债务人财产融合，所以不能取回，只能按不同情形取得对应的保障权利，C 项错误。

债务人财产是破产法中内容最复杂，难度最大，重复考查率最高的考点，考生需要重点掌握和理解：债务人财产的范围、撤销权、取回权、抵销权等内容的细节。

74. 答案 ABD

【考点】票据伪造

【设题陷阱与常见错误分析】本题比较单一地考查了在票据的伪造情形中，各方主体的权利和义务关系。考生需要明确，王某作为伪造人不承担票据责任，但须承担违法行为带来的民事或刑事责任，李某作为被伪造人不承担票据责任。其余的甲公司作为出票人，丙公司作为持票人都是真实签章主体，正常享有票据权利履行票据义务。

【解析】根据《票据法》第 4 条 "票据出票人制作票据，应当按照法定条件在票据上签章，并按照所记载的事项承担票据责任。

持票人行使票据权利，应当按照法定程序在票据上签章，并出示票据。

其他票据债务人在票据上签章的，按照票据所记载的事项承担票据责任。"所以在票据上签章，成为票据当事人是承担票据责任的前提，题目中的被伪造人李某及伪造人王某均没有真实签章，均不承担票据责任，B 项正确，C 项错误。

第 14 条："票据上有伪造、变造签章的，不影响票据上其他真实签章的效力。"甲公司和丙都是真实的签章主体，按照签章内容承担票据责任，享有票据权利，不受票据伪造的影响，所以 A、D 项正确。

在票据权利瑕疵中，具有考试价值的是票据的伪造和变造。考生需要关注，伪造和变造不影响票据的效力，也不影响真实签章人按照其签章内容享受票据权利承担票据义务。

75. 答案 BC

【考点】上市公司收购

【设题陷阱与常见错误分析】本题考查了上市公司收购的相关制度，考生需要明确，要约收购中最关键的内容是对被收购公司的股东要平等对待，不可单独交易。而且收购可能成功也可能失败，如果成功后，根据股份的集中度不同，可能引起被收购公司不再具有上市资格，但也可能不会带来这样的后果，考生如果没有注意这一点容易错选 A 项。

【解析】根据《证券法》第97条："收购期限届满，被收购公司股权分布不符合上市条件的，该上市公司的股票应当由证券交易所依法终止上市交易；其余仍持有被收购公司股票的股东，有权向收购人以收购要约的同等条件出售其股票，收购人应当收购。"所以，收购完成后，只有被收购公司不再符合上市条件的，才会被终止上市，丧失上市资格，不是收购完成必然丧失上市资格，A项错误。

如果收购的行为失败，也不影响吉达公司的股票正常交易，嘉豪公司买吉达公司股票不会受到影响，B项正确。

第88条："通过证券交易所的证券交易，投资者持有或者通过协议、其他安排与他人共同持有一个上市公司已发行的股份达到百分之三十时，继续进行收购的，应当依法向该上市公司所有股东发出收购上市公司全部或者部分股份的要约。"

第91条："在收购要约确定的承诺期限内，收购人不得撤销其收购要约。收购人需要变更收购要约的，必须及时公告，载明具体变更事项。"

持股30%是要约收购的临界值，要约需要对被收购公司的所有股东一视同仁，不能单独协议，所以C项正确；要约不得撤销，但必要时候可以变更，所以D项错误。

上市公司收购中最重要的两项制度：一是预警制度，二是要约收购，考生需要掌握其细节。尤其是要约收购的流程相对复杂，包括公告上市公司收购报告书、要约收购的过程、要约不可撤销、要约的更改、要约收购完成后可能引发的强制收购等内容，需要理解透彻。

76. 答案 AB

【考点】保险合同解除、夸大保险事故处理

【设题陷阱与常见错误分析】保险的基本原则是补救保险事故发生后的损失，如果没有实际损失发生或没有投保人或被保险人所声称的损失发生，保险公司的理赔义务会根据实际情况评估。如果骗保，保险公司有权解除合同，不退不赔，如果夸大保险事故，毕竟有实际损失发生，保险公司只按实际损失赔付。

【解析】《保险法》第27条第3款："保险事故发生后，投保人、被保险人或者受益人以伪造、变造的有关证明、资料或者其他证据，编造虚假的事故原因或者夸大损失程度的，保险人对其虚报的部分不承担赔偿或者给付保险金的责任。"所以，投保人、被保险人夸大保险事故，对于夸大或虚报的部分，保险公司不予赔偿，但合同是有效的，正常的范围内应该赔偿，所以A项正确，C、D项错误。

第27条第4款："投保人、被保险人或者受益人有前三款规定行为之一，致使保险人支付保险金或者支出费用的，应当退回或者赔偿。"所以B项正确。

保险合同的解除规则及保险公司的理赔规则，近年成为考查的重点。考生需要对两类保险合同的解除内容做充分、全面的掌握。

77. 答案 AB

【分析与思路】本题考查离婚诉讼的管辖问题。夫妻一方离开住所超过一年，另一方起诉离婚的案件，可以由原告住所地法院管辖。结合本案，被告刘某离开住所超过一年，故原告朱某起诉被告刘某离婚，可以由原告住所地或者被告住所地法院管辖。首先原告住所地为A市东区，有管辖权，被告刘某住所地为A市西县，但是刘某经常居住地为A市南县，被告住所地与经常居住地不一致的，由经常居住地人民法院管辖，故应当由南县法院管辖。综上，本题东区法院和南县法院有管辖权，本题A、B项正确。而C项中，所谓的西县法院虽为被告住所地，但被告刘某存在经常居住地，住所地与经常居住地不一致的，由经常住所地法院管辖，故西县法院无管辖权。D项中，关于移送管辖，考点在于移送管辖只能移送一次，受移送法院不能将案件退回，也不能再行移送，故D项表述错误。

一般地域管辖

一般地域管辖——一般地域管辖存在原告就被告，也存在被告就原告的情况。

1. 原则——原告就被告

（1）双方当事人都被监禁或者被采取强制性教育措施的，由被告原住所地人民法院管辖。被告被监禁或者被采取强制性教育措施一年以上的，由被告被监禁地或者被采取强制性教育措施地人民法院管辖；

（2）双方当事人均被注销户籍的，由被告居住地法院管辖；

（3）夫妻双方离开住所地超过一年，一方起诉离婚的案件，由被告经常居住地人民法院管辖；没有经常居住地的，由原告起诉时被告居住地人民法院管辖。

2. 例外——被告就原告

（1）《民事诉讼法》22条规定：

①对不在中华人民共和国领域内居住的人提起有关身份关系的诉讼；

②对下落不明或者宣告失踪的人提起有关身份关系的诉讼；

③对正在被采取强制性教育措施的人提起的诉讼；

④对正在被监禁的人提起诉讼。

（2）《民诉解释》规定：

①被告一方被注销户籍的，由原告所在地法院管辖；

②追索赡养费、抚育费、扶养费的几个被告住所地不在同一辖区的，可以由原告住所地法院管辖；

③夫妻一方离开住所地超过一年，另一方起诉离婚的，可以由原告原住所地法院管辖。

关于一般地域管辖的规定，考生可以从如下角度掌握：

1. 记忆规律：原则上是原告就被告。如果"双方"都有特殊情况，仍然适用原告就被告的原则；仅仅在被告一方有特殊情况时，适用被告就原告的例外。

2. 在被告就原告的例外规定中，着重注意以下内容：

（1）被告在中国领域内没有住所、下落不明、宣告失踪的，适用被告就原告的前提是"身份关系"，并非所有被告在中国没有住所、下落不明、宣告失踪的案件均由原告住所地法院管辖；

（2）在追索赡养、扶养、抚育费案件被告不在同一辖区的案件，夫妻一方离开住所超过一年，另一方起诉离婚的案件，司法解释规定"可以"由原告住所地法院管辖的目的是方便原告起诉，此时措辞为"可以"，且此时也能确定被告住所地法院，故也"可以"由被告住所地法院管辖。

3. 当事人的住所地为户籍所在地，但如果住所地与经常居住地不一致的，以经常居住地法院为准。

78. 答案 AC

【解析】根据《民事诉讼法》第127条的规定，人民法院受理案件后，当事人对管辖权有异议的，应当在提交答辩状期间提出。因此，选项A是正确的，而选项B是不正确的。根据《民事诉讼法》第154条的规定，当事人对驳回管辖权异议的裁定可以上诉，因此，选项C是正确的。此外根据《民事诉讼法》第200条关于当事人申请再审的法定情形，管辖错误不属于申请再审的法定事由，因此，选项D是不正确的。

79. 答案 ABCD

【分析与思路】本题考查在民事诉讼中，民事实体权利义务发生转移的情形，解题依据新《民诉解释》249条："在诉讼中，争议的民事权利义务发生转移的，不影响当事人诉讼主体资格和诉讼地位。人民法院作出的生效判决、裁定对受让人具有拘束力。受让人申请以无独立请求权第三人参加诉讼的，人民法院可以准许。受让人申请替代当事人承担诉讼的，人民法院可以根据案件具体情况，决定是否准许；不予准许的，可以追加其为无独立请求权第三人。"根据该司法解释，A、B、C、D四个选项均应当入选。关键是对该司法解释的理解问题，笔者详述如下，供学有余力的同学参考：

【理解与适用】

本部分内容为理论内容，考试不予考查，只是为了帮助同学们理解，供学有余力的同学参考，没有兴趣的同学可以略过本部分内容，直接记住结论即可做题。

关于在诉讼中，争议的民事实体权利义务发生转移的处理，存在两种主义：一种为当事人恒定原则；一种为诉讼承继原则。允许在诉讼中当事人将争议的民事权利义务关系转移给第三人后，原告或被告即丧失了据以诉讼的实体法依据，原告的诉讼请求即被驳回，在此情况下受让人将提起新的诉讼，如此会导致原诉讼归于徒劳，当事人和法院将陷入严重的诉讼负担。为了解决此问题，学理上出现了一种立法技术处理，即实体权利义务发生转移之后对诉讼不发生影响，由原来的当事人继续进行诉讼，只不过判决的效力及于权利义务受让人，称之为"当事人恒定原则"。当事人恒定原则导致的问题是受让人不作为当事人参加诉讼，但受生效裁判效力的约束，故对受让人权利保护不周。于是出现第二种观点，即由受让人成为新的当事人，替代原审当事人参加诉讼，此为"诉讼承继原则"，诉讼承继原则对受让人权利保障较为充分，但如果时时发生承继，则影响诉讼程序的稳定。据此，我国新《民诉解释》采取了折中规定——原则上坚持当事人恒定原则，规定"诉讼中，民事实体权利义务发生转移的，不影响当事人诉讼主体资格和诉讼地位。法院作出的生效判决、裁定对受让人具有拘束力。"同时，为了保护受让人的利益，受让人申请参加诉讼的，其身份应当是无独立请求权第三人（不是原实体权利义务双方当事人，即不是原、被告之间诉讼标的双方当事人，但与案件处理结果有法律上利害关系）。当然，根据诉讼承继原则，如果受让人申请替代当事人参加诉讼的，由法院裁定是否准许。法院可以根据审查权利义务转移是否客观存在、诉讼进程（主要考虑诉讼效率和稳定性）等因素决定是否准许，如果法院准许的,转让人则退出诉讼,其诉讼地位由受让人替代,如果法院不予准许的,法院可以追加受让人为无独三。

故关于诉讼中实体权利义务发生转移的,由原当事人继续诉讼,法院作出生效裁判对受让人发生法律效力。受让人可以参加诉讼维护其权利,其身份原则上应当是无独三,如果其申请替代原审当事人参加诉讼的,由法院审查裁定是否准许。

具体到本案而言,程某诉刘某借款诉讼中,程某和刘某作为实体借款权利义务双方当事人,分别是案件适格的原告、被告。诉讼中,程某将债权转让给谢某,故谢某成为实体权利人。首先,原告程某可以选择撤诉的方式退出诉讼,原告程某撤诉,法院应当裁定准许,A项表述正确。其次,原则上,本案应当以程某和刘某为当事人,继续诉讼,但生效判决对受让人谢某产生约束力。为了保障谢某权利,谢某可以无独三身份参加诉讼。其主张替代程某诉讼地位参加诉讼的,由法院根据案件审理情况决定是否准许,如果法院不予准许的,可以追加其作为无独三,故B、C、D项正确。

80. 答案:AC
【分析与思路】本题考查妨碍举证的责任。首先,关于原件、复印件的问题。书证应当提交原件,物证应当提交原物,但提交原件或者原物有困难的,可以提交复制品、照片、副本、节录本。故本案中遗嘱(书证)原件由王武保存,王文提交原件确有困难,可以提供复印件,A项表述正确。其次,关于妨碍举证的责任问题。书证在对方当事人控制之下的,承担证明责任的当事人可以在举证期限届满前书面申请法院责令对方当事人提交。申请理由

成立的,法院应当责令对方当事人提交,对方当事人无正当理由拒不提交的,人民法院可以认定申请人所主张的内容为真实。书证持有人以妨碍对方当事人使用为目的,毁灭书证或者实施其他致使书证不能使用行为的,法院可以对其处以罚款、拘留。结合本案,有证据证明王武持有遗嘱原件,王文在举证期限内申请法院责令王武提交,王武无正当理由拒不提交,法院可以认定王文所主张的遗嘱内容为真实,故C项表述正确。当然,王武无正当理由拒不提供遗嘱原件,法院可以认定王文所主张的遗嘱内容为真实,但并不意味着应当支持王文的全部诉讼请求,故D项错误。题目仅提及王武经责令拒不提交遗嘱原件,并未提及王武有毁灭证据等行为,故不能对其处以罚款、拘留等,故B项表述错误。

81. 答案 BC
【分析与思路】本题考查小额诉讼程序的再审问题。小额诉讼程序一审终审,所作判决为生效判决,不能上诉。但生效判决确有错误的,可以依法申请再审。小额诉讼案件的再审问题应当注意如下几点:(1)管辖,对小额诉讼生效判决申请再审应当向原审法院提出;(2)理由成立,法院裁定再审的,应当组成合议庭审理(再审不允许适用简易程序);(3)再审判决能否上诉问题,一定要依据当事人申请再审的理由分情形处理——如果当事人以原判决符合《民事诉讼法》第200条规定情形(事实、法律、程序、枉法裁判)申请再审,法院裁定再审,重新审理后依然继续适用一审终审规定,所作判决不能上诉;如果当事人以不应按照小额诉讼程序审理为由向法院申请再审,法院裁定再审的,

重新审理后不再适用一审终审的规定,所作判决可以上诉。

结合本案,对小额诉讼程序的生效判决申请再审应当向原审法院而不是上级法院提出,故 A 项表述错误;法院裁定再审的,法院应当组成合议庭审理,B 项表述正确;关于所作判决能否上诉的问题,需要考查当事人申请再审的理由,题目交代很清楚:"谭某认为案件标的额超过小额诉讼限额,不应按照小额诉讼程序审理为由申请再审"。因此,所作判决不再适用一审终审的规定,可以上诉。因此,C 项正确,D 项错误。

【命题思路与常见错误分析】

关于小额诉讼的再审判决能否上诉,一定要视当事人申请再审的理由分情形处理:

情形一——当事人对法院适用小额诉讼程序审理无异议,但认为其判决存在法定情形为由申请再审的,再审所作判决仍然适用一审终审的规定;

情形二——认为案件不应适用小额诉讼程序为由申请再审的,再审所作判决不适用一审终审规定,可以上诉。

82. 答案 AB

【考点】支付令的送达、支付令的效力、支付令的异议

【解析】根据《民诉解释》第 431 条的规定,向债务人本人送达支付令,债务人拒绝接收的,人民法院可以留置送达。因此,选项 A 是正确的。根据《民事诉讼法》第 216 条第 2 款的规定,债务人应当自收到支付令之日起 15 日内清偿债务,或者向人民法院提出书面异议。该条第 3 款的规定,债务人在收到支付令之日起 15 日内不提出异议又不履行支付令的,债权人可以向人民法院申请执行。因此,选项 B 是正确的,而选项 C 与 D 是不正确的。

83. 答案 AB

【分析与思路】本题考查督促程序的相关考点。分析题目,单某申请 M 区法院向卢某发出支付令,卢某拒绝签收,法院留置送达,可见题目在考查支付令的送达方式,支付令不允许公告送达,但可以留置送达,故此处法院留置送达支付令的做法正确。支付令送达 20 天后,卢某向 N 区法院起诉,可见卢某未在异议期(支付令送达后 15 日内)提出书面异议,单某可以申请强制执行。同时关于卢某起诉的问题,义务人未在异议期间内提出异议,而向其他法院起诉的,不影响支付令效力,故卢某向 N 区法院起诉的行为不影响支付令效力。综上,逐一判断选项,A 项留置送达的做法正确,表述正确;B 项单某可以申请强制执行表述正确;C 项中因为义务人卢某向 N 区法院起诉不影响支付令效力,所以选项表述"支付令当然失效"为错误;D 项同样因为义务人向其他法院起诉不影响支付令效力,所以法院应当裁定终结督促程序的表述错误。综上,本题选择 AB。

84. 答案 AC

【分析与思路】本案考查逾期履行生效法律文书确定义务的责任以及妨碍执行的法律责任。田某不在生效法律文书确定的履行期限内履行生效法律文书确定的义务,构成迟延履行,对于迟延履行的,应当区分情形处理:如果是逾期履行金钱给付义务的,加倍计算迟延履行期间债务利息;如果是逾期履行非金钱给付义务的,则应当计算迟延履行金。本案中生效判决书确定的内容为责令田某迁出房屋,并非金钱

给付义务,不能加倍计算利息,应当计算迟延履行金。关于迟延履行金的计算,根据《民诉解释》规定,如果造成权利人损失的,双倍补偿权利人损失;如未造成损失,由法院根据具体案件情况确定。本案题目明确已经给权利人钟某造成损失,故应当双倍补偿其损失作为迟延履行金。故C项表述"责令田某双倍补偿钟某的损失作为迟延履行金"为正确表述,而D项"加倍计算利息"的表述为错误。同时,法院采取强制执行措施,责令田某迁出房屋,田某仍拒绝履行的行为构成妨碍执行,法院可以对其采取拘留、罚款措施,A项正确。而本案跟赔礼道歉无关,B项错误。综上,本题应当选择AC。

【命题思路与常见错误分析】首先,本题A项考查妨碍执行的法律责任,当法院采取强制执行措施,责令田某15日内迁出房屋,田某拒不履行,构成妨碍执行,可以对其采取拘留、罚款措施。其次,田某未在生效判决确定的期限内履行义务,构成迟延履行,涉及迟延履行的法律责任,需要区分迟延履行金钱债务和迟延履行非金钱债务。本题生效法律文书确定的义务为"迁出房屋",为非金钱债务,应当是计算迟延履行金,而不涉及加倍支付利息问题。有同学误选D项,则是因为不能明确区分迟延履行金和加倍支付利息的适用情形。

85. 答案:ABC

【分析与思路】本题考查调解。首先,在诉讼中达成调解协议的,法院应当制作调解书结案,调解书送达当事人后发生法律效力。其次,在一定情形下(1. 调解和好的离婚案件;2. 调解维持收养关系的案件;3. 能够即时履行的案件;4. 双方当事人同意在调解协议、调解笔录上签字生效的其他案件)可以不做调解书,由法院将调解协议内容记入笔录,双方当事人、审判人员、书记员签字后即发生法律效力。最后,当事人达成调解协议,申请法院根据调解协议制作调解书的,法院不予支持,但该规定存在两项例外:一是无民事行为能力人的离婚案件;二是涉外案件;当事人达成调解、和解协议后,可以申请法院根据和解、调解协议制作判决书。

根据以上分析,双方当事人达成调解协议后,法院应当制作调解书,调解书送达当事人后发生法律效力,A、B项表述正确。C项中,由于本案是涉外民事案件,当事人要求法院根据调解协议制作判决书的,法院可以准许,表述正确。D项中,将调解协议记入笔录,由双方当事人签字盖章生效的前提是符合法定四种情形(1. 调解和好的离婚案件;2. 调解维持收养关系的案件;3. 能够即时履行的案件;4. 双方当事人同意在调解协议、调解笔录上签字生效的其他案件),而本案并非调解和好的离婚案件、调解维持收养关系的案件、能够即时履行的案件,题目也并未提及当事人同意在调解协议、调解笔录上签字盖章生效,故法院将调解协议记入笔录,由当事人签字盖章生效的表述错误。综上,本题选择A、B、C三个选项。

86. 答案:BC

【考点】个人合伙;融资租赁合同

【解析】①根据《合同法》第237条规定,融资租赁合同是出租人根据承租人对出卖人、租赁物的选择,向出卖人购买租赁物,提供给承租人使用,承租人支付租金的合同。因此，出租人因未付租金的，由承租人即个人合伙承担责任，出卖人丁公司无须负责，故 D 项错误。②根据《合伙企业法》规定，本法所称合伙企业，是指自然人、法人和其他组织依照本法在中国境内设立的普通合伙企业和有限合伙企业。申请人提交的登记申请材料齐全、符合法定形式，企业登记机关能够当场登记的，应予当场登记，发给营业执照。由此可见，合伙企业需以办理营业登记为前提。本题中，甲、乙、丙三人仅签订合伙协议，未取字号也未登记，未形成合伙企业，仍属于个人合伙，故 A 项错误。③合伙根据《民通意见》第 45 条规定，（1）起字号的个人合伙，在民事诉讼中，应当以依法核准登记的字号为诉讼当事人，并由合伙负责人为诉讼代表人。合伙负责人的诉讼行为，对全体合伙人发生法律效力。（2）未起字号的个人合伙，合伙人在民事诉讼中为共同诉讼人。合伙人人数众多的，可以推举诉讼代表人参加诉讼，诉讼代表人的诉讼行为，对全体合伙人发生法律效力。推举诉讼代表人，应当办理书面委托手续。《民法通则》第 35 条规定，合伙人对合伙的债务承担连带责任，法律另有规定的除外。本题中，由于个人合伙未起字号，由合伙人作为共同诉讼人。鉴于各合伙人对合伙企业债务承担连带责任，因此由合伙人的全部或部分作为被告参加诉讼，故本题的正确答案为 BC。

87. 答案：B

【考点】合伙退伙

【解析】①根据《民通意见》第 52 条规定，"合伙人退伙，书面协议有约定的，按书面协议处理；书面协议未约定的，原则上应予准许。但因其退伙给其他合伙人造成损失的，应当考虑退伙的原因、理由以及双方当事人的过错等情况，确定其应当承担的赔偿责任。"由此可见，个人合伙退伙的，无须经过出租人同意，故 A、C 项错误，而 B 项正确。②《民通意见》第 53 条规定，合伙经营期间发生亏损，合伙人退出合伙时未按约定分担或者未合理分担合伙债务的，退伙人对原合伙的债务，应当承担清偿责任；退伙人已分担合伙债务的，对其参加合伙期间的全部债务仍负连带责任。因此，乙退出后仍应当对合伙期间的债务承担责任，故 D 项错误。综上所述，本题的正确答案为 B。

88. 答案：BC

【考点】融资租赁合同

【解析】①《合同法》第 240 条规定，"出租人、出卖人、承租人可以约定，出卖人不履行买卖合同义务的，由承租人行使索赔的权利。承租人行使索赔权利的，出租人应当协助。"因此，租赁物存在瑕疵的，由承租人向出卖人丁公司主张索赔，出租人有协助义务，故 B、C 项正确。②《合同法》第 244 条规定，"租赁物不符合约定或者不符合使用目的的，出租人不承担责任，但承租人依赖出租人的技能确定租赁物或者出租人干预选择租赁物的除外。"由此可见，出租人无须对租赁物的瑕疵负责，故 D 项错误。③《融资租赁合同解释》第 6 条规定，"承租人对出卖人行使索赔权，不影响其履行融资租赁合同项下支付租金的义务，但承租人以依赖出租人的技能确定租赁物或者出租人干预选择租赁物为由，主张减轻或者免除相应租金支付义务的除外。"本题中，出租人未干预租赁物的买卖，故承租人无权以租赁物瑕疵为由主张减少或免除租金，A项错误。综上所述，本题正确答案为BC。

89. 答案：BC

【考点】最高额抵押；最高额保证

【解析】①《物权法》第203条规定，"为担保债务的履行，债务人或者第三人对一定期间内将要连续发生的债权提供担保财产的，债务人不履行到期债务或者发生当事人约定的实现抵押权的情形，抵押权人有权在最高债权额限度内就该担保财产优先受偿。最高额抵押权设立前已经存在的债权，经当事人同意，可以转入最高额抵押担保的债权范围。"由此可见，最高额抵押担保的主债权可发生于设立之前，当事人的约定有效。因此，A项错误，而B项正确。②《担保法》第14条规定，"保证人与债权人可以就单个主合同分别订立保证合同，也可以协议在最高债权额限度内就一定期间连续发生的借款合同或者某项商品交易合同订立一个保证合同。"因此，原则上保证人只对最高额保证设立以后一定期间内连续发生的债权负责，因此当事人未约定将2013年5月6日前乙欠甲的货款纳入最高额保证的担保范围的，丙对此不承担责任，故C项错误。③《物权法》第194条第2款规定，"债务人以自己的财产设定抵押，抵押权人放弃该抵押权、抵押权顺位或者变更抵押权的，其他担保人在抵押权人丧失优先受偿权益的范围内免除担保责任，但其他担保人承诺仍然提供担保的除外。"本题中，债务人乙以自己的土地使用权设定最高额抵押，虽然约定变更了抵押担保的范围，但并未使抵押权人丧失优先受偿权，故其他担保人即保

证人丙无权主张免责，D项错误。综上所述，本题的正确答案为BC。

90. 答案：C

【考点】债权让与；最高额抵押

【解析】《物权法》第204条规定，最高额抵押担保的债权确定前，部分债权转让的，最高额抵押权不得转让，但当事人另有约定的除外。由此可见，最高额抵押不具有从属性，故甲转让主债权的，受让人丁不能取得最高额抵押权。A、B、D项错误，而C项正确。

91. 答案：ABD

【考点】最高额抵押；最高额保证

【解析】①《物权法》第206条规定，有下列情形之一的，最高额抵押权人的债权确定：（一）约定的债权确定期间届满；（二）没有约定债权确定期间或者约定不明确，抵押权人或者抵押人自最高额抵押权设立之日起满二年后请求确定债权；（三）新的债权不可能发生；（四）抵押财产被查封、扣押；（五）债务人、抵押人被宣告破产或者被撤销；（六）法律规定债权确定的其他情形。因此，债务人乙被宣告破产时，甲的债权确定期届至，A项正确。②《物权法》第176条规定，被担保的债权既有物的担保又有人的担保的，债务人不履行到期债务或者发生当事人约定的实现担保物权的情形，债权人应当按照约定实现债权；没有约定或者约定不明确，债务人自己提供物的担保的，债权人应当先就该物的担保实现债权；第三人提供物的担保的，债权人可以就物的担保实现债权，也可以要求保证人承担保证责任。提供担保的第三人承担担保责任后，有权向债务人追偿。本题中，甲的债权既有债务人乙

提供土地使用权的抵押权,又有丙的保证,构成混合担保。因物保为债务人提供,因此甲应当先实现债务人物保,不足部分由保证人丙承担责任。故B项正确,而C项错误。③《担保法》第32条规定,人民法院受理债务人破产案件后,债权人未申报债权的,保证人可以参加破产财产分配,预先行使追偿权。因此,D项正确。综上所述,本题的正确答案为ABD。

92. **答案** AD

【考点】股东会的召集和主持

【设题陷阱与常见错误分析】本题考点简单,考生只需要注意到有限公司股东会的召集和主持的权利,锁定在持股十分之一以上的股东的享有,而此权利既可以由单一股东享有和行使,也可以多股东联合享有和行使。

【解析】根据《公司法》第40条第3款:"董事会或者执行董事不能履行或者不履行召集股东会会议职责的,由监事会或者不设监事会的公司的监事召集和主持;监事会或者监事不召集和主持的,代表十分之一以上表决权的股东可以自行召集和主持。"本题目很简单,只是考查了股东会召集和主持的流程,作为股东的召集和主持的权利满足两个条件:1. 董事会和监事会均不承担召集和主持的责任;2. 股东的持股比例达到10%以上。所以答案A、D正确。

本题针对有限公司股东会的召集和主持的权利做考查,相对简单,考生需要关注此权利既可以是单一股东权利,也可以是多股东联合权利。另外,需要对比掌握股份公司中,临时股东大会的召集和主持的权利,对股东的要求除了持股比例达到1/10以上之外,还要求持股时间达到90天以上。

93. **答案** ABC

【考点】抽逃出资

【设题陷阱与常见错误分析】本题是对抽逃出资后的法律责任承担的内容的考查。首先,在抽逃出资中,如果有协助的主体,那么协助者与抽逃者应当连带承担抽逃出资本息范围的法律责任;另外,抽逃出资后,对于股东权利或资格的影响,本题考查得很详细,考生需要明确,只要有出资的瑕疵或抽逃的动作,则股东的新股认购(含优先购买)、利润分配、剩余财产分配的权利就可以被其他股东通过股东会议决议的形式作出限制。只有完全没有缴纳出资,或抽逃完毕全部出资,且法定期间内未补足的,才能够解除股东资格。如果考生没有注意到这一细节,容易错选D项。

【解析】《公司法司法解释三》第12条:"公司成立后,公司、股东或者公司债权人以相关股东的行为符合下列情形之一且损害公司权益为由,请求认定该股东抽逃出资的,人民法院应予支持:

(一)制作虚假财务会计报表虚增利润进行分配;

(二)通过虚构债权债务关系将其出资转出;

(三)利用关联交易将出资转出;

(四)其他未经法定程序将出资抽回的行为。"所以题目中霓美的行为属于利用关联交易将出资转出的行为,认定抽逃出资。

第14条:"股东抽逃出资,公司或者其他股东请求其向公司返还出资本息、协助抽逃出资的其他股东、董事、高级管理人员或者实际控制人对此承担连带责任的,人民法院应予支持。"霓美公司作为抽逃的主体，承担返还本息的责任，陈某作为协助义务的高管，对此承担连带责任，所以A、B项正确。

第16条："股东未履行或者未全面履行出资义务或者抽逃出资，公司根据公司章程或者股东会决议对其利润分配请求权、新股优先认购权、剩余财产分配请求权等股东权利作出相应的合理限制，该股东请求认定该限制无效的，人民法院不予支持。"

第17条第1款："有限责任公司的股东未履行出资义务或者抽逃全部出资，经公司催告缴纳或者返还，其在合理期间内仍未缴纳或者返还出资，公司以股东会决议解除该股东的股东资格，该股东请求确认该解除行为无效的，人民法院不予支持。"

只要有出资的瑕疵或抽逃出资的动作，则股东的新股认购（含优先购买）、利润分配、剩余财产分配的权利就可以被其他股东通过股东会议决议的形式作出限制。只有完全没有缴纳出资，或抽逃完毕全部出资，且法定期间内未补足的，才能够被解除股东资格。题目中，虽然霓美公司有抽逃全部出资的行为，但并没有体现出"合理期间内没有补足"的条件，所以不适用解除的罚则。所以C项正确、D项错误。

对于抽逃出资的内容，重复考查的概率很高，且有一定的难度。考生需要准确且细致地掌握：1. 抽逃出资的行为认定（注意第三人垫资的行为判断）；2. 抽逃后的法律责任；3. 抽逃后对股东权利及资格的影响。

94. 答案 AD
【考点】股东代位诉讼
【设题陷阱与常见错误分析】本题针对股东代位诉讼展开细节考查，考生应对本题需要重点理解股东代位诉讼中原告的适格条件判断，胜诉后结果的归属等内容。本题的难度不大。

【解析】根据《公司法》第149条："董事、监事、高级管理人员执行公司职务时违反法律、行政法规或者公司章程的规定，给公司造成损失的，应当承担赔偿责任。"

第151条："董事、高级管理人员有本法第一百四十九条规定的情形的，有限责任公司的股东、股份有限公司连续一百八十日以上单独或者合计持有公司百分之一以上股份的股东，可以书面请求监事会或者不设监事会的有限责任公司的监事向人民法院提起诉讼；监事有本法第一百五十条规定的情形的，前述股东可以书面请求董事会或者不设董事会的有限责任公司的执行董事向人民法院提起诉讼。

监事会、不设监事会的有限责任公司的监事，或者董事会、执行董事收到前款规定的股东书面请求后拒绝提起诉讼，或者自收到请求之日起三十日内未提起诉讼，或者情况紧急、不立即提起诉讼将会使公司利益受到难以弥补的损害的，前款规定的股东有权为了公司的利益以自己的名义直接向人民法院提起诉讼。

他人侵犯公司合法权益，给公司造成损失的，本条第一款规定的股东可以依照前两款的规定向人民法院提起诉讼。"

所以针对霓美公司的内部侵权，在符合法定流程的情况下，代位诉讼的原告，在有限公司中不设置筛选条件，任何一个股东都可以，所以作为有限公司股东的甲、乙、丙均有权提起代位诉讼，所以A项正确，B项错误。

代位诉讼结束后，胜诉结果应该归直接受害人即圣源公司享有，所以 D 项正确，C 项错误。

股东代位诉讼是重复考查率非常高的股东权利保护的方式之一，考生需要全面掌握其适用细节：

第一步：确定公司的类型是股份公司还是有限公司？便于判断原告的资格条件。

第二步：确定公司权益被侵害的情形中，侵权人是谁？便于确定内部救济时的管辖部门。

第三步：确定欲维权的股东是谁？有无资格？（有限公司：无条件；股份公司：180 天）

第四步：程序保障：内部救济、交叉管辖，须书面形式实质作出动作；【董、高侵权找监事（会），监事侵权找董事（会），他人侵权，董或监均可】。

第五步：确认公司怠于追究（三种情形：明确拒绝、30 天不起诉、客观紧急，任一即可）。

第六步：诉讼当事人：原告及股东，被告即侵权人。

第七步：胜诉结果入库归公司。

题干分析：题目中出现甲公司住所地、乙公司的住所地、合同签订地、合同约定履行地，应该会考查合同纠纷的管辖。关于合同纠纷的管辖，不存在专属管辖，当事人可以在以上与争议有实际联系地点的法院协议管辖，未达成协议的，如果合同已经履行，应该由被告住所地或者约定履行地法院管辖。这部分题干可能涉及管辖问题。然后当事人达成了仲裁协议，甲公司因为合同纠纷，拟申请仲裁，涉及仲裁问题，B 市有两个仲裁委员会，约定两个以上仲裁机构仲裁的，当事人可以协议选择一个仲裁委，无法协商一致的，仲裁协议无效。乙公司申请确认仲裁条款无效，涉及确认仲裁协议效力，应当向约定的仲裁委（丙或丁仲裁委）或者仲裁委所在地中院（B 市中院）提出申请。当然，一方向仲裁委提出申请，另一方向法院提出申请的，法院确认优先，但仲裁委先于法院接受申请，并已经作出决定的，法院不予受理。

以上是从案例中分析出题目可能涉及的考点。

95. 答案 ABC

【分析与思路】本题考查仲裁协议效力的确认。当事人对仲裁协议效力产生争议，可以请求仲裁委作出决定或者请求法院作出裁定。请求法院作出裁定应当向约定的仲裁委所在地中院提出申请，如果约定的仲裁委不明确，向仲裁协议签订地或者被申请人住所地中院提出申请。本案申请确认仲裁协议效力，如果向仲裁委申请，应当向约定的 B 市的丙、丁仲裁委提出申请。如果向法院申请确认仲裁协议效力，应当由丙、丁仲裁委所在地中院，即 B 市中院管辖。所以本题应当选择 A、B、C。而 D 项 C 区基层法院无权确认仲裁协议效力。

与仲裁相关的法院管辖问题

"国内仲裁的保全和证据保全找基层法院，除此之外，看见仲裁找中院"

如：国内仲裁的保全，国内仲裁的证据保全由基层法院管辖；

仲裁协议效力的确认、涉外仲裁的保全、涉外仲裁的证据保全、仲裁裁决的撤销、仲裁裁决的执行、仲裁裁决的不予执行等均由中院管辖。

96. 答案 ABCD

【分析与思路】本题考查协议管辖。对于合同纠纷或者其他财产权益纠纷，当事人可以书面协议选择原告住所地、被告住所地、合同签订地、合同履行地、标的物所在地等与争议有实际联系地点的人民法院管辖。但不得违背本法关于级别管辖和专属管辖的规定。本案应当由基层法院管辖，且不存在专属管辖问题，故本案当事人可以协议选择与争议有实际联系地点的法院管辖，L和D区法院分别是甲、乙公司的住所地，C区法院是合同签订地，Y区是约定的合同履行地，均与争议有实际联系，可以协议选择其管辖，故本题A、B、C、D项均为正确。

97. 答案 BC

【分析与思路】本案仲裁协议无效，应当由法院主管。关于管辖，本案属于合同纠纷，不存在专属管辖，也不存在协议管辖，应当适用合同纠纷法定管辖的规定，即由被告住所地或者合同履行地法院管辖。被告住所地D区法院有管辖权，合同已经实际履行，且不存在约定履行地和实际履行地不一致的问题，故合同履行地Y区法院具有管辖权。故本题应当选择BC。

【题干分析】第一句交代商品房买卖合同纠纷约定由位于丙市的仲裁委员会仲裁，且丙市仅有一家仲裁委，表明仲裁协议有效，当事人发生纠纷后可以向丙市仲裁委员会申请。大亿公司申请确认仲裁协议无效，而仲裁协议并无无效的情形，故仲裁委作出仲裁协议有效的决定是正确的。第一次开庭时，大亿公司声称其向丙市中院请求确认仲裁协议无效，申请中止审理的表述中可以看出问题考点在于当事人虽可

向仲裁委和法院申请确认仲裁协议效力，但仲裁委先于法院接受申请，并已经作出仲裁协议有效的决定了，所以法院对其确认仲裁协议效力的申请不予受理，仲裁委也不会因此而中止审理。仲裁庭组织调解，达成协议后根据调解协议制作了裁决书，可见考点在于仲裁中可以根据调解协议制作调解书或者裁决书。后叶某申请强制执行仲裁裁决书，大亿公司申请不予执行，其理由在于调解协议超出仲裁请求，而调解协议是可以超出仲裁请求的，故其不予执行的申请不能得到支持。

98. 答案 BD

分析与思路：根据题干分析可知，当事人可以申请法院或仲裁委确认仲裁协议效力，但本案仲裁委已经先于法院接受申请，并已经作出决定，故对于大亿公司确认仲裁协议效力的申请，法院不予受理。既然仲裁委已经作出仲裁协议有效的决定，故仲裁庭应当继续开庭审理，故本题应当选择BD。

99. 答案 AD

【分析与思路】本题考查仲裁调解后的结案方式。仲裁庭组织调解，调解达成协议的，仲裁庭应当制作调解书或者根据协议的结果制作裁决书。故本案可以根据调解协议制作调解书，也可以根据调解协议的结果制作裁决书，本题选择AD。而C项中将调解协议内容记入笔录，由当事人签字后即发生法律效力的做法仅仅存在于诉讼程序中，在诉讼程序中也仅仅存在于一审程序，故在仲裁中不存在此种结案方式，表述错误。

100. 答案 A

【分析与思路】本题有两个切入点。第一个切入点，调解协议内容可以超出仲裁

请求，故大亿公司请求不予执行仲裁裁决的主张不能成立，法院应当不予支持，继续执行。第二个切入点，撤销或者不予执行仲裁裁决需要满足法定六种情形（1. 没有仲裁协议的；2. 裁决的事项不属于仲裁协议的范围或者仲裁委员会无权仲裁的；3. 仲裁庭的组成或者仲裁的程序违反法定程序的；4. 裁决所依据的证据是伪造的；5. 对方当事人隐瞒了足以影响公正裁决的证据的；6. 仲裁员在仲裁该案时有索贿受贿，徇私舞弊，枉法裁决行为的）。而本案是根据调解结果制作的仲裁裁决，调解协议超出仲裁请求并不属于法定撤销或者不予执行仲裁裁决的情形，故对其不予执行仲裁裁决的申请，法院不予支持。

故根据以上两个切入点的任何一点，本题皆可选出正确答案 A。

2016年国家司法考试（试卷四）解析

一、参考答案

1. 坚持依法治国首先要坚持依宪治国，坚持依法执政首先要坚持依宪执政。《宪法》是国家的根本大法，是党和人民意志的集中体现，全国各族人民、一切国家机关和武装力量、各政党和各社会团体、各企业事业组织，都必须以《宪法》为根本活动准则。依宪治国、依宪执政必须贯彻法律面前人人平等的原则：一方面，宪法法律对所有公民和组织的合法权利予以平等保护，对受侵害的权利予以平等救济；另一方面，任何个人都不得有超越宪法法律的特权，一切违反宪法法律的行为都必须予以纠正和追究。

2. 平等是社会主义法律的基本属性，是社会主义法治的根本要求，严格司法是法律面前人人平等原则在司法环节的具体表现。公正是法治的生命线，司法公正对社会公平正义具有重要的引领作用。正如习近平总书记所说，司法不公、司法不严对社会公平正义和司法公信力具有致命破坏作用。坚持法律面前人人平等，意味着人民群众的诉讼权利在司法程序中应得到平等对待，人民群众的实体权利在司法裁判中得到平等保护。只有让人民群众在每一个司法案件中感受到公平正义，人民群众才会相信司法，司法才具有公信力。

3. 坚持法律面前人人平等的原则，对于严格司法提出了更高的要求：首先，司法机关及其工作人员在司法过程中必须坚持以事实为根据、以法律为准绳，坚持事实认定符合客观真相、办案结果符合实体公正、办案过程符合程序公正，统一法律适用的标准，避免同案不同判，实现对权利的平等保护和对责任的平等追究。其次，推进以审判为中心的诉讼制度改革，全面贯彻证据裁判规则，确保案件事实、证据经得起法律检验，确保诉讼当事人受到平等对待，绝不允许法外开恩和法外施刑。再次，司法人员的工作职责、工作流程、工作标准必须明确，办案要严格遵循法律面前人人平等的原则，杜绝对司法活动的违法干预，办案结果要经得住法律和历史的检验。

二、【分析解题】

（一）财产犯罪对象中的"财产性利益"，是否包括财物的返还请求权。

财产犯罪的对象，刑法措词是"公私财物"，可以扩大解释包括"财产性利益"。但与民法相对应，作为财产犯罪对象的"财产性利益"，是否可以包括民法中所有财产权（所有权、物权、债权、返还请求权等）？刑法中经常出现的为了不退还财物而杀人、消除债务而杀人、杀人继承遗产等问题，均是如此。

（1）如果财产犯罪对象可包括财物返还请求权，则为了不返还财物而杀人就可构成抢劫罪。此为少数观点。

（2）如果财产犯罪对象不能包括财物返还请求权，则为了不返还财物而杀人就构成杀人罪。不返还财物的行为另定侵占罪。此为通说观点。

（二）事实认识错误中的"事前故意（概括故意）"，如何处理及不同观点。

"事前故意（概括故意）"的案情模型是：甲杀乙误认为乙死而将乙抛"尸"，实际上乙是因抛"尸"致死，对其处理理论上有两种观点：

（1）认为抛"尸"不中断因果关系（或者把杀人和抛"尸"视为一个行为），则只构成故意杀人罪既遂一罪。此为通说观点。

（2）认为抛"尸"中断因果关系（或者把杀人和抛"尸"视为两个行为），则构成故意杀人罪未遂、过失致人死亡罪两罪。此为少数观点。

（三）间接正犯与帮助犯的区分

本案赵某、孙某一起埋"尸"，孙某发现被害人钱某是活的，仍然催促赵某埋"尸"，实际上把钱某埋死。对孙某如何定性？官方答案采用承前启后的方法，认为：

（1）如果赵某构成故意杀人罪，则孙某是帮助犯（片面帮助）。

（2）如果赵某构成过失致人死亡罪，则孙某是间接正犯。

这样简单的回答当然是正确的。正犯与共犯的区分标准是"支配说"，谁支配犯罪过程和结果谁就是正犯。当然，本案需要延伸思考的是：如果孙某不催促，只是不告知真相，其是否构成不作为犯？如其构成不作为犯，其是正犯还是共犯？

（四）"基本犯既遂、加重犯的未遂"的问题。

本案中孙某对赵某实施敲诈勒索，想敲诈名画（价值800万元），实际得到赝品（价值8000元）。亦即，想敲诈数额特别巨大的财物，实得数额较大财物。这种"基本犯既遂、加重犯的未遂"的情况如何量刑？

1. 司法实务中一般以实际所得定罪，认为是基本犯既遂即可。

2. 理论中有人认为是基本犯既遂、加重犯的未遂想象竞合，择一重处。

这实际上关系到一罪的基本、加重犯，构成要件层面上是一罪，还是数罪的问题。

（五）犯罪故意的认定，客观、主观统一。

本案还有其他一些问题，例如，客观上实施诈骗行为，主观上没有诈骗故意，该如何处理？只要稍微运用先客观、后主观，客观、主观相统一的犯罪构成理论，就可以很好地认定。

【参考答案】

1. 关于赵某杀害钱某以便将名画据为己有这一事实，可能存在两种处理意见。其一，认定为侵占罪与故意杀人罪，实行数罪并罚。理由是，赵某已经占有了名画，不可能对名画实施抢劫行为，杀人行为同时使得赵某将名画据为己有，所以，赵某对名画成立（委托物）侵占罪，对钱某的死亡成立故意杀人罪。其二，认定成立抢劫罪一罪。理由是，赵某杀害钱某是为了使名画不被返还，钱某对名画的返还请求权是一种财产性利益，财产性利益可以成为抢劫罪的对象，所以，赵某属于抢劫财产性利益。

2. 赵某以为钱某已经死亡，为毁灭罪证而将钱某活埋，导致其窒息死亡，属于事前的故意或概括的故意。对此现象的处理，主要有两种观点：其一，将赵某的前行为认定为故意杀人未遂（或普通抢劫），将后行为认定为过失致人死亡，对二者实行数罪并罚或者按想象竞合处理。理由是，毕竟是因为后行为导致死亡，但行为人对后行为只有过失；其二，应认定为故意杀人既遂一罪（或故意的抢劫致人死亡即对死亡持故意一罪）。理由是，前行为与死亡结果之间的因果关系并未中断，前行为与后行为具有一体性，故意不需要存在于实行行为的全过程。答出其他有一定道理的观点的，适当给分。

3. 孙某对钱某的死亡构成故意杀人罪。孙某明知钱某没有死亡，却催促赵某动作快一点，显然具有杀人故意，客观上对钱某的死亡也起到了作用。即使认为赵某对钱某成立抢劫致人死亡，但由于钱某不对抢劫负责，也只能认定为故意杀人罪。倘若在前一问题上认为赵某成立故意杀人未遂（或普通抢劫）与过失致人死亡罪，那么，孙某就是利用过失行为实施杀人的间接正犯；倘若在前一问题上认为赵某成立故意杀人既遂（或故意的抢劫致人死亡即对死亡持故意），则孙某成立故意杀人罪的帮助犯（从犯）。

4. 孙某索要名画的行为构成敲诈勒索罪。理由：孙某的行为完全符合本罪的构成要件，因为利用合法行为使他人产生恐惧心理的也属于敲诈勒索。一种观点是，对孙某应当按800万元适用数额特别巨大的法定刑，同时适用未遂犯的规定，并将取得价值8000元赃品的事实作为量刑情节，这种观点将数额巨大与特别巨大作为加重构成要件；另一种观点是，对孙某应当按8000元适用数额较大的法定刑，认定为犯罪既遂，不适用未遂犯的规定，这种观点将数额较大视为单纯的量刑因素或量刑规则。

5. 孙某出卖赃品的行为不构成诈骗罪，因为孙某以为出卖的是名画，不具有诈骗故意。

三、

1. 【答案】可以；应当进行审查。

【考点】刑事司法协助。

【解析】M国警方移交的证据可以作为认定被告人有罪的证据。我国《刑事诉讼法》规定我国司法机关可以进行刑事司法协助，警方赴M国请求该国警方抓捕、取证属于司法协助的范围，我国法院对境外证据认可其证据效力，本案司法协助程序符合规范，符合办理刑事案件程序规定。

人民法院对来自境外的证据材料，应当对材料来源、提供人、提供时间以及提取人、提取时间等进行审查。经审查，能够证明案件事实符合《刑事诉讼法》规定的，可以作为证据使用。但提供人或者我国与有关国家签订的双边条约对材料的使用范围有明确限制的除外；材料来源不明或者真实性无法确认的，不得作为定案的证据。

2. 【答案】不正确。

【考点】庭前会议。

【解析】按照《刑事诉讼法》的规定，庭前会议就非法证据等问题只是了解情况，听取意见，不能作出决定。

3. 【答案】不正确。

【考点】检察院补充或者变更起诉制度。

【解析】不正确。本案第二审法院基于原审法院认定的一包甲基苯丙胺数量不明，以事实不清发回重审，重审中检察机关明确为2~3克，只是补充说明不是补充起诉。补充起诉是在法院宣告判决前检察机关发现有遗漏的同案犯罪嫌疑人或者罪行可以一并起诉和审理的。

4.【答案】违反上诉不加刑原则。

【考点】上诉不加刑原则及具体适用。

【解析】第二审人民法院发回原审人民法院重新审理的案件，除有新的犯罪事实，人民检察院补充起诉的以外，原审人民法院不得加重被告人的刑罚。本案补充说明一包重量2～3克是原有的指控内容，不是新增加的犯罪事实。

5.【答案】涉及第二审是否开庭审理、是否可以发回重审、是否可以加重刑罚及审判期限等问题。

【考点】第二审程序的具体审理程序。

【解析】（1）组成合议庭不开庭审理，但应当讯问被告人、听取辩护人、诉讼代理人意见。（2）鉴于本案系发回重审后的上诉审，第二审法院不得以事实不清再发回原审法院重新审理。（3）如果认为原判认定事实和适用法律正确、量刑适当，应当裁定驳回上诉，维持原判；如果认为原判适用法律有错误或量刑不当，应当改判，但受上诉不加刑限制。（4）第二审人民法院应当在二个月以内审结。

四、

1.【答案】（1）有效。因为我国物权法虽然没有规定这种让与担保方式，但并无禁止性规定。通过合同约定，再转移所有权的方式达到担保目的，是不违反法律的，也符合合同自由、鼓励交易的立法目的。

（2）乙对汽车享有的权利：答案一：乙享有的不是所有权，而是以所有权人的名义享有担保权。答案二：由于办理了过户登记手续，乙享有所有权。

【考点】合同效力；让与担保

【解析】①2016年司法考试卷四的民法案例分析题采开放式命题方式，允许考生就理论和实践中的争议问题进行分析，官方不设唯一的正确答案，允许不同观点均可得分。本题的争议在于让与担保的效力与物权法定原则之间的关系。②第一问的是当事人约定的效力，该问题不存在争议。甲、乙之间关于让与担保的约定，为双方当事人真实意思表示，且不违反法律的强制性规定，应当认定有效。③第二问涉及乙享有的权利。答案一肯定让与担保的效力，认为虽办理了过户登记，但乙并不能取得所有权，只能取得担保权。答案二则否定让与担保的效力，乙因受领交付并完成登记而取得汽车所有权。考生答任何一种观点均可得分。

2.【答案】不能成立。理由如下：（1）答案一：乙对汽车享有所有权，其有权处分该汽车。没有导致合同无效的其他因素。（2）答案二：虽然乙将汽车出卖给丙公司的行为属于无权处分，对甲也是违约行为，但无权处分不影响合同效力，法律并不要求出卖人在订立买卖合同时对标的物享有所有权或者处分权。

【考点】合同效力。

【解析】①本题第一问的答案无争议，即甲无权主张合同无效。但理由则存在两个得分答案，这主要是受到了第一题答案的影响。②若认为乙取得汽车所有权，则其与丙签订的合同属于有权处分，且不存在无效情形，应当认定有效；若认为乙未取得汽车所有权，则其与丙签订的合同属于无权处分。但根据《买卖合同解释》第3条规定，无权处分不影响合同的效力。若丙无法取得所有权的，有权要求乙承担违约责任。

3.【答案】有法律依据。因根据物权法的规定，汽车属于特殊动产，交付即转移所有权，登记只是产生对外的效力，不登记不具有对抗第三人的效力。本案中因为汽车已经交付，丙公司已取得汽车所有权。

【考点】特殊动产物权变动。

【解析】①《物权法》第23条规定，动产物权的设立和转让，自交付时发生效力，但法律另有规定的除外。第24条规定，船舶、航空器和机动车等物权的设立、变更、转让和消灭，未经登记，不得对抗善意第三人。由此可见，汽车等特殊动产所有权自交付时发生物权变动。②若认为乙是有权处分，则丙可基于受领交付而取得所有权，并基于所有权要求乙办理过户登记；若认为乙是无权处分，则因丙主观上善意且完成了交付，可基于善意取得成为所有权人，进而要求乙办理过户登记。③注意1：《物权法解释（一）》第20条明确规定，"转让人将物权法第二十四条规定的船舶、航空器和机动车等交付给受让人的，应当认定符合物权法第一百零六条第一款第三项规定的善意取得的条件。"④注意2：根据《物权法》第106条规定，"以合理的价格转让"为善意取得的必备要件。不过此处的"合理价格"主要指合同约定的价格合理即可，不需要已经全部支付。故"丙公司仅支付了一半购车款"不影响丙构成善意取得。

4.【答案】有效，因为尽管丁不享有所有权或处分权，但是并不影响租赁合同效力。其所得的租金属于不当得利。

【考点】合同效力；不当得利。

【解析】①《合同法》第212条规定，"租赁合同是出租人将租赁物交付承租人使用、收益，承租人支付租金的合同。"丁与戊签订的租赁合同是当事人真实的意思表示，且不违反法律、行政法规的效力性强制性规定或公序良俗，应当认为合法有效。丁虽盗窃汽车出租，但并不存在无效的情形。②《民法通则》第92条规定，没有合法根据，取得不当利益，造成他人损失的，应当将取得的不当利益返还受损失的人。本案中，丁不享有汽车的所有权或使用权，其取得租金没有合法根据，构成不当得利。

5.【答案】己公司无权扣留汽车并享有留置权。《物权法》第231条规定，债权人留置的动产与债权应该属于同一法律关系。而在本案中，债权与汽车并非同一法律关系。

【考点】留置权。

【解析】《物权法》第230条规定，债务人不履行到期债务，债权人可以留置已经合法占有的债务人的动产，并有权就该动产优先受偿。留置权的构成要件包括：（1）债权人合法占有债务人动产；（2）债权与占有属于同一法律关系；（3）债务人届期不履行债务。本案中，己公司的债权为戊上次来修另一辆汽车时应付的修理费，与占有涉案汽车并非同一法律关系，且不属于商事留置，不符合留置权的构成要件。

6.【答案】辛的损失应当由己公司承担赔偿责任。根据《侵权责任法》规定，因租赁、借用等情形机动车所有人与使用人不是同一人时，机动车强制保险责任限额赔偿不足的部分，由机动车使用人承担赔偿责任。而使用人戊因执行工作任务造成他人损害的，由用人单位即己公司承担侵权责任。

【考点】用人单位责任；机动车事故责任。

【解析】①《侵权责任法》第49条规定，"因租赁、借用等情形机动车所有人与使用人不是同一人时，发生交通事故后属于该机动车一方责任的，由保险公司在机动车强制保险责任限额范围内予以赔偿。不足部分，由机动车使用人承担赔偿责任；机动车所有人对损害的发生有过错的，承担相应的赔偿责任。"本案中，机动车的所有人与使用人并非一人，因此应当由具体使用人承担责任，戊无须负责。②《侵权责任法》第34条规定，"用人单位的工作人员因执行工作任务造成他人损害的，由用人单位承担侵权责任。"对于"执行工作任务"的认定，《人身损害赔偿解释》第9条第2款规定，"从事雇佣活动"是指从事雇主授权或者指示范围内的生产经营活动或者其他劳务活动。雇员的行为超出授权范围，但其表现形式是履行职务或者与履行职务有内在联系的，应当认定为"从事雇佣活动"。本案中，庚虽为偷开汽车，但外在表现仍属于履行职务，用人单位己公司应当对庚的行为承担责任。

7.【答案】丙公司与乙之间的财产诉讼应该由破产案件受理的人民法院管辖。法院受理丙公司破产申请后，乙应当申报债权，如果对于债权有争议，可以向受理破产申请的人民法院提起诉讼，但不能按照民事诉讼程序申请执行。

【考点】涉及破产的诉讼纠纷管辖。

【解析】《企业破产法》第21条规定，"人民法院受理破产申请后，有关债务人的民事诉讼，只能向受理破产申请的人民法院提起。"本题中，因丙公司的破产申请已经被法院受理，故乙、丙之间的财产纠纷诉讼只能由受理该破产案件的法院管辖。同法第16条规定，"人民法院受理破产申请后，债务人对个别债权人的债务清偿无效。"第19条规定，"人民法院受理破产申请后，有关债务人财产的保全措施应当解除，执行程序应当中止。"因此，乙无权就其债权对丙公司另行起诉并按照民事诉讼程序申请执行。

五、

1.【答案】大雅公司以先前归其所有的某公司的净资产出资，净资产尽管没有在我国公司法中规定为出资形式，但实践中运用较多，并且案情中显示，一方面这些净资产本来归大雅公司，且经过了会计师事务所的评估作价，在出资程序方面与实物等非货币形式的出资相似，另一方面这些净资产已经由美林公司实际占有和使用，即完成了交付。《公司法司法解释三》第9条也有"非货币财产出资，未依法评估作价"的规定。所以，应当认为大雅公司履行了自己的出资义务。

庄某按章程应当以现金300万元出资，仅出资100万元；石某按章程应当出资200万元，仅出资50万元，所以两位自然人股东没有完全履行自己的出资义务，应当承担继续履行出资义务及违约责任。

【考点】股东出资瑕疵。

【设题陷阱与常见错误分析】本题主要考查了股东的出资完备情况的判断，常见错误在于大雅公司以自己所有的其他公司净资产出资，只要满足可转让、可评估，应当可以作为出资的合法形式认定。庄某和石某都是货币出资，但存在出资不足的情形。

【解析】《公司法》第 27 条："股东可以用货币出资，也可以用实物、知识产权、土地使用权等可以用货币估价并可以依法转让的非货币财产作价出资；但是，法律、行政法规规定不得作为出资的财产除外。

对作为出资的非货币财产应当评估作价，核实财产，不得高估或者低估作价。法律、行政法规对评估作价有规定的，从其规定。"所以大雅公司以先前归其所有的某公司的净资产出资，满足可转让可评估的条件，应当认定为合法的出资形态。

第 28 条："股东应当按期足额缴纳公司章程中规定的各自所认缴的出资额。股东以货币出资的，应当将货币出资足额存入有限责任公司在银行开设的账户；以非货币财产出资的，应当依法办理其财产权的转移手续。

股东不按照前款规定缴纳出资的，除应当向公司足额缴纳外，还应当向已按期足额缴纳出资的股东承担违约责任。"庄某和石某以货币出资，形式合法有效，但存在出资不足的情况须承担相应的责任。

股东出资瑕疵的法律责任，一直都是《公司法》的难点和重点。本题中还综合考查了其他非货币财产形式出资的内容，加大了难度，考生需要着重理解。

2.【答案】投资与借贷是不同的法律关系。赵某自己主张是借贷关系中的债权人，但依据《公司法解释三》第 23 条的规定，赵某虽然没有被登记为股东，但是他在 2010 年时出于自己的真实意思表示，愿意出资成为股东，其他股东及股东代表均同意，并且赵某实际交付了 50 万元出资，参与了分红及公司的经营，这些行为均非债权人可为，所以赵某具备实际出资人的地位，在公司内部也享有实际出资人的权利。此外从民商法的诚信原则考虑也应认可赵某作为实际出资人或实际股东而非债权人。

【考点】投资关系及股东身份确认。

【设题陷阱与常见错误分析】本题破题的关键在于赵某的身份确认，其有出资成为股东的意思表示，有出资的动作，有其他股东同意的条件，且已经实际享有股东权利，所以综合各方面的情况判断，赵某应该具有公司实际股东的身份，而不能主张为债权人身份。

【解析】根据《公司法》第 32 条第 2、3 款："记载于股东名册的股东，可以依股东名册主张行使股东权利。

公司应当将股东的姓名或者名称向公司登记机关登记；登记事项发生变更的，应当办理变更登记。未经登记或者变更登记的，不得对抗第三人。"所以在有限公司中，登记只是对抗第三人的法律效力，题目中赵某出资的意愿真实，动作已经完成，且已经实际享有股东权利（开股东会、分红）等，所以已经确认其股东身份。只是未登记不能对抗第三人。

工商部门登记与股东身份的关系是重复考查很高的考点，考生需要明确：登记只是起到对抗第三人的效力。相对于公司内部而言，股东身份及股东权利的行使与登记无关。

3.【答案】尽管庄某没有全面履行自己的出资义务，但其股权也是可以转让的。受让人是其妻弟，按生活经验应当推定杜某是知情的。我国《公司法司法解释三》第 18 条已经认可了瑕疵出资股权的可转让性；这种转让的法律后果就是如果受让人知道，转让人和受让人对公司以及债权人要承担连带责任，受让人再向转让人进行追偿。

【考点】瑕疵股权转让。

【设题陷阱与常见错误分析】本题考查了瑕疵股权的转让问题，难度不大，但需要分析出来，本题中瑕疵股权转让中的受让方杜某是转让方庄某的"妻弟"，基于此关系，被推知杜某对于庄某的瑕疵出资是知情的。

【解析】《公司法司法解释三》第18条："有限责任公司的股东未履行或者未全面履行出资义务即转让股权，受让人对此知道或者应当知道，公司请求该股东履行出资义务、受让人对此承担连带责任的，人民法院应予支持；公司债权人依照本规定第十三条第二款向该股东提起诉讼，同时请求前述受让人对此承担连带责任的，人民法院应予支持。

受让人根据前款规定承担责任后，向该未履行或者未全面履行出资义务的股东追偿的，人民法院应予支持。但是，当事人另有约定的除外。"

所以瑕疵股权可以转让，转让后，转让人的瑕疵出资责任不免除，转让后受让人如果恶意一并承担连带责任。

瑕疵股权转让结合的股东出资瑕疵的责任和股权转让的内容，考生需要关注：

1. 瑕疵股权可以转让；

2. 转让后，转让人固有的出资瑕疵的法律责任依旧需要承担；

3. 受让人如果恶意，对转让人的瑕疵出资的法律责任承担连带赔付的责任，赔偿后可以向转让人追偿。

4. 【答案】公司具有独立人格，公司财产是其人格的基础。出资后的资产属于公司而非股东所有，故大雅公司无权将公司资产转移，该行为损害了公司的责任财产，侵害了美林公司、美林公司股东（杜某和石某）的利益，也侵害了甲、乙这些债权人的利益。

【考点】股东权利滥用。

【设题陷阱与常见错误分析】本题针对大雅公司作为美森公司的股东，转移出资的非法性做考查。难度不大，但细节很重要，需要考生明确，此行为定性为非法，且损害了公司、公司股东及公司债权人的合法权益。

【解析】《公司法》第20条："公司股东应当遵守法律、行政法规和公司章程，依法行使股东权利，不得滥用股东权利损害公司或者其他股东的利益；不得滥用公司法人独立地位和股东有限责任损害公司债权人的利益。

公司股东滥用股东权利给公司或者其他股东造成损失的，应当依法承担赔偿责任。

公司股东滥用公司法人独立地位和股东有限责任，逃避债务，严重损害公司债权人利益的，应当对公司债务承担连带责任。"

考生需要对股东滥用权利的行为定性及带来的法律后果和责任的承担，结合法人人格否认制度来理解。

5. 【答案】甲公司和乙公司是普通债权，应当得到受偿。大雅公司是美林公司的大股东，我国公司法并未禁止公司与其股东之间的交易，只是规定关联交易不得损害公司和债权人的利益，因此借款本身是可以的，只要是真实的借款，也是有效的。所以大雅公司的债权也应当得到清偿。

在受偿顺序方面，答案一：作为股东（母

公司）损害了美林公司的独立人格，也损害了债权人的利益，其债权应当在顺序上劣后于正常交易中的债权人甲和乙，这是诚实原则的运用。答案二：根据民法公平原则，让大雅公司的债权在顺序方面劣后于甲、乙公司。答案三：按债权的平等性，他们的债权平等受偿。

【考点】债权偿付顺序。

【设题陷阱与常见错误分析】本题的难点在于其开放性，甲公司、乙公司及大雅公司作为美森公司的债权人应当认可。但至于偿付顺序见仁见智，考生可以有自己的判断。

【解析】甲公司、乙公司和大雅公司作为美森公司的债权人，都没有任何的担保，所以同为普通债权，都应得到偿付，至于顺位方面，笔者更倾向于第三种答案，三方都是普通债权人，平等受偿。大雅公司适用法人人格否认制度，该承担的责任另案处理。

本题体现了主观题的灵活性。

6.【答案】赵某、杜某和石某的请求不成立。赵某是实际出资人或实际股东，杜某和石某是股东。基于公司资本维持原则，股东不得要求退股，故其不得要求返还出资。

但是大雅公司作为大股东转移资产的行为损害了公司的利益，也就损害了股东的利益，因此他们可以向大雅公司提出赔偿请求。同时，白某作为公司的高级管理人员其行为也损害了股东利益，他们也可以起诉白某请求其承担赔偿责任。

【考点】法人人格否认。

【设题陷阱与常见错误分析】本题的涉考点有两个：1. 股东的退股要求不应被满足，因为公司作为独立法人，要求资本维持对债权人负责，股东非经法定途径不能退股；2. 法人人格否认制度，大雅公司有权力滥用的情景，损害了公司及股东的利益，受害人可以向滥用权力者索赔。容易被考生忽略的一点在于白某，作为高管，违反忠诚和勤勉的义务，给公司造成损失进而损害股东权益的，也要对此承担赔偿责任。

【解析】根据上述《公司法》第20条，大雅公司对其损害公司独立地位的行为应当承担相应的赔付责任，白某作为公司高管，具有过错，也应承担赔付责任。

本题的综合性和难度都比较大，这也是案例分析题目命题的方向和趋势，考生需要综合且全面地掌握相关考点才能准确作答。

六、题干分析：第一段提到挂靠问题，涉及的考点在于根据《侵权责任法》规定，挂靠方式从事民事活动致人损害的，挂靠方和被挂靠方承担连带责任。故《民诉解释》规定，挂靠形式从事民事活动的，当事人主张挂靠方和被挂靠方承担责任的，列为共同被告。同时，该汽车已向鸿运保险公司投保，故引发事故后保险公司应当成为共同被告。

第二段，王某雇佣司机华某驾驶车辆致行人李某受伤，李某应当作为案件原告，同时华某作为雇员，致人损害的，以雇主为当事人进行诉讼，不能列雇员华某为当事人。交警出具的交通事故责任认定书为书证。李某将相关利害关系人诉至法院的表述可见本题可能会考查被告的确定。根据对第一段的分析，王某和保险公司一定是本案的被告，被挂靠方明星汽运公司是否作为被告，得视李某主张而定，李某主张其承担责任的，列其为共同被告，李某不主张其承担责任，不列为被告。该段同时交代原告的诉讼请求为要求利害关系人赔偿治疗费、误工费、交通费、护理费等费用，注意一审判决不能将其遗漏，也不能超出，如果遗漏诉讼请求，则在二审中应当调解，调解不成，发回重审；如超出诉讼请求，则违反处分原则。

第三段，诉讼中王某、李某提出的相关事实主张，为争议焦点，可能涉及的考点有二：一是当事人应当围绕争议焦点进行举证，涉及证明责任的分配问题；二是法院应当围绕争议焦点作出裁判，不能遗漏，也不能超出争议焦点作出裁判，法院如果超出争议焦点作出裁判，则超出当事人的事实主张，将违反辩论原则。李某向法院申请调查收集证据，法院拒绝，涉及申请法院调查收集证据，对法院不予准许的通知，可以申请同级复议一次。

第四段，对于一审判决当事人均未上诉，判决生效，本案判决为经一审作出的生效判决。

第五段，甲律师事务所张律师接受李某委托担任代理人代理再审，而该律师事务所刘律师曾任本案被告方代理人，违背了律师职业规范；商定风险代理，代理费为35%，明显违背《律师法》规定，风险代理代理费不得超过30%。经律师说服，医院出具了证明，可见该证据属于原审中未能收集的证据，属于新证据，构成再审事由。同时，申请再审应当向上一级法院提出，但一方人数众多或者双方当事人都是公民的可以向原审法院提出申请，本案中被告方有鸿运保险公司，并非公民，也不存在人数众多，故应当向上一级法院即N市中院申请再审。

第六段，再审中，李某增加诉讼请求，涉及考点在于再审范围有限原则，再审以原审范围为限，当事人超出原审范围增加变更诉讼请求的，法院不予受理。而律师未能明确指出，反而在李某的坚持下，将其写入诉状，有违执业规范。

问题1【分析与思路】问及本案被告，首先，王某和鸿运保险公司为共同被告，如果原告李某主张被挂靠方明星汽运公司承担责任，则列其为共同被告。其次，司机华某作为雇员，不能作为被告。

【参考答案】本案以王某和鸿运保险公司为共同被告，如果李某主张明星汽运公司承担责任，列其为共同被告，如果李某不主张明星汽运公司承担责任，汽运公司不做共同被告。司机华某不能成为被告。

理由在于：首先挂靠方式进行民事活动，权利人主张挂靠方和被挂靠方承担责任的，将挂靠方和被挂靠方列为共同被告。其次，雇员致人损害，以雇主为当事人。

问题2【分析与思路】：就本案证明责任的分配，机动车致人损害是无故错责任原则，且不存在证明责任倒置的问题，则应当依据"谁主张积极事实，谁承担证明责任"的原则予以分配。

【参考答案】就王某提出其与明星汽运公司存在挂靠关系、明星汽运公司代王某向保险公司交纳了该车的交强险费用、交通事故发生时李某横穿马路没走人行横道等事实应当由王某承担证明责任；就李某陈述了自己受伤、治疗、误工、请他人护理等事实属于侵权行为和结果，应当由李某承担证明责任。理由在于：本案属于机动车致人损害，不存在证明责任倒置的规定，应当按照谁主张积极事实谁承担证明责任的原则进行分配，王某、李某主张的事实均为产生、变更、消灭权利义务关系的事实，均为积极事实，应当分别对其各自主张的事实承担证明责任。

问题3【分析与思路】交警出具的交通事故责任认定书是书证，是否具有证明力，应当由法庭结合本案其他证据综合审查判断，并不当然具有证明力。

【参考答案】交警出具的交通事故责任认定书并不当然具有证明力，其作为书证，应当由法院综合本案其他证据综合审查判断。

问题4【分析与思路】本案并不存在双方都是公民或者一方人数众多的情形，故当事人应当向上一级即中院申请再审。根据题干分析，李某申请再审的理由是收集到了原审中由于客观原因无法自行调查收集，且申请法院调查收集未获准许的新证据。

【参考答案】本案当事人应当向N市中院申请再审。其申请再审的理由是有新证据足以推翻原判决，且原审当事人在原审中因为客观原因无法调查收集，申请法院调查收集未获准许。

问题5【分析与思路】本题涉及再审的审理程序，因当事人申请而裁定再审的案件，由中级以上法院审理，故本案应当由中院审理，原来是基层法院审理，现在是中院审，为提审，应当适用二审程序。同时对于再审新增的诉讼请求，根据再审范围有限原则，再审法院不予审查。

【参考答案】本案应当适用二审程序审理。理由在于因为当事人申请而裁定再审的案件应当由中级以上法院审理，故本案应当由中院提审，适用二审程序。对于新增的诉讼请求，再审法院不予审查，理由在于根据再审范围有限原则，当事人超出原审范围增加、变更的诉讼请求再审法院不予审查。

问题6【分析与思路】根据题干分析，律师违反职业规范的行为有三：一是甲律师事务所的刘律师担任过本案被告方代理人后，该所张律师接受李某委托担任申诉代理人；二是风险代理代理费过高；三是在再审请求明显不能得到支持的情况下未告知当事人。

【参考答案】

1. 张律师接受委托担任李某申诉代理人的行为违反职业规范；同一律所律师不能在同一案件中担任双方当事人的代理人。

2. 商定35%的风险代理费违反律师职业规范；风险代理的代理费不得超过30%。

3. 律师将新增诉讼请求写入诉状违反职业规范；在该诉求明显不属于法院受理范围时，律师应当告知当事人，而律师未告知，且在当事人坚持下将其写入了诉状。

七、

【解析】

（一）

1.【答案】《行政许可法》第50条规定，被许可人需要延续依法取得的行政许可的有效期的，应在该许可有效期届满30日前向作出许可决定的行政机关提出申请。但法律、法规、规章另有规定的，从其规定。行政机关应根据被许可人的申请，在该许可有效期届满前作出是否准予延续的决定；逾期未作出决定的，视为准予延续。

【考点】附期限的行政许可。

【设题陷阱与常见错误分析】本问难度不大，大部分内容考生均能够作答。但也有不少考生失分，主要原因是对于法条细节记忆不准确和答案内容不全面。附期限许可是指许可有一定的实施期限，在期限届满后，被许可人需要延续许可有效期，应当提出延续申请。一般而言，被许可人应当在该许可有效期届满30日前向许可决定机关提出申请；但法律、法规、规章另有规定的，依照其规定。法律不可能允许当事人有效期到期的当天提出延续申请，原则上需要提前30日作为行政机关考虑是否准予延续的预留审查期限。但是，由于许可事项涉及各领域，不同许可事项涉及许可审查方式不同，某些审查事项可能需要较长时间，所以，《行政许可法》的30日只是一般性规定，如果特别法另有规定的从特别法。行政机关应当根据被许可人的申请，在该许可有效期届满前决定是否准予延续；逾期未作决定的，视为准予延续。此处之所以是"视为延续"，而非"视为拒绝"，是因为许可的延续只是许可有效期的变化，不涉及许可内容的变化，当事人在第一次获得许可时已经证明其具备许可活动的实施条件，对于公共利益不构成侵害。在当事人按期提出申请之后，如果行政机关明确拒绝，那当事人自然不可以继续从事该许可活动。但如果行政机关不理不睬，此时，行政机关存在过错，不能把行政机关的过错转嫁到当事人头上，所以，法律在此作出了有利于当事人的善意推定。

2. 【答案】本案中，因《严禁在自然保护区采砂的规定》并非被诉行政行为（责令停止违法行为通知）作出的依据，孙某的请求不成立。根据《行政诉讼法》第53条和司法解释的规定，原告在行政诉讼中一并请求审查规范性文件需要符合下列要求：一是该规范性文件为国务院部门和地方政府及其部门制定的规范性文件，但不含规章；二是该规范性文件是被诉行政行为作出的依据；三是应在第一审开庭审理前提出，有正当理由的，也可以在法庭调查中提出。

【考点】行政规范性文件的附带审查。

【设题陷阱与常见错误分析】在旧诉讼制度中，只有具体行政行为属于行政诉讼受案范围，2014年修改的《行政诉讼法》，允许公民、法人或其他组织对部分抽象行政行为附带性地提出审查要求。本问是对新行政诉讼法及其司法解释内容的考查，新法必考的命题规律在案例题中体现得非常明显，本问整体难度不大。但"孙某一并审查的请求是否符合要求？"这部分内容还是让很多考生在考场上一头雾水，这需要对于抽象行政该行为附带性审查背后的法律有深入理解才能回答准确。抽象行政行为"如果不具体适用到具体的人或事，它并不能产生现实的危害"。

如果将对抽象行政行为起诉完全放开，任何人在不考虑是否直接影响其利害关系的情况下均可以起诉，那很容易出现滥诉的情况。所以，《行政诉讼法》要求只有当事人向法院证明该抽象行政行为已经得已落实转化为了具体行政行为，直接对自己利益产生影响时，才会允许他对抽象行政行为附带性地提出审查请求，同时，附带性起诉的抽象行政行为一定是具体行政行为的行为依据，该具体行政行为由抽象行政行为直接转化而来。如果A规范性文件→A 具体行政行为，那么附带性审查的只能是 A 规范性文件，如果当事人可以挑战不具有关联性的 B、C、D 等文件的话，那同样会出现滥诉的风险。

3.【答案】法院不作为认定被诉行政行为合法的依据，并在裁判理由中予以阐明。作出生效裁判的法院应当向规范性文件的制定机关提出处理建议，并可以抄送制定机关的同级政府或上一级行政机关。

【考点】行政规范性文件的附带审查。

【设题陷阱与常见错误分析】有考生不了解中国的宪法权力结构，错误地认为中国法院有权撤销或宣告法律文件无效，导致答案错误。法院对违法的抽象行政行为的审查结果包括以下三方面内容：第一，不作为认定行政行为合法的依据，这是对法院的底线要求。在实践中，其他规范性文件往往是行政行为的依据和源头，为了正本清源，法院对于不合法的规范性文件，首先不能将其作为支持具体行政行为合法的正当性依据，同时，为了鞭策该文件的制定机关，可以在判决书裁判理由中予以阐明理由，比如，阐明下位法抵触上位法，所以，本法院不予适用，等等。第二，作出生效裁判的法院应当向规范性文件的制定机关提出处理建议。在起草过程中，有人建议应当更进一步地赋予法官对于其他规范性文件的撤销权，或者宣告文件违法、无效的权力。但因为这一建议违反了《宪法》和《立法法》的基本宪政权力结构，而被全国人大所否定。在我国宪法中，撤销和改变规范性法律文件的主体为人大和上级政府，法院不宜直接判决撤销不合法的规范性法律文件，但可"不作为依据并提出建议"。"这符合我国宪法和法律有关人

大对政府、政府对其部门以及下级政府进行监督的基本原则，也有利于纠正相关规范性文件的违法问题"。

第三，可以抄送制定机关的同级人民政府或者上一级行政机关。之所以要设置抄送制度，事实上是法院担心提出处理建议，制定机关会视若无睹，"项庄舞剑，意在沛公"。

4.【答案】本案中，责令停止违法行为通知在于制止孙某的违法行为，不具有制裁性质，归于行政强制措施更为恰当。行政处罚和行政强制措施的不同主要体现在下列方面：一是目的不同。行政处罚的目的是制裁性，给予违法者制裁是本质特征；行政强制措施的主要目的在于制止性和预防性，即在行政管理中制定违法行为、防止证据损毁、避免危害发生、控制危险扩大等。二是阶段性不同。行政处罚是对违法行为查处作出的处理决定，常发生在行政程序终了之时；行政强制措施是对人身自由、财物等实施的暂时性限制、控制措施，常发生在行政程序前端。三是表现形式不同。行政处罚主要有警告、罚款、没收违法所得、责令停产停业、暂扣或吊销许可证、执照、行政拘留等；行政强制措施主要有限制公民自由、查封、扣押、冻结等。

【考点】行政处罚和行政强制措施的区别。

【设题陷阱与常见错误分析】有考生对于具体行政行为的概念及行政行为间的区别理解得不透彻，掌握得不牢固，考场中无法正确界定责令停止违法行为的行为性质，或者性质判断正确，却不知道如何分析，进而导致失分。但事实上该知识点在 2013-

2-97，2010-2-44 均考查过，责令停止违法行为的目的表现为行政强制措施的制止性，而不是行政处罚的惩戒性。《行政处罚法》第23条明确规定："行政机关实施行政处罚时，应当责令当事人改正或者限期改正违法行为。"从法条中我们也可以看出，责令改正本身并不是一种行政处罚。

（二）

【解析】

政府信息公开具有深远的社会意义和制度功能：第一，政府信息公开是防止腐败的利器。布兰代斯说："阳光是最好的防腐剂。"让权力执行的内容公开、程序公开、结果公开，能够让人民监督权力的运行，防止腐败的滋生，建设廉洁政府和阳光政府。第二，政府信息公开有助于提高公众对于国家事务的参与度，体现人民主人翁的精神，让人民对政府行使权力的内容、程序和过程享有知情权、参与权、表达权和监督权，既能够规范行政权的运行，也有助于消除公众疑虑，增进执法认同，推进执法民主化和科学化水平，提高行政执法公信力。第三，在现代社会中信息是最大的财富，政府信息公开能够将政府的信息财富转化成全民的信息财富，满足人民在生产、生活、科学研究等方面的信息需求，推动经济发展和社会进步。

对政府信息公开范围"以公开为原则，以法定不公开为例外"。行政机关不得公开涉及国家秘密、商业秘密、个人隐私的政府信息，行政机关公开政府信息不得危及国家安全、公共安全、经济安全和社会稳定。第一，涉及国家秘密一律不公开，行政机关在公开政府信息前，应当依法对拟公开的政府信息进行保密审查；对政府信息不能确定是否可以公开时，应当依法报有关主管部门或者同级保密工作部门确定。第二，涉及商业秘密、个人隐私原则上不公开，行政机关认为相关政府信息涉及商业秘密、个人隐私，公开后可能损害权利人合法权益的，应当书面征求权利人的意见；权利人不同意公开的，不得公开。但行政机关认为不公开可能对公共利益造成重大影响的，予以公开，并应将决定公开的政府信息内容和理由书面通知权利人。